한림일본학자료총서
아사히신문 외지판 16

아사히신문
외지판(조선판)
기사명 색인_제11권

This publication has been executed with grant from
the Japan Foundation(Support Program for Japanese Studies Organizations),
National Research Foundation of Korea grant funded
by the Korean Government(2017S1A6A3A01079517)
and the fund of the Institute of Japanese Studies, Hallym University.

한림대학교 일본학연구소는 이 책을 간행함에 있어
출판비용의 일부를 일본국제교류기금과 한국연구재단으로부터 지원받았고,
한림대학교 일본학연구소 발전기금을 사용하였습니다.

한림일본학자료총서
아사히신문 외지판 16

아사히신문
외지판(조선판)
기사명 색인_제11권

1932.01. ~ 1932.12.

한림대학교 일본학연구소
서정완 외 26인

서문: 『아사히신문 외지판(조선판) 기사명 색인 제11권』을 간행하며
1932.01~1932.12 / 06

범례 / 21

1932년

〈아사히신문 외지판(조선판) 기사명 색인 -1932.1~12-〉을 간행하며

한림대학교 일본학연구소 소장

서 정 완

1. 「기사명 색인」제16권(「조선판」제11권)을 간행하며

한림대학교 일본학연구소는 한국과 일본은 이웃하고 있어서 서로가 불가분의 관계일 수밖에 없고, 일제강점기라는 아픈 기억이 있는 우리로서는 일본을 제대로 분석하고 알아야만 공존도 협력도 가능하다는 '일본연구'의 필요성에 의해서 설립되었다. 한림대학교 설립자이신 故 윤덕선 박사의 철학이었는데, 그로부터 연구소도 故 지명관 초대 소장, 공로명 2대 소장을 거쳐 3대 현 소장에 이르는 29년이라는 적지 않은 세월이 흘렀다. 연구소도 많이 변했고 세상도 많이 변했다. 그러나 한·일관계는 조금 좋아지다가 나빠지고를 되풀이하면서 결국은 크게 변하지 않는 채로 같은 자리에 머물러 있는 것 같다.

현재 본 연구소가 2017년부터 수행하는 <포스트제국의 문화권력과 동아시아>라는 HK+사업 연구아젠다도 결국은 동아시아의 화해와 협력, 공존을 위해서 인문학이 무엇을 할 수 있으며, 한림대학교 일본학연구소는 무엇을 할 것인가에 대한 물음에서 시작된 것이다. 2008년부터 2017년까지 수행한 <제국일본의 문화권력: 학지(學知)와 문화매체>라는 연구아젠다에는 없는 '동아시아'가 추가된 것은 제국일본의 팽창주의와 군국주의는 단순히 한·일 양국 문제가 아니라, 온 아시아에 아픔과 상처를 입혔다는 역사적 사실에 입각한다. 여기에는 대일본제국이 아시아에 남긴 부(負)의 역사와 아시아 사람들 마음 깊은 곳에 새겨진 아픔과 상처를 이어받은 것이 현대이고, 미래 또한 그 연속이기 때문이라는 이유, 동아시아에서 한국과 일본만이 민주주의와 자본주의라는 가치를 공유하며 실천하고 있지만, 한·일 양국만으로는 화해와 공존은 충분하게 작동하지 않으며, 오히려 블록경제, 정치·외교적인 경계의 벽만 강화하고 마는 역사를 우리는 이미 경험하였기에 중국, 대만, 러시아(사할린), 미국 등 보다 광역적인 상호이해와 협력을 위한 노력이 필요하다는 이유 등이 있다.

그러나 '동아시아공동체'와 같은 말을 쉽게 주장하지는 않을 것이다. '동아시아'가 정치적인 선전용 용어로 전락하는 것을 바라지 않기 때문이다. 우리는 '동아시아'라는 용어에 대해서 더 진지

하게 접근할 필요가 있다. 왜냐하면 '동아시아'라는 공간을 설정하는 시점은 결국 대서양을 세계지도 한가운데에 두는 서구의 시점에서 바라본 명칭이라는 점도 간과할 수 없다. 실제로 일본만 보더라도 '북동아시아', '동북아시아'라는 용어를 많이 쓴다. 일본외무성 산하 공식 부서명도 '북동아시아' 제1과와 제2과이다. 여기에는 일본이 주장하는 이른바 '북방영토'를 수복해야 한다는 '북쪽'을 향한 외교적 시선이 살아있기 때문이 아닐까 짐작된다.

그러나 이보다 더 근본적인 문제는 동아시아의 경계를 어떻게 설정하든, 어느 지역, 어느 나라의 그 누구도 스스로 '동아시아인'이라고 인식하지 않는 데에 있다. '동아시아인'은 유럽 사람들이 갖는 '유럽인'과 같은 지위를 획득하지 못한 현실이 존재하며, 그보다는 '한국인', '일본인,' '중국인'처럼, 국민국가 체제에 교화되어 강한 믿음으로 국가와 민족이라는 개념으로 결합한 의식 세계를 가지고 있다. 결국 동아시아만큼 내셔널리즘이 강한 지역이 없다는 말이기도 하다. 어쨌든 이러한 현실 앞에서 다양한 분야에서 드러나는 갈등과 증오 또는 적대감을 극복해서 서로가 공유할 수 있는 가치나 목표를 위해서 인문학이라는 학문은 과연 무엇을 할 수 있으며, 근대의 암울한 역사에서 가해자가 아닌 피해자이며, 지배자가 아닌 피지배자였던 한국의 인문학은 현재를 어떻게 바라보고 미래를 위해서 무엇을 할 수 있으며, 한림대학교 일본학연구소는 과연 무엇을 제안할 수 있는가, 라는 자문(自問)에 대한 답을 찾기 위한 과정이 한림대학교 일본학연구소가 그동안 고민하며 걸어온 세월이었다고 할 수 있다.

이러한 목표하에 구체적으로 실천한 첫 번째가 한국도서관협회에 정식으로 등록된 국내 유일의 일본학 전문도서관인 '일본학도서관'의 설치와 운영이다. 일본학도서관이 보유한 6만 5천 점이 넘는 일본 관련 전문 서적의 전문성은 국내에서 비교할 대상이 없다고 자부한다. 여기에 지명관(池明觀) 초대 소장, 세키구치 에이치(関口榮一) 교수가 일본학도서관에 기증한 서적, 그리고 본 연구소가 주도해서 한림대학교 일송도서관에 유치한 故 오에 시노부(大江志乃夫) 교수, 故 아베 타카시(阿部猛) 교수의 기증 서적 약 3만 점을 합치면 한림대학교는 10만 점이 넘는 일본학 전문 서적을 보유한 국내에서 유일의 기관이다. 문헌 자료와 디지털 자료의 규모와 질에서 한국의 일본연구를 대표할 수 있는 인프라라 할 수 있으며, 학계와 사회에 공헌하기에 충분한 양과 질을 갖추고 있다.

구체적으로 예시하자면, 아래에서 보는 바와 같이 일본학도서관의 질적 제고를 꾀하는 근대기 일본 관련 신문 자료와 주로 '제국일본'과 '근대'라는 시대를 조사하기 위한 문헌자료 인프라의 구축이다. <제국일본의 문화권력:학지(學知)와 문화매체>(2008~2017), <포스트제국의 문화권력과 동아시아>(2017~2024)라는 두 연구프로젝트를 수행하는 본 연구소 일본학도서관이 현재 소장하는 신문자료와 도서류는 대략 다음과 같다.

【주요신문자료】

『京城日報』, 『京城新報』, 『한성신보(漢城申報)』, 『読売新聞』, 『朝日新聞』, 『朝日新聞外地版』, 『毎日新聞外地版』, 『横浜毎日新聞』, 『仮名読新聞』, 『台湾日日新報』, 『台湾民報』, 『大連新聞』, 『大陸新報』, 『上海新報』, 『帝国大学新聞』, 『占領期琉球諸島新聞集成』, 『占領期新興新聞集成』, 『近代沖縄新聞集成』, 『時局新聞』, 『愛国新聞』, 『図書新聞』, 『日本労働新聞』, 『日本新聞』, 등

【주요문헌자료】

『十五年戦争極秘資料集』, 『十五年戦争重要文献シリーズ』, 『特高警察関係資料集成』, 『出版警察資料』, 『出版警察概観』, 『出版警察報』, 『外事警察資料』, 『外事警察報』, 『外事警察概況』, 『外事月報』, 『外務省警察史』, 『文部省思想統制関連資料集成』, 『情報局関連極秘資料』, 『教化運動』, 『朝鮮公論』, 『言論報國』, 『満蒙』, 『優生学』, 『南洋庁公報』, 『南洋庁統計年鑑』, 『南洋群島』, 『植民地社会事業関係資料集(朝鮮編·台湾編·満洲満州国編)』, 『雑誌朝鮮社会事業』, 『朝鮮治安関係資料集成』, 『朝鮮総督府帝国議会説明資料』, 『満洲開拓関係雑誌集成』, 『特審月報』, 『占領期雑誌資料大系(大衆文化編·文学編)』, 『田健治郎日記』, 『新亜細亜』, 『日本植民地文学精選集(朝鮮編·南洋群島編·樺太編)』, 『映画検閲時報』, 『映画公社旧蔵戦時統制下映画資料集成』, 『伊藤博文文書』, 『木戸孝允関係文書』, 『木戸幸一日記』, 『朝鮮憲兵隊歴史』, 『植民地帝国人物叢書(朝鮮編·満洲編·台湾編·解題)』, 『朝鮮総督府及所属官署職員録』, 『靖国神社忠魂史』, 『在日朝鮮人関係資料集成(戦前編·戦後編)』, 『内閣調査室海外関係史料「焦点」』, 『学園評論』, 『守礼の光』, 『今日の琉球』, 『朝鮮戦争下公安関係資料』, 『文教時報』, 『文教の朝鮮』, 『沖縄教育』, 『文化生活 文化普及会版』, 『占領下の奄美·琉球における教員団体関係史料集成』, 『戦後初期沖縄開放運動資料集』, 『旅行満洲』, 『コレクション·モダン都市文化』, 『会館芸術』, 『戦後博覧会資料集成』, 『買売春問題資料集成戦(前編戦)』, 『同時代史』, 『新異國叢書』, 『植民地朝鮮下におけるハンセン病資料集成』, 『植民地教育史研究年報』, 『地域のなかの軍隊』, 『北海道立文書館所蔵 戦後千島関係資料』, 『満洲総合文化雑誌 藝文 第1期 (全22巻)』, 『外務省茗荷谷研修所旧蔵記録 戦中期植民地行政史料教育·文化·宗教篇』, 『社史で見る日本経済史』, 『近世日本国民史』, 『日本人』, 『日本及日本人』, 『亞細亞』, 『帝國靑年』, 『公文別録』, 『戦後日本共産黨關係資料』, 『外務省茗荷谷研修所旧蔵記録戦中期植民地行政史料教育·文化·宗教篇』 외다수.

(전근대 관련으로는 『新訂増補 国史大系』, 『平安遺文』, 『鎌倉遺文』, 『新訂増補故実叢書』, 『増補続史料大成』 등도 있다)

이들 자료는 모두 일본학도서관에서 채택한 일본십진분류법(Nippon Decimal Classification; NDC)에 의해 분류되어 일본의 국립정보학연구소가 제공하는 일본최대의 종합목록 NACSIS-CAT 와 본교 일송도서관이 사용하는 TULIP 시스템에 양방향 등록하여 한국어와 일본어로 온라인목록을 구축하고 있다. 그리고 신문 자료 중『京城日報』하고『京城新報』는 일송도서관 전산망을 통해서 본교 교직원에게 공개되고 있으며, 등록이 되어 있으면 자택 등 교외에서도 지면(紙面) 열람까지 가능하다. 반면에 저작권의 엄격한 제약에 의해『요미우리신문(読売新聞)』,『아사히신문(朝日新聞)』,『近代沖縄新聞集成』은 연구소 내 전용 단말기를 통해 이용할 수 있도록 갖추고 있다. 참고로 『요미우리신문』은 1874년 창간호부터 1980년대까지 모든 지면에 대해서 자유롭게 문자열 검색을 할 수 있으며,『아사히신문』은 전체에 대해서 검색과 열람을 할 수 있다. 이 외에 메이지시대부터 현재까지 일본 국내의 모든 재판 판례에 대한 검색을 할 수 있는 TKC 데이터베이스도 이용도 가능하다.

이상의 일본학도서관 소장 자료는 새로운 도서 입고로 지속해서 확충될 것이며, 매년 늘어나는 도서로 인해 발생하는 공간 문제 등의 현안이 없는 것은 아니나, 연구소와 도서관을 결합한 연구소의 새 발전모델을 계속 유지, 발전시킬 것이다. 여기에 완간에 이르면 총 19권이 되는『아사히신문 외지판 기사명 색인』이 일본학도서관 장서의 일부로서 자리를 차지하게 된다.

이상에서 본 일본학도서관 운영은, 연구소는 단순히 논문 생산에만 주력할 것이 아니라, 사회와 학계에 知(지)를 발신해서 지적 인프라 구축에 적극적으로 역할을 담당해야 한다는 생각에 의한 것이다. 일본학도서관이 첫 번째 기둥이었다면, 두 번째 기둥이 일본학 데이터베이스 구축이다. 위에서 언급한『京城日報』하고『京城新報』,『요미우리신문(読売新聞)』,『近代沖縄新聞集成』, TKC 판례 데이터베이스 등은 데이티베이스라 할 수 있는데, 연구소가 직접 생성하는 일본학 데이터베이스가『아사히신문 외지판 기사명 색인』DB이다.『아사히신문 외지판 기사명 색인』이 1935년까지 완간되면, 1915년부터 1945년까지 일제강점기 30년에 대한『아사히신문 외지판』중 남선판·조선판 데이터를 가공해서 연구소 홈페이지에 자유문자열로 검색이 가능한 시스템을 구축해서 제공할 계획이다. 2008년부터 시작한 이 작업이 15년 동안 지속되어, 30년 동안 식민지 조선 내 일본인 사회에 공급된 신문의 기사명 색인을 모두 검색할 수 있게 되는 것이다.『아시히신문외지판』을 모두 갖춘 곳도 국내에서 본 연구소 일본학도서관이 유일한 것으로 안다. 연구소 일본학도서관에서 많은 연구자가 필요한 기사 본문을 검색하는 날을 상상해 본다.

이러한 본 연구소의 학계는 물론 사회에 대한 기여 활동이 국내 일본연구, 일본학의 기초를 튼튼하게 하는 데 미력하나마 일익을 담당할 수 있기를 기대한다.

2. 「조선판」 제11권의 구성·내용과 제작 일지

1) 1932년이라는 해

1931년은 '만주사변'(중국명: 九一八事變)의 파괴력과 영향력이 한해를 뒤덮었다고 할 수 있다. 만주사변은 단순한 무력 충돌이 아니라, 동아시아가 대일본제국에 의해서 전쟁과 침략의 시대로 접어드는 기폭제가 된 사건이었으며, 암울한 전쟁이라는 광기의 역사가 시작되는 시발점이 되었기 때문이다.

그렇다면 1932년은 어떠한 해였을까? 1932년에 일어난 주요 사건을 게시하면 다음과 같다.

01.01. 장제스(蔣介石)의 난징(南京) 정부와 왕자오밍(汪兆銘)의 광둥(廣東) 정부가 통일정부인 신국민정부 수립에 이름.

01.07. 미국이 일본과 중국에 일본의 만주 점령 불승인하는 스팀슨 독트린을 통보

01.08. 이봉창(李奉昌) 의사, 사쿠라다문(桜田門) 밖에서 천황이 탄 마차에 폭탄 투척해서 살해하려 하나 미수로 그침. 이 건으로 이누카이(犬養) 수상 사표 제출하나, 천황의 만류로 유임.

01.18. 상하이에서 니치렌종(日蓮宗)의 일본인 탁발승이 피습되어 2명이 중상, 1명이 사망. 상하이사변의 원인이 됨.

01.28. 1월 18일 사건이 원인이 되어 상하이사변 발발. 중국과 일본군이 상하이에서 충돌.

02.05. 관동군이 북진, 하얼빈을 점령함.

02.09. 차기 총재의 유력후보인 민정당 이노우에 준노스케(井上準之助)가 혈맹 단원 오누마 마사시(小沼正)에 의해 사살됨.

02.15. 일본 육군이 상하이 상륙을 완료.

02.16. 관동군 참모 이타가키 세이시로(板垣征四郎) 외에, 펑톈성(奉天省) 정부, 헤이룽장성(黑竜江省) 정부, 지린성(吉林省) 정부 대표가 펑톈(奉天)에서 만주국 건설을 위한 신국가건설회의 개최.

02.18. 내외에 만주국의 '독립'을 선언. '오족협화(五族協和)', '왕도극락(王道楽土)'을 건국 이념으로 함.

02.20. 일본군이 중국에 대한 총공격 개시.

03.01. 푸이(溥儀)를 집정으로 하는 만주국 건국.

03.03. 상하이 파견군 사령관 시라가와(白川) 대장이 정전 성명

03.09. 푸이, 만주국 집정으로 취임

03.12. 일본 정부, 『만몽문제처리방침요강』을 결정. 내용은 만몽지방을 "제국의 러시아와 지나(支那, 중국)에 대한 국방의 제1선으로 삼으며, 외부로부터의 교란을 허용하지 않음"임.

04.15. 중국에서 마점산(馬占山)이 항일 계속을 선언

04.24. 나치스가 독일 각 주에서 있었던 선거에서 승리

04.29. 윤봉길(尹奉吉) 의사가 상하이에서 열린 천황 생일을 축하하는 이른바 '텐쬬세쓰(天長節)' 행사장에서 폭탄 투척. 상하이 파견군 시라가와(白川義則) 사령관 등 중상을 입고 후에 사망.

05.05. 상하이사변에서 시작된 중·일 충돌에 대한 정전협정이 조인됨.

05.15. 일본 해군 청년 장교와 육군 사관후보생 9명이 수상관저를 습격해서 이누카이 쓰요시(犬養毅) 수상을 사살. (5.15사건)

05.16. 내각 총사퇴. 정당정치가 끝남.

05.21. 에도를 대표하는 극단(극장) 중 하나인 이치무라좌(市村座)가 불타 소실됨.

05.26. 거국일치 내각 사이토 마코토(斎藤実) 내각 출범.

05.31. 상하이사변으로 파견된 일본군 철수가 완료.

06.15. 만주중앙은행(満州中央銀行) 설립(자본금 3,000만엔), 일본이 출자. 주요기능은 만주국 자금의 관리 및 금융시장 장악 등.

06.29. 경찰청에 사상범을 색출하기 위한 특별고등결찰부(특고)가 설치. 각 현에서도 특고과 설치됨.

07.10. 일본공산당 기관지 『아카하타(赤旗)』 특별호에 『일본 정세와 일본공산당의 임무』(1932년 테제, 코멘테른)를 게재. '천황제 타도'를 주장.

09.15. 일본이 만주국을 정식으로 승인(일·만의정서). 군부 주도로 만주의 식민지지배 강화.

10.02. 일본 외무성이 만주사변으로 파견한 국제연맹 조사단이 작성한 리튼(Lytton) 보고서 발표

10.03. 만주국 건설부대 제1차 무장 이민단 416명이 도쿄를 출발.

10.30. 대일본국방부인회(大日本國防婦人會) 결성.

11.08. 프랭클린 루스벨트, 미국 대통령 당선

12.10. 조선소작조정령이 시행

12.20. 조선에서 산미증식계획이 중지됨.

이상에서 개괄한 1932년을 살펴보면, 대일본제국의 팽창주의, 군국주의, 식민주의가 그 중심에 있다는 점에서 만주사변을 일으킨 1931년의 상황이 거의 그대로 이어가고 있다는 것을 알 수 있다. 그리고 만주국 건설이라는 사건이 대일본제국에서 볼 때는 가장 중요한 성과이며, 일본 입장에서는, 역사를 거슬러 올라가 도요토미 히데요시가 조선을 침략해서 대륙으로 진출하려 했던 침략의 역사를 드디어 달성한 한해였을 것이다.

【그림1】 만주국 황제 아이신기오로 푸이

만주국은 대일본제국이 만주사변으로 점령한 랴오닝성(遼寧省), 지린성(吉林省), 헤이룽장성(黑竜江省)을 중심으로 하는 만주(滿洲)에 내몽고, 러허성(熱河省)을 영토로 하는 대일본제국의 괴뢰정부였다. 영화『마지막 황제(The Last Emperor)』(1987)를 통해서 대중에도 많이 알려진, 청나라 제12대 마지막 황제(재위기간: 1908.12.2.~1912.2.12.) 아이신기오로 푸이(愛新覺羅 溥儀)는 만주국 황제였으며, 1932년에 만주국 집정(執政, 3월 9일~1934년 3월 1일)이 되고, 1934년 3월 1일부터 1945년 8월 18일까지 만주국 황제로 재위한다. 1931년 만주사변 때 대일본제국 육군의 도움으로 텐진(天津)을 탈출했으며, 그때 만주국 수상으로 취임해달라는 대일본제국의 요청을 이미 수락하는 등, 대일본제국의 괴뢰정부라는 이름의 실질적으로는 대일본제국의 식민지라고 보아도 될 것이다. 만주사변으로 대일본제국이 만주국 일대를 점령하게 되자, 관동군이 주도하는 대로 만주에서 중화민국으로부터 독립을 선언한 것이 만주국인 것이다. 이 만주국은 일본인, 한인(漢人), 조선인, 만주인, 몽고인이라는 다섯 민족인 '오족(五族)'이 서로 협력하며 하나가 된다는 '협화(協和)'와 아시아적인 이상국가인 '낙토(樂土)'를 서양의 무(武)에 의한 통치인 '패도(覇道)'가 아닌 동양의 덕에 의한 통치 '왕도(王道)'로 이룬다는 것을 국가건설의 이념으로 하고 있다. 바로 '오족협화(五族協和)'와 '왕도낙토(王道樂土)'이다. 물론 오족의 실질적인 지배자는 일본인이며, 아시아적인 이상국가인 '낙토'의 설계와 '왕도'에 의한 통치 주체는 대일본제국이었다.

1945년 5월 8일 제3제국 나치스 독일이 항복하자, 소련은 7월 26일 '일본에 대한 항복 요구에 관한 최종 선언'(포스담선언)을 제시하고, 8월 8일에는 대일본제국에 대한 선전포고를 통해서 1941년 4월 13일 체결한 일·소중립조약을 무시하는 행보를 보였다. 소련군에 의한 관동군에 대한 공격은 대일본제국과 만주국 모두에게 큰 위협이 되었다. 실제로 만주국 방위를 책임지고 있던 관동군은 1942년 이후에 병력증강이 없었고, 그 이후에는 태평양전쟁으로 인한 전선의 확대로 남방으로 병력이 차출되어 전력이 약해진 상태여서 국경 부근에서 전멸하고 만다. 결국, 푸이는 천황 히로히토의 항복 방송 3일 뒤인 1945년 8월 18일에 퇴위하고 만주국은 역사 속에 사라졌다. 푸이는 패망한 대일본제국으로 망명길에 오르던 중, 소련군에 포로가 되었으며, 1950년에 중화인민공화국에 신병이 넘어가서 푸순(撫順) 전범관리소에 수용된다.

한편 조선과 국경이 멀지 않는 지역에는 조선인도 많이 거주하고 있었으며, 역사적으로도 만주족과 교류가 있었기 때문에 건국 당시 대일본제국의 식민지였던 한반도에서도 많은 조선인이 만주국에 이주했으며, 『滿洲帝国現住人口統計(職業別編)』(국무원 총무청 통계처, 1942년)에 기록된 일본인 2,128,582명 중 130만 9천 명은 조선인이다. 간도문제와 함께 당시 만주국과 그 주변에 거주했던 조선인의 실태에 대한 조사가 진행되어야 하는데, 이데올로기라는 괴물에 점령된 냉전체제와 그에 예속되는 전쟁과 분단이라는 어두운 현실 때문에 충분한 조사를 하지 못한 아쉬움이 오늘날까지 이어오고 있는 것이 동아시아의 역사이기도 하다.

2) 「조선판」이 보도하는 1932년: '만주국' 건설

1932년『아사히신문 외지판』에서도 가증 큰 비중을 차지하는 것은 '만몽', '만주국'이다. 그 다음에 '간도(間島)', '비적(匪賊)', '병비(兵匪)', '공비(共匪)', '마적(馬賊)' 등을 포함한 '조선군(朝鮮軍)' 그리고 '선농(鮮農)' 등으로 표현되는 간도 또는 만주 지방에 거주하는 조선인 농민과 '재만주 조선인'이다.

대표적인 주요 기사를 제시하면 다음과 같다.

> 01.06. 평양은 군사상 중요한 곳이다
> 　　　　피난민에 대한 처리와 금후 만몽이민대책
> 01.07. 회령을 중심으로 전차(戰車) 연습, 10일부터 1주일 동안
> 01.08. 만주에 있는 조선군
> 　　　　평양부대의 명예의 전사자, 사상자
> 01.09. 조선부대의 새 입영병, 부산 상륙, 영지로 향하다
> 01.12. 진시(錦西)에서 명예로운 전사, 고가(古賀) 기병연대장, 일러전쟁 때 유공자
> 01.15. 사단 증설의 급선봉은 평양,
> 01.16. 만주사단 증주(增駐)에 조선 이주(移駐) 저지는 불가, 평양에서 격문을 날려서 全鮮的

으로 맹운동

01.17. 평양에 사단을 노골적으로 요망

01.19. 남선(南鮮)보다 서선(西鮮)이 타당, 국경, 가상적국 외에 내한훈련(동계훈련)을 보아도 진저우(錦州)에서 빛나는 피범벅이 된 일장기, 진저우성(錦州城)에 제일 먼저 입성한 北鮮 여단

01.20. 내한훈론은 평양이 최적지, 이조시대 평양은 군대의 중심 도시

01.22. 내선합작에 의한 학생층 불온운동(不穩運動), 대구서에서 검거한 프롤레타리아 과학 사건, 내선 학생 9명

01.26. 재만선인(在滿鮮人) 구제는 무조건 실현한다

01.27. 학교를 증설해서 재만선동(在滿鮮童)을 교육, 구제계획의 한 부분으로서 시작은 지린 성부터

01.29. 청주에서 시국대강연회

신만몽국가 기원절 당일 첫발을 내딛다, 벌써 축하 준비를 시작

01.30. 만몽의 화폐통일은 은으로 해야 한다. 만몽경제시국 좌담회

02.02. 선만경제시국좌담회2, 앞으로의 일본과 만몽과의 경제적 관계, 만철은 어떻게 되는가? 만몽과 조선과의 경제적 연쇄는 조(粟)

02.04. 선만경제시국좌담회3, 국경을 rocur해서 만주로 북진하여라, 조선인이 바라본 만몽

02.05. 소란이 한창인 만주에서 보인 눈물겨운 내선융화

02.06. 만주사변이 확대·악화되면 북선(北鮮) 개척은 보류

02.10. 애국기(愛國機) 조선호(朝鮮號) 건조 헌금이 속속 모이다. 평양지방에 넘쳐나는 이 감격

02.11. 만주를 실지 조사해서 선농(鮮農) 구제책을 세우다, 총독부 농무과에서 시찰원을 파견

02.12. 만몽을 목표로 하는 부산의 상공업자, 시찰단 파견 결정

02.14. 4개 성 사람들은 만몽신국가 건설을 마음으로부터 기뻐하며 그 전도를 크게 대망

02.17. 문제의 간도를 조선의 연장으로 만몽신국가건설회의에서 결정한다고, 만주에서 돌아온 이케다(池田) 경무국장 말하다.

02.19. 만선개발문제좌담회4 관세문제를 어떻게 할 것인가?

02.20. 피로 물든 국기와 편지, 내선 아동이 낫또와 달걀을 사서 나라에 헌납하는 눈물겨운 노력

02.22. 사범학교 교사를 중심으로 한 학생비밀결사 폭로, 대구사업의 교사, 생도 검거

02.23. 우리 군용기, 간도를 정찰, 중국군 크게 당황

새 국가가 탄생해서 생활의 안정을 얻을 수 있다고 만몽 3천만 민중이 감격해서 기쁨을 말하다.

02.26. 그것은 인식부족이다, 만몽에 신국가가 생겨도 경기는 급속도로 좋아지지 않는다
간도를 조선의 연장으로 보는 데는 동감, 간도에서 우시지마(牛島) 내무국장 말하다.

02.28. 조선 경찰을 간도로 연장, 총독부가 조만간에 교섭을 시작

03.02. 적은 250명, 아군은 겨우 20여 명, 병비(兵匪) 토벌에 결사적 활동을 벌인 조선 경찰관의 늠름한 모습(勇姿).

03.03. 조선인이 이주할 만주 각지에 소학교를 세우다, 이주할 鮮農 자제의 교육시설, 총독부의 구체안 완성.

03.08. 신흥 만주국의 전도를 축하한다.

03.10. 총독부 출장소, 만주에 건설되다, 중앙정부와 교섭 중

03.11. 재만선인(在滿鮮人) 사업은 동아권업(東亞勸業)에서 통할(統轄)하다. 차제에 증자를 단행해서 대대적으로 이민도 장려

03.12. 총독부 만주출장소, 실현은 6월쯤일까? 출장소는 펑톈(奉天)에

03.18. 반드시 간도를 조선의 연장으로, 곧 만주국 정부에 총독부가 교섭을 시작

03.20. 앞으로의 만몽은 각 민족이 활약할 무대다, 경쟁도 심할 것이다.

03.22. 조선 물산의 만주 진출책, 통제적으로 조선 상품판로 개척, 경성상의(京城商議)의 새 계획

03.25. 각 단체가 제휴해서 전체 간도에 대한 교란을 꾸미다. 엄청난 배일 무장봉기

03.25. 조선신사령(朝鮮神社令), 드디어 올해 안에 발포되다.

03.30. 여전히 소란스러운 간도의 정세, 이번에는 공세적 태도로 바꾸어 적단(賊團)을 일소하다.

04.03. 비적(匪賊)의 월경, 토벌은 조선경찰 손으로 한다, 총독부와 외무성의 교섭 일단락되다.

04.05. 만주에 출동한 경기경관대 개선하다.

04.06. 총독부의 지불, 2개월 동안 정지, 쇼와 7년(1932년)도 실행예산 확정되지 않아서, 국비사업은 돈좌(頓挫).

04.08. 귀순한 마적(馬賊)으로 병비(兵匪)를 토벌시키다.
용감하게 활약하는 간도 파견부대.
만주국 기초 확립이 당면 과제

04.09. 간도 파견 황군(皇軍)의 위용.

04.12. 전란 속 간도 사진뉴스

04.14. 연합함대 40척 위풍당당 인천항 입항.

04.16. 조선인 100만 명을 만주국에 이주시키다, 내년부터 2만 호씩 보내다, 이민회사도 설립

04.19. 일만 남녀 학생 교환운동회, 5월 안동현에서 열리다

04.21. 무훈 빛나는 조선부대, 드디어 26일 개선하다

04.22. 대학 교수들이 만주에서 자원 조사

러시아는 국경에 병력을 속속 집결시키다, 러시아령에서 인양하는 일본인 청진에 상륙해서

04.23. 무훈 빛나는 개선일, 26일의 평양,

04.24. 만주 현황과 만철(滿鐵) 개조를 중심으로 오사카의 선만시찰단(鮮滿視察團)을 맞이해
서, 경성에서 개최한 좌담회

04.29 600명의 병비(兵匪)를 겨우 12명으로 격퇴하다, 우리 조선군은 정말 강하다

총독부출장소, 신경(新京)에 설치하다, 주요지역에 파출소를 설치

04.30. 내선과 만주를 잇는 교통기관 점차 충실해지다

05.06. 선만지(鮮滿支)에 걸쳐서 공산당을 조직, 조선공산당의 거물 김찬결(金燦結) 유죄공
판에

05.10. 무훈 빛나는 연대기를 앞세우고, 나카지마(中島)부대 평양에 개선, 11일 그리운 원대
에 복귀

05.11. 신흥 만주국은 농업이민이 적합하다, 홋카이도나 가라후토(樺太, 사할린 남부)보다 유리

05.17. 이누카이 수상 흉습(兇襲)의 빅뉴스로 사람들 가슴에 시커먼 소용돌이가, 국가의 일대
손실, 유감 더할 나위 없다, 깊은 책임을 통감한다, 국민총동원으로 화근을 제거해라

05.19. 폭력행위에 의한 급전환, 단호하게 배척했어야 했다

05.24. 10개년 계획으로 조선인 100만을 신천지 만주에 이주시키다, 총독부의 이민계획 대
강 결정

06.02. 신흥 만주국의 인식을 심화, 황군이 분투한 전적지를 생각하다.

06.05. 간도 곡산(穀産)의 산업5개년 계획

06.08. ○○운동의 거두, 안창호 호송되다

06.12. 소수 병력으로 연전연승의 파죽지세, 압록강 대한 비적(匪賊) 토벌

06.16. 수백 리 전선에서 분전 또 분전, 수십 배에 이르는 비적(匪賊)을 완전히 위압, 황군
(皇軍)의 위무(威武)를 빛내다

06.17. 병비(兵匪), 공비(共匪), 마적(馬賊)의 현재 세력은 약 6,000

06.23. 신만주국으로부터 어여쁜 소녀 사절, 일본 최초의 환영진

06.25. 재만 조선동포의 적극적 발전을 꾀하다, 이제 조만간에 실행을 착수

06.30. 만주 하늘에서 펄럭인 대국기(大國旗, 일장기), 오다, 애국조선 2호기 기념품, 부산 소년단이 보관.

07.12. 젊고 아름다운 여성 무리가 극을 통해서 일·만(日·滿) 친선을 실현하다, 만주국 원수 방문 때 여성 답례사(答禮使)

07.17. 만몽을 향해서 학생단 쇄도, 도중에 평양시찰단이 증가

08.04. 만주국 사정 및 전적지 시찰단 모집 (회비, 금 202엔, 船車 2등)

08.28. 수십 배에 이르는 비적을 분쇄, 수훈 빛나는 와다(和田) 중대

09.01. 바로 뒤에 있는 적, 비적(匪賊)과 호역(虎疫, 콜레라)

09.02. 공산계 조선인이 병비(兵匪)에 혼입됨, 그 숫자 1,600명, 우리 토벌군을 고민케 하다

09.06. 늘어진 분위기를 일소해서 신흥 조선을 건설, 전 조선에 일대 정신작흥운동(情神作興運動), 학무국의 계획 완성

09.08. 만주사변 1주년 기념일, 만주국에 대한 인식을 심화하고 전몰자 영령을 위로, 부산에서도 유의한 각종 행사 열림.

09.15. 재만 조선인에 대한 적극적 보호시설, 만주국의 출현을 계기로 도움의 손길을 뻗다.

09.30. 재만 선농(鮮農)의 안주를 꾀하다

10.18. 조선맥주회사 설립 구체화됨, 공장의 원료는 조선산을 사용, 자본금은 500만엔.

10.26. 만주국 탄생으로 급격한 호성적, 철도국 수입 조사 결과

11.03. 황군(皇軍)의 무위(武威)로 국경이 평정을 회복, 조선인 농민들 대안(對岸)으로 속속 귀환

11.23. 사범 졸업생, 만주에 진출, 재만조선인 교육을 위해서, 취업난은 해소되나? (평양)

11.30. 공비 잔당, 교묘하게 땅을 파서 은둔, 소부대로 나뉘어 잠행, 우리 토벌대 고심

12.14. 경성제대에 탄생한 만몽문화연구회, 두 부문으로 나뉘어 학술적 연구, 회장은 야마다 (山田)동 대학 총장

12.16. 일·만부인교환회 (안동현)

12.17. 통일되는 카페 단속규칙(取締規則), 전등은 밝게, 특별실 설비는 엄금, 곧 전 조선에서 실시.

12.27. 오는 봄 4월, 총독부 박물관에 고대문화의 꽃 피우다, 2000년 전의 화장용 솥도, 낙랑고분의 출토품.

【그림2】 위는 사이타마현(埼玉県) 가미사토쵸(上里町)에서 출발한 만주개척단, 아래는 척무성이 모집한 만주농업이민 모집 공고.

전체적인 흐름은 핵심에 만주국 건국이 자리하고, 그 전후에 벌어지는 중국 측 저항에 대해서 '비적(匪賊)', '병비(兵匪)', '공비(共匪)' 등으로 비하하면서 처치해야 할 대상과 토벌군 파견을 통한 승리와 개선까지 하나의 패키지를 보여주고 있다. 여기에는 대륙에 만주국을 건설함으로써 마침내 아시아를 완전히 손에 넣은 대일본제국의 위용이라는 기본골격이 자리하고 있다.

그런데 만주국에 대한 이민/이주정책을 대일본제국이 적극적으로 추진해서 만주국의 기틀을 확고하게 하려는 노력을 보인다는 점에서도 만주국이 대일본제국의 괴뢰정권임을 알 수 있다. 구체적으로는 1월 6일자 "전쟁 피난민과 이들에 대한 만몽이민대책", 3월 3일자 "조선인이 이주할 만주 각지에 소학교를 세워서 이주할 조선인 농민의 자제를 위한 교육 인프라를 구축한다는 총독부의 계획 완성", 4월 16일과 5월 24일자 "조선인을 매년 2만 호씩 총 100만 명을 만주국에 이주시키려는 계획", 5월 11일자 "신흥 만주국은 농업이민이 적집하며, 홋카이도나 가라후토(樺太)보다 유리하다", 10월 3일자 "만주국 건설부대 제1차 무장 이민단 416명이 도쿄를 출발" 등이다. 거리적으로 가까운 조선인을 대거 이주시키려는 계획은 물론이고, 내지에서 무장 이민단을 파견하는 등 정책적으로 상당히 중요한 우선순위가 있었음을 알 수 있다.

특히 만몽개척단이라 불리는 집단이주와 관련해서는 근래에 많은 연구가 진행되고 있으며, 대일본제국이 패망한 후에 일본 정부가 시행한 자국민 귀환 사업 즉 '히키아게(引揚, 인양)'라는 정책의 일부로서 조명을 받기도 했는데, 우리로서는 강제로 연행되거나 강제 이주를 당한 한국인/조선인에 대한 귀환 사업은 우리가 중국 또는 러시아와 국교를 수립하는 데 많은 시간이 걸려서 늦어졌다는 점, 재일교포/한국인에 대한 문제가 우선되었다는 점, 대한민국이 자국민 귀환에 집중할 국력과 외교 역량이 부족했다는 점 등 다양한 문제가 복잡하게 얽히는 상황에서 많은 현실적 난관이 이를 방해했다는 점에 대해서도 우리는 알아야 할 것이다.

그리고 지적하지 않을 수 없는 것은 1월 8일에 이봉창(李奉昌) 의사가 도쿄 사쿠라다문(桜田門) 밖에서 천황이 탄 마차에 폭탄 투척해서 살해하려 한 사건은 보도되지 않았으며, 이 사건에 책임을 지고 이누카이(犬養) 수상이 사표를 냈으나, 천황에 의해서 보류된 내용도 언급되지 않았다. 이 외에도, 4월 29일에 윤봉길(尹奉吉) 의사가 상하이에서 열린 천황 생일을 축하하는 '텐쵸세쓰(天長節)' 행사장에서 폭탄 투척. 상하이 파견군 시라가와(白川義則) 사령관 등 중상을 입었고 후에 사망한 사건에 대해서도 보도하지 않고 있다. 천황의 생일을 축하하는 '텐쵸세쓰'라는 말 자체가 기사화되지 않는 것이 정상은 아니다. 이는 6월 8일자에 안창호 선생에 대한 기사에서 "○○운동의 거두"라고 한 것처럼, '독립'이라는 두 글자가 검열에 의해서 은폐된 것이다. 대한국인/조선인이 간절히 바라는 '독립'이라는 두 글자는 대일본제국과 그 식민권력에게는 너무나도 자극적이고 두렵고 조심스러운 두 글자였던 것이다.

『아사히신문 외지판』이라는 신문의 보도 자세에 권력의 의지가 얼마나 깊게 관여하고 있는지를 엿볼 수 있는 대목이다. 이봉창 의사, 윤봉길 의사 관련 기사를 내보내지 않는 것은, 조선인에 의한 천황 암살 시도가 '독립'이라는 두 글자보다 훨씬 파괴력이 강하고 충격적인 사건이었기 때문일까?

어쨌든 이상이 『아사히신문 외지판』이 보도한 1932년이다.

결국 1932년은 1931년에 대일본제국이 일으킨 만주사변으로 시작된 대륙에 대한 진출을 군사력으로 강행해서 위성국가 만주국을 건설해서 만몽(滿蒙) 지역을 실질적인 대일본제국의 영향 아래에 누기 위한 군사작전을 마무리하는 한해였다고 볼 수 있다.

3) 제작 일지

한림대학교 일본학연구소 일본학DB 사업의 일환으로 〈한림일본학자료총서〉로서 간행되는 『아사히신문 외지판(조선판) 기사명 색인』 통권 제16권, 「조선판」 제11권(1931.1~1931.12)은 연구소장이 총괄 및 전체 조율을 담당하고, 심재현 연구원/사서가 색인 추출작업과 출판간행을 위한 전체 구성에 대한 편집 작업 그리고 연구보조원과의 작업설계를 담당하였다.

그리고 본교 학부생으로 구성된 본 연구소 연구보조원이 장기간에 걸친 데이터 입력 작업과 신뢰성 확보를 위한 총 세 차례에 걸친 검증작업을 통해서 오타 등을 최소화해서 완성도를 높이는 노력을 경주하였다. 작업 참가자 및 작업일지는 다음과 같다.

· 1차 입력 및 1·2차 검수

　김건용(13), 김은경(18), 김주영(20), 김채연(17), 김혜진(18), 박상진(13), 백소예(15),
　안덕희(16), 안소현(17), 유혜연(18), 이예린(17), 이하림(17), 장덕진(13), 조성석(16),
　조지혜(19), 최평화(16)

· 3·4차 검수

　김은경(18), 김채연(17), 김혜진(18), 문희찬(16), 설수현(19), 안덕희(16),
　안소현(17), 이하림(17), 조성석(16), 조지혜(19)

· 색인어 일련번호 추출

　김선균(19), 김세은(19), 김은경(18), 김혜진(18), 김희연(19), 박종후(21),
　백지후(22), 신현주(20), 윤영서(21), 이하림(17)

마지막으로 이 책을 간행에 일본국제교류기금(JapanFoundation)이 함께 해주었다. 깊이 감사드린다.

3. 데이터 현황

『아사히신문 외지판 (조선판) 기사명 색인』은 데이터 검색을 쉽게 할 수 있도록 모든 기사에 일련번호를 부여하고 있으며, 이번 권에서는 216060~231703을 수록하였다. 색인어는 일본어 한자음을 가나다순으로 정리하였으며, 총 2,027개이다.

朝日新聞 外地版(조선판) 기사명 색인 제11권 1932.01.~1932.12.
범 례

1. 본 DB는 『朝日新聞 外地版 朝鮮朝日』 중 1932.01.~1932.12.의 기사를 대상으로 하였다.

2. 본 DB는 일련번호, 판명, 간행일, 면수, 단수, 기사명 순으로 게재하였다.

3. 신문이 휴간, 결호, 발행불명인 경우 해당날짜와 함께 休刊, 缺號, 發行不明이라 표기하였다.

4. 기사명 입력은 원문의 줄 바꿈을 기준으로 '/' 로 구분을 두었다.

    예) 關東廳移置問題

    　　旅順より大連へとの議

    　　第一困難なるは廳舍舍宅の設備 (이하 기사 본문)

    　　　→ 關東廳移置問題/旅順より大連へとの議/第一困難なるは廳舍舍宅の設備

5. 광고 및 訂正, 取消, 正誤 등 신문내용의 수정을 알리는 기사, 라디오 방송 기사는 생략하였다.

6. 연재물기사(번호와 저자명이 기입된 기사)는 '제목(편수)/저자명'의 형태로 입력하였다. 이때 이어지는 부제목은 생략하였다.

    예) 朝鮮道中記(57) 貴妃の靈に遭ふ 顔が四角で腕が達者 これが大邱一番の歌ひ女 大阪にて瓢齊 (이하 기사 본문)

    　　　→ 朝鮮道中記(57)/大阪にて瓢齊

7. 연관기사(연계기사)는 '기사명1/기사명2/기사명3'의 형태로 표시한다. 이때 하나의 기사명 내에서는 상기의 문장 끝맺음 표시인 '/' 대신 '스페이스(공백)'를 사용하였다. 또한, 기사명 전체를 이텔릭체(기울임꼴)로 변환하였다.

    예) 朝鮮の土を踏むのは今度が最初 家內に敎はる積り机上の學問は駄目 何の事業も無く慚愧の至りです (이하 기사 본문)

    　　　→ *朝鮮の土を踏むのは今度が最初 家內に敎はる積り机上の學問は駄目 何の事業も無く慚愧の至りです*

8. 기사명의 내용과 문맥이 이어지는 기사는 '상위 기사명(하위 기사명/하위 기사명)' 형태로 입력하였다. 이때 하위 기사명의 구분은 '슬래시(/)'를 사용하였다.

9. 괄호로 묶어서 입력한 하위 기사명은 '슬래시(/)'로 구분하였다.

    예) 米穀收用と影響 朝鮮の各地方に於ける 大邱地方 釜山地方 金泉地方 浦項地方 (이하 기사 본문)

    　　　→ 米穀收用と影響/朝鮮の各地方に於ける(大邱地方/釜山地方/金泉地方/浦項地方)

10. 신문기사에 있는 숫자, !, ?, ' ', " ", 「」 등의 기호는 모두 전각으로 입력하였다. 단, '( )'와 '슬래시(/)'는 반각으로 입력하였다.

11. 촉음과 요음은 현행 표기법에 맞게 고쳐서 입력하였다.

   예) ちょつと → ちょっと, ニュース → ニュース, 2ヶ月 → 2ヶ月

12. 기사명에 사용된 '◆', '……', '='와 같은 기호들은 생략하고 중점은 한글 아래아(·)로 입력하였다.

13. 원문에 약자로 표기된 한자는 정자로 통일하여 입력하는 것을 원칙으로 하였다. 단 오늘날 일본에서 쓰이는 이체자(異體字)는 원문대로 기입하였다.

14. 이체자(異體字) 중 PC에서 입력이 불가능한 경우 현재 통용되는 한자로 표기하였다.

아사히신문 외지판(조선판) 기사명 색인

1932년

1932년 1월 (조선아사히)

일련번호	판명		간행일	면	단수	기사명
216060	朝鮮朝日	南鮮版	1932-01-06	1	01단	*各地の新年/消防出初式*
216061	朝鮮朝日	南鮮版	1932-01-06	1	01단	避難民の始末と今後の滿蒙移民對策此の二つが大きな問題だと中村土改部長滿洲視察歸來談
216062	朝鮮朝日	南鮮版	1932-01-06	1	01단	せつめい(錦州に着いた咸興○○師團衛生隊)
216063	朝鮮朝日	南鮮版	1932-01-06	1	03단	*配水池一帶の衛戍候補地を調査す陸軍省兵務課長一行來邱大邱は更に猛運動す/平壤は軍事上重要の地だ平壤を視察の陸軍省兵務課長談*
216064	朝鮮朝日	南鮮版	1932-01-06	1	05단	釜山人の趣味(一)/ゴルフマンの渡邊知事さんとゴルフ株式會社案
216065	朝鮮朝日	南鮮版	1932-01-06	1	05단	錦州陷落の祝賀會平壤で開いた
216066	朝鮮朝日	南鮮版	1932-01-06	1	05단	本年の獻穀耕作地慶南と平南
216067	朝鮮朝日	南鮮版	1932-01-06	1	06단	滿鐵副總裁入城總督と會見
216068	朝鮮朝日	南鮮版	1932-01-06	1	06단	小さな事業だけは通過した歸鮮した林財務局長の話
216069	朝鮮朝日	南鮮版	1932-01-06	1	06단	府會の決議を取消して下さいと陳情
216070	朝鮮朝日	南鮮版	1932-01-06	1	06단	釜山取引所役員選擧六日に行ふ
216071	朝鮮朝日	南鮮版	1932-01-06	1	07단	鎭海神社御神寶下付
216072	朝鮮朝日	南鮮版	1932-01-06	1	07단	深度三百尺で湧量二萬石有望な東萊の新溫泉井
216073	朝鮮朝日	南鮮版	1932-01-06	1	08단	お客の變死
216074	朝鮮朝日	南鮮版	1932-01-06	1	08단	門司の女事務員殺し釜山で逮捕さる動かぬ證據を突きつけられて犯行一切を自白す
216075	朝鮮朝日	南鮮版	1932-01-06	1	08단	朝鮮商工會議所愈よ認可さる初代會頭も決定す
216076	朝鮮朝日	南鮮版	1932-01-06	1	08단	醫者を慘殺甘川の慘劇
216077	朝鮮朝日	南鮮版	1932-01-06	1	09단	拾った爆藥で重傷爆藥は自起黃
216078	朝鮮朝日	南鮮版	1932-01-06	1	10단	元日の强盜
216079	朝鮮朝日	南鮮版	1932-01-06	1	10단	五棟七戶全半燒す牧ノ島の火事
216080	朝鮮朝日	南鮮版	1932-01-06	1	10단	松の內の强盜
216081	朝鮮朝日	南鮮版	1932-01-06	1	10단	もよほし(互禮會/新年宴)
216082	朝鮮朝日	南鮮版	1932-01-06	1	10단	人(釜山金剛寺見田僧正、同寶藏團松永住職/林繁藏氏(財務局長)/伊達四雄氏(慶北內務部長)/鈴木沙奈夫氏(警察官講習所教授))
216083	朝鮮朝日	西北版	1932-01-06	1	01단	*各地の新年/消防出初式*

일련번호	판명		간행일	면	단수	기사명
216084	朝鮮朝日	西北版	1932-01-06	1	01단	避難民の始末と今後の滿蒙移民對策此の二つが大きな問題だと中村土改部長滿洲視察歸來談
216085	朝鮮朝日	西北版	1932-01-06	1	01단	せつめい(錦州に着いた咸興○○師團衛生隊)
216086	朝鮮朝日	西北版	1932-01-06	1	03단	配水池一帶の衛成候補地を調査す陸軍省兵務課長一行來邱大邱は更に猛運動す/平壤は軍事上重要の地だ平壤を視察の陸軍省兵務課長談
216087	朝鮮朝日	西北版	1932-01-06	1	05단	釜山人の趣味(一)/ゴルフマンの渡邊知事さんとゴルフ株式會社案
216088	朝鮮朝日	西北版	1932-01-06	1	05단	錦州陷落の祝賀會平壤で開いた
216089	朝鮮朝日	西北版	1932-01-06	1	05단	本年の獻穀耕作地慶南と平南
216090	朝鮮朝日	西北版	1932-01-06	1	06단	滿鐵副總裁入城總督と會見
216091	朝鮮朝日	西北版	1932-01-06	1	06단	小さな事業だけは通過した歸鮮した林財務局長の話
216092	朝鮮朝日	西北版	1932-01-06	1	06단	府會の決議を取消して下さいと陳情
216093	朝鮮朝日	西北版	1932-01-06	1	06단	釜山取引所役員選擧六日に行ふ
216094	朝鮮朝日	西北版	1932-01-06	1	07단	鎭海神社御神寶下付
216095	朝鮮朝日	西北版	1932-01-06	1	07단	深度三百尺で湧量二萬石有望な東萊の新溫泉井
216096	朝鮮朝日	西北版	1932-01-06	1	08단	お客の變死
216097	朝鮮朝日	西北版	1932-01-06	1	08단	門司の女事務員殺し釜山で逮捕さる動かぬ證據を突きつけられて犯行一切を自白す
216098	朝鮮朝日	西北版	1932-01-06	1	08단	朝鮮商工會議所愈よ認可さる初代會頭も決定す
216099	朝鮮朝日	西北版	1932-01-06	1	08단	醫者を慘殺甘川の慘劇
216100	朝鮮朝日	西北版	1932-01-06	1	09단	拾った爆藥で重傷爆藥は自起黃
216101	朝鮮朝日	西北版	1932-01-06	1	10단	元日の强盜
216102	朝鮮朝日	西北版	1932-01-06	1	10단	五棟七戶全半燒す牧ノ島の火事
216103	朝鮮朝日	西北版	1932-01-06	1	10단	松の內の强盜
216104	朝鮮朝日	西北版	1932-01-06	1	10단	もよほし(互禮會/新年宴)
216105	朝鮮朝日	西北版	1932-01-06	1	10단	人(釜山金剛寺見田僧正、同寶藏團松永住職/林繁藏氏(財務局長)/伊達四雄氏(慶北內務部長)/鈴木沙奈夫氏(警察官講習所教授))
216106	朝鮮朝日	南鮮版	1932-01-07	1	01단	此の難材料を果して消化し得るか半島財界注目の的となる新生の朝鮮取引所

일련번호	판명		간행일	면	단수	기사명
216107	朝鮮朝日	南鮮版	1932-01-07	1	01단	せつめい(四日鎮海神社に参拝した鎮海要港部、防備隊驅逐隊)
216108	朝鮮朝日	南鮮版	1932-01-07	1	02단	新財源を得て漸く息つく苦しかった大邱府
216109	朝鮮朝日	南鮮版	1932-01-07	1	02단	福岡救護班龍山衛戍病院で勤務する
216110	朝鮮朝日	南鮮版	1932-01-07	1	03단	密陽上水道いよいよ着工
216111	朝鮮朝日	南鮮版	1932-01-07	1	03단	慶北の漁村に高利貸が跳梁する資金苦の漁民はどしどし借込む前途が思ひ遣らる
216112	朝鮮朝日	南鮮版	1932-01-07	1	03단	舊臘辛うじて數千尾漁獲慶南の鰰と鱈不漁
216113	朝鮮朝日	南鮮版	1932-01-07	1	04단	人(倉知鐵吉氏(貴族院議員)/十川登氏(新任十九師團經理部長))
216114	朝鮮朝日	南鮮版	1932-01-07	1	04단	名譽の負傷した佐藤特務曹長
216115	朝鮮朝日	南鮮版	1932-01-07	1	05단	釜山人の趣味(二)/可愛いゝ舞踊に童心を求めて浦田白羊氏童踊研究
216116	朝鮮朝日	南鮮版	1932-01-07	1	05단	若し平壤に師團を置けば府として犠牲を拂ふか平壤にて陸軍當局の質問
216117	朝鮮朝日	南鮮版	1932-01-07	1	05단	朝鮮から布教師滿洲に増派
216118	朝鮮朝日	南鮮版	1932-01-07	1	05단	清津漁民大會
216119	朝鮮朝日	南鮮版	1932-01-07	1	06단	密陽支廳廢止阻止すべく陳情委員上京
216120	朝鮮朝日	南鮮版	1932-01-07	1	06단	何んと暖い京城のお正月街頭に渦卷く人出はもの凄い寒さを待つ人達は長大息の姿
216121	朝鮮朝日	南鮮版	1932-01-07	1	07단	釜山消防組出初式
216122	朝鮮朝日	南鮮版	1932-01-07	1	07단	會寧を中心に戰車の演習十日から一週間行ふ
216123	朝鮮朝日	南鮮版	1932-01-07	1	07단	平壤部隊觀兵式中止出動中にて
216124	朝鮮朝日	南鮮版	1932-01-07	1	08단	平壤義州間電話一日から開通
216125	朝鮮朝日	南鮮版	1932-01-07	1	08단	關釜聯絡船員が感激す一乘客の心づくし
216126	朝鮮朝日	南鮮版	1932-01-07	1	09단	釜山局管內の年賀狀昨年より增加
216127	朝鮮朝日	南鮮版	1932-01-07	1	09단	平南警官隊派遣中止
216128	朝鮮朝日	南鮮版	1932-01-07	1	10단	大邱警官寒稽古
216129	朝鮮朝日	南鮮版	1932-01-07	1	10단	安奉沿線に匪賊跳梁我各部隊出動
216130	朝鮮朝日	南鮮版	1932-01-07	1	10단	門司の女事務員殺し犯人六日門司に護送する
216131	朝鮮朝日	南鮮版	1932-01-07	1	10단	內地婦人身投自殺
216132	朝鮮朝日	南鮮版	1932-01-07	1	10단	昌慶苑の朝鮮馬坊ちゃん達を乘せ遊ぶ
216133	朝鮮朝日	西北版	1932-01-07	1	01단	春への跳躍教員を網羅し音樂研究會成る近く社會的進出を計劃多幸な平壤の樂壇

일련번호	판명		간행일	면	단수	기사명
216134	朝鮮朝日	西北版	1932-01-07	1	01단	電氣、水道事業の特別會計設が濃厚徹底的値下の前哨戰として渦卷く昨今の平壤
216135	朝鮮朝日	西北版	1932-01-07	1	02단	新春序曲平壤名士連の樣々な年賀の辭みな夫々に個性を表して春めく感興を誘ふ
216136	朝鮮朝日	西北版	1932-01-07	1	05단	平鐵運輸委員改選
216137	朝鮮朝日	西北版	1932-01-07	1	05단	地主二千名が平南道廳に押寄せ水稅不納決議を突付ける計劃警察が喰止に奔走
216138	朝鮮朝日	西北版	1932-01-07	1	06단	平壤の米價奔騰
216139	朝鮮朝日	西北版	1932-01-07	1	06단	若し平壤に師團を置けば府として犧牲を拂ふか平壤にて陸軍當局の質問
216140	朝鮮朝日	西北版	1932-01-07	1	07단	移轉費八萬圓負擔に難色平壤府廳舍新築問題
216141	朝鮮朝日	西北版	1932-01-07	1	07단	スケートで賑ふ大同江泥棒が横行する
216142	朝鮮朝日	西北版	1932-01-07	1	08단	會寧を中心に戰車の演習十日から一週間行ふ
216143	朝鮮朝日	西北版	1932-01-07	1	08단	酷寒の滿洲へ看護婦出發す
216144	朝鮮朝日	西北版	1932-01-07	1	08단	平壤部隊觀兵式中止出動中にて
216145	朝鮮朝日	西北版	1932-01-07	1	08단	昌慶苑の朝鮮馬坊ちゃん達を乘せ遊ぶ
216146	朝鮮朝日	西北版	1932-01-07	1	09단	平南警官隊派遣中止
216147	朝鮮朝日	西北版	1932-01-07	1	09단	平壤義州間電話一日から開通
216148	朝鮮朝日	西北版	1932-01-07	1	09단	大きな汽船が自由に入港する築港完成の龍塘浦港
216149	朝鮮朝日	西北版	1932-01-07	1	09단	平壤の囚人逃走間もなく取押へらる
216150	朝鮮朝日	西北版	1932-01-07	1	10단	安奉沿線に匪賊跳梁我各部隊出動
216151	朝鮮朝日	西北版	1932-01-07	1	10단	柳京小話
216152	朝鮮朝日	南鮮版	1932-01-08	1	01단	正月休暇あけの官廳風景/新春の世相(乾兒爭ひから日本刀で斬る/今年のお正月は掏摸も泥醉者も少い/火事と交通事故今年は多い/身投げ婦人の身許わかる/落磐で坑夫慘死)
216153	朝鮮朝日	南鮮版	1932-01-08	1	01단	滿洲に在る朝鮮軍(1)
216154	朝鮮朝日	南鮮版	1932-01-08	1	02단	今度の軍縮會重要問題は總兵力や經費などだ中心問題は空軍の縮小釜山に上陸の軍縮會議隨員の話
216155	朝鮮朝日	南鮮版	1932-01-08	1	03단	救出された鮮支人
216156	朝鮮朝日	南鮮版	1932-01-08	1	03단	陣內馬山府尹赴任す
216157	朝鮮朝日	南鮮版	1932-01-08	1	03단	滿鮮の兩巨頭會見の內容東上問題に宇垣總督語る

일련번호	판명		간행일	면	단수	기사명
216158	朝鮮朝日	南鮮版	1932-01-08	1	05단	空陸相呼應し安奉線匪賊を徹底的に討伐す來安の森獨立守備隊司令官匪賊討伐方針を語る
216159	朝鮮朝日	南鮮版	1932-01-08	1	06단	龍山陸軍始觀兵式
216160	朝鮮朝日	南鮮版	1932-01-08	1	06단	釜山人の趣味(三)/ホテル、マネーデャーが瓦拾ひとは素人考古學者宮川肇氏のこと
216161	朝鮮朝日	南鮮版	1932-01-08	1	07단	新設の新義州國境飛行場安東に營業所を置く
216162	朝鮮朝日	南鮮版	1932-01-08	1	08단	慶北道の判任級大異動發表
216163	朝鮮朝日	南鮮版	1932-01-08	1	08단	鱈の人工受精放流を行ふ慶南巨濟漁組が
216164	朝鮮朝日	南鮮版	1932-01-08	1	09단	慶北鰊相場漸次上向く
216165	朝鮮朝日	南鮮版	1932-01-08	1	09단	平壤部隊の名譽の戰死傷者錦州北方の激戰で
216166	朝鮮朝日	南鮮版	1932-01-08	1	09단	釜山渡津橋起工式十五日頃行ふ
216167	朝鮮朝日	南鮮版	1932-01-08	1	10단	滿洲から傷病兵歸還十日夜京城着
216168	朝鮮朝日	南鮮版	1932-01-08	1	10단	軍司令部の愛國部大に利用せよ
216169	朝鮮朝日	南鮮版	1932-01-08	1	10단	彈藥盡きて掠奪す安奉線の匪賊
216170	朝鮮朝日	西北版	1932-01-08	1	01단	新春序曲平壤名士連の樣々な年賀の辭みな夫々に個性を表して春めく感興を誘ふ
216171	朝鮮朝日	西北版	1932-01-08	1	01단	滿洲に在る朝鮮軍(1)
216172	朝鮮朝日	西北版	1932-01-08	1	01단	或は死んで歸らぬかも知れぬ戰線で殉職した伊藤運轉手出發當日の堅い決心
216173	朝鮮朝日	西北版	1932-01-08	1	02단	電氣値下運動の前哨戰始まる府營五周年祝賀會をめぐり主體の爭奪戰展開
216174	朝鮮朝日	西北版	1932-01-08	1	04단	陣內馬山府尹赴任す
216175	朝鮮朝日	西北版	1932-01-08	1	05단	空陸相呼應し安奉線匪賊を徹底的に討伐す來安の森獨立守備隊司令官匪賊討伐方針を語る
216176	朝鮮朝日	西北版	1932-01-08	1	05단	平壤部隊の名譽の戰死傷者錦州北方の激戰で
216177	朝鮮朝日	西北版	1932-01-08	1	06단	救出された鮮支人
216178	朝鮮朝日	西北版	1932-01-08	1	06단	彈藥盡きて掠奪す安奉線の匪賊
216179	朝鮮朝日	西北版	1932-01-08	1	07단	鰯油脂改善統制運動淸津漁民大會
216180	朝鮮朝日	西北版	1932-01-08	1	07단	鎭南浦支廳復活運動市民大會を開く
216181	朝鮮朝日	西北版	1932-01-08	1	08단	新設の新義州國境飛行場安東に營業所を置く
216182	朝鮮朝日	西北版	1932-01-08	1	08단	歲末の窮民を救ふ看護婦の篤行

일련번호	판명		간행일	면	단수	기사명
216183	朝鮮朝日	西北版	1932-01-08	1	08단	水稅納入成績非常に良い犬養景氣の影響か
216184	朝鮮朝日	西北版	1932-01-08	1	09단	無産女性經營の平壤ゴム工場愈よ操業を開始す
216185	朝鮮朝日	西北版	1932-01-08	1	10단	落盤で坑夫慘死
216186	朝鮮朝日	西北版	1932-01-08	1	10단	火藥取締違反
216187	朝鮮朝日	西北版	1932-01-08	1	10단	自轉車專門の賊
216188	朝鮮朝日	西北版	1932-01-08	1	10단	柳京小話
216189	朝鮮朝日	南鮮版	1932-01-09	1	01단	滿洲に在る朝鮮軍(2)
216190	朝鮮朝日	南鮮版	1932-01-09	1	02단	終端港權獲得はこゝ暫くは暗中摸索此成否は朝鮮に大影響滿鮮鐵道網問題
216191	朝鮮朝日	南鮮版	1932-01-09	1	02단	皇軍錦州入城寫眞ニュース展とフィルムの公開斷然他社に先んじ釜山で大喝采を博す
216192	朝鮮朝日	南鮮版	1932-01-09	1	03단	滿鐵から鮮鐵へ貨車を借りに來た全滿洲の事變漸次安定し全線の滯貨一掃の爲
216193	朝鮮朝日	南鮮版	1932-01-09	1	04단	滿洲粟輸入激增之れも犬養景氣
216194	朝鮮朝日	南鮮版	1932-01-09	1	05단	大邱府會副議長は高田氏か
216195	朝鮮朝日	南鮮版	1932-01-09	1	05단	京城の花柳界は素晴しい景氣だ
216196	朝鮮朝日	南鮮版	1932-01-09	1	06단	釜山人の趣味(四)/劇務の傍らカンバスへの精進釜山驛の靑木助役
216197	朝鮮朝日	南鮮版	1932-01-09	1	06단	凌ぎ易すかった昨年中の朝鮮の氣象
216198	朝鮮朝日	南鮮版	1932-01-09	1	06단	京城保育院に御下賜金
216199	朝鮮朝日	南鮮版	1932-01-09	1	07단	總督府辭令
216200	朝鮮朝日	南鮮版	1932-01-09	1	07단	朝鮮部隊の新入營兵釜山上陸營地に向ふ
216201	朝鮮朝日	南鮮版	1932-01-09	1	07단	歸朝の芳澤大使十一日朝京城を通過す
216202	朝鮮朝日	南鮮版	1932-01-09	1	07단	昨年取引された家畜京城市場で
216203	朝鮮朝日	南鮮版	1932-01-09	1	08단	大邱朝鮮酒値上げ
216204	朝鮮朝日	南鮮版	1932-01-09	1	08단	町に散在する細民の理想鄕をつくる明るい大釜山を建設すべく社會事業硏究會で計劃
216205	朝鮮朝日	南鮮版	1932-01-09	1	09단	貴金屬專門賊釜山で逮捕
216206	朝鮮朝日	南鮮版	1932-01-09	1	09단	金海夫婦殺し事件結局何うなるか
216207	朝鮮朝日	南鮮版	1932-01-09	1	10단	人(渡邊豐日子氏(慶南道知事)/上田政義氏(慶南道土木課長)/八島茂氏(總督府技師草梁土木出張所長)/小川增太郎氏(新任慶南道晉州郡守)/宋燦道氏(新任慶南道固城郡守)/盧台植氏(新任慶南道山海郡守))

일련번호	판명		간행일	면	단수	기사명
216208	朝鮮朝日	西北版	1932-01-09	1	01단	滿洲に在る朝鮮軍(2)
216209	朝鮮朝日	西北版	1932-01-09	1	01단	安東警察署大塚巡査の陣中の手記(1)/極寒の荒野に戰ふ我警官隊の苦心安奉線警備の第一線に立つ
216210	朝鮮朝日	西北版	1932-01-09	1	02단	昇格をめざして躍る平醫講師團の展望(一)/(大樹のやう默々だが何時も微笑む執刀の權威及川博士/學生思慕の對象ロイド眼鏡の和氣講師)
216211	朝鮮朝日	西北版	1932-01-09	1	04단	總督府案勝つか平南案勝つか平安水利組合の水稅をめぐる興味ある賦課率問題
216212	朝鮮朝日	西北版	1932-01-09	1	05단	平南水利代表の陳情水稅延納を
216213	朝鮮朝日	西北版	1932-01-09	1	06단	補習科か實科か學年延長か平壤高女の改善案
216214	朝鮮朝日	西北版	1932-01-09	1	06단	學校關係の新規事業が多い明年度の平南豫算
216215	朝鮮朝日	西北版	1932-01-09	1	07단	戰死者
216216	朝鮮朝日	西北版	1932-01-09	1	07단	停貨の一掃に努む平鐵大童で
216217	朝鮮朝日	西北版	1932-01-09	1	07단	愈よ之れから本格的寒さ
216218	朝鮮朝日	西北版	1932-01-09	1	08단	平壤産調部會
216219	朝鮮朝日	西北版	1932-01-09	1	08단	戰傷兵慰安會
216220	朝鮮朝日	西北版	1932-01-09	1	08단	銀鞍會初乘り
216221	朝鮮朝日	西北版	1932-01-09	1	08단	鎭南浦精米女工盟休賃銀値上要求
216222	朝鮮朝日	西北版	1932-01-09	1	08단	娘から母親へ絶緣狀金の無心が癪にさはり
216223	朝鮮朝日	西北版	1932-01-09	1	08단	子故に親の亂暴
216224	朝鮮朝日	西北版	1932-01-09	1	08단	逃走犯捕はる
216225	朝鮮朝日	西北版	1932-01-09	1	09단	各地に强盜頻出舊年末を前にした平南
216226	朝鮮朝日	西北版	1932-01-09	1	09단	腸チフス發生
216227	朝鮮朝日	西北版	1932-01-09	1	09단	內鮮海底線成績が良い兩通話完成を計劃
216228	朝鮮朝日	西北版	1932-01-09	1	10단	自宅に放火保險金欲さに
216229	朝鮮朝日	西北版	1932-01-09	1	10단	平壤遺失物調べ
216230	朝鮮朝日	西北版	1932-01-09	1	10단	柳京小話
216231	朝鮮朝日	南鮮版	1932-01-10	1	01단	妻子を避難させ最後迄頑張る農民達我軍を慕ふ可憐な鮮童の群戰亂の北滿で會った同胞の姿
216232	朝鮮朝日	南鮮版	1932-01-10	1	02단	終端港問題は愈よ具體化した今井田總監斯う語る
216233	朝鮮朝日	南鮮版	1932-01-10	1	02단	授業料滯納や退學者が多い悲慘な慶北の農村

일련번호	판명		간행일	면	단수	기사명
216234	朝鮮朝日	南鮮版	1932-01-10	1	02단	釜山人の趣味(五)/とても明朖なベビーゴルファー萩原礑須子夫人
216235	朝鮮朝日	南鮮版	1932-01-10	1	03단	總督府辭令
216236	朝鮮朝日	南鮮版	1932-01-10	1	04단	人(波岡柳彌氏(新任馬山府財務主任))
216237	朝鮮朝日	南鮮版	1932-01-10	1	04단	今の處有望なのは大邱と大田だ師團移駐候補地朝鮮視察の安藤大佐談
216238	朝鮮朝日	南鮮版	1932-01-10	1	05단	陸軍始觀兵式
216239	朝鮮朝日	南鮮版	1932-01-10	1	05단	京畿鑑識課擴張案愈よ實現せん
216240	朝鮮朝日	南鮮版	1932-01-10	1	06단	極度に枯渇した悲惨な警察の豫算旅費も手當も支拂はれぬ棄て置けぬ大問題
216241	朝鮮朝日	南鮮版	1932-01-10	1	07단	大邱東拓の籾金融申込が無い
216242	朝鮮朝日	南鮮版	1932-01-10	1	07단	赤字に悩んだ鐵道當局漸く息つく收入漸增の好成績
216243	朝鮮朝日	南鮮版	1932-01-10	1	07단	憲兵分隊附近に不穩文を撒く容疑者六名を檢擧
216244	朝鮮朝日	南鮮版	1932-01-10	1	08단	東萊の新溫井湧出量が多い邑では雀躍して喜ぶ
216245	朝鮮朝日	南鮮版	1932-01-10	1	08단	雪がとけ始めてスキーヤー弱る
216246	朝鮮朝日	南鮮版	1932-01-10	1	08단	麻雀許可取消
216247	朝鮮朝日	南鮮版	1932-01-10	1	09단	各地の溫泉賑ふ
216248	朝鮮朝日	南鮮版	1932-01-10	1	09단	鐵道事故が多くなる傾向
216249	朝鮮朝日	南鮮版	1932-01-10	1	10단	外國船の入港で釜山港賑はん
216250	朝鮮朝日	南鮮版	1932-01-10	1	10단	釜山の火事二件
216251	朝鮮朝日	南鮮版	1932-01-10	1	10단	鎭海灣の鱈養殖有望視せらる
216252	朝鮮朝日	西北版	1932-01-10	1	01단	昇格をめざして躍る平醫講師團の展望(二)/社會改良的存在だ麗妻を持つ成島博士
216253	朝鮮朝日	西北版	1932-01-10	1	01단	安東警察署大塚巡査の陣中の手記(2)/極寒の荒野に戰ふ我警官隊の苦心安奉線警備の第一線に立つ
216254	朝鮮朝日	西北版	1932-01-10	1	03단	平壤府廳舍新築案結局現廳舍跡か
216255	朝鮮朝日	西北版	1932-01-10	1	03단	鰯油統制案暗礁に乘上ぐ咸北漁民大會の決議/記者團憤起咸北知事に決議文手交
216256	朝鮮朝日	西北版	1932-01-10	1	04단	內定してゐる七つの新規事業でも全部の計上は困難編成難の平壤府豫算
216257	朝鮮朝日	西北版	1932-01-10	1	05단	江界の陸軍始め觀兵式
216258	朝鮮朝日	西北版	1932-01-10	1	05단	知事の回答で滿足し引下る陳情の平南水利代表

일련번호	판명		간행일	면	단수	기사명
216259	朝鮮朝日	西北版	1932-01-10	1	06단	公共團體が寄附する外ない師團移駐費寄附金
216260	朝鮮朝日	西北版	1932-01-10	1	06단	囚人感激し我出動軍に慰問金寄附
216261	朝鮮朝日	西北版	1932-01-10	1	06단	極度に枯渇した悲惨な警察の豫算旅費も手當も支拂はれぬ棄て置けぬ大問題
216262	朝鮮朝日	西北版	1932-01-10	1	07단	血液から更に尿の檢査實施か女給の性病根絶對策
216263	朝鮮朝日	西北版	1932-01-10	1	08단	咸興消防表彰
216264	朝鮮朝日	西北版	1932-01-10	1	08단	社金を横領
216265	朝鮮朝日	西北版	1932-01-10	1	09단	支那人の一團鮮人四名を殺傷平北義州の惨劇
216266	朝鮮朝日	西北版	1932-01-10	1	09단	匪賊の同士打大金山の珍劇
216267	朝鮮朝日	西北版	1932-01-10	1	10단	舊正月を前に解雇十七名平電の傭人等
216268	朝鮮朝日	西北版	1932-01-10	1	10단	鐵橋の枕木燃ゆ孟中里驛附近
216269	朝鮮朝日	西北版	1932-01-10	1	10단	人(立川太郎氏(朝鮮米倉專務)/長谷川照雄氏(西鮮日報社長))
216270	朝鮮朝日	西北版	1932-01-10	1	10단	柳京小話
216271	朝鮮朝日	南鮮版	1932-01-12	1	01단	朝鮮にどう反映したか旋風的な中央政局の動搖
216272	朝鮮朝日	南鮮版	1932-01-12	1	01단	海女問題に總督府が乘り出す果して何んな裁定をするか今後の成行注目さる
216273	朝鮮朝日	南鮮版	1932-01-12	1	01단	太合堀海底隨道三月中に完成する
216274	朝鮮朝日	南鮮版	1932-01-12	1	04단	京城驛愈よ狹くなった
216275	朝鮮朝日	南鮮版	1932-01-12	1	04단	戰死兵慰靈祭
216276	朝鮮朝日	南鮮版	1932-01-12	1	04단	釜山人の趣味(六)/『珍切手一枚出たり煤拂ひ』郵便切手蒐集癖
216277	朝鮮朝日	南鮮版	1932-01-12	1	05단	調停に立った當局愈よ苦境に陷る合法的の解決點が見出せぬ問題になった鰯油肥の始末
216278	朝鮮朝日	南鮮版	1932-01-12	1	06단	大邱のお酒値上げ愈よ斷行か
216279	朝鮮朝日	南鮮版	1932-01-12	1	06단	大邱公會堂の集會室お金を出して使へる
216280	朝鮮朝日	南鮮版	1932-01-12	1	06단	朝鮮歸還の傷病兵に御菓子を御下賜
216281	朝鮮朝日	南鮮版	1932-01-12	1	06단	大邱猩紅熱蔓延
216282	朝鮮朝日	南鮮版	1932-01-12	1	07단	朝鮮酒屋と飲食店が睨合ふ朝鮮酒の値上げから
216283	朝鮮朝日	南鮮版	1932-01-12	1	07단	釜山の虛弱兒が達者になった
216284	朝鮮朝日	南鮮版	1932-01-12	1	07단	畑中で絞殺さる
216285	朝鮮朝日	南鮮版	1932-01-12	1	07단	錦西で戰死の古賀聯隊長日露役の偉勳者温厚篤實で敬神家

일련번호	판명		간행일	면	단수	기사명
216286	朝鮮朝日	南鮮版	1932-01-12	1	08단	人(渡邊豊日子氏(慶南道知事))
216287	朝鮮朝日	南鮮版	1932-01-12	1	08단	銀行の金を横領し藝妓をつれて逃ぐ
216288	朝鮮朝日	南鮮版	1932-01-12	1	09단	大田の火事十四戸全半燒
216289	朝鮮朝日	南鮮版	1932-01-12	1	09단	鍊船沈沒す損害五千圓
216290	朝鮮朝日	南鮮版	1932-01-12	1	09단	怪しい電氣療者
216291	朝鮮朝日	南鮮版	1932-01-12	1	09단	强盗犯人逮捕
216292	朝鮮朝日	南鮮版	1932-01-12	1	09단	情婦の宅に潜伏中逮捕さる公金横領の郵便所員
216293	朝鮮朝日	南鮮版	1932-01-12	1	10단	溫厚な人であった朴商銀頭取談/實情調査に軍参謀滿洲に急行
216294	朝鮮朝日	南鮮版	1932-01-12	1	10단	組合の金を費ひ込む咸南産業技手
216295	朝鮮朝日	南鮮版	1932-01-12	1	10단	釜山棧橋の悲喜劇
216296	朝鮮朝日	西北版	1932-01-12	1	01단	昇格をめざして躍る平醫講師團の展望(三)/武谷內科の寵兒讀書三昧の武谷博士
216297	朝鮮朝日	西北版	1932-01-12	1	01단	安東警察署大塚巡査の陣中の手記(3)/極寒の荒野に戰ふ我警官隊の苦心安奉線警備の第一線に立つ
216298	朝鮮朝日	西北版	1932-01-12	1	02단	武運長久祈願と戰勝祝賀行列羅南官民合同の催し
216299	朝鮮朝日	西北版	1932-01-12	1	02단	急に態度を變へて設置案を放棄燃料消費組合組織にからむ不誠意な平壤産調會
216300	朝鮮朝日	西北版	1932-01-12	1	04단	平南鼈業打合會
216301	朝鮮朝日	西北版	1932-01-12	1	04단	出動軍へ慰問金
216302	朝鮮朝日	西北版	1932-01-12	1	05단	教員の整理愈斷行される平南道に來た指示
216303	朝鮮朝日	西北版	1932-01-12	1	05단	栗谷先生の子孫が怒り出す先生の遺蹟保存に就て
216304	朝鮮朝日	西北版	1932-01-12	1	05단	錦西で名譽の戰死古賀騎兵聯隊長日露役でも偉勳を立つ溫厚篤實で非常な敬神家
216305	朝鮮朝日	西北版	1932-01-12	1	06단	平南道辭令
216306	朝鮮朝日	西北版	1932-01-12	1	06단	田舍の學生に眼病患者が少い咸南道のトラホーム檢査
216307	朝鮮朝日	西北版	1932-01-12	1	06단	安奉沿線民銃聲に怯ゆ女子供は續々避難す
216308	朝鮮朝日	西北版	1932-01-12	1	07단	十九師團管下の徵兵檢査日割
216309	朝鮮朝日	西北版	1932-01-12	1	07단	在滿同胞が飛行機出動陳情
216310	朝鮮朝日	西北版	1932-01-12	1	07단	平壤の師團誘致運動
216311	朝鮮朝日	西北版	1932-01-12	1	08단	滿洲から避難して來た同胞

일련번호	판명		간행일	면	단수	기사명
216312	朝鮮朝日	西北版	1932-01-12	1	08단	五千名もの支那人激減平南道廳の調べ
216313	朝鮮朝日	西北版	1932-01-12	1	08단	戰死者告別式
216314	朝鮮朝日	西北版	1932-01-12	1	08단	不況は增す賭博ははやる大入滿員の平壤署
216315	朝鮮朝日	西北版	1932-01-12	1	08단	組合の金を費ひ込む咸南産業技手
216316	朝鮮朝日	西北版	1932-01-12	1	09단	平壤部隊新入兵
216317	朝鮮朝日	西北版	1932-01-12	1	09단	漁船行方不明
216318	朝鮮朝日	西北版	1932-01-12	1	09단	有力者に對し旅費を强要す引揚の支那官警暴出す
216319	朝鮮朝日	西北版	1932-01-12	1	09단	醫講生の盗み
216320	朝鮮朝日	西北版	1932-01-12	1	09단	竊盗を働いた浪曲師逮捕
216321	朝鮮朝日	西北版	1932-01-12	1	10단	艀船轉覆七名溺死白石浦の珍事
216322	朝鮮朝日	西北版	1932-01-12	1	10단	城津の强盗
216323	朝鮮朝日	西北版	1932-01-12	1	10단	面長逃亡す
216324	朝鮮朝日	西北版	1932-01-12	1	10단	柳京小話
216325	朝鮮朝日	南鮮版	1932-01-13	1	01단	迂餘曲折を經た總督府明年度豫算いよいよ確定す昭和二年豫算程度に縮小/議會が解散すれば何も彼も總て駄目になる緊急のものは追加豫算で提出す
216326	朝鮮朝日	南鮮版	1932-01-13	1	01단	愛國號二機京城飛來十四日の午後三時一泊し十五日朝北航
216327	朝鮮朝日	南鮮版	1932-01-13	1	02단	査定を始めた慶南明年度豫算要求總額は六百萬圓
216328	朝鮮朝日	南鮮版	1932-01-13	1	04단	釜山取引所役員挨拶
216329	朝鮮朝日	南鮮版	1932-01-13	1	04단	洛東江橋架設工事着々進捗す
216330	朝鮮朝日	南鮮版	1932-01-13	1	04단	正月氣分どころかいつも待機の姿勢だ匪賊に脅やかされる安奉線警官と鐵道員の苦心
216331	朝鮮朝日	南鮮版	1932-01-13	1	05단	自分は策を用ひぬ新任馬山府尹陣內氏の談
216332	朝鮮朝日	南鮮版	1932-01-13	1	05단	芳澤大使
216333	朝鮮朝日	南鮮版	1932-01-13	1	05단	京龍地方本年は水飢饉か平南平北から搬入せん
216334	朝鮮朝日	南鮮版	1932-01-13	1	05단	鮮取開所式/鮮取新役員發表
216335	朝鮮朝日	南鮮版	1932-01-13	1	06단	釜山人の趣味(七)/講演と落語は正に天下一品お座敷藤術家井上鐵之さん
216336	朝鮮朝日	南鮮版	1932-01-13	1	06단	交換手制を廢し自動交換を實施すしかし交換手の壽命はまだある京城電話局整備擴張

일련번호	판명		간행일	면	단수	기사명
216337	朝鮮朝日	南鮮版	1932-01-13	1	07단	釜山鎭運河開鑿要望工業倶樂部から
216338	朝鮮朝日	南鮮版	1932-01-13	1	07단	京城養老院の御下賜金紛失す書記等の行動疑はし
216339	朝鮮朝日	南鮮版	1932-01-13	1	08단	滿洲粟輸入依然旺盛
216340	朝鮮朝日	南鮮版	1932-01-13	1	08단	渡津橋鍬入式
216341	朝鮮朝日	南鮮版	1932-01-13	1	09단	慶北鰊豐漁相場は下落
216342	朝鮮朝日	南鮮版	1932-01-13	1	09단	內地で優勝した鐵道、京師、城大各チーム凱旋す
216343	朝鮮朝日	南鮮版	1932-01-13	1	10단	愛邱熱血團大邱に結成す
216344	朝鮮朝日	南鮮版	1932-01-13	1	10단	滿鐵に貸す貨車三百輛內外
216345	朝鮮朝日	南鮮版	1932-01-13	1	10단	釜山に死体三個漂着
216346	朝鮮朝日	南鮮版	1932-01-13	1	10단	もよほし(釜山電話交換機増設)
216347	朝鮮朝日	南鮮版	1932-01-13	1	10단	人(穗積總督府外事課長/韓圭復氏(黃海道知事)/韓昌洙氏(李王職長官)/尹石鉉君(月刊慶北主幹尹炳殷氏長男))
216348	朝鮮朝日	西北版	1932-01-13	1	01단	*昇格をめざして躍る平醫講師團の展望(四)/多藝多趣味だ八子外科講師*
216349	朝鮮朝日	西北版	1932-01-13	1	01단	迂餘曲折を經た總督府明年度豫算いよいよ確定す昭和二年豫算程度に縮小
216350	朝鮮朝日	西北版	1932-01-13	1	01단	師團移駐地は我平壤に限る平壤人は一齊にかく確信し市民大會を開く
216351	朝鮮朝日	西北版	1932-01-13	1	04단	最善の努力をする新任新義州府尹高橋正氏談
216352	朝鮮朝日	西北版	1932-01-13	1	04단	正月氣分どころかいつも待機の姿勢だ匪賊に脅やかされる安奉線警官と鐵道員の苦心
216353	朝鮮朝日	西北版	1932-01-13	1	05단	平南の民風改善成績がよい
216354	朝鮮朝日	西北版	1932-01-13	1	05단	樂浪博物館建設地調査
216355	朝鮮朝日	西北版	1932-01-13	1	05단	戰線で活躍し重傷の安東驛員奉天で入院
216356	朝鮮朝日	西北版	1932-01-13	1	06단	咸南の中央水力電氣愈よ實現か
216357	朝鮮朝日	西北版	1932-01-13	1	06단	昭和製鋼所は新義州案に決定か建設は早急にゆかぬ新義州地方活氣づく
216358	朝鮮朝日	西北版	1932-01-13	1	06단	新義州飛行場擴張進捗す諸施設順調に進む
216359	朝鮮朝日	西北版	1932-01-13	1	06단	地方費で病舍を増築する狹隘の平壤道立醫院
216360	朝鮮朝日	西北版	1932-01-13	1	07단	新興の龍井日本人婦人會
216361	朝鮮朝日	西北版	1932-01-13	1	07단	孟山地方に地震
216362	朝鮮朝日	西北版	1932-01-13	1	08단	滯貨一掃で活氣づく昨今の新義州驛

일련번호	판명		간행일	면	단수	기사명
216363	朝鮮朝日	西北版	1932-01-13	1	08단	此頃の安東縣は避難民の洪水收容所を增設す
216364	朝鮮朝日	西北版	1932-01-13	1	08단	安奉線の匪賊討伐
216365	朝鮮朝日	西北版	1932-01-13	1	09단	亭主を絞殺した不義者二人とも捕はる
216366	朝鮮朝日	西北版	1932-01-13	1	09단	仕度金詐欺妹を種にして
216367	朝鮮朝日	西北版	1932-01-13	1	09단	麻雀團控訴公判
216368	朝鮮朝日	西北版	1932-01-13	1	09단	竊盜や詐欺が斷然多い！この頃の平壤刑務所
216369	朝鮮朝日	西北版	1932-01-13	1	10단	圖們江岸驛機關庫全燒
216370	朝鮮朝日	西北版	1932-01-13	1	10단	平壤藝妓昨年中の稼高
216371	朝鮮朝日	西北版	1932-01-13	1	10단	內地で優勝した鐵道、京師、城大各チーム凱旋す
216372	朝鮮朝日	南鮮版	1932-01-14	1	01단	明年度豫算の焦點(一)/法制的經濟的に信託界飛躍に備へる十萬圓の補助は何處に行く
216373	朝鮮朝日	南鮮版	1932-01-14	1	01단	釜山人の趣味(八)/趣味のデパート道樂の問屋！永井釜山郵便局長
216374	朝鮮朝日	南鮮版	1932-01-14	1	02단	氣遣れる鮮炭使用問題
216375	朝鮮朝日	南鮮版	1932-01-14	1	03단	內田滿鐵總裁追出策でないかと昭和製鋼所新義州決定に就て安東縣市民は自重す/此の觀察は早計だ
216376	朝鮮朝日	南鮮版	1932-01-14	1	03단	慶北署長異動
216377	朝鮮朝日	南鮮版	1932-01-14	1	04단	忠南道評議會
216378	朝鮮朝日	南鮮版	1932-01-14	1	04단	軍營誘致の最後運動釜山期成會で
216379	朝鮮朝日	南鮮版	1932-01-14	1	04단	新入學期が近づいた願書をお出しなさい
216380	朝鮮朝日	南鮮版	1932-01-14	1	05단	鳥致院青年の血書歎願書滿洲事變に興奮し憲兵隊に提出す
216381	朝鮮朝日	南鮮版	1932-01-14	1	05단	鮑漁を止められては海女は上ったりだ全南道からきつい抗議が來た慶北道當局困惑の姿
216382	朝鮮朝日	南鮮版	1932-01-14	1	06단	大邱高女學級增加
216383	朝鮮朝日	南鮮版	1932-01-14	1	06단	滿洲事變講演
216384	朝鮮朝日	南鮮版	1932-01-14	1	06단	滿洲出動軍慰問金續々集まる
216385	朝鮮朝日	南鮮版	1932-01-14	1	07단	南海、彌助間の巡航船組合設立毎日二回運航する
216386	朝鮮朝日	南鮮版	1932-01-14	1	07단	新任釜山刑務所長着任
216387	朝鮮朝日	南鮮版	1932-01-14	1	07단	轉任引繼の朝辭世を殘して自殺公金一萬圓費消發覺を恐れて專賣局廣梁灣出張所下村庶務主任

일련번호	판명		간행일	면	단수	기사명
216388	朝鮮朝日	南鮮版	1932-01-14	1	08단	戰死者の慰靈祭
216389	朝鮮朝日	南鮮版	1932-01-14	1	08단	哀れな失業者に職を與へる京城紹介所成績がよい
216390	朝鮮朝日	南鮮版	1932-01-14	1	09단	聯絡船中で賭博
216391	朝鮮朝日	南鮮版	1932-01-14	1	09단	小作權解除取消しを嘆願す慶南進永追間農場小作代表徒歩で出釜
216392	朝鮮朝日	南鮮版	1932-01-14	1	10단	煙突掃除の報酬を慰問金に寄附
216393	朝鮮朝日	南鮮版	1932-01-14	1	10단	皇軍慰問少女團歸途に就く
216394	朝鮮朝日	南鮮版	1932-01-14	1	10단	帆船沈沒
216395	朝鮮朝日	南鮮版	1932-01-14	1	10단	海州の新聞問題結局何うなる
216396	朝鮮朝日	南鮮版	1932-01-14	1	10단	釜山鄕軍射擊場新設
216397	朝鮮朝日	西北版	1932-01-14	1	01단	寫眞
216398	朝鮮朝日	西北版	1932-01-14	1	03단	黃海道の判任官異動
216399	朝鮮朝日	西北版	1932-01-14	1	03단	內田滿鐵總裁追出策でないかと昭和製鋼所新義州決定に就て安東縣市民は自重す
216400	朝鮮朝日	西北版	1932-01-14	1	03단	府民大會で氣勢をあげる平壤の師團誘致猛運動
216401	朝鮮朝日	西北版	1932-01-14	1	03단	安東縣公安局を警察署とす
216402	朝鮮朝日	西北版	1932-01-14	1	03단	海州の新聞問題結局何うなる
216403	朝鮮朝日	西北版	1932-01-14	1	03단	組合長不信任を陳情望日水利地主
216404	朝鮮朝日	西北版	1932-01-14	1	04단	鐵道警備の演習
216405	朝鮮朝日	西北版	1932-01-14	1	04단	不納決議をし強硬な態度注目される望日水利
216406	朝鮮朝日	西北版	1932-01-14	1	04단	副業第一主義の授産陣容ほゞなる副業品は地方色をたっぷり好ましい平壤展望
216407	朝鮮朝日	西北版	1932-01-14	1	05단	感激すべき航空兵美談
216408	朝鮮朝日	西北版	1932-01-14	1	05단	不敬事件對策研究平南道當局
216409	朝鮮朝日	西北版	1932-01-14	1	06단	鳥致院靑年の血書歎願書滿洲事變に興奮し憲兵隊に提出す
216410	朝鮮朝日	西北版	1932-01-14	1	07단	火田民強硬に小作料値下運動稀有の凶作を理由に
216411	朝鮮朝日	西北版	1932-01-14	1	07단	轉任引繼の朝鮮世を殘して自殺公金一萬圓費消發覺を恐れて專賣局廣梁灣出張所下村庶務主任
216412	朝鮮朝日	西北版	1932-01-14	1	08단	無政府主義者逃走を企つ
216413	朝鮮朝日	西北版	1932-01-14	1	08단	新義州の猩紅熱
216414	朝鮮朝日	西北版	1932-01-14	1	08단	滿洲事變講演
216415	朝鮮朝日	西北版	1932-01-14	1	08단	稅金をあげるは以ての外だ新義州料理屋奮起

일련번호	판명		간행일	면	단수	기사명
216416	朝鮮朝日	西北版	1932-01-14	1	08단	巡査を殺し逃走した犯人逮捕さる
216417	朝鮮朝日	西北版	1932-01-14	1	09단	明川の早婚妨害運動尖銳化す警官を增員して警戒
216418	朝鮮朝日	西北版	1932-01-14	1	09단	平壤の火事
216419	朝鮮朝日	西北版	1932-01-14	1	09단	謎の小箱中からダイナマイト
216420	朝鮮朝日	西北版	1932-01-14	1	10단	對岸で鮮匪暴れる移住鮮人恐慌
216421	朝鮮朝日	西北版	1932-01-14	1	10단	お客を毆殺す
216422	朝鮮朝日	西北版	1932-01-14	1	10단	柳京小話
216423	朝鮮朝日	南鮮版	1932-01-15	1	01단	明年豫算の焦點(二)/多年の懸案米檢の國營に着手補塡も整理も心配はない
216424	朝鮮朝日	南鮮版	1932-01-15	1	01단	晴れの愛國號京城に安着す飛行場は旗の波人の渦熱狂的な歡迎振り(京城の上空を旋回して着陸次で第二號機は卅分)
216425	朝鮮朝日	南鮮版	1932-01-15	1	02단	釜山府會懇談會
216426	朝鮮朝日	南鮮版	1932-01-15	1	02단	慶北の鰊相場慘落
216427	朝鮮朝日	南鮮版	1932-01-15	1	03단	府尹の聲明で辭表を撤回す京城府會議員十四氏
216428	朝鮮朝日	南鮮版	1932-01-15	1	04단	辭令(東京電話)
216429	朝鮮朝日	南鮮版	1932-01-15	1	04단	大邱聯隊で記念塔營庭に建設
216430	朝鮮朝日	南鮮版	1932-01-15	1	04단	スポーツ(アイスホッケースケジュール/永上選手權大會)
216431	朝鮮朝日	南鮮版	1932-01-15	1	04단	人も物資も滿蒙へ！滿蒙へ！！卅二年のゴールドラッシュ風景鮮鐵から見た新現象
216432	朝鮮朝日	南鮮版	1932-01-15	1	05단	出動軍に煙草を贈る
216433	朝鮮朝日	南鮮版	1932-01-15	1	05단	慶北の一面一校計劃行詰る農村不況の影響
216434	朝鮮朝日	南鮮版	1932-01-15	1	05단	農村生活と靑年指導の現況慶南道の興味ある調査
216435	朝鮮朝日	南鮮版	1932-01-15	1	05단	戰死兵の遺骨釜山通過
216436	朝鮮朝日	南鮮版	1932-01-15	1	06단	釜山人の趣味(九)/閑雅な鼓の音に陶醉される石藤博士夫人
216437	朝鮮朝日	南鮮版	1932-01-15	1	06단	鐵道荷動き依然旺盛だ
216438	朝鮮朝日	南鮮版	1932-01-15	1	07단	大邱鮮人雜貨商支那人引揚で景氣挽回
216439	朝鮮朝日	南鮮版	1932-01-15	1	07단	スキー客乘車賃割引する
216440	朝鮮朝日	南鮮版	1932-01-15	1	07단	物價騰貴から罷業續出すなほ他に波及の虞あり
216441	朝鮮朝日	南鮮版	1932-01-15	1	08단	兵匪を擊破し軍馬長銃を捕獲舍屯に出動の我討伐隊

일련번호	판명		간행일	면	단수	기사명
216442	朝鮮朝日	南鮮版	1932-01-15	1	08단	朝鮮軍の死傷兵錦西激戰の
216443	朝鮮朝日	南鮮版	1932-01-15	1	08단	咸南線時刻改正
216444	朝鮮朝日	南鮮版	1932-01-15	1	09단	上っ調子なジャズが勇壯な軍歌にかはる戰時氣分の安東縣の歡樂境
216445	朝鮮朝日	南鮮版	1932-01-15	1	09단	配湯管を敷設し一般へも配湯東萊邑の計劃
216446	朝鮮朝日	南鮮版	1932-01-15	1	10단	出版保安法違反
216447	朝鮮朝日	南鮮版	1932-01-15	1	10단	光陽金山盟休解決
216448	朝鮮朝日	南鮮版	1932-01-15	1	10단	もよほし(大陸通信社長披露宴)
216449	朝鮮朝日	南鮮版	1932-01-15	1	10단	人(大內暢三氏(上海東亞同文書院長)/蠟山政道氏(評論家))
216450	朝鮮朝日	西北版	1932-01-15	1	01단	師團を平壤に期成座談會(１)/師團增設の急先鋒は平壤南鮮は全く無關心だった元老達の述懷談
216451	朝鮮朝日	西北版	1932-01-15	1	01단	兵匪討伐グラフ
216452	朝鮮朝日	西北版	1932-01-15	1	04단	緊縮何のそのの上景氣
216453	朝鮮朝日	西北版	1932-01-15	1	04단	羅南高女生出動將士家族慰問
216454	朝鮮朝日	西北版	1932-01-15	1	05단	年百卅萬圓が平壤を潤す師團衛戍地になれば
216455	朝鮮朝日	西北版	1932-01-15	1	05단	平南初等校長會
216456	朝鮮朝日	西北版	1932-01-15	1	06단	平南府郡庶務主任會議
216457	朝鮮朝日	西北版	1932-01-15	1	06단	巨船初入港で海州港賑ふ龍塘浦で祝宴を開いた
216458	朝鮮朝日	西北版	1932-01-15	1	07단	咸南水産船北洋丸三月末竣工
216459	朝鮮朝日	西北版	1932-01-15	1	07단	平北道沙防工事七年度も續行
216460	朝鮮朝日	西北版	1932-01-15	1	07단	對岸和龍縣警察整理
216461	朝鮮朝日	西北版	1932-01-15	1	07단	鴨綠江人道橋自動車交通の差別扱に非難起る官廳自動車は大ビラで通るが民間自動車は通さぬ
216462	朝鮮朝日	西北版	1932-01-15	1	08단	支那兵卅名逃走す給料不渡から
216463	朝鮮朝日	西北版	1932-01-15	1	08단	上っ調子なジャズが勇壯な軍歌にかはる戰時氣分の安東縣の歡樂境
216464	朝鮮朝日	西北版	1932-01-15	1	08단	兵匪を擊破し軍馬長銃を捕獲舍屯に出動の我討伐隊
216465	朝鮮朝日	西北版	1932-01-15	1	08단	我警官隊に發砲す間島の共匪
216466	朝鮮朝日	西北版	1932-01-15	1	09단	咸興鄕軍分會長更迭
216467	朝鮮朝日	西北版	1932-01-15	1	09단	避難民が續々安東縣に來る新義州府に渡して鄕里へ
216468	朝鮮朝日	西北版	1932-01-15	1	10단	朝鮮軍の死傷兵錦西激戰の

일련번호	판명		간행일	면	단수	기사명
216469	朝鮮朝日	西北版	1932-01-15	1	10단	學校へ不穩文書
216470	朝鮮朝日	西北版	1932-01-15	1	10단	棧橋から發火
216471	朝鮮朝日	西北版	1932-01-15	1	10단	柳京小話
216472	朝鮮朝日	南鮮版	1932-01-16	1	01단	航空費獻金運動の狼火あがる愛國號飛來の日慶南道廳有志が計劃
216473	朝鮮朝日	南鮮版	1932-01-16	1	01단	總督、總監とも留任に決定總督は十六日發歸任
216474	朝鮮朝日	南鮮版	1932-01-16	1	01단	愛國號の勇姿
216475	朝鮮朝日	南鮮版	1932-01-16	1	02단	水産加工所設置計劃明年度實現か
216476	朝鮮朝日	南鮮版	1932-01-16	1	02단	仁川商議明年豫算
216477	朝鮮朝日	南鮮版	1932-01-16	1	03단	京城南部と龍山の細民教化救濟する
216478	朝鮮朝日	南鮮版	1932-01-16	1	03단	皇軍慰問の祕められた美しい插話軍部で感激してゐる/何んと美しい心根
216479	朝鮮朝日	南鮮版	1932-01-16	1	04단	優良兒內申の通牒
216480	朝鮮朝日	南鮮版	1932-01-16	1	05단	釜山人の趣味(十)/三度の飯より野球が好き彌次將軍の名ある尼子寫眞館主
216481	朝鮮朝日	南鮮版	1932-01-16	1	05단	怨まれた救濟事業福の神と喜ばれるお蔭で地稅も納められ慶北の農村潤ふ
216482	朝鮮朝日	南鮮版	1932-01-16	1	05단	寒明け後に苗樹を植栽慶南の沙防工事
216483	朝鮮朝日	南鮮版	1932-01-16	1	06단	優良保線區決定す
216484	朝鮮朝日	南鮮版	1932-01-16	1	06단	大邱取引所に早くも暗雲漂ふ一騷動免れぬ形勢
216485	朝鮮朝日	南鮮版	1932-01-16	1	07단	新羅の名刹崇福寺所在わかる
216486	朝鮮朝日	南鮮版	1932-01-16	1	07단	讀書せぬ釜山の女性
216487	朝鮮朝日	南鮮版	1932-01-16	1	08단	釜山荒しの竊盜團七名を逮捕
216488	朝鮮朝日	南鮮版	1932-01-16	1	08단	スキーヤーも鐵道局も雪を待ってゐる
216489	朝鮮朝日	南鮮版	1932-01-16	1	08단	東萊高普に祕密の結社學生十一名檢擧さる
216490	朝鮮朝日	南鮮版	1932-01-16	1	09단	元機關助手逮捕
216491	朝鮮朝日	南鮮版	1932-01-16	1	10단	遺骨入の鞄竊取犯人を逮捕
216492	朝鮮朝日	南鮮版	1932-01-16	1	10단	春川道立醫院看護婦燒死アルコールランプで
216493	朝鮮朝日	南鮮版	1932-01-16	1	10단	開城の强盜
216494	朝鮮朝日	南鮮版	1932-01-16	1	10단	鎭南浦料理屋組合陳情
216495	朝鮮朝日	南鮮版	1932-01-16	1	10단	スポーツ(名投手二瓶君いよいよ明大入り)
216496	朝鮮朝日	南鮮版	1932-01-16	1	10단	人(宇垣總督/吉岡保貞海軍中將(德山海軍燃料廠長)/大野菫海軍中佐(德山海軍燃料廠機關部)/佐藤一郎氏(新任朝鮮軍々法會議檢察官)/谷多喜磨氏(朝鮮火災保險社長))

일련번호	판명		간행일	면	단수	기사명
216497	朝鮮朝日	南鮮版	1932-01-16	1	10단	もよほし(鎭海素人演藝會)
216498	朝鮮朝日	西北版	1932-01-16	1	01단	師團を平壤に期成座談會(2)/他地を促し移駐の運動平壤が最初に投じた全鮮的大波紋
216499	朝鮮朝日	西北版	1932-01-16	1	01단	平北で副業を大規模で獎勵明年度豫算に要求
216500	朝鮮朝日	西北版	1932-01-16	1	03단	滿洲師團增駐に朝鮮移駐阻止は不可平壤から檄文を飛ばして全鮮的に猛運動
216501	朝鮮朝日	西北版	1932-01-16	1	03단	機業傳習所寧邊に設立か
216502	朝鮮朝日	西北版	1932-01-16	1	04단	名譽の戰死小堀上等兵
216503	朝鮮朝日	西北版	1932-01-16	1	04단	平壤商議の豫算會議
216504	朝鮮朝日	西北版	1932-01-16	1	04단	平北漁業聯合會設立に決定
216505	朝鮮朝日	西北版	1932-01-16	1	04단	咸興商議の設立計劃漸進主義をとる
216506	朝鮮朝日	西北版	1932-01-16	1	04단	愛國號二機平壤に安着し一路奉天に向ふ/南浦上空で宣傳ビラ
216507	朝鮮朝日	西北版	1932-01-16	1	05단	時局の耳二つ
216508	朝鮮朝日	西北版	1932-01-16	1	05단	總督、總監とも留任に決定總督は十六日發歸任
216509	朝鮮朝日	西北版	1932-01-16	1	05단	咸興商工會評議會
216510	朝鮮朝日	西北版	1932-01-16	1	06단	溫情主義で善導する平壤不良少年
216511	朝鮮朝日	西北版	1932-01-16	1	07단	金産地平北に製煉所設置の計劃實現すれば一躍十倍の增産平北道當局で努力
216512	朝鮮朝日	西北版	1932-01-16	1	07단	僅か二十日間でこの騰貴ぶり平壤の諸物價調べ
216513	朝鮮朝日	西北版	1932-01-16	1	07단	多少は値上げか道立平壤醫院
216514	朝鮮朝日	西北版	1932-01-16	1	08단	鎭南浦料理屋組合陳情
216515	朝鮮朝日	西北版	1932-01-16	1	08단	泥醉して同僚を斬る內地人コック
216516	朝鮮朝日	西北版	1932-01-16	1	08단	平壤海州間旅客の空輸西鮮飛行協會設立計劃
216517	朝鮮朝日	西北版	1932-01-16	1	09단	南浦大工賃値下要求
216518	朝鮮朝日	西北版	1932-01-16	1	09단	歌で盜犯を防止
216519	朝鮮朝日	西北版	1932-01-16	1	09단	麻雀俱樂部に警察の目がひかる
216520	朝鮮朝日	西北版	1932-01-16	1	09단	スポーツ(名投手二瓶君いよいよ明大入り)
216521	朝鮮朝日	西北版	1932-01-16	1	10단	遺骨入の鞄竊取犯人を逮捕
216522	朝鮮朝日	西北版	1932-01-16	1	10단	人(宇垣總督/吉岡保貞海軍中將(德山海軍燃料廠長)/大野菫海軍中佐(德山海軍燃料廠機關部)/佐藤一郎氏(新任朝鮮軍々法會議檢察官)/谷多喜磨氏(朝鮮火災保險社長))

일련번호	판명		간행일	면	단수	기사명
216523	朝鮮朝日	西北版	1932-01-16	1	10단	柳京小話
216524	朝鮮朝日	南鮮版	1932-01-17	1	01단	總督府明年度豫算焦點(三)　北鮮開拓と在外鮮人の救濟/慶南の上水道
216525	朝鮮朝日	南鮮版	1932-01-17	1	01단	武裝した鐵道員敵彈防禦裝置した列車や停車場兵匪の脅威から遠のかぬ安奉線の時局風景
216526	朝鮮朝日	南鮮版	1932-01-17	1	01단	釜山人の趣味(十一)/心身抱合の妙境を說く弓道四段の川崎四郎氏
216527	朝鮮朝日	南鮮版	1932-01-17	1	02단	水利熱あがり促進運動が起る慶北水利事業蘇る
216528	朝鮮朝日	南鮮版	1932-01-17	1	03단	勅語奉讀式軍司令部で擧行
216529	朝鮮朝日	南鮮版	1932-01-17	1	04단	惱された松毛蟲立派な肥料になる大豆粕や魚粉より利く慶北山林課での試驗
216530	朝鮮朝日	南鮮版	1932-01-17	1	05단	新聞雜誌の御尊影奉納京城天晴會
216531	朝鮮朝日	南鮮版	1932-01-17	1	05단	フラッシュ
216532	朝鮮朝日	南鮮版	1932-01-17	1	06단	在滿蒙鮮人調査會總督府で設置
216533	朝鮮朝日	南鮮版	1932-01-17	1	06단	東拓の籾收納五十萬石計劃愈よ實行に着手する具體案の大綱決定
216534	朝鮮朝日	南鮮版	1932-01-17	1	07단	光榮の渡邊知事御下問に奉答
216535	朝鮮朝日	南鮮版	1932-01-17	1	07단	妓生は悲鳴券番は頑張る花代手數料撤廢問題
216536	朝鮮朝日	南鮮版	1932-01-17	1	07단	枕木間隔整正器發明近く表彰する
216537	朝鮮朝日	南鮮版	1932-01-17	1	08단	今年の夏は氷の値段が上る漢江天然氷は絶望
216538	朝鮮朝日	南鮮版	1932-01-17	1	08단	釜山電動力値下協議
216539	朝鮮朝日	南鮮版	1932-01-17	1	08단	昨年の釜山就職戰線は何うであったか
216540	朝鮮朝日	南鮮版	1932-01-17	1	09단	兇器を振上げ島司を包圍す不穩な濟州島の海女
216541	朝鮮朝日	南鮮版	1932-01-17	1	09단	我が稅關長に脅迫文が來た支那警官隊から
216542	朝鮮朝日	南鮮版	1932-01-17	1	10단	錦西激戰の負傷者
216543	朝鮮朝日	南鮮版	1932-01-17	1	10단	安東警察に活動を映畫にする
216544	朝鮮朝日	南鮮版	1932-01-17	1	10단	避難鮮人の家畜は無稅にする
216545	朝鮮朝日	南鮮版	1932-01-17	1	10단	小切手を紛失す
216546	朝鮮朝日	南鮮版	1932-01-17	1	10단	赤木氏遺悼會
216547	朝鮮朝日	南鮮版	1932-01-17	1	10단	人(吉岡保貞中將(德山海軍燃料廠長)/新任重藤羅南聯隊長/渡左近步兵少佐(羅南聯隊附))

일련번호	판명		간행일	면	단수	기사명
216548	朝鮮朝日	西北版	1932-01-17	1	01단	師團を平壤に期成座談會(3)/平壤に師團を露骨に要望平壤の自衛上からして全市民の氣持ち
216549	朝鮮朝日	西北版	1932-01-17	1	01단	武裝した鐵道員敵彈防禦裝置した列車や停車場兵匪の脅威から遠のかぬ安奉線の時局風景
216550	朝鮮朝日	西北版	1932-01-17	1	02단	北鮮の鹽鰯を間島や北滿に送る新たに調査機關を設置して實情調査を行ふ
216551	朝鮮朝日	西北版	1932-01-17	1	03단	平南道辭令
216552	朝鮮朝日	西北版	1932-01-17	1	03단	知事の態度をいたく憤慨して平安水利地主代表再度陳情せん
216553	朝鮮朝日	西北版	1932-01-17	1	04단	戰死した小堀上等兵
216554	朝鮮朝日	西北版	1932-01-17	1	04단	錦西激戰の負傷者
216555	朝鮮朝日	西北版	1932-01-17	1	04단	羅南には緣がある新任羅南聯隊長重藤大佐の談
216556	朝鮮朝日	西北版	1932-01-17	1	05단	城津で有志大會法院支廳廢止反對運動協議
216557	朝鮮朝日	西北版	1932-01-17	1	05단	府當局の意見は餘りに杜撰だ一般會計の編成難なくして電氣料金値下可能
216558	朝鮮朝日	西北版	1932-01-17	1	06단	愈よ明年度移轉する平壤府淸潔作業場
216559	朝鮮朝日	西北版	1932-01-17	1	06단	會衆一千名猛烈な氣勢を擧げる平壤に師團設置要望平壤府民大會の盛況
216560	朝鮮朝日	西北版	1932-01-17	1	07단	平北の移動診療班組織の計劃
216561	朝鮮朝日	西北版	1932-01-17	1	07단	平壤驛改築平鐵で計劃中近く促進要求を提示す
216562	朝鮮朝日	西北版	1932-01-17	1	07단	受驗地獄を豫想さる咸北巡査試驗
216563	朝鮮朝日	西北版	1932-01-17	1	08단	平南の獻穀出耕作者內定
216564	朝鮮朝日	西北版	1932-01-17	1	08단	平北明年豫算の査定始まる
216565	朝鮮朝日	西北版	1932-01-17	1	08단	三務學校上棟式
216566	朝鮮朝日	西北版	1932-01-17	1	08단	我が稅關長に脅迫文が來た支那警官隊から
216567	朝鮮朝日	西北版	1932-01-17	1	09단	大根の中に牛の睪丸に詰めた燒酎鮮人の奇拔な密輸戰術
216568	朝鮮朝日	西北版	1932-01-17	1	09단	安東警察の活動を映畫にする
216569	朝鮮朝日	西北版	1932-01-17	1	09단	避難鮮人の荷物は無稅にする
216570	朝鮮朝日	西北版	1932-01-17	1	09단	避難した朝鮮人
216571	朝鮮朝日	西北版	1932-01-17	1	10단	死體領得事件公判
216572	朝鮮朝日	西北版	1932-01-17	1	10단	平壤の娼妓待遇改善公休問題解決
216573	朝鮮朝日	西北版	1932-01-17	1	10단	柳京小話

일련번호	판명		간행일	면	단수	기사명
216574	朝鮮朝日	南鮮版	1932-01-19	1	01단	明年度豫算の焦點(３)/支出の過半は産業振興の爲
216575	朝鮮朝日	南鮮版	1932-01-19	1	01단	京城街頭モンタアジュ腋かな・あぶない街の日支事變と鋪道上の小兵匪(第一景街の日支事變/第二景街の小兵匪)
216576	朝鮮朝日	南鮮版	1932-01-19	1	01단	司法官大異動愈々斷行さる
216577	朝鮮朝日	南鮮版	1932-01-19	1	02단	大邱少年團移轉
216578	朝鮮朝日	南鮮版	1932-01-19	1	02단	陸軍省醫務局長一行入城
216579	朝鮮朝日	南鮮版	1932-01-19	1	03단	釜山人の趣味(十一)/無邪氣な人形愛に惑溺澁谷十八銀行支店長
216580	朝鮮朝日	南鮮版	1932-01-19	1	04단	辭令(東京電話)
216581	朝鮮朝日	南鮮版	1932-01-19	1	04단	總督府辭令
216582	朝鮮朝日	南鮮版	1932-01-19	1	04단	京電が府に對し何んな態度に出る近く府當局と交渉を開始する京城當面の重大問題
216583	朝鮮朝日	南鮮版	1932-01-19	1	05단	東萊溫泉の地價昂騰す區劃整理計劃行惱か
216584	朝鮮朝日	南鮮版	1932-01-19	1	05단	水産製品檢査員會議二月十五日から
216585	朝鮮朝日	南鮮版	1932-01-19	1	06단	せつめい(十六日午後三時より京城鍾路中央青年會館に執行した朝鮮人側の在滿同胞遭難慰靈祭)
216586	朝鮮朝日	南鮮版	1932-01-19	1	06단	戰死兵慰靈祭
216587	朝鮮朝日	南鮮版	1932-01-19	1	07단	大邱の濁酒爭議解決
216588	朝鮮朝日	南鮮版	1932-01-19	1	07단	風變りの美談集皇軍慰問の
216589	朝鮮朝日	南鮮版	1932-01-19	1	07단	計劃的で手段は巧妙朝鮮銀行平壤支店大金盜難事件
216590	朝鮮朝日	南鮮版	1932-01-19	1	08단	愛らしい幼稚園が傷病兵を慰問する
216591	朝鮮朝日	南鮮版	1932-01-19	1	08단	釜山通過の昨年中の旅客激減した十數年來の珍現象
216592	朝鮮朝日	南鮮版	1932-01-19	1	09단	指紋も殘さぬ巧妙なやり方
216593	朝鮮朝日	南鮮版	1932-01-19	1	09단	京城不良記者檢擧範圍益々擴大せん
216594	朝鮮朝日	南鮮版	1932-01-19	1	10단	京城火事二件
216595	朝鮮朝日	南鮮版	1932-01-19	1	10단	爆藥竊取の容疑者釜山署で檢擧
216596	朝鮮朝日	南鮮版	1932-01-19	1	10단	一千圓拐帶犯逮捕
216597	朝鮮朝日	南鮮版	1932-01-19	1	10단	京城三越店員の橫領
216598	朝鮮朝日	南鮮版	1932-01-19	1	10단	地震がふえた
216599	朝鮮朝日	南鮮版	1932-01-19	1	10단	青年の厭世自殺
216600	朝鮮朝日	南鮮版	1932-01-19	1	10단	人(重藤千秋大佐(新任羅南歩兵第七十六聯隊長))

일련번호	판명		간행일	면	단수	기사명
216601	朝鮮朝日	西北版	1932-01-19	1	01단	師團を平壤に期成座談會(4)/南鮮より か西鮮が妥當國境、假想敵國ほか耐寒 訓練からみても
216602	朝鮮朝日	西北版	1932-01-19	1	01단	陣中の祕話錦州に輝く血染めの日章旗 錦州城一番乘りの北鮮旅團福島中尉陣 中日記
216603	朝鮮朝日	西北版	1932-01-19	1	02단	咸北道の英斷期待さる扮飾の社會施設 改善
216604	朝鮮朝日	西北版	1932-01-19	1	04단	地價慘落し三錢で一坪買へる悲鳴をあ げる咸北の地主珍しい小作人專有制度
216605	朝鮮朝日	西北版	1932-01-19	1	05단	滿洲から新義州へ瓦斯を供給す
216606	朝鮮朝日	西北版	1932-01-19	1	05단	昭和製鋼所新義州設置實否を確める
216607	朝鮮朝日	西北版	1932-01-19	1	06단	辭令(東京電話)
216608	朝鮮朝日	西北版	1932-01-19	1	06단	內輪揉めから物凄い鬪爭始まる錦州城 が占據されてからは兵匪も終末に近づ く
216609	朝鮮朝日	西北版	1932-01-19	1	06단	平壤陸軍用地拂下の模樣移駐費捻出の ため
216610	朝鮮朝日	西北版	1932-01-19	1	07단	完全に我が實權に歸す支那側瓦斯、電 燈、水道
216611	朝鮮朝日	西北版	1932-01-19	1	07단	南浦米業者狼狽す
216612	朝鮮朝日	西北版	1932-01-19	1	07단	路地の窓を破り金庫の中に忍込み七十 八萬圓をつかみ出した朝鮮銀行平壤支 店大金盗難の徑路/指紋も殘さぬ巧妙な やり方
216613	朝鮮朝日	西北版	1932-01-19	1	08단	平北支那人の狀況
216614	朝鮮朝日	西北版	1932-01-19	1	08단	柳京小話
216615	朝鮮朝日	西北版	1932-01-19	1	09단	土地收用令適用
216616	朝鮮朝日	西北版	1932-01-19	1	09단	新義州に聯隊設置は確實府民はその實 現を待つ
216617	朝鮮朝日	西北版	1932-01-19	1	09단	非常に暖い新義州地方
216618	朝鮮朝日	西北版	1932-01-19	1	10단	スケート大會
216619	朝鮮朝日	西北版	1932-01-19	1	10단	電球の値下
216620	朝鮮朝日	西北版	1932-01-19	1	10단	救急藥を配置
216621	朝鮮朝日	西北版	1932-01-19	1	10단	共産村建設陰謀者平北で檢擧
216622	朝鮮朝日	西北版	1932-01-19	1	10단	人(重藤千秋大佐(新任羅南步兵第七十六 聯隊長))
216623	朝鮮朝日	南鮮版	1932-01-20	1	01단	いかに中央へ陳情しても既定方針はかへ ぬ總監の進退や當面の問題に就て歸任し た宇垣總督語る/今井田總監下關で語る

일련번호	판명		간행일	면	단수	기사명
216624	朝鮮朝日	南鮮版	1932-01-20	1	01단	官營の沙防を民營で促進の聲起る禿山綠化の前途に一道の光明漸く沙防時代出現
216625	朝鮮朝日	南鮮版	1932-01-20	1	01단	奇怪！金！金盜難の鮮銀平壤支店
216626	朝鮮朝日	南鮮版	1932-01-20	1	06단	總督府出張所奉天に設置か取敢へず駐在員增員
216627	朝鮮朝日	南鮮版	1932-01-20	1	07단	釜山に普校增加か
216628	朝鮮朝日	南鮮版	1932-01-20	1	07단	無立木地に造林の計劃慶南で新年度より實施
216629	朝鮮朝日	南鮮版	1932-01-20	1	07단	警察會館建設一頓挫
216630	朝鮮朝日	南鮮版	1932-01-20	1	07단	資金貸付けと會社直營で産金を助成す其他進退問題や滿洲視察に就て入城した菅原東拓總裁語る
216631	朝鮮朝日	南鮮版	1932-01-20	1	08단	油肥統制反對に釜山側も合流實行委員入城す
216632	朝鮮朝日	南鮮版	1932-01-20	1	08단	赤十字救護課長
216633	朝鮮朝日	南鮮版	1932-01-20	1	08단	京城タクシー一圓制還元運動當局は許さぬ方針
216634	朝鮮朝日	南鮮版	1932-01-20	1	09단	漁船轉覆し二人行方不明
216635	朝鮮朝日	南鮮版	1932-01-20	1	09단	久山上等兵遺骨出發
216636	朝鮮朝日	南鮮版	1932-01-20	1	10단	大邱の妓生が盟休す券番との爭議で
216637	朝鮮朝日	南鮮版	1932-01-20	1	10단	主任の費ひ込み
216638	朝鮮朝日	南鮮版	1932-01-20	1	10단	電氣事業令四月一日公布か
216639	朝鮮朝日	南鮮版	1932-01-20	1	10단	人(今井田總監)
216640	朝鮮朝日	西北版	1932-01-20	1	01단	師團を平壤に期成座談會(５)/耐寒訓練上平壤は最適地李朝時代の平壤は軍隊の中心都市
216641	朝鮮朝日	西北版	1932-01-20	1	01단	奇怪！金！金盜難の鮮銀平壤支店
216642	朝鮮朝日	西北版	1932-01-20	1	01단	*昇格をめざして躍る平壤醫講々師團展望　産科と文化は並行屋代講師のこのテーゼ/まだ靜的な存在吉川眼科氏*
216643	朝鮮朝日	西北版	1932-01-20	1	05단	戰死した僚友の靈を弔ふ
216644	朝鮮朝日	西北版	1932-01-20	1	06단	府民注目の汚物處分合理化平壤府豫算に暗影
216645	朝鮮朝日	西北版	1932-01-20	1	06단	南浦支廳廢止は取り止めか
216646	朝鮮朝日	西北版	1932-01-20	1	07단	心痲しい羅南の街
216647	朝鮮朝日	西北版	1932-01-20	1	07단	捨鉢的態度に南浦米信用失墜す東京から來た關係者は激昂不渡米事件尙擴大か
216648	朝鮮朝日	西北版	1932-01-20	1	07단	貧農子弟の救濟策成る咸北で全力をあげる

일련번호	판명		간행일	면	단수	기사명
216649	朝鮮朝日	西北版	1932-01-20	1	08단	元山で防空演習四月に行ふ/平壤驛攻防演習二月九日から
216650	朝鮮朝日	西北版	1932-01-20	1	08단	試驗制度廢止による考査制度平南では成績がよい
216651	朝鮮朝日	西北版	1932-01-20	1	08단	平南水組稅納入成績良好
216652	朝鮮朝日	西北版	1932-01-20	1	09단	咸北の醫者は朝鮮仕込が多い人口一萬に醫者一人
216653	朝鮮朝日	西北版	1932-01-20	1	10단	鮮農救濟の訓令支那側が出す
216654	朝鮮朝日	西北版	1932-01-20	1	10단	平南の鷄疫益々猖獗
216655	朝鮮朝日	西北版	1932-01-20	1	10단	平壤のカフエ取締り嚴重
216656	朝鮮朝日	西北版	1932-01-20	1	10단	五名は有罪六名免訴元山瀆職事件
216657	朝鮮朝日	西北版	1932-01-20	1	10단	窒扶斯豫防注射
216658	朝鮮朝日	西北版	1932-01-20	1	10단	人(土方成美氏(東京帝大敎授)/柳生六郎氏(下關運輸事務所長))
216659	朝鮮朝日	南鮮版	1932-01-21	1	01단	興味ある問題は利害交錯の路線整理自動車綱の統制二月上旬發布されん
216660	朝鮮朝日	南鮮版	1932-01-21	1	01단	飛行機を造り軍部に獻納する愛國號に刺激された大邱府民計劃愈よ具體化す
216661	朝鮮朝日	南鮮版	1932-01-21	1	01단	高等警察偏重に非難が起る司法高等均等の要望
216662	朝鮮朝日	南鮮版	1932-01-21	1	01단	釜山商議の明年豫算
216663	朝鮮朝日	南鮮版	1932-01-21	1	02단	優良保線表彰式
216664	朝鮮朝日	南鮮版	1932-01-21	1	02단	帝國製麻朝鮮進出釜山に工場新設
216665	朝鮮朝日	南鮮版	1932-01-21	1	03단	本社油井聯絡員遺骨京城通過沿道の官民弔問す
216666	朝鮮朝日	南鮮版	1932-01-21	1	03단	見事に犯人のあがった平壤の七十八萬圓事件 夫婦の床の下に拳銃や日本刀其夜の松の家の混雜/四段構へで逮捕した刑事六十名最後の活動/犯人の素性や家庭の模樣/共犯關係も近く判然す金の費途は判った
216667	朝鮮朝日	南鮮版	1932-01-21	1	04단	人(合田平軍醫總監/齋藤吉十郎氏(朝紡社長)/森辨治郎氏(朝郵社長)/神谷小一氏(仁川稅關長))
216668	朝鮮朝日	南鮮版	1932-01-21	1	05단	古賀大佐以下十七勇士の遺骨京城に着く官民が盛大な告別式をあげ廿二日夜龍山發羅南に向ふ
216669	朝鮮朝日	南鮮版	1932-01-21	1	05단	航空費獻金續々集まる
216670	朝鮮朝日	南鮮版	1932-01-21	1	06단	釜山人の趣味(十三)/土曜日の夜の愉快な合奏樂の音に結ばれた鐵道音樂バンド

일련번호	판명		간행일	면	단수	기사명
216671	朝鮮朝日	南鮮版	1932-01-21	1	06단	新義州校講堂全燒
216672	朝鮮朝日	南鮮版	1932-01-21	1	06단	溫泉の東萊から珍しや金鑛を發見合金量は十萬分の三乃至四有望なら邑營にする
216673	朝鮮朝日	南鮮版	1932-01-21	1	07단	時局問題大講演會
216674	朝鮮朝日	南鮮版	1932-01-21	1	09단	艀賃の低減は一割四分に落着三十日より實施する
216675	朝鮮朝日	南鮮版	1932-01-21	1	10단	美談
216676	朝鮮朝日	南鮮版	1932-01-21	1	10단	大邱取引所紛糾解決
216677	朝鮮朝日	南鮮版	1932-01-21	1	10단	隱れた犯罪が判る有效な申告函
216678	朝鮮朝日	南鮮版	1932-01-21	1	10단	支那人斬殺さる
216679	朝鮮朝日	西北版	1932-01-21	1	01단	師團を平壤に期成座談會(6)/耐寒訓練上平壤は最適地李朝時代の平壤は軍隊の中心都市
216680	朝鮮朝日	西北版	1932-01-21	1	01단	窮迫し切った小賣業者の救濟策デパート進出で現狀打開さす平壤府の救濟具體案
216681	朝鮮朝日	西北版	1932-01-21	1	01단	安奉線警備畫報
216682	朝鮮朝日	西北版	1932-01-21	1	03단	大に産金を助成する菅原東拓總裁談
216683	朝鮮朝日	西北版	1932-01-21	1	04단	平壤高女の學年制問題府會議員懇談會に上程
216684	朝鮮朝日	西北版	1932-01-21	1	05단	魚油肥統制反對釜山側も合流
216685	朝鮮朝日	西北版	1932-01-21	1	05단	見事に犯人のあがった平壤の七十八萬圓事件 夫婦の床の下に拳銃や日本刀其夜の松の家の混雜/四段構へで逮捕した刑事六十名最後の活動/犯人の素性や家庭の模樣/共犯關係も近く判然す金の費途は判った
216686	朝鮮朝日	西北版	1932-01-21	1	06단	安東公安隊增員充實す
216687	朝鮮朝日	西北版	1932-01-21	1	06단	總督府出張所奉天に設置か
216688	朝鮮朝日	西北版	1932-01-21	1	06단	兇暴を逞した革命軍の巨頭逮捕身柄平北警察部に引渡さる安東警察決死的活動
216689	朝鮮朝日	西北版	1932-01-21	1	07단	新義州小學講堂全燒
216690	朝鮮朝日	西北版	1932-01-21	1	07단	粹な贈りもの鳳凰城へ美人五名
216691	朝鮮朝日	西北版	1932-01-21	1	08단	人(合田平軍醫總監/齋藤吉十郎氏(朝紡社長)/森辨治郎氏(朝郵社長)/神谷小一氏(仁川稅關長))
216692	朝鮮朝日	西北版	1932-01-21	1	09단	赤い村の建設陰謀者八名檢擧さる
216693	朝鮮朝日	西北版	1932-01-21	1	09단	明七年度に十校建てる平南の普校建設計劃

일련번호	판명		간행일	면	단수	기사명
216694	朝鮮朝日	西北版	1932-01-21	1	10단	寄附によるほかない新義州軍營敷地
216695	朝鮮朝日	西北版	1932-01-21	1	10단	兵匪の副頭目雲里店で逮捕
216696	朝鮮朝日	西北版	1932-01-21	1	10단	柳京小話
216697	朝鮮朝日	南鮮版	1932-01-22	1	01단	內鮮合作による學生層の不穩運動大邱署で檢擧したプロレタリヤ科學事件內鮮學生九名送局/朝鮮最初の結成/階級分裂の觀念を植つける
216698	朝鮮朝日	南鮮版	1932-01-22	1	01단	釜山普通校增設陳情
216699	朝鮮朝日	南鮮版	1932-01-22	1	01단	國民協會定期大會
216700	朝鮮朝日	南鮮版	1932-01-22	1	02단	男女總動員で大邱號建造基金調達に邁進す
216701	朝鮮朝日	南鮮版	1932-01-22	1	02단	間島が平和鄉となる
216702	朝鮮朝日	南鮮版	1932-01-22	1	03단	銀行に請願巡查設置懲憑
216703	朝鮮朝日	南鮮版	1932-01-22	1	03단	釜山人の趣味(十四)/指先の感觸に無我の法悅太公望を代表する白石殖銀支店長
216704	朝鮮朝日	南鮮版	1932-01-22	1	04단	篠原中佐
216705	朝鮮朝日	南鮮版	1932-01-22	1	04단	弔合戰で靈を慰める豊島中佐談
216706	朝鮮朝日	南鮮版	1932-01-22	1	04단	移住鮮人集團農場滿蒙に建設が必要總督府の在滿鮮人調查會で考究
216707	朝鮮朝日	南鮮版	1932-01-22	1	05단	慶北警察官內地見學團
216708	朝鮮朝日	南鮮版	1932-01-22	1	05단	中等校入學試驗協議
216709	朝鮮朝日	南鮮版	1932-01-22	1	05단	列車ニュース鮮鐵でも實施する
216710	朝鮮朝日	南鮮版	1932-01-22	1	05단	時局問題大講演會
216711	朝鮮朝日	南鮮版	1932-01-22	1	06단	油井本社聯絡員遺骨釜山通過棧橋で在釜官民燒香
216712	朝鮮朝日	南鮮版	1932-01-22	1	08단	移住獎勵補助規定發布さる
216713	朝鮮朝日	南鮮版	1932-01-22	1	08단	敵匪の喊聲列車內は阿修羅場從事員の働きで乘客助かる兵匪に襲れた奉天發釜山行列車
216714	朝鮮朝日	南鮮版	1932-01-22	1	08단	京城で大人氣の滿洲行進曲早くも流行する
216715	朝鮮朝日	南鮮版	1932-01-22	1	09단	不良記者狩ますます峻烈
216716	朝鮮朝日	南鮮版	1932-01-22	1	10단	渡船發動船と衝突三名負傷す
216717	朝鮮朝日	南鮮版	1932-01-22	1	10단	金海夫妻殺し求刑
216718	朝鮮朝日	南鮮版	1932-01-22	1	10단	從軍志願の血書健氣な靑年
216719	朝鮮朝日	西北版	1932-01-22	1	01단	師團を平壤に期成座談會(7)/用兵上からも最適地である軍需食糧品の供給にはこれまた適當地だ
216720	朝鮮朝日	西北版	1932-01-22	1	01단	殊勳を樹て〉眼らかな平壤署勞を犒ふ官民押奇す功績者の感想談

일련번호	판명		간행일	면	단수	기사명
216721	朝鮮朝日	西北版	1932-01-22	1	01단	昇格をめざして躍る平壤醫講々師團展望(九ヶ國語に堪能獨身の李講師/藥局の蟲森田藥劑官)
216722	朝鮮朝日	西北版	1932-01-22	1	02단	犯人とその家
216723	朝鮮朝日	西北版	1932-01-22	1	03단	村民擧ってお酒を飲まぬ咸北茂山の禁酒村
216724	朝鮮朝日	西北版	1932-01-22	1	04단	沙里院の座談會
216725	朝鮮朝日	西北版	1932-01-22	1	05단	二百年前の平壤勞働運動史近く圖書館に寄附される實に振ったその內容
216726	朝鮮朝日	西北版	1932-01-22	1	06단	各課要求の主な新規事業平壤府の明年豫算
216727	朝鮮朝日	西北版	1932-01-22	1	06단	平安水利地主大會
216728	朝鮮朝日	西北版	1932-01-22	1	07단	時局問題大講演會
216729	朝鮮朝日	西北版	1932-01-22	1	07단	敵匪の喊聲列車內は阿修羅場從事員の働きで乘客助かる兵匪に襲れた奉天發釜山行列車
216730	朝鮮朝日	西北版	1932-01-22	1	08단	本莊司令官から謝狀城津青年團に
216731	朝鮮朝日	西北版	1932-01-22	1	08단	土地管理人の心盡し小作人喜ぶ
216732	朝鮮朝日	西北版	1932-01-22	1	09단	新義州から軍營敷地寄附を申出づ
216733	朝鮮朝日	西北版	1932-01-22	1	10단	滿浦鎭線隧道崩壞工事粗漏から
216734	朝鮮朝日	西北版	1932-01-22	1	10단	白米の密輸が多い昨今の國境
216735	朝鮮朝日	西北版	1932-01-22	1	10단	支那煙草密輸犯逮捕
216736	朝鮮朝日	西北版	1932-01-22	1	10단	支那密輸團首魁等三名逮捕さる
216737	朝鮮朝日	西北版	1932-01-22	1	10단	人(植村高氏(赤十字社參事、一等軍醫正)/フランク・エル・マーチン氏夫妻(ミゾリー大學新聞科長))
216738	朝鮮朝日	南鮮版	1932-01-23	1	01단	議會解散の朝鮮に及ぼす影響總督は官邸で瞑想折角の新計劃一時假死の狀態
216739	朝鮮朝日	南鮮版	1932-01-23	1	01단	司法官大異動愈よ近く發表噂にのぼる榮轉組
216740	朝鮮朝日	南鮮版	1932-01-23	1	01단	東萊川改修工事二月起工する
216741	朝鮮朝日	南鮮版	1932-01-23	1	02단	鰯油肥統制愈紛糾成行注目さる
216742	朝鮮朝日	南鮮版	1932-01-23	1	02단	釜山人の趣味(十五)/釜山で初めて自動車を動したオーナードライヴァー西村浩次郎氏
216743	朝鮮朝日	南鮮版	1932-01-23	1	03단	京電側の態度注目さる電氣公營に代る要求
216744	朝鮮朝日	南鮮版	1932-01-23	1	04단	釜山府會廿三日開く
216745	朝鮮朝日	南鮮版	1932-01-23	1	04단	新義州無線電信近く開通す

일련번호	판명		간행일	면	단수	기사명
216746	朝鮮朝日	南鮮版	1932-01-23	1	04단	赤字に惱む鮮鐵への福の神大口の旅行團が來る
216747	朝鮮朝日	南鮮版	1932-01-23	1	05단	鐵道局の新試み記念スタンプを造る
216748	朝鮮朝日	南鮮版	1932-01-23	1	05단	大邱武道大會
216749	朝鮮朝日	南鮮版	1932-01-23	1	05단	京畿道の明年豫算新規要求の實現は困難
216750	朝鮮朝日	南鮮版	1932-01-23	1	05단	時局問題大講演會
216751	朝鮮朝日	南鮮版	1932-01-23	1	06단	檢事送局りの學生
216752	朝鮮朝日	南鮮版	1932-01-23	1	06단	滿鐵の貨車が空いたら早く返へせと鮮鐵から各驛に通牒
216753	朝鮮朝日	南鮮版	1932-01-23	1	07단	他道から來る癩病患者を徹底的に防止する釜山警察署の具體案成る
216754	朝鮮朝日	南鮮版	1932-01-23	1	08단	熊が逃げた
216755	朝鮮朝日	南鮮版	1932-01-23	1	08단	慶南沿海不正漁業取締
216756	朝鮮朝日	南鮮版	1932-01-23	1	08단	別れた妻が元の夫を相手取り約定金請求の訴訟
216757	朝鮮朝日	南鮮版	1932-01-23	1	09단	知事の親戚だと稱し官印を僞造して詐欺一味大邱署に檢擧さる
216758	朝鮮朝日	南鮮版	1932-01-23	1	09단	刑事と稱して刑事に捕まる
216759	朝鮮朝日	南鮮版	1932-01-23	1	09단	密行の巡査部長橋下で絞殺さる犯人の目星つかぬ慶北安醴道路珍事
216760	朝鮮朝日	南鮮版	1932-01-23	1	10단	無罪から懲役十五年面長殺し判決
216761	朝鮮朝日	南鮮版	1932-01-23	1	10단	永信普校の火事
216762	朝鮮朝日	南鮮版	1932-01-23	1	10단	詐欺頻發
216763	朝鮮朝日	南鮮版	1932-01-23	1	10단	人(荒井初太郎氏(實業家)/豊島暉氏(新任羅南騎兵第二十七聯隊長)/藤田第十九師團參謀長)
216764	朝鮮朝日	西北版	1932-01-23	1	01단	師團を平壤に期成座談會(8)/移駐建築費は南鮮より廉い如何なる犧牲も辭せぬと平壤府民は覺悟す
216765	朝鮮朝日	西北版	1932-01-23	1	01단	有望な事業は投資援助する大規模の移民計劃もたてると安東縣にて菅原東拓總裁談
216766	朝鮮朝日	西北版	1932-01-23	1	01단	新規事業は何も出來ぬ新義州明年豫算編成難
216767	朝鮮朝日	西北版	1932-01-23	1	01단	銀行に請願巡査設置慫慂
216768	朝鮮朝日	西北版	1932-01-23	1	02단	安奉線警備畫報
216769	朝鮮朝日	西北版	1932-01-23	1	03단	龍井の死活問題だと憂慮す
216770	朝鮮朝日	西北版	1932-01-23	1	04단	安寧水利六號潛管修理問題
216771	朝鮮朝日	西北版	1932-01-23	1	04단	金融業者は手持無沙汰沙里院米資の珍現象

일련번호	판명		간행일	면	단수	기사명
216772	朝鮮朝日	西北版	1932-01-23	1	05단	新義州無線電信近く開通す
216773	朝鮮朝日	西北版	1932-01-23	1	06단	內部說は覆へされ外部侵入說が的中す七十八萬圓事件犯人逮捕に就ての平壤署員の苦心談/犯人の取調べ愈よ始まる述べ立てる犯行の徑路
216774	朝鮮朝日	西北版	1932-01-23	1	07단	時局問題大講演會
216775	朝鮮朝日	西北版	1932-01-23	1	07단	平壤驛攻防演習
216776	朝鮮朝日	西北版	1932-01-23	1	07단	殉職警官告別式/故杉山曹長葬儀
216777	朝鮮朝日	西北版	1932-01-23	1	09단	死者の多くは老人と子供避難民が續々死ぬ
216778	朝鮮朝日	西北版	1932-01-23	1	09단	犬皮の暴騰から屠犬激增す一日の出廻り七、八百枚
216779	朝鮮朝日	西北版	1932-01-23	1	10단	新義州昨年中の火災件數
216780	朝鮮朝日	西北版	1932-01-23	1	10단	永信普校の火事
216781	朝鮮朝日	西北版	1932-01-23	1	10단	無罪から懲役十五年面長殺し判決
216782	朝鮮朝日	西北版	1932-01-23	1	10단	熊が逃げた
216783	朝鮮朝日	西北版	1932-01-23	1	10단	人(荒井初太郎氏(實業家)/豊島暉氏(新任羅南騎兵第二十七聯隊長)/藤田第十九師團參謀長)
216784	朝鮮朝日	南鮮版	1932-01-24	1	01단	沈勇豪膽な石野大尉錦西西北地區の激戰で敵の猛射に惡戰苦鬪す壯烈なその最期
216785	朝鮮朝日	南鮮版	1932-01-24	1	01단	水産加工試驗場統營に設置か慶南道の計劃進む
216786	朝鮮朝日	南鮮版	1932-01-24	1	01단	傷病兵は案外元氣合田平中將談
216787	朝鮮朝日	南鮮版	1932-01-24	1	01단	農科卒業生の賣行がよい
216788	朝鮮朝日	南鮮版	1932-01-24	1	02단	膽津江架橋計劃慶南全南兩道協力して行ふ
216789	朝鮮朝日	南鮮版	1932-01-24	1	02단	釜山人の趣味(十六)/腴かな家庭に明るい趣味カメラ、音樂、舞踏等三菱の佐野元溫氏
216790	朝鮮朝日	南鮮版	1932-01-24	1	03단	龍頭山遷宮問題
216791	朝鮮朝日	南鮮版	1932-01-24	1	03단	釜山府內昨年中の死亡者內地人は早死してゐる
216792	朝鮮朝日	南鮮版	1932-01-24	1	04단	人(合田醫務局長/韓圭復氏(黃海道知事))
216793	朝鮮朝日	南鮮版	1932-01-24	1	04단	濟州島海女問題協議
216794	朝鮮朝日	南鮮版	1932-01-24	1	05단	古賀大佐以下十八勇士の遺骨京城に着いた京龍で盛な告別式をあげ淚あらたなる羅南に向ふ
216795	朝鮮朝日	南鮮版	1932-01-24	1	05단	聞き惚る群衆

일련번호	판명		간행일	면	단수	기사명
216796	朝鮮朝日	南鮮版	1932-01-24	1	06단	時局問題大講演會
216797	朝鮮朝日	南鮮版	1932-01-24	1	07단	警察と外人との打解た懇談會西大門警察の新試み
216798	朝鮮朝日	南鮮版	1932-01-24	1	07단	農民運動から勞働運動へと方向轉換か思想運動の魔の手も伸びよう
216799	朝鮮朝日	南鮮版	1932-01-24	1	07단	近く鳳凰城襲撃の計劃支那官憲の態度急變
216800	朝鮮朝日	南鮮版	1932-01-24	1	08단	大邱妓生の罷業圓滿解決す
216801	朝鮮朝日	南鮮版	1932-01-24	1	09단	巡査殺犯人依然不明安東署大活動/模範巡査
216802	朝鮮朝日	南鮮版	1932-01-24	1	09단	不良記者檢擧に絡まる悲喜劇留置場は大入滿員
216803	朝鮮朝日	南鮮版	1932-01-24	1	09단	教育部長と稱し二十錢を奪取
216804	朝鮮朝日	南鮮版	1932-01-24	1	09단	東萊邑內の祕密結社暴露す
216805	朝鮮朝日	南鮮版	1932-01-24	1	10단	人(河野悅次郎少佐(新任第三師團參謀)/山本犀藏氏(朝鮮遞信局長)/小森卯市氏訃)
216806	朝鮮朝日	南鮮版	1932-01-24	1	10단	若い夫の殺害を企つ恐ろしい女房
216807	朝鮮朝日	西北版	1932-01-24	1	01단	師團を平壤に期成座談會(9)/移駐建築費は南鮮より廉い如何なる犠牲も辭せぬと平壤府民は覺悟す
216808	朝鮮朝日	西北版	1932-01-24	1	01단	兄弟の忠告を斥け佐奈田一人で計劃妻まつのは直接無關係の模樣鮮銀平壤支店の七十八萬圓事件計劃の內容判明
216809	朝鮮朝日	西北版	1932-01-24	1	01단	平壤風景
216810	朝鮮朝日	西北版	1932-01-24	1	03단	司法官異動愈よ發表近し噂にのぼる榮轉組
216811	朝鮮朝日	西北版	1932-01-24	1	03단	昇格をめざして躍る平壤醫講々師團展望(最年少で獨身死體を前の田邊講師/速射砲的講義天才兒小林博士)
216812	朝鮮朝日	西北版	1932-01-24	1	04단	平壤府の明年度豫算主な新規事業
216813	朝鮮朝日	西北版	1932-01-24	1	05단	平壤府政懇談會當面の問題協議
216814	朝鮮朝日	西北版	1932-01-24	1	05단	平壤に飛行學校建設計劃
216815	朝鮮朝日	西北版	1932-01-24	1	06단	時局問題大講演會
216816	朝鮮朝日	西北版	1932-01-24	1	06단	平壤商議役員會
216817	朝鮮朝日	西北版	1932-01-24	1	06단	雪の山野に草根木皮をあさる生活に窮する者八千八百名咸北鏡城郡下の慘狀
216818	朝鮮朝日	西北版	1932-01-24	1	07단	近く鳳凰城襲撃の計劃支那官憲の態度急變
216819	朝鮮朝日	西北版	1932-01-24	1	07단	咸北に呼吸器病が多い

일련번호	판명		간행일	면	단수	기사명
216820	朝鮮朝日	西北版	1932-01-24	1	08단	平北水組費徵收成績案外に良好
216821	朝鮮朝日	西北版	1932-01-24	1	08단	古賀大佐以下十八勇士の遺骨京城に着いた京龍で盛な告別式をあげ淚あらたなる羅南に向ふ
216822	朝鮮朝日	西北版	1932-01-24	1	09단	刑事部長絞殺さる
216823	朝鮮朝日	西北版	1932-01-24	1	09단	大體補習科設置に定まる平壤高女學年制問題
216824	朝鮮朝日	西北版	1932-01-24	1	10단	元中武道大會
216825	朝鮮朝日	西北版	1932-01-24	1	10단	柳京小話
216826	朝鮮朝日	南鮮版	1932-01-26	1	01단	在滿鮮人救濟は是が非でも實現さす議會解散の影響は受けぬと總督府當局りきむ
216827	朝鮮朝日	南鮮版	1932-01-26	1	01단	敵の猛射を受け我が偵察機墜落す花澤大尉と田中曹長名譽の戰死を遂ぐ
216828	朝鮮朝日	南鮮版	1932-01-26	1	01단	京城府會議員なほ揉める電氣公營問題で
216829	朝鮮朝日	南鮮版	1932-01-26	1	02단	釜山人の趣味(十七)/三十八羽の小鳥と共同生活小鳥の小父ちゃんで通る山本新一郎氏
216830	朝鮮朝日	南鮮版	1932-01-26	1	03단	就職志望者增加す釜山高女卒業生
216831	朝鮮朝日	南鮮版	1932-01-26	1	04단	人(山田城大總長/渡課慶南知事)
216832	朝鮮朝日	南鮮版	1932-01-26	1	04단	鐵道警備の演習大仕掛に行ふ
216833	朝鮮朝日	南鮮版	1932-01-26	1	04단	優良保線表彰式
216834	朝鮮朝日	南鮮版	1932-01-26	1	04단	田作の改良に甘藷栽培を追加慶南の代用作獎勵
216835	朝鮮朝日	南鮮版	1932-01-26	1	05단	千葉上等兵遺骨釜山通過
216836	朝鮮朝日	南鮮版	1932-01-26	1	05단	東海中部線に汽動車增設
216837	朝鮮朝日	南鮮版	1932-01-26	1	05단	遞信局の整理二百八十名にのぼる二月上旬から月末にかけ斷行整理者に就職斡旋
216838	朝鮮朝日	南鮮版	1932-01-26	1	06단	時局問題大講演會
216839	朝鮮朝日	南鮮版	1932-01-26	1	06단	鐵道荷動き依然旺盛
216840	朝鮮朝日	南鮮版	1932-01-26	1	06단	中等教科書値下げ二月一日から
216841	朝鮮朝日	南鮮版	1932-01-26	1	07단	豫算に上った全部は追加豫算で提出する學務關係の三十萬圓は全部承認される見込み
216842	朝鮮朝日	南鮮版	1932-01-26	1	08단	虛僞申告で拘留
216843	朝鮮朝日	南鮮版	1932-01-26	1	08단	さても律義な乞食
216844	朝鮮朝日	南鮮版	1932-01-26	1	09단	巡查部長殺しの犯人目星がつく
216845	朝鮮朝日	南鮮版	1932-01-26	1	09단	濟州島の海女駐在所包圍警官數名負傷す(京城/光州)

일련번호	판명		간행일	면	단수	기사명
216846	朝鮮朝日	南鮮版	1932-01-26	1	09단	殺された女の首も犯人も不明馬山の首無死體事件
216847	朝鮮朝日	南鮮版	1932-01-26	1	10단	不正漁業十數件檢擧釜山稅丸の手柄
216848	朝鮮朝日	南鮮版	1932-01-26	1	10단	無名楔檢擧
216849	朝鮮朝日	西北版	1932-01-26	1	01단	注目さるゝ吉會鐵道何う走るかが問題だ北廻り線を採擇か決定迄には迂餘曲折あらん
216850	朝鮮朝日	西北版	1932-01-26	1	01단	敵の猛射を受け我が偵察機墜落す花澤大尉と田中曹長名譽の戰死を遂ぐ/飛行隊に憂愁の色漂ふ
216851	朝鮮朝日	西北版	1932-01-26	1	01단	朝日社三氏の熱辯に聽衆感動す安東縣本社講演會盛況
216852	朝鮮朝日	西北版	1932-01-26	1	03단	平南道初等教員整理
216853	朝鮮朝日	西北版	1932-01-26	1	03단	平壤商議役員會
216854	朝鮮朝日	西北版	1932-01-26	1	03단	平壤風景
216855	朝鮮朝日	西北版	1932-01-26	1	04단	耐寒演習
216856	朝鮮朝日	西北版	1932-01-26	1	04단	咸南水産船北洋丸三月末竣工
216857	朝鮮朝日	西北版	1932-01-26	1	04단	女には雜巾縫ひ男には叺を編ます子供は學校を開いて教育する奉天の避難鮮人救濟
216858	朝鮮朝日	西北版	1932-01-26	1	05단	戰死者追悼會
216859	朝鮮朝日	西北版	1932-01-26	1	05단	平壤購買組合成績がよい
216860	朝鮮朝日	西北版	1932-01-26	1	05단	金融組合を增設して欲しい新義州府民の要望
216861	朝鮮朝日	西北版	1932-01-26	1	05단	中等教科書値下げ二月一日から
216862	朝鮮朝日	西北版	1932-01-26	1	06단	職業戰線への志望者が多い平壤高女の卒業生
216863	朝鮮朝日	西北版	1932-01-26	1	06단	猛運動は四月以後平壤醫講の昇格運動
216864	朝鮮朝日	西北版	1932-01-26	1	06단	西湖津公用棧橋增築願
216865	朝鮮朝日	西北版	1932-01-26	1	07단	平壤師團誘致陳情員東上
216866	朝鮮朝日	西北版	1932-01-26	1	07단	かう暖いのは滿蒙で砲彈が高氣壓攪亂の爲か新義州測候所で研究する
216867	朝鮮朝日	西北版	1932-01-26	1	07단	大同に鷄疫蔓延
216868	朝鮮朝日	西北版	1932-01-26	1	07단	咸北自動車事故多し業者に警告
216869	朝鮮朝日	西北版	1932-01-26	1	08단	哀れな一家を救濟す
216870	朝鮮朝日	西北版	1932-01-26	1	08단	滿洲軍に病院自動車を寄贈する平壤モーター會で計劃す
216871	朝鮮朝日	西北版	1932-01-26	1	08단	歲出はうんと切り詰める平南明年度豫算
216872	朝鮮朝日	西北版	1932-01-26	1	08단	爆藥を嚙んで卽死

일련번호	판명		간행일	면	단수	기사명
216873	朝鮮朝日	西北版	1932-01-26	1	08단	羅南初瀬座全燒す
216874	朝鮮朝日	西北版	1932-01-26	1	08단	七十八萬圓事件發覺の端緒平壤警察で發表する/七十八萬圓事件犯人犯行詳細判明
216875	朝鮮朝日	西北版	1932-01-26	1	10단	强盜返り討にさる成川の珍事
216876	朝鮮朝日	西北版	1932-01-26	1	10단	琿春城內支那兵逃走
216877	朝鮮朝日	西北版	1932-01-26	1	10단	支那人宅へ强盜
216878	朝鮮朝日	西北版	1932-01-26	1	10단	柳京小話
216879	朝鮮朝日	南鮮版	1932-01-27	1	01단	安奉線警備畫報
216880	朝鮮朝日	南鮮版	1932-01-27	1	03단	京城電氣公營代案反對の聲明一部議員から發表/京城の電氣府營代案成行注目さる
216881	朝鮮朝日	南鮮版	1932-01-27	1	03단	御胎衣御納式
216882	朝鮮朝日	南鮮版	1932-01-27	1	03단	釜山高女同窓會館同窓生が建設
216883	朝鮮朝日	南鮮版	1932-01-27	1	03단	表彰された釜山優良兒
216884	朝鮮朝日	南鮮版	1932-01-27	1	04단	忠南道評議會
216885	朝鮮朝日	南鮮版	1932-01-27	1	04단	釜山商議明年豫算愈よ定まる
216886	朝鮮朝日	南鮮版	1932-01-27	1	04단	學校を增設して在滿鮮童を教育する救濟計劃の一部門としてまづ最初は吉林地方から
216887	朝鮮朝日	南鮮版	1932-01-27	1	05단	南原大興兩電氣受送電許可
216888	朝鮮朝日	南鮮版	1932-01-27	1	05단	濟州島海女煽動者檢擧海女も卅四名檢束
216889	朝鮮朝日	南鮮版	1932-01-27	1	05단	司法官異動で法廷は閑散
216890	朝鮮朝日	南鮮版	1932-01-27	1	06단	上海對日經濟杜絕汽船積荷激減
216891	朝鮮朝日	南鮮版	1932-01-27	1	06단	建國祭に女子參加
216892	朝鮮朝日	南鮮版	1932-01-27	1	06단	吉會線終端港雄基に決定せん內田滿鐵總裁の談
216893	朝鮮朝日	南鮮版	1932-01-27	1	07단	時局問題大講演會
216894	朝鮮朝日	南鮮版	1932-01-27	1	07단	釜山署武道納會
216895	朝鮮朝日	南鮮版	1932-01-27	1	07단	氷の車が動き初めた
216896	朝鮮朝日	南鮮版	1932-01-27	1	08단	奉化の猪狩り大猪二頭捕獲
216897	朝鮮朝日	南鮮版	1932-01-27	1	08단	强盜の片われを鐵棒で毆り殺す
216898	朝鮮朝日	南鮮版	1932-01-27	1	08단	寡婦を襲うた犯人逮捕さる
216899	朝鮮朝日	南鮮版	1932-01-27	1	09단	釜山のルンペン一齊檢擧
216900	朝鮮朝日	南鮮版	1932-01-27	1	09단	草梁の火事消防手一名負傷
216901	朝鮮朝日	南鮮版	1932-01-27	1	09단	爆藥を積んだ自轉車何者にか盜まる
216902	朝鮮朝日	南鮮版	1932-01-27	1	10단	和光敎園敎室燒く
216903	朝鮮朝日	南鮮版	1932-01-27	1	10단	國民府の巨頭五名遂に逮捕さる
216904	朝鮮朝日	南鮮版	1932-01-27	1	10단	籾泥棒逮捕

일련번호	판명		간행일	면	단수	기사명
216905	朝鮮朝日	南鮮版	1932-01-27	1	10단	奈良女高師合格者
216906	朝鮮朝日	南鮮版	1932-01-27	1	10단	人(今井五介氏(貴族院議員)/河井戸四雄氏(朝鮮民報社長))
216907	朝鮮朝日	南鮮版	1932-01-27	1	10단	大同江上賑ふ
216908	朝鮮朝日	西北版	1932-01-27	1	01단	安奉線警備畫報
216909	朝鮮朝日	西北版	1932-01-27	1	03단	御胎衣御納式
216910	朝鮮朝日	西北版	1932-01-27	1	03단	平南の勤農不良組合愈よ整理する
216911	朝鮮朝日	西北版	1932-01-27	1	03단	遞信從業員の整理決定す來月上旬に斷行す
216912	朝鮮朝日	西北版	1932-01-27	1	03단	在滿鮮人救濟は是が非でも實現さす議會解散の影響は受けぬと總督府當局りきむ
216913	朝鮮朝日	西北版	1932-01-27	1	04단	沙里院の町名改正
216914	朝鮮朝日	西北版	1932-01-27	1	04단	鮮人の保健材料蒐集
216915	朝鮮朝日	西北版	1932-01-27	1	04단	涙一つ見せず夫の戰死を語る健氣な中村大尉夫人
216916	朝鮮朝日	西北版	1932-01-27	1	05단	寫眞は羅南の原隊に安置された古賀大佐以下の遺骨
216917	朝鮮朝日	西北版	1932-01-27	1	05단	名響の戰死した平壤飛行聯隊の田中曹長
216918	朝鮮朝日	西北版	1932-01-27	1	06단	水稅延期對策協議平安水組地主
216919	朝鮮朝日	西北版	1932-01-27	1	06단	元山中學武道大會
216920	朝鮮朝日	西北版	1932-01-27	1	07단	滿洲事變映畫大會龍井でも盛況
216921	朝鮮朝日	西北版	1932-01-27	1	07단	寫眞(平壤警察署より平壤地方法院檢事局に送られる七十八萬圓事件の犯人)
216922	朝鮮朝日	西北版	1932-01-27	1	08단	一日千秋の思ひで待つ平壤師團誘致運動報告
216923	朝鮮朝日	西北版	1932-01-27	1	08단	第二の愛國號をさらに製作運動起る
216924	朝鮮朝日	西北版	1932-01-27	1	08단	佛教廣濟會で扱った行路病人
216925	朝鮮朝日	西北版	1932-01-27	1	08단	大同江上賑ふ
216926	朝鮮朝日	西北版	1932-01-27	1	09단	羊角島の土中から靴下や煙草を發見す
216927	朝鮮朝日	西北版	1932-01-27	1	09단	和光敎園敎室燒く
216928	朝鮮朝日	西北版	1932-01-27	1	09단	吉會線終端港雄基に決定せん內田滿鐵總裁の談
216929	朝鮮朝日	西北版	1932-01-27	1	10단	釣錢を奪ふ怪しいお客
216930	朝鮮朝日	西北版	1932-01-27	1	10단	柳京小話
216931	朝鮮朝日	南鮮版	1932-01-28	1	01단	本社京城通信局主催滿蒙問題大講演會講演の槪要我等は斯くの如く活躍せり(上)/大阪朝日新聞社計劃部長大江理三郎氏講演

일련번호	판명		간행일	면	단수	기사명
216932	朝鮮朝日	南鮮版	1932-01-28	1	01단	波瀾の大邱府會
216933	朝鮮朝日	南鮮版	1932-01-28	1	01단	慶南署長異動
216934	朝鮮朝日	南鮮版	1932-01-28	1	01단	慶北技術官異動
216935	朝鮮朝日	南鮮版	1932-01-28	1	01단	京城明年度豫算査定始まる
216936	朝鮮朝日	南鮮版	1932-01-28	1	02단	傷病兵歸還
216937	朝鮮朝日	南鮮版	1932-01-28	1	02단	居住の解釋は二ヶ年を限度海女問題で慶南側協議
216938	朝鮮朝日	南鮮版	1932-01-28	1	02단	白熱的の感激嵐のやうな拍手本社の滿蒙問題講演會
216939	朝鮮朝日	南鮮版	1932-01-28	1	04단	新醫學博士
216940	朝鮮朝日	南鮮版	1932-01-28	1	04단	開城圍碁會
216941	朝鮮朝日	南鮮版	1932-01-28	1	04단	釜山人の趣味(十八)/劍道は三段麻雀は無段對比的の趣味をもつ加藤淸一氏
216942	朝鮮朝日	南鮮版	1932-01-28	1	05단	御下賜金で記念講堂を建てる
216943	朝鮮朝日	南鮮版	1932-01-28	1	06단	店員と女給鐵道自殺
216944	朝鮮朝日	南鮮版	1932-01-28	1	06단	時局問題大講演會
216945	朝鮮朝日	南鮮版	1932-01-28	1	08단	海女の妄動に警官隊發砲警務局から眞相發表
216946	朝鮮朝日	南鮮版	1932-01-28	1	09단	不良記者の處分決定
216947	朝鮮朝日	南鮮版	1932-01-28	1	09단	怪しい宿泊客
216948	朝鮮朝日	南鮮版	1932-01-28	1	09단	女の首無死體身許わかる犯人は夫か所在は不明
216949	朝鮮朝日	南鮮版	1932-01-28	1	09단	仁川三人强盜の片割れ逮捕
216950	朝鮮朝日	南鮮版	1932-01-28	1	10단	遊蕩の揚句自殺を企つ
216951	朝鮮朝日	南鮮版	1932-01-28	1	10단	大邱保線區の金庫を狙ふ
216952	朝鮮朝日	南鮮版	1932-01-28	1	10단	八千圓橫領犯人仁川で逮捕
216953	朝鮮朝日	南鮮版	1932-01-28	1	10단	鴨綠江氷引張凧或は輸送制限か
216954	朝鮮朝日	南鮮版	1932-01-28	1	10단	人(坂田中佐(陸軍省調査班長)/陣內利夫氏(新任馬山府尹))
216955	朝鮮朝日	西北版	1932-01-28	1	01단	滿蒙講演の夕平壤始まって以來の盛況
216956	朝鮮朝日	西北版	1932-01-28	1	02단	十七勇士の遺骨を迎へて後滿洲に出動す豊島新任羅南騎兵聯隊長
216957	朝鮮朝日	西北版	1932-01-28	1	02단	御安泰奉告祭
216958	朝鮮朝日	西北版	1932-01-28	1	03단	咸南醫友會醫事衛生研究
216959	朝鮮朝日	西北版	1932-01-28	1	04단	細民の生活は極度に疲弊咸北凶作地の慘狀
216960	朝鮮朝日	西北版	1932-01-28	1	04단	學校を增設して在滿鮮童を教育する救濟計劃の一部門としてまづ最初は吉林地方から

일련번호	판명		간행일	면	단수	기사명
216961	朝鮮朝日	西北版	1932-01-28	1	04단	せつめい(咸興驛を通過した名譽の戰死せる古賀聯隊長以下十七勇士の遺骨)
216962	朝鮮朝日	西北版	1932-01-28	1	05단	兩飛行勇士の遺骨卅日平壤着
216963	朝鮮朝日	西北版	1932-01-28	1	05단	平北明年度豫算査定を終る
216964	朝鮮朝日	西北版	1932-01-28	1	06단	平壤醫院で完全な分娩室新設
216965	朝鮮朝日	西北版	1932-01-28	1	06단	定額燈や動力は値下げする平壤電氣料金改訂
216966	朝鮮朝日	西北版	1932-01-28	1	06단	その日にかぎって同乘をいやがる飛出すまで寝てゐた名譽の戰死をとげた田中曹長
216967	朝鮮朝日	西北版	1932-01-28	1	07단	平壤部隊視察
216968	朝鮮朝日	西北版	1932-01-28	1	07단	平北道議補缺選擧
216969	朝鮮朝日	西北版	1932-01-28	1	07단	元山署武道納會
216970	朝鮮朝日	西北版	1932-01-28	1	07단	鴨綠江氷引張凧或は輸送制限か/大同江の採氷始まる
216971	朝鮮朝日	西北版	1932-01-28	1	08단	咸南道の醫師分布狀況
216972	朝鮮朝日	西北版	1932-01-28	1	08단	自轉車稅の廢止陳情
216973	朝鮮朝日	西北版	1932-01-28	1	09단	國民府愈潰滅巨頭檢擧で
216974	朝鮮朝日	西北版	1932-01-28	1	09단	新義州驛に着いた怪しい二ツの行李中に密輸の阿片卅二包
216975	朝鮮朝日	西北版	1932-01-28	1	09단	刑事と稱して强奪す
216976	朝鮮朝日	西北版	1932-01-28	1	10단	四十四萬圓燒く咸南昨年中の火災
216977	朝鮮朝日	西北版	1932-01-28	1	10단	自動車と衝突して絶命す
216978	朝鮮朝日	西北版	1932-01-28	1	10단	平壤の强盜
216979	朝鮮朝日	西北版	1932-01-28	1	10단	柳京小話
216980	朝鮮朝日	南鮮版	1932-01-29	1	01단	本社京城通信局主催滿蒙問題大講演會講演の概要我等は斯くの如く活躍せり(下)/大阪朝日新聞社計劃部長大江理三郎氏講演
216981	朝鮮朝日	南鮮版	1932-01-29	1	01단	師團誘致は樂觀出來ぬと大邱府民奮起す
216982	朝鮮朝日	南鮮版	1932-01-29	1	01단	慶北地方費職員整理近く斷行する
216983	朝鮮朝日	南鮮版	1932-01-29	1	01단	緊縮一點張りで押し進む釜山府明年度豫算
216984	朝鮮朝日	南鮮版	1932-01-29	1	02단	御安泰奉告祭
216985	朝鮮朝日	南鮮版	1932-01-29	1	02단	事務官と屬を奉天に急派
216986	朝鮮朝日	南鮮版	1932-01-29	1	02단	釜山人の趣味(十九)/觸れば斬れる名刀の味ひ米屋さんの刀劍趣味石川侃一さん
216987	朝鮮朝日	南鮮版	1932-01-29	1	03단	開城優良兒表彰

일련번호	판명		간행일	면	단수	기사명
216988	朝鮮朝日	南鮮版	1932-01-29	1	03단	上流を堰止め電力と耕地を得る活氣ついた事業界と洛東江大改修計劃
216989	朝鮮朝日	南鮮版	1932-01-29	1	04단	釜山分隊初度巡視
216990	朝鮮朝日	南鮮版	1932-01-29	1	04단	淸州に於ける時局大講演會聽衆一千名大盛況
216991	朝鮮朝日	南鮮版	1932-01-29	1	05단	釜山感謝大會
216992	朝鮮朝日	南鮮版	1932-01-29	1	06단	田中半四郎氏收容さる
216993	朝鮮朝日	南鮮版	1932-01-29	1	06단	朝鮮號の獻金全鮮から集める委員會を組織して具體案をきめる
216994	朝鮮朝日	南鮮版	1932-01-29	1	07단	時局問題大講演會
216995	朝鮮朝日	南鮮版	1932-01-29	1	07단	無罪の判決に法廷で嬉泣き檢事は控訴する模樣金海の夫婦殺し事件
216996	朝鮮朝日	南鮮版	1932-01-29	1	08단	間島共産黨三十名一網打盡に檢擧
216997	朝鮮朝日	南鮮版	1932-01-29	1	08단	水泳をやった生徒に感冒患者が少い
216998	朝鮮朝日	南鮮版	1932-01-29	1	09단	怪しい男女二組船から引致
216999	朝鮮朝日	南鮮版	1932-01-29	1	09단	無料健康診斷
217000	朝鮮朝日	南鮮版	1932-01-29	1	10단	胎兒の死體漂着
217001	朝鮮朝日	南鮮版	1932-01-29	1	10단	京城カフェ界素晴しい進出振り
217002	朝鮮朝日	南鮮版	1932-01-29	1	10단	濟州島海女又騷ぐ形勢依然不穩
217003	朝鮮朝日	南鮮版	1932-01-29	1	10단	紅蔘密造犯京城で逮捕
217004	朝鮮朝日	南鮮版	1932-01-29	1	10단	人(大瀧三郎氏(下關運輸事務所船舶主任))
217005	朝鮮朝日	西北版	1932-01-29	1	01단	軍隊のぞき(1)/溫容童顔に過度の心勞此頃の藤田參謀長
217006	朝鮮朝日	西北版	1932-01-29	1	01단	新滿蒙國家紀元節當日第一步を踏み出す早くも祝賀準備にかゝる
217007	朝鮮朝日	西北版	1932-01-29	1	01단	平壤高女補習科問題ぐらつく更に五年制說起る
217008	朝鮮朝日	西北版	1932-01-29	1	01단	古賀大佐等の合同葬
217009	朝鮮朝日	西北版	1932-01-29	1	03단	新義州飛行場豫想外の盛況
217010	朝鮮朝日	西北版	1932-01-29	1	03단	學窓を巢立つ若人達は依然就職難
217011	朝鮮朝日	西北版	1932-01-29	1	04단	平南初等校長會
217012	朝鮮朝日	西北版	1932-01-29	1	04단	平南道議會二月十日開會
217013	朝鮮朝日	西北版	1932-01-29	1	04단	平壤優良店員表彰
217014	朝鮮朝日	西北版	1932-01-29	1	05단	持餘した鰯を狐の飼料にする咸北で調査を進める
217015	朝鮮朝日	西北版	1932-01-29	1	05단	北廻りコース偏重阻止に努める龍井會寧と共同戰線を張ると淸津府民が決意す
217016	朝鮮朝日	西北版	1932-01-29	1	05단	淸津鐵道病院增築

일련번호	판명		간행일	면	단수	기사명
217017	朝鮮朝日	西北版	1932-01-29	1	05단	咸南漁業試驗船北洋丸起工式
217018	朝鮮朝日	西北版	1932-01-29	1	06단	吉會線終端港候補地調査
217019	朝鮮朝日	西北版	1932-01-29	1	07단	沙里院優良兒童表彰式
217020	朝鮮朝日	西北版	1932-01-29	1	07단	兇暴な兵匪は沿線から引揚げたしかしまだ油斷はできぬと嚴重警戒の安奉線
217021	朝鮮朝日	西北版	1932-01-29	1	08단	鎭南浦繫留牛舍增築
217022	朝鮮朝日	西北版	1932-01-29	1	08단	解雇を怨んで採炭係長を斬る加害者は逮捕さる兩巡査は負傷安州炭坑內の慘劇
217023	朝鮮朝日	西北版	1932-01-29	1	08단	治水事務所存置を陳情す
217024	朝鮮朝日	西北版	1932-01-29	1	09단	警察署でお辭儀をした儘頓死盜難金受取に出た男
217025	朝鮮朝日	西北版	1932-01-29	1	09단	無料健康診斷
217026	朝鮮朝日	西北版	1932-01-29	1	09단	木材を盜んでは牛車で運ぶ
217027	朝鮮朝日	西北版	1932-01-29	1	10단	鴨綠江の氷解け初めた
217028	朝鮮朝日	西北版	1932-01-29	1	10단	柳京小話
217029	朝鮮朝日	西北版	1932-01-29	1	10단	人(大瀧三郎氏(下關運輸事務所船舶主任))
217030	朝鮮朝日	南鮮版	1932-01-30	1	01단	本社京城通信局主催滿蒙問題大講演會講演の槪要世界的經濟動搖と我財界(上)/大阪朝日新聞經濟部長和田信夫氏講演
217031	朝鮮朝日	南鮮版	1932-01-30	1	01단	滿蒙の幣制統一は銀を以てすべきだ財界名士が京城に開いた滿蒙經濟時局座談會
217032	朝鮮朝日	南鮮版	1932-01-30	1	02단	仁川の滿蒙講演會大盛況を呈す
217033	朝鮮朝日	南鮮版	1932-01-30	1	02단	全南林業會議
217034	朝鮮朝日	南鮮版	1932-01-30	1	02단	滿洲行進曲發表會
217035	朝鮮朝日	南鮮版	1932-01-30	1	03단	光州驛擴張明年度實現
217036	朝鮮朝日	南鮮版	1932-01-30	1	03단	仁川南商業校道移管要望經費負擔に苦しむ仁川の內地人
217037	朝鮮朝日	南鮮版	1932-01-30	1	04단	人(谷多喜礦氏(朝鮮火災社長)/神谷小一氏(仁川稅關長))
217038	朝鮮朝日	南鮮版	1932-01-30	1	04단	辭令(廿七日)
217039	朝鮮朝日	南鮮版	1932-01-30	1	05단	避難鮮人は集團的に移住さす軍部や滿鐵と打合せのために警務局長奉天に向ふ
217040	朝鮮朝日	南鮮版	1932-01-30	1	06단	大邱會議明年度豫算
217041	朝鮮朝日	南鮮版	1932-01-30	1	06단	仁川穀協會員申合せ實行懸念さる
217042	朝鮮朝日	南鮮版	1932-01-30	1	06단	東萊の金鑛に金は含んで居らぬ總督府で分檢の結果判明地元民は悲觀の態

일련번호	판명		간행일	면	단수	기사명
217043	朝鮮朝日	南鮮版	1932-01-30	1	07단	安奉線警備畫報
217044	朝鮮朝日	南鮮版	1932-01-30	1	07단	榮轉の人新法務局長笠井健太郎氏
217045	朝鮮朝日	南鮮版	1932-01-30	1	07단	慶南道水産加工試驗場各地から引張凧の姿
217046	朝鮮朝日	南鮮版	1932-01-30	1	08단	發動船を沈沒せしめて逃ぐ
217047	朝鮮朝日	南鮮版	1932-01-30	1	08단	開城土木建築組合
217048	朝鮮朝日	南鮮版	1932-01-30	1	09단	鮮銀券僞造犯七名とも有罪豫審終結して公判へ
217049	朝鮮朝日	南鮮版	1932-01-30	1	09단	野口大尉遺骨京城通過
217050	朝鮮朝日	南鮮版	1932-01-30	1	09단	叔父を殺し自身は假死を裝ふ慶山等外道路の慘劇
217051	朝鮮朝日	南鮮版	1932-01-30	1	10단	檢擧した賣笑婦合せて八名
217052	朝鮮朝日	南鮮版	1932-01-30	1	10단	列車から飛び降りて卽死
217053	朝鮮朝日	南鮮版	1932-01-30	1	10단	阿片密輸犯檢擧さる
217054	朝鮮朝日	南鮮版	1932-01-30	1	10단	添寢の妻に慘殺さる妻は精神病者
217055	朝鮮朝日	西北版	1932-01-30	1	01단	軍隊のぞき（２）/赤誠の慰問に感激する軍部忙しい電報飜譯に不眠不休の幕僚
217056	朝鮮朝日	西北版	1932-01-30	1	01단	滿蒙の幣制統一は貨幣制度改正にある財界名士が京城に開いた滿蒙經濟座談會
217057	朝鮮朝日	西北版	1932-01-30	1	01단	和やかに終った平壤商議々員總會何も彼も滿場一致で議案全部可決す
217058	朝鮮朝日	西北版	1932-01-30	1	03단	平南初等校長會議
217059	朝鮮朝日	西北版	1932-01-30	1	04단	府と道兩所から支辨する平壤師團設置寄附金
217060	朝鮮朝日	西北版	1932-01-30	1	04단	新義州の飛行場道路完成させる
217061	朝鮮朝日	西北版	1932-01-30	1	04단	鳳山酒造座談會
217062	朝鮮朝日	西北版	1932-01-30	1	05단	辭令(廿七日)
217063	朝鮮朝日	西北版	1932-01-30	1	05단	花澤、田中兩勇士遺骨安東通過
217064	朝鮮朝日	西北版	1932-01-30	1	05단	鎭南浦港の海陸聯絡設備明年度早々起工する
217065	朝鮮朝日	西北版	1932-01-30	1	06단	飛行機は軍部から拂下げる木部飛行士奉天に急行
217066	朝鮮朝日	西北版	1932-01-30	1	06단	平南の衛生模範部落數ヶ所擴張
217067	朝鮮朝日	西北版	1932-01-30	1	06단	鴨綠江採氷禁止
217068	朝鮮朝日	西北版	1932-01-30	1	06단	平南の麥作懸念さる
217069	朝鮮朝日	西北版	1932-01-30	1	06단	出動軍人留守宅を慰問す
217070	朝鮮朝日	西北版	1932-01-30	1	07단	平北道議會は二月の下旬
217071	朝鮮朝日	西北版	1932-01-30	1	07단	龍巖浦街道三橋川架橋愈よ實現か

일련번호	판명		간행일	면	단수	기사명
217072	朝鮮朝日	西北版	1932-01-30	1	07단	この暖さに悲喜交々
217073	朝鮮朝日	西北版	1932-01-30	1	07단	避難鮮人は集團的に移住さる軍部や滿鐵と打合せのために警務局長奉天に向ふ
217074	朝鮮朝日	西北版	1932-01-30	1	07단	感心な人夫
217075	朝鮮朝日	西北版	1932-01-30	1	07단	東大門警察で人事相談開始
217076	朝鮮朝日	西北版	1932-01-30	1	08단	滿電値下げ二月から實施
217077	朝鮮朝日	西北版	1932-01-30	1	08단	遊廓のカフェ設備に飮食店側反對當局此陳情を一蹴す
217078	朝鮮朝日	西北版	1932-01-30	1	08단	平中寄宿舍に猩紅熱發生
217079	朝鮮朝日	西北版	1932-01-30	1	08단	平壤のカフェ嚴重取締る
217080	朝鮮朝日	西北版	1932-01-30	1	08단	元山の小火
217081	朝鮮朝日	西北版	1932-01-30	1	08단	本夫毒殺を企つ
217082	朝鮮朝日	西北版	1932-01-30	1	09단	林關東廳警務局長
217083	朝鮮朝日	西北版	1932-01-30	1	09단	添寢の妻に慘殺さる妻は精神病者
217084	朝鮮朝日	西北版	1932-01-30	1	09단	僞刑事
217085	朝鮮朝日	西北版	1932-01-30	1	10단	檢擧した賣笑婦合せて八名
217086	朝鮮朝日	西北版	1932-01-30	1	10단	阿片密輸犯檢擧さる
217087	朝鮮朝日	西北版	1932-01-30	1	10단	列車から飛び降りて卽死
217088	朝鮮朝日	西北版	1932-01-30	1	10단	人(谷多喜礦氏(朝鮮火災社長)/神谷小一氏(仁川稅關長))
217089	朝鮮朝日	西北版	1932-01-30	1	10단	柳京小話
217090	朝鮮朝日	南鮮版	1932-01-31	1	01단	本社京城通信局主催滿蒙問題大講演會講演の概要世界的經濟動搖と我財界(下)/大阪朝日新聞經濟部長和田信夫氏講演
217091	朝鮮朝日	南鮮版	1932-01-31	1	01단	鮮滿經濟時局座談會(1)/『認識不足過多』『認識過多不足』どちらもよくない
217092	朝鮮朝日	南鮮版	1932-01-31	1	03단	釜山人の趣味(二十)/繪筆とるこそ己が樂しみ蘭を描いて七年佐々木淸網辯護士
217093	朝鮮朝日	南鮮版	1932-01-31	1	04단	人(小谷重榮氏(新任慶南道山林課長)/田中平次氏(新任慶南道山林課技師)/江頭虎雄氏(新任咸北道山林課長))
217094	朝鮮朝日	南鮮版	1932-01-31	1	04단	閑院宮殿下參謀總長御就任感謝大會
217095	朝鮮朝日	南鮮版	1932-01-31	1	05단	世界經濟の姿と新聞混成軍の活躍大喝釆を博した釜山の本社時局講演會/大邱でも大盛況
217096	朝鮮朝日	南鮮版	1932-01-31	1	07단	愛國機龍山號獻納の計劃
217097	朝鮮朝日	南鮮版	1932-01-31	1	07단	苦しい警務財政議會解散の飛沫で又も忍ばねばならぬ

일련번호	판명		간행일	면	단수	기사명
217098	朝鮮朝日	南鮮版	1932-01-31	1	08단	府議辭職
217099	朝鮮朝日	南鮮版	1932-01-31	1	08단	鱈定置網の不正漁業取締り慶南の嚴罰方針
217100	朝鮮朝日	南鮮版	1932-01-31	1	08단	ハルビン避難民救濟を交涉激增する避難民の救濟に當局惱む
217101	朝鮮朝日	南鮮版	1932-01-31	1	09단	釜山遊廓の心中騷ぎ
217102	朝鮮朝日	南鮮版	1932-01-31	1	09단	佩劍を盜まる
217103	朝鮮朝日	南鮮版	1932-01-31	1	09단	兇暴の癩患者鄕里へ送還
217104	朝鮮朝日	南鮮版	1932-01-31	1	10단	怪牛皮商は倉庫破り西大門署で逮捕
217105	朝鮮朝日	南鮮版	1932-01-31	1	10단	不穩計劃の鮮人四名とも送局
217106	朝鮮朝日	南鮮版	1932-01-31	1	10단	草梁の火事六戶全燒す鮮人老婆燒死
217107	朝鮮朝日	南鮮版	1932-01-31	1	10단	大邱の火事
217108	朝鮮朝日	南鮮版	1932-01-31	1	10단	雇女自殺を企つ
217109	朝鮮朝日	西北版	1932-01-31	1	01단	軍隊のぞき(3)/將士を繫ぐ心の同士愛新兵さんの猛演習眼かな隊內景觀
217110	朝鮮朝日	西北版	1932-01-31	1	01단	新義州の公課は高過ぎると苦情が出る當局は減稅の方法なしといふ
217111	朝鮮朝日	西北版	1932-01-31	1	01단	愈よ實現か平壤燃料消費組合町里を單位として
217112	朝鮮朝日	西北版	1932-01-31	1	01단	沙里院の酒造座談會主な決議事項
217113	朝鮮朝日	西北版	1932-01-31	1	02단	米の南浦を語る(一)/今や二百萬石の大量輸出を目標取引所開業は二月十六日だ
217114	朝鮮朝日	西北版	1932-01-31	1	03단	重傷の二勇士歸る
217115	朝鮮朝日	西北版	1932-01-31	1	03단	三水小學校設立運動
217116	朝鮮朝日	西北版	1932-01-31	1	04단	前年度と大差ない黃海道明年豫算
217117	朝鮮朝日	西北版	1932-01-31	1	04단	血染の日章旗に懇篤な謝狀出動部隊から咸興の靑年へ
217118	朝鮮朝日	西北版	1932-01-31	1	06단	延吉縣の對日感情好轉す
217119	朝鮮朝日	西北版	1932-01-31	1	06단	楚山支廳廢止に反對郡民の猛運動
217120	朝鮮朝日	西北版	1932-01-31	1	06단	普通學校に緬羊を飼育させるまづ試驗的に六頭咸北學務課新計劃
217121	朝鮮朝日	西北版	1932-01-31	1	07단	起訴されるは結局二人か鮮銀七十八萬圓事件
217122	朝鮮朝日	西北版	1932-01-31	1	08단	內地人賭博大檢擧平壤署大活動
217123	朝鮮朝日	西北版	1932-01-31	1	08단	牡丹台一帶の松毛蟲二斗を捕殺
217124	朝鮮朝日	西北版	1932-01-31	1	09단	詰襟に山高は似合ぬ
217125	朝鮮朝日	西北版	1932-01-31	1	09단	治維法違反公判
217126	朝鮮朝日	西北版	1932-01-31	1	09단	巡査を斬った兇漢捕はる强竊盜實に三十餘件

일련번호	판명		간행일	면	단수	기사명
217127	朝鮮朝日	西北版	1932-01-31	1	10단	貧民に白米と明太魚施與
217128	朝鮮朝日	西北版	1932-01-31	1	10단	雇女自殺を企つ
217129	朝鮮朝日	西北版	1932-01-31	1	10단	人(江頭虎雄氏(新任咸北道山林課長)/松井猪之助氏(新任江界營林署長))
217130	朝鮮朝日	西北版	1932-01-31	1	10단	柳京小話

1932년 2월 (조선아사히)

일련번호	판명		간행일	면	단수	기사명
217131	朝鮮朝日	南鮮版	1932-02-02	1	01단	鮮滿經濟時局座談會(2)/今後の日本と滿蒙との經濟的關係滿鐵はどうなるか
217132	朝鮮朝日	南鮮版	1932-02-02	1	01단	滿蒙と朝鮮の經濟的連鎖は粟滿洲粟の輸入激增す
217133	朝鮮朝日	南鮮版	1932-02-02	1	01단	司法官大異動愈よ發表さるまづ首腦部から
217134	朝鮮朝日	南鮮版	1932-02-02	1	03단	滿洲への應援警官情勢如何では更に增派する
217135	朝鮮朝日	南鮮版	1932-02-02	1	04단	釜山教育部會
217136	朝鮮朝日	南鮮版	1932-02-02	1	04단	朝鮮號建造費に百圓獻金す
217137	朝鮮朝日	南鮮版	1932-02-02	1	04단	晉州軍營期成會の總會
217138	朝鮮朝日	南鮮版	1932-02-02	1	04단	憲兵隊裏に不穩文を撒布した釜山の鮮人祕密結社事件一味七名送局さる(不穩文多數を押收/陰謀の一切が露見/東萊高普生を使嗾す)
217139	朝鮮朝日	南鮮版	1932-02-02	1	05단	朝鮮から應援辯士鮮人候補に
217140	朝鮮朝日	南鮮版	1932-02-02	1	05단	朝鮮信託社の整理安決定身賣話しも出てゐる
217141	朝鮮朝日	南鮮版	1932-02-02	1	06단	地主の新戰術契約耕作制全鮮に波及の形勢
217142	朝鮮朝日	南鮮版	1932-02-02	1	06단	大田管內驛辨審査會
217143	朝鮮朝日	南鮮版	1932-02-02	1	07단	憎や總選擧！鮮農救濟計劃つひに確定せず
217144	朝鮮朝日	南鮮版	1932-02-02	1	07단	天然痘患者京城に發生
217145	朝鮮朝日	南鮮版	1932-02-02	1	08단	花澤、田中兩勇士遺骨京城驛通過
217146	朝鮮朝日	南鮮版	1932-02-02	1	08단	鐵道陸上競技部役員決定す
217147	朝鮮朝日	南鮮版	1932-02-02	1	08단	巖佐憲兵司令官
217148	朝鮮朝日	南鮮版	1932-02-02	1	08단	滿洲問題講演會
217149	朝鮮朝日	南鮮版	1932-02-02	1	08단	家主の家に放火一家賃催促から
217150	朝鮮朝日	南鮮版	1932-02-02	1	08단	傳染病の死亡者二百五十八名昨年中の慶南傳染病調べ
217151	朝鮮朝日	南鮮版	1932-02-02	1	09단	學校の不注意から重大問題起る
217152	朝鮮朝日	南鮮版	1932-02-02	1	09단	內鮮滿に亙るモヒ密輸團大邱署で檢擧す
217153	朝鮮朝日	南鮮版	1932-02-02	1	09단	爆藥を持つ曲者密陽署で逮捕
217154	朝鮮朝日	南鮮版	1932-02-02	1	10단	哀れ老夫婦厭世自殺生活難から
217155	朝鮮朝日	南鮮版	1932-02-02	1	10단	さながら陽春の季節此頃の開城

일련번호	판명		간행일	면	단수	기사명
217156	朝鮮朝日	南鮮版	1932-02-02	1	10단	人(能島進氏(大阪電通社長)/大江理三郎氏(本社計劃部長)/和田信夫氏(本社經濟部長)/高柳松一郎氏(大阪商工會議所理事、法學博士)/蘆田均氏(白國大使館書記官)/篠田治策氏(李王職次官)/岡部甲子雄氏(新任慶南稅務課長))
217157	朝鮮朝日	西北版	1932-02-02	1	01단	軍隊のぞき(３)/動中靜ありミシンの居眠り銃後に祕められた老大尉の忍從美談
217158	朝鮮朝日	西北版	1932-02-02	1	01단	市民大會を開き數千名が示威行列吉會鐵道の幹線を要望する龍井村住民の猛運動
217159	朝鮮朝日	西北版	1932-02-02	1	01단	司法官大異動愈よ發表さるまづ首腦部から
217160	朝鮮朝日	西北版	1932-02-02	1	01단	橋本獸醫正受賞
217161	朝鮮朝日	西北版	1932-02-02	1	02단	滿洲への應援警官花々しく出發
217162	朝鮮朝日	西北版	1932-02-02	1	03단	平壤稅關移轉陳情
217163	朝鮮朝日	西北版	1932-02-02	1	03단	安東の海關も新國家で統制されよう從業員の氣分も落ちつかず事務も兎角澁滯勝ち
217164	朝鮮朝日	西北版	1932-02-02	1	04단	春陽に躍る北鮮地方街頭風景
217165	朝鮮朝日	西北版	1932-02-02	1	04단	大體前年度同樣か咸南明年度豫算
217166	朝鮮朝日	西北版	1932-02-02	1	04단	鎭南浦商議議員總會
217167	朝鮮朝日	西北版	1932-02-02	1	05단	米の南浦を語る(二)/大需要地で南浦米が大歡迎取引所の標準米は「龜の尾」
217168	朝鮮朝日	西北版	1932-02-02	1	06단	西鮮三道野球聯盟設立計劃
217169	朝鮮朝日	西北版	1932-02-02	1	07단	戰地の軍馬を慰問
217170	朝鮮朝日	西北版	1932-02-02	1	08단	平壤妓生金澤博に出演
217171	朝鮮朝日	西北版	1932-02-02	1	08단	巨船の横つけは今年の秋から清津入船町埋立進む
217172	朝鮮朝日	西北版	1932-02-02	1	08단	解氷後の蟲害を懸念す
217173	朝鮮朝日	西北版	1932-02-02	1	08단	茂山管理者決定
217174	朝鮮朝日	西北版	1932-02-02	1	08단	猩紅熱反應試驗
217175	朝鮮朝日	西北版	1932-02-02	1	09단	入札者が一人もなかった安寧水路の水利工事
217176	朝鮮朝日	西北版	1932-02-02	1	09단	大同江改修工事期限延長
217177	朝鮮朝日	西北版	1932-02-02	1	10단	枕の中に金千圓七十八萬圓事件の取調べ進む
217178	朝鮮朝日	西北版	1932-02-02	1	10단	自動車墜落二名死傷
217179	朝鮮朝日	西北版	1932-02-02	1	10단	南浦署留置場は滿員

일련번호	판명		간행일	면	단수	기사명
217180	朝鮮朝日	西北版	1932-02-02	1	10단	汽動車にはねられて卽死す
217181	朝鮮朝日	西北版	1932-02-02	1	10단	人(堀川鎭南浦府尹夫人)
217182	朝鮮朝日	西北版	1932-02-02	1	10단	柳京小話
217183	朝鮮朝日	南鮮版	1932-02-03	1	01단	動いた朝鮮司法部の首腦の人々かたる思ひ殘す事は殆んどない横田五郎氏はかたる(年に一度必ず朝鮮を訪問する松寺竹雄氏はかたる/豪放痛決な老童振新任高等法院長深澤氏/如才ない人新大邱覆審法院長原正鼎氏/新法務局長笠井氏の略歴/骨董品だから感想は無い境新任高等法院檢事長/司法官の大異動引續いて發表)
217184	朝鮮朝日	南鮮版	1932-02-03	1	01단	總監の辭職問題は目下の處小康の形この問題にふれると總監はウフ、と頗る機嫌よく笑ふ
217185	朝鮮朝日	南鮮版	1932-02-03	1	01단	官民の努力は感謝にたへない滿蒙各地を視察した兒玉朝鮮軍參謀長のお土産話
217186	朝鮮朝日	南鮮版	1932-02-03	1	02단	安奉線警備のため朝鮮警察官出動
217187	朝鮮朝日	南鮮版	1932-02-03	1	03단	寒行で得た淨財を寄附
217188	朝鮮朝日	南鮮版	1932-02-03	1	04단	神社の移轉は近く解決か
217189	朝鮮朝日	南鮮版	1932-02-03	1	05단	煤煙防止の指示をなす
217190	朝鮮朝日	南鮮版	1932-02-03	1	05단	工事繰延べの善後策は？時節柄問題視される洛東江の改修計劃案
217191	朝鮮朝日	南鮮版	1932-02-03	1	05단	女子卓球大會
217192	朝鮮朝日	南鮮版	1932-02-03	1	06단	南鮮一帶は降雨を見る
217193	朝鮮朝日	南鮮版	1932-02-03	1	06단	府營市場の商品盜まる
217194	朝鮮朝日	南鮮版	1932-02-03	1	06단	通話の範圍を地圖に作り料金表を添へて配る京城中央電話局の大勉強
217195	朝鮮朝日	南鮮版	1932-02-03	1	07단	貧民の救濟に五百圓投け出す名前も告げぬ老人が服部本町署長感激す
217196	朝鮮朝日	南鮮版	1932-02-03	1	07단	居直り強盜老婆を殺す
217197	朝鮮朝日	南鮮版	1932-02-03	1	08단	紙幣を僞造
217198	朝鮮朝日	南鮮版	1932-02-03	1	08단	僧侶姿となり各地を流浪月仙殺しの下手人裵增の行方判明か
217199	朝鮮朝日	南鮮版	1932-02-03	1	09단	總督府辭令
217200	朝鮮朝日	南鮮版	1932-02-03	1	09단	溝の中に自動車轉落す
217201	朝鮮朝日	南鮮版	1932-02-03	1	09단	九十萬圓返還請求訴訟證據證人調べ
217202	朝鮮朝日	南鮮版	1932-02-03	1	10단	平南水組の生みの親稻田民慶南へ
217203	朝鮮朝日	南鮮版	1932-02-03	1	10단	辻強盜と格鬪重傷を負ふ

일련번호	판명		간행일	면	단수	기사명
217204	朝鮮朝日	南鮮版	1932-02-03	1	10단	僞刑事浦る
217205	朝鮮朝日	南鮮版	1932-02-03	1	10단	脫線二つ
217206	朝鮮朝日	南鮮版	1932-02-03	1	10단	人(椎原健三)
217207	朝鮮朝日	西北版	1932-02-03	1	01단	動いた朝鮮司法部の首腦の人々かたる思ひ殘す事は殆んどない橫田五郎氏はかたる(年に一度必ず朝鮮を訪問する松寺竹雄氏はかたる/豪放痛決な老童振新任高等法院長深澤氏/如才ない人新大邱覆審法院長原正鼎氏/新法務局長笠井氏の略歷/骨董品だから感想は無い境新任高等法院檢事長/司法官の大異動引續いて發表)
217208	朝鮮朝日	西北版	1932-02-03	1	01단	總監の辭職問題は目下の處小康の形この問題にふれると總監はウフ、と頗る機嫌よく笑ふ
217209	朝鮮朝日	西北版	1932-02-03	1	01단	金增産助長につき各種の要望熾烈西鮮は金の産額において全鮮の七割を占む
217210	朝鮮朝日	西北版	1932-02-03	1	01단	寫眞說明(閑院宮殿下參謀總長御就任咸興府民の感謝大會三十日咸興神社境內において)
217211	朝鮮朝日	西北版	1932-02-03	1	03단	工事繰延べの善後策は？時節柄問題視される洛東江の改修計劃案
217212	朝鮮朝日	西北版	1932-02-03	1	05단	慰問金寄贈
217213	朝鮮朝日	西北版	1932-02-03	1	05단	議員の多數は特別會計安に合流重要視されてゐる平壤府會贊否兩派はかたる
217214	朝鮮朝日	西北版	1932-02-03	1	06단	安奉線警備のため朝鮮警察官出動
217215	朝鮮朝日	西北版	1932-02-03	1	07단	母の首を切り血潮を啜る狂人兇器を携へ逃走
217216	朝鮮朝日	西北版	1932-02-03	1	08단	九十萬圓返還請求訴訟證據證人調べ
217217	朝鮮朝日	西北版	1932-02-03	1	08단	阿片大量の密輪發覺仲間割れから
217218	朝鮮朝日	西北版	1932-02-03	1	09단	總督府辭令
217219	朝鮮朝日	西北版	1932-02-03	1	09단	自動車墜落し五名死傷す廿尺の崖より氷上へ
217220	朝鮮朝日	西北版	1932-02-03	1	09단	支那人を脅迫
217221	朝鮮朝日	西北版	1932-02-03	1	10단	平南水組の生みの親稻田氏慶南へ
217222	朝鮮朝日	西北版	1932-02-03	1	10단	公金を拐帶
217223	朝鮮朝日	西北版	1932-02-03	1	10단	柳京小話
217224	朝鮮朝日	南鮮版	1932-02-04	1	01단	鮮滿經濟時局座談會(３)/國境を開拓して滿洲へ北進せよ朝鮮人の觀た滿蒙
217225	朝鮮朝日	南鮮版	1932-02-04	1	01단	滿洲事變で內鮮直通電話促進臨時的に東京、京城間の開通は本年の七月ころ

일련번호	판명		간행일	면	단수	기사명
217226	朝鮮朝日	南鮮版	1932-02-04	1	01단	朝鮮の警官增員は有望か特別議會に提出する
217227	朝鮮朝日	南鮮版	1932-02-04	1	01단	慶南明年豫算知事の査定終る總額五百卅四萬圓程度
217228	朝鮮朝日	南鮮版	1932-02-04	1	02단	釜山水道料値下げ明年度實施
217229	朝鮮朝日	南鮮版	1932-02-04	1	03단	慶北の罐詰全滅す工場閉鎖や停止
217230	朝鮮朝日	南鮮版	1932-02-04	1	03단	大田の人口增加
217231	朝鮮朝日	南鮮版	1932-02-04	1	04단	卒業生の悩み今年は一層の困難
217232	朝鮮朝日	南鮮版	1932-02-04	1	04단	慶北産の莞草スリッパ佛蘭西に出る
217233	朝鮮朝日	南鮮版	1932-02-04	1	05단	木浦店員服裝統一厚司と洋服に
217234	朝鮮朝日	南鮮版	1932-02-04	1	05단	國旗揭揚の大運動
217235	朝鮮朝日	南鮮版	1932-02-04	1	06단	釜山麵品評會受賞者決定
217236	朝鮮朝日	南鮮版	1932-02-04	1	06단	一面一校主義に破綻をきたす面の財政狀態が惡く計劃の修正を餘儀なくせらる
217237	朝鮮朝日	南鮮版	1932-02-04	1	07단	龍山野砲隊戰死傷者
217238	朝鮮朝日	南鮮版	1932-02-04	1	07단	大田小學校增築
217239	朝鮮朝日	南鮮版	1932-02-04	1	07단	人妻慘殺さる强盗の所爲か慶南固城の慘劇
217240	朝鮮朝日	南鮮版	1932-02-04	1	08단	間島の鮮人が民生團組織紀元節に發會式あぐ
217241	朝鮮朝日	南鮮版	1932-02-04	1	08단	東拓の借地人紛擾尖銳化警察當局警戒す
217242	朝鮮朝日	南鮮版	1932-02-04	1	09단	漢江で寒中水泳朝鮮では最初
217243	朝鮮朝日	南鮮版	1932-02-04	1	10단	國協滿洲出張所
217244	朝鮮朝日	南鮮版	1932-02-04	1	10단	慶南水組理事會
217245	朝鮮朝日	南鮮版	1932-02-04	1	10단	貧民に白米施與
217246	朝鮮朝日	南鮮版	1932-02-04	1	10단	刑務所入り志願の男生活苦から
217247	朝鮮朝日	南鮮版	1932-02-04	1	10단	不良記者送局
217248	朝鮮朝日	南鮮版	1932-02-04	1	10단	嫉妬の放火か
217249	朝鮮朝日	南鮮版	1932-02-04	1	10단	人(小林省三郎海軍少將(軍令部參謀)/藤本格太郎氏(新任馬山府庶務主任)/宮野正則氏(新任居昌署警部補)/高山安東署長夫人)
217250	朝鮮朝日	西北版	1932-02-04	1	01단	米の南浦を語る(三)/龍浦港の實現はかなりな脅威だ猪島線の實現が大急務だ
217251	朝鮮朝日	西北版	1932-02-04	1	01단	殊更遠い土地へ何が故の移轉か原蠶種製造所の移轉改築に平川里住民の不平
217252	朝鮮朝日	西北版	1932-02-04	1	01단	朝鮮の警官增員は有望か特別議會に提出する
217253	朝鮮朝日	西北版	1932-02-04	1	01단	お酒が高くなる

일련번호	판명		간행일	면	단수	기사명
217254	朝鮮朝日	西北版	1932-02-04	1	02단	平壤の建國祭順序きまる
217255	朝鮮朝日	西北版	1932-02-04	1	03단	朝鮮からの警官を安奉線に配置す別に移動班も組織す
217256	朝鮮朝日	西北版	1932-02-04	1	04단	本年中に點燈す龍岡郡眞池洞
217257	朝鮮朝日	西北版	1932-02-04	1	05단	大仕掛の移民計劃大孤山附近に
217258	朝鮮朝日	西北版	1932-02-04	1	06단	平壤府の人員整理
217259	朝鮮朝日	西北版	1932-02-04	1	06단	古賀大佐の遺骨鄕里に向ふ/三勇士の遺骨六日羅南に歸着す
217260	朝鮮朝日	西北版	1932-02-04	1	06단	海州舊道路改築か
217261	朝鮮朝日	西北版	1932-02-04	1	06단	廿五年來の暖かさ三月に相當
217262	朝鮮朝日	西北版	1932-02-04	1	07단	平北の栗增産計劃
217263	朝鮮朝日	西北版	1932-02-04	1	07단	朝鮮の師團增設は延期東上員からの情報
217264	朝鮮朝日	西北版	1932-02-04	1	07단	鎭南浦の支那人謹愼上海事件で
217265	朝鮮朝日	西北版	1932-02-04	1	08단	安東小學卒業生志望
217266	朝鮮朝日	西北版	1932-02-04	1	08단	兵匪の頭目に歸順を勸告一部には反對もある
217267	朝鮮朝日	西北版	1932-02-04	1	08단	兵隊さんの貯金
217268	朝鮮朝日	西北版	1932-02-04	1	08단	武器彈藥の强制領置
217269	朝鮮朝日	西北版	1932-02-04	1	09단	畜牛豫防注射
217270	朝鮮朝日	西北版	1932-02-04	1	09단	南浦果樹組費强制徵收
217271	朝鮮朝日	西北版	1932-02-04	1	09단	耐寒演習
217272	朝鮮朝日	西北版	1932-02-04	1	10단	平壤の鮮銀事件被告起訴
217273	朝鮮朝日	西北版	1932-02-04	1	10단	嫉妬の放火か
217274	朝鮮朝日	西北版	1932-02-04	1	10단	人(小林省三郎海軍少將(軍令部參謀)/藤本格太郎氏(新任馬山府庶務主任)/宮野正則氏(新任居昌署警部補)/高山安東署長夫人)
217275	朝鮮朝日	西北版	1932-02-04	1	10단	柳京小話
217276	朝鮮朝日	南鮮版	1932-02-05	1	01단	鮮滿經濟時局座談會(４)/又もや話は貨幣制度に戾る金銀複本位制提唱
217277	朝鮮朝日	南鮮版	1932-02-05	1	01단	騷亂の滿洲に於ける淚ぐましい內鮮融和朝鮮でも斯くあって欲しいと滿洲から歸城した尹相弼大尉の話
217278	朝鮮朝日	南鮮版	1932-02-05	1	02단	朝鮮最初の愛國少年團釜山で組織する
217279	朝鮮朝日	南鮮版	1932-02-05	1	02단	滿洲硏究會總督府に組織
217280	朝鮮朝日	南鮮版	1932-02-05	1	03단	忠南郡守會議
217281	朝鮮朝日	南鮮版	1932-02-05	1	03단	馬山の鮮女首無し事件智異山大源寺で夜もすがら讀經僧衣を纏ひ子を連れて遁れ步く犯人裵增

일련번호	판명		간행일	면	단수	기사명
217282	朝鮮朝日	南鮮版	1932-02-05	1	04단	朝鮮は樂園だ總督の漫談
217283	朝鮮朝日	南鮮版	1932-02-05	1	05단	京城府明年度豫算
217284	朝鮮朝日	南鮮版	1932-02-05	1	07단	釜山府で吏員整理人件費五分減
217285	朝鮮朝日	南鮮版	1932-02-05	1	07단	雪の山中で物凄い追撃戰馬山首無し事件の犯人裵增遂に捕はる/彼れの逃げた經路/生活苦と愛慾から/捜査の苦心を語る道保安課長
217286	朝鮮朝日	南鮮版	1932-02-05	1	08단	捨石を基礎に事業方針を樹る菅原東拓總裁談
217287	朝鮮朝日	南鮮版	1932-02-05	1	08단	蒙古移住團代表
217288	朝鮮朝日	南鮮版	1932-02-05	1	09단	裝甲自動車や駐在所增設警務局で實現に努力
217289	朝鮮朝日	南鮮版	1932-02-05	1	10단	少年學生係本町署で新設
217290	朝鮮朝日	南鮮版	1932-02-05	1	10단	大田殖銀に賊入る金庫狙はる
217291	朝鮮朝日	南鮮版	1932-02-05	1	10단	多木農場倉庫全燒す
217292	朝鮮朝日	南鮮版	1932-02-05	1	10단	人(今井田總監/武者練三氏(京電專務)/春見朝鮮軍高級副官)
217293	朝鮮朝日	西北版	1932-02-05	1	01단	米の南浦を語る(完)/黃金の雨が降る一ヶ年やく百萬圓取引所營業開始で蘇へる
217294	朝鮮朝日	西北版	1932-02-05	1	01단	孤立の都哈爾賓に難を避ける鮮人同胞全く生きた心地もせぬ哀れ悲慘なる生活
217295	朝鮮朝日	西北版	1932-02-05	1	01단	經費の關係で補習科で我慢平壤府の具體案成る
217296	朝鮮朝日	西北版	1932-02-05	1	02단	平北で水産組合設立の計劃
217297	朝鮮朝日	西北版	1932-02-05	1	03단	鴨綠江を越えて滿洲遠征の警官隊平北を先着に續々到着定めの部署につく
217298	朝鮮朝日	西北版	1932-02-05	1	04단	咸興商議設立促進根强く提唱
217299	朝鮮朝日	西北版	1932-02-05	1	04단	勸業資金を增額す副業第一主義の平壤府
217300	朝鮮朝日	西北版	1932-02-05	1	05단	經費節減で存續平壤府臨時産業調査會
217301	朝鮮朝日	西北版	1932-02-05	1	05단	羅南で鄕軍大會紀元節當日
217302	朝鮮朝日	西北版	1932-02-05	1	06단	城津鄕軍役員會
217303	朝鮮朝日	西北版	1932-02-05	1	06단	小作窮民の移住
217304	朝鮮朝日	西北版	1932-02-05	1	06단	不況に祟られいよいよ行詰まる咸北の一面一校計劃明年の新設は幸うじて三校だけ
217305	朝鮮朝日	西北版	1932-02-05	1	07단	平北漁業聯合組合今月中に實現
217306	朝鮮朝日	西北版	1932-02-05	1	07단	師團移駐は南鮮說有力苦鬪する東上代表
217307	朝鮮朝日	西北版	1932-02-05	1	07단	茂山對岸に猩紅熱

일련번호	판명		간행일	면	단수	기사명
217308	朝鮮朝日	西北版	1932-02-05	1	07단	平壤猩紅熱益々猖獗
217309	朝鮮朝日	西北版	1932-02-05	1	08단	美しい外國人の日本愛
217310	朝鮮朝日	西北版	1932-02-05	1	08단	今年は凍死者減る
217311	朝鮮朝日	西北版	1932-02-05	1	08단	鳳凰城一帶の警備につく平南警察隊
217312	朝鮮朝日	西北版	1932-02-05	1	09단	哀れな浮浪者平南署の調べ
217313	朝鮮朝日	西北版	1932-02-05	1	09단	新義州工場聯盟豫審終結
217314	朝鮮朝日	西北版	1932-02-05	1	10단	滿洲高飛びの途中捕はる
217315	朝鮮朝日	西北版	1932-02-05	1	10단	百五十圓持逃げ
217316	朝鮮朝日	西北版	1932-02-05	1	10단	實母殺し捕はる
217317	朝鮮朝日	西北版	1932-02-05	1	10단	カフェで刃傷
217318	朝鮮朝日	西北版	1932-02-05	1	10단	柳京小話
217319	朝鮮朝日	南鮮版	1932-02-06	1	01단	滿洲事變が擴大惡化せば北鮮開拓は見合せ整理警官復活鐵道員整理中止山陽本線にて今井田總監語る
217320	朝鮮朝日	南鮮版	1932-02-06	1	01단	清津か雄基か或は二港併用か吉會線の終端港問題
217321	朝鮮朝日	南鮮版	1932-02-06	1	01단	慶南道の明年度豫算内示されたその内容
217322	朝鮮朝日	南鮮版	1932-02-06	1	02단	對滿貿易活氣づき輸出入增加す
217323	朝鮮朝日	南鮮版	1932-02-06	1	03단	京城の普通校依然入學難學校增設學級增加計劃
217324	朝鮮朝日	南鮮版	1932-02-06	1	03단	馬山の鮮女首無し事件斷ち難き愛慾遂に兇刃と化す美貌の主朴月仙とは？
217325	朝鮮朝日	南鮮版	1932-02-06	1	05단	京城府の第二次整理二月斷行する
217326	朝鮮朝日	南鮮版	1932-02-06	1	05단	大邱府會副議長改選新府尹着任後
217327	朝鮮朝日	南鮮版	1932-02-06	1	05단	京城法院の新陳容
217328	朝鮮朝日	南鮮版	1932-02-06	1	06단	在滿鮮人問題懇談會參謀長が鮮人名士を招き明七日朝鮮ホテルにて
217329	朝鮮朝日	南鮮版	1932-02-06	1	06단	國旗揭揚協議會
217330	朝鮮朝日	南鮮版	1932-02-06	1	06단	鼈種改良講習會
217331	朝鮮朝日	南鮮版	1932-02-06	1	06단	妻が自殺したから首を斬ったのだと頑張る馬山首無し事件の犯人裴增極力殺人を否認す/遂に問題の生首は發見されず/肌着に包まれた生首發見さる/坊主頭の小柄な男だ
217332	朝鮮朝日	南鮮版	1932-02-06	1	07단	釜山支那領事館本國に引揚げか有力商人は全部歸國
217333	朝鮮朝日	南鮮版	1932-02-06	1	07단	慶南道評議會
217334	朝鮮朝日	南鮮版	1932-02-06	1	08단	退官して立候補する板垣大邱府尹
217335	朝鮮朝日	南鮮版	1932-02-06	1	08단	北靑から聯隊用地寄附の陳情

일련번호	판명		간행일	면	단수	기사명
217336	朝鮮朝日	南鮮版	1932-02-06	1	08단	鐵道警備演習
217337	朝鮮朝日	南鮮版	1932-02-06	1	09단	中村少佐等の遺骨京城に着く
217338	朝鮮朝日	南鮮版	1932-02-06	1	10단	貧民いお米をくばる
217339	朝鮮朝日	南鮮版	1932-02-06	1	10단	自動車墜落し二名卽死し四名負傷す
217340	朝鮮朝日	南鮮版	1932-02-06	1	10단	溫陽に僞强盜現金は沙中に埋沒
217341	朝鮮朝日	南鮮版	1932-02-06	1	10단	釜山の火事
217342	朝鮮朝日	南鮮版	1932-02-06	1	10단	人(木本氏房氏(陸軍技術本部大佐)/高崎祐政氏(陸軍工兵學校少佐)/玉田少佐(第十九師團參謀))
217343	朝鮮朝日	南鮮版	1932-02-06	1	10단	有難や節分髮結さんはホクホク
217344	朝鮮朝日	西北版	1932-02-06	1	01단	軍隊のぞき(4)/厩舍に痳しい軍馬の嘶き息つまる緊張決意が隊內に躍動する
217345	朝鮮朝日	西北版	1932-02-06	1	01단	無煙炭合同を廻る電興、朝無の爭霸西鮮電氣事業界のトピック古豪か新進か
217346	朝鮮朝日	西北版	1932-02-06	1	02단	未就學兒童救濟の途がない手を拱ぬく清津府
217347	朝鮮朝日	西北版	1932-02-06	1	02단	明るくなる平南北送電區域擴張
217348	朝鮮朝日	西北版	1932-02-06	1	03단	趣味の集ひ(1)/名刀を腰間に戰場馳驅の勇士石崎大尉は古刀國行を平壤部隊の業物列傳
217349	朝鮮朝日	西北版	1932-02-06	1	04단	平壤府廳舍改築設計出來あがる
217350	朝鮮朝日	西北版	1932-02-06	1	05단	平北明年度事業計劃愈よ完了す
217351	朝鮮朝日	西北版	1932-02-06	1	05단	樂浪博物館具體化す
217352	朝鮮朝日	西北版	1932-02-06	1	06단	國營製鍊所鎭南浦に要望近く運動に着手する
217353	朝鮮朝日	西北版	1932-02-06	1	06단	國境警備の聯絡に使ふ
217354	朝鮮朝日	西北版	1932-02-06	1	06단	不況深刻化で個人金融者增加農村の信用剝落
217355	朝鮮朝日	西北版	1932-02-06	1	07단	平壤府の希望二件近く現實せん
217356	朝鮮朝日	西北版	1932-02-06	1	08단	海州港精米移出旺盛となる
217357	朝鮮朝日	西北版	1932-02-06	1	08단	勇士の遺骨通過
217358	朝鮮朝日	西北版	1932-02-06	1	09단	軍參謀突如來茂
217359	朝鮮朝日	西北版	1932-02-06	1	09단	北靑から聯隊用地寄附の陳情
217360	朝鮮朝日	西北版	1932-02-06	1	09단	地價が暴騰鹽田擴張計劃を見越し
217361	朝鮮朝日	西北版	1932-02-06	1	09단	金鑛を發見
217362	朝鮮朝日	西北版	1932-02-06	1	09단	氣遣はるゝ西江の改修賃銀安く人夫が出ぬ
217363	朝鮮朝日	西北版	1932-02-06	1	10단	自動車墜落し二名卽死し四名負傷す
217364	朝鮮朝日	西北版	1932-02-06	1	10단	殆ど保蟲者寄生蟲の檢査

일련번호	판명		간행일	면	단수	기사명
217365	朝鮮朝日	西北版	1932-02-06	1	10단	柳京小話
217366	朝鮮朝日	南鮮版	1932-02-07	1	01단	鮮滿經濟時局座談會(5)/話頭は一轉した中間景氣が生れるか不景氣がつゞくか
217367	朝鮮朝日	南鮮版	1932-02-07	1	01단	何が間島を不穩にしたか
217368	朝鮮朝日	南鮮版	1932-02-07	1	01단	遞信局大異動十日頃發表
217369	朝鮮朝日	南鮮版	1932-02-07	1	01단	慶北水組促進運動擡頭す
217370	朝鮮朝日	南鮮版	1932-02-07	1	02단	和田中將一行
217371	朝鮮朝日	南鮮版	1932-02-07	1	02단	馬山の鮮女首無し事件悔恨の涙に咽んで寺々を托鉢するあはれ赤裸な人間愛慾の姿よ！
217372	朝鮮朝日	南鮮版	1932-02-07	1	03단	鱈と鰊の放流試驗慶北で行ふ
217373	朝鮮朝日	南鮮版	1932-02-07	1	04단	大邱藥令市不振に終る
217374	朝鮮朝日	南鮮版	1932-02-07	1	04단	慶南教育會代議員會
217375	朝鮮朝日	南鮮版	1932-02-07	1	05단	慶北明年度地方費豫算大體前年程度
217376	朝鮮朝日	南鮮版	1932-02-07	1	05단	愛國機朝鮮號いよいよ建造する七月ごろ迄に滿洲へ事件が濟めば平壤に常置する/建造資金募集協議/獻金續々集る
217377	朝鮮朝日	南鮮版	1932-02-07	1	07단	軍需品輸送で鮮鐵は忙しい
217378	朝鮮朝日	南鮮版	1932-02-07	1	07단	四勇士の慰靈祭
217379	朝鮮朝日	南鮮版	1932-02-07	1	07단	上海事件映畫公開主催大阪朝日京城支局
217380	朝鮮朝日	南鮮版	1932-02-07	1	07단	鐵工造船合併總會
217381	朝鮮朝日	南鮮版	1932-02-07	1	07단	二つの祕密結社事件鍾路署で卅餘名檢擧取調一段落近く送局する
217382	朝鮮朝日	南鮮版	1932-02-07	1	08단	中學校長に脅迫文を送った三人組釜山署で逮捕
217383	朝鮮朝日	南鮮版	1932-02-07	1	08단	和光教園に放火した犯人逮捕龍中放火も同一人か
217384	朝鮮朝日	南鮮版	1932-02-07	1	09단	科料處分
217385	朝鮮朝日	南鮮版	1932-02-07	1	10단	百萬長者のお家騷動判決は十八日
217386	朝鮮朝日	南鮮版	1932-02-07	1	10단	不良記者逃走
217387	朝鮮朝日	南鮮版	1932-02-07	1	10단	密漁船檢擧
217388	朝鮮朝日	南鮮版	1932-02-07	1	10단	阿片の密賣
217389	朝鮮朝日	南鮮版	1932-02-07	1	10단	もよほし(平山氏披露宴)
217390	朝鮮朝日	南鮮版	1932-02-07	1	10단	人(今井田總監/管原東拓總裁/河村靜水氏(新任高等法院次席檢事)/竹尾義麿氏(新任大邱地方法院長)/古口文平氏(新任京畿道地方法院開城支廳判事)/湯川又夫博士(九大教授))

일련번호	판명		간행일	면	단수	기사명
217391	朝鮮朝日	西北版	1932-02-07	1	01단	滿洲事變擴大せば北鮮開拓は見合せる整理警官復活鐵道員整理中止山陽本線にて今井田總監語る
217392	朝鮮朝日	西北版	1932-02-07	1	01단	海州か南浦か何れに出すが有利か沙里院からの物資輸送
217393	朝鮮朝日	西北版	1932-02-07	1	01단	遞信局大移動十日頃發表
217394	朝鮮朝日	西北版	1932-02-07	1	02단	窯業部倂置の工業試驗所陶器の平壤愈よ實現
217395	朝鮮朝日	西北版	1932-02-07	1	02단	趣味の集ひ(2)/銀鞍會の人々馬上豐かに馳驅平南道廳、法院乘馬熱春の大地に躍り出づ
217396	朝鮮朝日	西北版	1932-02-07	1	03단	咸興府會
217397	朝鮮朝日	西北版	1932-02-07	1	04단	文盲少年に教育感心な工場主
217398	朝鮮朝日	西北版	1932-02-07	1	04단	愛國機朝鮮號愈よ建造七月頃滿洲へ
217399	朝鮮朝日	西北版	1932-02-07	1	05단	中等校入學試驗
217400	朝鮮朝日	西北版	1932-02-07	1	05단	前年より九萬圓減緊縮本位で成るでも新規事業に新味ある平南七年度豫算
217401	朝鮮朝日	西北版	1932-02-07	1	06단	六年度よりは約十六萬圓の減平壤府明年度豫算
217402	朝鮮朝日	西北版	1932-02-07	1	07단	龍井內鮮市民代表渡鮮
217403	朝鮮朝日	西北版	1932-02-07	1	07단	慈山水利工事着手
217404	朝鮮朝日	西北版	1932-02-07	1	08단	電氣公營問題の咸興市民大會
217405	朝鮮朝日	西北版	1932-02-07	1	08단	お正月を迎へ匪賊も骨休めの姿英氣を養ひ押し寄せる算段我が警備は依然嚴重
217406	朝鮮朝日	西北版	1932-02-07	1	09단	近く開廷七十八萬圓事件の公判
217407	朝鮮朝日	西北版	1932-02-07	1	09단	不良藥で科料
217408	朝鮮朝日	西北版	1932-02-07	1	09단	代書人に懲役一年を求刑
217409	朝鮮朝日	西北版	1932-02-07	1	09단	共同作業場は三ヶ所新設平南の産業第一主義
217410	朝鮮朝日	西北版	1932-02-07	1	10단	大同江解氷氷上渡江禁止
217411	朝鮮朝日	西北版	1932-02-07	1	10단	阿片の密賣
217412	朝鮮朝日	西北版	1932-02-07	1	10단	柳京小話
217413	朝鮮朝日	南鮮版	1932-02-09	1	01단	一向に實現せぬ總督府の官制改正總監歸任で進展か實現せば地方官に大異動/特別議會を待たず斷行か
217414	朝鮮朝日	南鮮版	1932-02-09	1	01단	勇ましい空の使者傳書鳩飼育熱昂まる朝鮮にも協議設立か
217415	朝鮮朝日	南鮮版	1932-02-09	1	01단	遞信局人事異動廣範圍に及ぶ
217416	朝鮮朝日	南鮮版	1932-02-09	1	02단	寒中水泳

일련번호	판명		간행일	면	단수	기사명
217417	朝鮮朝日	南鮮版	1932-02-09	1	03단	朝鮮關係者續々立候補
217418	朝鮮朝日	南鮮版	1932-02-09	1	03단	慶北の秋蒔麥草丈三寸餘
217419	朝鮮朝日	南鮮版	1932-02-09	1	04단	德川國順公
217420	朝鮮朝日	南鮮版	1932-02-09	1	04단	慶南樹苗檢査規則制定實施す
217421	朝鮮朝日	南鮮版	1932-02-09	1	04단	鳩班の活動實に目覺しい滿洲歸來者の話
217422	朝鮮朝日	南鮮版	1932-02-09	1	04단	忠南道地方費豫算
217423	朝鮮朝日	南鮮版	1932-02-09	1	05단	忠南郡守會議
217424	朝鮮朝日	南鮮版	1932-02-09	1	05단	潜行運動中に見事に檢擧した大邱の朝鮮學生陰謀事件首謀者九名送局さる
217425	朝鮮朝日	南鮮版	1932-02-09	1	06단	一般加入者自動交換昭和十年か
217426	朝鮮朝日	南鮮版	1932-02-09	1	06단	敵の包圍で苦戰に陷る高麗門に引返す我軍板津部隊救援す
217427	朝鮮朝日	南鮮版	1932-02-09	1	06단	慶北の鹽魚安く滿洲へ鐵道運賃割引交渉
217428	朝鮮朝日	南鮮版	1932-02-09	1	07단	指導圃を設け蔬菜栽培合理化を獎勵
217429	朝鮮朝日	南鮮版	1932-02-09	1	07단	京畿水組振興協議會
217430	朝鮮朝日	南鮮版	1932-02-09	1	08단	發電故障で大邱は暗黑街非常警戒で大騷ぎ
217431	朝鮮朝日	南鮮版	1932-02-09	1	08단	横田松寺氏送別會
217432	朝鮮朝日	南鮮版	1932-02-09	1	08단	郵便局廢止十五ケ所
217433	朝鮮朝日	南鮮版	1932-02-09	1	08단	祖國愛の美
217434	朝鮮朝日	南鮮版	1932-02-09	1	09단	舊正月でも資物出廻りが多い
217435	朝鮮朝日	南鮮版	1932-02-09	1	09단	二人組强盗
217436	朝鮮朝日	南鮮版	1932-02-09	1	09단	奇妙な小兒感冒釜山で流行死亡率は非常に高い
217437	朝鮮朝日	南鮮版	1932-02-09	1	10단	間島强盗の片割れ穩城で逮捕
217438	朝鮮朝日	南鮮版	1932-02-09	1	10단	漢城銀行へ怪漢潜入電話線を切斷
217439	朝鮮朝日	南鮮版	1932-02-09	1	10단	間島共産黨の公判四月廿二日開廷
217440	朝鮮朝日	南鮮版	1932-02-09	1	10단	人(原田等氏(大邱覆審法院部長)/中山朝鮮軍參謀/齋藤固氏(鐵道局工務課長))
217441	朝鮮朝日	西北版	1932-02-09	1	01단	一向に實現せぬ總督府の官制改正總監歸任で進展か實現せば地方官に大異動
217442	朝鮮朝日	西北版	1932-02-09	1	01단	敵の包圍で苦戰に陷る高麗門に引返す我軍板津部隊救援す
217443	朝鮮朝日	西北版	1932-02-09	1	01단	三勇士の聯隊葬羅南で擧行
217444	朝鮮朝日	西北版	1932-02-09	1	02단	平南道の表彰式
217445	朝鮮朝日	西北版	1932-02-09	1	02단	趣味の集ひ(5)/棋譜から生れたわが池田六段その他有段者ズラリ平壤將棋界の今日

일련번호	판명		간행일	면	단수	기사명
217446	朝鮮朝日	西北版	1932-02-09	1	03단	西平壤驛の大繁昌
217447	朝鮮朝日	西北版	1932-02-09	1	03단	蠶種製造所移轉で悶着雙方の言分はかうだ
217448	朝鮮朝日	西北版	1932-02-09	1	04단	人(湯川又夫氏(新任水原總督府農事試驗場長)/奈良井多一郎氏(新任釜山檢事局檢事正)/市井榮作氏(新任釜山地方法院豫審判事))
217449	朝鮮朝日	西北版	1932-02-09	1	04단	寄附金集らず當局は四苦八苦
217450	朝鮮朝日	西北版	1932-02-09	1	05단	樂浪盆
217451	朝鮮朝日	西北版	1932-02-09	1	05단	平壤府の諸問題總督府との折衝の結果を明快に阿部府尹語る
217452	朝鮮朝日	西北版	1932-02-09	1	06단	咸北の救濟資金近く決定せん
217453	朝鮮朝日	西北版	1932-02-09	1	06단	貝類の增産愈よ七年度から着手平南道の新規事業
217454	朝鮮朝日	西北版	1932-02-09	1	07단	水を大切にせよ
217455	朝鮮朝日	西北版	1932-02-09	1	07단	沙里院高女生徒募集
217456	朝鮮朝日	西北版	1932-02-09	1	07단	水組の規約無效訴訟
217457	朝鮮朝日	西北版	1932-02-09	1	08단	釜山の支那領事館引揚げぬと言明
217458	朝鮮朝日	西北版	1932-02-09	1	08단	間島強盜の片割れ穩城で逮捕
217459	朝鮮朝日	西北版	1932-02-09	1	08단	平安水利の職員を告訴地主代表が
217460	朝鮮朝日	西北版	1932-02-09	1	08단	泣き叫ぶ支那娘親の手に戻る
217461	朝鮮朝日	西北版	1932-02-09	1	08단	平南の一面一校遲々とし進まず豫定の半數のみ實現
217462	朝鮮朝日	西北版	1932-02-09	1	09단	芋蔓的に檢擧平壤の常習賭博犯人達
217463	朝鮮朝日	西北版	1932-02-09	1	09단	死刑の判決
217464	朝鮮朝日	西北版	1932-02-09	1	10단	故鄕を知らぬ女
217465	朝鮮朝日	西北版	1932-02-09	1	10단	追跡して逮捕
217466	朝鮮朝日	西北版	1932-02-09	1	10단	咸北の窒扶斯
217467	朝鮮朝日	西北版	1932-02-09	1	10단	柳京小話
217468	朝鮮朝日	南鮮版	1932-02-10	1	01단	愛國機朝鮮號の建造獻金が續々集る平壤地方に溢るゝこの感激/銃後の人達の溢れる熱情いぢらしい小學生の寄金/滿洲でも滿洲號建造を計劃
217469	朝鮮朝日	南鮮版	1932-02-10	1	01단	尊き遺骨
217470	朝鮮朝日	南鮮版	1932-02-10	1	02단	釜山府廳で吏員十八名整理正式發令は月末か
217471	朝鮮朝日	南鮮版	1932-02-10	1	02단	血判の從軍願朝鮮人少年から
217472	朝鮮朝日	南鮮版	1932-02-10	1	03단	榮轉した鈴木判事六日發赴任
217473	朝鮮朝日	南鮮版	1932-02-10	1	03단	開城商業生徒募集

일련번호	판명		간행일	면	단수	기사명
217474	朝鮮朝日	南鮮版	1932-02-10	1	04단	禁酒禁煙運動
217475	朝鮮朝日	南鮮版	1932-02-10	1	04단	從業員卅六名整理朝運平壤支店
217476	朝鮮朝日	南鮮版	1932-02-10	1	04단	慰問金けなげにも
217477	朝鮮朝日	南鮮版	1932-02-10	1	04단	山岡長官談
217478	朝鮮朝日	南鮮版	1932-02-10	1	04단	明るき農村『龍湖里』の美談新朝鮮を默示紀元節の佳辰を卜し平南道より表彰さる
217479	朝鮮朝日	南鮮版	1932-02-10	1	05단	本社特派員撮影の上海事件映畫動亂最初の上映で非常な盛況を呈す
217480	朝鮮朝日	南鮮版	1932-02-10	1	05단	井上前藏相暗殺
217481	朝鮮朝日	南鮮版	1932-02-10	1	05단	女學校を卒へて職業戰線へ進軍學校長の推薦狀つき情實を廢し試驗で採用/職業的獨立を彼女等は望む第一高女當局の話
217482	朝鮮朝日	南鮮版	1932-02-10	1	07단	三つ兒を産んだから褒美をください駐在所に行って請求
217483	朝鮮朝日	南鮮版	1932-02-10	1	07단	建國祭と大行進釜山で催す
217484	朝鮮朝日	南鮮版	1932-02-10	1	07단	釜山府會第二部會
217485	朝鮮朝日	南鮮版	1932-02-10	1	08단	本紙讀者優待映畫デー十日から釜山「昭和館」で
217486	朝鮮朝日	南鮮版	1932-02-10	1	09단	南朝鮮電氣料金値下げ率は本電位
217487	朝鮮朝日	南鮮版	1932-02-10	1	09단	日本海大時化景福九難航して下關入港
217488	朝鮮朝日	南鮮版	1932-02-10	1	09단	自殺？他殺？固城の人妻殺し捜査は昏迷に陷る
217489	朝鮮朝日	南鮮版	1932-02-10	1	10단	犯人逮捕功勞者を部長から表彰
217490	朝鮮朝日	南鮮版	1932-02-10	1	10단	乞食姿で一年流浪ダイナマ密賣共犯遂に捕る
217491	朝鮮朝日	西北版	1932-02-10	1	01단	愛國機朝鮮號の建造獻金が續々集る平壤地方に溢るゝこの感激/銃後の人達の溢れる熱情いぢらしい小學生の寄金/滿洲でも滿洲號建造を計劃
217492	朝鮮朝日	西北版	1932-02-10	1	01단	尊き遺骨
217493	朝鮮朝日	西北版	1932-02-10	1	02단	清津稅關昇格は時日の問題國境地方に移轉か
217494	朝鮮朝日	西北版	1932-02-10	1	03단	榮轉した鈴木判事六日發赴任
217495	朝鮮朝日	西北版	1932-02-10	1	03단	血判の從軍願朝鮮人少年から
217496	朝鮮朝日	西北版	1932-02-10	1	04단	禁酒禁煙運動
217497	朝鮮朝日	西北版	1932-02-10	1	04단	電氣瓦斯事業の府營代行案京電の不誠意を憤慨府議運松本知事と會見

일련번호	판명		간행일	면	단수	기사명
217498	朝鮮朝日	西北版	1932-02-10	1	04단	南朝鮮電氣料金値下げ率は本電位
217499	朝鮮朝日	西北版	1932-02-10	1	04단	山岡長官談
217500	朝鮮朝日	西北版	1932-02-10	1	05단	從業員卅六名整理朝運平壤支店
217501	朝鮮朝日	西北版	1932-02-10	1	05단	慰問金けなげにも
217502	朝鮮朝日	西北版	1932-02-10	1	05단	明るき農村『龍湖里』の美談新朝鮮を默示紀元節の佳辰を卜し平南道より表彰さる
217503	朝鮮朝日	西北版	1932-02-10	1	05단	女學校を卒へて職業戰線へ進軍學校長の推薦狀つき情實を廢し試驗で採用/職業的獨立を彼女等は望む第一高女當局の話
217504	朝鮮朝日	西北版	1932-02-10	1	06단	本社特派員撮影の上海事件映畫動亂最初の上映で非常な盛況を呈す
217505	朝鮮朝日	西北版	1932-02-10	1	07단	安奉線の匪賊漸次平靜
217506	朝鮮朝日	西北版	1932-02-10	1	08단	讀者優待の記念福引券
217507	朝鮮朝日	西北版	1932-02-10	1	08단	井上前藏相暗殺
217508	朝鮮朝日	西北版	1932-02-10	1	08단	書堂に巢食ふ魔の手を根絶少年の左傾を救ふ
217509	朝鮮朝日	西北版	1932-02-10	1	08단	乞食姿で一年流浪ダイナマ密賣共犯遂に捕る
217510	朝鮮朝日	西北版	1932-02-10	1	10단	圖們線で貨車脱線一時間後復舊
217511	朝鮮朝日	西北版	1932-02-10	1	10단	三十圓を寄附
217512	朝鮮朝日	西北版	1932-02-10	1	10단	日本海大時化景福九難航して下關入港
217513	朝鮮朝日	西北版	1932-02-10	1	10단	柳京小話
217514	朝鮮朝日	南鮮版	1932-02-11	1	01단	滿洲を實地調査し鮮農救濟策をたつ總督府農務課から視察員を派遣する
217515	朝鮮朝日	南鮮版	1932-02-11	1	01단	宇垣總督仁川視察
217516	朝鮮朝日	南鮮版	1932-02-11	1	01단	地方法院支廳廢止愈よ決定
217517	朝鮮朝日	南鮮版	1932-02-11	1	02단	釜山小學校勤續者表彰紀元節當日
217518	朝鮮朝日	南鮮版	1932-02-11	1	02단	兇變に斃れた井上前藏相鮮から惜まる
217519	朝鮮朝日	南鮮版	1932-02-11	1	02단	慶北農會技術員を整理する赤字の補塡の窮策
217520	朝鮮朝日	南鮮版	1932-02-11	1	02단	釜山府の明年度豫算計劃の新事業
217521	朝鮮朝日	南鮮版	1932-02-11	1	03단	釜山の支那領事館引揚げ說否定
217522	朝鮮朝日	南鮮版	1932-02-11	1	03단	釜山人の趣味(廿一)/觀世、喜多、寶生三派の鼎立釜山謠曲界槪觀
217523	朝鮮朝日	南鮮版	1932-02-11	1	04단	愛國機獻金續々集る
217524	朝鮮朝日	南鮮版	1932-02-11	1	04단	何んとなく影の薄い舊正の支那街日支親善の子供外交

일련번호	판명		간행일	면	단수	기사명
217525	朝鮮朝日	南鮮版	1932-02-11	1	04단	兩者とも强硬で形勢愈よ激化せん東拓と借地人の紛糾
217526	朝鮮朝日	南鮮版	1932-02-11	1	05단	鐵道警備演習
217527	朝鮮朝日	南鮮版	1932-02-11	1	05단	電話で汽車の切符が買へる
217528	朝鮮朝日	南鮮版	1932-02-11	1	05단	俸給生活者大量整理時代愈よやって來た
217529	朝鮮朝日	南鮮版	1932-02-11	1	06단	地主に要求の撤回を命ず京畿道振威小作爭議
217530	朝鮮朝日	南鮮版	1932-02-11	1	06단	佐々木校長表彰さる
217531	朝鮮朝日	南鮮版	1932-02-11	1	07단	聯合演習
217532	朝鮮朝日	南鮮版	1932-02-11	1	07단	京城活動館設備改善
217533	朝鮮朝日	南鮮版	1932-02-11	1	08단	釜山地方の暴風雨各航路缺航
217534	朝鮮朝日	南鮮版	1932-02-11	1	08단	火保率値上げ反對の運動京城で契約者大會
217535	朝鮮朝日	南鮮版	1932-02-11	1	08단	教員赤化事件公判三月十四日
217536	朝鮮朝日	南鮮版	1932-02-11	1	08단	泣き叫ぶ支那娘親の手に戻る
217537	朝鮮朝日	南鮮版	1932-02-11	1	08단	龍山少年會事件の求刑
217538	朝鮮朝日	南鮮版	1932-02-11	1	09단	慶北の出水奧地交通杜絶
217539	朝鮮朝日	南鮮版	1932-02-11	1	09단	保險金欲しさの放火/淸州の火事
217540	朝鮮朝日	南鮮版	1932-02-11	1	09단	爺さんと婆さん驅落事件之れは珍らしい話
217541	朝鮮朝日	南鮮版	1932-02-11	1	10단	橫領店員捕はる
217542	朝鮮朝日	南鮮版	1932-02-11	1	10단	恐水病で死亡
217543	朝鮮朝日	南鮮版	1932-02-11	1	10단	二十八年來の珍しい溫さ釜山測候所調査
217544	朝鮮朝日	南鮮版	1932-02-11	1	10단	人(石川莊四郎氏(新元山支廳判事)/山岡關東長官/奈良井多一郎氏(新任釜山檢事局檢事正)/森田秀治郎氏(新任釜山地方法院長))
217545	朝鮮朝日	西北版	1932-02-11	1	01단	晚の料理は匪賊の首今日も討伐明日も討伐兵匪討伐に武勳赫々の安東縣の守備隊
217546	朝鮮朝日	西北版	1932-02-11	1	01단	趣味の集ひ(6)/興趣つきせぬ平壤圍碁今昔史小林翁心血を注ぎ完成田舍初段の森田さん
217547	朝鮮朝日	西北版	1932-02-11	1	02단	終端港決定は一應切離して考へる測量は出來る限り急ぐ北鮮から歸った齋藤工務課長談
217548	朝鮮朝日	西北版	1932-02-11	1	03단	兇變に斃れた井上前藏相朝鮮から惜まる
217549	朝鮮朝日	西北版	1932-02-11	1	04단	人(石川莊四郎氏(新元山支廳判事))
217550	朝鮮朝日	西北版	1932-02-11	1	05단	聯隊葬

일련번호	판명		간행일	면	단수	기사명
217551	朝鮮朝日	西北版	1932-02-11	1	05단	地方法院支廳廢止愈よ決定
217552	朝鮮朝日	西北版	1932-02-11	1	05단	新築費削減で平醫講生奮起す不足額は學生や教員の寄附でやると醵金運動に着手す
217553	朝鮮朝日	西北版	1932-02-11	1	07단	平南道議會
217554	朝鮮朝日	西北版	1932-02-11	1	07단	悲壯な點景
217555	朝鮮朝日	西北版	1932-02-11	1	08단	佐々木校長表彰さる
217556	朝鮮朝日	西北版	1932-02-11	1	08단	聯合演習
217557	朝鮮朝日	西北版	1932-02-11	1	08단	續々と獻金愛國朝鮮號機建造費に
217558	朝鮮朝日	西北版	1932-02-11	1	08단	滿洲を實地調査し鮮農救濟策をたつ總督府農務課から視察員を派遣する
217559	朝鮮朝日	西北版	1932-02-11	1	09단	火保率値上げ反對の運動京城で契約者大會
217560	朝鮮朝日	西北版	1932-02-11	1	09단	師團を置けば西鮮がよい平壤陳情員の報告
217561	朝鮮朝日	西北版	1932-02-11	1	09단	二十八年來の珍しい溫さ釜山測候所調査
217562	朝鮮朝日	西北版	1932-02-11	1	10단	電話で汽車の切符が買へる
217563	朝鮮朝日	西北版	1932-02-11	1	10단	横領店員捕はる
217564	朝鮮朝日	西北版	1932-02-11	1	10단	恐水病で死亡
217565	朝鮮朝日	南鮮版	1932-02-12	1	01단	表彰された光榮の人(京城/釜山)
217566	朝鮮朝日	南鮮版	1932-02-12	1	01단	渦卷く北滿の開發景氣本月中旬から動く大量の工事材料北鮮への新スローガン
217567	朝鮮朝日	南鮮版	1932-02-12	1	01단	一氣に支那麻布を驅逐する慶北で國産麻布獎勵
217568	朝鮮朝日	南鮮版	1932-02-12	1	01단	せつめい(九日の仁川デー記念祭に仁川神社參拜の宇垣總督)
217569	朝鮮朝日	南鮮版	1932-02-12	1	03단	釜山の建國祭盛況を呈す
217570	朝鮮朝日	南鮮版	1932-02-12	1	03단	滿蒙を目指す釜山の商工業者視察團派遣に決定
217571	朝鮮朝日	南鮮版	1932-02-12	1	04단	廣汎に互る知事、部長級異動愈よ近く發表されんその下馬評に上る人
217572	朝鮮朝日	南鮮版	1932-02-12	1	05단	忠南の造林計劃
217573	朝鮮朝日	南鮮版	1932-02-12	1	05단	DKの十キロ放送保阪理事長談
217574	朝鮮朝日	南鮮版	1932-02-12	1	06단	慶北紙業者輸出杜絶で弱る
217575	朝鮮朝日	南鮮版	1932-02-12	1	06단	二私鐵買收內容价鐵と咸北線
217576	朝鮮朝日	南鮮版	1932-02-12	1	06단	高い豆粕よりも硫安を喜ぶ慶北の農家の傾向
217577	朝鮮朝日	南鮮版	1932-02-12	1	06단	大田高女生卒業後の志望

일련번호	판명		간행일	면	단수	기사명
217578	朝鮮朝日	南鮮版	1932-02-12	1	06단	本浦附近で遭遇戰鐵道警備演習
217579	朝鮮朝日	南鮮版	1932-02-12	1	07단	鮮内のスキー漸く本調子スキー列車も動く
217580	朝鮮朝日	南鮮版	1932-02-12	1	07단	神前結婚增加
217581	朝鮮朝日	南鮮版	1932-02-12	1	07단	經濟國難の折柄裁判所だけ我は張れぬ支廳廢止に就て笠井法務局長談/廢止支廳の事務管轄愈よ決定す
217582	朝鮮朝日	南鮮版	1932-02-12	1	08단	慰問金獻金募集
217583	朝鮮朝日	南鮮版	1932-02-12	1	08단	愛婦有功章授與者
217584	朝鮮朝日	南鮮版	1932-02-12	1	08단	根室丸遭難狀況昌慶丸船長談
217585	朝鮮朝日	南鮮版	1932-02-12	1	08단	檢擧百八十七名に及ぶ咸南農民組合事件
217586	朝鮮朝日	南鮮版	1932-02-12	1	10단	聞くも涙の美談
217587	朝鮮朝日	南鮮版	1932-02-12	1	10단	國民府全滅幹部總檢擧
217588	朝鮮朝日	南鮮版	1932-02-12	1	10단	慶北東海岸豪雨
217589	朝鮮朝日	南鮮版	1932-02-12	1	10단	邦樂演奏會
217590	朝鮮朝日	南鮮版	1932-02-12	1	10단	上海滿洲事變本社映畵會大邱の盛況
217591	朝鮮朝日	西北版	1932-02-12	1	01단	戰爭氣分子供の頭に何う響くか
217592	朝鮮朝日	西北版	1932-02-12	1	01단	賑った建國祭(城津/羅南/平壤/新義州)
217593	朝鮮朝日	西北版	1932-02-12	1	01단	趣味の集ひ(6)/出征兵士への川柳慰問を計劃中の平壤川柳界/近く全鮮的に飛躍
217594	朝鮮朝日	西北版	1932-02-12	1	02단	決算報告がないと非難起る涉里院醫院寄附金問題
217595	朝鮮朝日	西北版	1932-02-12	1	03단	咸南明年度新事業道議會は廿日
217596	朝鮮朝日	西北版	1932-02-12	1	03단	於之屯水組問題知事から演述/反對の氣勢益々あがる
217597	朝鮮朝日	西北版	1932-02-12	1	04단	黃海道學校長會
217598	朝鮮朝日	西北版	1932-02-12	1	04단	電氣收入增加で高級者を整理する電氣課長は府尹が兼任する特別會計防止策
217599	朝鮮朝日	西北版	1932-02-12	1	05단	警察からの注意で中止す咸興電氣府營市民大會
217600	朝鮮朝日	西北版	1932-02-12	1	06단	城津港修築促進を提議港灣總會に/知事部長級大異動近く發表/黃海道職員整理愈よ發表さる/朝運新義州支店整理
217601	朝鮮朝日	西北版	1932-02-12	1	06단	遂に直營を廢止かドレジャーまたまた破損す權利金をとって採取を委任平壤府の沙利事業
217602	朝鮮朝日	西北版	1932-02-12	1	07단	鎭南浦で愛國機獻納計劃/獻金集る/愛國機建造に百圓を寄附
217603	朝鮮朝日	西北版	1932-02-12	1	08단	新義州の支那人引揚げる

일련번호	판명		간행일	면	단수	기사명
217604	朝鮮朝日	西北版	1932-02-12	1	08단	惡性の流感が平壤で大流行約三千名におよぶ
217605	朝鮮朝日	西北版	1932-02-12	1	08단	孝行兵士に同情集る
217606	朝鮮朝日	西北版	1932-02-12	1	08단	二十ヶ里に點燈擴張七年度に平壤府が實施
217607	朝鮮朝日	西北版	1932-02-12	1	09단	防疫事務打合會
217608	朝鮮朝日	西北版	1932-02-12	1	09단	從軍を願ひ出づ
217609	朝鮮朝日	西北版	1932-02-12	1	09단	不時着機解體輸送
217610	朝鮮朝日	西北版	1932-02-12	1	09단	死刑か無罪か若妻殺し公判
217611	朝鮮朝日	西北版	1932-02-12	1	09단	咸興通信所開設
217612	朝鮮朝日	西北版	1932-02-12	1	10단	殆ど上告す騷擾事件被告
217613	朝鮮朝日	西北版	1932-02-12	1	10단	內地人賭博犯五十四名處分
217614	朝鮮朝日	西北版	1932-02-12	1	10단	柳京小話
217615	朝鮮朝日	南鮮版	1932-02-13	1	01단	おらが春の禮讚落ちてゐたナンセンス/銃後の人の吹き込んだレコードで滿洲出動軍を慰問
217616	朝鮮朝日	南鮮版	1932-02-13	1	01단	局子街から東進して穩城へ北滿と北鮮を結ぶ吉會線問題滿鐵と軍部の意向/龍井村や會寧は大打擊だ
217617	朝鮮朝日	南鮮版	1932-02-13	1	01단	この壯觀！
217618	朝鮮朝日	南鮮版	1932-02-13	1	03단	賑った大田の建國祭
217619	朝鮮朝日	南鮮版	1932-02-13	1	03단	釜山人の趣味(廿二)/殷の貝貨から現今の貨幣まで古錢二千餘枚を蒐集佐山右左吉氏
217620	朝鮮朝日	南鮮版	1932-02-13	1	04단	閣議で決定の朝鮮の人事
217621	朝鮮朝日	南鮮版	1932-02-13	1	04단	辭令
217622	朝鮮朝日	南鮮版	1932-02-13	1	05단	忠北明年度豫算內容
217623	朝鮮朝日	南鮮版	1932-02-13	1	05단	釜山漁組との鰺、鯖共販の紛爭水産會社の態度强硬
217624	朝鮮朝日	南鮮版	1932-02-13	1	06단	慶南各團體總會
217625	朝鮮朝日	南鮮版	1932-02-13	1	06단	釜山普通校增設問題
217626	朝鮮朝日	南鮮版	1932-02-13	1	07단	畜牛生飼ひの指導を行ふ農家の負擔輕減策
217627	朝鮮朝日	南鮮版	1932-02-13	1	07단	蔚山の時局講演と軍事教練
217628	朝鮮朝日	南鮮版	1932-02-13	1	07단	聯隊長が馬賊團を組織して頻りに掠奪す支那官憲懷柔策に腐心す
217629	朝鮮朝日	南鮮版	1932-02-13	1	08단	大邱河畔に細民街建設資源は新設の助興稅
217630	朝鮮朝日	南鮮版	1932-02-13	1	08단	朝鮮婦人の生活改善認識程度を試す

일련번호	판명		간행일	면	단수	기사명
217631	朝鮮朝日	南鮮版	1932-02-13	1	09단	全鮮荒しの賊
217632	朝鮮朝日	南鮮版	1932-02-13	1	09단	保險金欲しさの放火が多い釜山火災原因調べ
217633	朝鮮朝日	南鮮版	1932-02-13	1	10단	宿屋で妻を斬殺す殺した夫自首
217634	朝鮮朝日	南鮮版	1932-02-13	1	10단	間島の鮮農又も不安
217635	朝鮮朝日	南鮮版	1932-02-13	1	10단	憲兵殺しの首魁十三年目に逮捕
217636	朝鮮朝日	西北版	1932-02-13	1	01단	知事さんの演述(上) 平南明年新事業/咸南道明年度の新規事業内示された豫算の内容
217637	朝鮮朝日	西北版	1932-02-13	1	01단	電氣、水道の特別會計案を廻る賛否正論ではあるがさて現實味なし年次遞減法なら現實的だ阿部平壤府尹語る/阿部府尹の苦衷
217638	朝鮮朝日	西北版	1932-02-13	1	02단	雪中宿營
217639	朝鮮朝日	西北版	1932-02-13	1	04단	約六萬五千圓の國庫補助が中止ために地方費で補塡緩和し善處した平南農業補助
217640	朝鮮朝日	西北版	1932-02-13	1	04단	閣議で決定の朝鮮の人事
217641	朝鮮朝日	西北版	1932-02-13	1	04단	辭令
217642	朝鮮朝日	西北版	1932-02-13	1	05단	明七年度こそ絶好の機會特別會計派語る
217643	朝鮮朝日	西北版	1932-02-13	1	06단	北鮮視察者に乘車賃割引せよ清鐵で目下考究中
217644	朝鮮朝日	西北版	1932-02-13	1	06단	京義線に警備列車運轉して演習
217645	朝鮮朝日	西北版	1932-02-13	1	07단	利率引上げ間島金融社
217646	朝鮮朝日	西北版	1932-02-13	1	07단	聯隊長が馬賊團を組織して頻りに掠奪す支那官憲懷柔策に腐心す
217647	朝鮮朝日	西北版	1932-02-13	1	07단	火田民に燕麥栽培平北で奬勵
217648	朝鮮朝日	西北版	1932-02-13	1	07단	憲兵を殺した不逞團首魁十三年目に逮捕す
217649	朝鮮朝日	西北版	1932-02-13	1	07단	沙里院で時報機設置の計劃
217650	朝鮮朝日	西北版	1932-02-13	1	08단	一日の生活費僅に金四錢咸南凶作民の慘狀
217651	朝鮮朝日	西北版	1932-02-13	1	08단	山間地方に道醫を置く平南の試み
217652	朝鮮朝日	西北版	1932-02-13	1	08단	モヒ患者の絶滅を期す經費を増加する平南道
217653	朝鮮朝日	西北版	1932-02-13	1	09단	平壤府吏員の整理
217654	朝鮮朝日	西北版	1932-02-13	1	09단	面長の詐欺事件内容
217655	朝鮮朝日	西北版	1932-02-13	1	09단	日本語を使った廉で罰金に處す間島巡警の鮮人拘禁事件

일련번호	판명		간행일	면	단수	기사명
217656	朝鮮朝日	西北版	1932-02-13	1	10단	大根強盗逮捕
217657	朝鮮朝日	西北版	1932-02-13	1	10단	婦人の溺死體
217658	朝鮮朝日	西北版	1932-02-13	1	10단	毆って強奪す
217659	朝鮮朝日	西北版	1932-02-13	1	10단	柳京小話
217660	朝鮮朝日	南鮮版	1932-02-14	1	01단	參與官、部長、府尹級の廣汎に互る大異動愈よ十三日發表さる
217661	朝鮮朝日	南鮮版	1932-02-14	1	01단	營林署長會議宇垣總督の訓示
217662	朝鮮朝日	南鮮版	1932-02-14	1	01단	遞信局長のお土産話し
217663	朝鮮朝日	南鮮版	1932-02-14	1	01단	せつめい(十一日の紀元節當日鎭海記念塔下における鎭海旅行列後の萬歲三唱)
217664	朝鮮朝日	南鮮版	1932-02-14	1	02단	總督府はあまりに冷淡だと非難起る安東縣に避難してゐる朝鮮人を滿洲へ歸せとの通達
217665	朝鮮朝日	南鮮版	1932-02-14	1	03단	慶北道評議會
217666	朝鮮朝日	南鮮版	1932-02-14	1	03단	全鮮警官に武道獎勵各署の猛練習
217667	朝鮮朝日	南鮮版	1932-02-14	1	03단	營業は振はず豫算は膨脹惱みぬく鐵道局
217668	朝鮮朝日	南鮮版	1932-02-14	1	04단	間島陳情員入城
217669	朝鮮朝日	南鮮版	1932-02-14	1	05단	歸鮮した傷病兵廣島に移送
217670	朝鮮朝日	南鮮版	1932-02-14	1	05단	感心な兵隊さん貧民に救濟金
217671	朝鮮朝日	南鮮版	1932-02-14	1	05단	四省の人達は滿蒙新國家建設を心から喜びその前途を大に待望
217672	朝鮮朝日	南鮮版	1932-02-14	1	06단	支那人農夫や勞働者續々渡鮮奧地へ奧地へ入り込む
217673	朝鮮朝日	南鮮版	1932-02-14	1	06단	在滿朝鮮人を慰問す慰問使出發
217674	朝鮮朝日	南鮮版	1932-02-14	1	06단	涙ぐましい乙女の決心故野口大尉の令孃幸子さん
217675	朝鮮朝日	南鮮版	1932-02-14	1	08단	近く解決を見る模樣海女入漁問題
217676	朝鮮朝日	南鮮版	1932-02-14	1	08단	府が値下せず紛擾惹起か釜山岸壁使用料問題
217677	朝鮮朝日	南鮮版	1932-02-14	1	08단	露西亞革命が生んだ珍しい訴訟
217678	朝鮮朝日	南鮮版	1932-02-14	1	08단	御下賜金詐欺の公判
217679	朝鮮朝日	南鮮版	1932-02-14	1	09단	機關銃射擊演習
217680	朝鮮朝日	南鮮版	1932-02-14	1	09단	又も安奉線に兵匪襲來す我軍出動全滅さす
217681	朝鮮朝日	南鮮版	1932-02-14	1	10단	密漁船爆發二名負傷す
217682	朝鮮朝日	南鮮版	1932-02-14	1	10단	靑年の失戀自殺
217683	朝鮮朝日	南鮮版	1932-02-14	1	10단	十一戸全半燒す京城の火事/火事二件/汽車火事

일련번호	판명		간행일	면	단수	기사명
217684	朝鮮朝日	南鮮版	1932-02-14	1	10단	もよほし(釜山洋服商組合/釜山水品山稻荷神社/朝鮮運送會社長竹島鍄太郎氏)
217685	朝鮮朝日	南鮮版	1932-02-14	1	10단	人(野木定吉氏(國際運輸取締役)/稻田林太郎氏(新任慶南道土地改良技師)/山本遞信局長)
217686	朝鮮朝日	西北版	1932-02-14	1	01단	參與官、部長、府尹級の廣汎に亙る大異動愈よ十三日發表さる
217687	朝鮮朝日	西北版	1932-02-14	1	01단	郎かな陸軍官舍街武門の譽れ出動將士の留守宅訪問(嘉村さんのお留守宅/中島さんのお留守宅/長嶺さんのお留守宅)
217688	朝鮮朝日	西北版	1932-02-14	1	01단	知事さんの演述(下)/平南明年新事業
217689	朝鮮朝日	西北版	1932-02-14	1	04단	平壤醫講生の猛運動昇格に向って
217690	朝鮮朝日	西北版	1932-02-14	1	06단	涙ぐましい乙女の決心故野口大尉の令嬢幸子さん
217691	朝鮮朝日	西北版	1932-02-14	1	06단	四省の人達は滿蒙新國家建設を心から喜びその前途を大に待望
217692	朝鮮朝日	西北版	1932-02-14	1	07단	總督府はあまりに冷淡だと非難起る安東縣に避難してゐる朝鮮人を滿洲へ歸せとの通達
217693	朝鮮朝日	西北版	1932-02-14	1	08단	支那人農夫や勞働者續々渡鮮奧地へ奧地へ入り込む
217694	朝鮮朝日	西北版	1932-02-14	1	08단	又も安奉線に兵匪襲來す我軍出動全滅さす
217695	朝鮮朝日	西北版	1932-02-14	1	08단	咸興の學童貯金
217696	朝鮮朝日	西北版	1932-02-14	1	10단	祖國愛の運動安義兩地から飛行機獻納/平壤の愛國熱/銃後の人々から
217697	朝鮮朝日	西北版	1932-02-14	1	10단	平南の地震
217698	朝鮮朝日	西北版	1932-02-14	1	10단	沙里院農校生盟休を企つ
217699	朝鮮朝日	南鮮版	1932-02-16	1	01단	女性も交じる二つの祕密結社檢擧された男女四十數名取調一段落で送局さる
217700	朝鮮朝日	南鮮版	1932-02-16	1	01단	細農保護に民間團起つ京畿道農村の新施設
217701	朝鮮朝日	南鮮版	1932-02-16	1	01단	大邱府明年豫算內容新事業は全部討死
217702	朝鮮朝日	南鮮版	1932-02-16	1	01단	總督府外事課俄然擴大その陳容
217703	朝鮮朝日	南鮮版	1932-02-16	1	02단	馬山支廳忙しくなる
217704	朝鮮朝日	南鮮版	1932-02-16	1	02단	條件次第では部下を率ゐ歸順する安奉線兵匪の巨頭徐文海から至極蟲のよい要求
217705	朝鮮朝日	南鮮版	1932-02-16	1	03단	慶北蠶業技術員會議

일련번호	판명		간행일	면	단수	기사명
217706	朝鮮朝日	南鮮版	1932-02-16	1	03단	大馬賊團南下で間島支那軍警狼狽す我領事警官非常召集で警戒 萬一の際は出兵要求/吉會鐵道測量隊身邊危險
217707	朝鮮朝日	南鮮版	1932-02-16	1	05단	慶南の空氣淨化運動測定器で調査
217708	朝鮮朝日	南鮮版	1932-02-16	1	06단	群山と提携して猛進する長項發展座談會
217709	朝鮮朝日	南鮮版	1932-02-16	1	06단	蔬菜促成講習會
217710	朝鮮朝日	南鮮版	1932-02-16	1	07단	酒も煙草も口にせぬ新任本府社會課長俞萬兼氏/消極政策で進む新大邱府尹談
217711	朝鮮朝日	南鮮版	1932-02-16	1	07단	社會課を設けて敎化勤勞團總動員新課長の手で四月から民心作興運動に着手
217712	朝鮮朝日	南鮮版	1932-02-16	1	07단	DKの十キロ放送明春實現か
217713	朝鮮朝日	南鮮版	1932-02-16	1	09단	感冒流行す
217714	朝鮮朝日	南鮮版	1932-02-16	1	09단	關釜連絡船でお産
217715	朝鮮朝日	南鮮版	1932-02-16	1	09단	不老長生曲DKで放送
217716	朝鮮朝日	南鮮版	1932-02-16	1	09단	朝鮮人蔘を支那から逆送日貨排斥の影響
217717	朝鮮朝日	南鮮版	1932-02-16	1	09단	奇怪な通牒南浦の支那領事から平壤在住の支那人へ
217718	朝鮮朝日	南鮮版	1932-02-16	1	10단	共同墓地に植樹慶南道で行ふ
217719	朝鮮朝日	南鮮版	1932-02-16	1	10단	間島の共匪一掃の觀
217720	朝鮮朝日	南鮮版	1932-02-16	1	10단	釜山小火
217721	朝鮮朝日	南鮮版	1932-02-16	1	10단	人(山本遞信局長/カマル・ヘダエット駐日ペルシャ大使/荒井なみ子孃(釜山驛長長女))
217722	朝鮮朝日	西北版	1932-02-16	1	01단	吉會鐵道問題座談會(1)/線路は何う落つくか?吉會鐵道の名が吉敦線延長にやかましい終端港問題
217723	朝鮮朝日	西北版	1932-02-16	1	01단	大馬賊團南下で間島支那軍警狼狽す我領事警官非常召集で警戒萬一の際は出兵要求/吉會鐵道測量隊身邊危險
217724	朝鮮朝日	西北版	1932-02-16	1	01단	支廳廢止對策協議城津で大會
217725	朝鮮朝日	西北版	1932-02-16	1	02단	評議昇格運動に一抹の不安道當局に誠意なしとあって痛憤する學生大會
217726	朝鮮朝日	西北版	1932-02-16	1	02단	安寧水利請負問題解決長引かん
217727	朝鮮朝日	西北版	1932-02-16	1	03단	條件次第では部下を率ゐ歸順する安奉線兵匪の巨頭徐文海から至極蟲のよい要求
217728	朝鮮朝日	西北版	1932-02-16	1	04단	鎭南浦支廳復活運動
217729	朝鮮朝日	西北版	1932-02-16	1	04단	平壤第二敎育部會の新事業
217730	朝鮮朝日	西北版	1932-02-16	1	05단	咸興盤龍山公園建設に着手

일련번호	판명		간행일	면	단수	기사명
217731	朝鮮朝日	西北版	1932-02-16	1	05단	寛甸縣方面に移住鮮農部落建設避難鮮人を移して救濟する當局着々計劃を進む
217732	朝鮮朝日	西北版	1932-02-16	1	06단	平壤鄕軍補助金
217733	朝鮮朝日	西北版	1932-02-16	1	07단	奇怪な通牒南浦の支那領事から平壤在住の支那人へ
217734	朝鮮朝日	西北版	1932-02-16	1	07단	補充員で出動
217735	朝鮮朝日	西北版	1932-02-16	1	08단	平南衛生打合會
217736	朝鮮朝日	西北版	1932-02-16	1	08단	四手四足の畸形兒が生れた
217737	朝鮮朝日	西北版	1932-02-16	1	08단	牡丹台で體操
217738	朝鮮朝日	西北版	1932-02-16	1	09단	現地戰術演習
217739	朝鮮朝日	西北版	1932-02-16	1	09단	地元工事は地元業者に請負はせよ平壤請負業者から陳情
217740	朝鮮朝日	西北版	1932-02-16	1	09단	渡邊の公判
217741	朝鮮朝日	西北版	1932-02-16	1	09단	橫領會社員
217742	朝鮮朝日	西北版	1932-02-16	1	09단	警官に暴行
217743	朝鮮朝日	西北版	1932-02-16	1	10단	感心な乙女
217744	朝鮮朝日	西北版	1932-02-16	1	10단	若い男女の厭世自殺
217745	朝鮮朝日	西北版	1932-02-16	1	10단	鮮人賭博大檢擧
217746	朝鮮朝日	西北版	1932-02-16	1	10단	柳京小話
217747	朝鮮朝日	南鮮版	1932-02-17	1	01단	日本に飛行機が少いと子供迄が心配して愛國機建造にお金を獻納す
217748	朝鮮朝日	南鮮版	1932-02-17	1	01단	慶北普校增設愈よ行詰る遂に計劃更改か
217749	朝鮮朝日	南鮮版	1932-02-17	1	01단	辭令
217750	朝鮮朝日	南鮮版	1932-02-17	1	02단	此頃の內地金融市場渡邊殖銀理事談
217751	朝鮮朝日	南鮮版	1932-02-17	1	02단	釜山人の趣味(廿三)/鮮血に彩られた殉教の悲史キリシタン文獻を漁る楠田斧三郎氏
217752	朝鮮朝日	南鮮版	1932-02-17	1	03단	殖産銀行株主總會
217753	朝鮮朝日	南鮮版	1932-02-17	1	03단	關東廳警官に慰問金朝鮮の警官から
217754	朝鮮朝日	南鮮版	1932-02-17	1	03단	朝鮮警官隊匪賊と交戰
217755	朝鮮朝日	南鮮版	1932-02-17	1	03단	十七名退職釜山府の整理
217756	朝鮮朝日	南鮮版	1932-02-17	1	04단	卒業生指導研究會
217757	朝鮮朝日	南鮮版	1932-02-17	1	04단	問題の間島を朝鮮の延長とする滿蒙新國家建設會議で決定すると滿洲から歸った池田警務局長語る
217758	朝鮮朝日	南鮮版	1932-02-17	1	05단	慶南道の評議會展望豫算の內容と當局の陳容は?いよいよ十八日開會
217759	朝鮮朝日	南鮮版	1932-02-17	1	05단	傷病兵內地移送
217760	朝鮮朝日	南鮮版	1932-02-17	1	05단	異動漫談

일련번호	판명		간행일	면	단수	기사명
217761	朝鮮朝日	南鮮版	1932-02-17	1	06단	勇士の遺骨釜山を通過
217762	朝鮮朝日	南鮮版	1932-02-17	1	07단	不況世相の悲慘な斷面釜山公益質庫入質數
217763	朝鮮朝日	南鮮版	1932-02-17	1	08단	京城の豆腐屋悲鳴をあげる
217764	朝鮮朝日	南鮮版	1932-02-17	1	08단	保險金欲しさの放火釜山怪火の原因
217765	朝鮮朝日	南鮮版	1932-02-17	1	08단	息子の仇討ちに放火した母の公判
217766	朝鮮朝日	南鮮版	1932-02-17	1	09단	全鮮火保契約者大會は延期今月下旬となる
217767	朝鮮朝日	南鮮版	1932-02-17	1	09단	釜山の火事/大邱の火事
217768	朝鮮朝日	南鮮版	1932-02-17	1	10단	釜山消防夜警
217769	朝鮮朝日	南鮮版	1932-02-17	1	10단	紳士を裝ふ賊
217770	朝鮮朝日	南鮮版	1932-02-17	1	10단	山中で慘殺さる容疑者逮捕
217771	朝鮮朝日	南鮮版	1932-02-17	1	10단	檢査員を毆る
217772	朝鮮朝日	南鮮版	1932-02-17	1	10단	懸賞で蠅驅除
217773	朝鮮朝日	南鮮版	1932-02-17	1	10단	もよほし(水野氏嚴父計)
217774	朝鮮朝日	西北版	1932-02-17	1	01단	滿鮮開發問題座談會(2)/二線二港の場合輸送分野は何うなる天鐵は結局買收か
217775	朝鮮朝日	西北版	1932-02-17	1	01단	宛然二階から目藥式の窮農救濟策哀れな咸北七萬の窮農
217776	朝鮮朝日	西北版	1932-02-17	1	01단	趣味の集ひ(7)/日本畵、南畵にけふの平壤畵壇/得意の四君子をものす彼女たち妓生
217777	朝鮮朝日	西北版	1932-02-17	1	02단	まづ起工後一、二年後か吉會線の開通期
217778	朝鮮朝日	西北版	1932-02-17	1	04단	辭令
217779	朝鮮朝日	西北版	1932-02-17	1	05단	問題の間島を朝鮮の延長とする滿蒙新國家建設會議で決定すると滿洲から歸った池田警務局長語る/鮮農移住地に顧問を置きたいその人材は朝鮮から
217780	朝鮮朝日	西北版	1932-02-17	1	06단	滿蒙新國家への二つの要望在滿朝鮮人から
217781	朝鮮朝日	西北版	1932-02-17	1	06단	殉難記念碑延吉に建立
217782	朝鮮朝日	西北版	1932-02-17	1	07단	戰地から慰問金咸北の窮農に
217783	朝鮮朝日	西北版	1932-02-17	1	07단	空陸聯合市街演習
217784	朝鮮朝日	西北版	1932-02-17	1	08단	平壤驛應急修理
217785	朝鮮朝日	西北版	1932-02-17	1	08단	平安水利滯納處分
217786	朝鮮朝日	西北版	1932-02-17	1	08단	平醫昇格建議案道議會に提出/可決す滿場一致
217787	朝鮮朝日	西北版	1932-02-17	1	09단	沙里院醫院病室增策今年は中止

일련번호	판명		간행일	면	단수	기사명
217788	朝鮮朝日	西北版	1932-02-17	1	09단	鐵道自殺した若い男女一郎の素性は斯うだ/女學校出の美人
217789	朝鮮朝日	西北版	1932-02-17	1	09단	懸賞で蠅驅除
217790	朝鮮朝日	西北版	1932-02-17	1	10단	感冒麻疹猩紅熱平壤に猖獗
217791	朝鮮朝日	西北版	1932-02-17	1	10단	檢查員を毆る
217792	朝鮮朝日	西北版	1932-02-17	1	10단	柳京小話
217793	朝鮮朝日	南鮮版	1932-02-18	1	01단	哀れ衰退の朝鮮佛教を蘇らせる青年佛僧達の叫びこゝ當分は物になるまい
217794	朝鮮朝日	南鮮版	1932-02-18	1	01단	釜山幹線道路鋪裝決定す工費は五十萬圓
217795	朝鮮朝日	南鮮版	1932-02-18	1	01단	少年少女の職業指導京城職業紹介所で始める
217796	朝鮮朝日	南鮮版	1932-02-18	1	02단	釜山府分掌事業改正
217797	朝鮮朝日	南鮮版	1932-02-18	1	02단	アナ孃物語眼かな電波を街頭に送った美しい聲のDKアナ孃貞ヶ丘に傳はる噂
217798	朝鮮朝日	南鮮版	1932-02-18	1	03단	總督の南鮮視察に又もいろいろの噂
217799	朝鮮朝日	南鮮版	1932-02-18	1	03단	定員に十四倍といふ物凄さ京城師範の志願者
217800	朝鮮朝日	南鮮版	1932-02-18	1	04단	郵便所新設
217801	朝鮮朝日	南鮮版	1932-02-18	1	04단	最後の決定は總督府に一任した獲るな獲らせよといふ慶北の鮑を廻る紛議/徹底的解決方法を審議する總督府で實情調査
217802	朝鮮朝日	南鮮版	1932-02-18	1	05단	入學志願者狩出しに內地から朝鮮へ
217803	朝鮮朝日	南鮮版	1932-02-18	1	06단	間島の行政組織を朝鮮類似の形式にせよ在住鮮人から總督府へ陳情
217804	朝鮮朝日	南鮮版	1932-02-18	1	06단	朝鮮左翼劇睨まる突如上演差止
217805	朝鮮朝日	南鮮版	1932-02-18	1	06단	電線を切斷し橋梁十數ヶ所破壞王德林別働隊か五十名の一隊吉敦線に現はれ暴行/王德林討伐隊を惱ます
217806	朝鮮朝日	南鮮版	1932-02-18	1	07단	東大門署人事相談成績がよい
217807	朝鮮朝日	南鮮版	1932-02-18	1	07단	都經會社對借地人爭議圓滿解決せん
217808	朝鮮朝日	南鮮版	1932-02-18	1	07단	內地に憧れて娘四人家出
217809	朝鮮朝日	南鮮版	1932-02-18	1	07단	間島の思想犯人收容の刑務所羅南に新設されるか
217810	朝鮮朝日	南鮮版	1932-02-18	1	08단	東萊藝妓鈴奴の行方內地へ逃走か
217811	朝鮮朝日	南鮮版	1932-02-18	1	08단	恐しい吹雪列車も止まる北鮮地方の大荒れ/寒氣來冬へ逆戻り
217812	朝鮮朝日	南鮮版	1932-02-18	1	09단	深夜の街上で暴れる寢台自動車

일련번호	판명		간행일	면	단수	기사명
217813	朝鮮朝日	南鮮版	1932-02-18	1	09단	女も交じる慶北の赤色組合大邱警察で檢擧す
217814	朝鮮朝日	南鮮版	1932-02-18	1	10단	京城の乞食狩り
217815	朝鮮朝日	南鮮版	1932-02-18	1	10단	學生赤化事件の公判廿三日開廷
217816	朝鮮朝日	南鮮版	1932-02-18	1	10단	帆船沈沒す
217817	朝鮮朝日	南鮮版	1932-02-18	1	10단	京城の火事/釜山の火事
217818	朝鮮朝日	南鮮版	1932-02-18	1	10단	人(堂本貞一氏(江原道內務部長)/西崎鶴司氏(新任咸鏡北道內務部長)/朝倉昇氏(新任平安北道財務部長)/坂西利八郎氏(貴族院議員)/花房太郎氏(同))
217819	朝鮮朝日	西北版	1932-02-18	1	01단	滿鮮開發問題座談會(3)/出廻貨物と港灣設備航路系統も變はる浦潮は大打擊か
217820	朝鮮朝日	西北版	1932-02-18	1	01단	城津市民大會法院支廳廢止對策や火保料引上反對協議
217821	朝鮮朝日	西北版	1932-02-18	1	01단	定員に十四倍といふ物凄さ京城師範の志願者
217822	朝鮮朝日	西北版	1932-02-18	1	01단	平北で漆增産計劃を樹てる
217823	朝鮮朝日	西北版	1932-02-18	1	02단	趣味の集ひ(8)/日本的に有名な名手を持つ長谷川、岡本兩氏の存在多幸な平壤謠曲會
217824	朝鮮朝日	西北版	1932-02-18	1	03단	水組の必要を認めぬ地主から陳情
217825	朝鮮朝日	西北版	1932-02-18	1	03단	砧に解放された朝鮮婦人を働かす農家經濟を向上せしめる咸南自慢の新事業
217826	朝鮮朝日	西北版	1932-02-18	1	05단	殖銀株主總會
217827	朝鮮朝日	西北版	1932-02-18	1	05단	月謝制度を全廢す安州維新校
217828	朝鮮朝日	西北版	1932-02-18	1	06단	國境對抗演習
217829	朝鮮朝日	西北版	1932-02-18	1	06단	平壤聯隊の鐵道演習軍司令官觀戰
217830	朝鮮朝日	西北版	1932-02-18	1	06단	技術員會議
217831	朝鮮朝日	西北版	1932-02-18	1	07단	入學志願者狩出しに內地から朝鮮へ
217832	朝鮮朝日	西北版	1932-02-18	1	07단	電線を切斷し橋梁十數ヶ所破壞王德林別働隊か五十名の一隊 吉敦線に現はれ暴行
217833	朝鮮朝日	西北版	1932-02-18	1	07단	色衣着用獎勵
217834	朝鮮朝日	西北版	1932-02-18	1	07단	感心な炭坑支配人
217835	朝鮮朝日	西北版	1932-02-18	1	08단	不生産的資金が非常に多い平北金組農村貸付金
217836	朝鮮朝日	西北版	1932-02-18	1	08단	軍營設置延期の通牒
217837	朝鮮朝日	西北版	1932-02-18	1	08단	窮農への貸金棒引にす
217838	朝鮮朝日	西北版	1932-02-18	1	08단	靑訓査閱

일련번호	판명		간행일	면	단수	기사명
217839	朝鮮朝日	西北版	1932-02-18	1	08단	恐しい吹雪列車も止まる北鮮地方の大荒れ/天圖鐵不通降雪のため
217840	朝鮮朝日	西北版	1932-02-18	1	08단	二人を殺傷亂暴な通譯
217841	朝鮮朝日	西北版	1932-02-18	1	09단	寧遠農村の慘狀
217842	朝鮮朝日	西北版	1932-02-18	1	09단	間島行政組織を朝鮮類似の形式にせよ在住鮮人から總督府へ陳情
217843	朝鮮朝日	西北版	1932-02-18	1	10단	海豹捕獲
217844	朝鮮朝日	西北版	1932-02-18	1	10단	猩紅熱と麻疹江西地方に蔓延す
217845	朝鮮朝日	西北版	1932-02-18	1	10단	橫領した金で豪遊す
217846	朝鮮朝日	西北版	1932-02-18	1	10단	人(堂本貞一氏(江原道內務部長))
217847	朝鮮朝日	西北版	1932-02-18	1	10단	柳京小話
217848	朝鮮朝日	南鮮版	1932-02-19	1	01단	城大を巢立つ學士さん達の悩み赤字だらけの不況時代で就職口が見付からぬ
217849	朝鮮朝日	南鮮版	1932-02-19	1	01단	小學卒業生の就職運動始まる就業紹介所で斡旋
217850	朝鮮朝日	南鮮版	1932-02-19	1	01단	京城の人口
217851	朝鮮朝日	南鮮版	1932-02-19	1	01단	政戰を他所に宇垣總督南鮮に出掛る
217852	朝鮮朝日	南鮮版	1932-02-19	1	02단	北鮮ところどころ少年の雪迂り
217853	朝鮮朝日	南鮮版	1932-02-19	1	03단	辭令(東京電話)
217854	朝鮮朝日	南鮮版	1932-02-19	1	03단	慶北私設敎育機關助長
217855	朝鮮朝日	南鮮版	1932-02-19	1	03단	中小商業振興策懸賞で募集
217856	朝鮮朝日	南鮮版	1932-02-19	1	04단	林軍司令官
217857	朝鮮朝日	南鮮版	1932-02-19	1	04단	釜山第一校改築
217858	朝鮮朝日	南鮮版	1932-02-19	1	04단	三百數十萬圓の大金が寢て動かぬ滿洲事變の打擊を受けて朝鮮人蔘の輸出杜絶
217859	朝鮮朝日	南鮮版	1932-02-19	1	04단	慶南道評議會愈よ開かる
217860	朝鮮朝日	南鮮版	1932-02-19	1	04단	鮮展の改革今年から斷行學務當局の大英斷
217861	朝鮮朝日	南鮮版	1932-02-19	1	05단	內地移送の傷病兵釜山通過
217862	朝鮮朝日	南鮮版	1932-02-19	1	05단	朝郵打開策重役會で協議
217863	朝鮮朝日	南鮮版	1932-02-19	1	05단	慶北の麥凍る急激の寒さで
217864	朝鮮朝日	南鮮版	1932-02-19	1	05단	官吏には增俸囚人は減刑釋放す善政第一をモットーとする滿蒙新政府の方針
217865	朝鮮朝日	南鮮版	1932-02-19	1	06단	トマト加工場慶南で設置東萊西面と梁山に
217866	朝鮮朝日	南鮮版	1932-02-19	1	06단	迫間農場の小作爭議不穩の形勢
217867	朝鮮朝日	南鮮版	1932-02-19	1	06단	愛知丸遭難漂流中救はる
217868	朝鮮朝日	南鮮版	1932-02-19	1	07단	京城の寒さ零下十五度火災頻發す
217869	朝鮮朝日	南鮮版	1932-02-19	1	07단	水道が狂ふ大邱地方の寒さ

일련번호	판명		간행일	면	단수	기사명
217870	朝鮮朝日	南鮮版	1932-02-19	1	07단	咸南の新試み牛の託兒所牛の療養院
217871	朝鮮朝日	南鮮版	1932-02-19	1	08단	逃げた不良記者取押へらる
217872	朝鮮朝日	南鮮版	1932-02-19	1	08단	私立學校は極度に經營難廢校休校續出する
217873	朝鮮朝日	南鮮版	1932-02-19	1	08단	愈着手するのは八月頃か東拓北鮮牧畜事業
217874	朝鮮朝日	南鮮版	1932-02-19	1	08단	釜山鎭の大網引廿、廿一兩日
217875	朝鮮朝日	南鮮版	1932-02-19	1	08단	本紙讀者半額釜山映畵會十九日から
217876	朝鮮朝日	南鮮版	1932-02-19	1	09단	釜山の火事
217877	朝鮮朝日	南鮮版	1932-02-19	1	09단	朝鮮共産黨再建準備會一味いよいよ送局する
217878	朝鮮朝日	南鮮版	1932-02-19	1	10단	松蚧蟖發生
217879	朝鮮朝日	南鮮版	1932-02-19	1	10단	村民總出で暴行す大同郡下珍事
217880	朝鮮朝日	南鮮版	1932-02-19	1	10단	兇暴な匪賊平北で逮捕
217881	朝鮮朝日	南鮮版	1932-02-19	1	10단	廣告料詐取
217882	朝鮮朝日	南鮮版	1932-02-19	1	10단	人(小田正義氏(新任忠淸南道財務部長)/大橋ハルビン領事/奥村重正氏(新任京畿道學務課長))
217883	朝鮮朝日	西北版	1932-02-19	1	01단	滿鮮開發問題座談會(4)/關稅問題を何うする鮮農保護の徹底には大豆出廻は五十萬噸見當か
217884	朝鮮朝日	西北版	1932-02-19	1	01단	時機が惡いと官界異動に非難道議會を前に咸南道とよめく
217885	朝鮮朝日	西北版	1932-02-19	1	01단	様々な形態で行はれる準備教育初等校長の內申に矛盾中等學校入學試驗を繞ぐる幾多の諸相/試驗につき語る平壤の各中等學校長/居殘って勉强但し試驗準備ではない/問題を多くし運の合格を防ぐ木藤道視學官語る/一人でも多く入學を希望それは受持教師の告白/昨年の受驗者數平南道內各校/四倍强の受驗者平壤高普校
217886	朝鮮朝日	西北版	1932-02-19	1	02단	藤田平壤産業主事解任
217887	朝鮮朝日	西北版	1932-02-19	1	03단	平南道評議會閉會
217888	朝鮮朝日	西北版	1932-02-19	1	03단	悠暢な財源造成案咸興小學校の
217889	朝鮮朝日	西北版	1932-02-19	1	04단	官吏には增俸囚人は減刑釋放す善政第一をモットーとする滿蒙新政府の方針
217890	朝鮮朝日	西北版	1932-02-19	1	05단	納稅は法より出でて獲利を生む
217891	朝鮮朝日	西北版	1932-02-19	1	06단	辭令(東京電話)
217892	朝鮮朝日	西北版	1932-02-19	1	07단	咸南の新試み牛の託兒所牛の療養院

일련번호	판명		간행일	면	단수	기사명
217893	朝鮮朝日	西北版	1932-02-19	1	07단	膨脹した黃海道明年度豫算道評議會は廿二日から
217894	朝鮮朝日	西北版	1932-02-19	1	08단	沙里院年末警戒成績
217895	朝鮮朝日	西北版	1932-02-19	1	08단	樂浪博物館敷地牡丹台に內定
217896	朝鮮朝日	西北版	1932-02-19	1	09단	江西郡に松蚜蟲發生暖かいので
217897	朝鮮朝日	西北版	1932-02-19	1	09단	國境の寒さ零下卅五度/京城の寒さ零下十五度火災頻發す/水道が狂ふ大邱地方の寒さ
217898	朝鮮朝日	西北版	1932-02-19	1	10단	村民總出で暴行す大同郡下珍事
217899	朝鮮朝日	西北版	1932-02-19	1	10단	兇暴な匪賊平北で逮捕
217900	朝鮮朝日	西北版	1932-02-19	1	10단	廣告料詐取
217901	朝鮮朝日	西北版	1932-02-19	1	10단	柳京小話
217902	朝鮮朝日	南鮮版	1932-02-20	1	01단	慶南七年度豫算說明(上)/經費を節して土木、産業に新規事業を盛る
217903	朝鮮朝日	南鮮版	1932-02-20	1	01단	燃ゆる祖國愛愛國機『朝鮮號』建造資金續々集まる
217904	朝鮮朝日	南鮮版	1932-02-20	1	01단	大邱勞働會で學校を建設無産者兒童を教育す
217905	朝鮮朝日	南鮮版	1932-02-20	1	01단	京畿道の普通校改善
217906	朝鮮朝日	南鮮版	1932-02-20	1	02단	販賣計劃がたゝぬ慶北の鰯油肥
217907	朝鮮朝日	南鮮版	1932-02-20	1	02단	宇垣總督慶北を視察海雲台溫泉へ
217908	朝鮮朝日	南鮮版	1932-02-20	1	03단	樂浪漆器は漢時代名工の作石巖里古墳の發掘品整理終る
217909	朝鮮朝日	南鮮版	1932-02-20	1	03단	傷病兵慰問
217910	朝鮮朝日	南鮮版	1932-02-20	1	03단	釜山人の趣味(廿四)/自然の勝景を盤中に模寫盤景の免狀をもつ藤田正喜夫人
217911	朝鮮朝日	南鮮版	1932-02-20	1	04단	郵便所新設
217912	朝鮮朝日	南鮮版	1932-02-20	1	04단	不況を尻目に景氣のよい學校更に煙突掃除や硝子拭科新設阿峴里の商業學校
217913	朝鮮朝日	南鮮版	1932-02-20	1	05단	鎭海灣鱈漁水産組合組織に決定
217914	朝鮮朝日	南鮮版	1932-02-20	1	06단	スポーツ(除拳鬪選手渡米送別試合)
217915	朝鮮朝日	南鮮版	1932-02-20	1	07단	京畿道增繭計劃は一頓挫か當局は頭痛鉢卷の態
217916	朝鮮朝日	南鮮版	1932-02-20	1	07단	不況劇最近の犯罪の傾向は何うだ
217917	朝鮮朝日	南鮮版	1932-02-20	1	07단	京城驛待合室で盜難頻發す
217918	朝鮮朝日	南鮮版	1932-02-20	1	08단	紛糾は再燃か都市經營會社對小作人との問題
217919	朝鮮朝日	南鮮版	1932-02-20	1	08단	振棄てられた女を負傷させた未練男の控訴公判

일련번호	판명		간행일	면	단수	기사명
217920	朝鮮朝日	南鮮版	1932-02-20	1	09단	大邱の妓生檢番を脱退
217921	朝鮮朝日	南鮮版	1932-02-20	1	10단	仁川の麻雀賭博檢擧
217922	朝鮮朝日	南鮮版	1932-02-20	1	10단	美人死體は女給と判明他殺の疑ひ
217923	朝鮮朝日	南鮮版	1932-02-20	1	10단	內地で逮捕
217924	朝鮮朝日	南鮮版	1932-02-20	1	10단	仁川の火事
217925	朝鮮朝日	南鮮版	1932-02-20	1	10단	木浦の火事
217926	朝鮮朝日	南鮮版	1932-02-20	1	10단	人(永井照雄氏(新任木浦府尹)/香椎源太郎氏(釜山商工會議所會頭))
217927	朝鮮朝日	西北版	1932-02-20	1	01단	滿鮮開發問題座談會(完)/外材の半分を驅逐海陸聯絡設備が港灣價値を決定
217928	朝鮮朝日	西北版	1932-02-20	1	01단	血染の國旗と手紙內鮮兒童が納豆や卵を賣ってお國に獻納する涙ぐましい努力
217929	朝鮮朝日	西北版	1932-02-20	1	01단	期成會を中心に全學生奮起平壤醫講昇格運動
217930	朝鮮朝日	西北版	1932-02-20	1	01단	今年から鮮展改革學務局の英斷
217931	朝鮮朝日	西北版	1932-02-20	1	03단	在滿將士慰問の陳中文庫朝鮮から募る
217932	朝鮮朝日	西北版	1932-02-20	1	04단	咸南漁業者が氣象協會を設立海上事故を防止す
217933	朝鮮朝日	西北版	1932-02-20	1	04단	新ヘイゼウの表情(1)/平壤人の讀書熱この文化の尺度において南鮮なんか零だ
217934	朝鮮朝日	西北版	1932-02-20	1	05단	副業品展覽會
217935	朝鮮朝日	西北版	1932-02-20	1	06단	陳情は聞くが旣定方針で進む淸津に來た牛島內務局長港灣問題其地を語る
217936	朝鮮朝日	西北版	1932-02-20	1	07단	全生徒缺席し學校は休業の姿平南秋乙美普通學校
217937	朝鮮朝日	西北版	1932-02-20	1	07단	臨江輯安寬甸に匪賊集結す朝鮮人に退去を迫る
217938	朝鮮朝日	西北版	1932-02-20	1	07단	平北道議員補缺選擧
217939	朝鮮朝日	西北版	1932-02-20	1	08단	風紀矯正組合で禁酒の運動
217940	朝鮮朝日	西北版	1932-02-20	1	08단	軍隊轉送の自動車轉覆便衣隊の所爲と判明
217941	朝鮮朝日	西北版	1932-02-20	1	09단	鴨綠江の氷今年は高い
217942	朝鮮朝日	西北版	1932-02-20	1	09단	咸鏡線で列車轉覆を企つ線路に分解した馬車
217943	朝鮮朝日	西北版	1932-02-20	1	09단	茂山武道試合
217944	朝鮮朝日	西北版	1932-02-20	1	10단	人(楢原江原財務部長/張黃海道參與官/尹忠南內務部長/山本黃海道財務部長/李咸南財務部長/富出咸南學務課長/森田咸南地方課長/姜咸南參與官)

일련번호	판명		간행일	면	단수	기사명
217945	朝鮮朝日	西北版	1932-02-20	1	10단	柳京小話
217946	朝鮮朝日	南鮮版	1932-02-21	1	01단	慶南七年度豫算說明(下)/教育費節減と新規諸計劃社會施設や歲入增加
217947	朝鮮朝日	南鮮版	1932-02-21	1	01단	朝鮮の電氣事業濫立から統制へその刮目的推移！今井田總監語る(西鮮地方の電力統制京城電氣の府營代案)
217948	朝鮮朝日	南鮮版	1932-02-21	1	02단	遂に協調崩れ決戰投票か大邱府會副議長問題
217949	朝鮮朝日	南鮮版	1932-02-21	1	02단	簡保金運用委員會三月中に開く
217950	朝鮮朝日	南鮮版	1932-02-21	1	03단	宇垣總督慶南視察/海雲台溫泉に着く
217951	朝鮮朝日	南鮮版	1932-02-21	1	03단	釜山人の趣味(廿五)/光畫藝術の殿堂を築くアマチュア・カメラマン澁江吉三郎氏
217952	朝鮮朝日	南鮮版	1932-02-21	1	04단	平鐵荷主懇談會
217953	朝鮮朝日	南鮮版	1932-02-21	1	04단	溝口伯と宇垣總督謎の會見海雲台溫泉で
217954	朝鮮朝日	南鮮版	1932-02-21	1	05단	赤字に逆戻り此頃の鐵道收入
217955	朝鮮朝日	南鮮版	1932-02-21	1	05단	避難民救濟は着々進捗す奉天より歸來した伊藤事務官談
217956	朝鮮朝日	南鮮版	1932-02-21	1	05단	京畿道の明年度豫算近く決定する
217957	朝鮮朝日	南鮮版	1932-02-21	1	06단	入漁禁止は正當だ慶北の鮑が全滅すると實地調査の水產當局語る
217958	朝鮮朝日	南鮮版	1932-02-21	1	06단	太合堀運河通航料徵收慶南道で規定を制定
217959	朝鮮朝日	南鮮版	1932-02-21	1	07단	釜山高女入學試驗
217960	朝鮮朝日	南鮮版	1932-02-21	1	07단	夢のかけ橋設計完成す
217961	朝鮮朝日	南鮮版	1932-02-21	1	08단	無償同樣の安價で提供する慶北の過剩苗木處分
217962	朝鮮朝日	南鮮版	1932-02-21	1	08단	釜山大正公園に幼稚園新設
217963	朝鮮朝日	南鮮版	1932-02-21	1	08단	廢止された支廳は何うなるか成行注目さる
217964	朝鮮朝日	南鮮版	1932-02-21	1	08단	何なんと慘めな支那領事館本國からお金が來す燃料代にもことかく
217965	朝鮮朝日	南鮮版	1932-02-21	1	08단	中間搾取の舍音排擊だ京畿道の小作爭議
217966	朝鮮朝日	南鮮版	1932-02-21	1	09단	本町署で花柳界を革正される
217967	朝鮮朝日	南鮮版	1932-02-21	1	10단	忠南の愛國機獻金方針決定
217968	朝鮮朝日	南鮮版	1932-02-21	1	10단	小作料詐取の犯人東大門署で逮捕
217969	朝鮮朝日	南鮮版	1932-02-21	1	10단	支那人を裝ふ怪鮮人仁川署で逮捕
217970	朝鮮朝日	南鮮版	1932-02-21	1	10단	關釜聯絡船故障で出航遲延

일련번호	판명		간행일	면	단수	기사명
217971	朝鮮朝日	南鮮版	1932-02-21	1	10단	釜山の火事
217972	朝鮮朝日	南鮮版	1932-02-21	1	10단	もよほし(桐葉書會展覽會)
217973	朝鮮朝日	西北版	1932-02-21	1	01단	平壤ドン底の生活線を打診/果して景氣か小市民達は何れも悲鳴嘆きの社會相/無料宿泊所お客が多い
217974	朝鮮朝日	西北版	1932-02-21	1	01단	昭和十一年迄に完全に實現させる私立普通校を公立に引直す咸南の一面一校計劃
217975	朝鮮朝日	西北版	1932-02-21	1	01단	北鮮ところどころ少年の雪辷り
217976	朝鮮朝日	西北版	1932-02-21	1	03단	椎茸と根曲竹咸南で試植
217977	朝鮮朝日	西北版	1932-02-21	1	03단	八千石收容の農倉を新設平壤では最初の試み
217978	朝鮮朝日	西北版	1932-02-21	1	04단	世智から浮世人事相談所から見る
217979	朝鮮朝日	西北版	1932-02-21	1	04단	學務、産業の兩課長兼任新任の小田島理事官
217980	朝鮮朝日	西北版	1932-02-21	1	04단	國防記念日咸興の催し
217981	朝鮮朝日	西北版	1932-02-21	1	05단	咸南の盤龍山綠化作業
217982	朝鮮朝日	西北版	1932-02-21	1	05단	溝口伯と宇垣總督謎の會見海雲台の一夜
217983	朝鮮朝日	西北版	1932-02-21	1	05단	咸南道廳舍新築運動
217984	朝鮮朝日	西北版	1932-02-21	1	06단	桑田競作授賞式
217985	朝鮮朝日	西北版	1932-02-21	1	06단	平壤授産場陣容一新
217986	朝鮮朝日	西北版	1932-02-21	1	06단	平南と京畿の水産試驗所が無い着當り一萬五千圓もあれば小規模なのか出來る
217987	朝鮮朝日	西北版	1932-02-21	1	07단	咸南官選道議員後任決定
217988	朝鮮朝日	西北版	1932-02-21	1	07단	平鐵荷主懇談會
217989	朝鮮朝日	西北版	1932-02-21	1	08단	思想犯防止に衛生課働く咸南道の新しい試み
217990	朝鮮朝日	西北版	1932-02-21	1	09단	咸南醫友會愈よ組織さる
217991	朝鮮朝日	西北版	1932-02-21	1	09단	七十八萬圓事件公判廿六日平壤法院で開く
217992	朝鮮朝日	西北版	1932-02-21	1	10단	知事さんが內地へ乘出す博物館建築費募集
217993	朝鮮朝日	西北版	1932-02-21	1	10단	柳京小話
217994	朝鮮朝日	南鮮版	1932-02-22	1	01단	半島最初の代議士榮光に輝く朴春琴氏夫妻皇居に禮拜して當選の抱負を語る/朴新代議士の存在を重要視す朝鮮民衆希望に漲る
217995	朝鮮朝日	南鮮版	1932-02-22	1	01단	愈よやって來た滿蒙の黎明時代漲る滿蒙への進出熱

일련번호	판명		간행일	면	단수	기사명
217996	朝鮮朝日	南鮮版	1932-02-22	1	01단	殘んの雪！
217997	朝鮮朝日	南鮮版	1932-02-22	1	03단	京城は東と西に伸びて行く
217998	朝鮮朝日	南鮮版	1932-02-22	1	03단	總督府の態度如何で成否決定す關係者は實現せしめたい希望平南の昭和水利問題
217999	朝鮮朝日	南鮮版	1932-02-22	1	04단	韓相龍氏語る
218000	朝鮮朝日	南鮮版	1932-02-22	1	04단	水原龍珠寺小作爭議近く解決する
218001	朝鮮朝日	南鮮版	1932-02-22	1	04단	簡保積立金運用規則愈よ公布さる
218002	朝鮮朝日	南鮮版	1932-02-22	1	05단	火保料問題その他陳情朝鮮商議から
218003	朝鮮朝日	南鮮版	1932-02-22	1	05단	明大ラグビー軍招聘
218004	朝鮮朝日	南鮮版	1932-02-22	1	06단	師範教諭を中心の學生祕密結社暴露大邱師範の教諭生徒檢擧大邱警察の大活動
218005	朝鮮朝日	南鮮版	1932-02-22	1	07단	辭令
218006	朝鮮朝日	南鮮版	1932-02-22	1	07단	間島領事館警官増員外務省と協議
218007	朝鮮朝日	南鮮版	1932-02-22	1	07단	平南のアルミナ前途有望視さる
218008	朝鮮朝日	南鮮版	1932-02-22	1	07단	全然白紙で調停を進める都經會社對小作人爭議調停に乘出た道當局の態度
218009	朝鮮朝日	南鮮版	1932-02-22	1	08단	全鮮料理室が減稅運動する代表者會で對策協議
218010	朝鮮朝日	南鮮版	1932-02-22	1	08단	永登浦火事
218011	朝鮮朝日	南鮮版	1932-02-22	1	08단	間島石建坪で鮮支人衝突支那人の負傷十四名
218012	朝鮮朝日	南鮮版	1932-02-22	1	08단	平南金組業績
218013	朝鮮朝日	南鮮版	1932-02-22	1	09단	京城の鷄コレラ
218014	朝鮮朝日	南鮮版	1932-02-22	1	09단	平壤の猩紅熱下火となる
218015	朝鮮朝日	南鮮版	1932-02-22	1	10단	平壤のチフス豫防注射
218016	朝鮮朝日	南鮮版	1932-02-22	1	10단	國士を名乘る無錢遊興者
218017	朝鮮朝日	南鮮版	1932-02-22	1	10단	銀貨僞造犯逮捕
218018	朝鮮朝日	南鮮版	1932-02-22	1	10단	平南平原の拳銃强盜七百五十圓强奪
218019	朝鮮朝日	南鮮版	1932-02-22	1	10단	娘子軍が續々滿蒙へ
218020	朝鮮朝日	西北版	1932-02-22	1	01단	半島最初の代議士榮光に輝く朴春琴氏夫妻皇居に禮拜して當選の抱負を語る/朴新代議士の存在を重要視す朝鮮民衆希望に漲る
218021	朝鮮朝日	西北版	1932-02-22	1	01단	氣遣はれる追加豫算の運命その如何は西鮮の鐵道計劃に影響す
218022	朝鮮朝日	西北版	1932-02-22	1	01단	殘んの雪！
218023	朝鮮朝日	西北版	1932-02-22	1	03단	普通學校の入學詮考問題視さる

일련번호	판명		간행일	면	단수	기사명
218024	朝鮮朝日	西北版	1932-02-22	1	03단	新ヘイゼウの表情(2)/愛の挑戦を布告裳をからげダンスの稽古モダン妓生の戰術
218025	朝鮮朝日	西北版	1932-02-22	1	04단	韓相龍氏語る
218026	朝鮮朝日	西北版	1932-02-22	1	04단	電車延長の陳情平川里民から
218027	朝鮮朝日	西北版	1932-02-22	1	04단	救濟事業に代る新事業當局で調査を進む
218028	朝鮮朝日	西北版	1932-02-22	1	05단	間島領事館警官増員外務省と協議
218029	朝鮮朝日	西北版	1932-02-22	1	06단	本府の態度如何で成否決定す關係者は實現せしめたい希望平南の昭和水利問題
218030	朝鮮朝日	西北版	1932-02-22	1	07단	辭令
218031	朝鮮朝日	西北版	1932-02-22	1	07단	元中入學志願者九十名超過
218032	朝鮮朝日	西北版	1932-02-22	1	07단	負傷兵歸還
218033	朝鮮朝日	西北版	1932-02-22	1	07단	平南のアルミナ前途有望視さる
218034	朝鮮朝日	西北版	1932-02-22	1	07단	平北昨年の火災數
218035	朝鮮朝日	西北版	1932-02-22	1	07단	間島石建坪で鮮支人衝突支那人の負傷十四名
218036	朝鮮朝日	西北版	1932-02-22	1	08단	お雛祭りの學藝會平壤女高普で
218037	朝鮮朝日	西北版	1932-02-22	1	08단	新義州客月貿易
218038	朝鮮朝日	西北版	1932-02-22	1	09단	平南金組業績
218039	朝鮮朝日	西北版	1932-02-22	1	09단	娘子軍が續々滿蒙へ
218040	朝鮮朝日	西北版	1932-02-22	1	09단	血塗れになって警察へ驅込む量見の惡い行商人
218041	朝鮮朝日	西北版	1932-02-22	1	09단	平北の自殺者昨年中に於る
218042	朝鮮朝日	西北版	1932-02-22	1	09단	平南平原の拳銃強盜七百五十圓強奪
218043	朝鮮朝日	西北版	1932-02-22	1	10단	平壤の猩紅熱下火となる
218044	朝鮮朝日	西北版	1932-02-22	1	10단	平壤のチフス豫防注射
218045	朝鮮朝日	西北版	1932-02-22	1	10단	銀貨僞造犯逮捕
218046	朝鮮朝日	西北版	1932-02-22	1	10단	京城の鷄コレラ
218047	朝鮮朝日	西北版	1932-02-22	1	10단	永登浦火事
218048	朝鮮朝日	南鮮版	1932-02-23	1	01단	海雲台溫泉の一室にて總督と溝口伯人目をさけて會見民正黨總裁問題？溝口伯は歸東する總督は釜山へ
218049	朝鮮朝日	南鮮版	1932-02-23	1	01단	お金の都合さへつけば復活されよう廢止支廳の復活に就て渡邊法務課長語る
218050	朝鮮朝日	南鮮版	1932-02-23	1	01단	我が軍用機間島を偵察支那軍大狼狽/包圍された我部隊氣遣ある/大邱府民も朴新代議士に多大の期待
218051	朝鮮朝日	南鮮版	1932-02-23	1	02단	宇垣總督釜山視察

일련번호	판명		간행일	면	단수	기사명
218052	朝鮮朝日	南鮮版	1932-02-23	1	03단	四十二萬人の細民が救濟された天引貯金は四千九百十三圓終了した本年度の京畿道救濟事業
218053	朝鮮朝日	南鮮版	1932-02-23	1	04단	鎭海の雪
218054	朝鮮朝日	南鮮版	1932-02-23	1	04단	藥草や蔬菜の大量生産を行ふ茶山産業組合生まる
218055	朝鮮朝日	南鮮版	1932-02-23	1	04단	江原道評議會
218056	朝鮮朝日	南鮮版	1932-02-23	1	05단	陸軍記念日京城で盛大にやる
218057	朝鮮朝日	南鮮版	1932-02-23	1	05단	朝鮮號獻納金一萬圓突破軍部で非常に喜ぶ
218058	朝鮮朝日	南鮮版	1932-02-23	1	05단	大邱の政戰白熱化す
218059	朝鮮朝日	南鮮版	1932-02-23	1	06단	北鮮ところどころ瞰江亭
218060	朝鮮朝日	南鮮版	1932-02-23	1	06단	京城市場の賣上高減って行く
218061	朝鮮朝日	南鮮版	1932-02-23	1	06단	聯合會は解散訴訟は取下ぐ仁取移轉反對派で協議
218062	朝鮮朝日	南鮮版	1932-02-23	1	07단	失業者ざっと二千人官場の行政整理によって春の街頭に吐き出される
218063	朝鮮朝日	南鮮版	1932-02-23	1	07단	釜山の流感
218064	朝鮮朝日	南鮮版	1932-02-23	1	08단	釜山小學校月謝滯納增加の傾向
218065	朝鮮朝日	南鮮版	1932-02-23	1	08단	警察署や農場へ押しかける迫間農場小作人騷ぐ
218066	朝鮮朝日	南鮮版	1932-02-23	1	08단	死體漂着
218067	朝鮮朝日	南鮮版	1932-02-23	1	08단	京城の麻雀倶樂部取締り嚴重
218068	朝鮮朝日	南鮮版	1932-02-23	1	08단	火田民村をつくるまづ七十二戸を收容定着農民として善導する平南道の新試み
218069	朝鮮朝日	南鮮版	1932-02-23	1	09단	開城普校增設
218070	朝鮮朝日	南鮮版	1932-02-23	1	09단	美人女給の死因は自殺と決定
218071	朝鮮朝日	南鮮版	1932-02-23	1	10단	發動船沈沒乘員救はる
218072	朝鮮朝日	南鮮版	1932-02-23	1	10단	大刀會策動する
218073	朝鮮朝日	南鮮版	1932-02-23	1	10단	奇拔な陳情
218074	朝鮮朝日	南鮮版	1932-02-23	1	10단	人(中村昌三氏(拓務省事務官)/船田享二氏(城大教授)/泉崎三郎氏(前黃海道內務部長)/松寺竹雄氏(前高等法院檢事長)/小池泉氏(新任釜山稅關長)/信原聖氏(新任慶南道財務部長)/三木義之氏(新任慶南道學務課長)/金大羽氏(新任慶南道産業課長))
218075	朝鮮朝日	西北版	1932-02-23	1	01단	新國家が出來で生活の安定を得ると滿蒙三千萬の民衆感激して喜びを語る

일련번호	판명		간행일	면	단수	기사명
218076	朝鮮朝日	西北版	1932-02-23	1	01단	燃料購買組合各町で設置平壤産調會で決定
218077	朝鮮朝日	西北版	1932-02-23	1	01단	鐵道建設材料輸送
218078	朝鮮朝日	西北版	1932-02-23	1	01단	平壤軍民合同祝典四月擧行す
218079	朝鮮朝日	西北版	1932-02-23	1	02단	新ヘイゼウの表情(３)/一家から六名が皇軍と共に出動非戰鬪員だが決死的大活躍沈勇な高階一家
218080	朝鮮朝日	西北版	1932-02-23	1	03단	設置運動は中止南浦國營製錬所
218081	朝鮮朝日	西北版	1932-02-23	1	03단	建國の大デモ安東縣市民盛大にやる
218082	朝鮮朝日	西北版	1932-02-23	1	04단	鎮海の雪
218083	朝鮮朝日	西北版	1932-02-23	1	04단	平壤陶土の存在内地で着目し始む平南道でも宣傳に努む
218084	朝鮮朝日	西北版	1932-02-23	1	05단	平壤留守隊元氣頗る横溢
218085	朝鮮朝日	西北版	1932-02-23	1	05단	平南で模範林擴張する
218086	朝鮮朝日	西北版	1932-02-23	1	05단	安東稅關檢査緩和される旅客は非常は便利
218087	朝鮮朝日	西北版	1932-02-23	1	06단	明太の肝臟罐詰大量注文來る
218088	朝鮮朝日	西北版	1932-02-23	1	07단	八十二萬本の苗木を植栽七年度から平南で
218089	朝鮮朝日	西北版	1932-02-23	1	07단	火田民村をつくるまづ七十二戶を收容定着農民として善導する平南道の新試み
218090	朝鮮朝日	西北版	1932-02-23	1	07단	農民に蘆田を小作させる咸南明年度新事業
218091	朝鮮朝日	西北版	1932-02-23	1	08단	紛糾の松長水組圓滿解決す
218092	朝鮮朝日	西北版	1932-02-23	1	08단	中學生徒も傍聽した活辯の公判
218093	朝鮮朝日	西北版	1932-02-23	1	09단	奇拔な陳情
218094	朝鮮朝日	西北版	1932-02-23	1	09단	我が軍用機間島を偵察支那軍大狼狽/包圍された我部隊氣遣はる
218095	朝鮮朝日	西北版	1932-02-23	1	10단	大刀會江岸進出
218096	朝鮮朝日	西北版	1932-02-23	1	10단	貨車の脫線
218097	朝鮮朝日	西北版	1932-02-23	1	10단	柳京小話
218098	朝鮮朝日	南鮮版	1932-02-24	1	01단	城大の存在が大に認められた譯帝國學士院から城大へ學術研究費四千圓山田城大總長のお土産話
218099	朝鮮朝日	南鮮版	1932-02-24	1	01단	今後警察官に武裝教練する近く聯合點檢を行ふ
218100	朝鮮朝日	南鮮版	1932-02-24	1	01단	元山の防空演習二十ケ團體が參加す演習地域八里に及ぶ
218101	朝鮮朝日	南鮮版	1932-02-24	1	01단	電興缺損額三十萬圓に及ぶ

일련번호	판명		간행일	면	단수	기사명
218102	朝鮮朝日	南鮮版	1932-02-24	1	01단	京城初等校教員整理三月末發表
218103	朝鮮朝日	南鮮版	1932-02-24	1	02단	大綱引！
218104	朝鮮朝日	南鮮版	1932-02-24	1	03단	避難民救濟の囑託十五名滿洲に派遣す
218105	朝鮮朝日	南鮮版	1932-02-24	1	03단	果して兩者が一致融合し得るか總監の聲明で過をまく無煙炭合同と電氣統制
218106	朝鮮朝日	南鮮版	1932-02-24	1	04단	陸軍デー陸軍記念日の京城
218107	朝鮮朝日	南鮮版	1932-02-24	1	04단	三矢協約は廢止される滿蒙新國家建設と共に
218108	朝鮮朝日	南鮮版	1932-02-24	1	05단	京畿道明年豫算
218109	朝鮮朝日	南鮮版	1932-02-24	1	05단	全鮮料理業者減稅猛運動當局に決議文を提出
218110	朝鮮朝日	南鮮版	1932-02-24	1	05단	京城教育部會
218111	朝鮮朝日	南鮮版	1932-02-24	1	05단	辭令
218112	朝鮮朝日	南鮮版	1932-02-24	1	06단	大邱細民層どんな生活をして居るか
218113	朝鮮朝日	南鮮版	1932-02-24	1	06단	慶南道評議會豫定通り進行
218114	朝鮮朝日	南鮮版	1932-02-24	1	07단	釜山府で方面委員制窮民救濟の爲
218115	朝鮮朝日	南鮮版	1932-02-24	1	07단	東村蛾洋の兩橋架設する二つとも最新樣式
218116	朝鮮朝日	南鮮版	1932-02-24	1	07단	南鮮ゴム工業協會を創立斯業の發展を計る
218117	朝鮮朝日	南鮮版	1932-02-24	1	07단	レコード販賣問題京城で縺れる
218118	朝鮮朝日	南鮮版	1932-02-24	1	08단	伸び行く大邱の姿
218119	朝鮮朝日	南鮮版	1932-02-24	1	08단	トーキー愛難は愈よ深刻當局でも對策を講す
218120	朝鮮朝日	南鮮版	1932-02-24	1	09단	統營太合堀隧道工事着々進捗す
218121	朝鮮朝日	南鮮版	1932-02-24	1	09단	何んと恐しい迷信子供を水漬にしてのむ
218122	朝鮮朝日	南鮮版	1932-02-24	1	09단	醬油値上げ
218123	朝鮮朝日	南鮮版	1932-02-24	1	09단	人(李基枋氏(新任京畿道産業課長)/山田城大總長)
218124	朝鮮朝日	南鮮版	1932-02-24	1	10단	大邱府會延期
218125	朝鮮朝日	南鮮版	1932-02-24	1	10단	靑松の覆面强盜
218126	朝鮮朝日	南鮮版	1932-02-24	1	10단	浦潮出帆の汽船大慶丸行方不明となる
218127	朝鮮朝日	南鮮版	1932-02-24	1	10단	山中で强奪慘殺さる
218128	朝鮮朝日	南鮮版	1932-02-24	1	10단	風水師の詐欺
218129	朝鮮朝日	南鮮版	1932-02-24	1	10단	無錢宿泊者
218130	朝鮮朝日	西北版	1932-02-24	1	01단	果して兩者が一致融合し得るか總監の聲明で過をまく無煙炭合同と電氣統制
218131	朝鮮朝日	西北版	1932-02-24	1	01단	地主の懷工合がよい米價があがったお蔭で水組費納入成績がよい

일련번호	판명		간행일	면	단수	기사명
218132	朝鮮朝日	西北版	1932-02-24	1	01단	咸北の窮民救濟成績がある
218133	朝鮮朝日	西北版	1932-02-24	1	02단	警備視察と慰問
218134	朝鮮朝日	西北版	1932-02-24	1	02단	咸南道評議會廿日から開く
218135	朝鮮朝日	西北版	1932-02-24	1	02단	新ヘイゼウの表情(４)/頑張るミズ平壤日本の霸權をめざして精進四肢に輝く生命力
218136	朝鮮朝日	西北版	1932-02-24	1	03단	辭令
218137	朝鮮朝日	西北版	1932-02-24	1	03단	元山の防空演習二十ケ團體が參加す演習地域八里に及ぶ
218138	朝鮮朝日	西北版	1932-02-24	1	04단	現地戰術演習
218139	朝鮮朝日	西北版	1932-02-24	1	04단	兩部長着任
218140	朝鮮朝日	西北版	1932-02-24	1	05단	咸南道の交通機關漸次整備す
218141	朝鮮朝日	西北版	1932-02-24	1	05단	王德林の便衣隊續々間島に潛入す支那正規兵早くも動搖し局子街龍井の治安紊る/敦化駐屯軍出動
218142	朝鮮朝日	西北版	1932-02-24	1	06단	電興缺損額三十萬圓に及ぶ
218143	朝鮮朝日	西北版	1932-02-24	1	06단	服裝を統一平壤鄕軍で
218144	朝鮮朝日	西北版	1932-02-24	1	06단	ますますカフェ化平壤賑町遊廓
218145	朝鮮朝日	西北版	1932-02-24	1	07단	四、五月頃に滿蒙旅行西鮮旅行會
218146	朝鮮朝日	西北版	1932-02-24	1	07단	平壤養鷄界大恐慌斃死二萬羽
218147	朝鮮朝日	西北版	1932-02-24	1	07단	三矢協約は廢止される滿蒙新國家建設と共に
218148	朝鮮朝日	西北版	1932-02-24	1	08단	自給自足で小灌漑設備する昭和水利の實現を要望
218149	朝鮮朝日	西北版	1932-02-24	1	08단	平原郡に窒扶斯發生
218150	朝鮮朝日	西北版	1932-02-24	1	09단	暴行學生の公判
218151	朝鮮朝日	西北版	1932-02-24	1	09단	浦潮出帆の汽船大慶丸行方不明となる
218152	朝鮮朝日	西北版	1932-02-24	1	09단	何んと恐しい迷信子供を水漬にしてのむ
218153	朝鮮朝日	西北版	1932-02-24	1	10단	警官に暴行して拘留處分さる
218154	朝鮮朝日	西北版	1932-02-24	1	10단	醬油値上げ
218155	朝鮮朝日	西北版	1932-02-24	1	10단	牧山榮樹氏逝去
218156	朝鮮朝日	西北版	1932-02-24	1	10단	柳京小話
218157	朝鮮朝日	南鮮版	1932-02-25	1	01단	政局の安定で鮮滿問題好轉せん政友會內閣確立しても朝鮮に影響ない今井田總監樂觀して語る(財界への影響豫測出來ぬ松原鮮銀理事談/大した影響なし有賀植銀頭取談/金融は緩漫淺川一銀支店談)

일련번호	판명		간행일	면	단수	기사명
218158	朝鮮朝日	南鮮版	1932-02-25	1	01단	發表された慶北明年度豫算道評議會は廿七日から
218159	朝鮮朝日	南鮮版	1932-02-25	1	02단	朝鮮警官隊の勇姿(1)/枕木をならべごろ寢して僅に疲れを癒やす兵匪討伐に決死的活動の
218160	朝鮮朝日	南鮮版	1932-02-25	1	03단	獎勵金を與へて滿蒙へ移民を送る總督府で具體案をたてる
218161	朝鮮朝日	南鮮版	1932-02-25	1	04단	森十九師團長
218162	朝鮮朝日	南鮮版	1932-02-25	1	04단	慶南道議員視察
218163	朝鮮朝日	南鮮版	1932-02-25	1	05단	京城第二部特經豫算部會は廿五日
218164	朝鮮朝日	南鮮版	1932-02-25	1	05단	指紋カード成績あがる
218165	朝鮮朝日	南鮮版	1932-02-25	1	05단	又も書堂がふえる當局で整理
218166	朝鮮朝日	南鮮版	1932-02-25	1	06단	明年度には十六校增設慶南の一面日校計劃
218167	朝鮮朝日	南鮮版	1932-02-25	1	06단	在滿鮮農救濟資金着當り二白萬圓
218168	朝鮮朝日	南鮮版	1932-02-25	1	06단	梅洞普校移轉
218169	朝鮮朝日	南鮮版	1932-02-25	1	07단	大掛りな祕密結社京城朝鮮學生の口から暴露し確實な證據書類も押收し關係者廿八名檢擧
218170	朝鮮朝日	南鮮版	1932-02-25	1	07단	モヒ患者を明るく生活さす京畿道の救治計劃
218171	朝鮮朝日	南鮮版	1932-02-25	1	08단	問題は落着せん都經會社對小作人爭議
218172	朝鮮朝日	南鮮版	1932-02-25	1	08단	釜山の小學校增設充實を計る收容難緩和のため
218173	朝鮮朝日	南鮮版	1932-02-25	1	08단	稅金を橫領し行方をくらます全北沃溝郡の善屬
218174	朝鮮朝日	南鮮版	1932-02-25	1	09단	朝鮮機業總會
218175	朝鮮朝日	南鮮版	1932-02-25	1	09단	敦化の我軍南下を中止す
218176	朝鮮朝日	南鮮版	1932-02-25	1	10단	新規業者を許すな京城タクシー業者から陳情
218177	朝鮮朝日	南鮮版	1932-02-25	1	10단	傳染病發生が多い
218178	朝鮮朝日	南鮮版	1932-02-25	1	10단	雄基の火事八棟全燒す
218179	朝鮮朝日	南鮮版	1932-02-25	1	10단	學校荒し捕はる
218180	朝鮮朝日	西北版	1932-02-25	1	01단	朝鮮警官隊の勇姿(1)　枕木をならべごろ寢して僅に疲れを癒やす兵匪討伐に決死的活動の/依然安奉線に兵匪出沒す中村大尉の凱旋談
218181	朝鮮朝日	西北版	1932-02-25	1	01단	一本當りの補助は變らぬ平南の植桑獎勵

일련번호	판명		간행일	면	단수	기사명
218182	朝鮮朝日	西北版	1932-02-25	1	01단	新ヘイゼウの表情(5)/ミス平壤の横顔 靑年達よ須らく鮮産孃を歡迎すべき時代だ
218183	朝鮮朝日	西北版	1932-02-25	1	02단	城津商港促進運動
218184	朝鮮朝日	西北版	1932-02-25	1	02단	蘇江港浚渫陳情
218185	朝鮮朝日	西北版	1932-02-25	1	03단	平鐵管內は無風狀態整理はせぬ
218186	朝鮮朝日	西北版	1932-02-25	1	03단	養鷄熱を煽り飼育者を增加さす平南農家經濟緩和策
218187	朝鮮朝日	西北版	1932-02-25	1	04단	城津邑會
218188	朝鮮朝日	西北版	1932-02-25	1	05단	侍從武官來壤
218189	朝鮮朝日	西北版	1932-02-25	1	06단	森十九師團長
218190	朝鮮朝日	西北版	1932-02-25	1	06단	草浦泑評議員會
218191	朝鮮朝日	西北版	1932-02-25	1	06단	女高普の雛祭
218192	朝鮮朝日	西北版	1932-02-25	1	06단	武道巡回指導
218193	朝鮮朝日	西北版	1932-02-25	1	07단	敦化の我が軍突如南下を中止す邦人極度に不安がる/間島の便衣隊狩り日支官憲協力/陣地構築を急ぐ局子街支那軍
218194	朝鮮朝日	西北版	1932-02-25	1	07단	間島の便衣隊狩り日支官憲協力
218195	朝鮮朝日	西北版	1932-02-25	1	07단	鮮人が續々從軍を志願
218196	朝鮮朝日	西北版	1932-02-25	1	08단	謄寫印刷講習
218197	朝鮮朝日	西北版	1932-02-25	1	08단	平壤に火災頻發
218198	朝鮮朝日	西北版	1932-02-25	1	08단	是非七年度に實現を要望平川里への電車延長
218199	朝鮮朝日	西北版	1932-02-25	1	09단	緊縮方針でも新規事業はやる咸南道明年度豫算
218200	朝鮮朝日	西北版	1932-02-25	1	09단	娼妓を誘拐
218201	朝鮮朝日	西北版	1932-02-25	1	10단	雄基の火事八棟全燒す
218202	朝鮮朝日	西北版	1932-02-25	1	10단	もよほし(披露宴)
218203	朝鮮朝日	西北版	1932-02-25	1	10단	柳京小話
218204	朝鮮朝日	南鮮版	1932-02-26	1	01단	朝鮮警官隊の勇姿(2)/休養の時には激しい武道の稽古兵匪討伐に決死的活動の
218205	朝鮮朝日	南鮮版	1932-02-26	1	02단	間島問題ニュース
218206	朝鮮朝日	南鮮版	1932-02-26	1	03단	さて何處に設置されるか慶南水産試驗場釜山有望視さる
218207	朝鮮朝日	南鮮版	1932-02-26	1	04단	全鮮理髮大會
218208	朝鮮朝日	南鮮版	1932-02-26	1	04단	釜山男子庭球大會
218209	朝鮮朝日	南鮮版	1932-02-26	1	05단	京城普校卒業生指導府の新試み
218210	朝鮮朝日	南鮮版	1932-02-26	1	05단	朝鮮の憲兵出動か準備は整ふ
218211	朝鮮朝日	南鮮版	1932-02-26	1	05단	慶北過剩苗木處分協議

일련번호	판명		간행일	면	단수	기사명
218212	朝鮮朝日	南鮮版	1932-02-26	1	05단	大邱産業金融社長
218213	朝鮮朝日	南鮮版	1932-02-26	1	05단	専任校長を廢止する忠南で四月から
218214	朝鮮朝日	南鮮版	1932-02-26	1	06단	北鮮の大吹雪列車立往生す炊出し等で大混雜/珍しい大雪慶北交通杜絶/三寸程積る釜山の雪景色
218215	朝鮮朝日	南鮮版	1932-02-26	1	06단	中小商業の不況打開策決まる現金取引帳簿整備閉店時間も一定する
218216	朝鮮朝日	南鮮版	1932-02-26	1	07단	東拓の異動引退下馬評
218217	朝鮮朝日	南鮮版	1932-02-26	1	08단	京畿道議會來月九日から
218218	朝鮮朝日	南鮮版	1932-02-26	1	08단	音樂家が音樂家を訴ふ何んと珍らしい事件
218219	朝鮮朝日	南鮮版	1932-02-26	1	08단	京城の防空デー三月十日に
218220	朝鮮朝日	南鮮版	1932-02-26	1	09단	慶南各校卒業式日割決定
218221	朝鮮朝日	南鮮版	1932-02-26	1	09단	北滿と朝鮮聯絡空路開拓計劃
218222	朝鮮朝日	南鮮版	1932-02-26	1	09단	イギリスから木魚の注文
218223	朝鮮朝日	南鮮版	1932-02-26	1	10단	三矢協約撤廢交渉員決定
218224	朝鮮朝日	南鮮版	1932-02-26	1	10단	京城義勇消防改善
218225	朝鮮朝日	南鮮版	1932-02-26	1	10단	鮮光印刷爭議食銀四割上げ要求
218226	朝鮮朝日	南鮮版	1932-02-26	1	10단	運轉手と娼妓心中を企つ
218227	朝鮮朝日	南鮮版	1932-02-26	1	10단	平壤七星館燒く
218228	朝鮮朝日	南鮮版	1932-02-26	1	10단	天然痘發生
218229	朝鮮朝日	西北版	1932-02-26	1	01단	それは認識不足だ滿蒙に新國家が出來たって急速に景氣は直らぬ有識者は斯う語る(自力で立って行け米澤安東領事談/今後は堅實味がある石井輸入組合理事長談/自由港區域とせよ荒川商議會頭談)
218230	朝鮮朝日	西北版	1932-02-26	1	01단	預金部低資融通は可能か平壤府高利債借替計劃
218231	朝鮮朝日	西北版	1932-02-26	1	01단	間島を朝鮮の延長には同感間島にて牛島局長語る
218232	朝鮮朝日	西北版	1932-02-26	1	01단	朝鮮警官隊の勇姿(２)/休養の時には激しい武道の稽古兵匪討伐に決死的活動の
218233	朝鮮朝日	西北版	1932-02-26	1	03단	間島寫眞ニュース
218234	朝鮮朝日	西北版	1932-02-26	1	04단	全鮮理長大會
218235	朝鮮朝日	西北版	1932-02-26	1	04단	大邱産業金融社長
218236	朝鮮朝日	西北版	1932-02-26	1	04단	大靑島の鯨今年は不漁
218237	朝鮮朝日	西北版	1932-02-26	1	07단	皇軍の出動を要請か間島鮮人民會
218238	朝鮮朝日	西北版	1932-02-26	1	08단	魔の敦化實情を調査本社特派員

일련번호	판명		간행일	면	단수	기사명
218239	朝鮮朝日	西北版	1932-02-26	1	08단	運輸と金融は殘る第四部で研究その成案を府尹に答申する平壤府の重要案件
218240	朝鮮朝日	西北版	1932-02-26	1	09단	北滿と朝鮮聯絡空路開拓計劃
218241	朝鮮朝日	西北版	1932-02-26	1	09단	北鮮の大吹雪列車立往生す炊出し等で大混雜
218242	朝鮮朝日	西北版	1932-02-26	1	10단	平壤七星館燒く
218243	朝鮮朝日	西北版	1932-02-26	1	10단	柳京小話
218244	朝鮮朝日	西北版	1932-02-26	1	10단	黃海道技術員會議打合せ事項
218245	朝鮮朝日	南鮮版	1932-02-27	1	01단	朝鮮警官隊の勇姿(3)/一戰も交へず歸るのは殘念だ兵匪討伐に決死的活動の
218246	朝鮮朝日	南鮮版	1932-02-27	1	01단	女の入學志願者が無い門戶開放の城大
218247	朝鮮朝日	南鮮版	1932-02-27	1	02단	米檢査の國營七年度から實施す檢査令も脫稿した
218248	朝鮮朝日	南鮮版	1932-02-27	1	02단	鮮人醫師滿洲進出總督府で計劃
218249	朝鮮朝日	南鮮版	1932-02-27	1	03단	關東廳警官慰問金
218250	朝鮮朝日	南鮮版	1932-02-27	1	03단	*檢事の抗告は棄却されて大橋夫人嫌疑晴る釜山のマリヤ事件/長い間無實の罪に苦しんだ殘念でたまらぬと大橋夫人は語る/此の結果は遺憾だ古市釜山署長談/棄却の理由は證據不十分大邱覆審法院齋藤判事談*
218251	朝鮮朝日	南鮮版	1932-02-27	1	04단	慶北の一齊植樹
218252	朝鮮朝日	南鮮版	1932-02-27	1	04단	京城各校卒業式
218253	朝鮮朝日	南鮮版	1932-02-27	1	04단	朝鮮農會の國庫補助金削減さる
218254	朝鮮朝日	南鮮版	1932-02-27	1	05단	大邱は有望だが油斷はならぬ師團移駐問題に就て東京から歸った板垣元大邱府尹談
218255	朝鮮朝日	南鮮版	1932-02-27	1	06단	國民協會分裂か革新運動起る
218256	朝鮮朝日	南鮮版	1932-02-27	1	07단	鮮內硫安値下げ實現する
218257	朝鮮朝日	南鮮版	1932-02-27	1	07단	癩病豫防協會設置に決定す本部を總督府に各道に支部
218258	朝鮮朝日	南鮮版	1932-02-27	1	07단	釜山北濱巖壁使用料問題解決府と營業者妥協す
218259	朝鮮朝日	南鮮版	1932-02-27	1	08단	恩給全部を軍事費に獻納す元警部補淸田數美氏
218260	朝鮮朝日	南鮮版	1932-02-27	1	08단	山口高商無試驗入學者決定
218261	朝鮮朝日	南鮮版	1932-02-27	1	08단	慶南山間地に病院出張所明年度に新設
218262	朝鮮朝日	南鮮版	1932-02-27	1	09단	慶北の大雪各地交通杜絶

일련번호	판명		간행일	면	단수	기사명
218263	朝鮮朝日	南鮮版	1932-02-27	1	09단	トーキーの競映に名畫のオレンハレード釜山春の映畫陣
218264	朝鮮朝日	南鮮版	1932-02-27	1	10단	大田小學入札決定
218265	朝鮮朝日	南鮮版	1932-02-27	1	10단	四月中には全部閉鎖す避難民收容所
218266	朝鮮朝日	南鮮版	1932-02-27	1	10단	檢擧三十名京城祕密結社
218267	朝鮮朝日	南鮮版	1932-02-27	1	10단	六名共懲役求刑
218268	朝鮮朝日	南鮮版	1932-02-27	1	10단	もよほし(釜山時局講演)
218269	朝鮮朝日	南鮮版	1932-02-27	1	10단	人(宇垣總督夫人/甘粕重太郎大佐(新任十一師團參謀長))
218270	朝鮮朝日	西北版	1932-02-27	1	01단	朝鮮警官隊の勇姿(3)/一戰も交へず歸るのは殘念だ兵匪討伐に決死的活動の
218271	朝鮮朝日	西北版	1932-02-27	1	01단	金肥購入低資が融通される咸北農民の申込み殺到
218272	朝鮮朝日	西北版	1932-02-27	1	01단	總督府辭令
218273	朝鮮朝日	西北版	1932-02-27	1	01단	遞信局辭令
218274	朝鮮朝日	西北版	1932-02-27	1	02단	政友會大勝で物價昂騰
218275	朝鮮朝日	西北版	1932-02-27	1	02단	輸入面長では承知できぬ面協議員から抗議
218276	朝鮮朝日	西北版	1932-02-27	1	02단	山口高商無試驗入學者決定
218277	朝鮮朝日	西北版	1932-02-27	1	02단	無煙炭の値上げ輸出炭値上で
218278	朝鮮朝日	西北版	1932-02-27	1	03단	若松校創立記念
218279	朝鮮朝日	西北版	1932-02-27	1	03단	間島からも代表者滿蒙新國家に送る
218280	朝鮮朝日	西北版	1932-02-27	1	04단	新義州府會
218281	朝鮮朝日	西北版	1932-02-27	1	04단	西岡軍曹の遺骨
218282	朝鮮朝日	西北版	1932-02-27	1	04단	在鮮支那人の手で南浦領事館存續上海事變で引揚の運命に陷ったので
218283	朝鮮朝日	西北版	1932-02-27	1	04단	羅南邑會
218284	朝鮮朝日	西北版	1932-02-27	1	04단	石灰藁家畜飼料に最も好適だ
218285	朝鮮朝日	西北版	1932-02-27	1	05단	咸興府明年豫算
218286	朝鮮朝日	西北版	1932-02-27	1	05단	不良職員の整理を陳情平安水利地主
218287	朝鮮朝日	西北版	1932-02-27	1	05단	檢査の抗告は棄却されて大橋夫人嫌疑晴る釜山のマリヤ事件/長い間無實の罪に苦しんだ殘念でたまらぬと大橋夫人は語る/此の結果は遺憾だ古市釜山署長談/棄却の理由は證據不十分大邱覆審法院齋藤判事談
218288	朝鮮朝日	西北版	1932-02-27	1	06단	赤字防止の苦しい試み捨てられた茶瓶の拾集
218289	朝鮮朝日	西北版	1932-02-27	1	07단	既定方針變へはせぬ古川署長語る

일련번호	판명		간행일	면	단수	기사명
218290	朝鮮朝日	西北版	1932-02-27	1	07단	爆死の三勇士に感激して羅南有志から弔慰金
218291	朝鮮朝日	西北版	1932-02-27	1	07단	新設の窯業部六月末に竣工する染色部は更に六千圓で充實全道にほこる平南工業試驗所
218292	朝鮮朝日	西北版	1932-02-27	1	08단	文川農民事件送局
218293	朝鮮朝日	西北版	1932-02-27	1	09단	百廿餘名賭博團咸興で檢擧
218294	朝鮮朝日	西北版	1932-02-27	1	10단	平南流感罹病者三萬人
218295	朝鮮朝日	西北版	1932-02-27	1	10단	內鮮人共謀の阿片密輸犯新義州で檢擧
218296	朝鮮朝日	西北版	1932-02-27	1	10단	六名共懲役求刑
218297	朝鮮朝日	西北版	1932-02-27	1	10단	人(西崎咸北內務部長/山本咸北警察部長/齋藤判事)
218298	朝鮮朝日	西北版	1932-02-27	1	10단	柳京小話
218299	朝鮮朝日	南鮮版	1932-02-28	1	01단	朝鮮警官隊の勇姿(４)/便衣隊が潛入し一人歩きは危險だ兵匪討伐に決定的活動の
218300	朝鮮朝日	南鮮版	1932-02-28	1	01단	慘めな産米改良組合機械には赤錆事務所は倒壊慶南で救濟策考究
218301	朝鮮朝日	南鮮版	1932-02-28	1	01단	滿洲へ滿洲へ總督府高官連相次いて滿洲へ行く
218302	朝鮮朝日	南鮮版	1932-02-28	1	01단	阿南侍從武官
218303	朝鮮朝日	南鮮版	1932-02-28	1	01단	釜山府二部特經明年度豫算
218304	朝鮮朝日	南鮮版	1932-02-28	1	02단	在滿鮮人の救濟策を確立す滿蒙新國家を煩はさず總督府の手でやる
218305	朝鮮朝日	南鮮版	1932-02-28	1	03단	遞信局辭令
218306	朝鮮朝日	南鮮版	1932-02-28	1	03단	滿洲出動警官隊慰問金品續々集る
218307	朝鮮朝日	南鮮版	1932-02-28	1	04단	陳中文庫受付開始
218308	朝鮮朝日	南鮮版	1932-02-28	1	04단	丹羽博士講演
218309	朝鮮朝日	南鮮版	1932-02-28	1	04단	朝鮮警察を間島に延長總督府から近く交涉
218310	朝鮮朝日	南鮮版	1932-02-28	1	04단	肉彈三勇士に弔慰金
218311	朝鮮朝日	南鮮版	1932-02-28	1	05단	兵匪の巨頭徐文海が歸順する公安大隊長に就任か
218312	朝鮮朝日	南鮮版	1932-02-28	1	05단	松毛蟲被害多からう京畿道當局驅滅策考究
218313	朝鮮朝日	南鮮版	1932-02-28	1	06단	京畿道の名所舊蹟明年度から道で改修す
218314	朝鮮朝日	南鮮版	1932-02-28	1	06단	小女無殘の燒死
218315	朝鮮朝日	南鮮版	1932-02-28	1	06단	懷の母子事件の餘話涙の對面馬山首無し
218316	朝鮮朝日	南鮮版	1932-02-28	1	07단	羅南隊の死傷兵廿六日錦西兵匪討伐

일련번호	판명		간행일	면	단수	기사명
218317	朝鮮朝日	南鮮版	1932-02-28	1	07단	京城の祕密結社事件檢査調終る
218318	朝鮮朝日	南鮮版	1932-02-28	1	08단	上海事件寫眞畫報附『ハルビン進撃』朝日新聞社發行
218319	朝鮮朝日	南鮮版	1932-02-28	1	08단	吹雪で動かぬ列車漸く開通す北鮮の雪降りやむ
218320	朝鮮朝日	南鮮版	1932-02-28	1	08단	京城西小門に拳銃強盗現はる賊は前科四犯の鮮人
218321	朝鮮朝日	南鮮版	1932-02-28	1	08단	不良少年捕はる
218322	朝鮮朝日	南鮮版	1932-02-28	1	09단	姙婦二人を廻る傷害狂言
218323	朝鮮朝日	南鮮版	1932-02-28	1	10단	船主側と船大工紛糾解決す
218324	朝鮮朝日	南鮮版	1932-02-28	1	10단	米屋が九千圓詐取す
218325	朝鮮朝日	南鮮版	1932-02-28	1	10단	火の呪ひ昨年中慶北の火災
218326	朝鮮朝日	西北版	1932-02-28	1	01단	朝鮮警官隊の勇姿（４）/便衣隊が潛入し一人歩きは危險だ兵匪討伐に決死的活動の
218327	朝鮮朝日	西北版	1932-02-28	1	01단	空陸呼應した模擬市街戰平壤の陸軍記念日
218328	朝鮮朝日	西北版	1932-02-28	1	01단	遞信局辭令
218329	朝鮮朝日	西北版	1932-02-28	1	01단	咸北道議會廿七日開かる
218330	朝鮮朝日	西北版	1932-02-28	1	02단	平壤府議鮮人有權者增加する
218331	朝鮮朝日	西北版	1932-02-28	1	02단	平壤府豫算本年度より八萬圓減百七十八萬圓程度
218332	朝鮮朝日	西北版	1932-02-28	1	02단	決死的撮影の陣中寫眞二百枚嘉村平壤〇團の活躍を語る黑木氏の滿洲土産
218333	朝鮮朝日	西北版	1932-02-28	1	04단	陣中文庫受付開始
218334	朝鮮朝日	西北版	1932-02-28	1	04단	癩病豫防協會設置に決定す本部を總督府に各道に支部
218335	朝鮮朝日	西北版	1932-02-28	1	04단	平北産業團體豫算減る
218336	朝鮮朝日	西北版	1932-02-28	1	05단	元山明年度豫算出來あがる
218337	朝鮮朝日	西北版	1932-02-28	1	06단	黃楊細工咸興名物にする
218338	朝鮮朝日	西北版	1932-02-28	1	06단	咸興盤龍山公園明年度起工
218339	朝鮮朝日	西北版	1932-02-28	1	07단	羅南隊の死傷兵廿六日錦西兵匪討伐の
218340	朝鮮朝日	西北版	1932-02-28	1	07단	兵匪の巨頭徐文海が歸順する公安大隊長に就任か
218341	朝鮮朝日	西北版	1932-02-28	1	07단	滿蒙狂詩代農民、商人、藝娼妓、女給續々滿洲へ進出する
218342	朝鮮朝日	西北版	1932-02-28	1	08단	上海事件寫眞畫報附『ハルビン進撃』朝日新聞社發行
218343	朝鮮朝日	西北版	1932-02-28	1	08단	咸南で去勢牛指導獎勵

일련번호	판명		간행일	면	단수	기사명
218344	朝鮮朝日	西北版	1932-02-28	1	08단	五十名募集に志願者殆と十培新義州商業の試驗地獄
218345	朝鮮朝日	西北版	1932-02-28	1	09단	元山三陟電話開通
218346	朝鮮朝日	西北版	1932-02-28	1	09단	平壤の物價上る
218347	朝鮮朝日	西北版	1932-02-28	1	08단	元山の人口
218348	朝鮮朝日	西北版	1932-02-28	1	09단	遊廓カフエ化反對の猛運動
218349	朝鮮朝日	西北版	1932-02-28	1	10단	船主側と船大工紛糾解決す
218350	朝鮮朝日	西北版	1932-02-28	1	10단	元山の大雪學校も休業
218351	朝鮮朝日	西北版	1932-02-28	1	10단	電柱切りの犯人逮捕さる
218352	朝鮮朝日	西北版	1932-02-28	1	10단	平壤小唄レコード
218353	朝鮮朝日	西北版	1932-02-28	1	10단	柳京小話

1932년 3월 (조선아사히)

일련번호	판명		간행일	면	단수	기사명
218354	朝鮮朝日	南鮮版	1932-03-01	1	01단	內地進出などとは全く無根の放送だ今後は絕對疑ってくれるな旅行を終へて總督はかたる
218355	朝鮮朝日	南鮮版	1932-03-01	1	01단	慶尙北道の豫算評議會說明だけで幕となる
218356	朝鮮朝日	南鮮版	1932-03-01	1	01단	裁判書記の若妻殺し公判男女の傍聽者五百名に達し平壤法院は大混雜(スポーツマンらしい血色のよい被告/檢事の起訴事實/いよいよ審理は始まる/まづ一喝を喰はせて結婚生活を調べる/檢事銳く追及する/六疊の室に妻の死體/極力否認し續ける/裁判長の發熱で審理を打ち切る)
218357	朝鮮朝日	南鮮版	1932-03-01	1	03단	京城府各町の靑年團長會
218358	朝鮮朝日	南鮮版	1932-03-01	1	03단	信託會社補助で業界に大衝動贊否兩論にわかれる愼重吟味の必要ありといはる
218359	朝鮮朝日	南鮮版	1932-03-01	1	04단	京春間郵便物速達
218360	朝鮮朝日	南鮮版	1932-03-01	1	04단	蔡憲兵補の遺骨
218361	朝鮮朝日	南鮮版	1932-03-01	1	05단	慶北の職員廿五名勇退
218362	朝鮮朝日	南鮮版	1932-03-01	1	05단	間島自治區設定運動
218363	朝鮮朝日	南鮮版	1932-03-01	1	05단	朴代議士に銀杯を贈る
218364	朝鮮朝日	南鮮版	1932-03-01	1	06단	辭令(東京電話)
218365	朝鮮朝日	南鮮版	1932-03-01	1	06단	東拓の異動
218366	朝鮮朝日	南鮮版	1932-03-01	1	06단	阿南侍從武官傷病兵慰問京城より平壤へ
218367	朝鮮朝日	南鮮版	1932-03-01	1	06단	火災保險代理店を一社二店に制限契約高を屆出させる釜山繁榮會の火災防止案決る
218368	朝鮮朝日	南鮮版	1932-03-01	1	07단	女性も交る運轉手試驗
218369	朝鮮朝日	南鮮版	1932-03-01	1	07단	不成立豫算と大差のない總督府の七年度豫算
218370	朝鮮朝日	南鮮版	1932-03-01	1	08단	巧妙な詐欺
218371	朝鮮朝日	南鮮版	1932-03-01	1	08단	娼妓二人殺し豫審終結す
218372	朝鮮朝日	南鮮版	1932-03-01	1	09단	藝妓を酷遇主人處分さる
218373	朝鮮朝日	南鮮版	1932-03-01	1	09단	天然痘流行散發性を帶びるため防疫は竝大抵でない
218374	朝鮮朝日	南鮮版	1932-03-01	1	10단	女を轢殺す
218375	朝鮮朝日	南鮮版	1932-03-01	1	10단	機關手重傷
218376	朝鮮朝日	南鮮版	1932-03-01	1	10단	列車に觸れ巡査卽死す松汀里驛で
218377	朝鮮朝日	南鮮版	1932-03-01	1	10단	四名燒死傷

일련번호	판명		간행일	면	단수	기사명
218378	朝鮮朝日	南鮮版	1932-03-01	1	10단	京城の火事
218379	朝鮮朝日	南鮮版	1932-03-01	1	10단	人(阿南惟幾大佐(侍從武官)/長岡春一氏(新任駐佛大使)/宮川永夫氏(新任駐露大使館參事官)/高柳松一郎博士/山內靜夫中將(築城本部長))
218380	朝鮮朝日	西北版	1932-03-01	1	01단	信託會社補助で業界に大衝動贊否兩論にわかれる愼重吟味の必要ありといはる
218381	朝鮮朝日	西北版	1932-03-01	1	01단	寫眞說明(拓務省中村技師一行二十六日茂山着、左より島茂山營林署長、郭麟浩氏、中村技師岡田技師)
218382	朝鮮朝日	西北版	1932-03-01	1	01단	裁判書記の若妻殺し公判男女の傍聽者五百名に達し平壤法院は大混雜(スポーツマンらしい血色のよい被告/檢事の起訴事實/いよいよ審理は始まる/まづ一喝を喰はせて結婚生活を調べる/檢事銳く追及する/六疊の室に妻の死體/極力否認し續ける/裁判長の發熱で審理を打ち切る)
218383	朝鮮朝日	西北版	1932-03-01	1	02단	久方ぶりに黑字を出す頗る上景氣の鐵道局
218384	朝鮮朝日	西北版	1932-03-01	1	03단	李王職辭令(東京電話)
218385	朝鮮朝日	西北版	1932-03-01	1	03단	東拓の異動
218386	朝鮮朝日	西北版	1932-03-01	1	04단	間島自治區設定運動
218387	朝鮮朝日	西北版	1932-03-01	1	04단	內地進出などとは全く無根の放送だ今後は絕對疑ってくれるな旅行を終へて總督はかたる
218388	朝鮮朝日	西北版	1932-03-01	1	05단	南浦米取開業式三月二日擧行
218389	朝鮮朝日	西北版	1932-03-01	1	05단	禁酒禁煙會
218390	朝鮮朝日	西北版	1932-03-01	1	06단	各組合豫算總會
218391	朝鮮朝日	西北版	1932-03-01	1	06단	ウンと勉强(山地平南財務部長談)
218392	朝鮮朝日	西北版	1932-03-01	1	06단	電興の借金が電氣統制の暗礁無煙炭合同にも響く
218393	朝鮮朝日	西北版	1932-03-01	1	06단	不成立豫算と大差のない總督府の七年度豫算
218394	朝鮮朝日	西北版	1932-03-01	1	08단	鮮人の歸還を極力妨げる暴戾な鮮匪團國民府
218395	朝鮮朝日	西北版	1932-03-01	1	08단	新義州の火事
218396	朝鮮朝日	西北版	1932-03-01	1	08단	海豹を捕獲
218397	朝鮮朝日	西北版	1932-03-01	1	08단	寫眞
218398	朝鮮朝日	西北版	1932-03-01	1	09단	發展を妨げるとて精神病舍の設置に反對

일련번호	판명		간행일	면	단수	기사명
218399	朝鮮朝日	西北版	1932-03-01	1	09단	大膽な犯行
218400	朝鮮朝日	西北版	1932-03-01	1	09단	飾窓を破り貴金屬類を竊取す鎭南浦府の怪事件
218401	朝鮮朝日	西北版	1932-03-01	1	10단	人(柳生繁雄氏(新任平壤專賣支局長))
218402	朝鮮朝日	西北版	1932-03-01	1	10단	柳京小話
218403	朝鮮朝日	南鮮版	1932-03-02	1	01단	具體的統制への第一步を踏み出す朝鮮の電氣事業今後直面せねばならぬ難關
218404	朝鮮朝日	南鮮版	1932-03-02	1	01단	郵便局長大異動
218405	朝鮮朝日	南鮮版	1932-03-02	1	01단	阿南侍從武官
218406	朝鮮朝日	南鮮版	1932-03-02	1	02단	辭令
218407	朝鮮朝日	南鮮版	1932-03-02	1	02단	警察會館と合宿所敷地問題が解決せば何時からでも建てる
218408	朝鮮朝日	南鮮版	1932-03-02	1	03단	京城府第一部敎育豫算緊縮時代相の反映
218409	朝鮮朝日	南鮮版	1932-03-02	1	04단	郵便自動車開通
218410	朝鮮朝日	南鮮版	1932-03-02	1	05단	避難民歸還に厄介な問題が起る警察官の手不足から避難民歸還の保護ができぬ
218411	朝鮮朝日	南鮮版	1932-03-02	1	05단	朴新代議士夫人同伴歸鮮す釜山で抱負を語る
218412	朝鮮朝日	南鮮版	1932-03-02	1	05단	極力繰延の復活を要求洛東江改修工事問題
218413	朝鮮朝日	南鮮版	1932-03-02	1	06단	九月の選擧に早くも運動開始木浦商議の議員選擧
218414	朝鮮朝日	南鮮版	1932-03-02	1	06단	大邱醫講昇格の寄附金六萬圓募集の確信ができた
218415	朝鮮朝日	南鮮版	1932-03-02	1	06단	眞綿御下賜出動警官に
218416	朝鮮朝日	南鮮版	1932-03-02	1	07단	鐵兜危險を冒して戰ふ警察官にかぶらず
218417	朝鮮朝日	南鮮版	1932-03-02	1	07단	安奉沿線に高粱や粟栽培を禁止す
218418	朝鮮朝日	南鮮版	1932-03-02	1	07단	二つの怪事件鍾路署で取調中
218419	朝鮮朝日	南鮮版	1932-03-02	1	08단	その時その話
218420	朝鮮朝日	南鮮版	1932-03-02	1	08단	春の大田建築界賑ふ
218421	朝鮮朝日	南鮮版	1932-03-02	1	08단	合同銀晉州支店に五千圓の穴出納係が費ひ込む
218422	朝鮮朝日	南鮮版	1932-03-02	1	08단	鮮人議員十五名拉致延吉の共匪
218423	朝鮮朝日	南鮮版	1932-03-02	1	08단	三勇士慰問金本社門司支局へ寄託
218424	朝鮮朝日	南鮮版	1932-03-02	1	08단	京城に火災頻發
218425	朝鮮朝日	南鮮版	1932-03-02	1	09단	朦朧會社で債券を詐取す本町署で一味を檢擧
218426	朝鮮朝日	南鮮版	1932-03-02	1	10단	寧古塔の虐殺事件調査は困難
218427	朝鮮朝日	南鮮版	1932-03-02	1	10단	京城の刑事平壤で活動九名を引致す

일련번호	판명		간행일	면	단수	기사명
218428	朝鮮朝日	南鮮版	1932-03-02	1	10단	自動車墜落乘客二名負傷
218429	朝鮮朝日	南鮮版	1932-03-02	1	10단	後繼朝鮮共産黨事件起訴
218430	朝鮮朝日	南鮮版	1932-03-02	1	10단	覺悟の身投か
218431	朝鮮朝日	南鮮版	1932-03-02	1	10단	人(高義敬氏(中樞院參議)/李恒九男爵)
218432	朝鮮朝日	西北版	1932-03-02	1	01단	兵匪討伐に決死的活動の朝鮮警察官の勇姿(6)/敵は二百五十名味方は僅に廿餘名
218433	朝鮮朝日	西北版	1932-03-02	1	01단	郵便局長大異動
218434	朝鮮朝日	西北版	1932-03-02	1	01단	阿南侍從武官
218435	朝鮮朝日	西北版	1932-03-02	1	02단	辭令
218436	朝鮮朝日	西北版	1932-03-02	1	03단	朴新代議士夫人同伴歸鮮す釜山で所信を語る
218437	朝鮮朝日	西北版	1932-03-02	1	03단	侍從武官傷病兵慰問/眞綿御下賜出動警官に/警務課長警官隊慰問
218438	朝鮮朝日	西北版	1932-03-02	1	04단	郵便自動車開通
218439	朝鮮朝日	西北版	1932-03-02	1	04단	鐵兜危險を冒して戰ふ警察官にかぶらず/安奉沿線に高粱や粟栽培を禁止す/手持無沙汰に惱む元氣旺盛の平南警官隊/匪賊を擊退す朝鮮警官隊のお手柄
218440	朝鮮朝日	西北版	1932-03-02	1	05단	避難民歸還に重大問題が起る警察官の手不足から避難民歸還の保護ができぬ
218441	朝鮮朝日	西北版	1932-03-02	1	06단	コンクリートのモダン車道平南各地に實現する
218442	朝鮮朝日	西北版	1932-03-02	1	07단	沙里院の流感
218443	朝鮮朝日	西北版	1932-03-02	1	07단	平壤の失業者
218444	朝鮮朝日	西北版	1932-03-02	1	08단	平壤飛行場擴張
218445	朝鮮朝日	西北版	1932-03-02	1	08단	春窮の農民を救濟の土木事業四月から直に起工
218446	朝鮮朝日	西北版	1932-03-02	1	08단	三勇士慰問金本社門司支局へ寄託/三勇士に集る寄金
218447	朝鮮朝日	西北版	1932-03-02	1	08단	暴行二人男遂に捕はる
218448	朝鮮朝日	西北版	1932-03-02	1	08단	平壤火災頻發
218449	朝鮮朝日	西北版	1932-03-02	1	09단	寧古塔の虐殺事件調査は困難
218450	朝鮮朝日	西北版	1932-03-02	1	10단	首を種に脅迫す數回に互って
218451	朝鮮朝日	西北版	1932-03-02	1	10단	鮮人議員十五名拉致延吉の共匪
218452	朝鮮朝日	西北版	1932-03-02	1	10단	京城の刑事平壤で活動九名を引致す
218453	朝鮮朝日	西北版	1932-03-02	1	10단	後繼朝鮮共産黨事件起訴
218454	朝鮮朝日	西北版	1932-03-02	1	10단	柳京小話

일련번호	판명		간행일	면	단수	기사명
218455	朝鮮朝日	南鮮版	1932-03-03	1	01단	避難民の救濟は愈よ實行期に入った今後の救濟計劃も決定す政策の分立も統一
218456	朝鮮朝日	南鮮版	1932-03-03	1	01단	今後滿鐵で朝鮮人を採用する學校教師や鐵道從業員の申込みが續々來る
218457	朝鮮朝日	南鮮版	1932-03-03	1	01단	滿洲各地に小學校を建てる移住鮮農子弟を教育
218458	朝鮮朝日	南鮮版	1932-03-03	1	01단	京畿道で家庭副業大々的に獎勵
218459	朝鮮朝日	南鮮版	1932-03-03	1	02단	警察官慰問
218460	朝鮮朝日	南鮮版	1932-03-03	1	03단	驅逐艦三隻木浦に入港
218461	朝鮮朝日	南鮮版	1932-03-03	1	03단	三勇士追悼會
218462	朝鮮朝日	南鮮版	1932-03-03	1	03단	山口縣へ平南農耕夫六十名送る
218463	朝鮮朝日	南鮮版	1932-03-03	1	04단	辭令
218464	朝鮮朝日	南鮮版	1932-03-03	1	04단	南浦取引所開所式
218465	朝鮮朝日	南鮮版	1932-03-03	1	04단	釜山水産對漁組軋轢益々深刻化
218466	朝鮮朝日	南鮮版	1932-03-03	1	04단	荒廢の山頂に木を植ゑる慶南の沙防附帶施設
218467	朝鮮朝日	南鮮版	1932-03-03	1	04단	日本一の健康兒さて朝鮮から誰？審査の陣容きまる(選出の方法/審査會組織/表彰方法)
218468	朝鮮朝日	南鮮版	1932-03-03	1	05단	朝窒の第四發電所愈よ起工する
218469	朝鮮朝日	南鮮版	1932-03-03	1	05단	憂鬱な横顔京城師範の受驗者洪水
218470	朝鮮朝日	南鮮版	1932-03-03	1	05단	分會長名義の鄕軍土地押へらる大邱支部で調査開始
218471	朝鮮朝日	南鮮版	1932-03-03	1	06단	三勇士慰問金本社門司支局へ寄託/滿洲上海事變將士慰問金/國防費獻金
218472	朝鮮朝日	南鮮版	1932-03-03	1	06단	平壤煉炭の競爭激甚
218473	朝鮮朝日	南鮮版	1932-03-03	1	06단	名譽の戰死した兩飛行勇士遺骨歸還す
218474	朝鮮朝日	南鮮版	1932-03-03	1	07단	京城興行組合
218475	朝鮮朝日	南鮮版	1932-03-03	1	07단	三勇士へ弔慰金
218476	朝鮮朝日	南鮮版	1932-03-03	1	07단	鬱陵島の大海嘯六名死傷す
218477	朝鮮朝日	南鮮版	1932-03-03	1	07단	被告殺氣たち法廷に危機を孕む開廷はしたが僅數分間で閉廷第一次朝鮮共産黨公判
218478	朝鮮朝日	南鮮版	1932-03-03	1	08단	鮮人內地密航團釜山に送還さる
218479	朝鮮朝日	南鮮版	1932-03-03	1	08단	大邱師範生毒藥自殺を企つ戀人の結婚を悲觀し
218480	朝鮮朝日	南鮮版	1932-03-03	1	08단	會社に脅迫文を送る
218481	朝鮮朝日	南鮮版	1932-03-03	1	09단	妾の家へ强盜

일련번호	판명		간행일	면	단수	기사명
218482	朝鮮朝日	南鮮版	1932-03-03	1	09단	行金拐帶の銀行員逮捕晉州潛伏中
218483	朝鮮朝日	南鮮版	1932-03-03	1	10단	穴居の竊盜團仁川で檢擧
218484	朝鮮朝日	南鮮版	1932-03-03	1	10단	保險金欲しさの放火事件公判
218485	朝鮮朝日	南鮮版	1932-03-03	1	10단	間島の兵匪掠奪す
218486	朝鮮朝日	南鮮版	1932-03-03	1	10단	開城の火事
218487	朝鮮朝日	南鮮版	1932-03-03	1	10단	もよほし(童謠と舞踊の夕/朴代議士歡迎會)
218488	朝鮮朝日	南鮮版	1932-03-03	1	10단	その時その話
218489	朝鮮朝日	西北版	1932-03-03	1	01단	死線を越えて魔の敦化城を探る龍井より暗の街道を走破す吉敦線車中にて永濱本社特派員
218490	朝鮮朝日	西北版	1932-03-03	1	01단	朝鮮人の移住する滿洲各地に小學校を建てる移住鮮農子弟の教育施設總督府の具體案成る
218491	朝鮮朝日	西北版	1932-03-03	1	01단	空陸呼應して壯烈な模擬戰平壤の陸軍記念日
218492	朝鮮朝日	西北版	1932-03-03	1	01단	軍民合同大演習咸興で行ふ
218493	朝鮮朝日	西北版	1932-03-03	1	02단	咸南の五郵便局郵便所となる
218494	朝鮮朝日	西北版	1932-03-03	1	02단	西鮮でも七ケ局格下げ決定
218495	朝鮮朝日	西北版	1932-03-03	1	03단	名譽の戰死した兩飛行勇士遺骨歸還す
218496	朝鮮朝日	西北版	1932-03-03	1	03단	警察官慰問
218497	朝鮮朝日	西北版	1932-03-03	1	04단	辭令
218498	朝鮮朝日	西北版	1932-03-03	1	04단	三勇士へ弔慰金
218499	朝鮮朝日	西北版	1932-03-03	1	04단	今後滿鐵で朝鮮人を採用する學校教師や鐵道從業員の申込みが續々來る
218500	朝鮮朝日	西北版	1932-03-03	1	05단	咸南の冗費節約着々實行す
218501	朝鮮朝日	西北版	1932-03-03	1	05단	定額燈のみの値下斷行か平壤府電力値下問題
218502	朝鮮朝日	西北版	1932-03-03	1	06단	憂鬱な橫顏京城師範の受驗者洪水
218503	朝鮮朝日	西北版	1932-03-03	1	07단	平南道で卒業生表彰氏名近く發表
218504	朝鮮朝日	西北版	1932-03-03	1	07단	平壤煉炭の競爭激甚
218505	朝鮮朝日	西北版	1932-03-03	1	08단	山口縣へ平南農耕夫六十名送る
218506	朝鮮朝日	西北版	1932-03-03	1	08단	被告殺氣たち法廷に危機を孕む開廷はしたが僅數分間で閉廷第一次朝鮮共産黨公判
218507	朝鮮朝日	西北版	1932-03-03	1	08단	咸南の疱瘡患者一掃計劃明年度より實施
218508	朝鮮朝日	西北版	1932-03-03	1	09단	南浦取引所開所式
218509	朝鮮朝日	西北版	1932-03-03	1	09단	間島の兵匪掠奪す
218510	朝鮮朝日	西北版	1932-03-03	1	10단	朝窒の第四發電所愈よ起工する

일련번호	판명		간행일	면	단수	기사명
218511	朝鮮朝日	西北版	1932-03-03	1	10단	平南昨年の變死者
218512	朝鮮朝日	西北版	1932-03-03	1	10단	平南昨年の屠獸數
218513	朝鮮朝日	西北版	1932-03-03	1	10단	柳京小話
218514	朝鮮朝日	南鮮版	1932-03-04	1	01단	折角集めた貴重な培養細菌百二十種全部燒失す
218515	朝鮮朝日	南鮮版	1932-03-04	1	01단	前年度に比し十餘萬圓の膨脹釜山第一部明年豫算
218516	朝鮮朝日	南鮮版	1932-03-04	1	01단	辭令
218517	朝鮮朝日	南鮮版	1932-03-04	1	01단	京畿道の明年豫算非常な膨脹
218518	朝鮮朝日	南鮮版	1932-03-04	1	02단	間島寫眞ニュース(1敦化における我が守備兵の支那兵身體檢査2敦化驛前につめかける避難の支那人3堂々たる蛟河の停車場4吉敦の中間にある蛟河驛で列車に乘り込む避難の支那人)
218519	朝鮮朝日	南鮮版	1932-03-04	1	03단	京城咸興羅南間航空路開拓咸興に着陸場設置
218520	朝鮮朝日	南鮮版	1932-03-04	1	03단	京畿道各校卒業式日割決定す
218521	朝鮮朝日	南鮮版	1932-03-04	1	04단	滿洲に宣傳する慶北の鹽干魚
218522	朝鮮朝日	南鮮版	1932-03-04	1	04단	文廟春季釋奠
218523	朝鮮朝日	南鮮版	1932-03-04	1	04단	滿洲移住鮮農の歸化權問題承認に內定す早急に實現は難しい
218524	朝鮮朝日	南鮮版	1932-03-04	1	05단	大田邑會
218525	朝鮮朝日	南鮮版	1932-03-04	1	05단	慶南初等校教員異動近く斷行
218526	朝鮮朝日	南鮮版	1932-03-04	1	05단	關東廳警察官慰問使派遣
218527	朝鮮朝日	南鮮版	1932-03-04	1	06단	スポーツ(京城O、Bラグビーチームを編成す/京城のスポーツ界を飾るラグビー戰/鞍掛選手逝く)
218528	朝鮮朝日	南鮮版	1932-03-04	1	06단	不二農場小作人組合愈よ解散す小作契約順調に進む
218529	朝鮮朝日	南鮮版	1932-03-04	1	06단	南浦の初等校入學兒童が減るまさしく不況の影響
218530	朝鮮朝日	南鮮版	1932-03-04	1	07단	警察官に慰問金
218531	朝鮮朝日	南鮮版	1932-03-04	1	07단	女學生に園藝實習京城府の計劃
218532	朝鮮朝日	南鮮版	1932-03-04	1	07단	二月中の鮮鐵荷動き
218533	朝鮮朝日	南鮮版	1932-03-04	1	08단	三勇士に弔慰金
218534	朝鮮朝日	南鮮版	1932-03-04	1	08단	釜日社新陣容
218535	朝鮮朝日	南鮮版	1932-03-04	1	08단	今度はカフェ風紀取締りに釜山署が乘り出す
218536	朝鮮朝日	南鮮版	1932-03-04	1	08단	不正炭商檢擧

일련번호	판명		간행일	면	단수	기사명
218537	朝鮮朝日	南鮮版	1932-03-04	1	08단	學生赤化事件判決
218538	朝鮮朝日	南鮮版	1932-03-04	1	08단	釜山大池旅館三階燒く
218539	朝鮮朝日	南鮮版	1932-03-04	1	09단	元巡査の無錢飲食
218540	朝鮮朝日	南鮮版	1932-03-04	1	09단	鮮匪の首魁吳東振公判續行
218541	朝鮮朝日	南鮮版	1932-03-04	1	09단	郡農會技手が公金一千圓拐帶行方をくらます
218542	朝鮮朝日	南鮮版	1932-03-04	1	10단	清津埠頭人夫罷業漸く解決
218543	朝鮮朝日	南鮮版	1932-03-04	1	10단	就任披露宴
218544	朝鮮朝日	南鮮版	1932-03-04	1	10단	人(山內中將(陸軍築城本部長)/大阪府會議員滿鮮視察團/孫慶南道參與官/上田慶南道土木課長)
218545	朝鮮朝日	南鮮版	1932-03-04	1	10단	その時その話
218546	朝鮮朝日	南鮮版	1932-03-04	1	10단	もよほし(幼稚園記念式)
218547	朝鮮朝日	西北版	1932-03-04	1	01단	兵匪討伐に決死的活動の朝鮮警官隊の勇姿(7)/兵匪の眞只中に身を躍らして奮戰
218548	朝鮮朝日	西北版	1932-03-04	1	01단	舊市街の里組長は人材を選びたいそれが衛生區實現の前提だ都市衛生改善案
218549	朝鮮朝日	西北版	1932-03-04	1	01단	辭令
218550	朝鮮朝日	西北版	1932-03-04	1	02단	間島寫眞ニュース(1敦化における我が守備兵の支那兵身體檢查2敦化驛前につめかける避難の支那人3堂々たる蛟河の停車場4吉敦の中間にある蛟河驛で列車に乘り込む避難の支那人)
218551	朝鮮朝日	西北版	1932-03-04	1	03단	平壤府議懇談會七日に開く/相當の波瀾あらう
218552	朝鮮朝日	西北版	1932-03-04	1	04단	人(大阪府會議員滿鮮視察團/孫慶南道參與官/上田慶南道土木課長)
218553	朝鮮朝日	西北版	1932-03-04	1	04단	南浦の初等校入學兒童が少いまさしく不況の影響
218554	朝鮮朝日	西北版	1932-03-04	1	05단	平壤商議役員會
218555	朝鮮朝日	西北版	1932-03-04	1	06단	黃龍國の城壁の一部だと古文書で判る堅壘を誇った往年の城砦龍岡面城壁の謎解く
218556	朝鮮朝日	西北版	1932-03-04	1	07단	船橋里小學校五月落成す
218557	朝鮮朝日	西北版	1932-03-04	1	07단	南浦妓生の減稅陳情
218558	朝鮮朝日	西北版	1932-03-04	1	07단	京城咸興羅南間航空路開拓咸興に着陸場設置
218559	朝鮮朝日	西北版	1932-03-04	1	07단	平壤の麻疹死亡率が多い
218560	朝鮮朝日	西北版	1932-03-04	1	08단	平壤第一教育部會

일련번호	판명		간행일	면	단수	기사명
218561	朝鮮朝日	西北版	1932-03-04	1	08단	不二農場小作人組合愈よ解散す小作契約順調に進む
218562	朝鮮朝日	西北版	1932-03-04	1	08단	金組書記等の賭博順川署で檢擧
218563	朝鮮朝日	西北版	1932-03-04	1	08단	鮮匪の首魁呉東振公判續行
218564	朝鮮朝日	西北版	1932-03-04	1	09단	平南で施肥標準調査
218565	朝鮮朝日	西北版	1932-03-04	1	09단	郡農會技手が公金一千圓拐帶行方をくらます
218566	朝鮮朝日	西北版	1932-03-04	1	09단	腦脊髓膜炎
218567	朝鮮朝日	西北版	1932-03-04	1	09단	下水溝の中に子供の手足船橋里の怪事件
218568	朝鮮朝日	西北版	1932-03-04	1	10단	淸津埠頭人夫罷業漸く解決
218569	朝鮮朝日	西北版	1932-03-04	1	10단	柳京小話
218570	朝鮮朝日	南鮮版	1932-03-05	1	01단	物凄い就職戰內地から續々朝鮮へ教員志願者が最多い/城大卒業生は贅澤味がある保険屋や店員にならぬ
218571	朝鮮朝日	南鮮版	1932-03-05	1	01단	中等學校に公民科新設四月一日から實施
218572	朝鮮朝日	南鮮版	1932-03-05	1	01단	資源調査隊城津に組織し奥地の森林を探檢す
218573	朝鮮朝日	南鮮版	1932-03-05	1	01단	李王殿下御改名
218574	朝鮮朝日	南鮮版	1932-03-05	1	02단	地久節奉祝
218575	朝鮮朝日	南鮮版	1932-03-05	1	02단	陸軍記念日各地の催し/對空模擬戰/愛國機七日京城着一泊滿洲へ
218576	朝鮮朝日	南鮮版	1932-03-05	1	03단	中樞院會議
218577	朝鮮朝日	南鮮版	1932-03-05	1	03단	養鼈小作制本年から實施
218578	朝鮮朝日	南鮮版	1932-03-05	1	04단	朝鮮步兵村滿洲に建設
218579	朝鮮朝日	南鮮版	1932-03-05	1	04단	朝鮮に增師は結局お流れか特殊施設は實現せん
218580	朝鮮朝日	南鮮版	1932-03-05	1	05단	朴新代議士京城を訪問/密陽に歸省した朴新代議士
218581	朝鮮朝日	南鮮版	1932-03-05	1	05단	釜山府有地公査
218582	朝鮮朝日	南鮮版	1932-03-05	1	05단	三勇士慰靈祭七日京城で執行す
218583	朝鮮朝日	南鮮版	1932-03-05	1	05단	京畿畜産總會
218584	朝鮮朝日	南鮮版	1932-03-05	1	06단	身長五尺の大豹
218585	朝鮮朝日	南鮮版	1932-03-05	1	06단	時局が生んだ笑へぬ喜劇漫然渡滿は禁物
218586	朝鮮朝日	南鮮版	1932-03-05	1	06단	果樹の移入活況
218587	朝鮮朝日	南鮮版	1932-03-05	1	07단	市之澤前小作官李王職入り
218588	朝鮮朝日	南鮮版	1932-03-05	1	07단	鐵道警備演習
218589	朝鮮朝日	南鮮版	1932-03-05	1	07단	決死隊で奮戰した柳瀬君釜山から感謝狀贈呈
218590	朝鮮朝日	南鮮版	1932-03-05	1	08단	京城の質屋から營業時間延長願

일련번호	판명		간행일	면	단수	기사명
218591	朝鮮朝日	南鮮版	1932-03-05	1	08단	釜山時間が正確になる新式サイレン設置
218592	朝鮮朝日	南鮮版	1932-03-05	1	08단	問題の吳東振法廷で駄々る遂に訊問中止さる
218593	朝鮮朝日	南鮮版	1932-03-05	1	08단	死刑の判決殺人姦通事件
218594	朝鮮朝日	南鮮版	1932-03-05	1	08단	第二高普平靜に歸す
218595	朝鮮朝日	南鮮版	1932-03-05	1	09단	左奈田兄弟控訴
218596	朝鮮朝日	南鮮版	1932-03-05	1	09단	不良團一齊檢擧
218597	朝鮮朝日	南鮮版	1932-03-05	1	09단	釜山で押へらる
218598	朝鮮朝日	南鮮版	1932-03-05	1	10단	自動車と電車衝突
218599	朝鮮朝日	南鮮版	1932-03-05	1	10단	僧侶の詐欺
218600	朝鮮朝日	南鮮版	1932-03-05	1	10단	咸興の賭博團取調べ終る
218601	朝鮮朝日	南鮮版	1932-03-05	1	10단	逮捕した鮮匪の始末何うするか
218602	朝鮮朝日	南鮮版	1932-03-05	1	10단	人(松本學氏(前內務省社會局長官)/中野高一氏(外務省書記官)/山內靜夫中將(築城本部長))
218603	朝鮮朝日	南鮮版	1932-03-05	1	10단	その時その話
218604	朝鮮朝日	西北版	1932-03-05	1	01단	兵匪討伐に決死的活動の朝鮮警官隊の勇姿(8)/全員十三名が全滅といふ危機！
218605	朝鮮朝日	西北版	1932-03-05	1	01단	中等學校に公民科新設四月一日から實施
218606	朝鮮朝日	西北版	1932-03-05	1	01단	資源調査隊城津に組織し奧地の森林を探檢す
218607	朝鮮朝日	西北版	1932-03-05	1	01단	李王殿下御改名
218608	朝鮮朝日	西北版	1932-03-05	1	02단	中樞院會議
218609	朝鮮朝日	西北版	1932-03-05	1	03단	納稅組合組織獎勵
218610	朝鮮朝日	西北版	1932-03-05	1	03단	實に無方針な總督府産業政策改良種が出來たら補助は半額受難の平南棉作獎勵
218611	朝鮮朝日	西北版	1932-03-05	1	03단	身長五尺の大豹
218612	朝鮮朝日	西北版	1932-03-05	1	04단	北滿を視察
218613	朝鮮朝日	西北版	1932-03-05	1	04단	ルンペンの救世主近く平壤署で表彰の天理教布教師
218614	朝鮮朝日	西北版	1932-03-05	1	05단	愛國機七日京城着一泊滿洲へ
218615	朝鮮朝日	西北版	1932-03-05	1	06단	咸興府の明年豫算主な新事業
218616	朝鮮朝日	西北版	1932-03-05	1	06단	內務局長に陳情す城津重要問題
218617	朝鮮朝日	西北版	1932-03-05	1	06단	鎭南浦の鄕軍會館本年中に新築
218618	朝鮮朝日	西北版	1932-03-05	1	07단	悲慘な咸南の窮民榮養不良から乳の出ぬ母乳に飢ゑて泣き叫ぶ嬰兒皆餓死線上に彷徨ふ

일련번호	판명		간행일	면	단수	기사명
218619	朝鮮朝日	西北版	1932-03-05	1	07단	問題の吳東振法廷で駄々る遂に訊問中止さる
218620	朝鮮朝日	西北版	1932-03-05	1	07단	平南防疫會議
218621	朝鮮朝日	西北版	1932-03-05	1	08단	映畫にする平壤陸軍記念日情景を
218622	朝鮮朝日	西北版	1932-03-05	1	08단	土地値上りで借金整理の放賣顯著な農村の一傾向
218623	朝鮮朝日	西北版	1932-03-05	1	08단	新見憲兵の遺骨六日午後平壤に歸着
218624	朝鮮朝日	西北版	1932-03-05	1	08단	逮捕した鮮匪の始末何うするか
218625	朝鮮朝日	西北版	1932-03-05	1	08단	愈よ土地收用令適用江西農場問題
218626	朝鮮朝日	西北版	1932-03-05	1	09단	船橋里の赤ン坊手足事件皆目見當がつかぬ
218627	朝鮮朝日	西北版	1932-03-05	1	10단	咸興の賭博團取調べ終る
218628	朝鮮朝日	西北版	1932-03-05	1	10단	左奈田兄弟控訴
218629	朝鮮朝日	西北版	1932-03-05	1	10단	柳京小話
218630	朝鮮朝日	南鮮版	1932-03-06	1	01단	四十六萬圓の膨脹京畿道明年度豫算/京畿道議會九日から開く/授業料值上げ京畿道で斷行/慶北道議會七日閉會す
218631	朝鮮朝日	南鮮版	1932-03-06	1	01단	鐵道局の大整理本月中旬發表される整理人員は二百八十名に上る
218632	朝鮮朝日	南鮮版	1932-03-06	1	01단	春の訪れだ
218633	朝鮮朝日	南鮮版	1932-03-06	1	02단	警察官增員警備電話充實追加豫算として要求
218634	朝鮮朝日	南鮮版	1932-03-06	1	03단	京商工事の不正と手落ち教育部會で問題となる
218635	朝鮮朝日	南鮮版	1932-03-06	1	04단	火保引上反對大會六日に開く
218636	朝鮮朝日	南鮮版	1932-03-06	1	04단	一月よりは寒い二月中の氣溫
218637	朝鮮朝日	南鮮版	1932-03-06	1	05단	朝鮮人巡査の成績がよい警部考試の結果
218638	朝鮮朝日	南鮮版	1932-03-06	1	05단	倭城台謎の會見總督と次田貴院議員總督の身邊愈よ多事
218639	朝鮮朝日	南鮮版	1932-03-06	1	06단	辭令(三日付)
218640	朝鮮朝日	南鮮版	1932-03-06	1	06단	伜も戰死して嘸ぞ本望だらう山田戰死兵母堂語る
218641	朝鮮朝日	南鮮版	1932-03-06	1	06단	仁川關係軍人最初の戰死者
218642	朝鮮朝日	南鮮版	1932-03-06	1	07단	地久節奉祝會
218643	朝鮮朝日	南鮮版	1932-03-06	1	07단	新規採用は百卅名見當鐵道局の採用方針決定
218644	朝鮮朝日	南鮮版	1932-03-06	1	08단	釜山産組の共販計劃と注目される道の處置

일련번호	판명		간행일	면	단수	기사명
218645	朝鮮朝日	南鮮版	1932-03-06	1	08단	簡易生命保險諮問委員會委員と幹事任命さる
218646	朝鮮朝日	南鮮版	1932-03-06	1	08단	京城カフェ新戰術
218647	朝鮮朝日	南鮮版	1932-03-06	1	08단	日支交戰の蜚語嚴重取締る
218648	朝鮮朝日	南鮮版	1932-03-06	1	08단	盜む事五十八回
218649	朝鮮朝日	南鮮版	1932-03-06	1	09단	戰爭を眞似て中學生重傷釜中寄宿舍の珍事
218650	朝鮮朝日	南鮮版	1932-03-06	1	09단	麻雀禁止のお布令が出た
218651	朝鮮朝日	南鮮版	1932-03-06	1	10단	地主側勝つ水稅引下訴訟
218652	朝鮮朝日	南鮮版	1932-03-06	1	10단	被告全部控訴
218653	朝鮮朝日	南鮮版	1932-03-06	1	10단	僞造紙幣發見
218654	朝鮮朝日	南鮮版	1932-03-06	1	10단	その時その話
218655	朝鮮朝日	南鮮版	1932-03-06	1	10단	三名海に落つ
218656	朝鮮朝日	西北版	1932-03-06	1	01단	安奉線の平定は朝鮮警官隊の功績だ捧げられる感謝の言葉(早晩奧地にも治安の手が延びよう米澤安東領事語る/朝鮮から應援警官隊の大きな功勞だ高山安東署長語る)
218657	朝鮮朝日	西北版	1932-03-06	1	01단	將來を無視した平南の畑作獎勵朝鮮人の米食增加につれて粟作本位に矛盾
218658	朝鮮朝日	西北版	1932-03-06	1	01단	春の訪れだ
218659	朝鮮朝日	西北版	1932-03-06	1	03단	盛大に催す羅南陸軍記念日愈よ諸種計劃決定す
218660	朝鮮朝日	西北版	1932-03-06	1	03단	咸興市街地調査會四月早々開く
218661	朝鮮朝日	西北版	1932-03-06	1	04단	貧民を救濟
218662	朝鮮朝日	西北版	1932-03-06	1	04단	羅南隊六勇士遺骨九日歸隊す
218663	朝鮮朝日	西北版	1932-03-06	1	04단	北鮮の電化で工業地帶になる前途有望な咸南道
218664	朝鮮朝日	西北版	1932-03-06	1	05단	兩勇士告別式
218665	朝鮮朝日	西北版	1932-03-06	1	06단	鎭南浦の取引所景氣
218666	朝鮮朝日	西北版	1932-03-06	1	07단	辭令(三日付)
218667	朝鮮朝日	西北版	1932-03-06	1	07단	於之屯水組問題依然ごてつく
218668	朝鮮朝日	西北版	1932-03-06	1	07단	滿洲國に對する要望基礎案決定特別自治區設定と公民權附與間島鮮人團體の運動
218669	朝鮮朝日	西北版	1932-03-06	1	07단	平壤の免稅者一萬四千名
218670	朝鮮朝日	西北版	1932-03-06	1	08단	平壤電氣値下遞信案の內容一部府議に異論がある
218671	朝鮮朝日	西北版	1932-03-06	1	08단	地主側勝つ水稅引下訴訟

일련번호	판명		간행일	면	단수	기사명
218672	朝鮮朝日	西北版	1932-03-06	1	08단	學校は許すが生徒が肯かぬ沙里院農校盟休事件
218673	朝鮮朝日	西北版	1932-03-06	1	08단	猩紅熱や感冒續發此頃の新義州
218674	朝鮮朝日	西北版	1932-03-06	1	09단	平北優良面表彰
218675	朝鮮朝日	西北版	1932-03-06	1	09단	被告全部控訴
218676	朝鮮朝日	西北版	1932-03-06	1	10단	偽造紙幣發見
218677	朝鮮朝日	西北版	1932-03-06	1	10단	牡丹台に鹿
218678	朝鮮朝日	西北版	1932-03-06	1	10단	柳京小話
218679	朝鮮朝日	南鮮版	1932-03-08	1	01단	京城に翼を休め愈よ奉天に飛ぶ朝鮮に入り天氣に惠まれた晴れの愛國號二機
218680	朝鮮朝日	南鮮版	1932-03-08	1	01단	辭令
218681	朝鮮朝日	南鮮版	1932-03-08	1	01단	大興電氣異動
218682	朝鮮朝日	南鮮版	1932-03-08	1	01단	京城商議役員會
218683	朝鮮朝日	南鮮版	1932-03-08	1	02단	京畿道農會新事業愈よ決定
218684	朝鮮朝日	南鮮版	1932-03-08	1	02단	産金獎勵の投資機關は設けぬ滿洲支店の組織も變更せぬと釜山上陸の加藤鮮銀總裁の談
218685	朝鮮朝日	南鮮版	1932-03-08	1	02단	靑年男女の共同耕作組合京畿道で設置する
218686	朝鮮朝日	南鮮版	1932-03-08	1	02단	DKも働く
218687	朝鮮朝日	南鮮版	1932-03-08	1	03단	釜山馬山新酒品評會釜山に開く
218688	朝鮮朝日	南鮮版	1932-03-08	1	04단	仁川一部明年豫算
218689	朝鮮朝日	南鮮版	1932-03-08	1	04단	特定運賃制新設の運動
218690	朝鮮朝日	南鮮版	1932-03-08	1	04단	慶南兩校卒業式
218691	朝鮮朝日	南鮮版	1932-03-08	1	04단	振った研究氣候の腦作用に及ぼす影響
218692	朝鮮朝日	南鮮版	1932-03-08	1	04단	總督府當局の胸算用通り簡單には片つかぬ安東縣に居る避難鮮人の始末その成行き憂慮さる
218693	朝鮮朝日	南鮮版	1932-03-08	1	05단	天使の一中隊總督さんを微笑ませた
218694	朝鮮朝日	南鮮版	1932-03-08	1	05단	建國式に參列する
218695	朝鮮朝日	南鮮版	1932-03-08	1	05단	京城消防制度改革明年度實施
218696	朝鮮朝日	南鮮版	1932-03-08	1	05단	大田春競馬十日より開催
218697	朝鮮朝日	南鮮版	1932-03-08	1	06단	羅南部隊八勇士遺骨
218698	朝鮮朝日	南鮮版	1932-03-08	1	06단	朝鮮は依然として憂鬱な就職難到る處悲觀材料堆積幸運兒も一抹の悲哀
218699	朝鮮朝日	南鮮版	1932-03-08	1	07단	始った春のラグビー試合
218700	朝鮮朝日	南鮮版	1932-03-08	1	07단	學生團殺到圖書館混亂警官急行漸く鎭撫す
218701	朝鮮朝日	南鮮版	1932-03-08	1	07단	古賀大佐の遺兒幼年校に合格

일련번호	판명		간행일	면	단수	기사명
218702	朝鮮朝日	南鮮版	1932-03-08	1	08단	松島を釜山に合併促進運動
218703	朝鮮朝日	南鮮版	1932-03-08	1	08단	漂ふ死の船乗組支那人十七名救助されて釜山へ
218704	朝鮮朝日	南鮮版	1932-03-08	1	08단	警官講習卒業式
218705	朝鮮朝日	南鮮版	1932-03-08	1	08단	全鮮一齊に銃器調査嚴重に取締る
218706	朝鮮朝日	南鮮版	1932-03-08	1	09단	水雷敷設演習
218707	朝鮮朝日	南鮮版	1932-03-08	1	09단	娼妓燒死す南浦遊廓火事
218708	朝鮮朝日	南鮮版	1932-03-08	1	09단	總督へ女房の捜査願總督から捜査の命令下る
218709	朝鮮朝日	南鮮版	1932-03-08	1	09단	その時その話
218710	朝鮮朝日	南鮮版	1932-03-08	1	10단	倒木溝の公安局襲撃支那兵七十名
218711	朝鮮朝日	南鮮版	1932-03-08	1	10단	間島春陽郷に共匪討伐隊急行
218712	朝鮮朝日	南鮮版	1932-03-08	1	10단	天然痘發生
218713	朝鮮朝日	南鮮版	1932-03-08	1	10단	お寺へ强盗
218714	朝鮮朝日	南鮮版	1932-03-08	1	10단	面書記公金橫領
218715	朝鮮朝日	南鮮版	1932-03-08	1	10단	人(山本眞定氏(新任蔚山驛長)/金翔坤氏(新任永川驛長)/加藤鮮銀總裁)
218716	朝鮮朝日	西北版	1932-03-08	1	01단	師團移駐問題が解決する迄延期する寄附金の捻出不能から平壤府の電氣水道特別會計案
218717	朝鮮朝日	西北版	1932-03-08	1	01단	新興滿洲國の首途を祝ふ安東縣日支人の催し
218718	朝鮮朝日	西北版	1932-03-08	1	01단	電球を安くし配電區擴張平讓府電の新事業
218719	朝鮮朝日	西北版	1932-03-08	1	02단	平北道評議會を語る
218720	朝鮮朝日	西北版	1932-03-08	1	03단	滿洲への旅客激增す
218721	朝鮮朝日	西北版	1932-03-08	1	03단	西平壤發展上絶對に反對隔離、精神兩病舍の設置に里民大會で決議す
218722	朝鮮朝日	西北版	1932-03-08	1	03단	お自慢リレー(1)/諄々と說く「薪割り哲學」直言居士の森岡二三氏
218723	朝鮮朝日	西北版	1932-03-08	1	04단	辭令
218724	朝鮮朝日	西北版	1932-03-08	1	05단	兩夫人戰線に向ふ
218725	朝鮮朝日	西北版	1932-03-08	1	05단	咸興署の火保管理成績あがる
218726	朝鮮朝日	西北版	1932-03-08	1	06단	咸南の窮民救濟策決定應急と永久との兩策
218727	朝鮮朝日	西北版	1932-03-08	1	06단	總督府當局の胸算用通り簡單には片つかぬ安東縣に居る避難鮮人の始末その成行き憂慮さる
218728	朝鮮朝日	西北版	1932-03-08	1	07단	近く圓滿解決か陽德溫泉問題

일련번호	판명		간행일	면	단수	기사명
218729	朝鮮朝日	西北版	1932-03-08	1	07단	ベビーゴルフ熱あがる
218730	朝鮮朝日	西北版	1932-03-08	1	07단	學生團殺到圖書館混亂警官急行漸く鎭撫す
218731	朝鮮朝日	西北版	1932-03-08	1	08단	全鮮一齊に銃器調査嚴重に取締る
218732	朝鮮朝日	西北版	1932-03-08	1	09단	間島春陽鄉に共匪討伐隊急行
218733	朝鮮朝日	西北版	1932-03-08	1	09단	總督へ女房の捜査願總督から捜査の命令下る
218734	朝鮮朝日	西北版	1932-03-08	1	09단	子供の流感平壤にはやる
218735	朝鮮朝日	西北版	1932-03-08	1	09단	列車內に天然痘患者防疫に努む
218736	朝鮮朝日	西北版	1932-03-08	1	10단	倒木溝の公安局襲擊支那兵七十名
218737	朝鮮朝日	西北版	1932-03-08	1	10단	娼妓燒死す南浦遊廓火事
218738	朝鮮朝日	西北版	1932-03-08	1	10단	面書記公金橫領
218739	朝鮮朝日	西北版	1932-03-08	1	10단	人(山本眞定氏(新任蔚山驛長)/金翔坤氏(新任永川驛長)/加藤鮮銀總裁)
218740	朝鮮朝日	西北版	1932-03-08	1	10단	柳京小話
218741	朝鮮朝日	南鮮版	1932-03-09	1	01단	國境の警備と朝鮮防備は別問題だ鮮內軍備充實は必要山陽線車中にて林朝鮮軍司令官語る
218742	朝鮮朝日	南鮮版	1932-03-09	1	01단	新味を見せぬ鐵道局整理依然舊態を持續する
218743	朝鮮朝日	南鮮版	1932-03-09	1	01단	飛來した愛國機
218744	朝鮮朝日	南鮮版	1932-03-09	1	02단	鐵道局辭令
218745	朝鮮朝日	南鮮版	1932-03-09	1	02단	問題の出版法新聞紙法改正案愈よ審議を始める
218746	朝鮮朝日	南鮮版	1932-03-09	1	03단	大邱穀物商組合
218747	朝鮮朝日	南鮮版	1932-03-09	1	04단	京城水道料値下
218748	朝鮮朝日	南鮮版	1932-03-09	1	04단	無資格敎員整理全鮮的に斷行する時期は今月の末ころ
218749	朝鮮朝日	南鮮版	1932-03-09	1	05단	釜山第一敎育部會
218750	朝鮮朝日	南鮮版	1932-03-09	1	05단	繭特賣制に非難起る慶北農村に撤廢運動擡頭それは認識不足だと慶北道當局は樂觀する
218751	朝鮮朝日	南鮮版	1932-03-09	1	06단	仁川府會
218752	朝鮮朝日	南鮮版	1932-03-09	1	07단	學務當局非難さる京城府部會で
218753	朝鮮朝日	南鮮版	1932-03-09	1	07단	京畿酒類品評會
218754	朝鮮朝日	南鮮版	1932-03-09	1	07단	京城順化院增築明年度に實現
218755	朝鮮朝日	南鮮版	1932-03-09	1	07단	採用するは僅百二十名釜山の窮民救濟事業

일련번호	판명		간행일	면	단수	기사명
218756	朝鮮朝日	南鮮版	1932-03-09	1	08단	平北警官隊馬賊と交戦二名射殺して武器押收
218757	朝鮮朝日	南鮮版	1932-03-09	1	08단	憂國少年から血書有閑人に反省をもとめ國防費にそれぞれ獻金
218758	朝鮮朝日	南鮮版	1932-03-09	1	08단	女學校の入學試驗愈よ始まる
218759	朝鮮朝日	南鮮版	1932-03-09	1	09단	妻同伴逃走途中釜山で押らる奉天ヤマトホテル事務員
218760	朝鮮朝日	南鮮版	1932-03-09	1	09단	少年竊盜團逮捕
218761	朝鮮朝日	南鮮版	1932-03-09	1	09단	男女十七名を咬む龍山の狂犬
218762	朝鮮朝日	南鮮版	1932-03-09	1	10단	地中から首
218763	朝鮮朝日	南鮮版	1932-03-09	1	10단	自殺二件
218764	朝鮮朝日	南鮮版	1932-03-09	1	10단	狂言の喧嘩
218765	朝鮮朝日	南鮮版	1932-03-09	1	10단	人(松本正太郎氏(新任釜山局電話課長)/西山德太郎氏(新任釜山局電信課長))
218766	朝鮮朝日	南鮮版	1932-03-09	1	10단	その時その話
218767	朝鮮朝日	西北版	1932-03-09	1	01단	軍制改革案は延期北鮮防空施設は必要森十九師團長下關で語る
218768	朝鮮朝日	西北版	1932-03-09	1	01단	問題の出版法新聞紙法改正案愈よ審議を始める
218769	朝鮮朝日	西北版	1932-03-09	1	01단	憂國少年から血書有閑人に反省をもとめ國防費にそれぞれ獻金
218770	朝鮮朝日	西北版	1932-03-09	1	01단	愛國號二機平壤から奉天へ
218771	朝鮮朝日	西北版	1932-03-09	1	01단	沙里院の公職者會
218772	朝鮮朝日	西北版	1932-03-09	1	02단	鐵道局辭令
218773	朝鮮朝日	西北版	1932-03-09	1	02단	お自慢リレー(2)/十三回の筆誅に十三回の告訴瘦鶴に似た古莊仁太郎翁
218774	朝鮮朝日	西北版	1932-03-09	1	03단	古賀大佐の遺兒幼年校に合格
218775	朝鮮朝日	西北版	1932-03-09	1	03단	無資格教員整理全鮮的に斷行する時期は今月の末ころ
218776	朝鮮朝日	西北版	1932-03-09	1	04단	飛來した愛國機
218777	朝鮮朝日	西北版	1932-03-09	1	04단	電動力値下陳情平壤ゴム業者が
218778	朝鮮朝日	西北版	1932-03-09	1	04단	依然潛行運動は行れて居る朝鮮思想界の動き
218779	朝鮮朝日	西北版	1932-03-09	1	06단	電氣損失を防ぐ高壓配電に變更一ケ年に莫大な電力を利得平壤府電更新策
218780	朝鮮朝日	西北版	1932-03-09	1	07단	何んと氣の毒な松井大尉留守宅
218781	朝鮮朝日	西北版	1932-03-09	1	08단	債鬼に追はれ漂浪の旅へ哀れな平南の農民

일련번호	판명		간행일	면	단수	기사명
218782	朝鮮朝日	西北版	1932-03-09	1	08단	平北警官隊馬賊と交戦二名射殺して武器押收
218783	朝鮮朝日	西北版	1932-03-09	1	08단	網宮軍曹重傷す
218784	朝鮮朝日	西北版	1932-03-09	1	08단	武田中尉凱旋
218785	朝鮮朝日	西北版	1932-03-09	1	08단	羅中卒業式
218786	朝鮮朝日	西北版	1932-03-09	1	08단	端川不穩鮮人七十名起訴咸興刑務所に收容
218787	朝鮮朝日	西北版	1932-03-09	1	09단	松林に子供の屍
218788	朝鮮朝日	西北版	1932-03-09	1	09단	平壤靴下工動搖す
218789	朝鮮朝日	西北版	1932-03-09	1	09단	平壤讀書會事件擴大更に二名檢擧
218790	朝鮮朝日	西北版	1932-03-09	1	10단	耳下腺炎がはやる
218791	朝鮮朝日	西北版	1932-03-09	1	10단	寄宿舍へ賊
218792	朝鮮朝日	西北版	1932-03-09	1	10단	平壤の火事
218793	朝鮮朝日	西北版	1932-03-09	1	10단	人(山梨中將)
218794	朝鮮朝日	西北版	1932-03-09	1	10단	柳京小話
218795	朝鮮朝日	南鮮版	1932-03-10	1	01단	京城陸上競技聯盟生まる會長には井上府尹が就任/愛國號獻金美談/愛國機獻納金八萬圓突破さすがに三南の寶庫
218796	朝鮮朝日	南鮮版	1932-03-10	1	01단	總督府出張所滿洲に設置されん中央政府と交渉中
218797	朝鮮朝日	南鮮版	1932-03-10	1	01단	日本一の洛東橋工事進捗す
218798	朝鮮朝日	南鮮版	1932-03-10	1	02단	三井系の人で政友會の長老だ東拓總裁に決定した高山長幸氏
218799	朝鮮朝日	南鮮版	1932-03-10	1	03단	全南明年度豫算/全南道議會愈よ幕明く
218800	朝鮮朝日	南鮮版	1932-03-10	1	04단	京城に防空演習氣分が漂ふ/機關銃隊の演習
218801	朝鮮朝日	南鮮版	1932-03-10	1	04단	普通學校地歷教科書愈よ改正する新學期から使用さす
218802	朝鮮朝日	南鮮版	1932-03-10	1	05단	釜山授産場愈よ設置する
218803	朝鮮朝日	南鮮版	1932-03-10	1	05단	東京と京城間直通電話の計劃に一頓挫結局對馬、釜山間の海底電線でやる
218804	朝鮮朝日	南鮮版	1932-03-10	1	06단	京城飛行場賑ふ
218805	朝鮮朝日	南鮮版	1932-03-10	1	06단	抽籤で償還する大邱の府債
218806	朝鮮朝日	南鮮版	1932-03-10	1	06단	表彰式
218807	朝鮮朝日	南鮮版	1932-03-10	1	06단	卒業式
218808	朝鮮朝日	南鮮版	1932-03-10	1	06단	戰死兵の逸話父の懷中へ貯金の通帳を
218809	朝鮮朝日	南鮮版	1932-03-10	1	07단	繭特賣制撤廢の要望
218810	朝鮮朝日	南鮮版	1932-03-10	1	07단	關釜聯絡船貨物激增

일련번호	판명		간행일	면	단수	기사명
218811	朝鮮朝日	南鮮版	1932-03-10	1	07단	若夫婦を縛り金や貴金屬强奪廣州の三人組强盜
218812	朝鮮朝日	南鮮版	1932-03-10	1	08단	春の旅行客動きはじめた愈よ鐵道の書入時
218813	朝鮮朝日	南鮮版	1932-03-10	1	08단	日華殖産脱まる主任者取調らる
218814	朝鮮朝日	南鮮版	1932-03-10	1	08단	宋命根は懲役八月
218815	朝鮮朝日	南鮮版	1932-03-10	1	08단	男女工數名檢擧光州署の活動
218816	朝鮮朝日	南鮮版	1932-03-10	1	08단	春の漫談聯絡船が運ぶ
218817	朝鮮朝日	南鮮版	1932-03-10	1	09단	十六棟全燒し女子供五名負傷慶北尙州の火事
218818	朝鮮朝日	南鮮版	1932-03-10	1	10단	僞大學生の詐欺
218819	朝鮮朝日	南鮮版	1932-03-10	1	10단	放火事件判決
218820	朝鮮朝日	南鮮版	1932-03-10	1	10단	海中に墜落
218821	朝鮮朝日	南鮮版	1932-03-10	1	10단	人(林朝鮮軍司令官/森十九師團長/北村留吉氏(朝鮮總督府東京出張所主任)/龜田豊治郎氏(遞信省事務官)/中島訂治郎氏)
218822	朝鮮朝日	南鮮版	1932-03-10	1	10단	その時その話
218823	朝鮮朝日	西北版	1932-03-10	1	01단	國境の警備と朝鮮防備は別問題だ鮮內軍備充實は必要歸任の途林朝鮮軍司令官語る
218824	朝鮮朝日	西北版	1932-03-10	1	01단	普通學校地歷敎科書愈よ改正する新學期から使用さす
218825	朝鮮朝日	西北版	1932-03-10	1	01단	此の慘狀！
218826	朝鮮朝日	西北版	1932-03-10	1	02단	元山明年度敎育豫算
218827	朝鮮朝日	西北版	1932-03-10	1	02단	總督府出張所滿洲に設置されん中央政府と交涉中
218828	朝鮮朝日	西北版	1932-03-10	1	03단	戶籍面では十六萬突破平壤府人口
218829	朝鮮朝日	西北版	1932-03-10	1	03단	我が飛行隊はまだ引揚げまい凱旋の武田中尉語る
218830	朝鮮朝日	西北版	1932-03-10	1	04단	三勇士弔慰金
218831	朝鮮朝日	西北版	1932-03-10	1	04단	咸南水産船北洋丸
218832	朝鮮朝日	西北版	1932-03-10	1	05단	咸南水産總代會十四日開く
218833	朝鮮朝日	西北版	1932-03-10	1	05단	ハマナスの增成栽培咸南で計劃
218834	朝鮮朝日	西北版	1932-03-10	1	05단	咸南衛生打合會
218835	朝鮮朝日	西北版	1932-03-10	1	05단	期待される馬場溫泉
218836	朝鮮朝日	西北版	1932-03-10	1	06단	今後新設すべき電車線の選定成るだがいづれも採算がとれぬ調査委員會で研究
218837	朝鮮朝日	西北版	1932-03-10	1	06단	戰死兵の逸話父の懷中へ貯金の通帳を

일련번호	판명		간행일	면	단수	기사명
218838	朝鮮朝日	西北版	1932-03-10	1	07단	京城飛行場賑ふ平壤軍用機や本社機飛來で
218839	朝鮮朝日	西北版	1932-03-10	1	07단	直營を廢し委託採取す平壤府の沙利事業
218840	朝鮮朝日	西北版	1932-03-10	1	07단	汚物電車運搬は算盤がもてぬ平讓府で研究發表
218841	朝鮮朝日	西北版	1932-03-10	1	09단	平南奧地穀價昂騰
218842	朝鮮朝日	西北版	1932-03-10	1	09단	米國人の放火公判
218843	朝鮮朝日	西北版	1932-03-10	1	09단	朝日の阪神版が唯一の手掛り平壤の嬰兒手足事件/有力な被疑者二名平壤署で檢擧
218844	朝鮮朝日	西北版	1932-03-10	1	10단	刑務所ゆき志願
218845	朝鮮朝日	西北版	1932-03-10	1	10단	變死者と捨子數
218846	朝鮮朝日	西北版	1932-03-10	1	10단	柳京小話
218847	朝鮮朝日	南鮮版	1932-03-11	1	01단	滿蒙と朝鮮を繞って輕い時局談建國式當日の宇垣總督/京畿道評議會/近頃耳よりの話京城放送局で新規に五十名を採用する
218848	朝鮮朝日	南鮮版	1932-03-11	1	01단	もの凄い空襲地上部隊の猛攻擊實戰を思はせる各地陸軍記念日の催し(京城/大邱/大田/釜山)
218849	朝鮮朝日	南鮮版	1932-03-11	1	05단	建國式へ祝電
218850	朝鮮朝日	南鮮版	1932-03-11	1	05단	水産試驗場は釜山に決定愈よ十日發表さる
218851	朝鮮朝日	南鮮版	1932-03-11	1	06단	旅行記念スタンプ
218852	朝鮮朝日	南鮮版	1932-03-11	1	06단	在滿鮮人事業は東亞勸業で統轄する此の際增資を斷行して大々的に移民も獎勵す
218853	朝鮮朝日	南鮮版	1932-03-11	1	07단	陸軍機大邱に飛ぶ
218854	朝鮮朝日	南鮮版	1932-03-11	1	07단	卒業式(仁川/鎭海)
218855	朝鮮朝日	南鮮版	1932-03-11	1	07단	會社員や醫師に嫌疑がかゝる釜山女給墮胎事件
218856	朝鮮朝日	南鮮版	1932-03-11	1	07단	統營消防支部
218857	朝鮮朝日	南鮮版	1932-03-11	1	08단	最新式の偵察機となる模樣建造する愛國朝鮮號
218858	朝鮮朝日	南鮮版	1932-03-11	1	08단	京城各小學校新入兒童數
218859	朝鮮朝日	南鮮版	1932-03-11	1	08단	遞信局整理一段落補充は本月中旬
218860	朝鮮朝日	南鮮版	1932-03-11	1	09단	軍事講話で國防思想鼓吹する
218861	朝鮮朝日	南鮮版	1932-03-11	1	09단	水が冷いので情死を見合せた釜山遊廓の心中珍話

일련번호	판명		간행일	면	단수	기사명
218862	朝鮮朝日	南鮮版	1932-03-11	1	10단	赤十字檢閲
218863	朝鮮朝日	南鮮版	1932-03-11	1	10단	戰傷兵釜山通過
218864	朝鮮朝日	南鮮版	1932-03-11	1	10단	釜山撞球業者料金改訂陳情
218865	朝鮮朝日	南鮮版	1932-03-11	1	10단	靑年の厭世自殺
218866	朝鮮朝日	南鮮版	1932-03-11	1	10단	人(兒玉朝鮮軍參謀長)
218867	朝鮮朝日	南鮮版	1932-03-11	1	10단	その時その話
218868	朝鮮朝日	西北版	1932-03-11	1	01단	*實戰を思せる雪中市街戰新義州の陸軍記念日/降雨で模擬戰中止平壤陸軍記念日*
218869	朝鮮朝日	西北版	1932-03-11	1	01단	兩會議の議案咸興府會と教育部會
218870	朝鮮朝日	西北版	1932-03-11	1	01단	對岸進出の平北警官隊馬賊と交戰
218871	朝鮮朝日	西北版	1932-03-11	1	01단	東拓の新總裁高山長幸氏に決定す
218872	朝鮮朝日	西北版	1932-03-11	1	02단	平南司法主任會
218873	朝鮮朝日	西北版	1932-03-11	1	02단	安東縣の鎮江橋本工事着手
218874	朝鮮朝日	西北版	1932-03-11	1	02단	赤字に惱む平壤府の腹案電車延長の代りにバス經營の案
218875	朝鮮朝日	西北版	1932-03-11	1	02단	咸興府會
218876	朝鮮朝日	西北版	1932-03-11	1	03단	五百七十冊旣に發送平壤から滿洲陣中文庫
218877	朝鮮朝日	西北版	1932-03-11	1	03단	世界騎馬旅行墺國人夫妻愈よ平壤出發
218878	朝鮮朝日	西北版	1932-03-11	1	03단	經濟線上の平壤(3)/運輸につき關係者語る
218879	朝鮮朝日	西北版	1932-03-11	1	04단	肺ヂストマ驅除
218880	朝鮮朝日	西北版	1932-03-11	1	04단	*新見憲兵の遺骨歸る/三勇士慰靈祭*
218881	朝鮮朝日	西北版	1932-03-11	1	04단	間島協約も撤廢か委託裁判も消滅せん朝鮮の負擔は減ずるが一面重大な影響がある
218882	朝鮮朝日	西北版	1932-03-11	1	05단	旅行記念スタンプ
218883	朝鮮朝日	西北版	1932-03-11	1	06단	寡婦の美談
218884	朝鮮朝日	西北版	1932-03-11	1	06단	平壤栗に對し道令を適用聲價をあげる必要上平南道で研究中
218885	朝鮮朝日	西北版	1932-03-11	1	08단	自動車一齊檢查
218886	朝鮮朝日	西北版	1932-03-11	1	08단	原蠶種製造所順川に移轉反對を退けて內定
218887	朝鮮朝日	西北版	1932-03-11	1	09단	平壤の妓生生産過剰の姿
218888	朝鮮朝日	西北版	1932-03-11	1	09단	殺人犯が獄窓から傷病兵へ慰問金涙ぐましい美談
218889	朝鮮朝日	西北版	1932-03-11	1	10단	天然痘發生
218890	朝鮮朝日	西北版	1932-03-11	1	10단	柳京小話
218891	朝鮮朝日	西北版	1932-03-11	1	10단	良藥の告訴

일련번호	판명		간행일	면	단수	기사명
218892	朝鮮朝日	西北版	1932-03-11	1	10단	火災三件
218893	朝鮮朝日	南鮮版	1932-03-12	1	01단	間島協約も撤廢か委託裁判も消滅せん朝鮮の負擔は減ずるが一面重大な影響がある
218894	朝鮮朝日	南鮮版	1932-03-12	1	01단	煙幕を張って
218895	朝鮮朝日	南鮮版	1932-03-12	1	02단	釜山に出來る水産試驗場一切の陣容內定す
218896	朝鮮朝日	南鮮版	1932-03-12	1	03단	總督府滿洲出張所實現は六月ころか出張所は奉天に、樞要地に駐在員
218897	朝鮮朝日	南鮮版	1932-03-12	1	03단	何んと美しい話
218898	朝鮮朝日	南鮮版	1932-03-12	1	04단	慶南面廢合
218899	朝鮮朝日	南鮮版	1932-03-12	1	04단	開城商業卒業式
218900	朝鮮朝日	南鮮版	1932-03-12	1	04단	統營病院改善する
218901	朝鮮朝日	南鮮版	1932-03-12	1	04단	釜山滿蒙視察團
218902	朝鮮朝日	南鮮版	1932-03-12	1	04단	大邱初等教育機關の前途は暗澹いたましい就學難
218903	朝鮮朝日	南鮮版	1932-03-12	1	04단	東萊溫泉配湯統一實施は七月頃
218904	朝鮮朝日	南鮮版	1932-03-12	1	05단	追悼會
218905	朝鮮朝日	南鮮版	1932-03-12	1	05단	慶北産業團體統一の聲起る道議會で問題となり當局は調査して善處するといふ
218906	朝鮮朝日	南鮮版	1932-03-12	1	06단	愛國機獻納熱愈よあがる
218907	朝鮮朝日	南鮮版	1932-03-12	1	07단	驅逐艦巡航
218908	朝鮮朝日	南鮮版	1932-03-12	1	07단	簡保金支拂狀況
218909	朝鮮朝日	南鮮版	1932-03-12	1	07단	鰊や鱈の食用を獎勵す慶北漁業會で宣傳
218910	朝鮮朝日	南鮮版	1932-03-12	1	07단	强盜から感謝狀が來た奇怪な平南强盜事件
218911	朝鮮朝日	南鮮版	1932-03-12	1	07단	墮胎事件の女給等三名檢事局送り
218912	朝鮮朝日	南鮮版	1932-03-12	1	07단	京城の興行協會愈よ組織
218913	朝鮮朝日	南鮮版	1932-03-12	1	08단	母の死體を天井裏に隱し五十錢銀貨を僞造す
218914	朝鮮朝日	南鮮版	1932-03-12	1	08단	スポーツ(矢野龍男選手釜山へ轉任)
218915	朝鮮朝日	南鮮版	1932-03-12	1	08단	三男坊三人警察から釋放
218916	朝鮮朝日	南鮮版	1932-03-12	1	09단	電線竊盜犯一掃に努む
218917	朝鮮朝日	南鮮版	1932-03-12	1	09단	群山の火事八戶全半燒
218918	朝鮮朝日	南鮮版	1932-03-12	1	09단	結局迷宮入りか江陵四人殺傷事件
218919	朝鮮朝日	南鮮版	1932-03-12	1	10단	京城の火事
218920	朝鮮朝日	南鮮版	1932-03-12	1	10단	子供慘死す

일련번호	판명		간행일	면	단수	기사명
218921	朝鮮朝日	南鮮版	1932-03-12	1	10단	自殺を企つ
218922	朝鮮朝日	南鮮版	1932-03-12	1	10단	鴨緑江解氷氷上通行禁止
218923	朝鮮朝日	南鮮版	1932-03-12	1	10단	その時その話
218924	朝鮮朝日	西北版	1932-03-12	1	01단	各地陸軍記念日催し　實戰その儘の壯烈な模擬戰/平南道の優良兒十日發表さる/愛國機獻金七千圓突破平壤は半島隨一だ/囚人が續々皇軍慰問金寄附を申出る
218925	朝鮮朝日	西北版	1932-03-12	1	01단	土地を開拓して移住民を扶植するこれに伴ふ金融機關も設く在滿鮮人事業全部東亞勸業でやる
218926	朝鮮朝日	西北版	1932-03-12	1	01단	遞信局の整理漸く一段落殘る補充は本月中旬
218927	朝鮮朝日	西北版	1932-03-12	1	01단	米の港南浦に工場地區設定說漸次に具體化す
218928	朝鮮朝日	西北版	1932-03-12	1	02단	鎭南浦商議選擧四月一日に決定
218929	朝鮮朝日	西北版	1932-03-12	1	03단	經濟線上の平壤(4)/運輸關係者座談會
218930	朝鮮朝日	西北版	1932-03-12	1	04단	結局條件づきで特別會計實施か一般會計に流用するとの興味ある平壤府會
218931	朝鮮朝日	西北版	1932-03-12	1	05단	咸興府會終る
218932	朝鮮朝日	西北版	1932-03-12	1	05단	穩健な政治結社咸南に組織
218933	朝鮮朝日	西北版	1932-03-12	1	06단	我が警官を歡迎する對岸支那人
218934	朝鮮朝日	西北版	1932-03-12	1	07단	工業試驗所を高工に引き直す採鑛冶金や電氣科を置いて平南當局で考究す
218935	朝鮮朝日	西北版	1932-03-12	1	07단	強盜から感謝狀が來た奇怪な平南強盜事件
218936	朝鮮朝日	西北版	1932-03-12	1	08단	咸興青年訓練所を府營にする愈よ明年度から實施
218937	朝鮮朝日	西北版	1932-03-12	1	08단	平野伍長遺骨
218938	朝鮮朝日	西北版	1932-03-12	1	08단	鴨緑江解氷氷上通行禁止
218939	朝鮮朝日	西北版	1932-03-12	1	09단	母の死體を天井裏に隱し五十錢銀貨を僞造す
218940	朝鮮朝日	西北版	1932-03-12	1	10단	現地戰術
218941	朝鮮朝日	西北版	1932-03-12	1	10단	吳東振は無期懲役
218942	朝鮮朝日	西北版	1932-03-12	1	10단	人(宮本中尉(平壤飛行第○○隊))
218943	朝鮮朝日	西北版	1932-03-12	1	10단	柳京小話
218944	朝鮮朝日	南鮮版	1932-03-13	1	01단	滿洲國の鐵道は將來益々發達しよう此鐵道網完備せば鮮鐵は惠まれる滿洲から歸った大村鐵道局長談

일련번호	판명		간행일	면	단수	기사명
218945	朝鮮朝日	南鮮版	1932-03-13	1	01단	子弟の學資負擔を輕減せよ總督府からのお布令
218946	朝鮮朝日	南鮮版	1932-03-13	1	01단	李玖殿下初の御參內は陽春四月ごろ
218947	朝鮮朝日	南鮮版	1932-03-13	1	01단	新嘗祭獻米耕作者決定
218948	朝鮮朝日	南鮮版	1932-03-13	1	02단	京畿道議會
218949	朝鮮朝日	南鮮版	1932-03-13	1	02단	朝鮮商議提出の議案日本商議委員會へ
218950	朝鮮朝日	南鮮版	1932-03-13	1	02단	政界の惑星宇垣總督今後の動き今や注目の焦點
218951	朝鮮朝日	南鮮版	1932-03-13	1	03단	しゃしん(上は陸軍記念日當日大田の模擬戰に出動の軍隊下は同鎭海模擬戰における女學生の活躍)
218952	朝鮮朝日	南鮮版	1932-03-13	1	04단	人(朴春琴氏(代議士)/兒玉右二氏(同)/池田秀雄氏(前京城日報社長)/齋藤吉十郎氏(朝紡專務))
218953	朝鮮朝日	南鮮版	1932-03-13	1	04단	改良苗代の品評會慶北で開く
218954	朝鮮朝日	南鮮版	1932-03-13	1	04단	鰺鯖共販問題決裂狀態に陷る道の區域指定に疑點
218955	朝鮮朝日	南鮮版	1932-03-13	1	05단	水産試驗場支場設置統營側が要望
218956	朝鮮朝日	南鮮版	1932-03-13	1	05단	發動機船手繰網制限を陳情慶北刺網漁業者から
218957	朝鮮朝日	南鮮版	1932-03-13	1	05단	日銀利下げと鮮銀大體に日銀にならはん
218958	朝鮮朝日	南鮮版	1932-03-13	1	06단	朝鮮の簡保金は鮮內で運用す諮問委員會で決定
218959	朝鮮朝日	南鮮版	1932-03-13	1	06단	釜山農事組合聯合會組織近く發會式を擧行
218960	朝鮮朝日	南鮮版	1932-03-13	1	06단	在家裡の陰謀魔の手各地に蠢動搖れ熄まぬ間島/鮮婦人を狩出し陰謀を企つ/共産黨員大擧暴行十二名負傷/王德林一派を擊退す
218961	朝鮮朝日	南鮮版	1932-03-13	1	07단	哀れな兄妹祖父を尋ねて內地へ
218962	朝鮮朝日	南鮮版	1932-03-13	1	08단	關釜聯絡船乘客激增釜山棧橋雜踏
218963	朝鮮朝日	南鮮版	1932-03-13	1	08단	內地密航團釜山で檢擧
218964	朝鮮朝日	南鮮版	1932-03-13	1	08단	盜難ナンセンス
218965	朝鮮朝日	南鮮版	1932-03-13	1	09단	漫然渡滿者極力阻止する慘じめな彼等の狀態
218966	朝鮮朝日	南鮮版	1932-03-13	1	09단	京城で痘瘡患者を發見す
218967	朝鮮朝日	南鮮版	1932-03-13	1	09단	釜山の火事
218968	朝鮮朝日	南鮮版	1932-03-13	1	10단	女兒絞殺死體漂着
218969	朝鮮朝日	南鮮版	1932-03-13	1	10단	落魄して自殺す往年の民族主義者

일련번호	판명		간행일	면	단수	기사명
218970	朝鮮朝日	南鮮版	1932-03-13	1	10단	その時その話
218971	朝鮮朝日	西北版	1932-03-13	1	01단	經濟線上の平壤(5)/運輸關係者座談會
218972	朝鮮朝日	西北版	1932-03-13	1	01단	王德林に代はる在家裡會一派の陰謀强力な魔の手各地に蠢動搖れ熄まぬ間島
218973	朝鮮朝日	西北版	1932-03-13	1	01단	砲煙彈雨！
218974	朝鮮朝日	西北版	1932-03-13	1	06단	不況に崇られ新事業は出來ぬ新義州府の明年豫算
218975	朝鮮朝日	西北版	1932-03-13	1	07단	人(山梨中尉來壤)
218976	朝鮮朝日	西北版	1932-03-13	1	07단	北鮮への旅客輸送試驗飛行が始まる十四日から始まり十七日に終る此航程五百五十キロ
218977	朝鮮朝日	西北版	1932-03-13	1	07단	驛が出來たら移轉をする平壤稅關支署改築
218978	朝鮮朝日	西北版	1932-03-13	1	08단	建國祝賀で安東は空前の賑ひ祝賀會や祝賀行列等々
218979	朝鮮朝日	西北版	1932-03-13	1	08단	藝酌婦のみ稅金を課するは矛盾だ新義州料理屋業者の言ひ分
218980	朝鮮朝日	西北版	1932-03-13	1	08단	製鋼所問題で委員東上
218981	朝鮮朝日	西北版	1932-03-13	1	08단	平壤電車の新線起工順序きまる
218982	朝鮮朝日	西北版	1932-03-13	1	09단	都市産業に力をそゝぐ鮮内の各都市
218983	朝鮮朝日	西北版	1932-03-13	1	10단	反對を陳情
218984	朝鮮朝日	西北版	1932-03-13	1	10단	感心な巡査
218985	朝鮮朝日	西北版	1932-03-13	1	10단	運轉手志願者が激增した
218986	朝鮮朝日	西北版	1932-03-13	1	10단	モヒ患者百名を收容平南治療所
218987	朝鮮朝日	西北版	1932-03-13	1	10단	落魄して自殺す往年の民族主義者
218988	朝鮮朝日	西北版	1932-03-13	1	10단	四月に審理鮮支人衝突未濟事件
218989	朝鮮朝日	南鮮版	1932-03-15	1	01단	府會が何づれを採るか仁川花房町埋立地問題
218990	朝鮮朝日	南鮮版	1932-03-15	1	01단	在滿同胞の原住地への歸農進捗の程度氣遣はる
218991	朝鮮朝日	南鮮版	1932-03-15	1	01단	農林局新設は延期
218992	朝鮮朝日	南鮮版	1932-03-15	1	01단	馬山府の豫算決定前年度より增額
218993	朝鮮朝日	南鮮版	1932-03-15	1	01단	江原道へ水電出願多し
218994	朝鮮朝日	南鮮版	1932-03-15	1	02단	京城府會
218995	朝鮮朝日	南鮮版	1932-03-15	1	02단	慶北海草類減收
218996	朝鮮朝日	南鮮版	1932-03-15	1	02단	血湧き肉躍る
218997	朝鮮朝日	南鮮版	1932-03-15	1	03단	關東廳應援警官隊引き揚げる
218998	朝鮮朝日	南鮮版	1932-03-15	1	03단	全鮮的に警官大增員の計劃慶南高等警察充實聯絡航乘組員も增員する

일련번호	판명		간행일	면	단수	기사명
218999	朝鮮朝日	南鮮版	1932-03-15	1	04단	淸州邑議補缺選擧
219000	朝鮮朝日	南鮮版	1932-03-15	1	04단	醫博論文通過
219001	朝鮮朝日	南鮮版	1932-03-15	1	04단	釜山昨年末現住人口十三萬九千五百餘名
219002	朝鮮朝日	南鮮版	1932-03-15	1	04단	京城商議滿蒙視察團
219003	朝鮮朝日	南鮮版	1932-03-15	1	05단	釜山人の趣味(廿七)/南鮮の山野を跋涉するハンター釜山運轉事務所の小林國衛氏
219004	朝鮮朝日	南鮮版	1932-03-15	1	05단	湖南線各地消防視察團歸る
219005	朝鮮朝日	南鮮版	1932-03-15	1	06단	市井美談雄々しい鮮婦人の働き
219006	朝鮮朝日	南鮮版	1932-03-15	1	06단	北鮮空路開拓機淸津に安着
219007	朝鮮朝日	南鮮版	1932-03-15	1	06단	慶南本年度造酒見込高景氣來で增加
219008	朝鮮朝日	南鮮版	1932-03-15	1	06단	奧地駐在所に救急藥設備急患者に無料でやる
219009	朝鮮朝日	南鮮版	1932-03-15	1	07단	煙草詐欺現はる
219010	朝鮮朝日	南鮮版	1932-03-15	1	07단	新義州では七年度から女給稅をとる課稅率は女給一人月一圓づ>
219011	朝鮮朝日	南鮮版	1932-03-15	1	08단	自稱馬賊捕はる
219012	朝鮮朝日	南鮮版	1932-03-15	1	08단	對岸進出の匪賊討伐隊罹病者が多い
219013	朝鮮朝日	南鮮版	1932-03-15	1	09단	列車食堂車の本據が釜山へ民營計劃の前提?
219014	朝鮮朝日	南鮮版	1932-03-15	1	09단	不穩鮮人十數名大邱で又檢擧
219015	朝鮮朝日	南鮮版	1932-03-15	1	10단	黃沙が降る
219016	朝鮮朝日	南鮮版	1932-03-15	1	10단	人(三浦一氏(名古屋商工會議所理事)/平田慶吉氏(京都商工會議所理事)/渡邊利三郎氏(橫濱商工會議所議員)/豐田利三郎氏(豐田紡績社長)/吉村謙一郎氏(辯護士)/シー・ボクサ中尉(駐日英國大使館附武官)/大橋ハルビン總領事)
219017	朝鮮朝日	南鮮版	1932-03-15	1	10단	その時その話
219018	朝鮮朝日	西北版	1932-03-15	1	01단	經濟線上の平壤(6)/經濟關係者座談會
219019	朝鮮朝日	西北版	1932-03-15	1	01단	吹雪を冒して北鮮空路開拓飛機難航を續け淸津安着內鮮官民多數が盛大に觀迎する
219020	朝鮮朝日	西北版	1932-03-15	1	01단	血湧き肉躍る
219021	朝鮮朝日	西北版	1932-03-15	1	02단	安州の都計着々と進捗
219022	朝鮮朝日	西北版	1932-03-15	1	02단	公魚熱目魚咸南で養殖
219023	朝鮮朝日	西北版	1932-03-15	1	03단	校風破壞の心配は要らぬ平壤高女補習科問題

일련번호	판명		간행일	면	단수	기사명
219024	朝鮮朝日	西北版	1932-03-15	1	04단	初等教育鄕土化咸南で行ふ
219025	朝鮮朝日	西北版	1932-03-15	1	05단	沙里院高女敷地問題その裏面は
219026	朝鮮朝日	西北版	1932-03-15	1	05단	休業工場復活と精練加工に努める陶器製造の副業化に着手す平南の工業試驗所
219027	朝鮮朝日	西北版	1932-03-15	1	06단	申請はしても許さぬ方針平南の林原水利組合
219028	朝鮮朝日	西北版	1932-03-15	1	07단	城津特産鱗狀黑鉛事業復活か
219029	朝鮮朝日	西北版	1932-03-15	1	07단	試驗地獄
219030	朝鮮朝日	西北版	1932-03-15	1	08단	拓務省二課長
219031	朝鮮朝日	西北版	1932-03-15	1	08단	羅南八勇士合同葬終る
219032	朝鮮朝日	西北版	1932-03-15	1	08단	新義州では七年度から女給稅をとる課稅率は女給一人月一圓づゝ
219033	朝鮮朝日	西北版	1932-03-15	1	08단	間島の追悼會
219034	朝鮮朝日	西北版	1932-03-15	1	08단	平壤祕密結社正體暴露す內鮮人一味檢擧さる
219035	朝鮮朝日	西北版	1932-03-15	1	08단	警察鳩警備聯絡に鳩を使ふ
219036	朝鮮朝日	西北版	1932-03-15	1	09단	電興の輕鐵工事費廿萬圓二、三年中に實現せん
219037	朝鮮朝日	西北版	1932-03-15	1	09단	條件づきで土地を返還平壤高女の借地問題
219038	朝鮮朝日	西北版	1932-03-15	1	10단	對岸進出の匪賊討伐隊罹病者が多い
219039	朝鮮朝日	西北版	1932-03-15	1	10단	人(三浦一氏(名古屋商工會議所理事)/平田慶吉氏(京都商工會議所理事)/渡邊利三郎氏(橫濱商工會議所議員))
219040	朝鮮朝日	西北版	1932-03-15	1	10단	柳京小話
219041	朝鮮朝日	南鮮版	1932-03-16	1	01단	農商兩庫の運用に難問題起る最近の金融狀勢變化から看過できぬ重要問題
219042	朝鮮朝日	南鮮版	1932-03-16	1	01단	何んと珍しい天平時代の佛像初めて渡來した鐵砲黃海道海州で發見された
219043	朝鮮朝日	南鮮版	1932-03-16	1	03단	八萬圓突破はもう一息だ愛國機朝鮮號獻納金
219044	朝鮮朝日	南鮮版	1932-03-16	1	04단	修養團支部設置
219045	朝鮮朝日	南鮮版	1932-03-16	1	04단	今年の就職戰線何處とも新採用手控へ新採用者の多くは男女中等校卒業生
219046	朝鮮朝日	南鮮版	1932-03-16	1	04단	東萊溫泉街の設計圖完成地主の意見を纏める
219047	朝鮮朝日	南鮮版	1932-03-16	1	05단	山田城大總長卒業生の就職口をさがしに滿洲へ

일련번호	판명		간행일	면	단수	기사명
219048	朝鮮朝日	南鮮版	1932-03-16	1	05단	開城女高普卒業式と卒業生
219049	朝鮮朝日	南鮮版	1932-03-16	1	05단	京城府明年豫算發表さる
219050	朝鮮朝日	南鮮版	1932-03-16	1	06단	國境警備の組織を變へる立田警務課長歸來談
219051	朝鮮朝日	南鮮版	1932-03-16	1	06단	馬山特經明年豫算
219052	朝鮮朝日	南鮮版	1932-03-16	1	06단	警察指紋送付督勵警務局から
219053	朝鮮朝日	南鮮版	1932-03-16	1	06단	越境の鮮支人男女十三名赤衛軍に射殺さる近頃神經を尖らす赤衛軍の行動間島領事館で眞相調査
219054	朝鮮朝日	南鮮版	1932-03-16	1	06단	歩哨警官の武器奪取二名の匪賊
219055	朝鮮朝日	南鮮版	1932-03-16	1	07단	京城府營バス增車と新路線
219056	朝鮮朝日	南鮮版	1932-03-16	1	07단	スポーツ(スキー講習溫井里に開く)
219057	朝鮮朝日	南鮮版	1932-03-16	1	07단	認可されねば府會の面目は丸潰れだ氣遣はれる新義州の女給稅
219058	朝鮮朝日	南鮮版	1932-03-16	1	08단	朝鮮婦人の洗濯所增設釜山府の計劃
219059	朝鮮朝日	南鮮版	1932-03-16	1	08단	春景氣を呼ぶ京城廉賣會大規模にやる計劃
219060	朝鮮朝日	南鮮版	1932-03-16	1	08단	京城消防制度改革四月一日實施
219061	朝鮮朝日	南鮮版	1932-03-16	1	08단	厭世自殺
219062	朝鮮朝日	南鮮版	1932-03-16	1	08단	鮮內侵入を企つ支那人匪賊
219063	朝鮮朝日	南鮮版	1932-03-16	1	09단	商賣に失敗して自殺す
219064	朝鮮朝日	南鮮版	1932-03-16	1	09단	蔚山を櫻の名所に邑民總出で植付
219065	朝鮮朝日	南鮮版	1932-03-16	1	09단	京城交通一齊取締
219066	朝鮮朝日	南鮮版	1932-03-16	1	10단	料理屋や雇人に訓示する
219067	朝鮮朝日	南鮮版	1932-03-16	1	10단	哀れな家出少年大邱で押へらる
219068	朝鮮朝日	南鮮版	1932-03-16	1	10단	五人組竊盜團釜山で檢擧
219069	朝鮮朝日	南鮮版	1932-03-16	1	10단	京城の火事
219070	朝鮮朝日	南鮮版	1932-03-16	1	10단	人(穗積外事課長)
219071	朝鮮朝日	西北版	1932-03-16	1	01단	經濟線上の平壤(7)/經濟關係者座談會
219072	朝鮮朝日	西北版	1932-03-16	1	01단	越境の鮮支人男女十三名赤衛軍に射殺さる近頃神經を尖らす赤衛軍の行動間島領事館で眞相調査
219073	朝鮮朝日	西北版	1932-03-16	1	01단	歩哨警官の武器奪取二名の匪賊
219074	朝鮮朝日	西北版	1932-03-16	1	01단	合同葬
219075	朝鮮朝日	西北版	1932-03-16	1	02단	鮮內侵入を企つ支那人匪賊
219076	朝鮮朝日	西北版	1932-03-16	1	02단	藤田主事引退す
219077	朝鮮朝日	西北版	1932-03-16	1	03단	山田城大總長卒業生の就職口をさがしに滿洲へ

일련번호	판명		간행일	면	단수	기사명
219078	朝鮮朝日	西北版	1932-03-16	1	03단	空陸呼應して開け行く北鮮京城清津間に搬送式電話架設四月一日から開通
219079	朝鮮朝日	西北版	1932-03-16	1	03단	國境警備の組織を變へる立田警務課長歸來談
219080	朝鮮朝日	西北版	1932-03-16	1	04단	平北漁組聯合會創立總會
219081	朝鮮朝日	西北版	1932-03-16	1	04단	平壤飛行隊に配置される吾等の愛國機朝鮮號
219082	朝鮮朝日	西北版	1932-03-16	1	05단	海州の防火設備
219083	朝鮮朝日	西北版	1932-03-16	1	06단	惠山線には力瘤を入れる清鐵七年度の計劃
219084	朝鮮朝日	西北版	1932-03-16	1	06단	簡便な非常報知器多田氏發明
219085	朝鮮朝日	西北版	1932-03-16	1	06단	スポーツ(スキー講習溫井里に開く)
219086	朝鮮朝日	西北版	1932-03-16	1	07단	露骨に法廷で爭ふ不況による社會苦は義理人情を無視する
219087	朝鮮朝日	西北版	1932-03-16	1	08단	箕林里へ移轉する平壤隔離病舍
219088	朝鮮朝日	西北版	1932-03-16	1	08단	月々に增加强制執行數
219089	朝鮮朝日	西北版	1932-03-16	1	08단	珍らしい多産婦人子供の數十五人
219090	朝鮮朝日	西北版	1932-03-16	1	09단	認可されねば府會の面目は丸潰れだ氣遣はれる新義州の女給稅
219091	朝鮮朝日	西北版	1932-03-16	1	09단	音樂の夕
219092	朝鮮朝日	西北版	1932-03-16	1	09단	平南の屠畜數
219093	朝鮮朝日	西北版	1932-03-16	1	10단	全部を解雇靴下工爭議
219094	朝鮮朝日	西北版	1932-03-16	1	10단	猩紅熱下火平壤のこの頃
219095	朝鮮朝日	西北版	1932-03-16	1	10단	頻々と僞造紙幣行使
219096	朝鮮朝日	西北版	1932-03-16	1	10단	柳京小話
219097	朝鮮朝日	南鮮版	1932-03-17	1	01단	京城第一部教育部會/國庫補助增額の要望
219098	朝鮮朝日	南鮮版	1932-03-17	1	01단	花の京城を訪づれる外人觀光團
219099	朝鮮朝日	南鮮版	1932-03-17	1	01단	濟州島海女入漁問題近く最後的交涉
219100	朝鮮朝日	南鮮版	1932-03-17	1	02단	盛り澤山の新事業釜山府七年度豫算いよいよ編成を終る
219101	朝鮮朝日	南鮮版	1932-03-17	1	02단	高等警察充實課長は全部警視に地方分權を斷行す
219102	朝鮮朝日	南鮮版	1932-03-17	1	02단	慶州の沙防に反對が起る道當局は强行の決意
219103	朝鮮朝日	南鮮版	1932-03-17	1	02단	昨年中の沙防成績
219104	朝鮮朝日	南鮮版	1932-03-17	1	03단	鎭海學租豫算會議
219105	朝鮮朝日	南鮮版	1932-03-17	1	03단	釜山人の趣味(廿八)/鮮內俳壇に氣を吐く俳人達雜誌「かささぎ」による高柳草舵氏

일련번호	판명		간행일	면	단수	기사명
219106	朝鮮朝日	南鮮版	1932-03-17	1	04단	癩豫防協會發會式は四月
219107	朝鮮朝日	南鮮版	1932-03-17	1	04단	警察官武道昇段
219108	朝鮮朝日	南鮮版	1932-03-17	1	05단	彌助南海三千浦巡航船六月から就航す
219109	朝鮮朝日	南鮮版	1932-03-17	1	05단	待望の愛國機朝鮮號愈よ建造に着手する爆撃裝置の八八式偵察機四月の半ごろ朝鮮に雄姿を現はす
219110	朝鮮朝日	南鮮版	1932-03-17	1	06단	船運で安く內地綿布を移入併し實現危ぶまる
219111	朝鮮朝日	南鮮版	1932-03-17	1	06단	女人夫が大擧して騷ぎ出す
219112	朝鮮朝日	南鮮版	1932-03-17	1	06단	便衣隊や共匪十名間島で逮捕
219113	朝鮮朝日	南鮮版	1932-03-17	1	06단	朝鮮人保護の訓令滿洲國政府から發布
219114	朝鮮朝日	南鮮版	1932-03-17	1	07단	平北警官隊對岸進出匪賊捜査に
219115	朝鮮朝日	南鮮版	1932-03-17	1	08단	退職慰勞金請求訴訟銀行員から銀行を訴ふ
219116	朝鮮朝日	南鮮版	1932-03-17	1	08단	京城の火事
219117	朝鮮朝日	南鮮版	1932-03-17	1	08단	第一次朝鮮共産黨公判東京で開廷
219118	朝鮮朝日	南鮮版	1932-03-17	1	09단	軍用列車轉覆を企た犯人の公判
219119	朝鮮朝日	南鮮版	1932-03-17	1	09단	行商人殺しは父子の兇行英陽署で遂に逮捕
219120	朝鮮朝日	南鮮版	1932-03-17	1	09단	彼の女の數奇な半生遂に警察へ
219121	朝鮮朝日	南鮮版	1932-03-17	1	10단	厄介な內地人二人警察に引かる
219122	朝鮮朝日	南鮮版	1932-03-17	1	10단	もよほし(刑務所作品販賣/釜山飮食店總會/滿洲事變講演會)
219123	朝鮮朝日	南鮮版	1932-03-17	1	10단	人(石田慶南警察部長/松本學氏(前內務省社會局長官)/關東廳警察官練習所に入所する練習生百五十名/井塚政義氏(本社京城通信局員))
219124	朝鮮朝日	西北版	1932-03-17	1	01단	待望の愛國機朝鮮號愈よ建造に着手する爆撃裝置の八八式偵察機四月の半ごろ朝鮮に雄姿を現はす
219125	朝鮮朝日	西北版	1932-03-17	1	01단	農商兩倉庫の運用に難問題起る最近金融狀況變化から
219126	朝鮮朝日	西北版	1932-03-17	1	01단	受驗地獄中等校同樣に考査をする悩み多き普通學敎の入學試驗近づく
219127	朝鮮朝日	西北版	1932-03-17	1	02단	咸南衛生打合會主な附議事項
219128	朝鮮朝日	西北版	1932-03-17	1	03단	何んと珍しい天平時代の佛像初めて渡來した鐵砲黃海道海州で發見された
219129	朝鮮朝日	西北版	1932-03-17	1	04단	少女の獻金
219130	朝鮮朝日	西北版	1932-03-17	1	04단	滿洲國をめざし進出貴林漁業組合

일련번호	판명		간행일	면	단수	기사명
219131	朝鮮朝日	西北版	1932-03-17	1	04단	平南水産總代會への要望事項
219132	朝鮮朝日	西北版	1932-03-17	1	05단	平南の人口百二十九萬八千四百名
219133	朝鮮朝日	西北版	1932-03-17	1	05단	變態的特計は絶對反對だ阿部平壤府尹病論
219134	朝鮮朝日	西北版	1932-03-17	1	05단	窮民救濟會北靑に組織し郡內の窮民を救濟す
219135	朝鮮朝日	西北版	1932-03-17	1	06단	咸南の痘瘡一掃計劃具體案成る
219136	朝鮮朝日	西北版	1932-03-17	1	07단	平壤七年度豫算前年より五萬六千圓增加新規事業まづ平凡
219137	朝鮮朝日	西北版	1932-03-17	1	07단	平南教員異動
219138	朝鮮朝日	西北版	1932-03-17	1	07단	半額を負擔して鋪裝道路を要望平壤「銀座」大和町で
219139	朝鮮朝日	西北版	1932-03-17	1	08단	平北警官隊對岸進出匪賊搜査に
219140	朝鮮朝日	西北版	1932-03-17	1	08단	平川里に民營バス運轉の計劃
219141	朝鮮朝日	西北版	1932-03-17	1	08단	間島領事館警察出動東盛湧方面に
219142	朝鮮朝日	西北版	1932-03-17	1	08단	女給から稅金は感心せぬ新義州に反對の狼火
219143	朝鮮朝日	西北版	1932-03-17	1	09단	便衣隊や共匪十名間島で逮捕
219144	朝鮮朝日	西北版	1932-03-17	1	09단	少年スリ團
219145	朝鮮朝日	西北版	1932-03-17	1	10단	第一次朝鮮共産黨公判東京で開廷
219146	朝鮮朝日	西北版	1932-03-17	1	10단	怪盜の公判月末か來月初旬に開く
219147	朝鮮朝日	西北版	1932-03-17	1	10단	一家四名が瓦斯中毒內二名絶命
219148	朝鮮朝日	西北版	1932-03-17	1	10단	搭鬪して捕はる
219149	朝鮮朝日	西北版	1932-03-17	1	10단	人(關東廳警察官練習所に入所する練習生百五十名/石田慶南警察部長/松本學(前內務省社會局長官)
219150	朝鮮朝日	西北版	1932-03-17	1	10단	樂禮/柳京小話
219151	朝鮮朝日	南鮮版	1932-03-18	1	01단	*梁山農民騷擾事件後報 武裝警戒班で要所々々を警戒すもの凄かった騷擾當時/農民一名射殺さる/騷擾の急先鋒梁山農民組合各種爭議の黑幕となる/檢束者を釜山に移送/今後騷げば彈壓を加へる石田警察部長語る/元橋檢事急行/常に注意してゐた梁山署長語る*
219152	朝鮮朝日	南鮮版	1932-03-18	1	01단	行樂の時迫る春を訪ねてピクニックはハイキングは
219153	朝鮮朝日	南鮮版	1932-03-18	1	02단	是非とも間島を朝鮮の延長にするいよいよ近く滿洲國政府に總督府から交涉する

일련번호	판명		간행일	면	단수	기사명
219154	朝鮮朝日	南鮮版	1932-03-18	1	02단	避難民の歸還本月中に終る土屋事務官歸來談
219155	朝鮮朝日	南鮮版	1932-03-18	1	03단	京城府會
219156	朝鮮朝日	南鮮版	1932-03-18	1	04단	主要驛長會議
219157	朝鮮朝日	南鮮版	1932-03-18	1	04단	大邱府會廿四日から
219158	朝鮮朝日	南鮮版	1932-03-18	1	04단	鮮銀支店異動
219159	朝鮮朝日	南鮮版	1932-03-18	1	05단	宇垣總督職業學校視察
219160	朝鮮朝日	南鮮版	1932-03-18	1	05단	警官五百名增員する實施は六月頃
219161	朝鮮朝日	南鮮版	1932-03-18	1	05단	刑事補償法朝鮮でも七年度から實施
219162	朝鮮朝日	南鮮版	1932-03-18	1	06단	三百名の兵匪莊河縣城を襲擊巡警の死者五十餘名在留邦人消息不明放火で城內は大混亂に陷る
219163	朝鮮朝日	南鮮版	1932-03-18	1	06단	惱みの入學試驗愈よはじまる
219164	朝鮮朝日	南鮮版	1932-03-18	1	07단	慶南淸酒品評會役員きまる
219165	朝鮮朝日	南鮮版	1932-03-18	1	07단	慶南教育總會は馬山で開く
219166	朝鮮朝日	南鮮版	1932-03-18	1	07단	食糧缺乏し細民餓死す哀れな慶北奧地農村
219167	朝鮮朝日	南鮮版	1932-03-18	1	08단	鐵道局二次整理發表さる
219168	朝鮮朝日	南鮮版	1932-03-18	1	09단	一圓四十一錢を盜んで懲役五年に處刑
219169	朝鮮朝日	南鮮版	1932-03-18	1	09단	始興の火事
219170	朝鮮朝日	南鮮版	1932-03-18	1	10단	慶北駐在所に指紋器配置
219171	朝鮮朝日	南鮮版	1932-03-18	1	10단	學生で聯絡船は滿員だ
219172	朝鮮朝日	南鮮版	1932-03-18	1	10단	檢事送局は三十名祕密結社事件
219173	朝鮮朝日	南鮮版	1932-03-18	1	10단	間島民生團員宅襲擊二百の共産黨員
219174	朝鮮朝日	南鮮版	1932-03-18	1	10단	もよほし(釜山兩高女卒業式/釜山小學卒業式/朝海丸觀覽會)
219175	朝鮮朝日	西北版	1932-03-18	1	01단	梁山農民騷擾事件後報　武裝警戒班で要所々々を警戒すもの凄かった騷擾當時/騷擾の急先鋒梁山農民組合各種爭議の黑幕となる/農民一名射殺さる/檢束者を釜山に移送/今後騷げば彈壓を加へる石田警察部長語る/元橋檢事急行/常に注意してゐた梁山署長語る
219176	朝鮮朝日	西北版	1932-03-18	1	01단	朖な街頭風景
219177	朝鮮朝日	西北版	1932-03-18	1	02단	平壤府の人事異動阿部府尹語る
219178	朝鮮朝日	西北版	1932-03-18	1	03단	豫算に對して提案權は持たぬ修正權のみとタカをくゝる特別會計行惱むか
219179	朝鮮朝日	西北版	1932-03-18	1	04단	人(境長三郎氏(京城覆審法院檢事長))

일련번호	판명		간행일	면	단수	기사명
219180	朝鮮朝日	西北版	1932-03-18	1	06단	三百名の兵匪莊河縣城を襲擊巡警の死者五十餘名在留邦人消息不明放火で城內は大混亂に陷る
219181	朝鮮朝日	西北版	1932-03-18	1	06단	海州學組明年豫算
219182	朝鮮朝日	西北版	1932-03-18	1	07단	咸興市街地都計調査會四月第一回總會を開く
219183	朝鮮朝日	西北版	1932-03-18	1	07단	鮮銀支店異動
219184	朝鮮朝日	西北版	1932-03-18	1	07단	間島自治區設定猛運動を起す
219185	朝鮮朝日	西北版	1932-03-18	1	07단	密輸取締になやむ新義州稅關
219186	朝鮮朝日	西北版	1932-03-18	1	08단	高等警察會議
219187	朝鮮朝日	西北版	1932-03-18	1	08단	平南農會總會
219188	朝鮮朝日	西北版	1932-03-18	1	08단	歸還近づく近く歡迎打合會をひらく平壤部隊の凱旋日
219189	朝鮮朝日	西北版	1932-03-18	1	08단	罷業の大部分職工側勝つ平壤の靴下工爭議
219190	朝鮮朝日	西北版	1932-03-18	1	09단	卒業式(沙里院/平壤)
219191	朝鮮朝日	西北版	1932-03-18	1	09단	不正商人嚴重取締る平壤憲兵隊で
219192	朝鮮朝日	西北版	1932-03-18	1	10단	一書を取って引揚ぐ平北討伐隊
219193	朝鮮朝日	西北版	1932-03-18	1	10단	女給生活の認識不足だ
219194	朝鮮朝日	西北版	1932-03-18	1	10단	樂禮/柳京小話
219195	朝鮮朝日	南鮮版	1932-03-19	1	01단	槍や靑龍刀で物凄く突擊して來た激戰一時間半で擊退す通遠堡襲擊の兵匪/兵匪は約三百名我軍隊警察官追擊中
219196	朝鮮朝日	南鮮版	1932-03-19	1	01단	議會新風景朴新代議士初登院振り
219197	朝鮮朝日	南鮮版	1932-03-19	1	01단	學務局內に體育係新設體育行政を統制する
219198	朝鮮朝日	南鮮版	1932-03-19	1	01단	京城府會
219199	朝鮮朝日	南鮮版	1932-03-19	1	02단	釜山人の趣味(廿九)/ハンドルもつ傍ら尺八に精進す遂に師匠となった安田太山君
219200	朝鮮朝日	南鮮版	1932-03-19	1	03단	國境警備變革の協議米澤安東領事入城
219201	朝鮮朝日	南鮮版	1932-03-19	1	04단	京城測候所移轉
219202	朝鮮朝日	南鮮版	1932-03-19	1	04단	釜山會議所議員改選の準備新規則による最初の選擧
219203	朝鮮朝日	南鮮版	1932-03-19	1	05단	鎭海邑豫算會議
219204	朝鮮朝日	南鮮版	1932-03-19	1	05단	梁山の暴民檢擧峻烈を極む檢擧者は取調の上釜山へ移送邑內漸く平靜となる
219205	朝鮮朝日	南鮮版	1932-03-19	1	06단	安奉線に活躍する警官隊に本社慰問品特製朝日菓子一折宛

일련번호	판명		간행일	면	단수	기사명
219206	朝鮮朝日	南鮮版	1932-03-19	1	06단	特高機關增設を急ぐ
219207	朝鮮朝日	南鮮版	1932-03-19	1	06단	光州火防會議
219208	朝鮮朝日	南鮮版	1932-03-19	1	07단	支那語を正科に各校で考究
219209	朝鮮朝日	南鮮版	1932-03-19	1	07단	鴨綠江解氷前に馬賊大討伐を行ふ差當り平北から大討伐隊警務局の計劃進む
219210	朝鮮朝日	南鮮版	1932-03-19	1	08단	朝鮮初等教員試驗規則改正
219211	朝鮮朝日	南鮮版	1932-03-19	1	08단	大邱釜山間列車警戒移動警察設置
219212	朝鮮朝日	南鮮版	1932-03-19	1	08단	開城地方の吹雪
219213	朝鮮朝日	南鮮版	1932-03-19	1	08단	漁船轉覆
219214	朝鮮朝日	南鮮版	1932-03-19	1	08단	發禁刊行物を密賣す
219215	朝鮮朝日	南鮮版	1932-03-19	1	08단	朝鮮濁酒の密造激增す慶南で嚴重取締る
219216	朝鮮朝日	南鮮版	1932-03-19	1	09단	癲癇患者が死んだ子供の睾丸をのむ
219217	朝鮮朝日	南鮮版	1932-03-19	1	09단	元判任官二級の男竊盜を働く
219218	朝鮮朝日	南鮮版	1932-03-19	1	09단	店員の拐帶
219219	朝鮮朝日	南鮮版	1932-03-19	1	10단	開城の火事
219220	朝鮮朝日	南鮮版	1932-03-19	1	10단	もよほし(釜山藥業總會/新任披露宴/慶南水組地主會)
219221	朝鮮朝日	南鮮版	1932-03-19	1	10단	人(滿洲國を視察する陸軍大學生十名/阿部明治太郎(忠北道警察部長))
219222	朝鮮朝日	南鮮版	1932-03-19	1	10단	その時その話
219223	朝鮮朝日	西北版	1932-03-19	1	01단	平壤府政の癌目出度く解決す財源でき次等平川里線を實現箕林里複線問題/動力費引下に充當せよと要望平壤府の豫算內示會
219224	朝鮮朝日	西北版	1932-03-19	1	01단	お自慢リレー(３)/往年の尖端人日本最初の自動車販賣その頃を語る松井老
219225	朝鮮朝日	西北版	1932-03-19	1	03단	せつめい((上)は朝日新聞社から慰問品を受けてニコヤカに出動する警官達(下)は安奉線警備總指揮官高山安東警察署長に本社の慰問品と目錄贈呈)
219226	朝鮮朝日	西北版	1932-03-19	1	04단	朝鮮初等教員試驗規則改正
219227	朝鮮朝日	西北版	1932-03-19	1	04단	平南中等校公民科新設道で準備中
219228	朝鮮朝日	西北版	1932-03-19	1	04단	是非とも間島を朝鮮の延長にするいよいよ近く滿洲國政府に總督府から交渉する
219229	朝鮮朝日	西北版	1932-03-19	1	05단	避難民歸還は今の處絶望前途の危險を恐れて
219230	朝鮮朝日	西北版	1932-03-19	1	07단	新義州府會の女給稅問題愈よ縺れる
219231	朝鮮朝日	西北版	1932-03-19	1	07단	間島の行政組織改善さる

일련번호	판명		간행일	면	단수	기사명
219232	朝鮮朝日	西北版	1932-03-19	1	07단	安奉線に活躍する警官隊に本社慰問品特製朝日菓子一折宛
219233	朝鮮朝日	西北版	1932-03-19	1	08단	咸北水産傳習所四月から復活
219234	朝鮮朝日	西北版	1932-03-19	1	08단	平壤明年度府稅査定會
219235	朝鮮朝日	西北版	1932-03-19	1	08단	鴨綠江解氷前に馬賊大討伐を行ふ差當り平北から大討伐隊警務局の計劃進む
219236	朝鮮朝日	西北版	1932-03-19	1	08단	朝鮮警官隊引揚げ期本月末か四月上旬頃
219237	朝鮮朝日	西北版	1932-03-19	1	09단	禁煙の坑內で喫煙の火からか寺洞海軍炭坑慘事原因
219238	朝鮮朝日	西北版	1932-03-19	1	09단	道が調停に乘出す模樣陽德溫泉問題
219239	朝鮮朝日	西北版	1932-03-19	1	09단	樂禮/柳京小話
219240	朝鮮朝日	西北版	1932-03-19	1	09단	癲癇患者が死んだ子供の睪丸をのむ
219241	朝鮮朝日	南鮮版	1932-03-20	1	01단	今後の滿蒙は各民族の活躍舞台だ競爭も激しからう今井田總監の時事談
219242	朝鮮朝日	南鮮版	1932-03-20	1	01단	慶北視察團本社を見學
219243	朝鮮朝日	南鮮版	1932-03-20	1	02단	京城府會
219244	朝鮮朝日	南鮮版	1932-03-20	1	02단	八百圓でその場を凌がす慶北榮州細民救濟
219245	朝鮮朝日	南鮮版	1932-03-20	1	02단	城津を和布取引市場にする
219246	朝鮮朝日	南鮮版	1932-03-20	1	03단	北鮮開拓殊に道路開拓が必要だ十數日に亘り北鮮視察した中村拓務省技師江界で語る
219247	朝鮮朝日	南鮮版	1932-03-20	1	04단	細民に施米す
219248	朝鮮朝日	南鮮版	1932-03-20	1	04단	大邱府營バス豫算愈よ發表さる
219249	朝鮮朝日	南鮮版	1932-03-20	1	04단	春・惱ましい世相の轉回/大邱暴力團豫審終る/高麗靑年會再建事件公判/漁船難破/天然痘發生
219250	朝鮮朝日	南鮮版	1932-03-20	1	05단	辭令
219251	朝鮮朝日	南鮮版	1932-03-20	1	05단	慶南敎員採用と整理本月末發令
219252	朝鮮朝日	南鮮版	1932-03-20	1	05단	京城實業補習學校費增額
219253	朝鮮朝日	南鮮版	1932-03-20	1	05단	京龍道路改修
219254	朝鮮朝日	南鮮版	1932-03-20	1	06단	東萊郡の一部釜山に編入釜山府で調査する
219255	朝鮮朝日	南鮮版	1932-03-20	1	06단	釜山滿蒙視察團部門きまる
219256	朝鮮朝日	南鮮版	1932-03-20	1	06단	郡部に駐在所國境に警官出張所增設して査察網充實
219257	朝鮮朝日	南鮮版	1932-03-20	1	07단	潛入的となった農民組合運動彈壓方針をとるか
219258	朝鮮朝日	南鮮版	1932-03-20	1	07단	安奉沿線又も不安警官隊緊張

일련번호	판명		간행일	면	단수	기사명
219259	朝鮮朝日	南鮮版	1932-03-20	1	07단	奬忠壇公園大に改善する
219260	朝鮮朝日	南鮮版	1932-03-20	1	08단	槪して體格がよい釜山校新入生
219261	朝鮮朝日	南鮮版	1932-03-20	1	08단	自動三輪車取締を考究
219262	朝鮮朝日	南鮮版	1932-03-20	1	08단	乙女心に描く良人の職業平壤高女の調べ
219263	朝鮮朝日	南鮮版	1932-03-20	1	09단	視察團の便宜を計る妓生の花代を値下して
219264	朝鮮朝日	南鮮版	1932-03-20	1	09단	支那人が天理教信徒になる
219265	朝鮮朝日	南鮮版	1932-03-20	1	09단	網屋軍曹逝く
219266	朝鮮朝日	南鮮版	1932-03-20	1	10단	陽德の火事
219267	朝鮮朝日	南鮮版	1932-03-20	1	10단	もよほし(京城神社祈年祭/京城髮結總會)
219268	朝鮮朝日	南鮮版	1932-03-20	1	10단	人(宮島保衛氏(拓務省朝鮮部第二課長)/山崎右近氏(新任釜山郵便局會計課長)/井塚正義氏(本社名古屋通信局員)/山縣憲兵少佐(平壤憲兵隊長)/片岡航空兵軍曹(平壤飛行隊員)/石橋靜男氏(慶北農務課技師)/朱雀一氏(釜山醫師))
219269	朝鮮朝日	南鮮版	1932-03-20	1	10단	その時その話
219270	朝鮮朝日	西北版	1932-03-20	1	01단	槍や靑龍刀で物凄く突擊して來た激戰一時間半で擊退す通遠堡襲擊の兵匪/兵匪は約三百名我軍隊警察官追擊中
219271	朝鮮朝日	西北版	1932-03-20	1	01단	議會新風景朴新代議士初登院振り
219272	朝鮮朝日	西北版	1932-03-20	1	01단	松井府尹に瞞着されたと憤慨寺洞線問題の成行き
219273	朝鮮朝日	西北版	1932-03-20	1	02단	春春春のスポーツ(1)/轡をならべて全鮮的飛躍新進、古豪相伍して平壤庭球の黃金期
219274	朝鮮朝日	西北版	1932-03-20	1	03단	辭令
219275	朝鮮朝日	西北版	1932-03-20	1	04단	細民に施米す
219276	朝鮮朝日	西北版	1932-03-20	1	04단	北鮮開拓殊に道路開拓が必要だ十數日に互り北鮮視察した中村拓務省技師江界で語る
219277	朝鮮朝日	西北版	1932-03-20	1	06단	明年度には十三校增設する平北一面一校計劃
219278	朝鮮朝日	西北版	1932-03-20	1	06단	色服獎勵の染色講習會永興に開く
219279	朝鮮朝日	西北版	1932-03-20	1	06단	城津を和布取引市場にする
219280	朝鮮朝日	西北版	1932-03-20	1	07단	潛入的となった農民組合運動彈壓方針をとるか
219281	朝鮮朝日	西北版	1932-03-20	1	07단	出征者家族慰安
219282	朝鮮朝日	西北版	1932-03-20	1	08단	城津邑會議案全部可決

일련번호	판명		간행일	면	단수	기사명
219283	朝鮮朝日	西北版	1932-03-20	1	08단	視察團の便宜を計る妓生の花代を値下して
219284	朝鮮朝日	西北版	1932-03-20	1	08단	支那人が天理教信徒になる
219285	朝鮮朝日	西北版	1932-03-20	1	08단	乙女心に描く良人の職業平壤高女の調べ
219286	朝鮮朝日	西北版	1932-03-20	1	09단	咸南の猩紅熱
219287	朝鮮朝日	西北版	1932-03-20	1	09단	平壤のエ口街に嵐が吹く
219288	朝鮮朝日	西北版	1932-03-20	1	09단	若妻殺し公判四月の上旬に開く
219289	朝鮮朝日	西北版	1932-03-20	1	10단	網屋軍曹逝く
219290	朝鮮朝日	西北版	1932-03-20	1	10단	家出が多い
219291	朝鮮朝日	西北版	1932-03-20	1	10단	陽德の火事
219292	朝鮮朝日	西北版	1932-03-20	1	10단	人(山縣憲兵少佐(平壤憲兵隊長)/片岡航空兵軍曹(平壤飛行隊員)/石橋靜男氏(慶北農務課技師))
219293	朝鮮朝日	西北版	1932-03-20	1	10단	樂禮/柳京小話
219294	朝鮮朝日	南鮮版	1932-03-22	1	01단	朝鮮物産の滿洲進出策
219295	朝鮮朝日	南鮮版	1932-03-22	1	01단	統制的に鮮産品販路開拓京城商議の新計劃
219296	朝鮮朝日	南鮮版	1932-03-22	1	01단	鮮人醫師滿洲進出關東廳へ交渉
219297	朝鮮朝日	南鮮版	1932-03-22	1	01단	京城府會
219298	朝鮮朝日	南鮮版	1932-03-22	1	02단	大田學組會議
219299	朝鮮朝日	南鮮版	1932-03-22	1	02단	大田邑明年豫算
219300	朝鮮朝日	南鮮版	1932-03-22	1	02단	十五夜お月樣
219301	朝鮮朝日	南鮮版	1932-03-22	1	03단	醫師藥劑師試驗
219302	朝鮮朝日	南鮮版	1932-03-22	1	03단	鮮展五月に開く
219303	朝鮮朝日	南鮮版	1932-03-22	1	03단	釜山府明年度各種補助金一割減を斷行
219304	朝鮮朝日	南鮮版	1932-03-22	1	04단	京城普校の入學難相當緩和さる
219305	朝鮮朝日	南鮮版	1932-03-22	1	04단	大邱中等校公民科新設四月から實施
219306	朝鮮朝日	南鮮版	1932-03-22	1	04단	青年訓練所公立移管慶南で四ヶ所
219307	朝鮮朝日	南鮮版	1932-03-22	1	04단	慶州塔亭里五重塔復原する
219308	朝鮮朝日	南鮮版	1932-03-22	1	05단	伊藤公記念協議會
219309	朝鮮朝日	南鮮版	1932-03-22	1	05단	全南官場の整理
219310	朝鮮朝日	南鮮版	1932-03-22	1	05단	雄基種馬所を總督府で直營するいよいよ六月一日より實施內容も擴張する
219311	朝鮮朝日	南鮮版	1932-03-22	1	05단	仁川の月尾島を櫻の名所にする
219312	朝鮮朝日	南鮮版	1932-03-22	1	06단	雇員、傭人扶助條例釜山府で施行
219313	朝鮮朝日	南鮮版	1932-03-22	1	06단	釜山職業紹介所就職者慰安會
219314	朝鮮朝日	南鮮版	1932-03-22	1	06단	京城の腸窒扶斯
219315	朝鮮朝日	南鮮版	1932-03-22	1	06단	李王家の犬がどろん

일련번호	판명		간행일	면	단수	기사명
219316	朝鮮朝日	南鮮版	1932-03-22	1	06단	澤山なお金を只遊ばすは惜しい警察官共濟組合で下級警察官を救濟
219317	朝鮮朝日	南鮮版	1932-03-22	1	07단	城大卒業式
219318	朝鮮朝日	南鮮版	1932-03-22	1	07단	傷病兵歸還
219319	朝鮮朝日	南鮮版	1932-03-22	1	07단	空の客多くなる
219320	朝鮮朝日	南鮮版	1932-03-22	1	07단	農倉書記の横領朝鮮に來て捕はる
219321	朝鮮朝日	南鮮版	1932-03-22	1	07단	墮胎事件の美人女給ら公判に廻さる
219322	朝鮮朝日	南鮮版	1932-03-22	1	08단	千人縫ひの胴卷十七枚とお守滿洲出動軍に贈る
219323	朝鮮朝日	南鮮版	1932-03-22	1	08단	放火の判決
219324	朝鮮朝日	南鮮版	1932-03-22	1	09단	カフエの會計が横領す
219325	朝鮮朝日	南鮮版	1932-03-22	1	09단	馬賊の頭目を志す少年釜山で取押らる
219326	朝鮮朝日	南鮮版	1932-03-22	1	09단	遭難船員を救ふ
219327	朝鮮朝日	南鮮版	1932-03-22	1	09단	大邱に凍死者
219328	朝鮮朝日	南鮮版	1932-03-22	1	10단	寬甸縣城に匪賊襲來
219329	朝鮮朝日	南鮮版	1932-03-22	1	10단	愛婦幼稚園兒募集
219330	朝鮮朝日	南鮮版	1932-03-22	1	10단	もよほし(學士院支郡總會/三島高女バザー/班天町靑年總會/慶北物産卽賣會)
219331	朝鮮朝日	南鮮版	1932-03-22	1	10단	人(谷警務官補/嚴淵隆介氏(新任黃海道光海州醫院小兒科長)/高屋庸彦大佐(陸軍大學教官)/飯田貞固大佐(陸軍省馬政課長)/大野莊三郎氏(大邱府會議員))
219332	朝鮮朝日	南鮮版	1932-03-22	1	10단	その時その話
219333	朝鮮朝日	西北版	1932-03-22	1	01단	雄基種馬所を總督府で直營するいよいよ六月一日より實施內容も擴張する
219334	朝鮮朝日	西北版	1932-03-22	1	01단	鎭南浦商議選擧愈よ四月一日に行ふ內鮮候補者の運動始まる
219335	朝鮮朝日	西北版	1932-03-22	1	01단	鎭南浦教育部會
219336	朝鮮朝日	西北版	1932-03-22	1	01단	醫師藥劑師試驗
219337	朝鮮朝日	西北版	1932-03-22	1	01단	載寧江の改修工事
219338	朝鮮朝日	西北版	1932-03-22	1	02단	沙里院邑豫算內示會
219339	朝鮮朝日	西北版	1932-03-22	1	02단	春春春のスポーツ(3)/全鮮に挑む選手の全貌潑剌たる意氣に燃ゆ平南陸上男女群
219340	朝鮮朝日	西北版	1932-03-22	1	03단	新義州の中華領事館送金杜絶に惱みぬく
219341	朝鮮朝日	西北版	1932-03-22	1	03단	平壤當面の問題を調査する
219342	朝鮮朝日	西北版	1932-03-22	1	03단	新年度早々起工する平南救濟工事
219343	朝鮮朝日	西北版	1932-03-22	1	04단	平壤靑訓卒業生

일련번호	판명		간행일	면	단수	기사명
219344	朝鮮朝日	西北版	1932-03-22	1	04단	澤山なお金を只遊ばすは惜しい警察官 共濟組合で下級警察官を救濟
219345	朝鮮朝日	西北版	1932-03-22	1	05단	鮮展五月に開く
219346	朝鮮朝日	西北版	1932-03-22	1	05단	白善行女史の胸像が出來た
219347	朝鮮朝日	西北版	1932-03-22	1	05단	江界に刑務所設置運動
219348	朝鮮朝日	西北版	1932-03-22	1	06단	牛耕よりも馬耕を獎勵す咸北の新計劃
219349	朝鮮朝日	西北版	1932-03-22	1	06단	風致を尊重してモダンな防水壁築山に『さくら』を植栽する大同江本年の防水工事
219350	朝鮮朝日	西北版	1932-03-22	1	07단	戰死した兩巡査署葬安東空前の盛儀
219351	朝鮮朝日	西北版	1932-03-22	1	07단	避病舍設置反對の陳情書
219352	朝鮮朝日	西北版	1932-03-22	1	07단	火保料反對問題の激勵電報
219353	朝鮮朝日	西北版	1932-03-22	1	08단	鴨綠江いよいよ解氷す
219354	朝鮮朝日	西北版	1932-03-22	1	08단	清津に水上署設置されん
219355	朝鮮朝日	西北版	1932-03-22	1	08단	汗だくで裁く忙しい清津法院かはり種の依田判事
219356	朝鮮朝日	西北版	1932-03-22	1	09단	暗に働く女性を嚴罰
219357	朝鮮朝日	西北版	1932-03-22	1	09단	男女三名共謀して死兒の腦味噌を取る
219358	朝鮮朝日	西北版	1932-03-22	1	09단	重傷の間島鮮農何れも危篤
219359	朝鮮朝日	西北版	1932-03-22	1	10단	寬甸縣城に匪賊襲來
219360	朝鮮朝日	西北版	1932-03-22	1	10단	人(巖淵隆介氏(新任黃海道光海州醫院小兒科長)/高屋庸彦大佐(陸軍大學教官)/飯田貞固大佐(陸軍省馬政課長))
219361	朝鮮朝日	西北版	1932-03-22	1	10단	樂禮/柳京小話
219362	朝鮮朝日	南鮮版	1932-03-23	1	01단	打ちはじめた春・の・心・音京城の街頭散見/春の昌慶苑
219363	朝鮮朝日	南鮮版	1932-03-23	1	01단	長銃や靑龍刀隊老頭溝襲擊を企つ日支の討伐隊急遽出動す間島の形勢不穩/賊團が前進を始める/賊團の決死隊柳岸子に現はる/小野警部補等四名重傷す賊團の勢力漸次增大/支那軍行方を晦ます/警備電話線切斷さる
219364	朝鮮朝日	南鮮版	1932-03-23	1	02단	朝鮮火保問題協議纏らず改めて具體方針協議
219365	朝鮮朝日	南鮮版	1932-03-23	1	04단	滿洲に獸疫血淸製造所を新設する
219366	朝鮮朝日	南鮮版	1932-03-23	1	04단	仁川府廳舍愈よ改築する
219367	朝鮮朝日	南鮮版	1932-03-23	1	05단	大田邑會
219368	朝鮮朝日	南鮮版	1932-03-23	1	05단	釜山道路鋪裝受益者負擔坪數割を徵收
219369	朝鮮朝日	南鮮版	1932-03-23	1	06단	開城府教育部會

일련번호	판명		간행일	면	단수	기사명
219370	朝鮮朝日	南鮮版	1932-03-23	1	06단	面職員が詰襟洋服姿生活の簡易化
219371	朝鮮朝日	南鮮版	1932-03-23	1	06단	京畿道に警官百名を増員特高機關を整備する
219372	朝鮮朝日	南鮮版	1932-03-23	1	07단	京城府の巡回診療四月から開始
219373	朝鮮朝日	南鮮版	1932-03-23	1	07단	咸北の衛生施設整備の計劃
219374	朝鮮朝日	南鮮版	1932-03-23	1	07단	鮮産品滿洲進出に幾多の難關がある統制的戰線が必要だ
219375	朝鮮朝日	南鮮版	1932-03-23	1	08단	滿蒙博覽會釜山で開催新兵器など多數出陳
219376	朝鮮朝日	南鮮版	1932-03-23	1	08단	官公署、會社の診療を引受る釜山公立病院で
219377	朝鮮朝日	南鮮版	1932-03-23	1	08단	大金を橫領して娼妓をひかす支配人の惡事露見
219378	朝鮮朝日	南鮮版	1932-03-23	1	09단	銀行支配人の拐帯新義州で逮捕
219379	朝鮮朝日	南鮮版	1932-03-23	1	09단	棧橋ゴロにお金を捲上げらる
219380	朝鮮朝日	南鮮版	1932-03-23	1	10단	列車轉覆を企て懲役五年
219381	朝鮮朝日	南鮮版	1932-03-23	1	10단	京城の火事
219382	朝鮮朝日	南鮮版	1932-03-23	1	10단	大田の痘瘡
219383	朝鮮朝日	南鮮版	1932-03-23	1	10단	慶北の記念植樹
219384	朝鮮朝日	南鮮版	1932-03-23	1	10단	人(黑巖龍登氏(慶北農務課技手))
219385	朝鮮朝日	南鮮版	1932-03-23	1	10단	その時その話
219386	朝鮮朝日	西北版	1932-03-23	1	01단	*長銃や靑龍刀隊老頭溝襲擊を企つ日支の討伐隊急遽出動す間島の形勢不穩/賊團が前進を始める/賊團の決死隊柳岸子に現はる/小野警部補等四名重傷す賊團の勢力漸次增大/支那軍行方を晦ます/警備電話線切斷さる*
219387	朝鮮朝日	西北版	1932-03-23	1	01단	朝鮮火保問題協議纏らず改めて具體方針決定
219388	朝鮮朝日	西北版	1932-03-23	1	01단	咸北の衛生施設整備の計劃
219389	朝鮮朝日	西北版	1932-03-23	1	01단	値下から內訌を生す平壤豆腐組合
219390	朝鮮朝日	西北版	1932-03-23	1	02단	凱旋の平壤部隊歡迎準備進む
219391	朝鮮朝日	西北版	1932-03-23	1	02단	春春春のスポーツ(3)/平鐵、平實共に陣容を整備甲子園を目指して奮起する平中ナイン
219392	朝鮮朝日	西北版	1932-03-23	1	03단	平壤のラヂオ無料診療
219393	朝鮮朝日	西北版	1932-03-23	1	03단	增加するが結局共倒れ平壤の飲食店
219394	朝鮮朝日	西北版	1932-03-23	1	04단	感心な女生

일련번호	판명		간행일	면	단수	기사명
219395	朝鮮朝日	西北版	1932-03-23	1	04단	鮮産品滿州進出に幾多の難關がある統制的戰線が必要だ
219396	朝鮮朝日	西北版	1932-03-23	1	06단	滿洲に獸疫血淸製造所を新設する
219397	朝鮮朝日	西北版	1932-03-23	1	07단	珍しい模範村男女總動員で働き村の機關を整へる
219398	朝鮮朝日	西北版	1932-03-23	1	07단	いよいよ近く工事に着手する南浦無煙炭積込施設
219399	朝鮮朝日	西北版	1932-03-23	1	07단	平壤の祕密結社事件近く送局
219400	朝鮮朝日	西北版	1932-03-23	1	08단	銀行支配人の拐帶新義州で逮捕
219401	朝鮮朝日	西北版	1932-03-23	1	08단	巖石崩壞し機關車墜落圖們西部線の珍事
219402	朝鮮朝日	西北版	1932-03-23	1	09단	咸南腦脊髓膜炎患者續發す
219403	朝鮮朝日	西北版	1932-03-23	1	09단	列車轉覆を企て懲役五年
219404	朝鮮朝日	西北版	1932-03-23	1	09단	私は神の三男だ神以外の裁きは受けぬ厄介な吳東振平壤に移送
219405	朝鮮朝日	西北版	1932-03-23	1	10단	鮮銀事件の控訴審ちかく開廷
219406	朝鮮朝日	西北版	1932-03-23	1	10단	もよほし(平壤の慰安會)
219407	朝鮮朝日	西北版	1932-03-23	1	10단	人(黑巖龍登氏(慶北農務課技手))
219408	朝鮮朝日	西北版	1932-03-23	1	10단	樂禮/柳京小話
219409	朝鮮朝日	南鮮版	1932-03-24	1	01단	春のスポーツ　明大ラガー來城期迫る/京仁驛傳競走四月三日に行ふ/ラグビー朝鮮軍メンバー決定)
219410	朝鮮朝日	南鮮版	1932-03-24	1	01단	滿洲への商圈擴張の足場を造れ今後の發展舞台は北滿山澤商工課長の滿洲視察談
219411	朝鮮朝日	南鮮版	1932-03-24	1	01단	學閥の弊を一掃する方針教員整理廣汎に亙る
219412	朝鮮朝日	南鮮版	1932-03-24	1	01단	辭令
219413	朝鮮朝日	南鮮版	1932-03-24	1	01단	米檢支所の設置地愈よ決定す
219414	朝鮮朝日	南鮮版	1932-03-24	1	02단	京畿道議會無事閉會す
219415	朝鮮朝日	南鮮版	1932-03-24	1	02단	郡民大會で工事繰延に反對洛東江一川式改修問題
219416	朝鮮朝日	南鮮版	1932-03-24	1	02단	大邱中等校入學試驗愈よ始まる
219417	朝鮮朝日	南鮮版	1932-03-24	1	03단	釜山府會
219418	朝鮮朝日	南鮮版	1932-03-24	1	03단	慶南淸酒品評會
219419	朝鮮朝日	南鮮版	1932-03-24	1	03단	釜山普通校增設實現
219420	朝鮮朝日	南鮮版	1932-03-24	1	04단	春はブランコに乘って！
219421	朝鮮朝日	南鮮版	1932-03-24	1	04단	釜山工業校充實
219422	朝鮮朝日	南鮮版	1932-03-24	1	04단	釜山の盛り場注目すべき資本化の傾向
219423	朝鮮朝日	南鮮版	1932-03-24	1	05단	馬山高女寄宿舍落成した

일련번호	판명		간행일	면	단수	기사명
219424	朝鮮朝日	南鮮版	1932-03-24	1	05단	支那保衛團員に逃ぐ
219425	朝鮮朝日	南鮮版	1932-03-24	1	06단	燒死者は子供二名罹災者は救助/五戸全半燒大邱の火事
219426	朝鮮朝日	南鮮版	1932-03-24	1	06단	釜山港を中心に防空演習を行ふ釜山府や各團體主催で飛行隊、高射砲隊も參加
219427	朝鮮朝日	南鮮版	1932-03-24	1	06단	京城痘瘡盛り返す
219428	朝鮮朝日	南鮮版	1932-03-24	1	07단	朝鮮警官隊間島へ出動かすでに準備は整ふ
219429	朝鮮朝日	南鮮版	1932-03-24	1	07단	對岸匪賊の不穩計劃江岸を警戒す
219430	朝鮮朝日	南鮮版	1932-03-24	1	07단	晉州に痘瘡
219431	朝鮮朝日	南鮮版	1932-03-24	1	07단	これでは眞劍に國勢は審議できぬ殺伐な議場に度膽を抜かれた初登院の朴春琴代議士
219432	朝鮮朝日	南鮮版	1932-03-24	1	08단	奉化の强盗
219433	朝鮮朝日	南鮮版	1932-03-24	1	08단	權八の捜査願
219434	朝鮮朝日	南鮮版	1932-03-24	1	08단	血盟團の一人四元義隆の實家淸津朝日町にある
219435	朝鮮朝日	南鮮版	1932-03-24	1	09단	盜み損ねて自殺を企つ木浦の內地人
219436	朝鮮朝日	南鮮版	1932-03-24	1	09단	犬が子供の死體を咥へて走る
219437	朝鮮朝日	南鮮版	1932-03-24	1	09단	中和に强盗
219438	朝鮮朝日	南鮮版	1932-03-24	1	10단	仁川騷擾鮮人控訴公判
219439	朝鮮朝日	南鮮版	1932-03-24	1	10단	もよほし(釜山染色講習會/交通安全デー)
219440	朝鮮朝日	南鮮版	1932-03-24	1	10단	その時その話
219441	朝鮮朝日	西北版	1932-03-24	1	01단	新國家の樹立を舊軍閥の政爭視す民衆の中には無理解者もある佐伯氏の滿洲みやげ話
219442	朝鮮朝日	西北版	1932-03-24	1	01단	學閥の弊を一掃する方針教員整理廣汎に亙る
219443	朝鮮朝日	西北版	1932-03-24	1	01단	出動軍に感謝狀贈る平壤府會で可決
219444	朝鮮朝日	西北版	1932-03-24	1	01단	お自慢リレー(4)/オール持つ手に大同江であれ學生時代のチャンであった安田警務課長は語る
219445	朝鮮朝日	西北版	1932-03-24	1	02단	米檢支所の設置地愈よ決定す
219446	朝鮮朝日	西北版	1932-03-24	1	03단	辭令
219447	朝鮮朝日	西北版	1932-03-24	1	03단	滿洲への商圈擴張の足場を造れ今後の發展舞台は北滿山澤商工課長の滿洲視察談
219448	朝鮮朝日	西北版	1932-03-24	1	03단	春・春の平壤柳枝に若芽が

일련번호	판명		간행일	면	단수	기사명
219449	朝鮮朝日	西北版	1932-03-24	1	04단	平壤女高普の選手決定す京城派遣の
219450	朝鮮朝日	西北版	1932-03-24	1	04단	平南中等校入學試驗愈よ始まる
219451	朝鮮朝日	西北版	1932-03-24	1	05단	平壤、南浦間のスピード聯絡全部をガソリンカーにする平鐵で目下研究中
219452	朝鮮朝日	西北版	1932-03-24	1	06단	現狀維持を嘆願す料理屋業者
219453	朝鮮朝日	西北版	1932-03-24	1	07단	對岸匪賊の不穩計劃江岸を警戒す
219454	朝鮮朝日	西北版	1932-03-24	1	07단	世界騎馬旅行今樣ドン・キホーテよろしく平壤出發の外人夫妻
219455	朝鮮朝日	西北版	1932-03-24	1	07단	江西古墳を破壞し內扉を盜む
219456	朝鮮朝日	西北版	1932-03-24	1	07단	間島が危機になれば朝鮮から警官を送る
219457	朝鮮朝日	西北版	1932-03-24	1	07단	權八の搜査願
219458	朝鮮朝日	西北版	1932-03-24	1	08단	死亡者旣に五百名平南の麻疹
219459	朝鮮朝日	西北版	1932-03-24	1	08단	今度は說敎强盜物騷な平原
219460	朝鮮朝日	西北版	1932-03-24	1	08단	また改めて檢證をやり直す謎の若妻殺し公判
219461	朝鮮朝日	西北版	1932-03-24	1	08단	血盟團の一人四元義隆の實家淸津朝日町に在る
219462	朝鮮朝日	西北版	1932-03-24	1	10단	列車の轉覆を企つ犯人逮捕さる
219463	朝鮮朝日	西北版	1932-03-24	1	10단	仁川騷擾鮮人控訴公判
219464	朝鮮朝日	西北版	1932-03-24	1	10단	人妻を盜み平壤署で檢擧
219465	朝鮮朝日	西北版	1932-03-24	1	10단	中和に强盜
219466	朝鮮朝日	西北版	1932-03-24	1	10단	人(新田留次郎氏(朝鐵專務))
219467	朝鮮朝日	西北版	1932-03-24	1	10단	樂禮/柳京小話
219468	朝鮮朝日	南鮮版	1932-03-25	1	01단	各團體が提携し全間島の攪亂を企つもの凄い排日武裝蜂起宛然戰時狀態を呈す/匪賊決死隊の活動物凄く二道溝は人心恟々
219469	朝鮮朝日	南鮮版	1932-03-25	1	01단	辭令
219470	朝鮮朝日	南鮮版	1932-03-25	1	01단	大田邑會
219471	朝鮮朝日	南鮮版	1932-03-25	1	02단	國境の警察廳舍改築增築する
219472	朝鮮朝日	南鮮版	1932-03-25	1	02단	鐵道ホテルや列車食堂を委任經營させる朝鮮鐵道ホテル食堂車會社新設
219473	朝鮮朝日	南鮮版	1932-03-25	1	02단	釜山人の趣味(三十)/朝鮮一の名犬ディア・ハンド犬でなければ夜も明けぬ柳澤今朝治氏
219474	朝鮮朝日	南鮮版	1932-03-25	1	03단	年度末慰勞出張は遠慮せよ總督府からのお布令
219475	朝鮮朝日	南鮮版	1932-03-25	1	03단	慶南淸酒品評會受賞者決定
219476	朝鮮朝日	南鮮版	1932-03-25	1	04단	もよほし(釜山繁榮會例會)

일련번호	판명		간행일	면	단수	기사명
219477	朝鮮朝日	南鮮版	1932-03-25	1	04단	傷病兵慰問龍山小學生の音樂舞踊大會
219478	朝鮮朝日	南鮮版	1932-03-25	1	05단	釜山府會紛糾す喜多券番の位置問題で
219479	朝鮮朝日	南鮮版	1932-03-25	1	05단	月尾島にダンスホール計劃
219480	朝鮮朝日	南鮮版	1932-03-25	1	05단	我軍に感激した支那人のお婆さん所有地を日本移民に提供す滿洲から歸った上村中佐の土産話
219481	朝鮮朝日	南鮮版	1932-03-25	1	05단	慶北高靈に小作爭議再燃す兩者の形勢は險惡
219482	朝鮮朝日	南鮮版	1932-03-25	1	06단	大火の跡！
219483	朝鮮朝日	南鮮版	1932-03-25	1	07단	故河井朝民社長追悼會二十七日大邱で催す
219484	朝鮮朝日	南鮮版	1932-03-25	1	07단	配湯管を敷設し近く配湯開始東萊の新井掘鑿
219485	朝鮮朝日	南鮮版	1932-03-25	1	08단	朝鮮醫師が滿洲で開業できる關東廳で承認す
219486	朝鮮朝日	南鮮版	1932-03-25	1	08단	兇暴な陰謀露見京城東大門署で一味の武器發見
219487	朝鮮朝日	南鮮版	1932-03-25	1	08단	阿片密輸犯逮捕
219488	朝鮮朝日	南鮮版	1932-03-25	1	08단	女を世話し不正手數料を取る
219489	朝鮮朝日	南鮮版	1932-03-25	1	08단	娼妓自殺を企つ馴染客の結婚を悲觀し
219490	朝鮮朝日	南鮮版	1932-03-25	1	09단	慶北淸道の强盜
219491	朝鮮朝日	南鮮版	1932-03-25	1	09단	學生の飛込自殺
219492	朝鮮朝日	南鮮版	1932-03-25	1	09단	便所や塵箱の有無を調査する京城の衛生施設改善
219493	朝鮮朝日	南鮮版	1932-03-25	1	10단	春陽の訪れで野球の練習愈よ始まった
219494	朝鮮朝日	南鮮版	1932-03-25	1	10단	その時その話
219495	朝鮮朝日	西北版	1932-03-25	1	01단	各團體が提携し全間島の攪亂を企つもの凄い排日武裝蜂起宛然戰時狀態を呈す/匪賊決死隊の活動物凄く二道溝は人心恟々
219496	朝鮮朝日	西北版	1932-03-25	1	01단	これでは眞劍に國政は審議できぬ殺伐な議場に度膽を抜かれた初登院の朴春琴代議士
219497	朝鮮朝日	西北版	1932-03-25	1	01단	お自慢リレー（5）/得意の法理論學生氣分でやってのけ未來の知事趙課長
219498	朝鮮朝日	西北版	1932-03-25	1	03단	平壤府會
219499	朝鮮朝日	西北版	1932-03-25	1	04단	新義州敎育部會
219500	朝鮮朝日	西北版	1932-03-25	1	04단	辭令

일련번호	판명		간행일	면	단수	기사명
219501	朝鮮朝日	西北版	1932-03-25	1	04단	年度末慰勞出張は遠慮せよ總督府からのお布令
219502	朝鮮朝日	西北版	1932-03-25	1	05단	國境の警官廳舍改築增築する
219503	朝鮮朝日	西北版	1932-03-25	1	05단	咸興府廳落成式
219504	朝鮮朝日	西北版	1932-03-25	1	05단	鐵道ホテルや列車食堂を委任經營させる朝鮮鐵道ホテル食堂車會社新設
219505	朝鮮朝日	西北版	1932-03-25	1	06단	咸南農家の經濟調査を行ふ四月から向ふ一ヶ年
219506	朝鮮朝日	西北版	1932-03-25	1	06단	平南奧地農村の疲弊視察者の話
219507	朝鮮朝日	西北版	1932-03-25	1	06단	通信技術員咸興に常駐
219508	朝鮮朝日	西北版	1932-03-25	1	07단	對岸進出の平北警官隊引きあげる
219509	朝鮮朝日	西北版	1932-03-25	1	07단	龍岡等外道路を改修する
219510	朝鮮朝日	西北版	1932-03-25	1	07단	我軍に感激した支那人のお婆さん所有地を日本移民に提供す滿洲から歸った上村中佐の土産話
219511	朝鮮朝日	西北版	1932-03-25	1	08단	野砲隊演習平南溫泉里で
219512	朝鮮朝日	西北版	1932-03-25	1	08단	幻燈で衛生の宣傳平南道の計劃
219513	朝鮮朝日	西北版	1932-03-25	1	08단	朝鮮醫師が滿洲で開業できる關東廳で承認す
219514	朝鮮朝日	西北版	1932-03-25	1	09단	平壤米突宣傳
219515	朝鮮朝日	西北版	1932-03-25	1	09단	平南記念植樹
219516	朝鮮朝日	西北版	1932-03-25	1	09단	阿片密輸と密賣
219517	朝鮮朝日	西北版	1932-03-25	1	09단	大同江の黑船が怠業しだした賃銀の復活を要求し
219518	朝鮮朝日	西北版	1932-03-25	1	10단	支那側から殺人犯人引渡し
219519	朝鮮朝日	西北版	1932-03-25	1	10단	棄子して捕はる
219520	朝鮮朝日	西北版	1932-03-25	1	10단	平壤の火事
219521	朝鮮朝日	西北版	1932-03-25	1	10단	樂禮/柳京小話
219522	朝鮮朝日	南鮮版	1932-03-26	1	01단	掩護射擊の下に槍をしごいて突擊す傷者は我槍で田樂刺し奇拔な間島の賊團/新京を衝くべく王德林軍長驅南下の模樣/在家裡攪亂軍安圖に移動間島退去說傳はる/王德林軍武力示威伐材作業員を脅迫す/應援隊を繰出して萬一を警戒
219523	朝鮮朝日	南鮮版	1932-03-26	1	02단	朝鮮神社令いよいよ七年度中に發布される
219524	朝鮮朝日	南鮮版	1932-03-26	1	03단	戰死者遺族に賜金
219525	朝鮮朝日	南鮮版	1932-03-26	1	03단	スポーツ(來城の明大ラグビーメンバー)
219526	朝鮮朝日	南鮮版	1932-03-26	1	04단	小作米品評會

일련번호	판명		간행일	면	단수	기사명
219527	朝鮮朝日	南鮮版	1932-03-26	1	04단	山口高商の合格者
219528	朝鮮朝日	南鮮版	1932-03-26	1	04단	府有地の賣却處分を焦る順化院增築財源
219529	朝鮮朝日	南鮮版	1932-03-26	1	04단	決議文を可決反對氣勢をあぐ洛東江改修郡民大會
219530	朝鮮朝日	南鮮版	1932-03-26	1	04단	しゃしん(議席の朴春琴代議士)
219531	朝鮮朝日	南鮮版	1932-03-26	1	05단	釜山鮮酒品評會
219532	朝鮮朝日	南鮮版	1932-03-26	1	05단	京畿道に警官五十名增員配置さる
219533	朝鮮朝日	南鮮版	1932-03-26	1	05단	大阪で最初の鮮人醫博京城出身の鄭求忠氏
219534	朝鮮朝日	南鮮版	1932-03-26	1	05단	春光麗な總督室宇垣總督の時事漫談
219535	朝鮮朝日	南鮮版	1932-03-26	1	06단	大邱府會
219536	朝鮮朝日	南鮮版	1932-03-26	1	06단	鐵道ホテル食堂車會社從業員が設立する
219537	朝鮮朝日	南鮮版	1932-03-26	1	06단	大田學組會
219538	朝鮮朝日	南鮮版	1932-03-26	1	06단	契約を解除して共販實施を計劃す全く決裂となった釜山水産對漁組の抗爭
219539	朝鮮朝日	南鮮版	1932-03-26	1	07단	特殊技能をもつ警察官を優遇特別手當を支給する
219540	朝鮮朝日	南鮮版	1932-03-26	1	07단	鮮人議員缺席問題圓滿解決す
219541	朝鮮朝日	南鮮版	1932-03-26	1	08단	慶南の桑苗植栽知事も督勵
219542	朝鮮朝日	南鮮版	1932-03-26	1	08단	大邱町總代陳情
219543	朝鮮朝日	南鮮版	1932-03-26	1	08단	巡査に押へられ自殺を企つ大金橫領の商銀の車夫
219544	朝鮮朝日	南鮮版	1932-03-26	1	09단	密陽藝妓騷ぐ
219545	朝鮮朝日	南鮮版	1932-03-26	1	09단	鍾路署の二事件送局
219546	朝鮮朝日	南鮮版	1932-03-26	1	09단	梁山騷擾の首謀者二名釜山潛伏中逮捕さる
219547	朝鮮朝日	南鮮版	1932-03-26	1	10단	カフェの風紀取締り女給の衣裳投票は銘仙が大多數
219548	朝鮮朝日	南鮮版	1932-03-26	1	10단	その時その話
219549	朝鮮朝日	西北版	1932-03-26	1	01단	掩護射擊の下に槍をしごいて突擊す傷者は我槍で田樂刺し奇抜な間島の賊團/新京を衝くべく王德林軍長驅南下の模樣/在家裡擾亂軍安圖に移動間島退去說傳はる/王德林軍武力示威伐材作業員を脅迫す/應援隊を繰出して萬一を警戒
219550	朝鮮朝日	西北版	1932-03-26	1	02단	朝鮮神社令いよいよ七年度中に發布される
219551	朝鮮朝日	西北版	1932-03-26	1	03단	清津校優等生
219552	朝鮮朝日	西北版	1932-03-26	1	03단	平南工業試驗所四月から開所

일련번호	판명		간행일	면	단수	기사명
219553	朝鮮朝日	西北版	1932-03-26	1	04단	傷病兵歸還
219554	朝鮮朝日	西北版	1932-03-26	1	04단	しゃしん(議席の朴春琴代議士)
219555	朝鮮朝日	西北版	1932-03-26	1	04단	平壤府會
219556	朝鮮朝日	西北版	1932-03-26	1	04단	沙里院電氣豫算
219557	朝鮮朝日	西北版	1932-03-26	1	04단	戰死者遺族に賜金
219558	朝鮮朝日	西北版	1932-03-26	1	04단	防野曹長遺骨
219559	朝鮮朝日	西北版	1932-03-26	1	05단	安東邑事務所を新築す
219560	朝鮮朝日	西北版	1932-03-26	1	05단	平南の畜牛共濟順調に進む
219561	朝鮮朝日	西北版	1932-03-26	1	05단	鐵道ホテル食堂車會社從業員が設立する
219562	朝鮮朝日	西北版	1932-03-26	1	05단	滿蒙熱で列車は滿員昨今の安東驛
219563	朝鮮朝日	西北版	1932-03-26	1	05단	春光麗な總督室宇垣總督の時事漫談
219564	朝鮮朝日	西北版	1932-03-26	1	06단	總督府の特務機關間島に設置
219565	朝鮮朝日	西北版	1932-03-26	1	06단	山口高商の合格者
219566	朝鮮朝日	西北版	1932-03-26	1	06단	武勳輝く平壤隊晴れの凱旋期いよいよ近づく歡迎準備は着々進む
219567	朝鮮朝日	西北版	1932-03-26	1	07단	隣保相助會まづ官吏が醵金し窮迫の農民を救ふ
219568	朝鮮朝日	西北版	1932-03-26	1	07단	龍岡郡廳移轉を陳情する
219569	朝鮮朝日	西北版	1932-03-26	1	08단	平北の移動警察充實の計劃
219570	朝鮮朝日	西北版	1932-03-26	1	08단	平高女卒業式
219571	朝鮮朝日	西北版	1932-03-26	1	08단	密陽藝妓騷ぐ
219572	朝鮮朝日	西北版	1932-03-26	1	08단	憲兵補兄弟の白骨死體露領山中で發見
219573	朝鮮朝日	西北版	1932-03-26	1	09단	船橋里の火事七戶全燒し二名負傷す
219574	朝鮮朝日	西北版	1932-03-26	1	09단	新義州の猩紅熱蔓延
219575	朝鮮朝日	西北版	1932-03-26	1	09단	特殊技能をもつ警察官を優遇特別手當を支給する
219576	朝鮮朝日	西北版	1932-03-26	1	09단	親孝行したさに犬を盜む
219577	朝鮮朝日	西北版	1932-03-26	1	10단	平南郡部に腦脊髓膜炎發生
219578	朝鮮朝日	西北版	1932-03-26	1	10단	鮮銀七十八萬圓事件公判期
219579	朝鮮朝日	西北版	1932-03-26	1	10단	私生兒認知訴訟
219580	朝鮮朝日	西北版	1932-03-26	1	10단	國有林盜伐檢擧
219581	朝鮮朝日	西北版	1932-03-26	1	10단	その時その話
219582	朝鮮朝日	南鮮版	1932-03-27	1	01단	對岸の各地に警官を配置して匪賊の大討伐斷行か對岸の各地に散在する五萬の鮮農保護策
219583	朝鮮朝日	南鮮版	1932-03-27	1	01단	京城府の初代勅任府尹は誰！井上現府尹が居据りか
219584	朝鮮朝日	南鮮版	1932-03-27	1	01단	京城府會

일련번호	판명		간행일	면	단수	기사명
219585	朝鮮朝日	南鮮版	1932-03-27	1	01단	一擧兩得の名案だ在滿鮮人施設費と土木費修正
219586	朝鮮朝日	南鮮版	1932-03-27	1	02단	釜山靑訓所公營に移管生徒五十名募集
219587	朝鮮朝日	南鮮版	1932-03-27	1	02단	總監は語る追加豫算の全部通過は困難朝鮮警官の間島延長は立消え
219588	朝鮮朝日	南鮮版	1932-03-27	1	03단	釜山の花祭り八日から始まる
219589	朝鮮朝日	南鮮版	1932-03-27	1	03단	物凄い赤布付の長槍
219590	朝鮮朝日	南鮮版	1932-03-27	1	04단	辭令
219591	朝鮮朝日	南鮮版	1932-03-27	1	04단	大邱師團誘致協議會
219592	朝鮮朝日	南鮮版	1932-03-27	1	05단	城大卒業式
219593	朝鮮朝日	南鮮版	1932-03-27	1	05단	朝鮮部隊の凱旋は四月の末頃兵匪の大討伐を終了後
219594	朝鮮朝日	南鮮版	1932-03-27	1	06단	國境警備の充實計劃ができた平北に警官百名増員
219595	朝鮮朝日	南鮮版	1932-03-27	1	06단	衛生共進會京城に開く
219596	朝鮮朝日	南鮮版	1932-03-27	1	06단	愛國機朝鮮號は四月の上旬完成す朝鮮に雄姿を現はすのは來月の十三日ごろ
219597	朝鮮朝日	南鮮版	1932-03-27	1	07단	遠征の明大軍
219598	朝鮮朝日	南鮮版	1932-03-27	1	07단	鋪裝方法に疑問が起る釜山の幹線道路工事
219599	朝鮮朝日	南鮮版	1932-03-27	1	08단	花時を控へて交通取締り馬山署で宣傳
219600	朝鮮朝日	南鮮版	1932-03-27	1	08단	慶北教育界空前の大異動異動百五十名に及ぶ
219601	朝鮮朝日	南鮮版	1932-03-27	1	08단	男女共謀でモヒ密賣西大門署で檢擧
219602	朝鮮朝日	南鮮版	1932-03-27	1	09단	高麗靑年會再建事件の判決
219603	朝鮮朝日	南鮮版	1932-03-27	1	09단	美人女給を繞る墮胎事件公判男女三名とも懲役刑
219604	朝鮮朝日	南鮮版	1932-03-27	1	10단	元郡屬の公金橫領事件判決
219605	朝鮮朝日	南鮮版	1932-03-27	1	10단	京城の火事
219606	朝鮮朝日	南鮮版	1932-03-27	1	10단	開城の火事
219607	朝鮮朝日	南鮮版	1932-03-27	1	10단	人(阿南侍從武官/春見中佐)
219608	朝鮮朝日	南鮮版	1932-03-27	1	10단	その時その話
219609	朝鮮朝日	西北版	1932-03-27	1	01단	對岸の各地に警官を配置して匪賊の大討伐を行ふ對岸の各地に散在する五萬の鮮農保護策
219610	朝鮮朝日	西北版	1932-03-27	1	01단	村民の賦役で工事を進める咸南道の土木事業
219611	朝鮮朝日	西北版	1932-03-27	1	01단	平南共産村共同耕作本年の新事業
219612	朝鮮朝日	西北版	1932-03-27	1	02단	北鮮唯一の長い橋瑚璉川に架橋

일련번호	판명		간행일	면	단수	기사명
219613	朝鮮朝日	西北版	1932-03-27	1	02단	物凄い赤布付の長槍
219614	朝鮮朝日	西北版	1932-03-27	1	03단	平南の教員異動三十名內外本月中に發表か
219615	朝鮮朝日	西北版	1932-03-27	1	03단	平南の民風改善成績がよい
219616	朝鮮朝日	西北版	1932-03-27	1	04단	辭令
219617	朝鮮朝日	西北版	1932-03-27	1	04단	咸興中等校入學試驗受驗は三倍
219618	朝鮮朝日	西北版	1932-03-27	1	04단	愛國機朝鮮號は四月の上旬完成す朝鮮に雄姿を現はすのは來月の十三日ごろ
219619	朝鮮朝日	西北版	1932-03-27	1	05단	平壤の土木工事本府で諒解
219620	朝鮮朝日	西北版	1932-03-27	1	05단	平南道の米突宣傳來る四月一日
219621	朝鮮朝日	西北版	1932-03-27	1	05단	總監は語る追加豫算の全部通過は困難朝鮮警官の間島延長は立消え
219622	朝鮮朝日	西北版	1932-03-27	1	06단	國境警備の充實計劃ができた平北に警官百名增員
219623	朝鮮朝日	西北版	1932-03-27	1	06단	南浦港移出米
219624	朝鮮朝日	西北版	1932-03-27	1	06단	平南の植桑
219625	朝鮮朝日	西北版	1932-03-27	1	07단	鴨綠江解氷渡船開始さる
219626	朝鮮朝日	西北版	1932-03-27	1	07단	朝鮮部隊の凱旋は四月の末頃兵匪の大討伐を終了後
219627	朝鮮朝日	西北版	1932-03-27	1	07단	龍岡の夫殺し事件第一回公判
219628	朝鮮朝日	西北版	1932-03-27	1	08단	新義州府稅の滯納八萬圓徹底的に整理する
219629	朝鮮朝日	西北版	1932-03-27	1	08단	紙幣僞造犯平壤で逮捕
219630	朝鮮朝日	西北版	1932-03-27	1	08단	十二戶全燒元山の火事
219631	朝鮮朝日	西北版	1932-03-27	1	08단	無電技師大金拐帶滿洲に高飛び
219632	朝鮮朝日	西北版	1932-03-27	1	08단	平南斃死鷄十二萬八百羽この損害三萬六千圓
219633	朝鮮朝日	西北版	1932-03-27	1	09단	弄火から重傷
219634	朝鮮朝日	西北版	1932-03-27	1	10단	大それた妻
219635	朝鮮朝日	西北版	1932-03-27	1	10단	本ものゝ巡査と僞刑事の搯鬪
219636	朝鮮朝日	西北版	1932-03-27	1	10단	一千圓橫領
219637	朝鮮朝日	西北版	1932-03-27	1	10단	もよほし(高等警察打合會/褒賞授與式/地方改良講習)
219638	朝鮮朝日	西北版	1932-03-27	1	10단	樂禮/柳京小話
219639	朝鮮朝日	南鮮版	1932-03-29	1	01단	間島の物情騷然！
219640	朝鮮朝日	南鮮版	1932-03-29	1	03단	産卵共進會內地に劣らぬ非常な好成績をあぐ
219641	朝鮮朝日	南鮮版	1932-03-29	1	03단	福岡高校入學者決定
219642	朝鮮朝日	南鮮版	1932-03-29	1	03단	沙防工事の新試み慶南で行ふ

일련번호	판명		간행일	면	단수	기사명
219643	朝鮮朝日	南鮮版	1932-03-29	1	04단	大邱府教育部會
219644	朝鮮朝日	南鮮版	1932-03-29	1	04단	光州學校組合會
219645	朝鮮朝日	南鮮版	1932-03-29	1	04단	第二朝鮮號は輕爆擊機に決定かすでに軍部で具體計劃をたつ第三朝鮮號も建造
219646	朝鮮朝日	南鮮版	1932-03-29	1	04단	警察官の夏服や帽子がかはる大體內地風に做ふ
219647	朝鮮朝日	南鮮版	1932-03-29	1	04단	赤痢チフスの經口免疫劑全鮮に配布す
219648	朝鮮朝日	南鮮版	1932-03-29	1	05단	金山の探鑛補助七年度實施
219649	朝鮮朝日	南鮮版	1932-03-29	1	05단	スポーツ(明大ラグビー軍日程きまる)
219650	朝鮮朝日	南鮮版	1932-03-29	1	05단	朝鮮に生徒募集の手を延ばす入學志願者不足に惱む內地の中等學校
219651	朝鮮朝日	南鮮版	1932-03-29	1	06단	內地行鮮米の運賃割引を行ふ組合の要望容れらる
219652	朝鮮朝日	南鮮版	1932-03-29	1	06단	犬の供養塚
219653	朝鮮朝日	南鮮版	1932-03-29	1	06단	慶北密造酒一齊檢擧
219654	朝鮮朝日	南鮮版	1932-03-29	1	07단	鮮匪逮捕の警官表彰
219655	朝鮮朝日	南鮮版	1932-03-29	1	07단	鮮童の惡戲から火事騷ぎ
219656	朝鮮朝日	南鮮版	1932-03-29	1	07단	超ナンセンスな間島を荒し廻る大刀會の正體彈丸よけの呪文
219657	朝鮮朝日	南鮮版	1932-03-29	1	08단	長手通を鋪裝し釜山の銀座に釜山府の都計案
219658	朝鮮朝日	南鮮版	1932-03-29	1	08단	泗川警察署襲擊を企つ夜學閉鎖に憤慨し
219659	朝鮮朝日	南鮮版	1932-03-29	1	09단	老人の厭世自殺
219660	朝鮮朝日	南鮮版	1932-03-29	1	09단	全く弱い者苛めの暴擧だと新義州女給連憤慨
219661	朝鮮朝日	南鮮版	1932-03-29	1	10단	子供五名沖に流さる辛じて助かる
219662	朝鮮朝日	南鮮版	1932-03-29	1	10단	人(岸巖氏(新平壤鮮銀支店長)/山田城大總長)
219663	朝鮮朝日	南鮮版	1932-03-29	1	10단	米副領事宅へ賊
219664	朝鮮朝日	南鮮版	1932-03-29	1	10단	その時その話
219665	朝鮮朝日	西北版	1932-03-29	1	01단	間島の物情騷然！
219666	朝鮮朝日	西北版	1932-03-29	1	03단	殘る八百名の歸還は難しい安東縣の避難朝鮮人
219667	朝鮮朝日	西北版	1932-03-29	1	03단	沙里院學組會議
219668	朝鮮朝日	西北版	1932-03-29	1	03단	新義州教育部會
219669	朝鮮朝日	西北版	1932-03-29	1	03단	俄然問題化した寺洞線の存廢調査委員會を組織して研究平壤府會第五日目
219670	朝鮮朝日	西北版	1932-03-29	1	04단	福岡高校入學者決定
219671	朝鮮朝日	西北版	1932-03-29	1	04단	現從業員は整理せぬ平壤鐵道ホテル

일련번호	판명		간행일	면	단수	기사명
219672	朝鮮朝日	西北版	1932-03-29	1	04단	鎭南浦府會
219673	朝鮮朝日	西北版	1932-03-29	1	04단	鐵道運轉會議平鐵の議案
219674	朝鮮朝日	西北版	1932-03-29	1	05단	金山の探鑛補助七年度實施
219675	朝鮮朝日	西北版	1932-03-29	1	05단	鴨綠江上流地方鮮滿取引復活滿洲國の新設で
219676	朝鮮朝日	西北版	1932-03-29	1	05단	海州女高普四月開校す
219677	朝鮮朝日	西北版	1932-03-29	1	05단	航空會社安東營業所四月から開所
219678	朝鮮朝日	西北版	1932-03-29	1	05단	警察官の夏服や帽子がかはる大體内地風に倣ふ
219679	朝鮮朝日	西北版	1932-03-29	1	06단	超ナンセンスな間島を荒し廻る大刀會の正體彈丸よけの呪文
219680	朝鮮朝日	西北版	1932-03-29	1	07단	七年度に十九校新設黃海道の普校
219681	朝鮮朝日	西北版	1932-03-29	1	07단	珍鳥二種朝鮮で發見
219682	朝鮮朝日	西北版	1932-03-29	1	08단	赤痢チフスの經口免疫劑全鮮に配布す
219683	朝鮮朝日	西北版	1932-03-29	1	08단	鮮匪逮捕の警官表彰
219684	朝鮮朝日	西北版	1932-03-29	1	08단	平北の窒扶斯蔓延の兆
219685	朝鮮朝日	西北版	1932-03-29	1	08단	全く弱い者苛めの暴擧だと新義州女給連憤慨
219686	朝鮮朝日	西北版	1932-03-29	1	09단	平壤の軍旗祭
219687	朝鮮朝日	西北版	1932-03-29	1	09단	自殺を計り虛僞の申立內地人靑年
219688	朝鮮朝日	西北版	1932-03-29	1	09단	强奪した啞者支那人に斬らる新義州夜半の珍事
219689	朝鮮朝日	西北版	1932-03-29	1	09단	四月中には審理を終る鮮支人事件
219690	朝鮮朝日	西北版	1932-03-29	1	10단	小兒が溺死母の癲癇から
219691	朝鮮朝日	西北版	1932-03-29	1	10단	虎信の判決
219692	朝鮮朝日	西北版	1932-03-29	1	10단	人(岸巖氏(新平壤鮮銀支店長)/山田城大總長)
219693	朝鮮朝日	西北版	1932-03-29	1	10단	樂禮/柳京小話
219694	朝鮮朝日	南鮮版	1932-03-30	1	01단	內鮮の靑少年に魔の手を延ばした大邱師範學校の祕密結社一味十名送局さる/兩派對立の抗爭いよいよ激化/赤色敎諭の數奇な運命
219695	朝鮮朝日	南鮮版	1932-03-30	1	01단	各道明年度豫算歲出經常部節減臨時部を增額す
219696	朝鮮朝日	南鮮版	1932-03-30	1	01단	鐵道局辭令
219697	朝鮮朝日	南鮮版	1932-03-30	1	02단	京城電氣二問題質問書提出
219698	朝鮮朝日	南鮮版	1932-03-30	1	02단	馬山港の棧橋設計に着手九月頃より工事開始
219699	朝鮮朝日	南鮮版	1932-03-30	1	03단	京城府會委員會

일련번호	판명		간행일	면	단수	기사명
219700	朝鮮朝日	南鮮版	1932-03-30	1	04단	平壤醫講入試
219701	朝鮮朝日	南鮮版	1932-03-30	1	04단	今井田總監滿洲出張期待さる
219702	朝鮮朝日	南鮮版	1932-03-30	1	04단	大田邑豫算會議
219703	朝鮮朝日	南鮮版	1932-03-30	1	05단	社會教育係新設
219704	朝鮮朝日	南鮮版	1932-03-30	1	05단	春川を櫻の都にする
219705	朝鮮朝日	南鮮版	1932-03-30	1	05단	大體內定した總督府追加豫算總計一千五百八十九萬圓その內譯は！
219706	朝鮮朝日	南鮮版	1932-03-30	1	05단	惡辣極まる委託小作制京畿道で發見す
219707	朝鮮朝日	南鮮版	1932-03-30	1	06단	火災保險協會態度注目さる最後決定に近づいた朝鮮火保問題
219708	朝鮮朝日	南鮮版	1932-03-30	1	06단	春と冬の二重奏
219709	朝鮮朝日	南鮮版	1932-03-30	1	06단	神のやうに感謝される在滿警察官
219710	朝鮮朝日	南鮮版	1932-03-30	1	06단	慶南初等學校教員の採用四十八名に決定す
219711	朝鮮朝日	南鮮版	1932-03-30	1	07단	滿洲視察談陣內朝鮮商議會頭歸來談
219712	朝鮮朝日	南鮮版	1932-03-30	1	07단	女學生や未亡人の祕密團體新興會暴露した人肉の市
219713	朝鮮朝日	南鮮版	1932-03-30	1	08단	新興滿洲國視察團募集南鮮旅行俱樂部で
219714	朝鮮朝日	南鮮版	1932-03-30	1	08단	盜伐防止に番犬を使ふ釜山府の新試み
219715	朝鮮朝日	南鮮版	1932-03-30	1	08단	梁山騷擾事件首謀十五名檢事局送り
219716	朝鮮朝日	南鮮版	1932-03-30	1	08단	釜山ゴム會社女工盟休す一部は折れて就業
219717	朝鮮朝日	南鮮版	1932-03-30	1	09단	モヒ患治療分室を新設す
219718	朝鮮朝日	南鮮版	1932-03-30	1	10단	慶南警察部射擊大會優勝旗授與
219719	朝鮮朝日	南鮮版	1932-03-30	1	10단	昨今の釜山地方は稀有の早魃廿數年來の新記錄
219720	朝鮮朝日	南鮮版	1932-03-30	1	10단	その時その話
219721	朝鮮朝日	西北版	1932-03-30	1	01단	騷然たる間島の情勢 今度は攻勢的態度に改めて賊團を一掃す/穀倉を破壞し住民に分配す大母鹿溝の共産黨/子供を聯絡員に使ふ
219722	朝鮮朝日	西北版	1932-03-30	1	01단	今井田總監滿洲出張期待さる
219723	朝鮮朝日	西北版	1932-03-30	1	01단	樂浪異聞(1)/瓦の中に寢て樂浪を研究す土製の瓦當の中にこそ掬めどもつきぬ時代考證
219724	朝鮮朝日	西北版	1932-03-30	1	02단	社會教育係新設
219725	朝鮮朝日	西北版	1932-03-30	1	02단	各道明年度豫算歲出經常部節減臨時部を增額す
219726	朝鮮朝日	西北版	1932-03-30	1	03단	鐵道局辭令

일련번호	판명		간행일	면	단수	기사명
219727	朝鮮朝日	西北版	1932-03-30	1	03단	咸興府諸稅未納が多い不況の影響
219728	朝鮮朝日	西北版	1932-03-30	1	04단	復活記念祭
219729	朝鮮朝日	西北版	1932-03-30	1	04단	沙里院邑會揉める
219730	朝鮮朝日	西北版	1932-03-30	1	04단	大體內定した總督府追加豫算總計一千五百八十九萬圓その內譯は！
219731	朝鮮朝日	西北版	1932-03-30	1	04단	北洋丸
219732	朝鮮朝日	西北版	1932-03-30	1	05단	平壤の七ヶ校普通學校醫連袂辭職す府會議員の言動を憤り
219733	朝鮮朝日	西北版	1932-03-30	1	06단	入學志願者定員の四倍平壤醫講入試
219734	朝鮮朝日	西北版	1932-03-30	1	07단	退潮漁民の窮境打開策發動船建造を出願
219735	朝鮮朝日	西北版	1932-03-30	1	07단	滿洲國各縣で移住地調査鮮農の移住を歡迎す
219736	朝鮮朝日	西北版	1932-03-30	1	07단	慾張り商人が無理解から大損失趣旨が徹底せず期待の半額平壤商人の運賃割戻
219737	朝鮮朝日	西北版	1932-03-30	1	08단	妓生學校も入學難
219738	朝鮮朝日	西北版	1932-03-30	1	08단	思惑師跳梁市街地一坪百圓也の雄基北鮮の呑吐港景氣
219739	朝鮮朝日	西北版	1932-03-30	1	09단	釣錢持逃げ
219740	朝鮮朝日	西北版	1932-03-30	1	09단	飴玉で詐欺
219741	朝鮮朝日	西北版	1932-03-30	1	10단	吳東振法廷で騷ぐ公判無期延期
219742	朝鮮朝日	西北版	1932-03-30	1	10단	兇行現場をまた檢證す若妻殺事件
219743	朝鮮朝日	西北版	1932-03-30	1	10단	もよほし(司法事務打合會/音樂の夕)
219744	朝鮮朝日	西北版	1932-03-30	1	10단	樂禮/柳京小話
219745	朝鮮朝日	南鮮版	1932-03-31	1	01단	中等學校長大異動いよいよ發表さる
219746	朝鮮朝日	南鮮版	1932-03-31	1	01단	豫算不承認は嫌がらせ政策その形勢如何によっては總督も總監も辭任か
219747	朝鮮朝日	南鮮版	1932-03-31	1	01단	總督府實行豫算愈よ編成を終る
219748	朝鮮朝日	南鮮版	1932-03-31	1	01단	京城の勅任府尹井上氏に內定
219749	朝鮮朝日	南鮮版	1932-03-31	1	01단	滿蒙經濟調查會設置
219750	朝鮮朝日	南鮮版	1932-03-31	1	02단	議論沸騰の仁川府會
219751	朝鮮朝日	南鮮版	1932-03-31	1	03단	錦江橋架設起工式
219752	朝鮮朝日	南鮮版	1932-03-31	1	04단	釜山漁組共販借入金準備に着手
219753	朝鮮朝日	南鮮版	1932-03-31	1	04단	聯合艦隊仁川に來る
219754	朝鮮朝日	南鮮版	1932-03-31	1	04단	蔚山沖で沈んだ露國軍艦の引揚げ一部人士により計劃さる新式潛水機を用ひて
219755	朝鮮朝日	南鮮版	1932-03-31	1	05단	演奏と映畫の夕
219756	朝鮮朝日	南鮮版	1932-03-31	1	06단	京畿普通校授業料値下四月から實施
219757	朝鮮朝日	南鮮版	1932-03-31	1	06단	鰯油脂販賣統制前途を樂觀さる
219758	朝鮮朝日	南鮮版	1932-03-31	1	07단	統營病院委任經營

일련번호	판명		간행일	면	단수	기사명
219759	朝鮮朝日	南鮮版	1932-03-31	1	07단	京城小學校に學校看護婦
219760	朝鮮朝日	南鮮版	1932-03-31	1	08단	下級者の課稅を輕減す大邱戶別稅賦課改正
219761	朝鮮朝日	南鮮版	1932-03-31	1	08단	東一銀行の利川支店に強盜犯人まだ逮捕されず
219762	朝鮮朝日	南鮮版	1932-03-31	1	08단	釜山の棧橋道路鋪裝明年度實行
219763	朝鮮朝日	南鮮版	1932-03-31	1	08단	公設運動場を觀櫻に開放釜山で一日から
219764	朝鮮朝日	南鮮版	1932-03-31	1	09단	鐵道局辭令
219765	朝鮮朝日	南鮮版	1932-03-31	1	09단	元敎員自殺を企て苦悶
219766	朝鮮朝日	南鮮版	1932-03-31	1	10단	技師邑面長辭令
219767	朝鮮朝日	南鮮版	1932-03-31	1	10단	女中の自殺未遂
219768	朝鮮朝日	南鮮版	1932-03-31	1	10단	京城の火事
219769	朝鮮朝日	南鮮版	1932-03-31	1	10단	大邱の火事
219770	朝鮮朝日	南鮮版	1932-03-31	1	10단	天然痘
219771	朝鮮朝日	南鮮版	1932-03-31	1	10단	もよほし(釜山信組總會)
219772	朝鮮朝日	南鮮版	1932-03-31	1	10단	人(林朝鮮軍司令官/佐々木志賀治氏(代議士)/高橋茂太郎氏(京城三井物産支店)/信原聖氏(慶南道財務部長)/三木慶南道水産課長/萩原慶南道高等課長)
219773	朝鮮朝日	西北版	1932-03-31	1	01단	中等學校長大異動いよいよ發表さる
219774	朝鮮朝日	西北版	1932-03-31	1	01단	安奉沿線匪賊掃蕩は難しい空から見た安奉線/いよいよ匪賊大討伐開始空陸兩軍呼應して/匪賊と交戰し男女七名射殺す北山村の我警察隊
219775	朝鮮朝日	西北版	1932-03-31	1	01단	平壤府會
219776	朝鮮朝日	西北版	1932-03-31	1	03단	咸南山地に醫師派遣本年から實施
219777	朝鮮朝日	西北版	1932-03-31	1	03단	黃海道の敎員異動近く發表す
219778	朝鮮朝日	西北版	1932-03-31	1	03단	定數未滿で審議す沙里院邑會
219779	朝鮮朝日	西北版	1932-03-31	1	03단	昭和製鋼所問題は未決定蘇家屯設置說は無根
219780	朝鮮朝日	西北版	1932-03-31	1	04단	卒業生指導に一段の努力を拂ふ初めて國庫補助を下付され躍進の氣漲る平南
219781	朝鮮朝日	西北版	1932-03-31	1	05단	平壤府內バス出願
219782	朝鮮朝日	西北版	1932-03-31	1	05단	平南の普校增設計劃受難期に入る
219783	朝鮮朝日	西北版	1932-03-31	1	05단	載寧支廳の沙里院移轉說相當に濃厚となる
219784	朝鮮朝日	西北版	1932-03-31	1	06단	研究の目標成る工業試驗所
219785	朝鮮朝日	西北版	1932-03-31	1	07단	どれ丈の荷物が何う動いたか滿洲國への輸出品

일련번호	판명		간행일	면	단수	기사명
219786	朝鮮朝日	西北版	1932-03-31	1	07단	兒童割當數
219787	朝鮮朝日	西北版	1932-03-31	1	07단	身の振方に悩む女給嚴しい取締に
219788	朝鮮朝日	西北版	1932-03-31	1	07단	淑明農場小作人騷ぐ
219789	朝鮮朝日	西北版	1932-03-31	1	08단	咸南の降雪各地交通杜絶/平北の降雪自動車杜絶/吹雪の平壤冬への逆行
219790	朝鮮朝日	西北版	1932-03-31	1	08단	船夫側讓らず愈よ罷業に入る大同運輸困りぬく
219791	朝鮮朝日	西北版	1932-03-31	1	09단	鐵道局辭令
219792	朝鮮朝日	西北版	1932-03-31	1	10단	技師邑面長辭令
219793	朝鮮朝日	西北版	1932-03-31	1	10단	樂禮/柳京小話

1932년 4월 (조선아사히)

일련번호	판명		간행일	면	단수	기사명
219794	朝鮮朝日	南鮮版	1932-04-01	1	01단	５８－０明大軍大勝す明大對京師ラグビー戰/關西女流陸上選手大邱に寄る
219795	朝鮮朝日	南鮮版	1932-04-01	1	01단	在滿鮮人救濟施設と北鮮開拓是非とも實現させる七年度追加豫算問題に就て宇垣總督決意を語る
219796	朝鮮朝日	南鮮版	1932-04-01	1	01단	滿洲に出動の朝鮮警官隊來る三日引きあげる/晴れの凱旋行進
219797	朝鮮朝日	南鮮版	1932-04-01	1	02단	大邱府會
219798	朝鮮朝日	南鮮版	1932-04-01	1	02단	百草溝の危機迫る我が警官隊急遽出動婦女子避難車で輸送/日支官憲の警備內偵王德林部隊/戰爭氣分は全市に漲る王德林一味市街を包圍/布泉洞に共匪襲來す/人心極度に動搖す
219799	朝鮮朝日	南鮮版	1932-04-01	1	03단	教員大異動に就て林學務局長語る
219800	朝鮮朝日	南鮮版	1932-04-01	1	03단	汚物の掃除令發布されん
219801	朝鮮朝日	南鮮版	1932-04-01	1	04단	更に九百萬圓の低資の融通を受け水組起債を低利に借替へさす組合員負擔輕減す
219802	朝鮮朝日	南鮮版	1932-04-01	1	05단	龍頭山神社春季大祭餘興もあり賑ふ
219803	朝鮮朝日	南鮮版	1932-04-01	1	05단	中産階級に重い釜山の屎尿手數料俄然非難の聲揚る
219804	朝鮮朝日	南鮮版	1932-04-01	1	06단	大渚市場の移轉位置を爭ふ面長まで排斥する
219805	朝鮮朝日	南鮮版	1932-04-01	1	06단	各種の新事業全部可決さる釜山府豫算府會
219806	朝鮮朝日	南鮮版	1932-04-01	1	07단	釜山漁組共販と水産會社の對策當局の態度注目さる
219807	朝鮮朝日	南鮮版	1932-04-01	1	08단	大邱刑務所螺鈿細工事業を擴張
219808	朝鮮朝日	南鮮版	1932-04-01	1	08단	溫泉に通ずる東萊街道を改修鋪裝し竝木を植ゑる
219809	朝鮮朝日	南鮮版	1932-04-01	1	08단	墮胎事件控訴
219810	朝鮮朝日	南鮮版	1932-04-01	1	09단	丸太ゴム同盟罷業圓滿解決
219811	朝鮮朝日	南鮮版	1932-04-01	1	09단	京城春の大賣出し四月一日から始まる
219812	朝鮮朝日	南鮮版	1932-04-01	1	09단	會(雙葉音樂溫習會)
219813	朝鮮朝日	南鮮版	1932-04-01	1	09단	元財務係の判決
219814	朝鮮朝日	南鮮版	1932-04-01	1	10단	男女の不良學生三組檢擧さる
219815	朝鮮朝日	南鮮版	1932-04-01	1	10단	女の片足犬が旺へて走る
219816	朝鮮朝日	南鮮版	1932-04-01	1	10단	籾を橫領す

일련번호	판명		간행일	면	단수	기사명
219817	朝鮮朝日	南鮮版	1932-04-01	1	10단	人(菊池太惣治氏(京城地方法院長)/大野謙一氏(慶北警察部長)/綿引朝光氏(城大教授)/池田警務局長)
219818	朝鮮朝日	西北版	1932-04-01	1	01단	昭和水利好轉し內務局の諒解成る近く知事に具體案を指示す平醫昇格は道の腹一つ(昭和水利/醫講問題)
219819	朝鮮朝日	西北版	1932-04-01	1	01단	滿洲に出動の朝鮮警官隊來る三日引きあげる
219820	朝鮮朝日	西北版	1932-04-01	1	01단	最終日の平讓府會
219821	朝鮮朝日	西北版	1932-04-01	1	02단	出動を前に
219822	朝鮮朝日	西北版	1932-04-01	1	03단	沙里院邑會
219823	朝鮮朝日	西北版	1932-04-01	1	04단	會(西鮮美術展覽會/邑面長會議)
219824	朝鮮朝日	西北版	1932-04-01	1	04단	昭和水組協議會四月中開く
219825	朝鮮朝日	西北版	1932-04-01	1	04단	在滿鮮人救濟施設北鮮開拓は是非とも實現さす七年度追加豫算問題に就て宇垣總督決意を語る
219826	朝鮮朝日	西北版	1932-04-01	1	04단	軍人勅諭記念碑
219827	朝鮮朝日	西北版	1932-04-01	1	04단	百草溝の危機迫る我が警官隊急遽出動婦女子避難車で輸送/日支官憲の警備內偵王德林部隊/戰爭氣分は全市に漲る王德林一味市街を包圍/布泉洞に共匪襲來す/人心極度に動搖す
219828	朝鮮朝日	西北版	1932-04-01	1	05단	汚物の掃除令發布されん
219829	朝鮮朝日	西北版	1932-04-01	1	05단	城津漁港工事進捗す
219830	朝鮮朝日	西北版	1932-04-01	1	05단	平壤普校囑託醫辭職問題早急に解決は難しい
219831	朝鮮朝日	西北版	1932-04-01	1	05단	城津支廳復活の陳情
219832	朝鮮朝日	西北版	1932-04-01	1	06단	農村に鰮締粕を消化させる咸南の肥料共同購入
219833	朝鮮朝日	西北版	1932-04-01	1	06단	平南道農會事業計劃
219834	朝鮮朝日	西北版	1932-04-01	1	07단	咸興の撒水府で直營す
219835	朝鮮朝日	西北版	1932-04-01	1	07단	平鐵野球部監督更迭
219836	朝鮮朝日	西北版	1932-04-01	1	07단	滿洲での開業を關東廳で認める新大陸をめざして發展する平醫卒業生の將來
219837	朝鮮朝日	西北版	1932-04-01	1	07단	元學校教諭と雇員の公判
219838	朝鮮朝日	西北版	1932-04-01	1	08단	平壤署留置人百三名
219839	朝鮮朝日	西北版	1932-04-01	1	08단	黑船の怠業圓滿解決す
219840	朝鮮朝日	西北版	1932-04-01	1	08단	咸興羅南競馬場新設具體化す/公設運動場も計劃

일련번호	판명		간행일	면	단수	기사명
219841	朝鮮朝日	西北版	1932-04-01	1	08단	偽名の宿泊客取押へらる
219842	朝鮮朝日	西北版	1932-04-01	1	09단	暴行學生の控訴判決
219843	朝鮮朝日	西北版	1932-04-01	1	09단	古本を盜む
219844	朝鮮朝日	西北版	1932-04-01	1	09단	高等法院の聯合審判
219845	朝鮮朝日	西北版	1932-04-01	1	10단	巡査射殺事件の求刑
219846	朝鮮朝日	西北版	1932-04-01	1	10단	平壤の火事
219847	朝鮮朝日	西北版	1932-04-01	1	10단	龍岡の火事
219848	朝鮮朝日	西北版	1932-04-01	1	10단	樂禮/柳京小話
219849	朝鮮朝日	南鮮版	1932-04-02	1	01단	放火、脅迫狀で百草溝明渡しを迫る一擧に蹂躪の形勢を示す王德林の主力部隊/咸北對岸に銃聲が聞える對岸から鮮內に避難/日支軍警共同防禦支那兵舍で
219850	朝鮮朝日	南鮮版	1932-04-02	1	01단	總督府辭令
219851	朝鮮朝日	南鮮版	1932-04-02	1	02단	慶南初等教員大異動
219852	朝鮮朝日	南鮮版	1932-04-02	1	02단	土木費公債支辨成行き注目さる中央政府との交渉成立すれば土木事業は復活する
219853	朝鮮朝日	南鮮版	1932-04-02	1	03단	京城府會愈よ終る
219854	朝鮮朝日	南鮮版	1932-04-02	1	03단	京城府會十日間誰が一番多く發言したか！
219855	朝鮮朝日	南鮮版	1932-04-02	1	03단	京城府新吏員は全部野球選手普通の志願者は不採用
219856	朝鮮朝日	南鮮版	1932-04-02	1	03단	朝鮮神宮勸學祭
219857	朝鮮朝日	南鮮版	1932-04-02	1	04단	京城水道整理
219858	朝鮮朝日	南鮮版	1932-04-02	1	04단	今井田總監滿洲視察
219859	朝鮮朝日	南鮮版	1932-04-02	1	05단	看板替へした釜山鐵道ホテルサービスもグッとくだけて
219860	朝鮮朝日	南鮮版	1932-04-02	1	05단	警察協會の警察會館本年中に建設
219861	朝鮮朝日	南鮮版	1932-04-02	1	05단	總督府の官制改正發表は五月上旬ころ農林局も新設されん
219862	朝鮮朝日	南鮮版	1932-04-02	1	05단	朝鮮に適する農業教科書四月から使ふ
219863	朝鮮朝日	南鮮版	1932-04-02	1	06단	優良農會員の內地見學
219864	朝鮮朝日	南鮮版	1932-04-02	1	06단	龍尾山神社遷宮問題圓滿解決す
219865	朝鮮朝日	南鮮版	1932-04-02	1	06단	審議室の隅に長い間忘れられた痲藥類取締令の草案
219866	朝鮮朝日	南鮮版	1932-04-02	1	07단	慶北自動車會社道路寄附金集りが惡い
219867	朝鮮朝日	南鮮版	1932-04-02	1	07단	大山産組認可さる成績期待さる
219868	朝鮮朝日	南鮮版	1932-04-02	1	08단	大邱の新稅助興稅愈よ實施す

일련번호	판명		간행일	면	단수	기사명
219869	朝鮮朝日	南鮮版	1932-04-02	1	08단	東一銀行利川支店強盜犯人巡査を狙擊す犯人は再び逃走す
219870	朝鮮朝日	南鮮版	1932-04-02	1	08단	春が訪づれた釜山のこの頃
219871	朝鮮朝日	南鮮版	1932-04-02	1	08단	釜山商議の滿蒙視察團一日出發す
219872	朝鮮朝日	南鮮版	1932-04-02	1	08단	艶かしい選擧風景釜山券番選擧
219873	朝鮮朝日	南鮮版	1932-04-02	1	09단	慶北昨年中の小作爭議
219874	朝鮮朝日	南鮮版	1932-04-02	1	09단	京城に強盜金品を強奪
219875	朝鮮朝日	南鮮版	1932-04-02	1	09단	釜山刑務所看守長宅へ強盜大搏鬪の末賊を逮捕
219876	朝鮮朝日	南鮮版	1932-04-02	1	10단	慶北山火事千百町步燒く
219877	朝鮮朝日	南鮮版	1932-04-02	1	10단	もよほし(朝鮮酒品評會/麵子品評會/馬山武道大會)
219878	朝鮮朝日	南鮮版	1932-04-02	1	10단	その時その話
219879	朝鮮朝日	西北版	1932-04-02	1	01단	黃海道中初等教員大異動卅一日附で發表さる/總督府辭令/朝鮮教育界の功勞者だ勇退の長谷川平壤女高普校長/榮轉の喜びを語る
219880	朝鮮朝日	西北版	1932-04-02	1	01단	總督府の官制改正發表は五月上旬ころ農林局も新設されん
219881	朝鮮朝日	西北版	1932-04-02	1	01단	學級增加は實現できぬ平壤兩小學校の惱み
219882	朝鮮朝日	西北版	1932-04-02	1	01단	朝鮮に適する農業教科書四月から使ふ
219883	朝鮮朝日	西北版	1932-04-02	1	02단	今井田總監滿洲視察
219884	朝鮮朝日	西北版	1932-04-02	1	02단	五年計劃の鼈業發展策咸南道の養鼈組合
219885	朝鮮朝日	西北版	1932-04-02	1	03단	安東木材界重要問題
219886	朝鮮朝日	西北版	1932-04-02	1	03단	南浦商議議員選擧開票の結果
219887	朝鮮朝日	西北版	1932-04-02	1	04단	平壤醫講入試終る
219888	朝鮮朝日	西北版	1932-04-02	1	04단	放火、脅迫狀で百草溝明渡しを迫る一擧蹂躪の形勢を示す王德林の主力部隊/咸北對岸に銃聲が聞ゆる對岸から鮮內に避難
219889	朝鮮朝日	西北版	1932-04-02	1	04단	日支軍警共同防禦支那兵舍で
219890	朝鮮朝日	西北版	1932-04-02	1	05단	戰死警官遺骨京城通過
219891	朝鮮朝日	西北版	1932-04-02	1	06단	鳳山郡農會農事品評會受賞者決定
219892	朝鮮朝日	西北版	1932-04-02	1	06단	土木費公債支辦成行き注目さる中央政府との交渉成立すれば土木事業は復活する
219893	朝鮮朝日	西北版	1932-04-02	1	07단	國境自由港問題簡單には運ばれまい昭和製鋼所も未決定

일련번호	판명		간행일	면	단수	기사명
219894	朝鮮朝日	西北版	1932-04-02	1	07단	咸南道の記念植樹
219895	朝鮮朝日	西北版	1932-04-02	1	07단	木谷石原兩選手歸朝す
219896	朝鮮朝日	西北版	1932-04-02	1	07단	觀櫻定食券でカフェ告發
219897	朝鮮朝日	西北版	1932-04-02	1	07단	平壤に狂犬發生
219898	朝鮮朝日	西北版	1932-04-02	1	08단	東一銀行利川支店强盜犯人巡査を狙擊す犯人は再び逃走す
219899	朝鮮朝日	西北版	1932-04-02	1	08단	內鮮人合作の平壤祕密結社一味檢事局に送らる
219900	朝鮮朝日	西北版	1932-04-02	1	08단	水道料詐取
219901	朝鮮朝日	西北版	1932-04-02	1	09단	子供の怪死體血染の小刀
219902	朝鮮朝日	西北版	1932-04-02	1	09단	人妻を半殺にした暴漢龍巖浦で逮捕さる
219903	朝鮮朝日	西北版	1932-04-02	1	10단	自動車墜落三名負傷す
219904	朝鮮朝日	西北版	1932-04-02	1	10단	若妻殺し事件再檢證する
219905	朝鮮朝日	西北版	1932-04-02	1	10단	人(高木文服氏(平壤地方法院判事)/森岡二三氏(新西鮮日報副社長)/田口健氏(新西鮮日報主幹兼支配人))
219906	朝鮮朝日	西北版	1932-04-02	1	10단	樂禮/柳京小話
219907	朝鮮朝日	南鮮版	1932-04-03	1	01단	陞敍辭令/大學其他敎員整理發表さる
219908	朝鮮朝日	南鮮版	1932-04-03	1	01단	匪賊の越境討伐は朝鮮警察の手でやる總督府と外務省の交涉纏る領事館警察も擴大
219909	朝鮮朝日	南鮮版	1932-04-03	1	01단	淸津の築港一年早く完成終端港問題決定で
219910	朝鮮朝日	南鮮版	1932-04-03	1	01단	經營難の普成專門蘇生す
219911	朝鮮朝日	南鮮版	1932-04-03	1	02단	慶北敎員大異動百三十七名
219912	朝鮮朝日	南鮮版	1932-04-03	1	02단	明倫學院補習科新設
219913	朝鮮朝日	南鮮版	1932-04-03	1	03단	釜山渡津橋起工式二十日擧行す
219914	朝鮮朝日	南鮮版	1932-04-03	1	03단	間島の不安ますます加はる侮り難き王德林部隊討伐隊大動搖を來す/放列を布き豪語す賊團の實勢力/王德林への使者慄ひ上って歸る王との交涉は決裂か
219915	朝鮮朝日	南鮮版	1932-04-03	1	04단	京城高等小學校敷地內定す
219916	朝鮮朝日	南鮮版	1932-04-03	1	04단	總督府の重要豫算葬られた場合總督の顏は丸潰れだ氣遣はれる追加豫算
219917	朝鮮朝日	南鮮版	1932-04-03	1	05단	５３－３明大軍大勝明大對鐵道ラグビー戰/明大五三一鐵道三/大邱體協庭球部スケジュール
219918	朝鮮朝日	南鮮版	1932-04-03	1	05단	蔚山消防發會式
219919	朝鮮朝日	南鮮版	1932-04-03	1	05단	中國領事に嚴重警告敎科書問題で

일련번호	판명		간행일	면	단수	기사명
219920	朝鮮朝日	南鮮版	1932-04-03	1	05단	普通學校新設と學級の增加慶南の初等教育充實
219921	朝鮮朝日	南鮮版	1932-04-03	1	06단	百貨店の新採用九十餘名
219922	朝鮮朝日	南鮮版	1932-04-03	1	07단	釜山少年團組織計劃進む鐵兜寄贈者も現はる
219923	朝鮮朝日	南鮮版	1932-04-03	1	07단	北鮮到る處に飛んだ悲喜劇海部囑託北鮮視察談
219924	朝鮮朝日	南鮮版	1932-04-03	1	07단	廿二戶全燒襄陽郡の火事
219925	朝鮮朝日	南鮮版	1932-04-03	1	08단	十三戶全燒淸道の火事
219926	朝鮮朝日	南鮮版	1932-04-03	1	08단	自動車墜落六名重傷す仁川富平、朱安間珍事
219927	朝鮮朝日	南鮮版	1932-04-03	1	08단	列車轉覆を企つ麗水附近で
219928	朝鮮朝日	南鮮版	1932-04-03	1	09단	死刑と無期の兄弟强盜上告審も無罪
219929	朝鮮朝日	南鮮版	1932-04-03	1	09단	釜山の强盜は專修學校卒業生速水氏の賊狙擊が問題
219930	朝鮮朝日	南鮮版	1932-04-03	1	09단	土工三名壓死
219931	朝鮮朝日	南鮮版	1932-04-03	1	10단	自炊生活の竊盜團大邱署で檢擧
219932	朝鮮朝日	南鮮版	1932-04-03	1	10단	もよほし(京城齒科醫總會/國旗揭揚塔建設式/釜山靑年役員會)
219933	朝鮮朝日	南鮮版	1932-04-03	1	10단	人(巖佐憲兵司令官/福本市太郎(新任鎭海高女校長)/近藤喜久治氏(慶南道技師))
219934	朝鮮朝日	南鮮版	1932-04-03	1	10단	その時その話
219935	朝鮮朝日	西北版	1932-04-03	1	01단	陞敍辭令/平南の初等敎員大異動實に百六十名に及ぶ/大學其他敎員整理發表さる
219936	朝鮮朝日	西北版	1932-04-03	1	01단	匪賊の越境討伐は朝鮮警察の手でやる總督府と外務省の交涉纏る領事館警察も擴大
219937	朝鮮朝日	西北版	1932-04-03	1	01단	在滿鮮農は安心して働ける護衛警官を各地に派遣
219938	朝鮮朝日	西北版	1932-04-03	1	01단	普生醫院移轉問題又も紛糾か
219939	朝鮮朝日	西北版	1932-04-03	1	02단	間島の不安ますます加はる侮り難き王德林部隊討伐隊大動搖を來す/放列を布き豪語す賊團の實勢力/王德林への使者慄ひ上って歸る王との交涉は決裂か
219940	朝鮮朝日	西北版	1932-04-03	1	03단	咸興受益稅愈よ實施す
219941	朝鮮朝日	西北版	1932-04-03	1	03단	新義州と定州兩電氣合倂實現は六月上旬ごろ
219942	朝鮮朝日	西北版	1932-04-03	1	03단	沙里院學校組合明年度新事業
219943	朝鮮朝日	西北版	1932-04-03	1	04단	總督府の重要豫算葬られた場合總督の顔は丸潰れだ氣遣はれる追加豫算

일련번호	판명		간행일	면	단수	기사명
219944	朝鮮朝日	西北版	1932-04-03	1	05단	船橋里小學開校す
219945	朝鮮朝日	西北版	1932-04-03	1	05단	釜山少年團組織計劃進む鐵兜寄贈者も現はる
219946	朝鮮朝日	西北版	1932-04-03	1	06단	平壤醫講の記念祭五月一日から
219947	朝鮮朝日	西北版	1932-04-03	1	07단	淸津の築港は一年早く出來上る終端港問題決定で促進さるまさに淸津に福音來
219948	朝鮮朝日	西北版	1932-04-03	1	07단	沙防工事に根曲竹を植ゑる咸南道の新しい計劃
219949	朝鮮朝日	西北版	1932-04-03	1	07단	道當局は問題にせぬ龍岡郡廳舍移轉問題
219950	朝鮮朝日	西北版	1932-04-03	1	07단	鮮人大擧し法院で騷ぐ元山法院支廳の混雜
219951	朝鮮朝日	西北版	1932-04-03	1	08단	北鮮到る處に飛んだ悲喜劇海部囑託北鮮視察談
219952	朝鮮朝日	西北版	1932-04-03	1	08단	价川道路に慘殺死體犯人搜査中
219953	朝鮮朝日	西北版	1932-04-03	1	09단	平壤大和町標語當選者
219954	朝鮮朝日	西北版	1932-04-03	1	09단	妓生の貞操確認の判決耶蘇敎長老と妓生の訴訟
219955	朝鮮朝日	西北版	1932-04-03	1	09단	椎蛤を密賣
219956	朝鮮朝日	西北版	1932-04-03	1	10단	列車轉覆を企く麗水附近で
219957	朝鮮朝日	西北版	1932-04-03	1	10단	十三戶全燒淸道の火事
219958	朝鮮朝日	西北版	1932-04-03	1	10단	廿二戶全燒襄陽郡の火事
219959	朝鮮朝日	西北版	1932-04-03	1	10단	樂禮/柳京小話
219960	朝鮮朝日	南鮮版	1932-04-04	1	01단	滿洲に出動した京畿警官隊凱旋す在城官民の盛んな歡迎
219961	朝鮮朝日	南鮮版	1932-04-04	1	01단	搬送式による內鮮滿直通電話いよいよ實施に內定
219962	朝鮮朝日	南鮮版	1932-04-04	1	01단	密陽の邑會
219963	朝鮮朝日	南鮮版	1932-04-04	1	02단	退職賜金二百萬圓公債による
219964	朝鮮朝日	南鮮版	1932-04-04	1	03단	朝鮮の官吏は惠れぬ年度末賞與支給は困難
219965	朝鮮朝日	南鮮版	1932-04-04	1	03단	物情騷然たる百草溝
219966	朝鮮朝日	南鮮版	1932-04-04	1	04단	凧揚げ大會
219967	朝鮮朝日	南鮮版	1932-04-04	1	04단	京城府吏員二十六名近く整理する
219968	朝鮮朝日	南鮮版	1932-04-04	1	04단	內地行活魚の委託販賣を行ふ慶南漁組の計劃
219969	朝鮮朝日	南鮮版	1932-04-04	1	05단	早稻田對百合籠球戰/各古屋高女選手朝鮮に遠征
219970	朝鮮朝日	南鮮版	1932-04-04	1	05단	大地は微笑む平和な農村生活へ復歸する避難朝鮮人併し多くは新農耕地を望む

일련번호	판명		간행일	면	단수	기사명
219971	朝鮮朝日	南鮮版	1932-04-04	1	06단	慶南水産試驗場職制發表さる場長に河西技師任命
219972	朝鮮朝日	南鮮版	1932-04-04	1	06단	京城に住む內地人どれ程ある
219973	朝鮮朝日	南鮮版	1932-04-04	1	06단	京城の傳染病ますます增加
219974	朝鮮朝日	南鮮版	1932-04-04	1	07단	景勝の馬山に陸軍療養所誘致いよいよ近く具體化か
219975	朝鮮朝日	南鮮版	1932-04-04	1	07단	傷病兵內地歸還
219976	朝鮮朝日	南鮮版	1932-04-04	1	08단	匪賊の巨頭徐文海愈よ歸順
219977	朝鮮朝日	南鮮版	1932-04-04	1	08단	列車妨害犯人逮捕の靑年鐵道局から表彰
219978	朝鮮朝日	南鮮版	1932-04-04	1	08단	間島局子街に病院設立の計劃經費十五萬圓を投じ
219979	朝鮮朝日	南鮮版	1932-04-04	1	09단	妓生宅に二人組强盜
219980	朝鮮朝日	南鮮版	1932-04-04	1	09단	帆船沈沒す
219981	朝鮮朝日	南鮮版	1932-04-04	1	10단	嫁入自動車子供を轢く
219982	朝鮮朝日	南鮮版	1932-04-04	1	10단	發動機船防波堤に乘あぐ
219983	朝鮮朝日	南鮮版	1932-04-04	1	10단	帆船沈沒二名溺死
219984	朝鮮朝日	南鮮版	1932-04-04	1	10단	鳳山面事務所半燒す
219985	朝鮮朝日	南鮮版	1932-04-04	1	10단	その時その話
219986	朝鮮朝日	西北版	1932-04-05	1	01단	飛んだ處で內輪喧嘩米澤荒川兩氏の一騎打ち今井田總監啞然たり安東驛貴賓室の三十分
219987	朝鮮朝日	西北版	1932-04-05	1	01단	全市にあげて凱旋軍歡迎羅南の催し決定す
219988	朝鮮朝日	西北版	1932-04-05	1	01단	咸北敎員大異動發表さる
219989	朝鮮朝日	西北版	1932-04-05	1	01단	物情騷然たる百草溝
219990	朝鮮朝日	西北版	1932-04-05	1	02단	新陣容成る平壤野球團
219991	朝鮮朝日	西北版	1932-04-05	1	02단	平鐵野球監督古川氏に決定
219992	朝鮮朝日	西北版	1932-04-05	1	03단	名古屋高女選手朝鮮に遠征
219993	朝鮮朝日	西北版	1932-04-05	1	03단	咸南の鮭人工孵化
219994	朝鮮朝日	西北版	1932-04-05	1	03단	朝鮮から派遣の警官隊安東で解散式/滿洲出動の警官隊凱旋兩地の盛んな歡迎
219995	朝鮮朝日	西北版	1932-04-05	1	06단	野營演習
219996	朝鮮朝日	西北版	1932-04-05	1	06단	南浦商工校不祥事御手植の銀杏鋸できらる
219997	朝鮮朝日	西北版	1932-04-05	1	06단	女學生を裝った婦人便衣隊が蠢動雜踏にまぎれて物騷な錦州山形隊長の歸壤談
219998	朝鮮朝日	西北版	1932-04-05	1	07단	匪賊の巨頭徐文海愈よ歸順
219999	朝鮮朝日	西北版	1932-04-05	1	07단	農家經濟を緩和する産組豫期以上に好成績

일련번호	판명		간행일	면	단수	기사명
220000	朝鮮朝日	西北版	1932-04-05	1	07단	咸南の鰯や鰊滿洲へ輸出計劃近く調査員を派遣す
220001	朝鮮朝日	西北版	1932-04-05	1	08단	沙里院花柳界寂びれる
220002	朝鮮朝日	西北版	1932-04-05	1	08단	新義州の猩紅熱
220003	朝鮮朝日	西北版	1932-04-05	1	09단	匪賊五名檢擧
220004	朝鮮朝日	西北版	1932-04-05	1	09단	春の平壤へ訪れる觀光客既に約二千五百名內定
220005	朝鮮朝日	西北版	1932-04-05	1	09단	海州の強盜內地人宅へ
220006	朝鮮朝日	西北版	1932-04-05	1	09단	現金と沙金を強奪慈山に強盜
220007	朝鮮朝日	西北版	1932-04-05	1	10단	近く開廷の妻子殺事件被告は犯行を否認す
220008	朝鮮朝日	西北版	1932-04-05	1	10단	失戀から自殺
220009	朝鮮朝日	西北版	1932-04-05	1	10단	樂禮/柳京小話
220010	朝鮮朝日	南鮮版	1932-04-06	1	01단	間島事局寫眞畵報
220011	朝鮮朝日	南鮮版	1932-04-06	1	03단	總督府の支拂ひ二ヶ月間停止さる七年度實行豫算確立せぬ爲國費事業は一頓挫
220012	朝鮮朝日	南鮮版	1932-04-06	1	04단	慶南本年度の窮民救濟事業費強制貯金額も決定
220013	朝鮮朝日	南鮮版	1932-04-06	1	07단	明大軍三戰三勝朝鮮軍とのラグビー戰/養正高普優勝京仁間驛傳競走
220014	朝鮮朝日	南鮮版	1932-04-06	1	07단	慶北で枾增産計劃をたてる
220015	朝鮮朝日	南鮮版	1932-04-06	1	07단	櫻すでに綻び南鮮の山に野に行樂の春來る
220016	朝鮮朝日	南鮮版	1932-04-06	1	08단	朝鮮號釜山着陸當局に要望
220017	朝鮮朝日	南鮮版	1932-04-06	1	08단	內地送還の傷病兵釜山を通過
220018	朝鮮朝日	南鮮版	1932-04-06	1	09단	釜山に猩紅熱蔓延大人の患者も發生す
220019	朝鮮朝日	南鮮版	1932-04-06	1	09단	強奪金と拳銃は山中で發見す東一銀行支店強盜事件
220020	朝鮮朝日	南鮮版	1932-04-06	1	09단	老婆を毆ってお金を強奪する大邱東城町の慘劇
220021	朝鮮朝日	南鮮版	1932-04-06	1	09단	人(池田警務局長)
220022	朝鮮朝日	南鮮版	1932-04-06	1	10단	滿洲から潛入の鮮匪の判決
220023	朝鮮朝日	南鮮版	1932-04-06	1	10단	擧動不審の二少年
220024	朝鮮朝日	南鮮版	1932-04-06	1	10단	もよほし(社會事業研究會/演武大會/新作舞踊發表會)
220025	朝鮮朝日	西北版	1932-04-06	1	01단	間島事局寫眞畵報
220026	朝鮮朝日	西北版	1932-04-06	1	03단	總督府の支拂ひ二ヶ月間停止さる七年度實行豫算確立せぬ爲國費事業は一頓挫
220027	朝鮮朝日	西北版	1932-04-06	1	04단	早稻田籠球團

일련번호	판명		간행일	면	단수	기사명
220028	朝鮮朝日	西北版	1932-04-06	1	05단	學務課長視學官會議
220029	朝鮮朝日	西北版	1932-04-06	1	05단	愈よ近く竣工する九十尺の望樓
220030	朝鮮朝日	西北版	1932-04-06	1	06단	お化粧は嚴禁衣裳は木綿風紀改善の妓生學校
220031	朝鮮朝日	西北版	1932-04-06	1	07단	二勇士とも平飛關係者安否を氣遣ふ
220032	朝鮮朝日	西北版	1932-04-06	1	07단	客車を整備春の準備に多忙な平鐵
220033	朝鮮朝日	西北版	1932-04-06	1	07단	牡丹台に子供の國
220034	朝鮮朝日	西北版	1932-04-06	1	07단	今の處平靜だが今後の主意が必要咸南北の左翼運動に就て田中保安課長の視察談
220035	朝鮮朝日	西北版	1932-04-06	1	08단	平讓附近の遊覽飛行空輸會社計劃
220036	朝鮮朝日	西北版	1932-04-06	1	08단	移動遊女班安奉線の珍景
220037	朝鮮朝日	西北版	1932-04-06	1	08단	五月十日に抗訴審神の子の公判
220038	朝鮮朝日	西北版	1932-04-06	1	09단	支那勞働者が續一と渡來する最近十日間に約百名
220039	朝鮮朝日	西北版	1932-04-06	1	09단	旅客機間島に飛ぶ
220040	朝鮮朝日	西北版	1932-04-06	1	09단	船橋里に强盜
220041	朝鮮朝日	西北版	1932-04-06	1	10단	鴨江下流で放火掠奪李子榮の賊團
220042	朝鮮朝日	西北版	1932-04-06	1	10단	局子街に病院設立總督府で計劃
220043	朝鮮朝日	西北版	1932-04-06	1	10단	樂禮/柳京小話
220044	朝鮮朝日	西北版	1932-04-06	1	10단	淸津販賣店變更
220045	朝鮮朝日	南鮮版	1932-04-07	1	01단	居殘る避難民を何うして救濟するか計劃通りの救濟は覺束ないますます複雜化す
220046	朝鮮朝日	南鮮版	1932-04-07	1	01단	窮民救濟事業の割當額決定す總額二千百八十五萬六千圓
220047	朝鮮朝日	南鮮版	1932-04-07	1	01단	間島寫眞ニュース
220048	朝鮮朝日	南鮮版	1932-04-07	1	02단	大邱普通校新入學生百五十名突破
220049	朝鮮朝日	南鮮版	1932-04-07	1	03단	鮮産品滿洲輸出統制機關設置京城商議で協議す
220050	朝鮮朝日	南鮮版	1932-04-07	1	04단	人(武知勇紀氏(代議士)/江藤源九郎氏(代議士)/福島耀三氏(慶北道視學官))
220051	朝鮮朝日	南鮮版	1932-04-07	1	04단	慶南農會の內地視察團十五日出發
220052	朝鮮朝日	南鮮版	1932-04-07	1	04단	我らの愛國機朝鮮號の釜山着陸は廿日頃
220053	朝鮮朝日	南鮮版	1932-04-07	1	05단	映畵檢閱料値下か
220054	朝鮮朝日	南鮮版	1932-04-07	1	05단	渡邊慶南知事馬山視察
220055	朝鮮朝日	南鮮版	1932-04-07	1	05단	遞信局辭令
220056	朝鮮朝日	南鮮版	1932-04-07	1	06단	餘りの快獲で前途案ぜらる慶北沿岸のあなご

일련번호	판명		간행일	면	단수	기사명
220057	朝鮮朝日	南鮮版	1932-04-07	1	06단	近く知事級の異動が行れる中村土改部長愈よ辭任
220058	朝鮮朝日	南鮮版	1932-04-07	1	06단	早大と靑年會籠球戰
220059	朝鮮朝日	南鮮版	1932-04-07	1	06단	朝鮮都市計劃令まづ經費のかーらぬ新興都市から實施す
220060	朝鮮朝日	南鮮版	1932-04-07	1	06단	狂女致死事件の公判
220061	朝鮮朝日	南鮮版	1932-04-07	1	07단	視察團を種に詐欺
220062	朝鮮朝日	南鮮版	1932-04-07	1	07단	鮮滿電信電話線擴張を要する川面遞信局監理課長談
220063	朝鮮朝日	南鮮版	1932-04-07	1	07단	竹の植栽に新機軸を出す見習生を京都に派し
220064	朝鮮朝日	南鮮版	1932-04-07	1	08단	幹線道路敷設と移轉報償問題釜山府頭を惱ます
220065	朝鮮朝日	南鮮版	1932-04-07	1	08단	學生四十名放校處分大邱師範生赤色事件
220066	朝鮮朝日	南鮮版	1932-04-07	1	09단	拳銃强盜
220067	朝鮮朝日	南鮮版	1932-04-07	1	09단	騷亂の間島/皇軍出動で不安一掃昨今の間島/保衛隊を襲うて武器を强奪す三道溝侵入の大刀會/日本人の木材事務所馬賊が襲來
220068	朝鮮朝日	南鮮版	1932-04-07	1	09단	自動車と車が衝突
220069	朝鮮朝日	南鮮版	1932-04-07	1	10단	京城驛を根城に竊盜を働く
220070	朝鮮朝日	南鮮版	1932-04-07	1	10단	映畵と演劇(大正館 京城)
220071	朝鮮朝日	南鮮版	1932-04-07	1	10단	その時その話
220072	朝鮮朝日	西北版	1932-04-07	1	01단	經費のかーらぬ新興の市街地から始める朝鮮都市計劃令實施方針
220073	朝鮮朝日	西北版	1932-04-07	1	01단	原案を支持平壤舊市街の人一纏れる普生院問題
220074	朝鮮朝日	西北版	1932-04-07	1	01단	平讓部隊の陳中愛唱歌
220075	朝鮮朝日	西北版	1932-04-07	1	01단	間島寫眞ニュース
220076	朝鮮朝日	西北版	1932-04-07	1	03단	遞信局辭令
220077	朝鮮朝日	西北版	1932-04-07	1	03단	氣遣れる北鮮開拓
220078	朝鮮朝日	西北版	1932-04-07	1	04단	咸興魚菜市場重役決定す
220079	朝鮮朝日	西北版	1932-04-07	1	04단	完納に努む稅金滯納に惱む平讓府
220080	朝鮮朝日	西北版	1932-04-07	1	04단	左腕を斬って血染の日章旗感激した巡査部長
220081	朝鮮朝日	西北版	1932-04-07	1	05단	愛國機朝鮮號平壤に來る
220082	朝鮮朝日	西北版	1932-04-07	1	05단	衛生狀態極めて良好昨今の平壤
220083	朝鮮朝日	西北版	1932-04-07	1	06단	近く知事級の異動が行れる中村土改部長愈よ辭任

일련번호	판명		간행일	면	단수	기사명
220084	朝鮮朝日	西北版	1932-04-07	1	06단	凱旋警官隊
220085	朝鮮朝日	西北版	1932-04-07	1	06단	惠山線鐵道開通は八年度
220086	朝鮮朝日	西北版	1932-04-07	1	06단	普生院を中心に嫉視反目する兩派連袂辭職も辭せぬ朝鮮議員內鮮議員抗爭す
220087	朝鮮朝日	西北版	1932-04-07	1	07단	平南水組の低利債割當額
220088	朝鮮朝日	西北版	1932-04-07	1	07단	窮民救濟事業の割當額決定す總額二千百八十五萬六千圓
220089	朝鮮朝日	西北版	1932-04-07	1	08단	和やかな入學風景
220090	朝鮮朝日	西北版	1932-04-07	1	08단	杏花から櫻花西鮮花の名どころ
220091	朝鮮朝日	西北版	1932-04-07	1	08단	有罪か無罪か內地人寡婦殺害事件
220092	朝鮮朝日	西北版	1932-04-07	1	09단	騷亂の間島/皇軍出動で不安一掃昨今の間島/保衛隊を襲うて武器を强奪す三道溝侵入の大刀會/流水の部落掠奪/石頭河子を掠奪/日本人の木材事務所馬賊が襲來
220093	朝鮮朝日	西北版	1932-04-07	1	09단	盛んに兒童を脅迫す平壤署取締る
220094	朝鮮朝日	西北版	1932-04-07	1	10단	數十年前の白骨現はる公會堂前から
220095	朝鮮朝日	西北版	1932-04-07	1	10단	樂禮/柳京小話
220096	朝鮮朝日	南鮮版	1932-04-08	1	01단	勇躍する間島派遣部隊
220097	朝鮮朝日	南鮮版	1932-04-08	1	01단	歸順の馬賊で兵匪を討伐させる滿洲の匪賊討伐狀況に就て釜山にて參謀本部高屋大佐談
220098	朝鮮朝日	南鮮版	1932-04-08	1	01단	漁組借入金の返濟期限の延長慶南聯合會で申請
220099	朝鮮朝日	南鮮版	1932-04-08	1	02단	京城敎員異動一段落
220100	朝鮮朝日	南鮮版	1932-04-08	1	02단	早大對延禧專門籠球戰
220101	朝鮮朝日	南鮮版	1932-04-08	1	03단	釜山漁組共販實施準備を進む
220102	朝鮮朝日	南鮮版	1932-04-08	1	03단	間島その後の情勢/池田間島派遣軍隊長の布告/支那側討伐隊急行す/鮮滿人十數名人質として拉去遁走した王德林軍/匪賊に武器を提供す/國境守備隊に出動の命令茂山對岸地方に/本社自動車活躍す
220103	朝鮮朝日	南鮮版	1932-04-08	1	04단	公債事業の難色は當然だ問題の追加豫算に就て宇垣總督は語る
220104	朝鮮朝日	南鮮版	1932-04-08	1	05단	廿四名採用に六百の應募忠南の就職難
220105	朝鮮朝日	南鮮版	1932-04-08	1	07단	內地滿鐵總裁辭任に決定直ちに東京に打電す
220106	朝鮮朝日	南鮮版	1932-04-08	1	07단	奉天からの僞電の犯人ほ一目星つく
220107	朝鮮朝日	南鮮版	1932-04-08	1	08단	愈よ立退かねば建物を壞す大邱のルンペン小屋

일련번호	판명		간행일	면	단수	기사명
220108	朝鮮朝日	南鮮版	1932-04-08	1	08단	動かした警官延べ二千人經費は一萬五千圓拳銃强盗逮捕の總計算
220109	朝鮮朝日	南鮮版	1932-04-08	1	08단	東一銀行支店拳銃强盗共犯者はない
220110	朝鮮朝日	南鮮版	1932-04-08	1	08단	梁山騷擾事件廿一名起訴豫審に附さる
220111	朝鮮朝日	南鮮版	1932-04-08	1	09단	大邱暴力團公判
220112	朝鮮朝日	南鮮版	1932-04-08	1	09단	開城の盗難
220113	朝鮮朝日	南鮮版	1932-04-08	1	09단	結局原告の敗訴退職慰勞金請求訴訟
220114	朝鮮朝日	南鮮版	1932-04-08	1	10단	天然痘發生
220115	朝鮮朝日	南鮮版	1932-04-08	1	10단	大豹を獲る
220116	朝鮮朝日	南鮮版	1932-04-08	1	10단	もよほし(金融組合祝賀會/釜山辯護士會/武道大會/農業校打合會)
220117	朝鮮朝日	南鮮版	1932-04-08	1	10단	人(土師專賣局長/石川賴彦氏(新任全州高普校長)/江副作二氏(元釜山女子高普校長)/小谷節夫氏(代議士)/森辯次郎氏(朝郵社長)/石塚殖産局技師/高屋唐彦工兵大佐(參謀本部課長))
220118	朝鮮朝日	南鮮版	1932-04-08	1	10단	その時その話
220119	朝鮮朝日	西北版	1932-04-08	1	01단	勇躍する間島派遣部隊
220120	朝鮮朝日	西北版	1932-04-08	1	01단	普生醫院問題結局原案を執行か朝鮮人側多數議員の態度を賞讚する阿部府尹
220121	朝鮮朝日	西北版	1932-04-08	1	02단	滿洲國基礎確立が當面の問題新義州にて今井田總監語る
220122	朝鮮朝日	西北版	1932-04-08	1	02단	平北初等教員大異動
220123	朝鮮朝日	西北版	1932-04-08	1	03단	間島その後の情勢/池田間島派遣軍隊長の布告/支那側討伐隊急行す/鮮滿十數名人質として拉去遁走した王德林軍/匪賊に武器を提供す/國境守備隊に出動の命令茂山對岸地方に/本社自動車活躍す
220124	朝鮮朝日	西北版	1932-04-08	1	04단	浦項洞に金組設置
220125	朝鮮朝日	西北版	1932-04-08	1	04단	認可申請否認運動於之屯水組
220126	朝鮮朝日	西北版	1932-04-08	1	05단	元山一帶銀鱗の山
220127	朝鮮朝日	西北版	1932-04-08	1	06단	平南の農業倉庫順安設置に決まる岐陽側遂に不成功
220128	朝鮮朝日	西北版	1932-04-08	1	07단	安東縣に本部を置く連山關○隊
220129	朝鮮朝日	西北版	1932-04-08	1	08단	天災による免稅者は選擧權がある總督府で決定す
220130	朝鮮朝日	西北版	1932-04-08	1	08단	三百の匪賊渾水泡襲擊書堂や派出所に放火
220131	朝鮮朝日	西北版	1932-04-08	1	08단	壁畵を削る眞池洞古墳の

일련번호	판명		간행일	면	단수	기사명
220132	朝鮮朝日	西北版	1932-04-08	1	08단	妻戀しさに一家鏖殺を企つ一人を殺し三名を傷く
220133	朝鮮朝日	西北版	1932-04-08	1	09단	死刑不服で上告
220134	朝鮮朝日	西北版	1932-04-08	1	09단	鴨緑江上流解氷遲れる
220135	朝鮮朝日	西北版	1932-04-08	1	09단	內田滿鐵總裁辭任に決し直ちに東京に打電す
220136	朝鮮朝日	西北版	1932-04-08	1	10단	恐しい花嫁亭主を殺す
220137	朝鮮朝日	西北版	1932-04-08	1	10단	橫領事件公判
220138	朝鮮朝日	西北版	1932-04-08	1	10단	人(長谷川龜四郎氏(元平壤女高普校長)/和田英正氏(新任京城第一高普校長)/木藤重德氏(新任本府視學官)/泉政次郎氏(新任羅南中學校長))
220139	朝鮮朝日	西北版	1932-04-08	1	10단	樂禮/柳京小話
220140	朝鮮朝日	南鮮版	1932-04-09	1	01단	春・描き出された春の世相櫻が咲いた(馬山/鎭海)
220141	朝鮮朝日	南鮮版	1932-04-09	1	01단	九人の男が寡婦を中心に狐と狸のばかし合ひ
220142	朝鮮朝日	南鮮版	1932-04-09	1	02단	獄中から公開狀赤化事件の教員
220143	朝鮮朝日	南鮮版	1932-04-09	1	02단	盲人を縛り現金を強奪す
220144	朝鮮朝日	南鮮版	1932-04-09	1	03단	京城市內に二人組強盜
220145	朝鮮朝日	南鮮版	1932-04-09	1	03단	拳銃強盜逮捕後日譚逃足の早い瘦せ男共犯があると本人は自供絶食して手古摺らす
220146	朝鮮朝日	南鮮版	1932-04-09	1	03단	間島派遣皇軍の威容
220147	朝鮮朝日	南鮮版	1932-04-09	1	05단	不良客引三十名釜山で檢擧
220148	朝鮮朝日	南鮮版	1932-04-09	1	06단	春は筏に乘って！鴨緑江名物の筏流しシーズンいよいよ近づいた
220149	朝鮮朝日	南鮮版	1932-04-09	1	06단	夫婦喧嘩から放火の公判
220150	朝鮮朝日	南鮮版	1932-04-09	1	07단	問題のダンスホール京城で許可される？
220151	朝鮮朝日	南鮮版	1932-04-09	1	07단	斷崖より墜落して慘死す學校歸りの小學生
220152	朝鮮朝日	南鮮版	1932-04-09	1	07단	淸州の火事
220153	朝鮮朝日	南鮮版	1932-04-09	1	08단	死刑を執行さる子供慘殺犯人
220154	朝鮮朝日	南鮮版	1932-04-09	1	08단	學校林燒く
220155	朝鮮朝日	南鮮版	1932-04-09	1	09단	井戸を挾んで揉める釜山燒酎製造所と製餡組合
220156	朝鮮朝日	南鮮版	1932-04-09	1	09단	心中の場所を探して釜山に來た男女釜山署で取押へ保護中

일련번호	판명		간행일	면	단수	기사명
220157	朝鮮朝日	南鮮版	1932-04-09	1	09단	京城第一教育部會
220158	朝鮮朝日	南鮮版	1932-04-09	1	09단	我空軍活躍敵兵營を爆撃賊團放火して逃走す/我が軍兵匪と激戰遂に撃退す
220159	朝鮮朝日	南鮮版	1932-04-09	1	10단	朝鮮號大邱着陸實現せん
220160	朝鮮朝日	南鮮版	1932-04-09	1	10단	知事級異動の噂
220161	朝鮮朝日	西北版	1932-04-09	1	01단	一日休養して一段と士氣をたかめ翌日は早朝空陸相呼應して匪賊團と激戰す/我空軍活躍敵兵營を爆撃賊團放火して逃走す/二道溝方面に大火災/我が軍兵匪と激戰遂に撃退す
220162	朝鮮朝日	西北版	1932-04-09	1	01단	間島派遣皇軍の威容
220163	朝鮮朝日	西北版	1932-04-09	1	03단	知事級異動の噂
220164	朝鮮朝日	西北版	1932-04-09	1	04단	人(對馬助三氏(光州公立高等女學校長)/安岡源三郎氏(平南道視學官)/三浦少將(元咸興聯隊長))
220165	朝鮮朝日	西北版	1932-04-09	1	04단	平壤部隊凱旋歡迎準備着一進む
220166	朝鮮朝日	西北版	1932-04-09	1	04단	五年計劃で養豚を獎勵す平北本年度新事業
220167	朝鮮朝日	西北版	1932-04-09	1	05단	中和郡の民風改善
220168	朝鮮朝日	西北版	1932-04-09	1	05단	龍岡郡廳舍移轉問題南浦民が應援
220169	朝鮮朝日	西北版	1932-04-09	1	06단	六號潛管の漏水湧水とわかる安寧水利またも懸念
220170	朝鮮朝日	西北版	1932-04-09	1	06단	基本設計成り黑板博士が激賞す今秋の十月までには竣工す平壤の樂浪博物館
220171	朝鮮朝日	西北版	1932-04-09	1	07단	平安水利の貯水池名所にする
220172	朝鮮朝日	西北版	1932-04-09	1	07단	道當局が調停に乘り出した普生醫院移轉問題
220173	朝鮮朝日	西北版	1932-04-09	1	07단	俸給を割いて窮民を救濟する咸南道廳員の釀金
220174	朝鮮朝日	西北版	1932-04-09	1	07단	愈よ本格的に工事に着手する南浦無煙炭積込場
220175	朝鮮朝日	西北版	1932-04-09	1	08단	咸興軍旗祭盛大に行ふ
220176	朝鮮朝日	西北版	1932-04-09	1	09단	兒童愛護の標語咸南で募集
220177	朝鮮朝日	西北版	1932-04-09	1	09단	人妻の下腹部を抉ぐる犯人は鮮人勞働者か
220178	朝鮮朝日	西北版	1932-04-09	1	09단	畑の中から珍品樂浪鏡と瓦
220179	朝鮮朝日	西北版	1932-04-09	1	09단	平壤體協庭球部正副部長
220180	朝鮮朝日	西北版	1932-04-09	1	09단	左奈田等の求刑
220181	朝鮮朝日	西北版	1932-04-09	1	10단	短刀をもつ怪しい客

일련번호	판명		간행일	면	단수	기사명
220182	朝鮮朝日	西北版	1932-04-09	1	10단	新義州の火事
220183	朝鮮朝日	西北版	1932-04-09	1	10단	不二農場騷擾公判
220184	朝鮮朝日	西北版	1932-04-09	1	10단	樂禮/柳京小話
220185	朝鮮朝日	南鮮版	1932-04-10	1	01단	大膽なる大刀會匪我軍の前面卅米突迄接近し猛烈に射撃する市中には多數の便衣隊潛入/應援部隊出動飛行機急派大混亂の二道溝地方/兵力を增す茂山對岸に
220186	朝鮮朝日	南鮮版	1932-04-10	1	01단	在滿鮮人發展は彼等の自覺が必要滿洲視察を終へた今井田總監滿洲諸問題を語る
220187	朝鮮朝日	南鮮版	1932-04-10	1	01단	堀井を打切り配湯方法を決定湧出豊富な東萊溫泉
220188	朝鮮朝日	南鮮版	1932-04-10	1	02단	慶南警部補異動
220189	朝鮮朝日	南鮮版	1932-04-10	1	03단	南部設置派猛運動大渚市場問題
220190	朝鮮朝日	南鮮版	1932-04-10	1	03단	釜山人の趣味(卅一)/カフエの雰圍氣に陶醉大島釜山府尹
220191	朝鮮朝日	南鮮版	1932-04-10	1	04단	不信任案手交
220192	朝鮮朝日	南鮮版	1932-04-10	1	04단	滿洲歸來鮮人嚴重取締る城津にも拳銃强盜
220193	朝鮮朝日	南鮮版	1932-04-10	1	04단	花に魁けて京城に來た觀光團英國遊覽船フ號乘船の一行「儉約」「儉約」の旅行振り
220194	朝鮮朝日	南鮮版	1932-04-10	1	05단	鮮人襲擊されて百名行方不明物騷なる渾水泡地方/茂山地方に警官を增派す萬一の際の準備整ふ
220195	朝鮮朝日	南鮮版	1932-04-10	1	06단	海女問題解決の爲産業部長上城
220196	朝鮮朝日	南鮮版	1932-04-10	1	07단	スポーツ(早稲田惜敗普成との籠球戰/釜山體協の各種催し)
220197	朝鮮朝日	南鮮版	1932-04-10	1	07단	道立病院の補助本年度から停止か板挾みになった總督府から大藏省と折衝する
220198	朝鮮朝日	南鮮版	1932-04-10	1	08단	柳夫人獨唱會十五日夜京城で開く
220199	朝鮮朝日	南鮮版	1932-04-10	1	08단	祕密結社の鮮人青年十數名元山警察で一齊檢擧
220200	朝鮮朝日	南鮮版	1932-04-10	1	08단	元警察署長宅へ强盜
220201	朝鮮朝日	南鮮版	1932-04-10	1	08단	馬は卽死米は水浸し京城の馬車事故
220202	朝鮮朝日	南鮮版	1932-04-10	1	09단	大邱商品陳列所で卽賣會計劃
220203	朝鮮朝日	南鮮版	1932-04-10	1	09단	巧妙な贋造銀貨晉州で發見さる警察で出所探査中
220204	朝鮮朝日	南鮮版	1932-04-10	1	10단	八錢からなる殺人の公判懲役四年求刑
220205	朝鮮朝日	南鮮版	1932-04-10	1	10단	郵便事務員の爲替拔取り元山署で檢擧

일련번호	판명		간행일	면	단수	기사명
220206	朝鮮朝日	南鮮版	1932-04-10	1	10단	他殺の疑ある死體發見
220207	朝鮮朝日	南鮮版	1932-04-10	1	10단	もよほし(春季短歌大會/藥劑師會總會)
220208	朝鮮朝日	南鮮版	1932-04-10	1	10단	人(增富新吾氏(公州高等普通校長))
220209	朝鮮朝日	南鮮版	1932-04-10	1	10단	その時その話
220210	朝鮮朝日	西北版	1932-04-10	1	01단	大膽なる大刀會匪我軍の前面卅米突迄接近し猛烈に射撃する市中には多數の便衣隊潛入/應援部隊出動飛行機急派大混亂の二道溝地方/兵力を增す茂山對岸に
220211	朝鮮朝日	西北版	1932-04-10	1	01단	道立病院の補助本年度から停止か板挾みになった總督府から大藏省と折衝する
220212	朝鮮朝日	西北版	1932-04-10	1	01단	深刻な春窮他道への移住ー千戶昨今の平南農民
220213	朝鮮朝日	西北版	1932-04-10	1	01단	不納同盟の地主の土地競賣に付す
220214	朝鮮朝日	西北版	1932-04-10	1	02단	樂浪出土品東京に出品
220215	朝鮮朝日	西北版	1932-04-10	1	03단	鎭南浦公職者會
220216	朝鮮朝日	西北版	1932-04-10	1	03단	樂浪異聞(２)/居攝鏡を廻る劇的な讓渡し門外不出鏡だとほこる橋郁氏祕藏「さーなみ姫」
220217	朝鮮朝日	西北版	1932-04-10	1	04단	不信任案手交
220218	朝鮮朝日	西北版	1932-04-10	1	04단	滿洲歸來鮮人嚴重取締る城津にも拳銃强盜
220219	朝鮮朝日	西北版	1932-04-10	1	04단	看護婦産婆試驗
220220	朝鮮朝日	西北版	1932-04-10	1	04단	春宵ナンセンス
220221	朝鮮朝日	西北版	1932-04-10	1	05단	無許可理髮師を取締る
220222	朝鮮朝日	西北版	1932-04-10	1	05단	やまと魂物語三浦將軍の氣焰
220223	朝鮮朝日	西北版	1932-04-10	1	07단	鮮人襲擊されて百名行方不明物騷なる渾水泡地方/茂山地方に警官を增派す萬一の際の準備整ふ
220224	朝鮮朝日	西北版	1932-04-10	1	07단	三年間未決に居た被告の公判
220225	朝鮮朝日	西北版	1932-04-10	1	07단	面目論に囚はれ喘ぎぬく委員會やはり箕林里に土地選定か縺れる普生院問題
220226	朝鮮朝日	西北版	1932-04-10	1	09단	排華事件掉尾の公判十三日開廷
220227	朝鮮朝日	西北版	1932-04-10	1	09단	祕密結社の鮮人靑年十數名元山警察で一齊檢擧
220228	朝鮮朝日	西北版	1932-04-10	1	10단	郵便事務員の爲替拔取り元山署で檢擧
220229	朝鮮朝日	西北版	1932-04-10	1	10단	樂禮/柳京小話
220230	朝鮮朝日	南鮮版	1932-04-12	1	01단	警務局要求の五十萬圓通過疑問視さる當局對策に腐心す
220231	朝鮮朝日	南鮮版	1932-04-12	1	01단	釜山局に中繼設備內鮮聯絡電話準備

일련번호	판명		간행일	면	단수	기사명
220232	朝鮮朝日	南鮮版	1932-04-12	1	01단	內地朝鮮女學校對抗陸上競技內地高女大勝す/陽春の佳日を期し釜山青年團リレー早くも前人氣を呼ぶ/門鐵野球團朝鮮遠征京城大邱釜山で試合する/劈頭の快戰强剛門鐵を迎へて京城實業聯盟對戰/京城中等校野球試合日割さまる/3512早大勝つ平壤の籠球戰
220233	朝鮮朝日	南鮮版	1932-04-12	1	02단	總督府辭令
220234	朝鮮朝日	南鮮版	1932-04-12	1	02단	釜山辯護士總會
220235	朝鮮朝日	南鮮版	1932-04-12	1	02단	濟州島海女の鮑とり禁止慶北の鮑保護增殖策
220236	朝鮮朝日	南鮮版	1932-04-12	1	03단	赤十字救護班羅南に向ふ
220237	朝鮮朝日	南鮮版	1932-04-12	1	03단	忠北産米內地宣傳
220238	朝鮮朝日	南鮮版	1932-04-12	1	03단	健康兒童調査カード配布
220239	朝鮮朝日	南鮮版	1932-04-12	1	04단	仁川醫院長決定
220240	朝鮮朝日	南鮮版	1932-04-12	1	04단	女性の就職新戰術
220241	朝鮮朝日	南鮮版	1932-04-12	1	04단	二機翼を揃へて晴れの朝鮮入り愛國機朝鮮號第一號と第二號十七日京城で命名式/大邱飛來は十八日
220242	朝鮮朝日	南鮮版	1932-04-12	1	04단	釜山府靑年團對抗訪問リレー
220243	朝鮮朝日	南鮮版	1932-04-12	1	05단	仁川騷擾事件控訴公判
220244	朝鮮朝日	南鮮版	1932-04-12	1	05단	漸く犯行を自白す長湖院拳銃强盜
220245	朝鮮朝日	南鮮版	1932-04-12	1	05단	長安寺の寶物盜まる
220246	朝鮮朝日	南鮮版	1932-04-12	1	06단	玄教諭等起訴さる大邱赤化事件
220247	朝鮮朝日	南鮮版	1932-04-12	1	06단	發動船による內地への密航最近またも增加す
220248	朝鮮朝日	南鮮版	1932-04-12	1	07단	京城の天然痘
220249	朝鮮朝日	南鮮版	1932-04-12	1	07단	池田騎兵部隊兵匪と激戰敵の死傷三百に達しわが將士四名負傷す
220250	朝鮮朝日	南鮮版	1932-04-12	1	07단	二道溝襲擊の大刀會一味蜂蜜溝に逃走
220251	朝鮮朝日	南鮮版	1932-04-12	1	07단	豪遊の怪しい男
220252	朝鮮朝日	南鮮版	1932-04-12	1	08단	京城持兇器强盜二人とも逮捕さる
220253	朝鮮朝日	南鮮版	1932-04-12	1	09단	忠南の鷄疫一萬三千羽斃死
220254	朝鮮朝日	南鮮版	1932-04-12	1	09단	開城の火事
220255	朝鮮朝日	南鮮版	1932-04-12	1	09단	牧島埋築地でトロッコ轉落し七名重輕傷を負ふ
220256	朝鮮朝日	南鮮版	1932-04-12	1	10단	中央高普暴行事件片割れ送局
220257	朝鮮朝日	南鮮版	1932-04-12	1	10단	被告が法廷で騷ぐ木浦アジビラ事件の判決

일련번호	판명		간행일	면	단수	기사명
220258	朝鮮朝日	南鮮版	1932-04-12	1	10단	もよほし(釜山ホテル披露)
220259	朝鮮朝日	南鮮版	1932-04-12	1	10단	その時その話
220260	朝鮮朝日	西北版	1932-04-12	1	01단	戰亂の間島寫眞ニュース
220261	朝鮮朝日	西北版	1932-04-12	1	04단	支那軍逃走對岸鮮匪銃殺桓仁城內の情勢
220262	朝鮮朝日	西北版	1932-04-12	1	04단	池田騎兵部隊匪と激戰敵の死傷三百に達しわが將士四名負傷す
220263	朝鮮朝日	西北版	1932-04-12	1	04단	安奉線に軍用犬配置
220264	朝鮮朝日	西北版	1932-04-12	1	04단	二機翼を揃へて晴れの朝鮮入り愛國機朝鮮號第一號と第二號十七日京城で命名式
220265	朝鮮朝日	西北版	1932-04-12	1	04단	各方面からの意見を求む普生院問題の委員會
220266	朝鮮朝日	西北版	1932-04-12	1	04단	大阪と新京間無線通信清津で中斷清津局に受信機設置
220267	朝鮮朝日	西北版	1932-04-12	1	05단	渾水泡避難鮮人安東につく
220268	朝鮮朝日	西北版	1932-04-12	1	06단	咸興軍旗祭プログラム決定
220269	朝鮮朝日	西北版	1932-04-12	1	06단	樂燒會組織の計劃陶器趣味普及
220270	朝鮮朝日	西北版	1932-04-12	1	06단	四月一日に遡って實施平壤の電氣料金値下
220271	朝鮮朝日	西北版	1932-04-12	1	06단	平北本年度救濟事業工費八十七萬圓
220272	朝鮮朝日	西北版	1932-04-12	1	06단	鎮南浦商議正副會頭決定す
220273	朝鮮朝日	西北版	1932-04-12	1	07단	鎮江山の櫻見頃は五月初/山のお化粧
220274	朝鮮朝日	西北版	1932-04-12	1	07단	無擔保貸付を倍以上に擴張する肥料の共同購入普及のため平南道農民の福音
220275	朝鮮朝日	西北版	1932-04-12	1	07단	農民の漫然渡滿續出當局憂慮す
220276	朝鮮朝日	西北版	1932-04-12	1	07단	內地朝鮮女學校對抗陸上競技內地高女大勝す/３５１２早大勝つ平壤の籠球戰
220277	朝鮮朝日	西北版	1932-04-12	1	08단	安奉線巡回診療
220278	朝鮮朝日	西北版	1932-04-12	1	08단	マラリア退治
220279	朝鮮朝日	西北版	1932-04-12	1	08단	京城へ合流か新滿洲へ進出する朝鮮物産の斡旋機關
220280	朝鮮朝日	西北版	1932-04-12	1	09단	主の判らぬ赤ン坊列車中で發見
220281	朝鮮朝日	西北版	1932-04-12	1	10단	盲目の弟が兄を訪ねて
220282	朝鮮朝日	西北版	1932-04-12	1	10단	花見時の不良者嚴重に取締る
220283	朝鮮朝日	西北版	1932-04-12	1	10단	もよほし(開業披露宴)
220284	朝鮮朝日	西北版	1932-04-12	1	10단	樂禮/柳京小話
220285	朝鮮朝日	南鮮版	1932-04-13	1	01단	本年中に足場を作り明年から實行する滿洲人の迷信も詳細に調ぶ朝鮮生産品の對滿貿易

일련번호	판명		간행일	면	단수	기사명
220286	朝鮮朝日	南鮮版	1932-04-13	1	01단	北鮮開拓事業は愈よ承認され總督府內は活氣づく宇垣總督も憂鬱をけとばす
220287	朝鮮朝日	南鮮版	1932-04-13	1	01단	*現在のところ憂慮は無用在庫米變質說につき慶南穀檢當局の發表/繫船'を倉庫に使用する朝鮮では最初*
220288	朝鮮朝日	南鮮版	1932-04-13	1	02단	慶尚南道の署長級異動
220289	朝鮮朝日	南鮮版	1932-04-13	1	02단	原鹽商人大恐慌資本家が進出するため
220290	朝鮮朝日	南鮮版	1932-04-13	1	03단	豪放な性格對馬憲兵少佐
220291	朝鮮朝日	南鮮版	1932-04-13	1	03단	戰禍の間島から
220292	朝鮮朝日	南鮮版	1932-04-13	1	04단	總督府辭令
220293	朝鮮朝日	南鮮版	1932-04-13	1	04단	釜山渡津橋の盛な起工式船舶は一齊に汽笛を鳴らして祝意を表す
220294	朝鮮朝日	南鮮版	1932-04-13	1	04단	銃器を嚴重取締る警務局から各道に通牒
220295	朝鮮朝日	南鮮版	1932-04-13	1	05단	聯合艦隊四十餘隻堂々仁川に入港艦隊氣分橫溢し活氣を呈す來る十五日まで碇泊
220296	朝鮮朝日	南鮮版	1932-04-13	1	06단	ドルの國から觀光團來る自動車六十台を連ね京城府內を見物す
220297	朝鮮朝日	南鮮版	1932-04-13	1	06단	間渾地方匪賊の狀況
220298	朝鮮朝日	南鮮版	1932-04-13	1	07단	京城放送局改稱され朝鮮放送協會と呼ばる
220299	朝鮮朝日	南鮮版	1932-04-13	1	08단	前年度煙草耕作の狀況
220300	朝鮮朝日	南鮮版	1932-04-13	1	08단	內鮮の著名な土産品を蒐集し京城で土産品展開催
220301	朝鮮朝日	南鮮版	1932-04-13	1	09단	四十數人より委託品橫領
220302	朝鮮朝日	南鮮版	1932-04-13	1	09단	漁船補助金の不正暴露か
220303	朝鮮朝日	南鮮版	1932-04-13	1	09단	面書記二名公金を費消
220304	朝鮮朝日	南鮮版	1932-04-13	1	09단	全部落民が保菌者と判明慶南昌原郡のチフス
220305	朝鮮朝日	南鮮版	1932-04-13	1	10단	人夫を轢死
220306	朝鮮朝日	南鮮版	1932-04-13	1	10단	強盜捕まる
220307	朝鮮朝日	南鮮版	1932-04-13	1	10단	自動車燒く
220308	朝鮮朝日	南鮮版	1932-04-13	1	10단	詐欺師捕る
220309	朝鮮朝日	南鮮版	1932-04-13	1	10단	人(朴泳孝侯(中樞院副議長)/森崎一氏(代議士)/西崎鶴太郎氏(鎭南浦實業家)/綿引朝光氏(城大敎授)/長尾正德氏(新任朝鮮軍獻醫部長)/石田慶南道警察部長/中村前土地改良部長)

일련번호	판명		간행일	면	단수	기사명
220310	朝鮮朝日	西北版	1932-04-13	1	01단	犧牲を拂っても惠山線を進工近く一部測量を行ひ第五六兩工區を請負に附する
220311	朝鮮朝日	西北版	1932-04-13	1	01단	工業用水設備豫算を超過辛くも用水地を發見した受難の工業試驗所
220312	朝鮮朝日	西北版	1932-04-13	1	01단	銃器を嚴重取締る警務局から各道に通牒
220313	朝鮮朝日	西北版	1932-04-13	1	02단	總督府辭令
220314	朝鮮朝日	西北版	1932-04-13	1	02단	平女補習科入學數
220315	朝鮮朝日	西北版	1932-04-13	1	02단	戰禍の間島から
220316	朝鮮朝日	西北版	1932-04-13	1	03단	遞信局からお小言鐵道の記念スタンプに對し
220317	朝鮮朝日	西北版	1932-04-13	1	03단	五月○日前後滿洲を出發朝鮮部隊の凱旋期
220318	朝鮮朝日	西北版	1932-04-13	1	04단	前年度煙草耕作の狀況
220319	朝鮮朝日	西北版	1932-04-13	1	04단	京城放送局改稱され朝鮮放送協會と呼ばる
220320	朝鮮朝日	西北版	1932-04-13	1	05단	凱旋を目前に商店街活氣づく景氣の回復につとむ
220321	朝鮮朝日	西北版	1932-04-13	1	05단	凱旋下士兵に酒食饗應お斷り記念品でも贈って頂きたい出征平壤部隊希望
220322	朝鮮朝日	西北版	1932-04-13	1	05단	傷病兵士から深く慕はる平野羅南衛戍病院長
220323	朝鮮朝日	西北版	1932-04-13	1	06단	間渾地方匪賊の狀況
220324	朝鮮朝日	西北版	1932-04-13	1	07단	強盜事件再檢證警察の陳述を飜したゝめに
220325	朝鮮朝日	西北版	1932-04-13	1	08단	四人組の強盜逮捕時局を標榜して荒しまはる
220326	朝鮮朝日	西北版	1932-04-13	1	08단	強盜に遭ふ
220327	朝鮮朝日	西北版	1932-04-13	1	08단	船舶の遭難
220328	朝鮮朝日	西北版	1932-04-13	1	08단	ヒスが昂じて自殺を遂ぐ
220329	朝鮮朝日	西北版	1932-04-13	1	08단	物凄い挌鬪後遂に逮捕す平壤驛構內で
220330	朝鮮朝日	西北版	1932-04-13	1	08단	一夜七十名の不良靑少年檢擧花見時を前の平壤署
220331	朝鮮朝日	西北版	1932-04-13	1	09단	全部落民が保菌者と判明慶南昌原郡のチフス
220332	朝鮮朝日	西北版	1932-04-13	1	09단	交通事故頻々
220333	朝鮮朝日	西北版	1932-04-13	1	09단	轢倒して逃走
220334	朝鮮朝日	西北版	1932-04-13	1	09단	僞造十錢銀貨
220335	朝鮮朝日	西北版	1932-04-13	1	10단	詐欺師捕る
220336	朝鮮朝日	西北版	1932-04-13	1	10단	萬引女起訴

일련번호	판명		간행일	면	단수	기사명
220337	朝鮮朝日	西北版	1932-04-13	1	10단	スポーツ(一勝一敗す早大籠球團)
220338	朝鮮朝日	西北版	1932-04-13	1	10단	樂禮/柳京小話
220339	朝鮮朝日	南鮮版	1932-04-14	1	01단	聯合艦隊の朧朧四十隻威風堂々仁川入港/聯合艦隊將士歡迎
220340	朝鮮朝日	南鮮版	1932-04-14	1	02단	無軌道を行く政友會何をやるか判らぬと宇垣總督と會見の川岐民政代議士は語る
220341	朝鮮朝日	南鮮版	1932-04-14	1	02단	朝鮮美術展覽會五月廿九日から景福宮で開催す
220342	朝鮮朝日	南鮮版	1932-04-14	1	02단	鮮展を前に難問題一部に苦情
220343	朝鮮朝日	南鮮版	1932-04-14	1	03단	東京白日會朝鮮展覽會京城で開く
220344	朝鮮朝日	南鮮版	1932-04-14	1	03단	慶南北兩道の聯合林業共進會兩道當局打合を行ふ
220345	朝鮮朝日	南鮮版	1932-04-14	1	04단	慶南署長異動
220346	朝鮮朝日	南鮮版	1932-04-14	1	04단	蓄音器取締規則近く發布する
220347	朝鮮朝日	南鮮版	1932-04-14	1	04단	總督府辭令
220348	朝鮮朝日	南鮮版	1932-04-14	1	04단	洛東江改修復活決定八年度に完成
220349	朝鮮朝日	南鮮版	1932-04-14	1	04단	草梁照護神社愈よ落成す
220350	朝鮮朝日	南鮮版	1932-04-14	1	05단	消防協會の慶南各支部發會式を擧行
220351	朝鮮朝日	南鮮版	1932-04-14	1	05단	釜山各靑年團代表滿洲旅行
220352	朝鮮朝日	南鮮版	1932-04-14	1	05단	十七日京城で行ふ朝鮮號命名式十八日から四日間全鮮に互り答禮飛行
220353	朝鮮朝日	南鮮版	1932-04-14	1	06단	防彈チョッキ國境警官に使はす
220354	朝鮮朝日	南鮮版	1932-04-14	1	07단	鴨綠江上流解氷
220355	朝鮮朝日	南鮮版	1932-04-14	1	08단	全州土木談合判決
220356	朝鮮朝日	南鮮版	1932-04-14	1	08단	京城の火事
220357	朝鮮朝日	南鮮版	1932-04-14	1	08단	琿春領事館に爆彈を投ず王麾下の便衣隊か
220358	朝鮮朝日	南鮮版	1932-04-14	1	09단	一村火と化した中三時間に互り戰鬪匪賊團を擊退す梨花洞附近に於て/死體三百を殘して逃走天角樓附近の激戰/皇軍の入城で平靜に小城子一帶/天角樓附近の衝突
220359	朝鮮朝日	南鮮版	1932-04-14	1	09단	道廳の自動車鮮童を轢殺釜山佐川町で
220360	朝鮮朝日	南鮮版	1932-04-14	1	09단	少年慘死すゴム工場見學中
220361	朝鮮朝日	南鮮版	1932-04-14	1	10단	元警察署長宅を襲った强盜逮捕
220362	朝鮮朝日	南鮮版	1932-04-14	1	10단	製餡工場內の井戶水喧嘩圓滿解決す
220363	朝鮮朝日	南鮮版	1932-04-14	1	10단	京城傳染病著しく增加

일련번호	판명		간행일	면	단수	기사명
220364	朝鮮朝日	南鮮版	1932-04-14	1	10단	人(荒井仁策氏(晉州警察署長)/大井利明氏(晉州普通學校長)/三宅光治中將(關東軍參謀長)/八木聞一氏(滿鐵參事)/總督夫人/谷多喜磨氏(朝鮮火災社長))
220365	朝鮮朝日	西北版	1932-04-14	1	01단	十七日京城で行ふ朝鮮號命名式十八日から四日間全鮮に亘り答禮飛行
220366	朝鮮朝日	西北版	1932-04-14	1	01단	無軌道を行く政友會だから何を行るか判らぬ川岐民政代議士京城で語る
220367	朝鮮朝日	西北版	1932-04-14	1	03단	總督府辭令
220368	朝鮮朝日	西北版	1932-04-14	1	04단	將士送迎を缺さぬ感心な女學生安東高女で表彰す
220369	朝鮮朝日	西北版	1932-04-14	1	04단	凱旋兵歡迎會軍部と官民合同の二つが開かれる
220370	朝鮮朝日	西北版	1932-04-14	1	04단	黃鶴樓改修一般の寄附で
220371	朝鮮朝日	西北版	1932-04-14	1	04단	江界の初筏式空前の賑ひ
220372	朝鮮朝日	西北版	1932-04-14	1	05단	延平島漁場これから賑ふ
220373	朝鮮朝日	西北版	1932-04-14	1	05단	春蠶種の價格再び値下げ斷行平南道當局は語る
220374	朝鮮朝日	西北版	1932-04-14	1	05단	戰火の間島寫眞ニュース
220375	朝鮮朝日	西北版	1932-04-14	1	06단	戰死の兩巡査に祭粲料御下賜
220376	朝鮮朝日	西北版	1932-04-14	1	07단	今度は布木商と貿易商が唾み合ふボイコット三重奏になやむ平壤舊市街經濟界
220377	朝鮮朝日	西北版	1932-04-14	1	08단	黃海水利用地收用令適用
220378	朝鮮朝日	西北版	1932-04-14	1	08단	琿春領事館に爆彈を投ず王麾下の便衣隊か
220379	朝鮮朝日	西北版	1932-04-14	1	08단	迷信から人肉を食ふ墳墓を發き
220380	朝鮮朝日	西北版	1932-04-14	1	08단	女の股から拳銃と彈丸京義線車中の怪男女
220381	朝鮮朝日	西北版	1932-04-14	1	09단	茂山部隊三道溝到着匪賊討伐に活動
220382	朝鮮朝日	西北版	1932-04-14	1	09단	鶉島附近で支那船密漁二艘を取押へ監視中
220383	朝鮮朝日	西北版	1932-04-14	1	10단	祈禱所に放火す
220384	朝鮮朝日	西北版	1932-04-14	1	10단	廿七戶全燒咸興の火事
220385	朝鮮朝日	西北版	1932-04-14	1	10단	刑務所で死亡
220386	朝鮮朝日	西北版	1932-04-14	1	10단	樂禮/柳京小話
220387	朝鮮朝日	南鮮版	1932-04-15	1	01단	我れ等の朝鮮號半島に雄姿を現はすまづ釜山上空で挨拶文撒布京城飛行場に安着す/朝鮮號第二號機京城で組立てる第三號機も建造される/彈痕生々しい武勳輝く海軍機仁川から京城に飛來

일련번호	판명		간행일	면	단수	기사명
220388	朝鮮朝日	南鮮版	1932-04-15	1	01단	京城の勅論記念祝賀
220389	朝鮮朝日	南鮮版	1932-04-15	1	01단	京城府會
220390	朝鮮朝日	南鮮版	1932-04-15	1	02단	釜山の滿蒙博
220391	朝鮮朝日	南鮮版	1932-04-15	1	03단	來る廿三日伊藤公菩提寺上棟式を擧行
220392	朝鮮朝日	南鮮版	1932-04-15	1	03단	聯合艦隊將士京城見物軍樂隊も演奏
220393	朝鮮朝日	南鮮版	1932-04-15	1	04단	再でドロンゲーム門鐵對京電
220394	朝鮮朝日	南鮮版	1932-04-15	1	04단	氣遣はれた七年度追加豫算一部を除き他は大藏省で承認す總額は九百萬圓程度
220395	朝鮮朝日	南鮮版	1932-04-15	1	05단	釜山穀商の正米市場準備着々進捗
220396	朝鮮朝日	南鮮版	1932-04-15	1	05단	間島避難民何うして救濟するか總督府當局なやむ
220397	朝鮮朝日	南鮮版	1932-04-15	1	05단	櫻信
220398	朝鮮朝日	南鮮版	1932-04-15	1	06단	東上を前に噂の宇垣總督鮮滿の問題を語る
220399	朝鮮朝日	南鮮版	1932-04-15	1	06단	總督府辭令
220400	朝鮮朝日	南鮮版	1932-04-15	1	06단	釜山天馬山麓で肉彈三勇士の實演驅逐艦二隻も入港
220401	朝鮮朝日	南鮮版	1932-04-15	1	07단	慶北の羽二重製織共同作業場いよいよ出來あがる
220402	朝鮮朝日	南鮮版	1932-04-15	1	07단	滿洲出動の大邱部隊廿九日凱施
220403	朝鮮朝日	南鮮版	1932-04-15	1	07단	靑島支那海關の漁船入港禁止無期延期となる
220404	朝鮮朝日	南鮮版	1932-04-15	1	08단	釜山の糞池設置場所委員の實地調査
220405	朝鮮朝日	南鮮版	1932-04-15	1	09단	不穩計劃の男女十數名檢擧京城農校檄文事件
220406	朝鮮朝日	南鮮版	1932-04-15	1	09단	阿片密賣者京城で檢擧
220407	朝鮮朝日	南鮮版	1932-04-15	1	09단	母親に太皷を背負はせ村中叩いて廻はる娘に自由結婚させた制裁
220408	朝鮮朝日	南鮮版	1932-04-15	1	09단	群山取引所員の稅令違反事件
220409	朝鮮朝日	南鮮版	1932-04-15	1	10단	京仁線軌道に大石列車は無事
220410	朝鮮朝日	南鮮版	1932-04-15	1	10단	旅館の病客は天然痘と決定
220411	朝鮮朝日	南鮮版	1932-04-15	1	10단	忠南傳染病
220412	朝鮮朝日	南鮮版	1932-04-15	1	10단	もよほし(牧の島金組總會/釜山港友會觀櫻宴/大邱靑年團祝賀會/淺川氏記念講演會)
220413	朝鮮朝日	南鮮版	1932-04-15	1	10단	人(池田秀雄氏(代議士)/對馬百之氏(新任龍山憲兵分隊長)/氷井郁子女史(聲業家))

일련번호	판명		간행일	면	단수	기사명
220414	朝鮮朝日	西北版	1932-04-15	1	01단	我れ等の朝鮮號半島に雄姿を現はすまづ釜山上空でビラ撒き京城飛行場に安着す/晴れの朝鮮號平壤飛來は十九日だ二十日は一般に觀覽させ歡迎講演會開催
220415	朝鮮朝日	西北版	1932-04-15	1	01단	戰亂の間島
220416	朝鮮朝日	西北版	1932-04-15	1	02단	總督府辭令
220417	朝鮮朝日	西北版	1932-04-15	1	03단	平壤部隊の異動
220418	朝鮮朝日	西北版	1932-04-15	1	03단	氣遣はれた七年度追加豫算一部を除き他は大藏省で承認す總額は九百萬圓程度
220419	朝鮮朝日	西北版	1932-04-15	1	04단	人(三好福一氏(平壤山手町安田商店內))
220420	朝鮮朝日	西北版	1932-04-15	1	04단	獻粟耕作者の後任決定す
220421	朝鮮朝日	西北版	1932-04-15	1	04단	東上を前に噂の宇垣總督鮮滿の問題を語る/咸興出動隊慰問計劃
220422	朝鮮朝日	西北版	1932-04-15	1	05단	平北本年の水利工事
220423	朝鮮朝日	西北版	1932-04-15	1	05단	普生醫院敷地仁興里に選定この邊で圓滿解決か
220424	朝鮮朝日	西北版	1932-04-15	1	06단	間島避難民何うして救濟するか總督府當局なやむ
220425	朝鮮朝日	西北版	1932-04-15	1	06단	咸南の救濟工事入札始まる
220426	朝鮮朝日	西北版	1932-04-15	1	06단	平壤水道改善工事
220427	朝鮮朝日	西北版	1932-04-15	1	07단	平壤の樂燒會まづ五十名位で組織
220428	朝鮮朝日	西北版	1932-04-15	1	07단	五月廿二日に愈よ開催と決定す西鮮女子オリンピック大會
220429	朝鮮朝日	西北版	1932-04-15	1	07단	平鐵野球部陣容整ふ
220430	朝鮮朝日	西北版	1932-04-15	1	07단	兄弟で放火保險金ほしさ
220431	朝鮮朝日	西北版	1932-04-15	1	08단	新義州の人口
220432	朝鮮朝日	西北版	1932-04-15	1	08단	平安水利に約十三萬圓融通少いと平南當局コボす
220433	朝鮮朝日	西北版	1932-04-15	1	08단	陸上航空演習
220434	朝鮮朝日	西北版	1932-04-15	1	08단	五名は豫審に回付赤色組合事件
220435	朝鮮朝日	西北版	1932-04-15	1	09단	大いに活躍平壤授産場
220436	朝鮮朝日	西北版	1932-04-15	1	09단	鴨綠江に海賊鮮人を射殺して現金百三十圓强奪
220437	朝鮮朝日	西北版	1932-04-15	1	10단	滿洲高飛びの拐帶店員取押へらる
220438	朝鮮朝日	西北版	1932-04-15	1	10단	轉錦門崩壞玄武門も危險
220439	朝鮮朝日	西北版	1932-04-15	1	10단	天谷面の山火事
220440	朝鮮朝日	西北版	1932-04-15	1	10단	樂禮/柳京小話

일련번호	판명		간행일	면	단수	기사명
220441	朝鮮朝日	南鮮版	1932-04-16	1	01단	百萬人の鮮人を滿洲國に移住させる明年度から二萬戶づゝ送る移民會社も設立か
220442	朝鮮朝日	南鮮版	1932-04-16	1	01단	元の緊縮豫算に逆戻り喜びも束の間であった土木費
220443	朝鮮朝日	南鮮版	1932-04-16	1	01단	愛國機大邱飛來は十八日歡迎方法決まる
220444	朝鮮朝日	南鮮版	1932-04-16	1	01단	京城天然痘ますます蔓延
220445	朝鮮朝日	南鮮版	1932-04-16	1	01단	不穩宣傳の鮮人靑年檢事局送り
220446	朝鮮朝日	南鮮版	1932-04-16	1	02단	スポーツ(釜山野球部スケジュール/門鐵敗る對京電戰/大邱庭球部長更迭)
220447	朝鮮朝日	南鮮版	1932-04-16	1	02단	救濟資金橫領者收容さる
220448	朝鮮朝日	南鮮版	1932-04-16	1	02단	牛盜人慘死斷崖から飛降
220449	朝鮮朝日	南鮮版	1932-04-16	1	03단	仁川で發動船と帆船衝突す
220450	朝鮮朝日	南鮮版	1932-04-16	1	03단	慶南道沖合漁船補助詐取事件
220451	朝鮮朝日	南鮮版	1932-04-16	1	04단	靑年産業講習會
220452	朝鮮朝日	南鮮版	1932-04-16	1	04단	京城の本町が淋れる
220453	朝鮮朝日	南鮮版	1932-04-16	1	04단	皮肉な成功だとかくの噂を生んだが追加豫算うまく通過す其主な費目
220454	朝鮮朝日	南鮮版	1932-04-16	1	04단	內地密航團嚴重取締る
220455	朝鮮朝日	南鮮版	1932-04-16	1	05단	朝鮮號の雄姿
220456	朝鮮朝日	南鮮版	1932-04-16	1	05단	東一銀行支店拳銃强盜犯送局彼の行動一切判明す
220457	朝鮮朝日	南鮮版	1932-04-16	1	06단	京城府に産業調査會新設される
220458	朝鮮朝日	南鮮版	1932-04-16	1	07단	慶南の人々一萬八千人增加
220459	朝鮮朝日	南鮮版	1932-04-16	1	07단	間島避難民救濟費十二萬圓特別議會に提案する
220460	朝鮮朝日	南鮮版	1932-04-16	1	07단	酣の春讚歌脹かに行樂の賑ひ咲き誇る南鮮の櫻花
220461	朝鮮朝日	南鮮版	1932-04-16	1	07단	貨物自動車が子供を轢く
220462	朝鮮朝日	南鮮版	1932-04-16	1	07단	大邱怪火は乞食團の所爲と判る
220463	朝鮮朝日	南鮮版	1932-04-16	1	08단	警備機關充實具體案成る警官增員警備電話完成
220464	朝鮮朝日	南鮮版	1932-04-16	1	08단	滿洲行進曲京城で上映
220465	朝鮮朝日	南鮮版	1932-04-16	1	08단	宋命根控訴判決
220466	朝鮮朝日	南鮮版	1932-04-16	1	09단	米穀商人團が內地に乘出し視察宣傳取引を行ふ
220467	朝鮮朝日	南鮮版	1932-04-16	1	09단	仁川騷擾鮮人判決
220468	朝鮮朝日	南鮮版	1932-04-16	1	10단	もよほし(釜山靑年團總會/第二金組總會)

일련번호	판명		간행일	면	단수	기사명
220469	朝鮮朝日	南鮮版	1932-04-16	1	10단	人(落合秀穗氏(新任釜山公立高等女學校長)/西鄕豊彦中將(前鎭海要塞司令官)/岡崎哲郎氏(忠淸南道知事))
220470	朝鮮朝日	南鮮版	1932-04-16	1	10단	その時その話
220471	朝鮮朝日	西北版	1932-04-16	1	01단	百萬人の鮮人を滿洲國に移住させる明年度から二萬戶づゝ送る移民會社も設立か
220472	朝鮮朝日	西北版	1932-04-16	1	01단	元の緊縮豫算に逆涙り喜びも束の間であった土木費
220473	朝鮮朝日	西北版	1932-04-16	1	01단	平南道辭令
220474	朝鮮朝日	西北版	1932-04-16	1	01단	咸南奧地醫療機關充實の計劃
220475	朝鮮朝日	西北版	1932-04-16	1	02단	聯合艦隊乘組將士平壤を視察
220476	朝鮮朝日	西北版	1932-04-16	1	03단	平壤體協役員改選
220477	朝鮮朝日	西北版	1932-04-16	1	03단	咸興體協スケジュール
220478	朝鮮朝日	西北版	1932-04-16	1	04단	長興の火事
220479	朝鮮朝日	西北版	1932-04-16	1	04단	警備機關充實具體案成る警官增員警備電話完成
220480	朝鮮朝日	西北版	1932-04-16	1	04단	皮肉な成功だとかくの噂を生んだが追加豫算うまく通過す其主な費目
220481	朝鮮朝日	西北版	1932-04-16	1	04단	間島避難民救濟費十二萬圓特別義會に提案する
220482	朝鮮朝日	西北版	1932-04-16	1	05단	支那語科を設置す平壤醫講で計劃
220483	朝鮮朝日	西北版	1932-04-16	1	06단	朝鮮號の雄姿
220484	朝鮮朝日	西北版	1932-04-16	1	06단	赤十字救護班羅南に着く
220485	朝鮮朝日	西北版	1932-04-16	1	07단	咸興憲兵隊勅諭記念碑除幕式擧行
220486	朝鮮朝日	西北版	1932-04-16	1	07단	約二時間觀覽せしむ廿一日平壤での朝鮮號
220487	朝鮮朝日	西北版	1932-04-16	1	07단	支那人襲擊事件公判
220488	朝鮮朝日	西北版	1932-04-16	1	07단	朝鮮人側議員が熱心に實現支持すまたしても內鮮議員對立か寺洞線撤廢問題
220489	朝鮮朝日	西北版	1932-04-16	1	08단	充實した京義線移動警察續々と成績あがる
220490	朝鮮朝日	西北版	1932-04-16	1	08단	拳銃を背に隱す怪しい少年列車中で取押へらる
220491	朝鮮朝日	西北版	1932-04-16	1	08단	死刑を求刑支那人殺し事件
220492	朝鮮朝日	西北版	1932-04-16	1	09단	行方を晦ました女給京城で取押らる
220493	朝鮮朝日	西北版	1932-04-16	1	10단	左奈田等の判決
220494	朝鮮朝日	西北版	1932-04-16	1	10단	樂禮/柳京小話

일련번호	판명		간행일	면	단수	기사명
220495	朝鮮朝日	南鮮版	1932-04-17	1	01단	金鑛の金融に何んな態度をとるか東拓新總裁の方針注目さる今の手控の姿
220496	朝鮮朝日	南鮮版	1932-04-17	1	01단	豆粕騰貴で農家は打擊代用肥料施用獎勵
220497	朝鮮朝日	南鮮版	1932-04-17	1	01단	金子大佐榮轉
220498	朝鮮朝日	南鮮版	1932-04-17	1	01단	各團選手の猛練習始まる役員や競技要項決定釜山靑年團對抗リレー/シーズン來始った野球戰京電3Aー2門鐵門鐵第一回戰に敗る/門鐵大勝す對殖銀野球戰/門鐵野球團釜山で試合
220499	朝鮮朝日	南鮮版	1932-04-17	1	02단	慶南道の署長級異動十五日發表
220500	朝鮮朝日	南鮮版	1932-04-17	1	02단	愛國朝鮮號の釜山着陸は中止答禮飛行のみ行ふ
220501	朝鮮朝日	南鮮版	1932-04-17	1	03단	釜山の滿蒙博開會式擧行本社寫眞出品
220502	朝鮮朝日	南鮮版	1932-04-17	1	04단	京城教育部會
220503	朝鮮朝日	南鮮版	1932-04-17	1	04단	農林局新設實現は六月頃
220504	朝鮮朝日	南鮮版	1932-04-17	1	04단	總督府案通り簡單には行くまい間島避難民救濟問題
220505	朝鮮朝日	南鮮版	1932-04-17	1	04단	釜山府靑年團對抗訪問リレー
220506	朝鮮朝日	南鮮版	1932-04-17	1	05단	捕へられた便衣隊
220507	朝鮮朝日	南鮮版	1932-04-17	1	05단	防彈衣警官に着せる
220508	朝鮮朝日	南鮮版	1932-04-17	1	05단	この子供の父親は誰か夫婦の珍妙な訴訟
220509	朝鮮朝日	南鮮版	1932-04-17	1	07단	茂山出動部隊匪賊と激戰敵の死傷者は十三名
220510	朝鮮朝日	南鮮版	1932-04-17	1	07단	百草溝東南に匪賊團襲來我が討伐軍急行す
220511	朝鮮朝日	南鮮版	1932-04-17	1	07단	花見の旅緊縮時世の試み
220512	朝鮮朝日	南鮮版	1932-04-17	1	08단	田中半四郎氏豫審終結有罪と決定
220513	朝鮮朝日	南鮮版	1932-04-17	1	08단	七人組强盜を一綱打盡に逮捕慶南河東署の捕物
220514	朝鮮朝日	南鮮版	1932-04-17	1	09단	巫女を置いて工口風を吹せた扶柔教主の惡事露見
220515	朝鮮朝日	南鮮版	1932-04-17	1	10단	吉林省の鮮人に痘瘡種痘を勵行
220516	朝鮮朝日	南鮮版	1932-04-17	1	10단	その時その話
220517	朝鮮朝日	南鮮版	1932-04-17	1	10단	獐と見違へ勢子を射殺狩獵中の珍事
220518	朝鮮朝日	南鮮版	1932-04-17	1	10단	線路工長殉職
220519	朝鮮朝日	南鮮版	1932-04-17	1	10단	京城の火事
220520	朝鮮朝日	南鮮版	1932-04-17	1	10단	公州の火事

일련번호	판명		간행일	면	단수	기사명
220521	朝鮮朝日	西北版	1932-04-17	1	01단	金鑛の金融に何んな態度をとるか東拓新總裁の方針注目さる今の手控の姿
220522	朝鮮朝日	西北版	1932-04-17	1	01단	茂山出動部隊匪賊と激戰敵の死傷者は十三名
220523	朝鮮朝日	西北版	1932-04-17	1	01단	百草溝東南に匪賊團襲來我が討伐軍急行す
220524	朝鮮朝日	西北版	1932-04-17	1	01단	捕へられた便衣隊
220525	朝鮮朝日	西北版	1932-04-17	1	03단	飛行場道路改修鮮人避難民龍井に集る
220526	朝鮮朝日	西北版	1932-04-17	1	03단	高田博士のお土産話
220527	朝鮮朝日	西北版	1932-04-17	1	03단	水組令から離脱を要望平南の望日水利
220528	朝鮮朝日	西北版	1932-04-17	1	04단	人(國島檢查官(會計檢查院))
220529	朝鮮朝日	西北版	1932-04-17	1	04단	防彈衣警官に着せる
220530	朝鮮朝日	西北版	1932-04-17	1	04단	農林局新設實現は六月頃
220531	朝鮮朝日	西北版	1932-04-17	1	05단	春の點景(1)/陸路里の渡し
220532	朝鮮朝日	西北版	1932-04-17	1	05단	總督府案通り簡單には行くまい間島避難民救濟問題
220533	朝鮮朝日	西北版	1932-04-17	1	05단	調查委員をあげて善處する咸興物産と市場問題
220534	朝鮮朝日	西北版	1932-04-17	1	05단	朝鮮人側議員强硬に反撥か普生醫院敷地問題
220535	朝鮮朝日	西北版	1932-04-17	1	06단	平壤の滿洲貿易廿八萬圓增加
220536	朝鮮朝日	西北版	1932-04-17	1	07단	二十日に除隊す平壤七七滿期兵五十名
220537	朝鮮朝日	西北版	1932-04-17	1	07단	平南の金組好成績
220538	朝鮮朝日	西北版	1932-04-17	1	07단	平壤のみが偏頗な取扱ひ問題の火保料金取扱について不平を抱く平壤府民
220539	朝鮮朝日	西北版	1932-04-17	1	07단	桂東の杏花見物
220540	朝鮮朝日	西北版	1932-04-17	1	08단	伸び行く船橋里
220541	朝鮮朝日	西北版	1932-04-17	1	08단	朝窒社を相手に損害賠償訴訟請求金額は卅五萬圓
220542	朝鮮朝日	西北版	1932-04-17	1	08단	スポーツ(愈よ廿二日門鐵對平壤の野球戰)
220543	朝鮮朝日	西北版	1932-04-17	1	08단	牡丹台の夜櫻
220544	朝鮮朝日	西北版	1932-04-17	1	08단	順川地方に腸窒扶斯爆發的に發生
220545	朝鮮朝日	西北版	1932-04-17	1	09단	上空から鎭南浦訪問愛國機朝鮮號
220546	朝鮮朝日	西北版	1932-04-17	1	09단	線路工長殉職
220547	朝鮮朝日	西北版	1932-04-17	1	09단	老人の無錢遊興
220548	朝鮮朝日	西北版	1932-04-17	1	10단	夥だしい處分件數鮮支衝突事件
220549	朝鮮朝日	西北版	1932-04-17	1	10단	電線を切る犯人嚴探中
220550	朝鮮朝日	西北版	1932-04-17	1	10단	貨車が激突

일련번호	판명		간행일	면	단수	기사명
220551	朝鮮朝日	西北版	1932-04-17	1	10단	樂禮/柳京小話
220552	朝鮮朝日	南鮮版	1932-04-19	1	01단	爛春序曲多彩な京城の郊外の風景/花便り/昌慶苑の夜櫻廿一、二日頃から開苑/本社映畵夜間に公開する
220553	朝鮮朝日	南鮮版	1932-04-19	1	01단	本年度實現の主な新規事業の內容大半は産業の振興が目的宇垣政治の旗あげ(北鮮開拓/鐵道線上/穀檢國營/自農創定/競馬令)
220554	朝鮮朝日	南鮮版	1932-04-19	1	02단	空のスポーツマン尹昌鉉君晴れの鄕土訪問飛本社後援で近く決行朝鮮各地から滿洲國を空から訪問
220555	朝鮮朝日	南鮮版	1932-04-19	1	03단	朝鮮號三號機建造に決定今度は八八式輕爆機
220556	朝鮮朝日	南鮮版	1932-04-19	1	03단	全鮮農務課長會議總督府で開く
220557	朝鮮朝日	南鮮版	1932-04-19	1	05단	朝鮮號命名式
220558	朝鮮朝日	南鮮版	1932-04-19	1	05단	不時着機救助の鮮人軍艦から賞興
220559	朝鮮朝日	南鮮版	1932-04-19	1	06단	起工式を擧げる釜山の大土木事業架橋、道路、船溜等の諸工事期待される府の發展/府尹が基石沈下盛大な式次第
220560	朝鮮朝日	南鮮版	1932-04-19	1	07단	大邱軍旗祭
220561	朝鮮朝日	南鮮版	1932-04-19	1	08단	スポーツ(１４－５門鐵大勝殖銀及ばず門鐵二回戰)
220562	朝鮮朝日	南鮮版	1932-04-19	1	08단	待望の朝鮮號大邱に飛來す官民の熱誠な歡迎
220563	朝鮮朝日	南鮮版	1932-04-19	1	08단	土器を研究して民族問題解決九大中山博士來邱
220564	朝鮮朝日	南鮮版	1932-04-19	1	08단	京城第二教育部會
220565	朝鮮朝日	南鮮版	1932-04-19	1	09단	大邱農校生校外實習
220566	朝鮮朝日	南鮮版	1932-04-19	1	10단	旅館荒しの怪盜釜山署で逮捕
220567	朝鮮朝日	南鮮版	1932-04-19	1	10단	百萬長者の物慾爭鬪事件の求刑
220568	朝鮮朝日	南鮮版	1932-04-19	1	10단	怪しい蒲鉾籠實は賊品の山
220569	朝鮮朝日	南鮮版	1932-04-19	1	10단	人(新任關東軍參謀長/佐伯精一大佐(新任二十師團參謀長)/大久保雄資大佐(新任龍山工兵大隊長)/石井格一氏(鐵道省運轉局運轉課長))
220570	朝鮮朝日	西北版	1932-04-19	1	01단	本年度實現の主な新規事業の內容大半は産業の振興が目的宇垣政治の旗あげ(北鮮開拓/鐵道線上/穀檢國營/自農創定/競馬令/このほか)

일련번호	판명		간행일	면	단수	기사명
220571	朝鮮朝日	西北版	1932-04-19	1	02단	朝鮮號三號機建造に決定今度は八八式輕爆機
220572	朝鮮朝日	西北版	1932-04-19	1	02단	平壤入は廿一日愛國機朝鮮號
220573	朝鮮朝日	西北版	1932-04-19	1	02단	空のスポーツマン尹昌鉉君晴れの郷土訪問飛行本社後援で近く決行朝鮮各地から滿洲國を空から訪問
220574	朝鮮朝日	西北版	1932-04-19	1	03단	全鮮農務課長會議總督府で開く
220575	朝鮮朝日	西北版	1932-04-19	1	03단	日滿男女學生交歡運動會五月安東縣に開く
220576	朝鮮朝日	西北版	1932-04-19	1	04단	コート開き
220577	朝鮮朝日	西北版	1932-04-19	1	04단	知事や期成會の熱意が望ましい運動が微溫的だと不滿湧く平壤醫講昇格運動
220578	朝鮮朝日	西北版	1932-04-19	1	05단	野菜飢饉の平壤三倍も前年より高値悲鳴をあげる主婦
220579	朝鮮朝日	西北版	1932-04-19	1	05단	北鮮火田民の指導試驗場で行ふ
220580	朝鮮朝日	西北版	1932-04-19	1	06단	咸興郵便局の救命袋二個到着す
220581	朝鮮朝日	西北版	1932-04-19	1	06단	歡迎の準備は進む祝賀會や慰安觀劇會を開く歸壤は二十五、六日頃の定豫待たれる平壤部隊
220582	朝鮮朝日	西北版	1932-04-19	1	07단	鴨綠江白魚今年は豊漁
220583	朝鮮朝日	西北版	1932-04-19	1	07단	本年起工の水利組合平北に於ける
220584	朝鮮朝日	西北版	1932-04-19	1	07단	豫算不承認の聲明書
220585	朝鮮朝日	西北版	1932-04-19	1	07단	面評議會員連袂總辭職原案執行に反對して
220586	朝鮮朝日	西北版	1932-04-19	1	07단	怪しい赤ん坊沙糖密輸のお人形新義州稅關でうまく見拔く
220587	朝鮮朝日	西北版	1932-04-19	1	08단	鎭江山の山開き盛大にやる
220588	朝鮮朝日	西北版	1932-04-19	1	08단	奇特な三少女
220589	朝鮮朝日	西北版	1932-04-19	1	08단	滿鮮聯絡時間を短縮平鐵でも研究
220590	朝鮮朝日	西北版	1932-04-19	1	08단	新義州惡疫蔓延
220591	朝鮮朝日	西北版	1932-04-19	1	09단	精神科を設く充實する平壤醫講
220592	朝鮮朝日	西北版	1932-04-19	1	09단	求刑を開き法廷で卒倒す元高普教論竊盜公判
220593	朝鮮朝日	西北版	1932-04-19	1	09단	八人組の竊盜團
220594	朝鮮朝日	西北版	1932-04-19	1	10단	支那人續々平壤に來る
220595	朝鮮朝日	西北版	1932-04-19	1	10단	放火事件公判
220596	朝鮮朝日	西北版	1932-04-19	1	10단	樂禮/柳京小話

일련번호	판명		간행일	면	단수	기사명
220597	朝鮮朝日	南鮮版	1932-04-20	1	01단	*總督府辭令/鐵道局辭令/京機道警部異動/勇退した小松鍾路署長京電に入る/京城驛長に榮轉した荒井氏語る*
220598	朝鮮朝日	南鮮版	1932-04-20	1	01단	小作令と小作調停令愈よ制定實施する豫算も大藏省の査定を通過すこれで朝鮮農民大衆救はれる
220599	朝鮮朝日	南鮮版	1932-04-20	1	01단	軍旗祭
220600	朝鮮朝日	南鮮版	1932-04-20	1	03단	朝鮮號蔚山に向ふ
220601	朝鮮朝日	南鮮版	1932-04-20	1	03단	釜山人の趣味(終)/リキューの刺激とカクテイルの味覺洋酒愛好家の山野秀一氏
220602	朝鮮朝日	南鮮版	1932-04-20	1	04단	羅南部隊龍山通過北行
220603	朝鮮朝日	南鮮版	1932-04-20	1	04단	泥濘に臍迄埋め我軍惡戰苦鬪警官の働きも素晴しいと間島視察の靑津軍參謀は語る
220604	朝鮮朝日	南鮮版	1932-04-20	1	05단	仁川病院各科長決定す
220605	朝鮮朝日	南鮮版	1932-04-20	1	06단	鎭海の軍事展覽會人氣を呼ぶ
220606	朝鮮朝日	南鮮版	1932-04-20	1	06단	釜山徵兵檢査
220607	朝鮮朝日	南鮮版	1932-04-20	1	07단	京城府民奉祝會
220608	朝鮮朝日	南鮮版	1932-04-20	1	07단	支拂ひ停止で道立病院は大打擊道地方費から融通を受けて一時の急場を凌ぐ
220609	朝鮮朝日	南鮮版	1932-04-20	1	07단	靑松に降雹
220610	朝鮮朝日	南鮮版	1932-04-20	1	07단	光州水道料改正實施す
220611	朝鮮朝日	南鮮版	1932-04-20	1	08단	我航空界の鼻祖二宮忠入翁入京元氣で思出を語る
220612	朝鮮朝日	南鮮版	1932-04-20	1	08단	朝鮮號の部分品其他を購入
220613	朝鮮朝日	南鮮版	1932-04-20	1	08단	煙草小賣人整理大邱專賣支局で調査
220614	朝鮮朝日	南鮮版	1932-04-20	1	08단	京城バス運轉手要求問題解決
220615	朝鮮朝日	南鮮版	1932-04-20	1	08단	他人に賣渡た空家に放火し自分は身投自殺
220616	朝鮮朝日	南鮮版	1932-04-20	1	09단	湖南日報讓渡に大田市民反對
220617	朝鮮朝日	南鮮版	1932-04-20	1	09단	開城の火事
220618	朝鮮朝日	南鮮版	1932-04-20	1	09단	京仁車中で痘瘡患者發見
220619	朝鮮朝日	南鮮版	1932-04-20	1	10단	詐欺嫌疑で留置さる大邱某社支配人
220620	朝鮮朝日	南鮮版	1932-04-20	1	10단	若夫婦の抱合心中
220621	朝鮮朝日	南鮮版	1932-04-20	1	10단	人(水野保氏(前大邱憲兵隊長陸軍少將)/新見英夫中佐(新任大邱憲兵隊長)/橋本佐太郎氏(總督府水利課長)/野口恒三氏(新任慶南道晉州署長)/石田千太郎氏(慶南道警察部長))

일련번호	판명		간행일	면	단수	기사명
220622	朝鮮朝日	南鮮版	1932-04-20	1	10단	その詩その話
220623	朝鮮朝日	西北・南鮮版	1932-04-20	2	01단	パイプオルガンと獨唱と合唱本鄕區聖テモテ敎會國産パイプオルガン完成披露演奏會場より中繼
220624	朝鮮朝日	西北・南鮮版	1932-04-20	2	02단	映畫物語兄さんの馬鹿
220625	朝鮮朝日	西北・南鮮版	1932-04-20	2	03단	怪童丸の立廻りや山姥の山めぐり長唄四季の山姥
220626	朝鮮朝日	西北・南鮮版	1932-04-20	2	05단	連續浪花節梅田雲濱安政疑獄の內/京山若丸
220627	朝鮮朝日	西北・南鮮版	1932-04-20	2	05단	講演初代陶工梣右衛門に就いてAKから年後三時/樫田三郎
220628	朝鮮朝日	西北・南鮮版	1932-04-20	2	06단	出雲と小泉八雲の因緣中機後七時半/根岸磐井
220629	朝鮮朝日	西北・南鮮版	1932-04-20	2	08단	新聞を讀む動物「評論と機智」について/三木淸
220630	朝鮮朝日	西北・南鮮版	1932-04-20	2	08단	四月の芝居新國劇と新聲劇
220631	朝鮮朝日	西北・南鮮版	1932-04-20	2	09단	新文藝講座現代小說展望/豐島與志雄(心理的探求(2))
220632	朝鮮朝日	西北・南鮮版	1932-04-20	2	10단	栗原備氏滯歐洋畫作品展
220633	朝鮮朝日	西北・南鮮版	1932-04-20	2	10단	學藝消息(高濱虛子氏/春秋洋畫協會/芝居とキネマ展/「新日本文藝」創刊)
220634	朝鮮朝日	西北版	1932-04-20	1	01단	小作令と小作調停令愈よ制定實施する豫算も大藏省の査定を通過これで朝鮮農民大衆救はれる
220635	朝鮮朝日	西北版	1932-04-20	1	01단	物凄い雪中の激戰我が斥候僅廿五名で橫道子に於て賊の大部隊を擊退/我軍出動して賊團を包圍す賊死傷七十我死傷十四/茶條溝方面不穩の形勢我軍出動す
220636	朝鮮朝日	西北版	1932-04-20	1	01단	羅南補充隊壯途に就く盛んな驛頭の歡送
220637	朝鮮朝日	西北版	1932-04-20	1	03단	朝鮮號の部分品其他を購入
220638	朝鮮朝日	西北版	1932-04-20	1	04단	もよほし(平壤山口縣人會)
220639	朝鮮朝日	西北版	1932-04-20	1	04단	間島に守備隊駐在は當然の事だ間島の騷亂には手をやくと穗積總督府外事課長は語る
220640	朝鮮朝日	西北版	1932-04-20	1	04단	雪の陣中で軍旗遙拜式間島出動の咸興部隊
220641	朝鮮朝日	西北版	1932-04-20	1	05단	南浦龍岡兩地軋轢激化の兆
220642	朝鮮朝日	西北版	1932-04-20	1	05단	樂浪博物館委員會
220643	朝鮮朝日	西北版	1932-04-20	1	05단	今後使用を制限する平壤公會堂
220644	朝鮮朝日	西北版	1932-04-20	1	05단	總督府辭令/鐵道局辭令

일련번호	판명		간행일	면	단수	기사명
220645	朝鮮朝日	西北版	1932-04-20	1	06단	武勳輝く平壤部隊の凱施は廿六日歡迎方法具體的に決定
220646	朝鮮朝日	西北版	1932-04-20	1	06단	咸北道の記念植樹
220647	朝鮮朝日	西北版	1932-04-20	1	07단	若林大尉の記念碑平北に建てる
220648	朝鮮朝日	西北版	1932-04-20	1	07단	不況から移出牛激增最近の鎭南浦
220649	朝鮮朝日	西北版	1932-04-20	1	07단	まづ赤字檢討の基本調査を行ふそれから徐ろに存廢を研究寺洞線撤廢問題
220650	朝鮮朝日	西北版	1932-04-20	1	08단	咸興南業校新築落成す
220651	朝鮮朝日	西北版	1932-04-20	1	08단	女給、妓生、藝技の檢黴實施か平壤警察署で計劃
220652	朝鮮朝日	西北版	1932-04-20	1	08단	沙里院の李杏花いよいよ滿開
220653	朝鮮朝日	西北版	1932-04-20	1	09단	咸南の人口昨年末現在
220654	朝鮮朝日	西北版	1932-04-20	1	09단	朝鮮號蔚山に向ふ
220655	朝鮮朝日	西北版	1932-04-20	1	09단	迷子郵便物平壤局だけで五千餘通
220656	朝鮮朝日	西北版	1932-04-20	1	10단	無理心中の仕損じ城川江の土工
220657	朝鮮朝日	西北版	1932-04-20	1	10단	市場歸りの婦人を脅迫强奪す
220658	朝鮮朝日	西北版	1932-04-20	1	10단	自轉車詐取
220659	朝鮮朝日	西北版	1932-04-20	1	10단	工夫慘死す
220660	朝鮮朝日	西北版	1932-04-20	1	10단	樂禮/柳京小話
220661	朝鮮朝日	南鮮版	1932-04-21	1	01단	武勳輝く朝鮮部隊愈よ廿六日凱施する出動して以來實に八ヶ月目歡迎の準備は進む
220662	朝鮮朝日	南鮮版	1932-04-21	1	01단	京城の櫻咲く
220663	朝鮮朝日	南鮮版	1932-04-21	1	01단	慶北漆谷で石棺を發見す中から石劍や石矢尻
220664	朝鮮朝日	南鮮版	1932-04-21	1	01단	京城第二敎育部會
220665	朝鮮朝日	南鮮版	1932-04-21	1	02단	朝鮮號馬山訪問盛大な歡迎
220666	朝鮮朝日	南鮮版	1932-04-21	1	03단	安康水組竣工
220667	朝鮮朝日	南鮮版	1932-04-21	1	03단	愈よ國立公園への第一步東洋の絶景金剛山
220668	朝鮮朝日	南鮮版	1932-04-21	1	04단	除隊兵歸還
220669	朝鮮朝日	南鮮版	1932-04-21	1	04단	凱施軍歡迎打合會
220670	朝鮮朝日	南鮮版	1932-04-21	1	04단	査察網充實に狂ひを生じた國境警備の充實絶望に陷る警務局は頭痛鉢卷
220671	朝鮮朝日	南鮮版	1932-04-21	1	05단	海底魚族分布調査慶北で行ふ
220672	朝鮮朝日	南鮮版	1932-04-21	1	05단	舊韓國將校團恩給引上陳情
220673	朝鮮朝日	南鮮版	1932-04-21	1	05단	慰安の夕べや數々の催し兒童受講週間■
220674	朝鮮朝日	南鮮版	1932-04-21	1	05단	佐伯大佐

일련번호	판명		간행일	면	단수	기사명
220675	朝鮮朝日	南鮮版	1932-04-21	1	05단	スポーツ(門鐵勝つ鮮鐵惜敗す/遞信惜敗す門鐵との試合)
220676	朝鮮朝日	南鮮版	1932-04-21	1	06단	東萊溫泉場の區劃整理組合近く成立の運び
220677	朝鮮朝日	南鮮版	1932-04-21	1	06단	總督府辭令
220678	朝鮮朝日	南鮮版	1932-04-21	1	06단	春日和に惠まれ盛大に起工式擧行嚴かな礎石の沈奠釜山牧ノ島の賑ひ
220679	朝鮮朝日	南鮮版	1932-04-21	1	07단	又も反對の陳情京城バス從業員
220680	朝鮮朝日	南鮮版	1932-04-21	1	07단	滿洲行進曲廿七日から京城で公開
220681	朝鮮朝日	南鮮版	1932-04-21	1	08단	京城の土幕民愈よ移轉させるまづ一部を高陽郡に
220682	朝鮮朝日	南鮮版	1932-04-21	1	08단	大浦二人組强盜逮捕さる
220683	朝鮮朝日	南鮮版	1932-04-21	1	08단	慶北各地で佛像の盜難頻々と起る
220684	朝鮮朝日	南鮮版	1932-04-21	1	09단	二十名起訴朝鮮共産黨再建事件取調終る
220685	朝鮮朝日	南鮮版	1932-04-21	1	09단	坡州の火事一名燒死す
220686	朝鮮朝日	南鮮版	1932-04-21	1	09단	南海の母子慘殺犯人か古縣面に姿を現はす
220687	朝鮮朝日	南鮮版	1932-04-21	1	10단	拳銃强盜隱匿者送局
220688	朝鮮朝日	南鮮版	1932-04-21	1	10단	面當てに自殺を企つ未練の亭主
220689	朝鮮朝日	南鮮版	1932-04-21	1	10단	自動車通行人を轢傷す
220690	朝鮮朝日	南鮮版	1932-04-21	1	10단	もよほし(三井物産披露宴/釜山商議懇話會/釜山繁榮會例會)
220691	朝鮮朝日	南鮮版	1932-04-21	1	10단	人(松田大佐/重山中佐/今井田政務總監/十屋外事課事務官/大川平三郎氏(朝鐵社長)/野口正雄大尉(新任大邱憲兵分隊長))
220692	朝鮮朝日	西北版	1932-04-21	1	01단	一寸見れぬ國境風景たった一本の國際路に絡まる稅關吏の打明け話
220693	朝鮮朝日	西北版	1932-04-21	1	01단	平壤栗に對し産組乘出す品質と販賣を統一
220694	朝鮮朝日	西北版	1932-04-21	1	01단	鹿を飼ひ始めた朱乙溫堡の白系露人
220695	朝鮮朝日	西北版	1932-04-21	1	02단	咸南主要地の人口
220696	朝鮮朝日	西北版	1932-04-21	1	03단	總督府辭令
220697	朝鮮朝日	西北版	1932-04-21	1	03단	平壤敎育會新事業
220698	朝鮮朝日	西北版	1932-04-21	1	03단	平壤體協役員きまる
220699	朝鮮朝日	西北版	1932-04-21	1	04단	査察綱充實に狂ひを生じた國境警備の充實絶望に陷る警務局は頭痛鉢卷
220700	朝鮮朝日	西北版	1932-04-21	1	05단	春の點景(2)/思出の玄武門
220701	朝鮮朝日	西北版	1932-04-21	1	05단	門鐵勝つ鮮鐵惜敗す

일련번호	판명		간행일	면	단수	기사명
220702	朝鮮朝日	西北版	1932-04-21	1	05단	愈よ國立公園への第一歩東洋の絶景金剛山
220703	朝鮮朝日	西北版	1932-04-21	1	05단	初めて黑字を出した四産組産組熱昂まる平南
220704	朝鮮朝日	西北版	1932-04-21	1	06단	朝鮮號平壤着發時間變更す
220705	朝鮮朝日	西北版	1932-04-21	1	07단	平壤辯護士會役員決定す
220706	朝鮮朝日	西北版	1932-04-21	1	07단	廿六日に凱施する驛前に高さ四間の大凱施門準備に忙殺されてゐる府民歸還の平壤部隊
220707	朝鮮朝日	西北版	1932-04-21	1	07단	矢內上等兵の葬儀百草溝で執行
220708	朝鮮朝日	西北版	1932-04-21	1	08단	採掘を開始价川郡北面の黑鉛鑛
220709	朝鮮朝日	西北版	1932-04-21	1	08단	應急警備演習
220710	朝鮮朝日	西北版	1932-04-21	1	08단	消防講演會
220711	朝鮮朝日	西北版	1932-04-21	1	09단	繭織講習會努力する同窓靑年團
220712	朝鮮朝日	西北版	1932-04-21	1	09단	露店飲食物嚴重取締る花見時の平壤
220713	朝鮮朝日	西北版	1932-04-21	1	09단	遊廓のカフェ非常な繁昌街の業者悲鳴を擧ぐ
220714	朝鮮朝日	西北版	1932-04-21	1	10단	靑年同士心中を企つ一名は絶命
220715	朝鮮朝日	西北版	1932-04-21	1	10단	阿片密輸者各罰金五十圓
220716	朝鮮朝日	西北版	1932-04-21	1	10단	樂禮/柳京小話
220717	朝鮮朝日	南鮮版	1932-04-22	1	01단	春光麗かな總督室官邸の櫻も咲き初めたよと微笑を浮べて上機嫌の總督滿鮮時事問題を語る
220718	朝鮮朝日	南鮮版	1932-04-22	1	01단	內務課長の答辯に鮮人議員憤慨議場は惰氣まんまん
220719	朝鮮朝日	南鮮版	1932-04-22	1	01단	夜櫻！
220720	朝鮮朝日	南鮮版	1932-04-22	1	02단	京城府會
220721	朝鮮朝日	南鮮版	1932-04-22	1	02단	伊藤公菩提寺上棟式
220722	朝鮮朝日	南鮮版	1932-04-22	1	03단	宇垣總督人情美談
220723	朝鮮朝日	南鮮版	1932-04-22	1	03단	大邱部隊の凱旋は廿八日歡迎の準備は進む
220724	朝鮮朝日	南鮮版	1932-04-22	1	03단	關係者の協議で暫定的協定成立す濟州島海女入漁問題
220725	朝鮮朝日	南鮮版	1932-04-22	1	04단	大釜山建設への祝福すべき首途賑った渡津橋起工式
220726	朝鮮朝日	南鮮版	1932-04-22	1	04단	露國は國境に續々兵力を集中す露領引揚邦人淸津に上陸して極東の現狀を語る
220727	朝鮮朝日	南鮮版	1932-04-22	1	04단	大邱除隊兵出發
220728	朝鮮朝日	南鮮版	1932-04-22	1	05단	東拓の處置を憤慨す沙里院の小作人

일련번호	판명		간행일	면	단수	기사명
220729	朝鮮朝日	南鮮版	1932-04-22	1	06단	朝鮮軍凱旋の情景を放送するDK臨時放送所設置
220730	朝鮮朝日	南鮮版	1932-04-22	1	06단	各道學務課長視學官會議
220731	朝鮮朝日	南鮮版	1932-04-22	1	06단	大學の教授連が滿洲資源調査愈よ大々的に行ふ
220732	朝鮮朝日	南鮮版	1932-04-22	1	06단	スポーツ(門鐵鮮鐵を破る/門鐵チーム來邱/春の慶熙龍中倶樂部戰開始/大邱市民運動會)
220733	朝鮮朝日	南鮮版	1932-04-22	1	07단	怠業狀態に入る京城バス從業員
220734	朝鮮朝日	南鮮版	1932-04-22	1	07단	小作人激昂し問題益々紛糾か都經會社對小作人問題
220735	朝鮮朝日	南鮮版	1932-04-22	1	08단	聯絡船を借切り天理教參拜團賑々しく內地へ向ふ
220736	朝鮮朝日	南鮮版	1932-04-22	1	08단	遺骨通過
220737	朝鮮朝日	南鮮版	1932-04-22	1	08단	朝新主催廣告祭
220738	朝鮮朝日	南鮮版	1932-04-22	1	08단	珍訴訟
220739	朝鮮朝日	南鮮版	1932-04-22	1	08단	釜山春競馬廿九日から
220740	朝鮮朝日	南鮮版	1932-04-22	1	09단	振威の小作人騷ぐ
220741	朝鮮朝日	南鮮版	1932-04-22	1	09단	內地密航船釜山で檢擧
220742	朝鮮朝日	南鮮版	1932-04-22	1	09단	强盜か怨恨か奇怪極まる南海の親子殺し事件
220743	朝鮮朝日	南鮮版	1932-04-22	1	10단	漁船行方不明
220744	朝鮮朝日	南鮮版	1932-04-22	1	10단	もよほし(釜山第一金融總會)
220745	朝鮮朝日	南鮮版	1932-04-22	1	10단	人(玉名友彦氏(高等法院檢事)/山田城大總長)
220746	朝鮮朝日	南鮮版	1932-04-22	1	10단	その時その話
220747	朝鮮朝日	西北・南鮮版	1932-04-22	2	01단	これはまた珍しい解說つき管絃樂それに四家氏の獨唱子供の夕べ獨唱と管絃樂
220748	朝鮮朝日	西北・南鮮版	1932-04-22	2	01단	兄さんのお馬童話/安倍季雄
220749	朝鮮朝日	西北・南鮮版	1932-04-22	2	02단	沙翁の悲劇マクベスに就て/中村吉藏
220750	朝鮮朝日	西北・南鮮版	1932-04-22	2	03단	兒童劇出演の三尻小學校兒童
220751	朝鮮朝日	西北・南鮮版	1932-04-22	2	04단	兒童劇『二人浦島』老浦島と若人の浦島熊本縣三尻小學校兒童出演
220752	朝鮮朝日	西北・南鮮版	1932-04-22	2	05단	お琴『稚兒櫻』富崎富美代/淺倉佐代子
220753	朝鮮朝日	西北・南鮮版	1932-04-22	2	05단	盆栽の害蟲驅除家庭講座/平松諒三
220754	朝鮮朝日	西北・南鮮版	1932-04-22	2	06단	子供の夕乃木將軍物語/中根茂
220755	朝鮮朝日	西北・南鮮版	1932-04-22	2	06단	落語「百人坊主」/春風亭柏枝
220756	朝鮮朝日	西北・南鮮版	1932-04-22	2	07단	東都六大學のリーグ戰と慶熙龍中クラブ定期戰

일련번호	판명		간행일	면	단수	기사명
220757	朝鮮朝日	西北・南鮮版	1932-04-22	2	08단	西洋の現代漫畵と漫畵家(一)/岡本一平
220758	朝鮮朝日	西北・南鮮版	1932-04-22	2	09단	評論と機智評論家の任務(三)/三木淸
220759	朝鮮朝日	西北版	1932-04-22	1	01단	春光麗かな總督室官邸の櫻も咲き初めたよと微笑を浮べて上機嫌の總督滿鮮時事問題を語る
220760	朝鮮朝日	西北版	1932-04-22	1	01단	露國は國境に續々兵力を集中す露領引揚邦人淸津に上陸して極東の現狀を語る
220761	朝鮮朝日	西北版	1932-04-22	1	01단	愛馬の手入れ
220762	朝鮮朝日	西北版	1932-04-22	1	02단	各道學務課長視學官會議
220763	朝鮮朝日	西北版	1932-04-22	1	02단	沙里院學祖議員選擧五月廿七日執行
220764	朝鮮朝日	西北版	1932-04-22	1	03단	七月中に竣工する平南窯業部
220765	朝鮮朝日	西北版	1932-04-22	1	04단	東拓の處置を憤慨す沙里院の小作人
220766	朝鮮朝日	西北版	1932-04-22	1	04단	大學の教授連が滿洲資源調査愈よ大々的に行ふ
220767	朝鮮朝日	西北版	1932-04-22	1	04단	安東記者協會
220768	朝鮮朝日	西北版	1932-04-22	1	04단	此の頃の滿洲男女ルンペン橫溢匪賊は各地に出沒
220769	朝鮮朝日	西北版	1932-04-22	1	05단	定州署長榮轉
220770	朝鮮朝日	西北版	1932-04-22	1	05단	永井拓務書記官安義視察
220771	朝鮮朝日	西北版	1932-04-22	1	05단	山間地帶で衛生展平南の試み
220772	朝鮮朝日	西北版	1932-04-22	1	05단	新義州の屠獸場愈よ竣工す
220773	朝鮮朝日	西北版	1932-04-22	1	05단	咸興部隊最初の戰死者遺骨つく
220774	朝鮮朝日	西北版	1932-04-22	1	06단	滿洲輸出水産物調査會咸南道に設置さる
220775	朝鮮朝日	西北版	1932-04-22	1	06단	火田民の火入取締る
220776	朝鮮朝日	西北版	1932-04-22	1	06단	模範農家を設定す篤農家を選び補助を與へて營農法の合理的實績を試驗平南の新しき試み
220777	朝鮮朝日	西北版	1932-04-22	1	07단	珍訴訟
220778	朝鮮朝日	西北版	1932-04-22	1	07단	女房子供を賣って食ふ悲慘な咸南の窮民
220779	朝鮮朝日	西北版	1932-04-22	1	07단	亂暴な汽船漁船に衝突して逃げる
220780	朝鮮朝日	西北版	1932-04-22	1	07단	登錄意匠侵害の訴訟
220781	朝鮮朝日	西北版	1932-04-22	1	08단	銀行から訴訟提起南浦平和商會主を相手取り
220782	朝鮮朝日	西北版	1932-04-22	1	08단	永興事件取調終る廿名送局さる
220783	朝鮮朝日	西北版	1932-04-22	1	08단	蛔蟲藥を飮んで絶命藥は押收さる
220784	朝鮮朝日	西北版	1932-04-22	1	08단	テロ化の傾向成行を重大視される平壤布木關係者の紛糾
220785	朝鮮朝日	西北版	1932-04-22	1	09단	若妻殺しの公判は五月六日

일련번호	판명		간행일	면	단수	기사명
220786	朝鮮朝日	西北版	1932-04-22	1	09단	幽靈訴訟の正體假空の女は左奈田の妻見拔かれて訴訟取下げ
220787	朝鮮朝日	西北版	1932-04-22	1	09단	*門鐵鮮鐵を破る/門鐵チーム來邱*
220788	朝鮮朝日	西北版	1932-04-22	1	10단	百合子送局さる
220789	朝鮮朝日	西北版	1932-04-22	1	10단	樂禮/柳京小話
220790	朝鮮朝日	南鮮版	1932-04-23	1	01단	體育を獎勵し思想の善導を行ふいよいよ具體案を得たので今年度から實施す
220791	朝鮮朝日	南鮮版	1932-04-23	1	01단	交涉纏れば警察村建設元朝鮮步兵隊跡に
220792	朝鮮朝日	南鮮版	1932-04-23	1	01단	間島避難民の救濟は簡單穗積課長談
220793	朝鮮朝日	南鮮版	1932-04-23	1	02단	京城府吏員の整理廿五日發表
220794	朝鮮朝日	南鮮版	1932-04-23	1	02단	釜山の學校學資輕減通牒が出た
220795	朝鮮朝日	南鮮版	1932-04-23	1	02단	*凱旋部隊の軍用列車通過時間安東京城間の主要驛/歡迎の旗行列京城の學童二萬七千名/凱旋將校歡迎會五月二日景福宮後庭で*
220796	朝鮮朝日	南鮮版	1932-04-23	1	03단	總監光州視察
220797	朝鮮朝日	南鮮版	1932-04-23	1	03단	第二朝鮮號機解體のま〻二十二日釜山に着く
220798	朝鮮朝日	南鮮版	1932-04-23	1	03단	池田警務局長釜山視察東上
220799	朝鮮朝日	南鮮版	1932-04-23	1	04단	優良納稅者表彰
220800	朝鮮朝日	南鮮版	1932-04-23	1	04단	慶南の棉播種週間知事以下出動手分して獎勵
220801	朝鮮朝日	南鮮版	1932-04-23	1	04단	忠北愛兒デー
220802	朝鮮朝日	南鮮版	1932-04-23	1	05단	大邱の少年保護所移轉充實
220803	朝鮮朝日	南鮮版	1932-04-23	1	05단	宇垣大將の民正黨首說は噂だ黨內でも問題になってをらぬと山道民政幹事長語る
220804	朝鮮朝日	南鮮版	1932-04-23	1	05단	昌慶苑の本社映畫非常な好評
220805	朝鮮朝日	南鮮版	1932-04-23	1	06단	無罪になった山梨大將雪冤會軍部有志主催で開く
220806	朝鮮朝日	南鮮版	1932-04-23	1	07단	渡津橋鐵桁組立試驗廿五日に行ふ
220807	朝鮮朝日	南鮮版	1932-04-23	1	07단	石塔を押倒し寶物を盜む犯人は元僧侶と判る
220808	朝鮮朝日	南鮮版	1932-04-23	1	07단	豆滿江の渡船が開通す
220809	朝鮮朝日	南鮮版	1932-04-23	1	08단	握手！
220810	朝鮮朝日	南鮮版	1932-04-23	1	08단	防彈衣研究會警務局で組織
220811	朝鮮朝日	南鮮版	1932-04-23	1	08단	京城バス從業員問題解決す
220812	朝鮮朝日	南鮮版	1932-04-23	1	08단	指が五本の山椒魚

일련번호	판명		간행일	면	단수	기사명
220813	朝鮮朝日	南鮮版	1932-04-23	1	08단	被告が騒いで裁判を回避す東滿共産黨金等の公判
220814	朝鮮朝日	南鮮版	1932-04-23	1	09단	偵察機不時着す搭乘者無事
220815	朝鮮朝日	南鮮版	1932-04-23	1	09단	病原不明の湖南熱調査横山技師出張
220816	朝鮮朝日	南鮮版	1932-04-23	1	09단	千三百圓を掏り替らる法基里區長の御難
220817	朝鮮朝日	南鮮版	1932-04-23	1	10단	大邱地方に地震
220818	朝鮮朝日	南鮮版	1932-04-23	1	10단	僞せ團長逮捕
220819	朝鮮朝日	南鮮版	1932-04-23	1	10단	大豹に咬殺さる七歳の鮮女
220820	朝鮮朝日	南鮮版	1932-04-23	1	10단	もよほし(南山天滿宮大祭/農倉主任會議)
220821	朝鮮朝日	南鮮版	1932-04-23	1	10단	人(荒井八郎氏(新任京城驛長)/山本正幸氏(新任釜山驛長)/山道襄一代議士/湯川又夫氏(水原農事試驗場長)/宇垣貞子夫人(總督夫人)/千葉郁治主計監(新任朝鮮軍經理部長))
220822	朝鮮朝日	西北・南鮮版	1932-04-23	2	01단	畏くも天皇陛下臨幸あらせらる軍人勅諭下賜五十年記念祝典嚴かに且盛大に擧行/勅諭奉戴五十年を迎へ奉りて　陸軍大臣荒木貞夫
220823	朝鮮朝日	西北・南鮮版	1932-04-23	2	03단	ラヂオドラマお殿樣(室町彌生作)名古屋ABC座
220824	朝鮮朝日	西北・南鮮版	1932-04-23	2	04단	新曲『三勇士』箏曲今井慶松ほか
220825	朝鮮朝日	西北・南鮮版	1932-04-23	2	06단	滑稽宇都の谷峠掛合噺大丸民之助外(野球中止の際)
220826	朝鮮朝日	西北・南鮮版	1932-04-23	2	06단	放送舞台劇吉樣參由綠音信
220827	朝鮮朝日	西北・南鮮版	1932-04-23	2	07단	浪花節乃木將軍津田淸美
220828	朝鮮朝日	西北・南鮮版	1932-04-23	2	07단	謠道しるべ節と發聲
220829	朝鮮朝日	西北・南鮮版	1932-04-23	2	07단	講演「アマゾン流域の實狀」/岡田英定
220830	朝鮮朝日	西北・南鮮版	1932-04-23	2	08단	文藝西洋の現代漫畵と漫畵家(二)/岡本一平
220831	朝鮮朝日	西北・南鮮版	1932-04-23	2	09단	新文藝講座現代小說展望/豊島與志雄
220832	朝鮮朝日	西北・南鮮版	1932-04-23	2	10단	學藝消息(村松梢風氏/春陽會第十回展/日本南畵院第十一回展/伊東深水氏小唄雜展)
220833	朝鮮朝日	西北版	1932-04-23	1	01단	武勳輝く凱旋日廿六日の平壤早くも祝賀氣分に包まれ歡迎準備全く整ふ/英靈十一氏の慰靈祭執行二十七日に營庭で
220834	朝鮮朝日	西北版	1932-04-23	1	01단	我が騎兵隊出動
220835	朝鮮朝日	西北版	1932-04-23	1	03단	戰死兵士告別式咸興で擧行
220836	朝鮮朝日	西北版	1932-04-23	1	03단	咸興部隊負傷兵歸還

일련번호	판명		간행일	면	단수	기사명
220837	朝鮮朝日	西北版	1932-04-23	1	03단	平北の入口
220838	朝鮮朝日	西北版	1932-04-23	1	03단	凱旋部隊の軍用列車通過時間安東京城間の主要驛
220839	朝鮮朝日	西北版	1932-04-23	1	04단	春の點景浮碧樓にて(3)
220840	朝鮮朝日	西北版	1932-04-23	1	04단	小工業の統制化ゴムと靴下の組合を組織し國庫から補助金を交付する平壤の新しい試み
220841	朝鮮朝日	西北版	1932-04-23	1	05단	月末までに完備する平壤授産場
220842	朝鮮朝日	西北版	1932-04-23	1	05단	勞力拂底で支那人を使ふ平南の土木事業
220843	朝鮮朝日	西北版	1932-04-23	1	06단	連山關隊本部安東縣移住案外急速に實現か
220844	朝鮮朝日	西北版	1932-04-23	1	06단	奇特な地主小作人に賞與
220845	朝鮮朝日	西北版	1932-04-23	1	07단	握手！
220846	朝鮮朝日	西北版	1932-04-23	1	07단	鮮匪の取締方針確立する
220847	朝鮮朝日	西北版	1932-04-23	1	07단	先決問題は治安の回復加藤鮮銀總裁滿洲談
220848	朝鮮朝日	西北版	1932-04-23	1	08단	豆滿江の渡船が開通す
220849	朝鮮朝日	西北版	1932-04-23	1	08단	指が五本の山椒魚
220850	朝鮮朝日	西北版	1932-04-23	1	08단	愛國機朝鮮號平壤に飛來す熱誠籠た府民の歡迎
220851	朝鮮朝日	西北版	1932-04-23	1	08단	西湖津呂湖間で列車轉覆を企て機關車轉覆數名負傷/急停車で難を免かる
220852	朝鮮朝日	西北版	1932-04-23	1	09단	偵察機不時着す搭乘者無事
220853	朝鮮朝日	西北版	1932-04-23	1	09단	平壤の火事
220854	朝鮮朝日	西北版	1932-04-23	1	10단	身柄を收容平安水利職員
220855	朝鮮朝日	西北版	1932-04-23	1	10단	學校へ賊
220856	朝鮮朝日	西北版	1932-04-23	1	10단	人(宇垣貞子夫人(總督夫人)/千葉郁治主計監(新任朝鮮軍經理部長))
220857	朝鮮朝日	西北版	1932-04-23	1	10단	樂禮/柳京小話
220858	朝鮮朝日	南鮮版	1932-04-24	1	01단	滿洲の現狀や滿鐵改造を中心に大阪の鮮滿視察團を迎へて京城に開いた座談會
220859	朝鮮朝日	南鮮版	1932-04-24	1	01단	內地より殺到する鮮滿視察旅行團昨年の二、三倍にも達すホクホクものゝ鐵道局
220860	朝鮮朝日	南鮮版	1932-04-24	1	01단	やまざくら
220861	朝鮮朝日	南鮮版	1932-04-24	1	03단	貧民の多いに驚いた湖南地方を視察した今井田總監語る
220862	朝鮮朝日	南鮮版	1932-04-24	1	03단	僅々三年間に百廿三萬石增收水組の著しい貢獻

일련번호	판명		간행일	면	단수	기사명
220863	朝鮮朝日	南鮮版	1932-04-24	1	04단	門鐵平鐵を破る
220864	朝鮮朝日	南鮮版	1932-04-24	1	04단	慶北の龍城産組業績回復
220865	朝鮮朝日	南鮮版	1932-04-24	1	04단	海女問題報告取扱方法も協議す
220866	朝鮮朝日	南鮮版	1932-04-24	1	04단	幼乳兒健康審査會慶北で開く
220867	朝鮮朝日	南鮮版	1932-04-24	1	05단	萩混播慶北で獎勵す
220868	朝鮮朝日	南鮮版	1932-04-24	1	05단	響れの大邱部隊愈よ廿八日凱旋する全市をあげて大々的に歡迎大邱府から大カップ
220869	朝鮮朝日	南鮮版	1932-04-24	1	05단	平壤部隊の凱旋は無期延期某方面に出動のため
220870	朝鮮朝日	南鮮版	1932-04-24	1	05단	鎮海驅逐隊の實彈射擊演習通航船舶に警告
220871	朝鮮朝日	南鮮版	1932-04-24	1	05단	奇特な鮮富豪
220872	朝鮮朝日	南鮮版	1932-04-24	1	05단	總督府本年の新採用卅名
220873	朝鮮朝日	南鮮版	1932-04-24	1	06단	東海北部線通川荳白間來月廿十日開通
220874	朝鮮朝日	南鮮版	1932-04-24	1	06단	趙中將等の移民計劃會社を設立する
220875	朝鮮朝日	南鮮版	1932-04-24	1	06단	東拓朝鮮支社では四名採用
220876	朝鮮朝日	南鮮版	1932-04-24	1	06단	明水台道路竣成
220877	朝鮮朝日	南鮮版	1932-04-24	1	06단	全鮮取引所の格付打合會基準格統一は未決定
220878	朝鮮朝日	南鮮版	1932-04-24	1	07단	頻發する鐵道事故嚴重に內查
220879	朝鮮朝日	南鮮版	1932-04-24	1	07단	戰鬪機と輕爆擊機新造の朝鮮號第二號と三號五月上旬雄姿を現はす
220880	朝鮮朝日	南鮮版	1932-04-24	1	08단	釜山局交換孃悲鳴を擧げる電話戰線にこの異狀
220881	朝鮮朝日	南鮮版	1932-04-24	1	09단	天然痘患者續出百五十名突破
220882	朝鮮朝日	南鮮版	1932-04-24	1	09단	大がゝりな佛像竊盜團主犯を慶北で逮捕す
220883	朝鮮朝日	南鮮版	1932-04-24	1	09단	支那人殺しに死刑の判決
220884	朝鮮朝日	南鮮版	1932-04-24	1	09단	本紙讀者優待大正館の滿洲行進曲
220885	朝鮮朝日	南鮮版	1932-04-24	1	10단	貸金十萬圓請求訴訟鮮銀から提起
220886	朝鮮朝日	南鮮版	1932-04-24	1	10단	タムル團殘留分子實業家を脅迫
220887	朝鮮朝日	南鮮版	1932-04-24	1	10단	內鮮支人賭博團胴元檢擧さる
220888	朝鮮朝日	南鮮版	1932-04-24	1	10단	もよほし(京日副社長披露宴/地歷教員大會)
220889	朝鮮朝日	南鮮版	1932-04-24	1	10단	人(池田警務局長/牧山耕藏代議士/萩原彥三氏(總督府文書課長)/加藤鮮銀總裁/衆議院議員滿蒙視察團)

일련번호	판명		간행일	면	단수	기사명
220890	朝鮮朝日	西北・南鮮版	1932-04-24	2	01단	眞に勇士の面目この上もなし兩陛下の臨御を仰ぎ靖國神社の臨時大祭を執行
220891	朝鮮朝日	西北・南鮮版	1932-04-24	2	02단	管絃樂三曲日本放送交響樂團指揮/瀬戸口藤吉
220892	朝鮮朝日	西北・南鮮版	1932-04-24	2	03단	童謠獨唱と面白い童話劇神戸市七つの星の會
220893	朝鮮朝日	西北・南鮮版	1932-04-24	2	05단	乳兒榮養障碍特に消耗症の話東京市技師/高山峻
220894	朝鮮朝日	西北・南鮮版	1932-04-24	2	07단	西洋における祝祭の復興/中村星湖
220895	朝鮮朝日	西北・南鮮版	1932-04-24	2	07단	風變りな浪花節教化の力晩鐘/山川八道
220896	朝鮮朝日	西北・南鮮版	1932-04-24	2	08단	西洋の現代漫畫と漫畫家(三)/岡本一平
220897	朝鮮朝日	西北・南鮮版	1932-04-24	2	09단	新文藝講座現代小說展望/豊島與志雄(心理的探求(５))
220898	朝鮮朝日	西北・南鮮版	1932-04-24	2	10단	學藝消息(全關西洋畫展/正倉院御物古裂類展覽/東洋美術研究會講演會/大阪ディスク倶樂部/白風史研究刊行/朝鮮古美術品展/山本鼎氏創作版畫會/池崎忠孝氏)
220899	朝鮮朝日	西北版	1932-04-24	1	01단	全平壤を擧げて歡呼と灯の海に各町里聯合の大提燈行列を廿八日に擧行する/凱旋門府內各所に/嘉村少將官民を招待
220900	朝鮮朝日	西北版	1932-04-24	1	01단	白頭山麓に農村を建設まづ五十戸を收容す
220901	朝鮮朝日	西北版	1932-04-24	1	01단	朝鮮號平壤を發し新義州に向ふ
220902	朝鮮朝日	西北版	1932-04-24	1	01단	春の點景江邊の壺賣(４)
220903	朝鮮朝日	西北版	1932-04-24	1	02단	咸南醫友會愈よ組織さる
220904	朝鮮朝日	西北版	1932-04-24	1	02단	名譽の戰死傷者間島に於ける
220905	朝鮮朝日	西北版	1932-04-24	1	03단	平壤部隊の凱旋は延期となる某方面に出動の爲
220906	朝鮮朝日	西北版	1932-04-24	1	03단	農家の副業に甘藷の栽培咸南で奬勵
220907	朝鮮朝日	西北版	1932-04-24	1	03단	全鮮取引所の格付打合會基準格統一は未決定
220908	朝鮮朝日	西北版	1932-04-24	1	04단	天長節祝賀會
220909	朝鮮朝日	西北版	1932-04-24	1	04단	殉職稅關吏慰靈塔新義州稅關で建設す
220910	朝鮮朝日	西北版	1932-04-24	1	05단	凱旋部隊の平壤驛着發各軍用列車時間決定
220911	朝鮮朝日	西北版	1932-04-24	1	05단	赤ん坊審査會咸興に開く
220912	朝鮮朝日	西北版	1932-04-24	1	05단	スポーツ(門鐵快勝す平鐵との試合)
220913	朝鮮朝日	西北版	1932-04-24	1	05단	平南本年の正條植

일련번호	판명		간행일	면	단수	기사명
220914	朝鮮朝日	西北版	1932-04-24	1	05단	東海北部線通川荳白間來月廿一日開通
220915	朝鮮朝日	西北版	1932-04-24	1	06단	體育を獎勵し思想の善導を行ふいよいよ具體案を得たので今年度から實施す
220916	朝鮮朝日	西北版	1932-04-24	1	07단	兵火の跡
220917	朝鮮朝日	西北版	1932-04-24	1	07단	軍事功勞徽章十九師團に到着し勅諭記念日に授與
220918	朝鮮朝日	西北版	1932-04-24	1	07단	朝鮮娼妓の待遇を改善方法決定す
220919	朝鮮朝日	西北版	1932-04-24	1	08단	受理事件數減る
220920	朝鮮朝日	西北版	1932-04-24	1	08단	たのもし講嚴重に取締るべく平北で考究
220921	朝鮮朝日	西北版	1932-04-24	1	09단	近く正式に不滿の意を表す火保改訂料金と平壤
220922	朝鮮朝日	西北版	1932-04-24	1	09단	貸金十萬圓請求訴訟鮮銀から提起
220923	朝鮮朝日	西北版	1932-04-24	1	09단	三人組强盜
220924	朝鮮朝日	西北版	1932-04-24	1	10단	支那人殺しに死刑の判決
220925	朝鮮朝日	西北版	1932-04-24	1	10단	タムル團殘留分子實業家を脅迫
220926	朝鮮朝日	西北版	1932-04-24	1	10단	人(山梨大將(吳鎭守府長官)/池田警務局長/牧山耕藏代議士/萩原彥三氏(總督府文書課長)/加藤鮮銀總裁)
220927	朝鮮朝日	西北版	1932-04-24	1	10단	樂禮/柳京小話
220928	朝鮮朝日	南鮮版	1932-04-26	1	01단	街頭も郊外も花に浮かれた人の波昌慶苑も獎忠壇も大混雜京城春宵の風情
220929	朝鮮朝日	南鮮版	1932-04-26	1	01단	朝鮮人の內地密航絶滅計劃
220930	朝鮮朝日	南鮮版	1932-04-26	1	02단	慶熙、龍中野球戰/優勝旗は慶熙に/門鐵勝つ釜山の試合
220931	朝鮮朝日	南鮮版	1932-04-26	1	04단	朴中樞院副議長首相を訪問
220932	朝鮮朝日	南鮮版	1932-04-26	1	04단	釜山の勅諭記念式武德殿で擧行
220933	朝鮮朝日	南鮮版	1932-04-26	1	05단	全鮮に二萬戶自作農創定本年はまづ南鮮から
220934	朝鮮朝日	南鮮版	1932-04-26	1	05단	産金獎勵補助條件內定す無料で調査もする/確實な向に貸出す東拓の方針
220935	朝鮮朝日	南鮮版	1932-04-26	1	05단	釜山府青年團對抗訪問リレー
220936	朝鮮朝日	南鮮版	1932-04-26	1	06단	高山新東拓總裁滿洲視察
220937	朝鮮朝日	南鮮版	1932-04-26	1	06단	釜山乳幼兒愛護週間
220938	朝鮮朝日	南鮮版	1932-04-26	1	06단	京城府議內地旅行日程
220939	朝鮮朝日	南鮮版	1932-04-26	1	06단	大邱部隊の凱旋無期延期
220940	朝鮮朝日	南鮮版	1932-04-26	1	07단	朝鮮號開城通過
220941	朝鮮朝日	南鮮版	1932-04-26	1	07단	海軍軍人遺族記章配布
220942	朝鮮朝日	南鮮版	1932-04-26	1	07단	慶北養蠶種値下

일련번호	판명		간행일	면	단수	기사명
220943	朝鮮朝日	南鮮版	1932-04-26	1	07단	支拂停止の朝鮮除外例問題今の處では絶望と見られ當局善後策に腐心す
220944	朝鮮朝日	南鮮版	1932-04-26	1	08단	注文取りの盗み
220945	朝鮮朝日	南鮮版	1932-04-26	1	08단	京城電氣問題漸く解決す京電の誠意披瀝で
220946	朝鮮朝日	南鮮版	1932-04-26	1	08단	竊盗團首魁逮捕
220947	朝鮮朝日	南鮮版	1932-04-26	1	09단	原告は面長被告は囚人四千圓の損害賠償訴訟
220948	朝鮮朝日	南鮮版	1932-04-26	1	09단	花見宴に女給の出張サーヴィス
220949	朝鮮朝日	南鮮版	1932-04-26	1	09단	廿九名收容さる
220950	朝鮮朝日	南鮮版	1932-04-26	1	09단	所在不明の銃器千五百餘挺六月の末迄に届出れば處分せぬ
220951	朝鮮朝日	南鮮版	1932-04-26	1	10단	放火犯は半身不隨の啞者
220952	朝鮮朝日	南鮮版	1932-04-26	1	10단	もよほし(天長節奉祝宴/京城日出校謝恩會/釜山長崎縣人會/藝娼妓表彰式)
220953	朝鮮朝日	南鮮版	1932-04-26	1	10단	人(衆議院議員/弘岡道明少將(新任朝鮮軍々醫部長)/小川平三郎氏(朝鐵社長)/熊平源藏氏(實業家)/窪中義道代議士/竹內寬中佐(陸大教官))
220954	朝鮮朝日	西北・南鮮版	1932-04-26	2	01단	性格相反して而も一脈相通ず幕末の傑人小栗、栗本新講談/伊藤痴遊
220955	朝鮮朝日	西北・南鮮版	1932-04-26	2	01단	三曲竹生島と狐の嫁入り平井美奈勢その他
220956	朝鮮朝日	西北・南鮮版	1932-04-26	2	04단	お話摘草理學士/恩田經介
220957	朝鮮朝日	西北・南鮮版	1932-04-26	2	04단	愛と自由の世界か囚人の世界へか薄倖な青年のなやみ映畫物語『光りにそむくもの』
220958	朝鮮朝日	西北・南鮮版	1932-04-26	2	05단	皇室中心の道德本多辰次郎
220959	朝鮮朝日	西北・南鮮版	1932-04-26	2	05단	土管に隱れて手柄をたつ面白い童話土管軍曹/藤下信雄
220960	朝鮮朝日	西北・南鮮版	1932-04-26	2	07단	浪花節神崎與五郎の生立/雲井雷太郎
220961	朝鮮朝日	西北・南鮮版	1932-04-26	2	08단	西洋の現代漫畫と漫畫家(四)/岡本一平
220962	朝鮮朝日	西北・南鮮版	1932-04-26	2	09단	新文藝講座現代小說展望/豊島與志雄(心理的探求(6))
220963	朝鮮朝日	西北・南鮮版	1932-04-26	2	10단	文壇卷說菊池氏の競馬論
220964	朝鮮朝日	西北・南鮮版	1932-04-26	2	10단	學藝消息(臼日亞浪氏/畫樂里洋畫研究會)
220965	朝鮮朝日	南鮮版	1932-04-27	1	01단	朝鮮部隊の一部廿七八兩日凱旋す室○團長以下將兵百七十六名主力部隊は凱旋延期

일련번호	판명		간행일	면	단수	기사명
220966	朝鮮朝日	南鮮版	1932-04-27	1	01단	めでたく紛糾をさまる京城の電氣公營問題/圓滿解決を喜ぶ井上京城府尹談/出來るだけ讓歩した武者京電專務談
220967	朝鮮朝日	南鮮版	1932-04-27	1	01단	驅逐艦蓮、蓼釜山入港
220968	朝鮮朝日	南鮮版	1932-04-27	1	02단	聞慶郡廳移轉運動一方に阻止運動
220969	朝鮮朝日	南鮮版	1932-04-27	1	02단	世は櫻の春といふに冷たい惡の花が咲く/婦女子を集め密室で裸體にす京城無免許醫檢擧/佛像專門の竊盜團慶北で檢擧/二人の家出少年大邱で押へられる/鐵道自殺
220970	朝鮮朝日	南鮮版	1932-04-27	1	03단	三二年形武者人形
220971	朝鮮朝日	南鮮版	1932-04-27	1	04단	人(鹽月學代議士/小野久七氏(拓務省事務官)/橫山勇中佐(陸軍資源事務官新任關東軍司令部付))
220972	朝鮮朝日	南鮮版	1932-04-27	1	04단	普校卒業指導生に低資融通慶北金融組合に交渉
220973	朝鮮朝日	南鮮版	1932-04-27	1	05단	農林局新設實現は六月ごろ京城府尹の勅任問題等に就て萩原事務官の歸來談
220974	朝鮮朝日	南鮮版	1932-04-27	1	05단	鐵道局辭令
220975	朝鮮朝日	南鮮版	1932-04-27	1	06단	全朝鮮史基本編印刷を完了す
220976	朝鮮朝日	南鮮版	1932-04-27	1	06단	暗礁に乘上げた京城府尹勅任問題井上現府尹の勅任は實現不可能結局有資格者据替か
220977	朝鮮朝日	南鮮版	1932-04-27	1	07단	一年振りで新作を發表する舞踊家崔承喜孃
220978	朝鮮朝日	南鮮版	1932-04-27	1	07단	陸大生の視察
220979	朝鮮朝日	南鮮版	1932-04-27	1	08단	鎭海鄕軍表彰式
220980	朝鮮朝日	南鮮版	1932-04-27	1	09단	「滿洲行進曲」釜山で競映本紙讀者優待
220981	朝鮮朝日	南鮮版	1932-04-27	1	09단	行商の傍ら貯金獎勵に盡す奇特な大邱徐相潤君
220982	朝鮮朝日	南鮮版	1932-04-27	1	10단	犯罪手配小票制五月一日から實施す
220983	朝鮮朝日	西北・南鮮版	1932-04-27	2	01단	驕れる平家を西海に追ひ下し遠波蒼波のうさ雲に謠曲鞍馬天狗櫻間金太郎ほか
220984	朝鮮朝日	西北・南鮮版	1932-04-27	2	02단	童謠と唱歌齊唱靖國神社其他
220985	朝鮮朝日	西北・南鮮版	1932-04-27	2	03단	錢湯で上野の花の噂かな落語『長屋の花見』/桂呂之助
220986	朝鮮朝日	西北・南鮮版	1932-04-27	2	04단	昭和婦人の自覺に就て/田邊錦子
220987	朝鮮朝日	西北・南鮮版	1932-04-27	2	04단	新講談わが陸軍の基礎を造った大鳥圭介の事ども/伊藤痴遊

일련번호	판명		간행일	면	단수	기사명
220988	朝鮮朝日	西北・南鮮版	1932-04-27	2	06단	常磐津松乃羽衣(淨琉璃 常磐津麒代藏/三味線 常磐津麒美治)
220989	朝鮮朝日	西北・南鮮版	1932-04-27	2	06단	春の活花有吉梅里
220990	朝鮮朝日	西北・南鮮版	1932-04-27	2	07단	五月人形の今昔/横山正三
220991	朝鮮朝日	西北・南鮮版	1932-04-27	2	08단	西洋の現代漫畫と漫畫家(五)/岡本一平
220992	朝鮮朝日	西北・南鮮版	1932-04-27	2	08단	舞台の漫畫
220993	朝鮮朝日	西北・南鮮版	1932-04-27	2	09단	全關西展評
220994	朝鮮朝日	西北・南鮮版	1932-04-27	2	09단	新文藝講座現代小說展望/豊島與志雄(心理的探求(7))
220995	朝鮮朝日	西北・南鮮版	1932-04-27	2	10단	學藝消息(桑重償一氏洋畫展/土田麥遷氏/名家餘技モダン工藝品展)
220996	朝鮮朝日	西北版	1932-04-27	1	01단	今の滿洲國はその樣な樂土でない徒手空拳の所謂漫然渡滿者はやがて失望のどん底へ/鹵獲の武器と軍旗
220997	朝鮮朝日	西北版	1932-04-27	1	01단	窮民に生色漂ふ昨年凶作に悩んだ山間部に勞賃三十萬圓が撒布される平南窮民道路工事
220998	朝鮮朝日	西北版	1932-04-27	1	01단	咸興の櫻七分咲き/お花見は鎭江山へ
220999	朝鮮朝日	西北版	1932-04-27	1	02단	陸大生の視察
221000	朝鮮朝日	西北版	1932-04-27	1	02단	平南の米粟多收競技會三區にわけて開く
221001	朝鮮朝日	西北版	1932-04-27	1	03단	牡丹台の櫻愈よ咲き始めた臨時警官派出所增設
221002	朝鮮朝日	西北版	1932-04-27	1	04단	人(大田■■氏/西村迪雄少將(新任鎭海誘嬰塞司令官)/上野勘一郎中佐(新任大邱步兵聯隊附))
221003	朝鮮朝日	西北版	1932-04-27	1	04단	鐵道局辭令
221004	朝鮮朝日	西北版	1932-04-27	1	04단	結局折衷的な場所を選ばん普生醫院の敷地問題
221005	朝鮮朝日	西北版	1932-04-27	1	05단	平南の書堂充實策研究
221006	朝鮮朝日	西北版	1932-04-27	1	05단	朝鮮部隊の一部廿七八兩日凱旋す室○團長以下百七十名大部隊の凱旋は延期
221007	朝鮮朝日	西北版	1932-04-27	1	06단	春の點景(6)/放列の布く
221008	朝鮮朝日	西北版	1932-04-27	1	07단	平壤府民氣拔けの態凱旋延期で
221009	朝鮮朝日	西北版	1932-04-27	1	07단	之れが完成せば窮迫の農村が救はれる多額の地方費を投じて着手の平北産業五ヶ年計劃
221010	朝鮮朝日	西北版	1932-04-27	1	08단	通化方面は無警察狀態公安隊員續々逃走す
221011	朝鮮朝日	西北版	1932-04-27	1	08단	遺産分配の訴訟

일련번호	판명		간행일	면	단수	기사명
221012	朝鮮朝日	西北版	1932-04-27	1	08단	釜山各工場に不穩文撒布釜山署で犯人嚴探中
221013	朝鮮朝日	西北版	1932-04-27	1	08단	吳東振依然駄々る
221014	朝鮮朝日	西北版	1932-04-27	1	10단	列車妨害犯の求刑判決は廿八日
221015	朝鮮朝日	西北版	1932-04-27	1	10단	旅館で自殺未遂
221016	朝鮮朝日	西北版	1932-04-27	1	10단	廿三棟を燒く
221017	朝鮮朝日	西北版	1932-04-27	1	10단	仕度金詐取
221018	朝鮮朝日	西北版	1932-04-27	1	10단	もよほし(稅務研究會/平壤寫眞展)
221019	朝鮮朝日	西北版	1932-04-27	1	10단	樂禮/柳京小話
221020	朝鮮朝日	南鮮版	1932-04-28	1	01단	櫻咲く懐しの半島に室師團晴れの凱旋 萬歲と歡呼の渦をまくその日の龍山驛頭/凱旋の室師團長龍山驛に到着と同時にステートメント發表
221021	朝鮮朝日	南鮮版	1932-04-28	1	01단	龍山驛頭の光景
221022	朝鮮朝日	南鮮版	1932-04-28	1	04단	もよほし(京城招魂祭/長唄五節會)
221023	朝鮮朝日	南鮮版	1932-04-28	1	04단	認可なくも禁止する慶北の鮑漁
221024	朝鮮朝日	南鮮版	1932-04-28	1	05단	建康相談や優良兒審査愛婦と赤十字で
221025	朝鮮朝日	南鮮版	1932-04-28	1	05단	慶南各校に勅語謄本下賜せらる
221026	朝鮮朝日	南鮮版	1932-04-28	1	05단	廉子さんを連れて川島浪速氏來釜滿洲實情報告に內地へ
221027	朝鮮朝日	南鮮版	1932-04-28	1	06단	對岸の形勢惡化す 江界守備隊急遽出動す江岸の人心動搖す/臨江公安隊叛亂す 朝鮮國境警戒/八道溝公安隊員帽兒山襲擊行動 長白の軍警の不穩/激戰六時間敵を擊退す
221028	朝鮮朝日	南鮮版	1932-04-28	1	06단	人蔘耕作者表彰
221029	朝鮮朝日	南鮮版	1932-04-28	1	07단	慶南米の宣傳隊一行內地へ出發す
221030	朝鮮朝日	南鮮版	1932-04-28	1	07단	實業野球試合日程
221031	朝鮮朝日	南鮮版	1932-04-28	1	07단	われ等の朝鮮號愈々滿洲で活躍する最近またも兵匪跳梁の折柄その活躍期待さる
221032	朝鮮朝日	南鮮版	1932-04-28	1	07단	第四朝鮮號建造は絶望その後の獻金が少く
221033	朝鮮朝日	南鮮版	1932-04-28	1	08단	京釜線で貨車脱線列車遲着す
221034	朝鮮朝日	南鮮版	1932-04-28	1	09단	少年竊盜團京城で檢擧す贓品故買者も逮捕
221035	朝鮮朝日	南鮮版	1932-04-28	1	09단	列車妨害の嫌疑者仁川で檢擧
221036	朝鮮朝日	南鮮版	1932-04-28	1	10단	仁川の櫻今が見頃
221037	朝鮮朝日	南鮮版	1932-04-28	1	10단	運轉手自殺を企つ

일련번호	판명		간행일	면	단수	기사명
221038	朝鮮朝日	南鮮版	1932-04-28	1	10단	人妻は重傷し自動車は轉落
221039	朝鮮朝日	南鮮版	1932-04-28	1	10단	釜山女給墮胎控訴公判
221040	朝鮮朝日	南鮮版	1932-04-28	1	10단	人(高山新東拓總裁一行/松下芳三郎氏(慶南道内務部長)/小山惠佐氏(新任軍醫學校長)/石福覺治氏(新任龍山衛戍病院二等藥劑正止))
221041	朝鮮朝日	西北・南鮮版	1932-04-28	2	01단	忝い御詮に感奮し帝を守護し奉る放送舞台劇(名和長年/幸田露伴作)松本幸四郎ほか
221042	朝鮮朝日	西北・南鮮版	1932-04-28	2	01단	講演新滿蒙の經濟的打診/栗本勇之助
221043	朝鮮朝日	西北・南鮮版	1932-04-28	2	02단	長唄吾妻八景(唄 吉佳小三郎/三味線 稀音家六四郎/上調子 稀音家六治)
221044	朝鮮朝日	西北・南鮮版	1932-04-28	2	03단	新人洋樂コンサート
221045	朝鮮朝日	西北・南鮮版	1932-04-28	2	04단	お伽の國の花園で愉快な奉祝園遊會童話劇BKコドモサークル
221046	朝鮮朝日	西北・南鮮版	1932-04-28	2	05단	大砲を鑄造し幕府に奉公江川太郎佐衛門の事新講談/伊藤痴遊
221047	朝鮮朝日	西北・南鮮版	1932-04-28	2	08단	西洋の現代漫畫と漫畫家(六)/岡本一平
221048	朝鮮朝日	西北・南鮮版	1932-04-28	2	09단	新映畫評(ルビッチの「私の殺した男」)
221049	朝鮮朝日	西北・南鮮版	1932-04-28	2	09단	新文藝講座現代小說展望/豊島與志雄(心理的探求(8))
221050	朝鮮朝日	西北・南鮮版	1932-04-28	2	10단	學藝消息(對山(獨山)禮師葉畫展覧)
221051	朝鮮朝日	西北版	1932-04-28	1	01단	われ等の朝鮮號愈よ滿洲で活躍する最近またも兵匪跳梁の折柄その活躍期待さる
221052	朝鮮朝日	西北版	1932-04-28	1	01단	第四朝鮮號建造は絶望その後の獻金が少く
221053	朝鮮朝日	西北版	1932-04-28	1	01단	穩城警官隊引あぐ
221054	朝鮮朝日	西北版	1932-04-28	1	01단	間島時局寫眞畫報
221055	朝鮮朝日	西北版	1932-04-28	1	02단	室中將等の平壤通過
221056	朝鮮朝日	西北版	1932-04-28	1	02단	鎭南浦から抗議文を送る火保料率問題に就いて
221057	朝鮮朝日	西北版	1932-04-28	1	03단	新義州第二普通校假校舍借入交渉
221058	朝鮮朝日	西北版	1932-04-28	1	04단	山梨大將招待宴
221059	朝鮮朝日	西北版	1932-04-28	1	04단	南浦の櫻滿開は月末
221060	朝鮮朝日	西北版	1932-04-28	1	04단	運轉回數を減ずるのみか撤廢は實現せぬ模樣寺洞電車線問題
221061	朝鮮朝日	西北版	1932-04-28	1	05단	春の點景(7)/行樂の乙密台

일련번호	판명		간행일	면	단수	기사명
221062	朝鮮朝日	西北版	1932-04-28	1	05단	延坪島漁期に入る
221063	朝鮮朝日	西北版	1932-04-28	1	05단	對岸の形勢惡化す/八道溝公安隊員　帽兒山襲擊行動 長白の軍警の不穩/激戰六時間敵を擊退す/江界守備隊急遽出動す 江岸の人心動搖す/人心極度に動搖す/臨江公安隊叛亂す　朝鮮國境警戒/通化の邦人氣遣る安東領事語る
221064	朝鮮朝日	西北版	1932-04-28	1	06단	平壤で反對協議會改正火保料率を廻って
221065	朝鮮朝日	西北版	1932-04-28	1	06단	教育勅語謄本を下賜平南の十八校
221066	朝鮮朝日	西北版	1932-04-28	1	06단	卅名採用に三百名應募車掌採用試驗
221067	朝鮮朝日	西北版	1932-04-28	1	07단	南浦取引所增節
221068	朝鮮朝日	西北版	1932-04-28	1	07단	通信生試驗
221069	朝鮮朝日	西北版	1932-04-28	1	07단	統制を計るべく規則を改正する中央卸賣市場新設の前提に平壤府の公設市場改善策
221070	朝鮮朝日	西北版	1932-04-28	1	08단	一日から開場
221071	朝鮮朝日	西北版	1932-04-28	1	08단	酒造會社の大規模な脫稅平南財務部で取調中
221072	朝鮮朝日	西北版	1932-04-28	1	08단	里民擧って常習的賭博一夜に五十餘名捕はる
221073	朝鮮朝日	西北版	1932-04-28	1	08단	警察官痘瘡に感染
221074	朝鮮朝日	西北版	1932-04-28	1	09단	放火女豫審へ
221075	朝鮮朝日	西北版	1932-04-28	1	10단	平壤で捕る
221076	朝鮮朝日	西北版	1932-04-28	1	10단	貴金屬を竊取
221077	朝鮮朝日	西北版	1932-04-28	1	10단	人妻は重傷し自動車は轉落
221078	朝鮮朝日	西北版	1932-04-28	1	10단	人(高山新東拓總裁一行/松下芳三郎氏(慶南道內務部長)/小山惠佐氏(新任軍醫學校長)/石福覺治氏(新任龍山衛戍病院二等藥醫正))
221079	朝鮮朝日	西北版	1932-04-28	1	10단	樂禮/柳京小話
221080	朝鮮朝日	南鮮版	1932-04-29	1	01단	六百名の兵匪を僅十二名で擊退した我が朝鮮軍は實に强いよと室將軍の凱旋談
221081	朝鮮朝日	南鮮版	1932-04-29	1	01단	軍國の春(1)/京城春の點描
221082	朝鮮朝日	南鮮版	1932-04-29	1	02단	室師團長指揮で天長節觀兵式龍山練兵場で行はる
221083	朝鮮朝日	南鮮版	1932-04-29	1	02단	軍馬や自動車凱旋
221084	朝鮮朝日	南鮮版	1932-04-29	1	03단	凱旋祝賀宴軍司令官邸で
221085	朝鮮朝日	南鮮版	1932-04-29	1	03단	總督府出張所新京に設置す主要地に派出所を置く

일련번호	판명		간행일	면	단수	기사명
221086	朝鮮朝日	南鮮版	1932-04-29	1	04단	もよほし(盆栽展覽會)
221087	朝鮮朝日	南鮮版	1932-04-29	1	04단	滿洲出動警察官行賞
221088	朝鮮朝日	南鮮版	1932-04-29	1	04단	警察諸法規近く改正
221089	朝鮮朝日	南鮮版	1932-04-29	1	04단	釜山府靑年團對抗訪問リレー茶話會を開いて選手資格を審査し競技方法を打合す(靑年體育上有意義な催し渡邊慶南道知事談/大島府尹は語る)
221090	朝鮮朝日	南鮮版	1932-04-29	1	05단	正式に京電の請書府議員に報告
221091	朝鮮朝日	南鮮版	1932-04-29	1	05단	悲慘な全南の窮民廿萬人に達す
221092	朝鮮朝日	南鮮版	1932-04-29	1	05단	釜山市內電車のスピードアップ計劃局前に待避線を設ける
221093	朝鮮朝日	南鮮版	1932-04-29	1	05단	淸州繁榮會總會
221094	朝鮮朝日	南鮮版	1932-04-29	1	05단	保安組合表彰
221095	朝鮮朝日	南鮮版	1932-04-29	1	06단	バトリー式單指指紋法京畿道で採用する
221096	朝鮮朝日	南鮮版	1932-04-29	1	06단	道立醫專として認めよとの意見が有力目下警務、學務兩局で調査中平壤大邱兩醫講昇格問題
221097	朝鮮朝日	南鮮版	1932-04-29	1	07단	二千年前の國寶的佛像金泉の畑から發見す
221098	朝鮮朝日	南鮮版	1932-04-29	1	08단	國境警備を嚴にす
221099	朝鮮朝日	南鮮版	1932-04-29	1	08단	注意人物十數名檢擧光州署活動
221100	朝鮮朝日	南鮮版	1932-04-29	1	08단	松月洞の土幕民阿峴里に移轉跡には氣象觀測所
221101	朝鮮朝日	南鮮版	1932-04-29	1	09단	時は陽春殺到する家出搜査願大陸の玄關を扼する釜山署の繁忙
221102	朝鮮朝日	南鮮版	1932-04-29	1	09단	大邱府議員收容さる
221103	朝鮮朝日	南鮮版	1932-04-29	1	10단	公安分局長銃殺さる淸城鎭對岸形勢不穩
221104	朝鮮朝日	南鮮版	1932-04-29	1	10단	人(出井淳三軍醫監(新任二十師團軍醫部長)/今吉敏雄氏(拓務省朝鮮部第一課長))
221105	朝鮮朝日	南鮮版	1932-04-29	1	10단	その時その話
221106	朝鮮朝日	西北・南鮮版	1932-04-29	2	01단	寄席の夕(財産讓りに三人の仲を試す(1)片棒橋家圓藏/(2)味噌藏都々逸坊扇歌/(3)宿屋の仇討柳亭芝樂/冬の滿洲はユキばっかりだ(4)嘘吐き彌次郎の法螺話三遊亭金馬/(5)猫久三笑亭可樂/(6)ふだんの袴蝶花樓馬樂/夫婦喧譁を留めた泥棒(7)締め込み桂文樂)
221107	朝鮮朝日	西北・南鮮版	1932-04-29	2	02단	男勝りの母に勇氣づけられた維新の元勳井上侯琵琶袖付橋/美野旭佳

일련번호	판명		간행일	면	단수	기사명
221108	朝鮮朝日	西北・南鮮版	1932-04-29	2	05단	家庭講座兒童の食物の好嫌と矯正法中繼前十時半/黑田理
221109	朝鮮朝日	西北・南鮮版	1932-04-29	2	08단	正倉院御物古裂の展觀に就て/春山武松
221110	朝鮮朝日	西北・南鮮版	1932-04-29	2	08단	「堀部安兵衛」新團劇二の替り評
221111	朝鮮朝日	西北・南鮮版	1932-04-29	2	09단	新文藝講座現代小說展望/豊島與志雄(個人と社會(1))
221112	朝鮮朝日	西北・南鮮版	1932-04-29	2	10단	學藝消息(歐洲諸大家作品展/蒼玄社同人胸磁作品展/風流浮世論色紙の會)
221113	朝鮮朝日	西北版	1932-04-29	1	01단	十六萬圓を投じ起債で改築す國庫補助が不可能な場合に斷行す道立平壤醫院改築問題
221114	朝鮮朝日	西北版	1932-04-29	1	01단	總督府出張所新京に設置す主要地に派出所を置く
221115	朝鮮朝日	西北版	1932-04-29	1	01단	滿洲出動警察官行賞
221116	朝鮮朝日	西北版	1932-04-29	1	01단	國境警備を嚴にす
221117	朝鮮朝日	西北版	1932-04-29	1	02단	咸南の人口昨年末現在
221118	朝鮮朝日	西北版	1932-04-29	1	02단	神社令發布後社殿を改築す腐朽した平壤神社
221119	朝鮮朝日	西北版	1932-04-29	1	02단	女子オリンピック前記(1)/新「西鮮」を暗示する若き乙女の飛躍！頑張れ我等のデレゲート
221120	朝鮮朝日	西北版	1932-04-29	1	03단	産業組合理事會議十七、八兩日
221121	朝鮮朝日	西北版	1932-04-29	1	03단	江界守備隊歸還す
221122	朝鮮朝日	西北版	1932-04-29	1	04단	春の點景(8)/大同江舟遊び
221123	朝鮮朝日	西北版	1932-04-29	1	04단	滿洲國の趙さんからお禮狀咸興高女生へ來た
221124	朝鮮朝日	西北版	1932-04-29	1	04단	陸軍豫備馬貸付希望者が多い
221125	朝鮮朝日	西北版	1932-04-29	1	05단	道立醫專として認めよとの意見が有力目下警務、學務兩局で調査中平壤大邱兩醫講昇格問題
221126	朝鮮朝日	西北版	1932-04-29	1	06단	安州邑事務所
221127	朝鮮朝日	西北版	1932-04-29	1	06단	平壤の土産品展
221128	朝鮮朝日	西北版	1932-04-29	1	07단	被保險者大會で結束を固める咸興の火保料率問題
221129	朝鮮朝日	西北版	1932-04-29	1	07단	注意人物十數名檢擧光州署活動
221130	朝鮮朝日	西北版	1932-04-29	1	07단	朝窒工場閉鎖瓣爆發四名死傷す
221131	朝鮮朝日	西北版	1932-04-29	1	08단	子供の所爲と判る列車珍事原因
221132	朝鮮朝日	西北版	1932-04-29	1	08단	朝鮮人議員の援助を求める平壤衛生區設置問題

일련번호	판명		간행일	면	단수	기사명
221133	朝鮮朝日	西北版	1932-04-29	1	08단	二千餘圓の横領拐帶犯平壤で捕はる
221134	朝鮮朝日	西北版	1932-04-29	1	08단	公安分局長部下に銃殺さる清城鎭對岸形勢不穩
221135	朝鮮朝日	西北版	1932-04-29	1	08단	モルヒネ密賣
221136	朝鮮朝日	西北版	1932-04-29	1	08단	死體發見さる
221137	朝鮮朝日	西北版	1932-04-29	1	09단	ヂフテリヤ流行
221138	朝鮮朝日	西北版	1932-04-29	1	09단	自動車を盜む
221139	朝鮮朝日	西北版	1932-04-29	1	09단	玄菟の銘ある塼や樂浪瓦多數平壤で發見さる
221140	朝鮮朝日	西北版	1932-04-29	1	10단	阿片を密賣
221141	朝鮮朝日	西北版	1932-04-29	1	10단	情婦を斬る
221142	朝鮮朝日	西北版	1932-04-29	1	10단	人(出井淳三軍醫監(新任二十師團軍醫部長)/出井淳三氏(第二十師團軍醫部長)/今吉敏雄氏(拓務省朝鮮部第一課長)/山本正幸氏(新任釜山驛長)/今吉敏雄氏(拓務省朝鮮部第一課長))
221143	朝鮮朝日	西北版	1932-04-29	1	10단	樂禮/柳京小話
221144	朝鮮朝日	南鮮版	1932-04-30	1	01단	內鮮滿を聯絡する交通機關漸次充實す北鮮と裏日本聯絡船も計劃大村鐵道局長下關で語る
221145	朝鮮朝日	南鮮版	1932-04-30	1	01단	報告を了へて傷病兵慰問凱旋した室師團長
221146	朝鮮朝日	南鮮版	1932-04-30	1	01단	凱旋の室師團に釜山から祝電
221147	朝鮮朝日	南鮮版	1932-04-30	1	01단	凱旋軍に開城から記念品
221148	朝鮮朝日	南鮮版	1932-04-30	1	02단	名勝日付印
221149	朝鮮朝日	南鮮版	1932-04-30	1	02단	全府民を熱狂せしめる靑年團對抗リレーいよいよ一日午後一時より公會堂前を出發(參加靑年團選手/競技の注意)
221150	朝鮮朝日	南鮮版	1932-04-30	1	03단	各地天長節(光州/釜山)
221151	朝鮮朝日	南鮮版	1932-04-30	1	04단	もよほし(雅仁會作品展)
221152	朝鮮朝日	南鮮版	1932-04-30	1	04단	朝鮮人の先祖城大醫學部今村教授の雄基人骨研究愈よ近く發表される
221153	朝鮮朝日	南鮮版	1932-04-30	1	05단	第八天國(2)/京城春の點描
221154	朝鮮朝日	南鮮版	1932-04-30	1	05단	朝鮮視察の旅行團激增し鐵道局有卦に入る
221155	朝鮮朝日	南鮮版	1932-04-30	1	07단	京城府吏員廿二名整理
221156	朝鮮朝日	南鮮版	1932-04-30	1	07단	間島に專任事務官駐在に決定
221157	朝鮮朝日	南鮮版	1932-04-30	1	07단	釜山細民地區調査委員會いよいよ設定に決す

일련번호	판명		간행일	면	단수	기사명
221158	朝鮮朝日	南鮮版	1932-04-30	1	08단	齒科醫師試驗合格者決定
221159	朝鮮朝日	南鮮版	1932-04-30	1	08단	放火して自殺したものか釜山の燒死體事件/燒死體は梅毒患者
221160	朝鮮朝日	南鮮版	1932-04-30	1	09단	續出の窮民を一掃の方針總督府具體案なる
221161	朝鮮朝日	南鮮版	1932-04-30	1	10단	木村控訴す釜山看守長宅强盜犯人
221162	朝鮮朝日	南鮮版	1932-04-30	1	10단	盜んでは奉公先をかへる
221163	朝鮮朝日	南鮮版	1932-04-30	1	10단	自動車に振落され瀕死の重傷
221164	朝鮮朝日	南鮮版	1932-04-30	1	10단	中和に天然痘
221165	朝鮮朝日	西北・南鮮版	1932-04-30	2	01단	不忠呼ばはりから死して連判に加はる人形淨琉璃假名手本忠臣藏六段目勘平內の段(淨琉璃 豊竹古靭太夫/三味線 鶴澤淸六)
221166	朝鮮朝日	西北・南鮮版	1932-04-30	2	04단	時事解說大每主幹/城戶元亮
221167	朝鮮朝日	西北・南鮮版	1932-04-30	2	04단	講演內憂外患の對策內閣總理大臣/犬養毅
221168	朝鮮朝日	西北・南鮮版	1932-04-30	2	04단	歌と管絃樂千草會合唱團ミチルオーケストラ
221169	朝鮮朝日	西北・南鮮版	1932-04-30	2	05단	博多名物のドンタク囃子と博多節を放送俚謠LKから全國へ/相生檢連中
221170	朝鮮朝日	西北・南鮮版	1932-04-30	2	07단	日本早廻り放送リレー今日愈出發
221171	朝鮮朝日	西北・南鮮版	1932-04-30	2	08단	文藝時評(一)/川端康成
221172	朝鮮朝日	西北・南鮮版	1932-04-30	2	08단	文壇卷說交友美擧錄
221173	朝鮮朝日	西北・南鮮版	1932-04-30	2	09단	クレーグ再びショウを怒る
221174	朝鮮朝日	西北・南鮮版	1932-04-30	2	09단	新文藝講座現代小說展望/豊島與志雄(個人と社會(2))
221175	朝鮮朝日	西北版	1932-04-30	1	01단	內鮮滿を聯絡する交通機關漸次充實す北鮮と裏日本聯絡船も計劃大村鐵道局長下關で語る
221176	朝鮮朝日	西北版	1932-04-30	1	01단	嘉村將軍以下將校下士七名一日朝凱旋する
221177	朝鮮朝日	西北版	1932-04-30	1	01단	間島に專任事務官駐在に決定
221178	朝鮮朝日	西北版	1932-04-30	1	01단	各地天長節(平壤/新義州/光州)
221179	朝鮮朝日	西北版	1932-04-30	1	02단	女子オリンピック前記(2)/排球と籠球ではその優勢を誇る平壤高女何處まで頑張るか
221180	朝鮮朝日	西北版	1932-04-30	1	03단	平壤醫講記念祭六日から三日間
221181	朝鮮朝日	西北版	1932-04-30	1	04단	もよほし(雅仁會作品展)
221182	朝鮮朝日	西北版	1932-04-30	1	04단	灌漑水に不適でない淸川江の水

일련번호	판명		간행일	면	단수	기사명
221183	朝鮮朝日	西北版	1932-04-30	1	04단	朝鮮人の先祖城大醫學部今村教授の雄基人骨研究愈よ近く發表される
221184	朝鮮朝日	西北版	1932-04-30	1	05단	牡丹台の櫻
221185	朝鮮朝日	西北版	1932-04-30	1	08단	第一候補地の隣接地に決る平壤普生院敷地問題
221186	朝鮮朝日	西北版	1932-04-30	1	08단	兒童達に養蠶熱この春繭には六千圓をあげ農村不況緩和の一助とする力瘤を入れる平南
221187	朝鮮朝日	西北版	1932-04-30	1	08단	平北の內鮮人結婚增加すすでに四十八組に達す
221188	朝鮮朝日	西北版	1932-04-30	1	08단	中和に天然痘
221189	朝鮮朝日	西北版	1932-04-30	1	08단	鮮人義勇軍を組織す張學良系の匪賊
221190	朝鮮朝日	西北版	1932-04-30	1	09단	共同苗代を造る
221191	朝鮮朝日	西北版	1932-04-30	1	09단	生れた人死んだ人平北に於ける
221192	朝鮮朝日	西北版	1932-04-30	1	10단	齒科醫師試驗合格者決定
221193	朝鮮朝日	西北版	1932-04-30	1	10단	妓生宅で捕はる五千圓橫領拐帶の店員
221194	朝鮮朝日	西北版	1932-04-30	1	10단	樂禮/柳京小話

1932년 5월 (조선아사히)

일련번호	판명		간행일	면	단수	기사명
221195	朝鮮朝日	南鮮版	1932-05-01	1	01단	赫々たる勳功を立て嘉村○團晴の凱旋將士約○○名、軍馬五百頭若葉薫る懷しの原隊へ
221196	朝鮮朝日	南鮮版	1932-05-01	1	01단	綠肥の增殖に主力を注ぐ優良品種の栽培を奬勵鮮內から金肥を驅逐す
221197	朝鮮朝日	南鮮版	1932-05-01	1	01단	凱旋直後に意義深く擧行精銳を網羅し盛觀を極む第廿師團の觀兵式/長閑な釜山の天長節歡を盡した知事の招宴/天長節奉祝大園遊會盛會を極む
221198	朝鮮朝日	南鮮版	1932-05-01	1	03단	府營バスの刷新を計る新方面を開拓
221199	朝鮮朝日	南鮮版	1932-05-01	1	03단	開城府會
221200	朝鮮朝日	南鮮版	1932-05-01	1	04단	晉州邑會
221201	朝鮮朝日	南鮮版	1932-05-01	1	04단	防彈衣を實用にチョッキ式に改めて
221202	朝鮮朝日	南鮮版	1932-05-01	1	04단	京城春の點描(3)/廢れぬもの
221203	朝鮮朝日	南鮮版	1932-05-01	1	05단	京城府招魂祭訓練院廣場で
221204	朝鮮朝日	南鮮版	1932-05-01	1	05단	京城實業野球春李リーグ戰幕開きに加へ花曇り觀衆數千盛況を極む(京電快勝３Ａ對１遞信惜敗す/殖銀大勝１７Ａ對５府廳大敗す)
221205	朝鮮朝日	南鮮版	1932-05-01	1	06단	小學敎員の優遇策は內地以上に必要總督府學務局で研究中
221206	朝鮮朝日	南鮮版	1932-05-01	1	06단	齒科醫師試驗合格者
221207	朝鮮朝日	南鮮版	1932-05-01	1	07단	昨年中のDKの聽取料金
221208	朝鮮朝日	南鮮版	1932-05-01	1	07단	電車の轉覆は未曾有の珍事徹底的に原因を調査瓦電會社では極度に狼狽
221209	朝鮮朝日	南鮮版	1932-05-01	1	09단	自動車轉落老人を轢く
221210	朝鮮朝日	南鮮版	1932-05-01	1	10단	歸順申出の準備成る盲目的策動の朝鮮人靑年ら
221211	朝鮮朝日	南鮮版	1932-05-01	1	10단	三人組强盜押入る犯人嚴探中
221212	朝鮮朝日	南鮮版	1932-05-01	1	10단	電車に刎らる
221213	朝鮮朝日	南鮮版	1932-05-01	1	10단	人(大村鐵道局長)
221214	朝鮮朝日	西北・南鮮版	1932-05-01	2	01단	ラジオ風景/或る人々の新綠の一日を表現ル・ミリオンに取材されたミュージカルファース新綠圓舞曲
221215	朝鮮朝日	西北・南鮮版	1932-05-01	2	02단	俚謠/秋田おばこやだんじ小唄等地方色の時(秋田より/岡山より)
221216	朝鮮朝日	西北・南鮮版	1932-05-01	2	03단	舞台に見る「田舍源氏」右から梅幸の東雲、勘頭の光氏、芝鶴の黃香
221217	朝鮮朝日	西北・南鮮版	1932-05-01	2	04단	全國靑年に諸君に語る講演佐藤昌介男

일련번호	판명		간행일	면	단수	기사명
221218	朝鮮朝日	西北·南鮮版	1932-05-01	2	04단	深き契りを汲みて知る草の井筒につるべ繩/淸元田舍源氏露東雲(古寺)淸元志壽太夫ほか
221219	朝鮮朝日	西北·南鮮版	1932-05-01	2	06단	民間の文藝に關する私の美學家庭大學講座/中村星湖
221220	朝鮮朝日	西北·南鮮版	1932-05-01	2	08단	文藝時評(二)/奇術師の宿命プロ派の「創作不振」/川端康成
221221	朝鮮朝日	西北·南鮮版	1932-05-01	2	08단	文壇巷說/秋聲老と星玲予
221222	朝鮮朝日	西北·南鮮版	1932-05-01	2	09단	米國海軍發明の新魚雷
221223	朝鮮朝日	西北·南鮮版	1932-05-01	2	09단	新文藝講座現代小說展望/豊島與志雄(個人と社會(3))
221224	朝鮮朝日	西北·南鮮版	1932-05-01	2	10단	學藝消息(小出增重畫集の出版/靑木宏峰氏畫展/中山正實氏個展/酒井完吉滯歐洋畫展)
221225	朝鮮朝日	西北版	1932-05-01	1	01단	赫々たる勳功を立て嘉村○團晴の凱旋將士約○○名、軍馬五百頭若葉薰る懐しの原隊へ/偉勳を立て輝かしく凱旋けさ運用列車で平壤へ
221226	朝鮮朝日	西北版	1932-05-01	1	01단	慰問金募集
221227	朝鮮朝日	西北版	1932-05-01	1	01단	オリンピックと平壤高普(3)/全朝鮮に誇る至寶揃ひの强味また霸權を目指して猛練習
221228	朝鮮朝日	西北版	1932-05-01	1	02단	毆打教員を問責すると父兄いきまく
221229	朝鮮朝日	西北版	1932-05-01	1	03단	近く再交涉電料値下げを
221230	朝鮮朝日	西北版	1932-05-01	1	03단	四月一日に遡って認可か遞信局とほぼ諒解平壤の改訂電氣料金
221231	朝鮮朝日	西北版	1932-05-01	1	03단	平壤市民男女運動會八日に擧行
221232	朝鮮朝日	西北版	1932-05-01	1	03단	判決資料に未決囚の心的動搖を研究
221233	朝鮮朝日	西北版	1932-05-01	1	04단	晉州邑會
221234	朝鮮朝日	西北版	1932-05-01	1	04단	窮民工事で大喜び寧遠郡地方
221235	朝鮮朝日	西北版	1932-05-01	1	04단	平壤法院へ證人訊問を囑託百萬圓の大密輸事件
221236	朝鮮朝日	西北版	1932-05-01	1	05단	名譽の戰死者へ龍井市民の告別式池田派遣隊長の燒香
221237	朝鮮朝日	西北版	1932-05-01	1	05단	飛んだ迷信
221238	朝鮮朝日	西北版	1932-05-01	1	05단	僞刑事捕はる
221239	朝鮮朝日	西北版	1932-05-01	1	06단	調査員增加
221240	朝鮮朝日	西北版	1932-05-01	1	06단	電車の轉覆は未曾有の珍事徹底的に原因を調査瓦電會社では極度に狼狽
221241	朝鮮朝日	西北版	1932-05-01	1	07단	學校を荒す

일련번호	판명		간행일	면	단수	기사명
221242	朝鮮朝日	西北版	1932-05-01	1	07단	日滿の兩國旗飜り祝賀氣分漲る空に地に佳き日を壽ぎ官民合同の祝賀會催さる
221243	朝鮮朝日	西北版	1932-05-01	1	09단	モヒ療養所內部の修築成る
221244	朝鮮朝日	西北版	1932-05-01	1	09단	不穩計劃の鮮人を檢擧メーデーを控へ
221245	朝鮮朝日	西北版	1932-05-01	1	09단	花鉢を盗む
221246	朝鮮朝日	西北版	1932-05-01	1	09단	罪の洋服店主
221247	朝鮮朝日	西北版	1932-05-01	1	09단	大刀會兵匪の一派大掠奪を行ふ內鮮人各一名を射殺在住民の恐怖は極度に達す
221248	朝鮮朝日	西北版	1932-05-01	1	10단	天寶山附近に兵匪集結鈴木憲兵○隊急速に出動す
221249	朝鮮朝日	西北版	1932-05-01	1	10단	馬賊三百襲來し掠奪暴行す
221250	朝鮮朝日	西北版	1932-05-01	1	10단	馬賊現はる
221251	朝鮮朝日	西北版	1932-05-01	1	10단	樂禮/柳京小話
221252	朝鮮朝日	南鮮版	1932-05-03	1	01단	平壤の中島部隊勇名を轟かす激戰して兵匪を擊退戰死六名、負傷十五名を出す/わが朝鮮軍はよく戰った國民の後援に感謝山縣聯隊長語る/大邱の通信兵きのふ凱旋驛頭は旗の波、人の山
221253	朝鮮朝日	南鮮版	1932-05-03	1	01단	寫眞說明！！(1釜山府靑年團訪問リレー公會堂前スタート/2大會顧問渡邊慶南道知事の訓示/3優勝旗授與/4公會堂前の雜踏)
221254	朝鮮朝日	南鮮版	1932-05-03	1	03단	幹部級の異動を行ふ京畿道警察部
221255	朝鮮朝日	南鮮版	1932-05-03	1	04단	15－6遞信京電に大勝す/16A－9府廳殖銀に連敗
221256	朝鮮朝日	南鮮版	1932-05-03	1	04단	再び榮町靑年團が優勝旗を獲得す五月の薰風をついて技を競うた釜山府靑年團對抗訪問リレー(熱狂と興奮のるつぼ盛んなるスタートの情景知事、府尹の訓示/好記錄を示して榮町のゴールイン巷を壓する應援ぶり/優勝旗を授與し一同乾杯して散會/各團選手の成績順位/御禮/釜山府聯合靑年團大邱朝日釜山通信部出場選手に各商店の奇贈品)
221257	朝鮮朝日	南鮮版	1932-05-03	1	09단	競技雜感
221258	朝鮮朝日	南鮮版	1932-05-03	1	09단	病原不明の風土病湖南熱の研究
221259	朝鮮朝日	南鮮版	1932-05-03	1	09단	興津領事以下邦人を救助我警官隊通化に入城

일련번호	판명		간행일	면	단수	기사명
221260	朝鮮朝日	南鮮版	1932-05-03	1	10단	兒童愛護のデモを行ふ
221261	朝鮮朝日	南鮮版	1932-05-03	1	10단	千五百羽の鷄燒死京畿道種苗場附屬建物全燒
221262	朝鮮朝日	南鮮版	1932-05-03	1	10단	四戶から同時に出火汽車の煤煙から
221263	朝鮮朝日	南鮮版	1932-05-03	1	10단	連結手の轢倒
221264	朝鮮朝日	南鮮版	1932-05-03	1	10단	もよほし(慶南金融組合理事懇談會)
221265	朝鮮朝日	南鮮版	1932-05-03	1	10단	人(依光好秋代護士/山本熙氏(門鐵船舶課長)/掘尾喜一氏(同船舶課運行係長)/大瀧三郎氏(同船舶主任)/山道襄一代護士/武藤太利三氏(新任龍山衛成病院長))
221266	朝鮮朝日	西北・南鮮版	1932-05-03	2	01단	滿洲の野永久に眠る勇士の靈を慰む室○團長が祭主となって龍山練兵場より招魂祭
221267	朝鮮朝日	西北・南鮮版	1932-05-03	2	01단	典雅憂麗な平安朝歌人の文藝的生活家庭大學講座/武島又次郎
221268	朝鮮朝日	西北・南鮮版	1932-05-03	2	01단	舞台に見る「地震加藤」中村吉右道門の龍正
221269	朝鮮朝日	西北・南鮮版	1932-05-03	2	02단	武術大試合の實況放送京都武德殿より四日から中繼
221270	朝鮮朝日	西北・南鮮版	1932-05-03	2	03단	太合の身を氣遣ふ淸正の誠忠ぶり琵琶廿分/地震加藤平田旭舟
221271	朝鮮朝日	西北・南鮮版	1932-05-03	2	04단	茶摘戻りを高麗稿に月が出て待つほと〻ぎす地方色の時間俚謠「島田音頭」ほか(靜岡より/松江より)
221272	朝鮮朝日	西北・南鮮版	1932-05-03	2	05단	落語(人形買ひ談洲樓燕枝)
221273	朝鮮朝日	西北・南鮮版	1932-05-03	2	07단	提琴と管絃樂
221274	朝鮮朝日	西北・南鮮版	1932-05-03	2	08단	文藝時評(三)/古典の形式美魂を逃した「阿難の累ひ」/川端康成
221275	朝鮮朝日	西北・南鮮版	1932-05-03	2	08단	文壇巷說/踊らぬダンスの名手
221276	朝鮮朝日	西北・南鮮版	1932-05-03	2	09단	サゥエート主義の新音樂
221277	朝鮮朝日	西北・南鮮版	1932-05-03	2	09단	新文藝講座現代小說展望/豊島與志雄(個人と社會(4))
221278	朝鮮朝日	西北版	1932-05-03	1	01단	平壤の中島部隊勇名を轟かす激戰して兵匪を擊退戰死六名、負傷十五名を出す
221279	朝鮮朝日	西北版	1932-05-03	1	01단	輝く凱旋(1馬上擧手せるは壽村○團長/2平壤驛頭で同挨拶/3同凱旋門をくぐるところ/4平壤通過の龍山部隊を歡迎する府民/5驛頭で歡迎の辯を述べる阿部平壤府尹と歡迎の府民)

일련번호	판명		간행일	면	단수	기사명
221280	朝鮮朝日	西北版	1932-05-03	1	02단	紡績工場には平壤は有望すべての條件が揃ふ
221281	朝鮮朝日	西北版	1932-05-03	1	04단	簡保借受の希望を調査
221282	朝鮮朝日	西北版	1932-05-03	1	04단	赤ちゃん審査會新義州で行ふ
221283	朝鮮朝日	西北版	1932-05-03	1	04단	元山府の區域擴張諮問に答申す
221284	朝鮮朝日	西北版	1932-05-03	1	05단	資源調査講習會
221285	朝鮮朝日	西北版	1932-05-03	1	05단	平安南道の春蠶掃立數
221286	朝鮮朝日	西北版	1932-05-03	1	05단	咸南に住む外人
221287	朝鮮朝日	西北版	1932-05-03	1	06단	理想的の政治結社咸南道に生る
221288	朝鮮朝日	西北版	1932-05-03	1	06단	火保料引上は不都合とし平壤府民反對を唱ふ
221289	朝鮮朝日	西北版	1932-05-03	1	07단	春は波に乗って
221290	朝鮮朝日	西北版	1932-05-03	1	08단	天長節祝賀式/祝賀氣分滿つ
221291	朝鮮朝日	西北版	1932-05-03	1	08단	嘉村○團長二日京城へ
221292	朝鮮朝日	西北版	1932-05-03	1	08단	考古學會にセンセイション
221293	朝鮮朝日	西北版	1932-05-03	1	09단	グラウンド開き野球戰
221294	朝鮮朝日	西北版	1932-05-03	1	09단	全鮮銀行業者大會五月中旬開催
221295	朝鮮朝日	西北版	1932-05-03	1	09단	無煙炭積込場落札
221296	朝鮮朝日	西北版	1932-05-03	1	09단	順川の火事
221297	朝鮮朝日	西北版	1932-05-03	1	09단	僞刑事で二百餘圓詐取
221298	朝鮮朝日	西北版	1932-05-03	1	10단	小刀で脅迫十圓强奪
221299	朝鮮朝日	西北版	1932-05-03	1	10단	千五百羽の鷄燒死京畿道種苗場附屬建物全燒
221300	朝鮮朝日	西北版	1932-05-03	1	10단	四戶から同時に出火汽車の煤煙から
221301	朝鮮朝日	西北版	1932-05-03	1	10단	高壓線に觸れ自殺を遂ぐ
221302	朝鮮朝日	西北版	1932-05-03	1	10단	人妻二名から毆り殺さる
221303	朝鮮朝日	西北版	1932-05-03	1	10단	連結手の轢倒
221304	朝鮮朝日	西北版	1932-05-03	1	10단	人(尹南喆氏(咸南西湖面長元長津郡守))
221305	朝鮮朝日	南鮮版	1932-05-04	1	01단	一部買收を行ふか鐵道局委任經營か私鐵買收計劃一頓挫で缺損續きの价川鐵道注目さる
221306	朝鮮朝日	南鮮版	1932-05-04	1	01단	武勳赫々の大田部隊凱旋熱誠溢るゝ歡迎에/官民合同の凱旋祝賀會五日景福宮後庭でマイクを通じ實況を放送
221307	朝鮮朝日	南鮮版	1932-05-04	1	03단	凱旋部隊慰安の本社活寫會
221308	朝鮮朝日	南鮮版	1932-05-04	1	03단	龍山部隊の祝賀三日から蓋明け少國民が皇軍萬歲を齊唱戰勝氣分を唆り立つ
221309	朝鮮朝日	南鮮版	1932-05-04	1	03단	警察官へ慰問金愛婦朝鮮本部より
221310	朝鮮朝日	南鮮版	1932-05-04	1	04단	實業庭球大會

일련번호	판명		간행일	면	단수	기사명
221311	朝鮮朝日	南鮮版	1932-05-04	1	04단	電車賃値下を道と會社に陳情釜山西部郊外住民が
221312	朝鮮朝日	南鮮版	1932-05-04	1	04단	宇垣總督北鮮視察
221313	朝鮮朝日	南鮮版	1932-05-04	1	05단	京城春の點描(4)/廢れぬもの
221314	朝鮮朝日	南鮮版	1932-05-04	1	05단	半島綠化の癌山の便衣隊退治誘蛾燈の使用を奬勵松毛蟲肥料も大々的に勸奬
221315	朝鮮朝日	南鮮版	1932-05-04	1	06단	鮮展審査委員決る
221316	朝鮮朝日	南鮮版	1932-05-04	1	06단	金銅の三國佛又も金泉で發掘
221317	朝鮮朝日	南鮮版	1932-05-04	1	06단	メーデーに不穩ビラを撒く
221318	朝鮮朝日	南鮮版	1932-05-04	1	06단	賃銀値上げで怠業に入る朝鮮燐寸の男女工三百名會社側の態度强硬
221319	朝鮮朝日	南鮮版	1932-05-04	1	07단	明瞭なロシア語で赤い放送をやる怪電波はハバロフスクから？取締りに手を燒く
221320	朝鮮朝日	南鮮版	1932-05-04	1	07단	徹底的に不穩分子を掃蕩慶南警察部の方針
221321	朝鮮朝日	南鮮版	1932-05-04	1	07단	密命を帶び鮮內に潛入怪鮮人捕はる
221322	朝鮮朝日	南鮮版	1932-05-04	1	08단	校長嫌がらせに勅語を盜む犯人檢擧さる
221323	朝鮮朝日	南鮮版	1932-05-04	1	08단	過失傷害致死罪
221324	朝鮮朝日	南鮮版	1932-05-04	1	08단	親子殺し遂に自白兇器が現はれて
221325	朝鮮朝日	南鮮版	1932-05-04	1	09단	蘇拓隊送局
221326	朝鮮朝日	南鮮版	1932-05-04	1	09단	軌道上に障害物子供の惡戲大騷ぎを演ず
221327	朝鮮朝日	南鮮版	1932-05-04	1	09단	發見された女の怪死體腰紐で首を絞められ右眼が潰され全身に打撲傷
221328	朝鮮朝日	南鮮版	1932-05-04	1	09단	佛を抱いて感淚に咽ぶ盜まれた本尊被害者へさまざまな悲喜劇を演出
221329	朝鮮朝日	南鮮版	1932-05-04	1	10단	お茶のあと
221330	朝鮮朝日	南鮮版	1932-05-04	1	10단	五戶を全燒
221331	朝鮮朝日	南鮮版	1932-05-04	1	10단	國有林燒く
221332	朝鮮朝日	南鮮版	1932-05-04	1	10단	もよほし(平南道主催産業組合會護)
221333	朝鮮朝日	南鮮版	1932-05-04	1	10단	人(篠田治策氏(李王職次官)/眞島健三郎氏(海軍省建乘局長)/大川周明氏(拓大教授)/陸軍大學生滿洲視察團/東京府會/牧山耕時代護士/世耕弘一代護士)
221334	朝鮮朝日	西北・南鮮版	1932-05-04	2	01단	仇な變路の色廓通ひ夜は軒端に立盡す常磐津後の月酒宴の島台(角兵衛)當磐津松尾太夫ほか
221335	朝鮮朝日	西北・南鮮版	1932-05-04	2	02단	長唄放送の(右より)杵屋勵太郎、松永和風さん

일련번호	판명		간행일	면	단수	기사명
221336	朝鮮朝日	西北・南鮮版	1932-05-04	2	03단	武勳輝やく凱旋將士歡迎會葉櫻薰る慶會樓で實況を中繼
221337	朝鮮朝日	西北・南鮮版	1932-05-04	2	04단	形見も悲壯櫻井の別れ長唄楠公松永和風ほか
221338	朝鮮朝日	西北・南鮮版	1932-05-04	2	05단	ハーモニカと管絃樂
221339	朝鮮朝日	西北・南鮮版	1932-05-04	2	05단	獨唱(サロメの詠唱ほか宮川美子(ピアノ伴奏 杉山智惠子))
221340	朝鮮朝日	西北・南鮮版	1932-05-04	2	08단	文藝時評(四)/追從に終始する批評界の墮落/川端康成
221341	朝鮮朝日	西北・南鮮版	1932-05-04	2	08단	獨立展と講演會
221342	朝鮮朝日	西北・南鮮版	1932-05-04	2	09단	スターリンの新著
221343	朝鮮朝日	西北・南鮮版	1932-05-04	2	09단	新文藝講座現代小說展望/豊島與志雄(個人と社會(5))
221344	朝鮮朝日	西北・南鮮版	1932-05-04	2	10단	學藝消息(俳句春秋社句會/近畿農藝化學總話會/雜志「ミス・ニッポン」倉刊)
221345	朝鮮朝日	西北版	1932-05-04	1	01단	一部買收を行ふか鐵道局委任經營か私鐵買收計劃一頓挫で缺損續きの价川鐵道注目さる
221346	朝鮮朝日	西北版	1932-05-04	1	01단	平壤醫學講習所の開校記念式一日盛大に擧行さる醫學展、講演會、運動會等開催
221347	朝鮮朝日	西北版	1932-05-04	1	01단	凱旋お祭り花見の三重奏で沸返った一日の平壤花見列車は超滿員の盛況
221348	朝鮮朝日	西北版	1932-05-04	1	03단	『淸く正しく愛しませうー大デモをおこなふ』乳幼兒愛護週間の催しもの
221349	朝鮮朝日	西北版	1932-05-04	1	03단	久方振りの和服は變だ平壤は矢張り懷しい寬いだ嘉村老將軍語る
221350	朝鮮朝日	西北版	1932-05-04	1	03단	女子オリンピック前記(4)/霸權をめざして涙ぐましい精進粒揃ひの鎭南浦高女排球選手
221351	朝鮮朝日	西北版	1932-05-04	1	04단	吉見上等兵死亡
221352	朝鮮朝日	西北版	1932-05-04	1	04단	大道教の保安法違反近く公判開延
221353	朝鮮朝日	西北版	1932-05-04	1	05단	春の朧夜忍びかき(一)/先生では落第河岸を替へて發奮し今ぢや檢事の諸岡サン
221354	朝鮮朝日	西北版	1932-05-04	1	05단	平壤神社全市民が待佗びた春の大祭鳳輦渡御で賑ふ
221355	朝鮮朝日	西北版	1932-05-04	1	05단	我等の愛國機朝鮮號更に相次で滿洲入り九一式戰鬪機と八八式輕爆擊機來る十五日晴れの命名式擧行

일련번호	판명		간행일	면	단수	기사명
221356	朝鮮朝日	西北版	1932-05-04	1	08단	半島綠化の癌山の便衣隊退治誘蛾燈の使用を獎勵松毛蟲肥料も大々的に勸獎
221357	朝鮮朝日	西北版	1932-05-04	1	09단	戰死の六勇士
221358	朝鮮朝日	西北版	1932-05-04	1	09단	メーデー無事故
221359	朝鮮朝日	西北版	1932-05-04	1	09단	花見列車動く
221360	朝鮮朝日	西北版	1932-05-04	1	09단	國民精神の涵養國體觀念の明徵教育の實際化を計れ視學官會議で總督の訓示
221361	朝鮮朝日	西北版	1932-05-04	1	10단	外岔溝へ便衣隊襲擊大混亂に陷る
221362	朝鮮朝日	西北版	1932-05-04	1	10단	列車に投石窓硝子を破損
221363	朝鮮朝日	西北版	1932-05-04	1	10단	咸興署の拷問事件判決言渡し
221364	朝鮮朝日	南鮮版	1932-05-05	1	01단	農林局の新設確定的となる井上府尹の更迭斷行後任の初代勅任府尹は誰か
221365	朝鮮朝日	南鮮版	1932-05-05	1	01단	實地檢分を行って近く敷地決定慶南道水産試驗場
221366	朝鮮朝日	南鮮版	1932-05-05	1	01단	慶南各地の上水道工事すでに大部分着工
221367	朝鮮朝日	南鮮版	1932-05-05	1	03단	窓口の事務は停滯勝民コボす
221368	朝鮮朝日	南鮮版	1932-05-05	1	03단	淸酒を贈る
221369	朝鮮朝日	南鮮版	1932-05-05	1	03단	凱旋祝賀の挨拶
221370	朝鮮朝日	南鮮版	1932-05-05	1	03단	都市衛生を焦點の興味ある研究共同便所の糞便檢查消毒方法は相當重要視さる
221371	朝鮮朝日	南鮮版	1932-05-05	1	03단	現在の兵力では匪賊殲滅は難しい正式挨拶に入城の森十九師團長間島の現狀を語る
221372	朝鮮朝日	南鮮版	1932-05-05	1	04단	京城春の點描(5)/便衣隊狩り
221373	朝鮮朝日	南鮮版	1932-05-05	1	04단	眼科學の權威を一堂に網羅す半島醫學界に記念すべき會合日本眼科學會を開催
221374	朝鮮朝日	南鮮版	1932-05-05	1	05단	新しい試み列車食堂にサーヴィス・ガールを洋裝姿で乘こます
221375	朝鮮朝日	南鮮版	1932-05-05	1	05단	銀行大會延期
221376	朝鮮朝日	南鮮版	1932-05-05	1	06단	延坪島に郵便所
221377	朝鮮朝日	南鮮版	1932-05-05	1	06단	八十二萬五千圓命令航路の補助昨年より九萬六千圓減四日それぞれ命令書を交付
221378	朝鮮朝日	南鮮版	1932-05-05	1	06단	能率增進のため麻雀に代るべき適當な遊戲を選べ金慶北知事通牒を發す
221379	朝鮮朝日	南鮮版	1932-05-05	1	07단	醫專昇格に本格的猛運動三日學生大會を開き年度內に實現を申合す

일련번호	판명		간행일	면	단수	기사명
221380	朝鮮朝日	南鮮版	1932-05-05	1	07단	眞野畫伯の水彩畫個展六日から十日迄京城三越支店で
221381	朝鮮朝日	南鮮版	1932-05-05	1	07단	戰跡視察團
221382	朝鮮朝日	南鮮版	1932-05-05	1	08단	全鮮信託協會總會
221383	朝鮮朝日	南鮮版	1932-05-05	1	08단	鐵道線路妨害通行防止宣傳
221384	朝鮮朝日	南鮮版	1932-05-05	1	08단	左傾靑年が右傾に轉換北鮮の左傾運動終熄
221385	朝鮮朝日	南鮮版	1932-05-05	1	08단	金銅佛千三百年前のもの
221386	朝鮮朝日	南鮮版	1932-05-05	1	09단	四十年前の恨みの吸口顔面から飛び出す大邱病院で眼の手術を受け
221387	朝鮮朝日	南鮮版	1932-05-05	1	09단	子供の絞殺死體犯人嚴探中
221388	朝鮮朝日	南鮮版	1932-05-05	1	09단	京城醫專の學生と女給服毒して心中を計り女は死し男は助かる
221389	朝鮮朝日	南鮮版	1932-05-05	1	10단	また脱線
221390	朝鮮朝日	南鮮版	1932-05-05	1	10단	映畫と演劇
221391	朝鮮朝日	南鮮版	1932-05-05	1	10단	もよほし(大田在鄕軍人分會定時總會)
221392	朝鮮朝日	南鮮版	1932-05-05	1	10단	人(井上匡四郎子(貴族院議員)/山成喬六氏(滿洲國中央銀行副總裁)/森川進氏(貿易協會理事)/柴田信一中佐(參謀本部員))
221393	朝鮮朝日	南鮮版	1932-05-05	1	10단	お茶のあと
221394	朝鮮朝日	西北・南鮮版	1932-05-05	2	01단	俚謠/地方色の時間SKから彦山踊りを元祿時代の假裝で大勢の男女が踊り拔く福岡縣彦山村有志(嬉し恥し大町林檎赤い顔して主を待つ安曇節を放送壽美代ほか)
221395	朝鮮朝日	西北・南鮮版	1932-05-05	2	03단	戰爭と防彈チョッキ講演後七時半/東北帝大總長理博本多光太郎
221396	朝鮮朝日	西北・南鮮版	1932-05-05	2	05단	菊五郎の當り藝與市兵衛住居の場放送舞台劇假名手本忠臣藏/尾上菊五郎一座
221397	朝鮮朝日	西北・南鮮版	1932-05-05	2	06단	家庭講座一年生の先生から午後二時十五分/吉尾勳
221398	朝鮮朝日	西北・南鮮版	1932-05-05	2	08단	文藝時評(五)/作品を讀んで「馬」「恐ろしき結婚」その他/川端康成
221399	朝鮮朝日	西北・南鮮版	1932-05-05	2	08단	ダヌンチオの新作歌劇脚本
221400	朝鮮朝日	西北・南鮮版	1932-05-05	2	09단	中山正實氏個展/酒井亮吉氏滯歐作品展
221401	朝鮮朝日	西北・南鮮版	1932-05-05	2	09단	新文藝講座現代小說展望/豊島與志雄(個人と社會(6))
221402	朝鮮朝日	西北・南鮮版	1932-05-05	2	10단	新刊紹介(靑頤巾(土繭淸二柞)/判例百話(總積惠遠落)/海軍讀本(平田晉策著))

일련번호	판명		간행일	면	단수	기사명
221403	朝鮮朝日	西北版	1932-05-05	1	01단	石灰藁での飼育朝鮮では最初の試みであり廉くつき成績は極めて良好平南順川郡の試み
221404	朝鮮朝日	西北版	1932-05-05	1	01단	國庫補助申請本月上旬に明年度以降の事業都市計劃、排水、水道擴張等
221405	朝鮮朝日	西北版	1932-05-05	1	01단	一本宛足らぬ平壤署での出來事朝日の中味
221406	朝鮮朝日	西北版	1932-05-05	1	01단	春窮を行く(1)/まづ植桑率は三割位なもの當局の統計は何等當らず殘りは燃料に
221407	朝鮮朝日	西北版	1932-05-05	1	02단	平壤府異動
221408	朝鮮朝日	西北版	1932-05-05	1	03단	辭令
221409	朝鮮朝日	西北版	1932-05-05	1	03단	普賢寺の紛爭遂に表面化寧邊定州兩派の軋轢成行は頗る注目さる
221410	朝鮮朝日	西北版	1932-05-05	1	03단	おまつりは理論ぢゃない民情視察が出來た阿部平壤府尹の漫談
221411	朝鮮朝日	西北版	1932-05-05	1	04단	液河の激戰で名響の戰死西尾中尉は模範將校夫人にあてた絶筆の遺書
221412	朝鮮朝日	西北版	1932-05-05	1	04단	龍井鐵道守備○隊飛行隊と協力匪賊二百を擊退す敵は死傷者四十五名を出す
221413	朝鮮朝日	西北版	1932-05-05	1	06단	熱河の激戰で重傷後死亡
221414	朝鮮朝日	西北版	1932-05-05	1	06단	寬甸縣方面へ匪賊逃走す
221415	朝鮮朝日	西北版	1932-05-05	1	06단	依田○團の精銳重藤技隊の戰死者三日まで判明の分
221416	朝鮮朝日	西北版	1932-05-05	1	07단	軍服を着して叛軍に投ず通化縣の中等學生が義勇軍總司令の命令で
221417	朝鮮朝日	西北版	1932-05-05	1	07단	李鐘君の美擧陸相感激上海事件遭難者へ見舞金
221418	朝鮮朝日	西北版	1932-05-05	1	07단	血を見た囚人一齊に騷ぎ立つ囚人死傷者二名を出す鎭南浦刑務支所騷擾事件
221419	朝鮮朝日	西北版	1932-05-05	1	08단	滿洲事變の戰死傷者へ本社慰問金二千圓關東軍より平壤聯隊に傳達
221420	朝鮮朝日	西北版	1932-05-05	1	08단	櫻に代りお目見得チューリップ
221421	朝鮮朝日	西北版	1932-05-05	1	09단	西鮮盆栽大會
221422	朝鮮朝日	西北版	1932-05-05	1	09단	強盜捕はる
221423	朝鮮朝日	西北版	1932-05-05	1	10단	若妻殺し十一日公判開廷
221424	朝鮮朝日	西北版	1932-05-05	1	10단	子供七名重輕傷神輿の下敷で
221425	朝鮮朝日	西北版	1932-05-05	1	10단	朝鮮人三名射殺さる
221426	朝鮮朝日	西北版	1932-05-05	1	10단	樂禮/柳京小話

일련번호	판명		간행일	면	단수	기사명
221427	朝鮮朝日	南鮮版	1932-05-06	1	01단	實行豫算は確定追加豫算も略決定新規事業は愼重に考慮宇垣總督記者團に語る
221428	朝鮮朝日	南鮮版	1932-05-06	1	01단	百三十萬圓簡保積立金流用本年度から實施道を通じ郡面に融通公共事業を主眼とする
221429	朝鮮朝日	南鮮版	1932-05-06	1	01단	京城春の點描(6)/獎忠壇の移動寫眞
221430	朝鮮朝日	南鮮版	1932-05-06	1	03단	四月中の荷動き昨年に比し四萬トン減
221431	朝鮮朝日	南鮮版	1932-05-06	1	03단	鮮滿支を股に共産黨を組織朝鮮共産黨の大立物金燦結審有罪公判へ/北滿の同運動を完全に牛耳るシベリア鐵道買收など山氣とルンペン性に富む男/金の生立前半生むしろ不遇
221432	朝鮮朝日	南鮮版	1932-05-06	1	04단	もよほし(岡山縣人會)
221433	朝鮮朝日	南鮮版	1932-05-06	1	04단	室○團管下の戰死者の招魂祭神式により嚴かに執行參列者六千名盛大を極む
221434	朝鮮朝日	南鮮版	1932-05-06	1	04단	龍山部隊除隊兵
221435	朝鮮朝日	南鮮版	1932-05-06	1	05단	米穀統制は內地が主眼と農林省の計劃に反對
221436	朝鮮朝日	南鮮版	1932-05-06	1	06단	懸案解決の爲事業調査會釜山府で設く
221437	朝鮮朝日	南鮮版	1932-05-06	1	07단	羅南部隊と依田○團一部隊戰死傷者發表さる
221438	朝鮮朝日	南鮮版	1932-05-06	1	07단	土改低資は三百八十萬圓か受入れは來月上旬頃
221439	朝鮮朝日	南鮮版	1932-05-06	1	07단	釜山府史編纂の繼續方を考究中止を遺憾として
221440	朝鮮朝日	南鮮版	1932-05-06	1	07단	鰮油統制に慶南道が遂に調印す
221441	朝鮮朝日	南鮮版	1932-05-06	1	08단	生繭販賣區域道令で告示春蠶掃立迫る
221442	朝鮮朝日	南鮮版	1932-05-06	1	08단	驅除週間を設けて松毛蟲退治慶南道で大童となる
221443	朝鮮朝日	南鮮版	1932-05-06	1	09단	お茶のあと
221444	朝鮮朝日	南鮮版	1932-05-06	1	09단	春李リーグ戰
221445	朝鮮朝日	南鮮版	1932-05-06	1	09단	制限外速力嚴重取締る電車轉覆に鑑みて
221446	朝鮮朝日	南鮮版	1932-05-06	1	10단	京城の花祭十三日に行ふ
221447	朝鮮朝日	南鮮版	1932-05-06	1	10단	暴力府議ら判決
221448	朝鮮朝日	南鮮版	1932-05-06	1	10단	少年絞殺の犯人擧る
221449	朝鮮朝日	南鮮版	1932-05-06	1	10단	人(佐伯平南警察部長/巖佐憲兵司令官/斯波忠三郎男(滿鐵顧問))

일련번호	판명		간행일	면	단수	기사명
221450	朝鮮朝日	西北・南鮮版	1932-05-06	2	01단	逝く春の夜にふさはしく麗人讚歌のタベ歌謠レヴュウ(1序曲主題歌/2京の四季替唄/3箏曲/4新民謠おはん小唄/5辨ノ內侍龍門櫻吉野落の段/6今樣河內音頭おそめくどき/7淀君春興終曲(長唄))
221451	朝鮮朝日	西北・南鮮版	1932-05-06	2	04단	俚謠/地方色の時間
221452	朝鮮朝日	西北・南鮮版	1932-05-06	2	05단	婦人講座母に感謝せよ/明星學團長赤井米吉
221453	朝鮮朝日	西北・南鮮版	1932-05-06	2	06단	講演/肥後の醫學午後七時半GKより全國中繼/醫學博士山岐正董
221454	朝鮮朝日	西北・南鮮版	1932-05-06	2	07단	映畫物語/フランケンシユタイン野球中止の場合中/德川夢聲
221455	朝鮮朝日	西北・南鮮版	1932-05-06	2	08단	時代意識の反映最近洋畫界の傾向(その一)/獨立美術協會會員福澤一郎
221456	朝鮮朝日	西北・南鮮版	1932-05-06	2	09단	新文藝講座現代小說展望/豊島與志雄(個人と社會(7))
221457	朝鮮朝日	西北・南鮮版	1932-05-06	2	10단	學藝消息(東京古美術展覽會/獨立美術協會懇親會/田中行一氏/山陰新民藝品展/演劇學會創立と「演劇學」創刊/時代裂展觀/高野山雲實館/山本笙園、山本竹龍術作品展)
221458	朝鮮朝日	西北版	1932-05-06	1	01단	實行豫算は確定追加豫算も略決定新規事業は愼重に考慮宇垣總督記者團に語る
221459	朝鮮朝日	西北版	1932-05-06	1	01단	百三十萬圓簡保積立金流用本年度から實施道を通じ郡面に融通公共事業を主眼とする
221460	朝鮮朝日	西北版	1932-05-06	1	01단	春窮を行く(2)/不用地だけの植桑では駄目順川の植桑小作制度は全鮮的に注目
221461	朝鮮朝日	西北版	1932-05-06	1	02단	郵便所長會議
221462	朝鮮朝日	西北版	1932-05-06	1	02단	滿洲視察團怯ゆ
221463	朝鮮朝日	西北版	1932-05-06	1	03단	全鮮で人口は二位戶數は三位
221464	朝鮮朝日	西北版	1932-05-06	1	04단	人(佐伯平南警察部長)
221465	朝鮮朝日	西北版	1932-05-06	1	04단	輸出水産物調査會發會式
221466	朝鮮朝日	西北版	1932-05-06	1	04단	不況と凶作で胃腸病面民二千名が
221467	朝鮮朝日	西北版	1932-05-06	1	04단	寫眞は金洛俊
221468	朝鮮朝日	西北版	1932-05-06	1	05단	羅南部隊と依田○團一部隊戰死傷者發表さる

일련번호	판명		간행일	면	단수	기사명
221469	朝鮮朝日	西北版	1932-05-06	1	05단	鮮滿支を股に共産黨を組織朝鮮共産黨の大立物金燦結審有罪公判へ/北滿の同運動を完全に牛耳るシベリア鐵道買收など山氣とルンペン性に富む男/金の生■寧ろ不遇
221470	朝鮮朝日	西北版	1932-05-06	1	07단	凱旋兵十二名滿期除隊
221471	朝鮮朝日	西北版	1932-05-06	1	07단	親子で强盜
221472	朝鮮朝日	西北版	1932-05-06	1	08단	一日の收入三萬八千圓
221473	朝鮮朝日	西北版	1932-05-06	1	08단	無分別な靑年
221474	朝鮮朝日	西北版	1932-05-06	1	08단	樂浪博物館の寄附金募集藤原知事取纏めに奔走
221475	朝鮮朝日	西北版	1932-05-06	1	08단	眞正染井吉野櫻の濟州島生水洞と決る天生原産地
221476	朝鮮朝日	西北版	1932-05-06	1	08단	平壤體育協會主催西鮮野球の花平實對平鐵定期戰試合日割決り猛練習を開始/春李リーグ戰
221477	朝鮮朝日	西北版	1932-05-06	1	09단	三時間半を二時間短縮廣軌改良によって會寧上三峰一時間半で走破
221478	朝鮮朝日	西北版	1932-05-06	1	10단	「愛護に伸びぬ兒童なし」兒童愛護懸賞標語
221479	朝鮮朝日	西北版	1932-05-06	1	10단	痘瘡は蔓延猩紅熱は下火
221480	朝鮮朝日	西北版	1932-05-06	1	10단	教員室に殺到暴行を働く新義州高普生
221481	朝鮮朝日	西北版	1932-05-06	1	10단	京城の花祭十三日に行ふ
221482	朝鮮朝日	南鮮版	1932-05-07	1	01단	犯人尹は全然警察の視線外上海假政府に煽動され朝鮮○○團に投じて兇行/大刀會匪約百廿名輯安城に迫る城內大混亂に陷る滿浦鎭から守備隊出動す/官民合同の凱旋祝賀會端午の佳節をトして朓かな軍國風景を點描/大搜査の結果十三名を檢擧す多數鮮人背後に潛む上海における爆彈投擲事件/重光公使は絶望に陷る
221483	朝鮮朝日	南鮮版	1932-05-07	1	03단	海藻採取の海女一齊に入漁慶南沿岸活況を呈す
221484	朝鮮朝日	南鮮版	1932-05-07	1	03단	山のギャング松毛蟲撲滅を計る
221485	朝鮮朝日	南鮮版	1932-05-07	1	04단	凱旋將士慰安の映・畵・の・夕部隊每に順次公開非常な盛況を呈す
221486	朝鮮朝日	南鮮版	1932-05-07	1	04단	壯丁檢查
221487	朝鮮朝日	南鮮版	1932-05-07	1	04단	凶作が生んだ面白い現象普通農民が續々と火田民の群に投ず

일련번호	판명		간행일	면	단수	기사명
221488	朝鮮朝日	南鮮版	1932-05-07	1	05단	陸士生來城
221489	朝鮮朝日	南鮮版	1932-05-07	1	05단	窮民救濟の土木事業來月から着手總工費五十七萬圓でまづ府近郊の道路を改修
221490	朝鮮朝日	南鮮版	1932-05-07	1	05단	釜山教育部會
221491	朝鮮朝日	南鮮版	1932-05-07	1	06단	給料不拂から中央日報社ハンガー・ストライキ六十餘名が結束して
221492	朝鮮朝日	南鮮版	1932-05-07	1	06단	道視學委員任命
221493	朝鮮朝日	南鮮版	1932-05-07	1	06단	仁川職紹四月中の成績
221494	朝鮮朝日	南鮮版	1932-05-07	1	06단	尹昌鉉君の鄕土訪問飛行十五日羽田を出發し新興滿洲國への飛行も敢行
221495	朝鮮朝日	南鮮版	1932-05-07	1	06단	辭令(東京電話)
221496	朝鮮朝日	南鮮版	1932-05-07	1	07단	十圓、五圓、一圓等の鮮銀の僞造紙幣續々として發見さる當局大に持てあます
221497	朝鮮朝日	南鮮版	1932-05-07	1	08단	電車線を引込み棧橋道路を鋪裝釜山の玄關面目一新
221498	朝鮮朝日	南鮮版	1932-05-07	1	08단	時化で消息不明の發動機船を搜査海女六十名を乘せて大黑山島方面へ出漁中
221499	朝鮮朝日	南鮮版	1932-05-07	1	08단	味覺を唆る櫻挑の走り二十日ごろ出現
221500	朝鮮朝日	南鮮版	1932-05-07	1	08단	新設普通校月末頃開校
221501	朝鮮朝日	南鮮版	1932-05-07	1	08단	道路審査知事以下出動
221502	朝鮮朝日	南鮮版	1932-05-07	1	09단	鮑の捕獲禁止で海の幸を求めて濟州島の海女群が江原道海岸に轉住
221503	朝鮮朝日	南鮮版	1932-05-07	1	09단	紛失した金塊入り赤行囊牛舍內に隱匿を發見子供が拾得したのを
221504	朝鮮朝日	南鮮版	1932-05-07	1	10단	ケーブル罐爆發し技エ一名大火傷
221505	朝鮮朝日	南鮮版	1932-05-07	1	10단	痘瘡と流感ともに終熄
221506	朝鮮朝日	南鮮版	1932-05-07	1	10단	人(大島釜山府尹)
221507	朝鮮朝日	南鮮版	1932-05-07	1	10단	混血兒の惡事
221508	朝鮮朝日	西北・南鮮版	1932-05-07	2	01단	嬉しや鴨川踊り元綠歌舞伎模樣京阪をどりのタベ京都先斗町藝妓連
221509	朝鮮朝日	西北・南鮮版	1932-05-07	2	02단	バララィカでジプシィの旋律を野球中止の場合發明博より(バララィカ獨奏スチエプキン/ギター伴奏ヴルルギー)
221510	朝鮮朝日	西北・南鮮版	1932-05-07	2	03단	ラヂオ風景/新聞鳩便作竝に演出/小野賢一郎
221511	朝鮮朝日	西北・南鮮版	1932-05-07	2	04단	尺八と三曲內田秀童外/一、尺八秋田官垣
221512	朝鮮朝日	西北・南鮮版	1932-05-07	2	07단	ハーモニカ白鷗舍ハーモニカソサエティ(指揮西宮森太郎)

일련번호	판명		간행일	면	단수	기사명
221513	朝鮮朝日	西北・南鮮版	1932-05-07	2	08단	理解の角度最近洋畫界の傾向(その二)/獨立美術協會會員福澤一郎
221514	朝鮮朝日	西北・南鮮版	1932-05-07	2	08단	文壇巷說/龍膽寺氏の結婚
221515	朝鮮朝日	西北・南鮮版	1932-05-07	2	09단	モゥランの航空小說
221516	朝鮮朝日	西北・南鮮版	1932-05-07	2	09단	新文藝講座現代小說展望/豊島與志雄(個人と社會(8))
221517	朝鮮朝日	西北・南鮮版	1932-05-07	2	10단	學藝消息(ロシヤ語講習會/西村醉番氏を迎ふる會/岸田園士氏)
221518	朝鮮朝日	西北版	1932-05-07	1	01단	官民合同の凱旋祝賀會端午の佳節をトして腴かな軍國風景を點描
221519	朝鮮朝日	西北版	1932-05-07	1	01단	春窮を行く(3)/年に三十錢の納稅が出來ぬ一粒の粟さへ持たぬ農民陽德に約七百名
221520	朝鮮朝日	西北版	1932-05-07	1	02단	辭令(東京電話)
221521	朝鮮朝日	西北版	1932-05-07	1	03단	あわたゞしい國境の雲行二百里に亙る監視隊叛軍通化に主力を集結
221522	朝鮮朝日	西北版	1932-05-07	1	03단	陸大生の戰跡視察
221523	朝鮮朝日	西北版	1932-05-07	1	03단	總督初巡視六日咸興へ
221524	朝鮮朝日	西北版	1932-05-07	1	03단	鴨綠江の水勢工事補修舟輯に便する
221525	朝鮮朝日	西北版	1932-05-07	1	04단	嘉村將軍挨拶廻り
221526	朝鮮朝日	西北版	1932-05-07	1	04단	稻葉氏に決定
221527	朝鮮朝日	西北版	1932-05-07	1	04단	西平壤の發展を計劃水道市場など
221528	朝鮮朝日	西北版	1932-05-07	1	04단	赤字に惱む財政を脅す電氣料金値下げで一層電氣實收減を豫想さる
221529	朝鮮朝日	西北版	1932-05-07	1	04단	奉天を襲擊鐵道破壞の模樣主力を三道溝に置く
221530	朝鮮朝日	西北版	1932-05-07	1	04단	貯金管理所設置猛運動
221531	朝鮮朝日	西北版	1932-05-07	1	05단	作戰奏功し深夜を衝いて三千の匪賊來襲す杉浦○隊邀擊して掃蕩
221532	朝鮮朝日	西北版	1932-05-07	1	05단	船橋里および柳町に市場
221533	朝鮮朝日	西北版	1932-05-07	1	05단	鐵道妨害嚴重取締
221534	朝鮮朝日	西北版	1932-05-07	1	06단	六勇士招魂祭
221535	朝鮮朝日	西北版	1932-05-07	1	06단	乳幼兒の愛護を强調「福の面影、自然の姿」幼稚園兒の野遊會も開催
221536	朝鮮朝日	西北版	1932-05-07	1	06단	名響の戰死者西宅中尉と遺書
221537	朝鮮朝日	西北版	1932-05-07	1	07단	學生の風紀取締り嚴罰主義

일련번호	판명		간행일	면	단수	기사명
221538	朝鮮朝日	西北版	1932-05-07	1	08단	犯人尹は全然警察の視線外上海假政府に煽動され朝鮮○○團に投じて兇行/大搜査の結果十三名を檢擧す多數鮮人背後に潜む上海における爆彈投擲事件/重光公使は絶望に陷る
221539	朝鮮朝日	西北版	1932-05-07	1	09단	痘瘡蔓延
221540	朝鮮朝日	西北版	1932-05-07	1	09단	購牛資金大部分が今後の貸出は現場立會で衣食の費と化す
221541	朝鮮朝日	西北版	1932-05-07	1	10단	全朝鮮勝つ對山商籠球戰
221542	朝鮮朝日	南鮮版	1932-05-08	1	01단	われらの愛國機朝鮮號第三機十三日朝鮮に飛來十五日晴れの命名式を擧行
221543	朝鮮朝日	南鮮版	1932-05-08	1	01단	DKの二重放送は明春から十二月試驗放送
221544	朝鮮朝日	南鮮版	1932-05-08	1	01단	金、金、金の黃金狂時代いやが上に高まる金鑛熱登錄稅だけで三萬圓
221545	朝鮮朝日	南鮮版	1932-05-08	1	01단	組合銀行月末勘定
221546	朝鮮朝日	南鮮版	1932-05-08	1	01단	總督府辭令
221547	朝鮮朝日	南鮮版	1932-05-08	1	02단	朝鮮人府議八名が氣の毒だと公費旅行を遠處內地人議員の行動注目さる
221548	朝鮮朝日	南鮮版	1932-05-08	1	03단	選擧心得配布
221549	朝鮮朝日	南鮮版	1932-05-08	1	03단	鮮展を前に畫筆に親しむ人々
221550	朝鮮朝日	南鮮版	1932-05-08	1	03단	大鐵軍壓倒的大勝對學生聯合軍
221551	朝鮮朝日	南鮮版	1932-05-08	1	04단	不平の聲渦卷く旅費減額で
221552	朝鮮朝日	南鮮版	1932-05-08	1	04단	釜山の移出米
221553	朝鮮朝日	南鮮版	1932-05-08	1	04단	龍山聯隊軍旗祭盛大に擧行
221554	朝鮮朝日	南鮮版	1932-05-08	1	04단	室凱旋將軍の招待午餐會
221555	朝鮮朝日	南鮮版	1932-05-08	1	05단	競點射擊成績
221556	朝鮮朝日	南鮮版	1932-05-08	1	05단	日本眼科學會總會開かる講演研究發表等あり八日閉會二班に分れ出發
221557	朝鮮朝日	南鮮版	1932-05-08	1	06단	女房を囮に美人局で脅迫一味を留置取調中
221558	朝鮮朝日	南鮮版	1932-05-08	1	06단	凱旋祝賀の園遊會勝栗、鯣、昆布で歡迎答禮と將士慰勞來會者八百餘名盛會を極む
221559	朝鮮朝日	南鮮版	1932-05-08	1	06단	漁業期を前に全く弱り拔く漁業不振と相場安に漁業資金回收難に陷る
221560	朝鮮朝日	南鮮版	1932-05-08	1	07단	滿洲派遣軍へ貧者の一燈珍らしい美談
221561	朝鮮朝日	南鮮版	1932-05-08	1	08단	上海爆彈犯人尹奉吉と家族
221562	朝鮮朝日	南鮮版	1932-05-08	1	08단	行旅病人取扱數
221563	朝鮮朝日	南鮮版	1932-05-08	1	08단	廢兵優待無料乘車券

일련번호	판명		간행일	면	단수	기사명
221564	朝鮮朝日	南鮮版	1932-05-08	1	08단	卅七萬圓で着工長項の築港
221565	朝鮮朝日	南鮮版	1932-05-08	1	09단	練習中のマラソン選手に交通巡査暴行を加ふ體協から嚴重抗議を申込む/勝敗を別に出場する
221566	朝鮮朝日	南鮮版	1932-05-08	1	10단	親子殺し送局
221567	朝鮮朝日	南鮮版	1932-05-08	1	10단	もよほし(農業打合會)
221568	朝鮮朝日	南鮮版	1932-05-08	1	10단	人(齊藤吉十郎氏(朝紡專務)/佐瀬武雄氏(鐵道局技師)/江藤源九郎代議士/伊森明治氏(殖銀理事)/澤崎修氏(鐵道局監督課長)/末松多美彦氏(前李王職事務官)/田中都吉氏(前駐露大使)/阿久津國造博士(北海道帝大工學部長)/山田紹之助博士(北大工學部教授)/松林誠一郎氏(鎭南浦松林醫院長))
221569	朝鮮朝日	南鮮版	1932-05-08	1	10단	痘禍續發防疫に大重
221570	朝鮮朝日	南鮮版	1932-05-08	1	10단	幼女慘殺さる
221571	朝鮮朝日	西北・南鮮版	1932-05-08	2	01단	寛政の名力士越の海勇藏の一席連續浪花節九日から三日間/木村重友
221572	朝鮮朝日	西北・南鮮版	1932-05-08	2	01단	新民藝の先驅ロオランとギヨオマン家庭大學講座(中村星湖)/端唄BK後八時
221573	朝鮮朝日	西北・南鮮版	1932-05-08	2	03단	映畫物語/上海魔都に驕るギャングの物語傳次郎が最初の現代もの
221574	朝鮮朝日	西北・南鮮版	1932-05-08	2	06단	子供の時間/お話實物幻燈/藤五代策
221575	朝鮮朝日	西北・南鮮版	1932-05-08	2	06단	梗概
221576	朝鮮朝日	西北・南鮮版	1932-05-08	2	08단	破格的なる對照最近洋畫界の傾向(その三)/獨立美術協會會員福澤一郎
221577	朝鮮朝日	西北・南鮮版	1932-05-08	2	08단	ヒットラーの戶籍調べ
221578	朝鮮朝日	西北・南鮮版	1932-05-08	2	09단	新文藝講座現代小說展望/豊島與志雄(將來への希望(1))
221579	朝鮮朝日	西北・南鮮版	1932-05-08	2	10단	學藝消息(神原浩油繪個展/園部晉氏洋畫個展/大和の名士遠體展/田中佐一郎氏渡歐後援畫會/竹中三郎氏、佐藤英男氏)
221580	朝鮮朝日	西北版	1932-05-08	1	01단	われらの愛國機朝鮮號第三機十三日朝鮮に飛來十五日晴れの命名式を擧行
221581	朝鮮朝日	西北版	1932-05-08	1	01단	DKの二重放送は明春から十二月試驗放送
221582	朝鮮朝日	西北版	1932-05-08	1	01단	電料收入減値下記念の大勸誘三萬圓補塡策
221583	朝鮮朝日	西北版	1932-05-08	1	01단	二十九日から更生の鮮展景福宮內で開催
221584	朝鮮朝日	西北版	1932-05-08	1	02단	古墳壁畫盜難防止工事竣工

일련번호	판명		간행일	면	단수	기사명
221585	朝鮮朝日	西北版	1932-05-08	1	02단	春窮を行く(4)/無産貧農から高利貸的搾取折柄の細農救濟事業がゼロになるお話
221586	朝鮮朝日	西北版	1932-05-08	1	03단	愛護週間野遊會
221587	朝鮮朝日	西北版	1932-05-08	1	03단	滿鮮視察の陸大生北行
221588	朝鮮朝日	西北版	1932-05-08	1	03단	凱旋祝賀の園遊會勝栗、鯣、昆布で歡迎答禮と將士慰勞來會者八百餘名盛會を極む
221589	朝鮮朝日	西北版	1932-05-08	1	04단	士官學校生京城へ
221590	朝鮮朝日	西北版	1932-05-08	1	04단	淡水魚の王座鱖魚成熟形態を調査
221591	朝鮮朝日	西北版	1932-05-08	1	05단	國旗普及計劃
221592	朝鮮朝日	西北版	1932-05-08	1	05단	行く先我家の火田民整理一定の土地を開放亂耕者の取締を徹低
221593	朝鮮朝日	西北版	1932-05-08	1	05단	窮民に馬鈴薯一萬七千員を配給
221594	朝鮮朝日	西北版	1932-05-08	1	06단	軍事救護內規
221595	朝鮮朝日	西北版	1932-05-08	1	06단	春李弓術大會
221596	朝鮮朝日	西北版	1932-05-08	1	06단	自稱神樣が裁判權否認一件書類で審理する
221597	朝鮮朝日	西北版	1932-05-08	1	07단	上海爆彈犯人尹奉吉と家族
221598	朝鮮朝日	西北版	1932-05-08	1	07단	妻に逃げられた男
221599	朝鮮朝日	西北版	1932-05-08	1	07단	新規事業の王座北鮮開拓事業減額された六萬圓山林事業費減額で埋合す
221600	朝鮮朝日	西北版	1932-05-08	1	08단	親子で紙幣僞造
221601	朝鮮朝日	西北版	1932-05-08	1	08단	狂言强盜
221602	朝鮮朝日	西北版	1932-05-08	1	09단	匪賊約二百名水泉子へ來襲市街全部を燒拂ふ討伐警官隊猛火中に奮戰
221603	朝鮮朝日	西北版	1932-05-08	1	09단	ユーモアに富む隨一の人氣者慶南に榮轉した山內氏
221604	朝鮮朝日	西北版	1932-05-08	1	10단	橫領書記の餘罪發覺
221605	朝鮮朝日	西北版	1932-05-08	1	10단	一面一校計劃六校のみ實現
221606	朝鮮朝日	西北版	1932-05-08	1	10단	樂禮/柳京小話
221607	朝鮮朝日	南鮮版	1932-05-10	1	01단	農村局新設は議會後になる？在滿朝鮮人の施設は經常費の財源が問題
221608	朝鮮朝日	南鮮版	1932-05-10	1	01단	待望の愛國機來る第二機は關東軍に第三機は平壤に配屬
221609	朝鮮朝日	南鮮版	1932-05-10	1	01단	五千米に新記錄出づ觀衆多く盛況を呈すオリンピック弟一次豫選/實業リーグ戰京電優勝府廳對遞信は一勝一敗/六A對四大鐵勝つ全大邱定期戰/龍山軍慘敗大鐵優勝京城雪辱す

일련번호	판명		간행일	면	단수	기사명
221610	朝鮮朝日	南鮮版	1932-05-10	1	02단	準備教育の實情調査徹底的取締疑問視さる
221611	朝鮮朝日	南鮮版	1932-05-10	1	03단	品評會の開催は形式に流れぬやう慶南道で通牒を發す
221612	朝鮮朝日	南鮮版	1932-05-10	1	04단	京城春の點描(７)/五月の水色
221613	朝鮮朝日	南鮮版	1932-05-10	1	04단	盲人には琴尺八啞者に油繪
221614	朝鮮朝日	南鮮版	1932-05-10	1	05단	龍山工兵大隊創立記念式
221615	朝鮮朝日	南鮮版	1932-05-10	1	05단	大邱聯隊聯合演習
221616	朝鮮朝日	南鮮版	1932-05-10	1	06단	水道職員の旅費を削減
221617	朝鮮朝日	南鮮版	1932-05-10	1	06단	騎兵聯隊等龍山に凱旋朝鮮部隊の凱旋完了驛頭は三度歡迎の渦
221618	朝鮮朝日	南鮮版	1932-05-10	1	06단	間島方面の擾亂で引場げた鮮農約十萬人にのぼる救濟につき相當施設
221619	朝鮮朝日	南鮮版	1932-05-10	1	06단	花祭奉讚會盛大に行ふ
221620	朝鮮朝日	南鮮版	1932-05-10	1	07단	模型飛行機競技大會
221621	朝鮮朝日	南鮮版	1932-05-10	1	07단	迷信による癩患者の犯行か腹部から腎臟を抉る松峴洞の少女慘殺事件
221622	朝鮮朝日	南鮮版	1932-05-10	1	08단	午砲を廢してサイレンに改む實施は九月ごろ
221623	朝鮮朝日	南鮮版	1932-05-10	1	08단	釜山の本紙愛讀者優待映畫デー十一日より三日間昭和館で
221624	朝鮮朝日	南鮮版	1932-05-10	1	08단	飛行場擴張愈よ具體化
221625	朝鮮朝日	南鮮版	1932-05-10	1	10단	血判で入營を志願
221626	朝鮮朝日	南鮮版	1932-05-10	1	10단	不穩文書の犯人十日送局さる
221627	朝鮮朝日	南鮮版	1932-05-10	1	10단	痘瘡蔓延種痘を勵行
221628	朝鮮朝日	南鮮版	1932-05-10	1	10단	路上に捻伏せ七圓を强奪
221629	朝鮮朝日	南鮮版	1932-05-10	1	10단	もよほし(同民會第五回總會)
221630	朝鮮朝日	西北・南鮮版	1932-05-10	2	01단	お晝のジャズ/巴里の匂ひ濃き懷しの曲を演奏
221631	朝鮮朝日	西北・南鮮版	1932-05-10	2	01단	コドモノ時間/凱旋の曲六つ管絃樂東京ラヂオオーケストラ(指揮平野主水/解設堀內敬三)
221632	朝鮮朝日	西北・南鮮版	1932-05-10	2	04단	太皷を打って夫を偲ぶ謠曲籠太皷觀世左近ほか
221633	朝鮮朝日	西北・南鮮版	1932-05-10	2	04단	(上から)左近、順三郎の兩氏
221634	朝鮮朝日	西北・南鮮版	1932-05-10	2	05단	講演/鄕土教育の本義/普通學務局長武部欽一
221635	朝鮮朝日	西北・南鮮版	1932-05-10	2	06단	鎌倉歌壇の精華新古今集家庭大學講座/武島又次郎

일련번호	판명		간행일	면	단수	기사명
221636	朝鮮朝日	西北・南鮮版	1932-05-10	2	08단	五月の靜物戶外へ出ようではないか/伊藤廉竝繪
221637	朝鮮朝日	西北・南鮮版	1932-05-10	2	09단	東西古美術展覽會
221638	朝鮮朝日	西北・南鮮版	1932-05-10	2	10단	文壇巷說八重ちゃんの精力
221639	朝鮮朝日	西北版	1932-05-10	1	01단	農林局新設は議會後になる？在滿朝鮮人の施設は經常費の財源が問題
221640	朝鮮朝日	西北版	1932-05-10	1	01단	待望の愛國機來る第二機は關東軍に第三機は平壤に配屬
221641	朝鮮朝日	西北版	1932-05-10	1	01단	春窮を行く(5)/貧困が農民に促す民風改善手不足で成績の上らぬ産業組合の話
221642	朝鮮朝日	西北版	1932-05-10	1	02단	昨年より生産不良か本年の林檎
221643	朝鮮朝日	西北版	1932-05-10	1	03단	龍山工兵大隊創立記念式
221644	朝鮮朝日	西北版	1932-05-10	1	03단	來る二十日に落成式擧行平壤師範校
221645	朝鮮朝日	西北版	1932-05-10	1	04단	初夏の息吹き
221646	朝鮮朝日	西北版	1932-05-10	1	04단	武勳にかゞやく聯隊旗を擁し中島部隊平壤に凱旋十一日懷しの原隊へ/平壤部隊凱旋の歡迎方法決る凱旋門、歡迎宴、觀劇會店頭裝飾、提灯行列等/凱旋部隊プログラム
221647	朝鮮朝日	西北版	1932-05-10	1	06단	漸く昇格の曙光を見出す平壤、大邱醫學講習所本年度中に目鼻をつける/騎兵聯隊等龍山に凱旋朝鮮部隊の凱旋完了驛頭は三度歡迎の渦
221648	朝鮮朝日	西北版	1932-05-10	1	07단	上海から不穩ビラ平壤署で押收
221649	朝鮮朝日	西北版	1932-05-10	1	07단	大刀會匪奇襲か三道溝不安
221650	朝鮮朝日	西北版	1932-05-10	1	07단	道全體の計劃に匹敵する大增産案十二年度は五萬石を突破成川栗の大飛躍
221651	朝鮮朝日	西北版	1932-05-10	1	08단	試驗船白洋九發火す火夫一名燒死
221652	朝鮮朝日	西北版	1932-05-10	1	08단	民族的反感の結果ではない加害者は前科付の亂暴者鎭南浦刑務所事件
221653	朝鮮朝日	西北版	1932-05-10	1	09단	職業教育で實績をあぐ府內の各公立初等學校で特色ある教育を施す
221654	朝鮮朝日	西北版	1932-05-10	1	09단	熱河七勇士の盛大な告別式十一日平壤聯隊で
221655	朝鮮朝日	西北版	1932-05-10	1	10단	天然痘豫防宣傳ビラ配布
221656	朝鮮朝日	西北版	1932-05-10	1	10단	女學生に戲る
221657	朝鮮朝日	西北版	1932-05-10	1	10단	人(山田三良博士(城大總長)/廣潮博氏(朝鮮汽船社長))
221658	朝鮮朝日	西北版	1932-05-10	1	10단	樂禮/柳京小話

일련번호	판명		간행일	면	단수	기사명
221659	朝鮮朝日	南鮮版	1932-05-11	1	01단	十五年計劃で火田を熟田に北鮮の火田民を一掃根本的に全鮮の火田民を整理
221660	朝鮮朝日	南鮮版	1932-05-11	1	01단	新興滿洲國は農業移民に適す北海道樺太より有利總督府農務課石塚技師語る
221661	朝鮮朝日	南鮮版	1932-05-11	1	01단	慶南海産物を滿洲に輸出釜山輸組で實地調査
221662	朝鮮朝日	南鮮版	1932-05-11	1	01단	松田部隊大邱に凱旋十三日早朝
221663	朝鮮朝日	南鮮版	1932-05-11	1	02단	名譽の戰死者遺骨歸る靑木曹長外六名
221664	朝鮮朝日	南鮮版	1932-05-11	1	02단	總督府辭令
221665	朝鮮朝日	南鮮版	1932-05-11	1	02단	朝鮮證券金融會社で米穀金融を開始十五日頃から貸出す
221666	朝鮮朝日	南鮮版	1932-05-11	1	03단	卒業生指導學校で蔬菜栽培を獎勵供給の潤澤を計る
221667	朝鮮朝日	南鮮版	1932-05-11	1	03단	熱して冷めぬ祖國愛の獻金愛國機第四號機への五萬圓突破は明かとなる
221668	朝鮮朝日	南鮮版	1932-05-11	1	03단	仁川道立病院
221669	朝鮮朝日	南鮮版	1932-05-11	1	04단	連名血判で昇格を陳情
221670	朝鮮朝日	南鮮版	1932-05-11	1	04단	警備線上の警察官に巡廻醫療實施
221671	朝鮮朝日	南鮮版	1932-05-11	1	04단	四月中の釜山運事成績
221672	朝鮮朝日	南鮮版	1932-05-11	1	04단	種痘心得の缺陷が暴露羅病者は幼兒が多い
221673	朝鮮朝日	南鮮版	1932-05-11	1	05단	校友會など內容を調査改善を計る
221674	朝鮮朝日	南鮮版	1932-05-11	1	05단	物産陳列館改增築工事六月より着工
221675	朝鮮朝日	南鮮版	1932-05-11	1	05단	釜山の通過客に妓生情緖を紹介蓬萊檢番が乘出す
221676	朝鮮朝日	南鮮版	1932-05-11	1	06단	滿洲國巡警約六十名が叛亂保衛團員五十名も共鳴巡査一名腹部に貫通銃創を負ふ
221677	朝鮮朝日	南鮮版	1932-05-11	1	06단	渡船發着場の南濱變更を地元民が陳情
221678	朝鮮朝日	南鮮版	1932-05-11	1	07단	牧ノ島幹線道路敷地買收價格府用地係の調査終了
221679	朝鮮朝日	南鮮版	1932-05-11	1	07단	廣く免疫地帶を設け牛疫豫防を徹底防疫の完璧を期する
221680	朝鮮朝日	南鮮版	1932-05-11	1	07단	私鐵買收を拓相に懇談
221681	朝鮮朝日	南鮮版	1932-05-11	1	07단	松山商業チーム來城
221682	朝鮮朝日	南鮮版	1932-05-11	1	08단	傷害致死事件上告棄却懲役三ヶ年
221683	朝鮮朝日	南鮮版	1932-05-11	1	08단	半島の暗黑面に躍る犯罪の種々相時局標榜のピストル强盜鮮銀支店の七十八萬圓事件

일련번호	판명		간행일	면	단수	기사명
221684	朝鮮朝日	南鮮版	1932-05-11	1	09단	少女慘殺事件の有力な容疑者レプラ患者二名を關係各地に指名手配捜査中
221685	朝鮮朝日	南鮮版	1932-05-11	1	09단	慘殺死體の身許判明す梁山から歸途殺さる蔚山署俄然活氣づく
221686	朝鮮朝日	南鮮版	1932-05-11	1	09단	モヒ患竊盗
221687	朝鮮朝日	南鮮版	1932-05-11	1	10단	自動車で重傷
221688	朝鮮朝日	南鮮版	1932-05-11	1	10단	慶安丸空荷で出港
221689	朝鮮朝日	南鮮版	1932-05-11	1	10단	赤色テロ續行公判
221690	朝鮮朝日	南鮮版	1932-05-11	1	10단	廣告塔で負傷
221691	朝鮮朝日	南鮮版	1932-05-11	1	10단	もよほし(釜山藥劑師會/釜山工業俱樂部)
221692	朝鮮朝日	西北・南鮮版	1932-05-11	2	01단	戀娘昔八丈城木屋の段
221693	朝鮮朝日	西北・南鮮版	1932-05-11	2	02단	講演/錦州を語る丸本彰造
221694	朝鮮朝日	西北・南鮮版	1932-05-11	2	03단	粹な酢貝のそのお姿をいつか忘れん忘れ貝/長唄常磐庭杵屋六八重ほか
221695	朝鮮朝日	西北・南鮮版	1932-05-11	2	04단	三曲墨繪の芦金盛仙玉貞島初野渡邊美智壽
221696	朝鮮朝日	西北・南鮮版	1932-05-11	2	05단	二絃琴船遊びほか
221697	朝鮮朝日	西北・南鮮版	1932-05-11	2	05단	コドモノ時間/お人形しばゐお話內山憲堂
221698	朝鮮朝日	西北・南鮮版	1932-05-11	2	06단	ラヂオの調査に就て/遞信省軍務局業務課長田村謙治郎/講演
221699	朝鮮朝日	西北・南鮮版	1932-05-11	2	08단	五月の風景靑色の上に王座する若やかな黄色/鈴木保德
221700	朝鮮朝日	西北・南鮮版	1932-05-11	2	08단	奧の細道を辿る(一)/首藤素史吟行
221701	朝鮮朝日	西北・南鮮版	1932-05-11	2	09단	新文藝講座現代小說展望/豊島與志雄(將來への希望(2))
221702	朝鮮朝日	西北版	1932-05-11	1	01단	十五年計劃で火田を熟田に北鮮の火田民を一掃根本的に全鮮の火田民を整理
221703	朝鮮朝日	西北版	1932-05-11	1	01단	オートミルの代用品オーツスター咸南の新名産とするクエーカオーツを憂飛ばす
221704	朝鮮朝日	西北版	1932-05-11	1	01단	春窮を行く(6)/副業的農産物主力を養蠶に喘ぎの農村涙の農民平南では首位
221705	朝鮮朝日	西北版	1932-05-11	1	02단	窮救事業林原橋架替に着工
221706	朝鮮朝日	西北版	1932-05-11	1	02단	警備線上の警察官に巡廻醫療實施
221707	朝鮮朝日	西北版	1932-05-11	1	03단	スポーツ(五對四で平鐵辛勝對安東滿俱/八對一で光成高普勝つ西鮮中等學校蹴球大會)
221708	朝鮮朝日	西北版	1932-05-11	1	03단	店員慰勞運動會

일련번호	판명		간행일	면	단수	기사명
221709	朝鮮朝日	西北版	1932-05-11	1	03단	女子中等學校陸競大會榮冠を目指し猛練習を續く西鮮に大會氣分漲る海州高女の出場決る
221710	朝鮮朝日	西北版	1932-05-11	1	04단	私鐵買收を拓相に懇談
221711	朝鮮朝日	西北版	1932-05-11	1	05단	極貧者救濟馬鈴薯等配給
221712	朝鮮朝日	西北版	1932-05-11	1	06단	春の職夜偲びがき(五)/禿げしかれとは祈らぬ人の横顔(C)松村君禿談義の傑作
221713	朝鮮朝日	西北版	1932-05-11	1	06단	滿洲國巡警約六十名が叛亂保衛團員五十名も共鳴巡査一名腹部に貫通銃創を負ふ
221714	朝鮮朝日	西北版	1932-05-11	1	06단	天然痘なほも續發豫防に努む
221715	朝鮮朝日	西北版	1932-05-11	1	07단	三人組強盜七十五圓を強奪し逃走
221716	朝鮮朝日	西北版	1932-05-11	1	07단	菓子の籠拔け
221717	朝鮮朝日	西北版	1932-05-11	1	07단	半島暗黑面に躍る犯罪の種々相時局標榜のピストル強盜鮮銀支店の七十八萬圓事件
221718	朝鮮朝日	西北版	1932-05-11	1	08단	大刀會匪安を襲ふ鮮人五名行方不明
221719	朝鮮朝日	西北版	1932-05-11	1	08단	無許可で沙金を發掘金鑛熱が生んだ犯罪
221720	朝鮮朝日	西北版	1932-05-11	1	09단	強盜未遂取押へらる
221721	朝鮮朝日	西北版	1932-05-11	1	09단	強盜押入る犯人嚴探中
221722	朝鮮朝日	西北版	1932-05-11	1	09단	四戸を半燒五戸を全燒原因は煙草の吸瀫から
221723	朝鮮朝日	西北版	1932-05-11	1	10단	右足を轢斷
221724	朝鮮朝日	西北版	1932-05-11	1	10단	墓地整理
221725	朝鮮朝日	西北版	1932-05-11	1	10단	龜山圓海師
221726	朝鮮朝日	西北版	1932-05-11	1	10단	人(山內美雄氏(新任慶南衛生課長)/佐伯顯(平南警察部長)/重村義一氏(總督府科學館長)/姑射得生氏)
221727	朝鮮朝日	西北版	1932-05-11	1	10단	樂禮/柳京小話
221728	朝鮮朝日	南鮮版	1932-05-12	1	01단	龍山部隊の殿軍花々しく凱旋輝かしい偉勳を立て雄姿颯爽原隊に歸還
221729	朝鮮朝日	南鮮版	1932-05-12	1	01단	城大の就職率は實に七割強滿蒙進出を期待さる近く未就職者も片付く
221730	朝鮮朝日	南鮮版	1932-05-12	1	01단	京城、仁川間のスピード・アップ三十分台に短縮する新車輛の竣成を待ち實施
221731	朝鮮朝日	南鮮版	1932-05-12	1	02단	愛國少年團申込み殺到廿七日發會式
221732	朝鮮朝日	南鮮版	1932-05-12	1	03단	ボギー車で急行に東萊行電車
221733	朝鮮朝日	南鮮版	1932-05-12	1	03단	義捐金を間島の避難民に分配

일련번호	판명		간행일	면	단수	기사명
221734	朝鮮朝日	南鮮版	1932-05-12	1	03단	愈よ一騎打の態度を決定仁川穀物協會の對策鮮航會との鮮米運賃協定
221735	朝鮮朝日	南鮮版	1932-05-12	1	04단	戰死者の遺骨釜山通過
221736	朝鮮朝日	南鮮版	1932-05-12	1	04단	府議內地旅行實施に決定十五日出發
221737	朝鮮朝日	南鮮版	1932-05-12	1	04단	吉林省から間島を獨立滿洲國、總督府に陳情間島朝鮮人會で決議
221738	朝鮮朝日	南鮮版	1932-05-12	1	05단	釜山、安東間貨物列車もスピードアップし約二十八時間を短縮
221739	朝鮮朝日	南鮮版	1932-05-12	1	05단	北鮮視察中の宇垣總督(淸州にて)
221740	朝鮮朝日	南鮮版	1932-05-12	1	05단	朝鮮人共匪徹底的掃蕩を期す
221741	朝鮮朝日	南鮮版	1932-05-12	1	05단	四月中の貿易額釜山港の
221742	朝鮮朝日	南鮮版	1932-05-12	1	06단	滿洲見本市に慶北の物産を宣傳臨魚干魚その他を出品
221743	朝鮮朝日	南鮮版	1932-05-12	1	06단	府議懇談會
221744	朝鮮朝日	南鮮版	1932-05-12	1	07단	在滿朝鮮人へ農耕資金貸付
221745	朝鮮朝日	南鮮版	1932-05-12	1	07단	無料巡回種痘好成績豫防に熱中
221746	朝鮮朝日	南鮮版	1932-05-12	1	07단	我等の愛國機へ命名式を擧行十五日朝汝矣島飛行場で/愛國機朝鮮號けふ京城へ
221747	朝鮮朝日	南鮮版	1932-05-12	1	07단	簡保積立金公共事業に貸付ける
221748	朝鮮朝日	南鮮版	1932-05-12	1	08단	浮石寺大祭典
221749	朝鮮朝日	南鮮版	1932-05-12	1	08단	昇格運動で最後的の陳情要するに問題は金だ金慶北知事は語る
221750	朝鮮朝日	南鮮版	1932-05-12	1	08단	金銅の觀音佛一體を發見
221751	朝鮮朝日	南鮮版	1932-05-12	1	08단	朝鮮代表に八選手を選定オリンピック第二次豫選に內地へ派遣に決定
221752	朝鮮朝日	南鮮版	1932-05-12	1	09단	赤十字社巡回診療
221753	朝鮮朝日	南鮮版	1932-05-12	1	09단	馬山で競馬
221754	朝鮮朝日	南鮮版	1932-05-12	1	10단	簡易保險四月末現在
221755	朝鮮朝日	南鮮版	1932-05-12	1	10단	他殺死體發見さる犯人嚴探中
221756	朝鮮朝日	南鮮版	1932-05-12	1	10단	兩班風の溺死男
221757	朝鮮朝日	南鮮版	1932-05-12	1	10단	電線賊また跳染す
221758	朝鮮朝日	南鮮版	1932-05-12	1	10단	馬賊、船を襲ふ
221759	朝鮮朝日	南鮮版	1932-05-12	1	10단	人(兩見正雄氏(新任慶南道山林技師)/上內京畿道警察部長)
221760	朝鮮朝日	西北・南鮮版	1932-05-12	2	01단	不良少年座談會如何にして矯正すべきか輕視出來ぬ我が家の問題
221761	朝鮮朝日	西北・南鮮版	1932-05-12	2	01단	コドモノ時間/童謠獨唱と齊唱JOAK唱歌隊(ピアノ演奏　丹生健夫)
221762	朝鮮朝日	西北・南鮮版	1932-05-12	2	03단	俚謠/おけさ節ほか賑に吹寄せ

일련번호	판명		간행일	면	단수	기사명
221763	朝鮮朝日	西北・南鮮版	1932-05-12	2	06단	オルガン獨奏大中寅二
221764	朝鮮朝日	西北・南鮮版	1932-05-12	2	08단	市井藝術再吟味落語私見(一)/吉井勇
221765	朝鮮朝日	西北・南鮮版	1932-05-12	2	08단	詩人パァーンズは大酒家に非ず
221766	朝鮮朝日	西北・南鮮版	1932-05-12	2	09단	紫とみどり五月の女は魅力的だ/里見勝藤
221767	朝鮮朝日	西北・南鮮版	1932-05-12	2	10단	文壇巷說/林房雄氏とベッド
221768	朝鮮朝日	西北・南鮮版	1932-05-12	2	10단	園部晉氏個展
221769	朝鮮朝日	西北版	1932-05-12	1	01단	錦州入城一番乘りの輝く中島部隊凱旋空陸からの歡迎裡に九ヶ月振り懷かしの原隊へ/間島へ出動の一部隊羅南へ旋凱萬歲歡呼に迎へられ步武堂々原隊へ向け歸還/淚ぐましい軍國美談松山氏の篤行
221770	朝鮮朝日	西北版	1932-05-12	1	01단	凱旋部隊へ菰冠り祝意を表す
221771	朝鮮朝日	西北版	1932-05-12	1	02단	春窮を行く(7)/ストック品を潤澤に持つ事でないと商機を逸する産組の共通缺陷
221772	朝鮮朝日	西北版	1932-05-12	1	03단	警官に鶯色の夏服
221773	朝鮮朝日	西北版	1932-05-12	1	03단	日滿兩國の萬歲を三唱日滿學生聯合運動會親善のため每春擧行する
221774	朝鮮朝日	西北版	1932-05-12	1	04단	樂浪時代の鏡
221775	朝鮮朝日	西北版	1932-05-12	1	05단	平壤高女補習科認可
221776	朝鮮朝日	西北版	1932-05-12	1	05단	スポーツ(峰孃優勝す/咸興軍慘敗/弓道大會成績)
221777	朝鮮朝日	西北版	1932-05-12	1	05단	注文品殺到で更生の喜色漲る製陶の都平壤建設のため飛躍する製陶組合
221778	朝鮮朝日	西北版	1932-05-12	1	07단	七勇士の告別式盛大に執行
221779	朝鮮朝日	西北版	1932-05-12	1	07단	愛國機朝鮮號十六日平壤へ同夜は平壤に一泊十八日新義州へ
221780	朝鮮朝日	西北版	1932-05-12	1	07단	轉錦門崩壞の視察に來壤す國庫補助を下付し再建の前提を意味するか
221781	朝鮮朝日	西北版	1932-05-12	1	08단	電球引換料十日から値下平壤府の犧牲的奉仕
221782	朝鮮朝日	西北版	1932-05-12	1	08단	謎の若妻殺し頑強に否認十一日第二回公判で二十一日實地檢證を行ふ
221783	朝鮮朝日	西北版	1932-05-12	1	09단	鄉軍運動會對抗リレー鐵道側再勝
221784	朝鮮朝日	西北版	1932-05-12	1	10단	欺箕溝の兵匪を掃蕩
221785	朝鮮朝日	西北版	1932-05-12	1	10단	僞巡査縛り上げらる
221786	朝鮮朝日	西北版	1932-05-12	1	10단	樂禮/柳京小話
221787	朝鮮朝日	南鮮版	1932-05-13	1	01단	三、四十萬圓位は出して吳れるだらう特高網充實で東上した池田朝鮮警務局長は語る

일련번호	판명		간행일	면	단수	기사명
221788	朝鮮朝日	南鮮版	1932-05-13	1	01단	鮑の採取を二ヶ年間禁止蕃殖保護のため府令と道令で發布
221789	朝鮮朝日	南鮮版	1932-05-13	1	01단	愛國朝鮮號の答禮飛行を記念記念繪はがきを發行記念スタンプを使用
221790	朝鮮朝日	南鮮版	1932-05-13	1	03단	馬山神社で御神寶のお庫を建てる
221791	朝鮮朝日	南鮮版	1932-05-13	1	03단	認識不足も甚だしいと滿鮮視察の團體取消しに鮮鐵旅客課コボす
221792	朝鮮朝日	南鮮版	1932-05-13	1	04단	府有地公賣
221793	朝鮮朝日	南鮮版	1932-05-13	1	04단	天候不良で朝鮮號飛行を延期
221794	朝鮮朝日	南鮮版	1932-05-13	1	04단	輸入最盛期滿洲粟昨年同期比十二割激增
221795	朝鮮朝日	南鮮版	1932-05-13	1	04단	自動車經營に主力を注ぐ鮮鐵の營業方針
221796	朝鮮朝日	南鮮版	1932-05-13	1	04단	宇垣さんは何處へ行く色氣澤山の政界入り民政黨總裁として乘出すか
221797	朝鮮朝日	南鮮版	1932-05-13	1	05단	(上)凱旋門をくゞって行進する歸還部隊/(下)馬上の澁谷騎兵大尉
221798	朝鮮朝日	南鮮版	1932-05-13	1	05단	四十三萬圓東電から借るDKの二重放送經費新放送所の敷地買收行惱む
221799	朝鮮朝日	南鮮版	1932-05-13	1	05단	芦草細工講習會家庭工業獎勵
221800	朝鮮朝日	南鮮版	1932-05-13	1	06단	世界に誇る愛國戰鬪機操縱者も來鮮
221801	朝鮮朝日	南鮮版	1932-05-13	1	06단	直接救濟より勤勞救濟だ春窮農村を視察して伊達慶北內務部長は語る
221802	朝鮮朝日	南鮮版	1932-05-13	1	07단	貧者の稅金を面長が代納慶南農村美談
221803	朝鮮朝日	南鮮版	1932-05-13	1	07단	種痘巡回班種痘を勵行
221804	朝鮮朝日	南鮮版	1932-05-13	1	07단	滿洲見本市に慶南物産を出品する計劃
221805	朝鮮朝日	南鮮版	1932-05-13	1	08단	釜山鄕軍北分會總會
221806	朝鮮朝日	南鮮版	1932-05-13	1	08단	多年の懸案都市計劃令今年度中準備を終り明年度早々發布の意向
221807	朝鮮朝日	南鮮版	1932-05-13	1	08단	五對四で府廳優勝遞信惜敗す
221808	朝鮮朝日	南鮮版	1932-05-13	1	08단	朝鮮私鐵買收案新安州价川間一線だけ承認
221809	朝鮮朝日	南鮮版	1932-05-13	1	08단	大田の花祭
221810	朝鮮朝日	南鮮版	1932-05-13	1	09단	鎭海養魚場で稚魚配布
221811	朝鮮朝日	南鮮版	1932-05-13	1	09단	間島暴動事件金槿ら續行公判
221812	朝鮮朝日	南鮮版	1932-05-13	1	09단	マッチ爭議持久戰全工場を閉鎖
221813	朝鮮朝日	南鮮版	1932-05-13	1	09단	愛讀者優待の朝日映畵の夕松田部隊へ慰問品
221814	朝鮮朝日	南鮮版	1932-05-13	1	10단	人夫監督を袋叩き勞銀不拂から
221815	朝鮮朝日	南鮮版	1932-05-13	1	10단	更生の喜でパン行商
221816	朝鮮朝日	南鮮版	1932-05-13	1	10단	電車轉覆の運轉手起訴

일련번호	판명		간행일	면	단수	기사명
221817	朝鮮朝日	南鮮版	1932-05-13	1	10단	七百圓の脅迫文時局標榜ジゴマ式
221818	朝鮮朝日	南鮮版	1932-05-13	1	10단	人(池田警務局長/今井田政務總監)
221819	朝鮮朝日	西北・南鮮版	1932-05-13	2	01단	光輝滿てる軍國を謳うて勇壯・軍歌の夕あすの聞き物(合唱 拔刀隊ほか/海軍軍歌 日比谷公圓より 海軍軍樂隊/陸軍軍歌 戶山學校軍樂隊)
221820	朝鮮朝日	西北・南鮮版	1932-05-13	2	03단	琵琶杉山撿挍/淺野晴水
221821	朝鮮朝日	西北・南鮮版	1932-05-13	2	04단	音樂物語モーツアルトの子守唄/鹽入龜輔
221822	朝鮮朝日	西北・南鮮版	1932-05-13	2	08단	市井藝術再吟味落語私見(二)/藝道精進の不足吉井勇
221823	朝鮮朝日	西北・南鮮版	1932-05-13	2	08단	「續二節道」と「生さぬ仲」中座の新派評
221824	朝鮮朝日	西北・南鮮版	1932-05-13	2	09단	五月の女は魅力的である(二)/里見勝藤
221825	朝鮮朝日	西北・南鮮版	1932-05-13	2	10단	學藝消息(大阪輪更紗展覽會/月刊婦人雜誌「女人」發刊/大阪音樂學校長永井幸次氏)
221826	朝鮮朝日	西北版	1932-05-13	1	01단	三、四十萬圓位は出して吳れるだらう特高網充實で東上した池田朝鮮警務局長は語る
221827	朝鮮朝日	西北版	1932-05-13	1	01단	十八勇士慰靈祭莊嚴に擧行さる中島聯隊長祭主となり步兵七七聯隊營庭で
221828	朝鮮朝日	西北版	1932-05-13	1	01단	天候不良で朝鮮號飛行を延期
221829	朝鮮朝日	西北版	1932-05-13	1	02단	牡丹江で名譽の戰死殿岡上等兵
221830	朝鮮朝日	西北版	1932-05-13	1	02단	昭和水利具體化農林局新設後
221831	朝鮮朝日	西北版	1932-05-13	1	02단	春窮を行く(完)/北鮮開拓事業火田民整理は原始農民には不向か？宇垣政治の旗印
221832	朝鮮朝日	西北版	1932-05-13	1	03단	白熱的歡迎へ答體感謝宴十五日正午公會堂で官民有志七百名を招待
221833	朝鮮朝日	西北版	1932-05-13	1	04단	府有地公賣
221834	朝鮮朝日	西北版	1932-05-13	1	04단	商議熱望の貯金管理所實現は好望
221835	朝鮮朝日	西北版	1932-05-13	1	04단	宇垣總督歸途につく
221836	朝鮮朝日	西北版	1932-05-13	1	05단	せつめい((上)平壤驛前の凱旋門をくゞる凱旋部隊の先頭/(下)中島○○聯隊長の凱旋軍旗に對する敬禮)
221837	朝鮮朝日	西北版	1932-05-13	1	05단	中島聯隊への讚辭熱河の激戰森將軍の胸中嘉村將軍への近信
221838	朝鮮朝日	西北版	1932-05-13	1	05단	西村部隊の重輕傷者
221839	朝鮮朝日	西北版	1932-05-13	1	06단	通溝城內大混亂兵匪に襲はれ

일련번호	판명		간행일	면	단수	기사명
221840	朝鮮朝日	西北版	1932-05-13	1	06단	低利資金變じて高利債となる償還一期制實現を要望西鮮各地の水利組合で
221841	朝鮮朝日	西北版	1932-05-13	1	07단	店頭裝飾競技會凱旋歡迎の
221842	朝鮮朝日	西北版	1932-05-13	1	08단	滿蒙、北鮮間直通輸送聯絡三鐵道を委任經營滿鐵の手で北鮮開拓
221843	朝鮮朝日	西北版	1932-05-13	1	08단	朝鮮無烟の運炭輕鐵本月下旬着工
221844	朝鮮朝日	西北版	1932-05-13	1	08단	火保料金改訂西鮮實業者大會に提案
221845	朝鮮朝日	西北版	1932-05-13	1	09단	京城、釜山間の直通電話線二回線增設に內定
221846	朝鮮朝日	西北版	1932-05-13	1	09단	簡保好成績の郵便局所表彰
221847	朝鮮朝日	西北版	1932-05-13	1	09단	人夫監督を袋叩き勞銀不拂から
221848	朝鮮朝日	西北版	1932-05-13	1	10단	大田の花祭
221849	朝鮮朝日	西北版	1932-05-13	1	10단	樂禮/柳京小話
221850	朝鮮朝日	南鮮版	1932-05-14	1	01단	我等の愛國輕爆擊機五月晴の空を衝いて目出度初の朝鮮入り汝矣島飛行場へ鮮かに着陸/京城に安着して大任を果した嬉しさで胸が一杯だ寺元少佐、林大尉交々語る
221851	朝鮮朝日	南鮮版	1932-05-14	1	01단	武威を輝かし大邱へ凱旋驛頭に感激の渦卷き八ヶ月振りに戰塵を洗ふ/松田部隊の凱旋祝賀會將士全部に銀製カップ
221852	朝鮮朝日	南鮮版	1932-05-14	1	02단	古賀聯隊の戰傷患者十八名送還
221853	朝鮮朝日	南鮮版	1932-05-14	1	02단	第六回全鮮蹴球大會(靑葉に風薰る京城グラウンドで快適明腴な好ゲームを展開/松山商業來邱/全大邱戰に大鐵快勝庭球試合で)
221854	朝鮮朝日	南鮮版	1932-05-14	1	03단	石川平北知事
221855	朝鮮朝日	南鮮版	1932-05-14	1	03단	平壤聯隊十八勇士慰靈祭
221856	朝鮮朝日	南鮮版	1932-05-14	1	04단	甲和會秋季例會
221857	朝鮮朝日	南鮮版	1932-05-14	1	04단	在滿同胞の金融機關東亞勸業
221858	朝鮮朝日	南鮮版	1932-05-14	1	05단	春蠶掃立前年に比し五分一釐增
221859	朝鮮朝日	南鮮版	1932-05-14	1	05단	尹昌鉉君の晴れの鄕土飛行十五日羽田飛行場出發
221860	朝鮮朝日	南鮮版	1932-05-14	1	05단	鮮滿行鐵道小荷物が一晝夜早く着く稅關の手續など考慮し夜の聯絡船に間に合はする
221861	朝鮮朝日	南鮮版	1932-05-14	1	06단	京畿道警察部幹部級異動
221862	朝鮮朝日	南鮮版	1932-05-14	1	06단	子供遊園場いよいよ着工
221863	朝鮮朝日	南鮮版	1932-05-14	1	06단	僧侶寺人夫が靑年團と亂鬪靑年五名重傷を負ふ白羊寺の釋迦降誕會で珍事

일련번호	판명		간행일	면	단수	기사명
221864	朝鮮朝日	南鮮版	1932-05-14	1	07단	大邱飛行場の候補地を視察二十師團前川主計正が
221865	朝鮮朝日	南鮮版	1932-05-14	1	07단	想理的な防彈チョッキを作る計劃
221866	朝鮮朝日	南鮮版	1932-05-14	1	08단	委員會の修正通り戶別稅賦課の等級可決
221867	朝鮮朝日	南鮮版	1932-05-14	1	08단	珍公判鑑定書をまた鑑定する
221868	朝鮮朝日	南鮮版	1932-05-14	1	08단	金海夫婦殺しの新な確證擧る？檢事の活動注目さる
221869	朝鮮朝日	南鮮版	1932-05-14	1	09단	初等商實の卒業生指導
221870	朝鮮朝日	南鮮版	1932-05-14	1	09단	鮮內特高網の充實を計る內地關係各縣を招き來月警察部長會議を開催
221871	朝鮮朝日	南鮮版	1932-05-14	1	10단	反戰ビラ撒布犯人捕る
221872	朝鮮朝日	南鮮版	1932-05-14	1	10단	釜山公設市場營業者詮考
221873	朝鮮朝日	南鮮版	1932-05-14	1	10단	處女を弄ぶ餘罪取調中
221874	朝鮮朝日	南鮮版	1932-05-14	1	10단	もよほし(鐵道局釜山局友會/第八會敬老會/京城商工會議所議員總會/方面常務委員會)
221875	朝鮮朝日	南鮮版	1932-05-14	1	10단	人(廣岡軍醫監(朝鮮軍醫部長)/西村少將(新任鎭海嬰塞司令官)/羅南十八師團參謀長藤田大佐)
221876	朝鮮朝日	西北・南鮮版	1932-05-14	2	01단	放送新派劇/新しい解釋による生さぬ仲柳川春葉原作川村花菱脚色大阪道頓堀中座より/伊井蓉峰一座
221877	朝鮮朝日	西北・南鮮版	1932-05-14	2	03단	お話マーキュリー/神商大平井奉次郎
221878	朝鮮朝日	西北・南鮮版	1932-05-14	2	04단	耳に聽く街頭演藝/野球中止の場合
221879	朝鮮朝日	西北・南鮮版	1932-05-14	2	04단	ナンセンス・レヴュウ/ミス・南洋野球中止の場合オペラ館レヴュウ團
221880	朝鮮朝日	西北・南鮮版	1932-05-14	2	07단	義手足の最近の發達講演/渡邊政德
221881	朝鮮朝日	西北・南鮮版	1932-05-14	2	08단	チャプリンを迎へよ/巖崎昶
221882	朝鮮朝日	西北・南鮮版	1932-05-14	2	08단	最小なる分子ニュートロン發見
221883	朝鮮朝日	西北・南鮮版	1932-05-14	2	09단	市井藝術再吟味落語私見(三)/新作ものを得る道/吉井勇
221884	朝鮮朝日	西北・南鮮版	1932-05-14	2	10단	學藝消息(井門圍基研究會/新聞記者編輯記者養成講習會/西谷勢之介氏/西洋美術品展覽會/武野藤介氏/巖崎利氏/家具工藝展覽會)
221885	朝鮮朝日	西北版	1932-05-14	1	01단	我等の愛國輕爆擊機五月晴の空を衝いて目出度初の朝鮮入り汝矣島飛行場へ鮮かに着陸/京城に安着して大任を果した嬉しさで胸が一杯だ寺元少佐、林大尉交々語る/朝鮮號兩機十七日に飛來平壤飛行隊へ配屬の廿一號機の交付式を擧行

일련번호	판명		간행일	면	단수	기사명
221886	朝鮮朝日	西北版	1932-05-14	1	01단	愛國機朝鮮號京城へ出發
221887	朝鮮朝日	西北版	1932-05-14	1	01단	石井喇叭手の悲壯な戰死敵彈に腹部を射貫かれ突擊ラッパを吹き續く
221888	朝鮮朝日	西北版	1932-05-14	1	03단	心からなる歡迎送
221889	朝鮮朝日	西北版	1932-05-14	1	03단	凱旋祝賀提燈行列
221890	朝鮮朝日	西北版	1932-05-14	1	03단	第六回全鮮蹴球大會(靑葉に風薫る京城グラウンドで快適明腴な好ゲームを展開)
221891	朝鮮朝日	西北版	1932-05-14	1	04단	府民運動會
221892	朝鮮朝日	西北版	1932-05-14	1	04단	鎭南浦支廳復活運動
221893	朝鮮朝日	西北版	1932-05-14	1	04단	水産物と農産物滿洲見本市へ出品
221894	朝鮮朝日	西北版	1932-05-14	1	05단	事業費三十萬圓で根本的修築計劃二週間内に設計完成實行委員會で可決す
221895	朝鮮朝日	西北版	1932-05-14	1	05단	五、六ケ所閉鎖思想的に不良と認める書堂や私學を整理する平南道で調査中
221896	朝鮮朝日	西北版	1932-05-14	1	05단	鮮滿行鐵道小荷物が一晝夜早く着く稅關の手續など考慮し夜の聯絡船に間に合はする
221897	朝鮮朝日	西北版	1932-05-14	1	05단	平壤軍惜敗す
221898	朝鮮朝日	西北版	1932-05-14	1	06단	咸興魚菜會社いよいよ創立市場會社と對立激化
221899	朝鮮朝日	西北版	1932-05-14	1	06단	指定される三十五部落平南の模範部落設置
221900	朝鮮朝日	西北版	1932-05-14	1	07단	回禮のため北洋丸沿岸各地巡航
221901	朝鮮朝日	西北版	1932-05-14	1	07단	總退學を賭し根强く進む平壤醫講學生大會で積極的運動方法を決議
221902	朝鮮朝日	西北版	1932-05-14	1	07단	また廿一日に實地檢證を行ふ死刑か無罪かの岐路に迷ふ南浦若妻殺し事件
221903	朝鮮朝日	西北版	1932-05-14	1	08단	金融組合で高利債整理農民救濟の意味で一層力瘤を入れる
221904	朝鮮朝日	西北版	1932-05-14	1	08단	また新患一名
221905	朝鮮朝日	西北版	1932-05-14	1	09단	天然痘ぶり返す種痘を强制
221906	朝鮮朝日	西北版	1932-05-14	1	09단	入浴中喧嘩
221907	朝鮮朝日	西北版	1932-05-14	1	09단	滿浦鎭線工事豫想通り進む順川、泉洞間の開通は十一月の初旬ごろか
221908	朝鮮朝日	西北版	1932-05-14	1	10단	小舟を盗む
221909	朝鮮朝日	西北版	1932-05-14	1	10단	樂禮/柳京小話
221910	朝鮮朝日	南鮮版	1932-05-15	1	01단	二機入亂れて猛烈な試驗飛行われらの愛國機朝鮮號素晴らしい性能を發揮す

일련번호	판명		간행일	면	단수	기사명
221911	朝鮮朝日	南鮮版	1932-05-15	1	01단	本年度産米の輸移出見込高二百九萬六千石
221912	朝鮮朝日	南鮮版	1932-05-15	1	01단	寫眞は(上)羅南驛頭の歡迎に凱旋兵の挨拶(右)同○砲○隊の武■を語る日章旗(左)凱旋した軍馬
221913	朝鮮朝日	南鮮版	1932-05-15	1	02단	京城府會汚物輸送は京軌に委託
221914	朝鮮朝日	南鮮版	1932-05-15	1	03단	金融組合理事會
221915	朝鮮朝日	南鮮版	1932-05-15	1	03단	在滿朝鮮人施設支障なく遂行私鐵買收、聯盟委員視察など今井田政務總監談
221916	朝鮮朝日	南鮮版	1932-05-15	1	04단	鰯の漁期で豊漁久方振りに活況
221917	朝鮮朝日	南鮮版	1932-05-15	1	04단	傷病兵慰安の漁船を寄贈
221918	朝鮮朝日	南鮮版	1932-05-15	1	04단	『酒精工場活用と鹽田の擴張を』二大事業でやって見る滿洲視察の高山東拓總裁談
221919	朝鮮朝日	南鮮版	1932-05-15	1	04단	漁船建造補助金詐欺犯送局
221920	朝鮮朝日	南鮮版	1932-05-15	1	05단	鮮農五千名安否氣遣はる通化縣に匪賊蜂起
221921	朝鮮朝日	南鮮版	1932-05-15	1	05단	北濱船溜埋立工事
221922	朝鮮朝日	南鮮版	1932-05-15	1	05단	馬山の競馬愈よ許可廿一日頃開催
221923	朝鮮朝日	南鮮版	1932-05-15	1	05단	半島評壇/總督の北鮮視察
221924	朝鮮朝日	南鮮版	1932-05-15	1	06단	短冊形苗代慶南で獎勵
221925	朝鮮朝日	南鮮版	1932-05-15	1	06단	國旗を揭揚國民精神作興
221926	朝鮮朝日	南鮮版	1932-05-15	1	06단	怪奇を極めた癩患者の犯行松峴洞の少女慘殺事件二、三日中に一切明白となるか
221927	朝鮮朝日	南鮮版	1932-05-15	1	07단	自動車運轉手受驗者減少試驗車體變更で
221928	朝鮮朝日	南鮮版	1932-05-15	1	07단	晴れの鄕土訪問飛行尹昌鉉君羽田に飛來スタート・ラインにつく
221929	朝鮮朝日	南鮮版	1932-05-15	1	07단	ルンペンを途中で救護慈善團を組織
221930	朝鮮朝日	南鮮版	1932-05-15	1	08단	慶南の春蠶掃立三萬二千枚
221931	朝鮮朝日	南鮮版	1932-05-15	1	08단	反日義勇軍鐵板會會員を募集
221932	朝鮮朝日	南鮮版	1932-05-15	1	08단	十五萬足の大量注文來る慶北産莞草心のスリッパフランス向輸出品に
221933	朝鮮朝日	南鮮版	1932-05-15	1	09단	石で頭部を毆られ豆腐賣の死
221934	朝鮮朝日	南鮮版	1932-05-15	1	09단	映畫もどきの大亂鬪數名負傷す
221935	朝鮮朝日	南鮮版	1932-05-15	1	10단	苗代指導員袋叩き五十餘名の部落民から
221936	朝鮮朝日	南鮮版	1932-05-15	1	10단	元山小唄レコード
221937	朝鮮朝日	南鮮版	1932-05-15	1	10단	接戰を豫想さる釜山の實業野球

일련번호	판명		간행일	면	단수	기사명
221938	朝鮮朝日	南鮮版	1932-05-15	1	10단	人(山內美雄氏(新任慶南道衛生課長))
221939	朝鮮朝日	南鮮版	1932-05-15	1	10단	明暗
221940	朝鮮朝日	西北・南鮮版	1932-05-15	2	01단	哥澤・綱上ほか(唄 哥澤太夫芝金/三味線哥澤芝扶久)
221941	朝鮮朝日	西北・南鮮版	1932-05-15	2	01단	テナー獨唱/ポナヴィダ(伴奏チカレリー)
221942	朝鮮朝日	西北・南鮮版	1932-05-15	2	02단	赤穗浪士へ影の助勢/浪花節俵星玄蕃/桂月子
221943	朝鮮朝日	西北・南鮮版	1932-05-15	2	03단	日本民藝の現狀家庭大學講座第五回/中村星湖
221944	朝鮮朝日	西北・南鮮版	1932-05-15	2	05단	玄冶店から鈴ヶ森で落つ滑稽な掛合噺屑屋の籠野球中止の場合豊年齋梅坊主
221945	朝鮮朝日	西北・南鮮版	1932-05-15	2	08단	チャプリンを迎へよ(二)/巖崎昶
221946	朝鮮朝日	西北・南鮮版	1932-05-15	2	08단	千惠藏、大河內の「明治元年」日活映畫
221947	朝鮮朝日	西北・南鮮版	1932-05-15	2	09단	市井藝術再吟味/浪花節以前/大西利夫
221948	朝鮮朝日	西北版	1932-05-15	1	01단	在滿朝鮮人施設支障なく遂行私鐵買收、聯盟委員視察など金井田政務總監談
221949	朝鮮朝日	西北版	1932-05-15	1	01단	二機入亂れて猛烈な試驗飛行われらの愛國機朝鮮號素晴らしい性能を發揮す
221950	朝鮮朝日	西北版	1932-05-15	1	02단	凱旋將士歡迎會盛大に擧行來會者一千名に上る火の海と化した大提燈行列
221951	朝鮮朝日	西北版	1932-05-15	1	03단	平壤聯隊軍旗祭盛大に擧行
221952	朝鮮朝日	西北版	1932-05-15	1	03단	晴れの鄉土訪問飛行尹昌鉉君羽田に飛來スタート・ラインにつく
221953	朝鮮朝日	西北版	1932-05-15	1	04단	延長一里の人造大河川滿々たる水を湛ふ春窮を救ふ輸城川附替工事
221954	朝鮮朝日	西北版	1932-05-15	1	04단	酒精工場の活用と鹽田の擴張二大事業としてやる滿洲視察の高山東拓總裁談
221955	朝鮮朝日	西北版	1932-05-15	1	04단	滿期兵除隊式
221956	朝鮮朝日	西北版	1932-05-15	1	05단	東洋紡績仁川に工場設置決定
221957	朝鮮朝日	西北版	1932-05-15	1	05단	先づ統制を計る商品陳列館と工業試驗所が各産組と提携して衝に當る平南の産組繁榮策
221958	朝鮮朝日	西北版	1932-05-15	1	06단	北歐風の橋態を選び北鮮に大人道橋建設工費十三萬圓年末には開通
221959	朝鮮朝日	西北版	1932-05-15	1	06단	鄉軍大會へ出席者決る
221960	朝鮮朝日	西北版	1932-05-15	1	07단	現場保存は中止さる平壤の玄菟古墳
221961	朝鮮朝日	西北版	1932-05-15	1	07단	大工場設立に重大な動力問題自家發電を拒むなら工場誘致は絶望の平壤
221962	朝鮮朝日	西北版	1932-05-15	1	08단	支那勞働者續々來鮮す昨今の平南道

일련번호	판명		간행일	면	단수	기사명
221963	朝鮮朝日	西北版	1932-05-15	1	08단	全鮮無盡大會で記念日を設定十五日協會長を選擧
221964	朝鮮朝日	西北版	1932-05-15	1	08단	悲惨を極むる戰死者の遺家族平鐵では弔慰金募集
221965	朝鮮朝日	西北版	1932-05-15	1	08단	平壤貿易活況を呈す
221966	朝鮮朝日	西北版	1932-05-15	1	09단	愛國機と記念繪葉書記念スタンプ
221967	朝鮮朝日	西北版	1932-05-15	1	09단	囑託を廢し專門醫に平壤の普通校
221968	朝鮮朝日	西北版	1932-05-15	1	10단	戰死から行方不明に糊口に窮した妻子六名
221969	朝鮮朝日	西北版	1932-05-15	1	10단	求刑より重く判決懲役十二年
221970	朝鮮朝日	西北版	1932-05-15	1	10단	痴情の殺人
221971	朝鮮朝日	西北版	1932-05-15	1	10단	樂禮/柳京小話
221972	朝鮮朝日	南鮮版	1932-05-17	1	01단	ビッグ・ニュースで人々の胸に黑い渦本社の掲示に釘付け暗くなったばかりの街頭へ/國家の一大損失遺憾此上ない深く責任を痛感する國民總動員で禍根を除け兌變を語る宇垣總督/あの老齡で全く氣の毒だ池田警務局長語る/兌變を語る財界有力者/流言蜚語嚴重取締東京兌變に關し
221973	朝鮮朝日	南鮮版	1932-05-17	1	03단	晴の命名式後答禮飛行雨で京城へ引返す十七日平壤へ飛行/所澤平壤間三機大飛行
221974	朝鮮朝日	南鮮版	1932-05-17	1	04단	谷口社稷辭表を提出
221975	朝鮮朝日	南鮮版	1932-05-17	1	05단	けふ太刀洗出發憧れの朝鮮へ錦衣歸鄕の鳥人尹君
221976	朝鮮朝日	南鮮版	1932-05-17	1	05단	輕快な衣に初夏の帳開かる今夏の流行は
221977	朝鮮朝日	南鮮版	1932-05-17	1	06단	半島評壇/府議の快費旅行
221978	朝鮮朝日	南鮮版	1932-05-17	1	06단	早くも眞夏へ
221979	朝鮮朝日	南鮮版	1932-05-17	1	06단	銀鱗躍る！南鮮の河を溯る點群今年は成育がよい
221980	朝鮮朝日	南鮮版	1932-05-17	1	07단	府營住宅値下げ
221981	朝鮮朝日	南鮮版	1932-05-17	1	07단	水の誘惑亂れ咲く川一面のボート水・水・水の漢江
221982	朝鮮朝日	南鮮版	1932-05-17	1	08단	間島派遣隊へ牛を贈る將兵舌鼓み
221983	朝鮮朝日	南鮮版	1932-05-17	1	08단	廿一日から營業開始通川、荳白間
221984	朝鮮朝日	南鮮版	1932-05-17	1	09단	龍山聯隊軍旗祭大いに賑ふ
221985	朝鮮朝日	南鮮版	1932-05-17	1	09단	棉花多收穫の品評會開催
221986	朝鮮朝日	南鮮版	1932-05-17	1	09단	鮑の成長度調査を行ふ採捕禁止期間中に

일련번호	판명		간행일	면	단수	기사명
221987	朝鮮朝日	南鮮版	1932-05-17	1	09단	李先龍の公判開かる懲役十五年を求刑判決言渡しは廿三日
221988	朝鮮朝日	南鮮版	1932-05-17	1	10단	簡保加入者
221989	朝鮮朝日	南鮮版	1932-05-17	1	10단	明暗
221990	朝鮮朝日	西北・南鮮版	1932-05-17	2	01단	第十回オリンピック派遣選手の應援歌齋藤龍作、山田耕筰作曲
221991	朝鮮朝日	西北・南鮮版	1932-05-17	2	01단	富本『女鳴神瀨川帽子』富本豊前、富本都路
221992	朝鮮朝日	西北・南鮮版	1932-05-17	2	04단	夏の電熱使用は非常に能率を高む講演夏と電氣のお話/工學博士太刀川平治
221993	朝鮮朝日	西北・南鮮版	1932-05-17	2	04단	締出された哀れな漫談家漫談『一時四十五分』
221994	朝鮮朝日	西北・南鮮版	1932-05-17	2	06단	各國の代表的音樂を演奏國際善意デーに際し
221995	朝鮮朝日	西北・南鮮版	1932-05-17	2	06단	哥澤三つ唄哥澤芝可南三味線哥澤芝南駒
221996	朝鮮朝日	西北・南鮮版	1932-05-17	2	08단	ある受難猫の戀愛風景(一)/水木京太
221997	朝鮮朝日	西北・南鮮版	1932-05-17	2	08단	奧の細道を辿る(二)/首藤素史吟行
221998	朝鮮朝日	西北・南鮮版	1932-05-17	2	09단	市井藝術再吟味/浪花節創生雲右衛門と奈良丸/大西利夫
221999	朝鮮朝日	西北・南鮮版	1932-05-17	2	10단	橋本八百二氏個展
222000	朝鮮朝日	西北・南鮮版	1932-05-17	2	10단	學藝消息(富田溪仙個展/寫樂會寫眞展/大阪ディスク倶樂部/無名座公演/大阪交友會茶席)
222001	朝鮮朝日	西北版	1932-05-17	1	01단	ビッグ・ニュースで人々の胸に黑い渦本社の掲示に釘付け暗くなったばかりの街頭へ/國家の一大損失遺憾此上ない深く責任を痛感する國民總動員で禍根を除け兇變を語る宇垣總督/あの老齡で全く氣の毒だ池田警務局長語る/流言蜚語嚴重取締東京兇變に關し
222002	朝鮮朝日	西北版	1932-05-17	1	02단	高麗土の內地移出さかんとなる
222003	朝鮮朝日	西北版	1932-05-17	1	03단	新義州府會
222004	朝鮮朝日	西北版	1932-05-17	1	03단	學校教育振興座談會
222005	朝鮮朝日	西北版	1932-05-17	1	03단	かんげい((上)平壤の官民合同主催で牡丹台浮碧機で開催された平壤凱旋部隊の將校招待會/(下)來賓代表壽村旅團長の答辯)
222006	朝鮮朝日	西北版	1932-05-17	1	04단	新町名詮考
222007	朝鮮朝日	西北版	1932-05-17	1	04단	小農保護の小額低資

일련번호	판명		간행일	면	단수	기사명
222008	朝鮮朝日	西北版	1932-05-17	1	04단	花見もすんだので愈よ來月から兼業飲食店を廢止
222009	朝鮮朝日	西北版	1932-05-17	1	05단	四月中の城津港貿易額
222010	朝鮮朝日	西北版	1932-05-17	1	05단	けふ太刀洗出發憧れの朝鮮へ錦衣歸鄉の鳥人尹君/所澤平壤間三機大飛行
222011	朝鮮朝日	西北版	1932-05-17	1	06단	研究生作業成績
222012	朝鮮朝日	西北版	1932-05-17	1	06단	大同、載寧兩江の新規改修工事案窮民工事完成後に是非とも着工方を要望す
222013	朝鮮朝日	西北版	1932-05-17	1	07단	牛を馬に乗りかふ
222014	朝鮮朝日	西北版	1932-05-17	1	07단	年賀郵便七年目に配達さる
222015	朝鮮朝日	西北版	1932-05-17	1	08단	經費が廉くて漁獲が多い今までの試驗では好成績平南の改良鮫鱇網
222016	朝鮮朝日	西北版	1932-05-17	1	08단	北洋丸竣工式
222017	朝鮮朝日	西北版	1932-05-17	1	09단	若松校創立卅周年祝賀式擧行
222018	朝鮮朝日	西北版	1932-05-17	1	09단	廿三日の開港記念日マラソン競走
222019	朝鮮朝日	西北版	1932-05-17	1	09단	早婚の悲劇夫の毒殺を企てかつ放火す
222020	朝鮮朝日	西北版	1932-05-17	1	10단	國旗を作って朝鮮人に分配
222021	朝鮮朝日	西北版	1932-05-17	1	10단	一ヶ月に出火十五ヶ所
222022	朝鮮朝日	西北版	1932-05-17	1	10단	劇と映畫/日本少女歌劇來演廿五、六兩日
222023	朝鮮朝日	西北版	1932-05-17	1	10단	樂禮/柳京小話
222024	朝鮮朝日	南鮮版	1932-05-18	1	01단	大勢は鈴木氏にファッショ政府は實現困難後繼內閣問題の雲行/純鈴木系の強力內閣既に組閣の準備
222025	朝鮮朝日	南鮮版	1932-05-18	1	01단	總督府の豫算愈よ實行に着手全額削除は鹽田擴張費だけ宇垣さんの腕試し
222026	朝鮮朝日	南鮮版	1932-05-18	1	01단	貨物列車の大短縮計劃釜山安東縣間廿八時間釜山奉天間三十三時間
222027	朝鮮朝日	南鮮版	1932-05-18	1	01단	凱旋祝賀會廿一日に延期
222028	朝鮮朝日	南鮮版	1932-05-18	1	02단	スポーツの豪華版を展開愛好者を喜ばす/京電、鐵道再勝す/實業野球リーグ戰/對松山商業野球試合决る/老童庭球團個人優勝戰廿九日擧行/鄉軍射擊會優勝旗は一班に
222029	朝鮮朝日	南鮮版	1932-05-18	1	03단	二割引きで團體診療府立病院で
222030	朝鮮朝日	南鮮版	1932-05-18	1	04단	半島評壇/鮮展の苦情
222031	朝鮮朝日	南鮮版	1932-05-18	1	04단	懷しの鄉土へ第一步を印す尹君晴れの訪問飛行蔚山飛行場に見事に着陸す/千里號無事京城に着く/所澤機平壤へ/首相へ弔電

일련번호	판명		간행일	면	단수	기사명
222032	朝鮮朝日	南鮮版	1932-05-18	1	04단	最近の不祥事續發は痛惜に堪へない財界も相當影響は免れぬ加藤鮮銀總裁談
222033	朝鮮朝日	南鮮版	1932-05-18	1	05단	綠肥栽培の實況を視察普及を獎勵
222034	朝鮮朝日	南鮮版	1932-05-18	1	06단	平和な農村も忽ち修羅の巷敗殘兵に襲擊され危險迫る露支國境一萬の同胞
222035	朝鮮朝日	南鮮版	1932-05-18	1	06단	內外ニュース(各種議案を整理私鐵買收は破棄組閣の抱負を語る鈴木總裁/報知・日本號墜落粉碎吉原飛行士重傷)
222036	朝鮮朝日	南鮮版	1932-05-18	1	07단	犬養首相の哀悼會十九日京城で
222037	朝鮮朝日	南鮮版	1932-05-18	1	07단	高山東拓總裁就任披露宴
222038	朝鮮朝日	南鮮版	1932-05-18	1	07단	もよほし(農業倉庫落成式)
222039	朝鮮朝日	南鮮版	1932-05-18	1	08단	東洋紡の進出大に期待さる仁川に一道の光明
222040	朝鮮朝日	南鮮版	1932-05-18	1	08단	漁組の共販は認可困難か道ではなほ考慮中
222041	朝鮮朝日	南鮮版	1932-05-18	1	09단	民心の動搖嚴重に警戒慶南警察部で
222042	朝鮮朝日	南鮮版	1932-05-18	1	09단	獐に咬殺さる
222043	朝鮮朝日	南鮮版	1932-05-18	1	10단	急激の署さで傳染病新患續發す
222044	朝鮮朝日	南鮮版	1932-05-18	1	10단	放火と判明
222045	朝鮮朝日	南鮮版	1932-05-18	1	10단	トロッコで重傷
222046	朝鮮朝日	南鮮版	1932-05-18	1	10단	人(今井田政務總監/室第二十師團長/山內美雄氏(新任慶南道衛生課長)/兩見正雄氏(新任慶南道産業技師))
222047	朝鮮朝日	南鮮版	1932-05-18	1	10단	明暗
222048	朝鮮朝日	西北・南鮮版	1932-05-18	2	01단	爽快な旋律のセロ(獨奏 一柳信二/伴奏一柳光子)
222049	朝鮮朝日	西北・南鮮版	1932-05-18	2	01단	コドモノ時間/嵐しの夜に年少氣銳の信長今川勢を攻むこどもの會「桶狹間の戰」(演出 CK放送部)
222050	朝鮮朝日	西北・南鮮版	1932-05-18	2	04단	江灣鎭に轟然一發英魂天に歸行く琵琶新曲空閑少佐の最期/水藤錦穰
222051	朝鮮朝日	西北・南鮮版	1932-05-18	2	05단	連續講談/大岡政談白子屋騷動十九日から五日間/西尾麟慶
222052	朝鮮朝日	西北・南鮮版	1932-05-18	2	06단	淸元四君子(淨瑠璃淸元梅長/三味線淸元梅三奈)
222053	朝鮮朝日	西北・南鮮版	1932-05-18	2	08단	ある受難猫の戀愛風景(二)/水木京太
222054	朝鮮朝日	西北・南鮮版	1932-05-18	2	08단	新映畵評/ロシヤ映畵「人生案內」扶桑映畵提供
222055	朝鮮朝日	西北・南鮮版	1932-05-18	2	09단	市井藝術再吟味/萬歲の野趣/大西利夫

일련번호	판명		간행일	면	단수	기사명
222056	朝鮮朝日	西北版	1932-05-18	1	01단	大勢は鈴木氏にファッショ政府は實現困難後繼內閣問題の雲行/純鈴木系の强力內閣旣に組閣の準備
222057	朝鮮朝日	西北版	1932-05-18	1	01단	窮乏に喘ぐ農民連の要求低資で新農村救濟策養鼇小作なども急務
222058	朝鮮朝日	西北版	1932-05-18	1	01단	懷しの鄉土へ第一步を印す尹君晴れの訪問飛行蔚山飛行場に見事に着陸す/若草萌ゆる飛行場へ鮮かに着陸無事鄉土訪問を完了總督へのメッセージを手交/愛國朝鮮號平壤に來る輕爆の交付式を擧行高等飛行で觀衆を魅了す/所澤の二機平壤着十九日歸還
222059	朝鮮朝日	西北版	1932-05-18	1	04단	總督府の豫算愈よ實行に着手全額削除は鹽田擴張費だけ宇垣さんの腕試し
222060	朝鮮朝日	西北版	1932-05-18	1	04단	平壤聯隊の除隊兵歸鄉
222061	朝鮮朝日	西北版	1932-05-18	1	05단	中島聯隊滿期兵歸鄉
222062	朝鮮朝日	西北版	1932-05-18	1	05단	平壤驛改築應急策電信電話室新築を上申
222063	朝鮮朝日	西北版	1932-05-18	1	06단	陽德郡へ救助金を支出
222064	朝鮮朝日	西北版	1932-05-18	1	06단	平和な農村も忽ち修羅の巷敗殘兵に襲擊され危機迫る露支國境一萬の同胞
222065	朝鮮朝日	西北版	1932-05-18	1	06단	宇垣總督謝電村山社長あて
222066	朝鮮朝日	西北版	1932-05-18	1	07단	初夏の水鄉
222067	朝鮮朝日	西北版	1932-05-18	1	07단	江西古墳の壁畫を模寫東京美術校に保存
222068	朝鮮朝日	西北版	1932-05-18	1	08단	平壤師節の新築落成式
222069	朝鮮朝日	西北版	1932-05-18	1	09단	十八日から操業を開始窯業部は八月から平南工業試驗所
222070	朝鮮朝日	西北版	1932-05-18	1	09단	高利府債を低利債に肩替り六分位引下げの見込
222071	朝鮮朝日	西北版	1932-05-18	1	09단	全鮮一を誇る平南燒酎の聲價品評會でダン然光る
222072	朝鮮朝日	西北版	1932-05-18	1	09단	樂禮/柳京小話
222073	朝鮮朝日	西北版	1932-05-18	1	10단	靑森縣參來壤
222074	朝鮮朝日	西北版	1932-05-18	1	10단	大金窮取の無電技師に懲役一年半
222075	朝鮮朝日	南鮮版	1932-05-19	1	01단	暴力行爲による急角度の轉換斷じて排斥すべきだ後繼內閣は政友內閣の延長か時局を語る宇垣總督
222076	朝鮮朝日	南鮮版	1932-05-19	1	01단	半島教育界の劃期的事業一面一枚主義着々と進捗今年度は十四校新設
222077	朝鮮朝日	南鮮版	1932-05-19	1	01단	農村不況で金融組合が銀行家の態度を清算經濟的彈力性養育に精進

일련번호	판명		간행일	면	단수	기사명
222078	朝鮮朝日	南鮮版	1932-05-19	1	01단	初等學校長優遇策奏任待遇增員
222079	朝鮮朝日	南鮮版	1932-05-19	1	01단	公有海而埋立愈よ完成有效而積は二千四百坪
222080	朝鮮朝日	南鮮版	1932-05-19	1	02단	寫眞(十七日蔚山飛行場に安着鄕土に第一步を印した尹昌鉉君の千里號と歡迎の群衆)
222081	朝鮮朝日	南鮮版	1932-05-19	1	03단	水組の事業資金三百八十萬圓に決定
222082	朝鮮朝日	南鮮版	1932-05-19	1	03단	今井田總監上京す
222083	朝鮮朝日	南鮮版	1932-05-19	1	03단	國旗揭揚の勵行を計る慶南道の方針
222084	朝鮮朝日	南鮮版	1932-05-19	1	04단	半島評壇/體育運動の社會化
222085	朝鮮朝日	南鮮版	1932-05-19	1	04단	電話架設申込受付
222086	朝鮮朝日	南鮮版	1932-05-19	1	04단	祖國愛に燃ゆる獻納金續々集る國防獻品委員會で朝鮮號第四機病院機を建造か
222087	朝鮮朝日	南鮮版	1932-05-19	1	04단	問題となった百十萬圓の寄附結局原案通り可決京城電氣武者專務談
222088	朝鮮朝日	南鮮版	1932-05-19	1	05단	米穀統制問題で協議會を開催農林省の米穀部新設に對し種々對策を練る
222089	朝鮮朝日	南鮮版	1932-05-19	1	05단	釜山聯靑の內地視察團
222090	朝鮮朝日	南鮮版	1932-05-19	1	05단	正米格付の統制を計る變化觀念、聲價主義による受渡は米檢制檢查制併用
222091	朝鮮朝日	南鮮版	1932-05-19	1	06단	春窮農村の實情を調查
222092	朝鮮朝日	南鮮版	1932-05-19	1	06단	廿五萬圓で金鑛を買收台灣の鑛山王が
222093	朝鮮朝日	南鮮版	1932-05-19	1	06단	警務當局の惱みの種思想犯の審理司法權の間島還元を交涉
222094	朝鮮朝日	南鮮版	1932-05-19	1	07단	大山産組の資金調達殖銀より借入れか
222095	朝鮮朝日	南鮮版	1932-05-19	1	07단	天理敎徒の勤勞奉仕市中を淨化
222096	朝鮮朝日	南鮮版	1932-05-19	1	07단	退職官吏の就職を幹旋退職警官は滿洲國へ
222097	朝鮮朝日	南鮮版	1932-05-19	1	08단	スポーツ(實業リーグ戰)
222098	朝鮮朝日	南鮮版	1932-05-19	1	08단	靴で毆付け財布を强奪犯人捕はる
222099	朝鮮朝日	南鮮版	1932-05-19	1	08단	大口を開けた傳染病地獄チフス、天然痘、猩紅熱五月以來近年にない激增
222100	朝鮮朝日	南鮮版	1932-05-19	1	08단	少女慘殺事件迷宮に入る大邱署の活動も空し
222101	朝鮮朝日	南鮮版	1932-05-19	1	08단	チフス患者九名を發見大消毒勵行
222102	朝鮮朝日	南鮮版	1932-05-19	1	08단	放火女に懲役十年を求刑
222103	朝鮮朝日	南鮮版	1932-05-19	1	08단	列車の轉覆を計る
222104	朝鮮朝日	南鮮版	1932-05-19	1	09단	堤川の火事廿六戶全燒原因は弄火
222105	朝鮮朝日	南鮮版	1932-05-19	1	09단	婦人三名から接吻を盜む

일련번호	판명		간행일	면	단수	기사명
222106	朝鮮朝日	南鮮版	1932-05-19	1	10단	汽動車で卽死
222107	朝鮮朝日	南鮮版	1932-05-19	1	10단	鐵道從事員の盜み
222108	朝鮮朝日	南鮮版	1932-05-19	1	10단	咸興に飛行場本年中に完成
222109	朝鮮朝日	南鮮版	1932-05-19	1	10단	明暗
222110	朝鮮朝日	南鮮版	1932-05-19	1	10단	もよほし(朝鮮電氣協會/朝鮮自動車協會聯合會總會)
222111	朝鮮朝日	南鮮版	1932-05-19	1	10단	人(岡三友氏(醫學博士)/高山東拓總裁)
222112	朝鮮朝日	西北・南鮮版	1932-05-19	2	01단	舞台に見る先代萩魁車の政岡と福兒の千松
222113	朝鮮朝日	西北・南鮮版	1932-05-19	2	01단	義太夫/お腹は空いてもひもじうない明夜、御機嫌を伺ひまするは伽羅先代萩政岡忠義の段
222114	朝鮮朝日	西北・南鮮版	1932-05-19	2	02단	連續講談/大岡政談白子屋騷動/西尾麟慶
222115	朝鮮朝日	西北・南鮮版	1932-05-19	2	04단	最新最銳一萬噸巡洋艦の權威/海車大佐一色建之介
222116	朝鮮朝日	西北・南鮮版	1932-05-19	2	04단	掛合嘁屑屋の籠豊年齋梅坊主
222117	朝鮮朝日	西北・南鮮版	1932-05-19	2	07단	セット診斷/解答梶井謙一
222118	朝鮮朝日	西北・南鮮版	1932-05-19	2	08단	市井藝術再吟味琵琶歌盛衰/田井羊公
222119	朝鮮朝日	西北・南鮮版	1932-05-19	2	08단	朝日俳句大會(一)/於大和國大野寺/松湖靑々選
222120	朝鮮朝日	西北・南鮮版	1932-05-19	2	09단	ある受難猫の戀愛風景(三)/水木京太
222121	朝鮮朝日	西北・南鮮版	1932-05-19	2	10단	學藝消息(耀々會陶資展/北野恒富氏/西山畵塾靑甲社展/鈴木信吾氏個展/「花を主としたる」洋畵展/靑雲歌會/長唄と踊の會/雜誌「プロキノ」/藤川淸甫氏)
222122	朝鮮朝日	西北版	1932-05-19	1	01단	內相、陸相の會見で軍部と諒解成る後繼內閣首相として西園寺公鈴木新總裁を奏請か
222123	朝鮮朝日	西北版	1932-05-19	1	01단	南浦林檎に對し國庫から補償制産組の希望に對し道からも總督府へ要望す
222124	朝鮮朝日	西北版	1932-05-19	1	01단	痘禍防疫に大童の平壤一般府民にも種痘
222125	朝鮮朝日	西北版	1932-05-19	1	01단	水産物調査會創立總會滿洲輸出入
222126	朝鮮朝日	西北版	1932-05-19	1	02단	本年度中には昇格させたい平醫講昇格につき抱負を語る坂田課長
222127	朝鮮朝日	西北版	1932-05-19	1	03단	法院支廳復活を陳情
222128	朝鮮朝日	西北版	1932-05-19	1	03단	今井田總監上京す
222129	朝鮮朝日	西北版	1932-05-19	1	03단	混合車扱を荷主のため釜山平壤間に實施
222130	朝鮮朝日	西北版	1932-05-19	1	04단	愛國朝鮮號交付式盛大に擧行さる平壤飛行聯隊に配屬

일련번호	판명		간행일	면	단수	기사명
222131	朝鮮朝日	西北版	1932-05-19	1	04단	江西農場の干拓工事で活況を呈す
222132	朝鮮朝日	西北版	1932-05-19	1	04단	金の國立精煉所西鮮三道の産金額は全鮮一是非共平南に設置されたい知事會議で要望
222133	朝鮮朝日	西北版	1932-05-19	1	04단	凱旋歡迎店頭裝飾入選者決る
222134	朝鮮朝日	西北版	1932-05-19	1	05단	金融組合理事會議
222135	朝鮮朝日	西北版	1932-05-19	1	05단	林業技術員事務打合會
222136	朝鮮朝日	西北版	1932-05-19	1	05단	朝鮮方面の希望後繼內閣は强力で永續性のもの今井田政務總監語る
222137	朝鮮朝日	西北版	1932-05-19	1	06단	机上車輛入替競技會
222138	朝鮮朝日	西北版	1932-05-19	1	06단	殿岡上等兵遺骨平壤の實家へ
222139	朝鮮朝日	西北版	1932-05-19	1	06단	元山靑訓開所式
222140	朝鮮朝日	西北版	1932-05-19	1	06단	金鑛熱で爆藥物輸入激增す
222141	朝鮮朝日	西北版	1932-05-19	1	07단	屋代周二氏醫博となる
222142	朝鮮朝日	西北版	1932-05-19	1	07단	祖國愛に燃ゆる獻納金續々集る國防獻品委員會で朝鮮號第四機病院機を建造か
222143	朝鮮朝日	西北版	1932-05-19	1	07단	朝鮮運送人夫怠業
222144	朝鮮朝日	西北版	1932-05-19	1	07단	山羊親子咬殺さる
222145	朝鮮朝日	西北版	1932-05-19	1	08단	五名共謀で書籍を萬引遊興に費消
222146	朝鮮朝日	西北版	1932-05-19	1	08단	暴風で漁船轉覆七名溺死す
222147	朝鮮朝日	西北版	1932-05-19	1	08단	第四回西鮮女子オリンピック大會
222148	朝鮮朝日	西北版	1932-05-19	1	08단	樂禮/柳京小話
222149	朝鮮朝日	西北版	1932-05-19	1	09단	祕密結社で赤を宣傳平壤署大活動
222150	朝鮮朝日	西北版	1932-05-19	1	09단	レコード入り歌譜で宣傳平南道の民風改善
222151	朝鮮朝日	西北版	1932-05-19	1	10단	庭球リーグ戰平鐵再勝優勝旗を獲得/本年のスケジュール平壤陸上競技/榮冠は平高女へ西鮮女子庭球大會
222152	朝鮮朝日	南鮮版	1932-05-20	1	01단	總督、總監の進退問題又再燃か議會後には表面化？成行は頗る注目さる
222153	朝鮮朝日	南鮮版	1932-05-20	1	01단	昭和水利問題解決の曙光總督府の新工事計劃採算上既設水利より有利
222154	朝鮮朝日	南鮮版	1932-05-20	1	01단	犬養首相追悼會弔電を發す
222155	朝鮮朝日	南鮮版	1932-05-20	1	01단	せつめい(晴れの鄕土訪問飛行に成功し十七日午後四時五分京城飛行場に着陸した尹昌鉉君と嚴父尹基益氏(中)令兄尹邦鉉氏(向って左)その他親威一同)
222156	朝鮮朝日	南鮮版	1932-05-20	1	02단	空閑少佐へ弔慰金覆名の義人
222157	朝鮮朝日	南鮮版	1932-05-20	1	03단	殉職警官の遺骨內地へ

일련번호	판명		간행일	면	단수	기사명
222158	朝鮮朝日	南鮮版	1932-05-20	1	03단	エリミネーター普及會生る
222159	朝鮮朝日	南鮮版	1932-05-20	1	03단	新綠を飾る第十一回鮮展出品搬入はじまる日本畫は減少油繪は激增
222160	朝鮮朝日	南鮮版	1932-05-20	1	03단	氷販賣序幕戰早くも展開天然氷採氷高減少で價格は貫十五錢見當に急騰
222161	朝鮮朝日	南鮮版	1932-05-20	1	04단	半島評壇/兇變と朝鮮
222162	朝鮮朝日	南鮮版	1932-05-20	1	04단	東拓理事異動
222163	朝鮮朝日	南鮮版	1932-05-20	1	04단	朝鮮部隊の活躍奮鬪で間島の兵匪を掃蕩
222164	朝鮮朝日	南鮮版	1932-05-20	1	04단	松毛蟲の徹底的撲滅を期す
222165	朝鮮朝日	南鮮版	1932-05-20	1	05단	釜山商議議員總會
222166	朝鮮朝日	南鮮版	1932-05-20	1	05단	無料診療券一萬五千枚配布
222167	朝鮮朝日	南鮮版	1932-05-20	1	05단	母紙ニュース/牧野內府と會見し參內奉答する西園寺公上京
222168	朝鮮朝日	南鮮版	1932-05-20	1	05단	慶南水組の起死回生策五ヶ年計劃成り
222169	朝鮮朝日	南鮮版	1932-05-20	1	06단	一たん鮮內移入の蓬萊米が逆戻り皮肉な現象を呈す
222170	朝鮮朝日	南鮮版	1932-05-20	1	06단	浦項を保稅地域に編入
222171	朝鮮朝日	南鮮版	1932-05-20	1	07단	全鮮的の調査會設置米穀統制計劃の對策廿日委員會で具體案を練る
222172	朝鮮朝日	南鮮版	1932-05-20	1	07단	新灘津普校國旗揭揚式莊嚴に擧行
222173	朝鮮朝日	南鮮版	1932-05-20	1	07단	スポーツ(松山商業對東萊高普歡迎野球戰/卓球聯盟春季大會/實業リーグ戰)
222174	朝鮮朝日	南鮮版	1932-05-20	1	08단	農家の副業麥稈眞田の講習會を開く
222175	朝鮮朝日	南鮮版	1932-05-20	1	08단	朝鮮娘の身投げ自殺
222176	朝鮮朝日	南鮮版	1932-05-20	1	08단	浦項と提携し釜山に對抗商港浦項の建設に努む
222177	朝鮮朝日	南鮮版	1932-05-20	1	08단	東部爆彈事件中心人物愛鄕塾の立花京城に潛伏か
222178	朝鮮朝日	南鮮版	1932-05-20	1	09단	釜山府の屎尿問題手數料均一賦課果然認可疑問視さる
222179	朝鮮朝日	南鮮版	1932-05-20	1	09단	娼妓殺しに死刑を求刑判決は廿六日
222180	朝鮮朝日	南鮮版	1932-05-20	1	10단	赤色テロ金權一味公判を公開
222181	朝鮮朝日	南鮮版	1932-05-20	1	10단	人(巖佐憲兵司令官/森悟一氏(朝鮮貯蓄銀行頭取)/開城警察署高等主任高村正彦氏/修養團本部中山貞雄氏/高山長幸氏(東拓總裁)/井上雅二氏(東拓顧問)/戶田直溫氏(鐵道局理事)/粟山博氏(前代議士))
222182	朝鮮朝日	南鮮版	1932-05-20	1	10단	明暗

일련번호	판명		간행일	면	단수	기사명
222183	朝鮮朝日	西北・南鮮版	1932-05-20	2	01단	月が啼いたか短夜の果敢なき緑の薄紅葉宮蘭節里の色絲(浄瑠璃宮蘭千廣/三味線宮蘭千島)
222184	朝鮮朝日	西北・南鮮版	1932-05-20	2	02단	三曲二題/みだれほか/前田白秋ほか
222185	朝鮮朝日	西北・南鮮版	1932-05-20	2	03단	コドモノ時間/姉妹仲よく童搖とヴァイオリン獨奏
222186	朝鮮朝日	西北・南鮮版	1932-05-20	2	04단	尺八獨奏古典本曲/乳井建道
222187	朝鮮朝日	西北・南鮮版	1932-05-20	2	04단	チャプリンの人と藝術/寺田鼎
222188	朝鮮朝日	西北・南鮮版	1932-05-20	2	05단	セット診斷
222189	朝鮮朝日	西北・南鮮版	1932-05-20	2	06단	日米國際放送
222190	朝鮮朝日	西北・南鮮版	1932-05-20	2	08단	鄉土と文學/伊福部隆輝
222191	朝鮮朝日	西北・南鮮版	1932-05-20	2	08단	朝日俳句大會(二)/於大和國大野寺/松湖青々選
222192	朝鮮朝日	西北・南鮮版	1932-05-20	2	09단	市井藝術再吟味/琵琶歌復古/田井羊公
222193	朝鮮朝日	西北・南鮮版	1932-05-20	2	10단	學藝消息(藝術的示範演奏/帝展擁護團體「東光會」設立)
222194	朝鮮朝日	西北・南鮮版	1932-05-20	2	10단	文壇巷說/募集の雜誌名
222195	朝鮮朝日	西北版	1932-05-20	1	01단	總督、總監の進退問題又再燃か議會後には表面化？成行は頗る注目さる
222196	朝鮮朝日	西北版	1932-05-20	1	01단	全鮮的の調査會設置米穀統制計劃の對策廿日委員會で具體案を練る
222197	朝鮮朝日	西北版	1932-05-20	1	01단	金組理事會
222198	朝鮮朝日	西北版	1932-05-20	1	01단	威風堂々と安東に入る匪賊討伐に活躍した李壽山配下の滿洲軍千二百
222199	朝鮮朝日	西北版	1932-05-20	1	01단	寫眞說明((上)騎兵聯隊の行進(中)步兵隊の行進(下)武裝を解除された匪賊の捕虜)
222200	朝鮮朝日	西北版	1932-05-20	1	02단	散植本位より間作桑田へ本格的に養蠶を奬勵の平南の植桑方針
222201	朝鮮朝日	西北版	1932-05-20	1	03단	滿浦鎭線の引伸し工事順川泉洞間開通は九月
222202	朝鮮朝日	西北版	1932-05-20	1	03단	消防演習
222203	朝鮮朝日	西北版	1932-05-20	1	04단	平壤釜山間混合車扱ひ平壤運事で
222204	朝鮮朝日	西北版	1932-05-20	1	04단	開設電話申込受理
222205	朝鮮朝日	西北版	1932-05-20	1	04단	成牡牛の飼育費一日三錢で足る在來飼育費の僅か六分の一平南の石灰藁試驗
222206	朝鮮朝日	西北版	1932-05-20	1	05단	山手小學校上級生公判を傍聽
222207	朝鮮朝日	西北版	1932-05-20	1	05단	昨年中の煙草賣捌高五百八十二萬餘圓前年より廿九萬餘圓減

일련번호	판명		간행일	면	단수	기사명
222208	朝鮮朝日	西北版	1932-05-20	1	05단	血判連署した嘆願書を提出す文字通り血の滲む悲壯な平醫講生徒の昇格運動
222209	朝鮮朝日	西北版	1932-05-20	1	05단	薫風にペンは飛ぶ九禿げしかれとは祈らぬ人の横顔(G)/永島北日スレッパ君
222210	朝鮮朝日	西北版	1932-05-20	1	06단	休閑荒蕪地を利用造林を行ふ
222211	朝鮮朝日	西北版	1932-05-20	1	06단	産婆看護婦試驗合格者
222212	朝鮮朝日	西北版	1932-05-20	1	06단	救濟事業地に窮民を送る勞銀前拂ひて
222213	朝鮮朝日	西北版	1932-05-20	1	07단	簡易保険宣傳
222214	朝鮮朝日	西北版	1932-05-20	1	07단	榮冠を目指し最後の猛練習戰はんかな時至る!西鮮女子オリンピック大會迫る
222215	朝鮮朝日	西北版	1932-05-20	1	07단	蜂起した東滿の叛軍總數一萬にのぼり奉天襲撃の軍備を整ふ
222216	朝鮮朝日	西北版	1932-05-20	1	08단	農家の副業に叺の製造を獎勵自給自足に力を注ぐ
222217	朝鮮朝日	西北版	1932-05-20	1	08단	牛の保険制度漸く農民が理解ホッと安堵の平南
222218	朝鮮朝日	西北版	1932-05-20	1	10단	*咸興軍快勝對朝鮮窒素戰/元山對咸興*
222219	朝鮮朝日	西北版	1932-05-20	1	10단	吳東振の公判日決る六月十四日に
222220	朝鮮朝日	西北版	1932-05-20	1	10단	公金を横領滿洲へ高飛列車中で逮捕
222221	朝鮮朝日	西北版	1932-05-20	1	10단	もよほし(平北金融組合聯合會)
222222	朝鮮朝日	西北版	1932-05-20	1	10단	樂禮/柳京小話
222223	朝鮮朝日	南鮮版	1932-05-21	1	01단	各方面からの激勵で空の勇士尹君感激ちかく滿洲國を訪問
222224	朝鮮朝日	南鮮版	1932-05-21	1	01단	昭和水利の紛糾漸く解決東拓との諒解なりちかく工事認可か
222225	朝鮮朝日	南鮮版	1932-05-21	1	01단	總督府の二試驗室月末から新築に着手
222226	朝鮮朝日	南鮮版	1932-05-21	1	01단	後繼內閣の御下問奉答園公自重す
222227	朝鮮朝日	南鮮版	1932-05-21	1	02단	本年中の建築は困難警察會館
222228	朝鮮朝日	南鮮版	1932-05-21	1	02단	ラヂオ聽取者開拓に大童十一月末日までに二萬八千名を目指し
222229	朝鮮朝日	南鮮版	1932-05-21	1	02단	アイヌ酋長の講演と舞踊の夕
222230	朝鮮朝日	南鮮版	1932-05-21	1	03단	鐵道局がまた赤字貨物收入が意外に惡く
222231	朝鮮朝日	南鮮版	1932-05-21	1	03단	受付を開始本年度の至急開通電話
222232	朝鮮朝日	南鮮版	1932-05-21	1	04단	米の群山紹介スタンプ
222233	朝鮮朝日	南鮮版	1932-05-21	1	04단	電信會議代表
222234	朝鮮朝日	南鮮版	1932-05-21	1	04단	大田有志の俗離寺探勝
222235	朝鮮朝日	南鮮版	1932-05-21	1	04단	初夏の感觸を懷しんであすの日曜はどこへ行きませう

일련번호	판명		간행일	면	단수	기사명
222236	朝鮮朝日	南鮮版	1932-05-21	1	04단	霸權を目ざし全鮮を網羅半島競技界の花全鮮中等陸競大會
222237	朝鮮朝日	南鮮版	1932-05-21	1	05단	內外ニュース(重臣方面の意向超黨派內閣の組織/陸軍首腦部對時局態度推移を靜觀)
222238	朝鮮朝日	南鮮版	1932-05-21	1	05단	土産品と荷造包裝改善展京城商工獎勵館で開かる土産品考案入賞者發表
222239	朝鮮朝日	南鮮版	1932-05-21	1	05단	大倉氏の胸像を建設
222240	朝鮮朝日	南鮮版	1932-05-21	1	05단	柔道大會
222241	朝鮮朝日	南鮮版	1932-05-21	1	05단	庶務主任指導部落視察
222242	朝鮮朝日	南鮮版	1932-05-21	1	06단	政變無視總督の心境
222243	朝鮮朝日	南鮮版	1932-05-21	1	06단	江原道を筆頭に續發の天然痘患者は乳幼兒に多い當局では種痘の勵行を期す
222244	朝鮮朝日	南鮮版	1932-05-21	1	07단	慶南の出品滿洲見本市へ
222245	朝鮮朝日	南鮮版	1932-05-21	1	07단	衛生關係の新規事業計上されるもの
222246	朝鮮朝日	南鮮版	1932-05-21	1	08단	邱普の溜池に鯉を養殖す
222247	朝鮮朝日	南鮮版	1932-05-21	1	08단	鐵道の入札
222248	朝鮮朝日	南鮮版	1932-05-21	1	08단	怨恨か痴情か醉うた朝鮮人を襲うて滅多斬り
222249	朝鮮朝日	南鮮版	1932-05-21	1	09단	鎭海神社春季大祭
222250	朝鮮朝日	南鮮版	1932-05-21	1	09단	動物愛護會
222251	朝鮮朝日	南鮮版	1932-05-21	1	09단	猛烈な霧が襲來聯絡船の立往生幻の街と化した十九日夜の釜山
222252	朝鮮朝日	南鮮版	1932-05-21	1	09단	社長爭ひ重大視成り行き注目される義州鑛山總會
222253	朝鮮朝日	南鮮版	1932-05-21	1	10단	鰯油運賃決定す前年同樣に
222254	朝鮮朝日	南鮮版	1932-05-21	1	10단	一家皆殺しの脅迫狀三千圓提供せよ
222255	朝鮮朝日	南鮮版	1932-05-21	1	10단	夫婦共謀して六百圓詐取
222256	朝鮮朝日	南鮮版	1932-05-21	1	10단	銅線泥棒捕まる
222257	朝鮮朝日	南鮮版	1932-05-21	1	10단	人(井上屬四郎子(貴族院議員))
222258	朝鮮朝日	西北・南鮮版	1932-05-21	2	01단	放送朝から夜まで/お馴染の小學唱歌 日本教育音樂協會合唱團(獨唱 黑澤貞子/ピアノ伴奏 船橋榮吉)/宗敎講話「五觀偈」綱木賢明/映畵物語畔倉重四郎(國井紫香/藤井華香/伴奏指揮 若松巖/新日本音樂)
222259	朝鮮朝日	西北・南鮮版	1932-05-21	2	01단	前10・40講演繪畵美の種々相/同大敎授園賴三

일련번호	판명		간행일	면	단수	기사명
222260	朝鮮朝日	西北・南鮮版	1932-05-21	2	03단	野球中止の場合の中繼放送/獨唱とピアノ獨奏(獨唱 會田タミイ/ピアノ獨奏 川上良武/ピアノ伴奏 石渡喜久代)
222261	朝鮮朝日	西北・南鮮版	1932-05-21	2	05단	不朽の文豪ヴィクトル・ユーゴー/堀正旗
222262	朝鮮朝日	西北・南鮮版	1932-05-21	2	08단	鄕土と文學(二)/伊福部隆輝
222263	朝鮮朝日	西北・南鮮版	1932-05-21	2	08단	朝日俳句大會(三)/於大和國大野寺/松湖靑々選
222264	朝鮮朝日	西北・南鮮版	1932-05-21	2	09단	『生き殘った新撰組』松竹時代映畫
222265	朝鮮朝日	西北・南鮮版	1932-05-21	2	10단	學藝消息(新刊映畫展覽會/ZIG・ZAG第三回美術展/「社會的基督敎」創刊)
222266	朝鮮朝日	西北・南鮮版	1932-05-21	2	10단	文壇卷說/明大文科の諸先生
222267	朝鮮朝日	西北版	1932-05-21	1	01단	各方面からの激勵で空の勇士尹軍感激ちかく滿洲國を訪問
222268	朝鮮朝日	西北版	1932-05-21	1	01단	日本共立に斷然肩替り火保協會に挑戰か興味ある一石を投す
222269	朝鮮朝日	西北版	1932-05-21	1	01단	平壤聯隊軍旗祭
222270	朝鮮朝日	西北版	1932-05-21	1	01단	朝鮮運送の平南間專用貨車危ぶまる
222271	朝鮮朝日	西北版	1932-05-21	1	01단	當局を信賴して待機せよ
222272	朝鮮朝日	西北版	1932-05-21	1	02단	田植を控へ春寒料峭の氣違ひ日和
222273	朝鮮朝日	西北版	1932-05-21	1	02단	愛國朝鮮號羅南と淸津方面へ/天候不良で朝鮮號引返へす/愛國號記念繪葉書
222274	朝鮮朝日	西北版	1932-05-21	1	02단	李花爛漫の延吉公園で滿洲國建國祝賀會近來稀に見る大賑ひを呈す
222275	朝鮮朝日	西北版	1932-05-21	1	02단	農民移民
222276	朝鮮朝日	西北版	1932-05-21	1	03단	滿洲移住の根本對策
222277	朝鮮朝日	西北版	1932-05-21	1	03단	近く金鑛の採掘を開始
222278	朝鮮朝日	西北版	1932-05-21	1	03단	北洋丸が登記料で首途に惱む
222279	朝鮮朝日	西北版	1932-05-21	1	04단	咸南の金山素描昨年の鑛産額
222280	朝鮮朝日	西北版	1932-05-21	1	04단	畑作の改良には肥料資金が第一現在の如く無資金狀態では到底改良は望めぬ
222281	朝鮮朝日	西北版	1932-05-21	1	04단	沙利採取の會社を新設平壤府政の難問題も目出度く解消する
222282	朝鮮朝日	西北版	1932-05-21	1	05단	慰問金募集
222283	朝鮮朝日	西北版	1932-05-21	1	05단	霸權を目ざし全鮮を網羅半島競技界の花全鮮中等陸競大會
222284	朝鮮朝日	西北版	1932-05-21	1	05단	成績極良好平壤納稅狀態

일련번호	판명		간행일	면	단수	기사명
222285	朝鮮朝日	西北版	1932-05-21	1	06단	選手の意氣は火と燃える國境中等學校野球大會/松商對龍中十A對零で松商大勝す/六月十二日開催排籃球大會/滿鮮相撲大會
222286	朝鮮朝日	西北版	1932-05-21	1	06단	初夏の展望藤の花蔭で團欒
222287	朝鮮朝日	西北版	1932-05-21	1	07단	熱目魚の孵化準備完了
222288	朝鮮朝日	西北版	1932-05-21	1	07단	寒地の椎茸栽培期待さる
222289	朝鮮朝日	西北版	1932-05-21	1	07단	植付を前に斷水で大恐慌を來す
222290	朝鮮朝日	西北版	1932-05-21	1	08단	水道敷設を陳情
222291	朝鮮朝日	西北版	1932-05-21	1	08단	大阪、平壤間の直通輸送開始僅か四日間に短縮さる朝運平壤支店で
222292	朝鮮朝日	西北版	1932-05-21	1	08단	眞夏を思はせた平壤の署さ
222293	朝鮮朝日	西北版	1932-05-21	1	08단	女房をとられ復讐の放火自宅で捕はる
222294	朝鮮朝日	西北版	1932-05-21	1	09단	プラチナの坩堝を盗む
222295	朝鮮朝日	西北版	1932-05-21	1	09단	拳銃所持の三人男を逮捕上海假政府の一味
222296	朝鮮朝日	西北版	1932-05-21	1	10단	自轉車泥棒頻々の平壤對策に苦心する平壤署
222297	朝鮮朝日	西北版	1932-05-21	1	10단	百圓强奪の絞殺犯人漸く判明す
222298	朝鮮朝日	西北版	1932-05-21	1	10단	樂禮/柳京小話
222299	朝鮮朝日	南鮮版	1932-05-22	1	01단	開通を控へて大恐慌を來す內鮮間直通電話の缺陷搬送式電話は聲がとても小さい
222300	朝鮮朝日	南鮮版	1932-05-22	1	01단	闊葉樹保育快伐を禁止「植えるより育てよ」
222301	朝鮮朝日	南鮮版	1932-05-22	1	01단	故犬養首相追悼會
222302	朝鮮朝日	南鮮版	1932-05-22	1	02단	愛國朝鮮號關東軍飛行隊に配屬
222303	朝鮮朝日	南鮮版	1932-05-22	1	03단	特高綱充實警備機構の活躍を期待
222304	朝鮮朝日	南鮮版	1932-05-22	1	03단	朝鮮號第四機優秀な九二式戰鬪機
222305	朝鮮朝日	南鮮版	1932-05-22	1	03단	貨物收入大減收鮮鐵弱り拔く鮮內へ輸入の滿洲粟問題滿洲國の新線完成で
222306	朝鮮朝日	南鮮版	1932-05-22	1	03단	道、府の意見が全く背反す試驗場敷地問題揉む
222307	朝鮮朝日	南鮮版	1932-05-22	1	04단	半島評壇(米穀統制と鮮米)
222308	朝鮮朝日	南鮮版	1932-05-22	1	04단	擧國一致內閣要望
222309	朝鮮朝日	南鮮版	1932-05-22	1	04단	大邱朝日新聞社のトーキー映寫班來る!京城東亞俱樂部
222310	朝鮮朝日	南鮮版	1932-05-22	1	05단	關係者を網羅官民合同の調査委員會を設置斡旋方を總督府に要望

일련번호	판명		간행일	면	단수	기사명
222311	朝鮮朝日	南鮮版	1932-05-22	1	05단	取水場改良工事着手
222312	朝鮮朝日	南鮮版	1932-05-22	1	06단	鮮銀から滿洲の中央銀行へ
222313	朝鮮朝日	南鮮版	1932-05-22	1	06단	『農民全部を金組の旗の下へ』積極的指標をかざし組合員獲得運動に拍車をかく
222314	朝鮮朝日	南鮮版	1932-05-22	1	07단	蠅族を退治
222315	朝鮮朝日	南鮮版	1932-05-22	1	07단	競點射擊會優勝旗は咸陽署に
222316	朝鮮朝日	南鮮版	1932-05-22	1	08단	內外ニュース(擧國一致內閣必要を力說園公自重す/政友單獨は妥當でない若規男の意見/輸血後も白川大將の容態益々惡化/市村座全燒)
222317	朝鮮朝日	南鮮版	1932-05-22	1	09단	折角の慈雨も燒石に水で苗代の育成危ぶまる天を仰いで雨を待ち焦る
222318	朝鮮朝日	南鮮版	1932-05-22	1	09단	各署對抗射擊大會
222319	朝鮮朝日	南鮮版	1932-05-22	1	09단	もよほし(釜山繁榮會)
222320	朝鮮朝日	南鮮版	1932-05-22	1	10단	凱旋した松田部隊に淸酒を寄贈
222321	朝鮮朝日	南鮮版	1932-05-22	1	10단	龍山部隊の凱旋祝賀會盛大に擧行
222322	朝鮮朝日	南鮮版	1932-05-22	1	10단	消防組頭新任
222323	朝鮮朝日	南鮮版	1932-05-22	1	10단	馬賊十四名舟を襲うて金品を掠奪
222324	朝鮮朝日	南鮮版	1932-05-22	1	10단	人(池上秀畝氏(畫家)/大谷勝眞氏(城大敎授)/大島釜山府尹)
222325	朝鮮朝日	西北・南鮮版	1932-05-22	2	01단	初夏の夜に流れる洋樂の麗しい旋律詩想豊かな傑作を集めて(ヴァイオリン獨奏 林龍作/ピアノ獨奏と伴奏 高折宮次)
222326	朝鮮朝日	西北・南鮮版	1932-05-22	2	01단	シュメー女史のヴァイオリン獨奏ラロのへ短調協奏曲など(ピアノ伴奏アンチャ・サイドロヴァ)
222327	朝鮮朝日	西北・南鮮版	1932-05-22	2	02단	獨唱とチェロ獨奏(ドラマチックソプラノ 植村輝子/チェロ 森屋比佐雄/ピアノ伴奏 羽石ツネ)
222328	朝鮮朝日	西北・南鮮版	1932-05-22	2	05단	お笑ひを一席三遊亭圓屈とん
222329	朝鮮朝日	西北・南鮮版	1932-05-22	2	05단	福岡の一角に起った新しい農民劇場家庭大學講座/鄉土文藝と農民文化/中村星湖
222330	朝鮮朝日	西北・南鮮版	1932-05-22	2	07단	落語/高野違ひ/三遊亭圓橘
222331	朝鮮朝日	西北・南鮮版	1932-05-22	2	08단	市井藝術再吟味/民謠禮讚/井野邊天籟
222332	朝鮮朝日	西北・南鮮版	1932-05-22	2	08단	朝日俳句大會(四)/於大和國大野寺/松瀨靑々選席上題『卽景』
222333	朝鮮朝日	西北・南鮮版	1932-05-22	2	09단	鄉土と文學(三)/伊福部隆輝
222334	朝鮮朝日	西北・南鮮版	1932-05-22	2	10단	學藝消息(靑木宏峰氏/邦榮大演奏會/名家餘技工藝品展)

일련번호	판명		간행일	면	단수	기사명
222335	朝鮮朝日	西北版	1932-05-22	1	01단	貨物收入大減收鮮鐵弱り拢く鮮內へ輸入される滿洲粟問題滿洲國の新線完成で
222336	朝鮮朝日	西北版	1932-05-22	1	01단	産繭増殖計劃が頓挫などすまいだが涙も出ぬ絲價暴落ぶり勞作の報酬二圓九十錢
222337	朝鮮朝日	西北版	1932-05-22	1	01단	陣容を整へ鹽干魚輸出滿洲新國家を目ざし來月早々調査員を特派す
222338	朝鮮朝日	西北版	1932-05-22	1	02단	寬甸縣の人心極度に動搖義勇軍の首魁李士用部下一千を引連れて入城
222339	朝鮮朝日	西北版	1932-05-22	1	03단	貯水池工事で慈山驛活況を呈す
222340	朝鮮朝日	西北版	1932-05-22	1	03단	六月三日に發聲映畫の會讀者優待のために「輝く皇軍」を上映
222341	朝鮮朝日	西北版	1932-05-22	1	03단	海州高女選手出發
222342	朝鮮朝日	西北版	1932-05-22	1	04단	プスモス來る
222343	朝鮮朝日	西北版	1932-05-22	1	04단	浦田上等兵餘榮金鵄勳章を賜る
222344	朝鮮朝日	西北版	1932-05-22	1	04단	開通を控へて大恐慌を來す內鮮間直通電話の缺陷搬送式電話は聲がとても小さい
222345	朝鮮朝日	西北版	1932-05-22	1	05단	ツーリスト支部を開設六月一日から
222346	朝鮮朝日	西北版	1932-05-22	1	05단	穩やかにと慰撫に努む血判連署で陳情した平醫講生の昇格運動
222347	朝鮮朝日	西北版	1932-05-22	1	05단	七十八萬圓事件功勞者へ賞與金を授與
222348	朝鮮朝日	西北版	1932-05-22	1	06단	平壤署實彈射擊
222349	朝鮮朝日	西北版	1932-05-22	1	06단	滿蒙探險の兩君學生姿に早變り
222350	朝鮮朝日	西北版	1932-05-22	1	07단	貯金管理所設置など可決料理屋兼業廢止は防止平壤商議役員會
222351	朝鮮朝日	西北版	1932-05-22	1	07단	疑問符につき實地檢證で調査全智全能を傾ける法官達若妻殺し事件
222352	朝鮮朝日	西北版	1932-05-22	1	07단	小指大の雹が降る大雪鳴と共に
222353	朝鮮朝日	西北版	1932-05-22	1	07단	塵箱の中に胎兒の死體
222354	朝鮮朝日	西北版	1932-05-22	1	08단	初夏の展望(２)/綠蔭を行く客船
222355	朝鮮朝日	西北版	1932-05-22	1	08단	あわただしい國境の列車風景白色テロ一味潛入の情報憲兵隊警察官緊張す
222356	朝鮮朝日	西北版	1932-05-22	1	09단	公安隊を威喝す李壽山の車を東に蝟集
222357	朝鮮朝日	西北版	1932-05-22	1	09단	ルンペン朝鮮人の激增コソ泥橫行飛んでもない副産物
222358	朝鮮朝日	西北版	1932-05-22	1	09단	平壤署の自轉車一齊取締り
222359	朝鮮朝日	西北版	1932-05-22	1	10단	樂禮/柳京小話

일련번호	판명		간행일	면	단수	기사명
222360	朝鮮朝日	南鮮版	1932-05-24	1	01단	齋藤內閣をどう見る人格手腕共に申分のない人二千萬民衆は大喜びだ宇垣總督服らかに語る/この人選には頭が下る軍部としては欣快林朝鮮軍司令官は語る/朝鮮にとり極めて好都合擧國一致內閣實現か加藤鮮銀總裁談/われらの齋藤さんに早くも歡呼の聲非常な期待を持つ總督の延長內閣と見て
222361	朝鮮朝日	南鮮版	1932-05-24	1	03단	李節の登場者豊艷な昌慶苑の牡丹
222362	朝鮮朝日	南鮮版	1932-05-24	1	03단	內外ニュース(臨時議會廿三日成立/兩總裁に入閣勸說齋藤子各方而を歷訪す/高橋氏は大體諾意を表す/山本達雄男の出廬を促す/白川大將の容態持直す)
222363	朝鮮朝日	南鮮版	1932-05-24	1	04단	京城の小火
222364	朝鮮朝日	南鮮版	1932-05-24	1	04단	殉職板本警部遺骨內地へ
222365	朝鮮朝日	南鮮版	1932-05-24	1	05단	牧島公設市場開場六月一日より
222366	朝鮮朝日	南鮮版	1932-05-24	1	05단	東萊溫泉區整組合六月中旬創立
222367	朝鮮朝日	南鮮版	1932-05-24	1	05단	十ヶ年計劃で朝鮮人百萬を新天地滿洲へ移住さす總督府の移民計劃大綱決る
222368	朝鮮朝日	南鮮版	1932-05-24	1	06단	半島評壇(稅務の獨立)
222369	朝鮮朝日	南鮮版	1932-05-24	1	06단	齋藤子を繞る人々の橫顔宛然朝鮮內閣の觀
222370	朝鮮朝日	南鮮版	1932-05-24	1	06단	驚異的の出來榮段當り七石五斗鮮內麥作多收穫の新記錄
222371	朝鮮朝日	南鮮版	1932-05-24	1	07단	印紙稅の集合檢查
222372	朝鮮朝日	南鮮版	1932-05-24	1	07단	産米增殖計劃の起債承認さる半額は大藏省低利資金殘りは東拓、殖銀よりの融資
222373	朝鮮朝日	南鮮版	1932-05-24	1	08단	夏の一景物蠅小屋火葬場を新設
222374	朝鮮朝日	南鮮版	1932-05-24	1	09단	對滿蒙貿易促進座談會
222375	朝鮮朝日	南鮮版	1932-05-24	1	09단	兵匪蜂起して琿春の形勢逼迫わが軍活動を開始す朝鮮號三機龍井村に到着
222376	朝鮮朝日	南鮮版	1932-05-24	1	10단	强盜殺人の李先龍へ懲役十五年
222377	朝鮮朝日	南鮮版	1932-05-24	1	10단	尹昌鉉君千里號で滿洲を訪問
222378	朝鮮朝日	南鮮版	1932-05-24	1	10단	木炭積みの貨車燃ゆ
222379	朝鮮朝日	西北版	1932-05-24	1	01단	十ヶ年計劃で朝鮮人百萬を新天地滿洲へ移住さす總督府の移民計劃大綱決る
222380	朝鮮朝日	西北版	1932-05-24	1	01단	齋藤さんは沙中の金だ時局を救ふ最適任者藤原平南知事喜んで語る
222381	朝鮮朝日	西北版	1932-05-24	1	01단	北米向の大粒栗農家の福音

일련번호	판명		간행일	면	단수	기사명
222382	朝鮮朝日	西北版	1932-05-24	1	02단	土門子の兵一千名叛くわが軍出動目下待機中
222383	朝鮮朝日	西北版	1932-05-24	1	02단	高利債を低利債へ年三割以上の高利債の整理指導金融にはより一層努力平南の金融組合
222384	朝鮮朝日	西北版	1932-05-24	1	03단	殿岡上等兵町葬に決定同情集まる
222385	朝鮮朝日	西北版	1932-05-24	1	03단	淸流壁の上に敷地を變更より景勝の地點を占める新設の平壤博物館
222386	朝鮮朝日	西北版	1932-05-24	1	03단	時の記念日實質的宣傳懸賞で橋語募集
222387	朝鮮朝日	西北版	1932-05-24	1	04단	西鮮三道の徴兵檢査良好な成績
222388	朝鮮朝日	西北版	1932-05-24	1	04단	滿洲見本市へ多數の出品
222389	朝鮮朝日	西北版	1932-05-24	1	04단	保留炭田の貸下げを要望現狀放置では廢坑となる明治鑛業の陳情
222390	朝鮮朝日	西北版	1932-05-24	1	05단	薰風にペンは飛ぶ（１１）/禿げしかれとは祈らぬ人の横顔(I)/光頭の圓滿相熙川殖銀君
222391	朝鮮朝日	西北版	1932-05-24	1	05단	生産品の委託販賣商陳で調査
222392	朝鮮朝日	西北版	1932-05-24	1	05단	奏任校長候補詮者
222393	朝鮮朝日	西北版	1932-05-24	1	05단	初夏の展望（３）/大同江の裸體群像
222394	朝鮮朝日	西北版	1932-05-24	1	06단	若妻殺し實地檢證
222395	朝鮮朝日	西北版	1932-05-24	1	06단	春鷺掃立枚數
222396	朝鮮朝日	西北版	1932-05-24	1	07단	産米増殖計劃の起債承認さる半額は大藏省低利資金殘りは東拓、殖銀よりの融資
222397	朝鮮朝日	西北版	1932-05-24	1	07단	カフェ兼業の延期を陳情
222398	朝鮮朝日	西北版	1932-05-24	1	08단	平南道の苗代品評會廿七日から
222399	朝鮮朝日	西北版	1932-05-24	1	08단	巡査拔劍し滅多斬り成行注目さる
222400	朝鮮朝日	西北版	1932-05-24	1	08단	樂禮/柳京小話
222401	朝鮮朝日	西北版	1932-05-24	1	09단	對滿貿易の促進を計る具體案を考究
222402	朝鮮朝日	西北版	1932-05-24	1	09단	十對四平實先勝對平鐵定期戰/醫講對平中陸上競技廿九日擧行
222403	朝鮮朝日	西北版	1932-05-24	1	09단	種子大豆と無利子の金　飢饉が生んだ美談
222404	朝鮮朝日	西北版	1932-05-24	1	10단	主家の金を横領費消す
222405	朝鮮朝日	西北版	1932-05-24	1	10단	妻を傷け飛込自殺
222406	朝鮮朝日	西北版	1932-05-24	1	10단	排日ビラ
222407	朝鮮朝日	南鮮版	1932-05-25	1	01단	二百五十萬圓の簡保積立金を公共事業に貸付ける近く運用委員會で具體案決定

일련번호	판명		간행일	면	단수	기사명
222408	朝鮮朝日	南鮮版	1932-05-25	1	01단	組閣を前に急電に接し林朝鮮軍司令官急遽東上陸相か殺育總監か/林大將の陸軍大臣はまづ間違ひあるまい密談後宇垣總督は語る
222409	朝鮮朝日	南鮮版	1932-05-25	1	01단	鮮展東洋畵鑑査結果廿四日發表
222410	朝鮮朝日	南鮮版	1932-05-25	1	02단	漁組の共販起債認可は當分困難か
222411	朝鮮朝日	南鮮版	1932-05-25	1	02단	桑葉蠶兒共發育良好春蠶掃立見込數六十八萬八千六百五枚前年より三分九釐の增
222412	朝鮮朝日	南鮮版	1932-05-25	1	03단	內鮮直通電話の雜音檢査開始釜山局階上に機械を据付けて遞信局技術者が試驗
222413	朝鮮朝日	南鮮版	1932-05-25	1	03단	第二艦隊鎭海へ廿六日入港
222414	朝鮮朝日	南鮮版	1932-05-25	1	03단	琿春蘇る空爆で匪賊を攻擊
222415	朝鮮朝日	南鮮版	1932-05-25	1	04단	講演と映畵の夕海軍記念日に
222416	朝鮮朝日	南鮮版	1932-05-25	1	04단	總督府多年の縣案穀物檢査の國營本年度から實施に決定新穀出廻期十一月一日から開始
222417	朝鮮朝日	南鮮版	1932-05-25	1	04단	內外ニュース(組閣に關し齋藤子陸相海相に援助を求む/總括的援助を正式に承諾鈴木總裁より/政友會側の入閣者三名又は四名高橋氏は確定/民政黨の入閣は山本町田兩氏山本氏內相か/避難民列車大衝突死傷者百四十名/八家子で匪賊のため吉川組主任ら三名重輕傷)
222418	朝鮮朝日	南鮮版	1932-05-25	1	05단	半島評壇(齋藤子爵と朝鮮)
222419	朝鮮朝日	南鮮版	1932-05-25	1	06단	昇格促進を當局に陳情大邱醫專期成會幹部が
222420	朝鮮朝日	南鮮版	1932-05-25	1	06단	海軍記念日に軍樂隊の演奏
222421	朝鮮朝日	南鮮版	1932-05-25	1	06단	面事務所燒く
222422	朝鮮朝日	南鮮版	1932-05-25	1	06단	仁川を根城に潰滅に瀕した朝鮮共産黨再興を畵策李承燁ら三名結審有罪公判へ
222423	朝鮮朝日	南鮮版	1932-05-25	1	07단	寡婦慘殺事件捜査を督勵道より蔚山へ刑事を特派
222424	朝鮮朝日	南鮮版	1932-05-25	1	07단	二、三等船客男一名づゝ關釜聯絡船から身投す
222425	朝鮮朝日	南鮮版	1932-05-25	1	08단	放火女に無罪の判決言渡し
222426	朝鮮朝日	南鮮版	1932-05-25	1	09단	惡の花を克服してユートピア現出山村の臭深く祕められた美しい內鮮相愛物語
222427	朝鮮朝日	南鮮版	1932-05-25	1	10단	トラックで轢く

일련번호	판명		간행일	면	단수	기사명
222428	朝鮮朝日	南鮮版	1932-05-25	1	10단	人(山田城大總長/島山喜一氏(城大教授)/安藤廣太郎氏(東大教授))
222429	朝鮮朝日	南鮮版	1932-05-25	1	10단	明暗
222430	朝鮮朝日	西北・南鮮版	1932-05-25	2	01단	「島衞」の一場面右から左囲次の干太、羽左衛門の島蔵
222431	朝鮮朝日	西北・南鮮版	1932-05-25	2	01단	放送舞台劇/明治初年の世相を活寫した散切物默阿彌翁が白浪物の書納め/島衞月白浪市用壽美藤一座
222432	朝鮮朝日	西北・南鮮版	1932-05-25	2	01단	謠曲/夜討曾我今さら思ひ白雲の懸るや當士の裾野より/栗谷益二郎ほか
222433	朝鮮朝日	西北・南鮮版	1932-05-25	2	04단	管絃樂/ビゼーの傑作組曲アルルの女日本放送交響曲團(指揮奧山貞吉)
222434	朝鮮朝日	西北・南鮮版	1932-05-25	2	05단	熱誠溢れる銃後の援け講演/帝國軍人後援會副會長陸軍中將小泉六一
222435	朝鮮朝日	西北・南鮮版	1932-05-25	2	06단	室內樂/アルメリア四重奏團
222436	朝鮮朝日	西北・南鮮版	1932-05-25	2	08단	事實と創作或は實話と小說(二)/桑原武夫
222437	朝鮮朝日	西北・南鮮版	1932-05-25	2	08단	奧の細道を辿る(四)/首藤素史
222438	朝鮮朝日	西北・南鮮版	1932-05-25	2	08단	熱からとる寫眞
222439	朝鮮朝日	西北・南鮮版	1932-05-25	2	09단	市井藝術再吟味/日本的なる律動日本古民謠の研究/井野邊天籟
222440	朝鮮朝日	西北・南鮮版	1932-05-25	2	10단	新刊紹介(史記會注考證一、二卷/法學研究第一冊)
222441	朝鮮朝日	西北版	1932-05-25	1	01단	西鮮女子オリンピック大會榮ある優勝旗は四度平壤女高普へ火の出るやうな肉薄戰を演じ續々朝鮮記錄を破る
222442	朝鮮朝日	西北版	1932-05-25	1	01단	潑剌明脈
222443	朝鮮朝日	西北版	1932-05-25	1	04단	平壤聯隊大隊演習
222444	朝鮮朝日	西北版	1932-05-25	1	05단	二百五十萬圓の簡保積立金を公共事業に貸付ける近く運用委員會で具體案決定
222445	朝鮮朝日	西北版	1932-05-25	1	06단	桑葉蠶兒共發育良好春蠶掃立見込數六十八萬八千六百五枚前年より三分九釐の增
222446	朝鮮朝日	西北版	1932-05-25	1	07단	總督府多年の縣案穀物檢査の國營本年度から實施に決定新穀出廻期十一月一日から開始
222447	朝鮮朝日	西北版	1932-05-25	1	08단	平鐵工務へ停車場設置を陳情
222448	朝鮮朝日	西北版	1932-05-25	1	08단	槍三千本と軍服三千着輯安商務會に徵發を命ず叛兵の來襲に備ふ
222449	朝鮮朝日	西北版	1932-05-25	1	08단	學組議員選擧空前の不振
222450	朝鮮朝日	西北版	1932-05-25	1	08단	貧農に面稅を代納里民感激す

일련번호	판명		간행일	면	단수	기사명
222451	朝鮮朝日	西北版	1932-05-25	1	09단	海州高女生傷病兵慰問
222452	朝鮮朝日	西北版	1932-05-25	1	09단	平南特産スレート監田用に頗る好望
222453	朝鮮朝日	西北版	1932-05-25	1	09단	祕密結社事件益々擴大す學生の赤化を企つすでに檢擧十八名に上る
222454	朝鮮朝日	西北版	1932-05-25	1	10단	醫生教養
222455	朝鮮朝日	西北版	1932-05-25	1	10단	强盜殺人へ無罪の判決覆審法院で
222456	朝鮮朝日	西北版	1932-05-25	1	10단	人(山形平壤憲兵隊長)
222457	朝鮮朝日	西北版	1932-05-25	1	10단	樂禮/柳京小話
222458	朝鮮朝日	南鮮版	1932-05-26	1	01단	貧小階級を救ふ信用貸を實施理事に農事知識を鼓吹朝鮮金組協會の新農村振興策
222459	朝鮮朝日	南鮮版	1932-05-26	1	01단	釜山安東間貨物列車の大短縮廿八時間愈よ六月中旬から實施
222460	朝鮮朝日	南鮮版	1932-05-26	1	01단	義州鑛山監時株主總會で社長解任を承認重役の改選を斷行社業の刷新を計る
222461	朝鮮朝日	南鮮版	1932-05-26	1	01단	齋藤內閣出現で朝鮮は安全地帶黨略的人事行政排擊
222462	朝鮮朝日	南鮮版	1932-05-26	1	02단	尹機千里號訪滿飛行雨のため延期廿六日出發か
222463	朝鮮朝日	南鮮版	1932-05-26	1	03단	鬱陵島の夏鯖漁漸く本調子
222464	朝鮮朝日	南鮮版	1932-05-26	1	03단	殉職運轉手に祭粢科下賜釜山府で傳達
222465	朝鮮朝日	南鮮版	1932-05-26	1	03단	ダイヤ改正に伴ひ大型汽動車を京釜線で增發運轉
222466	朝鮮朝日	南鮮版	1932-05-26	1	03단	半島工藝美術の花鮮展に咲き亂る眠れる斯界に鳴響く祝鐘
222467	朝鮮朝日	南鮮版	1932-05-26	1	03단	內外ニュース(生れ出る齋藤內閣七省は確定五省は未確定廿五日午後五時迄の形勢/內田總裁の外相就任適任あれば異議はない/書記官長と法制局長官柴田、堀切兩氏に交涉)
222468	朝鮮朝日	南鮮版	1932-05-26	1	04단	愛讀者招待發聲映畵の會破れるやうな大盛況各方面の好評と賞讚を博す
222469	朝鮮朝日	南鮮版	1932-05-26	1	04단	惠山線工事落札
222470	朝鮮朝日	南鮮版	1932-05-26	1	05단	時局ニュース發聲映畵大會
222471	朝鮮朝日	南鮮版	1932-05-26	1	05단	逃走中の共産黨員檢擧さる
222472	朝鮮朝日	南鮮版	1932-05-26	1	05단	レプラ患者の乞食狩り/チフス猩紅熱痘瘡流行/蔚山の痘瘡發生系統判明
222473	朝鮮朝日	南鮮版	1932-05-26	1	06단	半島平澹(反古同樣の申合せ)
222474	朝鮮朝日	南鮮版	1932-05-26	1	07단	京城の千日前で借家爭議起る家賃二割値上げから成行きは各方面から注目さる

일련번호	판명		간행일	면	단수	기사명
222475	朝鮮朝日	南鮮版	1932-05-26	1	09단	安圓、撫松臨江の各縣兵匪に襲はれ大混亂に陷る
222476	朝鮮朝日	南鮮版	1932-05-26	1	09단	農民決死隊一味の有力な指導者/知人の宅に潛伏中を元山署員に逮捕さる
222477	朝鮮朝日	南鮮版	1932-05-26	1	10단	間島共産黨事件求刑金權へ死刑蘇聖圭に無期判決は卅一日
222478	朝鮮朝日	南鮮版	1932-05-26	1	10단	府營バス電車と衝突損害五百圓
222479	朝鮮朝日	南鮮版	1932-05-26	1	10단	空中から慰靈祭蔚山鄕軍の催し
222480	朝鮮朝日	南鮮版	1932-05-26	1	10단	採石場人夫休を決行賃銀値上げを一蹴され
222481	朝鮮朝日	西北・南鮮版	1932-05-26	2	01단	海軍記念日に因む放送/その日の樣々な出來事を拾ひ集めて/ラヂオドラマ/海軍記念日
222482	朝鮮朝日	西北・南鮮版	1932-05-26	2	02단	琵琶旅順口/榎本芝水
222483	朝鮮朝日	西北・南鮮版	1932-05-26	2	02단	海のビルディング軍艦生活の一日/描寫物語GK後五時半/解說指揮/緒方末記
222484	朝鮮朝日	西北・南鮮版	1932-05-26	2	03단	海軍記念日放送の((上から)吉田大和之丞、襲本芝水の兩氏)
222485	朝鮮朝日	西北・南鮮版	1932-05-26	2	04단	七段備への戰法は袋の鼠か丁字形浪花節日本海海戰/吉田大和之丞
222486	朝鮮朝日	西北・南鮮版	1932-05-26	2	06단	コドモノ時間/ラヂオスケッチ/勇ましい三笠の勳功をたゝへ日本海大海戰を偲ぶ東京放送童話劇協會
222487	朝鮮朝日	西北・南鮮版	1932-05-26	2	07단	琵琶/DKから東鄕大將/飯堂旭秋
222488	朝鮮朝日	西北・南鮮版	1932-05-26	2	08단	事實と創作/或は實話と小說(三)/桑原武夫
222489	朝鮮朝日	西北・南鮮版	1932-05-26	2	08단	奥の細道を辿る(五)/首藤素史
222490	朝鮮朝日	西北・南鮮版	1932-05-26	2	09단	巴里畫壇の不振/在パリ瀨崎晴夫
222491	朝鮮朝日	西北・南鮮版	1932-05-26	2	09단	ムソリーニ禮讚
222492	朝鮮朝日	西北・南鮮版	1932-05-26	2	10단	學藝消息(安宅安五郎氏個展)
222493	朝鮮朝日	西北・南鮮版	1932-05-26	2	10단	文壇巷說/モンスター・直木
222494	朝鮮朝日	西北版	1932-05-26	1	01단	咸北産業界の歷史的一轉機强力産業組合の計劃道當局の大英斷
222495	朝鮮朝日	西北版	1932-05-26	1	01단	簡易保險から低資を交涉中平壤府水道改良工事
222496	朝鮮朝日	西北版	1932-05-26	1	01단	久方振りの美食で下痢を催す悲慘な窮民
222497	朝鮮朝日	西北版	1932-05-26	1	01단	義州金剛寺の八重躑躅滿開
222498	朝鮮朝日	西北版	1932-05-26	1	03단	叛軍討伐隊通化に向ふ/安圓、撫松臨江の各縣兵匪に襲はれ大混亂に陷る

일련번호	판명		간행일	면	단수	기사명
222499	朝鮮朝日	西北版	1932-05-26	1	03단	全鮮的に昂る緬羊ファッシヨ種緬羊の注文殺到す
222500	朝鮮朝日	西北版	1932-05-26	1	03단	尹機出發見合せ二、三日待機
222501	朝鮮朝日	西北版	1932-05-26	1	03단	殿岡上等兵の遺族を廻る愛出身校若松小學校同窓會や平壤高女の篤志
222502	朝鮮朝日	西北版	1932-05-26	1	04단	一割減耕作平壤專賣局の煙草面積
222503	朝鮮朝日	西北版	1932-05-26	1	04단	荷造改善移動展平壤で開催
222504	朝鮮朝日	西北版	1932-05-26	1	04단	養鼈界は空前の受難時代凶作惨禍の咸北農村
222505	朝鮮朝日	西北版	1932-05-26	1	05단	初夏の展望(４)/綠蔭に態ふ物賣り
222506	朝鮮朝日	西北版	1932-05-26	1	05단	咸南中部發展聯合會總會を開く
222507	朝鮮朝日	西北版	1932-05-26	1	05단	國境守備兵交代
222508	朝鮮朝日	西北版	1932-05-26	1	05단	朝鮮新聞平壤支社更新祝賀會
222509	朝鮮朝日	西北版	1932-05-26	1	05단	福岡縣特産展
222510	朝鮮朝日	西北版	1932-05-26	1	06단	內部說有力さなくば解雇された者
222511	朝鮮朝日	西北版	1932-05-26	1	06단	女性から男性へ離婚訴訟の挑戰ダン然增加の傾向
222512	朝鮮朝日	西北版	1932-05-26	1	06단	大淸津港は八分通り竣工繫船は明年末から
222513	朝鮮朝日	西北版	1932-05-26	1	07단	平壤と南浦の對抗陸上競技六月十二日南浦で開催す好記錄續出を豫想
222514	朝鮮朝日	西北版	1932-05-26	1	07단	厄介者轢死狂汽車を停む
222515	朝鮮朝日	西北版	1932-05-26	1	08단	合鍵を使用金庫を開き在金全部を竊取
222516	朝鮮朝日	西北版	1932-05-26	1	08단	孫を殺さんとする亂暴な老爺
222517	朝鮮朝日	西北版	1932-05-26	1	08단	大阪實業團一行
222518	朝鮮朝日	西北版	1932-05-26	1	08단	妓生の卵騷ぐ朝鮮歌教師罷免を陳情
222519	朝鮮朝日	西北版	1932-05-26	1	09단	狂言の辻强盜情婦へ金をみつぐため
222520	朝鮮朝日	西北版	1932-05-26	1	09단	齋藤實子と奇しき因緣張宗昌と兄弟の契張宗昌こと伊達順之助氏
222521	朝鮮朝日	西北版	1932-05-26	1	09단	間島共産黨事件求刑金權へ死刑蘇聖圭に無期判決は卅一日
222522	朝鮮朝日	西北版	1932-05-26	1	10단	妻女を脅し現金を强奪平壤の强盜
222523	朝鮮朝日	西北版	1932-05-26	1	10단	上告棄却さる
222524	朝鮮朝日	西北版	1932-05-26	1	10단	もよほし(元山在鄕軍人分會春李總會)
222525	朝鮮朝日	西北版	1932-05-26	1	10단	樂禮/柳京小話
222526	朝鮮朝日	南鮮版	1932-05-27	1	01단	日本一の健康兒童探し朝鮮代表として男女各三名を選定中央審查會に報告
222527	朝鮮朝日	南鮮版	1932-05-27	1	01단	注目の焦點永井新拓相朝鮮での評判は上乘植民政策の實現を期待

일련번호	판명		간행일	면	단수	기사명
222528	朝鮮朝日	南鮮版	1932-05-27	1	01단	農業倉庫の建設地決る本年度は十ヶ所新設之で全鮮農倉は三十四ヶ所
222529	朝鮮朝日	南鮮版	1932-05-27	1	01단	藥水行バスちかく運轉
222530	朝鮮朝日	南鮮版	1932-05-27	1	02단	內外ニュース(齋藤內閣親任式きのふ御擧行/陸相は荒木中將留任に決定/あくまで內田伯の外相就任懇請/台灣總督は兒玉伯に內定/教育總監に林大將後任は川島中將/白川大將薨去)
222531	朝鮮朝日	南鮮版	1932-05-27	1	03단	內鮮聯絡電話雜音檢査一先づ終了
222532	朝鮮朝日	南鮮版	1932-05-27	1	03단	雜音のため通話不完全愈よ設計變更を決定內鮮直通電話の成績不良
222533	朝鮮朝日	南鮮版	1932-05-27	1	04단	人(宇垣總督)
222534	朝鮮朝日	南鮮版	1932-05-27	1	04단	元山、松江間電話不通
222535	朝鮮朝日	南鮮版	1932-05-27	1	04단	暴風雨の被害甚大漁船十五隻行方不明
222536	朝鮮朝日	南鮮版	1932-05-27	1	05단	召羅普通校同盟休校校長排斥で
222537	朝鮮朝日	南鮮版	1932-05-27	1	05단	海の處女地へ痛快に進出新興滿洲國を目指し鰺、鯖流綱漁業に乘出す
222538	朝鮮朝日	南鮮版	1932-05-27	1	06단	無罪となった放火事件檢事控訴す
222539	朝鮮朝日	南鮮版	1932-05-27	1	06단	住宅二棟を全燒す損害一萬三千圓
222540	朝鮮朝日	南鮮版	1932-05-27	1	06단	漁船二隻行方不明突風に襲はれ
222541	朝鮮朝日	南鮮版	1932-05-27	1	07단	愛讀者謝恩大福引抽戳
222542	朝鮮朝日	南鮮版	1932-05-27	1	07단	釜山の猩紅熱
222543	朝鮮朝日	南鮮版	1932-05-27	1	07단	鮮展特選きのふ發表廿五點中新顏は七名
222544	朝鮮朝日	南鮮版	1932-05-27	1	08단	漁船は沈沒聯絡船は遲着釜山地方を襲うた大暴風雨で相當の被害
222545	朝鮮朝日	南鮮版	1932-05-27	1	08단	娼妓殺しへ死刑の判決
222546	朝鮮朝日	南鮮版	1932-05-27	1	09단	朝鮮神宮境內に國旗揭揚搭
222547	朝鮮朝日	南鮮版	1932-05-27	1	09단	店員と娼妓漢江心中遉ひ上って助けらる
222548	朝鮮朝日	南鮮版	1932-05-27	1	10단	大田大隊除隊式
222549	朝鮮朝日	南鮮版	1932-05-27	1	10단	大石で我子を毆殺徵役七年求刑
222550	朝鮮朝日	南鮮版	1932-05-27	1	10단	映畫と演劇
222551	朝鮮朝日	南鮮版	1932-05-27	1	10단	明暗
222552	朝鮮朝日	西北・南鮮版	1932-05-27	2	01단	長唄/誰に見せよとて紅鐵漿つけて紫好會連中の名曲定期演奏京鹿子娘道成寺
222553	朝鮮朝日	西北・南鮮版	1932-05-27	2	03단	義太夫增補忠臣藏本藏下屋敷の段文樂座連中

일련번호	판명		간행일	면	단수	기사명
222554	朝鮮朝日	西北・南鮮版	1932-05-27	2	04단	ピアノ四重奏ブラームスの名曲(ピアノレオ・シロタ/ヴァイオリンロバート・ボーラツク/ヴィオラ橋本國産/チェロハイソリツビ・ウイルクマイステル)/和洋合奏富士管絃樂團(指揮近藤信一)
222555	朝鮮朝日	西北・南鮮版	1932-05-27	2	05단	「本藏下屋敷の段」の舞台曲
222556	朝鮮朝日	西北・南鮮版	1932-05-27	2	08단	ニュース漫談/水守龜之助
222557	朝鮮朝日	西北・南鮮版	1932-05-27	2	08단	奥の細道を辿る(六)/首藤素史
222558	朝鮮朝日	西北・南鮮版	1932-05-27	2	09단	自由を畫壇に近代巴里派の不振(二)/在バリ 瀨崎晴夫
222559	朝鮮朝日	西北・南鮮版	1932-05-27	2	10단	學藝消息(林重義氏夫人/日ソ文化協會/岡田紅陽氏展/浪江涗々堂作品頒布會)
222560	朝鮮朝日	西北版	1932-05-27	1	01단	「朝鮮の大阪」を誘致する諸說備實に完備した染織部の內容平南工業試驗所
222561	朝鮮朝日	西北版	1932-05-27	1	01단	溫容の人格者齋藤子の橫顔趣味は朝風呂と雜誌の整理綽名「午前樣」の由來
222562	朝鮮朝日	西北版	1932-05-27	1	02단	林大將の後任川島中將は明敏果斷の軍略家適任者として歡迎さる
222563	朝鮮朝日	西北版	1932-05-27	1	03단	新義州守備隊軍旗祭盛大に擧行
222564	朝鮮朝日	西北版	1932-05-27	1	04단	開隊記念日にしめうやかに慰靈祭執行
222565	朝鮮朝日	西北版	1932-05-27	1	04단	除隊式と入營式
222566	朝鮮朝日	西北版	1932-05-27	1	04단	殘された問題は東拓の干瀉地それが解決すれば着手する昭和水利組合問題
222567	朝鮮朝日	西北版	1932-05-27	1	04단	約十一萬圓の勞銀を撒布勞銀貯金額は一萬圓大同江防水工事だけで
222568	朝鮮朝日	西北版	1932-05-27	1	05단	九割五分の好成績を示す平南の水稅納入成績
222569	朝鮮朝日	西北版	1932-05-27	1	06단	植林一段落
222570	朝鮮朝日	西北版	1932-05-27	1	06단	雪崩打つ群衆市內を示威行進反國民政府同盟を結成間島の朝鮮人騷ぐ
222571	朝鮮朝日	西北版	1932-05-27	1	07단	知事會議で正式に要望近く詳細な書面も提出す平醫講昇格運動
222572	朝鮮朝日	西北版	1932-05-27	1	07단	初夏の展望巖間くぐる淸水
222573	朝鮮朝日	西北版	1932-05-27	1	07단	妓生の生徒が取締擁護運動結局圓滿に解決か
222574	朝鮮朝日	西北版	1932-05-27	1	07단	現場審査で優秀な苗代を表彰
222575	朝鮮朝日	西北版	1932-05-27	1	08단	郵便所長會議
222576	朝鮮朝日	西北版	1932-05-27	1	09단	スポーツ(平壤署の實彈射擊成績/全鮮軟式野球豫選/全鮮庭球選手權大會/對崇實中學籠球試合ロシア軍惜敗)

일련번호	판명		간행일	면	단수	기사명
222577	朝鮮朝日	西北版	1932-05-27	1	09단	山間部に牛の增殖計劃每年の生産數三千頭以上畜牛數は着々增加
222578	朝鮮朝日	西北版	1932-05-27	1	09단	共産主義の擴大强化に努む新浦赤色勞組の七名起訴中心人物三名は行方不明
222579	朝鮮朝日	西北版	1932-05-27	1	10단	山口縣高女校長一行
222580	朝鮮朝日	西北版	1932-05-27	1	10단	溫室設備費八百圓寄附
222581	朝鮮朝日	西北版	1932-05-27	1	10단	米川らの治維法違反結審は永びく
222582	朝鮮朝日	西北版	1932-05-27	1	10단	家屋倒潰雇人負傷す
222583	朝鮮朝日	南鮮版	1932-05-28	1	01단	新設線完成で百萬圓の減收練りやうのない對策必然的に來る貨物收入の激減
222584	朝鮮朝日	南鮮版	1932-05-28	1	01단	可哀相なのは古賀聯隊だ皆僕の部下ぢやった感慨無量の川島新司令官
222585	朝鮮朝日	南鮮版	1932-05-28	1	01단	十三時間もブッ通しに停電市中は暗黑街仕方泣く泣く夜を明かす
222586	朝鮮朝日	南鮮版	1932-05-28	1	01단	國際聯盟支那調査員六月中旬頃來鮮
222587	朝鮮朝日	南鮮版	1932-05-28	1	02단	內外ニュース(新內閣の開院式六月一日に奏請と決定/台灣總督は中川氏兒玉伯辭退す/上海派遣軍司令部卅一日凱旋/白川大將の葬儀陸軍葬喪令で六月二日執行/北海道の大火全燒三百戶半燒三十戶)
222588	朝鮮朝日	南鮮版	1932-05-28	1	03단	鮮內の小作爭議階級鬪爭化す總督府では對策として小作令と小作調停令を制定
222589	朝鮮朝日	南鮮版	1932-05-28	1	04단	半島評壇(小作令を設けよ)
222590	朝鮮朝日	南鮮版	1932-05-28	1	04단	教育會總會
222591	朝鮮朝日	南鮮版	1932-05-28	1	04단	わが派遣軍匪賊を擊滅關門阻子の
222592	朝鮮朝日	南鮮版	1932-05-28	1	04단	第二艦隊鎭海入港
222593	朝鮮朝日	南鮮版	1932-05-28	1	04단	うまれ出る朝鮮米穀會平時は總督府の諮問機關非常時は民間の有力機關
222594	朝鮮朝日	南鮮版	1932-05-28	1	05단	時局ニュース發聲映畫大會
222595	朝鮮朝日	南鮮版	1932-05-28	1	06단	金組總會
222596	朝鮮朝日	南鮮版	1932-05-28	1	06단	愛讀者優待釜山の實來館
222597	朝鮮朝日	南鮮版	1932-05-28	1	06단	交涉決裂し單獨に行動仁川穀協遂に脫退
222598	朝鮮朝日	南鮮版	1932-05-28	1	07단	慶北の麥作颱風襲來で豐作地帶の大半は倒伏
222599	朝鮮朝日	南鮮版	1932-05-28	1	07단	祕密結社を結成反戰ビラ撒布二十七日豫審終結一味四名有罪公判へ回付
222600	朝鮮朝日	南鮮版	1932-05-28	1	08단	倉庫破り一網打盡
222601	朝鮮朝日	南鮮版	1932-05-28	1	08단	大仕掛の密航ブローカー釜山で檢擧さる
222602	朝鮮朝日	南鮮版	1932-05-28	1	08단	インチキ學校詐欺

일련번호	판명		간행일	면	단수	기사명
222603	朝鮮朝日	南鮮版	1932-05-28	1	09단	江崎蒜君が鮮展に初入選ホテルのボーイさん/鮮展に初入選內海辰三君
222604	朝鮮朝日	南鮮版	1932-05-28	1	09단	枕木の火事
222605	朝鮮朝日	南鮮版	1932-05-28	1	10단	肋骨を折る
222606	朝鮮朝日	南鮮版	1932-05-28	1	10단	人(田中總督府保安課長/金端圭氏(慶北知事))
222607	朝鮮朝日	西北・南鮮版	1932-05-28	2	01단	生殘った新撰組/映畵物語/日本トーキーのモロッコと銘打たれた作品(解說加藤柳美/詩吟內藤正光/伴奏島田晴三郎)
222608	朝鮮朝日	西北・南鮮版	1932-05-28	2	01단	宗教講話/松江より神道より觀る/出雲大社教總監千家尊建
222609	朝鮮朝日	西北・南鮮版	1932-05-28	2	03단	三曲(箏　落合三知余/三絃　落合三東里/同天野季三江)
222610	朝鮮朝日	西北・南鮮版	1932-05-28	2	03단	コドモノ時間/童話/キャラメルさん細川武子
222611	朝鮮朝日	西北・南鮮版	1932-05-28	2	04단	落語/一分番茶/三遊亭圓右
222612	朝鮮朝日	西北・南鮮版	1932-05-28	2	05단	浪花節堀部安兵衛/東武藏
222613	朝鮮朝日	西北・南鮮版	1932-05-28	2	05단	掛合噺し/折角の芝居を打壞す粗忽者/海老一海老藏ほか
222614	朝鮮朝日	西北・南鮮版	1932-05-28	2	06단	講演/衣裳の意味と無意味/井上吉次郎
222615	朝鮮朝日	西北・南鮮版	1932-05-28	2	08단	ニュース漫談(二)/水守龜之助
222616	朝鮮朝日	西北・南鮮版	1932-05-28	2	08단	罌粟/土田麥僊
222617	朝鮮朝日	西北・南鮮版	1932-05-28	2	09단	新映畵評/フオックスの「バッド・ガール」
222618	朝鮮朝日	西北・南鮮版	1932-05-28	2	10단	學藝消息(靑柳博士遠曆祝/華表屋美術展/折井愚哉氏/池永勝太郎氏)
222619	朝鮮朝日	西北版	1932-05-28	1	01단	日本一の健康兒童探し朝鮮代表として男女各三名を選定中央審査會に報告/申告された健康兒童
222620	朝鮮朝日	西北版	1932-05-28	1	01단	海軍記念式盛大に擧行日本海々戰に因む軍艦爆沈各種の餘興で大賑ひを呈す
222621	朝鮮朝日	西北版	1932-05-28	1	01단	支廳設置はの今のところ至難沙里院支廳要望について栃原檢事長語る
222622	朝鮮朝日	西北版	1932-05-28	1	01단	せつめい((上)操縱者寺本少佐、林大尉池田司令官に到着を報告(下)要關朝鮮號間島龍井飛行場着)
222623	朝鮮朝日	西北版	1932-05-28	1	03단	平南原蠶種製造所順川に移轉
222624	朝鮮朝日	西北版	1932-05-28	1	03단	手繰網の徹底的取締を要望
222625	朝鮮朝日	西北版	1932-05-28	1	04단	一定責任數量を引受けれ引下蘋果の運賃四割減につき鐵道當局の意向
222626	朝鮮朝日	西北版	1932-05-28	1	04단	稅關移轉を當局に要望平壤商工會議所で

일련번호	판명		간행일	면	단수	기사명
222627	朝鮮朝日	西北版	1932-05-28	1	04단	借家難で家賃急騰續々新築さる
222628	朝鮮朝日	西北版	1932-05-28	1	05단	福岡縣特産品出張宣傳會頗る好成績
222629	朝鮮朝日	西北版	1932-05-28	1	05단	特殊會社を設け移民を奬勵せよ朝鮮人の滿洲進出につき平南から要望する
222630	朝鮮朝日	西北版	1932-05-28	1	06단	叛軍跳梁東滿一帶危機に直面
222631	朝鮮朝日	西北版	1932-05-28	1	06단	平壤讀書子の福音
222632	朝鮮朝日	西北版	1932-05-28	1	07단	初夏の展望(6)/詩情を誇淸流壁
222633	朝鮮朝日	西北版	1932-05-28	1	07단	貿易功勞者に三浦氏を推薦
222634	朝鮮朝日	西北版	1932-05-28	1	07단	早高柔道部選手一行
222635	朝鮮朝日	西北版	1932-05-28	1	08단	巡査から斬られた男犯行を自白
222636	朝鮮朝日	西北版	1932-05-28	1	08단	鷄林商事の怪盜事件犯人を嚴探
222637	朝鮮朝日	西北版	1932-05-28	1	09단	民風改善狀況細民狀況調査
222638	朝鮮朝日	西北版	1932-05-28	1	09단	情夫と共謀亭主を毒殺せんとす
222639	朝鮮朝日	西北版	1932-05-28	1	09단	早熟作物の栽培が激增空前の凶作に懲りて
222640	朝鮮朝日	西北版	1932-05-28	1	10단	若松小學校創立卅周年
222641	朝鮮朝日	西北版	1932-05-28	1	10단	樂禮/柳京小話
222642	朝鮮朝日	南鮮版	1932-05-29	1	01단	榮ある朝鮮代表一粒選りの健康兒(上)體育增進上の最良標準一般家庭として好個の資料(快活で溫順で級友を善導大自然の懷に抱かれすくすくと生ひ育つ/兒童體育上强い刺激佐藤校長談/揃ひも揃って大きな體格身體と學業と正比例おとなしくて人に親切/强く正しく理想に近い兒童 藤好校長談)
222643	朝鮮朝日	南鮮版	1932-05-29	1	04단	荷造包裝列車展
222644	朝鮮朝日	南鮮版	1932-05-29	1	04단	內鮮直通電話の開通は十月末頃か電車の雜音で設計變更釜山局附近に中繼所を新設
222645	朝鮮朝日	南鮮版	1932-05-29	1	05단	細民救濟の巡回診療救寮券を發行
222646	朝鮮朝日	南鮮版	1932-05-29	1	05단	李王世子玖殿下御對顔の儀
222647	朝鮮朝日	南鮮版	1932-05-29	1	05단	五月晴れた滿洲へ出發靑草の大地を蹴って尹君の千里號鮮かに離陸
222648	朝鮮朝日	南鮮版	1932-05-29	1	06단	鮮米格付の基準を決定全鮮的に統制を計る
222649	朝鮮朝日	南鮮版	1932-05-29	1	07단	モヒ密輸犯人二名逮捕さる
222650	朝鮮朝日	南鮮版	1932-05-29	1	08단	內外ニュース(安山鐵坑へ馬賊襲來人質を拉致/白川大將龍田で寂しく凱旋/鈴木床次兩氏前官禮遇)

일련번호	판명		간행일	면	단수	기사명
222651	朝鮮朝日	南鮮版	1932-05-29	1	08단	鎭海要港部海軍記念式盛大に擧行
222652	朝鮮朝日	南鮮版	1932-05-29	1	08단	釜山日報社新築落成式盛況を呈す
222653	朝鮮朝日	南鮮版	1932-05-29	1	08단	崔孝一は上告棄却ー、二審共死刑
222654	朝鮮朝日	南鮮版	1932-05-29	1	08단	墓地整理と色服の獎勵半島地方長官會議の一風變った提案
222655	朝鮮朝日	南鮮版	1932-05-29	1	09단	總督府の調停で紛擾を極めた鰯油超過品處分問題やうやく圓滿に解決
222656	朝鮮朝日	南鮮版	1932-05-29	1	09단	鮮銀十圓券偽造犯人檢擧さる
222657	朝鮮朝日	南鮮版	1932-05-29	1	10단	珍强盜事件判決言渡し
222658	朝鮮朝日	南鮮版	1932-05-29	1	10단	朝鮮共産黨のリーダー格金奎善捕はる
222659	朝鮮朝日	南鮮版	1932-05-29	1	10단	沙防工事人夫ストライキ不穩の氣熱
222660	朝鮮朝日	南鮮版	1932-05-29	1	10단	蔚山女殺し容疑者逮捕
222661	朝鮮朝日	西北・南鮮版	1932-05-29	2	01단	ほんに結ぶの神ならで佛の庭のにひ枕/清元/明治座清元會より/色彩間苅豆(かさね)
222662	朝鮮朝日	西北・南鮮版	1932-05-29	2	03단	長唄安宅松/笛になりたや忍ぶ夜の笛は思ひの口移し/松永和幸ほか
222663	朝鮮朝日	西北・南鮮版	1932-05-29	2	04단	民族藝術から見た丁扶/中村星湖
222664	朝鮮朝日	西北・南鮮版	1932-05-29	2	05단	聲色吹寄せ名優の名セリフを/橘家勝太郎ほか鳴物連中
222665	朝鮮朝日	西北・南鮮版	1932-05-29	2	08단	探偵小說にある科學/正木不如丘
222666	朝鮮朝日	西北・南鮮版	1932-05-29	2	08단	奧の細道を辿る(七)/首藤素史
222667	朝鮮朝日	西北・南鮮版	1932-05-29	2	09단	これが本富の全集だ
222668	朝鮮朝日	西北・南鮮版	1932-05-29	2	09단	ニュース漫談(三)/水守龜之助
222669	朝鮮朝日	西北・南鮮版	1932-05-29	2	10단	文壇巷說/ビリニヤーク歡迎會
222670	朝鮮朝日	西北・南鮮版	1932-05-29	2	10단	學藝消息(岡田得之助氏個展/日本プロレタリア文化聯盟)
222671	朝鮮朝日	西北版	1932-05-29	1	01단	榮ある朝鮮代表一粒選りの健康兒(上)體育增進上の最良標準一般家庭として好個の資料(快活で溫順で級友を善導大自然の懷に抱かれすくすくと生ひ育つ/揃ひも揃って大きな體格身體と學業と正比例おとましくて人に親切/兒童體育上强い刺激佐藤校長談/强く正しく理想的藤好校長談)
222672	朝鮮朝日	西北版	1932-05-29	1	01단	鮮展に平壤から特選三名崔淵海君は總督賞
222673	朝鮮朝日	西北版	1932-05-29	1	03단	聯絡をとり徹底的防止鐵道事故頻出
222674	朝鮮朝日	西北版	1932-05-29	1	04단	自動車運轉手試驗
222675	朝鮮朝日	西北版	1932-05-29	1	04단	對滿貿易促進打合會

일련번호	판명		간행일	면	단수	기사명
222676	朝鮮朝日	西北版	1932-05-29	1	04단	今秋もまた二基を發掘樂浪文化を探る
222677	朝鮮朝日	西北版	1932-05-29	1	05단	朝鮮青年に對し兵役志願を認めよ高普に配屬將校制を採れ等知事會議で要望
222678	朝鮮朝日	西北版	1932-05-29	1	06단	移出牛の買付け活況昨今の南浦
222679	朝鮮朝日	西北版	1932-05-29	1	07단	初夏の展望(7)/大同江畔新風景
222680	朝鮮朝日	西北版	1932-05-29	1	08단	叺製造所倒慶す
222681	朝鮮朝日	西北版	1932-05-29	1	08단	海軍記念日祝賀會
222682	朝鮮朝日	西北版	1932-05-29	1	08단	三A對二で平實快勝す三度本社優勝旗を獲得對平鐵定期野球戰
222683	朝鮮朝日	西北版	1932-05-29	1	08단	八道江の公安隊暴動を起す電信局襲撃
222684	朝鮮朝日	西北版	1932-05-29	1	09단	鶯色の夏服配給を終る/模樣替へ警官
222685	朝鮮朝日	西北版	1932-05-29	1	09단	大阪者の自殺
222686	朝鮮朝日	西北版	1932-05-29	1	09단	僞造紙幣行使
222687	朝鮮朝日	西北版	1932-05-29	1	09단	海賊に襲はる
222688	朝鮮朝日	西北版	1932-05-29	1	09단	研究會を設け赤い思想宣傳學生祕密結社事件
222689	朝鮮朝日	西北版	1932-05-29	1	10단	釣錢詐欺捕へらる
222690	朝鮮朝日	西北版	1932-05-29	1	10단	もよほし(都市計劃委員會/滿洲國水産物輸出課查會常任委圓會)
222691	朝鮮朝日	西北版	1932-05-29	1	10단	樂禮/柳京小話
222692	朝鮮朝日	南鮮版	1932-05-31	1	01단	榮ある朝鮮代表一粒選りの健康兒(下)/(一家揃って健康で圓滿快活淡白で負け嫌ひ/目を皿にして探した松浦校長談/眞面目で溫順友情に富む優等生で運動好き/喜びに堪へない大曲校長談)
222693	朝鮮朝日	南鮮版	1932-05-31	1	01단	うまれ出る愛國少年團六月中旬晴れの發會式鐵帽と團杖の木劍
222694	朝鮮朝日	南鮮版	1932-05-31	1	01단	奏任待遇の資格年限を短縮十五年を十年にする初等學校長の優遇案
222695	朝鮮朝日	南鮮版	1932-05-31	1	02단	林大將と川島中將/林大將の日程
222696	朝鮮朝日	南鮮版	1932-05-31	1	03단	半島の愛國獻金六萬圓を突破朝鮮號第四機建造決る近く國防獻品委員會に依賴
222697	朝鮮朝日	南鮮版	1932-05-31	1	03단	自分は政治に關係するを好まない陸相にならなかった譯た林新教育總監語る
222698	朝鮮朝日	南鮮版	1932-05-31	1	04단	人(鈴木帝國在鄉軍人會長)
222699	朝鮮朝日	南鮮版	1932-05-31	1	04단	台灣から西瓜の初荷川五百個釜山へ着く
222700	朝鮮朝日	南鮮版	1932-05-31	1	05단	新しい試み春繭の生産費調査
222701	朝鮮朝日	南鮮版	1932-05-31	1	06단	警察事務の刷新を計る非常召集の規則を設く

일련번호	판명		간행일	면	단수	기사명
222702	朝鮮朝日	南鮮版	1932-05-31	1	06단	短刀を呑む怪漢捕はる
222703	朝鮮朝日	南鮮版	1932-05-31	1	06단	豊かに實る作物朖らかな農村風景二倍半からの多收穫副業による年收は五十圓以上
222704	朝鮮朝日	南鮮版	1932-05-31	1	07단	釜山郵便局に無線電話航行中に船舶と通話の計劃
222705	朝鮮朝日	南鮮版	1932-05-31	1	07단	內外ニュース(平賀部隊綏化を占據海倫に進擊/太平洋橫斷ブラウン機故障で引返す/臨時議會開會詔勅)
222706	朝鮮朝日	南鮮版	1932-05-31	1	08단	農村局新設を繞り廣範圍の異動？道知事會議は臨時議會後六月下旬招集の豫定
222707	朝鮮朝日	南鮮版	1932-05-31	1	08단	貨物の爭奪で殆んど無賃狀態仁川汽船と朝鮮郵船火の出るやうな競爭を演す
222708	朝鮮朝日	南鮮版	1932-05-31	1	08단	洋行費の請求訴訟
222709	朝鮮朝日	南鮮版	1932-05-31	1	09단	スポーツの統制と指導體育主事設置の機熱す明年度豫算に經費を計上
222710	朝鮮朝日	南鮮版	1932-05-31	1	10단	巧妙な新戰術不穩ビラ郵送當局おどろく
222711	朝鮮朝日	南鮮版	1932-05-31	1	10단	女だてらに棍棒でなぐり殺す犯人捕はる
222712	朝鮮朝日	南鮮版	1932-05-31	1	10단	上水道の爭水構場工事入札
222713	朝鮮朝日	西北・南鮮版	1932-05-31	2	01단	長唄/廓の浮れ女達にせめて功德の放生會吉原の諸譯を語る所作事/教草吉原雀松永和風ほか
222714	朝鮮朝日	西北・南鮮版	1932-05-31	2	02단	浪花節/鹽原建碑の卷乃木將軍傳の內/京山若丸
222715	朝鮮朝日	西北・南鮮版	1932-05-31	2	03단	大阪落語/孝行糖/笑福亭松鶴はやし連中
222716	朝鮮朝日	西北・南鮮版	1932-05-31	2	04단	映畫物語/彌太郎笠
222717	朝鮮朝日	西北・南鮮版	1932-05-31	2	05단	コドモノ時間/皆樣方のためニュースの放送お馴染深い先生方が/お語子供の新聞
222718	朝鮮朝日	西北・南鮮版	1932-05-31	2	06단	カレントトピックス一日から放送開始
222719	朝鮮朝日	西北・南鮮版	1932-05-31	2	07단	アナウンス(塚本虎二氏(家庭大學講座)/川村多實二氏(講演)/笑福亭松鶴(落語))
222720	朝鮮朝日	西北・南鮮版	1932-05-31	2	08단	ある女大生の獄中手記/何故に赤化したか如何にして轉機を得たか？/深澤よし子
222721	朝鮮朝日	西北・南鮮版	1932-05-31	2	08단	新技巧のクローズアップ
222722	朝鮮朝日	西北・南鮮版	1932-05-31	2	09단	探偵小說にある科學(二)/正木不如丘
222723	朝鮮朝日	西北・南鮮版	1932-05-31	2	10단	學藝消息(竹本數島太夫/月刊「日本美容タイムス」發刊/安江不空氏作品頒布會/高岡德太郎氏)
222724	朝鮮朝日	西北版	1932-05-31	1	01단	十一周年記念開港祝賀會喜びに輝く雄基港各種の催しもの決る

일련번호	판명		간행일	면	단수	기사명
222725	朝鮮朝日	西北版	1932-05-31	1	02단	榮ある朝鮮代表一粒選りの健康兒(下)/(一家揃って健康で圓滿快活淡白で負け嫌ひ/目を皿にして探した松浦校長談/眞面目で溫順友情に富む優等生で運動好き/喜びに堪へない大曲校長談)
222726	朝鮮朝日	西北版	1932-05-31	1	02단	鮮支衝突事件をり卿一行が調査報告材料集めに大童の平南都合では來壤か
222727	朝鮮朝日	西北版	1932-05-31	1	02단	微笑む芍藥初夏の牡丹台
222728	朝鮮朝日	西北版	1932-05-31	1	03단	夏の半に雪が降る大興面地方で
222729	朝鮮朝日	西北版	1932-05-31	1	03단	更に研究の上案を持寄り協議何等決定をみなかった國營米穀格付會議
222730	朝鮮朝日	西北版	1932-05-31	1	04단	廿九勇士の遺骨羅南に向ふ
222731	朝鮮朝日	西北版	1932-05-31	1	04단	一日から永雪版賣
222732	朝鮮朝日	西北版	1932-05-31	1	04단	藥業組合の店員表彰式永年勤續者を
222733	朝鮮朝日	西北版	1932-05-31	1	04단	時局ニュース發聲映畫大會
222734	朝鮮朝日	西北版	1932-05-31	1	05단	平壤飛行場に着陸の尹昌鉉君と歡迎の人々
222735	朝鮮朝日	西北版	1932-05-31	1	05단	平南の獻金五千七十圓
222736	朝鮮朝日	西北版	1932-05-31	1	07단	社會教化活動寫眞班平南の試み
222737	朝鮮朝日	西北版	1932-05-31	1	07단	平壤妓生の艷姿を織込んで宣傳
222738	朝鮮朝日	西北版	1932-05-31	1	07단	陸接特惠關稅の復活を希望する朝鐵滿鐵の特定運賃を要望滿洲貿易促進意見
222739	朝鮮朝日	西北版	1932-05-31	1	07단	殿岡上等兵町葬
222740	朝鮮朝日	西北版	1932-05-31	1	08단	石首魚の豊漁續く
222741	朝鮮朝日	西北版	1932-05-31	1	08단	警官二名反軍の毒手に仆る？
222742	朝鮮朝日	西北版	1932-05-31	1	08단	急速な認可絶望か平南の自勵專營業出願
222743	朝鮮朝日	西北版	1932-05-31	1	08단	電車に轢かる
222744	朝鮮朝日	西北版	1932-05-31	1	09단	朝鮮共産黨の再建を企つ首魁李哲ほか七名平北警察部に檢擧さる
222745	朝鮮朝日	西北版	1932-05-31	1	09단	渡船轉覆し八名溺死
222746	朝鮮朝日	西北版	1932-05-31	1	09단	共匪と馬賊混合部隊三道溝を覘ふ
222747	朝鮮朝日	西北版	1932-05-31	1	10단	炊事場から強盗現はる墓口を強奪
222748	朝鮮朝日	西北版	1932-05-31	1	10단	新義州高普暴行事件檢事局送り
222749	朝鮮朝日	西北版	1932-05-31	1	10단	樂禮/柳京小話

1932년 6월 (조선아사히)

일련번호	판명		간행일	면	단수	기사명
222750	朝鮮朝日	南鮮版	1932-06-01	1	01단	ラヂオ體操の改善小公園の新設社會體育を獎勵する兒童遊園地の先鞭をつける
222751	朝鮮朝日	南鮮版	1932-06-01	1	01단	治山計劃と墓地の整理私有墓地の一齊取締斷行共同墓地埋葬を獎勵
222752	朝鮮朝日	南鮮版	1932-06-01	1	01단	鮮展への不滿遂に表面化美術館の建設を要望時節柄大に注目さる
222753	朝鮮朝日	南鮮版	1932-06-01	1	01단	春蠶等級査定打合會
222754	朝鮮朝日	南鮮版	1932-06-01	1	02단	朝鮮放送協會社員總會
222755	朝鮮朝日	南鮮版	1932-06-01	1	02단	內外ニュース(粉糾した政務官問題けふの閣議で最後の決定を豫想/白川大將の遺骸歸る東京に向ふ/太平洋逆橫斷ブラウン機また失敗す)
222756	朝鮮朝日	南鮮版	1932-06-01	1	03단	大田敬老會の兒童劇
222757	朝鮮朝日	南鮮版	1932-06-01	1	04단	南濱渡船場は水上署橫に既定通り建設
222758	朝鮮朝日	南鮮版	1932-06-01	1	04단	米穀統制計劃に反對の聲・熾烈關係有力者を網羅し朝鮮米穀調査會創設に決定
222759	朝鮮朝日	南鮮版	1932-06-01	1	05단	不祥事件は斷乎處分せよ總てはこれからだ新教育總監晴やかに語る
222760	朝鮮朝日	南鮮版	1932-06-01	1	05단	奉天に向ふ鈴木大將以下鄕軍代表七百餘名一日釜山に上陸して北行
222761	朝鮮朝日	南鮮版	1932-06-01	1	05단	李墹妃殿下卅一日御歸鮮
222762	朝鮮朝日	南鮮版	1932-06-01	1	06단	鮎の鵜繩漁業絶對禁止となる繁殖上惡影響ありとして近く道令で發布
222763	朝鮮朝日	南鮮版	1932-06-01	1	07단	海の怪物珍魚山太刀魚レプラの特效藥
222764	朝鮮朝日	南鮮版	1932-06-01	1	07단	傳染病流行期病菌を媒介する道化役者蠅を撲殺しませう
222765	朝鮮朝日	南鮮版	1932-06-01	1	07단	大衆心理を露骨に裏書眼を光らす祕密出版物警務局取締に腐心
222766	朝鮮朝日	南鮮版	1932-06-01	1	07단	京城の銀座本町の火事六棟を全燒
222767	朝鮮朝日	南鮮版	1932-06-01	1	08단	昌寧地方へ近く送電いよいよ點燈
222768	朝鮮朝日	南鮮版	1932-06-01	1	08단	ゴルフガール盟休月給値上を一蹴されて
222769	朝鮮朝日	南鮮版	1932-06-01	1	08단	釜山府內電車スピード・アップ計劃局前待避箇所を踏査
222770	朝鮮朝日	南鮮版	1932-06-01	1	09단	巡査傷害犯人捕はる大搖鬪の末
222771	朝鮮朝日	南鮮版	1932-06-01	1	09단	間島共産黨暴動事件金權に無期懲役一味三十餘名の判決朴在政外二名は執行猶豫
222772	朝鮮朝日	南鮮版	1932-06-01	1	09단	支那領事館の飛んだ火事騒ぎあわてものの早合點狐につままれたかたち

일련번호	판명		간행일	면	단수	기사명
222773	朝鮮朝日	南鮮版	1932-06-01	1	10단	農民赤化事件十九名起訴
222774	朝鮮朝日	南鮮版	1932-06-01	1	10단	新社長排擊で朝鮮日報社職工社員盟休
222775	朝鮮朝日	西北・南鮮版	1932-06-01	2	01단	橫濱開港記念の夕べ/放送舞台劇亞米利加の使ひ二つの國の平和と利益を祈る(汐見洋ほか)
222776	朝鮮朝日	西北・南鮮版	1932-06-01	2	04단	講演/茶の貿易の過去及び將來(商工大臣男爵中島久萬吉)
222777	朝鮮朝日	西北・南鮮版	1932-06-01	2	04단	混聲合唱橫濱混聲合唱團(ピアノ伴奏平戶宮美子/指揮 鏑木欽作)
222778	朝鮮朝日	西北・南鮮版	1932-06-01	2	05단	淸元風薰販濱菱(淸元高千代ほか)
222779	朝鮮朝日	西北・南鮮版	1932-06-01	2	05단	親日本音樂/都山流浪華樂團
222780	朝鮮朝日	西北・南鮮版	1932-06-01	2	06단	コドモの時間/童話靑とかげ巖谷小波
222781	朝鮮朝日	西北・南鮮版	1932-06-01	2	07단	セット/診斷(解答 梶井謙一)
222782	朝鮮朝日	西北・南鮮版	1932-06-01	2	08단	ある女大生の獄中手記(二)/何故に赤化したか如何にして轉機を得たか？/深澤よし子
222783	朝鮮朝日	西北・南鮮版	1932-06-01	2	08단	プラチナの新利用法
222784	朝鮮朝日	西北・南鮮版	1932-06-01	2	09단	探偵小說にある科學(三)/正木不如丘
222785	朝鮮朝日	西北・南鮮版	1932-06-01	2	10단	文壇卷說(宮本憲吉氏新作陶磁展/土燒食器百趣陳列會/山元畫塾早苗會展)
222786	朝鮮朝日	西北版	1932-06-01	1	01단	素敵な好成績北鮮の緬羊試育朝鮮最初の學童牧畜
222787	朝鮮朝日	西北版	1932-06-01	1	01단	高麗土廿萬屯を八幡製鐵所へ每年平壤から移出
222788	朝鮮朝日	西北版	1932-06-01	1	01단	放水競技で壯觀を呈す永年勤續者表彰式を擧行消防組廿五周年記念
222789	朝鮮朝日	西北版	1932-06-01	1	03단	時の記念日ビラ四萬枚を撒捕する平壤での諸計劃/サイレンで時報
222790	朝鮮朝日	西北版	1932-06-01	1	04단	初夏の展望(8)/新らしい郊外風景
222791	朝鮮朝日	西北版	1932-06-01	1	04단	咸興西湖津間電氣鐵道いよいよ着工
222792	朝鮮朝日	西北版	1932-06-01	1	04단	間島八道溝の金鑛を繞って目まぐるしい明動暗躍三菱鑛業鈴木技師の調査で
222793	朝鮮朝日	西北版	1932-06-01	1	05단	駐在所事務刷新
222794	朝鮮朝日	西北版	1932-06-01	1	05단	國營製鍊所建設を要望
222795	朝鮮朝日	西北版	1932-06-01	1	05단	時局ニュース發聲映畫大會
222796	朝鮮朝日	西北版	1932-06-01	1	06단	西鮮三道の燒酎業者大會代表者四名を選んで總督府へ重要事項を陳情

일련번호	판명		간행일	면	단수	기사명
222797	朝鮮朝日	西北版	1932-06-01	1	06단	好晴に惠まれた西鮮野球大會盛會裡に六時半散會/十六對十で全平壤勝つ京城藥專惜敗
222798	朝鮮朝日	西北版	1932-06-01	1	07단	寝ながら長安寺へ金剛山探勝
222799	朝鮮朝日	西北版	1932-06-01	1	07단	反對を押切り廢止を斷行料理屋のカフェ兼業やゝこしい女給と仲居の別
222800	朝鮮朝日	西北版	1932-06-01	1	08단	平壤競馬大會四日から開催
222801	朝鮮朝日	西北版	1932-06-01	1	08단	大活劇を演じ漸く捕はる鶏林商事の怪盗犯人警官隊へ刺身庖丁で抵抗
222802	朝鮮朝日	西北版	1932-06-01	1	08단	妥協成立し圓滿に解決取締排斥問題
222803	朝鮮朝日	西北版	1932-06-01	1	08단	疑問符を解く謎の金ボタン唯一の手懸りとして再鑑定謎の若妻殺し事件
222804	朝鮮朝日	西北版	1932-06-01	1	09단	价德道路工事
222805	朝鮮朝日	西北版	1932-06-01	1	09단	列車に投石
222806	朝鮮朝日	西北版	1932-06-01	1	10단	醫博となる八子春治氏
222807	朝鮮朝日	西北版	1932-06-01	1	10단	貴金屬專門空巢が橫行犯人嚴探中
222808	朝鮮朝日	西北版	1932-06-01	1	10단	もよほし(中等學校聯合教授法研究會)
222809	朝鮮朝日	西北版	1932-06-01	1	10단	樂禮/柳京小話
222810	朝鮮朝日	南鮮版	1932-06-02	1	01단	齋藤さんの置土産窮民救濟の土木事業産業開發上重要な役割本年度總支出額二千五百萬圓(道路工事/治水工事/地方河川工事/漁港修築工事/水道工事/下水工事/市街道路工事)
222811	朝鮮朝日	南鮮版	1932-06-02	1	01단	李堈妃殿下御歸城東京箱根日光嚴島を御視察
222812	朝鮮朝日	南鮮版	1932-06-02	1	02단	思想善導の新策鄕約の近代化靑年團體の改善指導家政婦人の啓蒙運動を行ふ
222813	朝鮮朝日	南鮮版	1932-06-02	1	02단	內外ニュース(李王世子玖殿下初の御對顔/臨時議會開院式きのふ擧行/各省の政務官全部決定す/米大統領の劇的な演說/匪賊の人質小坂技師飄然と歸る)
222814	朝鮮朝日	南鮮版	1932-06-02	1	03단	新興滿洲國の認識を深め皇軍奮戰の跡を偲ぶ鄕軍會長鈴木大將語る
222815	朝鮮朝日	南鮮版	1932-06-02	1	05단	普校卒業生指導校九校を指定
222816	朝鮮朝日	南鮮版	1932-06-02	1	05단	スポーツ(醫專大勝高商零敗す/記者團勝つ)
222817	朝鮮朝日	南鮮版	1932-06-02	1	05단	銀鱗を求めて釣天狗網打ち天狗
222818	朝鮮朝日	南鮮版	1932-06-02	1	06단	依田○團の戰死者遺骨羅南へ
222819	朝鮮朝日	南鮮版	1932-06-02	1	06단	京城大田間を四時間半に短縮ガソリンカー運轉を計劃七月から實施の豫定

일련번호	판명		간행일	면	단수	기사명
222820	朝鮮朝日	南鮮版	1932-06-02	1	07단	稻作指導の水田を施設苗代は短冊形を採用水稻玄米の增收をはかる
222821	朝鮮朝日	南鮮版	1932-06-02	1	07단	內地よりの新入兵八日朝釜山着
222822	朝鮮朝日	南鮮版	1932-06-02	1	07단	福田大將薨去
222823	朝鮮朝日	南鮮版	1932-06-02	1	08단	定期除隊兵六百十五名鄕里へ向ふ
222824	朝鮮朝日	南鮮版	1932-06-02	1	08단	雙方讓步せねば決裂のほかない水産試驗場敷地問題
222825	朝鮮朝日	南鮮版	1932-06-02	1	08단	朝鮮部隊へ慰問金鐵道局員から
222826	朝鮮朝日	南鮮版	1932-06-02	1	09단	一時に發生痘瘡五名新患者は皆種痘善感者
222827	朝鮮朝日	南鮮版	1932-06-02	1	09단	妓生中心の紳士賭博一網打盡さる
222828	朝鮮朝日	南鮮版	1932-06-02	1	09단	奉天行急行の列車食堂に女ボーイの初目見得鐵道局の新しい試み
222829	朝鮮朝日	南鮮版	1932-06-02	1	10단	防彈チョッキ鐵兜國境警備の警官に使用
222830	朝鮮朝日	南鮮版	1932-06-02	1	10단	明暗
222831	朝鮮朝日	南鮮版	1932-06-02	1	10단	もよほし(大田市民會)
222832	朝鮮朝日	南鮮版	1932-06-02	1	10단	人(新任川島朝鮮軍司令官)
222833	朝鮮朝日	西北版	1932-06-02	1	01단	齋藤さんの置土産窮民救濟の土木事業産業開發上重要な役割本年度總支出額二千五百萬圓(道路工事/治水工事/地方河川工事/漁港修築工事/水道工事/下水工事/市街道路工事)
222834	朝鮮朝日	西北版	1932-06-02	1	01단	直通電信線開設東京、釜山間に大阪と北鮮地方の間もその實施につき目下調査中
222835	朝鮮朝日	西北版	1932-06-02	1	01단	「北鮮地方は混畜農業が一番適してゐるやうだ」總督府山本技師の視察談
222836	朝鮮朝日	西北版	1932-06-02	1	02단	牡丹台一帶の國立公園を要望酒嚴に國際的ゴルフ場設置近く具體化の運動
222837	朝鮮朝日	西北版	1932-06-02	1	03단	平壤聯隊の除隊兵歸鄕
222838	朝鮮朝日	西北版	1932-06-02	1	03단	桓仁城內の反軍遂に內訌を起す
222839	朝鮮朝日	西北版	1932-06-02	1	04단	もよほし(平壤憲兵分隊長會議)
222840	朝鮮朝日	西北版	1932-06-02	1	04단	北鮮と名古屋の大豆取引旺盛となる
222841	朝鮮朝日	西北版	1932-06-02	1	05단	平壤銀座街道路鋪裝問題本町が同時に要望せねば大和町は明年實施
222842	朝鮮朝日	西北版	1932-06-02	1	05단	安東幼稚園園兒の兵隊ゴッコ
222843	朝鮮朝日	西北版	1932-06-02	1	06단	時局ニュース發聲映畫大會
222844	朝鮮朝日	西北版	1932-06-02	1	07단	輯安縣の貧農に農資金を貸付救濟に努む

일련번호	판명		간행일	면	단수	기사명
222845	朝鮮朝日	西北版	1932-06-02	1	07단	灌漑水の奪合で水喧嘩起るか安寧水組の貯水池干上る危険刻々に切迫す
222846	朝鮮朝日	西北版	1932-06-02	1	07단	學校建築に一エポック船橋校の特徴
222847	朝鮮朝日	西北版	1932-06-02	1	07단	乘客誘致に必死となる赤字に悩む平壤電車
222848	朝鮮朝日	西北版	1932-06-02	1	08단	山のギャング松毛蟲の驅除を開始
222849	朝鮮朝日	西北版	1932-06-02	1	08단	憂日嶺峠の難工事假道路から
222850	朝鮮朝日	西北版	1932-06-02	1	08단	重壓に堪へかねルンペンも引上ぐ浦潮の日本街全く寂れ果つ
222851	朝鮮朝日	西北版	1932-06-02	1	09단	蟲齒デー豫防宣傳
222852	朝鮮朝日	西北版	1932-06-02	1	09단	平壤運事の浴客誘致夢金浦の宣傳
222853	朝鮮朝日	西北版	1932-06-02	1	09단	女給さんの前借を調査
222854	朝鮮朝日	西北版	1932-06-02	1	10단	强盜に襲はれ大金を奪はる
222855	朝鮮朝日	西北版	1932-06-02	1	10단	朝鮮人では最初の市會議員朴炳仁君
222856	朝鮮朝日	西北版	1932-06-02	1	10단	祕密結社事件關係者六名釋放さる
222857	朝鮮朝日	西北版	1932-06-02	1	10단	樂禮/柳京小話
222858	朝鮮朝日	南鮮版	1932-06-03	1	01단	直通電信線開設東京、釜山間に大阪と北鮮地方の間もその實施につき目下調査中
222859	朝鮮朝日	南鮮版	1932-06-03	1	01단	ころげ込んだ三十萬圓！慶南道廳への寄附地府立病院問題も急速解決か
222860	朝鮮朝日	南鮮版	1932-06-03	1	01단	朝鮮の爲めに今後も努力する去るに望んで林教育總監談
222861	朝鮮朝日	南鮮版	1932-06-03	1	03단	總督府辭令
222862	朝鮮朝日	南鮮版	1932-06-03	1	03단	前年同期より約九割の増加滿洲粟輸入の最盛期三萬四千六百トンの大量
222863	朝鮮朝日	南鮮版	1932-06-03	1	03단	內外ニュース(奉答文可決貴院本會議で/白川大將に弔辭を贈呈衆議院本會議/願維鈞を駐佛公使に近く正式發表/平賀部隊海倫を占據)
222864	朝鮮朝日	南鮮版	1932-06-03	1	04단	釜山府會
222865	朝鮮朝日	南鮮版	1932-06-03	1	05단	鮮米協會は愈よ解消か無駄な補助金一萬八千圓存在意義を失ふ
222866	朝鮮朝日	南鮮版	1932-06-03	1	06단	國際聯盟調査員一行廿六日頃來城か
222867	朝鮮朝日	南鮮版	1932-06-03	1	06단	豫算範圍內で最善の方法を講ず在滿朝鮮人施設事業に對し考究する總督府
222868	朝鮮朝日	南鮮版	1932-06-03	1	06단	米穀調査會近く實現か陳情委員の諒解運動事務所は朝鮮農會內に置く
222869	朝鮮朝日	南鮮版	1932-06-03	1	06단	開畓用水路工事入札

일련번호	판명		간행일	면	단수	기사명
222870	朝鮮朝日	南鮮版	1932-06-03	1	07단	移動荷造包裝展京城を出發
222871	朝鮮朝日	南鮮版	1932-06-03	1	07단	光州神社に寶物庫新築
222872	朝鮮朝日	南鮮版	1932-06-03	1	07단	傳染病發生狀況
222873	朝鮮朝日	南鮮版	1932-06-03	1	07단	三十萬圓で架橋できる蟾津江架橋につき上田慶南土木課長談
222874	朝鮮朝日	南鮮版	1932-06-03	1	08단	祕密結社火星黨判決言渡し
222875	朝鮮朝日	南鮮版	1932-06-03	1	08단	鮮支人衝突事件の鄭に懲役八年外三名に判決言渡し
222876	朝鮮朝日	南鮮版	1932-06-03	1	09단	貰った賞金を窮民達に分配慶南鳴石面の美擧
222877	朝鮮朝日	南鮮版	1932-06-03	1	09단	對滿貿易の方針を確立鮮産品の滿洲進出を計る全鮮産業課長會議
222878	朝鮮朝日	南鮮版	1932-06-03	1	09단	不義の子を絞殺し潛伏中捕はる
222879	朝鮮朝日	南鮮版	1932-06-03	1	10단	毆殺さる
222880	朝鮮朝日	南鮮版	1932-06-03	1	10단	もよほし(金海赤十字社總會)
222881	朝鮮朝日	南鮮版	1932-06-03	1	10단	人(白鳥省吾氏/鈴木莊六大將/北大總長南鷹次郎博士)
222882	朝鮮朝日	南鮮版	1932-06-03	1	10단	明暗
222883	朝鮮朝日	西北・南鮮版	1932-06-03	2	01단	初夏の夜に聞く麗はしの旋律獨唱とピアノ獨奏(獨唱　立松房子/伴奏と獨奏　山田菊江)
222884	朝鮮朝日	西北・南鮮版	1932-06-03	2	03단	長唄/菜種に蝶の物狂ひ三つの模樣を縫ひにして
222885	朝鮮朝日	西北・南鮮版	1932-06-03	2	04단	落語/破れても末に買はんとぞ思ふ(桂小南)
222886	朝鮮朝日	西北・南鮮版	1932-06-03	2	07단	尺八獨奏
222887	朝鮮朝日	西北・南鮮版	1932-06-03	2	08단	論壇月評最近の主要題目インフレーションについて(一)/高橋龜吉
222888	朝鮮朝日	西北・南鮮版	1932-06-03	2	08단	奧の細道を迪る(九)/首藤素史
222889	朝鮮朝日	西北・南鮮版	1932-06-03	2	09단	ロシヤの新劇場
222890	朝鮮朝日	西北・南鮮版	1932-06-03	2	09단	ある女大生の獄中手記(四)/何故に赤化したか如何にして轉機を得たか？/深澤よし子
222891	朝鮮朝日	西北・南鮮版	1932-06-03	2	10단	學藝消息(鈴木良三氏滯歐作品展/靑桃會展)
222892	朝鮮朝日	西北版	1932-06-03	1	01단	難工事ではない是非實現したい冬季に貯水、水運に支障なし昭和水組着々と具體化す
222893	朝鮮朝日	西北版	1932-06-03	1	01단	朝鮮の爲めに今後も努力する去るに望んで林教育總監談

일련번호	판명		간행일	면	단수	기사명
222894	朝鮮朝日	西北版	1932-06-03	1	03단	滿浦鎭線延長工事六日から着工
222895	朝鮮朝日	西北版	1932-06-03	1	03단	除隊兵一行龍山を去る
222896	朝鮮朝日	西北版	1932-06-03	1	03단	前年同期より約九割の增加滿洲粟輸入の最盛期三萬四千六百トンの大量
222897	朝鮮朝日	西北版	1932-06-03	1	04단	杯土を利用し土産品試作鷄里授産場で
222898	朝鮮朝日	西北版	1932-06-03	1	04단	交通思想普及事故防止列車を運轉
222899	朝鮮朝日	西北版	1932-06-03	1	04단	鮮銀支店改築地いよいよ決定
222900	朝鮮朝日	西北版	1932-06-03	1	05단	移動荷造包裝展全鮮を巡回
222901	朝鮮朝日	西北版	1932-06-03	1	05단	五ヶ年計劃成る燃料問題を解決の速成造林更に二百萬本植栽の栗增植明年から平南で
222902	朝鮮朝日	西北版	1932-06-03	1	06단	平南陶土でタイル製作大量生産を試驗
222903	朝鮮朝日	西北版	1932-06-03	1	06단	八道溝の公安隊暴動を起す
222904	朝鮮朝日	西北版	1932-06-03	1	06단	平壤聯隊新入兵
222905	朝鮮朝日	西北版	1932-06-03	1	06단	東洋一の最新式鎭南浦の無煙炭積込場
222906	朝鮮朝日	西北版	1932-06-03	1	07단	殿岡上等兵告別式盛大に執行
222907	朝鮮朝日	西北版	1932-06-03	1	07단	火保料率で粉糾を豫想朝鮮商議評議員會
222908	朝鮮朝日	西北版	1932-06-03	1	07단	釜山安東間で十時間短縮滿洲に備へる鐵道の直通貨物列車運轉
222909	朝鮮朝日	西北版	1932-06-03	1	08단	景氣、不景氣のバロメーター供託局から見た世相
222910	朝鮮朝日	西北版	1932-06-03	1	08단	安東滿倶十二日來壤平鐵と戰ふ/新義州高普マラソン
222911	朝鮮朝日	西北版	1932-06-03	1	08단	千圓を橫領
222912	朝鮮朝日	西北版	1932-06-03	1	08단	十日に公判若妻殺し事件
222913	朝鮮朝日	西北版	1932-06-03	1	09단	實用新案特許塗板用線引器
222914	朝鮮朝日	西北版	1932-06-03	1	09단	不審な申出
222915	朝鮮朝日	西北版	1932-06-03	1	09단	自動車と荷車と衝突三名重輕傷
222916	朝鮮朝日	西北版	1932-06-03	1	09단	娼妓殺し懲役四年
222917	朝鮮朝日	西北版	1932-06-03	1	10단	傷害犯捕はる
222918	朝鮮朝日	西北版	1932-06-03	1	10단	公文書變造行使無罪の判決
222919	朝鮮朝日	西北版	1932-06-03	1	10단	牛を盜む
222920	朝鮮朝日	西北版	1932-06-03	1	10단	掏摸あげらる
222921	朝鮮朝日	西北版	1932-06-03	1	10단	大同江に身投
222922	朝鮮朝日	西北版	1932-06-03	1	10단	樂禮/柳京小話
222923	朝鮮朝日	南鮮版	1932-06-04	1	01단	全鮮に二萬戸の自作農を創定均等主義で南北一齊に豫算の議會通過をまち實行
222924	朝鮮朝日	南鮮版	1932-06-04	1	01단	朝鮮同胞の滿洲發展策二萬戸の模範農家を獨自の立場から大量移民

일련번호	판명		간행일	면	단수	기사명
222925	朝鮮朝日	南鮮版	1932-06-04	1	01단	鄕軍代表者一行奉天へ
222926	朝鮮朝日	南鮮版	1932-06-04	1	01단	鄕軍代表歡迎午餐會
222927	朝鮮朝日	南鮮版	1932-06-04	1	02단	金組副理事異動
222928	朝鮮朝日	南鮮版	1932-06-04	1	02단	金剛山へ直通寢台車新綠から紅葉まで十八日の土躍から運轉開始
222929	朝鮮朝日	南鮮版	1932-06-04	1	03단	聞くも嬉しい獻金鑵三十圓を寄附
222930	朝鮮朝日	南鮮版	1932-06-04	1	03단	産組設置の豫定地調査農村振興策
222931	朝鮮朝日	南鮮版	1932-06-04	1	03단	內外ニュース(貴衆兩院で施政方針演說いよいよ論戰を開始/上海派遣軍堂々と凱旋きのふ似島へ/荒木陸相留任事情を貴院で釋明)
222932	朝鮮朝日	南鮮版	1932-06-04	1	04단	十九師團の戰死者遺骨六日釜山通過
222933	朝鮮朝日	南鮮版	1932-06-04	1	04단	お話にならぬ朝鮮の醫療施設內地に比して天地雲泥の差近代醫術から見放された地方/『一面一ケ所の簡易診斷所を設けるのが理想的』總督府竹內囑託は語る
222934	朝鮮朝日	南鮮版	1932-06-04	1	04단	荷造改善列車展人氣を呼ぶ
222935	朝鮮朝日	南鮮版	1932-06-04	1	05단	公安隊の叛亂で物情騷然の惠山鎭對岸
222936	朝鮮朝日	南鮮版	1932-06-04	1	06단	驪州江岸間營業を開始
222937	朝鮮朝日	南鮮版	1932-06-04	1	06단	亂れ勝ちな學生の素行時節柄嚴重に取締る
222938	朝鮮朝日	南鮮版	1932-06-04	1	07단	せつめい(一日から京釜線の餐の列車食堂にお目見得して人舞を呼んでゐるサーヴィスガール)
222939	朝鮮朝日	南鮮版	1932-06-04	1	08단	上海爆彈事件關係者安昌洪京城へ
222940	朝鮮朝日	南鮮版	1932-06-04	1	08단	朝鮮日報社ストライキ社長を排擊
222941	朝鮮朝日	南鮮版	1932-06-04	1	08단	上告棄却
222942	朝鮮朝日	南鮮版	1932-06-04	1	09단	母子で心中
222943	朝鮮朝日	南鮮版	1932-06-04	1	09단	龍尾山跡に釜山府廳舍新築明年度に實現を期す
222944	朝鮮朝日	南鮮版	1932-06-04	1	09단	鰒で中毒
222945	朝鮮朝日	南鮮版	1932-06-04	1	09단	通貨僞造公判
222946	朝鮮朝日	南鮮版	1932-06-04	1	09단	松の木に嬰兒の死體迷信の犯行
222947	朝鮮朝日	南鮮版	1932-06-04	1	10단	とても亂暴な話痘瘡患者を漢江に流す
222948	朝鮮朝日	南鮮版	1932-06-04	1	10단	土沙崩壞し三名死傷す三千浦の珍事
222949	朝鮮朝日	南鮮版	1932-06-04	1	10단	油斷ならぬ慶南の痘瘡
222950	朝鮮朝日	西北・南鮮版	1932-06-04	2	01단	各局のお國自慢諸國の午後/六調子など(熊本より/新潟より/長野より/岡山より)

일련번호	판명		간행일	면	단수	기사명
222951	朝鮮朝日	西北・南鮮版	1932-06-04	2	01단	博多メロディLK俚謠接續曲
222952	朝鮮朝日	西北・南鮮版	1932-06-04	2	03단	小唄/夏の雨ほか(唄 蓼胡尹久/三味線 蓼胡米)
222953	朝鮮朝日	西北・南鮮版	1932-06-04	2	03단	名曲鑑賞第一回菅原傳授手習鑑解說と實演
222954	朝鮮朝日	西北・南鮮版	1932-06-04	2	05단	連續浪花節小松嵐東家左樂遊
222955	朝鮮朝日	西北・南鮮版	1932-06-04	2	05단	コドモノ時間/軍歌金の鈴合唱團(ピアノ伴奏 丹生健失/指揮 長谷川堅二)
222956	朝鮮朝日	西北・南鮮版	1932-06-04	2	08단	論壇月評問題の所在インフレーションについて(二)/高橋龜吉
222957	朝鮮朝日	西北・南鮮版	1932-06-04	2	09단	赤化自己淸算ある女大生の獄中手記(五)/深澤よし子
222958	朝鮮朝日	西北・南鮮版	1932-06-04	2	10단	學藝消息(俳句雜誌「放浪俳味」創刊/第一回プロ文學座談會/富田溪仙氏/富永芳泉氏彫塑趣味普及展/ピー人形小劇場/「女人藝術」六月號/北陽日隅會)
222959	朝鮮朝日	西北版	1932-06-04	1	01단	「朝鮮の瀨戶」を建設する諸設備平壤製陶組合の杯土製造が花々しく操業開始
222960	朝鮮朝日	西北版	1932-06-04	1	01단	跡を絶った物議のたね國境通過と稅關檢查
222961	朝鮮朝日	西北版	1932-06-04	1	03단	賣りに出た金塊約六貫四萬餘圓
222962	朝鮮朝日	西北版	1932-06-04	1	04단	朝鮮同胞のため大氣焰を吐く朴代議士の處女演說初陣としては上出來で大喝采
222963	朝鮮朝日	西北版	1932-06-04	1	04단	平壤神社裏に敷地を選定新設の樂浪博物館
222964	朝鮮朝日	西北版	1932-06-04	1	04단	新綠から盛夏へ一二度高い昨今の氣溫
222965	朝鮮朝日	西北版	1932-06-04	1	04단	國際聯盟調査員一行廿六日安東へ
222966	朝鮮朝日	西北版	1932-06-04	1	04단	松毛蟲退治
222967	朝鮮朝日	西北版	1932-06-04	1	05단	スポーツ(國境中等校陸競大會)
222968	朝鮮朝日	西北版	1932-06-04	1	05단	漁港修築近く完成
222969	朝鮮朝日	西北版	1932-06-04	1	05단	輸城川工事地鎭祭盛大に擧行
222970	朝鮮朝日	西北版	1932-06-04	1	05단	養鼈を獎勵收益を授業料にあつ
222971	朝鮮朝日	西北版	1932-06-04	1	05단	時候外れのくるひ咲き今が見頃、滿開の櫻
222972	朝鮮朝日	西北版	1932-06-04	1	06단	特殊地帶でもダンスは罷りならぬ
222973	朝鮮朝日	西北版	1932-06-04	1	06단	勞銀で潤ひ大喜び窮救道路工事
222974	朝鮮朝日	西北版	1932-06-04	1	06단	叛軍の毒手に全く蹂躪さる東滿各縣の形勢益々重大化同胞に危機迫る
222975	朝鮮朝日	西北版	1932-06-04	1	07단	生活改善詰襟制服

일련번호	판명		간행일	면	단수	기사명
222976	朝鮮朝日	西北版	1932-06-04	1	07단	吹き捲った暴風の被害農作物は滅茶々々
222977	朝鮮朝日	西北版	1932-06-04	1	07단	購買組合開業
222978	朝鮮朝日	西北版	1932-06-04	1	08단	限地醫學科試驗
222979	朝鮮朝日	西北版	1932-06-04	1	08단	平壤憲兵隊分隊長會議
222980	朝鮮朝日	西北版	1932-06-04	1	08단	ツーリストビューロー
222981	朝鮮朝日	西北版	1932-06-04	1	08단	薩摩守二人
222982	朝鮮朝日	西北版	1932-06-04	1	08단	鴨綠江畔に馬賊出沒軍部で嚴戒
222983	朝鮮朝日	西北版	1932-06-04	1	09단	ジャンク十二隻馬賊に襲はる
222984	朝鮮朝日	西北版	1932-06-04	1	09단	大英斷で馬賊を掃蕩不安を除く
222985	朝鮮朝日	西北版	1932-06-04	1	09단	憲兵隊に待機命令匪賊を一掃
222986	朝鮮朝日	西北版	1932-06-04	1	09단	大同橋上に捨子
222987	朝鮮朝日	西北版	1932-06-04	1	10단	チフス患者二名發生す
222988	朝鮮朝日	西北版	1932-06-04	1	10단	風致を損ふ廣告の取締
222989	朝鮮朝日	西北版	1932-06-04	1	10단	竊盗、殺人死體遺棄で懲役八年求刑
222990	朝鮮朝日	西北版	1932-06-04	1	10단	もよほし(平毎主催嘉村旅團征衣講習會)
222991	朝鮮朝日	西北版	1932-06-04	1	10단	人(本間俊平、阿部充家兩氏)
222992	朝鮮朝日	西北版	1932-06-04	1	10단	樂禮/柳京小話
222993	朝鮮朝日	南鮮版	1932-06-05	1	01단	龍湖里に電話中繼所新設か再び嚴密な雜音檢査を開始內鮮直通海底電話
222994	朝鮮朝日	南鮮版	1932-06-05	1	01단	スポーツの中心野球の統制を計る大體文部省案を適用朝鮮の特殊事情も參酌
222995	朝鮮朝日	南鮮版	1932-06-05	1	01단	對滿貿易の促進を協議全道產業課長會議で
222996	朝鮮朝日	南鮮版	1932-06-05	1	02단	稍雨不足だがまづ順調五月中の天候
222997	朝鮮朝日	南鮮版	1932-06-05	1	03단	思想善導に警察にラヂオ
222998	朝鮮朝日	南鮮版	1932-06-05	1	03단	愛國獻金六萬五千圓國防獻品委員會に朝鮮號第四機建造を依賴
222999	朝鮮朝日	南鮮版	1932-06-05	1	03단	電氣協會に新に理事制
223000	朝鮮朝日	南鮮版	1932-06-05	1	03단	卅三勇士の遺骨故山へ
223001	朝鮮朝日	南鮮版	1932-06-05	1	04단	フィールド改修工事上旬中完成
223002	朝鮮朝日	南鮮版	1932-06-05	1	04단	新教育總監林大將退鮮官民多數の見送を受け
223003	朝鮮朝日	南鮮版	1932-06-05	1	04단	內外ニュース(衆議院豫算總會滿洲問題質問/武勳に輝く植田中將花やかに凱旋/滯貨生絲の處分善後策買上に決る)
223004	朝鮮朝日	南鮮版	1932-06-05	1	05단	鮮內侵入の獸疫を防邊賠償制度新設
223005	朝鮮朝日	南鮮版	1932-06-05	1	05단	平北一帶の鮮農續々引揚ぐ
223006	朝鮮朝日	南鮮版	1932-06-05	1	06단	朴社長の復活は有望視さる

일련번호	판명		간행일	면	단수	기사명
223007	朝鮮朝日	南鮮版	1932-06-05	1	06단	指導學校から候補者を選定自作農創定家として斡旋學務局の新計劃
223008	朝鮮朝日	南鮮版	1932-06-05	1	06단	虎視耽々で霸權を覘ふ參加出場校は十九校全鮮中等學校陸競大會
223009	朝鮮朝日	南鮮版	1932-06-05	1	07단	不都合な土幕民追ひ拂はる
223010	朝鮮朝日	南鮮版	1932-06-05	1	07단	滿洲移民計劃を統一的に確立する大體諒解を得て來たと湯村總督府農務課長語る
223011	朝鮮朝日	南鮮版	1932-06-05	1	08단	ベビーゴルフ場開放
223012	朝鮮朝日	南鮮版	1932-06-05	1	08단	强力犯逮捕に鐵兜使用佩劍短かくする
223013	朝鮮朝日	南鮮版	1932-06-05	1	08단	傳染病患者續出す署さのため
223014	朝鮮朝日	南鮮版	1932-06-05	1	09단	慶南咸陽の窮民を救濟廿日分の食糧を分配
223015	朝鮮朝日	南鮮版	1932-06-05	1	09단	アイヌの講演と舞踊釜山の時の記念日
223016	朝鮮朝日	南鮮版	1932-06-05	1	10단	五人組の竊盜團一網打盡さる
223017	朝鮮朝日	南鮮版	1932-06-05	1	10단	列車妨害頻發
223018	朝鮮朝日	南鮮版	1932-06-05	1	10단	喜多たねさん
223019	朝鮮朝日	南鮮版	1932-06-05	1	10단	もよほし(京城都市計劃研究會/朝鮮放送協會理事會)
223020	朝鮮朝日	南鮮版	1932-06-05	1	10단	人(前田利爲侯(參謀本部附陸軍大佐))
223021	朝鮮朝日	西北・南鮮版	1932-06-05	2	01단	常磐津子故に闇の目なし鳥平沙のうたふ血の淚/梅川忠兵衛新口村の段下の卷
223022	朝鮮朝日	西北・南鮮版	1932-06-05	2	02단	寅派に聞くわし國歌澤(唄　歌澤寅滿喜/三味線　歌澤寅之助)
223023	朝鮮朝日	西北・南鮮版	1932-06-05	2	04단	映畵物語片腕仁義(大石哲郎/伴奏　辨天座管絃團)
223024	朝鮮朝日	西北・南鮮版	1932-06-05	2	04단	植田師團長凱旋歡迎會狀況/大阪中央公會堂より
223025	朝鮮朝日	西北・南鮮版	1932-06-05	2	04단	コドモノ時間/慾ばり猫/童話劇/大阪童話劇協會
223026	朝鮮朝日	西北・南鮮版	1932-06-05	2	08단	評論月評再禁景氣顚落と計劃經濟論/高橋龜吉
223027	朝鮮朝日	西北・南鮮版	1932-06-05	2	09단	新聞小說の插繪/植田壽藏
223028	朝鮮朝日	西北・南鮮版	1932-06-05	2	10단	梅原龍三郎氏個展
223029	朝鮮朝日	西北・南鮮版	1932-06-05	2	10단	學藝消息(竹冷藏書東大圖書館に寄贈さる/大展/白蠻會洋畫展/金風社展/N・R・F美術講習會/第九回夏季洋畫講習會)
223030	朝鮮朝日	西北版	1932-06-05	1	01단	指導學校から候補者を選定自作農創定家として斡旋學務局の新計劃

일련번호	판명		간행일	면	단수	기사명
223031	朝鮮朝日	西北版	1932-06-05	1	01단	虎視耽々で霸權を覘ふ參加出場校は十九校全鮮中等學校陸競大會
223032	朝鮮朝日	西北版	1932-06-05	1	02단	名所『櫻の堤を』平壤に設ける船橋里防水堤に
223033	朝鮮朝日	西北版	1932-06-05	1	03단	軍用犬を使用し安奉線を警備
223034	朝鮮朝日	西北版	1932-06-05	1	03단	中等學校長打合會
223035	朝鮮朝日	西北版	1932-06-05	1	03단	北鮮産の鹽干魚滿蒙へ進出
223036	朝鮮朝日	西北版	1932-06-05	1	03단	異彩を放つ緬羊の飼育尖端的な副業教育
223037	朝鮮朝日	西北版	1932-06-05	1	04단	新教育總監林大將退鮮官民多數の見送を受け
223038	朝鮮朝日	西北版	1932-06-05	1	04단	緬羊增殖計劃火田民の整理工場法規制定を要望知事會議へ提出案件
223039	朝鮮朝日	西北版	1932-06-05	1	05단	跨線橋渡初式
223040	朝鮮朝日	西北版	1932-06-05	1	05단	碇泊地に惱む百隻の漁船漁港が修繕中なので鎭南浦漁民の悲鳴
223041	朝鮮朝日	西北版	1932-06-05	1	05단	平壤を通過
223042	朝鮮朝日	西北版	1932-06-05	1	05단	强力犯逮捕に鐵兜使用佩劍も短かくする
223043	朝鮮朝日	西北版	1932-06-05	1	06단	職員錄を作成
223044	朝鮮朝日	西北版	1932-06-05	1	06단	間島穀産の産業五ヶ年計劃大豆を改良種に改植國産ビック・パレードを開始
223045	朝鮮朝日	西北版	1932-06-05	1	07단	對滿貿易の促進を協議全道産業課長會議で
223046	朝鮮朝日	西北版	1932-06-05	1	07단	西鮮實業家大會各地からの開催希望により廿七日ごろ平壤で
223047	朝鮮朝日	西北版	1932-06-05	1	07단	七日に移轉船橋里小學校の落成
223048	朝鮮朝日	西北版	1932-06-05	1	07단	平壤繁榮座談會十三日に開く
223049	朝鮮朝日	西北版	1932-06-05	1	08단	鷄卵品評會
223050	朝鮮朝日	西北版	1932-06-05	1	08단	珍魚ソガリの棲息狀況調査全鮮的な養殖を計劃し平南成川附近に
223051	朝鮮朝日	西北版	1932-06-05	1	09단	電車に轢かる
223052	朝鮮朝日	西北版	1932-06-05	1	09단	女給の服裝銘仙に制限衣裳地獄緩和のため平壤署で嚴達す
223053	朝鮮朝日	西北版	1932-06-05	1	10단	六萬五千圓愛國獻金朝鮮號第四機建送
223054	朝鮮朝日	西北版	1932-06-05	1	10단	五月中の貨物發送總量
223055	朝鮮朝日	西北版	1932-06-05	1	10단	樂禮/柳京小話
223056	朝鮮朝日	南鮮版	1932-06-07	1	01단	內鮮融和の心願木彫の觀世音菩薩齋藤子が作らせた佛像內鮮人共通の靈場をつくる

일련번호	판명		간행일	면	단수	기사명
223057	朝鮮朝日	南鮮版	1932-06-07	1	01단	鷄卵をめぐって販賣合戰始る薄利多賣の新戰術を鼓吹買集め人を驅逐
223058	朝鮮朝日	南鮮版	1932-06-07	1	01단	新天地への移民計劃混線入り亂れる五つの案移民會議で統制を計る
223059	朝鮮朝日	南鮮版	1932-06-07	1	03단	資本逃避防止法實施後の影響總督府で調査
223060	朝鮮朝日	南鮮版	1932-06-07	1	03단	內外ニュース(新任軍司令官川島中將赴任の途に上る/龍山師團入營兵釜山に向ふ/選擧法擴大の建白書提出國民協會から/王德林の敗殘兵撫松縣城占領)
223061	朝鮮朝日	南鮮版	1932-06-07	1	04단	もよほし(生活改善講習會)
223062	朝鮮朝日	南鮮版	1932-06-07	1	04단	京城府廳分掌規定改正
223063	朝鮮朝日	南鮮版	1932-06-07	1	04단	在滿朝鮮人の今後の發展策東亞公司に資金を融通して金融機關を確立
223064	朝鮮朝日	南鮮版	1932-06-07	1	04단	貯蓄銀行裏敷地を公賣舊府廳舍跡の敷地處分
223065	朝鮮朝日	南鮮版	1932-06-07	1	05단	羊島評壇(多獅島問題)
223066	朝鮮朝日	南鮮版	1932-06-07	1	05단	春繭の基値協定暫定的に決る
223067	朝鮮朝日	南鮮版	1932-06-07	1	05단	卅三勇士の遺骨きのふ內地へ
223068	朝鮮朝日	南鮮版	1932-06-07	1	06단	愛妻を慘殺され極度に憤慨し復讐々々と怒號しながら狂人を棍棒で撲殺
223069	朝鮮朝日	南鮮版	1932-06-07	1	07단	生絲界俄かに活氣を呈す政府買上げに決し朝鮮蠶繭界にも好影響
223070	朝鮮朝日	南鮮版	1932-06-07	1	07단	自動車事業法が民業壓迫の懸念私鐵の場合の同樣
223071	朝鮮朝日	南鮮版	1932-06-07	1	07단	上海丸の二鮮人保菌の疑ひ行方捜査中
223072	朝鮮朝日	南鮮版	1932-06-07	1	07단	滿洲粟の輸入稅は上げられぬ朝鮮細農の主食物總督府から大藏省へ折衝中
223073	朝鮮朝日	南鮮版	1932-06-07	1	08단	商工會議所役員會
223074	朝鮮朝日	南鮮版	1932-06-07	1	08단	名刹華嚴寺の佛像盜まる
223075	朝鮮朝日	南鮮版	1932-06-07	1	09단	反戰ビラ犯人一味を送局崔は元總督府給費生東京で共産思想にかぶれる
223076	朝鮮朝日	南鮮版	1932-06-07	1	09단	牧島遊廓の白髮染心中男は絶命女は危篤
223077	朝鮮朝日	南鮮版	1932-06-07	1	10단	人(宇垣總督)
223078	朝鮮朝日	南鮮版	1932-06-07	1	10단	映畫と演劇(京城　大正館)
223079	朝鮮朝日	西北・南鮮版	1932-06-07	2	01단	妖刀村正の祟り廿四人を手當り次第に殺害/放送舞台劇八幡祭小望月賑
223080	朝鮮朝日	西北・南鮮版	1932-06-07	2	03단	映畫物語兇變をよそに口笛吹流す男/忠臣藏定九郎(竹本嘯虎/伴奏指揮　宇賀神味津男)

일련번호	판명		간행일	면	단수	기사명
223081	朝鮮朝日	西北・南鮮版	1932-06-07	2	04단	コドモノ時間/管絃樂/美しいドナウの圓舞曲二つ(日本放送交響樂團)
223082	朝鮮朝日	西北・南鮮版	1932-06-07	2	06단	オリンピックと世界平和自作の論文を放送(山根重四郎/平澤和重)
223083	朝鮮朝日	西北・南鮮版	1932-06-07	2	08단	小說に揷繪は不要か/植田壽藏
223084	朝鮮朝日	西北・南鮮版	1932-06-07	2	08단	池/富田溪仙
223085	朝鮮朝日	西北・南鮮版	1932-06-07	2	09단	土屋文明氏著『歌集往還集』について
223086	朝鮮朝日	西北版	1932-06-07	1	01단	內鮮融和の心願木彫の觀世音菩薩齋藤子が作らせた佛像內鮮人共通の靈場をつくる
223087	朝鮮朝日	西北版	1932-06-07	1	01단	在滿朝鮮人の今後の發展策東亞公司に資金を融通して金融機關を確立
223088	朝鮮朝日	西北版	1932-06-07	1	01단	新天地への移民計劃混線入り亂れる五つの案移民會議で統制を計る
223089	朝鮮朝日	西北版	1932-06-07	1	03단	認定計量制廢止メートル制に
223090	朝鮮朝日	西北版	1932-06-07	1	03단	時の話を懸賞募集
223091	朝鮮朝日	西北版	1932-06-07	1	03단	常識を涵養平南巡查講習所の試み
223092	朝鮮朝日	西北版	1932-06-07	1	04단	篤志家の寄附
223093	朝鮮朝日	西北版	1932-06-07	1	04단	若松校卅周年記念祭
223094	朝鮮朝日	西北版	1932-06-07	1	04단	山吹色に輝く北鮮の寶庫開かる宇垣産業政策のスローガン本格的の産金計劃
223095	朝鮮朝日	西北版	1932-06-07	1	04단	淸凉里で佛像を發掘高麗時代のもの
223096	朝鮮朝日	西北版	1932-06-07	1	04단	白紙に返り新總裁が研究問題の無煙炭合同炭價は爲替關係で有利
223097	朝鮮朝日	西北版	1932-06-07	1	05단	自動車事業法が民業壓迫の懸念私鐵の場合の同樣
223098	朝鮮朝日	西北版	1932-06-07	1	05단	叛軍千八百南下中國境危機迫る/營長負傷し叛軍のため捕虜となる/公安隊長李魁武遂に歸順す/叛軍の勢力漸次擴大す
223099	朝鮮朝日	西北版	1932-06-07	1	06단	國際聯盟隨員間島を調查
223100	朝鮮朝日	西北版	1932-06-07	1	06단	無利子の資金で製陶組合を增設家庭副業として普及を計り製陶の都平壤建設
223101	朝鮮朝日	西北版	1932-06-07	1	06단	春繭の基値協定暫定的に決る
223102	朝鮮朝日	西北版	1932-06-07	1	07단	先づ二萬人に種痘を施す痘禍防止の平壤署
223103	朝鮮朝日	西北版	1932-06-07	1	08단	茂山對岸に暴風雨襲來
223104	朝鮮朝日	西北版	1932-06-07	1	09단	驛辨の檢查
223105	朝鮮朝日	西北版	1932-06-07	1	09단	豊漁なのに漁師は不況時化つゞきで惱む
223106	朝鮮朝日	西北版	1932-06-07	1	09단	好成績なモヒ治療所續々と全治

일련번호	판명		간행일	면	단수	기사명
223107	朝鮮朝日	西北版	1932-06-07	1	09단	保安法違反事件判決
223108	朝鮮朝日	西北版	1932-06-07	1	09단	偽一圓札の横行
223109	朝鮮朝日	西北版	1932-06-07	1	09단	故人を種に保險金を詐取若い面長の惡事
223110	朝鮮朝日	西北版	1932-06-07	1	10단	失戀して自殺
223111	朝鮮朝日	西北版	1932-06-07	1	10단	樂禮/柳京小話
223112	朝鮮朝日	南鮮版	1932-06-08	1	01단	東滿洲の形勢刻々に險惡化縣城帽兒山占領さる叛軍一派跳梁暴威を揮ふ/我が討伐隊苦戰を續く死傷者三名を出す帽兒山匪賊頑强に抵抗/我討伐隊輯安の縣城を占領意氣衝天
223113	朝鮮朝日	南鮮版	1932-06-08	1	01단	鮮展作品宮內省御買上品決る
223114	朝鮮朝日	南鮮版	1932-06-08	1	02단	清涼里で高麗時代？佛像を發掘
223115	朝鮮朝日	南鮮版	1932-06-08	1	02단	學園に謳ふ(A)/働くことが唯一の前衛的教科書公立職業學校
223116	朝鮮朝日	南鮮版	1932-06-08	1	03단	增師問題は案外に早く解決するとおもふ新任川島朝鮮軍司令官語る
223117	朝鮮朝日	南鮮版	1932-06-08	1	04단	活氣づいた商店と料理屋物凄い漁師連の鼻息欲知島附近で鯖の大豊漁
223118	朝鮮朝日	南鮮版	1932-06-08	1	04단	內外ニュース(一刻も早く滿洲國を承認せよ/入國を許可滿洲オリンピック選手/上山滿之進氏舌鋒銳どく軍紀肅正難詰)
223119	朝鮮朝日	南鮮版	1932-06-08	1	05단	釜山、奉天間の急行貨物列車愈よ廿日ごろから運轉する平均時速は卅三哩
223120	朝鮮朝日	南鮮版	1932-06-08	1	06단	鎮海要港部驅逐隊巡港
223121	朝鮮朝日	南鮮版	1932-06-08	1	06단	少女使節滿洲國から日本訪問に來る金君姫さん
223122	朝鮮朝日	南鮮版	1932-06-08	1	07단	○○運動の巨頭安昌浩護送さる數奇を極めた彼の爭鬪生活平南江西の出身/安の一味京城着直ちに留置
223123	朝鮮朝日	南鮮版	1932-06-08	1	08단	勝手知った刑務所から洋服類を盗む
223124	朝鮮朝日	南鮮版	1932-06-08	1	09단	預金二千圓を繞り血で血を洗ふ祖母と孫との爭ひ遺産相續人の勝訴となる
223125	朝鮮朝日	南鮮版	1932-06-08	1	10단	拳銃强盗主人を狙擊し重傷を負はす
223126	朝鮮朝日	南鮮版	1932-06-08	1	10단	暴力事件判決
223127	朝鮮朝日	南鮮版	1932-06-08	1	10단	心中の片割ぼんた死亡
223128	朝鮮朝日	南鮮版	1932-06-08	1	10단	また一名天然痘蔓延の兆あり道當局で嚴戒
223129	朝鮮朝日	西北・南鮮版	1932-06-08	2	01단	久方ぶりに聞くマダム環の獨唱お馴染の「お蝶夫人」など/洋樂の夕(三浦環/伴奏　エンリコ・エフ・ロッシー)

일련번호	판명		간행일	면	단수	기사명
223130	朝鮮朝日	西北・南鮮版	1932-06-08	2	02단	アナウンス
223131	朝鮮朝日	西北・南鮮版	1932-06-08	2	04단	お晝は俚謠吹き寄せ大宮小唄や津輕小原節
223132	朝鮮朝日	西北・南鮮版	1932-06-08	2	05단	ワグナァ最後の壯麗な樂劇バルジファル合唱と管絃樂(東京音樂學校生/指揮プリングス・ハイム)
223133	朝鮮朝日	西北・南鮮版	1932-06-08	2	07단	世相變化と婦人の立場家庭大學講座後二時/水野常吉
223134	朝鮮朝日	西北・南鮮版	1932-06-08	2	08단	邦畫トーキーの問題(一)/疾風怒濤時代/森巖雄
223135	朝鮮朝日	西北・南鮮版	1932-06-08	2	09단	小說・插繪・人間/植田壽藏
223136	朝鮮朝日	西北・南鮮版	1932-06-08	2	10단	學藝消息(學生懸賞論文募集/「藝術批判」/「短歌巡禮」創刊/柴式部學會/長谷川三雄氏小品個展/迦藍衣會輪更紗作品展/世界の寫眞歷史)
223137	朝鮮朝日	西北・南鮮版	1932-06-08	2	10단	「國華」近刊號
223138	朝鮮朝日	西北版	1932-06-08	1	01단	設置に決った對滿輸出協會滿洲七ヶ所に支部を新設する總督府で促進打合せ
223139	朝鮮朝日	西北版	1932-06-08	1	01단	コーン會社の三菱買收說高粱の關稅引上は平壤燒酎に大影響
223140	朝鮮朝日	西北版	1932-06-08	1	01단	鰯締粕の食料化內地へ進出
223141	朝鮮朝日	西北版	1932-06-08	1	01단	少女使節滿洲國から日本訪問に來る金君姬さん
223142	朝鮮朝日	西北版	1932-06-08	1	02단	香典に百圓
223143	朝鮮朝日	西北版	1932-06-08	1	03단	海軍軍樂隊演奏
223144	朝鮮朝日	西北版	1932-06-08	1	03단	平南春蠶値基協定
223145	朝鮮朝日	西北版	1932-06-08	1	03단	東滿洲の形勢刻々に險惡化縣城帽兒山占領さる叛軍一派跳梁暴威を揮ふ
223146	朝鮮朝日	西北版	1932-06-08	1	04단	哀愁漂うて淚更に新た三十四勇士の師團合同葬英靈故山向ふ
223147	朝鮮朝日	西北版	1932-06-08	1	04단	事故防止の紹介列車十一、二日運轉
223148	朝鮮朝日	西北版	1932-06-08	1	05단	その頃(1)/新聞記者を志願そんな時代もあったと眼らかに語る山地財務
223149	朝鮮朝日	西北版	1932-06-08	1	06단	增師問題は案外に早く解決するとおもふ新任川島朝鮮軍司令官語る
223150	朝鮮朝日	西北版	1932-06-08	1	07단	荷送改善列車展
223151	朝鮮朝日	西北版	1932-06-08	1	07단	高射砲隊演習
223152	朝鮮朝日	西北版	1932-06-08	1	07단	○○運動の巨頭安昌浩護送さる數奇を極めた彼の爭鬪生活平南江西の出身/安の一味京城着直ちに留置

일련번호	판명		간행일	면	단수	기사명
223153	朝鮮朝日	西北版	1932-06-08	1	08단	陽德溫泉の契約更新圓滿に解決
223154	朝鮮朝日	西北版	1932-06-08	1	08단	泥醉して刃像
223155	朝鮮朝日	西北版	1932-06-08	1	09단	死因に不審死體を解剖
223156	朝鮮朝日	西北版	1932-06-08	1	09단	五十五錢の强盜
223157	朝鮮朝日	西北版	1932-06-08	1	10단	もよほし(第十回朝鮮教育總會)
223158	朝鮮朝日	西北版	1932-06-08	1	10단	樂禮/柳京小話
223159	朝鮮朝日	南鮮版	1932-06-09	1	01단	農會を中心機關に肥料統制を斷行せよ農村救濟は國家的重大問題惡用される肥料低資/農村救濟の根本的方策まづ借金の始末から宇垣總督は語る
223160	朝鮮朝日	南鮮版	1932-06-09	1	01단	銃後の御援助と御同情を仰ぎ私の重責を完うしたい川島軍司令官ステートメントを發表
223161	朝鮮朝日	南鮮版	1932-06-09	1	02단	本年度の麥作作柄は良好前年比三分九釐增收收穫豫想高千六十萬石餘
223162	朝鮮朝日	南鮮版	1932-06-09	1	03단	禮砲裡に新軍司令官川島中將着任
223163	朝鮮朝日	南鮮版	1932-06-09	1	03단	通溝城頭に飜る日章旗颯爽たる皇軍の姿吉江第一守備隊長談/我が○○部隊輯安を占據引續き兵匪掃蕩中/無抵抗で寬甸縣永甸を占領/敵前渡河で猛烈な激戰帽兒山の匪賊討伐戰死傷者六名を出す/激烈を極めた臨江の白兵戰わが戰死者三負傷二敵に多大の損害を與ふ
223164	朝鮮朝日	南鮮版	1932-06-09	1	04단	水道課長後任
223165	朝鮮朝日	南鮮版	1932-06-09	1	04단	各地の時の記念日
223166	朝鮮朝日	南鮮版	1932-06-09	1	06단	約三萬町歩の荒廢地が美田昭和水利完成の曉は總督府でいよいよ設計に着手
223167	朝鮮朝日	南鮮版	1932-06-09	1	07단	鮮銀でも利下げ日銀に追隨
223168	朝鮮朝日	南鮮版	1932-06-09	1	08단	鰯油肥仕込み資金賞出を開始
223169	朝鮮朝日	南鮮版	1932-06-09	1	08단	元營繕係長に絡る瀆職容疑事件請負人との問に贈收賄か關係者を續々召喚
223170	朝鮮朝日	南鮮版	1932-06-09	1	09단	鮮銀異動
223171	朝鮮朝日	南鮮版	1932-06-09	1	09단	安昌浩一味の峻烈な取調八日から開始
223172	朝鮮朝日	南鮮版	1932-06-09	1	09단	人(ヘリーガオル氏(印度國民黨首領))
223173	朝鮮朝日	南鮮版	1932-06-09	1	10단	茸で中毒
223174	朝鮮朝日	南鮮版	1932-06-09	1	10단	縊死を遂ぐ

일련번호	판명		간행일	면	단수	기사명
223175	朝鮮朝日	南鮮版	1932-06-09	1	10단	內外ニュース(政友會の農村救濟策平價切り下に決る/高利債の借替資金に低資を貸付く/四大使と首相が會見圓卓會議豫備交涉/露滿兩國で新條約締結か/時局收拾に最善を盡す上山氏へ答辯)
223176	朝鮮朝日	西北版	1932-06-09	1	01단	農會を中心機關に肥料統制を斷行せよ農村救濟は國家的重大問題惡用される肥料低資/農村救濟の根本的方策まづ借金の始末から宇垣總督は語る
223177	朝鮮朝日	西北版	1932-06-09	1	01단	銃後の御援助と御同情を仰ぎ私の重責を完うしたい川島軍司令官ステートメントを發表/通溝城頭に飜る日章旗颯爽たる皇軍の姿吉江第一守備隊長談/敵前渡河で猛烈な激戰帽兒山の匪賊討伐戰死傷者六名を出す/匪賊討伐に飛機出動新義州方面へ
223178	朝鮮朝日	西北版	1932-06-09	1	04단	もよほし(家畜衛生講習會)
223179	朝鮮朝日	西北版	1932-06-09	1	07단	本年度の麥作柄は良好前年比三分九釐增收收穫豫想高千六十萬石餘
223180	朝鮮朝日	西北版	1932-06-09	1	07단	釜山、奉天間の急行貨物列車愈よ廿日ごろから運轉する平均時速は卅三哩
223181	朝鮮朝日	西北版	1932-06-09	1	08단	禮砲裡に新軍司令官川島中將着任
223182	朝鮮朝日	西北版	1932-06-09	1	08단	十日「時の記念日」平壤各種催し
223183	朝鮮朝日	西北版	1932-06-09	1	08단	鮮銀でも利下げ日銀に追隨
223184	朝鮮朝日	西北版	1932-06-09	1	09단	第二十八驅逐隊鎭南浦入港
223185	朝鮮朝日	西北版	1932-06-09	1	09단	鰯油肥仕込み資金賞出を開始
223186	朝鮮朝日	西北版	1932-06-09	1	10단	五圓紙幣僞造犯人檢擧さる
223187	朝鮮朝日	西北版	1932-06-09	1	10단	樂禮/柳京小話
223188	朝鮮朝日	西北版	1932-06-09	1	10단	懸賞で驅蠅
223189	朝鮮朝日	南鮮版	1932-06-10	1	01단	內鮮直通の海底電話龍湖里附近に中繼所を設置電流の擴大と雜音を防止通話開始は九月末
223190	朝鮮朝日	南鮮版	1932-06-10	1	01단	內地と呼應農村を救濟乘り出した總督府協議會で具體案を練る
223191	朝鮮朝日	南鮮版	1932-06-10	1	01단	鮮展の御買上品
223192	朝鮮朝日	南鮮版	1932-06-10	1	01단	ウンと殖えた航空郵便と空の旅人
223193	朝鮮朝日	南鮮版	1932-06-10	1	02단	第一、第二越境部隊新義州飛行隊大活躍を續く
223194	朝鮮朝日	南鮮版	1932-06-10	1	02단	學園に謳ふ(B)/就職は修養職業婦人を養成する京城女子實業學校

일련번호	판명		간행일	면	단수	기사명
223195	朝鮮朝日	南鮮版	1932-06-10	1	03단	石油會社が入關手續を急ぐ關税引上を見越して
223196	朝鮮朝日	南鮮版	1932-06-10	1	03단	南山稻荷社例祭
223197	朝鮮朝日	南鮮版	1932-06-10	1	04단	十萬石の呑行爲群取會員脱退
223198	朝鮮朝日	南鮮版	1932-06-10	1	04단	DKのラヂオ體操七月から朝やる
223199	朝鮮朝日	南鮮版	1932-06-10	1	04단	鮮銀利下げ二釐方實施は十五日ごろ
223200	朝鮮朝日	南鮮版	1932-06-10	1	04단	川島司令官新任の挨拶
223201	朝鮮朝日	南鮮版	1932-06-10	1	05단	ダイヤの關係で七月一日より實施釜山、安東間の急行貨物列車近く卅時間で突破
223202	朝鮮朝日	南鮮版	1932-06-10	1	05단	着任の川島新朝鮮軍司令官
223203	朝鮮朝日	南鮮版	1932-06-10	1	05단	日曜學校子供の日
223204	朝鮮朝日	南鮮版	1932-06-10	1	06단	日銀利下げと京城の財界影響は僅少
223205	朝鮮朝日	南鮮版	1932-06-10	1	07단	今西教授追悼式
223206	朝鮮朝日	南鮮版	1932-06-10	1	07단	百貨店の重壓に喘ぐ小賣商人血眼で更生策を計る景品附大賣出しが殖えた
223207	朝鮮朝日	南鮮版	1932-06-10	1	07단	養成中のDK技術員十五名採用
223208	朝鮮朝日	南鮮版	1932-06-10	1	08단	內外ニュース(追加豫算案滿場一致で全部可決確定/中小商工業者救濟を急ぐ二、三の有力案)
223209	朝鮮朝日	南鮮版	1932-06-10	1	08단	於之屯水利近く認可か
223210	朝鮮朝日	南鮮版	1932-06-10	1	08단	防疫第一線警察囑託醫廿三名增員各地に配置
223211	朝鮮朝日	南鮮版	1932-06-10	1	08단	釜山府民に臨時種痘を施行慶南道防疫に大童
223212	朝鮮朝日	南鮮版	1932-06-10	1	09단	南北大總長一行
223213	朝鮮朝日	南鮮版	1932-06-10	1	09단	消毒藥と蠅取紙共同購入で各戶に配布
223214	朝鮮朝日	南鮮版	1932-06-10	1	09단	普通學校長自殺を企つ精神異狀で
223215	朝鮮朝日	南鮮版	1932-06-10	1	10단	恐ろしい狂犬病豫防注射を行ふ
223216	朝鮮朝日	南鮮版	1932-06-10	1	10단	また密陽で患者發生す慶南の痘瘡蔓延
223217	朝鮮朝日	南鮮版	1932-06-10	1	10단	慶南道に猩紅熱流行
223218	朝鮮朝日	南鮮版	1932-06-10	1	10단	失戀で服毒
223219	朝鮮朝日	南鮮版	1932-06-10	1	10단	土工慘死す
223220	朝鮮朝日	南鮮版	1932-06-10	1	10단	もよほし(慶南穀協役員會/東拓支店長會議/懸賞童話大會)
223221	朝鮮朝日	西北版	1932-06-10	1	01단	內鮮直通の海底電話龍湖里附近に中繼所を設置電流の擴大と雜音を防止通話開始は九月末

일련번호	판명		간행일	면	단수	기사명
223222	朝鮮朝日	西北版	1932-06-10	1	01단	內地と呼應農村を救濟乘り出した總督府協議會で具體案を練る
223223	朝鮮朝日	西北版	1932-06-10	1	01단	鮮展の御買上品
223224	朝鮮朝日	西北版	1932-06-10	1	01단	ウンと殖えた航空郵便と空の旅人
223225	朝鮮朝日	西北版	1932-06-10	1	02단	帽兒山背後の五台山から迫擊砲で頻りに狙擊わが山砲隊これに應戰/兵匪のため重傷後死亡/臨江の柴田部隊叛軍包圍さる○○から增援部隊出動す敵の總勢は約五千/輯安城外の匪賊討伐中四名重輕傷/汪淸縣の憂牙に匪賊襲來す/苦戰に陷る兵匪千二百永甸城逆襲
223226	朝鮮朝日	西北版	1932-06-10	1	02단	平壤增援隊國境へ出動トリックで
223227	朝鮮朝日	西北版	1932-06-10	1	03단	移植沓正條植
223228	朝鮮朝日	西北版	1932-06-10	1	03단	冷水漁ヨルメギの平地帶養殖試驗
223229	朝鮮朝日	西北版	1932-06-10	1	03단	梅田平壤間混載貸切取扱從來より一日短縮
223230	朝鮮朝日	西北版	1932-06-10	1	04단	着任の川島新朝鮮軍司令官
223231	朝鮮朝日	西北版	1932-06-10	1	05단	ダイヤの關係で七月一日より實施釜山、安東間の急行貨物列車近く卅時間で突破
223232	朝鮮朝日	西北版	1932-06-10	1	06단	全國の野望北鮮に集中鐵道旅客うんと激增
223233	朝鮮朝日	西北版	1932-06-10	1	06단	鮮銀利下げ二釐方實施は十五日ごろ
223234	朝鮮朝日	西北版	1932-06-10	1	06단	記念日を期し時間勵行會違反者にが罰金
223235	朝鮮朝日	西北版	1932-06-10	1	07단	平壤土產樂浪盆素晴らしく好評
223236	朝鮮朝日	西北版	1932-06-10	1	07단	代表的の明るい街に平壤署で取締る
223237	朝鮮朝日	西北版	1932-06-10	1	07단	病院機奉天へ
223238	朝鮮朝日	西北版	1932-06-10	1	07단	滿洲國で密輸の取締を徹底
223239	朝鮮朝日	西北版	1932-06-10	1	07단	調査團を續々滿洲に繰り出す咸北特産品の進出
223240	朝鮮朝日	西北版	1932-06-10	1	08단	製材業者大打擊關稅改正で
223241	朝鮮朝日	西北版	1932-06-10	1	08단	スポーツ(平壤對鎭南浦陸競大會)
223242	朝鮮朝日	西北版	1932-06-10	1	08단	カフエおよび女給取締令道令で公布
223243	朝鮮朝日	西北版	1932-06-10	1	09단	對滿貿易の促進を計る出荷同業組合を組織
223244	朝鮮朝日	西北版	1932-06-10	1	09단	北鮮開發は待機の姿勢議會通過の報を待ち直ちに花々しく着手する
223245	朝鮮朝日	西北版	1932-06-10	1	10단	人(富山縣敎育視察團/津和野中學校修學旅行團)

일련번호	판명		간행일	면	단수	기사명
223246	朝鮮朝日	西北版	1932-06-10	1	10단	傷害致死判決
223247	朝鮮朝日	西北版	1932-06-10	1	10단	韓聖黨に懲役十五年言渡しは十三日
223248	朝鮮朝日	西北版	1932-06-10	1	10단	校長排斥で盟休蒸返し學校側態度極めて強硬
223249	朝鮮朝日	西北版	1932-06-10	1	10단	もよほし(東拓支店長會議/平壤府內初等教育會)
223250	朝鮮朝日	南鮮版	1932-06-11	1	01단	農村以上窮迫の漁村も救濟高利債の低利債借替漁業組合を對象として實施
223251	朝鮮朝日	南鮮版	1932-06-11	1	01단	蟲が湧いたり錆が出たり折角の水道擴張も水の泡濾過池新設に決る
223252	朝鮮朝日	南鮮版	1932-06-11	1	01단	最も理想的な窮民救濟事業三百萬圓の沙防工事九割七分までは勞働賃銀
223253	朝鮮朝日	南鮮版	1932-06-11	1	01단	總督府辭令
223254	朝鮮朝日	南鮮版	1932-06-11	1	02단	學園に謳ふ(C)/古い傳統に不朽のレリーフ「堅實」善隣商業學校
223255	朝鮮朝日	南鮮版	1932-06-11	1	03단	釜山美術展十日から開場
223256	朝鮮朝日	南鮮版	1932-06-11	1	03단	今後の沙防は造林本位
223257	朝鮮朝日	南鮮版	1932-06-11	1	04단	永旬城に匪賊來襲激戰の後遂に撃退
223258	朝鮮朝日	南鮮版	1932-06-11	1	04단	海を壓する漁船の活躍南海の鯖大漁
223259	朝鮮朝日	南鮮版	1932-06-11	1	04단	龍尾山跡にモダンな三階建釜山府廳新築決定大島府尹近日入城
223260	朝鮮朝日	南鮮版	1932-06-11	1	04단	山峽の涼味慶南安義の弄月亭
223261	朝鮮朝日	南鮮版	1932-06-11	1	05단	內外ニュース(平價切下反對に政府の態度決定臨時議會には贊成/宅地租輕減案誓く上程見合せ/滿鐵總裁後任樺山資英伯か)
223262	朝鮮朝日	南鮮版	1932-06-11	1	06단	漁船漁網に燈火を海上事故を防止
223263	朝鮮朝日	南鮮版	1932-06-11	1	06단	二千町歩を開き二千町歩を失ふ洪水で埋沒、決潰、流失耕地面積が增加しない理由
223264	朝鮮朝日	南鮮版	1932-06-11	1	06단	第一産組の鮮魚販賣輸出道の處置注目さる
223265	朝鮮朝日	南鮮版	1932-06-11	1	07단	不景氣風で悲鳴を揚ぐ驅黴費補助金增額を嘆願釜山の綠町遊廓から
223266	朝鮮朝日	南鮮版	1932-06-11	1	08단	飛んだ巷のナンセンス牛公軌道內に寢る
223267	朝鮮朝日	南鮮版	1932-06-11	1	08단	貨物收入は激減し旅客收入は增加豫想外に惡い營業成績
223268	朝鮮朝日	南鮮版	1932-06-11	1	09단	油斷ならぬ虎疫の侵入入港船を嚴重に監視
223269	朝鮮朝日	南鮮版	1932-06-11	1	09단	蔚山郡でまた新患痘瘡ますます蔓延

일련번호	판명		간행일	면	단수	기사명
223270	朝鮮朝日	南鮮版	1932-06-11	1	09단	電車轉覆事件實地檢證
223271	朝鮮朝日	南鮮版	1932-06-11	1	10단	獰猛極まるぬくて遂に撲殺す
223272	朝鮮朝日	南鮮版	1932-06-11	1	10단	ブランコから墜落し生命危篤
223273	朝鮮朝日	南鮮版	1932-06-11	1	10단	奇怪な強盜殺人七月目に發覺犯人二名逮捕
223274	朝鮮朝日	南鮮版	1932-06-11	1	10단	捨子頻々で取締に懸命
223275	朝鮮朝日	西北版	1932-06-11	1	01단	臨江奪還を企て通化から續々集結一決戰は免れぬ形勢中江鎭にて澤村特派員九日發/匪賊約百名林江口襲擊警官隊急行/碧潼對岸へ匪賊現る高瀨舟を襲ひ金品を強奪
223276	朝鮮朝日	西北版	1932-06-11	1	01단	君國のため匪賊討伐へ危篤の父を殘して孝子が生んだ軍國美談
223277	朝鮮朝日	西北版	1932-06-11	1	02단	水産界の寵兒へ景氣の良い話鰯粉、締粕、丸干魚の大量取引紐育の肥料商から
223278	朝鮮朝日	西北版	1932-06-11	1	03단	鄕軍代表七百名來壤戰跡を視察
223279	朝鮮朝日	西北版	1932-06-11	1	03단	農村以上窮迫の漁村も救濟高利債の低利債借替漁業組合を對象として實施
223280	朝鮮朝日	西北版	1932-06-11	1	04단	もよほし(黃海道農會)
223281	朝鮮朝日	西北版	1932-06-11	1	04단	二千町步を開き二千町步を失ふ洪水で埋沒、決潰、流失耕地面積が增加しない理由
223282	朝鮮朝日	西北版	1932-06-11	1	05단	鰯油肥組合起債認可
223283	朝鮮朝日	西北版	1932-06-11	1	05단	悲しい便り愛馬の死痛心する中島聯隊長哀愁漂ふ第七十七聯隊
223284	朝鮮朝日	西北版	1932-06-11	1	05단	三十方里に一組合金融組合擴張運動
223285	朝鮮朝日	西北版	1932-06-11	1	07단	謎の若妻殺し依然犯行を否認知らぬ存ぜぬの一點張り裁判長銳どく追擊
223286	朝鮮朝日	西北版	1932-06-11	1	07단	なま雲丹の冷凍を研究食通から期待さる
223287	朝鮮朝日	西北版	1932-06-11	1	07단	『髯の特務』少尉に昇進帽兒山で名譽の戰死
223288	朝鮮朝日	西北版	1932-06-11	1	08단	家屋倒潰し下敷となり子供四名重傷
223289	朝鮮朝日	西北版	1932-06-11	1	09단	最も理想的な窮民救濟事業三百萬圓の沙防工事九割七分までは勞働賃銀
223290	朝鮮朝日	西北版	1932-06-11	1	09단	廣告撤廢は致命的打擊小賣商人から陳情商議と提携反對運動猛烈
223291	朝鮮朝日	西北版	1932-06-11	1	09단	ヘヤリーベッチの採種圃好成績一萬三千圓餘の純益
223292	朝鮮朝日	西北版	1932-06-11	1	10단	醉拂って轢殺
223293	朝鮮朝日	西北版	1932-06-11	1	10단	盜電取締

일련번호	판명		간행일	면	단수	기사명
223294	朝鮮朝日	西北版	1932-06-11	1	10단	もよほし(平壤商工會議所議員總會)
223295	朝鮮朝日	南鮮版	1932-06-12	1	01단	少數の兵力で連戰連勝破竹の勢精銳の武器と天險に據る鴨江對岸匪賊大討伐
223296	朝鮮朝日	南鮮版	1932-06-12	1	01단	融資を中心に救濟案を練る中小商工業者も救濟に決定農村漁村と同樣に
223297	朝鮮朝日	南鮮版	1932-06-12	1	01단	學良の使嗾で專ら逆宣傳盛んに流言を放つ軍司令部へ情報
223298	朝鮮朝日	南鮮版	1932-06-12	1	01단	京城府辭令(十日付)
223299	朝鮮朝日	南鮮版	1932-06-12	1	01단	農村疲弊で退學兒童續出
223300	朝鮮朝日	南鮮版	1932-06-12	1	02단	內外ニュース(三億五千萬圓の大土木事業農村救濟の應急策決る/內田總裁の外相就任政府で樂觀/平價切下案政府の修正政友で承認/大河內輝耕子政府を論難/第三艦隊首腦出雲で凱旋/オリンピック水泳豫選會)
223301	朝鮮朝日	南鮮版	1932-06-12	1	03단	國際聯盟調査團月末ごろ來鮮
223302	朝鮮朝日	南鮮版	1932-06-12	1	03단	電信回線增設計劃
223303	朝鮮朝日	南鮮版	1932-06-12	1	03단	果物特定運賃引下運動やゝ好韓の模樣
223304	朝鮮朝日	南鮮版	1932-06-12	1	04단	もよほし(慶北の農民デー/慶州古跡保存會)
223305	朝鮮朝日	南鮮版	1932-06-12	1	04단	農村の借金調べ個人貸借のみで一億百十一萬二千六百二十圓一戶當り六十五圓
223306	朝鮮朝日	南鮮版	1932-06-12	1	04단	對滿貿易の促進具體案近く朝鮮商議總會に提出京城商議所の成案
223307	朝鮮朝日	南鮮版	1932-06-12	1	05단	大田を中心に輕油動車七月一日より運轉
223308	朝鮮朝日	南鮮版	1932-06-12	1	06단	研究校を定め複式敎育を充實伸び行く兒童のため道學務課本年度の新事業
223309	朝鮮朝日	南鮮版	1932-06-12	1	06단	祖國愛の慰問金十萬圓に上る
223310	朝鮮朝日	南鮮版	1932-06-12	1	07단	全鮮農業者大會を繰上げて開き農村救濟と對議會策など具體的に種々協議
223311	朝鮮朝日	南鮮版	1932-06-12	1	07단	敷地を縮小南濱に選定か水産試驗場問題で道、府とも步みよる
223312	朝鮮朝日	南鮮版	1932-06-12	1	07단	峻烈な取調に收賄事實自白か駒田氏を繞る瀆職事件更に續々多數の關係者召喚
223313	朝鮮朝日	南鮮版	1932-06-12	1	08단	腹チフス蔓延の兆大消毒決行
223314	朝鮮朝日	南鮮版	1932-06-12	1	09단	漏電防止配線工事を釜山署で監督する
223315	朝鮮朝日	南鮮版	1932-06-12	1	09단	阿片密輸犯人擧る
223316	朝鮮朝日	南鮮版	1932-06-12	1	09단	九年前に家出した一人娘を尋ねて母親が遙々朝鮮へ
223317	朝鮮朝日	南鮮版	1932-06-12	1	10단	花嫁のハンドバッグ花婿に祟る

일련번호	판명		간행일	면	단수	기사명
223318	朝鮮朝日	南鮮版	1932-06-12	1	10단	夫婦共謀の防火事件近く公判
223319	朝鮮朝日	西北版	1932-06-12	1	01단	少數の兵力で連戰連勝破竹の勢精銳の武器と天險に據る鴨江對岸匪賊大討伐/林子江口から猛射を浴す新川警察官駐在所へ渭原署から增援隊急行/皇軍の威力で治安回復を請願臨江縣商務會員から/帽兒山南方の敵匪を掃蕩栖野大隊大いに活躍意氣軒昂の我討伐隊/頭道溝に匪賊集結江岸を警戒
223320	朝鮮朝日	西北版	1932-06-12	1	01단	匪賊討伐畫報
223321	朝鮮朝日	西北版	1932-06-12	1	03단	國際聯盟調査團月末ごろ來鮮
223322	朝鮮朝日	西北版	1932-06-12	1	04단	獸醫講習會
223323	朝鮮朝日	西北版	1932-06-12	1	04단	融資を中心に救濟案を練る中小商工業者も救濟に決定農村漁村と同樣に
223324	朝鮮朝日	西北版	1932-06-12	1	05단	奧地の道路見違へる位立派になった藤原知事歸來談
223325	朝鮮朝日	西北版	1932-06-12	1	05단	船橋里の堤防を櫻の名所に
223326	朝鮮朝日	西北版	1932-06-12	1	05단	「樂燒の會」十二日發會式
223327	朝鮮朝日	西北版	1932-06-12	1	06단	農村の借金調べ個人貸借のみで一億百十一萬二千六百二十圓一戶當り六十五圓
223328	朝鮮朝日	西北版	1932-06-12	1	06단	學良の使嗾で專ら逆宣傳盛んに流言を放つ軍司令部へ情報
223329	朝鮮朝日	西北版	1932-06-12	1	07단	僞飛行士の詐欺事件起訴さる
223330	朝鮮朝日	西北版	1932-06-12	1	07단	廣告取締圓滿解決
223331	朝鮮朝日	西北版	1932-06-12	1	07단	早婚が禍する姦通と夫殺し昨年中に行はれた結婚數十八萬四千六百件
223332	朝鮮朝日	西北版	1932-06-12	1	08단	結核菌を撒く
223333	朝鮮朝日	西北版	1932-06-12	1	08단	春繭出廻期を前に鮮內の製絲業者絲價安で資金難に喘ぐ
223334	朝鮮朝日	西北版	1932-06-12	1	09단	平壤府內に腦膜炎流行
223335	朝鮮朝日	西北版	1932-06-12	1	09단	色赤祕密結社事件六名送局さる
223336	朝鮮朝日	西北版	1932-06-12	1	09단	ブランコで慘死
223337	朝鮮朝日	西北版	1932-06-12	1	10단	全鮮農會を繰上げて開催農村救濟協議
223338	朝鮮朝日	西北版	1932-06-12	1	10단	もよほし(十四日の全國的農民デー)
223339	朝鮮朝日	西北版	1932-06-12	1	10단	話のたね
223340	朝鮮朝日	南鮮版	1932-06-14	1	01단	まづ低資を融通働かせて救濟窮民救濟事業も更に擴大普及鮮農救濟の根本策
223341	朝鮮朝日	南鮮版	1932-06-14	1	01단	喘ぎに喘ぐ七つの私鐵鐵道網充實が叫ばれても新線などは不可能

일련번호	판명		간행일	면	단수	기사명
223342	朝鮮朝日	南鮮版	1932-06-14	1	01단	「ボーナス」月殖銀は卅割走りは鮮銀の廿割出揃ひは廿日前後か
223343	朝鮮朝日	南鮮版	1932-06-14	1	01단	田植はじまる
223344	朝鮮朝日	南鮮版	1932-06-14	1	03단	計劃全般に亘り大改善を行ふ窮救事業の徹底を期す
223345	朝鮮朝日	南鮮版	1932-06-14	1	03단	同盟休校の因智育偏重を根本的に改革する新案「中等教育研究講習會」
223346	朝鮮朝日	南鮮版	1932-06-14	1	04단	半島評壇/農村問題と朝鮮
223347	朝鮮朝日	南鮮版	1932-06-14	1	04단	第二回農村救濟協議會
223348	朝鮮朝日	南鮮版	1932-06-14	1	04단	鮮銀利下げ十五日から愈々實施する
223349	朝鮮朝日	南鮮版	1932-06-14	1	05단	釜山の道路鋪裝工事九月より着工
223350	朝鮮朝日	南鮮版	1932-06-14	1	05단	李魁武が鮮內の攪亂を陰謀
223351	朝鮮朝日	南鮮版	1932-06-14	1	05단	農村負擔輕減のため稅制改正を斷行急轉直下的に具體化か總督府の準備成る
223352	朝鮮朝日	南鮮版	1932-06-14	1	06단	低資の融通營業稅免除等商工業者救濟座談會
223353	朝鮮朝日	南鮮版	1932-06-14	1	06단	肥料代負擔を地主に要求成行注目さる
223354	朝鮮朝日	南鮮版	1932-06-14	1	06단	內外ニュース(政府は速かに滿洲國を承認すべし/民正黨の農救決議案遂に廢案/九月末償還の約八千萬圓支拂延期決る/上山滿之進氏不穩質問の取消を言明/選擧法改正其他につき齋藤首相言明)
223355	朝鮮朝日	南鮮版	1932-06-14	1	07단	痘瘡患者約二千名嬰兒へ穩痘動行
223356	朝鮮朝日	南鮮版	1932-06-14	1	07단	十萬圓の黑字約三培に激增洪水の如く押奇する滿洲粟關稅改正を見越して
223357	朝鮮朝日	南鮮版	1932-06-14	1	08단	ほんと投げ出した淨財五萬圓金井鑛山の身代金中から金さんの義擧
223358	朝鮮朝日	南鮮版	1932-06-14	1	08단	龜浦泊津間巡航船營業を開始
223359	朝鮮朝日	南鮮版	1932-06-14	1	08단	賑やかに田植ゑ農民デーに
223360	朝鮮朝日	南鮮版	1932-06-14	1	09단	拳銃强盜捕はる
223361	朝鮮朝日	南鮮版	1932-06-14	1	09단	太合堀の通水七月中實現
223362	朝鮮朝日	南鮮版	1932-06-14	1	09단	笑へぬ喜劇松皮の團子養豚の飼料を奪合ふ春窮に喘ぐ農村の窮民
223363	朝鮮朝日	南鮮版	1932-06-14	1	10단	背任橫領でロシア石油桃原氏を告訴
223364	朝鮮朝日	南鮮版	1932-06-14	1	10단	慶南の痘瘡ますます蔓延新患者續發す
223365	朝鮮朝日	南鮮版	1932-06-14	1	10단	もよほし(全國農民記念日/巖井彌一郎氏個人展覽會/第十五回朝鮮穀物大會)
223366	朝鮮朝日	西北版	1932-06-14	1	01단	まづ低資を融通働かせて救濟窮民救濟事業も更に擴大普及鮮農救濟の根本策

일련번호	판명		간행일	면	단수	기사명
223367	朝鮮朝日	西北版	1932-06-14	1	02단	國境の嚴戒で煙草の密輸昨年の半分に激減
223368	朝鮮朝日	西北版	1932-06-14	1	02단	一面一校主義校舍の單純化で道地方費から全額を支出豫定の計劃を遂行
223369	朝鮮朝日	西北版	1932-06-14	1	02단	惠山線の速成と城津港の躍進輝かしい前途を期待
223370	朝鮮朝日	西北版	1932-06-14	1	03단	都市對抗競技會
223371	朝鮮朝日	西北版	1932-06-14	1	04단	若人の血は躍る
223372	朝鮮朝日	西北版	1932-06-14	1	04단	全鮮中等學校陸競大會大會を權威づけた四つの新記錄雨を衝いて潑刺純眞な競技古豪京帥再び優勝(トラック/フィールド)
223373	朝鮮朝日	西北版	1932-06-14	1	05단	五月中の平壤貿易活況を呈す
223374	朝鮮朝日	西北版	1932-06-14	1	06단	帥國設置に本格的運動期成會で協議
223375	朝鮮朝日	西北版	1932-06-14	1	06단	深まる疑問符吳連明少佐如才ない軍人
223376	朝鮮朝日	西北版	1932-06-14	1	07단	産組と連絡販賣の斡旋巡回販賣を續く
223377	朝鮮朝日	西北版	1932-06-14	1	07단	計劃全般に互り大改善を行ふ窮救事業の徹底を期す
223378	朝鮮朝日	西北版	1932-06-14	1	07단	期成會により目的を貫徹生徒の實際運動は戒める平壤醫講の昇格運動
223379	朝鮮朝日	西北版	1932-06-14	1	08단	永興郡の産業組合で縮緬製織を計劃半島産業界に新機軸
223380	朝鮮朝日	西北版	1932-06-14	1	08단	その日の糧に窮し草根木皮が常食目もあてられぬ慘狀を呈す
223381	朝鮮朝日	西北版	1932-06-14	1	08단	龍井居住の天主教神父山道で慘殺
223382	朝鮮朝日	西北版	1932-06-14	1	09단	若妻殺し公判事件の重點鑑定人に死因調査を依賴實母たつも證人として出廷
223383	朝鮮朝日	西北版	1932-06-14	1	10단	動く人形木製の玩具を作る
223384	朝鮮朝日	西北版	1932-06-14	1	10단	唐總司令八道溝へ商務會長と會見/わが○○部隊寬甸附近の大討伐を開始/各地の敵匪移住鮮人に盛んに暴行
223385	朝鮮朝日	南鮮版	1932-06-15	1	01단	農村救濟を兼ねた窮民救濟の名案急務中の急務沙防工事
223386	朝鮮朝日	南鮮版	1932-06-15	1	01단	無統制亂立の金融機關を確立總督府から東亞公司に補助在滿鮮農の發展策
223387	朝鮮朝日	南鮮版	1932-06-15	1	01단	跳返るえびで賑はふ市場漁民は却って豊漁飢饉一貫目五圓に慘落
223388	朝鮮朝日	南鮮版	1932-06-15	1	01단	穀物檢查料の缺陷を補償本年は約卅萬圓支出
223389	朝鮮朝日	南鮮版	1932-06-15	1	01단	吳氏の請願採擇に決定

일련번호	판명		간행일	면	단수	기사명
223390	朝鮮朝日	南鮮版	1932-06-15	1	02단	採鹽好成績
223391	朝鮮朝日	南鮮版	1932-06-15	1	02단	副業を授けて勤勞を獎勵する慶南道で具體的方策を考究悲慘な農村を救濟
223392	朝鮮朝日	南鮮版	1932-06-15	1	03단	農村救濟對策協議會十五日具體案作成
223393	朝鮮朝日	南鮮版	1932-06-15	1	03단	鮮銀利下げ十五日からいよいよ實施
223394	朝鮮朝日	南鮮版	1932-06-15	1	03단	主任技術者打合會
223395	朝鮮朝日	南鮮版	1932-06-15	1	04단	內外ニュース(內田總裁は外相就任を受諾しよう/安達氏の復黨運動で幹部狼狽す/重要法案悉く可決追加豫算も/滿洲國承認決議案滿場一致可決)
223396	朝鮮朝日	南鮮版	1932-06-15	1	04단	本社主催第十八回全國中等學校優勝野球大會朝鮮豫選朝鮮中等學校野球大會(南鮮弟一次豫選/湖南一次豫選/中部弟一次豫選/西北部弟一次豫選/朝鮮弟二次豫選)
223397	朝鮮朝日	南鮮版	1932-06-15	1	07단	ガソリンカー試運轉を行ふ京城、大田間を五時間で走破七月一日から實施
223398	朝鮮朝日	南鮮版	1932-06-15	1	07단	水田の綠肥へアリーベッチ品評會で劃期的好成績最適品として太鼓判
223399	朝鮮朝日	南鮮版	1932-06-15	1	07단	對滿輸出促進の答申を可決釜山商議總會
223400	朝鮮朝日	南鮮版	1932-06-15	1	08단	特高刑事三名に散々毆打さる應對が氣に食はぬと船中で權君二度目の災難
223401	朝鮮朝日	南鮮版	1932-06-15	1	09단	野菜料理に舌鼓を打つきのふ農民デーに京畿道農會の見事な植付
223402	朝鮮朝日	南鮮版	1932-06-15	1	10단	鮮展賞品傳達式
223403	朝鮮朝日	南鮮版	1932-06-15	1	10단	電線賊捕はる
223404	朝鮮朝日	南鮮版	1932-06-15	1	10단	首を轢斷
223405	朝鮮朝日	南鮮版	1932-06-15	1	10단	もよほし(社會問題講演會)
223406	朝鮮朝日	西北版	1932-06-15	1	01단	呪文を昌へつゝ朱房の長槍を扱く蠻勇を誇る鐵甲軍大刀會匪我が討伐隊を惱ます
223407	朝鮮朝日	西北版	1932-06-15	1	01단	せつめい(臨江縣大羅圈に磻居する老師馬子山が率ゐる大刀會匪の練武)
223408	朝鮮朝日	西北版	1932-06-15	1	01단	無統制亂立の金融機關を確立總督府から東亞公司に補助在滿鮮農の發展策
223409	朝鮮朝日	西北版	1932-06-15	1	01단	穀物檢查料の缺陷を補償本年は約卅萬圓支出
223410	朝鮮朝日	西北版	1932-06-15	1	03단	福留中尉以下戰傷兵十一名歸壤
223411	朝鮮朝日	西北版	1932-06-15	1	04단	もよほし(平壤商工聯合會總會)
223412	朝鮮朝日	西北版	1932-06-15	1	04단	農村救濟對策協議會十五日具體案作成

일련번호	판명		간행일	면	단수	기사명
223413	朝鮮朝日	西北版	1932-06-15	1	04단	大刀會匪と輯安城で一大決戰か
223414	朝鮮朝日	西北版	1932-06-15	1	04단	警官出動厚昌、慈城へ
223415	朝鮮朝日	西北版	1932-06-15	1	04단	驛辨檢査結果平壤が一等
223416	朝鮮朝日	西北版	1932-06-15	1	04단	新義州港五月の貿易額
223417	朝鮮朝日	西北版	1932-06-15	1	05단	本社主催第十八回全國中等學校優勝野球大會朝鮮豫選朝鮮中等學校野球大會(南鮮弟一次豫選/湖南弟一次豫選/中部弟一次豫選/西北部弟一次豫選/朝鮮弟二次豫選)
223418	朝鮮朝日	西北版	1932-06-15	1	05단	美擧相踵ぐ面民感激す
223419	朝鮮朝日	西北版	1932-06-15	1	06단	旅行シーズンに五つのプラン西鮮旅行俱樂部平壤支部で
223420	朝鮮朝日	西北版	1932-06-15	1	06단	鮮展賞品傳達式
223421	朝鮮朝日	西北版	1932-06-15	1	07단	滿蒙集團移民のトップ
223422	朝鮮朝日	西北版	1932-06-15	1	08단	渇した胃裝に紫煙の奔流懷工合の良くなった窮民
223423	朝鮮朝日	西北版	1932-06-15	1	08단	「打倒○○主義」のデモを計劃咸興府內外の五中等學校生咸南警察部で大檢擧/共産系の指導者あるか
223424	朝鮮朝日	西北版	1932-06-15	1	08단	農村救濟を兼ねた窮民救濟の名案急務中の急務沙防工事
223425	朝鮮朝日	西北版	1932-06-15	1	09단	女兒の捨子
223426	朝鮮朝日	西北版	1932-06-15	1	09단	小爲替を橫領
223427	朝鮮朝日	西北版	1932-06-15	1	09단	燒酎密造者四名を一齊に檢擧罪狀明白となり正式に處罰
223428	朝鮮朝日	西北版	1932-06-15	1	10단	鰯油船を繞る大不正事件淸津署で摘發
223429	朝鮮朝日	西北版	1932-06-15	1	10단	最新式電氣モーターサイレン
223430	朝鮮朝日	西北版	1932-06-15	1	10단	人(弘岡朝鮮軍軍醫部長/山形平壤憲兵隊長)
223431	朝鮮朝日	南鮮版	1932-06-16	1	01단	中小商工業者と漁村の救濟案總督府で積極的に乘出す近く具體案を決定
223432	朝鮮朝日	南鮮版	1932-06-16	1	01단	匪賊討伐中の羅南の依田○團七月中旬頃凱旋？
223433	朝鮮朝日	南鮮版	1932-06-16	1	01단	私も男です二心はない鴨江剿匪副司令の徐文海出動を前にして語る
223434	朝鮮朝日	南鮮版	1932-06-16	1	01단	土木、海關、沙防三工事を起し窮迫農村を側面から救濟大體の方針を決定
223435	朝鮮朝日	南鮮版	1932-06-16	1	03단	桑原、垣波兩氏警察葬盛大に執行
223436	朝鮮朝日	南鮮版	1932-06-16	1	03단	慶南の南旨橋架橋工事進む

일련번호	판명		간행일	면	단수	기사명
223437	朝鮮朝日	南鮮版	1932-06-16	1	04단	釜山地方の昇る氣溫昨年より四度高い
223438	朝鮮朝日	南鮮版	1932-06-16	1	04단	窮乏農村の恐怖旱害益々增大再播種の綿作三千餘町步發芽不能に陷る
223439	朝鮮朝日	南鮮版	1932-06-16	1	04단	匪賊討伐に頻りに活躍我等の愛國機朝鮮號/八道溝の襲撃を企つ
223440	朝鮮朝日	南鮮版	1932-06-16	1	05단	鯖一尾の價僅かに八釐八方塞がりの漁村不況のドン底に陷る
223441	朝鮮朝日	南鮮版	1932-06-16	1	05단	中農層は轉落小作は激增農業悲慘は全面的に擴大農民苦惱の一斷面
223442	朝鮮朝日	南鮮版	1932-06-16	1	06단	負擔の輕減と出荷組合の結成朝鮮農會の農村救濟策
223443	朝鮮朝日	南鮮版	1932-06-16	1	07단	內外ニュース(臨時議會閉院式貴院で擧行/安達氏復黨運動鎭壓のため若槻氏乘出す/顧維鈞の隨伴お斷り嚴重に交涉)
223444	朝鮮朝日	南鮮版	1932-06-16	1	07단	バラ撒く勞銀十三萬餘圓本年度慶南の沙防工事
223445	朝鮮朝日	南鮮版	1932-06-16	1	07단	駒田事件の鍵を握る田中小寺兩氏召喚瀆職容疑事件ますます擴大談合事件に飛火か
223446	朝鮮朝日	南鮮版	1932-06-16	1	08단	滿洲國への電信網計劃遞信省でこの程內定朝鮮としての準備をすゝむ
223447	朝鮮朝日	南鮮版	1932-06-16	1	09단	十五日の慈雨に蘇生の思ひ
223448	朝鮮朝日	南鮮版	1932-06-16	1	09단	公立高小設立認可
223449	朝鮮朝日	南鮮版	1932-06-16	1	09단	放火に五年
223450	朝鮮朝日	南鮮版	1932-06-16	1	09단	警官暴行事件眞相を聽取善後處置につき協議
223451	朝鮮朝日	南鮮版	1932-06-16	1	09단	丸坊主にされて黑髮の慰藉料損害賠償の訴訟を提起
223452	朝鮮朝日	南鮮版	1932-06-16	1	10단	手斧を揮ひ母親を慘殺狂亂の倅が
223453	朝鮮朝日	南鮮版	1932-06-16	1	10단	踏切番卽死
223454	朝鮮朝日	南鮮版	1932-06-16	1	10단	もよほし(朝鮮化學會例會/釜山考古會陶磁器展/愛媛縣貿易協會/校舍新築落成式/釜山考古會陶磁器展)
223455	朝鮮朝日	西北版	1932-06-16	1	01단	中小商工業者と漁村の救濟案總督府で積極的に乘出す近く具體案を決定
223456	朝鮮朝日	西北版	1932-06-16	1	01단	數百里の戰線に奮戰また奮戰數十倍の敵匪を完全に威壓皇軍の威武を輝かす/匪賊討伐に頻りに活躍我等の愛國機朝鮮號/越境部隊の戰死傷者/匪賊討伐中の羅南の依田○團七月中旬頃凱旋?/三道溝の應援部隊退路を斷たれ頭道溝に危機迫る/見送に對し三輪○隊長謝電を寄す

일련번호	판명		간행일	면	단수	기사명
223457	朝鮮朝日	西北版	1932-06-16	1	05단	滿洲國への電信網計劃遞信省でこの程内定朝鮮としての準備をすゝむ
223458	朝鮮朝日	西北版	1932-06-16	1	07단	私も男です二心はない鴨江剿匪副司令の徐文海出動を前にして語る
223459	朝鮮朝日	西北版	1932-06-16	1	07단	負擔の輕減と出荷組合の結成朝鮮農會の農村救濟策
223460	朝鮮朝日	西北版	1932-06-16	1	09단	生命保全の鐵兜卅六個到着
223461	朝鮮朝日	西北版	1932-06-16	1	09단	市民大會決議
223462	朝鮮朝日	西北版	1932-06-16	1	09단	引越荷物同樣牛豚穀類は免稅扱ひ避難民に
223463	朝鮮朝日	西北版	1932-06-16	1	09단	公認競馬場設置問題再び一頓挫
223464	朝鮮朝日	西北版	1932-06-16	1	10단	對滿輸出品調査班に續々と加入
223465	朝鮮朝日	西北版	1932-06-16	1	10단	本社通信部新築地鎭祭
223466	朝鮮朝日	西北版	1932-06-16	1	10단	喜雨至り田植を開始愁眉を開く
223467	朝鮮朝日	西北版	1932-06-16	1	10단	守備隊の新兵さんに速成教育
223468	朝鮮朝日	南鮮版	1932-06-17	1	01단	全鮮中等學校陸競大會大會を權威づけた四つの新記錄雨を衝いて潑剌純眞な競技古豪京師再び優勝(トラック/フィールド)
223469	朝鮮朝日	南鮮版	1932-06-17	1	01단	俺は百姓の子で田植はうまい農村救濟農民デー汽動車等宇垣總督の漫談
223470	朝鮮朝日	南鮮版	1932-06-17	1	01단	オリンピック大會へ應援を兼ね總督府から旅費を支給し視察員二名を特派
223471	朝鮮朝日	南鮮版	1932-06-17	1	01단	關東廳から感謝狀應援警官へ
223472	朝鮮朝日	南鮮版	1932-06-17	1	02단	農村救濟には應急策が必要總監の歸鮮を待ち確定總督府三村農務課長語る
223473	朝鮮朝日	南鮮版	1932-06-17	1	03단	京城都計委員會
223474	朝鮮朝日	南鮮版	1932-06-17	1	03단	慶南の獻穀田お田植式嚴かに執行
223475	朝鮮朝日	南鮮版	1932-06-17	1	04단	總督府編纂「朝鮮一瞥」を聯盟委員會に贈呈
223476	朝鮮朝日	南鮮版	1932-06-17	1	04단	前年比二分三釐增春蠶第二回豫想收繭高四十一萬七千餘石
223477	朝鮮朝日	南鮮版	1932-06-17	1	05단	九味浦に郵便所設置
223478	朝鮮朝日	南鮮版	1932-06-17	1	05단	府內全般の下水改修工事總工費百四十萬圓で八年度から五ケ年經續事業
223479	朝鮮朝日	南鮮版	1932-06-17	1	06단	畑作と苗代にとり起死回生の雨水稻の植付にはまだまだ旱害の痛手は直らぬ
223480	朝鮮朝日	南鮮版	1932-06-17	1	06단	鐵道局のボーナス昨年より一割增
223481	朝鮮朝日	南鮮版	1932-06-17	1	06단	兵匪約一千敦化を夜襲應戰擊退す

일련번호	판명		간행일	면	단수	기사명
223482	朝鮮朝日	南鮮版	1932-06-17	1	06단	內外ニュース(黨略的の更迭は反對政友から注意/守田勘彌丈鼻の奇病で十六日死去/謝介石氏を日本に特派遣外使節として)
223483	朝鮮朝日	南鮮版	1932-06-17	1	07단	體育の理論と實際を研究體育指導者協會設立決る近く發會式を擧ぐ
223484	朝鮮朝日	南鮮版	1932-06-17	1	07단	日用品値下げ
223485	朝鮮朝日	南鮮版	1932-06-17	1	08단	三道溝方面馬賊團の掃滅を期す
223486	朝鮮朝日	南鮮版	1932-06-17	1	08단	密陽の農民數十名が對峙共有地の小作騷動問題は相當粉糾する模樣
223487	朝鮮朝日	南鮮版	1932-06-17	1	08단	赤いポスト鮮內に四千七百五十個
223488	朝鮮朝日	南鮮版	1932-06-17	1	08단	競賣された居宅に放火
223489	朝鮮朝日	南鮮版	1932-06-17	1	09단	間島部隊へ慰問袋水原の婦人團
223490	朝鮮朝日	南鮮版	1932-06-17	1	09단	科學的の犯罪調査指紋法近く實現
223491	朝鮮朝日	南鮮版	1932-06-17	1	09단	賣られ行く朝鮮の少女五十圓から百圓でカフェ、食堂、飮食店等へ
223492	朝鮮朝日	南鮮版	1932-06-17	1	10단	大田の大相撲
223493	朝鮮朝日	南鮮版	1932-06-17	1	10단	人(軍事參謀官金谷範三大將)
223494	朝鮮朝日	南鮮版	1932-06-17	1	10단	不良運轉手嚴重取締
223495	朝鮮朝日	南鮮版	1932-06-17	1	10단	鐵砲八挺で野猪の大卷狩を行ふ
223496	朝鮮朝日	西北版	1932-06-17	1	01단	兵匪、共匪、馬賊の現有勢力は約六千皇軍に根據地を追ひ立てられ間島の奧地で合流/愛刀「關の孫六」で四名を撫斬り輯安城で匪賊と白兵戰福留中尉當時の激戰を語る
223497	朝鮮朝日	西北版	1932-06-17	1	02단	前年比二分三釐增春蠶第二回豫想收繭高四十一萬七千餘石
223498	朝鮮朝日	西北版	1932-06-17	1	03단	淸津の回顧オールドミス孃ペンペン草のお化け紅く咲た戀の花床下一枚で地獄の黑潮Aその頃の街
223499	朝鮮朝日	西北版	1932-06-17	1	04단	醫師會發會式
223500	朝鮮朝日	西北版	1932-06-17	1	04단	俺は百姓の子で田植はうまい農村救濟農民デー汽動車等宇垣總督の漫談
223501	朝鮮朝日	西北版	1932-06-17	1	05단	陸相の名で遺族を訪問嘉村旅團長が
223502	朝鮮朝日	西北版	1932-06-17	1	05단	各方面に依賴軍事美談集資料を蒐集
223503	朝鮮朝日	西北版	1932-06-17	1	05단	農民デー田植盛大に擧行
223504	朝鮮朝日	西北版	1932-06-17	1	05단	移動荷造展盛況
223505	朝鮮朝日	西北版	1932-06-17	1	05단	平壤一の望樓
223506	朝鮮朝日	西北版	1932-06-17	1	06단	平壤商議議員總會

일련번호	판명		간행일	면	단수	기사명
223507	朝鮮朝日	西北版	1932-06-17	1	06단	農民デーの田植祭盛大に擧行さる
223508	朝鮮朝日	西北版	1932-06-17	1	06단	農村救濟には應急策が必要總監の歸鮮を待ち確定總督府三村農務課長語る
223509	朝鮮朝日	西北版	1932-06-17	1	07단	農民デーに泥田に入り官民有力者二百餘名參加賑々しく恒例の田植
223510	朝鮮朝日	西北版	1932-06-17	1	08단	記錄審理で無期を求刑吳東振の控訴公判判決言渡しは二十一日
223511	朝鮮朝日	西北版	1932-06-17	1	09단	三務學校の盟休事件圓滿に解決
223512	朝鮮朝日	西北版	1932-06-17	1	09단	農民同盟結社事件結審有罪公判へ七十三名中十四名免訴
223513	朝鮮朝日	西北版	1932-06-17	1	09단	平安水組を相手取る損害賠償の訴訟請求棄却の判決言渡さる
223514	朝鮮朝日	西北版	1932-06-17	1	10단	家屋倒壞し瀕死の重傷
223515	朝鮮朝日	西北版	1932-06-17	1	10단	またまた凶作氣構へで農村大恐慌
223516	朝鮮朝日	南鮮版	1932-06-18	1	01단	簡易診療所を全鮮的に設置する姙産婦の爲公設産婆を設く社會施設を普及擴大
223517	朝鮮朝日	南鮮版	1932-06-18	1	01단	金組へ加入を大々的に獎勵高利債を低利債に借替さす産業助長も織込む
223518	朝鮮朝日	南鮮版	1932-06-18	1	01단	農家困窮の重大な素因肥料販賣の仲介機關を一掃安い肥料を供給する
223519	朝鮮朝日	南鮮版	1932-06-18	1	01단	愛媛縣物産見本市
223520	朝鮮朝日	南鮮版	1932-06-18	1	02단	愈よ許可取消か長津江の水力電氣遞信局遂に業を煮やす
223521	朝鮮朝日	南鮮版	1932-06-18	1	03단	尹昌鉉君愛機を寄贈滿洲學生聯盟に
223522	朝鮮朝日	南鮮版	1932-06-18	1	03단	忠南道廳移轉決る府令で告示
223523	朝鮮朝日	南鮮版	1932-06-18	1	03단	警察官の服裝を改正文化的に
223524	朝鮮朝日	南鮮版	1932-06-18	1	04단	鐵道局辭令(十六日付)
223525	朝鮮朝日	南鮮版	1932-06-18	1	04단	國際聯盟調査團朝鮮通過の日取
223526	朝鮮朝日	南鮮版	1932-06-18	1	04단	敦化附近に匪賊出沒人夫を脅迫
223527	朝鮮朝日	南鮮版	1932-06-18	1	04단	東京、釜山間の直通電信を開始愈よ七月一日から
223528	朝鮮朝日	南鮮版	1932-06-18	1	04단	內外ニュース(停戰會議で聲明した撤收を終了/滿蒙經濟建設大網を決定滿鐵經調會で/中小商工業者農村救濟の五省大臣會議/重光公便保養のため上海丸で歸朝)
223529	朝鮮朝日	南鮮版	1932-06-18	1	05단	遺骨原隊へ
223530	朝鮮朝日	南鮮版	1932-06-18	1	05단	匪賊約百名滿洲軍の兵舍を襲擊
223531	朝鮮朝日	南鮮版	1932-06-18	1	05단	滿洲事變勃發以來出動朝鮮軍の戰死傷者は三百八十七名

일련번호	판명		간행일	면	단수	기사명
223532	朝鮮朝日	南鮮版	1932-06-18	1	05단	滿洲行き朝鮮人警官志願者殺到す
223533	朝鮮朝日	南鮮版	1932-06-18	1	06단	愈よ本腰で防疫に乗出す注射液卅萬人分を作製強制的に注射する
223534	朝鮮朝日	南鮮版	1932-06-18	1	06단	關税の改正で鮮内の木材界早くも若干の値上りを示しやうやく活氣を呈す
223535	朝鮮朝日	南鮮版	1932-06-18	1	07단	急行貨物列車に冷藏車を連結新鮮な魚を滿洲各地へ
223536	朝鮮朝日	南鮮版	1932-06-18	1	07단	七年度前半期全鮮穀檢成績
223537	朝鮮朝日	南鮮版	1932-06-18	1	08단	女給と道行見果てね夢
223538	朝鮮朝日	南鮮版	1932-06-18	1	08단	公金費消者姿を晦ます
223539	朝鮮朝日	南鮮版	1932-06-18	1	08단	慶南の窮民十五萬餘人救濟計劃も及ばず
223540	朝鮮朝日	南鮮版	1932-06-18	1	09단	血に狂ふ男二人の公判
223541	朝鮮朝日	南鮮版	1932-06-18	1	09단	夫戀しさに釜山で身投
223542	朝鮮朝日	南鮮版	1932-06-18	1	09단	猛威を揮ふ釜山の猩紅熱府で豫防心得配布
223543	朝鮮朝日	南鮮版	1932-06-18	1	09단	又も密陽で痘瘡發生す
223544	朝鮮朝日	南鮮版	1932-06-18	1	10단	慶南山清の覆面強盜騷れて逃走
223545	朝鮮朝日	南鮮版	1932-06-18	1	10단	問題の船強盜懲役一年半
223546	朝鮮朝日	南鮮版	1932-06-18	1	10단	倉庫破り首魁
223547	朝鮮朝日	南鮮版	1932-06-18	1	10단	もよほし(鄕軍釜山聯合分會九得分會)
223548	朝鮮朝日	西北版	1932-06-18	1	01단	簡易診療所を全鮮的に設置する姙産婦の爲公設産婆を設く會施設を普及擴大
223549	朝鮮朝日	西北版	1932-06-18	1	01단	關税の改正で鮮内の木材界早くも若干の値上りを示しやうやく活氣を呈す
223550	朝鮮朝日	西北版	1932-06-18	1	01단	總工費三十萬圓で市區改正と下水修築工事を行ふ
223551	朝鮮朝日	西北版	1932-06-18	1	01단	大泉溝大荒溝の匪賊を爆擊
223552	朝鮮朝日	西北版	1932-06-18	1	02단	匪賊約百名滿洲軍の兵舍を襲擊
223553	朝鮮朝日	西北版	1932-06-18	1	02단	滿洲事變勃發以來出動朝鮮軍の戰死傷者は三百八十七名
223554	朝鮮朝日	西北版	1932-06-18	1	03단	國際聯盟調查團朝鮮通過の日取
223555	朝鮮朝日	西北版	1932-06-18	1	03단	癩患救濟會基金を募集音樂會を開催
223556	朝鮮朝日	西北版	1932-06-18	1	04단	人(梅澤慶三郎氏(京城師範學校教諭))
223557	朝鮮朝日	西北版	1932-06-18	1	04단	軍事郵便の範圍を擴張
223558	朝鮮朝日	西北版	1932-06-18	1	04단	平壤樂陶會
223559	朝鮮朝日	西北版	1932-06-18	1	04단	荷造移動展
223560	朝鮮朝日	西北版	1932-06-18	1	04단	金組へ加入を大々的に獎勵高利債を低利債に借替さす産業助長も織込む

일련번호	판명		간행일	면	단수	기사명
223561	朝鮮朝日	西北版	1932-06-18	1	04단	農家困窮の重大な素因肥料販賣の仲介機關を一掃安い肥料を供給する
223562	朝鮮朝日	西北版	1932-06-18	1	05단	平壤栗のカナダ進出實現を期待
223563	朝鮮朝日	西北版	1932-06-18	1	05단	出動將士の留守宅慰問愛婦會員が
223564	朝鮮朝日	西北版	1932-06-18	1	05단	咸南水産の新販路開拓獨自の立場から調査滿洲視察の服部技師語る
223565	朝鮮朝日	西北版	1932-06-18	1	06단	軍營通りに鈴蘭燈建設具體的の實施案決る近代的な「夜の歩道」を出現
223566	朝鮮朝日	西北版	1932-06-18	1	06단	東京、釜山間の直通電信を開始愈よ七月一日から
223567	朝鮮朝日	西北版	1932-06-18	1	06단	自動車運轉手試驗
223568	朝鮮朝日	西北版	1932-06-18	1	07단	春李卓球個人大會
223569	朝鮮朝日	西北版	1932-06-18	1	07단	京電の熊谷君平實のコーチとなる
223570	朝鮮朝日	西北版	1932-06-18	1	07단	江口氏の死體を發見
223571	朝鮮朝日	西北版	1932-06-18	1	07단	急行貨物列車に冷藏車を連結新鮮な魚を滿洲各地へ
223572	朝鮮朝日	西北版	1932-06-18	1	08단	明大チーム來壤
223573	朝鮮朝日	西北版	1932-06-18	1	08단	避難民に臨時種痘
223574	朝鮮朝日	西北版	1932-06-18	1	08단	寢小便を責めて火傷を負はす
223575	朝鮮朝日	西北版	1932-06-18	1	08단	囚人殺しに懲役十五年
223576	朝鮮朝日	西北版	1932-06-18	1	08단	よろこびの雨麥や水稻をはじめ畑作物に頗る好結果
223577	朝鮮朝日	西北版	1932-06-18	1	09단	腐敗した淸酒花正宗釀造元調査
223578	朝鮮朝日	西北版	1932-06-18	1	09단	若妻殺し判決は九月頃か
223579	朝鮮朝日	西北版	1932-06-18	1	09단	咸北空前の大疑獄事件拘束者の證據固めに活躍有力者を續々召喚
223580	朝鮮朝日	西北版	1932-06-18	1	09단	コレラの侵入に備へ嚴重健康調査
223581	朝鮮朝日	西北版	1932-06-18	1	10단	金庫破り判決
223582	朝鮮朝日	西北版	1932-06-18	1	10단	三年前の殺人發覺親子諸共檢擧
223583	朝鮮朝日	西北版	1932-06-18	1	10단	大同江に身投
223584	朝鮮朝日	西北版	1932-06-18	1	10단	三人組の强盗侵入三百五十圓を强奪
223585	朝鮮朝日	南鮮版	1932-06-19	1	01단	高等偏重を改め司法警察を充實する白色テロ取締に全力を注ぐ半島警備の應急策
223586	朝鮮朝日	南鮮版	1932-06-19	1	01단	肉彈三勇士を描いた屏風『鬼神哭』を三戸君陸軍省に寄贈
223587	朝鮮朝日	南鮮版	1932-06-19	1	01단	慶南道內に慈雨いたり田植一齊に始まる
223588	朝鮮朝日	南鮮版	1932-06-19	1	01단	味覺の王者メロンの登場
223589	朝鮮朝日	南鮮版	1932-06-19	1	02단	關稅改正影響なし

일련번호	판명		간행일	면	단수	기사명
223590	朝鮮朝日	南鮮版	1932-06-19	1	02단	越境出動部隊各地で活躍匪賊を徹底的に掃蕩
223591	朝鮮朝日	南鮮版	1932-06-19	1	03단	農村救濟の對策まづ應急策を根本的對策は後廻しにする負擔の輕減が第一
223592	朝鮮朝日	南鮮版	1932-06-19	1	03단	産業豫備軍ますます增大失業狀態調査をやる
223593	朝鮮朝日	南鮮版	1932-06-19	1	04단	蔚山商工會役員の改選
223594	朝鮮朝日	南鮮版	1932-06-19	1	04단	調査した後許否を決る釜山電車の複線計劃
223595	朝鮮朝日	南鮮版	1932-06-19	1	04단	ナンセンス關釜聯絡船モダンボーイ滿洲狂の青年
223596	朝鮮朝日	南鮮版	1932-06-19	1	05단	教員總動員鐘や太鼓で入學兒童を狩り集める一面一校は疑問符
223597	朝鮮朝日	南鮮版	1932-06-19	1	05단	內外ニュース(ドイツの賠償金帳消しにする/新興滿洲國關稅自主の宣言を發表/問題の顧維鈞渡日を公言/眞つ向から反對の態度地方官更送に)
223598	朝鮮朝日	南鮮版	1932-06-19	1	06단	第一銀行を相手取る預金返還の訴へ元利合計八十九萬七千圓遂に原告敗訴の判決
223599	朝鮮朝日	南鮮版	1932-06-19	1	06단	青年教師へ農民生活の體驗農事知識を教へ込む
223600	朝鮮朝日	南鮮版	1932-06-19	1	07단	雨を診斷燒石に水豪雨を待望の慶北地方の農民畑作をうるほしたのみ
223601	朝鮮朝日	南鮮版	1932-06-19	1	07단	朝鮮は宛然『棄兒の國』滲み出す人生苦の姿
223602	朝鮮朝日	南鮮版	1932-06-19	1	08단	バスで卽死
223603	朝鮮朝日	南鮮版	1932-06-19	1	08단	纏れ合ふ瀆職と談合芋蔓的に摘發參考人を續々と召喚駒田氏をめぐる瀆職容疑事件
223604	朝鮮朝日	南鮮版	1932-06-19	1	09단	尼寺を襲った二人組强盜自宅で捕はる
223605	朝鮮朝日	南鮮版	1932-06-19	1	09단	頻發する警官の暴行非常識極まる朝鮮警察官警務局は頗る困惑
223606	朝鮮朝日	南鮮版	1932-06-19	1	09단	蘋果の大敵黃金蟲採集梨桃の心喰蟲の天敵を探究アメリカ昆蟲局で
223607	朝鮮朝日	南鮮版	1932-06-19	1	10단	夫婦街りで女を毆殺慶南山清郡の事件
223608	朝鮮朝日	南鮮版	1932-06-19	1	10단	もよほし(全鮮商工會議所理事滿洲視察團/慶南理髮師試驗)
223609	朝鮮朝日	南鮮版	1932-06-19	1	10단	人(田中警務局保安課長)

일련번호	판명		간행일	면	단수	기사명
223610	朝鮮朝日	西北版	1932-06-19	1	01단	高等偏重を改め司法警察を充實する白色テロ取締に全力を注ぐ半島警備の應急策
223611	朝鮮朝日	西北版	1932-06-19	1	01단	農村救濟の對策まづ應急策を根本的對策は後廻しにする負擔の輕減が第一
223612	朝鮮朝日	西北版	1932-06-19	1	01단	七月中旬に原隊へ凱旋平壤〇〇聯隊幹部/匪賊の本據通化城遂に大混亂唐司令は所在不明となる
223613	朝鮮朝日	西北版	1932-06-19	1	01단	鄕軍代表戰跡視察
223614	朝鮮朝日	西北版	1932-06-19	1	02단	漫然渡滿の希望者過多憲兵分隊惱む
223615	朝鮮朝日	西北版	1932-06-19	1	02단	越境出動部隊各地で活躍匪賊を徹底的に掃蕩
223616	朝鮮朝日	西北版	1932-06-19	1	03단	署長異動保安課長決る
223617	朝鮮朝日	西北版	1932-06-19	1	03단	江界、平壤間直通電話當局へ要望
223618	朝鮮朝日	西北版	1932-06-19	1	04단	人(愛知縣會議員)
223619	朝鮮朝日	西北版	1932-06-19	1	04단	少女使節金君姬さん愈よ日本へ
223620	朝鮮朝日	西北版	1932-06-19	1	04단	稚貝の人工移植六月末に完了
223621	朝鮮朝日	西北版	1932-06-19	1	04단	現在の産金量の倍加は朝飯前だ二重の弊害を除去し得ると國立精煉所を要望
223622	朝鮮朝日	西北版	1932-06-19	1	05단	安州邑で上水道計劃
223623	朝鮮朝日	西北版	1932-06-19	1	05단	大規模の防水計劃
223624	朝鮮朝日	西北版	1932-06-19	1	05단	朝鮮は宛然『棄兒の國』滲み出す人生苦の姿
223625	朝鮮朝日	西北版	1932-06-19	1	05단	味覺の王者メロン登場
223626	朝鮮朝日	西北版	1932-06-19	1	06단	第一銀行を相手取る預金返還の訴へ元利合計八十九萬七千圓遂に原告敗訴の判決
223627	朝鮮朝日	西北版	1932-06-19	1	06단	名古屋種卵各郡に配布
223628	朝鮮朝日	西北版	1932-06-19	1	07단	地上戰鬪演習
223629	朝鮮朝日	西北版	1932-06-19	1	07단	列車組成競技會
223630	朝鮮朝日	西北版	1932-06-19	1	07단	朝鮮式建物で暫らく我慢寄附金によらず實現を計る平南の一面一校
223631	朝鮮朝日	西北版	1932-06-19	1	07단	七月に延期滿蒙視察のために西鮮實業家大會
223632	朝鮮朝日	西北版	1932-06-19	1	07단	スポーツ(19－3淸津大勝す對羅南野球/都市對抗陸競大會/東京市役所庭球團來壤)
223633	朝鮮朝日	西北版	1932-06-19	1	08단	腹チフス經口免疫劑四千九百個注文

일련번호	판명		간행일	면	단수	기사명
223634	朝鮮朝日	西北版	1932-06-19	1	08단	咸中のデモさらに擴大背後に有力な指導者を認定レポー名檢擧さる
223635	朝鮮朝日	西北版	1932-06-19	1	08단	被害頻出す
223636	朝鮮朝日	西北版	1932-06-19	1	09단	面當で身投
223637	朝鮮朝日	西北版	1932-06-19	1	09단	腐敗した酒花正宗の製造元判る
223638	朝鮮朝日	西北版	1932-06-19	1	09단	株式會社にして紛擾を根絶する箕城券番の改善案に頭をひねる平壤署
223639	朝鮮朝日	西北版	1932-06-19	1	10단	留置場で死んだ男の死體を解剖
223640	朝鮮朝日	西北版	1932-06-19	1	10단	もよほし(平北郵便所長會議/新義州公職者大會/全鮮商工會議所理事會)
223641	朝鮮朝日	西北版	1932-06-19	1	10단	樂禮/柳京小話
223642	朝鮮朝日	南鮮版	1932-06-21	1	01단	分散主義により農漁村を救濟新規に窮民救濟事業を起す隈なく霑す計劃
223643	朝鮮朝日	南鮮版	1932-06-21	1	01단	重複を避け國策に順應總督府東拓の北鮮開拓事業
223644	朝鮮朝日	南鮮版	1932-06-21	1	01단	オリンピックの花を賣る青年日本のために
223645	朝鮮朝日	南鮮版	1932-06-21	1	02단	三井物産繭資金貸出し開始
223646	朝鮮朝日	南鮮版	1932-06-21	1	03단	松島海水浴場開場近づくボートや釣舟の準備
223647	朝鮮朝日	南鮮版	1932-06-21	1	03단	昌慶苑の花菖蒲撩亂し咲き亂る
223648	朝鮮朝日	南鮮版	1932-06-21	1	03단	餘命幾何もない東邊道の兵匪わが越境部隊の猛擊で總退却戰鬪力あるもの一萬
223649	朝鮮朝日	南鮮版	1932-06-21	1	03단	內外ニュース(顧維鈞の渡日は結局取止めか/新黨實現の前提として政治研究會設置/郵便貯金の利下げは一分二釐見當/奉天からの中繼放送廿一日から更生/神戶の火事六十戶を燒く)
223650	朝鮮朝日	南鮮版	1932-06-21	1	04단	常任委員改選京城府會廿日開催
223651	朝鮮朝日	南鮮版	1932-06-21	1	05단	大邱蘋果豊作を豫想
223652	朝鮮朝日	南鮮版	1932-06-21	1	05단	朝鮮工業協會總會
223653	朝鮮朝日	南鮮版	1932-06-21	1	05단	正米の格付制度に幾多の矛盾缺陷新たに五等米制度を設けるか
223654	朝鮮朝日	南鮮版	1932-06-21	1	06단	脱退した崔承喜さん漢の舞踊團に復歸
223655	朝鮮朝日	南鮮版	1932-06-21	1	06단	名譽の戰死者澁谷少尉
223656	朝鮮朝日	南鮮版	1932-06-21	1	07단	東洋倫理講習會
223657	朝鮮朝日	南鮮版	1932-06-21	1	07단	仁川船渠出入制限
223658	朝鮮朝日	南鮮版	1932-06-21	1	07단	匪賊の跳梁で筏乘連も悲鳴水中に潜って首だけを出す流筏作業に大支障

일련번호	판명		간행일	면	단수	기사명
223659	朝鮮朝日	南鮮版	1932-06-21	1	08단	駒田氏をめぐる增收賄嫌疑事件關係者十七名送局さる
223660	朝鮮朝日	南鮮版	1932-06-21	1	08단	仁川のコレラ豫防
223661	朝鮮朝日	南鮮版	1932-06-21	1	08단	綠滴る金剛山探勝直通列車を運轉
223662	朝鮮朝日	南鮮版	1932-06-21	1	09단	家出した兄を尋ねて下關へ渡航を哀願
223663	朝鮮朝日	南鮮版	1932-06-21	1	10단	共謀して豚を盜む
223664	朝鮮朝日	南鮮版	1932-06-21	1	10단	拳鬪練習生稽古の直後卒倒して絶命
223665	朝鮮朝日	南鮮版	1932-06-21	1	10단	積替作業中揮發油爆發玉榮丸燃ゆ
223666	朝鮮朝日	南鮮版	1932-06-21	1	10단	人(有賀殖銀頭取/森岡奉天領事/奉天駐在獨逸領事チゲス氏/眞崎參謀次長)
223667	朝鮮朝日	西北版	1932-06-21	1	01단	內務省の態度は總督を侮辱するもの鐵橋爆破陰謀事件が解禁前に內地新聞に掲載
223668	朝鮮朝日	西北版	1932-06-21	1	01단	公表されない苦心が潛む檢擧に偉勳を立てた山本咸北道警察部長は語る
223669	朝鮮朝日	西北版	1932-06-21	1	01단	巨豪揃ひの安東警察軍本社優勝旗を獲得超滿員の盛況滿鮮相撲大會
223670	朝鮮朝日	西北版	1932-06-21	1	02단	分散主義により農漁村を救濟新規に窮民救濟事業を起す隈なく霑す計劃
223671	朝鮮朝日	西北版	1932-06-21	1	04단	雄基邑會議
223672	朝鮮朝日	西北版	1932-06-21	1	04단	追擊と空爆で北方に潰走臨江の匪賊
223673	朝鮮朝日	西北版	1932-06-21	1	04단	平壤觀光協會愈よ組織に內定
223674	朝鮮朝日	西北版	1932-06-21	1	05단	室內八十二度室外百二度爆彈的の暑さ
223675	朝鮮朝日	西北版	1932-06-21	1	05단	軍隊の同情で窮民を救濟罹災者に按分
223676	朝鮮朝日	西北版	1932-06-21	1	05단	大吹雪の山腹に不時着して重傷橇に乘って辛じて救はる泊飛行中尉の戰功苦心談
223677	朝鮮朝日	西北版	1932-06-21	1	06단	漁村振興の副業を獎勵今秋迄に實施を計劃
223678	朝鮮朝日	西北版	1932-06-21	1	06단	*澁谷少尉戰死/名譽の戰死者*
223679	朝鮮朝日	西北版	1932-06-21	1	06단	弱小工場の合同近く工場主の會同を求め機運の釀成に極力努める平壤の産業合理化
223680	朝鮮朝日	西北版	1932-06-21	1	07단	凱旋將軍に記念品贈呈黃海道より
223681	朝鮮朝日	西北版	1932-06-21	1	07단	生徒が沙利の採取授業料捻出に
223682	朝鮮朝日	西北版	1932-06-21	1	07단	重複を避け國策に順應總督府東拓の北鮮開拓事業
223683	朝鮮朝日	西北版	1932-06-21	1	08단	船橋里校開校式
223684	朝鮮朝日	西北版	1932-06-21	1	08단	栗業者懇談會

일련번호	판명		간행일	면	단수	기사명
223685	朝鮮朝日	西北版	1932-06-21	1	08단	平壤へ師團獲得の運動まづ要路の意向をたゞしそれから猛運動
223686	朝鮮朝日	西北版	1932-06-21	1	08단	反物を盗む
223687	朝鮮朝日	西北版	1932-06-21	1	08단	咸興學生○○事件の首魁四名捕はる咸興署特高課總動員で活動
223688	朝鮮朝日	西北版	1932-06-21	1	09단	まづ試驗的に火田民の指導平南でいよいよ着手
223689	朝鮮朝日	西北版	1932-06-21	1	09단	新電と定電合併を認可引繼を完了
223690	朝鮮朝日	西北版	1932-06-21	1	10단	撲殺して逃走
223691	朝鮮朝日	西北版	1932-06-21	1	10단	死刑を執行
223692	朝鮮朝日	西北版	1932-06-21	1	10단	もよほし(雄基市街整理委員會)
223693	朝鮮朝日	西北版	1932-06-21	1	10단	樂禮/柳京小話
223694	朝鮮朝日	南鮮版	1932-06-22	1	01단	內務省の態度は總督を侮辱するもの鐵橋爆破陰謀事件が解禁前に內地新聞に掲載
223695	朝鮮朝日	南鮮版	1932-06-22	1	01단	釜山、東京間に直通電信を開通各中繼局の受持範圍を變更回線の能率を發揮
223696	朝鮮朝日	南鮮版	1932-06-22	1	01단	特高充實の必要を痛感國境警備に良い參考總督府池田警務局長は語る/鐵橋爆破陰謀事件公判を開廷檢事の痛烈な論告後懲役十年乃至五年を求刑/數奇を極めた爆破團員の過去各地を轉々と流浪/船中で爆破工作の大評定を開く趙は宗教的共産主義一味を最後まで引摺った
223697	朝鮮朝日	南鮮版	1932-06-22	1	02단	內外ニュース(對米爲替三十弗を割る/山道氏の動き暫らく靜觀/賠償會議の前途に暗雲/國際條約の直接的侵犯宋子文の聲明)
223698	朝鮮朝日	南鮮版	1932-06-22	1	04단	人(眞崎參謀次長)
223699	朝鮮朝日	南鮮版	1932-06-22	1	04단	肥料自給で綠肥の大增産紫雲英とヘヤリベッチ何れも頗る好成績
223700	朝鮮朝日	南鮮版	1932-06-22	1	04단	川島軍司令官お茶の會
223701	朝鮮朝日	南鮮版	1932-06-22	1	05단	殺人的相場で農民はがっかり麥一升の平均値五錢農村の危機愈よ重大化
223702	朝鮮朝日	南鮮版	1932-06-22	1	07단	凱施兩將軍祝賀歡迎會釜山公會堂で開催
223703	朝鮮朝日	南鮮版	1932-06-22	1	07단	徐文海軍と我三輪○隊完全に聯絡を取る通化を空爆し兵營を爆破
223704	朝鮮朝日	南鮮版	1932-06-22	1	07단	戶別訪問勝手猛烈な運動釜山會議所議員選擧
223705	朝鮮朝日	南鮮版	1932-06-22	1	08단	室師團長と嘉村旅團長

일련번호	판명		간행일	면	단수	기사명
223706	朝鮮朝日	南鮮版	1932-06-22	1	09단	釜山地方の暴風雨
223707	朝鮮朝日	南鮮版	1932-06-22	1	09단	大量取引を目當に滿洲見本市へ
223708	朝鮮朝日	南鮮版	1932-06-22	1	09단	南鮮の海に結成した愛國の赤誠愛國機を繰り美しい企て軍部も熱誠に感激
223709	朝鮮朝日	南鮮版	1932-06-22	1	09단	駒田氏事件ますます擴大鐵道局に飛火するか/瀆職容疑事件咸興に飛火杉谷氏を押送
223710	朝鮮朝日	南鮮版	1932-06-22	1	10단	暴風雨中釜山の火事三戸を全燒
223711	朝鮮朝日	南鮮版	1932-06-22	1	10단	仁峴峠の寡婦殺犯人檢事局送り
223712	朝鮮朝日	南鮮版	1932-06-22	1	10단	バスで卽死
223713	朝鮮朝日	西北版	1932-06-22	1	01단	腹背を挾擊され狼狽その極に達す桓仁通化の間に追詰められ江岸の匪賊袋の鼠
223714	朝鮮朝日	西北版	1932-06-22	1	01단	徐文海軍と我三輪〇隊完全に聯絡を取る通化を空爆し兵營を爆破/平田部隊背後を衝き新賓城を占據
223715	朝鮮朝日	西北版	1932-06-22	1	01단	心からなる慰問に傷病兵一同感激若い婦人や女學生も交る
223716	朝鮮朝日	西北版	1932-06-22	1	01단	殿岡上等兵の遺族に同情集まる/臨江附近で名譽の戰死佐藤特務曹長少尉に昇格す
223717	朝鮮朝日	西北版	1932-06-22	1	02단	特高充實の必要を痛感國境警備に良い參考總督府池田警務局長は語る/船中で爆破工作の大評定を開く趙は宗教的共産主義一味を最後まで引摺った/數奇を極めた爆破團員の過去各地を轉々と流浪
223718	朝鮮朝日	西北版	1932-06-22	1	04단	清潔第一主義
223719	朝鮮朝日	西北版	1932-06-22	1	04단	五月中の城津港輸出入貿易高
223720	朝鮮朝日	西北版	1932-06-22	1	04단	滿鮮博覽會を輸城平野で開催日滿相互の親睦融和を計る大規模な計劃進捗
223721	朝鮮朝日	西北版	1932-06-22	1	04단	森林地帶の開發が使命北鮮開拓計劃の根幹拓殖鐵道東部線近く着工
223722	朝鮮朝日	西北版	1932-06-22	1	05단	六月初旬貨物の動き滿洲からの
223723	朝鮮朝日	西北版	1932-06-22	1	06단	かん酒と味噌汁變った驛頭風景
223724	朝鮮朝日	西北版	1932-06-22	1	06단	簡保宣傳巡回活寫
223725	朝鮮朝日	西北版	1932-06-22	1	07단	義勇消防組副組頭勇退
223726	朝鮮朝日	西北版	1932-06-22	1	07단	瀆職容疑事件咸興に飛火杉谷氏を押送
223727	朝鮮朝日	西北版	1932-06-22	1	07단	綠樹を追うて深山に分け入る松の皮の粉末で團子を作りやっと空腹を欺く
223728	朝鮮朝日	西北版	1932-06-22	1	08단	靴下とゴム靴滿洲に進出他都市の不況と背馳工業界著しく活況を呈す

일련번호	판명		간행일	면	단수	기사명
223729	朝鮮朝日	西北版	1932-06-22	1	08단	五寸釘三本で列車の轉覆可能と判る
223730	朝鮮朝日	西北版	1932-06-22	1	09단	滿洲球界の最大行事洲外野球大會廿四日から三日間安東球場で開催に決る
223731	朝鮮朝日	西北版	1932-06-22	1	10단	撲殺犯人捕はる
223732	朝鮮朝日	西北版	1932-06-22	1	10단	樂禮/柳京小話
223733	朝鮮朝日	南鮮版	1932-06-23	1	01단	養鷄業者には致命的大打擊關稅の改正で輸入飼料躍騰農務課で對策を考究
223734	朝鮮朝日	南鮮版	1932-06-23	1	01단	內鮮を通じ五日間短縮移出牛の檢疫期間豫備檢疫制度は全然撤廢
223735	朝鮮朝日	南鮮版	1932-06-23	1	01단	鮮內警戒網を一層充實し嚴重に潛入者を監視田中警務局保安課長談
223736	朝鮮朝日	南鮮版	1932-06-23	1	01단	喜雨いたり蘇生の思ひ
223737	朝鮮朝日	南鮮版	1932-06-23	1	02단	東萊邑會が邑長に不信任を表明
223738	朝鮮朝日	南鮮版	1932-06-23	1	02단	農村の不況打開の根本策！營農法の合理化は如何にするか指導者から見た農村の姿(A)
223739	朝鮮朝日	南鮮版	1932-06-23	1	03단	産業團體の廢合統一面の合併を斷行農村負擔輕減の徹底を計る地方課の農村救濟策
223740	朝鮮朝日	南鮮版	1932-06-23	1	04단	半島評壇(金融機關の立場)
223741	朝鮮朝日	南鮮版	1932-06-23	1	04단	駒田事件の段落を待ち大改革を斷行
223742	朝鮮朝日	南鮮版	1932-06-23	1	06단	半島教育界の癌同盟休校騷ぎ一年間に百件前後も頻發複雜な色彩を帶ぶ
223743	朝鮮朝日	南鮮版	1932-06-23	1	06단	警察官に防彈具着用を實施
223744	朝鮮朝日	南鮮版	1932-06-23	1	07단	道知事會議日割と日程
223745	朝鮮朝日	南鮮版	1932-06-23	1	07단	五信託會社五月末財産
223746	朝鮮朝日	南鮮版	1932-06-23	1	07단	土木談合事件の火の手あがる陣內茂吉氏を本町署に留置土木業者は大恐慌
223747	朝鮮朝日	南鮮版	1932-06-23	1	08단	鎭巡査晉州署に轉任
223748	朝鮮朝日	南鮮版	1932-06-23	1	08단	アイスケーキ取締を勵行
223749	朝鮮朝日	南鮮版	1932-06-23	1	08단	急行貨物列車の利用方を勸誘門鐵釜山營業所より
223750	朝鮮朝日	南鮮版	1932-06-23	1	08단	金燦第一回公判
223751	朝鮮朝日	南鮮版	1932-06-23	1	09단	身代りになった佐藤少尉の戰死祕められた軍事哀話
223752	朝鮮朝日	南鮮版	1932-06-23	1	09단	反物を詐取
223753	朝鮮朝日	南鮮版	1932-06-23	1	09단	上海天津をコレラ流行地に指定
223754	朝鮮朝日	南鮮版	1932-06-23	1	10단	內外ニュース(日支交涉はいよいよ激化/鎭壓が却って新黨樹立の機運を促進)

일련번호	판명		간행일	면	단수	기사명
223755	朝鮮朝日	南鮮版	1932-06-23	1	10단	もよほし(朝鮮地歷學會發會式/京城廉賣協會夏物大賣出/咸平圍碁同好會/木浦獵友會クレー競技會)
223756	朝鮮朝日	南鮮版	1932-06-23	1	10단	人(詩人白島省吾氏/林砲兵大佐(陸軍省銃砲課長))
223757	朝鮮朝日	西北版	1932-06-23	1	01단	新滿洲國から可愛い少女使節日本最初の歡迎陣馴れぬ船旅の疲れも忘れて日滿少女の固い握手
223758	朝鮮朝日	西北版	1932-06-23	1	01단	養鷄業者には致命的大打擊關稅の改正で輸入飼料躍騰農務課で對策を考究
223759	朝鮮朝日	西北版	1932-06-23	1	01단	安東海關の收入を完全に掌握新滿洲國の斷乎たる決心
223760	朝鮮朝日	西北版	1932-06-23	1	01단	身代りになった佐藤少尉の戰死祕められた軍事哀話
223761	朝鮮朝日	西北版	1932-06-23	1	03단	第廿八驅逐隊鎭南浦に入港
223762	朝鮮朝日	西北版	1932-06-23	1	03단	可愛い盛りの裸像で忽ち占領さる中央公園の兒童プール
223763	朝鮮朝日	西北版	1932-06-23	1	04단	もよほし(思想善導講演會)
223764	朝鮮朝日	西北版	1932-06-23	1	04단	道知事會議日割と日程
223765	朝鮮朝日	西北版	1932-06-23	1	04단	牡丹台を國立公園に關係者で研究
223766	朝鮮朝日	西北版	1932-06-23	1	05단	平壤栗の更生策曰く道の檢査曰く自治的檢査それとも特産品規則を適用か當局と業者で協議
223767	朝鮮朝日	西北版	1932-06-23	1	06단	火藥庫に審人を配置嚴重に警戒
223768	朝鮮朝日	西北版	1932-06-23	1	06단	産業團體の廢合統一面の合倂を斷行農村負擔輕減の徹底を計る地方課の農村救濟策
223769	朝鮮朝日	西北版	1932-06-23	1	07단	巡査教習所卒業式
223770	朝鮮朝日	西北版	1932-06-23	1	08단	內鮮を通じ五日間短縮移出牛の檢疫期間豫備檢疫制度は全然撤廢
223771	朝鮮朝日	西北版	1932-06-23	1	08단	兒童が沙利採取滯納授業料に充當すべく朝陽普通校の試み
223772	朝鮮朝日	西北版	1932-06-23	1	08단	測候所設置南浦で要望
223773	朝鮮朝日	西北版	1932-06-23	1	08단	平壤の出品
223774	朝鮮朝日	西北版	1932-06-23	1	08단	魚油疑獄益々擴大有力者續々家宅捜査
223775	朝鮮朝日	西北版	1932-06-23	1	09단	私有財産制度廢棄の私文書燒却事件百五名起訴收容さる
223776	朝鮮朝日	西北版	1932-06-23	1	09단	樂禮/柳京小話
223777	朝鮮朝日	西北版	1932-06-23	1	10단	他殺らしい幼兒の死體
223778	朝鮮朝日	西北版	1932-06-23	1	10단	旅館專門の賊

일련번호	판명		간행일	면	단수	기사명
223779	朝鮮朝日	西北版	1932-06-23	1	10단	溺死二つ
223780	朝鮮朝日	西北版	1932-06-23	1	10단	吳東振に無期懲役判決言渡さる
223781	朝鮮朝日	西北版	1932-06-23	1	10단	鮮支衝突事件七月中に結審
223782	朝鮮朝日	南鮮版	1932-06-24	1	01단	もたらす悲劇五月雨の憂鬱自由勞働者の悲慘な內輪と電話交換孃の悲鳴
223783	朝鮮朝日	南鮮版	1932-06-24	1	01단	犯罪搜査の演繹的科學化『手口カード』を作成犯人檢擧に拍車をかける
223784	朝鮮朝日	南鮮版	1932-06-24	1	01단	漁のない漁村春窮漁村を行く(一)/漁業ファッショ確立に精進輝く江口港の前途
223785	朝鮮朝日	南鮮版	1932-06-24	1	02단	兵匪、大刀會匪相呼應して茂山奪回を企つ/柳樹河子の兵匪を擊退わが死傷三名
223786	朝鮮朝日	南鮮版	1932-06-24	1	04단	中島町の公設市場移轉反對陳情
223787	朝鮮朝日	南鮮版	1932-06-24	1	04단	上海、天津を流行地に指定猛威を揮ふ「コレラ」廿五日から船舶を緊留檢疫
223788	朝鮮朝日	南鮮版	1932-06-24	1	04단	森林事務打合會
223789	朝鮮朝日	南鮮版	1932-06-24	1	05단	農村の不況打開の根本策!營農法の合理化は如何にするか指導者から見た農村の姿(B)
223790	朝鮮朝日	南鮮版	1932-06-24	1	05단	救濟事業を食物惡辣な談合工事全鮮に飛火ますます擴大す不正は飽まで摘發
223791	朝鮮朝日	南鮮版	1932-06-24	1	06단	內外ニュース(室、嘉村兩將軍廿四日參內軍情を奏上/我等の選手晴れの首途きのふ出發/山道氏らを中心として新黨を樹立/陸軍當局は總體的反對海軍は絶對的反對)
223792	朝鮮朝日	南鮮版	1932-06-24	1	06단	夫を劬はる健氣な女性愛の手で固く抱擁
223793	朝鮮朝日	南鮮版	1932-06-24	1	09단	大田特産品審査會
223794	朝鮮朝日	南鮮版	1932-06-24	1	09단	一流土木業者續々と拘束渡邊氏の行方搜査中/渡邊氏取調らる
223795	朝鮮朝日	南鮮版	1932-06-24	1	10단	五人組の竊盜團全部御用
223796	朝鮮朝日	南鮮版	1932-06-24	1	10단	教員赤化事件判決言渡し上甲と山下に
223797	朝鮮朝日	南鮮版	1932-06-24	1	10단	もよほし(釜山交通事故防止會)
223798	朝鮮朝日	西北版	1932-06-24	1	01단	請負制度を廢し成る可く直營農村救濟の新規土木事業に中間搾取を排擊す
223799	朝鮮朝日	西北版	1932-06-24	1	01단	知事級の異動は小範圍に止めたい農村救濟産金獎勵等々當面の問題につき宇垣總督談(國際聯盟委員/道知事會議/救濟土木事業/産金獎勵)
223800	朝鮮朝日	西北版	1932-06-24	1	01단	强固な父兄會を結成嚴重に監督する中等生街頭デモ計劃事件

일련번호	판명		간행일	면	단수	기사명
223801	朝鮮朝日	西北版	1932-06-24	1	01단	柴田部隊は非常に元氣嚴尾氏歸來談
223802	朝鮮朝日	西北版	1932-06-24	1	02단	その頃(2)/天晴れ一高の選手カンテラともし猛練習野球狂の阿部府尹
223803	朝鮮朝日	西北版	1932-06-24	1	03단	朝鮮で最初の日光浴室平壤道立病院に
223804	朝鮮朝日	西北版	1932-06-24	1	03단	咸南競馬俱樂部解散に決定
223805	朝鮮朝日	西北版	1932-06-24	1	03단	半島教育界の癌同盟休校騷ぎ一ヶ年間に百件前後も頻發複雜な色彩を帶ぶ
223806	朝鮮朝日	西北版	1932-06-24	1	04단	懸賞つきで松毛蟲驅除
223807	朝鮮朝日	西北版	1932-06-24	1	04단	地方費のみでの建築は不可能專門技術者の調査で判明行惱む一面一校案
223808	朝鮮朝日	西北版	1932-06-24	1	04단	健胃劑、飼料菓子の原料牡蠣殼の利用厚生
223809	朝鮮朝日	西北版	1932-06-24	1	05단	鬼將軍の眼に涙がひかる澁谷中尉嚴父の返電
223810	朝鮮朝日	西北版	1932-06-24	1	06단	券資協調し解決を計る靴下工場賃銀値下問題
223811	朝鮮朝日	西北版	1932-06-24	1	06단	救濟事業を食物惡辣な談合工事全鮮に飛火ますます擴大す不正は飽まで摘發
223812	朝鮮朝日	西北版	1932-06-24	1	07단	兵備充實陳情
223813	朝鮮朝日	西北版	1932-06-24	1	07단	學業の生産化平南の各校で實施安岡視學官のお話
223814	朝鮮朝日	西北版	1932-06-24	1	07단	上海、天津を流行地に指定猛威を揮ふ「コレラ」廿五日から船舶を緊留檢疫
223815	朝鮮朝日	西北版	1932-06-24	1	07단	平壤の防水演習防水壁の完成で一新し廿七、八日ごろ實施
223816	朝鮮朝日	西北版	1932-06-24	1	08단	ケーソン沈下式
223817	朝鮮朝日	西北版	1932-06-24	1	09단	レール枕に列車で負傷呑氣な醉拂ひ
223818	朝鮮朝日	西北版	1932-06-24	1	09단	僞刑事捕はる
223819	朝鮮朝日	西北版	1932-06-24	1	09단	赤い三名有罪と決る
223820	朝鮮朝日	西北版	1932-06-24	1	09단	男性への挑戰離婚訴訟と慰藉料要求不況に比例し增加
223821	朝鮮朝日	西北版	1932-06-24	1	10단	巡査を傷つく
223822	朝鮮朝日	西北版	1932-06-24	1	10단	もよほし(平六線驛長會議)
223823	朝鮮朝日	西北版	1932-06-24	1	10단	樂禮/柳京小話
223824	朝鮮朝日	南鮮版	1932-06-25	1	01단	在滿朝鮮同胞の積極的發展を計る愈よ近く實行に着手金融農事衛生教育の各施設(金融機關/農事施設/衛生施設/教育施設)

일련번호	판명		간행일	면	단수	기사명
223825	朝鮮朝日	南鮮版	1932-06-25	1	01단	生産販賣兩方面の企業統制を計劃無駄な競爭を避く
223826	朝鮮朝日	南鮮版	1932-06-25	1	01단	農村救濟を加味し滿洲に大量移民農務課で具體方法を考究
223827	朝鮮朝日	南鮮版	1932-06-25	1	01단	名譽の重傷者河野少尉
223828	朝鮮朝日	南鮮版	1932-06-25	1	01단	十一勇士の遺骨原隊へ
223829	朝鮮朝日	南鮮版	1932-06-25	1	02단	三矢協約近く撤廢
223830	朝鮮朝日	南鮮版	1932-06-25	1	02단	農村の不況打開の根本策營農法の合理化を如何にするか技術者から見た農村の案(C)
223831	朝鮮朝日	南鮮版	1932-06-25	1	03단	法文學部寫眞展
223832	朝鮮朝日	南鮮版	1932-06-25	1	03단	朝鮮最初の「ラヂオ體操の會」七月廿一日から一ヶ月間近く協議會を開催
223833	朝鮮朝日	南鮮版	1932-06-25	1	04단	人(今井田政務總監)
223834	朝鮮朝日	南鮮版	1932-06-25	1	04단	慶婦願問評議會
223835	朝鮮朝日	南鮮版	1932-06-25	1	04단	金剛山の中心毘盧峰の直下に純スイス式の山小屋を建設紅葉の頃迄に竣成
223836	朝鮮朝日	南鮮版	1932-06-25	1	04단	放送時間を改正し內地から中繼ラヂオ體操が朝になる面目を一新する
223837	朝鮮朝日	南鮮版	1932-06-25	1	05단	最新式モダン型のガソリンカー七月一日から運轉開始
223838	朝鮮朝日	南鮮版	1932-06-25	1	07단	長雨で貯水量卅五萬立方米ニコニコの水道課
223839	朝鮮朝日	南鮮版	1932-06-25	1	07단	朝郵の各航路活況を呈すまだ夏枯に入らない(上海航路/北支郡航路/北鮮航路/南鮮航路)
223840	朝鮮朝日	南鮮版	1932-06-25	1	07단	格別殘念ではないが飛んだ災難だ土木談合事件被疑者渡邊前京城商議會頭語る
223841	朝鮮朝日	南鮮版	1932-06-25	1	08단	宇垣總督に陳情書提出土木事件を速かに解決せよ
223842	朝鮮朝日	南鮮版	1932-06-25	1	08단	釜山の夜店道路使用料徵收問題が擡頭
223843	朝鮮朝日	南鮮版	1932-06-25	1	08단	京城にふさはしい淸掃自動車動く
223844	朝鮮朝日	南鮮版	1932-06-25	1	09단	朝鮮共産黨の巨頭金燦に懲役十年判決言渡は七月一日
223845	朝鮮朝日	南鮮版	1932-06-25	1	09단	內外ニュース(爲替相場は落潮で一服/新黨參加で離黨者續出/ヨーロッパにモラを適用英佛伊三國で)
223846	朝鮮朝日	南鮮版	1932-06-25	1	10단	春畝山博文寺初代住職決る鈴木天山老師に
223847	朝鮮朝日	南鮮版	1932-06-25	1	10단	コレラ豫防慶南沿岸で强制注射實施

일련번호	판명		간행일	면	단수	기사명
223848	朝鮮朝日	南鮮版	1932-06-25	1	10단	漢江心中死體浮く
223849	朝鮮朝日	南鮮版	1932-06-25	1	10단	もよほし(南天棒師講演會/忠南道教育會)
223850	朝鮮朝日	西北版	1932-06-25	1	01단	在滿朝鮮同胞の積極的發展を計る愈よ近く實行に着手金融農事衛生教育の各施設(金融機關/農事施設/衛生施設/教育施設)
223851	朝鮮朝日	西北版	1932-06-25	1	01단	正條植には眞劍な努力農村は經濟的に目覺めた藤原平南知事語る
223852	朝鮮朝日	西北版	1932-06-25	1	01단	農村救濟を加味し滿洲に大量移民農務課で具體方法を考究
223853	朝鮮朝日	西北版	1932-06-25	1	01단	國立公園の候補地牡丹台を宣傳平鐵で大いに力瘤を入れる
223854	朝鮮朝日	西北版	1932-06-25	1	02단	三驅逐艦鎭南浦に入港
223855	朝鮮朝日	西北版	1932-06-25	1	03단	鐵橋爆破大陰謀事件の犯人一味公判廷に急ぐ(淸津地方法院門前)
223856	朝鮮朝日	西北版	1932-06-25	1	04단	鎭電社長決る
223857	朝鮮朝日	西北版	1932-06-25	1	04단	徐の討伐隊匪賊を擊退完全に太平哨を占領/文字通りの不眠不休で涙ぐましい警戒を續く　筒井大尉の歸來談/匪賊約三千輯安臨江の攻擊を企つ/敵を被擊中彈丸を受け戰死通溝激戰の山崎少尉/六勇士の遺骨江界に安着隊葬を執行/勇士九名平壤へ歸る直に衛成病院に收容
223858	朝鮮朝日	西北版	1932-06-25	1	05단	その頃(3)/慶應の彌次隊長遊ける秀才を哀惜す/漫談大家福島莊平氏
223859	朝鮮朝日	西北版	1932-06-25	1	06단	寄附金の輕減を是非とも實現するまづ一校千五百圓見當の減一面一校善處案
223860	朝鮮朝日	西北版	1932-06-25	1	07단	通溝の激戰で戰死した憲兵伍長相良厚喜氏
223861	朝鮮朝日	西北版	1932-06-25	1	07단	赤痢續發で徹底的豫防
223862	朝鮮朝日	西北版	1932-06-25	1	08단	測候所新設運動を起す
223863	朝鮮朝日	西北版	1932-06-25	1	08단	監視中巡視行方不明
223864	朝鮮朝日	西北版	1932-06-25	1	08단	巡査拳銃で三名を射殺自分も自殺
223865	朝鮮朝日	西北版	1932-06-25	1	08단	吳東振服罪
223866	朝鮮朝日	西北版	1932-06-25	1	09단	若妻殺し第四回公判來月下旬に
223867	朝鮮朝日	西北版	1932-06-25	1	09단	新義州では沙糖で安東では鹽で甘辛屋で儲ける話
223868	朝鮮朝日	西北版	1932-06-25	1	09단	取締役を名譽職に組合を株式に名物の『妓生騷動』を根絶箕城檢番の改革策

일련번호	판명		간행일	면	단수	기사명
223869	朝鮮朝日	西北版	1932-06-25	1	10단	樂禮/柳京小話
223870	朝鮮朝日	南鮮版	1932-06-26	1	01단	北鮮開拓事業に最も力を注ぐ思想善導には萬全を期す今井田總監土産話
223871	朝鮮朝日	南鮮版	1932-06-26	1	01단	川島軍司令官新任披露宴官民三百七十名招待
223872	朝鮮朝日	南鮮版	1932-06-26	1	01단	論議の中心は特高綱の充實全鮮警察部長會議七月六日から三日間開催
223873	朝鮮朝日	南鮮版	1932-06-26	1	03단	總督府の本年度追加豫算臨時議會の協贊を經たので近く實行に着手
223874	朝鮮朝日	南鮮版	1932-06-26	1	03단	愛國機朝鮮號第一機花々しく活躍靑山堡で反吉林軍を空爆/物資に窮し窮鼠の如く暴れ廻る兵匪
223875	朝鮮朝日	南鮮版	1932-06-26	1	04단	府外給水を異議なく可決常任委員十二名選擧二十四日の京城府會で
223876	朝鮮朝日	南鮮版	1932-06-26	1	04단	農業經營にも大改革を斷行産米第一主義を改善多角形的農業經營法を採用
223877	朝鮮朝日	南鮮版	1932-06-26	1	04단	三驅逐艦仁川に入港
223878	朝鮮朝日	南鮮版	1932-06-26	1	04단	南朝鮮電氣電氣料金を改訂値下率は定額燈一割
223879	朝鮮朝日	南鮮版	1932-06-26	1	05단	草深事務官休戰となる
223880	朝鮮朝日	南鮮版	1932-06-26	1	06단	內外ニュース(第三艦隊司令長官竝に參謀長更迭を行ふ/リットン卿の報告期限延長に決す/送金拒絶で大連海關長罷免)
223881	朝鮮朝日	南鮮版	1932-06-26	1	06단	現金三萬圓の提供で解決か慶南水産試驗場の敷地問題府會懇談會で內定/道が現金を欲する譯ではない孫慶南産業部長談
223882	朝鮮朝日	南鮮版	1932-06-26	1	07단	潤澤な降雨で水稻の植付概して順調
223883	朝鮮朝日	南鮮版	1932-06-26	1	08단	鮮魚蒲鉾を貨物列車で遠距離に輸送する
223884	朝鮮朝日	南鮮版	1932-06-26	1	08단	一流土木業者八名を送局土木談合事件益々擴大
223885	朝鮮朝日	南鮮版	1932-06-26	1	08단	人(陸軍省軍馬補充部本部長梅澤中將)
223886	朝鮮朝日	南鮮版	1932-06-26	1	09단	濃霧のため大山丸坐礁竹島附近で
223887	朝鮮朝日	南鮮版	1932-06-26	1	09단	鮮銀爲替記錄破りの新安値を示現
223888	朝鮮朝日	南鮮版	1932-06-26	1	10단	勞働賃銀は前月と保合
223889	朝鮮朝日	南鮮版	1932-06-26	1	10단	平南道路の恩人道路狂といはれた藤田平松氏
223890	朝鮮朝日	南鮮版	1932-06-26	1	10단	東萊券番を株式組織に不況打開策
223891	朝鮮朝日	南鮮版	1932-06-26	1	10단	コレラ豫防で强制注射施行

일련번호	판명		간행일	면	단수	기사명
223892	朝鮮朝日	南鮮版	1932-06-26	1	10단	聯絡船から身投自殺す
223893	朝鮮朝日	南鮮版	1932-06-26	1	10단	もよほし(釜山第二尋常小學校/釜山教育會評議員會)
223894	朝鮮朝日	西北版	1932-06-26	1	01단	北鮮開拓事業に最も力を注ぐ思想善導には萬全を期す今井田總監土産話
223895	朝鮮朝日	西北版	1932-06-26	1	01단	總督府の本年度追加豫算臨時議會の協贊を經たので近く實行に着手
223896	朝鮮朝日	西北版	1932-06-26	1	01단	警官百七十名を增員特高綱を擴充咸興羅南間に警備電話架設
223897	朝鮮朝日	西北版	1932-06-26	1	01단	豆滿に江上流匪賊襲來す警官隊擊退す/三勇士遺骨平壤に還る告別式執行
223898	朝鮮朝日	西北版	1932-06-26	1	01단	面に補助を與へ速成樹造林計劃かくて燃料問題を解決せば堆肥の增産を誘致
223899	朝鮮朝日	西北版	1932-06-26	1	02단	農事洞對岸に匪賊現はれ突如鮮內に向け發砲容易ならぬ事態を惹起す
223900	朝鮮朝日	西北版	1932-06-26	1	04단	道內一齊に牛乳の檢查
223901	朝鮮朝日	西北版	1932-06-26	1	05단	その頃(4)/「太陽の日」を語るそれは學校教授時代柳平南道參與官
223902	朝鮮朝日	西北版	1932-06-26	1	05단	都計と水道擴張內務局では諒解政府の方針を待つ財務當局平壤府新規事業
223903	朝鮮朝日	西北版	1932-06-26	1	05단	貯金管理局の設置を要望關係方面に建議案提出商工會議所から
223904	朝鮮朝日	西北版	1932-06-26	1	06단	農業經營にも大改革を斷行産米第一主義を改善多角形的農業經營法を採用
223905	朝鮮朝日	西北版	1932-06-26	1	06단	師團移駐は滿洲に確定川島軍司令官の肚平壤兵備充實期成會に報告
223906	朝鮮朝日	西北版	1932-06-26	1	07단	解散までは道が嚴重監視問題の鰯油會社明年解散統制は水産組合で
223907	朝鮮朝日	西北版	1932-06-26	1	08단	妓生の悲鳴稅金引下陳情
223908	朝鮮朝日	西北版	1932-06-26	1	08단	本夫殺しの姦夫婦逮捕
223909	朝鮮朝日	西北版	1932-06-26	1	08단	北鮮視察の團體相踵ぐ經濟使節が過卷く
223910	朝鮮朝日	西北版	1932-06-26	1	09단	乘合自動車正面衝突五名重輕傷
223911	朝鮮朝日	西北版	1932-06-26	1	09단	どん底生活の下層階級に金融組合から融資救濟團體を組織して
223912	朝鮮朝日	西北版	1932-06-26	1	10단	公設市場と賣値を統一
223913	朝鮮朝日	西北版	1932-06-26	1	10단	例年より豊漁
223914	朝鮮朝日	西北版	1932-06-26	1	10단	樂禮/柳京小話
223915	朝鮮朝日	南鮮版	1932-06-28	1	01단	負債整理機關を設置して善處勞銀をバラ撒き農家を救濟今井田總監語る

일련번호	판명		간행일	면	단수	기사명
223916	朝鮮朝日	南鮮版	1932-06-28	1	01단	無實の罪で泣き寝入り冤罪者に物質的損害補償刑事補償法を實施
223917	朝鮮朝日	南鮮版	1932-06-28	1	01단	道のクリーニング淸掃自動車撒水力は輻五間で鋪装道路が忽ち綺麗になる
223918	朝鮮朝日	南鮮版	1932-06-28	1	02단	東邊道の兵匪大擧北進中江鎭に危機迫る帽兒山勇士の遺骨故山へ
223919	朝鮮朝日	南鮮版	1932-06-28	1	03단	預金部低資にモラが行はるれば利子のみでも年間に千四百十三萬餘圓が浮び上る
223920	朝鮮朝日	南鮮版	1932-06-28	1	03단	內外ニュース(新進拔擢九名地方長官大移動整理組は十六名か浪人から復活は十名/健康優良兒童光榮に感泣)
223921	朝鮮朝日	南鮮版	1932-06-28	1	04단	草深事務官後任下馬将
223922	朝鮮朝日	南鮮版	1932-06-28	1	04단	訓練を受くる村の兵隊さん兵匪共匪に對して
223923	朝鮮朝日	南鮮版	1932-06-28	1	05단	釜山府會
223924	朝鮮朝日	南鮮版	1932-06-28	1	05단	海水浴と林間學校
223925	朝鮮朝日	南鮮版	1932-06-28	1	05단	李巡查の勇敢な行爲表彰に決定
223926	朝鮮朝日	南鮮版	1932-06-28	1	06단	猖獗を極めた天然痘漸次終熄す
223927	朝鮮朝日	南鮮版	1932-06-28	1	06단	金品を强請
223928	朝鮮朝日	南鮮版	1932-06-28	1	06단	談合事件被疑者十九名を送局收賄、府バス事件と送局者は四十四名に上る/談合は詐欺だ手心など加へぬ斷乎たる決意を語る上內京畿道警察部長
223929	朝鮮朝日	南鮮版	1932-06-28	1	07단	滿洲市への朝鮮の出品非常な人氣を博す
223930	朝鮮朝日	南鮮版	1932-06-28	1	08단	今後の移出活況を呈せん檢疫期間の短縮で
223931	朝鮮朝日	南鮮版	1932-06-28	1	09단	『俺も日本人だ』飜然と悔悟肉彈三勇士の話を聞いて兇惡囚が心機一轉
223932	朝鮮朝日	南鮮版	1932-06-28	1	10단	少女誘拐の嫌疑
223933	朝鮮朝日	南鮮版	1932-06-28	1	10단	電車に轢殺
223934	朝鮮朝日	南鮮版	1932-06-28	1	10단	一萬圓の損害賠償要求訴訟
223935	朝鮮朝日	南鮮版	1932-06-28	1	10단	もよほし(郡島産業技術員朝鮮部長期講習會)
223936	朝鮮朝日	西北版	1932-06-28	1	01단	負債整理機關を設置して善處勞銀をバラ撒き農家を救濟今井田總監語る
223937	朝鮮朝日	西北版	1932-06-28	1	01단	預金部低資にモラが行はるれば利子のみでも年間に千四百十三萬餘圓が浮び上る
223938	朝鮮朝日	西北版	1932-06-28	1	01단	國際聯盟調査團一行卅日國境を通過

일련번호	판명		간행일	면	단수	기사명
223939	朝鮮朝日	西北版	1932-06-28	1	01단	訓練を受くる村の兵隊さん兵匪共匪に對して
223940	朝鮮朝日	西北版	1932-06-28	1	03단	租稅負擔の公平を期し收入の增加を計る
223941	朝鮮朝日	西北版	1932-06-28	1	03단	臨時府會を開き改築案を提議師團移駐絶望で具體化した平壤府廳舍の改築
223942	朝鮮朝日	西北版	1932-06-28	1	04단	納涼列車平鐵で計劃
223943	朝鮮朝日	西北版	1932-06-28	1	04단	辭令(東京電話)
223944	朝鮮朝日	西北版	1932-06-28	1	04단	德治江の治水工事繼續に決まる
223945	朝鮮朝日	西北版	1932-06-28	1	05단	滿洲市への朝鮮の出品非常な人氣を博す
223946	朝鮮朝日	西北版	1932-06-28	1	05단	一面一校計劃に融資を希望簡保積立金と平南
223947	朝鮮朝日	西北版	1932-06-28	1	05단	航行船舶は高瀨船のみ
223948	朝鮮朝日	西北版	1932-06-28	1	05단	食糧缺乏で弱った匪賊柴田部隊は大元氣三宅平壤衛戍病院長語る/黑巖○隊石龍子で匪賊と激戰/三輪部隊大平哨占據/八勇士の告別式盛大に執行
223949	朝鮮朝日	西北版	1932-06-28	1	06단	本格的に運動を開始南浦の測候所設置運動
223950	朝鮮朝日	西北版	1932-06-28	1	06단	滿洲國から安東海關へ最後的通告を發し海關の接收を聲明
223951	朝鮮朝日	西北版	1932-06-28	1	07단	護送の途中思想犯人玄海に飛込む
223952	朝鮮朝日	西北版	1932-06-28	1	07단	第二次救窮土木事業早くも準備調査命令一下具體案の提出可能手廻しのよい平南
223953	朝鮮朝日	西北版	1932-06-28	1	09단	簡保映畫
223954	朝鮮朝日	西北版	1932-06-28	1	09단	金指輪を盜む
223955	朝鮮朝日	西北版	1932-06-28	1	09단	巡査の殺人癡情の果か發作的精神異狀か新妻との仲は圓滿だった
223956	朝鮮朝日	西北版	1932-06-28	1	10단	三人組の持凶器强盜遂に捕はる
223957	朝鮮朝日	西北版	1932-06-28	1	10단	箕城券番株式に變更資本金二萬圓で
223958	朝鮮朝日	西北版	1932-06-28	1	10단	樂禮/柳京小話
223959	朝鮮朝日	南鮮版	1932-06-29	1	01단	財源が決らねば具體化は困難農村救濟は內地に順應林總督府財務局長の土産話
223960	朝鮮朝日	南鮮版	1932-06-29	1	01단	幅十六間に道路を擴張鍾路四丁目、東大門間アスファルト鋪裝を施す
223961	朝鮮朝日	南鮮版	1932-06-29	1	01단	湖南線にも相當の變更ガソリンカー運轉開始で
223962	朝鮮朝日	南鮮版	1932-06-29	1	01단	總督府辭令

일련번호	판명		간행일	면	단수	기사명
223963	朝鮮朝日	南鮮版	1932-06-29	1	02단	國際聯盟調査團の日本入り陸路に決り朝鮮通過に際して鮮鐵で特別列車を運轉/聯盟調査員釜山で歡迎
223964	朝鮮朝日	南鮮版	1932-06-29	1	03단	京城神社大秡式
223965	朝鮮朝日	南鮮版	1932-06-29	1	03단	金海郡中心に稻熱病流行農家狼狽す
223966	朝鮮朝日	南鮮版	1932-06-29	1	03단	宇垣總督招宴
223967	朝鮮朝日	南鮮版	1932-06-29	1	04단	當局の目を盜み鮑の密漁嚴重取締る
223968	朝鮮朝日	南鮮版	1932-06-29	1	04단	刑事補償法を適用するか否か間島からの押送者に對して法務局頭を惱ます
223969	朝鮮朝日	南鮮版	1932-06-29	1	04단	內相の原案を修正して決定首相の居中調停で地方長官の異動
223970	朝鮮朝日	南鮮版	1932-06-29	1	04단	靑木〇隊奮戰して三水坪附近で匪賊約百五十名を擊退す死體卅を遺棄潰走/匪賊の徹底的掃蕩を請願中江鎭住民から
223971	朝鮮朝日	南鮮版	1932-06-29	1	05단	慶南道の試み鯖で鯛釣る鎭海灣で頗る好成績更に統營沖合で試驗を續く
223972	朝鮮朝日	南鮮版	1932-06-29	1	05단	戰傷患者を內地へ送還
223973	朝鮮朝日	南鮮版	1932-06-29	1	06단	治維法違反の倂合審理公判
223974	朝鮮朝日	南鮮版	1932-06-29	1	06단	慶南の救窮大土木工事計劃一、二、三等道路の鋪裝等外各支總道路の改修工事
223975	朝鮮朝日	南鮮版	1932-06-29	1	07단	東萊邑長の排斥問題郡より道へ內申
223976	朝鮮朝日	南鮮版	1932-06-29	1	07단	もよほし(開城敎員會評議員會)
223977	朝鮮朝日	南鮮版	1932-06-29	1	07단	土木談合事件滿浦線に飛火す淸水、荒井、長門組幹部を留置日工の坂西も留置
223978	朝鮮朝日	南鮮版	1932-06-29	1	07단	退職賜金を目當の不埒者橫行柳牡丹式の口車に乘せて甘く虎の子を絞る
223979	朝鮮朝日	南鮮版	1932-06-29	1	08단	精米所十二工場が一齊に休業する穀檢に反感を抱き從業員一同不安に閉さる
223980	朝鮮朝日	南鮮版	1932-06-29	1	08단	各種輸入品一齊に昂騰關稅引上の效果覿面コーンプロダクツ大打擊
223981	朝鮮朝日	南鮮版	1932-06-29	1	10단	卅日公判開廷不安で上告全州の談合事件
223982	朝鮮朝日	南鮮版	1932-06-29	1	10단	共産强盜に懲役五年卅日言渡し
223983	朝鮮朝日	南鮮版	1932-06-29	1	10단	全鮮武道大會日程
223984	朝鮮朝日	西北版	1932-06-29	1	01단	財源が決らねば具體化は困難農村救濟は內地に順應林總督府財務局長の土産話

일련번호	판명		간행일	면	단수	기사명
223985	朝鮮朝日	西北版	1932-06-29	1	01단	敵の重圍を衝き火藥庫に點火群がる敵を薙ひ倒して壯烈鬼神も泣く勇敢な兩勇士/柴田部隊百名を捕虜弔煙溝門で/匪賊約六十土城に襲來暴行を働く/大膽にも靑木○隊敵前渡河を敢行三長上流で匪賊を擊滅す/名譽の負傷六勇士送還衛戍病院に收容
223986	朝鮮朝日	西北版	1932-06-29	1	02단	農村の不況打開の根本策！營農法の合理化は如何にするか指導者から見た農村の姿(A)
223987	朝鮮朝日	西北版	1932-06-29	1	03단	國境不穩で警官を增派江岸各署に配置日夜警備に當る
223988	朝鮮朝日	西北版	1932-06-29	1	05단	その頃(４)/秩父暴動實話に幼なき日の胸を躍らせた福島平南地方課長
223989	朝鮮朝日	西北版	1932-06-29	1	05단	スポーツ(十六Aー十三平鐵雪辱對平實野球戰)
223990	朝鮮朝日	西北版	1932-06-29	1	05단	協定値安で繭を賣惜む農民だと云って製絲家も悲鳴悲慘な春繭展望
223991	朝鮮朝日	西北版	1932-06-29	1	06단	刑事補償法を適用するか否か間島からの押送者に對して法務局頭を惱ます
223992	朝鮮朝日	西北版	1932-06-29	1	06단	平壤樂陶會入會者殺到婦人も加入
223993	朝鮮朝日	西北版	1932-06-29	1	07단	土木談合事件滿浦線に飛火す淸水、荒井、長門組幹部を留置日工の坂西も留置
223994	朝鮮朝日	西北版	1932-06-29	1	08단	天候に惠まれ九割方植付を終る
223995	朝鮮朝日	西北版	1932-06-29	1	08단	萁子殺し發覺
223996	朝鮮朝日	西北版	1932-06-29	1	09단	最後の通告を正式に拒否外人職員全部上海引揚げ完全に接收を了る
223997	朝鮮朝日	西北版	1932-06-29	1	09단	平壤中學の寄宿舍に赤痢患者發生
223998	朝鮮朝日	西北版	1932-06-29	1	09단	老江鎭海岸に支那人勞動者の慘殺された死體漂着安許州署で身調査中
223999	朝鮮朝日	西北版	1932-06-29	1	10단	平壤署の不良狩り
224000	朝鮮朝日	西北版	1932-06-29	1	10단	痘瘡また發生
224001	朝鮮朝日	西北版	1932-06-29	1	10단	もよほし(水害豫防照射打合會)
224002	朝鮮朝日	西北版	1932-06-29	1	10단	樂禮/柳京小話
224003	朝鮮朝日	南鮮版	1932-06-30	1	01단	犯罪の檢擧に大革新を斷行聯絡を一層緊密機敏にする特高綱充實と共に
224004	朝鮮朝日	南鮮版	1932-06-30	1	01단	滿洲の空に飜った大國旗來る愛國朝鮮二號機の記念品釜山少年團が保管
224005	朝鮮朝日	南鮮版	1932-06-30	1	01단	朝鮮敎育總會
224006	朝鮮朝日	南鮮版	1932-06-30	1	02단	釜山讀本編纂

일련번호	판명		간행일	면	단수	기사명
224007	朝鮮朝日	南鮮版	1932-06-30	1	02단	期待を裏切った釜山の救民救濟請負者救濟事業と非難さる實質的救濟を考究
224008	朝鮮朝日	南鮮版	1932-06-30	1	03단	兵匪、主力を通化に集結斷末魔近づく
224009	朝鮮朝日	南鮮版	1932-06-30	1	04단	殉職警官招魂祭盛大に執行
224010	朝鮮朝日	南鮮版	1932-06-30	1	04단	馴染の赤線警察官のアナク口服を改正
224011	朝鮮朝日	南鮮版	1932-06-30	1	04단	朝鮮官民に對し厚く感謝します京城でステートメント發表丁訪日滿洲國代表/聯盟調査團京城の日程決る
224012	朝鮮朝日	南鮮版	1932-06-30	1	05단	內外ニュース(海關接收の報復に郵便局封鎖/越鐵疑獄の佐竹三吾氏貴族議員を殺す/海關接收の妥協を交渉日英申合せて/陸相、首相に諒解を求む軍制改革案で)
224013	朝鮮朝日	南鮮版	1932-06-30	1	05단	四ヶ年計劃で奏任待遇大增員初等學校長を優遇神尾總督府學務課長歸來談
224014	朝鮮朝日	南鮮版	1932-06-30	1	05단	粟五十石を筏夫に配給
224015	朝鮮朝日	南鮮版	1932-06-30	1	06단	七月中に具體案樹立農村救濟策
224016	朝鮮朝日	南鮮版	1932-06-30	1	06단	大田學議選擧當選者決定
224017	朝鮮朝日	南鮮版	1932-06-30	1	06단	農村最大の負擔教育費を輕減義教費國庫全額負擔の場合總督府で對策考究
224018	朝鮮朝日	南鮮版	1932-06-30	1	07단	慶南の學校教員一齊に昇給
224019	朝鮮朝日	南鮮版	1932-06-30	1	08단	駒田事件等の緊急質問で議場は騷然となる有耶無耶で閉會の京城府會/あっさりと滿場一致で可決水試場用地買收費三萬圓廿八日の釜山府會
224020	朝鮮朝日	南鮮版	1932-06-30	1	08단	紅魁・水蜜桃近年にない豊作
224021	朝鮮朝日	南鮮版	1932-06-30	1	09단	太合堀工事の不正事件暴露セメントを食うた食庫係道技手ら拘束さる
224022	朝鮮朝日	南鮮版	1932-06-30	1	09단	三人組の强盜侵入
224023	朝鮮朝日	南鮮版	1932-06-30	1	10단	南鮮七道の大麥收穫耕作品評會
224024	朝鮮朝日	南鮮版	1932-06-30	1	10단	巡査になり損ねて泥棒になる
224025	朝鮮朝日	南鮮版	1932-06-30	1	10단	京城の火事
224026	朝鮮朝日	南鮮版	1932-06-30	1	10단	線路方重傷
224027	朝鮮朝日	南鮮版	1932-06-30	1	10단	劇と映畫(京城大正館)
224028	朝鮮朝日	南鮮版	1932-06-30	1	10단	もよほし(本間俊平氏講演會)
224029	朝鮮朝日	南鮮版	1932-06-30	1	10단	人(總督府穗積外事課長/渡邊慶南知事)
224030	朝鮮朝日	西北版	1932-06-30	1	01단	農村最大の負擔教育費を輕減義教費國庫全額負擔の場合總督府で對策考究
224031	朝鮮朝日	西北版	1932-06-30	1	01단	農村不況に鑑み自發的に賞與減金利值下を誘致したいとて平南の金組で實施

일련번호	판명		간행일	면	단수	기사명
224032	朝鮮朝日	西北版	1932-06-30	1	01단	四ケ年計劃で奏任待遇大增員初等學校長を優遇神尾總督府學務課長歸來談
224033	朝鮮朝日	西北版	1932-06-30	1	03단	馴染の赤線警察官のアナク口服を改正
224034	朝鮮朝日	西北版	1932-06-30	1	03단	護送中船中にて萬歲を連呼し絶命凄絶を極めた通溝の激戰を語り聽かせる中西戰傷兵/二道溝奧地の匪賊掃蕩で三巡査行方不明/兵匪、主力を通化に集結 斷末魔近づく/林振靑配下輯安の匪賊北方に總退却/着のみ着のまゝの避難者四千人
224035	朝鮮朝日	西北版	1932-06-30	1	04단	殉職警官招魂祭盛大に執行
224036	朝鮮朝日	西北版	1932-06-30	1	04단	漁業組合と協力し漁業違反防止
224037	朝鮮朝日	西北版	1932-06-30	1	04단	炭友會と旭煉炭遂に決裂す
224038	朝鮮朝日	西北版	1932-06-30	1	04단	幼稚園兒留守宅を慰問兵隊さんと遊ぶ
224039	朝鮮朝日	西北版	1932-06-30	1	05단	その頃(6)/父の思ひ出を語る佐賀の亂で獄窓に十年/成當高等課長
224040	朝鮮朝日	西北版	1932-06-30	1	05단	理事官となり全北に榮轉橋爪恭一氏
224041	朝鮮朝日	西北版	1932-06-30	1	05단	犯罪の檢擧に大革新を斷行聯絡を一層緊密機敏にする特高綱充實と共に
224042	朝鮮朝日	西北版	1932-06-30	1	06단	平南から種牡牛二頭內地へ婿入り
224043	朝鮮朝日	西北版	1932-06-30	1	06단	黎明の新天地に鄕軍村を建設第一次屯墾義勇團を間島へ輝かしい開拓進軍
224044	朝鮮朝日	西北版	1932-06-30	1	07단	七月中に具體案樹立農村救濟策
224045	朝鮮朝日	西北版	1932-06-30	1	08단	安岳猪島線敷設保進運動
224046	朝鮮朝日	西北版	1932-06-30	1	08단	增築により急場を俊ぐ新築は後廻し
224047	朝鮮朝日	西北版	1932-06-30	1	08단	コレラに備へ豫防注射水上生活者に
224048	朝鮮朝日	西北版	1932-06-30	1	08단	取引停止により不支拂ひ防止取立手形不成績に鑑み平壤組合銀行で實施か
224049	朝鮮朝日	西北版	1932-06-30	1	09단	スポーツ(十四對十一平鐵優勝す/國境庭球大會)
224050	朝鮮朝日	西北版	1932-06-30	1	09단	四戶を燒く
224051	朝鮮朝日	西北版	1932-06-30	1	10단	當豪の長男蹴殺さる賭博開帳中
224052	朝鮮朝日	西北版	1932-06-30	1	10단	三人組の强盜捕はる
224053	朝鮮朝日	西北版	1932-06-30	1	10단	主人と共謀の兄弟强盜逮捕さる
224054	朝鮮朝日	西北版	1932-06-30	1	10단	もよほし(鎭南浦商工會議所議員總會)
224055	朝鮮朝日	西北版	1932-06-30	1	10단	樂禮/柳京小話

1932년 7월 (조선아사히)

일련번호	판명		간행일	면	단수	기사명
224056	朝鮮朝日	南鮮版	1932-07-01	1	01단	建設費により買收を內定價額は二十萬圓以內价川鐵道の泉洞价川間を
224057	朝鮮朝日	南鮮版	1932-07-01	1	01단	第一日目の道知事會議總督と總監の訓示
224058	朝鮮朝日	南鮮版	1932-07-01	1	01단	八十錢に値下げ斷行釜山のタクシー料金許可あり次第直ちに實施
224059	朝鮮朝日	南鮮版	1932-07-01	1	01단	請負者を獎勵工事の進捗を急ぐ
224060	朝鮮朝日	南鮮版	1932-07-01	1	01단	氷柱と金魚交換嬢に心からなる慰安
224061	朝鮮朝日	南鮮版	1932-07-01	1	02단	トーキー氾濫新舊取交ぜ短期興行うだる暑さの中で檢閱係は汗だくの多忙
224062	朝鮮朝日	南鮮版	1932-07-01	1	02단	內外ニュース(滿洲國の少女使節本社を訪問/新司令長官左近司中將二日上海着任/ローザンヌ會議獨逸が折れ危機を脫す/フーヴァ案英佛ともに絶對反對す/黨弊刷新を目標として部長級大異動)
224063	朝鮮朝日	南鮮版	1932-07-01	1	03단	十七勇士の遺骨內地へ
224064	朝鮮朝日	南鮮版	1932-07-01	1	03단	眞性コレラ營口に發生系統は天津塘沽方面總督府衛生課俄かに緊張
224065	朝鮮朝日	南鮮版	1932-07-01	1	03단	總督府辭令(東京電話)
224066	朝鮮朝日	南鮮版	1932-07-01	1	04단	もよほし(淺野育英會役員會/釜山府教育會總會)
224067	朝鮮朝日	南鮮版	1932-07-01	1	04단	邑長任命
224068	朝鮮朝日	南鮮版	1932-07-01	1	04단	退鮮記念油繪個展
224069	朝鮮朝日	南鮮版	1932-07-01	1	04단	不祥事續發で京城府廳は一般から伏魔殿視納稅成績が頗る惡い
224070	朝鮮朝日	南鮮版	1932-07-01	1	04단	總督東上中旬ごろ
224071	朝鮮朝日	南鮮版	1932-07-01	1	04단	赤痢の特效藥ほゝ完成胸部に膏藥を塗る
224072	朝鮮朝日	南鮮版	1932-07-01	1	05단	監督權問題と綱紀肅正で盛んに府當局を難詰當局府政刷新に努力を誓ふ
224073	朝鮮朝日	南鮮版	1932-07-01	1	05단	檢查品の立場は公正だと思ふ精米業者休業問題で孫慶南產業部長は語る
224074	朝鮮朝日	南鮮版	1932-07-01	1	06단	金洛俊に懲役十年
224075	朝鮮朝日	南鮮版	1932-07-01	1	06단	悲しむべき土木業者の無智談合が詐欺になるのは明白事件を語る檢事局/詐欺罪として七名を送局談合をたねの恐喝も發覺遂に鐵道局に飛火/適正價格を落札價格に土木談合事件に鑑み入札制度の缺陷を改正する
224076	朝鮮朝日	南鮮版	1932-07-01	1	07단	半島評壇(果して偏說か)
224077	朝鮮朝日	南鮮版	1932-07-01	1	07단	入場料を權、金の兩選手に贈る

일련번호	판명		간행일	면	단수	기사명
224078	朝鮮朝日	南鮮版	1932-07-01	1	07단	相寄る二つの魂悲劇『父戀し』北の果てから尋ねて來れば裁きの庭に立つ父
224079	朝鮮朝日	南鮮版	1932-07-01	1	08단	安昌浩は釋放か不起訴處分で
224080	朝鮮朝日	南鮮版	1932-07-01	1	08단	癩病豫防協會いよいよ近く設立半島から患者一掃を計劃
224081	朝鮮朝日	南鮮版	1932-07-01	1	10단	釜山署の無籍銃調査多數發見さる
224082	朝鮮朝日	南鮮版	1932-07-01	1	10단	娼妓殺しに死刑を執行
224083	朝鮮朝日	南鮮版	1932-07-01	1	10단	人(小林良三氏(故小林藤右衛門氏令弟))
224084	朝鮮朝日	西北版	1932-07-01	1	01단	昭和水利の暗礁東拓の干潟地問題遠からず解決し不參加でも認可着工に內定
224085	朝鮮朝日	西北版	1932-07-01	1	01단	第一日目の道知事會議總督と總監の訓示
224086	朝鮮朝日	西北版	1932-07-01	1	01단	二割の窮民增加一日二食主義の農村成富高等課長視察談
224087	朝鮮朝日	西北版	1932-07-01	1	01단	總督府辭令(東京電話)
224088	朝鮮朝日	西北版	1932-07-01	1	02단	平南の民風改善非常に好成績
224089	朝鮮朝日	西北版	1932-07-01	1	02단	多年の懸案木材運賃割戻し業者はこの上もない福音金額は二萬五千圓
224090	朝鮮朝日	西北版	1932-07-01	1	03단	過激な思想運動やうやく轉向胲らかな勤勞精神が培はる咸南の癌を一掃か
224091	朝鮮朝日	西北版	1932-07-01	1	03단	停貿檢疫豫防注射コレラ侵入を防止
224092	朝鮮朝日	西北版	1932-07-01	1	04단	三橋川の水泳場一日から開場
224093	朝鮮朝日	西北版	1932-07-01	1	04단	禁酒禁煙で一萬圓を貯蓄それを土台にして貿易會社を起す
224094	朝鮮朝日	西北版	1932-07-01	1	04단	建設費により買收を內定價額は二十萬圓以內价川鐵道の泉洞价川間を
224095	朝鮮朝日	西北版	1932-07-01	1	04단	運炭に革命招來麥田、平壤間の大同江改修は無煙炭業者により大福音だ是非速成を要望
224096	朝鮮朝日	西北版	1932-07-01	1	04단	滿洲協會から十萬圓を賞與す唐聚五および登鐵梅を逮捕或は殺害した者に
224097	朝鮮朝日	西北版	1932-07-01	1	05단	採金業者が有卦に入る金・金・金燦爛たる想定咸南金山の豪華版
224098	朝鮮朝日	西北版	1932-07-01	1	06단	悲しむべき土木業者の無智談合が詐欺になるのは明白事件を語る檢事局/適正價格を落札價格に土木談合事件に鑑み入札制度の缺陷を改正する/詐欺罪として七名を送局談合をたねの恐喝も發覺遂に鐵道局に飛火
224099	朝鮮朝日	西北版	1932-07-01	1	06단	スポーツ(鎭南浦勝つ)
224100	朝鮮朝日	西北版	1932-07-01	1	07단	道立平壤醫院の改築知事に懇談

일련번호	판명		간행일	면	단수	기사명
224101	朝鮮朝日	西北版	1932-07-01	1	07단	延吉に海關を圓滿に接收琿春も平穩に接收の見込
224102	朝鮮朝日	西北版	1932-07-01	1	07단	四千七百人の死活問題として國有林の伐材事業開始を道から府に懇談か
224103	朝鮮朝日	西北版	1932-07-01	1	09단	審理の促進を總督に陳情各團體から
224104	朝鮮朝日	西北版	1932-07-01	1	09단	嫉妬喧嘩で自宅に放火發覺して逮捕
224105	朝鮮朝日	西北版	1932-07-01	1	09단	二百人あれば水禍を免れる大同江防水壁成れる平壤の防水演習
224106	朝鮮朝日	西北版	1932-07-01	1	09단	洋服を盜む
224107	朝鮮朝日	西北版	1932-07-01	1	09단	挌鬪して逮捕
224108	朝鮮朝日	西北版	1932-07-01	1	09단	線路に熟睡
224109	朝鮮朝日	西北版	1932-07-01	1	10단	祕密結社事件被檢擧者七十名に上る
224110	朝鮮朝日	西北版	1932-07-01	1	10단	世界一周旅行家の無錢遊興
224111	朝鮮朝日	西北版	1932-07-01	1	10단	もよほし(第二回咸南醫學大會)
224112	朝鮮朝日	西北版	1932-07-01	1	10단	樂禮/柳京小話
224113	朝鮮朝日	南鮮版	1932-07-02	1	01단	鮮內の木材界漸く活氣づく自給自足への一步を踏出す關稅改正で値上げ
224114	朝鮮朝日	南鮮版	1932-07-02	1	01단	五十萬圓の使途を考究府民館、公會堂を新設京電の寄附を永久に記念
224115	朝鮮朝日	南鮮版	1932-07-02	1	01단	汗みどろで苦鬪を續く間島派遣部隊各地で活躍炎熱と戰ひながら
224116	朝鮮朝日	南鮮版	1932-07-02	1	01단	愛國四號機命名式大邱で擧行
224117	朝鮮朝日	南鮮版	1932-07-02	1	02단	慶南道の定期昇給卅日發表さる
224118	朝鮮朝日	南鮮版	1932-07-02	1	02단	土木談合事件の內幕十萬圓の工事に談合金四萬圓京城神宮工事にまで侵蝕發かれたその惡辣ぶり/贈收賄罪で全部を起訴駒田ほか一味十七名
224119	朝鮮朝日	南鮮版	1932-07-02	1	03단	鐵道局定期昇給
224120	朝鮮朝日	南鮮版	1932-07-02	1	03단	釜山少年團發會式十日龍頭山神社で擧行
224121	朝鮮朝日	南鮮版	1932-07-02	1	04단	京城府廳異動
224122	朝鮮朝日	南鮮版	1932-07-02	1	04단	公設水泳場
224123	朝鮮朝日	南鮮版	1932-07-02	1	04단	よく話合って圓滿に解決然し法規は枉げられない成田穀物檢査所長は語る/精米組合八工場操業を中止
224124	朝鮮朝日	南鮮版	1932-07-02	1	04단	內外ニュース(滿洲國使節東京に入る帝國ホテルへ/勅選の補充芳澤前外相任命に決定/谷アジア局長龍井から新京へ引返す/越鐵事件判決言渡し一日大審院で)

일련번호	판명		간행일	면	단수	기사명
224125	朝鮮朝日	南鮮版	1932-07-02	1	05단	聯盟調査團一行初の朝鮮入り展望車で沿道の風光を賞でつゝ一日朝京城に安着/異彩を放つ一行中の紅二點タイピストの兩孃『手に豆が』と眽かに語る
224126	朝鮮朝日	南鮮版	1932-07-02	1	05단	巡査教習所卒業式
224127	朝鮮朝日	南鮮版	1932-07-02	1	06단	商議戰線に異狀を呈す突如金氏の立候補で貧乏籤を引くは果して誰か
224128	朝鮮朝日	南鮮版	1932-07-02	1	07단	全快祝ひに雨傘を寄附
224129	朝鮮朝日	南鮮版	1932-07-02	1	08단	故告森氏に幣帛御下賜
224130	朝鮮朝日	南鮮版	1932-07-02	1	08단	殺人未遂へ求刑
224131	朝鮮朝日	南鮮版	1932-07-02	1	08단	全尙根は懲役五年
224132	朝鮮朝日	南鮮版	1932-07-02	1	08단	窮乏農村の奇抜な食料酸性の粘土で空腹を凌ぐ脱色工業の原料
224133	朝鮮朝日	南鮮版	1932-07-02	1	09단	湯山長谷川兩氏休職
224134	朝鮮朝日	南鮮版	1932-07-02	1	09단	赤の運動で四名を檢擧高普生と勞働者
224135	朝鮮朝日	南鮮版	1932-07-02	1	10단	三人組の不良少年
224136	朝鮮朝日	南鮮版	1932-07-02	1	10단	痘瘡患者三名發見
224137	朝鮮朝日	南鮮版	1932-07-02	1	10단	俄成金の夢
224138	朝鮮朝日	南鮮版	1932-07-02	1	10단	馬賊志願の家出少年取押へらる
224139	朝鮮朝日	南鮮版	1932-07-02	1	10단	轉覆電車の尹運轉手に六ヶ月求刑
224140	朝鮮朝日	南鮮版	1932-07-02	1	10단	お茶のあと
224141	朝鮮朝日	西北版	1932-07-02	1	01단	平壤と釜山が爭奪戰展開か積立金をめぐり議論百出す府廳舍改築問題で
224142	朝鮮朝日	西北版	1932-07-02	1	01단	滿洲國警察隊の目醒しい活躍密輸業者大恐慌
224143	朝鮮朝日	西北版	1932-07-02	1	01단	討匪畵報((1)太平哨における三輪警備隊長以下と徐文海(2)陳中の水浴(3)長甸河口から永甸城方面に向ふ軍用自動車、道路がないので川の中を疾走(5)銀の齒のやうな河原の石コロ道を走ったトラックのタイヤ修養に長時間を要し炎天に立徒生(5)民家の軒下に露宿する三輪部隊(腰岑子にて))
224144	朝鮮朝日	西北版	1932-07-02	1	02단	計量器取付の水道起債認可さる
224145	朝鮮朝日	西北版	1932-07-02	1	03단	採用卅名に六百名應募
224146	朝鮮朝日	西北版	1932-07-02	1	04단	東京大相撲平壤で興行
224147	朝鮮朝日	西北版	1932-07-02	1	04단	スポーツ(龍鐵對平南陸上競技三日正午から)

일련번호	판명		간행일	면	단수	기사명
224148	朝鮮朝日	西北版	1932-07-02	1	04단	白刃を閃かして敵陣に斬込む機關銃故障で悲壯な白兵戰戰傷兵北君は語る/戰傷者に見舞金滿鐵から
224149	朝鮮朝日	西北版	1932-07-02	1	05단	安東海關に飜る五色旗初夏の滿洲の曠野に
224150	朝鮮朝日	西北版	1932-07-02	1	06단	吉林からの避難民十五名京城へ
224151	朝鮮朝日	西北版	1932-07-02	1	07단	今井、加藤兩氏總領事館葬盛大に執行
224152	朝鮮朝日	西北版	1932-07-02	1	07단	人絹進出に惱まされる平南産の絹織物
224153	朝鮮朝日	西北版	1932-07-02	1	07단	鮮内の木材界漸く活氣づく自給自足への一步を踏出す關稅改正で値上げ
224154	朝鮮朝日	西北版	1932-07-02	1	08단	十七勇士の悲しい凱旋師團合同葬盛大に執行
224155	朝鮮朝日	西北版	1932-07-02	1	09단	贈收賄罪で全部を起訴駒田ほか一味十六名
224156	朝鮮朝日	西北版	1932-07-02	1	10단	女房殺しに死刑を求刑言渡しは六日
224157	朝鮮朝日	西北版	1932-07-02	1	10단	不良の根絶
224158	朝鮮朝日	西北版	1932-07-02	1	10단	樂禮/柳京小話
224159	朝鮮朝日	南鮮版	1932-07-03	1	01단	「壽齊天」の吹奏で花やかに開宴管絃樂と舞踊で旅情を慰む聯盟調査團晩餐會/調査團動靜/京城見物の調査團朝鮮色を滿喫すさかんに茶目振りを發揮しご愛嬌を振り撒く
224160	朝鮮朝日	南鮮版	1932-07-03	1	01단	聯盟調査團二日京城發東京に向ふ
224161	朝鮮朝日	南鮮版	1932-07-03	1	01단	榮冠を目指して競ひ立つ若人高鳴る胸を躍らせて半島代表の榮譽は何處へ
224162	朝鮮朝日	南鮮版	1932-07-03	1	02단	總督府辭令
224163	朝鮮朝日	南鮮版	1932-07-03	1	04단	內外ニュース(凱旋將軍室中將けふ龍山へ/滿洲國は瓦房店に新海關新設か/報告期限の延期を可決/米軍縮案に絕對不同意態度を決定/內田伯正式に外相を受諾)
224164	朝鮮朝日	南鮮版	1932-07-03	1	05단	朝鮮中部豫選前記(1)/潮流に棹さす球界の寵兒霸權を狙ふ京南軍
224165	朝鮮朝日	南鮮版	1932-07-03	1	06단	滿洲國承認を伊太利委員ほのめかす
224166	朝鮮朝日	南鮮版	1932-07-03	1	06단	道知事會議一日は休會
224167	朝鮮朝日	南鮮版	1932-07-03	1	06단	全鮮一の海水浴場を軍入浦に發見
224168	朝鮮朝日	南鮮版	1932-07-03	1	07단	急行貨物列車晴れの首途活魚水産物などを積込み幸先のよい好成績
224169	朝鮮朝日	南鮮版	1932-07-03	1	08단	狀況報告と意見の陳述道知事會議二日目
224170	朝鮮朝日	南鮮版	1932-07-03	1	08단	久し振りに上海へ出荷慶安丸釜山出港
224171	朝鮮朝日	南鮮版	1932-07-03	1	08단	釜山府廳一齊昇給

일련번호	판명		간행일	면	단수	기사명
224172	朝鮮朝日	南鮮版	1932-07-03	1	08단	土木談合事件舞台は一轉現職官吏の手入れか
224173	朝鮮朝日	南鮮版	1932-07-03	1	09단	夏を前に秋を思はす釜山地方の昨今
224174	朝鮮朝日	南鮮版	1932-07-03	1	09단	線路方墜落重傷
224175	朝鮮朝日	南鮮版	1932-07-03	1	10단	滿洲國で敦化龍井間試驗飛行
224176	朝鮮朝日	南鮮版	1932-07-03	1	10단	釜山の猩紅熱なほ蔓延傳染力が强い
224177	朝鮮朝日	南鮮版	1932-07-03	1	10단	洗面器で懲役四年
224178	朝鮮朝日	南鮮版	1932-07-03	1	10단	尹運轉手に禁錮六ヶ月
224179	朝鮮朝日	南鮮版	1932-07-03	1	10단	强盜に懲役三年
224180	朝鮮朝日	西北版	1932-07-03	1	01단	强頑な支那海關撤收に應ぜず雲行險惡を極め事務を放棄トールボット海關長苦衷を語る
224181	朝鮮朝日	西北版	1932-07-03	1	01단	市街地整備四十萬圓で愈よ本年度から着手
224182	朝鮮朝日	西北版	1932-07-03	1	01단	榮冠を目指して競ひ立つ若人高鳴る胸を躍らせて半島代表の榮響は何處へ/朝鮮中部豫選前記(1) 潮流に棹さす球界の寵兒霸權を狙ふ京南軍
224183	朝鮮朝日	西北版	1932-07-03	1	02단	滿洲國で敦化龍井間試驗飛行
224184	朝鮮朝日	西北版	1932-07-03	1	03단	戰傷四勇士龍山へ轉地
224185	朝鮮朝日	西北版	1932-07-03	1	03단	救濟工事として實施に難點を持つ等外道路で國庫補助絶望か平壤府道路の鋪裝
224186	朝鮮朝日	西北版	1932-07-03	1	04단	せつもい((上)朝鮮神宮廣場より京城府を俯瞰する國際聯盟調査團一行(下)自動車で京城驛を立ち出るリットン卿)
224187	朝鮮朝日	西北版	1932-07-03	1	04단	淸津稅關支署廳舍を改築總工費六萬九千圓で
224188	朝鮮朝日	西北版	1932-07-03	1	06단	平南鷄の聲價をあぐ産卵共進會で
224189	朝鮮朝日	西北版	1932-07-03	1	07단	妨害せば敵對行動と認む滿洲國の海關事務に安東海關監督から布告
224190	朝鮮朝日	西北版	1932-07-03	1	08단	滿浦鎭沿線の無煙炭礦區資本投下で俄然活況
224191	朝鮮朝日	西北版	1932-07-03	1	08단	モヒ患者收容所閉鎖頗る好成績で
224192	朝鮮朝日	西北版	1932-07-03	1	08단	四戶を燒く
224193	朝鮮朝日	西北版	1932-07-03	1	08단	發掘された三脚釜高麗時代のもの
224194	朝鮮朝日	西北版	1932-07-03	1	09단	水産疑獄の黑幕を起訴顏を竝べた巨頭連檢事局徹底的檢擧を期す
224195	朝鮮朝日	西北版	1932-07-03	1	09단	電線を竊取
224196	朝鮮朝日	西北版	1932-07-03	1	10단	若妻殺し第四回公判七日に開延

일련번호	판명		간행일	면	단수	기사명
224197	朝鮮朝日	西北版	1932-07-03	1	10단	樂禮/柳京小話
224198	朝鮮朝日	南鮮版	1932-07-05	1	01단	釜山精米組合の操業休止は惡化す道當局事態を重大視し場合によって調停に乘出す
224199	朝鮮朝日	南鮮版	1932-07-05	1	01단	土木入札制度の改正を斷行し談合行爲を根絶する但し競爭入札を前提として
224200	朝鮮朝日	南鮮版	1932-07-05	1	01단	色んな組合の整理を行ひ負擔の輕減に努める
224201	朝鮮朝日	南鮮版	1932-07-05	1	01단	朝鮮米の輸移出四十七萬餘石
224202	朝鮮朝日	南鮮版	1932-07-05	1	02단	消防用水の增設を計劃
224203	朝鮮朝日	南鮮版	1932-07-05	1	02단	朝鮮中部中等野球豫選(2)/攻守ともに整備された仁川南商業校チーム
224204	朝鮮朝日	南鮮版	1932-07-05	1	03단	海はまねく馬山月の浦へ
224205	朝鮮朝日	南鮮版	1932-07-05	1	04단	植付增す
224206	朝鮮朝日	南鮮版	1932-07-05	1	04단	釜山少年團の發會式豫行
224207	朝鮮朝日	南鮮版	1932-07-05	1	04단	尹飛行士鄕土訪問あす立川出發
224208	朝鮮朝日	南鮮版	1932-07-05	1	05단	日本の信念を聯盟に表明內田伯外相就任後に/聯盟調査員東京に着く/滿洲駐日代表丁氏に內定/支拂の要求に年金を主張
224209	朝鮮朝日	南鮮版	1932-07-05	1	05단	唐聚五一派の沒落近まる必死で人心を收攬す
224210	朝鮮朝日	南鮮版	1932-07-05	1	06단	京城巡回診療好評を博す
224211	朝鮮朝日	南鮮版	1932-07-05	1	06단	洛東江發電計劃出願書を本府へ慶南道より回付さるすこぶる大規模な計劃の內容
224212	朝鮮朝日	南鮮版	1932-07-05	1	07단	洛東江架橋は順調に進む
224213	朝鮮朝日	南鮮版	1932-07-05	1	07단	京城消防署長更迭大樂氏は榮轉後任は新海氏
224214	朝鮮朝日	南鮮版	1932-07-05	1	07단	愈よ新義州に國際飛行場工費三十萬圓を投じ
224215	朝鮮朝日	南鮮版	1932-07-05	1	09단	大連の虎疫を朝鮮で警戒
224216	朝鮮朝日	南鮮版	1932-07-05	1	09단	秋山府議ほか三名を留置池谷氏は赤痢で釋放
224217	朝鮮朝日	南鮮版	1932-07-05	1	09단	異色ある再建運動朝鮮共産黨の
224218	朝鮮朝日	南鮮版	1932-07-05	1	09단	掏摸團を一網打盡仁川署のため
224219	朝鮮朝日	南鮮版	1932-07-05	1	10단	一萬二千圓を拐帶逃走す
224220	朝鮮朝日	南鮮版	1932-07-05	1	10단	仁川府の痘瘡蔓延患者十名發生
224221	朝鮮朝日	南鮮版	1932-07-05	1	10단	スポーツ(朝鮮軟式野球慶南豫選會/大邱勝つ)

일련번호	판명		간행일	면	단수	기사명
224222	朝鮮朝日	南鮮版	1932-07-05	1	10단	もよほし(河本一男氏個人展)
224223	朝鮮朝日	西北版	1932-07-05	1	01단	明年の一月から二年間取引を停止不渡手形を出した時の制裁平壤の組合銀行で決定
224224	朝鮮朝日	西北版	1932-07-05	1	01단	平壤府明年度の三大新規事業水道の擴張と第三期市區改正それに府廳舍の改築
224225	朝鮮朝日	西北版	1932-07-05	1	01단	愈よ新義州に國際飛行場工費三十萬圓を投じ
224226	朝鮮朝日	西北版	1932-07-05	1	01단	鮮滿通話激增す七百八十通話
224227	朝鮮朝日	西北版	1932-07-05	1	02단	朝鮮中部中等野球豫選(２)/攻守ともに整備された仁川南商業校チーム
224228	朝鮮朝日	西北版	1932-07-05	1	03단	尹飛行士鄕土訪問あす立川出發
224229	朝鮮朝日	西北版	1932-07-05	1	04단	植付增す
224230	朝鮮朝日	西北版	1932-07-05	1	04단	宴席消費稅不認可となる
224231	朝鮮朝日	西北版	1932-07-05	1	04단	靑年血書して從軍を志願對岸の匪賊討伐を默視できないとて
224232	朝鮮朝日	西北版	1932-07-05	1	05단	馬場溫泉は株式組織で愈よ設立する
224233	朝鮮朝日	西北版	1932-07-05	1	05단	唐聚五一派の沒落近まる必死で人心を收攬す/匪賊討伐隊原隊に引揚ぐ
224234	朝鮮朝日	西北版	1932-07-05	1	06단	盤龍山公園道路奉仕的の開鑿
224235	朝鮮朝日	西北版	1932-07-05	1	06단	淸津分掌局復活か情勢の急變で
224236	朝鮮朝日	西北版	1932-07-05	1	06단	中央銀行安東支行を設置
224237	朝鮮朝日	西北版	1932-07-05	1	07단	金銀鑛發見
224238	朝鮮朝日	西北版	1932-07-05	1	07단	絹布麻布の販賣を統制
224239	朝鮮朝日	西北版	1932-07-05	1	07단	都合上中止全鮮銀行大會
224240	朝鮮朝日	西北版	1932-07-05	1	07단	滯納が多く(面職員は無給で働く)
224241	朝鮮朝日	西北版	1932-07-05	1	07단	從來に比して救護範圍を擴張願出ずとも救濟する咸南道軍事救護法取扱內規
224242	朝鮮朝日	西北版	1932-07-05	1	08단	異色ある再建運動朝鮮共産黨の
224243	朝鮮朝日	西北版	1932-07-05	1	08단	夫の遺骨を前に萬歲を三唱し悲しき凱旋を迎ふ相良憲兵伍長未亡人の實に健氣なるふるまひ
224244	朝鮮朝日	西北版	1932-07-05	1	08단	監視巡査にチップ贈與署長あきれる
224245	朝鮮朝日	西北版	1932-07-05	1	09단	西鮮にも暗影京城の土木談合事件
224246	朝鮮朝日	西北版	1932-07-05	1	09단	元山の火事
224247	朝鮮朝日	西北版	1932-07-05	1	10단	安東縣の虎疫豫防萬全を期する
224248	朝鮮朝日	西北版	1932-07-05	1	10단	金川法院長
224249	朝鮮朝日	西北版	1932-07-05	1	10단	樂禮/柳京小話

일련번호	판명		간행일	면	단수	기사명
224250	朝鮮朝日	南鮮版	1932-07-06	1	01단	百萬圓を投じて中央公園を計劃す德壽宮の拂下げを受け京電寄附金使途と本府の意向
224251	朝鮮朝日	南鮮版	1932-07-06	1	01단	京城目拔通に時局行燈を掲げ本ブラ黨の注視の的となる客足引付の新戰術
224252	朝鮮朝日	南鮮版	1932-07-06	1	01단	農村救濟の土木工事計劃慶南道の調査成る
224253	朝鮮朝日	南鮮版	1932-07-06	1	01단	精米休止解決す要求容れらる
224254	朝鮮朝日	南鮮版	1932-07-06	1	01단	平北江界の降雹の被害
224255	朝鮮朝日	南鮮版	1932-07-06	1	02단	桑皮を原料に製紙に成功
224256	朝鮮朝日	南鮮版	1932-07-06	1	02단	朝鮮中部中等野球豫選(3)/霸權を目指し猛烈な練習古剛京城中學チーム
224257	朝鮮朝日	南鮮版	1932-07-06	1	03단	義州鑛山の紛擾解決新株の割當で
224258	朝鮮朝日	南鮮版	1932-07-06	1	04단	博文寺參觀
224259	朝鮮朝日	南鮮版	1932-07-06	1	04단	牛の氣腫疽豫防注射慶南で始める
224260	朝鮮朝日	南鮮版	1932-07-06	1	04단	愛國婦人會の活動寫眞會
224261	朝鮮朝日	南鮮版	1932-07-06	1	04단	赤字に惱んで質より量へホテルの食事値下げ
224262	朝鮮朝日	南鮮版	1932-07-06	1	05단	內外ニュース(救濟金融改善案商相から提出/外相親任式/樺太廳長官に今村氏就任/一括拂ひを獨逸に觀告)
224263	朝鮮朝日	南鮮版	1932-07-06	1	05단	釜山正米市場玄米取引高
224264	朝鮮朝日	南鮮版	1932-07-06	1	05단	まづ靑色魚の嗜好を誘ひ然る後取引すべし田中貢氏の歸來談
224265	朝鮮朝日	南鮮版	1932-07-06	1	06단	更に二十三名檢事局に送らる土木業者をふるひあがらせた談合事件檢擧一段落
224266	朝鮮朝日	南鮮版	1932-07-06	1	07단	俸給を割いて戶稅を代納
224267	朝鮮朝日	南鮮版	1932-07-06	1	07단	社稷洞公園に嬰兒の死體現る女學生の不義の子か京城府民にグロ的興味をよぶ
224268	朝鮮朝日	南鮮版	1932-07-06	1	08단	自轉車盜難激增す盜難防止器を取付けさせる
224269	朝鮮朝日	南鮮版	1932-07-06	1	08단	惡德記者
224270	朝鮮朝日	南鮮版	1932-07-06	1	09단	松島海水浴場九日に開場水泳會も始まる
224271	朝鮮朝日	南鮮版	1932-07-06	1	09단	あはれ兒童と教師溺死す兒童を救助せんとし
224272	朝鮮朝日	南鮮版	1932-07-06	1	09단	水を詰たビール又詐欺に罹る
224273	朝鮮朝日	南鮮版	1932-07-06	1	10단	家計困難から盜みを働く
224274	朝鮮朝日	南鮮版	1932-07-06	1	10단	强盜の一味悉く捕まる
224275	朝鮮朝日	南鮮版	1932-07-06	1	10단	赤化を企てた靑年に判決

일련번호	판명		간행일	면	단수	기사명
224276	朝鮮朝日	南鮮版	1932-07-06	1	10단	蒙古井戸に溺死體浮く
224277	朝鮮朝日	南鮮版	1932-07-06	1	10단	軟式野球の準優勝試合
224278	朝鮮朝日	西北版	1932-07-06	1	01단	情勢變化をまち第二次增築を計劃急速の着工は望み難い目下待機中の淸津港擴張案
224279	朝鮮朝日	西北版	1932-07-06	1	01단	コレラの侵入を徹底的に防ぐ大連營口方面に蔓延安東縣の官民は一致して防疫
224280	朝鮮朝日	西北版	1932-07-06	1	01단	安東海關を完全に接收有效適切な手段にて
224281	朝鮮朝日	西北版	1932-07-06	1	01단	北鮮鰯は大不漁昨年の三分一
224282	朝鮮朝日	西北版	1932-07-06	1	02단	朝鮮中部中等野球豫選(3)/霸鮮を目指し猛烈な練習古剛京城中學チーム
224283	朝鮮朝日	西北版	1932-07-06	1	03단	高原水組の計劃進捗す
224284	朝鮮朝日	西北版	1932-07-06	1	04단	夜市撤廢を陳情
224285	朝鮮朝日	西北版	1932-07-06	1	04단	咸南警察官の武道有段者
224286	朝鮮朝日	西北版	1932-07-06	1	04단	水産傳習生が今度は敎へる番漁民に新知識を注入
224287	朝鮮朝日	西北版	1932-07-06	1	04단	斜面低空をして頻りに兵匪を爆擊さすがの大刀會匪も戰々兢々赤木飛行大尉の實戰談
224288	朝鮮朝日	西北版	1932-07-06	1	05단	安東普通校兒童が街頭に進出夜店で商業を練習
224289	朝鮮朝日	西北版	1932-07-06	1	05단	公設質屋は大繁昌深刻な不況で
224290	朝鮮朝日	西北版	1932-07-06	1	06단	計量制實施は一割の收入減一ヶ年二萬圓に相當なやみぬく平壤府
224291	朝鮮朝日	西北版	1932-07-06	1	06단	簡閱點呼の日割きまる
224292	朝鮮朝日	西北版	1932-07-06	1	06단	平北江界の降雹の被害
224293	朝鮮朝日	西北版	1932-07-06	1	07단	平壤飛行隊の勇士凱旋期二十日前後頃の模樣/戰傷兵に集る外人の慰問品平壤衛成病院から
224294	朝鮮朝日	西北版	1932-07-06	1	07단	水産疑獄事件橫斷滑走で擴大某大○の身邊は危い起訴されたもの十六名に上る
224295	朝鮮朝日	西北版	1932-07-06	1	08단	咸興商工聯合會創立の氣構へ
224296	朝鮮朝日	西北版	1932-07-06	1	08단	死體身許判る
224297	朝鮮朝日	西北版	1932-07-06	1	08단	農家收入は年每に減少平南金組聯合會調査の悲慘なこの數字
224298	朝鮮朝日	西北版	1932-07-06	1	10단	義州鑛山の紛擾解決新株の割當で
224299	朝鮮朝日	西北版	1932-07-06	1	10단	龍鐵大勝す
224300	朝鮮朝日	西北版	1932-07-06	1	10단	吳東振京城へ

일련번호	판명		간행일	면	단수	기사명
224301	朝鮮朝日	西北版	1932-07-06	1	10단	列車に刎られて慘死す
224302	朝鮮朝日	西北版	1932-07-06	1	10단	樂禮/柳京小話
224303	朝鮮朝日	南鮮版	1932-07-07	1	01단	水利組合救濟を愈よ積極的に行ひ農村救濟の一助とする結局高利債のモラをも斷行
224304	朝鮮朝日	南鮮版	1932-07-07	1	01단	鮮米移入制限に勇敢に抗爭かまづ最善の方策を講ずる方針總督府の鮮米振興策
224305	朝鮮朝日	南鮮版	1932-07-07	1	01단	武勳輝やく馬山部隊凱旋盛んな歡迎を受く
224306	朝鮮朝日	南鮮版	1932-07-07	1	01단	忠南道廳員が一千圓寄附
224307	朝鮮朝日	南鮮版	1932-07-07	1	01단	難航を續け大阪着尹公欽飛行士鄕土訪問飛行
224308	朝鮮朝日	南鮮版	1932-07-07	1	02단	釜山糞池の候補地調査
224309	朝鮮朝日	南鮮版	1932-07-07	1	02단	朝鮮中部野球豫選前記(４)/守備と對等に打擊に强い陣容新な龍中チーム
224310	朝鮮朝日	南鮮版	1932-07-07	1	03단	東萊郡に大溫室溫室園藝品を滿洲國に輸出
224311	朝鮮朝日	南鮮版	1932-07-07	1	04단	慶南道の度量衡器檢査
224312	朝鮮朝日	南鮮版	1932-07-07	1	04단	ラヂオ聽取者釜山局で調査案外に少ない
224313	朝鮮朝日	南鮮版	1932-07-07	1	04단	線路通行者が近頃激增し警笛吹鳴四千回に上る
224314	朝鮮朝日	南鮮版	1932-07-07	1	05단	內外ニュース(外支方針は絕對不變內田外相の談)
224315	朝鮮朝日	南鮮版	1932-07-07	1	05단	桑の大敵黑黃金蟲發生
224316	朝鮮朝日	南鮮版	1932-07-07	1	05단	表面だけ解決す馬山消防組の揉めごと
224317	朝鮮朝日	南鮮版	1932-07-07	1	06단	東萊溫泉の區整に着手創立總會愈よきまる
224318	朝鮮朝日	南鮮版	1932-07-07	1	06단	隣保館に理髮部窮民大助かり
224319	朝鮮朝日	南鮮版	1932-07-07	1	06단	慶南水産議員第四區選擧
224320	朝鮮朝日	南鮮版	1932-07-07	1	06단	官吏の不正を徹底的に摘發し斷じて不正を許さぬ慶北道では事務監査を行ふ
224321	朝鮮朝日	南鮮版	1932-07-07	1	07단	釜山六月中の手形交換高
224322	朝鮮朝日	南鮮版	1932-07-07	1	07단	慶南で警察官療養所設置警察協會より借金し
224323	朝鮮朝日	南鮮版	1932-07-07	1	08단	採鹽高增す
224324	朝鮮朝日	南鮮版	1932-07-07	1	08단	釜山の濃霧汽船發着遲る
224325	朝鮮朝日	南鮮版	1932-07-07	1	08단	匪賊三道溝の襲擊を企つ
224326	朝鮮朝日	南鮮版	1932-07-07	1	08단	兇器を揮って金品を强奪大膽な少年掏摸三名

일련번호	판명		간행일	면	단수	기사명
224327	朝鮮朝日	南鮮版	1932-07-07	1	09단	姜訓導の殉職眞相溺れた兩生徒のために溺死
224328	朝鮮朝日	南鮮版	1932-07-07	1	09단	嘉村少將を通じ軍人を志願す兄の戰死に發憤し近頃稀に見る健氣な靑年
224329	朝鮮朝日	南鮮版	1932-07-07	1	09단	四人組强盜
224330	朝鮮朝日	南鮮版	1932-07-07	1	10단	電車轉覆の運轉手控訴
224331	朝鮮朝日	南鮮版	1932-07-07	1	10단	慶應商工部生無錢で旅行
224332	朝鮮朝日	南鮮版	1932-07-07	1	10단	フクロク側つひに勝つ
224333	朝鮮朝日	南鮮版	1932-07-07	1	10단	大田高女試食會
224334	朝鮮朝日	南鮮版	1932-07-07	1	10단	事務監査
224335	朝鮮朝日	南鮮版	1932-07-07	1	10단	人(吉村傳氏(晉州邑長)/桂登利藏氏(蔚山邑長))
224336	朝鮮朝日	西北版	1932-07-07	1	01단	水利組合救濟を愈よ積極的に行ひ農村救濟の一助とする結局高利債のモラをも斷行
224337	朝鮮朝日	西北版	1932-07-07	1	01단	鮮米移入制限に勇敢に抗爭かまづ最善の方策を講ずる方針總督府の鮮米振興策
224338	朝鮮朝日	西北版	1932-07-07	1	01단	佐世保、元山間往復大飛行海軍機十六機が參加
224339	朝鮮朝日	西北版	1932-07-07	1	01단	難航を續け大阪着尹公欽飛行士鄕土訪問飛行
224340	朝鮮朝日	西北版	1932-07-07	1	01단	第十回朝鮮敎育會總會
224341	朝鮮朝日	西北版	1932-07-07	1	02단	マラリヤ病の撲滅打合會
224342	朝鮮朝日	西北版	1932-07-07	1	02단	朝鮮中部野球豫選前記(４)/守備と對等に打擊に强い陣容新な龍中チーム
224343	朝鮮朝日	西北版	1932-07-07	1	03단	咸興公設運動場存外早く實現
224344	朝鮮朝日	西北版	1932-07-07	1	04단	慶南道の度量衡器檢査
224345	朝鮮朝日	西北版	1932-07-07	1	04단	平北穀物協會協議會開催
224346	朝鮮朝日	西北版	1932-07-07	1	04단	平北六月末の稻作々付
224347	朝鮮朝日	西北版	1932-07-07	1	04단	平壤の二校に作業室新設
224348	朝鮮朝日	西北版	1932-07-07	1	04단	弓道競技會
224349	朝鮮朝日	西北版	1932-07-07	1	04단	穀檢出張所の設置に反對支所の設置を希望す
224350	朝鮮朝日	西北版	1932-07-07	1	05단	派遣憲兵に慰問品贈呈
224351	朝鮮朝日	西北版	1932-07-07	1	05단	單一組合の成立迄傍觀栗檢査近く實施
224352	朝鮮朝日	西北版	1932-07-07	1	05단	學校新設など痴人の夢に等し不況は深刻、戶稅附加金は增加行惱む一面一校主義/寄附金減額と建築費節約一面一校主義の對策

일련번호	판명		간행일	면	단수	기사명
224353	朝鮮朝日	西北版	1932-07-07	1	06단	理窟に勝って喧嘩に負く細民小屋に惱まさる
224354	朝鮮朝日	西北版	1932-07-07	1	06단	コレラ豫防
224355	朝鮮朝日	西北版	1932-07-07	1	07단	學校關係の豫算を內申
224356	朝鮮朝日	西北版	1932-07-07	1	07단	平壤の水道は頗る心細い何よりも節水は肝要
224357	朝鮮朝日	西北版	1932-07-07	1	08단	嘉村少尉を通じ軍人を志願す兄の戰死に發憤し近頃稀に見る健氣な靑年
224358	朝鮮朝日	西北版	1932-07-07	1	08단	匪賊三道溝の襲擊を企つ
224359	朝鮮朝日	西北版	1932-07-07	1	08단	徐文海軍は灣溝を占領
224360	朝鮮朝日	西北版	1932-07-07	1	08단	ピストル强盗一味捕はる內鮮人より成る兇賊
224361	朝鮮朝日	西北版	1932-07-07	1	09단	取引停止に反對論出る
224362	朝鮮朝日	西北版	1932-07-07	1	09단	多數支那人が我軍を慰問
224363	朝鮮朝日	西北版	1932-07-07	1	09단	僧侶を裝ひ詐欺を働く
224364	朝鮮朝日	西北版	1932-07-07	1	09단	遭難者の慰靈祭平壤騷擾事件一周年に當り
224365	朝鮮朝日	西北版	1932-07-07	1	10단	面長の印鑑と公文書僞造
224366	朝鮮朝日	西北版	1932-07-07	1	10단	牛を竊取
224367	朝鮮朝日	西北版	1932-07-07	1	10단	一箇月の間に火災十三件
224368	朝鮮朝日	西北版	1932-07-07	1	10단	樂禮/柳京小話
224369	朝鮮朝日	南鮮版	1932-07-08	1	01단	多數の匪賊を向ふに廻し奮戰遂に敵卅五名を倒すーもって十に當る自衛團
224370	朝鮮朝日	南鮮版	1932-07-08	1	01단	內鮮直通電話の開設準備進み愈よ近く中繼所の建築に着手敷地の買收もきまる
224371	朝鮮朝日	南鮮版	1932-07-08	1	01단	會頭は香椎氏副會頭は？釜山會議所役員選擧
224372	朝鮮朝日	南鮮版	1932-07-08	1	01단	朝鮮中部野球豫選前記(５)/批評以上に强味を加へたダークホース京師
224373	朝鮮朝日	南鮮版	1932-07-08	1	02단	奏任校長の資格者調べ
224374	朝鮮朝日	南鮮版	1932-07-08	1	03단	都市對抗野球第二次豫選
224375	朝鮮朝日	南鮮版	1932-07-08	1	04단	霧のため聯絡船立往生
224376	朝鮮朝日	南鮮版	1932-07-08	1	04단	慶北各地に浮塵子發生
224377	朝鮮朝日	南鮮版	1932-07-08	1	04단	母戀しさに無錢旅行釜山で捕った可哀想な少年
224378	朝鮮朝日	南鮮版	1932-07-08	1	04단	農村の不況で酒の密造殖える罰金は二萬圓に上り最近に至り一擧四百件檢擧

일련번호	판명		간행일	면	단수	기사명
224379	朝鮮朝日	南鮮版	1932-07-08	1	05단	內外ニュース(新外相就任で支那に衝動/聯盟調査員外相を訪問/獨逸の年金案遂に引込む/オリンピック選手米國着)
224380	朝鮮朝日	南鮮版	1932-07-08	1	05단	老婆を襲って強盗を働く
224381	朝鮮朝日	南鮮版	1932-07-08	1	05단	街路の放尿を嚴重取締る
224382	朝鮮朝日	南鮮版	1932-07-08	1	06단	京城府の豪雨被害相當數に上る
224383	朝鮮朝日	南鮮版	1932-07-08	1	06단	全鮮赤化を計った一味の豫審終結有罪と決って公判へ朝鮮共産黨ソウル系の十二名/同志の獲得に奔走中捕る彼等一味の活躍ぶり/三名の赤い女二名起訴猶豫
224384	朝鮮朝日	南鮮版	1932-07-08	1	08단	豪雨で列車の運轉を妨ぐ
224385	朝鮮朝日	南鮮版	1932-07-08	1	09단	四人組強盗の餘罪發覺す
224386	朝鮮朝日	南鮮版	1932-07-08	1	09단	釣錢詐欺舊同僚に捕る
224387	朝鮮朝日	南鮮版	1932-07-08	1	09단	慶北各地に黃金の雨降る大邱附近は雨不足
224388	朝鮮朝日	南鮮版	1932-07-08	1	10단	談合事件本筋へ司直の手は那邊に迄及ぶか/談合事件で三名送局す/十三名だけ歸宅許さる
224389	朝鮮朝日	南鮮版	1932-07-08	1	10단	飛行機大破し尹君負傷す
224390	朝鮮朝日	南鮮版	1932-07-08	1	10단	自動車に刎られて重傷
224391	朝鮮朝日	西北版	1932-07-08	1	01단	多數の匪賊を向ふに廻し奮戰遂に敵卅五名を倒すーもって十に當る自衛團
224392	朝鮮朝日	西北版	1932-07-08	1	01단	高梁繁茂期で安奉線を警戒すまたもや匪賊襲來し皇軍の爲にいづれも擊退さる/對岸の匪賊に歸順を勸告姜鴨江討匪司令から/討伐隊に陣中文庫慰問の爲贈る
224393	朝鮮朝日	西北版	1932-07-08	1	01단	朝鮮中部野球豫選前記(5)/批評以上に強味を加へたダークホース京師
224394	朝鮮朝日	西北版	1932-07-08	1	03단	貧困者のため戶稅を代納
224395	朝鮮朝日	西北版	1932-07-08	1	03단	邊路通行防止デー
224396	朝鮮朝日	西北版	1932-07-08	1	04단	水田養鯉を獎勵
224397	朝鮮朝日	西北版	1932-07-08	1	04단	平壤義勇消防副組頭任命
224398	朝鮮朝日	西北版	1932-07-08	1	04단	宴席消費稅の不認可から元山府會招集
224399	朝鮮朝日	西北版	1932-07-08	1	04단	遞信局辭令
224400	朝鮮朝日	西北版	1932-07-08	1	05단	梅雨晴れのやうにほがらかに解決新五色旗はへんぽんと飜へる接收終へた安東海關
224401	朝鮮朝日	西北版	1932-07-08	1	06단	愈よこれから本格的活動北鮮水産大疑獄事件
224402	朝鮮朝日	西北版	1932-07-08	1	07단	蛤養殖計劃

일련번호	판명		간행일	면	단수	기사명
224403	朝鮮朝日	西北版	1932-07-08	1	08단	愛婦支部役員傷病兵慰問
224404	朝鮮朝日	西北版	1932-07-08	1	08단	咸南道廳の敷地を狙ふ咸興高女と公園の二つ
224405	朝鮮朝日	西北版	1932-07-08	1	08단	鮮支人衝突の一周年法要
224406	朝鮮朝日	西北版	1932-07-08	1	08단	護衛巡査狙撃さる便衣隊のため
224407	朝鮮朝日	西北版	1932-07-08	1	09단	雄基電氣の料金を改訂
224408	朝鮮朝日	西北版	1932-07-08	1	09단	若妻殺し事件渡邊の公判
224409	朝鮮朝日	西北版	1932-07-08	1	09단	鄕土訪問機廣島で墜落尹飛行士輕傷を負ふ
224410	朝鮮朝日	西北版	1932-07-08	1	10단	自轉車旅行の印度人來鮮
224411	朝鮮朝日	西北版	1932-07-08	1	10단	文書燒却事件豫審に回付
224412	朝鮮朝日	西北版	1932-07-08	1	10단	居直り强盜
224413	朝鮮朝日	西北版	1932-07-08	1	10단	平壤府內に赤痢續發す
224414	朝鮮朝日	南鮮版	1932-07-09	1	01단	不況を一蹴して淸津の移出入激增黎明の開幕に躍り出た北鮮景氣を埠頭からながむ
224415	朝鮮朝日	南鮮版	1932-07-09	1	01단	年末の繁忙期に間に合はせる下關側の工事進捗す內鮮聯絡の海底電話線工事
224416	朝鮮朝日	南鮮版	1932-07-09	1	01단	向ふ卅五年の繼續を許可京城電氣會社に對し
224417	朝鮮朝日	南鮮版	1932-07-09	1	01단	雄圖空し尹機墜落大破
224418	朝鮮朝日	南鮮版	1932-07-09	1	03단	釜山府營市場六月の賣揚
224419	朝鮮朝日	南鮮版	1932-07-09	1	03단	いりこ釜の改良試驗今年も慶南で續行する
224420	朝鮮朝日	南鮮版	1932-07-09	1	04단	宇垣總督は十日に東上
224421	朝鮮朝日	南鮮版	1932-07-09	1	04단	傳染病豫防のポスターを慶南道が配布
224422	朝鮮朝日	南鮮版	1932-07-09	1	04단	愛國少年團晴れの發會式
224423	朝鮮朝日	南鮮版	1932-07-09	1	04단	線路工夫八名人質に拉致され現金廿萬元を要求す鷄冠山附近に又も匪賊現はる
224424	朝鮮朝日	南鮮版	1932-07-09	1	04단	鯖味付鑵詰の初注文來る滿洲國より釜山へ
224425	朝鮮朝日	南鮮版	1932-07-09	1	04단	仁川最近の失業者調べ
224426	朝鮮朝日	南鮮版	1932-07-09	1	05단	內外ニュース(ボ氏は軍縮の英國案發表/賠償會議は近く大團圓/樺太廳長官の罷免を辯明/大阪市の浸水二萬に上る)
224427	朝鮮朝日	南鮮版	1932-07-09	1	05단	車掌さんから旅客に注意釜山要塞地帶を
224428	朝鮮朝日	南鮮版	1932-07-09	1	05단	道立醫專なら自信がある金慶北知事の歸來談
224429	朝鮮朝日	南鮮版	1932-07-09	1	05단	釜山小學校の夏季水泳會期日決定す

일련번호	판명		간행일	면	단수	기사명
224430	朝鮮朝日	南鮮版	1932-07-09	1	06단	自動車料金値下げ馬山府内は七十錢で乗せる
224431	朝鮮朝日	南鮮版	1932-07-09	1	07단	遊園地を造りバスを延長大邱府の腹愈よ決る
224432	朝鮮朝日	南鮮版	1932-07-09	1	07단	室將軍の歡迎會馬山で開催す
224433	朝鮮朝日	南鮮版	1932-07-09	1	07단	反濱崎系の策動が表面化せんとし結局一騷動免れ難い大邱取引所副理事長選擧問題
224434	朝鮮朝日	南鮮版	1932-07-09	1	07단	勞資親善の珍しい理想鄕從業員は感恩生活を送る感南道の利原鑛山
224435	朝鮮朝日	南鮮版	1932-07-09	1	08단	釜山署管内交通事故死傷七十五名
224436	朝鮮朝日	南鮮版	1932-07-09	1	08단	土木談合事件送局者は八十名さらに二名送局さる/談合事件の四名を起訴
224437	朝鮮朝日	南鮮版	1932-07-09	1	09단	野菜舟轉覆し二名溺死す
224438	朝鮮朝日	南鮮版	1932-07-09	1	09단	十五の人妻が子供を殺す
224439	朝鮮朝日	南鮮版	1932-07-09	1	09단	暴動關係囚を假出獄さす
224440	朝鮮朝日	南鮮版	1932-07-09	1	10단	山間部にも慈雨いたり田植殆ど完了
224441	朝鮮朝日	南鮮版	1932-07-09	1	10단	慶北の豪雨自動車杜絶す
224442	朝鮮朝日	南鮮版	1932-07-09	1	10단	スポーツ(醫專對全釜山戰/富平町勝つ)
224443	朝鮮朝日	南鮮版	1932-07-09	1	10단	もよほし(馬山高女圖畫習字成績展/畜産講習會)
224444	朝鮮朝日	西北版	1932-07-09	1	01단	不況を一蹴して淸津の移出入激增黎明の開幕に躍り出た北鮮景氣を埠頭からながむ
224445	朝鮮朝日	西北版	1932-07-09	1	01단	國有林を貸して熟田たらしめ讓渡して定着させる咸南道火田民整理案を練る
224446	朝鮮朝日	西北版	1932-07-09	1	01단	醫學講習所の昇格は近い昭和水組も近く實現藤原知事のお土産話
224447	朝鮮朝日	西北版	1932-07-09	1	01단	雄圖空し尹機墜落大破
224448	朝鮮朝日	西北版	1932-07-09	1	03단	繭價協定を變更す絲價が稍上向になったため
224449	朝鮮朝日	西北版	1932-07-09	1	04단	局長から金一封
224450	朝鮮朝日	西北版	1932-07-09	1	04단	教育會總會へ平南の提案
224451	朝鮮朝日	西北版	1932-07-09	1	04단	明倫女普校の運動場擴張
224452	朝鮮朝日	西北版	1932-07-09	1	04단	事情を述べてお願ひした談合事件釋放につき福島莊平氏の歸來談
224453	朝鮮朝日	西北版	1932-07-09	1	04단	お〻死の恐怖人里遠き山で無殘に毆り殺す百圓紙幣で足がつき謎の殺人事件つひに解決す

일련번호	판명		간행일	면	단수	기사명
224454	朝鮮朝日	西北版	1932-07-09	1	05단	平南に卅五の模範部落を指定綜合的の指導を行ふ
224455	朝鮮朝日	西北版	1932-07-09	1	05단	『銀行の態度は實に不遜極まる』制裁なる文字に對し平壤の商工業者極度に憤慨す
224456	朝鮮朝日	西北版	1932-07-09	1	06단	夏季講習會
224457	朝鮮朝日	西北版	1932-07-09	1	06단	自動車轉覆死傷四名を出す
224458	朝鮮朝日	西北版	1932-07-09	1	06단	全鮮參與官の意見を集めて農村の救濟に關する最後案を樹立する
224459	朝鮮朝日	西北版	1932-07-09	1	07단	クリソフ
224460	朝鮮朝日	西北版	1932-07-09	1	07단	腹チフス豫防注射
224461	朝鮮朝日	西北版	1932-07-09	1	07단	靑少年の思想善導講習會咸南道定平郡で催す
224462	朝鮮朝日	西北版	1932-07-09	1	08단	勞資親善の珍しい理想鄉從業員は感恩生活を送る感南道の利原鑛山
224463	朝鮮朝日	西北版	1932-07-09	1	09단	暴動關係囚を假出獄さす
224464	朝鮮朝日	西北版	1932-07-09	1	09단	坑夫慘死す
224465	朝鮮朝日	西北版	1932-07-09	1	10단	妻毒殺に對し死刑を判決
224466	朝鮮朝日	西北版	1932-07-09	1	10단	スポーツ(明大野球部遠征/全關東對全平壤庭球戰)
224467	朝鮮朝日	西北版	1932-07-09	1	10단	もよほし(馬山高女圖畵習字成績展)
224468	朝鮮朝日	西北版	1932-07-09	1	10단	樂禮/柳京小話
224469	朝鮮朝日	南鮮版	1932-07-10	1	01단	日銀兌換券統一實現至難と觀らる鮮內經濟界におよぼす影響はあまりに大なるため
224470	朝鮮朝日	南鮮版	1932-07-10	1	01단	新設の農林局は八月頃生れる初代局長は渡邊氏か知事、部長級の異動も行はれる
224471	朝鮮朝日	南鮮版	1932-07-10	1	01단	朝鮮號第四機命名式決る廿四日大邱において
224472	朝鮮朝日	南鮮版	1932-07-10	1	02단	全鮮の參加校三十五校に上り地方の強豪を網羅す全國中等野球朝鮮第一次豫選/中等野球朝鮮中部豫選(6) 元氣にみちた善隣商業チームその奮闘を期待さる
224473	朝鮮朝日	南鮮版	1932-07-10	1	03단	水組救濟を諮問す東拓と殖銀に
224474	朝鮮朝日	南鮮版	1932-07-10	1	03단	警察部長會議
224475	朝鮮朝日	南鮮版	1932-07-10	1	04단	宇垣總督
224476	朝鮮朝日	南鮮版	1932-07-10	1	04단	安東奉天間のスピードアップ鐵道局が滿鐵に交涉
224477	朝鮮朝日	南鮮版	1932-07-10	1	04단	火保新料率を漸進的解決

일련번호	판명		간행일	면	단수	기사명
224478	朝鮮朝日	南鮮版	1932-07-10	1	05단	百萬圓を寄附す京城電氣から京城府へ
224479	朝鮮朝日	南鮮版	1932-07-10	1	05단	永川郡廳舍建築に着手
224480	朝鮮朝日	南鮮版	1932-07-10	1	05단	窮民を救濟
224481	朝鮮朝日	南鮮版	1932-07-10	1	05단	漁村の救濟に低資を融通慶南道が本府に申請
224482	朝鮮朝日	南鮮版	1932-07-10	1	06단	內外ニュース(矢野代理公使上海行延期/殘るはたゞ陸相の回答滿鐵總裁問題/調査團陸相を訪問/戰債支拂ひ將來の問題/招請國調印をなす/我國選手一行羅市に向ふ/日本一健康兒お祝ひの會)
224483	朝鮮朝日	南鮮版	1932-07-10	1	06단	釜山下關間の海底線切斷
224484	朝鮮朝日	南鮮版	1932-07-10	1	06단	土地を賣却しても借金が拂はれぬ井上府尹八方奔走す廳舍新築費償還に惱む京城府
224485	朝鮮朝日	南鮮版	1932-07-10	1	07단	京城府有地の公賣を行ふ
224486	朝鮮朝日	南鮮版	1932-07-10	1	08단	警官の服裝を愈よ改める
224487	朝鮮朝日	南鮮版	1932-07-10	1	08단	父を尋ねて釜山へ哀れな母子漸くたどりつく
224488	朝鮮朝日	南鮮版	1932-07-10	1	09단	四十萬圓事件一味に求刑酒と女をめぐる犯罪
224489	朝鮮朝日	南鮮版	1932-07-10	1	10단	大田の鈴木氏留置さる談合事件つひに大田に飛火/湯山精一氏に歸宅を許す
224490	朝鮮朝日	南鮮版	1932-07-10	1	10단	文治派巨頭を愈近く送局
224491	朝鮮朝日	南鮮版	1932-07-10	1	10단	不義の子を殺害す不埒なる人妻
224492	朝鮮朝日	西北版	1932-07-10	1	01단	日銀兌換券統一實現至難と觀らる鮮內經濟界におよぼす影響はあまりに大なるため
224493	朝鮮朝日	西北版	1932-07-10	1	01단	新設の農林局は八月頃生れる初代局長は渡邊氏か知事、部長級の異動も行はれる
224494	朝鮮朝日	西北版	1932-07-10	1	01단	國境警察官の增員を熱望避難民が鳴らす巨鐘
224495	朝鮮朝日	西北版	1932-07-10	1	02단	全鮮の參加校三十五校に上り地方の强豪を綱羅す全國中等野球朝鮮第一次豫選/中等野球朝鮮中部豫選(6)　元氣にみちた善隣商業チームその奮鬪を期待さる
224496	朝鮮朝日	西北版	1932-07-10	1	03단	組合費橫領で前途に暗影南浦果物組合
224497	朝鮮朝日	西北版	1932-07-10	1	04단	宇垣總督
224498	朝鮮朝日	西北版	1932-07-10	1	04단	帽兒山市民が皇軍に感謝

일련번호	판명		간행일	면	단수	기사명
224499	朝鮮朝日	西北版	1932-07-10	1	04단	相變らず就職地獄平壤職紹に現れた慘な數字
224500	朝鮮朝日	西北版	1932-07-10	1	04단	鍬を投げ棄て沙金取に早變り當局は斷壓も下せずその取締にホトホト弱り果つ
224501	朝鮮朝日	西北版	1932-07-10	1	05단	有利な松茸の人工栽培を獎勵尖端的な食慾に迎合
224502	朝鮮朝日	西北版	1932-07-10	1	06단	海水浴時期に珍しい霜害
224503	朝鮮朝日	西北版	1932-07-10	1	06단	愛國機朝鮮號四號機來壞
224504	朝鮮朝日	西北版	1932-07-10	1	07단	一箇年間の準備を希望取締規則の適用につき平壤栗業者の意見
224505	朝鮮朝日	西北版	1932-07-10	1	07단	新券番計劃で妓生が大狼狽し連署して反對を陳情平壤箕城券番の妓生結束す
224506	朝鮮朝日	西北版	1932-07-10	1	08단	飛行隊滿期兵無事凱旋す
224507	朝鮮朝日	西北版	1932-07-10	1	08단	平南に慈雨
224508	朝鮮朝日	西北版	1932-07-10	1	09단	死刑から無罪へ强盗殺人事件
224509	朝鮮朝日	西北版	1932-07-10	1	09단	平和的方法で人質を救ふ家族の悲嘆淚を誘ふ
224510	朝鮮朝日	西北版	1932-07-10	1	09단	大同警察署が增築を計劃
224511	朝鮮朝日	西北版	1932-07-10		09단	釜洞警察分署匪賊に襲擊され死傷者十一名を出す/支那人土工匪賊に投ず/匪賊約三百物資を掠奪
224512	朝鮮朝日	西北版	1932-07-10	1	10단	樂浪古墳に畫材を漁る
224513	朝鮮朝日	南鮮版	1932-07-12	1	01단	實際に卽した救濟案を樹立する經費は結局五十萬圓內外か土木事業は別に立案
224514	朝鮮朝日	南鮮版	1932-07-12	1	01단	日本一の大國旗勇ましく飄る南山の頂上で晴れの揭揚式四里四方から見える
224515	朝鮮朝日	南鮮版	1932-07-12	1	01단	上京を前にして官民合同の大懇談會有力者を招いて重要案件につき協議
224516	朝鮮朝日	南鮮版	1932-07-12	1	03단	上蓮坪襲擊の匪賊を擊退なほ警戒中
224517	朝鮮朝日	南鮮版	1932-07-12	1	04단	椎茸栽培好望
224518	朝鮮朝日	南鮮版	1932-07-12	1	04단	若く美しい女性の一群が劇を通じて日滿親善を實現する滿洲國元首訪問の女答禮使
224519	朝鮮朝日	南鮮版	1932-07-12	1	04단	京城電氣の寄附金割當額決る
224520	朝鮮朝日	南鮮版	1932-07-12	1	04단	利率のよい朝鮮に內地から郵貯
224521	朝鮮朝日	南鮮版	1932-07-12	1	05단	內外ニュース(四頭政治が決定する迄滿鐵總裁は空位/平和義勇團滿洲へ出發す/滿洲國訪問の學生機出發/滿洲少女使節歸國の途に着く)
224522	朝鮮朝日	南鮮版	1932-07-12	1	05단	殉職警官招魂祭盛大に擧行

일련번호	판명		간행일	면	단수	기사명
224523	朝鮮朝日	南鮮版	1932-07-12	1	05단	米穀統制案に絶對に反對す朝鮮の産業界に惡影響ある宇垣總督にも陳情
224524	朝鮮朝日	南鮮版	1932-07-12	1	06단	大いそぎで編成される臨時議會後各課の要求をまち總督府明年度豫算
224525	朝鮮朝日	南鮮版	1932-07-12	1	07단	兒童三萬にラヂオ體操健康を增進
224526	朝鮮朝日	南鮮版	1932-07-12	1	08단	佐世保元山間往復飛行
224527	朝鮮朝日	南鮮版	1932-07-12	1	08단	滿洲國の官吏へ遞信局から轉出
224528	朝鮮朝日	南鮮版	1932-07-12	1	08단	國境農作物の密輸を取締る收穫の原狀をとゞめない農作物に對し課稅
224529	朝鮮朝日	南鮮版	1932-07-12	1	08단	鐵橋爆破一味の身柄西大門刑務所に收容
224530	朝鮮朝日	南鮮版	1932-07-12	1	08단	慶南の傳染病患者發生數昨年より增加す
224531	朝鮮朝日	南鮮版	1932-07-12	1	09단	チフス猖獗無料で注射
224532	朝鮮朝日	南鮮版	1932-07-12	1	09단	釜山草梁の放火被告二審でも無罪
224533	朝鮮朝日	南鮮版	1932-07-12	1	09단	簡保加入者を局員と詐り騙りまはる
224534	朝鮮朝日	南鮮版	1932-07-12	1	09단	上告棄却の判決言渡し談合行爲は矢っ張り詐欺全州土木事件結審
224535	朝鮮朝日	南鮮版	1932-07-12	1	10단	國境からのコレラ防止豫防注射强制
224536	朝鮮朝日	南鮮版	1932-07-12	1	10단	點呼美談病を押して應召
224537	朝鮮朝日	南鮮版	1932-07-12	1	10단	咽喉を斬る
224538	朝鮮朝日	南鮮版	1932-07-12	1	10단	元山水電繼續經營八日付許可
224539	朝鮮朝日	西北版	1932-07-12	1	01단	實際に卽した救濟案を樹立する經費は結局五十萬圓內外か土木事業は別に立案
224540	朝鮮朝日	西北版	1932-07-12	1	01단	歸順すると見せて逆襲輯安城の激戰を語る重傷を負うた河野少尉/臨江の匪賊潰走す我軍の猛撃で/匪賊の跳梁で東邊一帶の移住朝鮮人續々避難す着のみ着のまゝで/名譽の六勇士平壤で後送/重傷二名戰死五名帽兒山の戰で/平壤の簡閱點呼極めて好成績
224541	朝鮮朝日	西北版	1932-07-12	1	04단	平壤○○隊十三日凱旋
224542	朝鮮朝日	西北版	1932-07-12	1	04단	樂浪高勾麗の文化の殿堂平壤博物館近く着工
224543	朝鮮朝日	西北版	1932-07-12	1	05단	若く美しい女性の一群が劇を通じて日滿親善を實現する滿洲國元首訪問の女答禮使
224544	朝鮮朝日	西北版	1932-07-12	1	05단	茂山對岸の南坪に匪賊が襲來し拂曉の大激戰
224545	朝鮮朝日	西北版	1932-07-12	1	06단	城津局長に榮轉の鈴木氏語る
224546	朝鮮朝日	西北版	1932-07-12	1	06단	丹靑の色いとも鮮やかな壁畵小場講師が模寫

일련번호	판명		간행일	면	단수	기사명
224547	朝鮮朝日	西北版	1932-07-12	1	06단	券番を妓生の容喙から切離すそれのみが妓生情國を淨化箕城券番の株式組織問題
224548	朝鮮朝日	西北版	1932-07-12	1	07단	バス出願を近日中許可
224549	朝鮮朝日	西北版	1932-07-12	1	07단	談合の災禍で大金を抱へ始末に困り淸鐵悲鳴
224550	朝鮮朝日	西北版	1932-07-12	1	08단	明年度から着工に決定平壤府廳舍の改築十二萬圓の積立金を使用
224551	朝鮮朝日	西北版	1932-07-12	1	09단	看護兵除隊
224552	朝鮮朝日	西北版	1932-07-12	1	09단	成績のよい咸北の植付平均八割二分
224553	朝鮮朝日	西北版	1932-07-12	1	09단	水産疑獄の送局者廿名二萬六千圓の空券詐欺詐欺背任の嫌疑で
224554	朝鮮朝日	西北版	1932-07-12	1	10단	咸南の植付殆んど終る
224555	朝鮮朝日	西北版	1932-07-12	1	10단	川上家政學園の認可
224556	朝鮮朝日	西北版	1932-07-12	1	10단	嫁入り前の常識講座安東高女で夏季講習會
224557	朝鮮朝日	西北版	1932-07-12	1	10단	土地賣却の見込がつき箕林里電車複線解決か
224558	朝鮮朝日	西北版	1932-07-12	1	10단	貨物吸收で割引を行ひ割引券も發行
224559	朝鮮朝日	南鮮版	1932-07-13	1	01단	自作農創定資金百二十萬圓を簡保積立金から融通を受けまづ二千戶を創定
224560	朝鮮朝日	南鮮版	1932-07-13	1	01단	鮮米移入制限絶對反對の猛運動米穀統制對策協議會で
224561	朝鮮朝日	南鮮版	1932-07-13	1	01단	鮮産品のみで奉天で見本市滿洲へ大々的に進出
224562	朝鮮朝日	南鮮版	1932-07-13	1	01단	最終日の警察部長會議
224563	朝鮮朝日	南鮮版	1932-07-13	1	01단	相當廣範圍の司法官異動
224564	朝鮮朝日	南鮮版	1932-07-13	1	02단	宇垣總督東上
224565	朝鮮朝日	南鮮版	1932-07-13	1	02단	赤十字社第三救護班解散式擧行
224566	朝鮮朝日	南鮮版	1932-07-13	1	02단	朝鮮南部野球豫選前記(1)/參加八ナイン群雄竝び立つ炎暑のもとで物凄い猛練習
224567	朝鮮朝日	南鮮版	1932-07-13	1	03단	同民會の夏季大學
224568	朝鮮朝日	南鮮版	1932-07-13	1	03단	農村施設の劃期的會議內務・産業合同部長會議重大案件を打合す
224569	朝鮮朝日	南鮮版	1932-07-13	1	04단	內外ニュース(李鍵公妃殿下御着帶式/滿鐵總裁は首相に一任/官使身分保障案閣議に提出/聯盟調査團外相を訪問)
224570	朝鮮朝日	南鮮版	1932-07-13	1	04단	左官、建具商八百名から陳情書提出

일련번호	판명		간행일	면	단수	기사명
224571	朝鮮朝日	南鮮版	1932-07-13	1	04단	盆を越せない貧困者に供物を配布
224572	朝鮮朝日	南鮮版	1932-07-13	1	04단	學校費を增徵し入學難を緩和公立普校に試驗地獄再現す農村では募集に大童
224573	朝鮮朝日	南鮮版	1932-07-13	1	05단	義州鑛山の實權三井へ相當の投資をなし積極的營業方針を立つ
224574	朝鮮朝日	南鮮版	1932-07-13	1	06단	副理事長後任をめぐり紛糾
224575	朝鮮朝日	南鮮版	1932-07-13	1	06단	婦人の力を消費から生産へ急角度に轉向せしむ講習會の機會均等により
224576	朝鮮朝日	南鮮版	1932-07-13	1	07단	有資格者は全鮮で一千名突破か
224577	朝鮮朝日	南鮮版	1932-07-13	1	07단	慶南水試の敷地買收契約成立近く建設に着手
224578	朝鮮朝日	南鮮版	1932-07-13	1	07단	滿洲訪問の學生機蔚山から京城へ/學生兩機蔚山に安着
224579	朝鮮朝日	南鮮版	1932-07-13	1	08단	釜山稅關の監門を廢止通關手續を簡易化す
224580	朝鮮朝日	南鮮版	1932-07-13	1	08단	人(吉村傳氏(晉州邑長))
224581	朝鮮朝日	南鮮版	1932-07-13	1	09단	土木談合事件更に十名を起訴取調べいよいよ進展新事實どしどし摘發さる/談合事件の送局者八十一名漸く鉾を收めた模樣
224582	朝鮮朝日	南鮮版	1932-07-13	1	10단	判決言渡で暴れ出した暴力團一味
224583	朝鮮朝日	南鮮版	1932-07-13	1	10단	殺人犯自首
224584	朝鮮朝日	南鮮版	1932-07-13	1	10단	再建朝鮮共産黨一味送局さる
224585	朝鮮朝日	西北版	1932-07-13	1	01단	自作農創定資金百二十萬圓を簡保積立金から融通を受けまづ二千戶を創定
224586	朝鮮朝日	西北版	1932-07-13	1	01단	不況退治には持って來いの窮民救濟十ヶ年繼續の土木事業工費六百廿餘萬圓
224587	朝鮮朝日	西北版	1932-07-13	1	01단	高利債をどう捌くか農村救濟の根本問題道當局が對策を研究中
224588	朝鮮朝日	西北版	1932-07-13	1	01단	朝鮮南部野球豫選前記(1)/參加八ナイン群雄竝び立つ炎暑のもとで物凄い猛練習
224589	朝鮮朝日	西北版	1932-07-13	1	03단	煙草小賣人に貯金を獎勵堅實に導く
224590	朝鮮朝日	西北版	1932-07-13	1	03단	平壤飛行○○隊の凱旋
224591	朝鮮朝日	西北版	1932-07-13	1	04단	思想善導に天然博物館建設半島では最初の企て
224592	朝鮮朝日	西北版	1932-07-13	1	04단	無煙炭合同に光明を投ず三谷理事九月に來鮮その結果は期待るさ
224593	朝鮮朝日	西北版	1932-07-13	1	05단	三中井百貨店起工式
224594	朝鮮朝日	西北版	1932-07-13	1	05단	鑄つぶし金の買收中止で停頓の狀態

일련번호	판명		간행일	면	단수	기사명
224595	朝鮮朝日	西北版	1932-07-13	1	05단	飛行隊除隊兵
224596	朝鮮朝日	西北版	1932-07-13	1	05단	農村施設の劃期的會議内務・産業合同部長會議重大案件を打合す
224597	朝鮮朝日	西北版	1932-07-13	1	06단	名響の戰死六勇士何れも模範人物(濱崎上等兵/玉置上等兵/萩原上等兵)
224598	朝鮮朝日	西北版	1932-07-13	1	06단	國費に移管要望もし不可能なら人件費補助と國費支辦の技術員を増加せよ平南工業試驗所
224599	朝鮮朝日	西北版	1932-07-13	1	08단	戰意を失うた匪賊約一千續々と歸順
224600	朝鮮朝日	西北版	1932-07-13	1	08단	避難民にまつはる人情美談
224601	朝鮮朝日	西北版	1932-07-13	1	08단	日滿官憲の眼が光って名物密輸の跡を絶つ
224602	朝鮮朝日	西北版	1932-07-13	1	09단	魚油慘落の窮狀を陳情
224603	朝鮮朝日	西北版	1932-07-13	1	09단	若妻殺し謎の男身許判明か
224604	朝鮮朝日	西北版	1932-07-13	1	09단	査定タンクで密造を防ぐ尚對策を研究
224605	朝鮮朝日	西北版	1932-07-13	1	10단	排華事件の死刑囚無期となる
224606	朝鮮朝日	西北版	1932-07-13	1	10단	支那人殺し一年目に逮捕さる
224607	朝鮮朝日	西北版	1932-07-13	1	10단	樂禮/柳京小話
224608	朝鮮朝日	南鮮版	1932-07-14	1	01단	一石二鳥の妙案稅制改正を斷行か新稅で收入の増加を計り地稅營業稅を輕減
224609	朝鮮朝日	南鮮版	1932-07-14	1	01단	四百四十萬圓の簡保積立金を運用方法の決定をまち放資全鮮に互り貸付く
224610	朝鮮朝日	南鮮版	1932-07-14	1	01단	驚破！漢江の出水水の恐怖避難炊出等應急策決る水防打合會を開催
224611	朝鮮朝日	南鮮版	1932-07-14	1	02단	朝鮮南部野球豫選前記(２)/霸權を狙って猛練習を續く釜山中學と東萊高普(釜山中學/東萊高普)
224612	朝鮮朝日	南鮮版	1932-07-14	1	03단	空の使節學生機京城から平壤へ/訪滿學生機平壤に安着更に新義州へ
224613	朝鮮朝日	南鮮版	1932-07-14	1	04단	謝外交總長大連に向ふ/革新と國研近く合體か/時局匡救の臨時總務會
224614	朝鮮朝日	南鮮版	1932-07-14	1	05단	激増した航空郵便と空のお客さん
224615	朝鮮朝日	南鮮版	1932-07-14	1	06단	産馬獎勵のため公認競馬を行ふ宇垣總督大乗氣となる梅崎陸軍軍馬補充部長語る
224616	朝鮮朝日	南鮮版	1932-07-14	1	07단	鐵道貨物運輸改善座談會十九日京城商議で
224617	朝鮮朝日	南鮮版	1932-07-14	1	07단	さすがの府尹も思案投首の態財源難で抜き差しが出來ず順化院の改築問題

일련번호	판명		간행일	면	단수	기사명
224618	朝鮮朝日	南鮮版	1932-07-14	1	09단	總督に褒られた少年幼な腕で家計を助け孝養を盡す
224619	朝鮮朝日	南鮮版	1932-07-14	1	09단	兒童遊園か中央公園かプール附體育館か京電寄附金百萬圓の使途
224620	朝鮮朝日	南鮮版	1932-07-14	1	10단	郡民大會で北青南大川改修を要望
224621	朝鮮朝日	南鮮版	1932-07-14	1	10단	正副會頭再選す釜山商議役員選擧
224622	朝鮮朝日	西北版	1932-07-14	1	01단	一石二鳥の妙案稅制改正を斷行か新稅で收入の增加を計り地稅營業稅を輕減
224623	朝鮮朝日	西北版	1932-07-14	1	01단	四百四十萬圓の簡保積立金を運用方法の決定をまち放資全鮮に互り貸付く
224624	朝鮮朝日	西北版	1932-07-14	1	01단	硫安肥料高に乗出す平南道南鮮に比し高いのでその引下策を講ず
224625	朝鮮朝日	西北版	1932-07-14	1	01단	伸びゆく平壤の姿改增築が激增
224626	朝鮮朝日	西北版	1932-07-14	1	02단	朝鮮南部野球豫選前記(2)/霸權を狙って猛練習を續く釜山中學と東萊高普(釜山中學/東萊高普)
224627	朝鮮朝日	西北版	1932-07-14	1	03단	○○運動の團體を解消續々と歸順
224628	朝鮮朝日	西北版	1932-07-14	1	04단	人(山梨吳鎭守府長官)
224629	朝鮮朝日	西北版	1932-07-14	1	04단	空の使節學生機京城から平壤へ/訪滿學生機平壤に安着更に新義州へ/新義州着奉天に向ふ
224630	朝鮮朝日	西北版	1932-07-14	1	04단	産馬獎勵のため公認競馬を行ふ宇垣總督大乘氣となる梅崎陸軍軍馬補充部長語る
224631	朝鮮朝日	西北版	1932-07-14	1	05단	實施に決した道の搬出檢査如何なる要望も斥けて平壤栗と當局の態度
224632	朝鮮朝日	西北版	1932-07-14	1	07단	今度は妓生達が株式組織を計劃ますます錯綜する株式二重奏妓生券番何處へ
224633	朝鮮朝日	西北版	1932-07-14	1	08단	ルンペン一躍俄か大盡一個八十三匁の沙金塊を掘當つ
224634	朝鮮朝日	西北版	1932-07-14	1	08단	土木談合事件平壤に飛火三名を押送
224635	朝鮮朝日	西北版	1932-07-14	1	09단	討匪を遂げ意氣揚々ど茂山守備隊凱旋す
224636	朝鮮朝日	西北版	1932-07-14	1	10단	飛行○隊凱旋
224637	朝鮮朝日	西北版	1932-07-14	1	10단	列車に投石
224638	朝鮮朝日	西北版	1932-07-14	1	10단	樂禮/柳京小話
224639	朝鮮朝日	西北版	1932-07-14	1	10단	會(平鐵管內驛長會議)
224640	朝鮮朝日	南鮮版	1932-07-15	1	01단	部課の廢合を行ひ農林局を新設する土地改良、水利、林務、林産、農務の五課を合併して

일련번호	판명		간행일	면	단수	기사명
224641	朝鮮朝日	南鮮版	1932-07-15	1	01단	鮮米移入制限に絶對反對する農林省米穀統制案對策鮮米擁護期成會を組織して
224642	朝鮮朝日	南鮮版	1932-07-15	1	01단	釜山地方久方振りに快晴溫度急騰す
224643	朝鮮朝日	南鮮版	1932-07-15	1	02단	朝鮮南部野球豫選前記(3)/俊英大邱中學の恐るべき巨砲ダークホース大邱高普(大邱中學/大邱高普)
224644	朝鮮朝日	南鮮版	1932-07-15	1	04단	對抗柔道大會
224645	朝鮮朝日	南鮮版	1932-07-15	1	04단	筒井上尉の遺骨鄕里へ
224646	朝鮮朝日	南鮮版	1932-07-15	1	04단	獨自の方法で救濟案を樹立勞銀の撒布が最も必要農村救濟を語る今井田總監
224647	朝鮮朝日	南鮮版	1932-07-15	1	05단	益々露骨な匪賊の蠢動嚴重に警戒/馬賊八名が流筏を襲撃
224648	朝鮮朝日	南鮮版	1932-07-15	1	05단	發券統一問題で本格的交涉加藤鮮銀總裁東上
224649	朝鮮朝日	南鮮版	1932-07-15	1	05단	悲田院落成式
224650	朝鮮朝日	南鮮版	1932-07-15	1	06단	共同洗濯場を新設に決定三淸洞淸溪川上流に竹內總督府囑託希望を語る
224651	朝鮮朝日	南鮮版	1932-07-15	1	07단	資本逃避防止法朝鮮でも實施
224652	朝鮮朝日	南鮮版	1932-07-15	1	07단	總督府調査水稻植付は八割八分百四十五萬五千町步
224653	朝鮮朝日	南鮮版	1932-07-15	1	07단	夏の風物詩精靈流しバスの臨時運轉
224654	朝鮮朝日	南鮮版	1932-07-15	1	08단	阿峴里高小新築工事落札
224655	朝鮮朝日	南鮮版	1932-07-15	1	08단	穀物市場裏で白晝の空米相場廿三名一網打盡さる
224656	朝鮮朝日	南鮮版	1932-07-15	1	08단	天然痘新患叉二名
224657	朝鮮朝日	南鮮版	1932-07-15	1	09단	洋食の中毒で猛烈な吐瀉物凄がらる
224658	朝鮮朝日	南鮮版	1932-07-15	1	09단	談合事件と官吏の瀆職確定的の事實
224659	朝鮮朝日	南鮮版	1932-07-15	1	09단	待遇改善と酷使反對の陳情書を提出し雲行險惡京城府營バス不穩
224660	朝鮮朝日	南鮮版	1932-07-15	1	10단	出火に逃げ遅れ二名死傷す
224661	朝鮮朝日	南鮮版	1932-07-15	1	10단	內外ニュース(英外相から英佛協調發表/農漁村救濟總事業費は約二億圓/外相堂々と所信を强調滿洲國承認問題で調査團と會見)
224662	朝鮮朝日	南鮮版	1932-07-15	1	10단	もよほし(釜山府內火災保險代理店會/松浦冠山氏講演會)
224663	朝鮮朝日	西北版	1932-07-15	1	01단	部課の廢合を行ひ農林局を新設する土地改良、水利、林務、林產、農務の五課を合併して

일련번호	판명		간행일	면	단수	기사명
224664	朝鮮朝日	西北版	1932-07-15	1	01단	鮮米移入制限に絶對反對する農林省米穀統制案對策鮮米擁護期成會を組織して
224665	朝鮮朝日	西北版	1932-07-15	1	02단	敎育總會第二日目
224666	朝鮮朝日	西北版	1932-07-15	1	02단	朝鮮南部野球豫選前記(3)/俊英大邱中學の恐るべき巨砲ダークホース大邱高普(大邱中學/大邱高普)
224667	朝鮮朝日	西北版	1932-07-15	1	03단	収入増加に副業を奬勵
224668	朝鮮朝日	西北版	1932-07-15	1	04단	輸送事務競技
224669	朝鮮朝日	西北版	1932-07-15	1	04단	平壤博物館工事入札十八日執行
224670	朝鮮朝日	西北版	1932-07-15	1	04단	牡牛を去勢牝牛に代ふ朝鮮牛の素質低下を防止技術員會議で研究
224671	朝鮮朝日	西北版	1932-07-15	1	04단	山梨長官の檢閱
224672	朝鮮朝日	西北版	1932-07-15	1	05단	おもひ出の平壤小唄白鳥省吾氏作
224673	朝鮮朝日	西北版	1932-07-15	1	05단	朝鮮征伐の遺物を發掘内地の釜や壺
224674	朝鮮朝日	西北版	1932-07-15	1	05단	明年度に計劃の三つの産組金組の態度如何で成否の岐路に立つ
224675	朝鮮朝日	西北版	1932-07-15	1	06단	十三日凱旋した平壤飛行○隊
224676	朝鮮朝日	西北版	1932-07-15	1	06단	大同江防止演習雨季を前に
224677	朝鮮朝日	西北版	1932-07-15	1	06단	平南「桑の日」
224678	朝鮮朝日	西北版	1932-07-15	1	07단	大平壤實現の都市設備の内容何の程度まで救濟事業で着工されるかが興味だ
224679	朝鮮朝日	西北版	1932-07-15	1	08단	安奉線の人質事件請負師を拉致
224680	朝鮮朝日	西北版	1932-07-15	1	08단	愈よ正式に遞信局へ要望貯金管理所設置運動
224681	朝鮮朝日	西北版	1932-07-15	1	08단	川島軍司令官鴨綠江上流各地を巡視
224682	朝鮮朝日	西北版	1932-07-15	1	08단	僞刑事捕はる
224683	朝鮮朝日	西北版	1932-07-15	1	09단	短刀で抵抗
224684	朝鮮朝日	西北版	1932-07-15	1	09단	コレラ禍に必死の努力各警察署が徹底的に防疫に努める平南
224685	朝鮮朝日	西北版	1932-07-15	1	10단	圖書館へ投石
224686	朝鮮朝日	西北版	1932-07-15	1	10단	集金して逃走
224687	朝鮮朝日	西北版	1932-07-15	1	10단	樂禮/柳京小話
224688	朝鮮朝日	南鮮版	1932-07-16	1	01단	産米増殖計劃に一大變革を加ふ？産米第一主義を放棄多角形的農業經營を奬勵
224689	朝鮮朝日	南鮮版	1932-07-16	1	01단	着のみ着のまゝ鮮農の避難民奉天その他に總計二萬餘人暑さの爲病人續出/裏滿洲の避難鮮農は約五千人が居殘り總督府でこの對策に腐心

일련번호	판명		간행일	면	단수	기사명
224690	朝鮮朝日	南鮮版	1932-07-16	1	01단	組合銀行の手形交換高
224691	朝鮮朝日	南鮮版	1932-07-16	1	02단	朝鮮南部野球豫選前記(4)/霸氣滿々の釜山一商と二商初陣の若武者晉州高普(釜山一商/釜山二商/晉州高普)
224692	朝鮮朝日	南鮮版	1932-07-16	1	03단	昭和水利問題依然行惱む總ては農林局創設後
224693	朝鮮朝日	南鮮版	1932-07-16	1	04단	聯盟委員ヤング氏
224694	朝鮮朝日	南鮮版	1932-07-16	1	04단	朝鮮人の內地留學生求學心の向上につれて每年增加する一方
224695	朝鮮朝日	南鮮版	1932-07-16	1	05단	三大幹線道路改修に決る總工費四十六萬三千圓で
224696	朝鮮朝日	南鮮版	1932-07-16	1	05단	鯨を拾ふ
224697	朝鮮朝日	南鮮版	1932-07-16	1	06단	關東廳が釜山で內地新聞檢閱
224698	朝鮮朝日	南鮮版	1932-07-16	1	07단	內外ニュース(明年度豫算編成方針決定/官吏身分保障原案に修正/民政懇談會)
224699	朝鮮朝日	南鮮版	1932-07-16	1	07단	後任會頭問題愈よ表面化陣內氏の辭任により
224700	朝鮮朝日	南鮮版	1932-07-16	1	07단	減收また減收で大恐慌を來す赤字に惱む鐵道局と專賣局實行豫算を編成か
224701	朝鮮朝日	南鮮版	1932-07-16	1	08단	鮮米移入統制反對第一聲
224702	朝鮮朝日	南鮮版	1932-07-16	1	08단	釜山第一産組へ鮮魚の共同販賣十五日付で認可さる
224703	朝鮮朝日	南鮮版	1932-07-16	1	09단	落雷で二名震死
224704	朝鮮朝日	南鮮版	1932-07-16	1	10단	龍尾山神社龍頭山に奉遷
224705	朝鮮朝日	南鮮版	1932-07-16	1	10단	安昌浩一味三名送局
224706	朝鮮朝日	南鮮版	1932-07-16	1	10단	河豚に中毒
224707	朝鮮朝日	南鮮版	1932-07-16	1	10단	乘合自動車列車と衝突乘客は無事
224708	朝鮮朝日	南鮮版	1932-07-16	1	10단	咽喉を刺さる
224709	朝鮮朝日	西北版	1932-07-16	1	01단	産米增殖計劃に一大變革を加ふ?産米第一主義を放棄多角形的農業經營を獎勵
224710	朝鮮朝日	西北版	1932-07-16	1	01단	着のみ着のまゝ鮮農の避難民奉天その他に總計二萬餘人暑さの爲病人續出/裏滿洲の避難鮮農は約五千人が居殘り總督府でこの對策に腐心
224711	朝鮮朝日	西北版	1932-07-16	1	01단	六勇士の告別式遺骨鄕里へ
224712	朝鮮朝日	西北版	1932-07-16	1	02단	朝鮮南部野球豫選前記(4)/霸氣滿々の釜山一商と二商初陣の若武者晉州高普(釜山一商/釜山二商/晉州高普)
224713	朝鮮朝日	西北版	1932-07-16	1	03단	農事改良資金の低資を增加せよ金利が高過ぎると平南道から要望

일련번호	판명		간행일	면	단수	기사명
224714	朝鮮朝日	西北版	1932-07-16	1	04단	ヤング博士間島を調査
224715	朝鮮朝日	西北版	1932-07-16	1	04단	飛行隊除隊兵滿洲で就職
224716	朝鮮朝日	西北版	1932-07-16	1	04단	平壤の土幕民往年の名妓生もゐる
224717	朝鮮朝日	西北版	1932-07-16	1	05단	七十貫の大龜
224718	朝鮮朝日	西北版	1932-07-16	1	05단	張學良が匪賊に武器彈藥補給
224719	朝鮮朝日	西北版	1932-07-16	1	05단	干拓地以外に資金難で行惱む産米計劃も變更を要すとて昭和水利お流れか
224720	朝鮮朝日	西北版	1932-07-16	1	06단	女故に横領
224721	朝鮮朝日	西北版	1932-07-16	1	07단	寺洞線中止は有耶無耶に葬る一度も會合せぬ調査會に非難の聲が湧く
224722	朝鮮朝日	西北版	1932-07-16	1	07단	國境中等野球大會本社寄贈の優勝旗榮冠は何校へ新義州グラウンドで十八日から三日間盛大に擧行
224723	朝鮮朝日	西北版	1932-07-16	1	09단	心からの千人針勇士感激す
224724	朝鮮朝日	西北版	1932-07-16	1	09단	「サウエート」を相手取って九萬八百八十餘圓の保證金返還損害賠償の訴へ
224725	朝鮮朝日	西北版	1932-07-16	1	10단	一圓札を僞造
224726	朝鮮朝日	西北版	1932-07-16	1	10단	樂禮/柳京小話
224727	朝鮮朝日	南鮮版	1932-07-17	1	01단	肥料地獄に喘ぐ農村の更生を計る肥料資金五百萬圓を活用肥料統制の第一步
224728	朝鮮朝日	南鮮版	1932-07-17	1	01단	朝鮮農會の改造愈よ表面化す總監の農會長は二重人格だ制度改革の聲起る
224729	朝鮮朝日	南鮮版	1932-07-17	1	01단	金融組合の低資融通で上下から挾撃された地場銀行頻りに對策を練る
224730	朝鮮朝日	南鮮版	1932-07-17	1	01단	釜山府會
224731	朝鮮朝日	南鮮版	1932-07-17	1	02단	京城府史上梓
224732	朝鮮朝日	南鮮版	1932-07-17	1	02단	湖南野球豫選前記(1)/目覺しい進軍振り木浦商の堅陣涙ぐましい精進を續くる全州高普の新陣容(木浦商業/全州高普)
224733	朝鮮朝日	南鮮版	1932-07-17	1	03단	取引の統制で朝鮮林檎に鐵道局で運賃割引
224734	朝鮮朝日	南鮮版	1932-07-17	1	04단	ヤング博士
224735	朝鮮朝日	南鮮版	1932-07-17	1	04단	自動車に方向標示機交通整理の一助
224736	朝鮮朝日	南鮮版	1932-07-17	1	04단	寄附金取纏めに奔走を申合す大邱醫專昇格期成會
224737	朝鮮朝日	南鮮版	1932-07-17	1	05단	內外ニュース(蠶種統制臨時議會に提出は困難/身分保障案御諮詢奏請/義務教育費國庫負擔の事務的折衝/米大統領二割の減俸/オリンピック選手第二班金門灣着)

일련번호	판명		간행일	면	단수	기사명
224738	朝鮮朝日	南鮮版	1932-07-17	1	05단	渡邊知事から優勝カップ寄贈南鮮野球豫選の準備成る
224739	朝鮮朝日	南鮮版	1932-07-17	1	05단	米穀統制に絶對反對の叫び宇垣總督に緊急善處を要望鮮米擁護期成會で
224740	朝鮮朝日	南鮮版	1932-07-17	1	07단	京仁道路工事着々と進行來秋までには完成
224741	朝鮮朝日	南鮮版	1932-07-17	1	07단	土木談合事件四十一名を起訴殘る九名は未決定
224742	朝鮮朝日	南鮮版	1932-07-17	1	08단	諾威汽船坐礁
224743	朝鮮朝日	南鮮版	1932-07-17	1	08단	珍無類の鐵道悲喜劇レール枕五名の首がフッ飛ぶ一名は兩足轢斷
224744	朝鮮朝日	南鮮版	1932-07-17	1	09단	ギャング張の犯人捕はる背後の關係取調中
224745	朝鮮朝日	南鮮版	1932-07-17	1	10단	客引きの一齊檢擧
224746	朝鮮朝日	南鮮版	1932-07-17	1	10단	豪雨のため橋台裏流失折返し運轉
224747	朝鮮朝日	南鮮版	1932-07-17	1	10단	胸を叩いて鶴嘴を揮ふ救はれた青年
224748	朝鮮朝日	南鮮版	1932-07-17	1	10단	名譽の戰傷者京城へ送還
224749	朝鮮朝日	南鮮版	1932-07-17	1	10단	蠅取紙配布
224750	朝鮮朝日	西北版	1932-07-17	1	01단	肥料地獄に喘ぐ農村の更生を計る肥料資金五百萬圓を活用肥料統制の第一步
224751	朝鮮朝日	西北版	1932-07-17	1	01단	朝鮮農會の改造愈よ表面化す總監の農會長は二重人格だ制度改革の聲起る
224752	朝鮮朝日	西北版	1932-07-17	1	01단	林檎の運賃引下げ實施さるこれで九州關西から青森林檎を驅逐
224753	朝鮮朝日	西北版	1932-07-17	1	01단	*匪賊の歸順續々と增加皇國の威力に怖れて先づ頭目林靑が降る/輯安逆襲の戰備を整ふ討伐隊警戒*
224754	朝鮮朝日	西北版	1932-07-17	1	03단	彈丸雨下で職務に精勵國境での通信從業員
224755	朝鮮朝日	西北版	1932-07-17	1	03단	湖南野球豫選前記(1)/目覺しい進軍振り木浦商の堅陣涙ぐましい精進を續くる全州高普の新陣容(木浦商業/全州高普)
224756	朝鮮朝日	西北版	1932-07-17	1	04단	ヤング博士
224757	朝鮮朝日	西北版	1932-07-17	1	04단	東拓と殖銀とで六百萬圓の融資それが困難とは思へないと青木氏昭和水利を語る
224758	朝鮮朝日	西北版	1932-07-17	1	04단	滿蒙めざして學生團殺到途中平壤視察團が增加
224759	朝鮮朝日	西北版	1932-07-17	1	05단	特高課員四十名增員特高網を充實

일련번호	판명		간행일	면	단수	기사명
224760	朝鮮朝日	西北版	1932-07-17	1	05단	特高警察官增置を希望佐伯警察部長歸任談
224761	朝鮮朝日	西北版	1932-07-17	1	06단	簡保講習會
224762	朝鮮朝日	西北版	1932-07-17	1	06단	府尹郡守會議
224763	朝鮮朝日	西北版	1932-07-17	1	06단	小型貨車新造や運賃低減を要望不況打開の對策に平壤から鐵道局へ陳情す
224764	朝鮮朝日	西北版	1932-07-17	1	07단	六勇士の告別式盛大に執行
224765	朝鮮朝日	西北版	1932-07-17	1	07단	秋季スケヂユール決る
224766	朝鮮朝日	西北版	1932-07-17	1	08단	淸津府內の市場整理新生は市場から
224767	朝鮮朝日	西北版	1932-07-17	1	09단	コレラに備へ海員に注射
224768	朝鮮朝日	西北版	1932-07-17	1	09단	アナ系分子大亂鬪敎會に毆込む
224769	朝鮮朝日	西北版	1932-07-17	1	09단	列車に投石
224770	朝鮮朝日	西北版	1932-07-17	1	09단	突貫の猛練習天道敎、赤化マルクス主義へ轉向
224771	朝鮮朝日	西北版	1932-07-17	1	10단	赤行囊から現金を奪ひ遞送人逃ぐ
224772	朝鮮朝日	西北版	1932-07-17	1	10단	人(鈴木己之藏(新任城津郵便局長))
224773	朝鮮朝日	西北版	1932-07-17	1	10단	樂禮/柳京小話
224774	朝鮮朝日	南鮮版	1932-07-19	1	01단	食糧問題解決の國家的事業だ昭和水利と總督府側の態度認可起工は確定的
224775	朝鮮朝日	南鮮版	1932-07-19	1	01단	釜山の愛國少年團晴れの發會式團員姿も凜々しく學生服に鐵帽團杖
224776	朝鮮朝日	南鮮版	1932-07-19	1	02단	湖南野球豫選前記(3)/若芽の大田中學謎の高敞高普大會の制覇を目指して淸州高普猛練習(大田中學/淸川高普/高敞高普)
224777	朝鮮朝日	南鮮版	1932-07-19	1	03단	農漁山村一帶に救濟を普遍化第二次窮民救濟事業の陣立勞銀の雨を降らす
224778	朝鮮朝日	南鮮版	1932-07-19	1	03단	德壽宮跡を一般に開放尊嚴を損はぬ範圍で篠田長官の歸城をまって
224779	朝鮮朝日	南鮮版	1932-07-19	1	04단	陣內會頭の辭表は保留總會は開かぬ
224780	朝鮮朝日	南鮮版	1932-07-19	1	04단	陣內會頭の保釋を嘆願
224781	朝鮮朝日	南鮮版	1932-07-19	1	05단	奉天新京で鮮産品の見本市滿洲進出の小手調べに對滿輸出協會で
224782	朝鮮朝日	南鮮版	1932-07-19	1	05단	朝鮮號の命名式無期延期
224783	朝鮮朝日	南鮮版	1932-07-19	1	06단	大田消防演習
224784	朝鮮朝日	南鮮版	1932-07-19	1	06단	卅四の管井中半數近く色濁急ぎ濾過機二台据付に決定漸く給水を許さる
224785	朝鮮朝日	南鮮版	1932-07-19	1	07단	全國中等學校優勝野球大會朝鮮第一次豫選けふ組合せ四地方一齊に火蓋を切る

일련번호	판명		간행일	면	단수	기사명
224786	朝鮮朝日	南鮮版	1932-07-19	1	07단	京城の秋を飾る鮮滿中等學校美展十月十五日から四日間新に內地參考品も陳列
224787	朝鮮朝日	南鮮版	1932-07-19	1	08단	在滿同胞の慰問金募集
224788	朝鮮朝日	南鮮版	1932-07-19	1	09단	ヤング博士
224789	朝鮮朝日	南鮮版	1932-07-19	1	09단	大田大隊の爆破攻防演習
224790	朝鮮朝日	南鮮版	1932-07-19	1	09단	勞働者のオアシス
224791	朝鮮朝日	南鮮版	1932-07-19	1	09단	巧妙な戰術左翼演劇の舞台を檢閱
224792	朝鮮朝日	南鮮版	1932-07-19	1	09단	强敵五高と猛烈な白熱戰二對一で遂に勝ち京城醫專準々決勝へ
224793	朝鮮朝日	南鮮版	1932-07-19	1	10단	親娘四名激流に呑まる
224794	朝鮮朝日	南鮮版	1932-07-19	1	10단	內地ニュース(總督滯京中農村救濟の具體案を作成/地方長官會議意見を開陳)
224795	朝鮮朝日	西北版	1932-07-19	1	01단	農漁山村一帶に救濟を普遍化第二次窮民救濟事業の陣立勞銀の雨を降らす
224796	朝鮮朝日	西北版	1932-07-19	1	01단	競進會每に優等の榮冠農村青年の奮鬪美談不況を克服し誇らかな步み
224797	朝鮮朝日	西北版	1932-07-19	1	01단	國民よ餘りに無關心過ぎる匪賊討伐出動隊へ社絶え勝の慰問品
224798	朝鮮朝日	西北版	1932-07-19	1	02단	湖南野球豫選前記(３)/若芽の大田中學謎の高敞高普大會の制霸を目指して淸州高普猛練習(大田中學/淸川高普/高敞高普)
224799	朝鮮朝日	西北版	1932-07-19	1	03단	越境部隊へ慰問金慈城支那人から
224800	朝鮮朝日	西北版	1932-07-19	1	03단	越境部隊へ慰問使出發愛婦鄕軍から
224801	朝鮮朝日	西北版	1932-07-19	1	04단	新義州の鄕軍更生策
224802	朝鮮朝日	西北版	1932-07-19	1	04단	食糧問題解決の國家的事業だ昭和水利と總督府側の態度認可起工は確定的
224803	朝鮮朝日	西北版	1932-07-19	1	04단	聲價を上げた鎭南浦林檎青森林檎を壓倒す全く搬出檢查の賜物
224804	朝鮮朝日	西北版	1932-07-19	1	05단	京城の秋を飾る鮮滿中等學校美展十月十五日から四日間新に內地參考品も陳列
224805	朝鮮朝日	西北版	1932-07-19	1	06단	農家の不況で移出牛が激增鎭南浦のみで一月以降一千頭も增加す
224806	朝鮮朝日	西北版	1932-07-19	1	06단	スポーツ(８－６平中勝つ安中惜敗す)
224807	朝鮮朝日	西北版	1932-07-19	1	07단	平壤の失業者一千七百名
224808	朝鮮朝日	西北版	1932-07-19	1	07단	收入減に惱む軍の出動が第一原因平壤府第一特別經濟豫算
224809	朝鮮朝日	西北版	1932-07-19	1	07단	除隊兵歸鄕
224810	朝鮮朝日	西北版	1932-07-19	1	07단	僞造して詐欺

일련번호	판명		간행일	면	단수	기사명
224811	朝鮮朝日	西北版	1932-07-19	1	07단	北鮮開拓に伴ふ三工場の新設當局が要求すれば順應する三浦日糖理事語る
224812	朝鮮朝日	西北版	1932-07-19	1	08단	輸出は超過移入は激增平壤の上半期貿易
224813	朝鮮朝日	西北版	1932-07-19	1	09단	毒殺嫌疑で死體を解剖
224814	朝鮮朝日	西北版	1932-07-19	1	09단	全國中等學校優勝野球大會朝鮮第一次豫選けふ組合せ四地方一齊に火蓋を切る
224815	朝鮮朝日	西北版	1932-07-19	1	10단	樂禮/柳京小話
224816	朝鮮朝日	西北版	1932-07-19	1	10단	談合關係者も從前通り指名
224817	朝鮮朝日	南鮮版	1932-07-20	1	01단	米穀統制計劃に絶對に反對を表明積極的に乘り出した總督府渡邊殖産局長東上
224818	朝鮮朝日	南鮮版	1932-07-20	1	01단	繰り擴げる健康大繪卷廿一日にからラヂオ體操祭
224819	朝鮮朝日	南鮮版	1932-07-20	1	01단	ヤング博士總督府訪問間島事情聽取
224820	朝鮮朝日	南鮮版	1932-07-20	1	01단	警察署廳舍新築は三署に決定
224821	朝鮮朝日	南鮮版	1932-07-20	1	02단	ポンプで排水復舊に着手浸水した太合堀隧道
224822	朝鮮朝日	南鮮版	1932-07-20	1	02단	湖南野球豫選前記(4)/攻守ともに揃った全盛の光州中光州高普と禮山農業何れも輝かしい初出場(光州高普禮山農業/光州中學)
224823	朝鮮朝日	南鮮版	1932-07-20	1	03단	赤十字社の林間保養所
224824	朝鮮朝日	南鮮版	1932-07-20	1	04단	遞信官吏官制改正
224825	朝鮮朝日	南鮮版	1932-07-20	1	04단	鮮米移入統制反對の猛運動に釜山會議所も乘出す
224826	朝鮮朝日	南鮮版	1932-07-20	1	04단	金剛山電鐵不通
224827	朝鮮朝日	南鮮版	1932-07-20	1	05단	人も自然も茹る暑さ名物の酷暑本調子
224828	朝鮮朝日	南鮮版	1932-07-20	1	05단	理想案は割愛最後案を決める農漁山村商工業者救濟案林財務局長は語る
224829	朝鮮朝日	南鮮版	1932-07-20	1	06단	6A―5善鬪酬はれず京城醫專惜敗す山口高商遂に名を成す
224830	朝鮮朝日	南鮮版	1932-07-20	1	07단	內外ニュース(分水驛長ら人質に匪賊團現る/宇垣朝鮮總督首相を訪問/地方長官會議)
224831	朝鮮朝日	南鮮版	1932-07-20	1	07단	大龜に酒を振舞ひめでたく海に放つ
224832	朝鮮朝日	南鮮版	1932-07-20	1	09단	廿一日から滿蒙博花々しく開場
224833	朝鮮朝日	南鮮版	1932-07-20	1	09단	仁川沖合で春華丸坐礁沈沒を氣遺はる/乘組員の生死は全く不明
224834	朝鮮朝日	南鮮版	1932-07-20	1	09단	大鐵軍遠征/大邱高女一勝一敗
224835	朝鮮朝日	南鮮版	1932-07-20	1	10단	五十萬圓悪くない氣持手廻しの良い信託

일련번호	판명		간행일	면	단수	기사명
224836	朝鮮朝日	南鮮版	1932-07-20	1	10단	府營バス總罷業今度で三回目
224837	朝鮮朝日	南鮮版	1932-07-20	1	10단	父親と長男落雷で感電卽死す二人は重傷
224838	朝鮮朝日	西北版	1932-07-20	1	01단	米穀統制計劃に絕對に反對を表明積極的に乘り出した總督府渡邊殖産局長東上
224839	朝鮮朝日	西北版	1932-07-20	1	01단	政府が時價で買上げに決定退職特別資金の交付公債を朝鮮でも實施する
224840	朝鮮朝日	西北版	1932-07-20	1	01단	不況を尻目に鐵道景氣だ雨と暑さに惱む測量隊古賀氏の滿浦鐵視察談
224841	朝鮮朝日	西北版	1932-07-20	1	01단	梅雨期に入った平壤/十七日の豪雨/豪雨のため交通機關は殆ど杜絕す
224842	朝鮮朝日	西北版	1932-07-20	1	02단	湖南野球選豫前記(４)/攻守ともに揃った全盛の光州中光州高普と禮山農業何れも輝かしい初出場(光州高普禮山農業/光州中學)
224843	朝鮮朝日	西北版	1932-07-20	1	04단	遞信官吏官制改正
224844	朝鮮朝日	西北版	1932-07-20	1	04단	柴田〇隊三台で匪賊を擊退死傷者四名を出す/輯安逆襲を企圖 一千の兵匪
224845	朝鮮朝日	西北版	1932-07-20	1	04단	健康美に輝く純白の女神高まる各學校の緬羊飼育熱一頭で一着の背廣
224846	朝鮮朝日	西北版	1932-07-20	1	06단	腸出血にも怖まず猛射を浴せ擊滅重傷の苦痛を一言も語らぬ譽れの坂本上等兵
224847	朝鮮朝日	西北版	1932-07-20	1	07단	殿岡上等兵遺族のため義捐金募集
224848	朝鮮朝日	西北版	1932-07-20	1	07단	漏電檢査は成績不良屋根裏を御注意
224849	朝鮮朝日	西北版	1932-07-20	1	07단	一名の議員でも反對だと不可能贊否兩派に分れ結局駄目か平壤商議改選期變更問題
224850	朝鮮朝日	西北版	1932-07-20	1	07단	バス出願に對する認可方針を發表共願となった平壤府營バス
224851	朝鮮朝日	西北版	1932-07-20	1	08단	大同江の防水計劃防水壁完成で建て直す
224852	朝鮮朝日	西北版	1932-07-20	1	09단	文化の殿堂平壤の博物館盛大に地鎮祭擧行
224853	朝鮮朝日	西北版	1932-07-20	1	09단	平壤名勝大同門修繕を計劃
224854	朝鮮朝日	西北版	1932-07-20	1	09단	民生團解消
224855	朝鮮朝日	西北版	1932-07-20	1	10단	荷動き增加平壤の上半期
224856	朝鮮朝日	西北版	1932-07-20	1	10단	鮮女の轢傷
224857	朝鮮朝日	西北版	1932-07-20	1	10단	大鐵軍遠征
224858	朝鮮朝日	西北版	1932-07-20	1	10단	樂禮/柳京小話
224859	朝鮮朝日	南鮮版	1932-07-21	1	01단	應急の救濟策地方稅を輕減敎育費、車輛稅、叺檢查料など農村の更生を計る

일련번호	판명		간행일	면	단수	기사명
224860	朝鮮朝日	南鮮版	1932-07-21	1	01단	希望者に對し交付公債の時價買上げ方法決る
224861	朝鮮朝日	南鮮版	1932-07-21	1	01단	貯水池涵養林の沙防工事をやる愈よ來年度から實施
224862	朝鮮朝日	南鮮版	1932-07-21	1	01단	不況に喘ぎ悲鳴をあぐ釜山の造船界
224863	朝鮮朝日	南鮮版	1932-07-21	1	02단	中尾博士藥草調査
224864	朝鮮朝日	南鮮版	1932-07-21	1	02단	西北野球豫選前記(1)/滿々たる闘志に陣容一新の平中その進境を囑目される黃海道代表の海州高普(平壤中學/海州高普)
224865	朝鮮朝日	南鮮版	1932-07-21	1	03단	漢江水泳場いよいよ完成
224866	朝鮮朝日	南鮮版	1932-07-21	1	03단	上下から挾壓對策に腐心地場銀行更生を計る
224867	朝鮮朝日	南鮮版	1932-07-21	1	04단	內外ニュース(御陪食を仰付けらる地方長官に/樞府本會議で農務局新設卽決可決さる/熱河省境の形勢につき談祕書長語る/空爆禁止の協定纏まる)
224868	朝鮮朝日	南鮮版	1932-07-21	1	04단	魚群發見を無電で通報慶南試驗船の試み
224869	朝鮮朝日	南鮮版	1932-07-21	1	05단	濃霧のため聯絡船遲着
224870	朝鮮朝日	南鮮版	1932-07-21	1	05단	電信電話線殆んど復舊
224871	朝鮮朝日	南鮮版	1932-07-21	1	05단	鮮米の輸出は現狀維持を主張けふ鮮米擁護期成會で
224872	朝鮮朝日	南鮮版	1932-07-21	1	06단	海水浴場行汽車任割引
224873	朝鮮朝日	南鮮版	1932-07-21	1	06단	遊廓で豪廓
224874	朝鮮朝日	南鮮版	1932-07-21	1	06단	空電のため無電きかず春華丸は遂に沈沒乘組員全部無事仁川に上陸/春華丸の乘組員卅六名無事
224875	朝鮮朝日	南鮮版	1932-07-21	1	07단	夏休利用の職業講習會農工商科教員のため
224876	朝鮮朝日	南鮮版	1932-07-21	1	08단	轉げ込んだ米貨二萬弗幸運兒大田驛の柏村君
224877	朝鮮朝日	南鮮版	1932-07-21	1	08단	營口大連を流行地に指定
224878	朝鮮朝日	南鮮版	1932-07-21	1	08단	嫉妬のあまり妾を絞殺し娚妹池隧道內に遺棄
224879	朝鮮朝日	南鮮版	1932-07-21	1	09단	談合事件結審は二ヶ年後か
224880	朝鮮朝日	南鮮版	1932-07-21	1	09단	○○運動のオルグを檢擧
224881	朝鮮朝日	南鮮版	1932-07-21	1	10단	豪雨の被害
224882	朝鮮朝日	南鮮版	1932-07-21	1	10단	夫婦關係確認の珍訴訟に勝つ
224883	朝鮮朝日	南鮮版	1932-07-21	1	10단	談合事件に怪流言被疑者を引致

일련번호	판명		간행일	면	단수	기사명
224884	朝鮮朝日	南鮮版	1932-07-21	1	10단	不穩文書で人心を攪亂犯人捕はる
224885	朝鮮朝日	南鮮版	1932-07-21	1	10단	弓道講習會
224886	朝鮮朝日	西北版	1932-07-21	1	01단	重壓に喘ぐ細民層 弱い者虐めの借地料値上げだ結束し支拂ひを拒む平壤府細民街の出來事/支拂命令に異議の申立て近く再測量を行ふ/借地に對し正當料金だ府當局はがく辯明す/この不況時に餘りに苛酷だ實質的に値上げだと貧しき人々の憤慨
224887	朝鮮朝日	西北版	1932-07-21	1	02단	山縣〇隊凱旋
224888	朝鮮朝日	西北版	1932-07-21	1	02단	約十倍の激增十年後の平南の車輛數
224889	朝鮮朝日	西北版	1932-07-21	1	03단	增水九米で平壤は危險七米五十で早くも船橋里は浸水する
224890	朝鮮朝日	西北版	1932-07-21	1	03단	安東中學に凱歌あがる國境中等野球大會新義州商業恨を呑む
224891	朝鮮朝日	西北版	1932-07-21	1	03단	西北野球豫選前記(1)/滿々たる闘志に陣容一新の平中その進境を囑目される黃海道代表の海州高普(平壤中學/海州高普)
224892	朝鮮朝日	西北版	1932-07-21	1	04단	會(咸南中部公職者勞合會總會)
224893	朝鮮朝日	西北版	1932-07-21	1	04단	咸興地方法院改築
224894	朝鮮朝日	西北版	1932-07-21	1	04단	全金組の高利債調査總督府からの指令で
224895	朝鮮朝日	西北版	1932-07-21	1	05단	その頃(7)/巨軀と健康美洋行中聽かされた話美座內務語る
224896	朝鮮朝日	西北版	1932-07-21	1	05단	應急の救濟策地方税を輕減教育費、車輛税、叺檢査料など農村の更生を計る
224897	朝鮮朝日	西北版	1932-07-21	1	06단	新義州港の上半期貿易前年比七割二分增加
224898	朝鮮朝日	西北版	1932-07-21	1	07단	滿洲へ鹽魚積極的進出
224899	朝鮮朝日	西北版	1932-07-21	1	08단	現在の橋より幅員が四米廣い舊市街から實現要望平壤第二大同橋
224900	朝鮮朝日	西北版	1932-07-21	1	08단	平壤地方を暴風雨襲ふ
224901	朝鮮朝日	西北版	1932-07-21	1	09단	便衣隊の首謀者逮捕さる
224902	朝鮮朝日	西北版	1932-07-21	1	09단	佛像を盗む
224903	朝鮮朝日	西北版	1932-07-21	1	09단	天然痘發生防疫に努む
224904	朝鮮朝日	西北版	1932-07-21	1	09단	農家副業に繩叺を奬勵生産高は全鮮第一
224905	朝鮮朝日	西北版	1932-07-21	1	10단	一萬餘名にコレラ豫防大童の平南
224906	朝鮮朝日	西北版	1932-07-21	1	10단	樂禮/柳京小話
224907	朝鮮朝日	南鮮版	1932-07-22	1	01단	無統制の市場に思ひ切った大改革現在の問屋は全部廢止して市場取引を合理化

일련번호	판명		간행일	면	단수	기사명
224908	朝鮮朝日	南鮮版	1932-07-22	1	01단	山村救濟對策第二次沙防工事治水的見地から期待さる總工費千五百萬圓
224909	朝鮮朝日	南鮮版	1932-07-22	1	01단	統營太合堀の復舊作業ポンプ七台で排水
224910	朝鮮朝日	南鮮版	1932-07-22	1	03단	戰死警官に敍勳と賜金國家的行賞
224911	朝鮮朝日	南鮮版	1932-07-22	1	03단	西北野球豫選前記(２)/投手に惠まれた新銳新義州商業全校をひたす野球好愛熱猛練習を勵む新義州中學(新義州商業/新義州中學)
224912	朝鮮朝日	南鮮版	1932-07-22	1	04단	人(韓昌洙男(前李王職長官))
224913	朝鮮朝日	南鮮版	1932-07-22	1	04단	義州鑛山臨時總會
224914	朝鮮朝日	南鮮版	1932-07-22	1	04단	山水の自然美慶南十六景廣く紹介咸陽、居昌兩郡下の
224915	朝鮮朝日	南鮮版	1932-07-22	1	05단	中等野球出場校選手一覽表(中部/南鮮/湖南/西北部)
224916	朝鮮朝日	南鮮版	1932-07-22	1	05단	教化講習會カード細民の未就學兒童に
224917	朝鮮朝日	南鮮版	1932-07-22	1	06단	蒸暑い釜山の土用入り前年より高溫/水銀柱奔騰卅七度突破全國一の暑さ
224918	朝鮮朝日	南鮮版	1932-07-22	1	06단	內地同樣に郵貯利下げ山本遞信局長談
224919	朝鮮朝日	南鮮版	1932-07-22	1	07단	仁川に上陸した春華丸乘組員
224920	朝鮮朝日	南鮮版	1932-07-22	1	07단	鮮米擁護は別個に運動中央要路に決議を打電京城商議役員會
224921	朝鮮朝日	南鮮版	1932-07-22	1	09단	鳥島沖合で平和丸坐洲船體半折す
224922	朝鮮朝日	南鮮版	1932-07-22	1	09단	軍資金調達○○の暗殺恐るべき陰謀が暴露海外から潛入の○○運動者
224923	朝鮮朝日	南鮮版	1932-07-22	1	10단	小切手を掏らる
224924	朝鮮朝日	南鮮版	1932-07-22	1	10단	佐世保海軍機蔚山に安着更に元山へ
224925	朝鮮朝日	南鮮版	1932-07-22	1	10단	談合事件副産物背任橫領で送局
224926	朝鮮朝日	南鮮版	1932-07-22	1	10단	毆殺したか死體を解剖
224927	朝鮮朝日	南鮮版	1932-07-22	1	10단	線路枕で二名轢殺
224928	朝鮮朝日	西北版	1932-07-22	1	01단	無統制の市場に思ひ切った大改革現在の問屋は全部廢止して市場取引を合理化
224929	朝鮮朝日	西北版	1932-07-22	1	01단	山村救濟對策第二次沙防工事治水的見地から期待さる總工費千五百萬圓
224930	朝鮮朝日	西北版	1932-07-22	1	01단	愈よ實現の平壤觀光協會外客誘致の機關に
224931	朝鮮朝日	西北版	1932-07-22	1	01단	北鮮開拓の森林主事ら近く選定任命
224932	朝鮮朝日	西北版	1932-07-22	1	01단	貨物、混合列車の一部運轉を中止夏枯れに喘ぐ平鐵
224933	朝鮮朝日	西北版	1932-07-22	1	02단	咸北の春繭約一割增産

일련번호	판명		간행일	면	단수	기사명
224934	朝鮮朝日	西北版	1932-07-22	1	03단	佐世保海軍機蔚山に安着更に元山へ/三偵察機中一機を除き全部元山着
224935	朝鮮朝日	西北版	1932-07-22	1	03단	西北野球豫選前記(2)/投手に惠まれた新銳新義州商業全校をひたす野球好愛熱猛練習を勵む新義州中學(新義州商業/新義州中學)
224936	朝鮮朝日	西北版	1932-07-22	1	04단	人(韓昌洙男(前李王職長官))
224937	朝鮮朝日	西北版	1932-07-22	1	04단	明年は平壤で開く全鮮商工會議所理事會
224938	朝鮮朝日	西北版	1932-07-22	1	04단	避難鮮農の主なき牛の輸入を許可
224939	朝鮮朝日	西北版	1932-07-22	1	04단	北鮮へ!北鮮へ!內地から陸續と經濟使節團が來訪押すな押すなの大盛況
224940	朝鮮朝日	西北版	1932-07-22	1	05단	中等野球出場校選手一覽表(中部/南鮮/湖南/西北部)
224941	朝鮮朝日	西北版	1932-07-22	1	05단	スポーツ(降雨のため新中對安中ノーゲーム國境中等野球大會)
224942	朝鮮朝日	西北版	1932-07-22	1	05단	大同、淸川兩江の大改修を要望大同江は各支流をも含んで平南道が總督府へ
224943	朝鮮朝日	西北版	1932-07-22	1	06단	永安工場で酒精を製造工場を新設
224944	朝鮮朝日	西北版	1932-07-22	1	07단	羅南師團の半ドン廢止
224945	朝鮮朝日	西北版	1932-07-22	1	08단	臨江の勇士富山曹長と足立上等兵(富山曹長/足立上等兵)
224946	朝鮮朝日	西北版	1932-07-22	1	08단	兄妹二人が痘瘡に罹る
224947	朝鮮朝日	西北版	1932-07-22	1	09단	豪雨の被害線路に浸水
224948	朝鮮朝日	西北版	1932-07-22	1	09단	懲役十三年を求刑排華事件犯人
224949	朝鮮朝日	西北版	1932-07-22	1	09단	增水七米五〇で警鐘を亂打そして避難準備を命ず平壤防水計劃成る
224950	朝鮮朝日	西北版	1932-07-22	1	10단	銀貨を僞造
224951	朝鮮朝日	西北版	1932-07-22	1	10단	樂禮/柳京小話
224952	朝鮮朝日	南鮮版	1932-07-23	1	01단	農産物の共販で自力更生をはかる農村の根本的救濟策を樹立具體案は農務課で
224953	朝鮮朝日	南鮮版	1932-07-23	1	01단	輿論の喚起に努むべきだ京城商議の陳情に今井田政務總監語る/鮮米擁護期成會の上京委員決る廿三日出發猛運動
224954	朝鮮朝日	南鮮版	1932-07-23	1	01단	府營バスに大改善發展を計る
224955	朝鮮朝日	南鮮版	1932-07-23	1	02단	簡保の貸付や利率を決る運川委員會で
224956	朝鮮朝日	南鮮版	1932-07-23	1	02단	西北野球豫選前記(3)/有力な優勝候補古豪鎭南浦商工元氣旺盛の平壤高普大會での活躍期待さる(鎭南浦商工/平壤高普)
224957	朝鮮朝日	南鮮版	1932-07-23	1	03단	平和丸の乘組員木浦に上陸

일련번호	판명		간행일	면	단수	기사명
224958	朝鮮朝日	南鮮版	1932-07-23	1	03단	金剛山を凌駕する北鮮のアルプス大々的に登山を奬勵
224959	朝鮮朝日	南鮮版	1932-07-23	1	04단	京電の寄附五萬圓受領
224960	朝鮮朝日	南鮮版	1932-07-23	1	04단	パリ東京間無着陸飛行佛飛行家が
224961	朝鮮朝日	南鮮版	1932-07-23	1	04단	渾身の力を傾け堂々霸を爭ふ好取組にファンの血は滾る明日から中部豫選
224962	朝鮮朝日	南鮮版	1932-07-23	1	05단	滿蒙博開會式盛大に擧行
224963	朝鮮朝日	南鮮版	1932-07-23	1	05단	列車完備週間
224964	朝鮮朝日	南鮮版	1932-07-23	1	06단	內外ニュース(北支の形勢愈よ重大化反張運動擴大/文相の訓示地方長官會議で/關東軍顧問更に二氏を委囑)
224965	朝鮮朝日	南鮮版	1932-07-23	1	06단	稅制を改正し增稅斷行か空前の編成難を豫想總督府明年度豫算
224966	朝鮮朝日	南鮮版	1932-07-23	1	07단	松島行の巡航船運航釜山府で
224967	朝鮮朝日	南鮮版	1932-07-23	1	07단	半ドン利用のキャンピング
224968	朝鮮朝日	南鮮版	1932-07-23	1	07단	一杯機嫌の巡査が良民を毆り殺す懲戒免で直ちに收容さる
224969	朝鮮朝日	南鮮版	1932-07-23	1	08단	放火狂公判
224970	朝鮮朝日	南鮮版	1932-07-23	1	08단	釜山府の本年度新事業の起債認可促進をはかる
224971	朝鮮朝日	南鮮版	1932-07-23	1	08단	仁川と別府大分間に近く貨物船就航大阪商船で目下準備中
224972	朝鮮朝日	南鮮版	1932-07-23	1	09단	コレラ豫防入港船舶に停留檢疫第三次注射も行ふ
224973	朝鮮朝日	南鮮版	1932-07-23	1	09단	本夫殺し死刑
224974	朝鮮朝日	南鮮版	1932-07-23	1	09단	大掛りのヌクテ狩り陜川署で
224975	朝鮮朝日	南鮮版	1932-07-23	1	10단	看守と妾猫心中男のみ死亡
224976	朝鮮朝日	南鮮版	1932-07-23	1	10단	再建朝鮮共産黨首腦部起訴
224977	朝鮮朝日	南鮮版	1932-07-23	1	10단	材木泥棒退治に番犬を見張番
224978	朝鮮朝日	西北版	1932-07-23	1	01단	農産物の共販で自力更生をはかる農村の根本的救濟策を樹立具體案は農務課で
224979	朝鮮朝日	西北版	1932-07-23	1	01단	かゞやく城津港腺らかな前途明年度からの土木事業計劃總工費は六百萬圓
224980	朝鮮朝日	西北版	1932-07-23	1	02단	ヤング博士龍井に到着更に局子街へ
224981	朝鮮朝日	西北版	1932-07-23	1	02단	パリ東京間無着陸飛行佛飛行家が
224982	朝鮮朝日	西北版	1932-07-23	1	03단	金杯傳達式
224983	朝鮮朝日	西北版	1932-07-23	1	03단	特別指導校十校を指定

일련번호	판명		간행일	면	단수	기사명
224984	朝鮮朝日	西北版	1932-07-23	1	03단	西北野球豫選前記(３)/有力な優勝候補古豪鎭南浦商工元氣旺盛の平壤高普大會での活躍期待さる(鎭南浦商工/平壤高普)
224985	朝鮮朝日	西北版	1932-07-23	1	04단	牡丹台で林間學校
224986	朝鮮朝日	西北版	1932-07-23	1	04단	窮民救濟の勞銀で地元民潤ふ
224987	朝鮮朝日	西北版	1932-07-23	1	04단	まづ本年度は百五十戸を創定一戸當りに一千圓を貸付平南自作農創定
224988	朝鮮朝日	西北版	1932-07-23	1	05단	國境出動部隊初凱旋
224989	朝鮮朝日	西北版	1932-07-23	1	05단	牡丹台公園の設備を充實總工萬六萬圓を投じ
224990	朝鮮朝日	西北版	1932-07-23	1	07단	既に六千餘名が東滿より避難耕作を捨て生命からがら兵匪禍に泣く鮮農
224991	朝鮮朝日	西北版	1932-07-23	1	07단	豪雨・暗夜に乘じ鳳凰城を襲ふ大部隊の匪賊が二隊に分れ/附屬地と城內を襲ふ城外へ潰走
224992	朝鮮朝日	西北版	1932-07-23	1	07단	黄金狂時代
224993	朝鮮朝日	西北版	1932-07-23	1	08단	水害さへ被らねば平北は豊作
224994	朝鮮朝日	西北版	1932-07-23	1	08단	价川鐵道不通となる豪雨のため
224995	朝鮮朝日	西北版	1932-07-23	1	08단	朝鮮の人達が醵金して慰問だのに遠隔の內地人は兵匪討伐に無關心
224996	朝鮮朝日	西北版	1932-07-23	1	09단	病苦の縊死
224997	朝鮮朝日	西北版	1932-07-23	1	09단	大同江に怪物海豚が迷ひ込んだか捕獲すべく捜査中
224998	朝鮮朝日	西北版	1932-07-23	1	10단	大盗事件の用具を陳列
224999	朝鮮朝日	西北版	1932-07-23	1	10단	新義州署の防水計劃
225000	朝鮮朝日	西北版	1932-07-23	1	10단	人(川島新任朝鮮軍司令官/佐伯平南道警察部長)
225001	朝鮮朝日	西北版	1932-07-23	1	10단	樂禮/柳京小話
225002	朝鮮朝日	南鮮版	1932-07-24	1	01단	沒落した農村に農業合理化の旗印炎天のもとで朖らかに耕作全鮮で最初の共同耕作組合
225003	朝鮮朝日	南鮮版	1932-07-24	1	01단	農山漁村商工業者の救濟最後案を決定財源は公債と低資の融通今井田政務總監談
225004	朝鮮朝日	南鮮版	1932-07-24	1	01단	宇垣總督拓相と懇談産金奬勵、滿洲移民農村商工業者救濟につき
225005	朝鮮朝日	南鮮版	1932-07-24	1	01단	朝鮮商議の上京委員近く東上
225006	朝鮮朝日	南鮮版	1932-07-24	1	03단	新製煙草『銀河』の圖案懸賞で募集

일련번호	판명		간행일	면	단수	기사명
225007	朝鮮朝日	南鮮版	1932-07-24	1	03단	思想善導中心の全鮮的運動を起す社會教化團體の總動員で近く實行に着手
225008	朝鮮朝日	南鮮版	1932-07-24	1	03단	益々反對の氣勢を擧ぐ商工團體總動員で/鮮米移出の統制反對に大邱側も參加
225009	朝鮮朝日	南鮮版	1932-07-24	1	04단	普通學校訓導合格者
225010	朝鮮朝日	南鮮版	1932-07-24	1	04단	壯烈な步工兵聯合演習
225011	朝鮮朝日	南鮮版	1932-07-24	1	05단	鐵道方面も嚴重警戒慶南のコレラ豫防
225012	朝鮮朝日	南鮮版	1932-07-24	1	05단	穀物商組合陳情書提出米檢國營に
225013	朝鮮朝日	南鮮版	1932-07-24	1	06단	何といふ眠らかな話聞捨てにするのは惜しい
225014	朝鮮朝日	南鮮版	1932-07-24	1	06단	全鮮の水稲植付は九割五分二釐平年よりやゝ不良
225015	朝鮮朝日	南鮮版	1932-07-24	1	06단	武道署稽古
225016	朝鮮朝日	南鮮版	1932-07-24	1	06단	田草取りを包圍し一齊射擊す
225017	朝鮮朝日	南鮮版	1932-07-24	1	06단	戰を控へて選手茶話會ファンの血を湧き立てる南鮮豫選はけふから
225018	朝鮮朝日	南鮮版	1932-07-24	1	07단	檢束者奪還のため警察署を襲擊慶南梁山農民組合騷擾事件きのふ結審公判へ
225019	朝鮮朝日	南鮮版	1932-07-24	1	08단	內外ニュース(曾根工學士の世界的發明/聯盟總會のわが代表に松岡氏を起用/駐支公使に有吉氏起用)
225020	朝鮮朝日	南鮮版	1932-07-24	1	08단	釜山地方に本格的の暑熱水道使用量激增すしかし斷水の心配は無い
225021	朝鮮朝日	南鮮版	1932-07-24	1	09단	一味八名を全部檢擧赤い教師連
225022	朝鮮朝日	南鮮版	1932-07-24	1	09단	警察官の住宅を建設慶南道警察部の計劃
225023	朝鮮朝日	南鮮版	1932-07-24	1	10단	枕金を猫婆墮胎を計る囚業な藝妓置屋
225024	朝鮮朝日	南鮮版	1932-07-24	1	10단	潛行運動や流言を嚴重取締る
225025	朝鮮朝日	南鮮版	1932-07-24	1	10단	群山の繁華街五戶を燒く損害二萬五千圓
225026	朝鮮朝日	西北版	1932-07-24	1	01단	沒落した農村に農業合理化の旗印炎天のもとで眠らかに耕作全鮮で最初の共同耕作組合
225027	朝鮮朝日	西北版	1932-07-24	1	01단	農山漁村商工業者の救濟最後案を決定財源は公債と低資の融通今井田政務總監談
225028	朝鮮朝日	西北版	1932-07-24	1	01단	宇垣總督拓相と懇談産金獎勵、滿洲移民農村商工業者救濟につき
225029	朝鮮朝日	西北版	1932-07-24	1	01단	窮民救濟に排水工事のみ平壤府から要望する
225030	朝鮮朝日	西北版	1932-07-24	1	03단	寄附金は大丈夫黑板博士快報を齎らす

일련번호	판명		간행일	면	단수	기사명
225031	朝鮮朝日	西北版	1932-07-24	1	03단	その頃(8)/筆劍殺の無常感だが彼氏は榮轉だった佐伯平南警察部長
225032	朝鮮朝日	西北版	1932-07-24	1	04단	明治錢業移轉
225033	朝鮮朝日	西北版	1932-07-24	1	04단	蘋果は二割安
225034	朝鮮朝日	西北版	1932-07-24	1	04단	思想善導中心の全鮮的運動を起す社會教化團體の總動員で近く實行に着手
225035	朝鮮朝日	西北版	1932-07-24	1	04단	下水改修の第二期工事失業救濟事業として明年度から五ヶ年計劃で
225036	朝鮮朝日	西北版	1932-07-24	1	05단	工費七萬圓で七路線の新設と改修
225037	朝鮮朝日	西北版	1932-07-24	1	05단	學生の應援で交通量調査
225038	朝鮮朝日	西北版	1932-07-24	1	06단	簡保大擴張
225039	朝鮮朝日	西北版	1932-07-24	1	06단	生絲にして賣らば儲かる製絲機購入を希望
225040	朝鮮朝日	西北版	1932-07-24	1	06단	暑休利用の少年就職者
225041	朝鮮朝日	西北版	1932-07-24	1	06단	電氣府營實現に邁進咸興府で
225042	朝鮮朝日	西北版	1932-07-24	1	06단	社會政策的な對策を要望さる經濟攻勢を無視した遣り方細民街借地料問題
225043	朝鮮朝日	西北版	1932-07-24	1	07단	茂利田曹長の八人斬り小畠軍曹は五人を友を語る浮邊軍曹/譽れの傳令田村上等兵
225044	朝鮮朝日	西北版	1932-07-24	1	08단	戰傷兵の見舞客平均四、五十名
225045	朝鮮朝日	西北版	1932-07-24	1	08단	栂野○隊仔熊を捕獲
225046	朝鮮朝日	西北版	1932-07-24	1	09단	特産品の販賣統制で産組を組織
225047	朝鮮朝日	西北版	1932-07-24	1	10단	橫領書記送局
225048	朝鮮朝日	西北版	1932-07-24	1	10단	今年に入り五萬圓が煙平壤の火災
225049	朝鮮朝日	西北版	1932-07-24	1	10단	僞貯金帳で騙る
225050	朝鮮朝日	西北版	1932-07-24	1	10단	枕金を猫婆墮胎を計る囚業な藝妓置屋
225051	朝鮮朝日	西北版	1932-07-24	1	10단	樂禮/柳京小話
225052	朝鮮朝日	南鮮版	1932-07-26	1	01단	四百四十萬圓の簡保積立金を貸付本年中に現金の貸付を實現利率、事業など決定
225053	朝鮮朝日	南鮮版	1932-07-26	1	01단	相搏つ意氣と力爭霸の白熱戰大會氣分はますます高湖す中部第一次豫選(二日目)/熱沙を蹴って縱橫に馳驅最後まで息詰る熱戰南鮮野球準決勝試合/3A一0二商勝つ大邱高普敗る
225054	朝鮮朝日	南鮮版	1932-07-26	1	04단	學生機京城發
225055	朝鮮朝日	南鮮版	1932-07-26	1	05단	京城府會で積立金條令附議
225056	朝鮮朝日	南鮮版	1932-07-26	1	05단	燈籠流し納凉花火大會夏の夜の行事

일련번호	판명		간행일	면	단수	기사명
225057	朝鮮朝日	南鮮版	1932-07-26	1	05단	新聞檢閱の統一を强調警察部長會議で
225058	朝鮮朝日	南鮮版	1932-07-26	1	06단	鮮米運賃問題は依然四すくみ協定やり直しか、背水の陣か脈かな解決は至難
225059	朝鮮朝日	南鮮版	1932-07-26	1	06단	電車速度制限
225060	朝鮮朝日	南鮮版	1932-07-26	1	07단	內外ニュース(滿洲國參議に筑紫中將を/郵政管理局でも取扱を一切停止/滿洲國郵便局全く閉鎖狀態/日本郵便局扱も受付を拒絶)
225061	朝鮮朝日	南鮮版	1932-07-26	1	08단	美しい人魚の群色揚げした河童連中夏の母のふところ賑はふ月ノ浦海水浴場
225062	朝鮮朝日	南鮮版	1932-07-26	1	09단	人(牛尾龍七氏)
225063	朝鮮朝日	南鮮版	1932-07-26	1	10단	安昌浩起訴外二名は起訴猶豫
225064	朝鮮朝日	南鮮版	1932-07-26	1	10단	嬰兒の死體他殺の疑
225065	朝鮮朝日	南鮮版	1932-07-26	1	10단	薄荷袋に水をかけて馬をいたはる
225066	朝鮮朝日	西北版	1932-07-26	1	01단	四百四十萬圓の簡保積立金を貸付本年中に現金の貸付を實現利率、事業など決定
225067	朝鮮朝日	西北版	1932-07-26	1	01단	都市は含まぬと財務局で難色平壤府の新規土木事業歸任した阿部府尹の土産話
225068	朝鮮朝日	西北版	1932-07-26	1	01단	額に汗してパンを賣る第一普校の正帽で一般學生に汗愛精神を奬勵
225069	朝鮮朝日	西北版	1932-07-26	1	03단	齋藤首相の銅像を建設寄附金を募集
225070	朝鮮朝日	西北版	1932-07-26	1	04단	新紙幣で十五萬圓
225071	朝鮮朝日	西北版	1932-07-26	1	04단	第二大同橋架設促進を總督府に陳情
225072	朝鮮朝日	西北版	1932-07-26	1	04단	護符の色素は猛烈な興奮劑大刀會匪を科學的に解剖す赤色の色素を分析
225073	朝鮮朝日	西北版	1932-07-26	1	04단	觀衆、展開する美技に陶醉喊聲牡丹台に谺す西北野球第一次試合(１２－３平中大勝鎭商潰ゆ)
225074	朝鮮朝日	西北版	1932-07-26	1	05단	商工業者救濟の調査方針決る平壤商議役員會で
225075	朝鮮朝日	西北版	1932-07-26	1	05단	鎭平銀の研究委員
225076	朝鮮朝日	西北版	1932-07-26	1	06단	盛夏に松茸
225077	朝鮮朝日	西北版	1932-07-26	1	06단	平壤でも鮮米擁護具體的に協議
225078	朝鮮朝日	西北版	1932-07-26	1	06단	安東郵政局閉塞命令に接す奉天郵政管理局より成行は頗る注目さる
225079	朝鮮朝日	西北版	1932-07-26	1	06단	越境部隊慰問使國境に向ふ/平壤飛行隊長嶺○隊の凱旋延期さる/李魁武配下匪賊約七百長白縣へ進擊/白濱○隊奮戰敵匪を擊破四名が輕傷

일련번호	판명		간행일	면	단수	기사명
225080	朝鮮朝日	西北版	1932-07-26	1	07단	鮮米運賃問題は依然四すくみ協定やり直しか、背水の陣か脈かな解決は至難
225081	朝鮮朝日	西北版	1932-07-26	1	07단	虎疫と赤痢防疫に大童
225082	朝鮮朝日	西北版	1932-07-26	1	07단	豪雨のため上水道濁る貯水池に濁水溢る
225083	朝鮮朝日	西北版	1932-07-26	1	08단	代行權を巡る糶市場問題ーまづ解決
225084	朝鮮朝日	西北版	1932-07-26	1	08단	不況と凶作で疲弊のどん底
225085	朝鮮朝日	西北版	1932-07-26	1	09단	排華事件假出所十九名
225086	朝鮮朝日	西北版	1932-07-26	1	09단	貨車と激突トラック大破
225087	朝鮮朝日	西北版	1932-07-26	1	09단	殺人犯捕はる
225088	朝鮮朝日	西北版	1932-07-26	1	10단	女將を襲った強盜犯人遂に捕はる
225089	朝鮮朝日	西北版	1932-07-26	1	10단	樂陶會第一回講習會
225090	朝鮮朝日	西北版	1932-07-26	1	10단	全鮮各局の證券保管數
225091	朝鮮朝日	西北版	1932-07-26	1	10단	人(牛尾龍七氏)
225092	朝鮮朝日	西北版	1932-07-26	1	10단	樂禮/柳京小話
225093	朝鮮朝日	南鮮版	1932-07-27	1	01단	內地對植民地の抗爭ますます激化拓務省板挾みの窮地に陷る米穀統制反對運動
225094	朝鮮朝日	南鮮版	1932-07-27	1	01단	第二次救窮事業愈よ實施に決定財源は大藏省の低利資金で容認あり次第着手
225095	朝鮮朝日	南鮮版	1932-07-27	1	01단	絕對反對の氣勢をあぐ各要路に決議を打電鮮米擁護の釜山期成會で
225096	朝鮮朝日	南鮮版	1932-07-27	1	01단	全國中等校地歷教員大會廿九日から三日間京城師範校で開催
225097	朝鮮朝日	南鮮版	1932-07-27	1	03단	辭令(東京電話)
225098	朝鮮朝日	南鮮版	1932-07-27	1	04단	警察部長會議
225099	朝鮮朝日	南鮮版	1932-07-27	1	04단	熱と力を傾け精魂を盡くす球技の豪華版を展開南鮮第一次豫選優勝試合/打擊戰を展開し劈頭より波瀾東萊高普堂々優勝/榮光に輝く東萊高普へ本社優勝旗を授與南鮮豫選幕を閉づ/南鮮豫選(二日目)１４－９東萊勝つ釜山一商惜敗/１１－０快打を浴びせて木浦商業勝つ全州高普零敗す/仁川の強剛に捨身の戰法南商業對鐵道學校最初から打擊戰を展開/湖南豫選(二日目)１７Ａ－９裡里快勝淸州涙を呑む/中部豫選(二日目)７－１京工振はず京商大勝
225100	朝鮮朝日	南鮮版	1932-07-27	1	05단	內外ニュース(臨時議會は九月に延期か/山岡關東長官に歸京方電命/滿鐵總裁に林伯を正式決定)

일련번호	판명		간행일	면	단수	기사명
225101	朝鮮朝日	南鮮版	1932-07-27	1	06단	小工事を中心に勞銀を普遍化農漁山村に應急的の救濟策經費は三千五百萬圓
225102	朝鮮朝日	南鮮版	1932-07-27	1	07단	匪賊の跳梁で想像以上の苦心國境警備は愼重に考慮總督府池田警務局長は語る/保安課長は兼任/特高網の增員割當
225103	朝鮮朝日	西北版	1932-07-27	1	01단	內地對植民地の抗爭ますます激化拓務省板挾みの窮地に陷る米穀統制反對運動
225104	朝鮮朝日	西北版	1932-07-27	1	01단	第二次救窮事業愈よ實施に決定財源は大藏省の低利資金で容認あり次第着手
225105	朝鮮朝日	西北版	1932-07-27	1	01단	西北豫選準決勝試合 一球一打に心を躍らす新義州中學名を成す海州高普の恨は長し/１６Ａ―０コールドゲーム平中悠々快勝新商零敗を喫す
225106	朝鮮朝日	西北版	1932-07-27	1	02단	辭令(東京電話)
225107	朝鮮朝日	西北版	1932-07-27	1	03단	安東郵政局圓滿に接收王局長ら數名南京に引揚ぐ
225108	朝鮮朝日	西北版	1932-07-27	1	04단	夏季農業講習會
225109	朝鮮朝日	西北版	1932-07-27	1	04단	霖雨の損害約三十萬圓交通系統全く混亂越境部隊の行動に大影響
225110	朝鮮朝日	西北版	1932-07-27	1	04단	府稅納入成績は前年より良好
225111	朝鮮朝日	西北版	1932-07-27	1	05단	その頃(9)/劔花坊の祕藏子さうした時代もあった俳人龜山未刀氏
225112	朝鮮朝日	西北版	1932-07-27	1	05단	匪賊の跳梁で想像以上の苦心國境警備は愼重に考慮總督府池田警務局長は語る
225113	朝鮮朝日	西北版	1932-07-27	1	06단	一面一校計劃最も安價に八千圓限度
225114	朝鮮朝日	西北版	1932-07-27	1	06단	金剛山を凌駕する北鮮のアルプス大々的に登山を奬勵
225115	朝鮮朝日	西北版	1932-07-27	1	06단	平壤バスと箕城券番府營電車を保護株式組織は既定方針で進む佐伯警察部長語る
225116	朝鮮朝日	西北版	1932-07-27	1	07단	近く竣工する平壤病院病舍
225117	朝鮮朝日	西北版	1932-07-27	1	08단	朝窒硫安の使用を勸說ドイツ硫安より安い
225118	朝鮮朝日	西北版	1932-07-27	1	08단	繭價の慘落で農家賣惜む郡農會手數料大減收道當局對策に頭を惱ます
225119	朝鮮朝日	西北版	1932-07-27	1	08단	百日咳驢馬と接吻迷信打破に躍起
225120	朝鮮朝日	西北版	1932-07-27	1	08단	滿洲粟ほか卅石を惠む部落民感激す
225121	朝鮮朝日	西北版	1932-07-27	1	09단	咸南の植付全部完了す
225122	朝鮮朝日	西北版	1932-07-27	1	10단	渾水泡の駐在所員に激勵感謝電
225123	朝鮮朝日	西北版	1932-07-27	1	10단	これはまた皮肉な線路妨害

일련번호	판명		간행일	면	단수	기사명
225124	朝鮮朝日	西北版	1932-07-27	1	10단	樂禮/柳京小話
225125	朝鮮朝日	南鮮版	1932-07-28	1	01단	米、石炭、木材など全般的の經濟統制 植民地を含む統制案を建議その成行は 注目さる
225126	朝鮮朝日	南鮮版	1932-07-28	1	01단	灼熱の太陽の下熱球沙を噛む新銳古豪 入り亂れて肉薄戰中部豫選の準決勝/3 A一2仁商利あらず凱歌は京商に全く息 詰る白熱戰/湖南豫選(三日目)8A一4裡 里農林に凱歌揚る/全鮮を統一する野球 聯盟を組織野球統制八月一日より實施
225127	朝鮮朝日	南鮮版	1932-07-28	1	04단	特高增員割當
225128	朝鮮朝日	南鮮版	1932-07-28	1	04단	共匪の跳梁に苦鬪を續く朝鮮軍日夜の 勞苦を思ひ銃後の應援を待望
225129	朝鮮朝日	南鮮版	1932-07-28	1	04단	運輸改善座談會
225130	朝鮮朝日	南鮮版	1932-07-28	1	05단	可、不可のない平凡な異動一般の豫想 を裏切る
225131	朝鮮朝日	南鮮版	1932-07-28	1	06단	京城蔚山兩飛行場滑走路新設着陸場地 均し工事遞信局の救窮事業計劃案
225132	朝鮮朝日	南鮮版	1932-07-28	1	06단	內外ニュース(交涉團體數を超過す國策 研究俱樂部/我が提議を支那側拒絶郵便 封鎖問題/駐滿特命全權隨員の候補/參議 府入りに有力な三氏)
225133	朝鮮朝日	南鮮版	1932-07-28	1	07단	近く上京目的貫徹の陳情を行ふ
225134	朝鮮朝日	南鮮版	1932-07-28	1	07단	農村のSOSを正しく打診窮民の生活を 精査
225135	朝鮮朝日	南鮮版	1932-07-28	1	07단	赤線廢止の服制を改正近く斷行か
225136	朝鮮朝日	南鮮版	1932-07-28	1	08단	京電の寄附邑面に手交
225137	朝鮮朝日	南鮮版	1932-07-28	1	08단	農林局は五課で編成官制改正發布
225138	朝鮮朝日	南鮮版	1932-07-28	1	08단	東萊高普優勝に地元大騷ぎ
225139	朝鮮朝日	南鮮版	1932-07-28	1	09단	醉っ拂って線路に寝る列車で重傷
225140	朝鮮朝日	南鮮版	1932-07-28	1	09단	各道夏秋鼈掃立見込數卅二萬五千五百 八十五枚前年に比し七分減
225141	朝鮮朝日	南鮮版	1932-07-28	1	09단	持ち込んだ水喧嘩旣に廿數件
225142	朝鮮朝日	南鮮版	1932-07-28	1	10단	反帝事件更に擴大五十餘名檢擧
225143	朝鮮朝日	南鮮版	1932-07-28	1	10단	細胞組織の存在が暴露共産黨事件で
225144	朝鮮朝日	南鮮版	1932-07-28	1	10단	殖銀前に捨子
225145	朝鮮朝日	西北版	1932-07-28	1	01단	米、石炭、木材など全般的の經濟統制 植民地を含む統制案を建議その成行は 注目さる

일련번호	판명		간행일	면	단수	기사명
225146	朝鮮朝日	西北版	1932-07-28	1	01단	第二次窮民救濟土木事業計劃案を決定道路改修と下水改修兩工事第三期の市區改正
225147	朝鮮朝日	西北版	1932-07-28	1	01단	十六のゴム工場組合を組織滿洲國進出のために平壤府の斡旋で
225148	朝鮮朝日	西北版	1932-07-28	1	01단	警備列車が拾った事故
225149	朝鮮朝日	西北版	1932-07-28	1	02단	聯合婦人會解散式擧行軍警に慰問金
225150	朝鮮朝日	西北版	1932-07-28	1	02단	水道擴張計劃は多少縮小する內務局土木課と折衝の結果阿部府尹の歸壤談
225151	朝鮮朝日	西北版	1932-07-28	1	03단	咸南道の失救事業計劃
225152	朝鮮朝日	西北版	1932-07-28	1	04단	愛國機來壤
225153	朝鮮朝日	西北版	1932-07-28	1	04단	交通量調査
225154	朝鮮朝日	西北版	1932-07-28	1	04단	沒落過程の商工業者の救濟を講ず
225155	朝鮮朝日	西北版	1932-07-28	1	04단	共匪の跳梁に苦鬪を續く朝鮮軍日夜の勞苦を思ひ銃後の應援を待望
225156	朝鮮朝日	西北版	1932-07-28	1	04단	*死物狂ひの唐聚五通化城で戰費/徐文海軍匪賊と奮戰中山○隊出動/傷病兵を見舞ひ慰問品贈呈*
225157	朝鮮朝日	西北版	1932-07-28	1	05단	各道夏秋蠶掃立見込數卅二萬五千五百八十五枚前年に比し七分減
225158	朝鮮朝日	西北版	1932-07-28	1	06단	可、不可のない平凡な異動一般の豫想を裏切る(渡邊農林局長/穗積殖産局長/田中外事課長)
225159	朝鮮朝日	西北版	1932-07-28	1	06단	山林係を課に獨立近く平南で
225160	朝鮮朝日	西北版	1932-07-28	1	06단	負債の整理と低利資金の融通高利債を低利債に乘替へる漁村救濟の第一步
225161	朝鮮朝日	西北版	1932-07-28	1	07단	重兒を負はせ大同江に投げ込んだか
225162	朝鮮朝日	西北版	1932-07-28	1	07단	*西北代表決る榮冠・再び平中に新中の肉薄も遂に空し意氣揚々と大優勝旗を受く/２０－６ 長打を連發し堂々と勝つ*
225163	朝鮮朝日	西北版	1932-07-28	1	08단	全鮮を統一する野球聯盟を組織野球統制八月一日より實施
225164	朝鮮朝日	西北版	1932-07-28	1	09단	自力更生の朝起會組織に着手
225165	朝鮮朝日	西北版	1932-07-28	1	10단	豪雨のため京義線一部線路流失
225166	朝鮮朝日	西北版	1932-07-28	1	10단	持逃げ手配
225167	朝鮮朝日	西北版	1932-07-28	1	10단	嬰傷を遺棄
225168	朝鮮朝日	西北版	1932-07-28	1	10단	銀貨を僞造
225169	朝鮮朝日	西北版	1932-07-28	1	10단	もよほし(樂陶會第二回講習會)
225170	朝鮮朝日	西北版	1932-07-28	1	10단	樂禮/柳京小話

일련번호	판명		간행일	면	단수	기사명
225171	朝鮮朝日	南鮮版	1932-07-29	1	01단	十二ヶ年繼續で大々的に産馬增殖軍馬の自給自足が第一目標本年度から實施
225172	朝鮮朝日	南鮮版	1932-07-29	1	01단	自動車行政の根本方針を確立自動車事業令を實施する鐵道局の立案成る
225173	朝鮮朝日	南鮮版	1932-07-29	1	01단	空晴れ・風爽涼快試合を展開相見ゆるは京商、京中の兩雄中部豫選優勝戰/2A－1中部の榮冠は再び京商へ京中淚を呑んで退く/霸權を握るは果して何校か全力を傾くる强豪四チーム朝鮮第二次豫選/優勝杯と優勝旗京商チームへ中部豫選終る/東萊高普必勝を期し京城へ向ふ/南鮮、湖南、西北各代表廿八日京城着廿九日茶話會
225174	朝鮮朝日	南鮮版	1932-07-29	1	03단	市場視察團
225175	朝鮮朝日	南鮮版	1932-07-29	1	03단	內鮮直通電話中繼所着工搬送式電信機械は目下釜山局內に据付工事中
225176	朝鮮朝日	南鮮版	1932-07-29	1	04단	地歷敎員會仁川を視察
225177	朝鮮朝日	南鮮版	1932-07-29	1	04단	漢江の人道橋改築を要望實現は困難
225178	朝鮮朝日	南鮮版	1932-07-29	1	05단	愛國機朝鮮號の模型を貰って大よろこび釜山憲兵分隊長の坊ちゃんと孃ちゃん
225179	朝鮮朝日	南鮮版	1932-07-29	1	06단	北大見學團和歌山視察團
225180	朝鮮朝日	南鮮版	1932-07-29	1	08단	第二次豫選順序
225181	朝鮮朝日	南鮮版	1932-07-29	1	08단	愛鄕塾主京城通過
225182	朝鮮朝日	南鮮版	1932-07-29	1	09단	本紙讀者優待週間
225183	朝鮮朝日	南鮮版	1932-07-29	1	09단	京城土木談合事件新事實續々發覺官界方面にも飛火か
225184	朝鮮朝日	南鮮版	1932-07-29	1	09단	メーデーを期し暴動を企つ釜山赤色組合員七名けふ豫審終結有罪公判へ
225185	朝鮮朝日	南鮮版	1932-07-29	1	10단	新羅時代の觀音像一體を發掘
225186	朝鮮朝日	南鮮版	1932-07-29	1	10단	火葬場のグロ
225187	朝鮮朝日	南鮮版	1932-07-29	1	10단	賭博で口論蹴殺す犯人捕はる
225188	朝鮮朝日	南鮮版	1932-07-29	1	10단	もよほし(浦項無盡會社總會)
225189	朝鮮朝日	西北版	1932-07-29	1	01단	十二ヶ年繼續で大々的に産馬增殖軍馬の自給自足が第一目標本年度から實施
225190	朝鮮朝日	西北版	1932-07-29	1	01단	自動車行政の根本方針を確立自動車事業令を實施する鐵道局の立案成る
225191	朝鮮朝日	西北版	1932-07-29	1	01단	川島軍司令官羅南を初巡視
225192	朝鮮朝日	西北版	1932-07-29	1	02단	一ヶ月平均四萬八千圓人夫三萬人の懷へ黃金亂舞時代の城津奧地

일련번호	판명		간행일	면	단수	기사명
225193	朝鮮朝日	西北版	1932-07-29	1	03단	指導者から見た農村の姿(B)/農村の不況打開の根本策！營農法の合理化は如何にするか
225194	朝鮮朝日	西北版	1932-07-29	1	04단	局員にキャンプ
225195	朝鮮朝日	西北版	1932-07-29	1	04단	內鮮直通電話中繼所着工搬送式電信機械は目下釜山局內に据付工事中
225196	朝鮮朝日	西北版	1932-07-29	1	04단	林間學校を訪ふ嘉村將軍が
225197	朝鮮朝日	西北版	1932-07-29	1	04단	平壤部隊へ熱河匪賊の再討伐哀願
225198	朝鮮朝日	西北版	1932-07-29	1	05단	鮮米擁護期成會組織次の總會で
225199	朝鮮朝日	西北版	1932-07-29	1	05단	闇の大同橋不良が跳梁する點燈も實現困難
225200	朝鮮朝日	西北版	1932-07-29	1	05단	黃金狂時代三井、三菱等の大財閥が着眼西鮮の金鑛界に時ならぬ好況時が出現か
225201	朝鮮朝日	西北版	1932-07-29	1	06단	賣出した滿洲國の新切手と新葉書
225202	朝鮮朝日	西北版	1932-07-29	1	06단	殆ど原案通りに內務局で査定し僅か一萬四千圓を減じたのみ平壤水道擴張計劃
225203	朝鮮朝日	西北版	1932-07-29	1	07단	犯罪搜査に鳩軍を動員駐在所に鳩舍
225204	朝鮮朝日	西北版	1932-07-29	1	08단	煙草代りにけしの若葉
225205	朝鮮朝日	西北版	1932-07-29	1	08단	船橋里にボヤ
225206	朝鮮朝日	西北版	1932-07-29	1	08단	自動車轉落す
225207	朝鮮朝日	西北版	1932-07-29	1	08단	元造浦漁港の築港を上申窮民救濟事業として實現の機運濃厚
225208	朝鮮朝日	西北版	1932-07-29	1	09단	營業稅輕減や低資融通を希望殖産局の諮問に對し平壤中小商工業者
225209	朝鮮朝日	西北版	1932-07-29	1	09단	女學生と猫心中
225210	朝鮮朝日	西北版	1932-07-29	1	09단	上半期の交通事故
225211	朝鮮朝日	西北版	1932-07-29	1	10단	チフス豫防井戶を消毒
225212	朝鮮朝日	西北版	1932-07-29	1	10단	新羅時代の觀音像一體を發掘
225213	朝鮮朝日	西北版	1932-07-29	1	10단	第二次豫選順序
225214	朝鮮朝日	西北版	1932-07-29	1	10단	樂禮/柳京小話
225215	朝鮮朝日	南鮮版	1932-07-30	1	01단	農村更生の燈台精神的奮起を促す生産方面の改良支出の儉約劃期的通牒を發す
225216	朝鮮朝日	南鮮版	1932-07-30	1	01단	救窮事業の要求額決る總額三千五百萬圓農漁山村救濟の應急對策
225217	朝鮮朝日	南鮮版	1932-07-30	1	01단	四ヶ年繼續九十萬圓で市區改正を斷行開城百年の大計を樹立
225218	朝鮮朝日	南鮮版	1932-07-30	1	01단	虛弱兒童の林間學校水晶園で先生のお伽話を聞きつゝ靜かに夢路を辿る

일련번호	판명		간행일	면	단수	기사명
225219	朝鮮朝日	南鮮版	1932-07-30	1	03단	明治大帝の御式年祭に臨時祭典執行
225220	朝鮮朝日	南鮮版	1932-07-30	1	03단	開城府會
225221	朝鮮朝日	南鮮版	1932-07-30	1	04단	人道橋改築陳情
225222	朝鮮朝日	南鮮版	1932-07-30	1	04단	總督府辭令
225223	朝鮮朝日	南鮮版	1932-07-30	1	04단	京城着の駒井滿洲國總務長官一行
225224	朝鮮朝日	南鮮版	1932-07-30	1	04단	商議總會の出席者決る
225225	朝鮮朝日	南鮮版	1932-07-30	1	05단	宇垣總督園公を訪問
225226	朝鮮朝日	南鮮版	1932-07-30	1	05단	旱害に備へ蕎麥を植う最後の手段に
225227	朝鮮朝日	南鮮版	1932-07-30	1	05단	祭粢料下賜匪賊討伐に戰死の二警官に
225228	朝鮮朝日	南鮮版	1932-07-30	1	06단	意氣と力の火花を散らすけふ準優勝戰の火蓋切らる壯絶快絶の快試合/朝鮮第二次豫選準優勝組合せ決る卅、卅一日京城球場で擧行/球場雜觀
225229	朝鮮朝日	南鮮版	1932-07-30	1	07단	愛國機命名式
225230	朝鮮朝日	南鮮版	1932-07-30	1	07단	府の諸懸案近く片付く起債認可促進を運動杉山釜山府理事官語る
225231	朝鮮朝日	南鮮版	1932-07-30	1	07단	一千萬圓の大信託會社信託協會對策を練る出方如何では相當波瀾か
225232	朝鮮朝日	南鮮版	1932-07-30	1	08단	京城商議議員總會
225233	朝鮮朝日	南鮮版	1932-07-30	1	09단	兄の仇と思ひ棍棒で毆殺つけ狙って恨を晴らす犯人は自宅で逮捕
225234	朝鮮朝日	南鮮版	1932-07-30	1	09단	線路枕でまた重傷
225235	朝鮮朝日	南鮮版	1932-07-30	1	09단	日支間に育くまれた國際美談
225236	朝鮮朝日	南鮮版	1932-07-30	1	10단	公金費消の郡農會會計起訴公判へ
225237	朝鮮朝日	南鮮版	1932-07-30	1	10단	巡査人を斬る
225238	朝鮮朝日	南鮮版	1932-07-30	1	10단	全南水産會評議員選擧
225239	朝鮮朝日	南鮮版	1932-07-30	1	10단	もよほし(第二回全鮮商工會議所調査會打合會/ヴァイオリン講習會)
225240	朝鮮朝日	西北版	1932-07-30	1	01단	農村更生の燈台精神的奮起を促す生産方面の改良支出の儉約劃期的通牒を發す
225241	朝鮮朝日	西北版	1932-07-30	1	01단	地方費補助など無くとも結構早く施工して貰へば良いと市區改正に乘氣の平壤
225242	朝鮮朝日	西北版	1932-07-30	1	01단	各道に移管の火田民の整理一氣呵成に具體化火田の熱田化を計る方針
225243	朝鮮朝日	西北版	1932-07-30	1	01단	早起して淸潔作業吾新面青年團
225244	朝鮮朝日	西北版	1932-07-30	1	02단	月末現在失業者數
225245	朝鮮朝日	西北版	1932-07-30	1	02단	技術者から見た農村の姿(C)/農村の不況打開の根本策營農法の合理化を如何にするか

일련번호	판명		간행일	면	단수	기사명
225246	朝鮮朝日	西北版	1932-07-30	1	03단	滿浦鎭線第二區工事七月末完成
225247	朝鮮朝日	西北版	1932-07-30	1	04단	人(王衆役氏(安東郵政局長))
225248	朝鮮朝日	西北版	1932-07-30	1	04단	新切手新葉書賣行良し忙しい安東郵政局
225249	朝鮮朝日	西北版	1932-07-30	1	04단	滿洲國切手を貼った郵便物の取扱支那政府はどうする
225250	朝鮮朝日	西北版	1932-07-30	1	05단	西北第一次豫選で優勝した平壤中學ナイン(下)同チームのバッテリー朴投手(右)小川捕手
225251	朝鮮朝日	西北版	1932-07-30	1	05단	ナンジヤ髪宣傳週間民風を改善
225252	朝鮮朝日	西北版	1932-07-30	1	05단	百草溝方面危險となる/二勇士の告別式/人質料六百圓で虎口を脱す
225253	朝鮮朝日	西北版	1932-07-30	1	06단	事前の公約は出來難いと云ふ平壤府廳明年度よりの着工は豫算に計上を見ぬ以上駄目
225254	朝鮮朝日	西北版	1932-07-30	1	07단	松毛蟲の蛾蟲を捕殺牡丹台に誘蛾燈を設備
225255	朝鮮朝日	西北版	1932-07-30	1	07단	密林中にて妻を殺した男潛伏中を逮捕さる
225256	朝鮮朝日	西北版	1932-07-30	1	07단	新義州の水害鴨緑江の增水五メートル浸水家屋百戸を出す
225257	朝鮮朝日	西北版	1932-07-30	1	08단	元山と咸興に公設授産所都會地の細民救濟に自力更生の道を拓く
225258	朝鮮朝日	西北版	1932-07-30	1	08단	スポーツ(4A-2 明大勝つ平鐵善戰す)
225259	朝鮮朝日	西北版	1932-07-30	1	08단	峠で强盗
225260	朝鮮朝日	西北版	1932-07-30	1	09단	乳牛檢査
225261	朝鮮朝日	西北版	1932-07-30	1	09단	狂言自殺
225262	朝鮮朝日	西北版	1932-07-30	1	09단	自動車が列車と衝突車體のみ大破
225263	朝鮮朝日	西北版	1932-07-30	1	10단	龍山聯隊松田大尉ピストル自殺
225264	朝鮮朝日	西北版	1932-07-30	1	10단	手荷物を配達平壤新義州鎭南浦驛で
225265	朝鮮朝日	西北版	1932-07-30	1	10단	樂禮/柳京小話
225266	朝鮮朝日	南鮮版	1932-07-31	1	01단	戰はん哉時到る潑刺純眞の快技輝く霸者は果して何校朝鮮中等野球第二次豫選幕開く/長打を連發し新進東萊勝つ昨年の代表校京商恨を呑む準優勝試合劈頭に/戰を目前に服かに談笑ベストフォア茶話會/東萊高普京商を屠るファン狂喜す
225267	朝鮮朝日	南鮮版	1932-07-31	1	04단	卸商聯盟見本市
225268	朝鮮朝日	南鮮版	1932-07-31	1	04단	全鮮に互り信託會社の業務を檢査

일련번호	판명		간행일	면	단수	기사명
225269	朝鮮朝日	南鮮版	1932-07-31	1	04단	大邱地方の殺人的酷暑卅八度四一滴の雨さへ見ず日射病患者續出す/きのふ遂に三十八度六物皆生氣を失ふ
225270	朝鮮朝日	南鮮版	1932-07-31	1	05단	內外ニュース(明治天皇の御廿年式祭嚴修せらる/ゼネヴァへ趙氏を特派/我對滿政策を米國牽制か對日通牒公表/滿洲國承認は旣定の事實駒井長官へ陸相の回答/學良、軍隊を熱河へ集結)
225271	朝鮮朝日	南鮮版	1932-07-31	1	05단	繼まった救農案重點を勞銀撒布に大信託、避難民救濟等當面の問題を語る今井田總監
225272	朝鮮朝日	南鮮版	1932-07-31	1	05단	今後の工事は隨意契約を原則とする
225273	朝鮮朝日	南鮮版	1932-07-31	1	06단	最高溫度を移動觀測釜山測候所で
225274	朝鮮朝日	南鮮版	1932-07-31	1	07단	大鳥居奉獻式盛大に執行
225275	朝鮮朝日	南鮮版	1932-07-31	1	07단	もよほし(統營郡長承浦漁業組合總代會)
225276	朝鮮朝日	南鮮版	1932-07-31	1	07단	夏の夜の豪華版火花大會と燈籠流し涼味溢るゝ仕掛花火燈影花の如く水に搖ぐ
225277	朝鮮朝日	南鮮版	1932-07-31	1	09단	漁村救濟策成る負債の整理漁船の資金化等々總督府の承認を求め實施
225278	朝鮮朝日	南鮮版	1932-07-31	1	09단	鮮米擁護の東上委員
225279	朝鮮朝日	南鮮版	1932-07-31	1	10단	鮮米擁護に續々と東上
225280	朝鮮朝日	南鮮版	1932-07-31	1	10단	關羽ひげのあやしい男搏鬪の末逮捕
225281	朝鮮朝日	南鮮版	1932-07-31	1	10단	大邱の强盜釜山で逮捕餘罪取調中
225282	朝鮮朝日	南鮮版	1932-07-31	1	10단	無免許運轉手荷車引を轢殺
225283	朝鮮朝日	西北版	1932-07-31	1	01단	戰はん哉時到る潑剌純眞の快技輝く霸者は果して何校朝鮮中等野球第二次豫選幕開く/長打を連發し新進東萊勝つ昨年の代表校京商恨を呑む準優勝試合劈頭に/戰を目前に眼かに談笑ベストフォア茶話會/平中の打擊振ひ悠々と快勝す三回の裏一擧に四點を先取木浦商業利あらず
225284	朝鮮朝日	西北版	1932-07-31	1	04단	卸商聯盟見本市
225285	朝鮮朝日	西北版	1932-07-31	1	04단	鎭南浦の都市計劃
225286	朝鮮朝日	西北版	1932-07-31	1	05단	運賃や關稅の低下を希望平壤品の滿洲輸出に當業者達の希望
225287	朝鮮朝日	西北版	1932-07-31	1	05단	朝鮮豫選優勝試合
225288	朝鮮朝日	西北版	1932-07-31	1	05단	約三割の增收平南の大麥や小麥作柄
225289	朝鮮朝日	西北版	1932-07-31	1	05단	頂點に達した泥試合雙方から告訴

일련번호	판명		간행일	면	단수	기사명
225290	朝鮮朝日	西北版	1932-07-31	1	05단	朝鮮で未曾有の織物の生産過剩繭を賣惜んだ農民が再度の暴落に惱む日來る
225291	朝鮮朝日	西北版	1932-07-31	1	06단	各道から陳情攻め道路改修の
225292	朝鮮朝日	西北版	1932-07-31	1	06단	鳳凰城の守備隊に裝甲自動車來る/雜草繁茂期の八道溝奧地不安に戰く/匪賊討伐に警察飛行班設置に決定
225293	朝鮮朝日	西北版	1932-07-31	1	07단	三割から四割高利に泣く漁民漁業組合に金組、産組の如く低資の融通が急務
225294	朝鮮朝日	西北版	1932-07-31	1	08단	沙金採取に狂奔して田畑や道を荒す
225295	朝鮮朝日	西北版	1932-07-31	1	08단	委任經營の交涉近く開始鐵道局と价川鐵道
225296	朝鮮朝日	西北版	1932-07-31	1	08단	狼群現はれ牛を咬殺す
225297	朝鮮朝日	西北版	1932-07-31	1	08단	父の悲嘆
225298	朝鮮朝日	西北版	1932-07-31	1	08단	反戰デーを警戒す
225299	朝鮮朝日	西北版	1932-07-31	1	09단	定州郡內の水害損害額
225300	朝鮮朝日	西北版	1932-07-31	1	09단	滿洲熱を利用した詐欺團檢擧
225301	朝鮮朝日	西北版	1932-07-31	1	09단	兵士の母が慰問に奔走倅によせられた慰問のお禮返しとあって
225302	朝鮮朝日	西北版	1932-07-31	1	10단	きのふ遂に三十八度六物皆生氣を失ふ
225303	朝鮮朝日	西北版	1932-07-31	1	10단	樂禮/柳京小話

1932년 8월 (조선아사히)

일련번호	판명		간행일	면	단수	기사명
225304	朝鮮朝日	南鮮版	1932-08-02	1	01단	米價の調節を更に徹底化す鮮米の貯藏を大々的に獎勵農務課で案を練る
225305	朝鮮朝日	南鮮版	1932-08-02	1	01단	一面一校に手心を加ふ緊急なものから着手
225306	朝鮮朝日	南鮮版	1932-08-02	1	01단	李鍝公殿下
225307	朝鮮朝日	南鮮版	1932-08-02	1	01단	勞光に輝く優勝旗を先頭に平中ナイン花々しく凱施す近く憧れの甲子園へ
225308	朝鮮朝日	南鮮版	1932-08-02	1	02단	三萬二千圓の勞銀を撒布農救沙防工事
225309	朝鮮朝日	南鮮版	1932-08-02	1	03단	德壽宮跡を一般に開放府民の熱望で公園化篠田李王職長官は語る
225310	朝鮮朝日	南鮮版	1932-08-02	1	03단	交付公債買上價格
225311	朝鮮朝日	南鮮版	1932-08-02	1	04단	在滿將兵慰問の旭川少年團釜山通過北行
225312	朝鮮朝日	南鮮版	1932-08-02	1	04단	釜山、蔚山間乘合自動車値下げ斷行
225313	朝鮮朝日	南鮮版	1932-08-02	1	05단	內外ニュース(駐米大使に歸朝命令更迭は確定的/反吉林軍飛行場襲擊直ちに擊退)
225314	朝鮮朝日	南鮮版	1932-08-02	1	06단	石鹼行商で慰問金
225315	朝鮮朝日	南鮮版	1932-08-02	1	06단	狂った水銀柱殺人的苦熱昇る昇る爆發物は危險狀態朝鮮で初めて嚴重に警告
225316	朝鮮朝日	南鮮版	1932-08-02	1	08단	舊廳舍跡の賣却を懇談中央電話局敷地に
225317	朝鮮朝日	南鮮版	1932-08-02	1	09단	旱天續きに夜半の火事全半燒七戶
225318	朝鮮朝日	南鮮版	1932-08-02	1	09단	密漁船を追跡されて監視員に暴行
225319	朝鮮朝日	南鮮版	1932-08-02	1	09단	六道溝に眞性コレラ支那人の一家三名朝鮮側は大恐慌を來す
225320	朝鮮朝日	南鮮版	1932-08-02	1	10단	昇降機で重傷
225321	朝鮮朝日	南鮮版	1932-08-02	1	10단	京仁バス電柱に激突女車掌重傷
225322	朝鮮朝日	南鮮版	1932-08-02	1	10단	海中に轉落
225323	朝鮮朝日	西北版	1932-08-02	1	01단	滿洲國をめざし朖らかに誕生將來は産業組合にまで進展平壤靴下輸出組合
225324	朝鮮朝日	西北版	1932-08-02	1	01단	晴の朝鮮代表我等の平中凱旋驛頭を埋めた府民の大歡迎炎天下に市中行進
225325	朝鮮朝日	西北版	1932-08-02	1	01단	輝く榮譽((上)優勝した平中ナイン(中)五島主將に林朝鮮體育協會長から優勝旗を授與(下)スタンドを埋めたその日の大觀衆)
225326	朝鮮朝日	西北版	1932-08-02	1	04단	盛んに採掘安州の泥炭
225327	朝鮮朝日	西北版	1932-08-02	1	04단	林間圖書館卅日から開場
225328	朝鮮朝日	西北版	1932-08-02	1	04단	米價の調節を更に徹底化す鮮米の貯藏を大々的に獎勵農務課で案を練る

일련번호	판명		간행일	면	단수	기사명
225329	朝鮮朝日	西北版	1932-08-02	1	04단	晩達面の副業組合成績が良い
225330	朝鮮朝日	西北版	1932-08-02	1	04단	販賣所長會議
225331	朝鮮朝日	西北版	1932-08-02	1	05단	自費を投じ無産子弟を教育殖銀行員李君の美擧
225332	朝鮮朝日	西北版	1932-08-02	1	04단	スポーツ(平實勝つ)
225333	朝鮮朝日	西北版	1932-08-02	1	06단	五傷病兵平壤に歸る/傷病兵の轉送
225334	朝鮮朝日	西北版	1932-08-02	1	06단	鐵山登串洞に漁港修築を計劃/漁業農村振興の一助として道當局實現を期す
225335	朝鮮朝日	西北版	1932-08-02	1	07단	軍用犬を獻納靑島から慶安丸で到着軍犬班組織さる
225336	朝鮮朝日	西北版	1932-08-02	1	07단	衛生試驗室の設置を計劃優染病都市平壤が
225337	朝鮮朝日	西北版	1932-08-02	1	08단	納涼マーケット十日から平壤で開く
225338	朝鮮朝日	西北版	1932-08-02	1	09단	片倉製絲女エハン・スト檢束者を戻せ
225339	朝鮮朝日	西北版	1932-08-02	1	09단	內鮮融和の隱れた功勞者山田、神永の兩女丈夫
225340	朝鮮朝日	西北版	1932-08-02	1	09단	安東縣に眞性コレラ患者一名發生
225341	朝鮮朝日	西北版	1932-08-02	1	10단	鄕軍と愛婦慰問袋募集
225342	朝鮮朝日	西北版	1932-08-02	1	10단	採栢草で蠅を驅除
225343	朝鮮朝日	西北版	1932-08-02	1	10단	納涼演藝行脚夏のナンセンス
225344	朝鮮朝日	西北版	1932-08-02	1	10단	また柱東驛の金庫を襲ふ目的を達せず逃走
225345	朝鮮朝日	西北版	1932-08-02	1	10단	朝鮮四號機十一日に平壤飛來
225346	朝鮮朝日	西北版	1932-08-02	1	10단	もよほし(鎭平銀硏究委員會)
225347	朝鮮朝日	南鮮版	1932-08-03	1	01단	集團的に居住し相當の武器を貸與在滿朝鮮人自體で自衛方法避難鮮農の安住策
225348	朝鮮朝日	南鮮版	1932-08-03	1	01단	米穀買上資金を四億圓に增額內地中心の統制計劃は放棄鮮內にも米穀統制
225349	朝鮮朝日	南鮮版	1932-08-03	1	01단	大きな原因は瓜の出盛り滿洲粟の輸入急減
225350	朝鮮朝日	南鮮版	1932-08-03	1	01단	司法官の盥廻し異動行政整理の地震につぐ本年第二次の大搖れ
225351	朝鮮朝日	南鮮版	1932-08-03	1	03단	鮮米擁護に水野、吉田兩氏東上
225352	朝鮮朝日	南鮮版	1932-08-03	1	03단	參政權獲得に國民協會が猛運動を起す
225353	朝鮮朝日	南鮮版	1932-08-03	1	03단	小麥一千叺の共販を實施農家自ら商家となり仲介人の利鞘を廢除す
225354	朝鮮朝日	南鮮版	1932-08-03	1	04단	警察部廳舍改築
225355	朝鮮朝日	南鮮版	1932-08-03	1	05단	廿八年振り空前の少量平年の一割にも達しない釜山地方の降雨量

일련번호	판명		간행일	면	단수	기사명
225356	朝鮮朝日	南鮮版	1932-08-03	1	06단	內外ニュース(團匪賠償金支拂停止に英米伊同意/學良使嗾の匪賊約五百牛家屯を襲ふ/空の使節訪滿學生機使命を果たす)
225357	朝鮮朝日	南鮮版	1932-08-03	1	06단	灼熱と鬪ひつゝ汗と泥に塗る匪賊の掃蕩は限りなく續く銃後の後援を熱望
225358	朝鮮朝日	南鮮版	1932-08-03	1	06단	DKの十キロ二重放送所漸く決定高陽郡延禧面に新設する起工式は十日ごろ
225359	朝鮮朝日	南鮮版	1932-08-03	1	06단	酷暑で傳染病頻りに流行
225360	朝鮮朝日	南鮮版	1932-08-03	1	07단	擔ぎ込まれた新籾の走り/嬉しい初取引は一斤八錢幸先よい秋の便り
225361	朝鮮朝日	南鮮版	1932-08-03	1	07단	母娘二人が落雷で卽死
225362	朝鮮朝日	南鮮版	1932-08-03	1	07단	水魔・漢江跳梁す/可惜四人の命を呑込む漁釣や遊泳で溺死
225363	朝鮮朝日	南鮮版	1932-08-03	1	08단	內地人女が線路に假睡列車で轢殺
225364	朝鮮朝日	南鮮版	1932-08-03	1	08단	內地人側と基督教系の朝鮮人看護婦と握手眞の日看協會支部を結成
225365	朝鮮朝日	南鮮版	1932-08-03	1	09단	中國共産黨六名を檢擧/大陰謀暴露す
225366	朝鮮朝日	南鮮版	1932-08-03	1	09단	渡邊氏ほか十六名を不起訴と決定/談合事件一まづ打切り
225367	朝鮮朝日	南鮮版	1932-08-03	1	10단	寺院專門の强盜團五名捕はる
225368	朝鮮朝日	南鮮版	1932-08-03	1	10단	少女慘殺の有力な容疑者大邱署で逮捕
225369	朝鮮朝日	南鮮版	1932-08-03	1	10단	反戰デーにビラを撒く
225370	朝鮮朝日	南鮮版	1932-08-03	1	10단	犢大の大ヌクテ幼兒を咬殺
225371	朝鮮朝日	南鮮版	1932-08-03	1	10단	土に親しむ平壤樂陶會の人々
225372	朝鮮朝日	西北版	1932-08-03	1	01단	集團的に居住し相當の武器を貸與在滿朝鮮人自體で自衛方法避難鮮農の安住策
225373	朝鮮朝日	西北版	1932-08-03	1	01단	米穀買上資金を四億圓に增額內地中心の統制計劃は放棄鮮內にも米穀統制
225374	朝鮮朝日	西北版	1932-08-03	1	01단	警官の八時間勤務は事務能率を增進平壤署が先年好成績を收む實施を希望の內務省案
225375	朝鮮朝日	西北版	1932-08-03	1	01단	委託販賣を整理し手形取引を行ふ織物の販路擴張と取引に商陳が大いに斡旋
225376	朝鮮朝日	西北版	1932-08-03	1	02단	土に親しむ平壤樂陶會の人々
225377	朝鮮朝日	西北版	1932-08-03	1	04단	もよほし(盲人夏季講習會)
225378	朝鮮朝日	西北版	1932-08-03	1	04단	産組の發展助長漁船の資金化副業の獎勵、漁港の修築など農漁村救濟の根本方針決る

일련번호	판명		간행일	면	단수	기사명
225379	朝鮮朝日	西北版	1932-08-03	1	04단	山下氏より提携を申込む容易に應ぜぬ今井氏平壤府內バス問題
225380	朝鮮朝日	西北版	1932-08-03	1	05단	司法官の盥廻し異動行政整理の地震につぐ本年第二次の大搖れ
225381	朝鮮朝日	西北版	1932-08-03	1	05단	松毛蟲の驅除に懸命松林全誠に瀕す
225382	朝鮮朝日	西北版	1932-08-03	1	05단	中元贈答品の賣行が激減悲鳴の平壤商店街
225383	朝鮮朝日	西北版	1932-08-03	1	06단	スポーツ（１５－３平鐵大勝對平俱戰に）
225384	朝鮮朝日	西北版	1932-08-03	1	06단	眞瓜の葉を蔭干し煙草に代用
225385	朝鮮朝日	西北版	1932-08-03	1	06단	積極的に産金を獎勵官立製鍊所を設置近く內務部長會議に提案
225386	朝鮮朝日	西北版	1932-08-03	1	07단	灼熱と闘ひ汗と土に塗る限りなく續く匪賊の掃蕩銃後の後援を熱望
225387	朝鮮朝日	西北版	1932-08-03	1	07단	稅率の引上げは朝鮮の實情に背馳廉くない現在の車輛稅自動車稅と業者の叫び
225388	朝鮮朝日	西北版	1932-08-03	1	08단	女エハンスト圓滿に解決首謀者檢束さる
225389	朝鮮朝日	西北版	1932-08-03	1	08단	不況打開に惱みぬく料理屋藝妓代りの雇女や花代引下げを協議
225390	朝鮮朝日	西北版	1932-08-03	1	09단	金の延べ棒一貫目密輸を企て發覺
225391	朝鮮朝日	西北版	1932-08-03	1	09단	馬車で重傷
225392	朝鮮朝日	西北版	1932-08-03	1	09단	鴨綠江減水洪水はなからう
225393	朝鮮朝日	西北版	1932-08-03	1	09단	虎疫豫防の徹底を期す注射濡れに注射
225394	朝鮮朝日	西北版	1932-08-03	1	10단	寺院荒しの竊盜團七名捕はる
225395	朝鮮朝日	西北版	1932-08-03	1	10단	詐欺を働く
225396	朝鮮朝日	西北版	1932-08-03	1	10단	マイト爆發卽死
225397	朝鮮朝日	西北版	1932-08-03	1	10단	大官暗殺團李ほか一名起訴豫審へ
225398	朝鮮朝日	西北版	1932-08-03	1	10단	柳京小話
225399	朝鮮朝日	南鮮版	1932-08-04	1	01단	城津商港修築の繰上げを陳情北鮮開拓と窮民救濟事業に一石で二鳥の名案
225400	朝鮮朝日	南鮮版	1932-08-04	1	01단	治安回復が何より急務馬占山亡ぶで微笑む國境視察の川島軍司令官談
225401	朝鮮朝日	南鮮版	1932-08-04	1	01단	モーターカーを獵銃で一齊射擊わが軍行方不明一名重輕傷者四名を出す
225402	朝鮮朝日	南鮮版	1932-08-04	1	01단	宇垣總督歸任の挨拶
225403	朝鮮朝日	南鮮版	1932-08-04	1	02단	各地と聯絡し鮮米擁護の運動を撤底
225404	朝鮮朝日	南鮮版	1932-08-04	1	03단	高橋大尉ら平壤飛行隊五日に凱旋
225405	朝鮮朝日	南鮮版	1932-08-04	1	03단	滿洲國事情竝戰跡視察團募集

일련번호	판명		간행일	면	단수	기사명
225406	朝鮮朝日	南鮮版	1932-08-04	1	04단	內外ニュース(匪賊襲來で混亂に陷る滿鐵沿線一帶/死者二、三十名營口の形勢極度に緊張/武井軍曹らの線路巡察隊匪賊に襲はる/臨時列車で我○○○隊海城驛に出動/三木氏の態度强硬で民政幹部弱る/領事館南方邨家屯砲火を交ふ)
225407	朝鮮朝日	南鮮版	1932-08-04	1	04단	猛暑の中に苦鬪を續く難草高梁の繁茂期に入り間島の共匪跳梁す
225408	朝鮮朝日	南鮮版	1932-08-04	1	04단	南鮮は極暑北鮮は冷凉昭和四年に次ぐ寡雨七月中における朝鮮の天候
225409	朝鮮朝日	南鮮版	1932-08-04	1	06단	實行豫算の五分減を目標明年度豫算の編成方針決る一億九千萬圓位か
225410	朝鮮朝日	南鮮版	1932-08-04	1	06단	待望の慈雨に農家は蘇生稻作の生育は良好暴風雨で各聯絡船は缺航
225411	朝鮮朝日	南鮮版	1932-08-04	1	07단	農村振興の內務産業合同部長會議協議事項、日程決る
225412	朝鮮朝日	南鮮版	1932-08-04	1	07단	山遊び賑ふ殺人的酷暑で色めく夏枯の花柳界
225413	朝鮮朝日	南鮮版	1932-08-04	1	08단	感電卽死
225414	朝鮮朝日	南鮮版	1932-08-04	1	08단	落雷で母娘卽死
225415	朝鮮朝日	南鮮版	1932-08-04	1	08단	暴風のため能肥丸坐礁乘組員は無事
225416	朝鮮朝日	南鮮版	1932-08-04	1	09단	二人組の强盜押入の金品を强奪
225417	朝鮮朝日	南鮮版	1932-08-04	1	09단	コレラ防疫陣豫防注射を斷行檢病調査、海港、列車の檢疫對岸の侵入を防ぐ/出入船舶の停留檢疫死體檢案實施
225418	朝鮮朝日	南鮮版	1932-08-04	1	09단	山の便衣隊「ヌクテ跳梁」一夜に廿名を咬傷
225419	朝鮮朝日	南鮮版	1932-08-04	1	09단	匿名組合産金會社
225420	朝鮮朝日	南鮮版	1932-08-04	1	09단	柳京小話
225421	朝鮮朝日	西北版	1932-08-04	1	01단	城津商港修築の繰上げを陳情北鮮開拓と窮民救濟事業に一石で二鳥の名案
225422	朝鮮朝日	西北版	1932-08-04	1	01단	治安回復が何より急務馬占山亡ぶで微笑む國境視察の川島軍司令官談
225423	朝鮮朝日	西北版	1932-08-04	1	01단	モーターカーを獵銃で一齊射擊わが軍行方不明一名重輕傷者四名を出す
225424	朝鮮朝日	西北版	1932-08-04	1	01단	宇垣總督歸任の挨拶
225425	朝鮮朝日	西北版	1932-08-04	1	02단	各地と聯絡し鮮米擁護の運動を撤底
225426	朝鮮朝日	西北版	1932-08-04	1	03단	高橋大尉ら平壤飛行隊五日に凱旋
225427	朝鮮朝日	西北版	1932-08-04	1	03단	滿洲國事情竝戰跡視察團募集

일련번호	판명		간행일	면	단수	기사명
225428	朝鮮朝日	西北版	1932-08-04	1	04단	內外ニュース(匪賊襲來で混亂に陥る滿鐵沿線一帶/死者二、三十名營口の形勢極度に緊張/武井軍曹らの線路巡察隊匪賊に襲はる/臨時列車で我○○○隊海城驛に出動/三木氏の態度强硬で民政幹部弱る/領事館南方部家屯で砲火を交ふ)
225429	朝鮮朝日	西北版	1932-08-04	1	04단	猛暑の中に苦鬪を續く雜草高粱の繁茂期に入り間島の共匪跳梁す
225430	朝鮮朝日	西北版	1932-08-04	1	04단	南鮮は極暑北鮮は冷凉昭和四年に次ぐ寡雨七月中における朝鮮の天候
225431	朝鮮朝日	西北版	1932-08-04	1	06단	實行豫算の五分減を目標明年度豫算の編成方針決る一億九千萬圓位か
225432	朝鮮朝日	西北版	1932-08-04	1	06단	待望の慈雨に農家は蘇生稻作の生育は良好暴風雨で各聯絡船は缺航
225433	朝鮮朝日	西北版	1932-08-04	1	07단	農村振興の內務産業合同部長會議協議事項、日程決る
225434	朝鮮朝日	西北版	1932-08-04	1	07단	山遊び賑ふ殺人的酷暑で色めく夏枯の花柳界
225435	朝鮮朝日	西北版	1932-08-04	1	08단	感電卽死
225436	朝鮮朝日	西北版	1932-08-04	1	08단	落雷で母娘卽死
225437	朝鮮朝日	西北版	1932-08-04	1	08단	暴風のため能肥丸坐礁乘組員は無事
225438	朝鮮朝日	西北版	1932-08-04	1	09단	二人組の强盜押入り金品を强奪
225439	朝鮮朝日	西北版	1932-08-04	1	09단	*コレラ防疫陣豫防注射を勵行檢病調査、海港、列車の檢疫對岸の侵入を防ぐ/出入船舶の停留檢疫死體檢案實施*
225440	朝鮮朝日	西北版	1932-08-04	1	09단	山の便衣隊「ヌクテ跳梁」一夜に廿一名を咬傷
225441	朝鮮朝日	西北版	1932-08-04	1	09단	匿名組合産金會社
225442	朝鮮朝日	西北版	1932-08-04	1	09단	柳京小話
225443	朝鮮朝日	南鮮版	1932-08-05	1	01단	漁村救濟を兼ね大々的に漁港改修未改修の漁港二百六十港を目下土木課で立案中
225444	朝鮮朝日	南鮮版	1932-08-05	1	01단	鹽田を倍に擴張鹽の自給自足明年度の新規事業に再要求實現は有望視さる
225445	朝鮮朝日	南鮮版	1932-08-05	1	01단	ほがらかな河童連
225446	朝鮮朝日	南鮮版	1932-08-05	1	02단	宇垣總督歸任
225447	朝鮮朝日	南鮮版	1932-08-05	1	02단	使用量激增で斷水の恐れ近年にない最高記錄百十五萬五千七百立方呎
225448	朝鮮朝日	南鮮版	1932-08-05	1	04단	慈雨至り農民喜ぶ
225449	朝鮮朝日	南鮮版	1932-08-05	1	04단	初等敎員大異動

일련번호	판명		간행일	면	단수	기사명
225450	朝鮮朝日	南鮮版	1932-08-05	1	04단	朝鮮および關東軍關係陸軍定期異動
225451	朝鮮朝日	南鮮版	1932-08-05	1	04단	愛國機釜山を訪問歡迎方法決る
225452	朝鮮朝日	南鮮版	1932-08-05	1	04단	中小商工業者の經濟狀態を釜山府で調査する
225453	朝鮮朝日	南鮮版	1932-08-05	1	05단	朝鮮の王者平中ナイン大旆を先頭に府內を練り絶大な後援に感謝
225454	朝鮮朝日	南鮮版	1932-08-05	1	05단	滿洲國事情竝戰跡視察團募集
225455	朝鮮朝日	南鮮版	1932-08-05	1	05단	答禮飛行に記念會葉書
225456	朝鮮朝日	南鮮版	1932-08-05	1	05단	望月寺天然プール休祭日に假停車
225457	朝鮮朝日	南鮮版	1932-08-05	1	06단	人名救助で表彰
225458	朝鮮朝日	南鮮版	1932-08-05	1	06단	驟雨沛然萬物更生
225459	朝鮮朝日	南鮮版	1932-08-05	1	06단	成るべく多數の機關銃を配置國境警備の擴大充實を期す新豫算に正式要求
225460	朝鮮朝日	南鮮版	1932-08-05	1	07단	內外ニュース(馬賊數百名海城を襲擊軍警を擊退/匪賊我軍に逆擊を企て大敵戰を演ず/選擧法改正比例代表制小委員に附託)
225461	朝鮮朝日	南鮮版	1932-08-05	1	07단	凶作窮民を未然に救濟救濟事業を多く振當てる慶北全北の兩道に
225462	朝鮮朝日	南鮮版	1932-08-05	1	07단	小使の善行
225463	朝鮮朝日	南鮮版	1932-08-05	1	08단	もよほし(第八回朝鮮旅館協會總會)
225464	朝鮮朝日	南鮮版	1932-08-05	1	09단	暴風雨襲來猛威を揮ふ關釜聯絡船卅分遲着浸水家屋護岸決潰被害甚大
225465	朝鮮朝日	南鮮版	1932-08-05	1	09단	コレラ遂に鮮內に侵入新義州に眞性患者發生芝罘威海衛にも續發
225466	朝鮮朝日	南鮮版	1932-08-05	1	09단	列車の中に拳銃と彈丸當局重大視す
225467	朝鮮朝日	南鮮版	1932-08-05	1	10단	醫師と詐稱人妻專門に怪しげな振舞
225468	朝鮮朝日	南鮮版	1932-08-05	1	10단	三人組の時局强盜狂言强盜か
225469	朝鮮朝日	西北版	1932-08-05	1	01단	漁村救濟を兼ね大々的に漁港改修未改修の漁港二百六十港を目下土木課で立案中
225470	朝鮮朝日	西北版	1932-08-05	1	01단	西鮮は四河川が改修實現の模樣麥田、平壤間の改修は絶望か平南では淸川江が確實
225471	朝鮮朝日	西北版	1932-08-05	1	01단	昭和水利の促進を陳情地主大會の決議で
225472	朝鮮朝日	西北版	1932-08-05	1	01단	朝鮮および關東軍關係陸軍定期異動
225473	朝鮮朝日	西北版	1932-08-05	1	02단	大同江改修速成を協議
225474	朝鮮朝日	西北版	1932-08-05	1	02단	文化展堂を廻り內地財閥の寄附旣に一萬五千圓集る豫定額は樂な平壤博物館

일련번호	판명		간행일	면	단수	기사명
225475	朝鮮朝日	西北版	1932-08-05	1	03단	自動車交通全部復舊す國境方面の
225476	朝鮮朝日	西北版	1932-08-05	1	04단	もよほし(第八回朝鮮旅館協會總會および第五回鮮漳旅館聯合會議會)
225477	朝鮮朝日	西北版	1932-08-05	1	04단	比較的來鮮者が少い平南の支那人
225478	朝鮮朝日	西北版	1932-08-05	1	04단	三菱よりの寄附金決る財源の土地も買手がつく順調な平壤博物館
225479	朝鮮朝日	西北版	1932-08-05	1	04단	朝鮮の王者平中凱施す大旆を先頭に府內練り絶大な後援に感謝/甲子園へ平中ナイン八日平壤出發
225480	朝鮮朝日	西北版	1932-08-05	1	05단	涼を求めて
225481	朝鮮朝日	西北版	1932-08-05	1	05단	价川郡下の火田民近況滿浦鎭線工事に惠まる
225482	朝鮮朝日	西北版	1932-08-05	1	06단	長嶺○隊の晴れの凱施本月中旬頃
225483	朝鮮朝日	西北版	1932-08-05	1	06단	他の果實より三倍の高率關稅これでは滿洲進出は絶望と南浦林檎が改訂要望
225484	朝鮮朝日	西北版	1932-08-05	1	07단	全鮮一の病室竣工すお自慢の道立平壤醫院
225485	朝鮮朝日	西北版	1932-08-05	1	07단	プール新設の機運が動く瑞氣山麓に設けよと要望酷暑に悲鳴の平壤
225486	朝鮮朝日	西北版	1932-08-05	1	08단	大同江の改修を要望奇巖怪石橫たはり舟は愚か流筏も出來ない
225487	朝鮮朝日	西北版	1932-08-05	1	08단	懸賞論文を募集し密造を取締る
225488	朝鮮朝日	西北版	1932-08-05	1	09단	疑似コレラ眞性と決定新患又一名
225489	朝鮮朝日	西北版	1932-08-05	1	09단	學務行政は無情でない昇格すれば在校生に恩典平壤醫講昇格問題
225490	朝鮮朝日	西北版	1932-08-05	1	09단	鐵路方面からの侵入防止に專念鐵道從業員など二萬人にコレラの豫防注射
225491	朝鮮朝日	西北版	1932-08-05	1	10단	祈禱で騙る
225492	朝鮮朝日	西北版	1932-08-05	1	10단	八百圓を寄附
225493	朝鮮朝日	西北版	1932-08-05	1	10단	西鮮實業大會九月初旬ごろ
225494	朝鮮朝日	南鮮版	1932-08-06	1	01단	無償・耕地を貸與全部自作農とする火田民を整理し漸次熟民へ山のルンペンを救濟
225495	朝鮮朝日	南鮮版	1932-08-06	1	01단	臨時議會には約一千萬圓の失救土木事業を堤案歸鮮の宇垣さん元氣で語る
225496	朝鮮朝日	南鮮版	1932-08-06	1	02단	工費の九割五分まで勞銀として撒布沙防工事は全部直營總督府第二次窮民救濟事業

일련번호	판명		간행일	면	단수	기사명
225497	朝鮮朝日	南鮮版	1932-08-06	1	03단	內外ニュース(臨時議會召集の詔書公布さる/十六日閣議で時局匡救の豫算案決定/南滿一帶に匪賊又横行荒し廻る/農村對策の五相會議)
225498	朝鮮朝日	南鮮版	1932-08-06	1	04단	三勇士遺骨七日京城着
225499	朝鮮朝日	南鮮版	1932-08-06	1	04단	對岸の共匪俄然蠢動す守備隊緊張
225500	朝鮮朝日	南鮮版	1932-08-06	1	04단	自奮自省以て難局を打開せよ全鮮、內務産業兩部長會議で今井田總監の訓示
225501	朝鮮朝日	南鮮版	1932-08-06	1	05단	自動車取締規則も改正
225502	朝鮮朝日	南鮮版	1932-08-06	1	05단	全國中等學校優勝野球大會輝く王座は果して何校豫想投票を懸賞で募集/DKで甲子園野球中繼放送
225503	朝鮮朝日	南鮮版	1932-08-06	1	06단	頗る盛況のラヂオ體操參加者は每日二、三千人/ラヂオ體操隊會
225504	朝鮮朝日	南鮮版	1932-08-06	1	07단	出動部隊へ慰問袋贈呈産婆會から
225505	朝鮮朝日	南鮮版	1932-08-06	1	07단	巡査懲戒の規定を緩和
225506	朝鮮朝日	南鮮版	1932-08-06	1	07단	海港取締り聯絡打合せ
225507	朝鮮朝日	南鮮版	1932-08-06	1	07단	産組令を改正信組を設けて農村の自力更生を計る
225508	朝鮮朝日	南鮮版	1932-08-06	1	08단	府營バス花園進出近く運轉開始
225509	朝鮮朝日	南鮮版	1932-08-06	1	08단	全南地方の颱風の被害相當に甚大
225510	朝鮮朝日	南鮮版	1932-08-06	1	08단	小商工業者の入質激增す最近の釜山公設質庫
225511	朝鮮朝日	南鮮版	1932-08-06	1	09단	乘合自動車谷底に墜落乘客、運轉手五名重輕傷
225512	朝鮮朝日	南鮮版	1932-08-06	1	10단	鐵道を中心にコレラ嚴戒慶南の防疫陣
225513	朝鮮朝日	南鮮版	1932-08-06	1	10단	虎疫に備へ府民一般に豫防注射勵行
225514	朝鮮朝日	南鮮版	1932-08-06	1	10단	土地返還の訴訟に農民側勝つ
225515	朝鮮朝日	南鮮版	1932-08-06	1	10단	土取人夫慘死
225516	朝鮮朝日	南鮮版	1932-08-06	1	10단	三人組の居直り强盜十四圓を强奪
225517	朝鮮朝日	西北版	1932-08-06	1	01단	無償・耕地を貸與全部自作農とする火田民を整理し漸次熟民へ山のルンペンを救濟
225518	朝鮮朝日	西北版	1932-08-06	1	01단	臨時議會には約一千萬圓の失救土木事業を堤案歸鮮の宇垣さん元氣で語る
225519	朝鮮朝日	西北版	1932-08-06	1	01단	大和校のプール開き喜ぶ河童連
225520	朝鮮朝日	西北版	1932-08-06	1	03단	平壤特産品の運賃値下は可能目下鐵道局で考慮中
225521	朝鮮朝日	西北版	1932-08-06	1	04단	平實惜敗す

일련번호	판명		간행일	면	단수	기사명
225522	朝鮮朝日	西北版	1932-08-06	1	04단	品不足から繭價ジリ高農家有頂天
225523	朝鮮朝日	西北版	1932-08-06	1	04단	凉を求めて
225524	朝鮮朝日	西北版	1932-08-06	1	04단	五十萬元の借款を起し縣民に善政主義を徹底財政窮乏の安東縣で
225525	朝鮮朝日	西北版	1932-08-06	1	05단	トップを切った安東取引所のノータイ白シャツ運動
225526	朝鮮朝日	西北版	1932-08-06	1	06단	現改修の速成と上流の着手要望愈よ五名の委員で陳情する大同江改修問題
225527	朝鮮朝日	西北版	1932-08-06	1	06단	絲價昂騰で繭價も昂るホクホクの農民達秋蠶掃立は盛況か
225528	朝鮮朝日	西北版	1932-08-06	1	06단	豪快極まりなき「ケーソン」の進水淸進港の岸壁工事年內に最後の分まで作成
225529	朝鮮朝日	西北版	1932-08-06	1	07단	咸朴道に匪賊現はれ民家に放火卅戶を全燒/馬賊が襲來十三名を拉去
225530	朝鮮朝日	西北版	1932-08-06	1	08단	コーン會社二週間休業
225531	朝鮮朝日	西北版	1932-08-06	1	09단	越境部隊へ慰問の金品愛婦、將婦から
225532	朝鮮朝日	西北版	1932-08-06	1	09단	頗る理想的な公設水泳場成る平壤の河童連大喜び
225533	朝鮮朝日	西北版	1932-08-06	1	09단	平壤神社が愈よ買收名勝保存會の所有地
225534	朝鮮朝日	西北版	1932-08-06	1	10단	酷暑が生んだ悲劇溺死者四名
225535	朝鮮朝日	西北版	1932-08-06	1	10단	新義州に眞性コレラまた一名發生
225536	朝鮮朝日	西北版	1932-08-06	1	10단	柳京小話
225537	朝鮮朝日	南鮮版	1932-08-07	1	01단	煙草の賣行不振で深刻な赤字に惱む蔘業收入も悲觀材料が山積專賣局は四苦八苦
225538	朝鮮朝日	南鮮版	1932-08-07	1	01단	救窮鐵道工事は江原道を中心議會通過をまち直ちに着手總工費は四百萬圓
225539	朝鮮朝日	南鮮版	1932-08-07	1	01단	鷺業獎勵懇話會
225540	朝鮮朝日	南鮮版	1932-08-07	1	03단	宇垣總督歸鮮
225541	朝鮮朝日	南鮮版	1932-08-07	1	03단	收穫皆無に地稅を免除近く調査に着手
225542	朝鮮朝日	南鮮版	1932-08-07	1	03단	應急的農救策拓務省で容認本年度支出額七百萬圓/自力更生の氣魄を切望模範農村を視察した松本京畿道知事歸來談
225543	朝鮮朝日	南鮮版	1932-08-07	1	04단	武道夏季講習會
225544	朝鮮朝日	南鮮版	1932-08-07	1	04단	祭粢料御下賜故大谷部長へ
225545	朝鮮朝日	南鮮版	1932-08-07	1	04단	全部公債に計劃を變更第二次窮民救濟事業費を大藏省低資は困難

일련번호	판명		간행일	면	단수	기사명
225546	朝鮮朝日	南鮮版	1932-08-07	1	05단	內外ニュース(錦州攻擊を鄭司令豪語盛んに集結/連日の雨で北滿一帶は大氾濫を現出/山岡關東長官拓相を訪問辭表を提出/オリンピック七日の競技/六日の成績)
225547	朝鮮朝日	南鮮版	1932-08-07	1	05단	自動車事業愈よ鐵道局へ官報訓令で公布さる
225548	朝鮮朝日	南鮮版	1932-08-07	1	06단	赤十字社の林間保養所
225549	朝鮮朝日	南鮮版	1932-08-07	1	06단	店員講習會
225550	朝鮮朝日	南鮮版	1932-08-07	1	06단	愛婦有志で慰問金募集
225551	朝鮮朝日	南鮮版	1932-08-07	1	06단	熱と意氣で奮鬪する平中宇野監督談
225552	朝鮮朝日	南鮮版	1932-08-07	1	07단	試製中の新煙草「銀河」賣出しは十月一日
225553	朝鮮朝日	南鮮版	1932-08-07	1	07단	明年度豫算は未曾有の編成難財務局では赤字對策に腐心事業官廳の不振から
225554	朝鮮朝日	南鮮版	1932-08-07	1	07단	密航團三十餘名釜山で檢擧ブローカー二名も取押へ
225555	朝鮮朝日	南鮮版	1932-08-07	1	08단	極在農民の檢擧一段落留置者實に九十七名徹底化した左翼運動
225556	朝鮮朝日	南鮮版	1932-08-07	1	08단	談合事件飛火か西北鮮地方に
225557	朝鮮朝日	南鮮版	1932-08-07	1	09단	農林省の鮮米對策案特別資金會計設置等
225558	朝鮮朝日	南鮮版	1932-08-07	1	10단	列車內で檢疫を行ひ嚴重に防疫
225559	朝鮮朝日	南鮮版	1932-08-07	1	10단	三日間に五十四名ヌクテに咬まる
225560	朝鮮朝日	南鮮版	1932-08-07	1	10단	濃霧のため關東丸坐礁延牛島東岸で乘客異狀なし
225561	朝鮮朝日	南鮮版	1932-08-07	1	10단	貧困者の稅金を代納郡屬の美擧
225562	朝鮮朝日	西北・南鮮版	1932-08-07	2	01단	連續漫談珍釋西遊記沙悟淨による第一報告午後九時德川夢聲/伴奏指揮(福田宗吉)
225563	朝鮮朝日	西北・南鮮版	1932-08-07	2	03단	フリュートピアノ二重奏午後八時半/フリュート(S・オーシュコルヌ)ピアノ(O・クリンスカ)
225564	朝鮮朝日	西北・南鮮版	1932-08-07	2	06단	淸元さあ評判の玉や一玉や一おどけ俄煮珠取玉屋後八時/淸元(延古摩ほか)
225565	朝鮮朝日	西北・南鮮版	1932-08-07	2	07단	アナウンス
225566	朝鮮朝日	南鮮版	1932-08-09	1	01단	自動車運輸事業の全鮮的統一を行ふ今後私鐵同樣補助金を交付し健全な發達に努む
225567	朝鮮朝日	南鮮版	1932-08-09	1	01단	道路令制定は實現因難か受益稅、損傷稅等の課稅が不可能から

일련번호	판명		간행일	면	단수	기사명
225568	朝鮮朝日	南鮮版	1932-08-09	1	01단	李王垠殿下中佐に御昇進陸軍次官に柳川中將陸軍定期異動發表/二十師團長に梅崎中將軍馬補充軍本部長陸軍中將梅崎延太郎
225569	朝鮮朝日	南鮮版	1932-08-09	1	02단	大邱府で井戸を試掘上水擴張の代りに
225570	朝鮮朝日	南鮮版	1932-08-09	1	02단	各都邑に簡保健康相談所巡廻診療班も組織遞信局の新試み
225571	朝鮮朝日	南鮮版	1932-08-09	1	03단	工事を急ぎ明秋までに完成買水までする窮狀に裡里の上水道工事
225572	朝鮮朝日	南鮮版	1932-08-09	1	04단	朝日舍勝つ
225573	朝鮮朝日	南鮮版	1932-08-09	1	04단	鮮內各地に伸びゆく鐵道延長實に百二十キロ本年中に開通する新線
225574	朝鮮朝日	南鮮版	1932-08-09	1	05단	北鮮と裏日本航路の開拓自營航路を命令に補助等についても折衝
225575	朝鮮朝日	南鮮版	1932-08-09	1	05단	統營の電話加入區域擴張請願
225576	朝鮮朝日	南鮮版	1932-08-09	1	05단	愈よ大邱に醫學講習所今秋から建築着手堂々たるモダンなもの
225577	朝鮮朝日	南鮮版	1932-08-09	1	06단	日系米人の武者修業團女性も混って來鮮
225578	朝鮮朝日	南鮮版	1932-08-09	1	06단	二十四團の凱旋記念碑盛大な除幕式
225579	朝鮮朝日	南鮮版	1932-08-09	1	06단	愛國朝鮮四號機無事蔚山に着くけふは釜山の訪問飛行をなしあす大邱で命名式/滿洲からの魚介蔬菜等移入を禁止/豫注證明書なき者には國境通過禁止
225580	朝鮮朝日	南鮮版	1932-08-09	1	07단	內外ニュース(『國民同盟』新黨名決る)
225581	朝鮮朝日	南鮮版	1932-08-09	1	07단	航空功勞者二木氏表彰
225582	朝鮮朝日	南鮮版	1932-08-09	1	07단	安東縣のコレラ更に一名發生
225583	朝鮮朝日	南鮮版	1932-08-09	1	08단	京城方面へも安い氷を送る釜山第一産組で計劃
225584	朝鮮朝日	南鮮版	1932-08-09	1	08단	海事審判の再審判經費を計上
225585	朝鮮朝日	南鮮版	1932-08-09	1	08단	常磐津と舞踊の會
225586	朝鮮朝日	南鮮版	1932-08-09	1	08단	瓦斯中毒で四名生命危篤井戸の浚渫作業中
225587	朝鮮朝日	南鮮版	1932-08-09	1	09단	『箱詰めの醫者』今年は經費も增し在滿同胞へ救急藥
225588	朝鮮朝日	南鮮版	1932-08-09	1	09단	ヌクテの暴威被害者五十餘名！大山狩や警鍾亂打
225589	朝鮮朝日	南鮮版	1932-08-09	1	10단	水泳中溺死
225590	朝鮮朝日	南鮮版	1932-08-09	1	10단	鐵道局辭令

일련번호	판명		간행일	면	단수	기사명
225591	朝鮮朝日	南鮮版	1932-08-09	1	10단	人(道野重成氏(新任釜山地方法院檢事)/荒將昌之氏(新任光州地方法院判事)/松本茂氏(新任京城覆審法院判事))
225592	朝鮮朝日	西北版	1932-08-09	1	01단	自動車運輸事業の全鮮的統一を行ふ今後私鐵同樣補助金を交付し健全な發達に努む
225593	朝鮮朝日	西北版	1932-08-09	1	01단	北鮮と裏日本航路の開拓自營航路を命令に補助等についても折衝
225594	朝鮮朝日	西北版	1932-08-09	1	01단	月末までに準備を完了しいよいよ取扱開始日滿をむすぶ淸津無電局
225595	朝鮮朝日	西北版	1932-08-09	1	01단	水産物の製品化咸南水産會で力を注ぐ
225596	朝鮮朝日	西北版	1932-08-09	1	02단	敵陣の不時着や馬占山の爆殺三十數發の敵彈を機翼に高橋大尉の凱旋談
225597	朝鮮朝日	西北版	1932-08-09	1	03단	鐵道局辭令
225598	朝鮮朝日	西北版	1932-08-09	1	03단	苦鬪の部下を殘し去るは心殘り久留米に榮轉する嘉村旅團長語る
225599	朝鮮朝日	西北版	1932-08-09	1	03단	凉を救めて
225600	朝鮮朝日	西北版	1932-08-09	1	04단	中條氏の盛葬
225601	朝鮮朝日	西北版	1932-08-09	1	04단	ゴム原料以外の原料生産會社その設立こそ急務中の急務平壤ゴム靴の飛躍
225602	朝鮮朝日	西北版	1932-08-09	1	05단	陸軍定期異動
225603	朝鮮朝日	西北版	1932-08-09	1	05단	窮民を惱ます井戸の改修平壤府で補助金を交付
225604	朝鮮朝日	西北版	1932-08-09	1	06단	霸權を目ざして平中ナイン出發盛大な見送りの中に勇躍し意氣衝天の慨！
225605	朝鮮朝日	西北版	1932-08-09	1	07단	ダムダム彈で皇軍を惱す計劃豪語する叛將唐聚五
225606	朝鮮朝日	西北版	1932-08-09	1	07단	鐵道沿線警備の協議
225607	朝鮮朝日	西北版	1932-08-09	1	07단	海事審判の再審判經費を計上
225608	朝鮮朝日	西北版	1932-08-09	1	08단	平壤軍部のコレラ豫防
225609	朝鮮朝日	西北版	1932-08-09	1	08단	檢事抗告す鎭南浦の二府議事件
225610	朝鮮朝日	西北版	1932-08-09	1	09단	鴨綠江水使用と漁撈、游泳禁止コレラ防疫に必死/豫注證明書なき者には國境通過禁止/滿洲からの魚介蔬菜等移入を禁止
225611	朝鮮朝日	西北版	1932-08-09	1	10단	溺るゝ姉妹を救ふ平中生徒が
225612	朝鮮朝日	西北版	1932-08-09	1	10단	崖崩れて二名卽死し一名は瀕死
225613	朝鮮朝日	西北版	1932-08-09	1	10단	平原郡に氣腫疽流行牛七頭斃死
225614	朝鮮朝日	南鮮版	1932-08-10	1		缺號

일련번호	판명		간행일	면	단수	기사명
225615	朝鮮朝日	西北版	1932-08-10	1		缺號
225616	朝鮮朝日	南鮮版	1932-08-11	1	01단	指名入札を廢し隨意契約を採用す土木談合の不正事件防止に請負制度の大革新
225617	朝鮮朝日	南鮮版	1932-08-11	1	01단	京城米穀取引所期成同盟會を組織し關係者がいよいよ猛運動
225618	朝鮮朝日	南鮮版	1932-08-11	1	01단	五ヶ年計劃で非常時突破農村、都市の對策を決め力を入れる京畿道
225619	朝鮮朝日	南鮮版	1932-08-11	1	01단	釜山府會
225620	朝鮮朝日	南鮮版	1932-08-11	1	02단	三邑に府制を明年度施行
225621	朝鮮朝日	南鮮版	1932-08-11	1	03단	裡里に放送局設置猛運動
225622	朝鮮朝日	南鮮版	1932-08-11	1	03단	裁判所支廳の復活困難か
225623	朝鮮朝日	南鮮版	1932-08-11	1	03단	錦州入城の偉勳を置みやげに勇退齒を拔いてはなしにならんよ室將軍服かに語る
225624	朝鮮朝日	南鮮版	1932-08-11	1	04단	近藤事務官歸朝
225625	朝鮮朝日	南鮮版	1932-08-11	1	04단	警察官の優遇を計る精勤加俸制を實施
225626	朝鮮朝日	南鮮版	1932-08-11	1	04단	各都市の天氣豫報をDKから放送
225627	朝鮮朝日	南鮮版	1932-08-11	1	04단	京城から長箭へ直通列車運轉每土曜と祭日の前日に探勝のサーヴィス
225628	朝鮮朝日	南鮮版	1932-08-11	1	05단	オリンピック十日の成績ロサンゼルス特電(水泳八百米リレー/女子二百米平泳決勝/四百米準決勝)/けふの競技(體操競技)
225629	朝鮮朝日	南鮮版	1932-08-11	1	05단	港灣施設の功勞者表彰
225630	朝鮮朝日	南鮮版	1932-08-11	1	06단	防波護岸築造工事釜山で行ふ
225631	朝鮮朝日	南鮮版	1932-08-11	1	06단	陽光に映えて晴れの命名式きのふ大邱で三千餘名參列し我らの愛國朝鮮號/プロペラに觸れて重傷飛行學校職工/盛大な歡迎宴大邱府民が
225632	朝鮮朝日	南鮮版	1932-08-11	1	07단	內鮮間の搬送式電話十月から開通豫定世界最初の試み
225633	朝鮮朝日	南鮮版	1932-08-11	1	07단	太合堀水道に燈竿を建設船舶の利便
225634	朝鮮朝日	南鮮版	1932-08-11	1	07단	八營林署を道に移管する名稱も變更に決定
225635	朝鮮朝日	南鮮版	1932-08-11	1	09단	もぐらの生活から人間の生活へ溫かい同情と指導に喜ぶ移住土幕民
225636	朝鮮朝日	南鮮版	1932-08-11	1	09단	西鮮産林檎を愈よ南洋へ送る拓けゆく新販路
225637	朝鮮朝日	南鮮版	1932-08-11	1	09단	聯絡船で觀月納凉會
225638	朝鮮朝日	南鮮版	1932-08-11	1	09단	圓滿に解決相扶會の待遇改善運動

일련번호	판명		간행일	면	단수	기사명
225639	朝鮮朝日	南鮮版	1932-08-11	1	10단	內外ニュース(特派全權派遣が滿洲國正式承認の前提/ス國務長官の用語問題で出淵大使會見/復黨申入れを三木氏拒絶)
225640	朝鮮朝日	西北版	1932-08-11	1	01단	指名入札を廢し隨意契約を採用す土木談合の不正事件防止に請負制度の大革新
225641	朝鮮朝日	西北版	1932-08-11	1	01단	農民は滿悅だが製絲家は經營難先物は旣に處分してゐる繭昂騰二重風景
225642	朝鮮朝日	西北版	1932-08-11	1	01단	新義州に鐵道機關車設置方を要望する商店繁榮會の各種協議
225643	朝鮮朝日	西北版	1932-08-11	1	02단	平壤府會本月下旬に
225644	朝鮮朝日	西北版	1932-08-11	1	02단	咸興靑訓を府營とする
225645	朝鮮朝日	西北版	1932-08-11	1	03단	凉を求めて
225646	朝鮮朝日	西北版	1932-08-11	1	04단	米澤安東領事歸朝
225647	朝鮮朝日	西北版	1932-08-11	1	04단	平壤軍部の異動の嵐昇進榮轉等
225648	朝鮮朝日	西北版	1932-08-11	1	04단	改善を要する小作慣行の諸點八項目にわたって立案さる平南道の小作調査
225649	朝鮮朝日	西北版	1932-08-11	1	05단	愛國朝鮮號京城へ着く
225650	朝鮮朝日	西北版	1932-08-11	1	06단	ナンヂャ髮宣傳週間自力更生精神振興のため平壤府が大々的に
225651	朝鮮朝日	西北版	1932-08-11	1	06단	可愛らしい交通調査員
225652	朝鮮朝日	西北版	1932-08-11	1	06단	警察官の優遇を計る精勤加俸制を實施
225653	朝鮮朝日	西北版	1932-08-11	1	06단	各都市の天氣豫報をDKから放送
225654	朝鮮朝日	西北版	1932-08-11	1	07단	八營林署を道に移管する名稱も變更に決定
225655	朝鮮朝日	西北版	1932-08-11	1	07단	內鮮間の搬送式電話十月から開通豫定世界最初の試み
225656	朝鮮朝日	西北版	1932-08-11	1	08단	泥海の中に十倍の敵と激戰重傷を負ひ後送された松井一等兵語る
225657	朝鮮朝日	西北版	1932-08-11	1	08단	軍資金の徵發を命ず唐聚五から各縣長に
225658	朝鮮朝日	西北版	1932-08-11	1	09단	裁判所支廳の復活困難か
225659	朝鮮朝日	西北版	1932-08-11	1	09단	咸興の夜市
225660	朝鮮朝日	西北版	1932-08-11	1	09단	不良飲料水退治
225661	朝鮮朝日	西北版	1932-08-11	1	09단	平壤飛行隊長ら花やかに凱旋大歡迎會や提燈行列
225662	朝鮮朝日	西北版	1932-08-11	1	10단	列車內のコレラ防疫
225663	朝鮮朝日	西北版	1932-08-11	1	10단	流達したうへ
225664	朝鮮朝日	西北版	1932-08-11	1	10단	柳京小話
225665	朝鮮朝日	西北版	1932-08-11	1	10단	無免許醫師

일련번호	판명		간행일	면	단수	기사명
225666	朝鮮朝日	南鮮版	1932-08-12	1	01단	鮮米移出制限に飽くまで反對する政治的交渉の成行注目さる問題の米穀統制案/關係省でも諒解された鮮米移入統制緩和陳情委員の歸來談
225667	朝鮮朝日	南鮮版	1932-08-12	1	01단	愛國(朝鮮)四十三號機の命名式十日大邱練兵場で
225668	朝鮮朝日	南鮮版	1932-08-12	1	02단	飛行場の設置は實現不可能
225669	朝鮮朝日	南鮮版	1932-08-12	1	03단	釜山府小學增築工事費起債認可となる
225670	朝鮮朝日	南鮮版	1932-08-12	1	03단	鮮米の新格付は豫想外の値上り何れも一躍石平均四十錢高內地進出に好望！
225671	朝鮮朝日	南鮮版	1932-08-12	1	04단	愛國朝鮮號平壤へ向ふ
225672	朝鮮朝日	南鮮版	1932-08-12	1	04단	德壽宮跡に府民館を建設京電からの百萬圓寄附の使途京城府で計劃折衝
225673	朝鮮朝日	南鮮版	1932-08-12	1	04단	不必要な貴賓室を廢し洗面所などを新設鐵道設備の合理化
225674	朝鮮朝日	南鮮版	1932-08-12	1	05단	スポーツ(全國中等校野球狀況をDKから中繼放送/安養附近に河水プール列車假停車/陸競選手記錄會/早大軍大勝)
225675	朝鮮朝日	南鮮版	1932-08-12	1	05단	群山商議の選擧近づく
225676	朝鮮朝日	南鮮版	1932-08-12	1	06단	オリンピック十一日の成績口サンゼルス特電(水泳四百米決勝/百米背泳・女子飛込/競漕エイト豫選/拳鬪第二日)/けふの競技
225677	朝鮮朝日	南鮮版	1932-08-12	1	06단	內外ニュース(ス國務長官と出淵大使會見/遞信次官後任牧野良三氏/對米爲替續落/大藏省査定の大綱を認む匡救豫算審議の臨時閣議)
225678	朝鮮朝日	南鮮版	1932-08-12	1	07단	假睡中の少年轢殺さる
225679	朝鮮朝日	南鮮版	1932-08-12	1	07단	釜山行急行列車匪賊に襲撃さる窓ガラス破壞、小荷物掛卽死安奉線大嶺附近で
225680	朝鮮朝日	南鮮版	1932-08-12	1	07단	哀れな餅賣少年を刺して逃ぐ餅を只食ひして追跡され二人のルンペンが
225681	朝鮮朝日	南鮮版	1932-08-12	1	08단	金貸女をナイフで滅多斬印鑑の引渡しに應ぜず激昂した老人の兇行
225682	朝鮮朝日	南鮮版	1932-08-12	1	09단	掛軸を盜む
225683	朝鮮朝日	南鮮版	1932-08-12	1	10단	保險金詐取の放火と判る
225684	朝鮮朝日	南鮮版	1932-08-12	1	10단	飛降り重傷
225685	朝鮮朝日	南鮮版	1932-08-12	1	10단	間島にコレラ容疑患者八名發生
225686	朝鮮朝日	南鮮版	1932-08-12	1	10단	支那紙幣を盛んに僞造犯人兄弟捕る
225687	朝鮮朝日	南鮮版	1932-08-12	1	10단	電線を折斷

일련번호	판명		간행일	면	단수	기사명
225688	朝鮮朝日	南鮮版	1932-08-12	1	10단	本社釜山通信部移轉販賣店も同時に
225689	朝鮮朝日	南鮮版	1932-08-12	1	10단	人(大橋京電社長)
225690	朝鮮朝日	西北版	1932-08-12	1	01단	鮮米移出制限に飽くまで反對する政治的交渉の成行注目さる問題の米穀統制案/關係省でも諒解された鮮米移入統制緩和陳情委員の歸來談
225691	朝鮮朝日	西北版	1932-08-12	1	01단	鮮米の新格付は豫想外の値上り何れも一躍石平均四十錢高內地進出に好望!
225692	朝鮮朝日	西北版	1932-08-12	1	01단	涼を求めて
225693	朝鮮朝日	西北版	1932-08-12	1	03단	甲子園の合宿で美しい團欒の集ひ『あがりやせぬか』と部長さん心配われらが代表平中ナイン
225694	朝鮮朝日	西北版	1932-08-12	1	04단	負傷兵を廣島轉送
225695	朝鮮朝日	西北版	1932-08-12	1	04단	平壤初等教育界の惱みを一掃する高等科を船橋里小學に纏め普通校の運動場を擴張
225696	朝鮮朝日	西北版	1932-08-12	1	04단	全國中等校野球狀況をDKから中繼放送
225697	朝鮮朝日	西北版	1932-08-12	1	05단	城津港の活躍に諸般の調査
225698	朝鮮朝日	西北版	1932-08-12	1	05단	一千圓以上の節約は可能普通校新設費
225699	朝鮮朝日	西北版	1932-08-12	1	05단	公認競馬場を羅南に誘致城津側でも合流し實現に努力する
225700	朝鮮朝日	西北版	1932-08-12	1	05단	不必要な貴賓室を廢し洗面所などを新設鐵道設備の合理化
225701	朝鮮朝日	西北版	1932-08-12	1	06단	本年は絶望の順川、价川間の開通价鐵委任經營は秋頃實現
225702	朝鮮朝日	西北版	1932-08-12	1	07단	我が空車の武勳を輝かし長嶺飛行○隊長ら晴れの凱旋平壤の熱狂的歡迎/胸のすくやうな爆擊を續けた熱烈な歡迎を深謝長嶺○隊長語る/凱旋將士の歡迎祝賀會盛大に擧行
225703	朝鮮朝日	西北版	1932-08-12	1	07단	石建坪に疑似コレラ七名發生す/西瓜、甜瓜の夜市場禁止コレラ豫防/囚人のコレラ豫防
225704	朝鮮朝日	西北版	1932-08-12	1	08단	愛國朝鮮號平壤へ飛來す妙技に府民を喜ばし一泊のうへ奉天へ
225705	朝鮮朝日	西北版	1932-08-12	1	08단	釜山行急行列車匪賊に襲擊さる窓ガラス破壞、小荷物掛卸死安奉線大嶺附近で
225706	朝鮮朝日	西北版	1932-08-12	1	09단	通學生の盗みか
225707	朝鮮朝日	西北版	1932-08-12	1	10단	思想方面の陰謀發覺か鎭南浦署活動
225708	朝鮮朝日	西北版	1932-08-12	1	10단	約手を僞造詐欺を働く

일련번호	판명		간행일	면	단수	기사명
225709	朝鮮朝日	西北版	1932-08-12	1	10단	支那紙幣を盛んに偽造犯人兄弟捕る
225710	朝鮮朝日	西北版	1932-08-12	1	10단	窮盜捕はる
225711	朝鮮朝日	南鮮版	1932-08-13	1	01단	明年度豫算は撤底的斧鉞を加ふ結局總額一億九千萬圓台か場合では赤字公債を
225712	朝鮮朝日	南鮮版	1932-08-13	1	01단	電話線を地下ケーブルに兩飛行場に滑走路窮民救濟の新事業
225713	朝鮮朝日	南鮮版	1932-08-13	1	01단	馬山商工會議所設立實現の運動
225714	朝鮮朝日	南鮮版	1932-08-13	1	01단	合宿同士の奇緣初出場の遠野中學と組んだ朝鮮代表平壤中學/全國中等野球組合せ決定/オリンピック十二日成績ロサンゼルス特電/けふの競技
225715	朝鮮朝日	南鮮版	1932-08-13	1	02단	大邱府の道路工事は實現危ぶまる
225716	朝鮮朝日	南鮮版	1932-08-13	1	02단	資本金一千萬圓の大信託會社設立につき更に協議
225717	朝鮮朝日	南鮮版	1932-08-13	1	03단	鮮米擁護期成委員歡迎會
225718	朝鮮朝日	南鮮版	1932-08-13	1	04단	人(三井榮長氏(鮮米擁護期成會委員)/齊藤久太郎氏(鮮米擁護期成會委員)/有賀光豊氏(殖銀頭取))
225719	朝鮮朝日	南鮮版	1932-08-13	1	04단	滿洲國事情竝戰跡視察團募集
225720	朝鮮朝日	南鮮版	1932-08-13	1	04단	內外ニュース(滿洲國承認時期につき意見を交換)
225721	朝鮮朝日	南鮮版	1932-08-13	1	05단	京仁間の快速列車/頗る輕快なもの試運轉も好成績
225722	朝鮮朝日	南鮮版	1932-08-13	1	05단	北行列車は旅客激減コレラの發生で
225723	朝鮮朝日	南鮮版	1932-08-13	1	06단	對滿關稅　大改正に備へ/總督府で調査を進む
225724	朝鮮朝日	南鮮版	1932-08-13	1	06단	自力更生の精神作興運動/全部のプランも出來あがり/いよいよ全鮮的に(講演映畵/靑年團體の指導表彰/婦人の覺醒/倫理運動)
225725	朝鮮朝日	南鮮版	1932-08-13	1	07단	七十老人に齒が生える
225726	朝鮮朝日	南鮮版	1932-08-13	1	08단	ルンペン狩り
225727	朝鮮朝日	南鮮版	1932-08-13	1	08단	朝鮮共産黨再建別動隊四名送局さる
225728	朝鮮朝日	南鮮版	1932-08-13	1	09단	拓務省技師夫人溺死す鐵道プールで水泳中大村鐵道局長令弟の夫人
225729	朝鮮朝日	南鮮版	1932-08-13	1	09단	水泳中溺死
225730	朝鮮朝日	南鮮版	1932-08-13	1	10단	投網中溺死
225731	朝鮮朝日	南鮮版	1932-08-13	1	10단	列車內で愛兒を亡ふ歸國の途中
225732	朝鮮朝日	南鮮版	1932-08-13	1	10단	ネコで自殺

일련번호	판명		간행일	면	단수	기사명
225733	朝鮮朝日	西北版	1932-08-13	1	01단	明年度豫算は撤底的斧鉞を加ふ結局總額一億九千萬圓台か場合では赤字公債を
225734	朝鮮朝日	西北版	1932-08-13	1	01단	地方制度の改正明年も實施せぬ依然として諮問機關的存在生みの惱みの道會
225735	朝鮮朝日	西北版	1932-08-13	1	01단	滿洲國めざし愈よ生まる販路開拓統制機關としての平壤ゴム靴輸出組合
225736	朝鮮朝日	西北版	1932-08-13	1	01단	合宿同士の奇緣初出場の遠野中學と組んだ朝鮮代表平壤中學
225737	朝鮮朝日	西北版	1932-08-13	1	03단	幕村將軍に硯を贈る海州實業協會
225738	朝鮮朝日	西北版	1932-08-13	1	04단	人(嘉村少將(新任久留米十二師團司令部附)/師橋中佐(新任近術四聯隊附)/佐伯顯氏(平南警察部長))
225739	朝鮮朝日	西北版	1932-08-13	1	04단	南大川改修に決定窮民救濟事業
225740	朝鮮朝日	西北版	1932-08-13	1	04단	電話線を地下ケーブルに兩飛行場に滑走路窮民救濟の新事業
225741	朝鮮朝日	西北版	1932-08-13	1	04단	資本金一千萬圓の大信託會社設立につき更に協議
225742	朝鮮朝日	西北版	1932-08-13	1	05단	保線工夫も武裝安奉線のこのごろ
225743	朝鮮朝日	西北版	1932-08-13	1	05단	愛國朝鮮號奉天に向ふ
225744	朝鮮朝日	西北版	1932-08-13	1	06단	浦潮港外に防禦構築極東赤衛軍
225745	朝鮮朝日	西北版	1932-08-13	1	06단	自力更生の精神作興運動全部のプランも出來あがりいよいよ全鮮的に(講演映畵/靑年團體の指導表彰/婦人の覺醒/倫理運動)
225746	朝鮮朝日	西北版	1932-08-13	1	06단	七十老人に齒が生える
225747	朝鮮朝日	西北版	1932-08-13	1	08단	矯風會乘出す府有地借地料問題はちかく圓滿解決か
225748	朝鮮朝日	西北版	1932-08-13	1	08단	北行列車は旅客激減コレラの發生で
225749	朝鮮朝日	西北版	1932-08-13	1	08단	平壤の納凉市場連日大賑ひ
225750	朝鮮朝日	西北版	1932-08-13	1	08단	乘合自動車崖から墜落六名死傷す
225751	朝鮮朝日	西北版	1932-08-13	1	09단	轉錦門の再建築は今のところ絶望總督府と平壤府が互ひになすり合ひ
225752	朝鮮朝日	西北版	1932-08-13	1	09단	水泳中溺死
225753	朝鮮朝日	西北版	1932-08-13	1	10단	水口浦對岸に疑似コレラ六名發生す
225754	朝鮮朝日	西北版	1932-08-13	1	10단	辻强盜捕る
225755	朝鮮朝日	西北版	1932-08-13	1	10단	强盜押入る
225756	朝鮮朝日	西北版	1932-08-13	1	10단	夫の毒殺を企つ
225757	朝鮮朝日	西北版	1932-08-13	1	10단	少年掏模團
225758	朝鮮朝日	西北版	1932-08-13	1	10단	柳京小話

일련번호	판명		간행일	면	단수	기사명
225759	朝鮮朝日	南鮮版	1932-08-14	1	01단	新線の許可は今後嚴選を極はむ半島交通史上に一頁を飾る自動車營業の統制
225760	朝鮮朝日	南鮮版	1932-08-14	1	01단	米穀統制案政府と折衝渡邊農林局長東上波瀾は免かれぬか
225761	朝鮮朝日	南鮮版	1932-08-14	1	01단	內鮮直通電話の中繼所の着工對馬經由海底線も愈よ敷設にきまる
225762	朝鮮朝日	南鮮版	1932-08-14	1	01단	鮮銀株主總會
225763	朝鮮朝日	南鮮版	1932-08-14	1	02단	健鬪惠まれず玉碎した平中後半に至って遂に形勢逆轉甲子園大會から/全國中等學校優勝野球第一日の記錄
225764	朝鮮朝日	南鮮版	1932-08-14	1	03단	釜山府會渡津橋工事質問で混亂
225765	朝鮮朝日	南鮮版	1932-08-14	1	03단	京城商議の役員會總會
225766	朝鮮朝日	南鮮版	1932-08-14	1	04단	慶南で教員異動
225767	朝鮮朝日	南鮮版	1932-08-14	1	04단	小下水の改修工事は削除となる
225768	朝鮮朝日	南鮮版	1932-08-14	1	04단	景氣のいゝ話黄金狂時代が掘出した金屏風長さ四百尺！小林金山で珍鑛石を總督府に寄贈
225769	朝鮮朝日	南鮮版	1932-08-14	1	04단	賊彈に斃れた日滿融和の恩人金氏の遺族に同情
225770	朝鮮朝日	南鮮版	1932-08-14	1	04단	京城府內の野球速報所
225771	朝鮮朝日	南鮮版	1932-08-14	1	05단	小學兒童にラヂオ體操京城で行ふ
225772	朝鮮朝日	南鮮版	1932-08-14	1	05단	內外ニュース(馬賊現はる鞍山滿鐵附屬地へ/演習中の飛機空中衝突し二軍曹慘死)
225773	朝鮮朝日	南鮮版	1932-08-14	1	06단	オリンピック十三日成績ロサンゼルス特電百米背泳で水上日本優勝(女子高飛込決勝/二百米平泳準決勝/千五百米準決勝/女子四百メートル・リレー/粽合馬術第二日)
225774	朝鮮朝日	南鮮版	1932-08-14	1	06단	タクシーが家內に突入子供二名負傷
225775	朝鮮朝日	南鮮版	1932-08-14	1	07단	京城醫專教授兪博士溺死漢江水泳場で遊泳中/『誠に殘念』夫人の嘆き/細菌學の權威者哀惜に堪ぬ飯島教授談/兪博士の略歷
225776	朝鮮朝日	南鮮版	1932-08-14	1	07단	大ヌクテまたも子供四名を咬殺し六名を傷つけて逃ぐ夏の夜の慘、人心恐怖に戰く
225777	朝鮮朝日	南鮮版	1932-08-14	1	09단	電送、空輸によるオリンピック寫眞號外發行

일련번호	판명		간행일	면	단수	기사명
225778	朝鮮朝日	南鮮版	1932-08-14	1	10단	五人組強盜共組を襲ふ/質屋に強盜首を締めつけ金を奪ひさる/犯人捕はる
225779	朝鮮朝日	南鮮版	1932-08-14	1	10단	石建坪のコレラ二名は眞性防疫に大童/列車客の檢疫
225780	朝鮮朝日	南鮮版	1932-08-14	1	10단	堤川の火事三戸三棟全燒
225781	朝鮮朝日	西北版	1932-08-14	1	01단	新線の許可は今後嚴選を極はむ半島交通史上に一頁を飾る自動車營業の統制
225782	朝鮮朝日	西北版	1932-08-14	1	01단	江岸整理擴張を要望諸問題が横たはる鎭南浦から本府に
225783	朝鮮朝日	西北版	1932-08-14	1	01단	健鬪惠まれず玉碎した平中後半に至って遂に形勢逆轉甲子園大會から
225784	朝鮮朝日	西北版	1932-08-14	1	03단	山林課は獨立か美座內務部長の歸來談
225785	朝鮮朝日	西北版	1932-08-14	1	04단	慰問金を贈る
225786	朝鮮朝日	西北版	1932-08-14	1	04단	工業技術員の設置を平壤から要望
225787	朝鮮朝日	西北版	1932-08-14	1	05단	平壤飛行聯隊古谷大尉ら晴れの凱旋
225788	朝鮮朝日	西北版	1932-08-14	1	05단	鐵路の都平壤滿浦鎭線は熙川に開通まで平元線順川が始發驛に決定ちかく五線が交錯
225789	朝鮮朝日	西北版	1932-08-14	1	06단	鮮銀株主總會
225790	朝鮮朝日	西北版	1932-08-14	1	06단	米穀統制案政府と折衝渡邊農林局長東上波瀾は免かれぬか
225791	朝鮮朝日	西北版	1932-08-14	1	08단	咸南道評議員補選
225792	朝鮮朝日	西北版	1932-08-14	1	08단	年末までに國境を一周完成まであと一歩北鮮國境外輪線
225793	朝鮮朝日	西北版	1932-08-14	1	08단	大同江の精靈流し十五日行ふ
225794	朝鮮朝日	西北版	1932-08-14	1	08단	わが國最初の空の旅客檢疫コレラ禍に備へる平壤/列車客の檢疫
225795	朝鮮朝日	西北版	1932-08-14	1	08단	一日の告訴二十一件！平壤署へ
225796	朝鮮朝日	西北版	1932-08-14	1	08단	臨江城の奪還を企つ兵匪三千名
225797	朝鮮朝日	西北版	1932-08-14	1	09단	咸南道の普校授業科引下げ考究
225798	朝鮮朝日	西北版	1932-08-14	1	09단	喧譁に負け自殺
225799	朝鮮朝日	西北版	1932-08-14	1	09단	匪禍につづいてコレラの脅威石建坪の二名は眞性恟々たる在住民ら
225800	朝鮮朝日	西北版	1932-08-14	1	10단	かもめ丸狙撃さる/兵匪のため
225801	朝鮮朝日	西北版	1932-08-14	1	10단	六名を檢擧/南浦不穩事件
225802	朝鮮朝日	西北版	1932-08-14	1	10단	柳京小話
225803	朝鮮朝日	南鮮版	1932-08-16	1	01단	應急救窮事業要求額半減か都市邑面の直轄工事は削減農山村は全部通過

일련번호	판명		간행일	면	단수	기사명
225804	朝鮮朝日	南鮮版	1932-08-16	1	01단	投降式と閱團式擧行歸順部隊の指導に盡す依田○團凱旋延期
225805	朝鮮朝日	南鮮版	1932-08-16	1	01단	豪雨を衝いて空の大活躍胸のすく空爆談を語る凱旋の古谷大尉
225806	朝鮮朝日	南鮮版	1932-08-16	1	02단	宗伯爵夫人李鍵公殿下重なる御慶事
225807	朝鮮朝日	南鮮版	1932-08-16	1	03단	思想受難の暗礁に乘上げ靑年團體の總動員も見合せ優良團體のみ動員
225808	朝鮮朝日	南鮮版	1932-08-16	1	03단	京電寄附金の一部を割き傳染病豫防の徹底を期し順化院改築を要望
225809	朝鮮朝日	南鮮版	1932-08-16	1	04단	せつめい(平壤驛前に整列して府民の歡迎を受ける平壤飛行○聯隊の凱旋將士)
225810	朝鮮朝日	南鮮版	1932-08-16	1	05단	釜山少年團野外訓練府外松島で
225811	朝鮮朝日	南鮮版	1932-08-16	1	06단	匪賊約二百名二手に分れ八道溝分署に襲來應戰の末漸く擊退
225812	朝鮮朝日	南鮮版	1932-08-16	1	06단	不景氣時代の景氣を現出ホクホクの氷屋さん
225813	朝鮮朝日	南鮮版	1932-08-16	1	06단	中國義勇軍喊聲をあげ琿春を襲擊
225814	朝鮮朝日	南鮮版	1932-08-16	1	06단	內外ニュース(思想的容疑で共鳴學院の敎員全部檢擧/愛鄕塾主殺人で起訴/新派の元老伊井蓉峰十五日死去)
225815	朝鮮朝日	南鮮版	1932-08-16	1	07단	室將軍送別會
225816	朝鮮朝日	南鮮版	1932-08-16	1	07단	全國中等學校優勝野球第三日の記錄
225817	朝鮮朝日	南鮮版	1932-08-16	1	07단	反帝同盟事件結審公判へ回付一味十九名は有罪內三名は豫審免訴となる
225818	朝鮮朝日	南鮮版	1932-08-16	1	07단	山、山、西瓜の山西瓜黨は有頂天
225819	朝鮮朝日	南鮮版	1932-08-16	1	08단	肥料分析試驗室を新築
225820	朝鮮朝日	南鮮版	1932-08-16	1	08단	鑑定科を拂へと珍な說諭願
225821	朝鮮朝日	南鮮版	1932-08-16	1	08단	刑事と詐稱金錢を强要
225822	朝鮮朝日	南鮮版	1932-08-16	1	08단	通り魔のやうな不敵の强盜團躍起となった道警察部
225823	朝鮮朝日	南鮮版	1932-08-16	1	09단	四人組强盜の片割捕はる
225824	朝鮮朝日	南鮮版	1932-08-16	1	09단	朝日ニュース映畫公開
225825	朝鮮朝日	南鮮版	1932-08-16	1	09단	帝大病院と醫家五千名推賞の名劑
225826	朝鮮朝日	南鮮版	1932-08-16	1	10단	娼妓と飛込心中男女共救はる
225827	朝鮮朝日	西北版	1932-08-16	1	01단	應急救窮事業要求額半減か都市邑面の直轄工事は削減農山村は全部通過
225828	朝鮮朝日	西北版	1932-08-16	1	01단	投降式と閱團式擧行歸順部隊の指導に盡す依田○團凱旋延期
225829	朝鮮朝日	西北版	1932-08-16	1	01단	宗伯爵夫人李鍵公殿下重なる御慶事

일련번호	판명		간행일	면	단수	기사명
225830	朝鮮朝日	西北版	1932-08-16	1	01단	せつめい(平壤驛前に整列して府民の歡迎を受ける平壤飛行○聯隊の凱旋將士)
225831	朝鮮朝日	西北版	1932-08-16	1	02단	豪雨を衝いて空の大活躍胸のすく空爆談を語る凱旋の古谷大尉
225832	朝鮮朝日	西北版	1932-08-16	1	03단	思想受難の暗礁に乘上げ靑年團體の總動員も見合せ優良團體のみ動員
225833	朝鮮朝日	西北版	1932-08-16	1	03단	ある印象(1)/闇を彩る光明娼妓を廻る二つの插話森岡辯護士語る
225834	朝鮮朝日	西北版	1932-08-16	1	04단	咸興郵便局の凉しい風景交換孃のため
225835	朝鮮朝日	西北版	1932-08-16	1	04단	匪賊約二百名二手に分れ八道溝分署に襲來應戰の末漸く擊退
225836	朝鮮朝日	西北版	1932-08-16	1	05단	多數の慰問袋發送國境の勇士へ
225837	朝鮮朝日	西北版	1932-08-16	1	05단	東拓移住民代表二名に陳情に上京
225838	朝鮮朝日	西北版	1932-08-16	1	06단	生産線上に躍る安州農業の生徒ラクミンを製造して賣出すグリンピースの鑵詰も
225839	朝鮮朝日	西北版	1932-08-16	1	06단	鐵道踏切では停止せよ鐵道事故防止に要望
225840	朝鮮朝日	西北版	1932-08-16	1	06단	保險事務講習會
225841	朝鮮朝日	西北版	1932-08-16	1	06단	委員をあげて救窮事業の實現を陳情
225842	朝鮮朝日	西北版	1932-08-16	1	07단	流浪の女鬪士金メリヤ十二年振りに歸る
225843	朝鮮朝日	西北版	1932-08-16	1	07단	奉天對京城水競大會京城軍大勝
225844	朝鮮朝日	西北版	1932-08-16	1	07단	秋繭增産に大童蠶種一枚について昨年よりは二十五錢を値下した平南道蘇がへる養蠶界
225845	朝鮮朝日	西北版	1932-08-16	1	07단	溫泉公園の實現で客を誘致平南の龍岡溫泉
225846	朝鮮朝日	西北版	1932-08-16	1	08단	秋繭に對し一大光明生絲の奔騰で
225847	朝鮮朝日	西北版	1932-08-16	1	09단	五百萬圓以上の土木事業が必要平北の窮民救濟事業だが實現は困難視さる
225848	朝鮮朝日	西北版	1932-08-16	1	09단	鐵道乘務員に鐵兜や防彈衣を使用
225849	朝鮮朝日	西北版	1932-08-16	1	09단	極內々で吾等の邑寶「虎の子」を愛育
225850	朝鮮朝日	西北版	1932-08-16	1	09단	帝大病院と醫家五千名推賞の名劑
225851	朝鮮朝日	西北版	1932-08-16	1	10단	女鬪士姜周龍自宅で病死
225852	朝鮮朝日	西北版	1932-08-16	1	10단	水泳中溺死
225853	朝鮮朝日	西北版	1932-08-16	1	10단	柳京小話
225854	朝鮮朝日	南鮮版	1932-08-17	1	01단	台鮮米の買上げ愈よ確定的となる植民地米移入制限の代行案石數は二百五十萬石

일련번호	판명		간행일	면	단수	기사명
225855	朝鮮朝日	南鮮版	1932-08-17	1	01단	商業、農業兩校に二部制を實施短期の實業教育を施す全鮮に職業教育の普及を討る
225856	朝鮮朝日	南鮮版	1932-08-17	1	01단	注目される內鮮直通電話通話料金の決定
225857	朝鮮朝日	南鮮版	1932-08-17	1	01단	スポーツの大繪卷に陶醉オリンピック映畫大盛況/オリンピック映畫大喝采を博す總督府大ホールで上映龍山小學校でも大人氣
225858	朝鮮朝日	南鮮版	1932-08-17	1	03단	滿洲守備は何かの因緣新獨立守備隊司令官井上中將赴任の途語る
225859	朝鮮朝日	南鮮版	1932-08-17	1	04단	人(田中新任外事課長)
225860	朝鮮朝日	南鮮版	1932-08-17	1	04단	市區改正案一部否決釜山府會三日目
225861	朝鮮朝日	南鮮版	1932-08-17	1	04단	越境部隊へ慰問金募集大邱婦人會で
225862	朝鮮朝日	南鮮版	1932-08-17	1	05단	國境警備の警官に慰問金五十圓
225863	朝鮮朝日	南鮮版	1932-08-17	1	05단	追善演藝會
225864	朝鮮朝日	南鮮版	1932-08-17	1	05단	第二次救窮事業時局匡救豫算百七十四萬圓を削減されて五百廿六萬圓承認
225865	朝鮮朝日	南鮮版	1932-08-17	1	05단	窮農の顔に朖らかな笑絲價高で繭價好望棉花も爆發的値上
225866	朝鮮朝日	南鮮版	1932-08-17	1	06단	殖える、殖える稅金の滯納滯納額十七萬三千圓
225867	朝鮮朝日	南鮮版	1932-08-17	1	06단	國境各道に嚴重な防疫陣哈爾巴嶺に檢疫所間島地方への侵入を防ぐ
225868	朝鮮朝日	南鮮版	1932-08-17	1	07단	內外ニュース(郵貯利下げ閣議で決定/前代未聞の厖大な額時局匡救豫算)
225869	朝鮮朝日	南鮮版	1932-08-17	1	07단	四ヶ月間に勞銀・卅五萬圓救濟事業で撒布さる
225870	朝鮮朝日	南鮮版	1932-08-17	1	07단	農村の更生は金組加入から三年計畫で入會勸誘
225871	朝鮮朝日	南鮮版	1932-08-17	1	08단	全國中等學校優勝野球第四日の記錄
225872	朝鮮朝日	南鮮版	1932-08-17	1	08단	滿洲の傷病兵釜山を通過廣島へ送還
225873	朝鮮朝日	南鮮版	1932-08-17	1	08단	軍資を出せ時局强盜モーゼルで脅迫
225874	朝鮮朝日	南鮮版	1932-08-17	1	09단	人妻に懸想詰問者を撲殺
225875	朝鮮朝日	南鮮版	1932-08-17	1	09단	夜な夜な凄い髑髏の亂舞實は行倒れの骸骨愛犬群の飛んだ惡戲
225876	朝鮮朝日	南鮮版	1932-08-17	1	09단	不敵・兇惡の四人組强盜二名は捕はれ犯行を自白廿日間に四件を働く/また一名逮捕さる
225877	朝鮮朝日	南鮮版	1932-08-17	1	10단	逃走娼妓捕はる
225878	朝鮮朝日	南鮮版	1932-08-17	1	10단	共産黨再建運動李雲赫一味公判は廿二日

일련번호	판명		간행일	면	단수	기사명
225879	朝鮮朝日	西北版	1932-08-17	1	01단	台鮮米の買上げ愈よ確定的となる植民地米移入制限の代行案石數は二百五十萬石
225880	朝鮮朝日	西北版	1932-08-17	1	01단	商業、農業兩校に二部制を實施短期の實業教育を施す全鮮に職業教育の普及を討る
225881	朝鮮朝日	西北版	1932-08-17	1	01단	滿洲守備は何かの因緣新獨立守備隊司令官井上中將赴任の途語る
225882	朝鮮朝日	西北版	1932-08-17	1	01단	山崎巡査の壯烈な戰死三十名を拉去保安隊全滅激戰遂に爆藥盡く/八道溝の匪賊葡坪を襲ふ厚昌守備隊急行/安奉線列車また襲はる乘客二名負傷
225883	朝鮮朝日	西北版	1932-08-17	1	03단	冬を戀ふ氷上謝肉祭やスケート場の完備大自然の銀盤大同江を生かしたいと阿部府尹語る
225884	朝鮮朝日	西北版	1932-08-17	1	04단	金剛山探勝團
225885	朝鮮朝日	西北版	1932-08-17	1	04단	二勇士廣島へ
225886	朝鮮朝日	西北版	1932-08-17	1	04단	飛行隊除隊兵殆ど滿洲で就職五十一名が十六日除隊し新天地で活躍する
225887	朝鮮朝日	西北版	1932-08-17	1	04단	戸田鐵道理事近く保山を視察無煙炭積込場を活かす運賃問題善處に
225888	朝鮮朝日	西北版	1932-08-17	1	05단	ある印象（２）/言々切實な述懷野球校長になるまで平中の鳥飼校長
225889	朝鮮朝日	西北版	1932-08-17	1	05단	第二次救窮事業時局匡救豫算百七十四萬圓を削減されて五百廿六萬圓承認
225890	朝鮮朝日	西北版	1932-08-17	1	06단	越境部隊へ慰問金募集大邱婦人會で
225891	朝鮮朝日	西北版	1932-08-17	1	06단	寺洞にプール外に運動場を完備しての同線の乘客誘致策
225892	朝鮮朝日	西北版	1932-08-17	1	06단	公設質屋を二ヶ所增設公營浴場も
225893	朝鮮朝日	西北版	1932-08-17	1	07단	渾江の航行は拒絕兵匪橫行で
225894	朝鮮朝日	西北版	1932-08-17	1	07단	魚價の釣上げ販賣の擴張滿洲方面へ大量輸出平北漁業組合の漁村振興策
225895	朝鮮朝日	西北版	1932-08-17	1	07단	痛ましい農村哀話削り落とす大事な虎の子土地熱に浮されて無智を驅る不況地獄
225896	朝鮮朝日	西北版	1932-08-17	1	08단	脫稅自轉車が多い平壤府で防止
225897	朝鮮朝日	西北版	1932-08-17	1	08단	恩師の胸像を校內に設立フタバ會員が
225898	朝鮮朝日	西北版	1932-08-17	1	09단	嘆きの人力車十一年前よりは四分の一に激減

일련번호	판명		간행일	면	단수	기사명
225899	朝鮮朝日	西北版	1932-08-17	1	09단	出刃を揮ひ三人を滅多斬り家屋に放火暴れ廻る所を麥酒壜で撲殺さる
225900	朝鮮朝日	西北版	1932-08-17	1	09단	コレラ防疫計畫
225901	朝鮮朝日	西北版	1932-08-17	1	09단	國境各道に嚴重な防疫陣哈爾巴嶺に檢疫所間島地方へ侵入を防ぐ
225902	朝鮮朝日	西北版	1932-08-17	1	10단	亂打して殺す
225903	朝鮮朝日	西北版	1932-08-17	1	10단	樂禮/樂禮/柳京小話
225904	朝鮮朝日	南鮮版	1932-08-18	1	01단	滿洲粟の輸入制限は細民層の死活問題農林省の計劃には極力反對拓務省に阻止運動
225905	朝鮮朝日	南鮮版	1932-08-18	1	01단	商工業者救濟を總督府に建議乗出した京城商議
225906	朝鮮朝日	南鮮版	1932-08-18	1	01단	西部方面に公設質庫一ヶ所を增設する明年度に實現させる意氣込
225907	朝鮮朝日	南鮮版	1932-08-18	1	01단	公子御誕生に渡邊知事祝電
225908	朝鮮朝日	南鮮版	1932-08-18	1	02단	朝鐵黃海線延安、土城間九月一日から開通これでいよいよ全通する
225909	朝鮮朝日	南鮮版	1932-08-18	1	03단	富興、葡坪匪賊に襲はる
225910	朝鮮朝日	南鮮版	1932-08-18	1	03단	新羅時代の遺物を發掘
225911	朝鮮朝日	南鮮版	1932-08-18	1	04단	總督府辭令
225912	朝鮮朝日	南鮮版	1932-08-18	1	04단	京城見本市に一千圓補助
225913	朝鮮朝日	南鮮版	1932-08-18	1	04단	羅府から甲子園へスポーツ興奮の颱風圈は移る
225914	朝鮮朝日	南鮮版	1932-08-18	1	04단	海陸警察網の完全を期すべく警務局で具體案を錬る
225915	朝鮮朝日	南鮮版	1932-08-18	1	05단	對米爲替の鮮銀建値記錄的慘落二十四弗半
225916	朝鮮朝日	南鮮版	1932-08-18	1	05단	衛生觀念強調の衛生展を開く
225917	朝鮮朝日	南鮮版	1932-08-18	1	06단	朝鮮でも郵貯利下げ十月一日から
225918	朝鮮朝日	南鮮版	1932-08-18	1	06단	國立水産試驗場明年度淸津に設置決る總督府の水産課で新規事業として要求する
225919	朝鮮朝日	南鮮版	1932-08-18	1	07단	內外ニュース(御下賜金で農山漁村の病弱者御救療/救窮事業の起債に限り特例を設く/張學良の外遊は中止四圍の情勢から/國民政府首席全權)
225920	朝鮮朝日	南鮮版	1932-08-18	1	07단	暑休を利用石鹼行商で慰問金を贈る
225921	朝鮮朝日	南鮮版	1932-08-18	1	07단	僞造紙貨幣續々と發見激增の一途をたどる無智は農民を相手に行使
225922	朝鮮朝日	南鮮版	1932-08-18	1	08단	慰靈祭と地鎮祭

일련번호	판명		간행일	면	단수	기사명
225923	朝鮮朝日	南鮮版	1932-08-18	1	08단	老人を轢く
225924	朝鮮朝日	南鮮版	1932-08-18	1	09단	三分の一はお茶引女給一流所のカフェで深刻な不景氣で靑息吐息
225925	朝鮮朝日	南鮮版	1932-08-18	1	09단	オリンピック第二畫報(號外)再び吊上空輪に成功
225926	朝鮮朝日	南鮮版	1932-08-18	1	10단	全國中等學校優勝野球第五日の記録
225927	朝鮮朝日	南鮮版	1932-08-18	1	10단	コレラ遂に北鮮を侵す眞性一名發生
225928	朝鮮朝日	西北版	1932-08-18	1	01단	滿洲粟の輸入制限は細民層の死活問題農林省の計劃には極力反對拓務省に阻止運動
225929	朝鮮朝日	西北版	1932-08-18	1	01단	貧弱な南浦電氣が平電竝に値下げ認可あり次第に實施する大英斷だと好評
225930	朝鮮朝日	西北版	1932-08-18	1	01단	國立水産試驗場明年度淸津に設置決る總督府の水産課で新規事業として要求する
225931	朝鮮朝日	西北版	1932-08-18	1	01단	朝鮮でも郵貯利下げ十月一日から
225932	朝鮮朝日	西北版	1932-08-18	1	02단	府尹郡守會議
225933	朝鮮朝日	西北版	1932-08-18	1	02단	ある印象(3)/樂浪發掘物と私タイムを超越した靈感大村勇藏氏の話
225934	朝鮮朝日	西北版	1932-08-18	1	03단	黃海道の農作物何れも豊作
225935	朝鮮朝日	西北版	1932-08-18	1	03단	警察署長會議
225936	朝鮮朝日	西北版	1932-08-18	1	04단	總督府辭令
225937	朝鮮朝日	西北版	1932-08-18	1	04단	松山驛の復活請願
225938	朝鮮朝日	西北版	1932-08-18	1	04단	救窮事業の起工促進を陳情咸南の端川郡から
225939	朝鮮朝日	西北版	1932-08-18	1	04단	海陸警察網の完全を期すべく警務局で具體案を練る
225940	朝鮮朝日	西北版	1932-08-18	1	05단	スポーツ(全鮮野球北鮮豫選に咸興軍二勝)
225941	朝鮮朝日	西北版	1932-08-18	1	05단	半裸體で辨配を振る上流また不安/かもめ丸撃たる
225942	朝鮮朝日	西北版	1932-08-18	1	06단	各種歲入減で府實行豫算惱む救濟土木事業に暗雲漂ふ阿部平壤府尹語る
225943	朝鮮朝日	西北版	1932-08-18	1	06단	近く安産だと當局者語る箕城券番株式化
225944	朝鮮朝日	西北版	1932-08-18	1	07단	新聞、雜誌を贈る無聊に惱む討伐部隊へ
225945	朝鮮朝日	西北版	1932-08-18	1	07단	隨意契約制度に不安な靜觀主義道、府が順應すれば死活問題惱みぬく土木業者
225946	朝鮮朝日	西北版	1932-08-18	1	08단	一部落が全滅に瀕す腹チフスで

일련번호	판명		간행일	면	단수	기사명
225947	朝鮮朝日	西北版	1932-08-18	1	08단	昌慶丸船客にコレラの疑ひ三等客全部の下船を差止め詳細な檢鏡を行ふ
225948	朝鮮朝日	西北版	1932-08-18	1	08단	初發以來十四名安東のコレラ
225949	朝鮮朝日	西北版	1932-08-18	1	09단	高麗時代の遺物を發見首飾、食器等
225950	朝鮮朝日	西北版	1932-08-18	1	09단	汽車から飛ぶ
225951	朝鮮朝日	西北版	1932-08-18	1	09단	愛兒殺しか捕はれた夫婦
225952	朝鮮朝日	西北版	1932-08-18	1	10단	暑休を利用石鹼行商で慰問金を贈る
225953	朝鮮朝日	西北版	1932-08-18	1	10단	慰靈祭と地鎭祭
225954	朝鮮朝日	西北版	1932-08-18	1	10단	人(勝尾少將(新任平壤第三十九旅團長))
225955	朝鮮朝日	西北版	1932-08-18	1	10단	樂禮/柳京小話
225956	朝鮮朝日	南鮮版	1932-08-19	1	01단	明年度の豫算は遺繰で新味を出す米穀統制もどうやら一段落宇垣總督の土産話
225957	朝鮮朝日	南鮮版	1932-08-19	1	01단	注目を集める道、府廳の改築新規事業は殆ど一蹴の運命總督府頭を惱ます
225958	朝鮮朝日	南鮮版	1932-08-19	1	01단	鮮米買上げ愈よ確定的外地米買上の新法令が發布出來秋から實施
225959	朝鮮朝日	南鮮版	1932-08-19	1	01단	京城飛行場整地費廿萬圓のみ容認
225960	朝鮮朝日	南鮮版	1932-08-19	1	02단	拓務省辭令(東京電話)
225961	朝鮮朝日	南鮮版	1932-08-19	1	02단	慕村、勝尾兩少將/長岡參謀着任
225962	朝鮮朝日	南鮮版	1932-08-19	1	03단	警察官を民衆の中へ獻身的な努力を續け農村天國の實現を目指す
225963	朝鮮朝日	南鮮版	1932-08-19	1	03단	慶南警察界近來の大捕物七郡を股にかけて荒し廻る四人組強盜捕物帖
225964	朝鮮朝日	南鮮版	1932-08-19	1	04단	人(勝尾信彦少將(平壤第三十九旅團長)/吉田朝鮮商工會議所副會頭)
225965	朝鮮朝日	南鮮版	1932-08-19	1	04단	府有地拂下愈よ決る近く正式契約
225966	朝鮮朝日	南鮮版	1932-08-19	1	04단	不況に喘ぐ商工振興に景品付大賣出
225967	朝鮮朝日	南鮮版	1932-08-19	1	05단	地方行政講習會
225968	朝鮮朝日	南鮮版	1932-08-19	1	05단	朝鮮ホテルの食堂經營に反對を陳情
225969	朝鮮朝日	南鮮版	1932-08-19	1	05단	鮮産木炭の內地進出大々的に獎勵移出檢査と生産檢査を國營窮乏山村の救濟に
225970	朝鮮朝日	南鮮版	1932-08-19	1	05단	飛び降りて父娘共負傷
225971	朝鮮朝日	南鮮版	1932-08-19	1	06단	もよほし(忠南中堅青年講習會)
225972	朝鮮朝日	南鮮版	1932-08-19	1	06단	南鮮地方の旱害を加味救窮事業の實施案を協議應急的山村救濟策
225973	朝鮮朝日	南鮮版	1932-08-19	1	06단	列車に觸れ母親卽死す子の愛にひかれて
225974	朝鮮朝日	南鮮版	1932-08-19	1	06단	極端な窮乏で犯罪が激增死線を彷徨する農民大衆財的犯罪が大部分

일련번호	판명		간행일	면	단수	기사명
225975	朝鮮朝日	南鮮版	1932-08-19	1	07단	府廳疑獄事件の被告七名を保釋談合事件も取調濟次第に漸次保釋の模樣
225976	朝鮮朝日	南鮮版	1932-08-19	1	08단	內外ニュース(オリンピック水陸兩選手凱旋の途へ/全國中等學校優勝野球第六日の記錄)
225977	朝鮮朝日	南鮮版	1932-08-19	1	08단	五人掛りで木枕で亂打巡査殺し事件結審いづれも有罪公判へ回付
225978	朝鮮朝日	南鮮版	1932-08-19	1	09단	險惡な世相三つの嬰兒殺し
225979	朝鮮朝日	南鮮版	1932-08-19	1	09단	滿洲事變を契機に反帝同盟を結成細胞の擴大强化につとむ祕密結社一味送局
225980	朝鮮朝日	南鮮版	1932-08-19	1	10단	線路內に巖石を置き列車轉覆を企つ
225981	朝鮮朝日	南鮮版	1932-08-19	1	10단	非幹部派幹部派入亂れ殺陣大邱勞働會
225982	朝鮮朝日	南鮮版	1932-08-19	1	10단	精米所人夫白米を詐取三年間に互り
225983	朝鮮朝日	南鮮版	1932-08-19	1	10단	小學校長身投自殺
225984	朝鮮朝日	西北版	1932-08-19	1	01단	明年度の豫算は遺緣で新味を出す米穀統制もどうやら一段落宇垣總督の土産話
225985	朝鮮朝日	西北版	1932-08-19	1	01단	注目を集める道、府廳の改築新規事業は殆ど一蹴の運命總督府頭を惱ます
225986	朝鮮朝日	西北版	1932-08-19	1	01단	鮮米買上げ愈よ確定的外地米買上の新法令が發布出來秋から實施
225987	朝鮮朝日	西北版	1932-08-19	1	01단	城津港修築の決議文可決市民大會で
225988	朝鮮朝日	西北版	1932-08-19	1	02단	ある印象(4)/平南歷代知事と寫眞からの印象ある日の知事室で
225989	朝鮮朝日	西北版	1932-08-19	1	03단	團體客の激減で平鐵局悲鳴
225990	朝鮮朝日	西北版	1932-08-19	1	04단	慕村、勝尾兩少將
225991	朝鮮朝日	西北版	1932-08-19	1	04단	知事の明答で總督府への陳情は中止
225992	朝鮮朝日	西北版	1932-08-19	1	04단	保安林編入は沒收も同然關係方面に陳情書を提出猛烈な反對運動
225993	朝鮮朝日	西北版	1932-08-19	1	04단	天候不順に惱む討伐隊三百名の匪賊を全滅した永田中尉の歸壞談
225994	朝鮮朝日	西北版	1932-08-19	1	05단	商工業者に低資融通の幹旋を依賴
225995	朝鮮朝日	西北版	1932-08-19	1	05단	靴下三割値上げ
225996	朝鮮朝日	西北版	1932-08-19	1	06단	輝く武勳に晴れの凱旋平壤飛行隊上西大尉以下懷しの原隊に歸還/防禦作戰上船舶を抑留團平船、戎克、高瀨船等通溝城奪還を企つ/山崎巡査の警察葬盛大に執行
225997	朝鮮朝日	西北版	1932-08-19	1	06단	採算のとれる自作農創定案數字的根據を示し平南道當局が詳細に說明
225998	朝鮮朝日	西北版	1932-08-19	1	07단	明進少年團の活動を映寫農村開發資料に

일련번호	판명		간행일	면	단수	기사명
225999	朝鮮朝日	西北版	1932-08-19	1	07단	鮮産木炭の內地進出大々的に奬勵移出檢査と生産檢査を國營窮乏山村の救濟に
226000	朝鮮朝日	西北版	1932-08-19	1	08단	頗る好成績平壤のナンジャ髮宣傳
226001	朝鮮朝日	西北版	1932-08-19	1	08단	水産疑獄新發展林兼出張所長詐欺罪で起訴
226002	朝鮮朝日	西北版	1932-08-19	1	09단	ワクチンの空輸を決行人夫三千名に强制注射
226003	朝鮮朝日	西北版	1932-08-19	1	09단	道や府では追隨はせぬ從來通りで進む模樣に一安心の土木業者
226004	朝鮮朝日	西北版	1932-08-19	1	09단	滿洲發の南行旅客に列車で檢疫
226005	朝鮮朝日	西北版	1932-08-19	1	10단	不況時代を逆に行くゴールドラッシュ物語り
226006	朝鮮朝日	西北版	1932-08-19	1	10단	長岡參謀着任
226007	朝鮮朝日	西北版	1932-08-19	1	10단	もよほし(平壤樂陶會第三回講習會)
226008	朝鮮朝日	西北版	1932-08-19	1	10단	樂禮/柳京小話
226009	朝鮮朝日	南鮮版	1932-08-20	1	01단	事業公債を發行幾分新味を織込む既定の赤字一千萬圓が嚴存編成難の明年度豫算
226010	朝鮮朝日	南鮮版	1932-08-20	1	01단	不況と正比例に超滿員の盛況新規事業として拘置監擴張少年刑務所も新設
226011	朝鮮朝日	南鮮版	1932-08-20	1	01단	鮮米の買上は總督府の手で釜山期成會で要望
226012	朝鮮朝日	南鮮版	1932-08-20	1	01단	辯護士試驗
226013	朝鮮朝日	南鮮版	1932-08-20	1	02단	慶州の名所南山に沙防工事實施
226014	朝鮮朝日	南鮮版	1932-08-20	1	02단	剩餘金僅かに九十四萬圓事業官廳の不成績で總督府六年度決算
226015	朝鮮朝日	南鮮版	1932-08-20	1	03단	厚昌對岸の大刀會匪盛んに出沒
226016	朝鮮朝日	南鮮版	1932-08-20	1	03단	救急延人員一萬二千名
226017	朝鮮朝日	南鮮版	1932-08-20	1	04단	もよほし(鮮米擁護問題報告會)
226018	朝鮮朝日	南鮮版	1932-08-20	1	04단	個人貸借の高利取締債務調停令も施行
226019	朝鮮朝日	南鮮版	1932-08-20	1	04단	行路病人救護所擴張を計劃
226020	朝鮮朝日	南鮮版	1932-08-20	1	04단	普校授業科を普遍的に引下げ窮乏農村を側面から救濟學務局の新規事業
226021	朝鮮朝日	南鮮版	1932-08-20	1	05단	商工業救濟善處を陳情
226022	朝鮮朝日	南鮮版	1932-08-20	1	05단	米穀取引所の設立を促進期成會から聲明書
226023	朝鮮朝日	南鮮版	1932-08-20	1	06단	內外ニュース(滿洲國承認は來月斷行か/時局匡救豫算內示會/滿洲事變後國民の獻金)

일련번호	판명		간행일	면	단수	기사명
226024	朝鮮朝日	南鮮版	1932-08-20	1	06단	優勝試合は中京と松山全國中等野球準優勝の記録(けふの優勝試合)
226025	朝鮮朝日	南鮮版	1932-08-20	1	06단	實彈射擊演習
226026	朝鮮朝日	南鮮版	1932-08-20	1	06단	釜山署驚く意外に多い不良件數で
226027	朝鮮朝日	南鮮版	1932-08-20	1	06단	鮮産品に重點を置き對滿關稅の改正參考資料として政府に提出
226028	朝鮮朝日	南鮮版	1932-08-20	1	07단	人口增加で大田小學校五學級增加
226029	朝鮮朝日	南鮮版	1932-08-20	1	07단	未決期間を加算するか否か委託裁判はどうする刑事補償法實施上の難點
226030	朝鮮朝日	南鮮版	1932-08-20	1	07단	慶南水組の苗代改良成績良好
226031	朝鮮朝日	南鮮版	1932-08-20	1	08단	彼我國境の交通遮斷會合は遠慮咸北防疫陣
226032	朝鮮朝日	南鮮版	1932-08-20	1	08단	命取りの酒二景飲みすぎて
226033	朝鮮朝日	南鮮版	1932-08-20	1	08단	麻雀クラブで紳士賭博釜山署で檢擧
226034	朝鮮朝日	南鮮版	1932-08-20	1	09단	電柱稅引上の代りに裝飾燈點燈
226035	朝鮮朝日	南鮮版	1932-08-20	1	09단	慶北の農村に豊凶兩面相早害に惱む南部と豊年踊の太鼓響く北部山地
226036	朝鮮朝日	南鮮版	1932-08-20	1	09단	前借踏倒し等強盜の餘罪續々と發覺
226037	朝鮮朝日	南鮮版	1932-08-20	1	10단	新羅時代の耳環を發掘
226038	朝鮮朝日	南鮮版	1932-08-20	1	10단	親子三人赤痢に罹る
226039	朝鮮朝日	南鮮版	1932-08-20	1	10단	人(小林鐵之助氏(昭和酒類株式會社支配人)/原田二郎小將/新任第二十師國長/新任龍山工兵第二十大隊長)
226040	朝鮮朝日	南鮮版	1932-08-20	1	10단	ある横顔
226041	朝鮮朝日	西北版	1932-08-20	1	01단	事業公債を發行幾分新味を織込む既定の赤字一千萬圓が嚴存編成難の明年度豫算
226042	朝鮮朝日	西北版	1932-08-20	1	01단	不況と正比例に超滿員の盛況新規事業として拘置監擴張少年刑務所も新設
226043	朝鮮朝日	西北版	1932-08-20	1	01단	鮮米統制問題につき成行を靜觀平壤商議所の態度
226044	朝鮮朝日	西北版	1932-08-20	1	01단	九月中には目鼻がつく模樣昭和水利陳情員語る
226045	朝鮮朝日	西北版	1932-08-20	1	01단	西城里に點燈
226046	朝鮮朝日	西北版	1932-08-20	1	02단	厚昌對岸の大刀會匪盛んに出沒
226047	朝鮮朝日	西北版	1932-08-20	1	03단	米價安で米の賣惜み

일련번호	판명		간행일	면	단수	기사명
226048	朝鮮朝日	西北版	1932-08-20	1	03단	せつめい(平南江西郡甑山面黃登山中で發見された高麗時代古墳から發掘された約七百年を經過した眞愈製洗面器、高麗燒亞その他遺品)
226049	朝鮮朝日	西北版	1932-08-20	1	04단	故太田巡査部長に昇進功勞記章を受與
226050	朝鮮朝日	西北版	1932-08-20	1	04단	向ふ五ヶ年間國庫補助要望日本一の陶土の都平壤も寶の持腐れに終る
226051	朝鮮朝日	西北版	1932-08-20	1	05단	剩餘金僅かに九十四萬圓事業官廳の不成績で總督府六年度決算
226052	朝鮮朝日	西北版	1932-08-20	1	05단	平壤師範生軍隊生活
226053	朝鮮朝日	西北版	1932-08-20	1	05단	切っても切れぬ安奉線と匪賊親分の鄧鐵梅はどんな男か人格高邁の人氣者
226054	朝鮮朝日	西北版	1932-08-20	1	06단	個人貸借の高利取締債務調停令も施行
226055	朝鮮朝日	西北版	1932-08-20	1	06단	懷しい朝鮮で身命を捧げ一生懸命に働く赴任途上大阪驛で梅崎廿師團長力强く語る
226056	朝鮮朝日	西北版	1932-08-20	1	07단	鮮産品に重點を置き對滿關稅の改正參考資料として政府に提出
226057	朝鮮朝日	西北版	1932-08-20	1	07단	舊市街に競馬場新設福券も發賣
226058	朝鮮朝日	西北版	1932-08-20	1	07단	國境警備の重責を果したい勝尾新任旅團長語る
226059	朝鮮朝日	西北版	1932-08-20	1	08단	民風改善
226060	朝鮮朝日	西北版	1932-08-20	1	08단	平壤飛行隊滿期除隊兵
226061	朝鮮朝日	西北版	1932-08-20	1	09단	國庫補助を要望南山副業組合
226062	朝鮮朝日	西北版	1932-08-20	1	09단	三十餘名で散々袋叩き金刑事外二名重輕傷感違ひして部落民の暴行
226063	朝鮮朝日	西北版	1932-08-20	1	09단	近來稀な判決酒精密輸犯に罰金罰金總額十一萬圓
226064	朝鮮朝日	西北版	1932-08-20	1	10단	彼我國境の交通遮斷會合は遠慮咸北防疫陣
226065	朝鮮朝日	西北版	1932-08-20	1	10단	列車で重傷
226066	朝鮮朝日	西北版	1932-08-20	1	10단	鷄疫が流行
226067	朝鮮朝日	西北版	1932-08-20	1	10단	天井墜落六名死傷
226068	朝鮮朝日	西北版	1932-08-20	1	10단	突風と降雹
226069	朝鮮朝日	南鮮版	1932-08-21	1	01단	金肥を共同購配安價な肥料を供給ヘヤリーベッチの增殖奬勵肥料統制の第一着手
226070	朝鮮朝日	南鮮版	1932-08-21	1	01단	借金でもして不足額を補塡何とか遣繰りするほかない今井田總監は語る
226071	朝鮮朝日	南鮮版	1932-08-21	1	01단	沖と御命名

일련번호	판명		간행일	면	단수	기사명
226072	朝鮮朝日	南鮮版	1932-08-21	1	01단	産金事業の補助法運用根本的再吟味叫ばる
226073	朝鮮朝日	南鮮版	1932-08-21	1	02단	警官療養所溫陽に新設
226074	朝鮮朝日	南鮮版	1932-08-21	1	03단	自家肥料の綠肥採種高
226075	朝鮮朝日	南鮮版	1932-08-21	1	03단	內地と同時に實施を見るか警察官の身分保障案
226076	朝鮮朝日	南鮮版	1932-08-21	1	03단	スポーツ(四A一三中京優勝松山霸を逸す全國中等野球/內鮮選拔野球火蓋を切る鮮かな入場式/攻擊物凄く釜山商大勝釜中淚を呑む/４一３龍中優勝定期戰終る)
226077	朝鮮朝日	南鮮版	1932-08-21	1	04단	總督府圖書館臨休
226078	朝鮮朝日	南鮮版	1932-08-21	1	04단	自動車事故防止のため運轉手の過勞警戒
226079	朝鮮朝日	南鮮版	1932-08-21	1	04단	『購買組合の特權を取締れ』中小商工業者が叫ぶ注目される當局の態度
226080	朝鮮朝日	南鮮版	1932-08-21	1	05단	內外ニュース(聖恩洪大御下賜金三大臣感泣/武藤駐滿金權きのふ出發朝鮮經由赴任/各種法律案演說案可決臨時閣議で)
226081	朝鮮朝日	南鮮版	1932-08-21	1	05단	美貌の妓生眞實の生活へ運轉手試驗にパス
226082	朝鮮朝日	南鮮版	1932-08-21	1	06단	鮮米買上げの主體と方法穀物聯合で協議
226083	朝鮮朝日	南鮮版	1932-08-21	1	06단	午砲を廢しサイレンに九月一日から
226084	朝鮮朝日	南鮮版	1932-08-21	1	06단	下級魚類專門の魚市場を計劃水産課で案を練る漁民救濟の見地から
226085	朝鮮朝日	南鮮版	1932-08-21	1	07단	こんな土地に水田は無理救濟には善處したい旱害視察の伊達內務部長談
226086	朝鮮朝日	南鮮版	1932-08-21	1	07단	京全北部線南原、谷城間實測に着手
226087	朝鮮朝日	南鮮版	1932-08-21	1	08단	京城府營バス二線を新設靈線、火葬場線
226088	朝鮮朝日	南鮮版	1932-08-21	1	08단	列車內檢疫と旅客の檢疫嚴重に勵行
226089	朝鮮朝日	南鮮版	1932-08-21	1	08단	赤線廢止で柔かい感じ朝鮮警官の服裝改正
226090	朝鮮朝日	南鮮版	1932-08-21	1	09단	嬰兒の死體
226091	朝鮮朝日	南鮮版	1932-08-21	1	09단	常習的に麻雀賭博俱樂部組織で
226092	朝鮮朝日	南鮮版	1932-08-21	1	09단	郡屬を中心に入替を斷行弛緩した官紀を振肅郡守警察官の異動も行ふ
226093	朝鮮朝日	南鮮版	1932-08-21	1	10단	四人組强盜の全景俊尙逃げ廻る
226094	朝鮮朝日	南鮮版	1932-08-21	1	10단	四十八名の內地密航團水上署で取押へ
226095	朝鮮朝日	南鮮版	1932-08-21	1	10단	或橫軼
226096	朝鮮朝日	南鮮版	1932-08-21	1	10단	裡里通信所開設

일련번호	판명		간행일	면	단수	기사명
226097	朝鮮朝日	西北版	1932-08-21	1	01단	金肥を共同購配安價な肥料を供給へヤリーベッチの增殖獎勵肥料統制の第一着手
226098	朝鮮朝日	西北版	1932-08-21	1	01단	借金でもして不足額を補塡何とか遣繰りするほかない今井田總監は語る
226099	朝鮮朝日	西北版	1932-08-21	1	01단	沖と御命名
226100	朝鮮朝日	西北版	1932-08-21	1	01단	赤線廢止で柔かい感じ朝鮮警官の服装改正
226101	朝鮮朝日	西北版	1932-08-21	1	03단	數十里に亙る曠野が泥海馬占山軍の擊滅を語る凱旋の上西大尉
226102	朝鮮朝日	西北版	1932-08-21	1	04단	拾得品保管庫新設
226103	朝鮮朝日	西北版	1932-08-21	1	04단	南山里の保安組合好成績を示す
226104	朝鮮朝日	西北版	1932-08-21	1	04단	早婚の慣習がめっきり減る朝鮮犯罪史を塗りつぶした惡弊が影を潜める
226105	朝鮮朝日	西北版	1932-08-21	1	05단	ある印象(5)/新聞記者禮讚で新聞人をアッといはす中島七七聯隊長
226106	朝鮮朝日	西北版	1932-08-21	1	05단	新義州の滿洲向輸出材活況
226107	朝鮮朝日	西北版	1932-08-21	1	05단	九月十五日を民風改善デーに平南を擧げて盛大に
226108	朝鮮朝日	西北版	1932-08-21	1	05단	滿浦鎭線价川、熙川間ちかく着工
226109	朝鮮朝日	西北版	1932-08-21	1	06단	平飛除隊兵滿洲へ向ふ口が出來て
226110	朝鮮朝日	西北版	1932-08-21	1	06단	平壤三期市區改正救濟工事から除外普通工事として施行されよう水道擴張は延期か
226111	朝鮮朝日	西北版	1932-08-21	1	07단	民風改善の唄原田平壤府議の作
226112	朝鮮朝日	西北版	1932-08-21	1	07단	平鐵管內事故數
226113	朝鮮朝日	西北版	1932-08-21	1	08단	平壤肉が大量內地へ進出爲替相場關係から靑島牛に代って
226114	朝鮮朝日	西北版	1932-08-21	1	08단	傳票を僞造す
226115	朝鮮朝日	西北版	1932-08-21	1	08단	强盜を企む
226116	朝鮮朝日	西北版	1932-08-21	1	09단	列車內檢疫と旅客の檢疫嚴重に勵行
226117	朝鮮朝日	西北版	1932-08-21	1	09단	五十二名が猛烈な吐瀉環歷祝の餅に中毒內五名は遂に死亡
226118	朝鮮朝日	西北版	1932-08-21	1	09단	拐帶店員捕はる
226119	朝鮮朝日	西北版	1932-08-21	1	10단	愚民を欺き有害無效の靈藥押賣り檢事局送り
226120	朝鮮朝日	西北版	1932-08-21	1	10단	樂禮/柳京小話
226121	朝鮮朝日	西北版	1932-08-21	1	10단	畜牛を盜む

일련번호	판명		간행일	면	단수	기사명
226122	朝鮮朝日	西北版	1932-08-21	1	10단	もよほし(咸南滿洲國輸出水産物調査會)
226123	朝鮮朝日	南鮮版	1932-08-23	1	01단	「賭博村」が一躍全北一の清潔な村模範村として知事から表彰胸のすく農村美談
226124	朝鮮朝日	南鮮版	1932-08-23	1	01단	つやゝかに
226125	朝鮮朝日	南鮮版	1932-08-23	1	02단	南鮮を中心に百五十箇所沙防工事の實施案三百五十萬圓は勞銀に撒布
226126	朝鮮朝日	南鮮版	1932-08-23	1	04단	水産魂長更送
226127	朝鮮朝日	南鮮版	1932-08-23	1	04단	鮮米買上げの具體案決定數量は二百五十萬石
226128	朝鮮朝日	南鮮版	1932-08-23	1	05단	外廓が出來完成近き慶南の南旨橋
226129	朝鮮朝日	南鮮版	1932-08-23	1	05단	大刀會匪また跋扈葡洞を襲撃
226130	朝鮮朝日	南鮮版	1932-08-23	1	05단	人事異動近く發表
226131	朝鮮朝日	南鮮版	1932-08-23	1	06단	籾の野積みに六萬圓補助出來秋に實施
226132	朝鮮朝日	南鮮版	1932-08-23	1	06단	産馬獎勵に力を入れる趣味は讀書と乘馬位新任梅崎第廿師團長語る
226133	朝鮮朝日	南鮮版	1932-08-23	1	06단	內外ニュース(御下賜金にいたく感激三百萬圓寄附/六十三議會愈よ成立廿三日開院式/會期延長の決議案提出國同でも考慮/長學良の萬壽山移轉無期延期)
226134	朝鮮朝日	南鮮版	1932-08-23	1	07단	産婆會から警官へ慰問金寄贈
226135	朝鮮朝日	南鮮版	1932-08-23	1	07단	震災記念日に各種の催し慶南の精神作興運動
226136	朝鮮朝日	南鮮版	1932-08-23	1	07단	朝日映畫の夕非常な盛況觀衆殺到す
226137	朝鮮朝日	南鮮版	1932-08-23	1	08단	虎疫に備へ沿岸各所に臨時檢疫所
226138	朝鮮朝日	南鮮版	1932-08-23	1	08단	京電の寄附で府民館新設五十萬圓を建築費五十萬圓を積立金とする
226139	朝鮮朝日	南鮮版	1932-08-23	1	08단	銳利な刃物で雇女殺さる/癡情關係から雇女を斬殺犯行を自白
226140	朝鮮朝日	南鮮版	1932-08-23	1	08단	鮮女の身投げ
226141	朝鮮朝日	南鮮版	1932-08-23	1	09단	七月中外國郵便
226142	朝鮮朝日	南鮮版	1932-08-23	1	09단	赤化農組事件ますます擴大
226143	朝鮮朝日	南鮮版	1932-08-23	1	09단	更に二列車に「サービスガール」釜山より乘込ませる
226144	朝鮮朝日	南鮮版	1932-08-23	1	10단	小切手を僞造
226145	朝鮮朝日	南鮮版	1932-08-23	1	10단	赤い運動で京電手入れ擴大の模樣
226146	朝鮮朝日	南鮮版	1932-08-23	1	10단	警部補からスッて捕る

일련번호	판명		간행일	면	단수	기사명
226147	朝鮮朝日	南鮮版	1932-08-23	1	10단	もよほし(京畿道郡守會議/慶南特産品一刀彫り講習會)
226148	朝鮮朝日	南鮮版	1932-08-23	1	10단	人(山縣前全南道內務部長/駐滿全權大使武藤信義大將)
226149	朝鮮朝日	西北版	1932-08-23	1	01단	自作農創定に篤農家を選定自作兼小作農中から「若い農民を」を第一條件として
226150	朝鮮朝日	西北版	1932-08-23	1	01단	赤字の鐵道は日滿關稅改訂で關稅の引下げを希望平元線視察の戶田理事語る
226151	朝鮮朝日	西北版	1932-08-23	1	01단	特産物の販賣に努力平南道商品陣列所で
226152	朝鮮朝日	西北版	1932-08-23	1	02단	安東に潛入の大刀會匪宣傳員捕はる/大刀會匪また跋屆葡洞を襲撃/プロペラ船休航/産婆會から警官へ慰問金寄贈
226153	朝鮮朝日	西北版	1932-08-23	1	03단	小作爭議は僅かに三件昭和二年から六年迄思想的傾向は全く無風狀態
226154	朝鮮朝日	西北版	1932-08-23	1	03단	籾の野積みに六萬圓補助出來秋に實施
226155	朝鮮朝日	西北版	1932-08-23	1	04단	鮮銀支店近く改築竣工は來秋
226156	朝鮮朝日	西北版	1932-08-23	1	04단	沙防工事平南の割當十二萬圓
226157	朝鮮朝日	西北版	1932-08-23	1	04단	ある印象(6)/飛耳張目の向にソッと新聞記事を放送上野內務を語る
226158	朝鮮朝日	西北版	1932-08-23	1	05단	二公設市場と中央卸市場新設下調査
226159	朝鮮朝日	西北版	1932-08-23	1	05단	古建築物の破損が續出古蹟保存のため補助申請
226160	朝鮮朝日	西北版	1932-08-23	1	05단	時節柄で産金狀態を視察する譯
226161	朝鮮朝日	西北版	1932-08-23	1	05단	覺め果てた慈山金鑛熱鑛區は極狹小
226162	朝鮮朝日	西北版	1932-08-23	1	06단	儀禮のほか禁酒を斷行頗る好成績
226163	朝鮮朝日	西北版	1932-08-23	1	06단	震炎記念日各種の催し
226164	朝鮮朝日	西北版	1932-08-23	1	06단	朝食前に草を刈る
226165	朝鮮朝日	西北版	1932-08-23	1	06단	愈よ共同戰線で關稅引下を要望朝鮮側と關東州とが提携林檎を廻る滿洲輸入關稅
226166	朝鮮朝日	西北版	1932-08-23	1	07단	南鮮を中心に百五十箇所沙防工事の實施案三百五十萬圓は勞銀に撒布
226167	朝鮮朝日	西北版	1932-08-23	1	07단	穀協會員內地視察
226168	朝鮮朝日	西北版	1932-08-23	1	07단	新義州の朝日映畫會人氣を呼ぶ
226169	朝鮮朝日	西北版	1932-08-23	1	07단	虎疫に備へ沿岸各所に臨時檢疫所
226170	朝鮮朝日	西北版	1932-08-23	1	08단	安奉線夜行列車に燈火管制を實施匪賊襲撃を免かれる
226171	朝鮮朝日	西北版	1932-08-23	1	08단	謝恩の意味で救濟碑建設善行を讃ふ

일련번호	판명		간행일	면	단수	기사명
226172	朝鮮朝日	西北版	1932-08-23	1	08단	擧動不審の二人男誰何
226173	朝鮮朝日	西北版	1932-08-23	1	08단	更に二列車に「サービスガール」釜山より乘込ませる
226174	朝鮮朝日	西北版	1932-08-23	1	09단	籾代を詐取
226175	朝鮮朝日	西北版	1932-08-23	1	09단	洋傘を投げ左眼を貫く
226176	朝鮮朝日	西北版	1932-08-23	1	10단	安東のコレラ患者廿名に上る
226177	朝鮮朝日	西北版	1932-08-23	1	10단	小切手を偽造
226178	朝鮮朝日	西北版	1932-08-23	1	10단	七月中外國郵爲
226179	朝鮮朝日	西北版	1932-08-23	1	10단	人(鈴木喜芳少佐/中平嚴藏氏(株式會社中平組社長))
226180	朝鮮朝日	西北版	1932-08-23	1	10단	樂禮/柳京小話
226181	朝鮮朝日	南鮮版	1932-08-24	1	01단	臨時議會終了後直ちに工事を開始總工費二百七十二萬四千圓第二次窮民救濟事業(直轄工事/國庫補助工事)
226182	朝鮮朝日	南鮮版	1932-08-24	1	01단	北鮮の大玄關羅津港に內定終端港として大々的に設備關係方面に大衝動/羅津港中心の十分な港灣設備清津、雄基と併用で進む方針抱負を語る宇垣總督/雄基羅津間鐵道建設埋立浚渫決る
226183	朝鮮朝日	南鮮版	1932-08-24	1	03단	人事行政に新機軸人事監査で
226184	朝鮮朝日	南鮮版	1932-08-24	1	04단	人(遞信局山根海事課長)
226185	朝鮮朝日	南鮮版	1932-08-24	1	04단	武藤全權へ清酒を贈る
226186	朝鮮朝日	南鮮版	1932-08-24	1	04단	聖慮畏し醫藥施療に朝鮮へも御下賜金宇垣總督謹んで語る
226187	朝鮮朝日	南鮮版	1932-08-24	1	04단	勝尾旅團長初巡視
226188	朝鮮朝日	南鮮版	1932-08-24	1	04단	慶南のトマトパルプ製造作業に着手
226189	朝鮮朝日	南鮮版	1932-08-24	1	05단	內外ニュース(玉音朗らかに勅語を賜ふ六十三議會開院式/テレビジョン愈よ實用化英放送局で/國同單獨で會期延長の決議案提出/農村對策委員會も提出)
226190	朝鮮朝日	南鮮版	1932-08-24	1	05단	松井軍縮全權武藤大使と釜山で會見
226191	朝鮮朝日	南鮮版	1932-08-24	1	05단	地場銀行の固定貸資金化計劃
226192	朝鮮朝日	南鮮版	1932-08-24	1	05단	新保安課長近藤事務官
226193	朝鮮朝日	南鮮版	1932-08-24	1	06단	山下○隊中慶里で匪賊を擊退
226194	朝鮮朝日	南鮮版	1932-08-24	1	06단	許可の前に工事に着手大電調べらる
226195	朝鮮朝日	南鮮版	1932-08-24	1	06단	內地方面に新販路を開拓朝鮮人蔘の實費販賣
226196	朝鮮朝日	南鮮版	1932-08-24	1	06단	情操涵養に色刷りの插繪朝鮮では一足先に實施明年から四年の讀本に

일련번호	판명		간행일	면	단수	기사명
226197	朝鮮朝日	南鮮版	1932-08-24	1	07단	攻防十七回の大試合を演出す京商6A－5東萊
226198	朝鮮朝日	南鮮版	1932-08-24	1	08단	魔窟臨檢の僞警官本物に捕はる
226199	朝鮮朝日	南鮮版	1932-08-24	1	08단	宇垣總督農業講習視察
226200	朝鮮朝日	南鮮版	1932-08-24	1	08단	煉瓦滿載のトラック轉覆四名重輕傷
226201	朝鮮朝日	南鮮版	1932-08-24	1	09단	强盗の片割れ蔚珍署で逮捕
226202	朝鮮朝日	南鮮版	1932-08-24	1	09단	味覺を唆る果汁の滴り名物素沙の水蜜桃本年の收穫はざっと卅萬貫
226203	朝鮮朝日	南鮮版	1932-08-24	1	09단	列車に投石した鮮童を救助奇特な車掌さん
226204	朝鮮朝日	南鮮版	1932-08-24	1	10단	情交を迫り應ぜぬので人妻を慘殺
226205	朝鮮朝日	南鮮版	1932-08-24	1	10단	破獄囚捕はる
226206	朝鮮朝日	南鮮版	1932-08-24	1	10단	バスで重傷
226207	朝鮮朝日	南鮮版	1932-08-24	1	10단	遊泳中溺死
226208	朝鮮朝日	南鮮版	1932-08-24	1	10단	もよほし(メイソン博士講演會/昌原郡教育會夏期講習會)
226209	朝鮮朝日	西北版	1932-08-24	1	01단	臨時議會終了後直ちに工事を開始總工費二百七十二萬四千圓第二次窮民救濟事業(直轄工事/國庫補助工事)
226210	朝鮮朝日	西北版	1932-08-24	1	01단	北鮮の大玄關羅津港に內定終端港として大々的に設備關係方面に大衝動/羅津港中心の十分な港灣設備淸津、雄基と併用で進む方針抱負を語る宇垣總督/雄基羅津間鐵道建設埋立浚渫決る
226211	朝鮮朝日	西北版	1932-08-24	1	01단	石垣が緩み崩壞の憂ひ危險な大同門
226212	朝鮮朝日	西北版	1932-08-24	1	03단	委任經營後も赤字の連續鐵道ホテルの悩み
226213	朝鮮朝日	西北版	1932-08-24	1	04단	北滿大水害義捐金募集
226214	朝鮮朝日	西北版	1932-08-24	1	05단	聖慮畏し醫藥施療に朝鮮へも御下賜金宇垣總督謹んで語る
226215	朝鮮朝日	西北版	1932-08-24	1	05단	公安隊員が匪賊と合流盛んに橫行/大刀會匪金品を掠奪十四道溝を襲うて
226216	朝鮮朝日	西北版	1932-08-24	1	05단	明年度に實現を待望城津築港促進の運動最小限度で結構だと語る
226217	朝鮮朝日	西北版	1932-08-24	1	05단	やくざものでほんの靑二才反軍總司令の唐聚五を語る姜鴨江剿匪司令
226218	朝鮮朝日	西北版	1932-08-24	1	07단	秋の訪れ涼しさ湧く平壤昨今の氣溫
226219	朝鮮朝日	西北版	1932-08-24	1	07단	乘客誘致に玉洞藥水を宣傳明年から平鐵で

일련번호	판명		간행일	면	단수	기사명
226220	朝鮮朝日	西北版	1932-08-24	1	07단	一日一家の食費僅かに二十錢一錢七釐で生きてる向もある悲慘な平南の漁村
226221	朝鮮朝日	西北版	1932-08-24	1	07단	久方振りに農家の喜色繭の奔騰で
226222	朝鮮朝日	西北版	1932-08-24	1	08단	橋を寄附す奇特な李教植道評議員
226223	朝鮮朝日	西北版	1932-08-24	1	09단	親指大の降雹北鮮國境に
226224	朝鮮朝日	西北版	1932-08-24	1	09단	多數の不正車
226225	朝鮮朝日	西北版	1932-08-24	1	10단	山下○隊中慶里で匪賊を擊退
226226	朝鮮朝日	西北版	1932-08-24	1	10단	入場券で無賃乘車めっきり增加
226227	朝鮮朝日	西北版	1932-08-24	1	10단	平壤安州疑似コレラ二名發生す
226228	朝鮮朝日	西北版	1932-08-24	1	10단	樂禮/柳京小話
226229	朝鮮朝日	南鮮版	1932-08-25	1	01단	北境の一漁港が大富源開發の關門羅津港全世界から注目さる設計、竣工期日決る
226230	朝鮮朝日	南鮮版	1932-08-25	1	01단	決議文を可決總督府に陳情鮮米買上に對し緊急協議會朝鮮穀商聯合會で
226231	朝鮮朝日	南鮮版	1932-08-25	1	01단	禮砲轟く中馬上豊かに梅崎新師團長着任
226232	朝鮮朝日	南鮮版	1932-08-25	1	03단	命令航路補助ちかく豫算編成を終了
226233	朝鮮朝日	南鮮版	1932-08-25	1	04단	人(東本願寺牧圭以氏)
226234	朝鮮朝日	南鮮版	1932-08-25	1	04단	木浦の乘馬熱頗る旺盛
226235	朝鮮朝日	南鮮版	1932-08-25	1	04단	內外ニュース(非常時對策の徹底を期す全國農會大會/川添巡査夫人悲壯な戰死/商工業救濟の成案を作り政府に要望/施政方針演說質問戰開始けふの議會)
226236	朝鮮朝日	南鮮版	1932-08-25	1	05단	九－〇內鮮中等野球準優勝戰坂出商業勝つ
226237	朝鮮朝日	南鮮版	1932-08-25	1	05단	江岸の匪賊また蠢動わが軍嚴戒
226238	朝鮮朝日	南鮮版	1932-08-25	1	06단	鐵道遭難者慰靈祭
226239	朝鮮朝日	南鮮版	1932-08-25	1	06단	外交員を特派販路を擴げる刑務所獨特の生産品を
226240	朝鮮朝日	南鮮版	1932-08-25	1	06단	榮州、蔚珍間一等道路改修工事延長認可
226241	朝鮮朝日	南鮮版	1932-08-25	1	07단	朝鮮汽船の優秀貨客船彥島で進水
226242	朝鮮朝日	南鮮版	1932-08-25	1	08단	滿洲粟の關稅引上げ承認のほかない模樣
226243	朝鮮朝日	南鮮版	1932-08-25	1	08단	商船の關西丸釜山入港黑船積取りに
226244	朝鮮朝日	南鮮版	1932-08-25	1	08단	もよほし(第十回慶南淸酒品評會)
226245	朝鮮朝日	南鮮版	1932-08-25	1	09단	珍鷄騷動漸くケリ
226246	朝鮮朝日	南鮮版	1932-08-25	1	09단	農組赤化事件五名を起訴十二名不起訴
226247	朝鮮朝日	南鮮版	1932-08-25	1	09단	武藤全權一行釜山に上陸松井軍縮全權と會談盛んな歡迎裡に京城へ出發
226248	朝鮮朝日	南鮮版	1932-08-25	1	10단	梁山署襲擊事件の公判

일련번호	판명		간행일	면	단수	기사명
226249	朝鮮朝日	南鮮版	1932-08-25	1	10단	京城府廳疑獄九名を保釋ちかく結審
226250	朝鮮朝日	南鮮版	1932-08-25	1	10단	眞性コレラ平北に發生咸北に疑似
226251	朝鮮朝日	南鮮版	1932-08-25	1	10단	ピストルで強盜を射殺身許調査中
226252	朝鮮朝日	南鮮版	1932-08-25	1	10단	洋品店に賊
226253	朝鮮朝日	西北版	1932-08-25	1	01단	北境の一漁港が大富源開發の關門羅津港全世界から注目さる設計、竣工期日決る
226254	朝鮮朝日	西北版	1932-08-25	1	01단	決議文を可決總督府に陳情鮮米買上に對し緊急協議會朝鮮穀商聯合會で
226255	朝鮮朝日	西北版	1932-08-25	1	01단	植物學界に二つの新發見珍しい白花深山萩「ハナブサ草」の分布狀態
226256	朝鮮朝日	西北版	1932-08-25	1	02단	縮小されて結局五十町步平南道の沙防工事
226257	朝鮮朝日	西北版	1932-08-25	1	03단	咸興府吏員退隱料條例
226258	朝鮮朝日	西北版	1932-08-25	1	04단	魚箭組合で鮭の採卵
226259	朝鮮朝日	西北版	1932-08-25	1	04단	平壤港實現を力說する總督大同江の上流改修に總督府では好意を持つ
226260	朝鮮朝日	西北版	1932-08-25	1	04단	書店から見た平壤の讀書傾向經濟物は歡迎探偵物だめ深刻な不況の反射
226261	朝鮮朝日	西北版	1932-08-25	1	04단	リバー・パーク咸興の橫顔耳よりなニュース近代都市を端的に表明
226262	朝鮮朝日	西北版	1932-08-25	1	05단	盤龍山の公園道開鑿奉仕作業で山容一新市長自らの手によって目覺しい進捗振り
226263	朝鮮朝日	西北版	1932-08-25	1	06단	滿浦線の中坪里本驛設置決る
226264	朝鮮朝日	西北版	1932-08-25	1	07단	忍びよる冬初霜例年より十日早い
226265	朝鮮朝日	西北版	1932-08-25	1	07단	江岸の匪賊また蠢動わが軍嚴戒
226266	朝鮮朝日	西北版	1932-08-25	1	07단	年收百圓未滿が最も多い農村金融組合の向下運動が一番緊要な平南
226267	朝鮮朝日	西北版	1932-08-25	1	08단	機關銃を增配し國境警備充實
226268	朝鮮朝日	西北版	1932-08-25	1	08단	平讓府の提案事項
226269	朝鮮朝日	西北版	1932-08-25	1	09단	中和面に藥水を發見
226270	朝鮮朝日	西北版	1932-08-25	1	10단	安東コレラ益々猖獗
226271	朝鮮朝日	西北版	1932-08-25	1	10단	疑似患者は眞性と決定河水使用禁止
226272	朝鮮朝日	西北版	1932-08-25	1	10단	樂禮/柳京小話
226273	朝鮮朝日	南鮮版	1932-08-26	1	01단	自作農創定の實施方針決る近く愈よ全鮮的に選定
226274	朝鮮朝日	南鮮版	1932-08-26	1	01단	京城飛行場整地設計を急ぎ近く成案滑走路二線を新設京仁街道から大道路開設

일련번호	판명		간행일	면	단수	기사명
226275	朝鮮朝日	南鮮版	1932-08-26	1	01단	レール六本を外し機關車を襲ふ安奉線釣魚台隊附近でわが軍三名重輕傷
226276	朝鮮朝日	南鮮版	1932-08-26	1	01단	慶南道の署長級異動
226277	朝鮮朝日	南鮮版	1932-08-26	1	02단	總督府辭令(廿三日付)
226278	朝鮮朝日	南鮮版	1932-08-26	1	02단	洛東水組愈よ設立近く創立總會
226279	朝鮮朝日	南鮮版	1932-08-26	1	02단	慶南の窮民十七萬以上七月末現在
226280	朝鮮朝日	南鮮版	1932-08-26	1	03단	東海線用地强制收用地主廿一名に
226281	朝鮮朝日	南鮮版	1932-08-26	1	03단	武藤全權總督と會見重要打合せ/武藤全權奉天へ
226282	朝鮮朝日	南鮮版	1932-08-26	1	03단	鮮米買上げに大藏省の難色農林省と意見合はず行惱む農林局で成行憂慮
226283	朝鮮朝日	南鮮版	1932-08-26	1	04단	全國中等野球豫想投票當選者決る
226284	朝鮮朝日	南鮮版	1932-08-26	1	04단	金利の引下げ貸付期限の延長釜山商議の商工業者救濟案金組の融資を期待
226285	朝鮮朝日	南鮮版	1932-08-26	1	06단	永安驛昇格
226286	朝鮮朝日	南鮮版	1932-08-26	1	06단	政府拂下げの古米を朝鮮へ朝鮮穀物商聯合會から要望總督府の態度が見物
226287	朝鮮朝日	南鮮版	1932-08-26	1	06단	內外ニュース(リットン卿調査報告書起草を完了/駒井總務長官太刀洗出發京城へ向ふ/日本品を封印販賣を禁ず抗日會決議/臨時議會愈よ本舞台質問戰始まる)
226288	朝鮮朝日	南鮮版	1932-08-26	1	07단	建設費で泉洞价川間買收は決定的
226289	朝鮮朝日	南鮮版	1932-08-26	1	07단	わが軍一齊に討伐行動を開始間島地方の兵匪蠢動で周頭目歸順を申出づ
226290	朝鮮朝日	南鮮版	1932-08-26	1	07단	畑砲兵監檢閱日程
226291	朝鮮朝日	南鮮版	1932-08-26	1	07단	多年の懸案道路鋪裝廿三日付認可
226292	朝鮮朝日	南鮮版	1932-08-26	1	08단	五勇士慰靈祭
226293	朝鮮朝日	南鮮版	1932-08-26	1	08단	釜山府の下水溝改修豫算削減で中止
226294	朝鮮朝日	南鮮版	1932-08-26	1	08단	麻雀賭博連坐の敎員や役人は道が斷然處分する
226295	朝鮮朝日	南鮮版	1932-08-26	1	08단	愛國獻金募集
226296	朝鮮朝日	南鮮版	1932-08-26	1	09단	春川校慰問袋/慰問金募集
226297	朝鮮朝日	南鮮版	1932-08-26	1	09단	全鮮野球戰組合せ決る廿八日から
226298	朝鮮朝日	南鮮版	1932-08-26	1	10단	快速車使用の新機關車は頗る好成績
226299	朝鮮朝日	南鮮版	1932-08-26	1	10단	職業學校生徒募集
226300	朝鮮朝日	南鮮版	1932-08-26	1	10단	保釋者十名
226301	朝鮮朝日	南鮮版	1932-08-26	1	10단	咸北の眞性コレラ三名となる

일련번호	판명		간행일	면	단수	기사명
226302	朝鮮朝日	南鮮版	1932-08-26	1	10단	もよほし(金海産組第一回總會/開城貞和女子普通學校同窓會/鷄戶俱樂部書道展/慶北穀協創立總會)
226303	朝鮮朝日	南鮮版	1932-08-26	1	10단	人(近藤常尙氏(新任警務局保安課長))
226304	朝鮮朝日	西北版	1932-08-26	1	01단	窮乏農村打開に赤裸々な要求最前線に立つ郡當局者から平南の郡守會議で
226305	朝鮮朝日	西北版	1932-08-26	1	01단	帝國製麻が亞麻に着目觸手を咸南に伸ばす農家副業振興上一大福音
226306	朝鮮朝日	西北版	1932-08-26	1	01단	レール六本を外し機關車を襲ふ安奉線釣魚台隊附近でわが軍三名重輕傷
226307	朝鮮朝日	西北版	1932-08-26	1	01단	滿期除隊兵
226308	朝鮮朝日	西北版	1932-08-26	1	02단	種牛卽賣見本市種牡牛更新
226309	朝鮮朝日	西北版	1932-08-26	1	03단	北鮮大玄關の夢破れた淸津天圖鐵道の改築促進を叫ぶ府民大會を開いて
226310	朝鮮朝日	西北版	1932-08-26	1	03단	倉庫を新設コーン會社
226311	朝鮮朝日	西北版	1932-08-26	1	04단	官民一致で酒なしデー
226312	朝鮮朝日	西北版	1932-08-26	1	04단	總督府辭令(廿三日付)
226313	朝鮮朝日	西北版	1932-08-26	1	04단	平讓府會廿七日に開く
226314	朝鮮朝日	西北版	1932-08-26	1	04단	自作農創定の實施方針決る近く愈よ全鮮的に選定
226315	朝鮮朝日	西北版	1932-08-26	1	04단	ある印象(7)/甲子園を語る實に輕快なモーション宇野平中監督の土産話
226316	朝鮮朝日	西北版	1932-08-26	1	05단	平壤の競馬九月二日から
226317	朝鮮朝日	西北版	1932-08-26	1	05단	三浦環女史九月に來壤平壤樂壇の秋を飾る
226318	朝鮮朝日	西北版	1932-08-26	1	06단	「圖們線」と呼稱を變更東西圖們線を
226319	朝鮮朝日	西北版	1932-08-26	1	06단	農作物は近年の豊作農務課樂觀
226320	朝鮮朝日	西北版	1932-08-26	1	07단	平壤、麥田間の改修八十萬圓で可能明年からの實施を再び陳情大同江改修の熱意動く
226321	朝鮮朝日	西北版	1932-08-26	1	07단	坎北、西平壤間の運炭輕便鐵道旣に用地買收も終り認可あり次第着工
226322	朝鮮朝日	西北版	1932-08-26	1	07단	頻々たる交通禍平壤の昨今
226323	朝鮮朝日	西北版	1932-08-26	1	07단	この冬季は煉炭が高値ピッチ關稅値上げで家政經濟の恐慌
226324	朝鮮朝日	西北版	1932-08-26	1	07단	姙娠女を蹴る
226325	朝鮮朝日	西北版	1932-08-26	1	08단	線路に寢る
226326	朝鮮朝日	西北版	1932-08-26	1	08단	圖們江岸のコレラ猖獗更に眞性二名
226327	朝鮮朝日	西北版	1932-08-26	1	09단	安東縣のコレラ累計卅六名

일련번호	판명		간행일	면	단수	기사명
226328	朝鮮朝日	西北版	1932-08-26	1	09단	樂禮/柳京小話
226329	朝鮮朝日	西北版	1932-08-26	1	09단	取押へられた金塊十貫目田警部補が密輸出を指揮檢擧範圍は尙擴大/旅館で一網打盡六名を檢擧
226330	朝鮮朝日	西北版	1932-08-26	1	09단	十年を求刑亂倫の妻を殺した男率直に犯行を認む
226331	朝鮮朝日	南鮮版	1932-08-27	1	01단	聊か怪しい北鮮開拓の序曲關係當局者頻りに氣を揉む官制改正未公布で
226332	朝鮮朝日	南鮮版	1932-08-27	1	01단	土地購入低資百卅二萬圓各道の見込額決る農村救濟の自作農創定に
226333	朝鮮朝日	南鮮版	1932-08-27	1	01단	御內帑金の使途巡廻診療を徹底公産婆增員を計劃なるべく多數患者に施療
226334	朝鮮朝日	南鮮版	1932-08-27	1	01단	第一回全鮮書道展十月中旬に
226335	朝鮮朝日	南鮮版	1932-08-27	1	01단	地場銀行惠まる不動産資金化で
226336	朝鮮朝日	南鮮版	1932-08-27	1	02단	舊式野砲から新式サイレンに釜山名物の午砲がなくなる武田砲手心境を語る
226337	朝鮮朝日	南鮮版	1932-08-27	1	03단	殖銀異動
226338	朝鮮朝日	南鮮版	1932-08-27	1	03단	新義州は二割增安東は一割減鴨江流筏成績
226339	朝鮮朝日	南鮮版	1932-08-27	1	04단	郵貯利下で四十八萬圓儲かる遞信局
226340	朝鮮朝日	南鮮版	1932-08-27	1	04단	北鮮の一寒村一躍、世界の港輝かしい羅津の將來
226341	朝鮮朝日	南鮮版	1932-08-27	1	04단	女學校分立に意見が一致裡里學校組合打合會新校舍は來秋までに竣工
226342	朝鮮朝日	南鮮版	1932-08-27	1	05단	全鮮最初の商業二部制愈よ明年度から實施實際教育の前進に拍車
226343	朝鮮朝日	南鮮版	1932-08-27	1	06단	衛生組合衛生デー
226344	朝鮮朝日	南鮮版	1932-08-27	1	06단	釜山發奉天行貨物四十二時間短縮滿鐵全線のスピードアップ十月一日から實施
226345	朝鮮朝日	南鮮版	1932-08-27	1	07단	長打を連發し坂出商業優勝す京城商業淚を呑む內鮮中等選拔野球優勝試合
226346	朝鮮朝日	南鮮版	1932-08-27	1	08단	高利取締で利息制限令を施行低金利策遂行の見地から
226347	朝鮮朝日	南鮮版	1932-08-27	1	08단	道路竝木を電信工夫が伐採道より郵便局へ抗議
226348	朝鮮朝日	南鮮版	1932-08-27	1	09단	內外ニュース(きのふの兩院本會議/アメリカではむしろ好感外相の演說)
226349	朝鮮朝日	南鮮版	1932-08-27	1	09단	團匪約二百銅佛寺に殺到放火、掠奪、人質を拉去池田騎兵○隊賊團を追擊

일련번호	판명		간행일	면	단수	기사명
226350	朝鮮朝日	南鮮版	1932-08-27	1	09단	价川鐵道愈よ委任經營從業員は鐵道局に引繼ぐ十月一日より實施
226351	朝鮮朝日	南鮮版	1932-08-27	1	10단	チフス發生龍中大消毒
226352	朝鮮朝日	南鮮版	1932-08-27	1	10단	內鮮の眞性コレラ九名に上る
226353	朝鮮朝日	西北版	1932-08-27	1	01단	北鮮の一寒村一躍、世界の港輝かしい羅津の將來
226354	朝鮮朝日	西北版	1932-08-27	1	01단	天圖線改築港灣の擴張『守れ淸津』の猛運動開始府民大會で決議
226355	朝鮮朝日	西北版	1932-08-27	1	01단	平南道の割當僅か三萬七千圓これでも窮民救濟か
226356	朝鮮朝日	西北版	1932-08-27	1	01단	御內帑金の使途巡廻診療を徹底公産婆增員を計劃なるべく多數患者に施療
226357	朝鮮朝日	西北版	1932-08-27	1	01단	府尹郡守會議
226358	朝鮮朝日	西北版	1932-08-27	1	02단	運費の關係で山間部は不可能普通校新設の經費節約は結局駄目だと判る
226359	朝鮮朝日	西北版	1932-08-27	1	03단	土地購入低資百卅二萬圓各道の見込額決る農村救濟の自作農創定に
226360	朝鮮朝日	西北版	1932-08-27	1	03단	郵貯利下で四十八萬圓儲かる遞信局
226361	朝鮮朝日	西北版	1932-08-27	1	03단	聊か怪しい北鮮開拓の序曲關係當局者頻りに氣を揉む官制改正未公布で
226362	朝鮮朝日	西北版	1932-08-27	1	04단	咸南沿岸鰯豊漁産業課悅ぶ
226363	朝鮮朝日	西北版	1932-08-27	1	04단	圓價低落と平南朝鮮小麥、繭および無煙炭何れも內地移出旺盛を示す消費經濟には不利
226364	朝鮮朝日	西北版	1932-08-27	1	05단	ある印象(8)/偉大な舞踊家石井漠君の風格森幸次郎君の述懷
226365	朝鮮朝日	西北版	1932-08-27	1	05단	署長會議
226366	朝鮮朝日	西北版	1932-08-27	1	06단	團匪約二百銅佛寺に殺到放火、掠奪、人質を拉去池田騎兵○隊賊團を追擊
226367	朝鮮朝日	西北版	1932-08-27	1	06단	新設校への國庫補助が緊要授業料の引下は第二義的だ平南道當局語る
226368	朝鮮朝日	西北版	1932-08-27	1	07단	第一回全鮮書道展十月中旬に
226369	朝鮮朝日	西北版	1932-08-27	1	07단	スポーツ(平北陸競大會/庭球選手權大會)
226370	朝鮮朝日	西北版	1932-08-27	1	08단	內鮮の眞性コレラ九名に上る
226371	朝鮮朝日	西北版	1932-08-27	1	08단	稅關監吏が官金を橫領犯行を自白
226372	朝鮮朝日	西北版	1932-08-27	1	08단	種苗場改名
226373	朝鮮朝日	西北版	1932-08-27	1	08단	金塊密輸の主犯捕はる田警部補は單なる傀儡制服で堂々密輸出
226374	朝鮮朝日	西北版	1932-08-27	1	09단	虛弱兒童に肝油

일련번호	판명		간행일	면	단수	기사명
226375	朝鮮朝日	西北版	1932-08-27	1	09단	价川鐵道愈よ委任經營從業員は鐵道局に引繼ぐ十月一日より實施
226376	朝鮮朝日	西北版	1932-08-27	1	10단	學生騷擾事件懇篤に訓戒四十三名釋放
226377	朝鮮朝日	西北版	1932-08-27	1	10단	九家族を救ふ
226378	朝鮮朝日	西北版	1932-08-27	1	10단	樂禮/柳京小話
226379	朝鮮朝日	南鮮版	1932-08-28	1	01단	農山村困憊の實相を物語る面廢合の申請すでに六十件總督府取捨に惱む
226380	朝鮮朝日	南鮮版	1932-08-28	1	01단	肥料資金五百萬圓で産米增殖計劃を變更せず畑作改良に流用
226381	朝鮮朝日	南鮮版	1932-08-28	1	01단	共同出荷と販賣統制鮮産蘋果の內地進出大邱果物同業組合實施
226382	朝鮮朝日	南鮮版	1932-08-28	1	02단	白米値下げ
226383	朝鮮朝日	南鮮版	1932-08-28	1	02단	駒井長官を招いて懇談を交ふ
226384	朝鮮朝日	南鮮版	1932-08-28	1	02단	內外ニュース(義勇軍暴れ洮南開通間運轉を中止/拓相不信任で處決を促す/勝田主計君財政質問に巨彈を放つ/會期延長は免かれぬ模樣)
226385	朝鮮朝日	南鮮版	1932-08-28	1	03단	野球統制新學期からいよいよ施行
226386	朝鮮朝日	南鮮版	1932-08-28	1	03단	對滿輸出協會創立總會九月一日開催
226387	朝鮮朝日	南鮮版	1932-08-28	1	03단	慶南の景勝八潭八亭道の探勝班で撮影
226388	朝鮮朝日	南鮮版	1932-08-28	1	04단	百貨店對小賣商店の抗爭表面化
226389	朝鮮朝日	南鮮版	1932-08-28	1	04단	釜山府に方面委員
226390	朝鮮朝日	南鮮版	1932-08-28	1	04단	三十九萬籍の石油購買契約ロシア通商代表部で不履行民事訴訟を提出か
226391	朝鮮朝日	南鮮版	1932-08-28	1	05단	特別車扱ひ十噸制實施鮮內の各驛で
226392	朝鮮朝日	南鮮版	1932-08-28	1	05단	京城商議選擧十一月一日に決定
226393	朝鮮朝日	南鮮版	1932-08-28	1	05단	就任挨拶茶話會
226394	朝鮮朝日	南鮮版	1932-08-28	1	06단	鮮米買上に大なる期待半島全土に生氣漲る
226395	朝鮮朝日	南鮮版	1932-08-28	1	06단	六道溝の匪賊執拗に發砲警官隊で擊退
226396	朝鮮朝日	南鮮版	1932-08-28	1	06단	天圖鐵道の廣軌改築等悲壯な陳情
226397	朝鮮朝日	南鮮版	1932-08-28	1	07단	年報サイレン試驗結果良好
226398	朝鮮朝日	南鮮版	1932-08-28	1	07단	深刻な不況で差押物件がない系圖佛像等もある動産差押へがうんと殖えた
226399	朝鮮朝日	南鮮版	1932-08-28	1	07단	關麗聯絡で郵便物遞送九月六日より
226400	朝鮮朝日	南鮮版	1932-08-28	1	07단	郡屬異動序曲
226401	朝鮮朝日	南鮮版	1932-08-28	1	07단	ダリヤの天使
226402	朝鮮朝日	南鮮版	1932-08-28	1	07단	七人組全部保釋
226403	朝鮮朝日	南鮮版	1932-08-28	1	08단	朝日映畫大盛況入場者五千

일련번호	판명		간행일	면	단수	기사명
226404	朝鮮朝日	南鮮版	1932-08-28	1	08단	度量衡器一齊檢查
226405	朝鮮朝日	南鮮版	1932-08-28	1	08단	虎疫豫防の注意を要望
226406	朝鮮朝日	南鮮版	1932-08-28	1	08단	食堂騷動圓く治まる高級食堂のみ許可驛前飲食店の顔も立つ
226407	朝鮮朝日	南鮮版	1932-08-28	1	08단	竊盗を筆頭に犯罪增加の傾向慶南半ヶ年の統計
226408	朝鮮朝日	南鮮版	1932-08-28	1	09단	百萬長者へ物凄い脅迫狀舞込む
226409	朝鮮朝日	南鮮版	1932-08-28	1	09단	鮮內コレラ十二名に上る
226410	朝鮮朝日	南鮮版	1932-08-28	1	09단	解雇を恨み刺身包丁で疊百枚を切る
226411	朝鮮朝日	南鮮版	1932-08-28	1	10단	居眠り自動車電車と衝突運轉手は重傷
226412	朝鮮朝日	南鮮版	1932-08-28	1	10단	倉庫崩壞し死傷者四名
226413	朝鮮朝日	南鮮版	1932-08-28	1	10단	まる二十年間お茶を提供署長感謝す
226414	朝鮮朝日	南鮮版	1932-08-28	1	10단	或梯顔
226415	朝鮮朝日	南鮮版	1932-08-28	1	10단	もよほし(釜山時局講演會/運動競技講習會)
226416	朝鮮朝日	南鮮版	1932-08-28	1	10단	人(穗積殖産局長)
226417	朝鮮朝日	西北版	1932-08-28	1	01단	總督、總監も好意ある理解以前よりは雲行が變って好轉の昭和水利
226418	朝鮮朝日	西北版	1932-08-28	1	01단	鮮米買上に大なる期待半島全土に生氣漲る
226419	朝鮮朝日	西北版	1932-08-28	1	01단	數十倍の匪賊を粉碎「殊勳輝く和田中隊」和田大尉凱旋を語る
226420	朝鮮朝日	西北版	1932-08-28	1	02단	釣魚台附近列車襲擊の副頭目戰死
226421	朝鮮朝日	西北版	1932-08-28	1	02단	肥料資金五百萬圓で産米增殖計劃を變更せず畑作改良に流用
226422	朝鮮朝日	西北版	1932-08-28	1	03단	各郡の割當決る平坦部が多く山間部が少い詳細な創定規約も決定した平南の自作農創定/十二月の改選說結局望み薄笛吹けど踊らぬ人々平壤商議改選期問題
226423	朝鮮朝日	西北版	1932-08-28	1	04단	六道溝の匪賊執拗に發砲警官隊で擊退
226424	朝鮮朝日	西北版	1932-08-28	1	04단	野球統制新學期からいよいよ施行
226425	朝鮮朝日	西北版	1932-08-28	1	04단	お牧茶屋で樂燒を始む
226426	朝鮮朝日	西北版	1932-08-28	1	05단	新市街區に一千萬坪を編入清津の大都市計劃案
226427	朝鮮朝日	西北版	1932-08-28	1	05단	素晴しい産卵率咸南道の鷄
226428	朝鮮朝日	西北版	1932-08-28	1	05단	ある印象(9)/美妓崔玉香と悲しき紅毛情歌詩情豊かな原田府議
226429	朝鮮朝日	西北版	1932-08-28	1	06단	職業教育に一段の拍車授業料納入は案外好成績兒童製品で支拂ふ

일련번호	판명		간행일	면	단수	기사명
226430	朝鮮朝日	西北版	1932-08-28	1	06단	大玄關を舞台にブローカーは飛躍する景氣を煽る巨額の土地資金成金狂時代を現出
226431	朝鮮朝日	西北版	1932-08-28	1	07단	嫁入轎で納稅を獎勵
226432	朝鮮朝日	西北版	1932-08-28	1	07단	南廻り線は北廻り線と同時責任ある宇垣總督の言明痛憤の中に安堵の色
226433	朝鮮朝日	西北版	1932-08-28	1	08단	危機に直面防疫陣を張る
226434	朝鮮朝日	西北版	1932-08-28	1	08단	捕へて見れば賊は守衛と判る海軍鑛業部の犯人
226435	朝鮮朝日	西北版	1932-08-28	1	09단	鮮內コレラ十二名に上る/國境のコレラ遂に五名間島益々猖獗
226436	朝鮮朝日	西北版	1932-08-28	1	09단	四千名總動員の柔の實態調査平南で大々的に行ふ
226437	朝鮮朝日	西北版	1932-08-28	1	09단	金塊二百貫百八十萬圓旣に卅萬圓を利得金塊密輸出事件一段落
226438	朝鮮朝日	西北版	1932-08-28	1	10단	安州一帶に豫防注射
226439	朝鮮朝日	西北版	1932-08-28	1	10단	樂禮/柳京小話
226440	朝鮮朝日	南鮮版	1932-08-30	1	01단	秋空朖らかに
226441	朝鮮朝日	南鮮版	1932-08-30	1	01단	農村の光明は水利組合から蒙利地域外は慘憺たる凶作俄然、水組熱擡頭す
226442	朝鮮朝日	南鮮版	1932-08-30	1	01단	未曾有の編成難をどう切拔ける起債が認容されねば新規事業は全滅の外ない
226443	朝鮮朝日	南鮮版	1932-08-30	1	02단	射倖的遊戲取締
226444	朝鮮朝日	南鮮版	1932-08-30	1	03단	內外ニュース(匪賊大擧して奉天を包圍/內鮮人の花街十間房混亂/大刀會匪一千襲擊を企つ/兵工廠附近の匪賊四散す/我方の損害戰死傷者八名/安東大將逝去/本莊凱旋將軍奉天を出發/政府對政友の對立險惡化/會期三日間延長に決定/昨日の議會)
226445	朝鮮朝日	南鮮版	1932-08-30	1	04단	常任委員會
226446	朝鮮朝日	南鮮版	1932-08-30	1	04단	殘暑
226447	朝鮮朝日	南鮮版	1932-08-30	1	05단	特殊の事情を十分に取入れ銃砲火藥類の取締規制改正最大限まで簡易化
226448	朝鮮朝日	南鮮版	1932-08-30	1	05단	もよほし(忠淸南道穀物商組合聯合總會)
226449	朝鮮朝日	南鮮版	1932-08-30	1	07단	模型飛行機競技大會相當の成績
226450	朝鮮朝日	南鮮版	1932-08-30	1	07단	北滿物資の內鮮輸入增で咸鏡線の貨物列車運轉增加鐵道局で種々計劃
226451	朝鮮朝日	南鮮版	1932-08-30	1	08단	國境警備の警官へ貧者の一燈

일련번호	판명		간행일	면	단수	기사명
226452	朝鮮朝日	南鮮版	1932-08-30	1	08단	旱害の激甚を三段構へで救濟應急、善後、恒久の三策を樹立近く具體案を練る
226453	朝鮮朝日	南鮮版	1932-08-30	1	10단	密輸品を使ふモヒ患者慶南で取締る
226454	朝鮮朝日	西北版	1932-08-30	1	01단	北滿物資の內鮮輸入增で咸鏡線の貨物列車運轉增加鐵道局で種々計劃
226455	朝鮮朝日	西北版	1932-08-30	1	01단	對滿貿易に最も效果的互惠關稅稅率改善等新義州稅關より意見具申
226456	朝鮮朝日	西北版	1932-08-30	1	01단	私立普仁公立化一面一校計劃
226457	朝鮮朝日	西北版	1932-08-30	1	01단	未曾有の編成難をどう切拔ける起債が認容されねば新規事業は全滅の外ない
226458	朝鮮朝日	西北版	1932-08-30	1	02단	初等教育の充實五萬圓で高等科を船橋里に十萬圓で普通校の內容整備平壤教育懇談會
226459	朝鮮朝日	西北版	1932-08-30	1	03단	平讓府會事務檢查員の選擧終る
226460	朝鮮朝日	西北版	1932-08-30	1	03단	二大計劃の貫徹を期す阿部平壤府尹の上城
226461	朝鮮朝日	西北版	1932-08-30	1	04단	支那語を正課目に平壤農業校で
226462	朝鮮朝日	西北版	1932-08-30	1	04단	五十萬圓の勞賃平南窮民に撒布時局應急費更に增加
226463	朝鮮朝日	西北版	1932-08-30	1	05단	救窮事業中金山道路は産金政策の現れ年度內に工事を終る豫定
226464	朝鮮朝日	西北版	1932-08-30	1	05단	平壤殖銀異動
226465	朝鮮朝日	西北版	1932-08-30	1	05단	漁民と火田民悠々と生活
226466	朝鮮朝日	西北版	1932-08-30	1	05단	特殊の事情を十分に取入れ銃砲火藥類の取締規制改正最大限まで簡易化
226467	朝鮮朝日	西北版	1932-08-30	1	06단	鰯締粕の奔騰で漁村は好轉
226468	朝鮮朝日	西北版	1932-08-30	1	07단	防疫事務の萬全を期す
226469	朝鮮朝日	西北版	1932-08-30	1	07단	土木請負業者のリスト完成す不安な面持で內容如何に運命を占ふ業者連
226470	朝鮮朝日	西北版	1932-08-30	1	07단	平壤ソバの値上
226471	朝鮮朝日	西北版	1932-08-30	1	07단	二萬人に豫防注射
226472	朝鮮朝日	西北版	1932-08-30	1	08단	懲役八年の判決
226473	朝鮮朝日	西北版	1932-08-30	1	08단	軍法會議へ
226474	朝鮮朝日	西北版	1932-08-30	1	08단	平南地方の暴風雨被害浸水家屋續出交通は杜絶炊出で罹災民救助/浸水家屋九百戶安州邑危險/豪雨のため交通機關杜絶/一家族六名濁流に呑まれ一名行方不明
226475	朝鮮朝日	西北版	1932-08-30	1	09단	榮轉の竹內中佐

일련번호	판명		간행일	면	단수	기사명
226476	朝鮮朝日	西北版	1932-08-30	1	09단	支那人使用罷りならぬ江西農場に對して道警察部からお達示
226477	朝鮮朝日	西北版	1932-08-30	1	10단	暴民送局さる
226478	朝鮮朝日	西北版	1932-08-30	1	10단	人(竹本曹長(平壤飛行聯隊附))
226479	朝鮮朝日	西北版	1932-08-30	1	10단	樂禮/柳京小話
226480	朝鮮朝日	南鮮版	1932-08-31	1	01단	東拓の不參加は信を朝鮮に失ふ社內に參加論有力化す昭和水利の干潟地問題
226481	朝鮮朝日	南鮮版	1932-08-31	1	01단	「農村不安の」除去を主に全北の警察署長會議九月二十日から三日間開催
226482	朝鮮朝日	南鮮版	1932-08-31	1	01단	飛行場設置熱高まる上海コース新設を機に
226483	朝鮮朝日	南鮮版	1932-08-31	1	01단	泉洞价川間土地買收は思惑で困難
226484	朝鮮朝日	南鮮版	1932-08-31	1	02단	新師團長初度巡視
226485	朝鮮朝日	南鮮版	1932-08-31	1	02단	滿洲事變記念日に戰歿者慰靈祭
226486	朝鮮朝日	南鮮版	1932-08-31	1	02단	根强く潛行的に魔手を延ばす慶南赤色農組祕密結社事件取調終了一味送局
226487	朝鮮朝日	南鮮版	1932-08-31	1	03단	夜店業者も反對陳情長手の電車複線に
226488	朝鮮朝日	南鮮版	1932-08-31	1	03단	國費關係の窮民救濟事業慶南道の割當決る
226489	朝鮮朝日	南鮮版	1932-08-31	1	04단	兇匪討伐の悲痛な請願木材業者から
226490	朝鮮朝日	南鮮版	1932-08-31	1	04단	貧窮の兵士へ注ぐ上官の愛情皇軍活躍の裏にはこの美談大邱聯隊堀內中尉
226491	朝鮮朝日	南鮮版	1932-08-31	1	05단	內外ニュース(各種建議案全部を可決/政友案通過は最早決定的/關東軍全權部新京に移轉/斷乎增兵を陸相に要求/滿洲承認の曉反逆討伐令)
226492	朝鮮朝日	南鮮版	1932-08-31	1	05단	於之屯水組設立に猛烈な反對
226493	朝鮮朝日	南鮮版	1932-08-31	1	06단	自動車行軍
226494	朝鮮朝日	南鮮版	1932-08-31	1	06단	朝日映畵旋風的人氣を博す
226495	朝鮮朝日	南鮮版	1932-08-31	1	06단	平南で本腰に玉蜀黍栽培獎勵農民は十分採算がとれるコーン會社は窮狀を打開
226496	朝鮮朝日	南鮮版	1932-08-31	1	07단	中小商工業者の救濟方を陳情釜山會議所が本府へ
226497	朝鮮朝日	南鮮版	1932-08-31	1	07단	部長射殺の共匪を檢擧
226498	朝鮮朝日	南鮮版	1932-08-31	1	07단	少年を欺き所持金を詐欺
226499	朝鮮朝日	南鮮版	1932-08-31	1	08단	女流飛行家本部孃がバーへ轉身
226500	朝鮮朝日	南鮮版	1932-08-31	1	08단	外勤警官に司法を應援犯罪の絶滅を期す
226501	朝鮮朝日	南鮮版	1932-08-31	1	09단	行李の中から金塊一貫目密輸犯捕はる
226502	朝鮮朝日	南鮮版	1932-08-31	1	10단	乘客滿載の自動車轉落內一名打撲傷

일련번호	판명		간행일	면	단수	기사명
226503	朝鮮朝日	南鮮版	1932-08-31	1	10단	酒の上から棍棒で亂打重傷後落命
226504	朝鮮朝日	南鮮版	1932-08-31	1	10단	全鮮のコレラ十五名となる
226505	朝鮮朝日	南鮮版	1932-08-31	1	10단	身代金百圓で滿洲へ賣られ行く彼女達
226506	朝鮮朝日	南鮮版	1932-08-31	1	10단	疊切犯人捕はる
226507	朝鮮朝日	西北版	1932-08-31	1	01단	東拓の不參加は信を朝鮮に失ふ社内に參加論有力化す昭和水利の干瀉地問題
226508	朝鮮朝日	西北版	1932-08-31	1	01단	「農村不安の」除去を主に全北の警察署長會議九月二十日から三日間開催
226509	朝鮮朝日	西北版	1932-08-31	1	01단	飛行場設置熱高まる上海コース新設を機に
226510	朝鮮朝日	西北版	1932-08-31	1	01단	泉洞价川間土地買收は思惑で困難
226511	朝鮮朝日	西北版	1932-08-31	1	02단	新師團長初度巡視
226512	朝鮮朝日	西北版	1932-08-31	1	02단	滿洲事變記念日に戰歿者慰靈祭
226513	朝鮮朝日	西北版	1932-08-31	1	02단	根强く潛行的に魔手を延ばす慶南赤色農組祕密結社事件取調終了一味送局
226514	朝鮮朝日	西北版	1932-08-31	1	03단	夜店業者も反對陳情長手の電車複線に
226515	朝鮮朝日	西北版	1932-08-31	1	03단	天圖線改修は時日の問題確證を握る迄頑張る運動委員連の悲壯な決意
226516	朝鮮朝日	西北版	1932-08-31	1	04단	兇匪討伐の悲痛な請願木材業者から
226517	朝鮮朝日	西北版	1932-08-31	1	04단	貧窮の兵士へ注ぐ上官の愛情皇軍活躍の裏にはこの美談大邱聯隊堀內中尉
226518	朝鮮朝日	西北版	1932-08-31	1	05단	中小商工業者の救濟方を陳情釜山會議所が本府へ
226519	朝鮮朝日	西北版	1932-08-31	1	05단	於之屯水組設立に猛烈な反對
226520	朝鮮朝日	西北版	1932-08-31	1	06단	自動車行軍
226521	朝鮮朝日	西北版	1932-08-31	1	06단	朝日映畫旋風的人氣を博す
226522	朝鮮朝日	西北版	1932-08-31	1	06단	平南で本腰に玉蜀黍栽培獎勵農民は十分採算がとれるコーン會社は窮狀を打開
226523	朝鮮朝日	西北版	1932-08-31	1	07단	外勤警官に司法を應援犯罪の絶滅を期す
226524	朝鮮朝日	西北版	1932-08-31	1	07단	預金利下げ九月一日から
226525	朝鮮朝日	西北版	1932-08-31	1	07단	府廳舍改築通過は困難市區改正、水道擴張は好望阿部府尹の土産話
226526	朝鮮朝日	西北版	1932-08-31	1	08단	女流飛行家本部孃がバーへ轉身
226527	朝鮮朝日	西北版	1932-08-31	1	08단	部長射殺の共匪を檢擧
226528	朝鮮朝日	西北版	1932-08-31	1	09단	滿浦鎭線の被害は甚大价川鐵道の被害約四萬圓平南道郡部の水害/東大元里の浸水四百四十戶罹災民二百名は避難所へ府廳の炊出を受く
226529	朝鮮朝日	西北版	1932-08-31	1	09단	少年を欺き所持金を詐欺

일련번호	판명		간행일	면	단수	기사명
226530	朝鮮朝日	西北版	1932-08-31	1	10단	乘客滿載の自動車轉落內一名打撲傷
226531	朝鮮朝日	西北版	1932-08-31	1	10단	酒の上から棍棒で亂打重傷後落命
226532	朝鮮朝日	西北版	1932-08-31	1	10단	全鮮のコレラ十五名となる

1932년 9월 (조선아사히)

일련번호	판명		간행일	면	단수	기사명
226533	朝鮮朝日	南鮮版	1932-09-01	1	01단	産金事業獎勵總督の音頭で鳴物入りの宣傳黃金狂時代に拍車を加ふ鑛業開發上劃期的の施設
226534	朝鮮朝日	南鮮版	1932-09-01	1	01단	五百萬圓の大藏省低資を畑作改良に流用意見有力化
226535	朝鮮朝日	南鮮版	1932-09-01	1	01단	腹背の敵匪賊と虎疫警察官は大いに發愼せよ池田警務局長語る
226536	朝鮮朝日	南鮮版	1932-09-01	1	03단	內外ニュース(御內帑金下賜北滿水災へ/貴院豫算委員長/時局匡救豫算可決/羅災救助法貴院で可決/米殺法案は政友案可決/本溪湖に匪賊現はる/有吉駐支公使任地に向ふ/駐米大使代理齊藤氏任命/船腹に大穴久美愛丸沈沒)
226537	朝鮮朝日	南鮮版	1932-09-01	1	04단	もよほし(開城報德會聯合會總會)
226538	朝鮮朝日	南鮮版	1932-09-01	1	04단	釜山組合銀行金利引下げ一日より實施/京城組銀の預金引下げ定期五釐、日步一釐
226539	朝鮮朝日	南鮮版	1932-09-01	1	04단	事情を無視した由々しい問題月別平均の鮮米買上げ方法農林省に強硬談判
226540	朝鮮朝日	南鮮版	1932-09-01	1	05단	江對岸の兵匪團漸次攻擊的
226541	朝鮮朝日	南鮮版	1932-09-01	1	06단	公衆電話の盜難に弱る
226542	朝鮮朝日	南鮮版	1932-09-01	1	06단	今後の發展は羅津より淸津總督陳情委員を慰撫
226543	朝鮮朝日	南鮮版	1932-09-01	1	07단	豪雨のため通川碧養間築堤約五丁半崩壞元山通川間は折返し運轉
226544	朝鮮朝日	南鮮版	1932-09-01	1	07단	土木談合事件最初の保釋羽山氏外三名
226545	朝鮮朝日	南鮮版	1932-09-01	1	07단	自動車事故防止方注意
226546	朝鮮朝日	南鮮版	1932-09-01	1	08단	銃砲火藥取締合九月一日から實施
226547	朝鮮朝日	南鮮版	1932-09-01	1	08단	色と慾の二筋道性惡の情夫
226548	朝鮮朝日	南鮮版	1932-09-01	1	08단	作品共同作業場を試驗所內に新設杯土生産のみの缺陷を補ひ陶土の都平壤建設
226549	朝鮮朝日	南鮮版	1932-09-01	1	09단	演擅から留置場へ
226550	朝鮮朝日	南鮮版	1932-09-01	1	09단	稅關監吏の業務橫領に懲役一年半
226551	朝鮮朝日	南鮮版	1932-09-01	1	09단	頗る精巧な僞造銀貨
226552	朝鮮朝日	南鮮版	1932-09-01	1	10단	生首事件の犯人裵增有罪公判へ
226553	朝鮮朝日	南鮮版	1932-09-01	1	10단	六十九歲の獨身翁强盜を追拂ふ
226554	朝鮮朝日	南鮮版	1932-09-01	1	10단	現金を强奪
226555	朝鮮朝日	西北版	1932-09-01	1	01단	産金事業獎勵總督の音頭で鳴物入りの宣傳黃金狂時代に拍車を加ふ鑛業開發上劃期的の施設

일련번호	판명		간행일	면	단수	기사명
226556	朝鮮朝日	西北版	1932-09-01	1	01단	今後の發展は羅津より清津總督陳情委員を慰撫
226557	朝鮮朝日	西北版	1932-09-01	1	01단	腹背の敵匪賊と虎疫警察官は大いに發憤せよ池田警務局長語る/江對岸の兵匪團漸次攻擊的
226558	朝鮮朝日	西北版	1932-09-01	1	04단	人(長高一之殖氏)
226559	朝鮮朝日	西北版	1932-09-01	1	04단	安州附近に良質の泥炭多量に埋藏
226560	朝鮮朝日	西北版	1932-09-01	1	04단	事情を無視した由々しい問題月別平均の鮮米買上げ方法農村省に强硬談判
226561	朝鮮朝日	西北版	1932-09-01	1	04단	作品共同作業場を試驗所內に新設杯土生産のみの缺陷を補ひ陶土の都平壤建設
226562	朝鮮朝日	西北版	1932-09-01	1	05단	運動場開き工夫慰安會盛大に擧行
226563	朝鮮朝日	西北版	1932-09-01	1	06단	徹宵、篠突く豪雨と闘ひ防水堤死守に狂奔舟橋一帶水魔に呪はる/家屋倒壞し田畑流失す
226564	朝鮮朝日	西北版	1932-09-01	1	06단	六十九歲の獨身翁强盜を追拂ふ
226565	朝鮮朝日	西北版	1932-09-01	1	07단	教育機構の刷新同窓青年團制度の改善や私立學校、書堂取締の徹底平南道での試み
226566	朝鮮朝日	西北版	1932-09-01	1	07단	殉職警官招魂祭
226567	朝鮮朝日	西北版	1932-09-01	1	07단	現金を强奪
226568	朝鮮朝日	西北版	1932-09-01	1	10단	平北のコレラ
226569	朝鮮朝日	西北版	1932-09-01	1	10단	內妻を刺殺
226570	朝鮮朝日	西北版	1932-09-01	1	10단	金塊密輸犯檢事局送り
226571	朝鮮朝日	西北版	1932-09-01	1	10단	大同江改修の短縮は可能待山所長談
226572	朝鮮朝日	南鮮版	1932-09-02	1	01단	最善の方法で都計令を實施經費を要せず理想都市形成舊市街は現狀維持
226573	朝鮮朝日	南鮮版	1932-09-02	1	01단	共産系朝鮮人が兵匪に混入その數一千六百名我討伐軍を惱ます/臨江奪還にまた蠢動對岸の兵匪/不時着陸の宋海林少佐大孤山に避難
226574	朝鮮朝日	南鮮版	1932-09-02	1	02단	昭和水利愈よ着工か東拓干拓地も參加に內定
226575	朝鮮朝日	南鮮版	1932-09-02	1	03단	關釜聯絡船朝便利用を門鐵で宣傳/發着時間變更定期旅客機
226576	朝鮮朝日	南鮮版	1932-09-02	1	04단	鴨綠江上流增水
226577	朝鮮朝日	南鮮版	1932-09-02	1	04단	農作物の被害が甚大
226578	朝鮮朝日	南鮮版	1932-09-02	1	04단	江原道一帶豪雨の被害自動車交通杜絶
226579	朝鮮朝日	南鮮版	1932-09-02	1	04단	製絲と絹布の作業場に補助山間僻遠に近代的生産實施飛躍する平南産業

일련번호	판명		간행일	면	단수	기사명
226631	朝鮮朝日	南鮮版	1932-09-03	1	04단	內外ニュース(有吉公使出發/匪賊一掃を學良に警告/滿洲國の正式承認本月半迄に/將士慰問案衆議院で可決/時局匡救案の補正を促す/一日間會期再延長決る)
226632	朝鮮朝日	南鮮版	1932-09-03	1	04단	地方稅の負擔輕減に面長俸給の國庫補助
226633	朝鮮朝日	南鮮版	1932-09-03	1	05단	慶南で棉花の取締規則を改正綿賃繰業の惡弊を除法
226634	朝鮮朝日	南鮮版	1932-09-03	1	05단	本年度豫算の五分減位か明年度の豫算編成難
226635	朝鮮朝日	南鮮版	1932-09-03	1	06단	市價より高いガンリンを買はされた京城府廳府營バスは大打擊
226636	朝鮮朝日	南鮮版	1932-09-03	1	07단	救窮土木工事費八十一萬七千圓追加豫算として計上道評議會の協贊を求む
226637	朝鮮朝日	南鮮版	1932-09-03	1	07단	荒井、五島兩氏詐欺罪で收容土木談合事件の新事實發覺事件は更に擴大か/土木界に及ぼす影響は大きい荒井會長突如收容さる暫らく成行を靜觀
226638	朝鮮朝日	南鮮版	1932-09-03	1	08단	行政整理の退職賜金順次に交付
226639	朝鮮朝日	南鮮版	1932-09-03	1	08단	愛國自動車の獻納金募集釜山府が力瘤
226640	朝鮮朝日	南鮮版	1932-09-03	1	09단	滿洲國訪問の自轉車隊釜山着北行
226641	朝鮮朝日	南鮮版	1932-09-03	1	09단	春繭に比し約三倍引上げ夏秋蠶の値基協定
226642	朝鮮朝日	南鮮版	1932-09-03	1	09단	解雇者復職待遇改善を要求朝鮮製絲女工罷業
226643	朝鮮朝日	南鮮版	1932-09-03	1	09단	豫防注射と消毒を勵行チフス豫防に
226644	朝鮮朝日	南鮮版	1932-09-03	1	10단	腹チフス蔓延の兆釜山府で警戒
226645	朝鮮朝日	南鮮版	1932-09-03	1	10단	百萬長者にまた脅迫狀被疑者捕はる
226646	朝鮮朝日	西北版	1932-09-03	1	01단	北滿開發につれ淸津の將來は洋々終端港に拘泥の必要はない問題を語る宇垣總督
226647	朝鮮朝日	西北版	1932-09-03	1	01단	代行案を提げ必死の猛運動吉會線の廣軌改修は確定的淸津の發展を期待
226648	朝鮮朝日	西北版	1932-09-03	1	01단	地方稅の負擔輕減に面長俸給の國庫補助
226649	朝鮮朝日	西北版	1932-09-03	1	01단	小學校落成式
226650	朝鮮朝日	西北版	1932-09-03	1	01단	氣候不順で平壤栗不作
226651	朝鮮朝日	西北版	1932-09-03	1	01단	各署對抗の武道大會中止
226652	朝鮮朝日	西北版	1932-09-03	1	02단	草分物語(1)/軍部の助成で今日の平壤實現語る人嚴尾傳吉氏
226653	朝鮮朝日	西北版	1932-09-03	1	03단	池田警務局長
226654	朝鮮朝日	西北版	1932-09-03	1	03단	越境部隊に慰問品平壤高女同窓會

일련번호	판명		간행일	면	단수	기사명
226655	朝鮮朝日	西北版	1932-09-03	1	04단	除隊兵歸鄕
226656	朝鮮朝日	西北版	1932-09-03	1	04단	のび行く咸興を象徴驛前の交通量
226657	朝鮮朝日	西北版	1932-09-03	1	04단	誇らかな設備顯微鏡映寫機朝鮮では最初のものだ實に立派な病理解剖室完成の平壤醫講
226658	朝鮮朝日	西北版	1932-09-03	1	05단	間里に簡易驛要望實現の模樣
226659	朝鮮朝日	西北版	1932-09-03	1	06단	匪賊の暴狀に移住同胞續々安全地帶に避難
226660	朝鮮朝日	西北版	1932-09-03	1	06단	ラッシュアワー大神宮折返し
226661	朝鮮朝日	西北版	1932-09-03	1	07단	黃海線の延安、土城間開通浮び出た白川溫泉
226662	朝鮮朝日	西北版	1932-09-03	1	07단	留置場で下痢
226663	朝鮮朝日	西北版	1932-09-03	1	07단	樂浪時代の平壤は闊葉樹が繁茂その往古に復舊すべく努力平南林業の進む道
226664	朝鮮朝日	西北版	1932-09-03	1	07단	金塊輸送局
226665	朝鮮朝日	西北版	1932-09-03	1	08단	琿春河上流に豊當な沙金洗面器で採取
226666	朝鮮朝日	西北版	1932-09-03	1	08단	コレラ容疑者列車の火夫眞性に決定
226667	朝鮮朝日	西北版	1932-09-03	1	08단	線路枕で轢殺
226668	朝鮮朝日	西北版	1932-09-03	1	08단	本夫殺しの姦夫に死刑姦婦に無期
226669	朝鮮朝日	西北版	1932-09-03	1	08단	水運の理想鄕に土沙が流出する上流五萬町步に火田民居住憂慮すべき大同江
226670	朝鮮朝日	西北版	1932-09-03	1	09단	農作物の被害左程でない渡邊技師豪雨を語る
226671	朝鮮朝日	西北版	1932-09-03	1	09단	醫師法違反
226672	朝鮮朝日	西北版	1932-09-03	1	10단	樂禮/柳京小話
226673	朝鮮朝日	南鮮版	1932-09-04	1	01단	三百萬圓の使途時局匡救對策低資長期及負債整理資金として金融組合員へ融通
226674	朝鮮朝日	南鮮版	1932-09-04	1	01단	赤錆と子子水道を擴張折角の水が呑めないので濾過裝置を施す
226675	朝鮮朝日	南鮮版	1932-09-04	1	02단	十四道溝に匪賊襲來警官隊で擊退
226676	朝鮮朝日	南鮮版	1932-09-04	1	03단	全鮮組銀も近く利下げ金組も斷行
226677	朝鮮朝日	南鮮版	1932-09-04	1	04단	佛教夏季大學東本願寺釜山別院
226678	朝鮮朝日	南鮮版	1932-09-04	1	04단	要求總額は二億三千萬圓歲人は赤字で二億圓を割るどう辻褄を合すか
226679	朝鮮朝日	南鮮版	1932-09-04	1	04단	吾等の愛國機朝鮮號活躍敵陣に痛烈な空爆を加ふ敦化の激戰に應援
226680	朝鮮朝日	南鮮版	1932-09-04	1	04단	煙草は現金でお買ひ下さい
226681	朝鮮朝日	南鮮版	1932-09-04	1	05단	特産品審査會(大田)
226682	朝鮮朝日	南鮮版	1932-09-04	1	05단	關東廳が新聞檢閱中旬より實施

일련번호	판명		간행일	면	단수	기사명
226683	朝鮮朝日	南鮮版	1932-09-04	1	05단	我國最初の統營海底トンネル九月中に完成近く運河を浚渫
226684	朝鮮朝日	南鮮版	1932-09-04	1	06단	咸北輸城川口に大漁港築造計劃新規事業として豫算に要求實現は有望視さる
226685	朝鮮朝日	南鮮版	1932-09-04	1	07단	延禧專門副校長一家皆無事
226686	朝鮮朝日	南鮮版	1932-09-04	1	07단	慶南の梨大々的の輸出計劃南洋や九州へ增産だが値段は安い
226687	朝鮮朝日	南鮮版	1932-09-04	1	07단	儒林中心の振興會を解消農村の指導機關に府尹郡守會議に諮問
226688	朝鮮朝日	南鮮版	1932-09-04	1	07단	內外ニュース(聯盟報告書議了/獨逸飛行艇根室に着手/暴行警官の處罰を要求/率勢米價で微妙な對立)
226689	朝鮮朝日	南鮮版	1932-09-04	1	08단	農事組合の統制を行ひその機能擴大に着目窮乏農村の振興策に
226690	朝鮮朝日	南鮮版	1932-09-04	1	08단	反對陳情により道で愼重考慮釜山瓦電の複線計劃
226691	朝鮮朝日	南鮮版	1932-09-04	1	09단	成績不良で申譯がない故國に歸った喜びを語る吾等の金恩培選手
226692	朝鮮朝日	南鮮版	1932-09-04	1	10단	七月末現在證券保管數新規購入數
226693	朝鮮朝日	南鮮版	1932-09-04	1	10단	消防組頭決る
226694	朝鮮朝日	南鮮版	1932-09-04	1	10단	氷酢酸自殺
226695	朝鮮朝日	南鮮版	1932-09-04	1	10단	もよほし(遞信局宅育協會砲艇大會)
226696	朝鮮朝日	西北版	1932-09-04	1	01단	三百萬圓の使途時局匡救對策低資長期及負債整理資金として金融組合員へ融通
226697	朝鮮朝日	西北版	1932-09-04	1	01단	棉花の奔騰で活氣づく農村在來綿の平南も惠まれる但し南鮮ほどではない
226698	朝鮮朝日	西北版	1932-09-04	1	01단	禁酒は愚か酒稅一割減でも道財政は一大破綻痛し痒しの稅務課の話
226699	朝鮮朝日	西北版	1932-09-04	1	01단	盆栽展覽會
226700	朝鮮朝日	西北版	1932-09-04	1	02단	草分物語(２)/今時では味はへぬ居留民達の融和在壞卅二年の倉田翁
226701	朝鮮朝日	西北版	1932-09-04	1	03단	十四道溝に匪賊襲來警官隊で擊退/慈城對岸の田英傑歸順を申出づ/國境警備に偉力を加ふ機關銃到着
226702	朝鮮朝日	西北版	1932-09-04	1	03단	要求總額は二億三千萬圓歲入は赤字で二億圓を割るどう辻褄を合すか
226703	朝鮮朝日	西北版	1932-09-04	1	04단	常備消防訓鍊場
226704	朝鮮朝日	西北版	1932-09-04	1	04단	待望の滿浦鎭線古賀所長工事督促に向ふ測量隊は五日から愈よ出發平元線も着工か

일련번호	판명		간행일	면	단수	기사명
226705	朝鮮朝日	西北版	1932-09-04	1	05단	値ちに着工淸川江と鴨綠江の時局應急護岸工事
226706	朝鮮朝日	西北版	1932-09-04	1	06단	秋繭の出廻り俄然增加を豫想米價が昂れば申分がない織物も高値の平南
226707	朝鮮朝日	西北版	1932-09-04	1	06단	時局匡救費二萬五千圓咸北道の割當
226708	朝鮮朝日	西北版	1932-09-04	1	07단	除隊兵懷しの鄕里へ(羅南)
226709	朝鮮朝日	西北版	1932-09-04	1	07단	咸北輸城川口に大漁港築造計劃新規事業として豫算に要求實現は有望視さる
226710	朝鮮朝日	西北版	1932-09-04	1	07단	成績不良で申譯がない故國に歸った喜びを語る吾等の金恩培選手
226711	朝鮮朝日	西北版	1932-09-04	1	08단	半紙を賣って慰問金を贈る
226712	朝鮮朝日	西北版	1932-09-04	1	09단	价川鐵道大損害復舊に約半月
226713	朝鮮朝日	西北版	1932-09-04	1	09단	中量貨物は三割方低減平壤は頗る惠まれる大英斷の運賃引下げ
226714	朝鮮朝日	西北版	1932-09-04	1	10단	乞食を一掃
226715	朝鮮朝日	西北版	1932-09-04	1	10단	栗の暴騰で生活難救濟を考究
226716	朝鮮朝日	西北版	1932-09-04	1	10단	反軍中の精銳林振靑歸順唐聚五狼狽す
226717	朝鮮朝日	西北版	1932-09-04	1	10단	橋梁崩壞交通杜絶
226718	朝鮮朝日	南鮮版	1932-09-06	1	01단	弛緩の氣を一掃新興朝鮮を建設全鮮的に一大精神作興運動學務局の計劃成る
226719	朝鮮朝日	南鮮版	1932-09-06	1	01단	秋競馬からの實施は不可能公認競馬場の設置ヶ所が法制局で審議未了
226720	朝鮮朝日	南鮮版	1932-09-06	1	01단	全鮮郵貯預金額四千七十九萬圓
226721	朝鮮朝日	南鮮版	1932-09-06	1	02단	雄基電氣羅津附近に發電所を計劃
226722	朝鮮朝日	南鮮版	1932-09-06	1	02단	土地の狂熱線終端港を巡る羅津の成金話(中)降って湧いた別天地
226723	朝鮮朝日	南鮮版	1932-09-06	1	03단	飛行場主務者打合會
226724	朝鮮朝日	南鮮版	1932-09-06	1	04단	梅崎師團長巡視
226725	朝鮮朝日	南鮮版	1932-09-06	1	04단	商工業者の借金額三千二百萬圓
226726	朝鮮朝日	南鮮版	1932-09-06	1	04단	匪賊百五十依蘭を襲擊軍警に擊退
226727	朝鮮朝日	南鮮版	1932-09-06	1	05단	脇谷魚博士が私財を投じて魚の分類を出版し學界に發表
226728	朝鮮朝日	南鮮版	1932-09-06	1	05단	內外ニュース(本莊將軍神戶に凱旋/臨時議會開院式/滿洲國承認の準備を進む/聯盟對策成り顧維鈞出發/西原氏に決る新京總領事)
226729	朝鮮朝日	南鮮版	1932-09-06	1	05단	國境三道に若手警官を增配今冬跳梁期の匪禍に備ふ近く應急對策協議

일련번호	판명		간행일	면	단수	기사명
226730	朝鮮朝日	南鮮版	1932-09-06	1	06단	原住地歸還は一本立とせず安全な地を選び集團的農耕避難鮮農の救濟策
226731	朝鮮朝日	南鮮版	1932-09-06	1	08단	工場抵當の貸付を要望釜山工業クラブが
226732	朝鮮朝日	南鮮版	1932-09-06	1	09단	博文寺入佛式
226733	朝鮮朝日	南鮮版	1932-09-06	1	09단	各家の台所今や大恐慌雜貨食料品飛上る洋服細民も大打擊
226734	朝鮮朝日	南鮮版	1932-09-06	1	09단	財源の目鼻がつき釜山府立病院移轉改築急に實現か
226735	朝鮮朝日	南鮮版	1932-09-06	1	09단	可愛い天使達傷病兵慰問
226736	朝鮮朝日	南鮮版	1932-09-06	1	10단	或る横顔
226737	朝鮮朝日	南鮮版	1932-09-06	1	10단	もよほし(慶南道學務課主催公民教育講習會/全鮮水産會主事打合會)
226738	朝鮮朝日	西北版	1932-09-06	1	01단	弛緩の氣を一掃新興朝鮮を建設全鮮的に一大精神作興運動學務局の計劃成る
226739	朝鮮朝日	西北版	1932-09-06	1	01단	平壤商議の改選期繰上げ必要なしとの反對論もあり實現は絶望視さる
226740	朝鮮朝日	西北版	1932-09-06	1	01단	總工事費四十萬圓で咸興の市街地整備
226741	朝鮮朝日	西北版	1932-09-06	1	03단	原住地歸還は一本立とせず安全な地を選び集團的農耕避難鮮農の救濟策
226742	朝鮮朝日	西北版	1932-09-06	1	04단	解剖室落成式
226743	朝鮮朝日	西北版	1932-09-06	1	04단	簡保低資を借り十六萬圓で改築國庫補助など待ちかねる道立平壤醫院の改築問題
226744	朝鮮朝日	西北版	1932-09-06	1	05단	草分物語(3)/城內派と城外派その頃の民團風景語る人一柳村五郎氏
226745	朝鮮朝日	西北版	1932-09-06	1	05단	産金獎勵の適應鑛山
226746	朝鮮朝日	西北版	1932-09-06	1	05단	樂浪博物館の建設資金に三千五百圓の寄附先物色尚豫定額に達せず
226747	朝鮮朝日	西北版	1932-09-06	1	06단	破れる樣な黃金の興奮咸北の金鑛熱
226748	朝鮮朝日	西北版	1932-09-06	1	06단	平壤南金組預金利下げ他より一蠻方多願
226749	朝鮮朝日	西北版	1932-09-06	1	07단	夏秋蠶共販値基協定四十一掛に決る
226750	朝鮮朝日	西北版	1932-09-06	1	07단	俄然猛烈な貨物奪取戰鐵道と船會社鎭南浦林檎で
226751	朝鮮朝日	西北版	1932-09-06	1	07단	無煙炭合同は案外易く實現か運炭鐵道は近く着工する加藤朝無常務語る
226752	朝鮮朝日	西北版	1932-09-06	1	08단	內地品の進出で窯業者の轉落受難の地元サバリ
226753	朝鮮朝日	西北版	1932-09-06	1	08단	列車妨害事故防止
226754	朝鮮朝日	西北版	1932-09-06	1	09단	煙となった十一萬四千圓

일련번호	판명		간행일	면	단수	기사명
226755	朝鮮朝日	西北版	1932-09-06	1	09단	藝妓妓生芝居
226756	朝鮮朝日	西北版	1932-09-06	1	09단	空陸相呼應敵匪を掃蕩討伐隊活躍/長白派遣隊愛鐵甲軍を散々に潰滅
226757	朝鮮朝日	西北版	1932-09-06	1	10단	拐帶犯捕はる
226758	朝鮮朝日	西北版	1932-09-06	1	10단	樂禮/柳京小話
226759	朝鮮朝日	南鮮版	1932-09-07	1	01단	半島教育界の輝かしき存在創立十周年の裡里農林學校內鮮融和の好學風
226760	朝鮮朝日	南鮮版	1932-09-07	1	01단	初等學校長約六百名を四ヶ年計劃で奏任待遇十月一日から實施
226761	朝鮮朝日	南鮮版	1932-09-07	1	01단	棉の研究に宇垣總督が南鮮を視察
226762	朝鮮朝日	南鮮版	1932-09-07	1	01단	北鮮開拓の先驅者試驗移民移住
226763	朝鮮朝日	南鮮版	1932-09-07	1	01단	車輛稅取締
226764	朝鮮朝日	南鮮版	1932-09-07	1	02단	救窮事業延人員約八十萬人
226765	朝鮮朝日	南鮮版	1932-09-07	1	02단	滿鮮新記錄一大會新記錄六卅四點の大差で全京城再勝滿鐵京城對抗陸競/芬蘭の強豪七選手を迎へ內鮮チームと對抗競技廿一日京城陸競場/釜山府初等學校聯合體育大會未會有の盛會を豫想參加校十二校兒童六千餘名
226766	朝鮮朝日	南鮮版	1932-09-07	1	03단	沙糖、パン粉メリケン粉菓子一齊値上
226767	朝鮮朝日	南鮮版	1932-09-07	1	04단	大地の狂熱線終端港を巡る羅津の成金話(下)降って湧いた別天地
226768	朝鮮朝日	南鮮版	1932-09-07	1	04단	內外ニュース(世界經濟會議日本代表決る/正式承認は本月中旬頃/學務部長會議/官吏身分保障案)
226769	朝鮮朝日	南鮮版	1932-09-07	1	04단	味覺を唆る松茸の走り新凉の風に乗って市場に香り高い姿を現す
226770	朝鮮朝日	南鮮版	1932-09-07	1	07단	移出木炭に檢査を勵行京畿道木炭の內地進出を大々的に促進獎勵
226771	朝鮮朝日	南鮮版	1932-09-07	1	07단	沙防工事の實施地決る本月中ごろから工事開始慶北窮民救濟事業
226772	朝鮮朝日	南鮮版	1932-09-07	1	07단	鮮內のコレラ平北十名咸北八名平南二名
226773	朝鮮朝日	南鮮版	1932-09-07	1	08단	腦震蕩で絶命
226774	朝鮮朝日	南鮮版	1932-09-07	1	08단	移出牛檢疫規則を改正九月中發布に決る一般農家にも好影響
226775	朝鮮朝日	南鮮版	1932-09-07	1	09단	もよほし(納稅優良里洞表彰式)
226776	朝鮮朝日	南鮮版	1932-09-07	1	10단	ランプから天井に延燒二名大火傷
226777	朝鮮朝日	南鮮版	1932-09-07	1	10단	大『ヌクテ』仔豚を咬殺巡査が撲殺
226778	朝鮮朝日	南鮮版	1932-09-07	1	10단	新町遊廓で脫走兵浦はる

일련번호	판명		간행일	면	단수	기사명
226779	朝鮮朝日	南鮮版	1932-09-07	1	10단	腹部を蹴る
226780	朝鮮朝日	西北版	1932-09-07	1	01단	平南農村を潤す三十萬圓の秋繭代中止してゐた五萬石突破の大祝賀會も開催する
226781	朝鮮朝日	西北版	1932-09-07	1	01단	明後年に完成の國境警備道路各線とも着々として竣工す蜿蜒實に百數十里
226782	朝鮮朝日	西北版	1932-09-07	1	01단	初等學校長約六百名を四ヶ年計劃で奏任待遇十月一日から實施
226783	朝鮮朝日	西北版	1932-09-07	1	01단	問題の上海丸持て餘さる爆彈約千個を積込んだ帆船豫審中の鐵橋爆破陰謀事件
226784	朝鮮朝日	西北版	1932-09-07	1	03단	北鮮開拓の先驅者試驗移民移住
226785	朝鮮朝日	西北版	1932-09-07	1	03단	討伐隊への慰問品續々と集る
226786	朝鮮朝日	西北版	1932-09-07	1	04단	人(間島總領事館警察部長末松警視)
226787	朝鮮朝日	西北版	1932-09-07	1	04단	學生よ安心せよ大邱の工事入札さへ終れば兩醫講の昇格は確實である平壤醫講昇格問題
226788	朝鮮朝日	西北版	1932-09-07	1	04단	城津港灣修築の急務を絶叫大いに氣勢を揚ぐ北鮮中部五郡聯合郡民大會
226789	朝鮮朝日	西北版	1932-09-07	1	05단	草分時代(4)/日露戰爭當時のわが平壤義勇隊殘存者吉崎氏語る
226790	朝鮮朝日	西北版	1932-09-07	1	05단	救國軍の一味廣家を襲ひ子供三名拉去
226791	朝鮮朝日	西北版	1932-09-07	1	06단	怖るべき猛獸の脅威北鮮國境の話
226792	朝鮮朝日	西北版	1932-09-07	1	06단	國境三道に若手警官を增配今冬跳梁期の匪禍に備ふ近く應急對策協議
226793	朝鮮朝日	西北版	1932-09-07	1	07단	昨年の平壤不振のドン底平壤商議調査は語る
226794	朝鮮朝日	西北版	1932-09-07	1	07단	松茸を盜む
226795	朝鮮朝日	西北版	1932-09-07	1	07단	無煙炭合同急速に進捗か高山東拓總裁が九月下旬に來壤
226796	朝鮮朝日	西北版	1932-09-07	1	08단	芬蘭の强豪七選手を迎へ內鮮チームと對抗競技廿一日京城陸競場
226797	朝鮮朝日	西北版	1932-09-07	1	09단	鮮內のコレラ平北十名咸北八名平南二名
226798	朝鮮朝日	西北版	1932-09-07	1	09단	洪水とコレラでお台所恐慌野菜や鷄卵が昂騰
226799	朝鮮朝日	西北版	1932-09-07	1	10단	力ヘェミカド燒く損害一萬圓
226800	朝鮮朝日	西北版	1932-09-07	1	10단	新町遊廓で脫走兵浦はる
226801	朝鮮朝日	西北版	1932-09-07	1	10단	樂禮/柳京小話
226802	朝鮮朝日	南鮮版	1932-09-08	1	01단	ばら撒かれる勞銀は三百餘萬圓暗黑から光明へ明るい生活窮民千萬人を救濟

일련번호	판명		간행일	면	단수	기사명
226803	朝鮮朝日	南鮮版	1932-09-08	1	01단	秋の景氣は見本市から景氣は至極上々吉
226804	朝鮮朝日	南鮮版	1932-09-08	1	01단	敷地難に陥り府民館困難無料拂下不能
226805	朝鮮朝日	南鮮版	1932-09-08	1	03단	內外ニュース(有吉公使南京に入る/軍艦常磐凱旋の途に/滿洲問題は十一月審議)
226806	朝鮮朝日	南鮮版	1932-09-08	1	03단	滿洲事變一周年記念日滿洲國への認識を深め戰歿者の英靈を慰む釜山で有意義な各種の催し
226807	朝鮮朝日	南鮮版	1932-09-08	1	04단	總督全南視察日程
226808	朝鮮朝日	南鮮版	1932-09-08	1	04단	産金獎勵のため金山道路開設總工費五十萬圓三ヶ年計劃新統治の金看板
226809	朝鮮朝日	南鮮版	1932-09-08	1	04단	活動寫眞で慶南の棉作獎勵巡廻映寫の日割決定
226810	朝鮮朝日	南鮮版	1932-09-08	1	05단	時局匡救河川改修三ヶ年計劃
226811	朝鮮朝日	南鮮版	1932-09-08	1	05단	産婆看護婦試驗
226812	朝鮮朝日	南鮮版	1932-09-08	1	05단	舊盆前特別警戒
226813	朝鮮朝日	南鮮版	1932-09-08	1	06단	「海燕」上映で愛讀者優待釜山の寶來館
226814	朝鮮朝日	南鮮版	1932-09-08	1	06단	齊藤首相と生蟹水試場員感激す
226815	朝鮮朝日	南鮮版	1932-09-08	1	07단	八道構の匪賊を完全に掃蕩
226816	朝鮮朝日	南鮮版	1932-09-08	1	07단	內鮮海底電話陸上設備進捗釜山局の機械組立完了
226817	朝鮮朝日	南鮮版	1932-09-08	1	07단	迷信が生んだ悲しい犯罪農民千五百餘名が雨乞で古墳七基を掘返す
226818	朝鮮朝日	南鮮版	1932-09-08	1	08단	愛國機朝鮮號頻りに活躍
226819	朝鮮朝日	南鮮版	1932-09-08	1	08단	朝鮮製絲の爭議解決女工全部就業
226820	朝鮮朝日	南鮮版	1932-09-08	1	09단	赤色農民組合反帝同盟五十餘名檢擧
226821	朝鮮朝日	南鮮版	1932-09-08	1	09단	鮮內のコレラ廿二名となる
226822	朝鮮朝日	南鮮版	1932-09-08	1	09단	東萊高普の社會科學事件四被告に求刑
226823	朝鮮朝日	南鮮版	1932-09-08	1	10단	泥醉して暴露戰術一エロナン爭議
226824	朝鮮朝日	南鮮版	1932-09-08	1	10단	無産靑年日無事
226825	朝鮮朝日	南鮮版	1932-09-08	1	10단	鐵道事故防止の警備列車運轉
226826	朝鮮朝日	南鮮版	1932-09-08	1	10단	もよほし(京城商工會議所議員總會)
226827	朝鮮朝日	西北版	1932-09-08	1	01단	ばら撒かれる勞銀は三百餘萬圓暗黑から光明へ明るい生活窮民千萬人を救濟
226828	朝鮮朝日	西北版	1932-09-08	1	01단	繭の暴騰で悩み抜く産組配布した繭まで賣捌くので織物の生産が激減
226829	朝鮮朝日	西北版	1932-09-08	1	01단	鮑、海鼠類の增殖を計劃養殖狀態を基本的に調査科學的研究を行ふ
226830	朝鮮朝日	西北版	1932-09-08	1	02단	新義州府廳落成式盛大に擧行

일련번호	판명		간행일	면	단수	기사명
226831	朝鮮朝日	西北版	1932-09-08	1	03단	時局匡救河川改修三ヶ年計劃
226832	朝鮮朝日	西北版	1932-09-08	1	03단	滿洲事變記念日平壤飛行聯隊の慰靈祭/戰歿者の慰靈祭執行　負傷兵慰問/陣中軍旗祭慰靈祭も執行
226833	朝鮮朝日	西北版	1932-09-08	1	04단	三勇士遺骨
226834	朝鮮朝日	西北版	1932-09-08	1	04단	水産試驗場を設置せよと要求無い道は僅か全鮮に二道平南の水産助長策
226835	朝鮮朝日	西北版	1932-09-08	1	04단	慰問の向がぱったり中絶無聊を嘆く戰病兵平壤衛戍病院から
226836	朝鮮朝日	西北版	1932-09-08	1	04단	出廻期を控へ白米を輸出新義州から
226837	朝鮮朝日	西北版	1932-09-08	1	04단	草分物語(５)/明治四十年コレラ流行時代弦間淸流壁氏語る
226838	朝鮮朝日	西北版	1932-09-08	1	05단	「輝く村」撮影
226839	朝鮮朝日	西北版	1932-09-08	1	05단	安東通信部移轉
226840	朝鮮朝日	西北版	1932-09-08	1	06단	淸川江の使用五日から解禁安州鮎の値が出よう
226841	朝鮮朝日	西北版	1932-09-08	1	06단	大同署增築
226842	朝鮮朝日	西北版	1932-09-08	1	06단	題字揭揚式
226843	朝鮮朝日	西北版	1932-09-08	1	06단	産金奬勵のため金山道路開設總工費五十萬圓三ヶ年計劃新統治の金看板
226844	朝鮮朝日	西北版	1932-09-08	1	07단	新義州商業優勝旗獲得國境中等野球
226845	朝鮮朝日	西北版	1932-09-08	1	08단	外事課で基本調査開始近く調査員を派遣間島大豆增産計劃
226846	朝鮮朝日	西北版	1932-09-08	1	08단	戰病兵達を無料で散髮七月以來毎月二回づゝ奇特な床屋さん
226847	朝鮮朝日	西北版	1932-09-08	1	08단	測量隊出發す
226848	朝鮮朝日	西北版	1932-09-08	1	08단	勞働者達を自重せしむ爭議減少の平南
226849	朝鮮朝日	西北版	1932-09-08	1	09단	大同江に流木
226850	朝鮮朝日	西北版	1932-09-08	1	09단	滿浦鎭線視察
226851	朝鮮朝日	西北版	1932-09-08	1	10단	仲居を誘拐卅圓で賣る
226852	朝鮮朝日	西北版	1932-09-08	1	10단	醉拂ひから盜む
226853	朝鮮朝日	西北版	1932-09-08	1	10단	鮮內のコレラ廿二名となる
226854	朝鮮朝日	西北版	1932-09-08	1	10단	樂禮/柳京小話
226855	朝鮮朝日	南鮮版	1932-09-09	1	01단	問題の昭和水利東拓側次第に軟化最後的交涉で參不參を決定總督府は飽迄起工
226856	朝鮮朝日	南鮮版	1932-09-09	1	01단	內地相場を基準に台鮮米買上げ買上豫想額三千萬圓總督府渡邊殖産局長土産話
226857	朝鮮朝日	南鮮版	1932-09-09	1	01단	忠南天安修養團講習會場
226858	朝鮮朝日	南鮮版	1932-09-09	1	02단	京城府會

일련번호	판명		간행일	면	단수	기사명
226859	朝鮮朝日	南鮮版	1932-09-09	1	03단	總督府辭令
226860	朝鮮朝日	南鮮版	1932-09-09	1	03단	內外ニュース(優渥なる勅語を賜ふ感激の本莊將軍/板垣小將京城へ/水上馬術選手凱旋/けふの閣議で最後的決定滿洲國承認を/昭和製鋼所は鞍山に設置か)
226861	朝鮮朝日	南鮮版	1932-09-09	1	04단	人(川島朝鮮軍司令官)
226862	朝鮮朝日	南鮮版	1932-09-09	1	04단	もよほし(全南府尹郡守島司會議)
226863	朝鮮朝日	南鮮版	1932-09-09	1	04단	間島派遣諸部隊ますます活躍/秋野上等兵戰死外二名重傷
226864	朝鮮朝日	南鮮版	1932-09-09	1	04단	北滿水災の義捐金募集朝鮮社會事業協會で金額十萬圓と物品若干を
226865	朝鮮朝日	南鮮版	1932-09-09	1	04단	慶南の追加豫算五十一萬餘圓臨時評議會に諮問
226866	朝鮮朝日	南鮮版	1932-09-09	1	05단	官服凜々しく元氣な顔で滿洲國行、外務省巡査四百十五名釜山着赴任
226867	朝鮮朝日	南鮮版	1932-09-09	1	05단	商工業救濟商業組合法實施しない
226868	朝鮮朝日	南鮮版	1932-09-09	1	05단	金剛山探勝の團體客誘致鐵道局大童
226869	朝鮮朝日	南鮮版	1932-09-09	1	06단	農村天國實現へ一步を踏出す農村振興の中樞機關を設置活潑な活躍を期す
226870	朝鮮朝日	南鮮版	1932-09-09	1	07단	府營バス火葬場行卅分毎に運轉
226871	朝鮮朝日	南鮮版	1932-09-09	1	07단	外債肩替り政府も諒解北鮮の開拓はなほ一層研究田淵東拓理事語る
226872	朝鮮朝日	南鮮版	1932-09-09	1	08단	病苦に惱む貧窮者を救療輝やく「恩賜」の二字箱詰のナイチンゲール
226873	朝鮮朝日	南鮮版	1932-09-09	1	09단	オリンピック映畫を上映本社特派員撮影
226874	朝鮮朝日	南鮮版	1932-09-09	1	09단	慶南三等道路改修箇所決定十月上旬までに着工
226875	朝鮮朝日	南鮮版	1932-09-09	1	10단	眞性コレラまた三名
226876	朝鮮朝日	南鮮版	1932-09-09	1	10단	引馬は卽死自分は重傷居眠り荷馬軍
226877	朝鮮朝日	南鮮版	1932-09-09	1	10단	女を刎飛ばし荷車を破壞交通禍頻々
226878	朝鮮朝日	南鮮版	1932-09-09	1	10단	小黃金狂時代
226879	朝鮮朝日	南鮮版	1932-09-09	1	10단	鐵道自殺
226880	朝鮮朝日	西北版	1932-09-09	1	01단	問題の昭和水利東拓側次第に軟化最後的交涉で參不參を決定總督府は飽迄起工
226881	朝鮮朝日	西北版	1932-09-09	1	01단	內地相場を基準に台鮮米買上げ買上豫想額三千萬圓總督府渡邊殖産局長土産話
226882	朝鮮朝日	西北版	1932-09-09	1	01단	外債肩替り政府も諒解北鮮の開拓はなほ一層研究田淵東拓理事語る
226883	朝鮮朝日	西北版	1932-09-09	1	02단	新義州で府是を發表更始一新

일련번호	판명		간행일	면	단수	기사명
226884	朝鮮朝日	西北版	1932-09-09	1	03단	明太魚樽規格を統一眞價を高める
226885	朝鮮朝日	西北版	1932-09-09	1	03단	草分物語(6)/その頃の銀相場よく賣れたタオル夏目國治郎さん語る
226886	朝鮮朝日	西北版	1932-09-09	1	04단	兵營宿泊演習
226887	朝鮮朝日	西北版	1932-09-09	1	04단	滿鮮視察團が影も形も見せぬコレラと匪賊の横行に恐れ悲鳴をあげる鐵道
226888	朝鮮朝日	西北版	1932-09-09	1	04단	間島派遣諸部隊ますます活躍/秋野上等兵戰死外二名重傷
226889	朝鮮朝日	西北版	1932-09-09	1	05단	蛇と魚類の混血兒カムルチーを養殖
226890	朝鮮朝日	西北版	1932-09-09	1	05단	新義州中等平壤師範生軍隊生活體驗
226891	朝鮮朝日	西北版	1932-09-09	1	05단	北滿水災の義捐金募集朝鮮社會事業協會で金額十萬圓と物品若干を
226892	朝鮮朝日	西北版	1932-09-09	1	06단	北鮮特有の謎の風土病偏食の惡風を矯正の結果關節肥大病消滅か
226893	朝鮮朝日	西北版	1932-09-09	1	06단	縮小されても明年度から實施是非認めて貰ひたいと要望平壤の都計と水道擴張
226894	朝鮮朝日	西北版	1932-09-09	1	07단	防空演習慰靈祭滿洲事變記念日に
226895	朝鮮朝日	西北版	1932-09-09	1	07단	戰歿者慰靈祭
226896	朝鮮朝日	西北版	1932-09-09	1	08단	休閑地利用速成造林林野を保護
226897	朝鮮朝日	西北版	1932-09-09	1	08단	十月一日から愈よ開通待望の順川、泉洞間
226898	朝鮮朝日	西北版	1932-09-09	1	08단	暑休を利用日用品行商純益を出征兵士へ慰問金小學生の軍事美談
226899	朝鮮朝日	西北版	1932-09-09	1	09단	提携は不利單獨で猛運動平壤醫講昇格委員會
226900	朝鮮朝日	西北版	1932-09-09	1	09단	平北のコレラ十五名に上る
226901	朝鮮朝日	西北版	1932-09-09	1	10단	少國民からの慰問狀目立って多い
226902	朝鮮朝日	西北版	1932-09-09	1	10단	辯護士合格者
226903	朝鮮朝日	西北版	1932-09-09	1	10단	樂禮/柳京小話
226904	朝鮮朝日	南鮮版	1932-09-10	1	01단	生きた實例で熱烈な水組熱擡頭旱害を尻目に蒙利區域豐作全北に水組又二つ
226905	朝鮮朝日	南鮮版	1932-09-10	1	01단	營農法を改め模範的に耕作多角形的營農法を採用する慶南の自作農創設
226906	朝鮮朝日	南鮮版	1932-09-10	1	01단	京城商議改選商工業派盛に暗躍絶對多數を目標に土木派の凋落を機として
226907	朝鮮朝日	南鮮版	1932-09-10	1	02단	匪賊約九百大平哨襲擊我軍四名死傷/大平哨激戰の戰死傷者
226908	朝鮮朝日	南鮮版	1932-09-10	1	03단	慶南の橋梁改修箇所決定十月中旬着工

일련번호	판명		간행일	면	단수	기사명
226909	朝鮮朝日	南鮮版	1932-09-10	1	03단	粟も大豆も作柄は良好前年比粟は二割一分四釐大豆は五分四釐增收
226910	朝鮮朝日	南鮮版	1932-09-10	1	04단	宇垣總督動靜
226911	朝鮮朝日	南鮮版	1932-09-10	1	04단	近く改修する世界的惡道路工費四百三十九萬圓を投じ三ヶ年繼續計劃で
226912	朝鮮朝日	南鮮版	1932-09-10	1	04단	朝鮮醫學會總會廿三四兩日京城大學で
226913	朝鮮朝日	南鮮版	1932-09-10	1	04단	良き映畫を學校生徒に觀覽せしめよ釜山の敎育者間に新しい意見が擡頭
226914	朝鮮朝日	南鮮版	1932-09-10	1	05단	御下賜金分配
226915	朝鮮朝日	南鮮版	1932-09-10	1	05단	定期敍勳
226916	朝鮮朝日	南鮮版	1932-09-10	1	05단	慶南評議會
226917	朝鮮朝日	南鮮版	1932-09-10	1	05단	オリンピック大會報告會
226918	朝鮮朝日	南鮮版	1932-09-10	1	06단	鮮鐵の食堂車悲鳴を揚ぐコレラの鮮內侵入で安東で材料積込み禁止
226919	朝鮮朝日	南鮮版	1932-09-10	1	06단	巡廻診療班
226920	朝鮮朝日	南鮮版	1932-09-10	1	06단	利子制限令を改正低金利策に順應罰則も設けて高利を取締るなるべく至急實施
226921	朝鮮朝日	南鮮版	1932-09-10	1	06단	昆蟲展覽會
226922	朝鮮朝日	南鮮版	1932-09-10	1	06단	聯隊演習參加
226923	朝鮮朝日	南鮮版	1932-09-10	1	07단	普通學校の讀方敎科書柔かくする
226924	朝鮮朝日	南鮮版	1932-09-10	1	07단	代診罹病コレラ廿七名に上る
226925	朝鮮朝日	南鮮版	1932-09-10	1	07단	生きてゐた日露戰爭の勇士京城職紹の身許調査で判明三十年間消息不明
226926	朝鮮朝日	南鮮版	1932-09-10	1	08단	土木談合更に擴大渡邊氏收容さる京城から歸城した所を關係方面に非常な衝動
226927	朝鮮朝日	南鮮版	1932-09-10	1	08단	裁判の公開を要求審理に應ぜず己むなく公判を延期ソウール系治維法違反事件
226928	朝鮮朝日	南鮮版	1932-09-10	1	09단	二人組强盜片割捕はる
226929	朝鮮朝日	南鮮版	1932-09-10	1	09단	自動車に轢殺
226930	朝鮮朝日	南鮮版	1932-09-10	1	10단	腰を打って苦悶
226931	朝鮮朝日	南鮮版	1932-09-10	1	10단	內外ニュース(滿洲國承認中外に宣明/一家七名壓死高知の豪雨/有吉公使上海に安着)
226932	朝鮮朝日	南鮮版	1932-09-10	1	10단	或る橫顔
226933	朝鮮朝日	南鮮版	1932-09-10	1	10단	もよほし(京畿道警察署長會議)
226934	朝鮮朝日	西北版	1932-09-10	1	01단	近く改修する世界的惡道路工費四百三十九萬圓を投じ三ヶ年繼續計劃で
226935	朝鮮朝日	西北版	1932-09-10	1	01단	飯野汽船配船で協定の夢破る鮮航會支部は俄然狼狽す鎭南浦港の昨今

일련번호	판명		간행일	면	단수	기사명
226936	朝鮮朝日	西北版	1932-09-10	1	01단	妓生の發祥地東明館の嘆き本年度修繕を認められず徒らに荒廢に委す
226937	朝鮮朝日	西北版	1932-09-10	1	03단	安東競馬二萬圓福券を提供
226938	朝鮮朝日	西北版	1932-09-10	1	03단	粟も大豆も作柄は良好前年比粟は二割一分四釐大豆は五分四釐增收
226939	朝鮮朝日	西北版	1932-09-10	1	03단	草分物語(7)/百倍以上も地價が暴騰した/語る人/梶道夫氏
226940	朝鮮朝日	西北版	1932-09-10	1	04단	朝鮮醫學會總會廿三四兩日京城大學で
226941	朝鮮朝日	西北版	1932-09-10	1	04단	殉職警官招魂祭
226942	朝鮮朝日	西北版	1932-09-10	1	04단	元山府會
226943	朝鮮朝日	西北版	1932-09-10	1	04단	正副會頭を巡り下馬評の數々明春の平壤商議改選早くも噂に上る人々
226944	朝鮮朝日	西北版	1932-09-10	1	05단	日滿親善はまづ言葉から日本語研究熱高まる滿洲語研究も同一步調/匪賊約九百大平哨襲擊　我軍四名死傷/臨江附近に渡る親日熱各學校で日本語を教授/高粱を刈取れ刈取るな
226945	朝鮮朝日	西北版	1932-09-10	1	05단	假死狀態の儘で闇に葬るのか組織されて一度も開かれぬ平壤府會の三調査委員會
226946	朝鮮朝日	西北版	1932-09-10	1	07단	マラソンの金選手來壤目下交涉中
226947	朝鮮朝日	西北版	1932-09-10	1	07단	平壤箕城券番にまた妓生一揆紅唇に泡を飛ばして敦圉く株式組織に反對で
226948	朝鮮朝日	西北版	1932-09-10	1	08단	清津府民に多大の疑惑南廻線の改修工事に枕木搬入遲々として進まず
226949	朝鮮朝日	西北版	1932-09-10	1	08단	狩獵季節來る
226950	朝鮮朝日	西北版	1932-09-10	1	08단	高利貸橫行
226951	朝鮮朝日	西北版	1932-09-10	1	08단	逃走中溺死
226952	朝鮮朝日	西北版	1932-09-10	1	09단	宗教家を交へて民風改善デー十四日から二十日まで自力更生の平南
226953	朝鮮朝日	西北版	1932-09-10	1	09단	泥醉して轢死
226954	朝鮮朝日	西北版	1932-09-10	1	10단	代診罹病コレラ廿七名に上る
226955	朝鮮朝日	西北版	1932-09-10	1	10단	精神病者の傷害犯入水
226956	朝鮮朝日	西北版	1932-09-10	1	10단	樂禮/柳京小話
226957	朝鮮朝日	南鮮版	1932-09-11	1	01단	國策的見地から棉の大增殖を獎勵總監の歸鮮を待って具體化大乘氣の宇垣總督
226958	朝鮮朝日	南鮮版	1932-09-11	1	01단	補償利率の引下げを斷行明年度から減配の方針決る/私鐵補助法を改正

일련번호	판명		간행일	면	단수	기사명
226959	朝鮮朝日	南鮮版	1932-09-11	1	01단	東海南部線の機張、蔚山間路盤工事土木匠救計劃で決行十月初旬より着工の豫定
226960	朝鮮朝日	南鮮版	1932-09-11	1	01단	新嘗祭獻穀
226961	朝鮮朝日	南鮮版	1932-09-11	1	02단	菊地少佐凱旋
226962	朝鮮朝日	南鮮版	1932-09-11	1	02단	全鮮辯護士大會
226963	朝鮮朝日	南鮮版	1932-09-11	1	03단	北鮮開拓の旅費規定新に制定
226964	朝鮮朝日	南鮮版	1932-09-11	1	03단	在滿朝鮮人の情勢をラヂオで放送
226965	朝鮮朝日	南鮮版	1932-09-11	1	03단	産馬獎勵を强調/初巡視の梅崎廿師團長
226966	朝鮮朝日	南鮮版	1932-09-11	1	04단	師團長初巡視
226967	朝鮮朝日	南鮮版	1932-09-11	1	04단	鐵道局驛長異動
226968	朝鮮朝日	南鮮版	1932-09-11	1	04단	大力會匪また出沒軍警が擊退
226969	朝鮮朝日	南鮮版	1932-09-11	1	05단	朝鮮書道展
226970	朝鮮朝日	南鮮版	1932-09-11	1	05단	超人的な腦の五重奏梶山氏實演
226971	朝鮮朝日	南鮮版	1932-09-11	1	05단	東京新京間を十五時間短縮日鮮滿鐵のスピードアップ五十七時間で突破
226972	朝鮮朝日	南鮮版	1932-09-11	1	06단	內外ニュース(承認後日滿外交の形式/今後日本贔負は期待されぬ佛國の態度/板垣少將新京へ)
226973	朝鮮朝日	南鮮版	1932-09-11	1	06단	仁川商議役員選擧
226974	朝鮮朝日	南鮮版	1932-09-11	1	06단	東海北部線新線開通外金剛まで
226975	朝鮮朝日	南鮮版	1932-09-11	1	06단	釜山米取手數料引上不認可となる
226976	朝鮮朝日	南鮮版	1932-09-11	1	07단	村上氏會頭に當選
226977	朝鮮朝日	南鮮版	1932-09-11	1	07단	金肥を驅逐し肥料の自給自足農村の自力更生への第一步に紫雲英栽培を獎勵
226978	朝鮮朝日	南鮮版	1932-09-11	1	07단	國境三道に警官を增配二、三百名を後方から移動/防衛設備を完備する
226979	朝鮮朝日	南鮮版	1932-09-11	1	08단	ホテルへ賊
226980	朝鮮朝日	南鮮版	1932-09-11	1	08단	初音町一帶の闇の家整理明春四月ごろまでに一掃彼女等は何處へ行く
226981	朝鮮朝日	南鮮版	1932-09-11	1	09단	一家四人茸に中毒
226982	朝鮮朝日	南鮮版	1932-09-11	1	09단	若い女入水/哈達門に分署を設置原地歸還勸獎
226983	朝鮮朝日	南鮮版	1932-09-11	1	10단	男女三名の腐爛死體松林內で發見
226984	朝鮮朝日	南鮮版	1932-09-11	1	10단	眞性コレラまた三名合計三十名
226985	朝鮮朝日	南鮮版	1932-09-11	1	10단	エロ泥捕はる
226986	朝鮮朝日	南鮮版	1932-09-11	1	10단	或る横顔
226987	朝鮮朝日	西北版	1932-09-11	1	01단	國策的見地から棉の大增殖を獎勵總監の歸鮮を待って具體化大乘氣の宇垣總督

일련번호	판명		간행일	면	단수	기사명
226988	朝鮮朝日	西北版	1932-09-11	1	01단	補償利率の引下げを斷行明年度から減配の方針決る/私鐵補助法を改正
226989	朝鮮朝日	西北版	1932-09-11	1	01단	國境三道に警官を增配 二、三百名を後方から移動防衛設備を完備する/哈達門に分署を設置原地歸還勤獎
226990	朝鮮朝日	西北版	1932-09-11	1	02단	天候に惠まれ稻作大豊作實收百五萬石
226991	朝鮮朝日	西北版	1932-09-11	1	03단	滿洲新米走り
226992	朝鮮朝日	西北版	1932-09-11	1	03단	崇實專門の加工品人氣を博す
226993	朝鮮朝日	西北版	1932-09-11	1	03단	草分物語(8)/任俠の人森肇氏實は森律子の父/語る人/喜樂の主人
226994	朝鮮朝日	西北版	1932-09-11	1	04단	落成式擧行
226995	朝鮮朝日	西北版	1932-09-11	1	04단	肥料講習會
226996	朝鮮朝日	西北版	1932-09-11	1	04단	藤田上等兵告別式盛大に執行/怪漢亂入し拳銃を亂射林副官を射殺
226997	朝鮮朝日	西北版	1932-09-11	1	04단	委託販賣から現金取引へ生産者は非常に有利近年稀な平南織の大活況
226998	朝鮮朝日	西北版	1932-09-11	1	05단	清津大阪間無電取扱十五日より開始
226999	朝鮮朝日	西北版	1932-09-11	1	05단	滿洲見本市咸南の出品
227000	朝鮮朝日	西北版	1932-09-11	1	05단	漁村自力更生の劃期的な腹案餘剩勞力を集中窮況を打開漁村力行會を結成
227001	朝鮮朝日	西北版	1932-09-11	1	06단	妓生の示威運動
227002	朝鮮朝日	西北版	1932-09-11	1	06단	全鮮銀行大會十月中旬開催
227003	朝鮮朝日	西北版	1932-09-11	1	07단	北滿水災の慰問金募集
227004	朝鮮朝日	西北版	1932-09-11	1	07단	咸南の畑作は頗る良好
227005	朝鮮朝日	西北版	1932-09-11	1	07단	窮乏農村救濟に警察部を動員罌粟栽培者選定に努力
227006	朝鮮朝日	西北版	1932-09-11	1	08단	新義州のコレラ蔓延
227007	朝鮮朝日	西北版	1932-09-11	1	08단	人氣のよい授産場の製品各溫泉から注文殺到更に講習期間を延期
227008	朝鮮朝日	西北版	1932-09-11	1	08단	勞働農民層に赤化の魔手城津農民組合事件十日二十五名を送局收容
227009	朝鮮朝日	西北版	1932-09-11	1	09단	北鮮土木談合事件十七名收容外關係者二十八名に上り談合分配金六萬圓
227010	朝鮮朝日	西北版	1932-09-11	1	09단	記念行事打合會
227011	朝鮮朝日	西北版	1932-09-11	1	10단	貨物列車の機關車脫線德原驛附近で
227012	朝鮮朝日	西北版	1932-09-11	1	10단	本夫殺し公判
227013	朝鮮朝日	西北版	1932-09-11	1	10단	もよほし(平壤樂陶會/平北郡守府尹會議)
227014	朝鮮朝日	西北版	1932-09-11	1	10단	人(池田警察局長)
227015	朝鮮朝日	西北版	1932-09-11	1	10단	樂禮/柳京小話

일련번호	판명		간행일	면	단수	기사명
227016	朝鮮朝日	南鮮版	1932-09-13	1	01단	更生運動の第一線に立てる全鮮的に青年團を大同團結難局打開に當らす
227017	朝鮮朝日	南鮮版	1932-09-13	1	01단	時局匡救の大藏省の低資償還延期資金二百萬圓融通農漁村には大福音
227018	朝鮮朝日	南鮮版	1932-09-13	1	01단	不況の農村に黃金の雨棉花共販昨年比三倍の高値
227019	朝鮮朝日	南鮮版	1932-09-13	1	01단	林務主任會議
227020	朝鮮朝日	南鮮版	1932-09-13	1	02단	産金獎勵が生んだ弊害の一つ
227021	朝鮮朝日	南鮮版	1932-09-13	1	02단	攻防演習分列式擧行英靈の感謝慰安祭傷痍凱旋者慰安會/滿洲事變大田の催し/滿洲事變記念講演會/戰死者慰靈祭
227022	朝鮮朝日	南鮮版	1932-09-13	1	03단	慶南の粟、大豆收穫豫想高
227023	朝鮮朝日	南鮮版	1932-09-13	1	04단	金剛山團體募集
227024	朝鮮朝日	南鮮版	1932-09-13	1	04단	宇垣總督歸任
227025	朝鮮朝日	南鮮版	1932-09-13	1	04단	釜山長手に複線電車晝間のみ運轉
227026	朝鮮朝日	南鮮版	1932-09-13	1	04단	婦人修養講習會
227027	朝鮮朝日	南鮮版	1932-09-13	1	05단	內外ニュース(匪賊またも列車を襲ふ/十五日承認を中外に宣言)
227028	朝鮮朝日	南鮮版	1932-09-13	1	05단	埋れた寶庫を大々的に調査産金同樣に採掘を獎勵する花やかな鑛山時代
227029	朝鮮朝日	南鮮版	1932-09-13	1	06단	記念杯寄贈
227030	朝鮮朝日	南鮮版	1932-09-13	1	06단	大合堀運河に通航見張所設置十月中旬より料金徵收
227031	朝鮮朝日	南鮮版	1932-09-13	1	07단	映畫と演藝
227032	朝鮮朝日	南鮮版	1932-09-13	1	07단	何年振りかに赤字から解放鐵道局に服らかな氣分漲る米の動き益々活況
227033	朝鮮朝日	南鮮版	1932-09-13	1	07단	鮮米擁護期成會成行を注視萬一を豫想存續の模樣
227034	朝鮮朝日	南鮮版	1932-09-13	1	08단	除隊兵輸送
227035	朝鮮朝日	南鮮版	1932-09-13	1	08단	模範從事員表彰
227036	朝鮮朝日	南鮮版	1932-09-13	1	08단	審理を打切り直ちに求刑李雲赫のみ分離審理朝鮮共産黨再建事件公判/李雲赫に懲役六年判決は十九日
227037	朝鮮朝日	南鮮版	1932-09-13	1	09단	十八萬圓の勞銀を撒く總工費廿七萬圓で十郡の山林に沙防工事
227038	朝鮮朝日	南鮮版	1932-09-13	1	10단	毒殺放火犯
227039	朝鮮朝日	南鮮版	1932-09-13	1	10단	保釋者十九名
227040	朝鮮朝日	南鮮版	1932-09-13	1	10단	遊戲場自廢
227041	朝鮮朝日	南鮮版	1932-09-13	1	10단	電車に轢殺

일련번호	판명		간행일	면	단수	기사명
227042	朝鮮朝日	南鮮版	1932-09-13	1	10단	もよほし(釜山府時局講演會/朝鮮自動車組合聯合會)
227043	朝鮮朝日	南鮮版	1932-09-13	1	10단	人(今井田政務總監/末松吉次氏(外務省警視全羅府隨員)/野口文一氏(仁川實業家))
227044	朝鮮朝日	西北版	1932-09-13	1	01단	更生運動の第一線に立てる全鮮的に靑年團を大同團結難局打開に當らす
227045	朝鮮朝日	西北版	1932-09-13	1	01단	豫算編成難で暗默裡に流産府營電氣水道特別會計問題八年度に實施絶望
227046	朝鮮朝日	西北版	1932-09-13	1	01단	二百餘名參集盛大に擧行新義州府廳舍落成式
227047	朝鮮朝日	西北版	1932-09-13	1	04단	神宮競技野球豫選
227048	朝鮮朝日	西北版	1932-09-13	1	04단	普銀、金組利子引下げ十六日より實施
227049	朝鮮朝日	西北版	1932-09-13	1	04단	山十製絲獨立を計劃個人で經營
227050	朝鮮朝日	西北版	1932-09-13	1	04단	琿春訓戎間の輕鐵實現か株式募集中
227051	朝鮮朝日	西北版	1932-09-13	1	04단	來年中に人口一萬膨脹する羅津
227052	朝鮮朝日	西北版	1932-09-13	1	05단	平壤府の民風改善
227053	朝鮮朝日	西北版	1932-09-13	1	05단	農村は依然窮迫秋繭は下向き、棉花は元通り米は全鮮的にみて不作豫想たゞし平南は豊作
227054	朝鮮朝日	西北版	1932-09-13	1	05단	目的達成まで納金を不納東拓移住民組合總會
227055	朝鮮朝日	西北版	1932-09-13	1	06단	一千年前の印鑑を發掘咸北慶源郡で/發掘古墳の選定を行ふ
227056	朝鮮朝日	西北版	1932-09-13	1	06단	今冬平壤の煉炭合戰旭煉炭の奇襲
227057	朝鮮朝日	西北版	1932-09-13	1	06단	濱松の四機大連へ出發
227058	朝鮮朝日	西北版	1932-09-13	1	06단	全鮮銀行大會十月十四日に決る
227059	朝鮮朝日	西北版	1932-09-13	1	07단	价川鐵道の借入經營延期水害復舊工事關係で會社の立場を同情して
227060	朝鮮朝日	西北版	1932-09-13	1	07단	現金を盜む
227061	朝鮮朝日	西北版	1932-09-13	1	07단	空の脅威から平壤を死守する壯絶な燈火管制や慰靈祭滿洲事變記念日と平壤
227062	朝鮮朝日	西北版	1932-09-13	1	07단	愛府の熱情は半島の誇り愛府寄附金一萬圓突破運動員等痛く感激
227063	朝鮮朝日	西北版	1932-09-13	1	08단	道産業が瀕死の危機馬から食倒される種馬所國營移管の餘波
227064	朝鮮朝日	西北版	1932-09-13	1	09단	女を誘拐
227065	朝鮮朝日	西北版	1932-09-13	1	09단	集金を橫領
227066	朝鮮朝日	西北版	1932-09-13	1	10단	藤田上等兵の遺骨鄕里へ

일련번호	판명		간행일	면	단수	기사명
227067	朝鮮朝日	西北版	1932-09-13	1	10단	もよほし(咸興府教育會總會)
227068	朝鮮朝日	西北版	1932-09-13	1	10단	人(山本遞信局長)
227069	朝鮮朝日	西北版	1932-09-13	1	10단	樂禮/柳京小話
227070	朝鮮朝日	南鮮版	1932-09-14	1	01단	鮮米買上げ出來秋から實施近く具體的方法を決定する農林省倉庫が必要
227071	朝鮮朝日	南鮮版	1932-09-14	1	01단	亂れ飛ぶデマ鐵道局大搖れか大村局長の滿洲入りは確定的相當廣範圍に異動
227072	朝鮮朝日	南鮮版	1932-09-14	1	01단	匡救土木工事に監察員制度設けないことに決定
227073	朝鮮朝日	南鮮版	1932-09-14	1	02단	府尹郡守會議匡救策を協議
227074	朝鮮朝日	南鮮版	1932-09-14	1	03단	內外ニュース(軍縮會議に獨逸は缺席/樞府本會議で承認を可決)
227075	朝鮮朝日	南鮮版	1932-09-14	1	04단	工事費分納で專用栓勸誘釜山府上水道
227076	朝鮮朝日	南鮮版	1932-09-14	1	04단	慰靈祭執行
227077	朝鮮朝日	南鮮版	1932-09-14	1	04단	除隊兵就職希望
227078	朝鮮朝日	南鮮版	1932-09-14	1	04단	匪賊の跳梁で旅客が激減安奉線安全を宣傳鮮內通過客の回復を計る
227079	朝鮮朝日	南鮮版	1932-09-14	1	04단	婦人の啓蒙に主力を注ぐ方針『男女共稼ぎの農村』を實現全北の精神作興運動
227080	朝鮮朝日	南鮮版	1932-09-14	1	05단	明日に迫る狩獵解禁日鵠、田鳴繁殖
227081	朝鮮朝日	南鮮版	1932-09-14	1	05단	棉作大增殖で縱橫に快氣焔得意の産金獎勵も一くさり宇垣總督の視察談
227082	朝鮮朝日	南鮮版	1932-09-14	1	06단	國檢實施を前に善後策を協議全く拔討的の發表で困ると穀組聯合幹部語る
227083	朝鮮朝日	南鮮版	1932-09-14	1	07단	出荷組合を作り直接滿洲へ輸出鮮魚、水産加工業者團體で
227084	朝鮮朝日	南鮮版	1932-09-14	1	07단	本年度內に完成を期す京城飛行場整備工事總工費廿萬圓の救窮事業
227085	朝鮮朝日	南鮮版	1932-09-14	1	07단	一萬五千圓寄附
227086	朝鮮朝日	南鮮版	1932-09-14	1	08단	咸北に疑似コレラ四名發生/疑似コレラ京仁沿線に一名發生す
227087	朝鮮朝日	南鮮版	1932-09-14	1	09단	映畵「海燕」日延本紙讀者優待
227088	朝鮮朝日	南鮮版	1932-09-14	1	09단	電線泥捕はる
227089	朝鮮朝日	南鮮版	1932-09-14	1	09단	咸北警官が軍隊教練を開始國境の警戒に備へて
227090	朝鮮朝日	南鮮版	1932-09-14	1	09단	巡查、市場行商人を拳銃で射つ談笑したのを惡口と思ひ
227091	朝鮮朝日	南鮮版	1932-09-14	1	09단	二人組强盜片割捕はる
227092	朝鮮朝日	南鮮版	1932-09-14	1	09단	學校荒し捕はる

일련번호	판명		간행일	면	단수	기사명
227093	朝鮮朝日	南鮮版	1932-09-14	1	10단	妾宅に強盜
227094	朝鮮朝日	南鮮版	1932-09-14	1	10단	もよほし(局友會釜山支部)
227095	朝鮮朝日	南鮮版	1932-09-14	1	10단	人(高橋宣郎氏)
227096	朝鮮朝日	西北版	1932-09-14	1	01단	國檢實施を前に善後策を協議全く拔討的の發表で困ると穀組聯合幹部語る
227097	朝鮮朝日	西北版	1932-09-14	1	01단	豫算經理上多大の危懼平壤府の電氣收入減
227098	朝鮮朝日	西北版	1932-09-14	1	01단	談合事件で救窮事業に暗影を投ず
227099	朝鮮朝日	西北版	1932-09-14	1	01단	山か川か橋かお月見は何處へ明月の夕中秋の良夜をどう過す
227100	朝鮮朝日	西北版	1932-09-14	1	02단	殉職警官招魂祭
227101	朝鮮朝日	西北版	1932-09-14	1	02단	破損道路は近日中全開
227102	朝鮮朝日	西北版	1932-09-14	1	03단	提琴家歸る
227103	朝鮮朝日	西北版	1932-09-14	1	03단	急轉直下で圓滿に解決か飯野汽船對鮮航會支部の競爭商議、府尹の調停で
227104	朝鮮朝日	西北版	1932-09-14	1	03단	咸北警官が軍隊敎練を開始國境の警戒に備へて
227105	朝鮮朝日	西北版	1932-09-14	1	04단	草分物語(9)/日支商人の抗爭實に四十年/語る人/中丸老記者
227106	朝鮮朝日	西北版	1932-09-14	1	04단	工費三萬圓で時局應急の沙防工事施工
227107	朝鮮朝日	西北版	1932-09-14	1	05단	自動車定期檢查
227108	朝鮮朝日	西北版	1932-09-14	1	05단	道內の選手四百名參集盛況の平南武道大會
227109	朝鮮朝日	西北版	1932-09-14	1	06단	アカシヤ炭をガソリンに代用自動車の燃料に使用不用地にアカシヤ造林計劃
227110	朝鮮朝日	西北版	1932-09-14	1	06단	价川鐵道の復舊成る十日から開通
227111	朝鮮朝日	西北版	1932-09-14	1	06단	工事着々と進み敷地買收も順調水害で三工區のみ多少遲延滿浦鎭線工事狀況
227112	朝鮮朝日	西北版	1932-09-14	1	07단	羅津の中心に疑似コレラ五名/コレラの疑ひ
227113	朝鮮朝日	西北版	1932-09-14	1	07단	城津農組事件取調べ完了一味約百名收容さる
227114	朝鮮朝日	西北版	1932-09-14	1	08단	平壤專賣局官舍に放火犯人嚴探中/犯人は放火狂
227115	朝鮮朝日	西北版	1932-09-14	1	08단	對抗リレーは鎭南浦優勝平南陸上競技大會朝鮮神宮競技出場選手豫選
227116	朝鮮朝日	西北版	1932-09-14	1	08단	由良の助の帳簿調べ土木談合事件
227117	朝鮮朝日	西北版	1932-09-14	1	10단	支那服姿の三人組强盜百餘圓强奪
227118	朝鮮朝日	西北版	1932-09-14	1	10단	市場行商人を拳銃で射つ巡廻中の巡查が

일련번호	판명		간행일	면	단수	기사명
227119	朝鮮朝日	西北版	1932-09-14	1	10단	樂禮/柳京小話
227120	朝鮮朝日	南鮮版	1932-09-15	1	01단	在滿朝鮮人に積極的の保護施設滿洲國の出現を契機として救ひの手を伸ばす
227121	朝鮮朝日	南鮮版	1932-09-15	1	01단	出來るだけ獨身者を選拔非常警備第一線に增配する國境三道の警官から
227122	朝鮮朝日	南鮮版	1932-09-15	1	01단	疲弊に喘ぐ農村を打診朝鮮全土にわたり農民の父山崎氏が
227123	朝鮮朝日	南鮮版	1932-09-15	1	03단	今井田政務總監
227124	朝鮮朝日	南鮮版	1932-09-15	1	04단	銀河圖案審査會
227125	朝鮮朝日	南鮮版	1932-09-15	1	04단	銀行の利下で信託預金增勢を續く
227126	朝鮮朝日	南鮮版	1932-09-15	1	04단	朝鮮乃木神社建設會發會式
227127	朝鮮朝日	南鮮版	1932-09-15	1	04단	釜山局から全國主要都市郵便局あて電報所要時間直通電信線の完備で非常な好成績を示す
227128	朝鮮朝日	南鮮版	1932-09-15	1	05단	各選手大に振ひ新記錄續出神宮競技水競大會
227129	朝鮮朝日	南鮮版	1932-09-15	1	05단	對滿貿易金融低金利の交涉まづ取引問題を有利に解決京城で對滿輸出協會を組織
227130	朝鮮朝日	南鮮版	1932-09-15	1	05단	旗行列、講演會戰歿者慰靈祭滿洲事變一周年記念裡里邑で各種の催し
227131	朝鮮朝日	南鮮版	1932-09-15	1	06단	農村の救濟に金組が乘出す
227132	朝鮮朝日	南鮮版	1932-09-15	1	07단	産婆を養成
227133	朝鮮朝日	南鮮版	1932-09-15	1	07단	慶南のハモ、アナゴ漁期に入り沿岸漁場景氣づく
227134	朝鮮朝日	南鮮版	1932-09-15	1	07단	松茸の豊年にはコレラが流行る
227135	朝鮮朝日	南鮮版	1932-09-15	1	08단	特別大演習を控へ不祥事件に鑑み朝鮮人關係を重視腕利の警官約二十名を特派
227136	朝鮮朝日	南鮮版	1932-09-15	1	08단	菓子の御値百匁につき二錢引上げ
227137	朝鮮朝日	南鮮版	1932-09-15	1	08단	アナゴ君採用試驗
227138	朝鮮朝日	南鮮版	1932-09-15	1	08단	保釋廿一名
227139	朝鮮朝日	南鮮版	1932-09-15	1	09단	病妻を毒殺の保險魔に死刑
227140	朝鮮朝日	南鮮版	1932-09-15	1	09단	夫婦殺傷の强盗犯人に死刑を求刑
227141	朝鮮朝日	南鮮版	1932-09-15	1	10단	春川局燒く
227142	朝鮮朝日	南鮮版	1932-09-15	1	10단	內妻を絞殺
227143	朝鮮朝日	南鮮版	1932-09-15	1	10단	石腕を轢斷
227144	朝鮮朝日	南鮮版	1932-09-15	1	10단	內外ニュース(武藤全權堂々新京着/巴里に反響なし)
227145	朝鮮朝日	南鮮版	1932-09-15	1	10단	もよほし(京畿道自動車協會臨時總會)

일련번호	판명		간행일	면	단수	기사명
227146	朝鮮朝日	南鮮版	1932-09-15	1	10단	人(川島朝鮮軍司令官)
227147	朝鮮朝日	南鮮版	1932-09-15	1	10단	或る橫顔
227148	朝鮮朝日	西北版	1932-09-15	1	01단	在滿朝鮮人に積極的の保護施設滿洲國の出現を契機として救ひの手を伸ばす
227149	朝鮮朝日	西北版	1932-09-15	1	01단	農村自力更生の具體的體系成る唯物、唯心兩方面から一絲亂れぬ平南の統制案
227150	朝鮮朝日	西北版	1932-09-15	1	02단	スポーツ(日芬選手を平壤へ目下交涉中/平鐵軍惜敗/野球リーグ戰)
227151	朝鮮朝日	西北版	1932-09-15	1	02단	五生産事業の國庫補助を申請平南道より總督府へ要望す成行を非常に注目
227152	朝鮮朝日	西北版	1932-09-15	1	03단	黃門橋架替入札
227153	朝鮮朝日	西北版	1932-09-15	1	04단	金剛山探勝團募集
227154	朝鮮朝日	西北版	1932-09-15	1	04단	滿浦鎭線順川泉洞間開通延期さる
227155	朝鮮朝日	西北版	1932-09-15	1	04단	第二普校の設立を滿鐵に猛運動
227156	朝鮮朝日	西北版	1932-09-15	1	04단	王道政治の一端として滿洲に金組制度創設三宅滿洲國囑託語る
227157	朝鮮朝日	西北版	1932-09-15	1	05단	酒の共購へ勤儉を說く豊作ナンセンス
227158	朝鮮朝日	西北版	1932-09-15	1	05단	馬鈴薯から製菓用飴を製造玉蜀黍の輸入關稅値上からコーン會社で研究
227159	朝鮮朝日	西北版	1932-09-15	1	06단	漁民本位に魚市場を引渡し經營
227160	朝鮮朝日	西北版	1932-09-15	1	06단	在滿朝鮮人貧民を救濟授産場擴張
227161	朝鮮朝日	西北版	1932-09-15	1	06단	現行關稅を眞劍に調査安東商議で
227162	朝鮮朝日	西北版	1932-09-15	1	06단	社會敎化巡廻敎師
227163	朝鮮朝日	西北版	1932-09-15	1	07단	自作農創定に東拓で順應所有地を賣却
227164	朝鮮朝日	西北版	1932-09-15	1	07단	巫女二千を嚴重取締る違反者は嚴罰
227165	朝鮮朝日	西北版	1932-09-15	1	07단	妓生檢番新設を法理上から見る平壤辯護士會で眞相を調査/記名投票で贊否を求めたが結果を公開せぬので妓生全部は不滿で退場/妓生檢番株式組織願を提出
227166	朝鮮朝日	西北版	1932-09-15	1	08단	日本空輸の定期航空で內鮮滿間を往來する空の旅行者激增上下便共連日滿員の盛況/修學旅行團に賑ふ平壤シーズン來で
227167	朝鮮朝日	西北版	1932-09-15	1	09단	金塊密輸事件一味十名起訴
227168	朝鮮朝日	西北版	1932-09-15	1	09단	産婆を養成
227169	朝鮮朝日	西北版	1932-09-15	1	09단	對岸上流の兵匪大力匪擾亂を計る/豆滿江を渡り匪賊決死隊北鮮に侵入/對岸の敵匪また蠢動わが軍擊退

일련번호	판명		간행일	면	단수	기사명
227170	朝鮮朝日	西北版	1932-09-15	1	10단	樂禮/柳京小話
227171	朝鮮朝日	南鮮版	1932-09-16	1	01단	先決問題として指導者を教育する朝鮮農村を根本的に建直す山崎式農村振興策
227172	朝鮮朝日	南鮮版	1932-09-16	1	01단	バラ撒く勞銀二百十九萬圓延五百四十八萬餘人を救濟伊達內務部長語る
227173	朝鮮朝日	南鮮版	1932-09-16	1	01단	秋の一點景バカチの晝寢
227174	朝鮮朝日	南鮮版	1932-09-16	1	02단	車扱に限り米貨の運賃愈よ十月一日から相當の引下を斷行
227175	朝鮮朝日	南鮮版	1932-09-16	1	04단	人(工兵監杉原中將)
227176	朝鮮朝日	南鮮版	1932-09-16	1	04단	滿洲事變記念講演會講師と會場
227177	朝鮮朝日	南鮮版	1932-09-16	1	04단	道廳移轉の劈頭を飾る蠶絲業者大會
227178	朝鮮朝日	南鮮版	1932-09-16	1	04단	鮮米の買上は白米で商人から保管倉庫の建設は近く實現今井田總監歸來談
227179	朝鮮朝日	南鮮版	1932-09-16	1	05단	東大門署增築
227180	朝鮮朝日	南鮮版	1932-09-16	1	05단	新羅時代の遺物を發掘
227181	朝鮮朝日	南鮮版	1932-09-16	1	05단	民間の聲に聽く裡里市勢研究會十七日創立に決る
227182	朝鮮朝日	南鮮版	1932-09-16	1	05단	釜麗航路で朝汽と光本旅客爭奪戰成行を注目
227183	朝鮮朝日	南鮮版	1932-09-16	1	06단	內外ニュース(調印式終了の次第を奏上/國民政府で抗議書作成/滿洲國訪問の本社飛行隊出發/承認は世界的不況打開策紐育財界巨頭の意見/私鐵疑獄の論告と求刑)
227184	朝鮮朝日	南鮮版	1932-09-16	1	06단	川島軍司令官釜山を巡視十六日馬山へ
227185	朝鮮朝日	南鮮版	1932-09-16	1	06단	空前の編成難切拔策に腐心繼續事業の公債財源乘替實現は有望視さる
227186	朝鮮朝日	南鮮版	1932-09-16	1	07단	交通禍頻發三名が落命
227187	朝鮮朝日	南鮮版	1932-09-16	1	07단	松井氏保釋
227188	朝鮮朝日	南鮮版	1932-09-16	1	07단	稀代の箱乘師網にか〻る
227189	朝鮮朝日	南鮮版	1932-09-16	1	08단	成績の擧がらぬ窮民救濟事業釜山府で更に新計劃
227190	朝鮮朝日	南鮮版	1932-09-16	1	08단	東萊高普の赤い生徒四名に判決
227191	朝鮮朝日	南鮮版	1932-09-16	1	08단	慶南でカフェの取締規則制定
227192	朝鮮朝日	南鮮版	1932-09-16	1	09단	母と共謀し病父を毒殺百萬長者のお家騷動殺人事件第一回公判
227193	朝鮮朝日	南鮮版	1932-09-16	1	10단	また六名咸北に發生全鮮四十三名
227194	朝鮮朝日	南鮮版	1932-09-16	1	10단	墮胎容疑で新町病院長取調を受く
227195	朝鮮朝日	南鮮版	1932-09-16	1	10단	慶全北部線南原院村間工事入札施行

일련번호	판명		간행일	면	단수	기사명
227196	朝鮮朝日	南鮮版	1932-09-16	1	10단	もよほし(慶南道卒業生指導學校長會議/朝鮮土産品研究會第一回例會/釜山教育會/大田學校組合會議/全國書道展覽會)
227197	朝鮮朝日	西北版	1932-09-16	1	01단	先決問題として指導者を教育する朝鮮農村を根本的に建直す山崎式農村振興策
227198	朝鮮朝日	西北版	1932-09-16	1	01단	鮮米の買上は白米で商人から保管倉庫の建設は近く實現今井田總監歸來談
227199	朝鮮朝日	西北版	1932-09-16	1	01단	咸南の松茸全鮮第一位年産額一萬一千圓
227200	朝鮮朝日	西北版	1932-09-16	1	02단	産組令により低資の借入れ平壤購買組合で目下研究準備中
227201	朝鮮朝日	西北版	1932-09-16	1	02단	秋の一點景バカチの晝寢
227202	朝鮮朝日	西北版	1932-09-16	1	04단	平壤聯隊演習
227203	朝鮮朝日	西北版	1932-09-16	1	04단	*北滿水災義損金/義損金募集*
227204	朝鮮朝日	西北版	1932-09-16	1	04단	工費百萬圓で城津港改修明年度豫算に要求三ヶ年繼續事業で
227205	朝鮮朝日	西北版	1932-09-16	1	04단	自力更生講演
227206	朝鮮朝日	西北版	1932-09-16	1	04단	輕油動車二輛連結の第一回試運轉
227207	朝鮮朝日	西北版	1932-09-16	1	05단	草分物語(１０)/新市街形成の先驅者は娘子軍/語る人/菊名仙吉氏
227208	朝鮮朝日	西北版	1932-09-16	1	05단	産組の買取資金その充實が急務産組令を改正し一日も早く朝鮮の實情に卽せよ
227209	朝鮮朝日	西北版	1932-09-16	1	06단	元山沖に鰯の大群
227210	朝鮮朝日	西北版	1932-09-16	1	06단	粟の不作に惱む
227211	朝鮮朝日	西北版	1932-09-16	1	06단	九人殺傷犯に懲役十年言渡は十九日
227212	朝鮮朝日	西北版	1932-09-16	1	06단	空前の編成難切拔策に腐心繼續事業の公債財源乘替實現は有望視さる
227213	朝鮮朝日	西北版	1932-09-16	1	07단	龍井東南部守備隊廳舍十月上旬完成
227214	朝鮮朝日	西北版	1932-09-16	1	07단	花代値下
227215	朝鮮朝日	西北版	1932-09-16	1	08단	切手まで盜む
227216	朝鮮朝日	西北版	1932-09-16	1	08단	實行豫算を編成の方針後一ヶ月の形勢を見て赤字に惱む平壤府
227217	朝鮮朝日	西北版	1932-09-16	1	09단	蘆草拂下をめぐる二案十年と五年の二說目下研究中の平南道
227218	朝鮮朝日	西北版	1932-09-16	1	09단	血みどろの反對を退け妓生券番株式會社を許可舊券番は强制的に解散か
227219	朝鮮朝日	西北版	1932-09-16	1	09단	落雷で卽死
227220	朝鮮朝日	西北版	1932-09-16	1	10단	また六名咸北に發生全鮮四十三名
227221	朝鮮朝日	西北版	1932-09-16	1	10단	樂禮/柳京小話

일련번호	판명		간행일	면	단수	기사명
227222	朝鮮朝日	南鮮版	1932-09-17	1	01단	棉の國策樹立を根本的に調査研究多島海一帶は全くの平和境南鮮視察の土産話
227223	朝鮮朝日	南鮮版	1932-09-17	1	01단	使役する人夫延九十七萬人愈よ始まる慶南の沙防工事勞銀約四十一萬圓
227224	朝鮮朝日	南鮮版	1932-09-17	1	01단	咸北延巖に本據を置き森林鐵道、製材所の下調査北鮮開拓の前奏曲
227225	朝鮮朝日	南鮮版	1932-09-17	1	01단	十一月中に詮考を終る慶南の自作農
227226	朝鮮朝日	南鮮版	1932-09-17	1	03단	釜山各銀行手數料統一十五日より實施
227227	朝鮮朝日	南鮮版	1932-09-17	1	03단	日用品値上
227228	朝鮮朝日	南鮮版	1932-09-17	1	03단	內外ニュース(日滿國交樹立を通告十七ヶ國總領事に/イギリスは懸案が賢明/滿洲國承認に米國は無關心/大連稅關を正式に承認/軍縮不參加を聯盟に通告/緊縮方針で新豫算を編成)
227229	朝鮮朝日	南鮮版	1932-09-17	1	04단	人(脇谷洋太郎氏(元總督府水産試驗場長農學博士))
227230	朝鮮朝日	南鮮版	1932-09-17	1	04단	火蓋を切る醒めよ農村呼びかける自力更生全鮮的一大精神作興運動
227231	朝鮮朝日	南鮮版	1932-09-17	1	04단	本莊將軍の凱旋フィルム釜山で上映
227232	朝鮮朝日	南鮮版	1932-09-17	1	04단	寫眞說明(十五日朝慶南道廳を訪問した今井田政務總監は道廳構內北側の庭に記念の植樹を行った)
227233	朝鮮朝日	南鮮版	1932-09-17	1	05단	齋藤首相發願若草觀音十八日入佛式擧行
227234	朝鮮朝日	南鮮版	1932-09-17	1	05단	滿洲事變寫眞展
227235	朝鮮朝日	南鮮版	1932-09-17	1	05단	德壽宮跡の無料拂下を府會の決議で再び折衝成行は注目さる
227236	朝鮮朝日	南鮮版	1932-09-17	1	06단	國際場裡に登場の痲藥の國『朝鮮』ゼネヴァの國際會議の結果非常に有利に轉向
227237	朝鮮朝日	南鮮版	1932-09-17	1	07단	桝石助役殉職泥醉男を救助せんとし
227238	朝鮮朝日	南鮮版	1932-09-17	1	07단	泉部東萊の輝かしい未來大遊園地やダンスホール區劃整理計劃進む
227239	朝鮮朝日	南鮮版	1932-09-17	1	07단	慶南農村の自力更生運動十月一日一齊に勵行
227240	朝鮮朝日	南鮮版	1932-09-17	1	07단	過勞監視速度制限交通禍嚴戒
227241	朝鮮朝日	南鮮版	1932-09-17	1	08단	仁川最初の戰死者
227242	朝鮮朝日	南鮮版	1932-09-17	1	08단	アジビラ事件判決言渡し辻ほか六名
227243	朝鮮朝日	南鮮版	1932-09-17	1	08단	待望されるオリンピック選手歡迎日芬國際陸競大會朝鮮出場選手決る
227244	朝鮮朝日	南鮮版	1932-09-17	1	09단	匪禍に備へ武裝駐在所可及的完成を急ぐ

일련번호	판명		간행일	면	단수	기사명
227245	朝鮮朝日	南鮮版	1932-09-17	1	10단	病院長夫人になりすまし廿圓を詐取
227246	朝鮮朝日	南鮮版	1932-09-17	1	10단	府廳疑獄の贈收賄事件近く結審か
227247	朝鮮朝日	南鮮版	1932-09-17	1	10단	墮胎娼妓引致
227248	朝鮮朝日	西北版	1932-09-17	1	01단	棉の國策樹立を根本的に調査研究多島海一帶は全くの平和境南鮮視察の土産話
227249	朝鮮朝日	西北版	1932-09-17	1	01단	改良在來棉を明年から普及總督府の陸棉增殖復活から平南道でも考慮中
227250	朝鮮朝日	西北版	1932-09-17	1	01단	山農廿萬を自作農にする北鮮開拓の基礎工事咸北の火田民整理案成る
227251	朝鮮朝日	西北版	1932-09-17	1	03단	無煙炭移出本年は廿三萬噸の豫想
227252	朝鮮朝日	西北版	1932-09-17	1	04단	佐藤上等兵告別式
227253	朝鮮朝日	西北版	1932-09-17	1	04단	森林保護組合
227254	朝鮮朝日	西北版	1932-09-17	1	04단	平壤土産品の株式會社を組織生産と販賣に當る一部有志間で計劃
227255	朝鮮朝日	西北版	1932-09-17	1	04단	咸北延巖に本據を置き森林鐵道、製材所の下調査北鮮開拓の前奏曲
227256	朝鮮朝日	西北版	1932-09-17	1	04단	來月初旬に愈よ地鎭祭平壤鮮銀支店
227257	朝鮮朝日	西北版	1932-09-17	1	04단	草分物語(11)/捨石としての尊き存在甲斐君/語る人/高橋武雄君
227258	朝鮮朝日	西北版	1932-09-17	1	05단	水産會打合會咸南提出事項
227259	朝鮮朝日	西北版	1932-09-17	1	05단	觀光團蝀龍窟へ
227260	朝鮮朝日	西北版	1932-09-17	1	05단	城津港移出大豆
227261	朝鮮朝日	西北版	1932-09-17	1	06단	火蓋を切る醒めよ農村呼びかける自力更生全鮮的一大精神作興運動
227262	朝鮮朝日	西北版	1932-09-17	1	06단	移出生牛激增
227263	朝鮮朝日	西北版	1932-09-17	1	06단	濁流を泳ぎ切り召集日に應召豪雨を衝き晝夜兼行平壤へ弘永後備兵を表彰
227264	朝鮮朝日	西北版	1932-09-17	1	07단	混合列車を廢し輕油車を增發平南線で實施計劃
227265	朝鮮朝日	西北版	1932-09-17	1	07단	精神更生を促す朝鮮人市街に各宗派聯合の日曜校設置を促す藤原知事宗教家奮起の秋
227266	朝鮮朝日	西北版	1932-09-17	1	08단	八月中の城津貿易額飛躍的激增
227267	朝鮮朝日	西北版	1932-09-17	1	09단	學校荒し捕はる
227268	朝鮮朝日	西北版	1932-09-17	1	09단	平南卓球選手
227269	朝鮮朝日	西北版	1932-09-17	1	09단	全工區何れも工事に着手滿浦鎭線順調に進む
227270	朝鮮朝日	西北版	1932-09-17	1	10단	咸北にまた二名コレラ猖獗
227271	朝鮮朝日	西北版	1932-09-17	1	10단	豆腐賣子のストライキ南浦での爭議

일련번호	판명		간행일	면	단수	기사명
227272	朝鮮朝日	西北版	1932-09-17	1	10단	樂禮/柳京小話
227273	朝鮮朝日	南鮮版	1932-09-18	1	01단	國立製錬所設置當分は實現不可能寧ろ民營の保護鞭撻が肝要産金獎勵の徹底化
227274	朝鮮朝日	南鮮版	1932-09-18	1	01단	私鐵補助法に大改正を斷行補助金の交付條件に大改正配當率六分に引下
227275	朝鮮朝日	南鮮版	1932-09-18	1	01단	鮮米買上の調査徒らに遷延農林省の不誠意に米穀界で非難の聲あがる/買上數量は約百十萬石買上事務所を設け總督府の應援を得て實施
227276	朝鮮朝日	南鮮版	1932-09-18	1	03단	好天で賑ふ釜山鎭の鬪牛十八日は愈よ決勝
227277	朝鮮朝日	南鮮版	1932-09-18	1	04단	殉職桝石助役鐵道局長感激
227278	朝鮮朝日	南鮮版	1932-09-18	1	04단	大演習派遣警官を人選
227279	朝鮮朝日	南鮮版	1932-09-18	1	04단	滿洲事變一周年釜山の行事講演、映畫慰靈祭各團體總動員で最も盛大に擧行
227280	朝鮮朝日	南鮮版	1932-09-18	1	05단	米貨輸送の割引率九分と決定
227281	朝鮮朝日	南鮮版	1932-09-18	1	05단	副業品展示會
227282	朝鮮朝日	南鮮版	1932-09-18	1	06단	內外ニュース(滿洲國承認と聯盟の態度/通河北方で匪賊と激戰我軍十五名死傷)
227283	朝鮮朝日	南鮮版	1932-09-18	1	06단	學校職員に滿洲國研究教育會の試み
227284	朝鮮朝日	南鮮版	1932-09-18	1	06단	備荒貯蓄組合で反撥力を蓄ふ農村の非常時を自力で突破まづ本年三百組合
227285	朝鮮朝日	南鮮版	1932-09-18	1	07단	麻雀賭博の元教諭ら罰金刑に決る
227286	朝鮮朝日	南鮮版	1932-09-18	1	07단	腦脊髓膜炎發生
227287	朝鮮朝日	南鮮版	1932-09-18	1	07단	三千の海員のためホーム設置計劃目下釜山府で調査中
227288	朝鮮朝日	南鮮版	1932-09-18	1	08단	獵期開く湖南地方に雉が多い狩獵免狀下付年々減少甲種免狀は漸增
227289	朝鮮朝日	南鮮版	1932-09-18	1	08단	子供を捨て夫婦で戀愛競爭
227290	朝鮮朝日	南鮮版	1932-09-18	1	08단	組合を設け牛の傳染病氣腫疽絶滅
227291	朝鮮朝日	南鮮版	1932-09-18	1	09단	老人撲殺の川原巡査に懲役五年求刑
227292	朝鮮朝日	南鮮版	1932-09-18	1	09단	ナンセンスコレラ騷動實は急性腸カタル
227293	朝鮮朝日	南鮮版	1932-09-18	1	09단	素晴らしい密造酒の激增當局取締にほとほと弱る罰金總額五萬餘圓
227294	朝鮮朝日	南鮮版	1932-09-18	1	10단	ナンセンス泥棒猫臆病者の早合點
227295	朝鮮朝日	南鮮版	1932-09-18	1	10단	棍棒を揮って船長を亂打重傷を負はす
227296	朝鮮朝日	南鮮版	1932-09-18	1	10단	バス乘務員馘首反對の不穩文書現る
227297	朝鮮朝日	西北版	1932-09-18	1	01단	國立製錬所設置當分は實現不可能寧ろ民營の保護鞭撻が肝要産金獎勵の徹底化

일련번호	판명		간행일	면	단수	기사명
227298	朝鮮朝日	西北版	1932-09-18	1	01단	私鐵補助法に大改正を斷行補助金の交付條件に大改正配當率六分に引下
227299	朝鮮朝日	西北版	1932-09-18	1	01단	買上數量は約百十萬石買上事務所を設け總督府の應援を得て實施
227300	朝鮮朝日	西北版	1932-09-18	1	01단	米貨運賃の割引率九分と決定
227301	朝鮮朝日	西北版	1932-09-18	1	02단	不合理な鮮魚運賃の從價稅を要望
227302	朝鮮朝日	西北版	1932-09-18	1	03단	三菱は不參加商略的存在だとあって炭友會加入問題
227303	朝鮮朝日	西北版	1932-09-18	1	03단	草分物語(１２)/チョン髷に絡むその頃の理髮珍話ハイカラ床の主語る
227304	朝鮮朝日	西北版	1932-09-18	1	04단	財務主任會議
227305	朝鮮朝日	西北版	1932-09-18	1	04단	鎭南浦林檎に取締規則の適用以て多年の弊害を一掃せよと産業組合から要望
227306	朝鮮朝日	西北版	1932-09-18	1	05단	職業敎育は相當の效果思想傾向も一般に良好富山學務課長視察談
227307	朝鮮朝日	西北版	1932-09-18	1	05단	兒童の體育を蝕む農村不況都市の兒童には齲齒が多い貴重な平南の調査
227308	朝鮮朝日	西北版	1932-09-18	1	06단	平元線列車轉覆を企つ
227309	朝鮮朝日	西北版	1932-09-18	1	07단	內地人の盜み
227310	朝鮮朝日	西北版	1932-09-18	1	07단	間島派遣部隊陣中軍旗祭殉職者慰靈祭も擧行參拜者三萬未曾有の盛典/滿洲事變の戰歿者慰靈祭極めて盛大に執行學校では記念講演/飛行六勇士慰靈祭十九日に執行
227311	朝鮮朝日	西北版	1932-09-18	1	07단	１２７號墳發掘に決定す盜掘されてゐないので珍貴な出土品期待さる樂浪發掘季節來
227312	朝鮮朝日	西北版	1932-09-18	1	08단	淚ぐましい酒井機の搜査各方面の絶大な好意折角の骨折も遂に效なし
227313	朝鮮朝日	西北版	1932-09-18	1	09단	西鮮實業家の各鑑を編纂一萬三千人を收錄大會を前に平壤商議で
227314	朝鮮朝日	西北版	1932-09-18	1	09단	簡保積立金借入の要求額は十萬圓緊急適切な公共施設に流用
227315	朝鮮朝日	西北版	1932-09-18	1	10단	トロッコで慘死
227316	朝鮮朝日	西北版	1932-09-18	1	10단	樂禮/柳京小話
227317	朝鮮朝日	西北版	1932-09-18	1	10단	匪賊百餘名琿春を襲ふ公安局員拉去
227318	朝鮮朝日	南鮮版	1932-09-20	1	01단	鮮米商人買上の意外な內定に驚き農家より買上の徹底を期す産米改良組合を總動員

일련번호	판명		간행일	면	단수	기사명
227319	朝鮮朝日	南鮮版	1932-09-20	1	01단	公債及び增稅はなるべく避け收支の辻褄を合せる林財務局長豫算編成をかてる
227320	朝鮮朝日	南鮮版	1932-09-20	1	01단	寫眞說明
227321	朝鮮朝日	南鮮版	1932-09-20	1	03단	家內工業の指導助長慶南道で考究
227322	朝鮮朝日	南鮮版	1932-09-20	1	04단	人(立田警務局警務課長/谷警務官補(警務局保安課))
227323	朝鮮朝日	南鮮版	1932-09-20	1	04단	自作農候補者推薦の標準慶南道の人選
227324	朝鮮朝日	南鮮版	1932-09-20	1	04단	危險を冒して滿洲で見本市いよいよ開催に決る
227325	朝鮮朝日	南鮮版	1932-09-20	1	05단	芬選手一行京城に向ふ
227326	朝鮮朝日	南鮮版	1932-09-20	1	05단	時局匡救の道路工事施工地きまる
227327	朝鮮朝日	南鮮版	1932-09-20	1	05단	國境の警備に科學的な新兵器戰はずして威嚇する國境の不安をこれでのぞく
227328	朝鮮朝日	南鮮版	1932-09-20	1	05단	朝鮮南畫院展覽會
227329	朝鮮朝日	南鮮版	1932-09-20	1	05단	內外ニュース(交代兵の件御拔可を仰ぐ/佳友男から百萬圓寄附/岡村少將一行東京に着く/林滿鐵總裁は結局辭任か/勳章疑獄の天岡氏求刑)
227330	朝鮮朝日	南鮮版	1932-09-20	1	06단	慶北道殉職警官招魂祭
227331	朝鮮朝日	南鮮版	1932-09-20	1	06단	中樞院會議大いに緊張す
227332	朝鮮朝日	南鮮版	1932-09-20	1	06단	大信託は流産かそれとも無事生れるか
227333	朝鮮朝日	南鮮版	1932-09-20	1	07단	近頃鐵道はえびす顔貨物鰻上りに增す
227334	朝鮮朝日	南鮮版	1932-09-20	1	07단	異動の噂で賑ふ鐵道局然し大した事はない
227335	朝鮮朝日	南鮮版	1932-09-20	1	08단	金剛山のヒュッテ八分通り竣工
227336	朝鮮朝日	南鮮版	1932-09-20	1	08단	釜山に水産物倉庫を建設慶南道水産會が計劃
227337	朝鮮朝日	南鮮版	1932-09-20	1	09단	僞造貨幣團の大搜査まだ正體不明
227338	朝鮮朝日	南鮮版	1932-09-20	1	09단	姙娠女のおなか>ら驚く勿れ白木綿一友半僞姙娠で警察官をあざむく罪を免れんとした圖太い女
227339	朝鮮朝日	南鮮版	1932-09-20	1	10단	山中の强盜
227340	朝鮮朝日	南鮮版	1932-09-20	1	10단	共産黨再建の一味に判決
227341	朝鮮朝日	南鮮版	1932-09-20	1	10단	行路病者の死體に目をつけた解剖難の大邱醫講
227342	朝鮮朝日	西北版	1932-09-20	1	01단	鮮米商人買上の意外な內定に驚き農家より買上の徹底を期す産米改良組合を總動員

일련번호	판명		간행일	면	단수	기사명
227343	朝鮮朝日	西北版	1932-09-20	1	01단	金組資金の庭に咲く花、結んだ實尊き百卅八名の人生記錄自力更生を促す
227344	朝鮮朝日	西北版	1932-09-20	1	02단	壯烈な防空演習
227345	朝鮮朝日	西北版	1932-09-20	1	03단	咸興府民保健早起會組織
227346	朝鮮朝日	西北版	1932-09-20	1	04단	人(立田警務局警務課長/谷警務官補(警務局保安課))
227347	朝鮮朝日	西北版	1932-09-20	1	04단	日本で最初の輕油動車の重連平鐵局で見事に成功す列車運轉上に大革命
227348	朝鮮朝日	西北版	1932-09-20	1	05단	平北道の自作農創定方針決る
227349	朝鮮朝日	西北版	1932-09-20	1	05단	製材業者漸く愁眉を開く
227350	朝鮮朝日	西北版	1932-09-20	1	05단	妓生のために有利な營業規定妓生券番會社の組織について古川平壤署長の聲明
227351	朝鮮朝日	西北版	1932-09-20	1	06단	中村友輔氏醫博となる
227352	朝鮮朝日	西北版	1932-09-20	1	06단	この繁忙期に減水を來し朝鮮窒素大いに惱む
227353	朝鮮朝日	西北版	1932-09-20	1	07단	十七萬圓で窮民を救ふ平北の救濟土木事業
227354	朝鮮朝日	西北版	1932-09-20	1	07단	城津港修築の促進を陳情
227355	朝鮮朝日	西北版	1932-09-20	1	07단	大同江急流の改修を行ふ
227356	朝鮮朝日	西北版	1932-09-20	1	07단	年限短縮は可能な模樣大同江下流の改修につき待山所長の歸來談
227357	朝鮮朝日	西北版	1932-09-20	1	08단	兵隊さん達に藝妓の手踊りを見せ大いに勞をねぎらふ
227358	朝鮮朝日	西北版	1932-09-20	1	08단	靴下運賃の引下を請願
227359	朝鮮朝日	西北版	1932-09-20	1	08단	二十四萬人に虎疫の豫防注射大々的防疫陣を張る/咸北に又も虎疫發生蔓延の兆あり
227360	朝鮮朝日	西北版	1932-09-20	1	09단	モヒ患者の治療を續行
227361	朝鮮朝日	西北版	1932-09-20	1	09단	交通の單純化をはかる
227362	朝鮮朝日	西北版	1932-09-20	1	09단	月明の下に物凄き演習淸津燈火管制
227363	朝鮮朝日	西北版	1932-09-20	1	10단	談合事件の容疑者釋放
227364	朝鮮朝日	西北版	1932-09-20	1	10단	匪賊を擊破/暴動企畫の決死隊檢擧
227365	朝鮮朝日	西北版	1932-09-20	1	10단	樂禮/柳京小話
227366	朝鮮朝日	南鮮版	1932-09-21	1	01단	生産費を標準に損失を國家で補償全鮮的に棉の增殖をはかる國策的大見地から
227367	朝鮮朝日	南鮮版	1932-09-21	1	01단	農村疲弊の深刻化を立證普通學校に牛途退學者續出少額の授業料が納められず
227368	朝鮮朝日	南鮮版	1932-09-21	1	01단	事變一周年(肉彈三勇士劇/全市火の海/馬山の慰靈祭/鎭海の記念講演)

일련번호	판명		간행일	면	단수	기사명
227369	朝鮮朝日	南鮮版	1932-09-21	1	03단	護國安民平和大般若祈禱會
227370	朝鮮朝日	南鮮版	1932-09-21	1	04단	慶南水試工事請負
227371	朝鮮朝日	南鮮版	1932-09-21	1	04단	慶南の棉大增收豫想昨年の倍以上
227372	朝鮮朝日	南鮮版	1932-09-21	1	04단	釜山少年團野外訓練二十三日擧行
227373	朝鮮朝日	南鮮版	1932-09-21	1	04단	國際幹線無電廿日に開通送信時間著しく短縮大阪淸津間平均十七分間
227374	朝鮮朝日	南鮮版	1932-09-21	1	05단	城津築港の促進を要路に陳情
227375	朝鮮朝日	南鮮版	1932-09-21	1	05단	慶南道で養豚講習會
227376	朝鮮朝日	南鮮版	1932-09-21	1	05단	酷いところは疊一枚に三人新規事業に刑務所の增改築要求總額は百萬圓
227377	朝鮮朝日	南鮮版	1932-09-21	1	06단	初音町闇の家廢業に決す明春四月迄に
227378	朝鮮朝日	南鮮版	1932-09-21	1	06단	待遇改善減俸反對でシンガーミシン爭議
227379	朝鮮朝日	南鮮版	1932-09-21	1	06단	列車中で森田監督二千圓盜まる
227380	朝鮮朝日	南鮮版	1932-09-21	1	07단	約二百名の警官隊增援今月末を期し決行匪賊討伐の計劃着々進む
227381	朝鮮朝日	南鮮版	1932-09-21	1	07단	順化院改築着工
227382	朝鮮朝日	南鮮版	1932-09-21	1	07단	自力更生のよろこびに浸る反對を押切り販賣統制成る慶北果樹同業組合
227383	朝鮮朝日	南鮮版	1932-09-21	1	08단	赤農反帝の赤い運動者奉化榮州の祕密結社事件一味十八名を送局
227384	朝鮮朝日	南鮮版	1932-09-21	1	09단	中國共產黨匪賊と聯絡暴動を計劃
227385	朝鮮朝日	南鮮版	1932-09-21	1	09단	怪漢と格鬪重傷を負ふ
227386	朝鮮朝日	南鮮版	1932-09-21	1	10단	鬪犬二頭盜まる
227387	朝鮮朝日	南鮮版	1932-09-21	1	10단	內外ニュース(貴院議員に四博士當選/精神作興に首相の熱辯/日本は他國の干涉を構ふな/外國貿易出超千四百廿萬圓/被告全部に體刑を求刑)
227388	朝鮮朝日	南鮮版	1932-09-21	1	10단	もよほし(朝鮮化學會二十七回總會/思想善導講演會/全鮮中築校陸競大會)
227389	朝鮮朝日	西北版	1932-09-21	1	01단	生產費を標準に損失を國家で補償全鮮的に棉の增殖をはかる國策的大見地から
227390	朝鮮朝日	西北版	1932-09-21	1	01단	家庭經濟は受難の秋です騰る騰る物價は騰る消費階級には大きな惱みです
227391	朝鮮朝日	西北版	1932-09-21	1	01단	新義州の慰靈祭極めて盛大に執行/官民一致で記念行事
227392	朝鮮朝日	西北版	1932-09-21	1	04단	北滿水災義損金
227393	朝鮮朝日	西北版	1932-09-21	1	05단	工事に着手平壤、立石里間三等道路
227394	朝鮮朝日	西北版	1932-09-21	1	05단	滿洲事變一周年記念 奉告式慰靈祭莊嚴に擧行滿洲國側は大祝賀會

일련번호	판명		간행일	면	단수	기사명
227395	朝鮮朝日	西北版	1932-09-21	1	06단	酷いところは疊一枚に三人新規事業に刑務所の増改築要求總額は百萬圓
227396	朝鮮朝日	西北版	1932-09-21	1	07단	岐陽附近に農倉を計劃順安農倉ほゞ竣工
227397	朝鮮朝日	西北版	1932-09-21	1	08단	美林水利が黑字を出す道當局の救濟策が見事に效力を現す
227398	朝鮮朝日	西北版	1932-09-21	1	08단	鐵道便より船便による朝鮮運送苦境に陷る出廻る鎭南浦林檎
227399	朝鮮朝日	西北版	1932-09-21	1	08단	スポーツ(4－3三菱勝つ平壤惜敗す/平壤體育デー)
227400	朝鮮朝日	西北版	1932-09-21	1	09단	國際幹線無電廿日に開通送信時間著しく短縮大阪淸津間平均十七分間
227401	朝鮮朝日	西北版	1932-09-21	1	09단	柳町市場に鐵柵を立て地主が出入を禁ず小賣商人連救濟方を陳情
227402	朝鮮朝日	西北版	1932-09-21	1	10단	城津築港の促進を要路に陳情
227403	朝鮮朝日	西北版	1932-09-21	1	10단	郵便物集配困難
227404	朝鮮朝日	西北版	1932-09-21	1	10단	便所に忍び無賃乘車奉天から平壤までの間
227405	朝鮮朝日	西北版	1932-09-21	1	10단	墓口を盜まる
227406	朝鮮朝日	南鮮版	1932-09-22	1	01단	産米第一主義の農業經營に大改革棉作其他の畑作を極力奬勵農村の振興を計る
227407	朝鮮朝日	南鮮版	1932-09-22	1	01단	商工業者救濟の時局匡救資金三百萬圓の融資を追加要求目下大藏省と交涉中
227408	朝鮮朝日	南鮮版	1932-09-22	1	01단	大村鐵道局長の滿洲入り決る當分現職のまゝで關東軍交通部最高顧問
227409	朝鮮朝日	南鮮版	1932-09-22	1	04단	十月一日限り釜山支店廢止
227410	朝鮮朝日	南鮮版	1932-09-22	1	04단	港務官設置の請願書提出
227411	朝鮮朝日	南鮮版	1932-09-22	1	04단	關東廳の新聞檢閱ちかく開始
227412	朝鮮朝日	南鮮版	1932-09-22	1	04단	國境第一線匪賊討伐の警官に對する敍勳實現の可能性十分
227413	朝鮮朝日	南鮮版	1932-09-22	1	05단	國旗崇拜軍事觀念强調早起奬勵廟行鎭勇士署名の旗旗釜山牧ノ島靑年團
227414	朝鮮朝日	南鮮版	1932-09-22	1	05단	聖旨を奉體總額卅萬圓で全鮮に互り半永久的な救療施設巡廻診療、施療事業を擴大
227415	朝鮮朝日	南鮮版	1932-09-22	1	05단	內外ニュース(文官身分保障原案を可決/外部の干涉結局は徒勞/民正黨關東大會)
227416	朝鮮朝日	南鮮版	1932-09-22	1	06단	日鮮合倂の記念日を期し小學校敎員優遇のため奏任待遇の途を開く
227417	朝鮮朝日	南鮮版	1932-09-22	1	06단	ミシン爭議回答を待ち對策を協議
227418	朝鮮朝日	南鮮版	1932-09-22	1	07단	十月一日から金組利下げ

일련번호	판명		간행일	면	단수	기사명
227419	朝鮮朝日	南鮮版	1932-09-22	1	07단	全鮮刑務所職員を優遇刑務賞與規定生る
227420	朝鮮朝日	南鮮版	1932-09-22	1	07단	僞造十錢白銅
227421	朝鮮朝日	南鮮版	1932-09-22	1	07단	水利組合事業に再檢討を加へたが根本的改革案成らず今後はその缺陷を主に調査
227422	朝鮮朝日	南鮮版	1932-09-22	1	08단	府尹郡守會議
227423	朝鮮朝日	南鮮版	1932-09-22	1	08단	張洪琰送局
227424	朝鮮朝日	南鮮版	1932-09-22	1	09단	トラックの脅威頭を惱ます京仁道路と鐵道局貨物輸送の痛手相當甚大
227425	朝鮮朝日	南鮮版	1932-09-22	1	09단	戰慄すべき强盜殺人犯三名に死刑の判決
227426	朝鮮朝日	南鮮版	1932-09-22	1	10단	滿洲國の郵務司長通信協定の打合せ上京
227427	朝鮮朝日	南鮮版	1932-09-22	1	10단	もよほし(釜山工業俱樂部理事會/釜山輸出水産會社總會/本硬釜山日費陶器會社株主總會)
227428	朝鮮朝日	西北版	1932-09-22	1	01단	産米第一主義の農業經營に大改革棉作其他の畑作を極力獎勵農村の振興を計る
227429	朝鮮朝日	西北版	1932-09-22	1	01단	商工業者救濟の時局匡救資金三百萬圓の融資を追加要求目下大藏省と交涉中
227430	朝鮮朝日	西北版	1932-09-22	1	01단	秋の山容孟山の鄕校林
227431	朝鮮朝日	西北版	1932-09-22	1	03단	府尹郡守會議
227432	朝鮮朝日	西北版	1932-09-22	1	03단	林叢を造成し農村林業の建設民有林野の指導方針成る自給自足を目標の平南
227433	朝鮮朝日	西北版	1932-09-22	1	04단	靑年補導講習會
227434	朝鮮朝日	西北版	1932-09-22	1	04단	授業料の徵收昨年より好成績窮民事業と兒童の勤勞で平南の特殊現象
227435	朝鮮朝日	西北版	1932-09-22	1	04단	平壤飛行隊慰靈祭
227436	朝鮮朝日	西北版	1932-09-22	1	05단	平南の水害十二、三萬圓對策を考究
227437	朝鮮朝日	西北版	1932-09-22	1	05단	火田民指導着々と進む平南の試み
227438	朝鮮朝日	西北版	1932-09-22	1	06단	穗首病發生收穫半減か
227439	朝鮮朝日	西北版	1932-09-22	1	06단	總督に陳情平壤道立醫院改築と醫講の昇格を知事から
227440	朝鮮朝日	西北版	1932-09-22	1	06단	無電操作講習
227441	朝鮮朝日	西北版	1932-09-22	1	06단	炭友會には參加せぬ三菱で聲明
227442	朝鮮朝日	西北版	1932-09-22	1	07단	デパート街出現で商店街異狀あり大和町と本町の商戰激化す偉容を誇る平壤「三中井」
227443	朝鮮朝日	西北版	1932-09-22	1	07단	棉花の初市昨年より四割高だ豐作に喜ぶ農家
227444	朝鮮朝日	西北版	1932-09-22	1	08단	列車に投石兒童の惡戲

일련번호	판명		간행일	면	단수	기사명
227445	朝鮮朝日	西北版	1932-09-22	1	08단	試驗所へ賊
227446	朝鮮朝日	西北版	1932-09-22	1	09단	勢力の喪失に喘ぎぬ叛軍脱走兵防止に狂奔
227447	朝鮮朝日	西北版	1932-09-22	1	09단	四回も放火金を貸さぬのを恨んで
227448	朝鮮朝日	西北版	1932-09-22	1	09단	金塊密輸事件月末に公判若妻殺し事件の分は來月初旬に開廷の豫定
227449	朝鮮朝日	西北版	1932-09-22	1	10단	辻强盜捕はる
227450	朝鮮朝日	西北版	1932-09-22	1	10단	樂禮/柳京小話
227451	朝鮮朝日	南鮮版	1932-09-23	1	01단	民有林指導を農民本位にする造林費を節約し簡易に速成造林方法の合理化
227452	朝鮮朝日	南鮮版	1932-09-23	1	01단	大信託設立案暗礁に乗上ぐ十萬圓の補助金交付も考へ物大勢は反對に傾く
227453	朝鮮朝日	南鮮版	1932-09-23	1	01단	錦江改修附帶工事論山大橋竣工廿三日渡初式擧行
227454	朝鮮朝日	南鮮版	1932-09-23	1	03단	全北知事洪承均氏近く依願免か
227455	朝鮮朝日	南鮮版	1932-09-23	1	04단	戰歿將士招魂祭
227456	朝鮮朝日	南鮮版	1932-09-23	1	04단	無等山丸進水
227457	朝鮮朝日	南鮮版	1932-09-23	1	04단	千組合を目標に金組の大增設普遍的に金融の圓滑を計る時局匡救の第一線
227458	朝鮮朝日	南鮮版	1932-09-23	1	04단	岸原上等兵團體葬非常な盛儀
227459	朝鮮朝日	南鮮版	1932-09-23	1	05단	北海道の大水害義捐金募集
227460	朝鮮朝日	南鮮版	1932-09-23	1	05단	時局匡救事業路盤工事落札十月下旬から着工
227461	朝鮮朝日	南鮮版	1932-09-23	1	06단	大正館
227462	朝鮮朝日	南鮮版	1932-09-23	1	06단	日芬國際陸競旅の疲れで好記錄も出ず不振
227463	朝鮮朝日	南鮮版	1932-09-23	1	07단	接客業者三千人にチフス豫防注射
227464	朝鮮朝日	南鮮版	1932-09-23	1	07단	輕金問題解決劃期的の事業明礬石からアルミニウム總督府も大に應援
227465	朝鮮朝日	南鮮版	1932-09-23	1	08단	記念館落成式
227466	朝鮮朝日	南鮮版	1932-09-23	1	08단	匡救事業の實施を督勵年度內完成を期す港灣河川には專門技師特派
227467	朝鮮朝日	南鮮版	1932-09-23	1	08단	森田監督から大金竊取の犯人馬山署で檢擧
227468	朝鮮朝日	南鮮版	1932-09-23	1	09단	强盜質屋を襲ふ
227469	朝鮮朝日	南鮮版	1932-09-23	1	09단	夏秋蠶收繭第二回豫想
227470	朝鮮朝日	南鮮版	1932-09-23	1	10단	働いても食へぬ農夫の罪
227471	朝鮮朝日	南鮮版	1932-09-23	1	10단	通化僞造事件求刑

일련번호	판명		간행일	면	단수	기사명
227472	朝鮮朝日	南鮮版	1932-09-23	1	10단	內外ニュース(植民地敎員優遇案決定/聯盟に對する我要求容認か)
227473	朝鮮朝日	南鮮版	1932-09-23	1	10단	或る横顔
227474	朝鮮朝日	南鮮版	1932-09-23	1	10단	もよほし(釜山考古會講演會)
227475	朝鮮朝日	西北版	1932-09-23	1	01단	民有林指導を農民本位にする造林費を節約し簡易に速成造林方法の合理化
227476	朝鮮朝日	西北版	1932-09-23	1	01단	大信託設立案暗礁に乗上ぐ十萬圓の補助金交付も考へ物大勢は反對に傾く
227477	朝鮮朝日	西北版	1932-09-23	1	01단	寫眞說明((上)局子街で擧行の七十五聯隊陣中軍旗祭/(中)間島神社の奉納相撲に出書した兵隊さん/(右)池田間島派遣醫長の慰靈詞朗讀/(左)延吉河畔の慰靈祭に戰友の捧へ銃)
227478	朝鮮朝日	西北版	1932-09-23	1	04단	運動會日割
227479	朝鮮朝日	西北版	1932-09-23	1	04단	一時間三百噸の積込能力を持つ全能力發揮は滿浦鎭線開通後南浦の石炭積込み設備
227480	朝鮮朝日	西北版	1932-09-23	1	05단	總督西鮮巡視
227481	朝鮮朝日	西北版	1932-09-23	1	05단	川島司令官廿六日來壤
227482	朝鮮朝日	西北版	1932-09-23	1	05단	總裁來鮮後方針を決定昭和水利と東拓
227483	朝鮮朝日	西北版	1932-09-23	1	05단	鳥取縣の八橋沖合で酒井機の翼桁發見漁船が拾って來たことから愈よ日本海の大捜査
227484	朝鮮朝日	西北版	1932-09-23	1	06단	商工業者の衰微を裏書府民の營業收入激減小營業者への轉落者激增
227485	朝鮮朝日	西北版	1932-09-23	1	06단	總督府の意向に聽き面の廢合實施
227486	朝鮮朝日	西北版	1932-09-23	1	07단	新粟出廻り滿洲粟輸入殆んど杜絶
227487	朝鮮朝日	西北版	1932-09-23	1	07단	赤字をのみ生産する農村稻作のみでは採算がとれぬ調査の數字は語る
227488	朝鮮朝日	西北版	1932-09-23	1	08단	平壤栗の走り
227489	朝鮮朝日	西北版	1932-09-23	1	08단	十月末に開催を延期西鮮實業大會
227490	朝鮮朝日	西北版	1932-09-23	1	08단	損害賠償要求を決議農作物は有害だとて
227491	朝鮮朝日	西北版	1932-09-23	1	08단	元山秋季陸競
227492	朝鮮朝日	西北版	1932-09-23	1	09단	全女工に色服
227493	朝鮮朝日	西北版	1932-09-23	1	09단	平北警察部留置場新設
227494	朝鮮朝日	西北版	1932-09-23	1	09단	畜牛血淸注射
227495	朝鮮朝日	西北版	1932-09-23	1	09단	咸南の沙防工事ちかく着手
227496	朝鮮朝日	西北版	1932-09-23	1	10단	寄生蟲調査
227497	朝鮮朝日	西北版	1932-09-23	1	10단	樂燒を贈り傷病兵慰問

일련번호	판명		간행일	면	단수	기사명
227498	朝鮮朝日	西北版	1932-09-23	1	10단	わが軍の駐屯を懇望長白縣の住民
227499	朝鮮朝日	西北版	1932-09-23	1	10단	サウエートへ最初の領事貴氏一行赴任
227500	朝鮮朝日	西北版	1932-09-23	1	10단	樂禮/柳京小話
227501	朝鮮朝日	南鮮版	1932-09-24	1		休刊
227502	朝鮮朝日	西北版	1932-09-24	1		休刊
227503	朝鮮朝日	南鮮版	1932-09-25	1	01단	日本の將來特に朝鮮の前途は洋々金は出るし棉作は有望だし赤字など問題でない
227504	朝鮮朝日	南鮮版	1932-09-25	1	01단	京城の日芬國際陸上競技
227505	朝鮮朝日	南鮮版	1932-09-25	1	03단	アルミ工業を大々的に獎勵試驗の結果採算が取るれば穗積殖産局長語る
227506	朝鮮朝日	南鮮版	1932-09-25	1	04단	固城水組竣工
227507	朝鮮朝日	南鮮版	1932-09-25	1	04단	儷蘭會展覽會
227508	朝鮮朝日	南鮮版	1932-09-25	1	05단	新嘗祭供御新穀修祓式餘殿は各神社に獻供
227509	朝鮮朝日	南鮮版	1932-09-25	1	05단	內外ニュース(太平洋橫斷報知機出發/滿洲海關廢鎖聲明を發表/石油獨占販賣調印を了す)
227510	朝鮮朝日	南鮮版	1932-09-25	1	05단	平南の初雪
227511	朝鮮朝日	南鮮版	1932-09-25	1	05단	野球統制案最初の違反圓滿に解決
227512	朝鮮朝日	南鮮版	1932-09-25	1	05단	鮮米買上げどう轉向か出來秋に切迫しながら具體的方策は未定
227513	朝鮮朝日	南鮮版	1932-09-25	1	06단	理論、實際の兩方面から複式教育研究
227514	朝鮮朝日	南鮮版	1932-09-25	1	06단	天水畓の惱み見事解決さる大旱魃でも收穫は六割以上恒久策として獎勵
227515	朝鮮朝日	南鮮版	1932-09-25	1	07단	順化院係員增員
227516	朝鮮朝日	南鮮版	1932-09-25	1	07단	署長異動
227517	朝鮮朝日	南鮮版	1932-09-25	1	07단	大演習應援警官
227518	朝鮮朝日	南鮮版	1932-09-25	1	08단	朝鮮汽船が北鮮に進出日發船路を開始
227519	朝鮮朝日	南鮮版	1932-09-25	1	08단	ミシン爭議全鮮に飛火事態は愈よ重大化各方面から注目さる
227520	朝鮮朝日	南鮮版	1932-09-25	1	08단	府廳疑獄事件近く結審か被告全部出所
227521	朝鮮朝日	南鮮版	1932-09-25	1	08단	首無し事件の犯人裵增に死刑を求刑
227522	朝鮮朝日	南鮮版	1932-09-25	1	09단	不正漁業の一齊取締り釜山水上署が
227523	朝鮮朝日	南鮮版	1932-09-25	1	09단	京畿沿岸に海苔を養殖漁村開發に力を注ぐ
227524	朝鮮朝日	南鮮版	1932-09-25	1	10단	迷信が生んだ家庭悲劇
227525	朝鮮朝日	南鮮版	1932-09-25	1	10단	全鮮のコレラ患者計六十一名
227526	朝鮮朝日	南鮮版	1932-09-25	1	10단	電工重傷

일련번호	판명		간행일	면	단수	기사명
227527	朝鮮朝日	南鮮版	1932-09-25	1	10단	逃走犯捕はる
227528	朝鮮朝日	南鮮版	1932-09-25	1	10단	人(近藤常尙氏(警務局保安課長))
227529	朝鮮朝日	西北版	1932-09-25	1	01단	日本の將來特に朝鮮の前途は洋々金は出るし棉作は有望だし赤字など問題でない
227530	朝鮮朝日	西北版	1932-09-25	1	02단	正しい認識を宇垣總督に期待來壤の日を待望する重要な平南道の諸問題
227531	朝鮮朝日	西北版	1932-09-25	1	04단	秋季競馬大會
227532	朝鮮朝日	西北版	1932-09-25	1	04단	山林大會の序曲林産品評會人出多數で大賑ひを呈す
227533	朝鮮朝日	西北版	1932-09-25	1	04단	燒酎業者と打って一丸販賣統制の機關を作る
227534	朝鮮朝日	西北版	1932-09-25	1	05단	斷然輝く金儲の親玉咸北の新案木契組各方面から降るやうな注文
227535	朝鮮朝日	西北版	1932-09-25	1	05단	平南林檎は平年作以上値段强含み
227536	朝鮮朝日	西北版	1932-09-25	1	05단	專賣局官舍放火嫌疑者
227537	朝鮮朝日	西北版	1932-09-25	1	06단	東京新京間最大特急列車臨時列車を編成して釜山安東間を試運轉
227538	朝鮮朝日	西北版	1932-09-25	1	06단	不景氣知らずで素晴しい景氣全村擧って機織業永興郡長興面の一部落が
227539	朝鮮朝日	西北版	1932-09-25	1	06단	平壤の火事一棟二戶全燒放火の疑濃厚
227540	朝鮮朝日	西北版	1932-09-25	1	07단	大同門練光亭修築費本府へ申請
227541	朝鮮朝日	西北版	1932-09-25	1	07단	放火犯を逃す
227542	朝鮮朝日	西北版	1932-09-25	1	07단	滿浦鎭沿線に露天掘りの炭田開通と共に有望な地下の寶庫高濱技師の視察談
227543	朝鮮朝日	西北版	1932-09-25	1	08단	淸津、大阪間無電好成績素晴しい新記錄續出
227544	朝鮮朝日	西北版	1932-09-25	1	10단	全鮮のコレラ患者計六十一名
227545	朝鮮朝日	西北版	1932-09-25	1	10단	廿六日から營業を開始舊券番は解散
227546	朝鮮朝日	西北版	1932-09-25	1	10단	樂禮/柳京小話
227547	朝鮮朝日	南鮮版	1932-09-27	1	01단	恩賜金による窮民救療事業具體案成る愈よ十月一日から實施總經費十五萬圓
227548	朝鮮朝日	南鮮版	1932-09-27	1	01단	前回に比し約三割强の減少內地人約六釐朝鮮人約八釐第三回失業調査結果
227549	朝鮮朝日	南鮮版	1932-09-27	1	01단	産馬增殖計劃の最後案を確定愈よ明年度から實施
227550	朝鮮朝日	南鮮版	1932-09-27	1	01단	上山氏を中心に鮮米問題懇談
227551	朝鮮朝日	南鮮版	1932-09-27	1	02단	祭粢料御下賜
227552	朝鮮朝日	南鮮版	1932-09-27	1	02단	總督咸南視察

일련번호	판명		간행일	면	단수	기사명
227553	朝鮮朝日	南鮮版	1932-09-27	1	03단	朝鮮から滿洲國郵務局へ轉出
227554	朝鮮朝日	南鮮版	1932-09-27	1	03단	水産品の對滿輸出早くも行詰る取引先の確立等絶對に必要對策に頭を惱ます
227555	朝鮮朝日	南鮮版	1932-09-27	1	04단	釜山府の自更運動各種催し決る
227556	朝鮮朝日	南鮮版	1932-09-27	1	04단	鮮米買上げは臨時的のもの其後に來るものは果して何早くも興味の焦點/生産者買上を主張愈よ實際運動へ全鮮産米改良組合を動員詳細な調査に着手
227557	朝鮮朝日	南鮮版	1932-09-27	1	04단	金電値下金額は年額十三萬圓遞信局の幹旋で圓滿に解決對京電送電料問題
227558	朝鮮朝日	南鮮版	1932-09-27	1	05단	通信鳩で燈台と聯絡遞信局で計劃
227559	朝鮮朝日	南鮮版	1932-09-27	1	06단	卸賣市場の設置を牧島より陳情
227560	朝鮮朝日	南鮮版	1932-09-27	1	06단	朝鮮人巡查募集
227561	朝鮮朝日	南鮮版	1932-09-27	1	07단	李王職家へ再び交渉府民館敷地拂下げで
227562	朝鮮朝日	南鮮版	1932-09-27	1	07단	社還米制度の長所を復活貧農に低利で糧食物貸付農村救濟に乘出す
227563	朝鮮朝日	南鮮版	1932-09-27	1	07단	需給契約成立大電から靈電へ愈よ送受電を開始
227564	朝鮮朝日	南鮮版	1932-09-27	1	07단	全北知事依願免
227565	朝鮮朝日	南鮮版	1932-09-27	1	07단	洛東江附近の降雹で裂傷農作物の被害甚大
227566	朝鮮朝日	南鮮版	1932-09-27	1	07단	關釜聯絡船にラヂオ設備目下試驗中
227567	朝鮮朝日	南鮮版	1932-09-27	1	08단	土木談合の新事實發見
227568	朝鮮朝日	南鮮版	1932-09-27	1	08단	收賄饗應で便宜を與ふ全北前土木課長の瀆職發覺土木界に又大痛手
227569	朝鮮朝日	南鮮版	1932-09-27	1	09단	强盗犯人金正喜
227570	朝鮮朝日	南鮮版	1932-09-27	1	09단	モヒ中竊盗
227571	朝鮮朝日	南鮮版	1932-09-27	1	09단	內外ニュース(經濟更生部官制を決定/先決問題は不可侵條約/カラハン氏好意を明示/團匪賠償金支拂を停止/不法行爲は默視すまい)
227572	朝鮮朝日	南鮮版	1932-09-27	1	10단	コレラ六十四名
227573	朝鮮朝日	南鮮版	1932-09-27	1	10단	或る橫顔
227574	朝鮮朝日	西北版	1932-09-27	1	01단	恩賜金による窮民救療事業具體案成る愈よ十月一日から實施總經費十五萬圓
227575	朝鮮朝日	西北版	1932-09-27	1	01단	鶴見枝隊を先頭に依田○團凱旋羅南で歡迎方法につき協議
227576	朝鮮朝日	西北版	1932-09-27	1	02단	祭粢料御下賜
227577	朝鮮朝日	西北版	1932-09-27	1	03단	總督咸南視察

일련번호	판명		간행일	면	단수	기사명
227578	朝鮮朝日	西北版	1932-09-27	1	03단	屹度年度內に創立されよう設計者佐原總督府技師昭和水利を語る
227579	朝鮮朝日	西北版	1932-09-27	1	03단	授業料引下げは內務局も贊成府、道廳舍改築等は望み薄だ西岡地方課長語る
227580	朝鮮朝日	西北版	1932-09-27	1	03단	貧乏物語(１)/貧しさの退學三萬人を突破稅收入成績も惡い
227581	朝鮮朝日	西北版	1932-09-27	1	04단	軍司令官初巡視
227582	朝鮮朝日	西北版	1932-09-27	1	04단	栗と林檎を廉く取次ぐ商品陳列所で
227583	朝鮮朝日	西北版	1932-09-27	1	04단	南金組組合長
227584	朝鮮朝日	西北版	1932-09-27	1	04단	時效にかゝる
227585	朝鮮朝日	西北版	1932-09-27	1	05단	神宮競技庭球咸北豫選張朴組優勝
227586	朝鮮朝日	西北版	1932-09-27	1	05단	平壤タイル進出建築界の驚異
227587	朝鮮朝日	西北版	1932-09-27	1	05단	平壤自動車組合成る
227588	朝鮮朝日	西北版	1932-09-27	1	06단	豫算通り順調に進行府財政調査
227589	朝鮮朝日	西北版	1932-09-27	1	06단	林檎の關稅引下滿洲國で考慮中鎭南浦よりの陳情者に對し誠意ある要路者の回答
227590	朝鮮朝日	西北版	1932-09-27	1	07단	七頭目も我軍に歸順着々と樂土を建設最近の國境滿洲地
227591	朝鮮朝日	西北版	1932-09-27	1	07단	咸北警官武道大會柔劍道とも羅南署優勝す/咸北軍優勝龍鐵軍惜敗
227592	朝鮮朝日	西北版	1932-09-27	1	08단	十一月には開通の豫定三神鑛業運炭輕鐵
227593	朝鮮朝日	西北版	1932-09-27	1	09단	卅日に公判金塊密輸事件
227594	朝鮮朝日	西北版	1932-09-27	1	09단	線路に假睡
227595	朝鮮朝日	西北版	1932-09-27	1	09단	貨車脫線す
227596	朝鮮朝日	西北版	1932-09-27	1	09단	日滿親善の自動車隊安東へ向ふ
227597	朝鮮朝日	西北版	1932-09-27	1	09단	箕林里複線明年度に實現か財源に目鼻がつく
227598	朝鮮朝日	西北版	1932-09-27	1	10단	老衰から變死
227599	朝鮮朝日	西北版	1932-09-27	1	10단	自殺を企つ
227600	朝鮮朝日	西北版	1932-09-27	1	10단	樂禮/柳京小話
227601	朝鮮朝日	西北版	1932-09-27	1	10단	人(萩原技師)
227602	朝鮮朝日	南鮮版	1932-09-28	1	01단	朝鮮米收穫第一回豫想高千六百五十萬石前年に比し四分一釐增收作付段別は一分九釐の減
227603	朝鮮朝日	南鮮版	1932-09-28	1	01단	收穫豫想各道別四道を除き全道增收
227604	朝鮮朝日	南鮮版	1932-09-28	1	01단	皇軍の食糧に鮮魚買入計劃滿洲國からの耳奇りな商談慶南の鮮魚出荷有望

일련번호	판명		간행일	면	단수	기사명
227605	朝鮮朝日	南鮮版	1932-09-28	1	01단	寫眞說明(上より山林大會における宇垣總督の告辭(代讀)三橋連中、ひさご連中、長童連中の各種餘興)
227606	朝鮮朝日	南鮮版	1932-09-28	1	04단	試驗場と改稱
227607	朝鮮朝日	南鮮版	1932-09-28	1	04단	釜山金組も金利引下げ利率決定か
227608	朝鮮朝日	南鮮版	1932-09-28	1	04단	城大開學式盛大に擧行官民名士一千餘名を招待十月十五、六兩日
227609	朝鮮朝日	南鮮版	1932-09-28	1	05단	騎兵長途斥候騎乘馬も人も餘裕綽々二百四十里走破の快擧最後のコースへ
227610	朝鮮朝日	南鮮版	1932-09-28	1	06단	牛島局長を午餐に招待釜山府會が
227611	朝鮮朝日	南鮮版	1932-09-28	1	06단	物心兩面から農村を自力更生まづ心の糧を與へるために社會敎化巡廻講演
227612	朝鮮朝日	南鮮版	1932-09-28	1	06단	竹槍棍棒を提げて染山署襲撃物凄い犯行を大體に承認農民騷擾事件公判
227613	朝鮮朝日	南鮮版	1932-09-28	1	07단	慶南郡守一部異動
227614	朝鮮朝日	南鮮版	1932-09-28	1	07단	卒業生指導學校長打合會
227615	朝鮮朝日	南鮮版	1932-09-28	1	07단	平北のコレラ
227616	朝鮮朝日	南鮮版	1932-09-28	1	08단	關東廳の新聞檢閱係廿六日着任
227617	朝鮮朝日	南鮮版	1932-09-28	1	08단	招魂祭、武德祭
227618	朝鮮朝日	南鮮版	1932-09-28	1	08단	慶南の金組預金貸付利率十月一日より引下げ
227619	朝鮮朝日	南鮮版	1932-09-28	1	08단	大邱勞働會の醜狀暴露す基本金四萬圓の使途不明正副會長等三名送局
227620	朝鮮朝日	南鮮版	1932-09-28	1	09단	豪雨のため線路へ浸水咸鏡線新上富坪間列車運轉遂に不能となる
227621	朝鮮朝日	南鮮版	1932-09-28	1	10단	內外ニュース(入國だけは我國に反感/リットン報告書副本を携へバ氏が渡日/年內に二線を開設滿洲航空株式會社設立發表)
227622	朝鮮朝日	西北版	1932-09-28	1	01단	朝鮮米收穫第一回豫想高千六百五十萬石前年に比し四分一釐增收作付段別は一分九釐の減
227623	朝鮮朝日	西北版	1932-09-28	1	01단	收穫豫想各道別四道を除き全道增收
227624	朝鮮朝日	西北版	1932-09-28	1	01단	何はさて置き勸業費を增額商工都市平壤の進展を計れ有力な意見が擡頭
227625	朝鮮朝日	西北版	1932-09-28	1	01단	寫眞說明(上より山林大會における宇垣總督の告辭(代讀)三橋連中、ひさご連中、長童連中の各種餘興(新義州にて))
227626	朝鮮朝日	西北版	1932-09-28	1	04단	製材料値上げ

일련번호	판명		간행일	면	단수	기사명
227627	朝鮮朝日	西北版	1932-09-28	1	04단	責任順數でお流れとなる鎮南浦港へ平北米を吸收せんとの計劃
227628	朝鮮朝日	西北版	1932-09-28	1	04단	圖書館協會聯合協議會
227629	朝鮮朝日	西北版	1932-09-28	1	05단	貧乏物語(２)/酒に煙草に反映する不況不振な水稅の納入
227630	朝鮮朝日	西北版	1932-09-28	1	05단	鐵道工事も捨て難い魅力鰯漁撈でも人夫募集に大童手不足の救窮工事
227631	朝鮮朝日	西北版	1932-09-28	1	06단	製材工場最盛期繁忙を呈す
227632	朝鮮朝日	西北版	1932-09-28	1	06단	全滿商議聯合會
227633	朝鮮朝日	西北版	1932-09-28	1	06단	盛んに利用朝鮮林檎の特別運賃平壤驛多忙を極む
227634	朝鮮朝日	西北版	1932-09-28	1	06단	平壤の住宅難著しく緩和家主受難の秋
227635	朝鮮朝日	西北版	1932-09-28	1	07단	豪雨のため線路へ浸水咸鏡線新上富坪間列車運轉遂に不能となる
227636	朝鮮朝日	西北版	1932-09-28	1	07단	製材組合で賃銀値上げ十一月から
227637	朝鮮朝日	西北版	1932-09-28	1	08단	名物符流しも平穩に行はるだが結氷後が危險山形隊長みやげ話
227638	朝鮮朝日	西北版	1932-09-28	1	08단	警備隊員卒業式
227639	朝鮮朝日	西北版	1932-09-28	1	08단	僅かな値下藝妓の花代
227640	朝鮮朝日	西北版	1932-09-28	1	09단	蘋果市場の新設を出願
227641	朝鮮朝日	西北版	1932-09-28	1	09단	金塊密輸捕はる
227642	朝鮮朝日	西北版	1932-09-28	1	09단	哀れな同胞卅名歸鮮す匪賊禍の滿洲から
227643	朝鮮朝日	西北版	1932-09-28	1	10단	築堤破壞レール流失咸鏡線列車遲延
227644	朝鮮朝日	西北版	1932-09-28	1	10단	平北のコレラ
227645	朝鮮朝日	西北版	1932-09-28	1	10단	樂禮/柳京小話
227646	朝鮮朝日	南鮮版	1932-09-29	1	01단	試驗移民として朝鮮人を割込ます拓務省の滿洲移民計劃中に實現は有望視さる
227647	朝鮮朝日	南鮮版	1932-09-29	1	01단	農漁山村救濟の時局匡救事業明年度も繼續實施に決定通常議會に要求
227648	朝鮮朝日	南鮮版	1932-09-29	1	01단	伊藤公の菩提寺博文寺落成式廿四回忌十月廿六日に擧行
227649	朝鮮朝日	南鮮版	1932-09-29	1	03단	警察署長會議/京畿道署長會議
227650	朝鮮朝日	南鮮版	1932-09-29	1	03단	水利事業の根本的解決は卽ち小作問題の檢討となり調査は頗る困難視
227651	朝鮮朝日	南鮮版	1932-09-29	1	04단	白米値下げ
227652	朝鮮朝日	南鮮版	1932-09-29	1	04단	新製煙草「銀河」の當選者を發表
227653	朝鮮朝日	南鮮版	1932-09-29	1	04단	十年計劃で二千の自作農を創定本年度分としてまづ二百戶農村の力强い更生
227654	朝鮮朝日	南鮮版	1932-09-29	1	05단	名門出の手腕家高新全北知事

일련번호	판명		간행일	면	단수	기사명
227655	朝鮮朝日	南鮮版	1932-09-29	1	06단	京仁間快速列車初の試運轉從來の一時間に比し廿分間のスピードアップ
227656	朝鮮朝日	南鮮版	1932-09-29	1	06단	蟾津江架橋慶南單獨で八年度より着工
227657	朝鮮朝日	南鮮版	1932-09-29	1	06단	內外ニュース(近く東京で日露滿會議/海軍派遣隊凱旋)
227658	朝鮮朝日	南鮮版	1932-09-29	1	07단	送電料値下は年額十三萬圓金剛山電鐵から京城電氣へ値下率は一割一分
227659	朝鮮朝日	南鮮版	1932-09-29	1	07단	內妻を慘殺
227660	朝鮮朝日	南鮮版	1932-09-29	1	08단	滿鮮中等校美術展京城齒科醫專で
227661	朝鮮朝日	南鮮版	1932-09-29	1	08단	副業品展盛況
227662	朝鮮朝日	南鮮版	1932-09-29	1	08단	農村更生懇談會
227663	朝鮮朝日	南鮮版	1932-09-29	1	08단	情夫と共謀本夫を慘殺兩名に死刑
227664	朝鮮朝日	南鮮版	1932-09-29	1	08단	結氷期を控へ匪禍に備へて警官約三百名を國境に增派池田警務局長語る
227665	朝鮮朝日	南鮮版	1932-09-29	1	09단	籠拔娼妓が情夫と共謀籠の鳥に赤を鼓吹各署に手配連累者取調中
227666	朝鮮朝日	南鮮版	1932-09-29	1	10단	大村氏送別會
227667	朝鮮朝日	南鮮版	1932-09-29	1	10단	トロッコで壓死
227668	朝鮮朝日	南鮮版	1932-09-29	1	10단	平北二十四名全鮮六十六名
227669	朝鮮朝日	南鮮版	1932-09-29	1	10단	人(西龜總督府衛生課長/筒井警務局事務官/廣島縣神職會員一行七十七名/朴春琴代議士夫妻)
227670	朝鮮朝日	南鮮版	1932-09-29	1	10단	もよほし(淸水前領事講演會)
227671	朝鮮朝日	西北版	1932-09-29	1	01단	試驗移民として朝鮮人を割込ます拓務省の滿洲移民計劃中に實現は有望視さる
227672	朝鮮朝日	西北版	1932-09-29	1	01단	農漁山村救濟の時局匡救事業明年度も繼續實施に決定通常議會に要求
227673	朝鮮朝日	西北版	1932-09-29	1	01단	西鮮實業家大會十月十五、六兩日開く平壤商工總會で決定
227674	朝鮮朝日	西北版	1932-09-29	1	01단	川島軍司令官平壤部隊初巡視(驛前にて)
227675	朝鮮朝日	西北版	1932-09-29	1	03단	春鷽より秋鷽は三倍の高値
227676	朝鮮朝日	西北版	1932-09-29	1	03단	開けゆく黑ダイヤ王國球場、北院の豊富な炭田採掘準備に早くも忙殺滿浦鎭線の福音
227677	朝鮮朝日	西北版	1932-09-29	1	03단	貧乏物語(3)/納稅免除の悲しき窮乏群農作物は悲慘な暴落
227678	朝鮮朝日	西北版	1932-09-29	1	04단	保安組合活寫大會
227679	朝鮮朝日	西北版	1932-09-29	1	04단	軍用犬獻納式

일련번호	판명		간행일	면	단수	기사명
227680	朝鮮朝日	西北版	1932-09-29	1	04단	刑務所、署場細民地區の候補地を調査
227681	朝鮮朝日	西北版	1932-09-29	1	05단	林産品評會入賞者
227682	朝鮮朝日	西北版	1932-09-29	1	05단	平安北道酒類品評會褒賞授與式
227683	朝鮮朝日	西北版	1932-09-29	1	05단	內容の充實に殖産局が乘氣差當り國庫補助は實現可能平南工業試驗所
227684	朝鮮朝日	西北版	1932-09-29	1	05단	古墳發掘着々と進む
227685	朝鮮朝日	西北版	1932-09-29	1	06단	理髮業者警察に抗議規定無視だとあって
227686	朝鮮朝日	西北版	1932-09-29	1	06단	病原不明鷄疫が流行養鷄家大恐慌
227687	朝鮮朝日	西北版	1932-09-29	1	06단	飛乘り損ねる
227688	朝鮮朝日	西北版	1932-09-29	1	07단	モヒ患者の治療所を新設患者專門の刑事も置く平南道で計劃中
227689	朝鮮朝日	西北版	1932-09-29	1	07단	確實性を帶びた三越の平壤進出ミカド跡で開業を傳へらる渦巻く營業戰線
227690	朝鮮朝日	西北版	1932-09-29	1	08단	大邱の道連で昇格遲延か關係者によって憂慮さる平壤醫講昇格問題
227691	朝鮮朝日	西北版	1932-09-29	1	08단	嬰兒を遺棄
227692	朝鮮朝日	西北版	1932-09-29	1	09단	平北二十四名全鮮六十六名
227693	朝鮮朝日	西北版	1932-09-29	1	09단	脅迫團を一網打盡
227694	朝鮮朝日	西北版	1932-09-29	1	09단	娼妓と心中
227695	朝鮮朝日	西北版	1932-09-29	1	09단	大口扱ひ同樣に運賃を低減せよ平壤靴下業者の要望
227696	朝鮮朝日	西北版	1932-09-29	1	10단	惡祈禱師捕はる
227697	朝鮮朝日	西北版	1932-09-29	1	10단	樂禮/柳京小話
227698	朝鮮朝日	南鮮版	1932-09-30	1	01단	本年の稻作狀況概して順調に推移生育期間を通じて病蟲害の被害少なく作柄稍良(收穫高累年對照/水稻收穫豫想高/陸稻收穫豫想高)
227699	朝鮮朝日	南鮮版	1932-09-30	1	01단	在滿鮮農の安住をはかる屯田式營農法を採らせる愈よ積極的に保護
227700	朝鮮朝日	南鮮版	1932-09-30	1	02단	指導畓を通じ稻作を改良農事改良組合を結成各方面から期待さる
227701	朝鮮朝日	南鮮版	1932-09-30	1	04단	京城總領事館
227702	朝鮮朝日	南鮮版	1932-09-30	1	04단	農村更生策に農村更生委員會全鮮的に縱橫の兩方面から農村振興の大運動
227703	朝鮮朝日	南鮮版	1932-09-30	1	04단	新任關東軍交通部長大村氏赴任
227704	朝鮮朝日	南鮮版	1932-09-30	1	04단	內外ニュース(滿洲國代表晴の都入り/滿洲里の護路軍暴る/滿蒙聯合軍叛軍を擊退/米買上價格は廿一圓內外/國民政府の抗議を一蹴)

일련번호	판명		간행일	면	단수	기사명
227705	朝鮮朝日	南鮮版	1932-09-30	1	05단	秋の金剛山ヒュッテ開く直通寢台車每日運轉探勝客俄かに激增鐵道と金電馬力をかく
227706	朝鮮朝日	南鮮版	1932-09-30	1	05단	來月下旬に警視級大異動新進拔擢、老朽淘汰警務局長の手腕期待さる
227707	朝鮮朝日	南鮮版	1932-09-30	1	05단	慶北郡守異動
227708	朝鮮朝日	南鮮版	1932-09-30	1	06단	北滿水災義捐金九萬八千圓
227709	朝鮮朝日	南鮮版	1932-09-30	1	07단	龍頭山神社秋祭近づく賑かな奉祝計劃
227710	朝鮮朝日	南鮮版	1932-09-30	1	07단	休日でないため統制案に違反體育協會へ日程變更方注意神宮競技野球大會
227711	朝鮮朝日	南鮮版	1932-09-30	1	08단	各種懸案の實現を陳情牛島局長面食ふ
227712	朝鮮朝日	南鮮版	1932-09-30	1	09단	京城商議に貿易部新設
227713	朝鮮朝日	南鮮版	1932-09-30	1	09단	牛泥捕はる
227714	朝鮮朝日	南鮮版	1932-09-30	1	09단	甲種農林の新設を言明懸案解決す
227715	朝鮮朝日	南鮮版	1932-09-30	1	10단	農民騷擾事件第二回公判十月六日開廷
227716	朝鮮朝日	南鮮版	1932-09-30	1	10단	妻增に無期懲役
227717	朝鮮朝日	南鮮版	1932-09-30	1	10단	放火狂に懲役六年
227718	朝鮮朝日	南鮮版	1932-09-30	1	10단	闇の家からおでんやへ
227719	朝鮮朝日	南鮮版	1932-09-30	1	10단	割木で撲殺
227720	朝鮮朝日	南鮮版	1932-09-30	1	10단	咸北のコレラ
227721	朝鮮朝日	南鮮版	1932-09-30	1	10단	映畫と演劇(大正館)
227722	朝鮮朝日	南鮮版	1932-09-30	1	10단	人(益子慶雄氏(大邱府庶務主任))
227723	朝鮮朝日	西北版	1932-09-30	1	01단	本年の稻作狀況槪して順調に推移生育期間を通じて病蟲害の被害少なく作柄稍良(收穫高累年對照/水稻收穫豫想高/陸稻收穫豫想高)
227724	朝鮮朝日	西北版	1932-09-30	1	01단	在滿鮮農の安住をはかる屯田式營農法を採らせる愈よ積極的に保護
227725	朝鮮朝日	西北版	1932-09-30	1	01단	まづ五十戶の自作農詮考咸南道の方針決る
227726	朝鮮朝日	西北版	1932-09-30	1	02단	北滿水災義捐金九萬八千圓
227727	朝鮮朝日	西北版	1932-09-30	1	03단	安東に分工場計劃平壤のゴム靴下進出策
227728	朝鮮朝日	西北版	1932-09-30	1	03단	貧乏物語(完)/乞食の數がダン然增加す漁民、商工業者の惱み
227729	朝鮮朝日	西北版	1932-09-30	1	04단	永井間島總領事
227730	朝鮮朝日	西北版	1932-09-30	1	04단	軍犬班の充實敵軍やわが負傷兵の捜査に九頭が猛烈な訓練を續ける平壤聯隊の誇り
227731	朝鮮朝日	西北版	1932-09-30	1	05단	元山商議役員選擧

일련번호	판명		간행일	면	단수	기사명
227732	朝鮮朝日	西北版	1932-09-30	1	05단	咸興産組近く認可
227733	朝鮮朝日	西北版	1932-09-30	1	06단	五萬石突破の自祝を催す時節柄大祝賀會は止め目下計劃中の平南
227734	朝鮮朝日	西北版	1932-09-30	1	06단	地方改良の團體を統一興風會と改稱
227735	朝鮮朝日	西北版	1932-09-30	1	06단	平均養貝試驗見事に大成功「はまぐり」「あさり」の滿洲、內地進出計劃の平南
227736	朝鮮朝日	西北版	1932-09-30	1	07단	軍事教育査閲
227737	朝鮮朝日	西北版	1932-09-30	1	07단	救濟方を東拓に陳情所有權移動で小作人が
227738	朝鮮朝日	西北版	1932-09-30	1	08단	過半の燒酎は銅分を含有平南名物の改善に道衛生課乘出す
227739	朝鮮朝日	西北版	1932-09-30	1	08단	裏戶から侵入
227740	朝鮮朝日	西北版	1932-09-30	1	08단	十月末には完成箕林里水道
227741	朝鮮朝日	西北版	1932-09-30	1	09단	狩獵家は增加獲物が多い
227742	朝鮮朝日	西北版	1932-09-30	1	09단	スポーツ(元山弓道聯盟秋季運動會/神宮競技咸南選手)
227743	朝鮮朝日	西北版	1932-09-30	1	09단	義州鑛山の重役を相手どり詐欺橫領背任の告訴
227744	朝鮮朝日	西北版	1932-09-30	1	10단	いらざるお節介箕城券番異變
227745	朝鮮朝日	西北版	1932-09-30	1	10단	咸北のコレラ
227746	朝鮮朝日	西北版	1932-09-30	1	10단	樂禮/柳京小話

1932년 10월 (조선아사히)

일련번호	판명		간행일	면	단수	기사명
227747	朝鮮朝日	南鮮版	1932-10-01	1	01단	經常部の要求額二億一千九百萬圓歲入見積と千百萬圓の開きどう辻褄を合すか
227748	朝鮮朝日	南鮮版	1932-10-01	1	01단	鮮米買上げ具體的方法まだ決らぬ商人と生産者から買上か渡邊農林局長談
227749	朝鮮朝日	南鮮版	1932-10-01	1	01단	御下賜金で窮民を救療慶南の各種施設決定
227750	朝鮮朝日	南鮮版	1932-10-01	1	01단	ガソリン値上の撤回を陳情
227751	朝鮮朝日	南鮮版	1932-10-01	1	02단	陳容全く整ひ城大開學式來賓八百名を招き十五日盛大に擧行
227752	朝鮮朝日	南鮮版	1932-10-01	1	03단	アンデバンダン第二回展覽會
227753	朝鮮朝日	南鮮版	1932-10-01	1	04단	川端、績渡兩書記
227754	朝鮮朝日	南鮮版	1932-10-01	1	04단	羅津、雄基附近國有林賣却競爭入札で
227755	朝鮮朝日	南鮮版	1932-10-01	1	04단	稻作改良に種子更新三年每に行ふ
227756	朝鮮朝日	南鮮版	1932-10-01	1	04단	米穀統制具體案作成釜取協議會で
227757	朝鮮朝日	南鮮版	1932-10-01	1	05단	總督府辭令
227758	朝鮮朝日	南鮮版	1932-10-01	1	05단	松花江海軍派遣隊凱施/朝鮮師團除隊兵
227759	朝鮮朝日	南鮮版	1932-10-01	1	05단	群山府民が待ちかねた府域擴張認可さる愈よ一日から實施盛大に官民合同祝賀會
227760	朝鮮朝日	南鮮版	1932-10-01	1	06단	待望の邑擴張一日より實施
227761	朝鮮朝日	南鮮版	1932-10-01	1	06단	農村振興の委員會生る委員長以下役員任命近く道郡面も設置する
227762	朝鮮朝日	南鮮版	1932-10-01	1	06단	不景氣風も何のその城大卒業生旣に約七割は就職滿洲方面へも賣込運動
227763	朝鮮朝日	南鮮版	1932-10-01	1	07단	本紙秋季大附錄滿洲國承認記念寫眞帖
227764	朝鮮朝日	南鮮版	1932-10-01	1	07단	釜山の商圈擴張實業巡廻團人員、日程など決定す
227765	朝鮮朝日	南鮮版	1932-10-01	1	08단	權限を無視したと府議敦圍く事務の都合上措置したと府當局では微苦笑
227766	朝鮮朝日	南鮮版	1932-10-01	1	08단	金泉驛で貨車脫線
227767	朝鮮朝日	南鮮版	1932-10-01	1	08단	京城地方に雷雨と降雹
227768	朝鮮朝日	南鮮版	1932-10-01	1	09단	四回目の盜難
227769	朝鮮朝日	南鮮版	1932-10-01	1	09단	火事で燒死
227770	朝鮮朝日	南鮮版	1932-10-01	1	09단	後任局長の椅子を繞り戶田理事遂に辭職鐵道局に動搖の色
227771	朝鮮朝日	南鮮版	1932-10-01	1	10단	前全北知事取調を受く
227772	朝鮮朝日	南鮮版	1932-10-01	1	10단	米人醫院に賊

일련번호	판명		간행일	면	단수	기사명
227773	朝鮮朝日	南鮮版	1932-10-01	1	10단	內外ニュース(リットン報告書外務當局へ特命全權大使/日本の立場を闡明/九月下旬貿易額)
227774	朝鮮朝日	西北版	1932-10-01	1	01단	經常部の要求額二億一千九百萬圓歳入見積と千百萬圓の開きどう辻褄を合すか
227775	朝鮮朝日	西北版	1932-10-01	1	01단	豫算よりは卅五萬圓の赤字平鐵始まった以來の不振米の農作で多少回復か
227776	朝鮮朝日	西北版	1932-10-01	1	01단	塼と木槨を併用した古墳餘り類例のない形式貴重な出土品を期待
227777	朝鮮朝日	西北版	1932-10-01	1	03단	失はれゆく樂浪の處女墳到るところ盜掘累々こゝ數年で處女墳は絶滅
227778	朝鮮朝日	西北版	1932-10-01	1	04단	平壤水曜會
227779	朝鮮朝日	西北版	1932-10-01	1	04단	羅津、雄基附近國有林賣却競爭入札で
227780	朝鮮朝日	西北版	1932-10-01	1	04단	平南地方に降雹
227781	朝鮮朝日	西北版	1932-10-01	1	04단	平壤軍事で運轉を復活
227782	朝鮮朝日	西北版	1932-10-01	1	04단	農村振興の委員會生る委員長以下役員任命近く道郡面も設置する
227783	朝鮮朝日	西北版	1932-10-01	1	05단	荒廢林野五十町歩の沙防工事開始
227784	朝鮮朝日	西北版	1932-10-01	1	05단	最古の平壤鳥瞰圖朝鮮征伐以前の珍品を海州のさる舊家から發見平壤博物館に保存
227785	朝鮮朝日	西北版	1932-10-01	1	06단	鮮米買上げ具體的方法まだ決らぬ商人と生産者から買上か道邊農林局長談
227786	朝鮮朝日	西北版	1932-10-01	1	06단	受難の平壤炭友會
227787	朝鮮朝日	西北版	1932-10-01	1	07단	總督府辭令
227788	朝鮮朝日	西北版	1932-10-01	1	07단	咸南の明太肝油
227789	朝鮮朝日	西北版	1932-10-01	1	08단	本紙秋季大附錄滿洲國承認記念寫眞帖
227790	朝鮮朝日	西北版	1932-10-01	1	08단	藥草栽培を積極的獎勵
227791	朝鮮朝日	西北版	1932-10-01	1	08단	麻雀と迷信行爲を取締られたしと陳情す
227792	朝鮮朝日	西北版	1932-10-01	1	08단	北鮮水産大疑獄事件豫審終結公判へ回付被害額百餘萬圓十九名全部有罪と決定
227793	朝鮮朝日	西北版	1932-10-01	1	09단	居眠り轉落
227794	朝鮮朝日	西北版	1932-10-01	1	09단	不服で控訴
227795	朝鮮朝日	西北版	1932-10-01	1	10단	依田○團凱旋
227796	朝鮮朝日	西北版	1932-10-01	1	10단	心中娼妓玉蝶
227797	朝鮮朝日	西北版	1932-10-01	1	10단	近く公判へ
227798	朝鮮朝日	西北版	1932-10-01	1	10단	神宮競技元山代表
227799	朝鮮朝日	西北版	1932-10-01	1	10단	樂禮/柳京小話

일련번호	판명		간행일	면	단수	기사명
227800	朝鮮朝日	南鮮版	1932-10-02	1	01단	都合六百萬圓の負債整理資金を融通高利債を全部低利に借替る金融組合萬能時代
227801	朝鮮朝日	南鮮版	1932-10-02	1	01단	一日から實施の國營穀物檢査鮮米の聲價發揚に精進せよ今井田政務總監談
227802	朝鮮朝日	南鮮版	1932-10-02	1	01단	戸海に國旗明朖な秋晴總督府施政記念日
227803	朝鮮朝日	南鮮版	1932-10-02	1	02단	全市を擧げ歡喜過卷く木浦開港卅五周年
227804	朝鮮朝日	南鮮版	1932-10-02	1	03단	京城府議懇談會
227805	朝鮮朝日	南鮮版	1932-10-02	1	04단	貯蓄銀行預金利下
227806	朝鮮朝日	南鮮版	1932-10-02	1	04단	小學校長第一回優遇朝鮮關係の分
227807	朝鮮朝日	南鮮版	1932-10-02	1	05단	不動産融資補償法朝鮮でも實施
227808	朝鮮朝日	南鮮版	1932-10-02	1	05단	施政記念日祭
227809	朝鮮朝日	南鮮版	1932-10-02	1	05단	洛東水組創立に一部地主が反對道では豫定通り設立
227810	朝鮮朝日	南鮮版	1932-10-02	1	06단	腦の五重奏梶山氏來る
227811	朝鮮朝日	南鮮版	1932-10-02	1	06단	釜山のサイレン拗ねて沈默府民面食ふ
227812	朝鮮朝日	南鮮版	1932-10-02	1	06단	回答を保留對策を練るミシン爭議
227813	朝鮮朝日	南鮮版	1932-10-02	1	06단	家庭生活合理化展覽會廿八日から一週間景福宮内鮮展跡で
227814	朝鮮朝日	南鮮版	1932-10-02	1	06단	本紙秋季大附錄滿洲國承認記念寫眞帖
227815	朝鮮朝日	南鮮版	1932-10-02	1	07단	明年度内に復活は絶望地方法院支廳問題
227816	朝鮮朝日	南鮮版	1932-10-02	1	07단	正式裁判を仰ぐ
227817	朝鮮朝日	南鮮版	1932-10-02	1	08단	釜山のカフェで女給と無理心中短刀で女の左乳部を刺す自分は毒藥を呷る
227818	朝鮮朝日	南鮮版	1932-10-02	1	08단	電車に刎ねられる
227819	朝鮮朝日	南鮮版	1932-10-02	1	08단	強盜捕はる
227820	朝鮮朝日	南鮮版	1932-10-02	1	08단	拷問致死の司法主任に懲役二年求刑
227821	朝鮮朝日	南鮮版	1932-10-02	1	09단	夫から妻に慰藉料請求振った珍訴訟
227822	朝鮮朝日	南鮮版	1932-10-02	1	09단	飛込自殺二件
227823	朝鮮朝日	南鮮版	1932-10-02	1	09단	麥飯常用や缺食兒童が多數存在の事實判明教育上問題視さる
227824	朝鮮朝日	南鮮版	1932-10-02	1	10단	本夫殺しの姦夫死刑
227825	朝鮮朝日	南鮮版	1932-10-02	1	10단	足場が折れ七名重輕傷
227826	朝鮮朝日	南鮮版	1932-10-02	1	10단	内外ニュース(米全艦隊太平洋滯留/張學良苦境に/大東京市實現)
227827	朝鮮朝日	南鮮版	1932-10-02	1	10단	もよほし(全鮮司法官會議/釜山精米業組合秋季總會)
227828	朝鮮朝日	南鮮版	1932-10-02	1	10단	人(山川鵜市氏)

일련번호	판명		간행일	면	단수	기사명
227829	朝鮮朝日	西北版	1932-10-02	1	01단	都合六百萬圓の負債整理資金を融通高利債を全部低利に借替る金融組合萬能時代
227830	朝鮮朝日	西北版	1932-10-02	1	01단	實に文獻的な平壤入都の圖支那使節を迎へた一大行列平壤博物館が發見
227831	朝鮮朝日	西北版	1932-10-02	1	03단	凱旋將士の歡迎方法決る官民合同祝賀會等/羅南部隊の凱旋歡迎準備一大祝賀宴を開き下士以下全員に記念品贈呈
227832	朝鮮朝日	西北版	1932-10-02	1	04단	製氷工場許可
227833	朝鮮朝日	西北版	1932-10-02	1	04단	明年度內に復活は絶望地方法院支廳問題
227834	朝鮮朝日	西北版	1932-10-02	1	04단	小學校長第一回優遇朝鮮關係の分
227835	朝鮮朝日	西北版	1932-10-02	1	05단	秋季演奏と朱雀會展平壤醫講で
227836	朝鮮朝日	西北版	1932-10-02	1	05단	暗黑の生活から光明の世界へいよいよ六萬の漁民を救濟咸北當局の大英斷
227837	朝鮮朝日	西北版	1932-10-02	1	06단	不動産融資補償法朝鮮でも實施
227838	朝鮮朝日	西北版	1932-10-02	1	06단	國營穀物檢査
227839	朝鮮朝日	西北版	1932-10-02	1	06단	脫稅頻發で嚴しいお達示酒稅取締徹底
227840	朝鮮朝日	西北版	1932-10-02	1	06단	人氣に乘って羅津熱再現今度は阿吾地に飛火
227841	朝鮮朝日	西北版	1932-10-02	1	07단	火田民指導の方針を確立合理的に山農經營集約的に定着性を養ふ
227842	朝鮮朝日	西北版	1932-10-02	1	07단	鯖の豊漁で漁村に活況
227843	朝鮮朝日	西北版	1932-10-02	1	07단	來月一日から愈よ開通す順川と泉洞間三十二キロ伸びゆく滿浦鎭線
227844	朝鮮朝日	西北版	1932-10-02	1	07단	傳染病患者非常に多い接客業者の健康診斷
227845	朝鮮朝日	西北版	1932-10-02	1	08단	自動車賃の値上を協議貝印油の不買同盟も平南自動車協會
227846	朝鮮朝日	西北版	1932-10-02	1	08단	腸チフス平南で猖獗
227847	朝鮮朝日	西北版	1932-10-02	1	08단	幼兒の奇禍
227848	朝鮮朝日	西北版	1932-10-02	1	08단	强盜捕はる
227849	朝鮮朝日	西北版	1932-10-02	1	09단	飛込み自殺
227850	朝鮮朝日	西北版	1932-10-02	1	09단	一千圓盜まる
227851	朝鮮朝日	西北版	1932-10-02	1	09단	內地養蠶家の保溫用に賣捌く硫黃分の少い無煙炭
227852	朝鮮朝日	西北版	1932-10-02	1	10단	傷害致死
227853	朝鮮朝日	西北版	1932-10-02	1	10단	小作よりも遙かに有利合理的營農法
227854	朝鮮朝日	西北版	1932-10-02	1	10단	樂禮/柳京小話

일련번호	판명		간행일	면	단수	기사명
227855	朝鮮朝日	南鮮版	1932-10-04	1	01단	滿洲國直屬として特別區域設定か間島を吉林省から切離して滿洲國承認を契機に
227856	朝鮮朝日	南鮮版	1932-10-04	1	01단	鮮米買上げの效果を疑はる米價調節上由々敷重大問題農林省の準備遷延
227857	朝鮮朝日	南鮮版	1932-10-04	1	01단	寫眞(一日釜山に上陸した○○部隊と府民の盛んな歡送)
227858	朝鮮朝日	南鮮版	1932-10-04	1	02단	平壤女高普見事に快勝選手勇躍新記錄續出朝鮮女子オリンピック大會
227859	朝鮮朝日	南鮮版	1932-10-04	1	03단	阿部中佐以下海軍の精銳愈よ母港吳に凱旋京城の盛んな歡迎送を受く
227860	朝鮮朝日	南鮮版	1932-10-04	1	04단	京城聯靑慰問金
227861	朝鮮朝日	南鮮版	1932-10-04	1	04단	表面はとにかく內心は氣乘簿大信託設立暗礁に乘り上ぐ採算の點を疑問視
227862	朝鮮朝日	南鮮版	1932-10-04	1	04단	內鮮直通電話は來月上旬に開通豫約電話の施設は困難か料金區間等本省と打合す
227863	朝鮮朝日	南鮮版	1932-10-04	1	05단	全州邑に商議要望設立を急ぐ
227864	朝鮮朝日	南鮮版	1932-10-04	1	06단	金組聯合會理事長會議
227865	朝鮮朝日	南鮮版	1932-10-04	1	06단	出品物が續々到着慶南の産業展
227866	朝鮮朝日	南鮮版	1932-10-04	1	06단	京仁間快速列車試運轉四十分で走破スマートなモダン客車豫期以上の好成績
227867	朝鮮朝日	南鮮版	1932-10-04	1	07단	內務課から分離し社會課獨立か
227868	朝鮮朝日	南鮮版	1932-10-04	1	07단	全北の天水畓空前の大凶作收穫皆無六千五百十二町步半作の農家六萬戶
227869	朝鮮朝日	南鮮版	1932-10-04	1	07단	十キ口放送機
227870	朝鮮朝日	南鮮版	1932-10-04	1	09단	本社號外好評
227871	朝鮮朝日	南鮮版	1932-10-04	1	09단	子供の惡戲から不發花火が爆發親子二名が大火傷
227872	朝鮮朝日	南鮮版	1932-10-04	1	09단	開城の體育デー
227873	朝鮮朝日	南鮮版	1932-10-04	1	10단	兵匪と共匪老頭溝襲擊我軍追擊中
227874	朝鮮朝日	南鮮版	1932-10-04	1	10단	米穀統制案對策協議會具體案打合せ
227875	朝鮮朝日	南鮮版	1932-10-04	1	10단	全開城庭球戰
227876	朝鮮朝日	南鮮版	1932-10-04	1	10단	金剛山探勝中々に盛ん
227877	朝鮮朝日	西北版	1932-10-04	1	01단	滿洲國直屬として特別區域設定か間島を吉林省から切離して滿洲國承認を契機に
227878	朝鮮朝日	西北版	1932-10-04	1	01단	鮮米買上げの效果を疑はる米價調節上由々敷重大問題農林省の準備遷延

일련번호	판명		간행일	면	단수	기사명
227879	朝鮮朝日	西北版	1932-10-04	1	01단	平壤の體育デー盛大に擧行さる
227880	朝鮮朝日	西北版	1932-10-04	1	04단	飛行隊凱旋
227881	朝鮮朝日	西北版	1932-10-04	1	04단	小學兒童に祖國愛觀念を普及
227882	朝鮮朝日	西北版	1932-10-04	1	04단	平壤女高普見事に快勝選手勇躍新記錄續出朝鮮女子オリンピック大會
227883	朝鮮朝日	西北版	1932-10-04	1	04단	陣中勇士の作品本社平壤通信部の手を經て平壤高女の慰問に對し返禮意氣盛んな國境軍
227884	朝鮮朝日	西北版	1932-10-04	1	05단	貨物取扱改善協議
227885	朝鮮朝日	西北版	1932-10-04	1	06단	明年度沙防工事五百四十萬圓勞銀三百七十八萬圓を撒布延一千萬人を救濟
227886	朝鮮朝日	西北版	1932-10-04	1	06단	兵匪と共匪老頭溝襲擊我軍追擊中
227887	朝鮮朝日	西北版	1932-10-04	1	07단	育犬報國平南警察部へ警察犬を贈る平壤セパード俱樂部が犯罪防止の意味から
227888	朝鮮朝日	西北版	1932-10-04	1	07단	馬山神社御神寶奉戴奉告式擧行
227889	朝鮮朝日	西北版	1932-10-04	1	07단	關稅制度の改善を論議日滿經濟統制問題全滿商議聯合會で論議
227890	朝鮮朝日	西北版	1932-10-04	1	08단	經營難から銀行令違反不都合な組合がある
227891	朝鮮朝日	西北版	1932-10-04	1	09단	新安州へ本社を移轉朝鮮送電會社
227892	朝鮮朝日	西北版	1932-10-04	1	09단	劇場や寄席の上映を中止せよ映畫常設館が立行かぬと平壤での猛運動
227893	朝鮮朝日	西北版	1932-10-04	1	09단	金剛山探勝中々に盛ん
227894	朝鮮朝日	西北版	1932-10-04	1	10단	赤い思想の宣傳機關書堂を取締る
227895	朝鮮朝日	西北版	1932-10-04	1	10단	平北のコレラ
227896	朝鮮朝日	西北版	1932-10-04	1	10단	平北の初雪
227897	朝鮮朝日	西北版	1932-10-04	1	10단	樂禮/柳京小話
227898	朝鮮朝日	南鮮版	1932-10-05	1	01단	歲出を切詰めて赤字を補塡する國境警備の充實は是非必要今井田政務總監談
227899	朝鮮朝日	南鮮版	1932-10-05	1	01단	東京、新京間を十五時間短縮日鮮滿鐵のスピードアップ鮮鐵で强度試驗
227900	朝鮮朝日	南鮮版	1932-10-05	1	01단	出廻期に入った慶南の棉稀有の豊作で高値
227901	朝鮮朝日	南鮮版	1932-10-05	1	02단	初等學校長第二回優遇ちかく發令
227902	朝鮮朝日	南鮮版	1932-10-05	1	02단	鐵道局殉職者弔魂祭きのふ執行
227903	朝鮮朝日	南鮮版	1932-10-05	1	03단	飛行○隊和田少佐等平壤へ凱旋
227904	朝鮮朝日	南鮮版	1932-10-05	1	03단	電話事務開始
227905	朝鮮朝日	南鮮版	1932-10-05	1	04단	武道鼓吹講演
227906	朝鮮朝日	南鮮版	1932-10-05	1	04단	鮮銀滿鮮支店長會議重要打合せ

일련번호	판명		간행일	면	단수	기사명
227907	朝鮮朝日	南鮮版	1932-10-05	1	04단	少年刑務所一ヶ所を増設少年審判所新設の意見擡頭法務局で愼重研究
227908	朝鮮朝日	南鮮版	1932-10-05	1	05단	木浦開港卅五周年記念塔
227909	朝鮮朝日	南鮮版	1932-10-05	1	05단	釜山府諸工事請負額安く府當局で警戒
227910	朝鮮朝日	南鮮版	1932-10-05	1	05단	松花江派遣海軍部隊釜山通過凱旋官民の熱烈な歡迎
227911	朝鮮朝日	南鮮版	1932-10-05	1	05단	專賣局の煙草植付實績
227912	朝鮮朝日	南鮮版	1932-10-05	1	05단	左傾從業員の大整理斷行分掌郵便局長會議で協議遞信局で頭を痛む
227913	朝鮮朝日	南鮮版	1932-10-05	1	05단	スポーツの總決算神宮競技のスケジュール決る/鐵道クルー優勝/黑人野球團來城
227914	朝鮮朝日	南鮮版	1932-10-05	1	07단	缺損續きの府營バスホットー息乘車人員三百十餘萬人創業以來の黑字を
227915	朝鮮朝日	南鮮版	1932-10-05	1	07단	使ひ果した警官の出張旅費要求殺到で警務局弱る結局豫備費から支出か
227916	朝鮮朝日	南鮮版	1932-10-05	1	07단	映畫と演劇(京城)
227917	朝鮮朝日	南鮮版	1932-10-05	1	08단	黄海の大雹田畑を荒す
227918	朝鮮朝日	南鮮版	1932-10-05	1	09단	雹交りの暴風雨京城を撃ふ
227919	朝鮮朝日	南鮮版	1932-10-05	1	09단	退職手當等要求再提出ミシン爭議
227920	朝鮮朝日	南鮮版	1932-10-05	1	09단	釜山府立病院の改築を機會に順治病院を改善して合併委員會で方針決定
227921	朝鮮朝日	南鮮版	1932-10-05	1	09단	東萊邑內で祕密結社を組織朝鮮人靑年二名檢擧
227922	朝鮮朝日	南鮮版	1932-10-05	1	10단	不敵な怪盜を格鬪して逮捕
227923	朝鮮朝日	南鮮版	1932-10-06	1	01단	百貨店の重壓から小賣商人を救濟朝鮮にも商品券取締令施行五圓以下發行禁止
227924	朝鮮朝日	南鮮版	1932-10-06	1	01단	二百萬圓の大藏省低資全部水組救濟資金へ融通東拓を通じて融資
227925	朝鮮朝日	南鮮版	1932-10-06	1	01단	來會者一千名盛大に擧行功勞者と優良組合を表彰全鮮金組中央大會
227926	朝鮮朝日	南鮮版	1932-10-06	1	03단	書道展審査委員
227927	朝鮮朝日	南鮮版	1932-10-06	1	03단	濃厚飼料で畜牛を飼育肉質を改良
227928	朝鮮朝日	南鮮版	1932-10-06	1	03단	實質的に農村更生振興委員會結成
227929	朝鮮朝日	南鮮版	1932-10-06	1	03단	重要問題を控へ滿洲を視察挨拶を兼ね今後の打合せ田中外事課長語る
227930	朝鮮朝日	南鮮版	1932-10-06	1	03단	憂慮された波瀾も見せず鐵道局のざわめき無事鎭靜大異動はない模樣
227931	朝鮮朝日	南鮮版	1932-10-06	1	04단	東萊邑長決る

일련번호	판명		간행일	면	단수	기사명
227932	朝鮮朝日	南鮮版	1932-10-06	1	04단	コレラ下火で漸く重荷を下す防疫陣の急手配で頗る好成績特異性は頗る輕症
227933	朝鮮朝日	南鮮版	1932-10-06	1	05단	昭和水利に參不參決定高山東拓總裁來鮮總督府は飽迄起工の方針
227934	朝鮮朝日	南鮮版	1932-10-06	1	05단	農家の副業に養鷄を奬勵慶南金海で
227935	朝鮮朝日	南鮮版	1932-10-06	1	05단	値上りを待ち共販を行ひ差額を小作人に返す農業倉庫を小農の手へ！
227936	朝鮮朝日	南鮮版	1932-10-06	1	06단	養豚品評會
227937	朝鮮朝日	南鮮版	1932-10-06	1	06단	釜山の對支貿易品査證九月中で十五件
227938	朝鮮朝日	南鮮版	1932-10-06	1	06단	古叺の使用許可を申請釜山穀組が
227939	朝鮮朝日	南鮮版	1932-10-06	1	07단	慶南道議滿洲視察
227940	朝鮮朝日	南鮮版	1932-10-06	1	07단	水産物倉庫設置具體化敷地選定が困難か
227941	朝鮮朝日	南鮮版	1932-10-06	1	07단	釜山職紹の求人デー
227942	朝鮮朝日	南鮮版	1932-10-06	1	07단	東京・新京間最大特急列車朝鮮線のみで五時間短縮關釜聯絡船には快速船を試運轉は好成績
227943	朝鮮朝日	南鮮版	1932-10-06	1	07단	國境警備の悲壯な美談涙をふり拂って銃を執る當局を感激せしむ
227944	朝鮮朝日	南鮮版	1932-10-06	1	08단	直通郵便自動車
227945	朝鮮朝日	南鮮版	1932-10-06	1	08단	大がかりな副業調査で組織的に副業奬勵農村救濟の良策として期待
227946	朝鮮朝日	南鮮版	1932-10-06	1	09단	誇大廣告で科料十五圓
227947	朝鮮朝日	南鮮版	1932-10-06	1	09단	府廳疑獄と土木談合と同時に來月中旬ごろ結審公判は明春一月か
227948	朝鮮朝日	南鮮版	1932-10-06	1	10단	釜山八月中手形交換高
227949	朝鮮朝日	南鮮版	1932-10-06	1	10단	飛込自殺
227950	朝鮮朝日	南鮮版	1932-10-06	1	10단	急轉直下でミシン爭議圓滿に解決
227951	朝鮮朝日	南鮮版	1932-10-06	1	10단	人(貴族院議員滿洲國上海視察團/高山東拓總裁)
227952	朝鮮朝日	西北版	1932-10-06	1	01단	平壤府の財政は立派な健康兒だ相當盛り澤山に計劃中の明年度新規事業
227953	朝鮮朝日	西北版	1932-10-06	1	01단	東拓の斡旋で實現の曙光見ゆ高利に惱む平壤電氣公債低利切替への問題
227954	朝鮮朝日	西北版	1932-10-06	1	01단	昭和水利に參不參決定高山東拓總裁來鮮總督府は飽迄起工の方針
227955	朝鮮朝日	西北版	1932-10-06	1	01단	樽柿の製造を奬勵講習會を開く
227956	朝鮮朝日	西北版	1932-10-06	1	02단	早くも國境には冬の訪れ洋服マンは合オーバー子供はセーター

일련번호	판명		간행일	면	단수	기사명
227957	朝鮮朝日	西北版	1932-10-06	1	03단	水禍から德川を救へ防水堤の築造を陳情す
227958	朝鮮朝日	西北版	1932-10-06	1	04단	書道展審査委員
227959	朝鮮朝日	西北版	1932-10-06	1	04단	百貨店の重壓から小賣商人を救濟朝鮮にも商品券取締令施行五圓以下發行禁止
227960	朝鮮朝日	西北版	1932-10-06	1	04단	二百萬圓の大藏省低資全部水組救濟資金へ融通東拓を通じて融資
227961	朝鮮朝日	西北版	1932-10-06	1	04단	三道溝の匪賊盛んに發砲對岸駐在所に
227962	朝鮮朝日	西北版	1932-10-06	1	05단	また七種目に優勝し歸壤吾等のデレゲート平壤女高普陸上選手(職工慰安會)
227963	朝鮮朝日	西北版	1932-10-06	1	05단	銀行令違反頻發すまた孟山で
227964	朝鮮朝日	西北版	1932-10-06	1	06단	佛像を盗む
227965	朝鮮朝日	西北版	1932-10-06	1	06단	百圓札と廣告ビラ
227966	朝鮮朝日	西北版	1932-10-06	1	06단	東京・新京間最大特急列車朝鮮線のみで五時間短縮關釜聯絡船には快速船を試運轉は好成績
227967	朝鮮朝日	西北版	1932-10-06	1	06단	國境警備の悲壯な美談涙をふり拂って銃を採る當局を感激せしむ
227968	朝鮮朝日	西北版	1932-10-06	1	07단	箕城券番遂に解散
227969	朝鮮朝日	西北版	1932-10-06	1	07단	薪割斧を揮って內妻を慘殺
227970	朝鮮朝日	西北版	1932-10-06	1	07단	本田氏を喚問す證人として
227971	朝鮮朝日	西北版	1932-10-06	1	08단	空の北鮮開拓實現を期待咸興の上空に旅客機飛ぶ本年內に試驗飛行
227972	朝鮮朝日	西北版	1932-10-06	1	09단	竊盗捕はる
227973	朝鮮朝日	西北版	1932-10-06	1	09단	重要問題を控へ滿洲を視察挨拶を兼ね今後の打合せ田中外事課長語る
227974	朝鮮朝日	西北版	1932-10-06	1	10단	列車の立往生
227975	朝鮮朝日	西北版	1932-10-06	1	10단	常習薩摩守
227976	朝鮮朝日	西北版	1932-10-06	1	10단	樂禮/柳京小話
227977	朝鮮朝日	南鮮版	1932-10-07	1	01단	農村振興祕策を全鮮郡守に傳授し更生運動の第一線に立たす郡守會議を近く開く
227978	朝鮮朝日	南鮮版	1932-10-07	1	01단	特急時間短縮は萬事思ふ通り非常な好成績を擧げ鐵道局のお役人の鼻が高い
227979	朝鮮朝日	南鮮版	1932-10-07	1	01단	京城電氣會社料金値下げ減收は年四十八萬圓
227980	朝鮮朝日	南鮮版	1932-10-07	1	01단	第一回全鮮酒造業大會
227981	朝鮮朝日	南鮮版	1932-10-07	1	01단	郵便貯金減少す利子引下から

일련번호	판명		간행일	면	단수	기사명
227982	朝鮮朝日	南鮮版	1932-10-07	1	02단	朝鐵の決算
227983	朝鮮朝日	南鮮版	1932-10-07	1	02단	京城圖書館の創立十周年記念式を擧行
227984	朝鮮朝日	南鮮版	1932-10-07	1	03단	優しい慰問使釜山通過滿洲へ東京日出高女生徒が戰線の將士を訪ねて
227985	朝鮮朝日	南鮮版	1932-10-07	1	03단	借金調停法の實施は見込み薄司法機關と經營の關係から當分可性能に乏しい
227986	朝鮮朝日	南鮮版	1932-10-07	1	04단	總督歸城す
227987	朝鮮朝日	南鮮版	1932-10-07	1	04단	釜山組合銀行貸付減少九月末の勘定
227988	朝鮮朝日	南鮮版	1932-10-07	1	04단	立毛差押への訴訟激增し釜山地方法院では夜間開廷のさわぎ
227989	朝鮮朝日	南鮮版	1932-10-07	1	05단	金組施設展の入賞者發表
227990	朝鮮朝日	南鮮版	1932-10-07	1	05단	思惑外れの上變質が多い慶北米の投賣始まる
227991	朝鮮朝日	南鮮版	1932-10-07	1	05단	鶴見枝隊凱旋
227992	朝鮮朝日	南鮮版	1932-10-07	1	05단	金組中央會非難さる豪勢な園遊會を開いたため
227993	朝鮮朝日	南鮮版	1932-10-07	1	06단	大金が轉げこんで農村よみがへる繭と棉花相場昻騰し堅實な更生の一步を踏出す
227994	朝鮮朝日	南鮮版	1932-10-07	1	06단	對岸の匪賊鮮內に發砲
227995	朝鮮朝日	南鮮版	1932-10-07	1	06단	漁船轉覆し二名死亡す
227996	朝鮮朝日	南鮮版	1932-10-07	1	07단	煙草一本から瀕死の重傷
227997	朝鮮朝日	南鮮版	1932-10-07	1	07단	篝火をたいて河を挾み對峙す海苔養殖の競願から
227998	朝鮮朝日	南鮮版	1932-10-07	1	08단	慶南道の署長會議六日より開始
227999	朝鮮朝日	南鮮版	1932-10-07	1	08단	梁山騷擾事件一味の求刑
228000	朝鮮朝日	南鮮版	1932-10-07	1	09단	自動車取締の規則を改正年內には實施される
228001	朝鮮朝日	南鮮版	1932-10-07	1	09단	時計を橫領
228002	朝鮮朝日	南鮮版	1932-10-07	1	09단	*慶北の早い初霜/京城の初霜/大田にも初霜*
228003	朝鮮朝日	南鮮版	1932-10-07	1	10단	內鮮議員の妥協成立すもめた釜山府會
228004	朝鮮朝日	南鮮版	1932-10-07	1	10단	釜山の浮世繪展
228005	朝鮮朝日	南鮮版	1932-10-07	1	10단	もよほし(釜山社會化講演會/秋季桑道大會紅白試合/刑務職員武道大會)
228006	朝鮮朝日	西北版	1932-10-07	1	01단	農村振興祕策を全鮮郡守に傳授し更生運動の第一線に立たす郡守會議を近く開く
228007	朝鮮朝日	西北版	1932-10-07	1	01단	大同江改修年限短縮は緊要事改修後の航運日數は倍以上平壤府議一行視察す

일련번호	판명		간행일	면	단수	기사명
228008	朝鮮朝日	西北版	1932-10-07	1	03단	ひどい處は五割の減收咸南道咸州郡の稻作
228009	朝鮮朝日	西北版	1932-10-07	1	03단	金鑛河流に鑛毒問題煽動的浮說とも觀測される
228010	朝鮮朝日	西北版	1932-10-07	1	04단	通信社務競技
228011	朝鮮朝日	西北版	1932-10-07	1	04단	禁獵區設置
228012	朝鮮朝日	西北版	1932-10-07	1	04단	安東大狐山間道路工事窮民救濟事業として施工す
228013	朝鮮朝日	西北版	1932-10-07	1	04단	舊箕城券番に解散を命ず妓生聲を擧げて泣く株式組織の新券番實現す
228014	朝鮮朝日	西北版	1932-10-07	1	05단	女二人を穢し主人を刺す平北道の殘忍な强盗
228015	朝鮮朝日	西北版	1932-10-07	1	05단	中學生を救助す危險間一髪に橋爪憲兵伍長
228016	朝鮮朝日	西北版	1932-10-07	1	05단	鶴見枝隊凱旋
228017	朝鮮朝日	西北版	1932-10-07	1	05단	完全な基地中國人が計劃
228018	朝鮮朝日	西北版	1932-10-07	1	06단	嬰兒を遺棄
228019	朝鮮朝日	西北版	1932-10-07	1	06단	健氣な乙女へ溫き人の情讀者からの同情金
228020	朝鮮朝日	西北版	1932-10-07	1	06단	朝鮮で最大の牧場を經營する場所は咸南道の奧地東拓會社で調査の步を進む
228021	朝鮮朝日	西北版	1932-10-07	1	06단	電話事務開始
228022	朝鮮朝日	西北版	1932-10-07	1	07단	新義州中學の生徒を檢擧
228023	朝鮮朝日	西北版	1932-10-07	1	07단	平壤驛で今年から草花を賣る朝鮮で最初の試み
228024	朝鮮朝日	西北版	1932-10-07	1	08단	兵匪に襲擊されて慘澹たる老頭溝
228025	朝鮮朝日	西北版	1932-10-07	1	08단	スポーツ(安東軍勝つ)
228026	朝鮮朝日	西北版	1932-10-07	1	09단	收穫期に入り兵匪盛返す江岸へ續々と移動す/匪賊の一隊が海防隊組織
228027	朝鮮朝日	西北版	1932-10-07	1	10단	元山の火事二棟四戶全燒
228028	朝鮮朝日	西北版	1932-10-07	1	10단	給仕の惡戲
228029	朝鮮朝日	西北版	1932-10-07	1	10단	畜牛に感電
228030	朝鮮朝日	西北版	1932-10-07	1	10단	平壤の演藝大會
228031	朝鮮朝日	西北版	1932-10-07	1	10단	樂禮/柳京小話
228032	朝鮮朝日	南鮮版	1932-10-08	1	01단	農村の根本的振興策委員を中心に一大運動を起す大體方針決定を見る勤勞精神の涵養に努める/郡島守をはじめ五百名參集し農村振興を協議する總督政治始まって最初の試み

일련번호	판명		간행일	면	단수	기사명
228033	朝鮮朝日	南鮮版	1932-10-08	1	01단	京電の寄附金宙にまよふ京城府議の反對から
228034	朝鮮朝日	南鮮版	1932-10-08	1	01단	新嘗祭獻穀の嚴かな修祓式
228035	朝鮮朝日	南鮮版	1932-10-08	1	03단	コレラの防疫費廿萬圓を要す
228036	朝鮮朝日	南鮮版	1932-10-08	1	03단	貯金廿萬圓を救濟費に振向ける社倉の精神によって慶北道の新しい試み
228037	朝鮮朝日	南鮮版	1932-10-08	1	04단	宇垣總督は今月末東上
228038	朝鮮朝日	南鮮版	1932-10-08	1	04단	兵士千六百名京城に分宿
228039	朝鮮朝日	南鮮版	1932-10-08	1	04단	中斷放送局を釜山に設置し漁業放送を計劃す商工會議所が運動を起す
228040	朝鮮朝日	南鮮版	1932-10-08	1	05단	旱害地に對し免稅の恩典
228041	朝鮮朝日	南鮮版	1932-10-08	1	05단	鮮米統制の對策協議會一時延期さる
228042	朝鮮朝日	南鮮版	1932-10-08	1	05단	朝汽快速船二隻竣工濟州島航路に就航せしめる
228043	朝鮮朝日	南鮮版	1932-10-08	1	05단	盛り澤山の餘興で盛んに祝ふ京城神社の秋祭り
228044	朝鮮朝日	南鮮版	1932-10-08	1	06단	産業の調査に全力を注ぐ他日にそなへるため
228045	朝鮮朝日	南鮮版	1932-10-08	1	06단	兩漁業組合の紛爭解決に慶南當局乘出す
228046	朝鮮朝日	南鮮版	1932-10-08	1	06단	淸河水組は認可となる
228047	朝鮮朝日	南鮮版	1932-10-08	1	06단	米の統制は方便だ專賣は不可能上山氏は語る
228048	朝鮮朝日	南鮮版	1932-10-08	1	07단	立毛差押への申請ふえる
228049	朝鮮朝日	南鮮版	1932-10-08	1	07단	叺の製造で窮民を救濟
228050	朝鮮朝日	南鮮版	1932-10-08	1	07단	朝鮮商議會頭に加藤鮮銀總裁を推す他に適任者なきため京城商議議員選擧愈よ切迫す
228051	朝鮮朝日	南鮮版	1932-10-08	1	08단	馬山體協の役員
228052	朝鮮朝日	南鮮版	1932-10-08	1	08단	京城本町署の浮浪者狩り
228053	朝鮮朝日	南鮮版	1932-10-08	1	08단	不審な人間は內地に入れぬ大演習警戒方針決る
228054	朝鮮朝日	南鮮版	1932-10-08	1	08단	我駐在所に匪賊發砲す
228055	朝鮮朝日	南鮮版	1932-10-08	1	08단	上には上のあるインチキ賭博師狐と狐のだまし合ひ
228056	朝鮮朝日	南鮮版	1932-10-08	1	09단	復職拒絶から監督に暴行
228057	朝鮮朝日	南鮮版	1932-10-08	1	09단	鮮女の轢死
228058	朝鮮朝日	南鮮版	1932-10-08	1	10단	スポーツ(全鮮學生卓球大會/黑人野球團京城での試合)

일련번호	판명		간행일	면	단수	기사명
228059	朝鮮朝日	南鮮版	1932-10-08	1	10단	人(吉田浩氏(新鐵道局長)/佐々木日田男氏(京城地方法院檢事)/伊藤憲郎氏(高等法院檢事))
228060	朝鮮朝日	南鮮版	1932-10-08	1	10단	或る横顔
228061	朝鮮朝日	西北版	1932-10-08	1	01단	農村の根本的振興策委員を中心に一大運動を起す大體方針決定を見る勤勞精神の涵養に努める/郡島守をはじめ五百名參集し農村振興を協議する總督政治始まって最初の試み
228062	朝鮮朝日	西北版	1932-10-08	1	01단	四施設をなし機能を發揮平南工業試驗所の明年度の新規事業
228063	朝鮮朝日	西北版	1932-10-08	1	01단	北鮮と境港を結ぶ航路境町で計劃す
228064	朝鮮朝日	西北版	1932-10-08	1	02단	匪賊の襲來を未然に防止し慘禍から免れしめる平北道における國境警備の方針/女軍迄組織し軍備を固む夫婦共稼ぎの李子榮/奉天省より討伐を嚴命對岸各縣に對し/殉職警官に同情し記念碑を建立/酷寒の冬季も夏服で通す悲壯な警察官/匪賊來襲す/重藤部隊龍井着心からなる歡迎を受く/掠奪を免る
228065	朝鮮朝日	西北版	1932-10-08	1	03단	滿洲と半島を結ぶ橋梁竣工確實となる
228066	朝鮮朝日	西北版	1932-10-08	1	03단	將來有望な柏樹の植栽
228067	朝鮮朝日	西北版	1932-10-08	1	04단	教員傷遇資格者
228068	朝鮮朝日	西北版	1932-10-08	1	04단	工業試驗所の落成式擧行
228069	朝鮮朝日	西北版	1932-10-08	1	04단	貝類の海底倉庫內地の需要期に應ずるため貝の蓄養試驗を平南で實施全鮮で最初の試み
228070	朝鮮朝日	西北版	1932-10-08	1	05단	紋樣鮮かな化粧箱と机天井墜落破損してゐるが續々出土の樂浪古墳
228071	朝鮮朝日	西北版	1932-10-08	1	06단	水産試驗所設置を陳情す
228072	朝鮮朝日	西北版	1932-10-08	1	07단	日滿商業聯絡飛行十一日平壤へ
228073	朝鮮朝日	西北版	1932-10-08	1	07단	一通りでない國境通過の旅行稅關と軍警の眼光る殊に稅關はとても喧ましい毛皮の密輸がぼつぼつ殖える
228074	朝鮮朝日	西北版	1932-10-08	1	08단	金塊密輸事件公判は十日
228075	朝鮮朝日	西北版	1932-10-08	1	08단	箕城券の妓生さんつかみ合ふ總會で激論の結果
228076	朝鮮朝日	西北版	1932-10-08	1	08단	夫を嫌って婚家に防火
228077	朝鮮朝日	西北版	1932-10-08	1	08단	咸興に堅實な商工會議所從來の抗爭を清算し

일련번호	판명		간행일	면	단수	기사명
228078	朝鮮朝日	西北版	1932-10-08	1	09단	校金費消書記高飛中捕る
228079	朝鮮朝日	西北版	1932-10-08	1	10단	老人殺さる
228080	朝鮮朝日	西北版	1932-10-08	1	10단	家具屋荒し
228081	朝鮮朝日	西北版	1932-10-08	1	10단	甘言で横領
228082	朝鮮朝日	西北版	1932-10-08	1	10단	人(吉田浩氏(新鐵道局長))
228083	朝鮮朝日	西北版	1932-10-08	1	10단	樂禮/柳京小話
228084	朝鮮朝日	南鮮版	1932-10-09	1	01단	宇垣總督北鮮方面視察の感想を語る農業から工業へ發展の見込みがある二世森林を十分保護したい
228085	朝鮮朝日	南鮮版	1932-10-09	1	01단	不平反對を斥け斷然合同を强行し事業の合理化を計れ普通銀行更生の有力意見
228086	朝鮮朝日	南鮮版	1932-10-09	1	01단	鐵道局の收入に四年振で黑字九月中に五萬圓餘り當局はやうやく安堵の息っく
228087	朝鮮朝日	南鮮版	1932-10-09	1	01단	朝鮮競馬令六日制令で發布さる明年春競馬から施行
228088	朝鮮朝日	南鮮版	1932-10-09	1	03단	釜山の初等學校聯合體育大會
228089	朝鮮朝日	南鮮版	1932-10-09	1	05단	公設市場よりも安い百貨店京城府は大恐縮
228090	朝鮮朝日	南鮮版	1932-10-09	1	05단	綠肥代用としてポプラを增殖一郡一ヶ年に百萬本全北道の新しい試み
228091	朝鮮朝日	南鮮版	1932-10-09	1	05단	釜山府が土地返還訴訟小學校敷地で
228092	朝鮮朝日	南鮮版	1932-10-09	1	06단	産組に改め更生を計る慶南鹽田組合
228093	朝鮮朝日	南鮮版	1932-10-09	1	06단	金鑛と牧畜に投資したい高山東拓總裁は語る
228094	朝鮮朝日	南鮮版	1932-10-09	1	06단	恩賜記念講堂上棟式擧行
228095	朝鮮朝日	南鮮版	1932-10-09	1	06단	公益事業の資金を造成
228096	朝鮮朝日	南鮮版	1932-10-09	1	06단	千二百町步に三百二十八萬本慶尚北道の分收造林
228097	朝鮮朝日	南鮮版	1932-10-09	1	07단	工業協會大邱に生まる
228098	朝鮮朝日	南鮮版	1932-10-09	1	07단	卸賣市場代行會社を廻り策動しきりに行はる
228099	朝鮮朝日	南鮮版	1932-10-09	1	07단	從來と異った效果を期待さる實戰同樣に終始する本年度の朝鮮軍秋季演習
228100	朝鮮朝日	南鮮版	1932-10-09	1	08단	穀聯大會に仁川の提案
228101	朝鮮朝日	南鮮版	1932-10-09	1	08단	仁川見本市
228102	朝鮮朝日	南鮮版	1932-10-09	1	08단	慶北道農會赤字に惱む
228103	朝鮮朝日	南鮮版	1932-10-09	1	09단	首無事件の犯人裵增大邱に移送さる

일련번호	판명		간행일	면	단수	기사명
228104	朝鮮朝日	南鮮版	1932-10-09	1	09단	數千頭の牛が四ヶ月間に斃死慶南道で原因を調査
228105	朝鮮朝日	南鮮版	1932-10-09	1	09단	競技場荒し
228106	朝鮮朝日	南鮮版	1932-10-09	1	09단	電信電話線不通となる
228107	朝鮮朝日	南鮮版	1932-10-09	1	10단	國境の警官に五十圓寄附匿名の紳士が
228108	朝鮮朝日	南鮮版	1932-10-09	1	10단	山淸面の公金を橫領
228109	朝鮮朝日	南鮮版	1932-10-09	1	10단	朝鮮女の慘殺死體道路に橫はる
228110	朝鮮朝日	南鮮版	1932-10-09	1	10단	人(村田光太郎氏(新任淸津郵便局長)/佐久間橫次郎氏(釜山瓦電專務)/吉賀源一氏(慶南道議會員))
228111	朝鮮朝日	南鮮版	1932-10-09	1	10단	或る橫顔
228112	朝鮮朝日	西北版	1932-10-09	1	01단	半數にも達せず早くも中絶の模樣明年度以降の新設は絶望平南の一面一校計劃
228113	朝鮮朝日	西北版	1932-10-09	1	01단	總體的から見て六分通り進捗大鎭南浦港實現の日着々として豫定どほり進む
228114	朝鮮朝日	西北版	1932-10-09	1	01단	金鑛と牧畜に投資したい高山東拓總裁は語る
228115	朝鮮朝日	西北版	1932-10-09	1	01단	滿洲商議所聯合大會安東で開かる
228116	朝鮮朝日	西北版	1932-10-09	1	02단	荒廢にまかす平壤の名建築物成用東明館も同樣の運命心なき者の無風流よ
228117	朝鮮朝日	西北版	1932-10-09	1	04단	箕林普通校竣工
228118	朝鮮朝日	西北版	1932-10-09	1	04단	預金利子の計算法統一平壤銀行團から提出す
228119	朝鮮朝日	西北版	1932-10-09	1	04단	米輸運賃割引期限延長か
228120	朝鮮朝日	西北版	1932-10-09	1	05단	元山神社の遷宮式決る
228121	朝鮮朝日	西北版	1932-10-09	1	05단	凶作悲報をよそに段八石の多收穫靑年と婦人達の努力により勤勞ラッパ鳴り響く
228122	朝鮮朝日	西北版	1932-10-09	1	06단	宇垣總督の力强い訓示全鮮中堅靑年に對し
228123	朝鮮朝日	西北版	1932-10-09	1	07단	降雹の被害實に三十萬圓平南での被害調査
228124	朝鮮朝日	西北版	1932-10-09	1	08단	舊箕城券解散で紅淚ざんざん
228125	朝鮮朝日	西北版	1932-10-09	1	08단	舊券妓生結束崩る新箕城券加入者續々と現る
228126	朝鮮朝日	西北版	1932-10-09	1	08단	僅か二周間に百餘名の避難民救濟に惱みぬく平壤/朝鮮人二名拉致さる身代金を要求
228127	朝鮮朝日	西北版	1932-10-09	1	08단	咸興神社の御神寶御着

일련번호	판명		간행일	면	단수	기사명
228128	朝鮮朝日	西北版	1932-10-09	1	10단	十五萬圓の起債認可咸南鰮油肥組合の業務資金
228129	朝鮮朝日	西北版	1932-10-09	1	10단	价川木炭の販賣
228130	朝鮮朝日	西北版	1932-10-09	1	10단	靑訓の査閱
228131	朝鮮朝日	西北版	1932-10-09	1	10단	匪賊のため內地人監禁
228132	朝鮮朝日	西北版	1932-10-09	1	10단	泥棒に入って坑內で窒息
228133	朝鮮朝日	西北版	1932-10-09	1	10단	飛込み轢死は元每社員が
228134	朝鮮朝日	西北版	1932-10-09	1	10단	公金携帶の郡書記捕る
228135	朝鮮朝日	南鮮版	1932-10-11	1	01단	畑作と併行して多角的農業經營へ今後大々的に獎勵する農業經營に大改革を斷行
228136	朝鮮朝日	南鮮版	1932-10-11	1	01단	銃後の應援を軍部で切望す匪賊と苦鬪しながら日用品の不自由と戰ふ兵士/二千の匪賊と交戰擊退す我軍の戰死傷は六名
228137	朝鮮朝日	南鮮版	1932-10-11	1	01단	米穀統制の學究的研究
228138	朝鮮朝日	南鮮版	1932-10-11	1	01단	物産協會の名譽會員に田中氏を推薦
228139	朝鮮朝日	南鮮版	1932-10-11	1	02단	水組救濟お流れ低資融通が保留されたため
228140	朝鮮朝日	南鮮版	1932-10-11	1	02단	まづ第一着に綱紀肅正だ高全北新知事は語る
228141	朝鮮朝日	南鮮版	1932-10-11	1	03단	第一回全鮮酒造業者大會重要問題を可決す
228142	朝鮮朝日	南鮮版	1932-10-11	1	03단	朝鮮人色服の獎勵色決る
228143	朝鮮朝日	南鮮版	1932-10-11	1	04단	警察官招魂祭と武德祭
228144	朝鮮朝日	南鮮版	1932-10-11	1	04단	京城本町署の警察座談會
228145	朝鮮朝日	南鮮版	1932-10-11	1	04단	朝郵騷動解決す待遇と人事を圓滿に取纏む
228146	朝鮮朝日	南鮮版	1932-10-11	1	05단	本社朝鮮通信會議の出席者
228147	朝鮮朝日	南鮮版	1932-10-11	1	05단	卅七萬圓を投じ國境警備を充實十一日の閣議で決る警察官の增員は四百十五名
228148	朝鮮朝日	南鮮版	1932-10-11	1	05단	所有者側に厭氣がさし釜山の學校敷地問題遂に暗雲にとざさる/原案を否決す釜山府の學校敷地問題
228149	朝鮮朝日	南鮮版	1932-10-11	1	06단	大邱府內戶口調査
228150	朝鮮朝日	南鮮版	1932-10-11	1	06단	朝鮮人の共同基地大邱府で設定
228151	朝鮮朝日	南鮮版	1932-10-11	1	07단	簡保資金融通申込み殺到慶北道が配布に惱む
228152	朝鮮朝日	南鮮版	1932-10-11	1	07단	養殖區域に標識を立つ

일련번호	판명		간행일	면	단수	기사명
228153	朝鮮朝日	南鮮版	1932-10-11	1	07단	稻作終了調査
228154	朝鮮朝日	南鮮版	1932-10-11	1	07단	自動車電柱に激突し乘客二名瀕死
228155	朝鮮朝日	南鮮版	1932-10-11	1	07단	緊急己むを得ぬ土木事業を行ふ工費は二百廿一萬圓慶南道で明年度豫算に計上
228156	朝鮮朝日	南鮮版	1932-10-11	1	07단	刑事と稱して犯人を受け取りその儘行方を晦ます
228157	朝鮮朝日	南鮮版	1932-10-11	1	08단	またコレラ
228158	朝鮮朝日	南鮮版	1932-10-11	1	08단	レコード『印度の月』發賣禁止さる朝鮮として近頃めづらしい處分
228159	朝鮮朝日	南鮮版	1932-10-11	1	09단	匪賊を抱込み收穫を行ふ
228160	朝鮮朝日	南鮮版	1932-10-11	1	10단	釜山の火事/工場の火事朝窒永安分工場/郵便所全燒
228161	朝鮮朝日	南鮮版	1932-10-11	1	10단	鮮人殺人囚の刑務所破り
228162	朝鮮朝日	南鮮版	1932-10-11	1	10단	年內に豫審の終結を急ぐ土木談合事件
228163	朝鮮朝日	南鮮版	1932-10-11	1	10단	神宮競技のラグビー
228164	朝鮮朝日	西北版	1932-10-11	1	01단	畑作と併行して多角的農業經營へ今後大々的に奬勵する農業經營に大改革を斷行
228165	朝鮮朝日	西北版	1932-10-11	1	01단	對支文化協會の資金をもらひ樂浪文化を研究する內地の有力者より提議さる
228166	朝鮮朝日	西北版	1932-10-11	1	01단	貝類の輸出は頗る有望だ滿洲國を視察した平南道小田島產業課長談
228167	朝鮮朝日	西北版	1932-10-11	1	01단	石炭小賣値
228168	朝鮮朝日	西北版	1932-10-11	1	02단	面職員の內地視察
228169	朝鮮朝日	西北版	1932-10-11	1	02단	大邱の運動に刺殺され平壤醫講昇格の運動を續く
228170	朝鮮朝日	西北版	1932-10-11	1	03단	油塗れで働く吾等の空の將軍所澤の新京訪問飛行/新京訪問の所澤機着新
228171	朝鮮朝日	西北版	1932-10-11	1	04단	崇實專門校の記念式及表彰式
228172	朝鮮朝日	西北版	1932-10-11	1	04단	請願巡査の增員を行ひ樂浪古墳保護
228173	朝鮮朝日	西北版	1932-10-11	1	04단	平南の畜牛に炭疽病流行
228174	朝鮮朝日	西北版	1932-10-11	1	05단	新義州高女落成式盛大に擧行す
228175	朝鮮朝日	西北版	1932-10-11	1	05단	卅七萬圓を投じ國境警備を充實十一日の閣議で決る警察官の增員は四百十五名
228176	朝鮮朝日	西北版	1932-10-11	1	05단	經費の節約と需要の喚起電氣の需要減につき吉田電興專務歸來談
228177	朝鮮朝日	西北版	1932-10-11	1	05단	見舞金と弔慰金戰死傷兵士に贈呈する
228178	朝鮮朝日	西北版	1932-10-11	1	06단	ホテルの客引禁止を請願
228179	朝鮮朝日	西北版	1932-10-11	1	06단	全鮮女子中等學校協議會

일련번호	판명		간행일	면	단수	기사명
228180	朝鮮朝日	西北版	1932-10-11	1	06단	平安神社の御神寶奉安
228181	朝鮮朝日	西北版	1932-10-11	1	06단	等外道路の改修を請願
228182	朝鮮朝日	西北版	1932-10-11	1	07단	禁酒禁煙して模範を示す平安南道の保安組合
228183	朝鮮朝日	西北版	1932-10-11	1	07단	幾多の武勳を白衣に包み十九勇士凱旋
228184	朝鮮朝日	西北版	1932-10-11	1	07단	木炭の中に鐵棒を入れ量目をごま化す
228185	朝鮮朝日	西北版	1932-10-11	1	07단	平南順川郡に直徑五分の降雹農作物の被害甚しく損害實に四十萬圓に上る
228186	朝鮮朝日	西北版	1932-10-11	1	08단	各地の提案は五十餘件に上る西鮮實業家大會
228187	朝鮮朝日	西北版	1932-10-11	1	08단	薄倖の娘と十年振に對面手を携へて歸鄕す
228188	朝鮮朝日	西北版	1932-10-11	1	08단	瀆職事件の判決言渡し
228189	朝鮮朝日	西北版	1932-10-11	1	09단	工場の火事朝窒永安分工場
228190	朝鮮朝日	西北版	1932-10-11	1	10단	金塊密輸出の公判開かる
228191	朝鮮朝日	西北版	1932-10-11	1	10단	新箕城券に續々と加入舊箕城券妓生
228192	朝鮮朝日	西北版	1932-10-11	1	10단	平壤の初霜
228193	朝鮮朝日	西北版	1932-10-11	1	10단	高射砲實彈射擊
228194	朝鮮朝日	西北版	1932-10-11	1	10단	僞造銀貨
228195	朝鮮朝日	西北版	1932-10-11	1	10단	スポーツ(全鮮陸競)
228196	朝鮮朝日	南鮮版	1932-10-12	1	01단	學びの殿堂に咲く豪華な學術の花一流の學者を招聘し城大晴れの開學式を擧行
228197	朝鮮朝日	南鮮版	1932-10-12	1	01단	娼妓と愛人の抱合ひ心中愛人の勘當に同情し釜山南濱から身投す
228198	朝鮮朝日	南鮮版	1932-10-12	1	02단	天安を目指して壯烈なる激戰南軍はつひに占領す廿師團の旅團對抗演習始まる
228199	朝鮮朝日	南鮮版	1932-10-12	1	02단	六年目に兄妹對面放浪する娘サーカスの花形
228200	朝鮮朝日	南鮮版	1932-10-12	1	03단	貧者の一燈
228201	朝鮮朝日	南鮮版	1932-10-12	1	03단	情約不履行を警察に持込む
228202	朝鮮朝日	南鮮版	1932-10-12	1	04단	遞信局の工事課長會議
228203	朝鮮朝日	南鮮版	1932-10-12	1	04단	宿料踏倒し
228204	朝鮮朝日	南鮮版	1932-10-12	1	04단	エロ街の女が署長の袖を千切れよと引張るこれには中村さんも顔まけ暗の色町潛行お土産の數々
228205	朝鮮朝日	南鮮版	1932-10-12	1	05단	稅關長會議
228206	朝鮮朝日	南鮮版	1932-10-12	1	05단	夜警撒水等の統制をとる釜山衛組聯合會組織
228207	朝鮮朝日	南鮮版	1932-10-12	1	06단	國營穀物檢查所事務を開始す

일련번호	판명		간행일	면	단수	기사명
228208	朝鮮朝日	南鮮版	1932-10-12	1	06단	渡航證明を僞造し各地に賣捌く
228209	朝鮮朝日	南鮮版	1932-10-12	1	07단	鐵道の開通で世に出る無煙炭質は平壤炭をしのぐ平南北兩道境にある各炭山
228210	朝鮮朝日	南鮮版	1932-10-12	1	07단	高家の騷動は原告側敗訴
228211	朝鮮朝日	南鮮版	1932-10-12	1	07단	神宮競技に角力を加ふ
228212	朝鮮朝日	南鮮版	1932-10-12	1	08단	認可の有無は負擔の能否商工會議所新設と總督府の認可方針
228213	朝鮮朝日	南鮮版	1932-10-12	1	08단	劍道五段を允許
228214	朝鮮朝日	南鮮版	1932-10-12	1	08단	一機は木浦に不時着陸し一機は引返す
228215	朝鮮朝日	南鮮版	1932-10-12	1	09단	全鮮高普校長會議
228216	朝鮮朝日	南鮮版	1932-10-12	1	09단	電話通話區の擴張を行ひ遞送路線も改訂する
228217	朝鮮朝日	南鮮版	1932-10-12	1	10단	衛生展覽會晉州邑で開催
228218	朝鮮朝日	南鮮版	1932-10-12	1	10단	海苔採取場の紛擾解決す
228219	朝鮮朝日	南鮮版	1932-10-12	1	10단	もよほし(手のひら治療講習會)
228220	朝鮮朝日	南鮮版	1932-10-12	1	10단	人(大久保銀行局長/佐久間林平氏(京城日報釜山支局記者佐久間周三氏嚴父)/河村壽作氏(殖産銀行釜山支店次席))
228221	朝鮮朝日	南鮮版	1932-10-12	1	10단	或る横顔
228222	朝鮮朝日	西北版	1932-10-12	1	01단	學びの殿堂に咲く豪華な學術の花一流の學者を招聘し城大晴れの開學式を擧行
228223	朝鮮朝日	西北版	1932-10-12	1	01단	女學生もズドンと一發秋空に響く銃の音平壤鄕軍分會は開いたとても盛大な射擊大會
228224	朝鮮朝日	西北版	1932-10-12	1	02단	無煙炭積込場の完成愈よ近し噸當運賃は¼で濟み當業者の利益は頗る大きい
228225	朝鮮朝日	西北版	1932-10-12	1	04단	京義線に新譯設置
228226	朝鮮朝日	西北版	1932-10-12	1	05단	戰傷病兵七名平壤に後送
228227	朝鮮朝日	西北版	1932-10-12	1	05단	南浦の貿易
228228	朝鮮朝日	西北版	1932-10-12	1	05단	林檎關稅の引下は確實運動はほゞ成功を收む
228229	朝鮮朝日	西北版	1932-10-12	1	05단	汗と膏に塗れ土地を購入
228230	朝鮮朝日	西北版	1932-10-12	1	05단	平壤の除隊兵故鄕に歸る
228231	朝鮮朝日	西北版	1932-10-12	1	05단	平南の初氷
228232	朝鮮朝日	西北版	1932-10-12	1	05단	舊箕城券廢業妓生は二名
228233	朝鮮朝日	西北版	1932-10-12	1	06단	秋の北鮮だより(殺人南扇子/コレラ終熄/林檎の豊作)
228234	朝鮮朝日	西北版	1932-10-12	1	06단	炭友會總會

일련번호	판명		간행일	면	단수	기사명
228235	朝鮮朝日	西北版	1932-10-12	1	06단	清津地方法院移轉說有力化す羅南は第一の候補地旣に移轉請願運動起さる
228236	朝鮮朝日	西北版	1932-10-12	1	06단	ア、忙しい大エサン萬歲大不足で引張り凩北鮮地方建築景觀
228237	朝鮮朝日	西北版	1932-10-12	1	07단	鳥取農産品北鮮進出見本展示會や懇談會を開催
228238	朝鮮朝日	西北版	1932-10-12	1	07단	防火宣傳を行ふ
228239	朝鮮朝日	西北版	1932-10-12	1	08단	滯空記錄實に五分と五秒平壤の模型飛行競技
228240	朝鮮朝日	西北版	1932-10-12	1	08단	嬰兒を遺棄
228241	朝鮮朝日	西北版	1932-10-12	1	08단	ガソリン値上反對平南自動車協會總會で決議
228242	朝鮮朝日	西北版	1932-10-12	1	09단	降雹の被害
228243	朝鮮朝日	西北版	1932-10-12	1	09단	价川鐵道の借入れ經營滿浦鎭線支線と改稱
228244	朝鮮朝日	西北版	1932-10-12	1	10단	平壤木工罷業す木物商組合に反感を抱いて
228245	朝鮮朝日	西北版	1932-10-12	1	10단	賣上を橫領
228246	朝鮮朝日	西北版	1932-10-12	1	10단	催眠藥自殺
228247	朝鮮朝日	西北版	1932-10-12	1	10단	なぐり殺す
228248	朝鮮朝日	西北版	1932-10-12	1	10단	米鐵道運賃の割引を行ふ
228249	朝鮮朝日	南鮮版	1932-10-13	1	01단	念願を達して大田のよろこびあすの佳き日をトし忠南道廳の移廳式を擧行
228250	朝鮮朝日	南鮮版	1932-10-13	1	04단	晉州邑長に磯野氏任命
228251	朝鮮朝日	南鮮版	1932-10-13	1	05단	劃は旗の波夜は提燈大行列實に大田空前の賑ひ移廳式當日の祝賀大行進/大田神社の道廳移轉奉告祭神輿渡御で大いに賑ふ/町の裝飾と歡迎塔祝賀氣分漲る/宇垣總督等參列に决る
228252	朝鮮朝日	南鮮版	1932-10-13	1	06단	大信託設立は決定の模樣關係者の意見一致す
228253	朝鮮朝日	南鮮版	1932-10-13	1	07단	傳文寺落成式と入佛式を放送DKの電力不足から素晴しく大仕掛な中斷をなす
228254	朝鮮朝日	南鮮版	1932-10-13	1	08단	朝汽對光本の船賃競爭全く採算を無視して對抗す
228255	朝鮮朝日	南鮮版	1932-10-13	1	08단	埋沒に近き溜池を浚渫
228256	朝鮮朝日	南鮮版	1932-10-13	1	09단	神宮競技の野球と蹴球
228257	朝鮮朝日	南鮮版	1932-10-13	1	09단	竹ひゞ拔取で紛擾再燃す海苔漁組の區域爭ひ

일련번호	판명		간행일	면	단수	기사명
228258	朝鮮朝日	南鮮版	1932-10-13	1	09단	倅の御奉公を念ずるのみ前田上等兵の母堂はかたる
228259	朝鮮朝日	南鮮版	1932-10-13	1	10단	水利組合大改革關係郡面で經營を代行する
228260	朝鮮朝日	南鮮版	1932-10-13	1	10단	三十餘件の墮胎を行ふ
228261	朝鮮朝日	南鮮版	1932-10-13	1	10단	爲替證書盜まる內部に精通せる者の仕業か
228262	朝鮮朝日	西北版	1932-10-13	1	01단	依田○團の主力威風堂々と凱旋す羅南驛頭は旗人の過卷破れた戰衣に武勳をつゝむ/歡呼い迎へられ依田○團凱旋祝賀の爆竹中空に鳴り響き龍井市中大いに賑ふ/淸酒を寄贈/咸興出動部隊十四日凱旋
228263	朝鮮朝日	西北版	1932-10-13	1	01단	敵の集團に爆彈を投下
228264	朝鮮朝日	西北版	1932-10-13	1	04단	咸興旅團の演習
228265	朝鮮朝日	西北版	1932-10-13	1	04단	兵匪潛入し巡察の銃を奪ふ
228266	朝鮮朝日	西北版	1932-10-13	1	04단	出席申込殺到す西鮮實業者大會愈よせまる
228267	朝鮮朝日	西北版	1932-10-13	1	04단	林業試驗所の充實を計り道立に昇格を計劃す
228268	朝鮮朝日	西北版	1932-10-13	1	05단	平南价川郡の三ヶ面廢合住民から陳情
228269	朝鮮朝日	西北版	1932-10-13	1	05단	公設市場設置陳情平壤柳町附近の住民連名し
228270	朝鮮朝日	西北版	1932-10-13	1	05단	朝鮮人よりも台灣人がよく働く農業經營法も勝れてゐる上山滿之進氏の漫談
228271	朝鮮朝日	西北版	1932-10-13	1	06단	混合車三往復運轉を行ふ滿浦鎭線一部の開通
228272	朝鮮朝日	西北版	1932-10-13	1	06단	輕油動車の三輛增結運轉その結果がよければ混合車の分離運轉を行ふ
228273	朝鮮朝日	西北版	1932-10-13	1	06단	降雹の被害地は二千八百町步然し食物には困らぬ細田平南道技手の視察談
228274	朝鮮朝日	西北版	1932-10-13	1	07단	防水築堤の工事に着手
228275	朝鮮朝日	西北版	1932-10-13	1	07단	素人下宿の整理を行ふ
228276	朝鮮朝日	西北版	1932-10-13	1	07단	土地分讓交涉には好意を以て應ず頗る眞劍味を帶びた平南道農會主催の地主懇談會
228277	朝鮮朝日	西北版	1932-10-13	1	08단	燒酎販租創立總會
228278	朝鮮朝日	西北版	1932-10-13	1	08단	共産黨の再組織九十五名の被疑者送局さる
228279	朝鮮朝日	西北版	1932-10-13	1	08단	質屋の經營者情婦と驅落

일련번호	판명		간행일	면	단수	기사명
228280	朝鮮朝日	西北版	1932-10-13	1	09단	嬰兒を殺す
228281	朝鮮朝日	西北版	1932-10-13	1	09단	南浦における移出牛增す靑島牛の輸入杜絶と農村極度の疲弊から
228282	朝鮮朝日	西北版	1932-10-13	1	09단	埋沒に近き溜池を浚渫
228283	朝鮮朝日	西北版	1932-10-13	1	10단	二人組强盜遂に逮捕さる
228284	朝鮮朝日	西北版	1932-10-13	1	10단	新義州でも僞造貨行使
228285	朝鮮朝日	西北版	1932-10-13	1	10단	步哨を侮辱し懲役六ヶ月
228286	朝鮮朝日	西北版	1932-10-13	1	10단	二名はMLに參加の疑ひ生徒不穩事件
228287	朝鮮朝日	西北版	1932-10-13	1	10단	神宮競技の野球と蹴球
228288	朝鮮朝日	南鮮版	1932-10-14	1	01단	農村振興策の具體案愈よ決る將來これを基礎としそれぞれ振興策をきめる
228289	朝鮮朝日	南鮮版	1932-10-14	1	01단	當初の計劃案を實現さすべく府議の機嫌を取結ぶ京城府の百萬圓寄附處分問題
228290	朝鮮朝日	南鮮版	1932-10-14	1	01단	鐵道局異動の顔觸きまる今度は小範圍に止む
228291	朝鮮朝日	南鮮版	1932-10-14	1	01단	大邱の井水に不良が多い
228292	朝鮮朝日	南鮮版	1932-10-14	1	02단	僅か七日間に二十餘萬圓減る結局は三千萬圓台に減少か郵貯の大宣傳を行ふ
228293	朝鮮朝日	南鮮版	1932-10-14	1	03단	在城辯護士奮起す決議事項が實現しないため
228294	朝鮮朝日	南鮮版	1932-10-14	1	04단	宇垣總督來田す
228295	朝鮮朝日	南鮮版	1932-10-14	1	04단	不時着陸機北航を續く/巖井機忠南に不時着陸す
228296	朝鮮朝日	南鮮版	1932-10-14	1	05단	珍しく豪華な林業振興共進會各地山林の粹を集む十三日から慶北金泉で開催
228297	朝鮮朝日	南鮮版	1932-10-14	1	05단	北鮮開拓は人口の增加獎勵策を考究
228298	朝鮮朝日	南鮮版	1932-10-14	1	05단	府の方針全く蹂躪さる弊害多き準備敎育各學校は競爭的に行ひ敎授上の支障少くない
228299	朝鮮朝日	南鮮版	1932-10-14	1	06단	北鮮の蟹鑵詰增産の計劃價格の騰貴を見越し
228300	朝鮮朝日	南鮮版	1932-10-14	1	06단	慶北の各地に農村振興會勸農奉謝の精神涵養
228301	朝鮮朝日	南鮮版	1932-10-14	1	06단	小爲替僞造犯人捕まる
228302	朝鮮朝日	南鮮版	1932-10-14	1	07단	警官出張所を駐在所とし新銳の武器を配置す/除隊兵士を巡査に採用
228303	朝鮮朝日	南鮮版	1932-10-14	1	08단	足拔娼妓も召喚し籠の鳥赤化事件取調べ進む

일련번호	판명		간행일	면	단수	기사명
228304	朝鮮朝日	南鮮版	1932-10-14	1	08단	野球と蹴球何れも決勝戰を行ふ朝鮮神宮競技四日目/釜山中學野球大會/優勝旗爭奪の武道試合
228305	朝鮮朝日	南鮮版	1932-10-14	1	08단	咸鏡南道の端川郡にマグネサイト世界的鑛床といはる
228306	朝鮮朝日	南鮮版	1932-10-14	1	09단	農民騷擾事件判決言渡し
228307	朝鮮朝日	南鮮版	1932-10-14	1	10단	豫審判事宅に泥棒推參し貴金屬を盜む
228308	朝鮮朝日	南鮮版	1932-10-14	1	10단	公判を中止し實地を檢證刑事殺し事件
228309	朝鮮朝日	南鮮版	1932-10-14	1	10단	もよほし(日光問題講演會)
228310	朝鮮朝日	南鮮版	1932-10-14	1	10단	人(井上鐵之氏(門鐵釜山營業所助役)/服部宇之吉博士(東大名譽教授)/小松謙次郎氏(貴族院議員)/靑木信光子(同)/渡邊千冬子(同))
228311	朝鮮朝日	南鮮版	1932-10-14	1	10단	或る橫顔
228312	朝鮮朝日	西北版	1932-10-14	1	01단	農村振興策の具體案愈よ決る將來これを基礎としそれぞれ振興策をきめる
228313	朝鮮朝日	西北版	1932-10-14	1	01단	お歸りなさいとやさしく迎へ十二分に勞苦を犒ふ羅南邑の依田○團將士歡迎/三ケ年ぶりで鄕軍へ歸る武勳赫々たる除隊兵/慰問袋發送/食糧の徵發で暴威を揮ふ對岸の匪賊達/武勳に輝く咸興出動部隊凱旋驛頭は人と旗の過卷/遺憾なく本領を發揮上野少佐語る/この元氣さで欣快至極だ川島司令官談
228314	朝鮮朝日	西北版	1932-10-14	1	04단	御眞影奉獻式
228315	朝鮮朝日	西北版	1932-10-14	1	05단	陽德の林産業は愈よ世に出る平元線長林、新邑開通の曉は二ケ月の豫定で測量
228316	朝鮮朝日	西北版	1932-10-14	1	05단	害毒の有無を東大で試驗千佛山金鑛鑛毒問題
228317	朝鮮朝日	西北版	1932-10-14	1	05단	全鮮最大級の法廷を建築
228318	朝鮮朝日	西北版	1932-10-14	1	05단	桑の手入れ
228319	朝鮮朝日	西北版	1932-10-14	1	06단	平商の寄附金順調に進む
228320	朝鮮朝日	西北版	1932-10-14	1	06단	成績次第で額を殖やす匡救資金融通につき松木金聯理事長の談
228321	朝鮮朝日	西北版	1932-10-14	1	07단	滿洲を目指し平南蛤輸出
228322	朝鮮朝日	西北版	1932-10-14	1	07단	種牡牛品評會
228323	朝鮮朝日	西北版	1932-10-14	1	07단	七分三釐から六分に乘替平壤高利府債の借替
228324	朝鮮朝日	西北版	1932-10-14	1	07단	元山府で戰利品展
228325	朝鮮朝日	西北版	1932-10-14	1	07단	平壤支局の煙草製造高

일련번호	판명		간행일	면	단수	기사명
228326	朝鮮朝日	西北版	1932-10-14	1	08단	樂浪文化研究所對支文化協會の援助を仰ぐ
228327	朝鮮朝日	西北版	1932-10-14	1	08단	咸興普校に作業場新設
228328	朝鮮朝日	西北版	1932-10-14	1	08단	妓生の憤り平壤を棄て京城に走るか當局の彈壓に飽き他に新天地を求む
228329	朝鮮朝日	西北版	1932-10-14	1	08단	自動車と衝突牛車引死亡
228330	朝鮮朝日	西北版	1932-10-14	1	09단	反對妓生を告訴す袋叩にされて
228331	朝鮮朝日	西北版	1932-10-14	1	09단	家屋倒壞四名下數となる
228332	朝鮮朝日	西北版	1932-10-14	1	09단	宴席の亂闘
228333	朝鮮朝日	西北版	1932-10-14	1	09단	山中に連込みお天氣詐欺七人組の四人捕まる
228334	朝鮮朝日	西北版	1932-10-14	1	10단	少年の盜み
228335	朝鮮朝日	西北版	1932-10-14	1	10단	幼兒の轢死
228336	朝鮮朝日	西北版	1932-10-14	1	10단	インチキな藥草を賣る
228337	朝鮮朝日	西北版	1932-10-14	1	10단	怪しき外人
228338	朝鮮朝日	西北版	1932-10-14	1	10단	賭博を檢擧
228339	朝鮮朝日	西北版	1932-10-14	1	10단	沙里院署の射擊會
228340	朝鮮朝日	南鮮版	1932-10-15	1	01단	連帶保證制度で無擔保の信用貸し全鮮金融組合を總動員して金融の圓滑を計る
228341	朝鮮朝日	南鮮版	1932-10-15	1	01단	內鮮直通電話の通話區域決る明春海底電話の開通を機に京城大阪間を聯絡
228342	朝鮮朝日	南鮮版	1932-10-15	1	01단	將星の夫人傷病兵を慰問遙々京城から來壤
228343	朝鮮朝日	南鮮版	1932-10-15	1	02단	晴れの道廳移廳式總督以下多數の來賓參列大田空前の大賑ひ
228344	朝鮮朝日	南鮮版	1932-10-15	1	04단	朝鮮南畫展
228345	朝鮮朝日	南鮮版	1932-10-15	1	04단	明治節に町總代等を釜山府で招待
228346	朝鮮朝日	南鮮版	1932-10-15	1	04단	東萊消防支部發會式十五日擧行
228347	朝鮮朝日	南鮮版	1932-10-15	1	04단	水産加工品の改良研究會釜山府で開催
228348	朝鮮朝日	南鮮版	1932-10-15	1	05단	野球と蹴球朝鮮神宮競技五日目
228349	朝鮮朝日	南鮮版	1932-10-15	1	05단	既得權尊重で公認競馬場は採算がとれ設備がよければ現六競馬場を認可
228350	朝鮮朝日	南鮮版	1932-10-15	1	05단	國境第一線に警官大增員機關銃百廿挺配備水田司計課長の土産話
228351	朝鮮朝日	南鮮版	1932-10-15	1	05단	南廻線を廣軌に改築明春着工する
228352	朝鮮朝日	南鮮版	1932-10-15	1	05단	ガソリンカー京城水原間臨時增加運轉
228353	朝鮮朝日	南鮮版	1932-10-15	1	06단	新製煙草銀河賣出し一ケ月遲延
228354	朝鮮朝日	南鮮版	1932-10-15	1	06단	嬰兒殺しに懲役五年言渡は廿日

일련번호	판명		간행일	면	단수	기사명
228355	朝鮮朝日	南鮮版	1932-10-15	1	06단	貸付金利引下を積極的に運動釜山商工會議所で
228356	朝鮮朝日	南鮮版	1932-10-15	1	07단	半島の秋の畫壇を飾る內鮮滿中等學校美術展覽會愈よ十五日から蓋明け京城齒專三階で
228357	朝鮮朝日	南鮮版	1932-10-15	1	08단	釜山府廳員運動會
228358	朝鮮朝日	南鮮版	1932-10-15	1	08단	學校荒しの怪盜捕はる府內某專門學校の苦學生學資に窮して犯行
228359	朝鮮朝日	南鮮版	1932-10-15	1	09단	土木談合審理進む
228360	朝鮮朝日	南鮮版	1932-10-15	1	09단	モヒコカインの密賣者捕はる堂々と小包で取引モヒ患者大恐慌の珍風景
228361	朝鮮朝日	南鮮版	1932-10-15	1	09단	毒殺を企つ
228362	朝鮮朝日	南鮮版	1932-10-15	1	10단	人(下村壽一氏(文部省宗敎局長)/幣原坦氏(台北帝大總長)/松之內安一五段(慶南道警察部柔道主任敎師)/松浦鎭次郎氏(九大總長)/鶴田誠氏(新任遞信局保險課業務課長))
228363	朝鮮朝日	南鮮版	1932-10-15	1	10단	或る橫顏
228364	朝鮮朝日	西北版	1932-10-15	1	01단	連帶保證制度で無擔保の信用貸し全鮮金融組合を總動員して金融の圓滑を計る
228365	朝鮮朝日	西北版	1932-10-15	1	01단	懸案の補償制目出たく實施明年からの國庫補助を要望伸びゆく南浦林檎
228366	朝鮮朝日	西北版	1932-10-15	1	01단	平壤と京城に一台づゝを配置祖國愛の救急自動車
228367	朝鮮朝日	西北版	1932-10-15	1	01단	七ヶ年の歲月を要し咸興黃水院間二等道路完成
228368	朝鮮朝日	西北版	1932-10-15	1	01단	秋蠶共販好成績
228369	朝鮮朝日	西北版	1932-10-15	1	02단	將星の夫人傷病兵を慰問遙々京城から來壤
228370	朝鮮朝日	西北版	1932-10-15	1	03단	打倒白衣の染色講習會生活の合理化
228371	朝鮮朝日	西北版	1932-10-15	1	04단	平壤神社秋季大祭
228372	朝鮮朝日	西北版	1932-10-15	1	04단	神宮競技へ出場を斷念平壤實業軍
228373	朝鮮朝日	西北版	1932-10-15	1	04단	平壤聯隊歸る
228374	朝鮮朝日	西北版	1932-10-15	1	04단	護國の花百十の英靈羅南騎兵隊練兵場で嚴かに慰靈祭を執行
228375	朝鮮朝日	西北版	1932-10-15	1	05단	先住者の保護が急務在滿朝鮮人問題につき杉田書記官語る
228376	朝鮮朝日	西北版	1932-10-15	1	05단	森林組聯主催で林業振興品評會林務功勞者も表彰咸南物産陣列所で開く
228377	朝鮮朝日	西北版	1932-10-15	1	05단	靑訓査閱日割

일련번호	판명		간행일	면	단수	기사명
228378	朝鮮朝日	西北版	1932-10-15	1	06단	平壤栗を繞り兩課が意見相違かくて明年度に持越された移出栗聲價挽回策
228379	朝鮮朝日	西北版	1932-10-15	1	06단	北鮮奧地は早くも零下四度惠山線の工事困難
228380	朝鮮朝日	西北版	1932-10-15	1	07단	渡邊少佐の遭難は眞僞が不明
228381	朝鮮朝日	西北版	1932-10-15	1	07단	平壤高女內地へ
228382	朝鮮朝日	西北版	1932-10-15	1	07단	長距離貨物が減少平鐵の荷動き
228383	朝鮮朝日	西北版	1932-10-15	1	07단	上告棄却さる
228384	朝鮮朝日	西北版	1932-10-15	1	07단	無視された道知事の認可理髮業組合憤慨す
228385	朝鮮朝日	西北版	1932-10-15	1	08단	銀行手形の規格統一等決議全鮮銀行聯合大會平壤鐵道ホテルで開催
228386	朝鮮朝日	西北版	1932-10-15	1	08단	豫想外に被害が大きい五十萬圓を越ゆる平南の降雹被害
228387	朝鮮朝日	西北版	1932-10-15	1	08단	衝突の防止を陳情汽車と自動車
228388	朝鮮朝日	西北版	1932-10-15	1	09단	無試驗で巡査部長に平南の試み
228389	朝鮮朝日	西北版	1932-10-15	1	09단	庶務主任の机の中から謎の穀檢手數料卷現はる目下犯人搜査中
228390	朝鮮朝日	西北版	1932-10-15	1	10단	自轉車の盜難豫防
228391	朝鮮朝日	西北版	1932-10-15	1	10단	樂禮/柳京小話
228392	朝鮮朝日	南鮮版	1932-10-16	1	01단	人馬ともに强行また强行龍山練兵場で晴れの觀兵式二十師團秋季演習
228393	朝鮮朝日	南鮮版	1932-10-16	1	01단	朝鮮の私鐵補助法愈よ近く改正補助期限後の對策も考究結局は順次買收か
228394	朝鮮朝日	南鮮版	1932-10-16	1	01단	出來秋の籾で八割の金融農倉の機能を十分に發揮高値時に賣却する
228395	朝鮮朝日	南鮮版	1932-10-16	1	03단	總督府辭令
228396	朝鮮朝日	南鮮版	1932-10-16	1	04단	松毛蟲肥料の調製を獎勵肥料として十二分の效果豫想以上の好成績
228397	朝鮮朝日	南鮮版	1932-10-16	1	05단	當分京仁間に新造列車を運轉二往復だけ快速列車使用動搖も少なく輕快
228398	朝鮮朝日	南鮮版	1932-10-16	1	05단	釜山の細民地區設定方法を委員會で考究
228399	朝鮮朝日	南鮮版	1932-10-16	1	05단	白蔘の濫賣に販賣統制を斷行大資本と特約一手販賣にす紅蔘販賣と同樣に
228400	朝鮮朝日	南鮮版	1932-10-16	1	05단	吉田局長新任の挨拶釜山鐵道職員に
228401	朝鮮朝日	南鮮版	1932-10-16	1	06단	御下賜金下付
228402	朝鮮朝日	南鮮版	1932-10-16	1	06단	城大開學式盛大に擧行來賓約三百名を招待十五、六兩日は學術講演會
228403	朝鮮朝日	南鮮版	1932-10-16	1	07단	神誠會生花奉獻

일련번호	판명		간행일	면	단수	기사명
228404	朝鮮朝日	南鮮版	1932-10-16	1	07단	竹細工講習會
228405	朝鮮朝日	南鮮版	1932-10-16	1	08단	泉を藥水と信じ部落民が騷ぐ衛生試驗を行ったところ却って有害と判明
228406	朝鮮朝日	南鮮版	1932-10-16	1	08단	京城法院空前の大倂合審理赤色テロの犯罪を網羅結審は明年三月頃
228407	朝鮮朝日	南鮮版	1932-10-16	1	09단	釜山出身の林應九君帝展に初入選
228408	朝鮮朝日	南鮮版	1932-10-16	1	09단	全鮮最初の警察座談會意見、希望など續出警察の民衆化民衆の警察化
228409	朝鮮朝日	南鮮版	1932-10-16	1	10단	殖銀支店異動
228410	朝鮮朝日	南鮮版	1932-10-16	1	10단	渡邊、陣内民ら保釋さる土木談合事件結審近づく
228411	朝鮮朝日	南鮮版	1932-10-16	1	10단	空米賭博一網打盡
228412	朝鮮朝日	南鮮版	1932-10-16	1	10단	山淸普校盟休
228413	朝鮮朝日	南鮮版	1932-10-16	1	10단	もよほし(慶南自動車協會總會)
228414	朝鮮朝日	南鮮版	1932-10-16	1	10단	人(戶田直溫氏(元鐵道局理事)/日蓮宗管長風間日法大僧正/馬越恭平氏(實業家)/修學旅行團歸鮮)
228415	朝鮮朝日	西北版	1932-10-16	1	01단	咸興部隊凱旋
228416	朝鮮朝日	西北版	1932-10-16	1	01단	經濟ブロックの結成に眞劍な討議西鮮三道實業家大會
228417	朝鮮朝日	西北版	1932-10-16	1	01단	農村より漁港養貝試驗場へ「貝の平南」建設の諸施設藤原知事一行の視察
228418	朝鮮朝日	西北版	1932-10-16	1	02단	總督府辭令
228419	朝鮮朝日	西北版	1932-10-16	1	03단	工場側の値上げに小賣側は反對利益を擊斷されるとで平壤ゴム靴の縺れ
228420	朝鮮朝日	西北版	1932-10-16	1	04단	大樓房一帶敵匪に包圍殘留警官の安否氣遺はるSOSで救助信號
228421	朝鮮朝日	西北版	1932-10-16	1	04단	牛市場粉糾
228422	朝鮮朝日	西北版	1932-10-16	1	04단	計量器取付工事着々と進捗
228423	朝鮮朝日	西北版	1932-10-16	1	05단	道路改修方陣情
228424	朝鮮朝日	西北版	1932-10-16	1	05단	羅南部隊凱旋
228425	朝鮮朝日	西北版	1932-10-16	1	06단	本月下旬に完成の豫定平壤普生院
228426	朝鮮朝日	西北版	1932-10-16	1	06단	大同江炭田と競爭が可能だ運賃値下さへ實現すれば有望な北部炭田
228427	朝鮮朝日	西北版	1932-10-16	1	07단	敍勳
228428	朝鮮朝日	西北版	1932-10-16	1	08단	冬物を行商平壤商業生徒の試み
228429	朝鮮朝日	西北版	1932-10-16	1	08단	土塀を設け防禦の準備結氷期を前の國境山形隊長土産話
228430	朝鮮朝日	西北版	1932-10-16	1	08단	田中氏榮轉

일련번호	판명		간행일	면	단수	기사명
228431	朝鮮朝日	西北版	1932-10-16	1	09단	時局を標榜富豪に脅迫狀
228432	朝鮮朝日	西北版	1932-10-16	1	09단	平壤府と電車事故
228433	朝鮮朝日	西北版	1932-10-16	1	09단	煙草の賣上げ昨年より增加赤字時代をよそに大喜びの平壤專賣局
228434	朝鮮朝日	西北版	1932-10-16	1	09단	平壤女高普旅行
228435	朝鮮朝日	西北版	1932-10-16	1	10단	馬と金持逃げ
228436	朝鮮朝日	西北版	1932-10-16	1	10단	木工罷業圓滿解決
228437	朝鮮朝日	西北版	1932-10-16	1	10단	樂禮/柳京小話
228438	朝鮮朝日	南鮮版	1932-10-18	1	01단	新規事業費は四千萬圓內外時局匡救、在滿鮮人施設費等總督府明年度豫算
228439	朝鮮朝日	南鮮版	1932-10-18	1	01단	サラリーマンに眼らかなニュース京畿道廳の一般廳員が共同住宅を建設
228440	朝鮮朝日	南鮮版	1932-10-18	1	01단	日鮮滿中等校美術展非常な盛況南畫院展も
228441	朝鮮朝日	南鮮版	1932-10-18	1	02단	秋祭り嚴修
228442	朝鮮朝日	南鮮版	1932-10-18	1	02단	赤字補塡策に事業公債を增發普通財源を公債財源に振替一擧兩得の妙案
228443	朝鮮朝日	南鮮版	1932-10-18	1	03단	京城神社の秋祭り賑ふ
228444	朝鮮朝日	南鮮版	1932-10-18	1	03단	朝鮮化學會總會
228445	朝鮮朝日	南鮮版	1932-10-18	1	03단	有賀殖銀頭取
228446	朝鮮朝日	南鮮版	1932-10-18	1	04단	賑った釜山の秋祭
228447	朝鮮朝日	南鮮版	1932-10-18	1	04단	警察部長巡閱
228448	朝鮮朝日	南鮮版	1932-10-18	1	04단	全鮮刑務所長會議
228449	朝鮮朝日	南鮮版	1932-10-18	1	04단	朝鮮ビール會社設立具體化す工場の原料は鮮産品を使用資本金は五百萬圓
228450	朝鮮朝日	南鮮版	1932-10-18	1	05단	朝鮮藥學會總會
228451	朝鮮朝日	南鮮版	1932-10-18	1	05단	振替貯金の局待拂出書不拂を快發
228452	朝鮮朝日	南鮮版	1932-10-18	1	06단	京城高工記念展
228453	朝鮮朝日	南鮮版	1932-10-18	1	06단	救急醫藥を滿洲へ發送
228454	朝鮮朝日	南鮮版	1932-10-18	1	06단	西細橋里に簡易驛設置
228455	朝鮮朝日	南鮮版	1932-10-18	1	06단	消火器檢查實費で引受
228456	朝鮮朝日	南鮮版	1932-10-18	1	06단	孃さん方や奧さん達にお化粧の講習美容體操もやる
228457	朝鮮朝日	南鮮版	1932-10-18	1	07단	泥醉して按摩に暴行新町遊廓で
228458	朝鮮朝日	南鮮版	1932-10-18	1	07단	京城府營バスの經營を京電へ松本知事を通じ同社へ折衝その成行注目さる
228459	朝鮮朝日	南鮮版	1932-10-18	1	08단	寫眞は十六日朝金摩山から京城驛に着いた故下松誇次郎氏遺族
228460	朝鮮朝日	南鮮版	1932-10-18	1	08단	鮮內のコレラ遂に根絕當局樂觀す

일련번호	판명		간행일	면	단수	기사명
228461	朝鮮朝日	南鮮版	1932-10-18	1	08단	物々しい捕物陣拳銃所持の怪青年逮捕
228462	朝鮮朝日	南鮮版	1932-10-18	1	10단	カフェやバーの取締規準を慶南道で作成
228463	朝鮮朝日	南鮮版	1932-10-18	1	10단	夫を尋ねて
228464	朝鮮朝日	南鮮版	1932-10-18	1	10단	もよほし(慶南道衛生映畫會)
228465	朝鮮朝日	南鮮版	1932-10-18	1	10단	人(八田滿鐵副總裁/永田鐵山少將(參謀本部第二部長)/大城戶三治中佐(參謀本部支那班長)/鈴木忠治氏(味の繁本鋪鈴木商店社長)/石垣廉氏(大阪商船孟買支店長)/小原良俊氏(大邱郵便局長))
228466	朝鮮朝日	南鮮版	1932-10-18	1	10단	或る横顔
228467	朝鮮朝日	西北版	1932-10-18	1	01단	武勳輝く依田旅團凱旋橋を凱旋
228468	朝鮮朝日	西北版	1932-10-18	1	01단	高利債借替へ愈よ近く實現市區改正と水道擴張工事は樂觀を許さない
228469	朝鮮朝日	西北版	1932-10-18	1	01단	合同不成立の際は更に一段と飛躍但し實現には飽まで努力無煙炭合同と電興
228470	朝鮮朝日	西北版	1932-10-18	1	01단	大可賀技師總督府入り後任は年見氏
228471	朝鮮朝日	西北版	1932-10-18	1	02단	新規事業費は四千萬圓內外時局匡救、在滿鮮人施設費等總督府明年度豫算
228472	朝鮮朝日	西北版	1932-10-18	1	03단	大發展の价川邑道路開通と鐵道工事で
228473	朝鮮朝日	西北版	1932-10-18	1	04단	好成績は正條植
228474	朝鮮朝日	西北版	1932-10-18	1	04단	賣上第一位の好成績を示す滿洲國で大歡迎の平壤お自慢の靴下
228475	朝鮮朝日	西北版	1932-10-18	1	05단	惠山守備隊除隊兵凱旋
228476	朝鮮朝日	西北版	1932-10-18	1	05단	平壤農校運動會
228477	朝鮮朝日	西北版	1932-10-18	1	05단	問題の滿洲關稅多少引下げ穩和鎭南浦や黃州林檎の福音山澤商工課長語る
228478	朝鮮朝日	西北版	1932-10-18	1	05단	寫眞(上)依田旅團長を送る龍井市民と歡送飛行(下)中央が同旅團長
228479	朝鮮朝日	西北版	1932-10-18	1	06단	秋の斷章(1)/バカチ風景
228480	朝鮮朝日	西北版	1932-10-18	1	06단	降雹被害で救濟を陳情三ヶ里民が
228481	朝鮮朝日	西北版	1932-10-18	1	07단	赤字補塡策に事業公債を增發普通財源を公債財源に振替一擧兩得の妙案
228482	朝鮮朝日	西北版	1932-10-18	1	08단	燕麥を陸軍に賣り借財稅金を淸算
228483	朝鮮朝日	西北版	1932-10-18	1	08단	篤農家を表彰
228484	朝鮮朝日	西北版	1932-10-18	1	08단	陸軍機不時着
228485	朝鮮朝日	西北版	1932-10-18	1	08단	和解を勸む金鑛理沒事件につき裁判長から兩者へ
228486	朝鮮朝日	西北版	1932-10-18	1	08단	盜難の佛像
228487	朝鮮朝日	西北版	1932-10-18	1	09단	死刑を求刑

일련번호	판명		간행일	면	단수	기사명
228488	朝鮮朝日	西北版	1932-10-18	1	09단	三人組強盗
228489	朝鮮朝日	西北版	1932-10-18	1	10단	廿四日に公判金塊密輸事件
228490	朝鮮朝日	西北版	1932-10-18	1	10단	重役の横領
228491	朝鮮朝日	西北版	1932-10-18	1	10단	もよほし(自力更生講演會)
228492	朝鮮朝日	西北版	1932-10-18	1	10단	樂禮/柳京小話
228493	朝鮮朝日	南鮮版	1932-10-19	1	01단	朝鮮官史に加俸減廢の聲北鮮および國境方面を除き漸減方法で斷行か
228494	朝鮮朝日	南鮮版	1932-10-19	1	01단	京城神社の秋祭り賑ふ花やかなお祭氣分/鎭海神士秋季大祭
228495	朝鮮朝日	南鮮版	1932-10-19	1	01단	慶南の窮民救療十一月から實施救療方法愈よ決まる
228496	朝鮮朝日	南鮮版	1932-10-19	1	01단	新醫學博士
228497	朝鮮朝日	南鮮版	1932-10-19	1	02단	東萊高普校十周年記念崔しいろいろ
228498	朝鮮朝日	南鮮版	1932-10-19	1	03단	故小松氏追悼會
228499	朝鮮朝日	南鮮版	1932-10-19	1	03단	解氷期を待ち來春早々着工原料は北鮮産のホップ、小麥朝鮮ビール具體化
228500	朝鮮朝日	南鮮版	1932-10-19	1	03단	青年團對抗陸競に慶南堂々と優勝中等籠球では普成高普勝つ朝鮮神宮競技(九日目)/大接戰の末霸權は京齒へ個人戰は朴選手優勝第五回全鮮學生卓球大會/卓球戰績/武道試合優勝者
228501	朝鮮朝日	南鮮版	1932-10-19	1	04단	博文寺初代住職
228502	朝鮮朝日	南鮮版	1932-10-19	1	06단	內鮮直通電話中繼所完成十一月下旬通話開始
228503	朝鮮朝日	南鮮版	1932-10-19	1	06단	學務局と呼應思想善導に努力警察官は村の先生咸南北兩道から嬉しい便り
228504	朝鮮朝日	南鮮版	1932-10-19	1	07단	溫泉川改修近く着工工事入札を行ふ
228505	朝鮮朝日	南鮮版	1932-10-19	1	07단	祕密結社赤衛隊一味を送局共産黨再建に狂奔
228506	朝鮮朝日	南鮮版	1932-10-19	1	08단	石佛と壁畫鑑賞のため木村武山畵伯入鮮
228507	朝鮮朝日	南鮮版	1932-10-19	1	08단	南賓理築地に派出所設置釜山署で計劃
228508	朝鮮朝日	南鮮版	1932-10-19	1	09단	大官暗殺を大言壯語す下關生れの怪青年ピストルの行方を追及
228509	朝鮮朝日	南鮮版	1932-10-19	1	09단	人(渡邊定一朖氏(實業家)/東條正平氏(朝鐵專務))
228510	朝鮮朝日	南鮮版	1932-10-19	1	10단	呑氣な泥公
228511	朝鮮朝日	南鮮版	1932-10-19	1	10단	通行中の女を押倒し財布を強奪
228512	朝鮮朝日	南鮮版	1932-10-19	1	10단	日滿聯絡の商業飛行機

일련번호	판명		간행일	면	단수	기사명
228513	朝鮮朝日	西北版	1932-10-19	1	01단	十二議案を可決切實な當面の問題實行委員をあげ實現に善處西鮮實業家大會で
228514	朝鮮朝日	西北版	1932-10-19	1	01단	全兒童の九割五分が保蟲者で係員驚くマクニン錠で寄生蟲退治
228515	朝鮮朝日	西北版	1932-10-19	1	01단	新醫學博士
228516	朝鮮朝日	西北版	1932-10-19	1	01단	飛行友會懇視會
228517	朝鮮朝日	西北版	1932-10-19	1	02단	模範農創立の基礎的資料
228518	朝鮮朝日	西北版	1932-10-19	1	03단	朝鮮官史に加俸減廢の聲北鮮および國境方面を除き漸減方法で斷行か
228519	朝鮮朝日	西北版	1932-10-19	1	03단	靑年團對抗陸競に慶南堂々優勝中等籠球では普成高普勝つ朝鮮神宮競技(九日目)/大接戰の末霸權は京齒へ個人戰は朴選手優勝第五回全鮮學生卓球大會/卓球戰績/8A－6平實勝つ安滿惜敗/平壤高女運動會
228520	朝鮮朝日	西北版	1932-10-19	1	04단	平壤神社秋季大祭
228521	朝鮮朝日	西北版	1932-10-19	1	08단	秋の斷章(２)/貧農の秋悲し
228522	朝鮮朝日	西北版	1932-10-19	1	08단	平壤憲兵隊御紋章奉掲式
228523	朝鮮朝日	西北版	1932-10-19	1	08단	日滿聯絡の商業飛行機
228524	朝鮮朝日	西北版	1932-10-19	1	10단	盜み廻って遊興に費消
228525	朝鮮朝日	西北版	1932-10-19	1	10단	人(古賀咸興三十七旅團長/古賀平壤工務事務所長/駐日ドイツ大使代理大使館附參事官法學博士フォン・エルドマンスドルフ夫妻)
228526	朝鮮朝日	西北版	1932-10-19	1	10단	樂禮/柳京小話
228527	朝鮮朝日	南鮮版	1932-10-20	1	01단	北鮮の重要なる事業打合せのため八田滿鐵副總裁來城す歸途飛行機上から北鮮視察
228528	朝鮮朝日	南鮮版	1932-10-20	1	01단	火田民整理の劃期的な大事業彼等を定着せしめるために廣範圍の調査を行ふ
228529	朝鮮朝日	南鮮版	1932-10-20	1	01단	神宮競技(槍投に新記錄を作った劍選手/マラソン優勝者南選手/優勝カップ授與式)
228530	朝鮮朝日	南鮮版	1932-10-20	1	02단	表彰される兵事功勞者
228531	朝鮮朝日	南鮮版	1932-10-20	1	03단	純情をこめた慰問狀四千三百通
228532	朝鮮朝日	南鮮版	1932-10-20	1	04단	慶南靑年團凱旋
228533	朝鮮朝日	南鮮版	1932-10-20	1	04단	慶南自動車協會の總會
228534	朝鮮朝日	南鮮版	1932-10-20	1	04단	二毛作用の麥種子給與
228535	朝鮮朝日	南鮮版	1932-10-20	1	05단	農村振興巡回講演會
228536	朝鮮朝日	南鮮版	1932-10-20	1	05단	仁川見本市

일련번호	판명		간행일	면	단수	기사명
228537	朝鮮朝日	南鮮版	1932-10-20	1	05단	仁川産の酒が品評會で入賞す
228538	朝鮮朝日	南鮮版	1932-10-20	1	05단	間島に巢喰ふ共産黨の檢擧徐々に不安のぞかる樂土建設に寄與する處多い
228539	朝鮮朝日	南鮮版	1932-10-20	1	05단	仁川の初霜
228540	朝鮮朝日	南鮮版	1932-10-20	1	06단	藤原氏獨唱會
228541	朝鮮朝日	南鮮版	1932-10-20	1	06단	小學兒童の慰問狀
228542	朝鮮朝日	南鮮版	1932-10-20	1	06단	郵貯利下に義務貯金だんだん增額
228543	朝鮮朝日	南鮮版	1932-10-20	1	06단	貸付金利の引下を要望釜山商工會議所から府內組合銀行に對し
228544	朝鮮朝日	南鮮版	1932-10-20	1	06단	軍教學生さん達の潑剌な演習漢江河畔にて行ふ
228545	朝鮮朝日	南鮮版	1932-10-20	1	06단	國防自動車熱誠なる獻金釜山から二千餘圓
228546	朝鮮朝日	南鮮版	1932-10-20	1	07단	第一回京城陸上競技聯盟內大學專門學校對抗陸上競技大會
228547	朝鮮朝日	南鮮版	1932-10-20	1	07단	釜山府內會社の異動
228548	朝鮮朝日	南鮮版	1932-10-20	1	08단	大學專門校對抗陸競京城運動場で花やかに擧行
228549	朝鮮朝日	南鮮版	1932-10-20	1	08단	不良船員檢擧
228550	朝鮮朝日	南鮮版	1932-10-20	1	08단	老人慘殺の犯人捕はる犯行を自白
228551	朝鮮朝日	南鮮版	1932-10-20	1	08단	發動機船漁船を沈めそのまゝ逃走
228552	朝鮮朝日	南鮮版	1932-10-20	1	09단	若妻殺しの渡邊に不利な鑑定
228553	朝鮮朝日	南鮮版	1932-10-20	1	09단	レプラ患者の惡戲に辟易徹底的方策を講ずる
228554	朝鮮朝日	南鮮版	1932-10-20	1	10단	自動車に衝突老人卽死す
228555	朝鮮朝日	南鮮版	1932-10-20	1	10단	晴着の袂を刃物で切る
228556	朝鮮朝日	南鮮版	1932-10-20	1	10단	發動漁船と衝突
228557	朝鮮朝日	南鮮版	1932-10-20	1	10단	ピストル自殺
228558	朝鮮朝日	南鮮版	1932-10-20	1	10단	行人を轢く
228559	朝鮮朝日	南鮮版	1932-10-20	1	10단	もよほし(敬老會)
228560	朝鮮朝日	南鮮版	1932-10-20	1	10단	人(田邊宗次氏(新任釜山貯金管理所長)/高取鐵造氏(新任釜山郵便局監督課長)/朴春琴氏(代議士)/加藤紘一氏(代議士)/岡田式文氏(貴族院議員)/松浦鎭次郎博士(九大總長)/丸山鶴吉氏(貴族院議員))
228561	朝鮮朝日	西北版	1932-10-20	1	01단	セメント拂底に喘ぐ土木業者小野田工場の生産增加で漸く緩和の機運
228562	朝鮮朝日	西北版	1932-10-20	1	01단	思訓園の盛大な凱旋祝賀宴全山紅葉の中で十二分の歡を盡す

일련번호	판명		간행일	면	단수	기사명
228563	朝鮮朝日	西北版	1932-10-20	1	01단	開城神社秋祭賑ふ
228564	朝鮮朝日	西北版	1932-10-20	1	02단	永井總領事招宴
228565	朝鮮朝日	西北版	1932-10-20	1	02단	間島東南部守備隊廳舍
228566	朝鮮朝日	西北版	1932-10-20	1	03단	沙里院競馬前人氣盛ん
228567	朝鮮朝日	西北版	1932-10-20	1	03단	小野上等兵の通夜を襲うて匪賊團老頭溝に再襲放火、掠奪、人質拉致
228568	朝鮮朝日	西北版	1932-10-20	1	04단	秋の斷章(3)/キミチの用意
228569	朝鮮朝日	西北版	1932-10-20	1	04단	平南の初氷
228570	朝鮮朝日	西北版	1932-10-20	1	05단	光明高女學藝會
228571	朝鮮朝日	西北版	1932-10-20	1	05단	鎭南浦港を更に擴張せよ滿浦鎭線の終端港としてはなほ狹隘すぎる
228572	朝鮮朝日	西北版	1932-10-20	1	06단	小野上等兵の死體發見さる
228573	朝鮮朝日	西北版	1932-10-20	1	06단	開城財務係野遊
228574	朝鮮朝日	西北版	1932-10-20	1	06단	木炭製造に目をつける
228575	朝鮮朝日	西北版	1932-10-20	1	06단	救窮工事竣工
228576	朝鮮朝日	西北版	1932-10-20	1	06단	秋耕獎勵講演會
228577	朝鮮朝日	西北版	1932-10-20	1	07단	平壤靴下の大きな惱み原料は廉いが製品が高い鐵道運賃の矛盾
228578	朝鮮朝日	西北版	1932-10-20	1	07단	『水兵の母』にも劣らぬ健氣な母大平哨で名譽の戰死を遂げた古井田上等兵への激勵の手紙
228579	朝鮮朝日	西北版	1932-10-20	1	08단	人命救助を表彰
228580	朝鮮朝日	西北版	1932-10-20	1	08단	沙金の採取大同江沿岸で
228581	朝鮮朝日	西北版	1932-10-20	1	08단	愛妻を死の道連れ
228582	朝鮮朝日	西北版	1932-10-20	1	09단	一般農家は泣面に蜂三、四割減收で
228583	朝鮮朝日	西北版	1932-10-20	1	09단	赤い天道教送局
228584	朝鮮朝日	西北版	1932-10-20	1	09단	エロを賣る
228585	朝鮮朝日	西北版	1932-10-20	1	10단	印鑑詐欺
228586	朝鮮朝日	西北版	1932-10-20	1	10단	醉うて暴言
228587	朝鮮朝日	西北版	1932-10-20	1	10단	運送船遭難
228588	朝鮮朝日	西北版	1932-10-20	1	10단	無錢取食
228589	朝鮮朝日	西北版	1932-10-20	1	10단	樂禮/柳京小話
228590	朝鮮朝日	南鮮版	1932-10-21	1	01단	大信託を繞る難問題合流しなければ信用上押さるさりとて合流もならず既設信託は大惱み
228591	朝鮮朝日	南鮮版	1932-10-21	1	01단	麥酒會社設立は益する處多い赤字は問題にする程でない宇垣總督時事を語る
228592	朝鮮朝日	南鮮版	1932-10-21	1	01단	在滿朝鮮人の救急用醫藥

일련번호	판명		간행일	면	단수	기사명
228593	朝鮮朝日	南鮮版	1932-10-21	1	03단	明年度から馬産計劃競馬收入を財源に着手する
228594	朝鮮朝日	南鮮版	1932-10-21	1	04단	釜山の競馬
228595	朝鮮朝日	南鮮版	1932-10-21	1	04단	赤字を超越し實行に着手綿作增殖計劃
228596	朝鮮朝日	南鮮版	1932-10-21	1	04단	慶南道各課の自力更生日每月一日として定む
228597	朝鮮朝日	南鮮版	1932-10-21	1	04단	農業者大會
228598	朝鮮朝日	南鮮版	1932-10-21	1	04단	新潟か金澤の放送局を經由し全國に中繼放送する博文寺の入佛式及び落成式
228599	朝鮮朝日	南鮮版	1932-10-21	1	05단	對滿關稅を近く改正し貿易の促進に努める
228600	朝鮮朝日	南鮮版	1932-10-21	1	05단	戰病兵歸還
228601	朝鮮朝日	南鮮版	1932-10-21	1	05단	淸州發郵便は便利になる
228602	朝鮮朝日	南鮮版	1932-10-21	1	05단	非常警備綱の鐵壁國境の實現警務課長の歸任後に
228603	朝鮮朝日	南鮮版	1932-10-21	1	06단	技術者增員釜山土木事業
228604	朝鮮朝日	南鮮版	1932-10-21	1	06단	慶北金組の高利借替金廿五萬圓支出
228605	朝鮮朝日	南鮮版	1932-10-21	1	06단	利下の協議釜山組合銀行
228606	朝鮮朝日	南鮮版	1932-10-21	1	06단	DK放送を金澤でキャッチし全國中繼放送計劃
228607	朝鮮朝日	南鮮版	1932-10-21	1	07단	丑山の炬火を海圖に記入
228608	朝鮮朝日	南鮮版	1932-10-21	1	07단	愛慾葛藤から自殺を企つ戀に惱む十八の少年
228609	朝鮮朝日	南鮮版	1932-10-21	1	07단	十一月一日から五新線開通す合計延長は百卅キロかく多數の開通は近頃珍しい
228610	朝鮮朝日	南鮮版	1932-10-21	1	07단	教員を裝ひ學校を荒す
228611	朝鮮朝日	南鮮版	1932-10-21	1	07단	これこそ全く金の生る木ポロい阿片採取
228612	朝鮮朝日	南鮮版	1932-10-21	1	07단	慶南道農會産業の歌望月氏一席に入選す
228613	朝鮮朝日	南鮮版	1932-10-21	1	08단	大興電氣に故障續出す
228614	朝鮮朝日	南鮮版	1932-10-21	1	08단	新羅時代の五重の石塔愈よ復原する
228615	朝鮮朝日	南鮮版	1932-10-21	1	09단	夫に死別して鮮女自殺す
228616	朝鮮朝日	南鮮版	1932-10-21	1	09단	若い女投身
228617	朝鮮朝日	南鮮版	1932-10-21	1	09단	滿洲か間島に潛伏してゐるか頗る巧みな貨幣僞造團
228618	朝鮮朝日	南鮮版	1932-10-21	1	10단	牛車轉覆して壓死を遂ぐ
228619	朝鮮朝日	南鮮版	1932-10-21	1	10단	もよほし(釜山三島高女バザー/慶南道私設中等學校長會議)

일련번호	판명		간행일	면	단수	기사명
228620	朝鮮朝日	南鮮版	1932-10-21	1	10단	人(大橋正己氏(新任鐵道局庶務課文書主任)/伊藤旺氏(新任釜山運輸事務所長)/山本正幸氏(新任京城運輸事務所營業主任)/小林國衛氏(新任京城列車區長))
228621	朝鮮朝日	南鮮版	1932-10-21	1	10단	或る横顔
228622	朝鮮朝日	西北版	1932-10-21	1	01단	船頭不在のため同伴者が漕ぎ出し風浪のために轉覆す平南道降仙の渡船轉覆事件
228623	朝鮮朝日	西北版	1932-10-21	1	01단	樂浪の研究員を平壤に派遣しみっちり研究させる對支文化協會いよいよ乘出す
228624	朝鮮朝日	西北版	1932-10-21	1	01단	十七日咸興部隊凱施祝賀の旗行列
228625	朝鮮朝日	西北版	1932-10-21	1	03단	不穩當な處分嚴禁滯納の取立に
228626	朝鮮朝日	西北版	1932-10-21	1	03단	手も足も出ず匪賊遂に歸順す大立物は遠く遁走し他はまったく袋の鼠となる/農作物運搬の護衛を陳情匪賊に怯える鮮農達/咸南道管內に機關銃配給/小野上等兵名擧の戰死
228627	朝鮮朝日	西北版	1932-10-21	1	04단	元山中學の端艇部納會
228628	朝鮮朝日	西北版	1932-10-21	1	04단	警察官異動
228629	朝鮮朝日	西北版	1932-10-21	1	04단	滿洲輸出品の運賃割引を考慮急速に實現を見るか
228630	朝鮮朝日	西北版	1932-10-21	1	05단	貨物協議會のお土産話
228631	朝鮮朝日	西北版	1932-10-21	1	05단	百八十萬圓を投じ大精錬所を建設旣に基礎工事に着手朝鮮窒素の思ひ切った計劃
228632	朝鮮朝日	西北版	1932-10-21	1	06단	旭煉炭取扱の解決を陳情成行は相當注目さる
228633	朝鮮朝日	西北版	1932-10-21	1	06단	武勳を輝かせ除隊兵歸鄕淸津から乘船內地へ
228634	朝鮮朝日	西北版	1932-10-21	1	06단	平壤高射砲の實彈射擊演習
228635	朝鮮朝日	西北版	1932-10-21	1	06단	モヒ中毒者の撲滅を計る
228636	朝鮮朝日	西北版	1932-10-21	1	07단	山林課獨立の實現を期し咸南道當局意氣込む
228637	朝鮮朝日	西北版	1932-10-21	1	08단	咸興物産の新陳容極力更生發展に努める
228638	朝鮮朝日	西北版	1932-10-21	1	08단	百廿四萬圓を咸南に供給
228639	朝鮮朝日	西北版	1932-10-21	1	08단	平壤の電車馬車と衝突
228640	朝鮮朝日	西北版	1932-10-21	1	08단	嬰兒を遺棄
228641	朝鮮朝日	西北版	1932-10-21	1	08단	巫女の取締は嚴重となる平南では漸廢の方針

일련번호	판명		간행일	면	단수	기사명
228642	朝鮮朝日	西北版	1932-10-21	1	09단	妓生の宅に不穩文書新箕城券番反對者の仕業が
228643	朝鮮朝日	西北版	1932-10-21	1	09단	鮮産玉蜀黍が浮みあがる關稅の引上げによりコーン會社の大量仕入れ
228644	朝鮮朝日	西北版	1932-10-21	1	09단	寺院荒しの一味捕はる首魁の行方は判らぬ
228645	朝鮮朝日	西北版	1932-10-21	1	10단	平壤の火事
228646	朝鮮朝日	西北版	1932-10-21	1	10단	養女殺しの豫審終結す
228647	朝鮮朝日	西北版	1932-10-21	1	10단	牛車轉覆して壓死を遂ぐ
228648	朝鮮朝日	南鮮版	1932-10-22	1	01단	競馬收入財源の馬産計劃に大支障大規模な施設はとても困難競馬令施行と公認競馬場
228649	朝鮮朝日	南鮮版	1932-10-22	1	01단	實施は大體明春四月ごろ日鮮滿間國際列車の大短縮安釜間下り直通貨車も實現
228650	朝鮮朝日	南鮮版	1932-10-22	1	01단	農民の秋を壽ぎ歡喜の鎌入れ宇垣總督など總掛りで
228651	朝鮮朝日	南鮮版	1932-10-22	1	03단	差別待遇は甚だ不合理信託協會聲明書を發す既設會社の權益擁護
228652	朝鮮朝日	南鮮版	1932-10-22	1	03단	各宮家御下賜の花瓶傳達式二十五日總督府で行ふ博文寺の榮響
228653	朝鮮朝日	南鮮版	1932-10-22	1	04단	もよほし(慶南道初等學校長會議)
228654	朝鮮朝日	南鮮版	1932-10-22	1	04단	小野宗務總監一行
228655	朝鮮朝日	南鮮版	1932-10-22	1	04단	朝鮮事情紹介のため雅樂を放送
228656	朝鮮朝日	南鮮版	1932-10-22	1	04단	自作農創定計劃難關に逢着自作地購入難から有力地主を招き諒解を求む
228657	朝鮮朝日	南鮮版	1932-10-22	1	05단	時局匡救の産業品展蓋明け觀衆多く盛況を呈す
228658	朝鮮朝日	南鮮版	1932-10-22	1	05단	借替の形式で低資利子六釐方引下げ
228659	朝鮮朝日	南鮮版	1932-10-22	1	05단	既設五信託を如何にするか俄然注目の焦點となる
228660	朝鮮朝日	南鮮版	1932-10-22	1	05단	內鮮直通電話通話料打合せ
228661	朝鮮朝日	南鮮版	1932-10-22	1	06단	敗殘の匪賊現はれ鮮內に發砲
228662	朝鮮朝日	南鮮版	1932-10-22	1	06단	繁忙期を控へて旅客事務と輸送事務打合會議
228663	朝鮮朝日	南鮮版	1932-10-22	1	06단	吉村新醫博
228664	朝鮮朝日	南鮮版	1932-10-22	1	07단	小松氏追悼會
228665	朝鮮朝日	南鮮版	1932-10-22	1	07단	鋼鐵製金庫の開閉心棒を切斷大金竊取せんとす朝鮮運送の怪事件

일련번호	판명		간행일	면	단수	기사명
228666	朝鮮朝日	南鮮版	1932-10-22	1	08단	朝鮮製綱全燒釜山の大火附近住宅六棟を半燒損害見積額十八萬九千餘圓
228667	朝鮮朝日	南鮮版	1932-10-22	1	09단	仁川沖合で發動機船坐礁救助船急行す
228668	朝鮮朝日	南鮮版	1932-10-22	1	09단	俯聽疑獄と土木談合事件廿日取調べ全く終了本月中同時に豫審終結
228669	朝鮮朝日	南鮮版	1932-10-22	1	09단	人(渡邊農林局長/鈴木天山老師(博文寺初代住職)/天草盛長氏(釜山府土木技師))
228670	朝鮮朝日	南鮮版	1932-10-22	1	10단	刑事と詐稱
228671	朝鮮朝日	南鮮版	1932-10-22	1	10단	船火事
228672	朝鮮朝日	南鮮版	1932-10-22	1	10단	拇指大の降雹京城地方に暴風雨襲來
228673	朝鮮朝日	南鮮版	1932-10-22	1	10단	關釜聯絡から若い男女入水
228674	朝鮮朝日	西北版	1932-10-22	1	01단	工費四百餘萬圓で大々的港灣施設防波堤、岸壁、移出貯木場など北鮮唯一の城津港
228675	朝鮮朝日	西北版	1932-10-22	1	01단	糞尿賣却代未納金問題年賦償還金を未納のためまた再燃問題化す
228676	朝鮮朝日	西北版	1932-10-22	1	01단	西鮮三道の商工人名錄商議で發行
228677	朝鮮朝日	西北版	1932-10-22	1	01단	淸酒ならまづ平壤揃って勞冠
228678	朝鮮朝日	西北版	1932-10-22	1	01단	寫眞說明((上)鴨綠江對岸の兵匪討伐に活躍中の柴田部隊(下)柴田部隊の鹵獲品)
228679	朝鮮朝日	西北版	1932-10-22	1	02단	東拓總裁夫妻
228680	朝鮮朝日	西北版	1932-10-22	1	02단	僅かの授業料もとかく滯り勝平南奧地の教育を視察して道學務課富澤視學の土産話
228681	朝鮮朝日	西北版	1932-10-22	1	03단	穗積殖産局長工場炭坑視察
228682	朝鮮朝日	西北版	1932-10-22	1	04단	工業試驗所落成式盛大に擧行平南工業唯一の助長機關
228683	朝鮮朝日	西北版	1932-10-22	1	04단	步工兵聯合演習
228684	朝鮮朝日	西北版	1932-10-22	1	04단	召集者除隊
228685	朝鮮朝日	西北版	1932-10-22	1	04단	獨學十年高文にパス永興署田中巡查部長咸南警察界空前の盛事
228686	朝鮮朝日	西北版	1932-10-22	1	05단	天圖鐵道を廣軌に改築愈よ買收價格も決定近く入札十一月中に起工
228687	朝鮮朝日	西北版	1932-10-22	1	05단	叛軍總司令唐聚五袋の鼠となる/土民に變裝脫出を企つ唯一の逃路を鴨綠江に求む
228688	朝鮮朝日	西北版	1932-10-22	1	06단	平北地方費緊縮方針で編成に着手
228689	朝鮮朝日	西北版	1932-10-22	1	06단	人肉市場に歎きの日を送る朝鮮人女給四名虎口を脫す言語に絕した虐待

일련번호	판명		간행일	면	단수	기사명
228690	朝鮮朝日	西北版	1932-10-22	1	07단	秋の斷章(4)/朝鮮馬の嘆き
228691	朝鮮朝日	西北版	1932-10-22	1	07단	平壤大同兩署實彈射擊演習
228692	朝鮮朝日	西北版	1932-10-22	1	08단	頭道溝で名譽の戰死小野氏告別式
228693	朝鮮朝日	西北版	1932-10-22	1	08단	歲入減のため實行豫算編成か三萬五千圓內外の赤字平壤府本年度豫算
228694	朝鮮朝日	西北版	1932-10-22	1	09단	江界地方の初雪と初氷
228695	朝鮮朝日	西北版	1932-10-22	1	09단	米穀檢查の緩和を陳情檢查が過酷
228696	朝鮮朝日	西北版	1932-10-22	1	09단	普通學校教員試驗
228697	朝鮮朝日	西北版	1932-10-22	1	09단	木材を竊取
228698	朝鮮朝日	西北版	1932-10-22	1	09단	放火と判明
228699	朝鮮朝日	西北版	1932-10-22	1	10단	嬰兒を遺棄
228700	朝鮮朝日	西北版	1932-10-22	1	10단	お天氣師餘罪
228701	朝鮮朝日	西北版	1932-10-22	1	10단	竊盜常習犯
228702	朝鮮朝日	西北版	1932-10-22	1	10단	竊盜女給へ懲役十ヶ月言渡は廿一日
228703	朝鮮朝日	西北版	1932-10-22	1	10단	阿片を呑む
228704	朝鮮朝日	西北版	1932-10-22	1	10단	賭博あげらる
228705	朝鮮朝日	南鮮版	1932-10-23	1	01단	直接行動を引例半島の肅靜を高調全鮮司法官會議における宇垣總督を訓示大要(經費節減/朝鮮民事令/小作爭議/兇暴な直接行動)
228706	朝鮮朝日	南鮮版	1932-10-23	1	01단	製藥機械の据付を終り數日前から製造を開始窮民救療着々進む
228707	朝鮮朝日	南鮮版	1932-10-23	1	01단	赤線廢止の服裝改正は明年度から實現か
228708	朝鮮朝日	南鮮版	1932-10-23	1	03단	伊藤公、兒玉伯歡迎午餐會
228709	朝鮮朝日	南鮮版	1932-10-23	1	03단	署長級異動
228710	朝鮮朝日	南鮮版	1932-10-23	1	03단	朝窒の減産は最早や確定的貯水池減水で生産能力低下肥料高を憂慮さる
228711	朝鮮朝日	南鮮版	1932-10-23	1	04단	もよほし(朝鮮圖書館協會/朝鮮綿絲布商聯合會)
228712	朝鮮朝日	南鮮版	1932-10-23	1	04단	旱魃蟲害盜伐で樹苗が大不足明年度造林計劃に大支障道當局大いに狼狽
228713	朝鮮朝日	南鮮版	1932-10-23	1	04단	改選期を控へ會頭候補の日鼻もつかない狀態關係方面で非常に憂慮
228714	朝鮮朝日	南鮮版	1932-10-23	1	05단	大賑ひの倂合記念式
228715	朝鮮朝日	南鮮版	1932-10-23	1	06단	滿洲あての郵爲振出額
228716	朝鮮朝日	南鮮版	1932-10-23	1	06단	北鮮開拓の伸び行く觸手惠山、滿浦の兩線着々と進行難工事は空中測量

일련번호	판명		간행일	면	단수	기사명
228717	朝鮮朝日	南鮮版	1932-10-23	1	06단	釜山背面の商圏開拓に守山、赤布二橋架設を陳情目的の貫徹に邁進
228718	朝鮮朝日	南鮮版	1932-10-23	1	07단	勤勞精神の皷吹に努む農村不況は勞働不況
228719	朝鮮朝日	南鮮版	1932-10-23	1	07단	自營上利益だから朝鐵の野村證券預入問題總督府鐵道局語る
228720	朝鮮朝日	南鮮版	1932-10-23	1	07단	仁川にも降雹
228721	朝鮮朝日	南鮮版	1932-10-23	1	07단	公認競馬場の施設要求を最大限度緩和
228722	朝鮮朝日	南鮮版	1932-10-23	1	08단	釜山地方に小豆大の雹が降る
228723	朝鮮朝日	南鮮版	1932-10-23	1	08단	手榴彈爆發大火傷を負ふ
228724	朝鮮朝日	南鮮版	1932-10-23	1	08단	阿片密賣者仲間を慘殺三百圓を强奪逃走自宅附近で犯人捕はる
228725	朝鮮朝日	南鮮版	1932-10-23	1	09단	簡保勸誘員掛金を橫領
228726	朝鮮朝日	南鮮版	1932-10-23	1	09단	花嫁に懲役五年
228727	朝鮮朝日	南鮮版	1932-10-23	1	09단	通貨僞造事件終審
228728	朝鮮朝日	南鮮版	1932-10-23	1	09단	老婆を絞殺衣類を强奪釜山の强盜殺人犯兇行後半日後に逮捕さる
228729	朝鮮朝日	南鮮版	1932-10-23	1	10단	山十別莊番ら紅蔘を密造支那人に密賣
228730	朝鮮朝日	南鮮版	1932-10-23	1	10단	人(磯野千太郎氏(晉州邑長))
228731	朝鮮朝日	南鮮版	1932-10-23	1	10단	或る橫顔
228732	朝鮮朝日	西北版	1932-10-23	1	01단	直接行動を引例半島の肅靜を高調全鮮司法官會議における宇垣總督の訓示大要(經費節減/朝鮮民事令/小作爭議/兇暴な直接行動)
228733	朝鮮朝日	西北版	1932-10-23	1	01단	窮救土木費に大藏省の低資五十七萬圓に減額借入決る
228734	朝鮮朝日	西北版	1932-10-23	1	01단	漁村經濟に一抹の暗影鯖、鰆等の漁季に入ったが寒氣襲ひ不漁續く
228735	朝鮮朝日	西北版	1932-10-23	1	01단	簡保積立金借入申込額合計二十九萬餘圓水道擴張費自作農創定等
228736	朝鮮朝日	西北版	1932-10-23	1	02단	咸興美術展
228737	朝鮮朝日	西北版	1932-10-23	1	03단	總督西鮮視察日程
228738	朝鮮朝日	西北版	1932-10-23	1	03단	十一月一日開通滿浦鎮線ダイヤグラム決る
228739	朝鮮朝日	西北版	1932-10-23	1	03단	正昌ゴム六道溝に分工場新設
228740	朝鮮朝日	西北版	1932-10-23	1	04단	貿易振興のため北鮮に駐佐員
228741	朝鮮朝日	西北版	1932-10-23	1	04단	道立平壤醫院の本館新築計劃總工費は十六萬八千餘圓愈よ明年度に實現
228742	朝鮮朝日	西北版	1932-10-23	1	04단	古賀旅團長祝宴

일련번호	판명		간행일	면	단수	기사명
228743	朝鮮朝日	西北版	1932-10-23	1	05단	鐵道運賃の低減關稅の引下げ對滿輸出促進の當面の問題穗積殖産局長語る
228744	朝鮮朝日	西北版	1932-10-23	1	06단	高普對商業對抗野球戰
228745	朝鮮朝日	西北版	1932-10-23	1	07단	友田參事一行の救出に努む
228746	朝鮮朝日	西北版	1932-10-23	1	07단	○○線廣軌改修は年內に測量して明春の雪解けを待って起工北廻り線と同時に開通
228747	朝鮮朝日	西北版	1932-10-23	1	07단	昭和水利の設立促進を關係方面に電請
228748	朝鮮朝日	西北版	1932-10-23	1	07단	二ヶ所に落雷
228749	朝鮮朝日	西北版	1932-10-23	1	08단	秋の斷章(5)/浮浪者の嘆き
228750	朝鮮朝日	西北版	1932-10-23	1	08단	不況對策に消組を結成頗る好成績
228751	朝鮮朝日	南鮮版	1932-10-23	1	08단	日滿支を徒步施行元氣な柳相垠君
228752	朝鮮朝日	南鮮版	1932-10-23	1	08단	變死體を發見
228753	朝鮮朝日	西北版	1932-10-23	1	09단	不穩ビラの二犯人捕はる箕城新券番妓生へ出版法違反脅迫で送局
228754	朝鮮朝日	西北版	1932-10-23	1	10단	慘殺して所持金を强奪
228755	朝鮮朝日	西北版	1932-10-23	1	10단	迷信笑ひ草
228756	朝鮮朝日	西北版	1932-10-23	1	10단	自動車に刎らる
228757	朝鮮朝日	南鮮版	1932-10-25	1	01단	秋晴れに惠まれ若人の血は躍る本社寄贈の優勝楯は城大へ大學專門學校陸競
228758	朝鮮朝日	南鮮版	1932-10-25	1	02단	預金部資金枯渴で米穀資金減額折角の野積獎勵に大支障總督府で善後策考究
228759	朝鮮朝日	南鮮版	1932-10-25	1	02단	第一回より約五十萬石減收を豫想
228760	朝鮮朝日	南鮮版	1932-10-25	1	03단	日滿關稅打合會へ
228761	朝鮮朝日	南鮮版	1932-10-25	1	03단	道路鋪裝起債認可
228762	朝鮮朝日	南鮮版	1932-10-25	1	04단	內務部長模範校視察
228763	朝鮮朝日	南鮮版	1932-10-25	1	04단	作業問題と看守の勤務緩和作業擴張で豫算增額が必要全鮮刑務所長會議
228764	朝鮮朝日	南鮮版	1932-10-25	1	04단	米の荷動き活況を續く重要貨物何れも增加
228765	朝鮮朝日	南鮮版	1932-10-25	1	05단	地主擧って總督府の方針に順應
228766	朝鮮朝日	南鮮版	1932-10-25	1	05단	明治節奉祝式
228767	朝鮮朝日	南鮮版	1932-10-25	1	06단	警察官異動
228768	朝鮮朝日	南鮮版	1932-10-25	1	06단	朝鮮米の內地流入防止を果す
228769	朝鮮朝日	南鮮版	1932-10-25	1	06단	小學兒童圖畵展
228770	朝鮮朝日	南鮮版	1932-10-25	1	07단	府營バス運轉時間
228771	朝鮮朝日	南鮮版	1932-10-25	1	07단	僞醫師暴露
228772	朝鮮朝日	南鮮版	1932-10-25	1	07단	萬引捕はる

일련번호	판명		간행일	면	단수	기사명
228773	朝鮮朝日	南鮮版	1932-10-25	1	07단	獨特の私設書堂傳統的な勢力敎增から赤い魔手を伸ばす集合は可及的制限
228774	朝鮮朝日	南鮮版	1932-10-25	1	07단	大電、靈電、南電合倂許可さる
228775	朝鮮朝日	南鮮版	1932-10-25	1	08단	生活難で高普卒業生竊盜を働く
228776	朝鮮朝日	南鮮版	1932-10-25	1	08단	白菜强舍み
228777	朝鮮朝日	南鮮版	1932-10-25	1	08단	荒井氏保釋
228778	朝鮮朝日	南鮮版	1932-10-25	1	08단	米婦人をめぐる訴訟哀話知らぬ間に自分の土地が人のものになってゐた
228779	朝鮮朝日	南鮮版	1932-10-25	1	09단	ピストルで脅迫し百五十圓强奪
228780	朝鮮朝日	南鮮版	1932-10-25	1	09단	怪祈禱師千餘圓持逃げ
228781	朝鮮朝日	南鮮版	1932-10-25	1	10단	大瞻極まる白晝の强盜犯人嚴探中
228782	朝鮮朝日	南鮮版	1932-10-25	1	10단	迷った十圓紙幣
228783	朝鮮朝日	南鮮版	1932-10-25	1	10단	驛手の奇禍
228784	朝鮮朝日	南鮮版	1932-10-25	1	10단	もよほし(菊花展)
228785	朝鮮朝日	西北版	1932-10-25	1	01단	自作農創定戶數貸付資金割當決る十一月中旬迄に最後の決定自力更生の實をあぐ
228786	朝鮮朝日	西北版	1932-10-25	1	01단	終端港決定に悲觀の要なし滿鐵の經營で港は愈よ繁榮八田滿鐵副總裁談
228787	朝鮮朝日	西北版	1932-10-25	1	01단	元山驛頭で盛大に執行小野伍長の告別式遺骨鄕里に向ふ
228788	朝鮮朝日	西北版	1932-10-25	1	04단	宇垣總督へ陳情打合せ
228789	朝鮮朝日	西北版	1932-10-25	1	04단	滿浦鎭線順川泉洞間開通式迫り驛長を任命
228790	朝鮮朝日	西北版	1932-10-25	1	04단	預金部資金枯渴で米穀資金減額折角の野積裝勵に大支障總督府で善後策考究
228791	朝鮮朝日	西北版	1932-10-25	1	04단	第一回より約五十萬石減收を豫想
228792	朝鮮朝日	西北版	1932-10-25	1	05단	安州炭を滿洲に輸出
228793	朝鮮朝日	西北版	1932-10-25	1	05단	國勢調査員約三千名に記念章授與
228794	朝鮮朝日	西北版	1932-10-25	1	05단	明治節の住辰を卜し納稅功勞者を表彰
228795	朝鮮朝日	西北版	1932-10-25	1	06단	秋の斷章(7)/松葉船ゆく
228796	朝鮮朝日	西北版	1932-10-25	1	06단	簡易保險映畫宣傳
228797	朝鮮朝日	西北版	1932-10-25	1	06단	地方費豫算審議道議會急いで開會
228798	朝鮮朝日	西北版	1932-10-25	1	06단	新義州道立病院新築を計劃
228799	朝鮮朝日	西北版	1932-10-25	1	07단	全鮮金組の貯金デーに貯金を勸誘
228800	朝鮮朝日	西北版	1932-10-25	1	07단	巡査部長補充
228801	朝鮮朝日	西北版	1932-10-25	1	07단	營林署設置運動
228802	朝鮮朝日	西北版	1932-10-25	1	07단	大同江改修費明年度割當額二十四萬三千五百五十圓巖礁取除熱望さる

일련번호	판명		간행일	면	단수	기사명
228803	朝鮮朝日	西北版	1932-10-25	1	07단	商業卒業生の滿洲就職に先取特權を要望宇野平壤商業學校長談
228804	朝鮮朝日	西北版	1932-10-25	1	08단	樂浪時代の貴族の墳墓貞柏里の古墳發掘學界稀な珍品續々出土
228805	朝鮮朝日	西北版	1932-10-25	1	08단	葬儀費を橫領
228806	朝鮮朝日	西北版	1932-10-25	1	09단	昭和水利の設立は停頓してゐない東拓總裁の歸城をまって總督府の腹も決る
228807	朝鮮朝日	西北版	1932-10-25	1	09단	珠算競技會
228808	朝鮮朝日	西北版	1932-10-25	1	09단	公設市場候補地
228809	朝鮮朝日	西北版	1932-10-25	1	10단	學生の風紀嚴重取締
228810	朝鮮朝日	西北版	1932-10-25	1	10단	大膽極まる白晝の强盜犯人嚴探中
228811	朝鮮朝日	西北版	1932-10-25	1	10단	强盜殺人犯兩名に死刑の判決
228812	朝鮮朝日	西北版	1932-10-25	1	10단	保安法違反に懲役十ヶ月判決言渡さる
228813	朝鮮朝日	西北版	1932-10-25	1	10단	橫領女給に懲役八ヶ月
228814	朝鮮朝日	南鮮版	1932-10-26	1	01단	思想惡化の重因小作爭議の防止策朝鮮にも小作調停令を實施勸解委員會も新設
228815	朝鮮朝日	南鮮版	1932-10-26	1	01단	無理な案より米穀法を適用過剩鮮米を徹底的に買上げよ意見が漸く有力化
228816	朝鮮朝日	南鮮版	1932-10-26	1	01단	我が國最初の海底隧道開通式擧行隧道の通り初め引續き運河の航行初め
228817	朝鮮朝日	南鮮版	1932-10-26	1	01단	工事は大體豫定通り進捗釜山府窮民救濟事業と渡津橋幹線道路船溜など
228818	朝鮮朝日	南鮮版	1932-10-26	1	02단	伊藤公遺墨展
228819	朝鮮朝日	南鮮版	1932-10-26	1	03단	國營移管後最初の出張所長會議
228820	朝鮮朝日	南鮮版	1932-10-26	1	03단	小學校兒童圖畫展
228821	朝鮮朝日	南鮮版	1932-10-26	1	04단	宇垣總督國境視察
228822	朝鮮朝日	南鮮版	1932-10-26	1	04단	硫安昂騰か農村側恐慌
228823	朝鮮朝日	南鮮版	1932-10-26	1	04단	預金部利下げで約二百萬圓浮ぶ大いに助かる總督府
228824	朝鮮朝日	南鮮版	1932-10-26	1	05단	海港都市の面目を一新道路鋪裝と社會的施設國庫補助を仰いで
228825	朝鮮朝日	南鮮版	1932-10-26	1	05단	御香料傳達式
228826	朝鮮朝日	南鮮版	1932-10-26	1	05단	御紋章入御香爐傳達式行はる
228827	朝鮮朝日	南鮮版	1932-10-26	1	06단	通話區域の範圍を擴張內鮮直通電話の開通迫る京釜間は搬送式
228828	朝鮮朝日	南鮮版	1932-10-26	1	06단	關東軍旅客機とんぼ返り航續不能となったため解體して奉天へ
228829	朝鮮朝日	南鮮版	1932-10-26	1	06단	司法當局經費節減
228830	朝鮮朝日	南鮮版	1932-10-26	1	06단	迷はすに成佛す

일련번호	판명		간행일	면	단수	기사명
228831	朝鮮朝日	南鮮版	1932-10-26	1	07단	生活の合理化展
228832	朝鮮朝日	南鮮版	1932-10-26	1	07단	生徒製作品展
228833	朝鮮朝日	南鮮版	1932-10-26	1	07단	滿洲國の誕生で鰻上りの好成績鐵道局の收入しらべ
228834	朝鮮朝日	南鮮版	1932-10-26	1	07단	八十八名は殆ど有罪か問題の土木談合事件今月中には豫審終結
228835	朝鮮朝日	南鮮版	1932-10-26	1	08단	密漁船の跋扈を嚴重取締る
228836	朝鮮朝日	南鮮版	1932-10-26	1	08단	宵の鍾路街でまたまた辻强盜匕首を閃かして金を奪ひ大挌闘の末捕はる
228837	朝鮮朝日	南鮮版	1932-10-26	1	08단	マリヤ殺しの犯人を嚴探專任の刑事を任命し威信にかけても逮捕はる
228838	朝鮮朝日	南鮮版	1932-10-26	1	09단	姉妹で萬引し兄弟で賣り捌く大膽不敵の一族捕る被害總額三千圓に上る
228839	朝鮮朝日	南鮮版	1932-10-26	1	10단	患者を裝うて醫院を荒す被害三百餘圓
228840	朝鮮朝日	南鮮版	1932-10-26	1	10단	スポーツ(軟式野球戰)
228841	朝鮮朝日	南鮮版	1932-10-26	1	10단	もよほし(全鮮衛生技術官會議/釜山友の會)
228842	朝鮮朝日	南鮮版	1932-10-26	1	10단	人(木村小左衛門氏(拓務參與官)/澤田豊丈氏/大谷勝眞氏(城大教授))
228843	朝鮮朝日	西北版	1932-10-26	1	01단	思想惡化の重因小作爭議の防止策朝鮮にも小作調停令を實施勸解委員會も新設
228844	朝鮮朝日	西北版	1932-10-26	1	01단	無理な案より米穀法を適用過剩朝鮮米を撤底的に買上げよ意見が漸く有力化
228845	朝鮮朝日	西北版	1932-10-26	1	01단	自力更生の一大運動擧府的な催しを行ふ近く具體的に協議する
228846	朝鮮朝日	西北版	1932-10-26	1	03단	府勢の簡易調査豫算不足で實現困難か
228847	朝鮮朝日	西北版	1932-10-26	1	04단	宇垣總督國境視察
228848	朝鮮朝日	西北版	1932-10-26	1	04단	明春落成の樂浪博物館
228849	朝鮮朝日	西北版	1932-10-26	1	04단	物質に偏せず形式に流れるな農政の權威山崎延吉翁が郡守に授けた「虎の卷」
228850	朝鮮朝日	西北版	1932-10-26	1	04단	緊縮中にも新味を盛る總額は本年ぐらゐ明年度平南地方費豫算
228851	朝鮮朝日	西北版	1932-10-26	1	04단	御香料傳達式
228852	朝鮮朝日	西北版	1932-10-26	1	04단	義捐金を幕集
228853	朝鮮朝日	西北版	1932-10-26	1	05단	秋の斷章(8)/秋大根を洗ふ
228854	朝鮮朝日	西北版	1932-10-26	1	05단	待望される沸流江の架橋明年度に實施すべく調査に着手の平南
228855	朝鮮朝日	西北版	1932-10-26	1	05단	日滿を結ぶ國境奧地の架橋惠山鎭と長白城との間に目出度く竣工す

일련번호	판명		간행일	면	단수	기사명
228856	朝鮮朝日	西北版	1932-10-26	1	06단	惡の花咲く平壤の犯罪
228857	朝鮮朝日	西北版	1932-10-26	1	07단	空中測量狗峴嶺の峻峯平壤飛行隊が空中から寫眞を撮影し測量する滿浦鎭線の峻難
228858	朝鮮朝日	西北版	1932-10-26	1	07단	白楊樹を軸木に計劃結果を期待する
228859	朝鮮朝日	西北版	1932-10-26	1	07단	呑氣な忘れ物百圓
228860	朝鮮朝日	西北版	1932-10-26	1	07단	衝突から負傷
228861	朝鮮朝日	西北版	1932-10-26	1	08단	縊死と見せ毆殺し逃走姦夫姦婦が共謀で
228862	朝鮮朝日	西北版	1932-10-26	1	08단	咸北最初の傍聽券を發行つひに一船の傍聽を禁止第三次咸北共産黨事件公判
228863	朝鮮朝日	西北版	1932-10-26	1	09단	安東府內を徘徊中逮捕
228864	朝鮮朝日	西北版	1932-10-26	1	09단	注射を拒まれモヒ患脫走九名が行方を晦ます
228865	朝鮮朝日	西北版	1932-10-26	1	10단	捕はれた古墳荒し
228866	朝鮮朝日	西北版	1932-10-26	1	10단	學校を荒す
228867	朝鮮朝日	西北版	1932-10-26	1	10단	患者を裝うて醫院を荒す被害三百餘圓
228868	朝鮮朝日	南鮮版	1932-10-27	1	01단	旣設信託を新會社に合流祕かに創立準備委員會開催新社長は松本知事？
228869	朝鮮朝日	南鮮版	1932-10-27	1	01단	京城を中心に始まり相な溫泉合戰溫陽、白川兩溫泉が對立火花散る宣傳戰
228870	朝鮮朝日	南鮮版	1932-10-27	1	03단	富田翁銅像除幕式
228871	朝鮮朝日	南鮮版	1932-10-27	1	03단	産卵共進會で萬丈の氣を吐く田中一郎氏の愛鷄一組共進個體共進で優勝
228872	朝鮮朝日	南鮮版	1932-10-27	1	04단	リーグ戰延期
228873	朝鮮朝日	南鮮版	1932-10-27	1	04단	郵貯利下の原簿整理に早出居殘りで大童遞信局から相當の慰勞金
228874	朝鮮朝日	南鮮版	1932-10-27	1	04단	金塊密輸に緊急通牒嚴重取締る
228875	朝鮮朝日	南鮮版	1932-10-27	1	05단	國境對岸の不安一掃さる東邊道の匪賊大討伐避難線農ら原住地に歸還
228876	朝鮮朝日	南鮮版	1932-10-27	1	05단	朝鮮麥酒新社長小林氏に內定
228877	朝鮮朝日	南鮮版	1932-10-27	1	05단	京城郵便局臨時出張所
228878	朝鮮朝日	南鮮版	1932-10-27	1	05단	食牛の移出に力こぶを入れる肥育指導で肉量廿貫を增加新檢疫規則を機に
228879	朝鮮朝日	南鮮版	1932-10-27	1	05단	北風が身に泌みます
228880	朝鮮朝日	南鮮版	1932-10-27	1	06단	郵便所長會役員會
228881	朝鮮朝日	南鮮版	1932-10-27	1	06단	朝鮮硝子會社の設立も見るか朝鮮ビールの附帶事業とし總督府でも極力慫慂
228882	朝鮮朝日	南鮮版	1932-10-27	1	07단	樂浪古墳を盜掘出土品を賣る
228883	朝鮮朝日	南鮮版	1932-10-27	1	07단	釜山府の自力更生デー龍頭山神社廣場で

일련번호	판명		간행일	면	단수	기사명
228884	朝鮮朝日	南鮮版	1932-10-27	1	08단	職業學校生徒製作品卽賣展覽會
228885	朝鮮朝日	南鮮版	1932-10-27	1	08단	黃海道の降雹被害約四十九萬圓
228886	朝鮮朝日	南鮮版	1932-10-27	1	08단	僞大學生の下宿屋荒し取押へらる
228887	朝鮮朝日	南鮮版	1932-10-27	1	08단	無免許の上醉っ拂って人を轢き自動車を大破す交通戰線ギヤング
228888	朝鮮朝日	南鮮版	1932-10-27	1	09단	營利姦淫誘致と脅迫傷害で送局
228889	朝鮮朝日	南鮮版	1932-10-27	1	09단	僞造白銅を拾ふ
228890	朝鮮朝日	南鮮版	1932-10-27	1	09단	汽動車が貨車に激突負傷者十六名を出す
228891	朝鮮朝日	南鮮版	1932-10-27	1	10단	强盜殺人で身柄を送局
228892	朝鮮朝日	南鮮版	1932-10-27	1	10단	警官瀆職事件不服で控訴
228893	朝鮮朝日	南鮮版	1932-10-27	1	10단	もよほし(東萊高普繪畫展/馬越恭平翁歡迎會)
228894	朝鮮朝日	南鮮版	1932-10-27	1	10단	人(和田平一氏(新任山淸警察署長)/荒木加德氏(新任方魚津警部補)/渡邊慶南道知事/橫田五郎氏(元京城高等法院長)/番田登氏(新任釜山廳長)/小川好吉氏)
228895	朝鮮朝日	西北版	1932-10-27	1	01단	米價對策として低利資金融通極力籾の保管を行はしめる總數量十二、三萬石
228896	朝鮮朝日	西北版	1932-10-27	1	01단	价古介まで順調に進捗滿浦鎭線測量狀況古賀所長石野主任交々語る
228897	朝鮮朝日	西北版	1932-10-27	1	01단	滿浦鎭線試運轉廿九日に行ふ
228898	朝鮮朝日	西北版	1932-10-27	1	01단	總督に陳情
228899	朝鮮朝日	西北版	1932-10-27	1	01단	十月の小春日和
228900	朝鮮朝日	西北版	1932-10-27	1	02단	財務主任會議
228901	朝鮮朝日	西北版	1932-10-27	1	02단	相當廣範圍の面廢合を斷行行政區劃に大變更を來す地方課案を基本に
228902	朝鮮朝日	西北版	1932-10-27	1	03단	材價また値上げ
228903	朝鮮朝日	西北版	1932-10-27	1	03단	機業改良傳習會
228904	朝鮮朝日	西北版	1932-10-27	1	03단	順安農會開業
228905	朝鮮朝日	西北版	1932-10-27	1	04단	鮮産木炭の內地輸出平南炭好評
228906	朝鮮朝日	西北版	1932-10-27	1	04단	降雹の被害自力更生で救濟しない
228907	朝鮮朝日	西北版	1932-10-27	1	04단	淸物シーズンに白菜値上りお台所は恐慌時代着物よりも「キミチ」
228908	朝鮮朝日	西北版	1932-10-27	1	04단	咸南高地帶の馬鈴薯に天來の福音
228909	朝鮮朝日	西北版	1932-10-27	1	04단	財界不況で歲入減豫想新規事業はすべて見合せ豫算編成方針內示
228910	朝鮮朝日	西北版	1932-10-27	1	05단	滿洲人向きの鹽干魚が少ない大量の取引が目的管原咸南水産主豪土産話
228911	朝鮮朝日	西北版	1932-10-27	1	05단	戰傷兵三名原隊に歸還

일련번호	판명		간행일	면	단수	기사명
228912	朝鮮朝日	西北版	1932-10-27	1	05단	開城署射擊大會
228913	朝鮮朝日	西北版	1932-10-27	1	05단	樂浪博物館建設のため保存會所有地を賣却移轉登記で揉める
228914	朝鮮朝日	西北版	1932-10-27	1	06단	まづ早起と讀書を獎勵自力更生は廳員から
228915	朝鮮朝日	西北版	1932-10-27	1	06단	朝窒工場防空設備
228916	朝鮮朝日	西北版	1932-10-27	1	06단	戶稅を免除
228917	朝鮮朝日	西北版	1932-10-27	1	07단	步兵卅七旅團聯合秋季演習
228918	朝鮮朝日	西北版	1932-10-27	1	07단	鮮內の向學熱次第に高まる子供の教育だけはさせたいほがらかなはなし
228919	朝鮮朝日	西北版	1932-10-27	1	07단	傍聽禁止で公判を續行檢事の峻烈な論告懲役八月以上十年以下求刑
228920	朝鮮朝日	西北版	1932-10-27	1	07단	榮利姦淫誘致と脅迫傷害で送局
228921	朝鮮朝日	西北版	1932-10-27	1	08단	平壤鎭南浦間混載車利用近く責任噸數を樂々突破豫期以上の好成績
228922	朝鮮朝日	西北版	1932-10-27	1	08단	拾った小切手
228923	朝鮮朝日	西北版	1932-10-27	1	08단	貯金通帳指逃げ
228924	朝鮮朝日	西北版	1932-10-27	1	08단	新陽里の小火
228925	朝鮮朝日	西北版	1932-10-27	1	08단	二人組强盜
228926	朝鮮朝日	西北版	1932-10-27	1	09단	金塊十萬圓は沒收の模樣金塊密輸事件公判
228927	朝鮮朝日	西北版	1932-10-27	1	10단	するめを盜む
228928	朝鮮朝日	西北版	1932-10-27	1	10단	トラックに轢殺
228929	朝鮮朝日	西北版	1932-10-27	1	10단	樂浪古墳を盜掘出土品を賣る
228930	朝鮮朝日	西北版	1932-10-27	1	10단	半分は藁
228931	朝鮮朝日	西北版	1932-10-27	1	10단	老女の轢死
228932	朝鮮朝日	西北版	1932-10-27	1	10단	人(依田四郎少將(羅南混成旅團長)/小丸みめ子刀自(咸興刑務所長小丸源左衛門氏母堂))
228933	朝鮮朝日	南鮮版	1932-10-28	1	01단	不言實行で依賴心を排除自力更生の氣力を義成せよ民心作興の大運動
228934	朝鮮朝日	南鮮版	1932-10-28	1	01단	北鮮開拓の動脈鐵道は伸びる明年十月一齊に開通
228935	朝鮮朝日	南鮮版	1932-10-28	1	01단	京城商議改選混戰を豫想候補者續々と出馬一、二級とも定員超過確實
228936	朝鮮朝日	南鮮版	1932-10-28	1	01단	在滿同胞へ慰問品發送釜山愛婦會で
228937	朝鮮朝日	南鮮版	1932-10-28	1	02단	叺の生産販賣を徹底的に統制
228938	朝鮮朝日	南鮮版	1932-10-28	1	03단	有望な慶南の叺增産を計劃
228939	朝鮮朝日	南鮮版	1932-10-28	1	03단	昌慶苑の菊花眞盛り

일련번호	판명		간행일	면	단수	기사명
228940	朝鮮朝日	南鮮版	1932-10-28	1	04단	慶南初等校校長會日割
228941	朝鮮朝日	南鮮版	1932-10-28	1	04단	政府の米穀統制に絶對反對を決議內地關係方面と相呼應して全鮮米穀聯合會起つ
228942	朝鮮朝日	南鮮版	1932-10-28	1	04단	待望の鮮米買上げ來月から着手
228943	朝鮮朝日	南鮮版	1932-10-28	1	05단	昭和水利愈よ近く着工世界で第二の大水利事業國家的事業として力瘤
228944	朝鮮朝日	南鮮版	1932-10-28	1	05단	表彰される優良團體を慶南で詮考
228945	朝鮮朝日	南鮮版	1932-10-28	1	05단	市場に出た漢江千切好評を博す
228946	朝鮮朝日	南鮮版	1932-10-28	1	06단	明進舍へ篤志寄附
228947	朝鮮朝日	南鮮版	1932-10-28	1	06단	地主が次々に小作農に轉落農村更生の雄叫びをあぐ全鮮農業者大會で
228948	朝鮮朝日	南鮮版	1932-10-28	1	06단	町名改正や繫船場工事牧ノ島より陳情
228949	朝鮮朝日	南鮮版	1932-10-28	1	06단	宇垣總督新義州から朔州へ
228950	朝鮮朝日	南鮮版	1932-10-28	1	06단	遊廓カフエを片端から恐喝
228951	朝鮮朝日	南鮮版	1932-10-28	1	07단	女給さんに禮法の講習
228952	朝鮮朝日	南鮮版	1932-10-28	1	07단	支離滅裂の學生陸競界に聯盟設立の計劃が具體化す全鮮を打って一丸
228953	朝鮮朝日	南鮮版	1932-10-28	1	08단	爆藥を客造火傷を負ふ
228954	朝鮮朝日	南鮮版	1932-10-28	1	08단	小切手を盜む
228955	朝鮮朝日	南鮮版	1932-10-28	1	08단	金龜の愛人鮮內に潛入上海潛稱政府の密使
228956	朝鮮朝日	南鮮版	1932-10-28	1	08단	連子を蹴殺す
228957	朝鮮朝日	南鮮版	1932-10-28	1	08단	全北全南を中心のモヒ密輸團正體をつきとめるに苦心巧みなリレー取引
228958	朝鮮朝日	南鮮版	1932-10-28	1	08단	寺洞海軍の角鑛業部長小將に進級
228959	朝鮮朝日	南鮮版	1932-10-28	1	09단	指を切り鮮血を危篤の夫へ
228960	朝鮮朝日	南鮮版	1932-10-28	1	10단	渡船轉覆一家七名溺死一人も判らぬ
228961	朝鮮朝日	南鮮版	1932-10-28	1	10단	韓さん得意の愁心歌をレコードに吹込む
228962	朝鮮朝日	南鮮版	1932-10-28	1	10단	もよほし(慶南道第三回水稻多收穫品評會/在鄉軍人釜山聯合分會/慶南道警察部/京城マンドリン合奏會)
228963	朝鮮朝日	南鮮版	1932-10-28	1	10단	人(大羽榮次郎氏(總督府沙防係技師)/吉田鐵道局長/丸山浪彌代議士)
228964	朝鮮朝日	南鮮版	1932-10-28	1	10단	或る橫顔
228965	朝鮮朝日	西北版	1932-10-28	1	01단	國境警備を充實警官五百名を增員北鮮開拓と産業開發に努力宇垣總督の車中談
228966	朝鮮朝日	西北版	1932-10-28	1	01단	製陶燃料に無煙粉炭の使用無煙炭研究所の設置に奔走製陶界に貢獻する

일련번호	판명		간행일	면	단수	기사명
228967	朝鮮朝日	西北版	1932-10-28	1	01단	火保率引下貯金管理所西鮮實業家大會から要望書を關係要路に提出
228968	朝鮮朝日	西北版	1932-10-28	1	01단	西鮮視察總督日程
228969	朝鮮朝日	西北版	1932-10-28	1	02단	大地域包容の指導部落を設置多角的農業を指導獎勵する模範的理想農村へ
228970	朝鮮朝日	西北版	1932-10-28	1	03단	旅客も貨物も約半額に割引鐵道局で借入經營の价川線ダイヤグラム決る
228971	朝鮮朝日	西北版	1932-10-28	1	04단	寺洞海軍の角鑛業部長少將に進級
228972	朝鮮朝日	西北版	1932-10-28	1	04단	麵屋組合の協定が破れ十三錢から十錢に續々と値下げ斷行
228973	朝鮮朝日	西北版	1932-10-28	1	05단	素晴らしい靴下の賣行關稅關係で淸酒、林檎不振竹內商陳主任語る
228974	朝鮮朝日	西北版	1932-10-28	1	05단	宇垣總督新義州から朔州へ
228975	朝鮮朝日	西北版	1932-10-28	1	05단	紺碧の水中に燦と輝く寶石樂浪古墳から女の人骨發見龍宮御殿を想はす
228976	朝鮮朝日	西北版	1932-10-28	1	06단	平壤府の簡易府勢調查眞の府勢が判明する
228977	朝鮮朝日	西北版	1932-10-28	1	06단	北鮮開拓の動脈鐵道は伸びる明年十月一齊に開通
228978	朝鮮朝日	西北版	1932-10-28	1	06단	留守にするな戶締は嚴重盜難現場保存に主意沙里院署で自衛心を換起
228979	朝鮮朝日	西北版	1932-10-28	1	07단	列車震動調查
228980	朝鮮朝日	西北版	1932-10-28	1	08단	明治節に府政功勞者表彰式擧行
228981	朝鮮朝日	西北版	1932-10-28	1	08단	二千名に上る平壤の乞食積極的に狩り集め約五十名を身奇に送還
228982	朝鮮朝日	西北版	1932-10-28	1	08단	不言實行で依賴心を排除自力更生の氣力を養成せよ民心作興の大運動
228983	朝鮮朝日	西北版	1932-10-28	1	09단	渡船轉覆一家七名溺死體が判らぬ
228984	朝鮮朝日	西北版	1932-10-28	1	10단	農事改良資金貸出高三萬二百餘圓
228985	朝鮮朝日	西北版	1932-10-28	1	10단	韓さん得意の愁心歌をレコードに吹込む
228986	朝鮮朝日	西北版	1932-10-28	1	10단	本夫殺しが不服で控訴
228987	朝鮮朝日	西北版	1932-10-28	1	10단	少女の死體
228988	朝鮮朝日	西北版	1932-10-28	1	10단	もよほし(京城延禧專門學校普絃團)
228989	朝鮮朝日	南鮮版	1932-10-29	1	01단	曲りなりにも編成の目鼻がつく新事業は局限、財源は公債に總督府明年度豫算
228990	朝鮮朝日	南鮮版	1932-10-29	1	01단	光榮に浴する唯一の朝鮮人畏し御紋菓御下賜篤行者の譽れ義僕徐光斗君
228991	朝鮮朝日	南鮮版	1932-10-29	1	01단	李王殿下御復常

일련번호	판명		간행일	면	단수	기사명
228992	朝鮮朝日	南鮮版	1932-10-29	1	01단	斷然他を壓する素晴らしい逸品全南中興山城から來た石燈石燈籠藝術の極致
228993	朝鮮朝日	南鮮版	1932-10-29	1	02단	列車の增發とスピードアップ釜山運事管內で行ふ
228994	朝鮮朝日	南鮮版	1932-10-29	1	04단	菊花展覽會
228995	朝鮮朝日	南鮮版	1932-10-29	1	04단	明治節の住辰を卜し在鄉軍人全鮮大會朝鮮神宮內で盛大に擧行
228996	朝鮮朝日	南鮮版	1932-10-29	1	04단	標石を立て慶州古墳の保存を期す
228997	朝鮮朝日	南鮮版	1932-10-29	1	05단	塹壕同然の釜山の道路ガス管地下線の整理
228998	朝鮮朝日	南鮮版	1932-10-29	1	05단	京城商議所最後の總會
228999	朝鮮朝日	南鮮版	1932-10-29	1	05단	二級は無競爭一級は定員超過京城商議員の選擧
229000	朝鮮朝日	南鮮版	1932-10-29	1	06단	國民精神作興詔書奉讀式擧行精神的奮起を促すために京畿道各官廳學校
229001	朝鮮朝日	南鮮版	1932-10-29	1	06단	滿洲水害の救濟義捐金釜山より送付
229002	朝鮮朝日	南鮮版	1932-10-29	1	07단	町總代を表彰
229003	朝鮮朝日	南鮮版	1932-10-29	1	07단	若草町に京城一の夜店街を作る話が出來上る
229004	朝鮮朝日	南鮮版	1932-10-29	1	08단	朝鮮警官の服制改正案拓務省をパス
229005	朝鮮朝日	南鮮版	1932-10-29	1	08단	朝鮮劇場突如開鎖
229006	朝鮮朝日	南鮮版	1932-10-29	1	08단	輸血も酸素吸入も現場で出來る航空救急用自動車來る平壤飛行隊に配屬
229007	朝鮮朝日	南鮮版	1932-10-29	1	09단	鐵道局永年勤續者表彰式擧行
229008	朝鮮朝日	南鮮版	1932-10-29	1	09단	本年の春蠶狀況八千石を增加
229009	朝鮮朝日	南鮮版	1932-10-29	1	09단	天然痘患者九名發生す京城府外梨泰院に
229010	朝鮮朝日	南鮮版	1932-10-29	1	09단	もよほし(釜山浮世檜展覽會)
229011	朝鮮朝日	南鮮版	1932-10-29	1	10단	對署試合に大田署優勝
229012	朝鮮朝日	南鮮版	1932-10-29	1	10단	全滿鐵軍來る
229013	朝鮮朝日	南鮮版	1932-10-29	1	10단	强盜に襲はれたと虛僞の申告
229014	朝鮮朝日	南鮮版	1932-10-29	1	10단	マンドリン演奏會
229015	朝鮮朝日	南鮮版	1932-10-29	1	10단	人(近藤常尙氏(總督府保安課長)/上田慶南道土木課長/元橋曉太郎氏(釜山檢事局檢事)/藤川虎男氏(新任慶南道警察部圖書主任)/星野考太郎氏(新任釜山水上署警部補)/酒卷官內省書記官/吉田鐵道局長/新任大田運輸事務所長大和田福德氏)

일련번호	판명		간행일	면	단수	기사명
229016	朝鮮朝日	西北版	1932-10-29	1	01단	曲りなりにも編成の日鼻がつく新事業は局限、財源は公債に總督府明年度豫算
229017	朝鮮朝日	西北版	1932-10-29	1	01단	多年の念願、産繭五萬石を突破明春三月盛大に祝賀式擧行前年比五千餘石增
229018	朝鮮朝日	西北版	1932-10-29	1	01단	李王殿下御復常
229019	朝鮮朝日	西北版	1932-10-29	1	01단	斷然他を壓する素晴らしい逸品全南中興山城から來た石燈石燈籠藝術の極致
229020	朝鮮朝日	西北版	1932-10-29	1	02단	淸津府の凱旋將士歡迎會來月二日盛大に擧行
229021	朝鮮朝日	西北版	1932-10-29	1	02단	汚物淸潔の作業に改革
229022	朝鮮朝日	西北版	1932-10-29	1	03단	貞柏里の古墳から眞紅の絹切發見
229023	朝鮮朝日	西北版	1932-10-29	1	04단	隔離病舍竣工
229024	朝鮮朝日	西北版	1932-10-29	1	04단	從來の輸出品は更に一段の進出織物、窯業製品、栗、玩具類など將來滿洲輸出有望
229025	朝鮮朝日	西北版	1932-10-29	1	04단	鴨綠江産原木の內地向大量出荷新義州木材市場活況
229026	朝鮮朝日	西北版	1932-10-29	1	05단	滿洲國人向玩具の製作將來を有望視さる
229027	朝鮮朝日	西北版	1932-10-29	1	05단	一路農村の自力更生に努力する
229028	朝鮮朝日	西北版	1932-10-29	1	06단	自魚製造組合を法人組織とし組合長理事を選任大に明年度の活躍に備る
229029	朝鮮朝日	西北版	1932-10-29	1	06단	光榮に浴する唯一の朝鮮人晃し御紋菓御下賜篤行者の譽れ義僕徐光斗君
229030	朝鮮朝日	西北版	1932-10-29	1	07단	臨江縣で討匪中我軍死傷二名
229031	朝鮮朝日	西北版	1932-10-29	1	07단	高麗靑年共産黨首魁ちかく送局
229032	朝鮮朝日	西北版	1932-10-29	1	08단	匪禍に斃れた米人宣敎師告別式執行
229033	朝鮮朝日	西北版	1932-10-29	1	08단	朝鮮共産黨治維法違反朴文秉ら五名判決
229034	朝鮮朝日	西北版	1932-10-29	1	08단	鮮米買上げは一時的の押へで內地移入を防止するに過ぎぬ尾崎鎭南浦穀檢所長語る
229035	朝鮮朝日	西北版	1932-10-29	1	09단	組合長遺擧の南金組總會大橋氏當選
229036	朝鮮朝日	西北版	1932-10-29	1	09단	早起のサイレン
229037	朝鮮朝日	西北版	1932-10-29	1	09단	匪賊のため監禁された長谷川巡査部長外五名救出さる
229038	朝鮮朝日	西北版	1932-10-29	1	10단	本年の春蠶狀況八十石を增加
229039	朝鮮朝日	西北版	1932-10-29	1	10단	金庫泥捕はる
229040	朝鮮朝日	西北版	1932-10-29	1	10단	二人組强盜の片割捕はる
229041	朝鮮朝日	西北版	1932-10-29	1	10단	三人組强盜また現はる

일련번호	판명		간행일	면	단수	기사명
229042	朝鮮朝日	南鮮版	1932-10-30	1	01단	二萬餘町步の干畓が全部美田に半島土地改良事業の一轉機九年から着工する昭和水利大工事
229043	朝鮮朝日	南鮮版	1932-10-30	1	01단	京仁間快速列車運轉に難色漂ふ望めぬ滿足なスピードアップ宣傳の手前弱り拔く
229044	朝鮮朝日	南鮮版	1932-10-30	1	01단	五信託會社の意向を廳く大信託設立を控へ一部の非難に鑑みて
229045	朝鮮朝日	南鮮版	1932-10-30	1	01단	兵制發布記念行事大々的に行ふ
229046	朝鮮朝日	南鮮版	1932-10-30	1	02단	部落集團的甘藷の栽培好成績を擧ぐ
229047	朝鮮朝日	南鮮版	1932-10-30	1	03단	觀菊御會の御召に感泣
229048	朝鮮朝日	南鮮版	1932-10-30	1	03단	ぽかぽかと續く秋日和昨年より八度暖い
229049	朝鮮朝日	南鮮版	1932-10-30	1	04단	風樹産組出張所開設
229050	朝鮮朝日	南鮮版	1932-10-30	1	04단	忠南長項へ電話を開始
229051	朝鮮朝日	南鮮版	1932-10-30	1	04단	收穫皆無地の免稅額四十餘萬圓に
229052	朝鮮朝日	南鮮版	1932-10-30	1	04단	記念章を贈る
229053	朝鮮朝日	南鮮版	1932-10-30	1	05단	會頭問題で成行を注視結局は賀田氏を推す一級候補は定員超過三名
229054	朝鮮朝日	南鮮版	1932-10-30	1	05단	人事異動など早急にはやらぬなすべき事業が澤山ある吉田鐵道局長歸來談
229055	朝鮮朝日	南鮮版	1932-10-30	1	05단	農林省米穀部朝鮮出張所店をひらく
229056	朝鮮朝日	南鮮版	1932-10-30	1	06단	産業資金貸出高
229057	朝鮮朝日	南鮮版	1932-10-30	1	06단	電動力料金の引下を要望工漿クラブから
229058	朝鮮朝日	南鮮版	1932-10-30	1	06단	明眼な秋に背く血みどろな金の爭鬪著しく殖えて來た十月中の民事訴訟
229059	朝鮮朝日	南鮮版	1932-10-30	1	07단	教育功勞者表彰式府教育會で
229060	朝鮮朝日	南鮮版	1932-10-30	1	07단	牧島渡船の運航一部廢止
229061	朝鮮朝日	南鮮版	1932-10-30	1	08단	塒は橋の下小ギャング無教育だが頗る狡猾何れも十四歲以下だと嘯く
229062	朝鮮朝日	南鮮版	1932-10-30	1	08단	一部積立金の費途が問題組合長、會計を抱引群山商船組に司直の手
229063	朝鮮朝日	南鮮版	1932-10-30	1	08단	スポーツ(釜山中等學校野球リーグ組合せ決定)
229064	朝鮮朝日	南鮮版	1932-10-30	1	09단	京日社長に時實氏就任
229065	朝鮮朝日	南鮮版	1932-10-30	1	09단	DK二重放送試驗は不良
229066	朝鮮朝日	南鮮版	1932-10-30	1	09단	放火して現金を盜む
229067	朝鮮朝日	南鮮版	1932-10-30	1	10단	巨濟島沖で密漁船捕るマイトを押收
229068	朝鮮朝日	南鮮版	1932-10-30	1	10단	赤い逃亡者七名を檢擧
229069	朝鮮朝日	南鮮版	1932-10-30	1	10단	御紋菓拜受の徐光斗君

일련번호	판명		간행일	면	단수	기사명
229070	朝鮮朝日	南鮮版	1932-10-30	1	10단	もよほし(第七回婦人修養講習會/高等副業講習會/清州高等女學校音樂會/鐵道局々友會釜山支部園藝部/釜山公立中學校/慶南道東萊邑/署長會議と武道大會/財務主任會議)
229071	朝鮮朝日	南鮮版	1932-10-30	1	10단	人(川島朝鮮軍司令官/咸南水産技師/都甲巖太郎氏(新任殖銀支店長代理)/弓倉繁家氏(大阪帝大教授)/鎭海商船學校內地修學旅行團)
229072	朝鮮朝日	西北版	1932-10-30	1	01단	順川と泉洞間一日より開通沿線は鐵、金、米の寶庫だわれらの滿浦鎭線
229073	朝鮮朝日	西北版	1932-10-30	1	01단	人事異動など早急にはやらぬなすべき事業が澤山ある吉田鐵道局長歸來談
229074	朝鮮朝日	西北版	1932-10-30	1	01단	産組組織の機運高まる續々と設置を申請當局でも普及發達を計る
229075	朝鮮朝日	西北版	1932-10-30	1	01단	咸南でも椎茸が立派も育つ
229076	朝鮮朝日	西北版	1932-10-30	1	01단	平壤聯隊へ感謝す探木公司から
229077	朝鮮朝日	西北版	1932-10-30	1	02단	林振青が歸順の申出
229078	朝鮮朝日	西北版	1932-10-30	1	02단	美しき友情發露安井祕書課長北行の車中で友の好評を聞き痛飮感喜
229079	朝鮮朝日	西北版	1932-10-30	1	03단	窮民救療の救急箱設置診療券配布
229080	朝鮮朝日	西北版	1932-10-30	1	03단	實現覺束なし但し學務局では要求中平師の附屬普通校
229081	朝鮮朝日	西北版	1932-10-30	1	03단	引込線の工事が遲延鎭南浦石炭積込工事
229082	朝鮮朝日	西北版	1932-10-30	1	04단	もよほし(署長會議と武道大會/財務主任會議)
229083	朝鮮朝日	西北版	1932-10-30	1	04단	無免許で罌粟を栽培阿片を密造
229084	朝鮮朝日	西北版	1932-10-30	1	04단	慶北の秋蠶稀有の豊作産繭額三萬七千餘石百餘萬の金が農民の懷へ
229085	朝鮮朝日	西北版	1932-10-30	1	05단	統制ある體育團體の組織を獎勵
229086	朝鮮朝日	西北版	1932-10-30	1	06단	施工年限延長で財務局を通過す水道擴張工事は削除の悲運平壤の第三期都計
229087	朝鮮朝日	西北版	1932-10-30	1	06단	內務局が極力査定通過に努む平壤府廳舍新築案
229088	朝鮮朝日	西北版	1932-10-30	1	06단	官舍に侵入
229089	朝鮮朝日	西北版	1932-10-30	1	07단	五年を求刑
229090	朝鮮朝日	西北版	1932-10-30	1	07단	創立當時の不正暴露か專務ら三名引致さる
229091	朝鮮朝日	西北版	1932-10-30	1	07단	自殺と判明

일련번호	판명		간행일	면	단수	기사명
229092	朝鮮朝日	西北版	1932-10-30	1	08단	平醫講の遠征
229093	朝鮮朝日	西北版	1932-10-30	1	08단	黃海道の降雹被害額四十九萬六千餘圓
229094	朝鮮朝日	西北版	1932-10-30	1	08단	列車に投石
229095	朝鮮朝日	西北版	1932-10-30	1	08단	居直り强盜主犯捕はる
229096	朝鮮朝日	西北版	1932-10-30	1	09단	塒は橋の下小ギャング無敎育だが顔る 狡猾何れも十四歲以下だと囑く
229097	朝鮮朝日	西北版	1932-10-30	1	09단	放火して現金を盜む
229098	朝鮮朝日	西北版	1932-10-30	1	10단	巨濟島沖で密漁船捕るマイトを押收
229099	朝鮮朝日	西北版	1932-10-30	1	10단	ギャング事件
229100	朝鮮朝日	西北版	1932-10-30	1	10단	樂禮/柳京小話

1932년 11월 (조선아사히)

일련번호	판명		간행일	면	단수	기사명
229101	朝鮮朝日	南鮮版	1932-11-01	1	01단	愈よ白日の下に裁きを待つ談合事件府廳疑獄事件と共に結審公判は明春早々か/暑休も取らずブッ通しの忙しさ吉川津村兩豫審判事の苦心
229102	朝鮮朝日	南鮮版	1932-11-01	1	01단	李王垠殿下御快癒
229103	朝鮮朝日	南鮮版	1932-11-01	1	04단	人(上田慶南道土木課長/大邱女子高普內地旅行團)
229104	朝鮮朝日	南鮮版	1932-11-01	1	04단	謝介石氏に感謝狀人蔘を贈呈
229105	朝鮮朝日	南鮮版	1932-11-01	1	05단	南鮮ところどころ(春川/浦項/仁川)
229106	朝鮮朝日	南鮮版	1932-11-01	1	05단	教科書改訂時代色を加味して
229107	朝鮮朝日	南鮮版	1932-11-01	1	07단	うすら寒い街頭風景　一杯機嫌の男牛諸共漢江へ/女學校荒し散々搔廻し逃走/萬引して妓生に入揚ぐ/窓硝子を盗む/モヒ中毒老人の怪死被害者は家持ち/京城ホテル怪盗事件犯人鹿兒島で逮捕さる/電線泥棒が感電卽死釜山南富民町で
229108	朝鮮朝日	南鮮版	1932-11-01	1	07단	齒科醫專優勝す第七回陸上競技の盛觀
229109	朝鮮朝日	南鮮版	1932-11-01	1	07단	釜山の軟式野球リーグ
229110	朝鮮朝日	南鮮版	1932-11-01	1	09단	樂觀出來ぬ京城商議選擧
229111	朝鮮朝日	南鮮版	1932-11-01	1	09단	もよほし(奉祝明治節の夕/齒科醫學總會/都山流尺八演奏/稅務財務主任會議)
229112	朝鮮朝日	南鮮版	1932-11-01	1	10단	靴下工の爭議解決す
229113	朝鮮朝日	西北版	1932-11-01	1	01단	八百萬圓からの勞銀が撒布される不況などはケシ飛ぶだらう好轉した昭和水利
229114	朝鮮朝日	西北版	1932-11-01	1	01단	斷然格安の永興縮緬がミス朝鮮の需要は勿論海外市場に手を延ばす
229115	朝鮮朝日	西北版	1932-11-01	1	01단	國境巡視の總督の動靜
229116	朝鮮朝日	西北版	1932-11-01	1	01단	李王垠殿下御快癒
229117	朝鮮朝日	西北版	1932-11-01	1	02단	稅關長大異動接收當時難局に善處した松原氏離安を惜まる
229118	朝鮮朝日	西北版	1932-11-01	1	03단	平南産蛤で鑵詰を製造桑田氏が計劃
229119	朝鮮朝日	西北版	1932-11-01	1	04단	軍隊を見學
229120	朝鮮朝日	西北版	1932-11-01	1	04단	移住鮮農救濟滿洲地主が
229121	朝鮮朝日	西北版	1932-11-01	1	04단	叛將王德林を生捕にする我が派遣軍で計劃結氷期を待たず大討伐
229122	朝鮮朝日	西北版	1932-11-01	1	04단	全鮮土木界に空前の大旋風談合事件、府廳疑獄事件結審公判は明春早々か(土木談合關係/府廳瀆職關係/恐喝關係)
229123	朝鮮朝日	西北版	1932-11-01	1	05단	大繁昌の無料宿泊所

일련번호	판명		간행일	면	단수	기사명
229124	朝鮮朝日	西北版	1932-11-01	1	05段	無煙炭移出非常に活況大賑ひの保山
229125	朝鮮朝日	西北版	1932-11-01	1	06段	大同江の巖礁を取除く保山から石湖亭の遡江が可能となる
229126	朝鮮朝日	西北版	1932-11-01	1	06段	謝介石氏に感謝狀人蔘を贈呈
229127	朝鮮朝日	西北版	1932-11-01	1	06段	時代の潮に乗る輕銀工業と平南日本一の原料生産地抽出方法も目鼻がつく
229128	朝鮮朝日	西北版	1932-11-01	1	07段	生徒が寄附
229129	朝鮮朝日	西北版	1932-11-01	1	07段	安東縣治安維持會生る會長以下役員決る
229130	朝鮮朝日	西北版	1932-11-01	1	08段	朝食ナンセンス
229131	朝鮮朝日	西北版	1932-11-01	1	08段	愈よ三日から空中寫眞測量八八式偵察機にて滿浦鎭線の測量
229132	朝鮮朝日	西北版	1932-11-01	1	09段	浴場荒し
229133	朝鮮朝日	西北版	1932-11-01	1	09段	値下は中止名物平壤ソバ
229134	朝鮮朝日	西北版	1932-11-01	1	10段	沙里院競馬盛況を呈す
229135	朝鮮朝日	西北版	1932-11-01	1	10段	樂禮/柳京小話
229136	朝鮮朝日	南鮮版	1932-11-02	1	01段	當選者達の晴やかな顔新令實施後最初の京城商議選擧開票/棄權率は二割三分の成績
229137	朝鮮朝日	南鮮版	1932-11-02	1	01段	談合事件を裁く人々は？荻昌德氏の裁判長に立會は俊敏の早田次席檢事との說
229138	朝鮮朝日	南鮮版	1932-11-02	1	01段	大信託創立と既設會社合併問題
229139	朝鮮朝日	南鮮版	1932-11-02	1	01段	宇垣總督平壤各地視察
229140	朝鮮朝日	南鮮版	1932-11-02	1	02段	江口沖に秋鯖の大群漁獲五十一萬尾/鮭もぞくぞく五十川を遡江
229141	朝鮮朝日	南鮮版	1932-11-02	1	03段	巢立った農業實習生
229142	朝鮮朝日	南鮮版	1932-11-02	1	03段	明治節に町總代組長表彰
229143	朝鮮朝日	南鮮版	1932-11-02	1	04段	漸く目鼻がついた總督府の豫算總額二億四千五百萬圓新規計劃は極度に切捨て
229144	朝鮮朝日	南鮮版	1932-11-02	1	05段	表彰される消防功勞者
229145	朝鮮朝日	南鮮版	1932-11-02	1	05段	間島出動部隊の勞苦を想へ軍司令部から映畵技師を派遣して奮鬪振りを撮影
229146	朝鮮朝日	南鮮版	1932-11-02	1	06段	光榮の黑住氏觀菊御會に召さる
229147	朝鮮朝日	南鮮版	1932-11-02	1	06段	貸出金利の引下げ拒絕？
229148	朝鮮朝日	南鮮版	1932-11-02	1	07段	馬山高女體操演習會
229149	朝鮮朝日	南鮮版	1932-11-02	1	07段	光穀倉庫總會
229150	朝鮮朝日	南鮮版	1932-11-02	1	08段	防火宣傳デーに馬山の大火全燒七棟半燒二棟
229151	朝鮮朝日	南鮮版	1932-11-02	1	08段	觀楓期も終りお次はスキーで「外金剛」へお客を吸收する鐵道局のプラン

일련번호	판명		간행일	면	단수	기사명
229152	朝鮮朝日	南鮮版	1932-11-02	1	08단	もよほし(秋季美術展覽會)
229153	朝鮮朝日	南鮮版	1932-11-02	1	10단	京電にモダンな女案內人
229154	朝鮮朝日	南鮮版	1932-11-02	1	10단	漢江橋上でバス激突乘客一名卽死三名重傷
229155	朝鮮朝日	南鮮版	1932-11-02	1	10단	スポーツ(釜山軟式野球リーグ(二日目))
229156	朝鮮朝日	南鮮版	1932-11-02	1	10단	人(兒島總督府理財課長)
229157	朝鮮朝日	西北版	1932-11-02	1	01단	四問題を中心に總督の留意を喚起平壤より一路、湯の街陽德へ平元豫定線を視察(昭和水利/平醫講昇格/大同江改修/平元鐵道)
229158	朝鮮朝日	西北版	1932-11-02	1	02단	對滿貿易生産に地步を失ふ平壤當初の樂觀說も今は悲觀へ今後の推移に注目
229159	朝鮮朝日	西北版	1932-11-02	1	04단	五戰傷兵歸る
229160	朝鮮朝日	西北版	1932-11-02	1	04단	多忙な平壤局
229161	朝鮮朝日	西北版	1932-11-02	1	04단	更に特定割引し鐵道に吸集する積込場の新設に伴ふ大勉强陸と河の運炭競爭
229162	朝鮮朝日	西北版	1932-11-02	1	05단	開城鄕軍時局大會明治節に
229163	朝鮮朝日	西北版	1932-11-02	1	05단	大同江改修年限短縮平壤醫講昇格は十分考慮宇垣總督問題を語る
229164	朝鮮朝日	西北版	1932-11-02	1	05단	ピッチ割引
229165	朝鮮朝日	西北版	1932-11-02	1	05단	民心作興、自力更生の熱と意氣を喚起關水知事が自ら先頭に立つ咸南道の敎化運動
229166	朝鮮朝日	西北版	1932-11-02	1	06단	聖旨を奉體し廣く窮民に施療咸南の實施計劃成る
229167	朝鮮朝日	西北版	1932-11-02	1	06단	町里組合長を表彰三日平壤で
229168	朝鮮朝日	西北版	1932-11-02	1	06단	和解を要望金鑛損害事件
229169	朝鮮朝日	西北版	1932-11-02	1	07단	米穀運送に特別割引制嶺美、南浦間に實施その他も考慮中
229170	朝鮮朝日	西北版	1932-11-02	1	07단	捨てられた金庫
229171	朝鮮朝日	西北版	1932-11-02	1	07단	五十錢銀貨僞造犯三名元山署で逮捕
229172	朝鮮朝日	西北版	1932-11-02	1	08단	銀行で掘る
229173	朝鮮朝日	西北版	1932-11-02	1	08단	風巖洞で共匪と激戰古家巡査名譽の戰死賊團は大損害を受け敗走
229174	朝鮮朝日	西北版	1932-11-02	1	09단	刑務所に服役中の家人を欺き金品を詐取
229175	朝鮮朝日	西北版	1932-11-02	1	09단	精神病者の實父を撲殺迷信的に治療せんとして麻繩で手足を縛り
229176	朝鮮朝日	西北版	1932-11-02	1	09단	敗走の兵匪ら變じてコソ泥以前に增して橫行國境警備の多忙

일련번호	판명		간행일	면	단수	기사명
229177	朝鮮朝日	西北版	1932-11-02	1	10단	樂禮/柳京小話
229178	朝鮮朝日	南鮮版	1932-11-03	1	01단	蘇へる數萬の窮民全鮮に亙って投ぜられる回生のライフ・ブイ恩賜金による救療事業始まる
229179	朝鮮朝日	南鮮版	1932-11-03	1	01단	近く公認される鮮內の六競馬場明年の春競馬から地方競馬は全部禁止
229180	朝鮮朝日	南鮮版	1932-11-03	1	02단	輕費診療陳情朝鮮人總代から
229181	朝鮮朝日	南鮮版	1932-11-03	1	02단	慶南の旱害地救濟對策水利工事や種穀に給與
229182	朝鮮朝日	南鮮版	1932-11-03	1	03단	棧橋引込と釜山鎭延長申請
229183	朝鮮朝日	南鮮版	1932-11-03	1	03단	滿鮮産玉蜀黍を原料に使用する鐵道局へ運賃割引方を陳情コーン會社で買付
229184	朝鮮朝日	南鮮版	1932-11-03	1	04단	秋季軟式野球戰
229185	朝鮮朝日	南鮮版	1932-11-03	1	04단	松月視學の視察
229186	朝鮮朝日	南鮮版	1932-11-03	1	04단	晉州學校組合と管理問題紛糾
229187	朝鮮朝日	南鮮版	1932-11-03	1	04단	皇軍の武威に國境平靜を回復鮮農續々對岸に歸還
229188	朝鮮朝日	南鮮版	1932-11-03	1	04단	米穀統制反對各取引所の委員上京
229189	朝鮮朝日	南鮮版	1932-11-03	1	05단	南鮮ところどころ(淸州/裡里/大邱/大田/仁川)
229190	朝鮮朝日	南鮮版	1932-11-03	1	05단	洛東江改修の敷地買收と補償明年度經費二百十萬圓
229191	朝鮮朝日	南鮮版	1932-11-03	1	05단	各河川改修や港灣の修築明年度に計上される慶南の土木新事業
229192	朝鮮朝日	南鮮版	1932-11-03	1	05단	慶南道で面の廢合明年より實施
229193	朝鮮朝日	南鮮版	1932-11-03	1	06단	警戒網を潛る共産黨の一味首魁韓某をはじめことごとく逮捕さる
229194	朝鮮朝日	南鮮版	1932-11-03	1	07단	定期航空記念スタンプ
229195	朝鮮朝日	南鮮版	1932-11-03	1	07단	現業員に多い呼吸器病患者遞信局の不健康統計
229196	朝鮮朝日	南鮮版	1932-11-03	1	07단	授業料を稼ぐために團栗檪の種子を採集滯納完納で父兄側も大喜び
229197	朝鮮朝日	南鮮版	1932-11-03	1	08단	釜山觀光協會設立の計劃積極的に旅客誘致
229198	朝鮮朝日	南鮮版	1932-11-03	1	08단	若草觀音に夜店毎月十八日に開く
229199	朝鮮朝日	南鮮版	1932-11-03	1	09단	闇の中から飛出した僞刑事
229200	朝鮮朝日	南鮮版	1932-11-03	1	09단	金を奪ひ酒を飮み悠々立去った二人組の强盜
229201	朝鮮朝日	南鮮版	1932-11-03	1	10단	釜山營業所の荷主懇談會

일련번호	판명		간행일	면	단수	기사명
229202	朝鮮朝日	南鮮版	1932-11-03	1	10단	電車に衝突
229203	朝鮮朝日	南鮮版	1932-11-03	1	10단	幼兒燒死ぬ慶山の火事
229204	朝鮮朝日	南鮮版	1932-11-03	1	10단	疑問の死體
229205	朝鮮朝日	南鮮版	1932-11-03	1	10단	もよほし(秋季射擊會/釜山化粧品組合總會/道廳軍歡迎庭球/鐵道弓道大會)
229206	朝鮮朝日	南鮮版	1932-11-03	1	10단	或る横顔
229207	朝鮮朝日	西北版	1932-11-03	1	01단	籾五十萬石の收量增加となる用水路の總延長は約二百里昭和水利計劃概要
229208	朝鮮朝日	西北版	1932-11-03	1	01단	貨客の減少で算盤に大狂ひ十月末迄に卅二萬圓の赤字穴埋めに頭痛鉢卷
229209	朝鮮朝日	西北版	1932-11-03	1	01단	鹽藏タンクで魚價を調節漢川港に十個新設まづ試驗的意味で
229210	朝鮮朝日	西北版	1932-11-03	1	01단	日滿學童交歡展大和校で開催
229211	朝鮮朝日	西北版	1932-11-03	1	02단	大行李は進まず軍馬は傷づく兵卒の辛苦は竝大抵でない徹底した匪賊の掠奪振り
229212	朝鮮朝日	西北版	1932-11-03	1	03단	國防思想普及大講演會
229213	朝鮮朝日	西北版	1932-11-03	1	03단	匪賊約四百船口を襲擊全村を燒拂ふ
229214	朝鮮朝日	西北版	1932-11-03	1	04단	農事改良懇談會
229215	朝鮮朝日	西北版	1932-11-03	1	04단	凱旋勇士を迎へて歡喜に沸き返る清津で盛大な祝賀會
229216	朝鮮朝日	西北版	1932-11-03	1	04단	授業料を稼ぐために團栗櫟の種子を採集滯納完納で父兄側も大喜び
229217	朝鮮朝日	西北版	1932-11-03	1	04단	滿洲最初の日本語敎師
229218	朝鮮朝日	西北版	1932-11-03	1	05단	總督に陳情
229219	朝鮮朝日	西北版	1932-11-03	1	05단	幹線道路完成し近く竣工式
229220	朝鮮朝日	西北版	1932-11-03	1	05단	朝鮮最初の環狀線平壤運事で回遊券發賣
229221	朝鮮朝日	西北版	1932-11-03	1	06단	滿鮮産玉蜀黍を原料に使用する鐵道局へ運賃割引方を陳情コーン會社で買付
229222	朝鮮朝日	西北版	1932-11-03	1	06단	華麗なポーズ菊の秋自慢の菊花展
229223	朝鮮朝日	西北版	1932-11-03	1	06단	引込線を敷設し採掘を開始
229224	朝鮮朝日	西北版	1932-11-03	1	06단	實費五圓で樂々と安産朝鮮人に宣傳する
229225	朝鮮朝日	西北版	1932-11-03	1	07단	瑞氣山に集合し國旗揭揚式擧行
229226	朝鮮朝日	西北版	1932-11-03	1	07단	靴下タオルなどを盜む
229227	朝鮮朝日	西北版	1932-11-03	1	07단	電柱を切り倒し枕木を燒拂ふ鳳凰城に大部隊の匪賊襲來日滿軍警隊で擊退
229228	朝鮮朝日	西北版	1932-11-03	1	08단	蘇生する數萬の窮民全鮮に互って投ぜられる回生のライフヴイ
229229	朝鮮朝日	西北版	1932-11-03	1	08단	价古介と熙川間測量を完成

일련번호	판명		간행일	면	단수	기사명
229230	朝鮮朝日	西北版	1932-11-03	1	08단	二人組強盗
229231	朝鮮朝日	西北版	1932-11-03	1	09단	卵を盗む
229232	朝鮮朝日	西北版	1932-11-03	1	09단	林檎畑を荒す
229233	朝鮮朝日	西北版	1932-11-03	1	10단	醉拂って暴行
229234	朝鮮朝日	西北版	1932-11-03	1	10단	平壤署の不良狩り
229235	朝鮮朝日	西北版	1932-11-03	1	10단	もよほし(全安東弓道大會)
229236	朝鮮朝日	西北版	1932-11-03	1	10단	人(酒卷宮內書記官)
229237	朝鮮朝日	西北版	1932-11-03	1	10단	樂禮/柳京小話
229238	朝鮮朝日	南鮮版	1932-11-04	1	01단	菊薰る・各地の奉祝明治節にさまざまの催し　朝鮮神宮の奉祝/宇垣總督等拜賀/軍司令部その他/釜山の奉祝デー/鄉軍全鮮大會堂々たる宣言決議の後府內をトラック行進/菊花特選朝鮮神宮奉獻菊花にそれぞれ授賞
229239	朝鮮朝日	南鮮版	1932-11-04	1	01단	東拓の希望なら干瀉は再免許二千町步を放棄するのは勿體ない
229240	朝鮮朝日	南鮮版	1932-11-04	1	01단	米穀研究會の統制案對策
229241	朝鮮朝日	南鮮版	1932-11-04	1	01단	素裸の人生モンタージュ一塊の沙金千三百石の土地保險金欲しさの病妻毒殺事件/(その一)/(その二)/(その三)
229242	朝鮮朝日	南鮮版	1932-11-04	1	02단	殖銀延滯日步引下
229243	朝鮮朝日	南鮮版	1932-11-04	1	03단	宇垣總督歸任
229244	朝鮮朝日	南鮮版	1932-11-04	1	03단	忠淸南道で民心作興運動
229245	朝鮮朝日	南鮮版	1932-11-04	1	04단	全滿鐵ラグビー入城
229246	朝鮮朝日	南鮮版	1932-11-04	1	04단	今年は釜山消防組創設三十五年六日記念式消防演習と多數の勤續者表彰
229247	朝鮮朝日	南鮮版	1932-11-04	1	04단	南鮮ところどころ(木浦/公州/裡里/光州/大田/大邱/仁川)
229248	朝鮮朝日	南鮮版	1932-11-04	1	05단	明進舍製作品を廉價で卽賣
229249	朝鮮朝日	南鮮版	1932-11-04	1	05단	慶北の密林に林道開設
229250	朝鮮朝日	南鮮版	1932-11-04	1	06단	全南棉花の入札
229251	朝鮮朝日	南鮮版	1932-11-04	1	07단	第二高普のコート開き
229252	朝鮮朝日	南鮮版	1932-11-04	1	07단	財務協會の記念事業
229253	朝鮮朝日	南鮮版	1932-11-04	1	07단	米穀統制案と大邱の反對熱
229254	朝鮮朝日	南鮮版	1932-11-04	1	07단	南濱、大倉町の幹線道路用地府の買收價格決定
229255	朝鮮朝日	南鮮版	1932-11-04	1	08단	木浦に麥酒瓶製造工場設置か
229256	朝鮮朝日	南鮮版	1932-11-04	1	09단	秋季軟式野球(二日)

일련번호	판명		간행일	면	단수	기사명
229257	朝鮮朝日	南鮮版	1932-11-04	1	09단	飛行機で飛ばす大金拐帶犯人大連へ高飛の途中京城で逮捕さる
229258	朝鮮朝日	南鮮版	1932-11-04	1	09단	僞造貨の首魁奉天で逮捕バラ撒かれた四千枚鮮內流入貨を警戒
229259	朝鮮朝日	南鮮版	1932-11-04	1	09단	溜池に溺死體
229260	朝鮮朝日	南鮮版	1932-11-04	1	10단	炬燵から出火
229261	朝鮮朝日	南鮮版	1932-11-04	1	10단	巡査部長割腹
229262	朝鮮朝日	南鮮版	1932-11-04	1	10단	挌鬪して乘客海に墜つ
229263	朝鮮朝日	南鮮版	1932-11-04	1	10단	もよほし(從業員家族慰安會)
229264	朝鮮朝日	南鮮版	1932-11-04	1	10단	人(佐々木義久氏(新任釜山地方法院判事)/立田總督府警務課長/久山知之代議士)
229265	朝鮮朝日	西北版	1932-11-04	1	01단	南部炭田より採炭費が廉い露天掘りと水平坑道が多い開けゆく北部炭田
229266	朝鮮朝日	西北版	1932-11-04	1	01단	窮乏農村を潤す好個の副業明年度から五ヶ年計劃で十萬本の漆樹增植
229267	朝鮮朝日	西北版	1932-11-04	1	01단	菊薰る明治節拜賀式擧行納稅功勞者を表彰國旗を揭げ佳き日を奉祝
229268	朝鮮朝日	西北版	1932-11-04	1	01단	全鮮農業者大會へ出席平南から八名
229269	朝鮮朝日	西北版	1932-11-04	1	02단	木材の都安東にもの凄い景氣製材工場は夜業また夜業で注文に應じ切れぬ
229270	朝鮮朝日	西北版	1932-11-04	1	03단	武勳赫々の掃匪軍司令姜氏凱旋す
229271	朝鮮朝日	西北版	1932-11-04	1	03단	國際飛行場として恥しくない設備新義州の多望な將來
229272	朝鮮朝日	西北版	1932-11-04	1	04단	滿洲人朝鮮人卅三名拉去
229273	朝鮮朝日	西北版	1932-11-04	1	04단	鴨江警備司令部設置
229274	朝鮮朝日	西北版	1932-11-04	1	04단	天下の難嶮狗峴山一帶陸軍機で測量寫眞を撮影軍民一致で難測量
229275	朝鮮朝日	西北版	1932-11-04	1	04단	安東洋畫展
229276	朝鮮朝日	西北版	1932-11-04	1	05단	兵匪共匪の混合部隊銅佛寺に殺到
229277	朝鮮朝日	西北版	1932-11-04	1	05단	集配回數增加
229278	朝鮮朝日	西北版	1932-11-04	1	05단	滿浦鎭線順川、泉洞間開通畜牛を賣り一家擧って試乘山が走る地が走ると喜ぶ
229279	朝鮮朝日	西北版	1932-11-04	1	05단	紀州蜜柑の運賃を割引
229280	朝鮮朝日	西北版	1932-11-04	1	05단	手形交換高
229281	朝鮮朝日	西北版	1932-11-04	1	05단	興行物取締規則を制定
229282	朝鮮朝日	西北版	1932-11-04	1	06단	巡廻健康相談所
229283	朝鮮朝日	西北版	1932-11-04	1	06단	今月中に競馬大會蓋明けの計劃
229284	朝鮮朝日	西北版	1932-11-04	1	06단	短期現役兵除隊式

일련번호	판명		간행일	면	단수	기사명
229285	朝鮮朝日	西北版	1932-11-04	1	06단	价川支線に女車掌局線では最初
229286	朝鮮朝日	西北版	1932-11-04	1	06단	二人組の針金強盗金指輪を強奪
229287	朝鮮朝日	西北版	1932-11-04	1	07단	旅客は減少收入は增加昨年比約卅五萬圓長途旅客が激增した結果
229288	朝鮮朝日	西北版	1932-11-04	1	07단	高原水試の鮭採卵素晴しい好成績
229289	朝鮮朝日	西北版	1932-11-04	1	07단	線路上に石塊を積み列車轉覆を圖る
229290	朝鮮朝日	西北版	1932-11-04	1	07단	安奉線にまた恐怖時代現出か歸順問題を放棄し劃軍跳梁その手兵は約六千
229291	朝鮮朝日	西北版	1932-11-04	1	08단	自力更生の秋に嬉しい便り婦人ばかりで桑園を管理壽巷里の模範部落
229292	朝鮮朝日	西北版	1932-11-04	1	08단	さびれ行く平壤の花街遊女は頓に減少
229293	朝鮮朝日	西北版	1932-11-04	1	09단	ジャンク船に朝鮮人變死體互斯中毒と判明
229294	朝鮮朝日	西北版	1932-11-04	1	09단	嬰兒を遺棄
229295	朝鮮朝日	西北版	1932-11-04	1	09단	雉獵解禁と狩獵免許願
229296	朝鮮朝日	西北版	1932-11-04	1	09단	暴威を揮った李魁武歸順を申込む
229297	朝鮮朝日	西北版	1932-11-04	1	10단	強盗押入る
229298	朝鮮朝日	西北版	1932-11-04	1	10단	泥醉して自宅に放火實父を滅多打
229299	朝鮮朝日	西北版	1932-11-04	1	10단	牛車に轢殺
229300	朝鮮朝日	西北版	1932-11-04	1	10단	人(子川喜一氏(平壤憲兵隊特務曹長))
229301	朝鮮朝日	西北版	1932-11-04	1	10단	樂禮/柳京小話
229302	朝鮮朝日	南鮮版	1932-11-05	1	01단	奇怪な犯罪！總督府內の金塊盜難事件課長室の標本ケースを破壞して元給仕の容疑濃厚
229303	朝鮮朝日	南鮮版	1932-11-05	1	01단	愈よ增員さるゝ國境冬の警備陣十二月一日までに全線に亘る配備を終る豫定
229304	朝鮮朝日	南鮮版	1932-11-05	1	01단	トラック行進
229305	朝鮮朝日	南鮮版	1932-11-05	1	02단	獻詠月前砧朝鮮神宮で
229306	朝鮮朝日	南鮮版	1932-11-05	1	02단	獵天狗達大よろこびことしは各獵場共雉が多い
229307	朝鮮朝日	南鮮版	1932-11-05	1	04단	釜山の火事
229308	朝鮮朝日	南鮮版	1932-11-05	1	04단	釜山附近の撮影禁止旅客に注意する
229309	朝鮮朝日	南鮮版	1932-11-05	1	04단	農林省新提案米穀統制案の骨子 鮮米移出管理と産米增殖計劃の統制農村の死活を握るこの問題/政府の內地米保護政策反對米穀顧問會議の趨勢に釜山會議所蹶起す

일련번호	판명		간행일	면	단수	기사명
229310	朝鮮朝日	南鮮版	1932-11-05	1	04단	小春日の快打劈頭から熱戰を見せた慶南野球リーグ(東萊高普八A一四釜中/二商九一六一商)
229311	朝鮮朝日	南鮮版	1932-11-05	1	05단	*記念日を期し民風作興運動京城の教化諸團體奮起/詔書の寫しを謹製配布*
229312	朝鮮朝日	南鮮版	1932-11-05	1	05단	(自力更生の一策)堆肥と綠肥の增産競進會
229313	朝鮮朝日	南鮮版	1932-11-05	1	06단	南鮮ところどころ(仁川/大邱/大田/晉州/裡里)
229314	朝鮮朝日	南鮮版	1932-11-05	1	07단	新會頭は誰れ？議員改選で革新の氣分横溢の京城商議所
229315	朝鮮朝日	南鮮版	1932-11-05	1	08단	表彰の喜びに浸る人々
229316	朝鮮朝日	南鮮版	1932-11-05	1	09단	闇に紛れて強盜囚脫獄逃走の途中遂に延禧面山中で逮捕
229317	朝鮮朝日	南鮮版	1932-11-05	1	09단	城大反帝同盟第一回公判開かる直に傍聽禁止
229318	朝鮮朝日	南鮮版	1932-11-05	1	10단	拾った雷管爆發して腹部其他に重傷
229319	朝鮮朝日	南鮮版	1932-11-05	1	10단	僞造「五十錢」又々仁川で發見
229320	朝鮮朝日	南鮮版	1932-11-05	1	10단	映畵と演劇(喜樂館)
229321	朝鮮朝日	南鮮版	1932-11-05	1	10단	人(密陽公立農蠶學校內地旅行團)
229322	朝鮮朝日	西北版	1932-11-05	1	01단	巡視途上の宇垣總督の横顔『武人宇垣』と『好々爺宇垣』の實に好ましき反面
229323	朝鮮朝日	西北版	1932-11-05	1	01단	強くて規律正しく溫情味がある永久に日本軍の駐屯を希望鴨江上流の情勢を語る梅崎廿師團長
229324	朝鮮朝日	西北版	1932-11-05	1	01단	在羅凱旋將校歡迎祝賀會二百五十名を招待盛大に擧行し歡を盡す
229325	朝鮮朝日	西北版	1932-11-05	1	04단	朝鮮麻藥取締令本年中發布か
229326	朝鮮朝日	西北版	1932-11-05	1	04단	十五名が奏任校長に
229327	朝鮮朝日	西北版	1932-11-05	1	05단	經濟線として早くも好成績鑛石の輸送が多い順川、泉洞間の業績
229328	朝鮮朝日	西北版	1932-11-05	1	06단	御紋章奉戴式
229329	朝鮮朝日	西北版	1932-11-05	1	06단	トラック轉落
229330	朝鮮朝日	西北版	1932-11-05	1	06단	日歸りのピクニックで國境情緒を滿喫會寧、上三峰間營業開始三時間の大短縮
229331	朝鮮朝日	西北版	1932-11-05	1	07단	明春よりは多少は遲れる關釜聯絡船の增配上から東京、新京間超特急問題
229332	朝鮮朝日	西北版	1932-11-05	1	07단	十日から一週間自力更生運動講演や座談會、映畵などで大々的に行ふ平南

일련번호	판명		간행일	면	단수	기사명
229333	朝鮮朝日	西北版	1932-11-05	1	08단	全市をあげてうんと祝ふ南廻線の工事鍬入れ當日清津の四萬府民が
229334	朝鮮朝日	西北版	1932-11-05	1	08단	蝀龍窟の宣傳に大童割引驛を擴張して地下金剛の紹介に
229335	朝鮮朝日	西北版	1932-11-05	1	08단	暴れて檢束
229336	朝鮮朝日	西北版	1932-11-05	1	09단	再び百草溝蹂躙を企つ油斷も隙も出來ない情勢包圍の裡を警戒中
229337	朝鮮朝日	西北版	1932-11-05	1	10단	橫領犯人の行方
229338	朝鮮朝日	西北版	1932-11-05	1	10단	樂禮/柳京小話
229339	朝鮮朝日	南鮮版	1932-11-06	1	01단	風邪を引いたがご機嫌の宇垣總督國境の巡視から歸ってお土産話がドッサリ
229340	朝鮮朝日	南鮮版	1932-11-06	1	01단	大信託創立と既設會社の懸念金錢信託を主とする營業方針を見て
229341	朝鮮朝日	南鮮版	1932-11-06	1	01단	滿洲國の訪日實業團日程
229342	朝鮮朝日	南鮮版	1932-11-06	1	02단	朝鮮自動車令明年早々實施
229343	朝鮮朝日	南鮮版	1932-11-06	1	03단	洛東水利組合地域の視察
229344	朝鮮朝日	南鮮版	1932-11-06	1	04단	鎭海鱈漁業組合認可
229345	朝鮮朝日	南鮮版	1932-11-06	1	04단	釜山手形交換高
229346	朝鮮朝日	南鮮版	1932-11-06	1	04단	稔りの秋に素晴らしい米の出來榮え段當り十三石五斗競進會出品の片桐農場
229347	朝鮮朝日	南鮮版	1932-11-06	1	04단	大麥の多收穫で首位の金景浩氏
229348	朝鮮朝日	南鮮版	1932-11-06	1	05단	南鮮ところどころ(統營/公州/淸州)
229349	朝鮮朝日	南鮮版	1932-11-06	1	05단	課題非常時教育に對する皆さんの覺悟は？知事さんから校長さんへ質問
229350	朝鮮朝日	南鮮版	1932-11-06	1	05단	鮮米買上は十二月に入ってから？
229351	朝鮮朝日	南鮮版	1932-11-06	1	05단	京城にプール新設場所は陸上競技場附近工費は約十萬圓
229352	朝鮮朝日	南鮮版	1932-11-06	1	06단	京城會議所の會頭問題
229353	朝鮮朝日	南鮮版	1932-11-06	1	07단	遠征の全滿鐵軍敗る
229354	朝鮮朝日	南鮮版	1932-11-06	1	07단	復讐に燃ゆる放火女の自白惡口を言觸らす不仲の女に罪を被せるつもり
229355	朝鮮朝日	南鮮版	1932-11-06	1	07단	借金苦の僞强盜
229356	朝鮮朝日	南鮮版	1932-11-06	1	07단	某重大事件に關係した美人？神奈川から朝鮮へ歸る途中下關で捕る
229357	朝鮮朝日	南鮮版	1932-11-06	1	08단	仁王ヶ丘のモダン測候所
229358	朝鮮朝日	南鮮版	1932-11-06	1	08단	軟式野球の準優勝戰
229359	朝鮮朝日	南鮮版	1932-11-06	1	08단	鑛夫の爆死爆藥に近づき
229360	朝鮮朝日	南鮮版	1932-11-06	1	09단	刑事殺しに「無期」の判決被告五名悉く控訴

일련번호	판명		간행일	면	단수	기사명
229361	朝鮮朝日	南鮮版	1932-11-06	1	10단	嬰兒を投棄十七娘の無分別
229362	朝鮮朝日	南鮮版	1932-11-06	1	10단	人(黑崎延次郎氏(新任奉天造兵所所長)/依田剋己氏(新任京城地方法院檢事)/立田總督府警務課長)
229363	朝鮮朝日	南鮮版	1932-11-06	1	10단	或る橫顏
229364	朝鮮朝日	西北版	1932-11-06	1	01단	卵から豚牛へ土地への精進總督巡視の江東養鷄部落と大平里模範部落の近況
229365	朝鮮朝日	西北版	1932-11-06	1	01단	菊薰る佳き日日滿空の握手鴨綠江を眞一文字に橫切り歡呼裡に見事着陸
229366	朝鮮朝日	西北版	1932-11-06	1	04단	丁鑑修氏へ總督のメッセーヂ
229367	朝鮮朝日	西北版	1932-11-06	1	04단	新義州飛行場目の廻る繁忙
229368	朝鮮朝日	西北版	1932-11-06	1	04단	天圖鐵道廣軌改修着工を發令十二日大連で入札
229369	朝鮮朝日	西北版	1932-11-06	1	04단	王道政治を說き重大使命を果す絶大な宣撫效果を收む關東軍宣撫員大倉繁雄氏の手記
229370	朝鮮朝日	西北版	1932-11-06	1	05단	府政功勞者十五名を表彰明治節當日の平壤
229371	朝鮮朝日	西北版	1932-11-06	1	05단	黑字に好轉增燈勸誘が成功して增收の平壤電氣
229372	朝鮮朝日	西北版	1932-11-06	1	06단	平元線延長は寧ろ總督が乘氣平醫講昇格、改修年限短縮も總督も必要を認む
229373	朝鮮朝日	西北版	1932-11-06	1	07단	此處ばかりは非常な好景氣鐵道敷設や採炭稼行で潤ふ价川、熙川地方
229374	朝鮮朝日	西北版	1932-11-06	1	07단	面、團體、個人を表彰納稅功勞者
229375	朝鮮朝日	西北版	1932-11-06	1	08단	永年勤續者表彰
229376	朝鮮朝日	西北版	1932-11-06	1	09단	价川の點燈本月中實現その他は本年中に點燈
229377	朝鮮朝日	西北版	1932-11-06	1	09단	高橋一等兵の遺骨到着
229378	朝鮮朝日	西北版	1932-11-06	1	09단	滿員續きで座席がとれぬと言った空の旅繁昌平壤の航空業績
229379	朝鮮朝日	西北版	1932-11-06	1	09단	明川赤色勞組事件取調一段落治維法違反で送局咸北一圓に根强き潛行運動
229380	朝鮮朝日	西北版	1932-11-06	1	10단	馬興山歸順す
229381	朝鮮朝日	西北版	1932-11-06	1	10단	沙里院高女講堂落成式
229382	朝鮮朝日	西北版	1932-11-06	1	10단	競馬大會日延べ
229383	朝鮮朝日	西北版	1932-11-06	1	10단	風浪のため漁船沈沒吹螺島附近で
229384	朝鮮朝日	西北版	1932-11-06	1	10단	平壤の火事四戶全半燒損害七千五百圓
229385	朝鮮朝日	西北版	1932-11-06	1	10단	もよほし(平壤女高普音樂會)

일련번호	판명		간행일	면	단수	기사명
229386	朝鮮朝日	南鮮版	1932-11-08	1	01단	俄然猛運動！中央の認識不足を叫んで各方面起つ鮮內の産米擁護運動
229387	朝鮮朝日	南鮮版	1932-11-08	1	01단	國境に發火信號匪賊襲來や非常時に備ふる嚴冬警備の苦心聯絡第一主義から
229388	朝鮮朝日	南鮮版	1932-11-08	1	01단	酒や煙草を節約いたしませう忠南の民心作興デー(一、勤勞增加/二、剋己節約/三、貯金/四、學校と實行事項)
229389	朝鮮朝日	南鮮版	1932-11-08	1	01단	冬が來た早くも雪便り(釜山/大田/大邱)
229390	朝鮮朝日	南鮮版	1932-11-08	1	02단	「箱詰め」のお醫者全鮮の窮乏線上へ救急藥の配給を急ぐ
229391	朝鮮朝日	南鮮版	1932-11-08	1	03단	京畿道の第三種教員試驗
229392	朝鮮朝日	南鮮版	1932-11-08	1	03단	釜山職紹成績
229393	朝鮮朝日	南鮮版	1932-11-08	1	03단	薄荷油の狂騰農民を眼かにす上りも上ったり昨年の約三倍半
229394	朝鮮朝日	南鮮版	1932-11-08	1	04단	滿洲實業團歡迎
229395	朝鮮朝日	南鮮版	1932-11-08	1	04단	慶南道で漆の栽培獎勵明春各郡一齊に植栽
229396	朝鮮朝日	南鮮版	1932-11-08	1	04단	自力更生懇談會
229397	朝鮮朝日	南鮮版	1932-11-08	1	04단	釜山署の火保加入調査
229398	朝鮮朝日	南鮮版	1932-11-08	1	04단	南鮮ところどころ(大邱/春川/晉州/大田)
229399	朝鮮朝日	南鮮版	1932-11-08	1	05단	全國中繼に朝鮮情緒を十キロ二重放送實施とDKの意氣込み
229400	朝鮮朝日	南鮮版	1932-11-08	1	05단	ギャングが出たら第一に警察へ銀行會社の責任者が集って應急措置を相談座談會は本町署長の首唱で
229401	朝鮮朝日	南鮮版	1932-11-08	1	05단	目星しい新規事業鹽田の擴張や私鐵買收費總督府の豫算增額を中央で認めるか何うか
229402	朝鮮朝日	南鮮版	1932-11-08	1	05단	肉食シーズンだ「豚」を食へ慶南畜産聯合會の宣傳廉價販賣も行ふ
229403	朝鮮朝日	南鮮版	1932-11-08	1	06단	地主の反對で牧ノ島道路敷設行惱む
229404	朝鮮朝日	南鮮版	1932-11-08	1	07단	脱獄囚黃萬鐘
229405	朝鮮朝日	南鮮版	1932-11-08	1	08단	雨を冒して盛大に擧行釜山消防組の記念演習
229406	朝鮮朝日	南鮮版	1932-11-08	1	08단	釜山運專競技會
229407	朝鮮朝日	南鮮版	1932-11-08	1	08단	釜山郵便局の案內電話增設
229408	朝鮮朝日	南鮮版	1932-11-08	1	09단	「臨檢」に怯える新町花街實は僞刑事の橫行と判り本格の刑事に御用
229409	朝鮮朝日	南鮮版	1932-11-08	1	09단	工事場で材木落下し一名無殘の卽死

일련번호	판명		간행일	면	단수	기사명
229410	朝鮮朝日	南鮮版	1932-11-08	1	10단	馬山の首無し事件公判
229411	朝鮮朝日	南鮮版	1932-11-08	1	10단	人(森田氏のおめでた)
229412	朝鮮朝日	南鮮版	1932-11-08	1	10단	或る横顔
229413	朝鮮朝日	西北版	1932-11-08	1	01단	日本製糖遂に満洲進出を計劃高率な關稅に刺激されて平壤としては打擊
229414	朝鮮朝日	西北版	1932-11-08	1	01단	平壤地方嚴寒に入る最低溫度零下八度三分水溜り下水等氷結/安東地方の氣溫急降下燃料の相場/淸津地方に降雪最低溫度は零下十三度
229415	朝鮮朝日	西北版	1932-11-08	1	01단	寫眞說明((上)匪賊に荒された汪淸縣公署(下)百草溝で賊團からの鹵獲品)
229416	朝鮮朝日	西北版	1932-11-08	1	02단	ガス經營を出願まづ新市街一千戶を目標に工費やく十五萬圓を投じて平壤で實施の電興
229417	朝鮮朝日	西北版	1932-11-08	1	03단	創立委員會十三日頃か昭和水利組合
229418	朝鮮朝日	西北版	1932-11-08	1	04단	リ卿報告書に反對氣勢を擧ぐ大デモ行進を行って八日の平壤鄕軍
229419	朝鮮朝日	西北版	1932-11-08	1	04단	府營授産場を職業學校に昇格道學務課より平壤府へ慫憑實現極めて可能
229420	朝鮮朝日	西北版	1932-11-08	1	04단	平南の醫生試驗
229421	朝鮮朝日	西北版	1932-11-08	1	04단	南浦醫師集談會
229422	朝鮮朝日	西北版	1932-11-08	1	05단	大孤山一帶匪賊に包圍危機に襲はる/藥水道附近で匪賊と激鬪持永巡査重傷/赤城枝隊賊團を擊退鳳凰城に歸還/板津部隊原隊へ/分遣隊に昇格は時日の問題/東邊討匪に赫々の武勳安東守備隊凱旋
229423	朝鮮朝日	西北版	1932-11-08	1	05단	黑字に微笑む八千トンの發送增加十月中の平鐵荷動き
229424	朝鮮朝日	西北版	1932-11-08	1	06단	三千六百萬圓の巨費を投じて明春羅津大築港工事に着手埠頭面積は百萬坪
229425	朝鮮朝日	西北版	1932-11-08	1	07단	一萬世帶目標に消費組合を組織勤勞勞階級を組合員に實現する「共榮社」
229426	朝鮮朝日	西北版	1932-11-08	1	07단	西平壤の給水を開始普生醫院も愈よ開院す
229427	朝鮮朝日	西北版	1932-11-08	1	08단	一千四百棟を一年間に建築伸びゆく平壤の姿
229428	朝鮮朝日	西北版	1932-11-08	1	09단	中國共産黨暴動を計劃間島總領事館で探知大活動の結果十一名檢擧
229429	朝鮮朝日	西北版	1932-11-08	1	09단	混合列車と衝突空貨車粉碎暴風で十町餘逸走

일련번호	판명		간행일	면	단수	기사명
229430	朝鮮朝日	西北版	1932-11-08	1	09단	山葡萄や桑の葉吸煙不況と農民達
229431	朝鮮朝日	西北版	1932-11-08	1	09단	生徒の線路通行を禁止
229432	朝鮮朝日	西北版	1932-11-08	1	10단	人(永田重治氏(滿洲國航空會社新義州出張所長)/酒卷芳男氏(宮內省參事官))
229433	朝鮮朝日	西北版	1932-11-08	1	10단	樂禮/柳京小話
229434	朝鮮朝日	南鮮版	1932-11-09	1	01단	絢爛目を奪ふ樂浪の出土品考古學上又となき貴重の品々近く總督府博物館へ
229435	朝鮮朝日	南鮮版	1932-11-09	1	01단	寫眞帖になる警備第一線宇垣總督携行して近く宮內省へ
229436	朝鮮朝日	南鮮版	1932-11-09	1	01단	教科書に載る模範道路ポプラの植栽整然たる鳳山里の二等道路
229437	朝鮮朝日	南鮮版	1932-11-09	1	02단	宇垣總督東上
229438	朝鮮朝日	南鮮版	1932-11-09	1	02단	輕費診療問題愈よ京城府會に提案
229439	朝鮮朝日	南鮮版	1932-11-09	1	03단	教習所生徒九州を見學
229440	朝鮮朝日	南鮮版	1932-11-09	1	03단	賀田氏愈よ會頭受諾
229441	朝鮮朝日	南鮮版	1932-11-09	1	03단	設立を急ぐ癩豫防協會基金六十萬圓
229442	朝鮮朝日	南鮮版	1932-11-09	1	03단	半島冬籠り二十年振りの寒さ
229443	朝鮮朝日	南鮮版	1932-11-09	1	04단	東都市場へ乾海苔を慶南漁組聯合會で委託販賣
229444	朝鮮朝日	南鮮版	1932-11-09	1	04단	インテリ女性の新職業密造酒さがし婦人に恰好な仕事
229445	朝鮮朝日	南鮮版	1932-11-09	1	04단	溫井里にヒュッテ「雪來る」で鐵道局はスキー列車の支度だ
229446	朝鮮朝日	南鮮版	1932-11-09	1	05단	本社後援の柔道選士權大會へ出場する半島の猛者
229447	朝鮮朝日	南鮮版	1932-11-09	1	05단	大田郡是の職工示威警察側の調停で一切解決す
229448	朝鮮朝日	南鮮版	1932-11-09	1	05단	南鮮ところどころ(大邱/馬山/裡里/鎭海/大田/公州/淸州)
229449	朝鮮朝日	南鮮版	1932-11-09	1	06단	草梁の火事
229450	朝鮮朝日	南鮮版	1932-11-09	1	06단	容疑者の元給仕犯行を自白？總督府の金塊盜難事件
229451	朝鮮朝日	南鮮版	1932-11-09	1	07단	新舞踊毬と殿樣吳峰研究所發表會
229452	朝鮮朝日	南鮮版	1932-11-09	1	07단	稅務課長會議
229453	朝鮮朝日	南鮮版	1932-11-09	1	07단	河東面の强盜捕はる
229454	朝鮮朝日	南鮮版	1932-11-09	1	08단	教員赤化事件高等法院で十四日公判
229455	朝鮮朝日	南鮮版	1932-11-09	1	09단	大邱左翼陰謀事件公判
229456	朝鮮朝日	南鮮版	1932-11-09	1	09단	泥棒、泥棒！インチキ賭博に負けた五人男が口惜し紛れの追跡

일련번호	판명		간행일	면	단수	기사명
229457	朝鮮朝日	南鮮版	1932-11-09	1	10단	脅迫狀舞ひ込む
229458	朝鮮朝日	南鮮版	1932-11-09	1	10단	スポーツ(軟式野球優勝戰)
229459	朝鮮朝日	南鮮版	1932-11-09	1	10단	人(島田謙一氏(本社京城販賣局員)/立田總督府警務課長/衛藤祐盛氏(鐵道局運轉課長))
229460	朝鮮朝日	南鮮版	1932-11-09	1	10단	或る橫顔
229461	朝鮮朝日	西北版	1932-11-09	1	01단	時國を憂ふ平壤鄉軍のデモリ卿報告を排擊す
229462	朝鮮朝日	西北版	1932-11-09	1	01단	軍國風景
229463	朝鮮朝日	西北版	1932-11-09	1	01단	西鮮の電氣統制近く西鮮電氣の海電買收で愈よ三大系統に集約される單一統制何れ實現
229464	朝鮮朝日	西北版	1932-11-09	1	01단	外國の飛行機が自由勝手に日本領土內に飛來着陸滿洲國なればこそ
229465	朝鮮朝日	西北版	1932-11-09	1	03단	五勇士平壤へ
229466	朝鮮朝日	西北版	1932-11-09	1	04단	五葉木伍長の哀しき凱旋遺骨は鄉里へ
229467	朝鮮朝日	西北版	1932-11-09	1	04단	窮乏患者に溫かい療養の手無料や實費で懇切な治療農漁山村の喜び
229468	朝鮮朝日	西北版	1932-11-09	1	04단	明年より每年樂浪祭擧行發掘された無緣佛の靈を慰めるため
229469	朝鮮朝日	西北版	1932-11-09	1	04단	平南江西の大干拓事業東拓の手により施工中明年中に完成す
229470	朝鮮朝日	西北版	1932-11-09	1	04단	郡海蛟の脅迫狀安東總商會一笑に附す
229471	朝鮮朝日	西北版	1932-11-09	1	05단	樂壇を飾る西鮮女子音樂大會十九日(土曜日)晝夜二回平壤公會堂で開催
229472	朝鮮朝日	西北版	1932-11-09	1	05단	染色講習會終了式擧行
229473	朝鮮朝日	西北版	1932-11-09	1	05단	身を刺すやうな北滿嵐國境に冬が來た
229474	朝鮮朝日	西北版	1932-11-09	1	06단	結婚を拒まれ毒藥を呷る男の純情にほだされた女行方をくらます？
229475	朝鮮朝日	西北版	1932-11-09	1	06단	粗糖と酒精工場早晚北鮮に新設二十萬圓を投じて進出する日本製糖の飛躍
229476	朝鮮朝日	西北版	1932-11-09	1	06단	線路に石塊列車轉覆を企つ价川線に妨害頻發价川署で犯人を嚴探中
229477	朝鮮朝日	西北版	1932-11-09	1	07단	合併を反對仙沼面の人々
229478	朝鮮朝日	西北版	1932-11-09	1	07단	粟を盜む
229479	朝鮮朝日	西北版	1932-11-09	1	07단	銀行の窓口でまた掏らる犯人逮捕に平壤署躍起
229480	朝鮮朝日	西北版	1932-11-09	1	08단	鮮銀券偽造團悉く捕はる未然に押收憲兵隊お手柄總額四萬圓に上る

일련번호	판명		간행일	면	단수	기사명
229481	朝鮮朝日	西北版	1932-11-09	1	08단	火災が頻發この頃の平壤
229482	朝鮮朝日	西北版	1932-11-09	1	08단	商況常置員を滿洲に置く平壤産靴下、ゴムの大好評に鑑みて
229483	朝鮮朝日	西北版	1932-11-09	1	08단	二名の死體判明
229484	朝鮮朝日	西北版	1932-11-09	1	09단	今後一層盜電を防止平壤府電で
229485	朝鮮朝日	西北版	1932-11-09	1	09단	師範生行方不明
229486	朝鮮朝日	西北版	1932-11-09	1	09단	元山手形交換高
229487	朝鮮朝日	西北版	1932-11-09	1	10단	燒酎の釀造減退農村不況から
229488	朝鮮朝日	西北版	1932-11-09	1	10단	白菜品評會褒賞授與式
229489	朝鮮朝日	西北版	1932-11-09	1	10단	樂禮/柳京小話
229490	朝鮮朝日	南鮮版	1932-11-10	1	01단	總督の面目にかけて食鹽問題を解決鹽田約二千町步を擴張し二億二千萬斤の增産
229491	朝鮮朝日	南鮮版	1932-11-10	1	01단	『世間には閑人が多いのに驚くよ』東上途中の宇垣總督「政界入り」を打消しつゝ下關で語る
229492	朝鮮朝日	南鮮版	1932-11-10	1	02단	府營バスいよいよ京電へ身賣り借金の決濟と新車台購入にザッと五十萬圓(內地のバス經營振りを調査)
229493	朝鮮朝日	南鮮版	1932-11-10	1	04단	馬晉對抗競技
229494	朝鮮朝日	南鮮版	1932-11-10	1	04단	水稻競進會慶南農會の催
229495	朝鮮朝日	南鮮版	1932-11-10	1	04단	失はれた處女お婿さんは六十歲花嫁は十七で輿入瞞されたと慰藉料一萬圓の請求訴訟
229496	朝鮮朝日	南鮮版	1932-11-10	1	05단	總督府辭令
229497	朝鮮朝日	南鮮版	1932-11-10	1	05단	朝鮮信託設立委員長に加藤鮮銀總裁
229498	朝鮮朝日	南鮮版	1932-11-10	1	05단	手に職を持つ若人を造れ就職難時代に大好評の公立職業學校
229499	朝鮮朝日	南鮮版	1932-11-10	1	05단	大豆移出活況
229500	朝鮮朝日	南鮮版	1932-11-10	1	06단	正確を期する朝鮮史編纂
229501	朝鮮朝日	南鮮版	1932-11-10	1	06단	醫師試驗合格者
229502	朝鮮朝日	南鮮版	1932-11-10	1	06단	安東、釜山間の急行列車時間短縮試運轉は頗る好成績
229503	朝鮮朝日	南鮮版	1932-11-10	1	07단	夫人も同伴で滿洲國實業團賑かな京城入り
229504	朝鮮朝日	南鮮版	1932-11-10	1	08단	反帝同盟事件公判傍聽禁止
229505	朝鮮朝日	南鮮版	1932-11-10	1	08단	共産黨の巨頭刑務所で死亡
229506	朝鮮朝日	南鮮版	1932-11-10	1	08단	馬山棧橋問題近く解決か

일련번호	판명		간행일	면	단수	기사명
229507	朝鮮朝日	南鮮版	1932-11-10	1	08단	愈よ朝鮮にトーキー檢閲所豫算六萬圓を計上
229508	朝鮮朝日	南鮮版	1932-11-10	1	09단	生徒を捨て自動車學院主姿を晦ます
229509	朝鮮朝日	南鮮版	1932-11-10	1	09단	元巡査の萬引
229510	朝鮮朝日	南鮮版	1932-11-10	1	09단	一杯機嫌の怪我
229511	朝鮮朝日	南鮮版	1932-11-10	1	09단	朝鮮にゐる父を尋ねて渡鮮の途中住所書を紛失泣々內地に歸る
229512	朝鮮朝日	南鮮版	1932-11-10	1	10단	映畫と演劇(舞台協會公演)
229513	朝鮮朝日	南鮮版	1932-11-10	1	10단	もよほし(恩賜記念館落成/鐵道局勤續表彰)
229514	朝鮮朝日	南鮮版	1932-11-10	1	10단	人(加藤總裁歸城/立田總督府警務課長/佐藤剛藏氏(城大敎授)/裏光貴族院議員/大池源二氏(釜山實業家))
229515	朝鮮朝日	南鮮版	1932-11-10	1	10단	南鮮ところどころ(大邱/馬山/仁川/淸州)
229516	朝鮮朝日	西北版	1932-11-10	1	01단	滿浦鎭線完成の年限短縮實現か齋藤鐵道工務課長の視察はその前提とみらる
229517	朝鮮朝日	西北版	1932-11-10	1	01단	籾五十萬石の增收といはれ地元の熱望が漸く酬いらる昭和水利愈よ實現/昭和水利の實現第一步十四日創立委員會を開く四ヶ年計劃で着工
229518	朝鮮朝日	西北版	1932-11-10	1	01단	雪を冒し大行進平壤鄕軍大會
229519	朝鮮朝日	西北版	1932-11-10	1	03단	廣軌改築で天圖線三十キロ短縮
229520	朝鮮朝日	西北版	1932-11-10	1	03단	電氣債の借替を可決十四萬圓もの利益だ異議なき平壤府會
229521	朝鮮朝日	西北版	1932-11-10	1	03단	ダン然平壤のスキー熱を煽る今冬から府で諸設備を充實本場仕込みの阿部府尹
229522	朝鮮朝日	西北版	1932-11-10	1	04단	沙里院の初雪
229523	朝鮮朝日	西北版	1932-11-10	1	04단	實行運動に愈よ着手す西鮮實業大會の決議案
229524	朝鮮朝日	西北版	1932-11-10	1	04단	咸興鄕軍の時局對策協議會
229525	朝鮮朝日	西北版	1932-11-10	1	05단	西鮮女子音樂大會前記(1)/乙女達は一樣に小鳥の如く歌ふ潑剌として猛練習を續ける
229526	朝鮮朝日	西北版	1932-11-10	1	05단	電興のガス經營に注目の平壤府會府營論さへも飛出す府尹に調査研究を希望
229527	朝鮮朝日	西北版	1932-11-10	1	05단	思惑買ひで買收行惱む應ぜねば收用令を適用滿浦鎭線鐵道用地
229528	朝鮮朝日	西北版	1932-11-10	1	07단	小野一等兵遺骨鄕里へ
229529	朝鮮朝日	西北版	1932-11-10	1	07단	滿洲國人のみ無事歸安拉致された吉川組の一行

일련번호	판명		간행일	면	단수	기사명
229530	朝鮮朝日	西北版	1932-11-10	1	08단	傷害事件で妓生に罰金
229531	朝鮮朝日	西北版	1932-11-10	1	08단	西鮮女子中等校音樂大會
229532	朝鮮朝日	西北版	1932-11-10	1	08단	會社事件の五被告送局
229533	朝鮮朝日	西北版	1932-11-10	1	09단	藝妓花奴が警官に慰問金
229534	朝鮮朝日	西北版	1932-11-10	1	09단	勞働天引貯金二萬圓に達す西鮮三道治水工事で潤ふ地元窮民達
229535	朝鮮朝日	西北版	1932-11-10	1	10단	聲の妓生歸る
229536	朝鮮朝日	西北版	1932-11-10	1	10단	樂禮/柳京小話
229537	朝鮮朝日	西北版	1932-11-10	1	10단	二人組强盗
229538	朝鮮朝日	南鮮版	1932-11-11	1	01단	民心作興・自力更生の雄叫び 嚴かに詔書奉讀總督の聲明書を發表全鮮作興運動のスタートを切る/(府民一萬五千參集)京城府の奉讀式朝鮮神宮廣場で/各方面の代表を集めて知事の訓示/圖書館では修養圖書を一般に開放
229539	朝鮮朝日	南鮮版	1932-11-11	1	01단	御安奉祈願朝鮮神宮で
229540	朝鮮朝日	南鮮版	1932-11-11	1	03단	溫い慰問金愛婦本部から出動部隊へ/依田少將凱旋挨拶に來城/川島軍司令官各地を巡視
229541	朝鮮朝日	南鮮版	1932-11-11	1	04단	朝鮮會議所總會と釜山の出席者
229542	朝鮮朝日	南鮮版	1932-11-11	1	04단	蹶然起て惰風を一掃せよ宇垣總督の聲明
229543	朝鮮朝日	南鮮版	1932-11-11	1	04단	景氣のよい鐵道豫算新線開業を見積り益金千四百萬圓
229544	朝鮮朝日	南鮮版	1932-11-11	1	05단	京城の洋服祭
229545	朝鮮朝日	南鮮版	1932-11-11	1	05단	米穀資金と各行割當て
229546	朝鮮朝日	南鮮版	1932-11-11	1	05단	棉作稀有の成績栽培家に滯納者なし
229547	朝鮮朝日	南鮮版	1932-11-11	1	05단	本社寄贈の榮養小箱各府郡に配布
229548	朝鮮朝日	南鮮版	1932-11-11	1	06단	南鮮ところどころ(木浦/群山/春川/大邱/大田/全州/浦項)
229549	朝鮮朝日	南鮮版	1932-11-11	1	06단	大田郡是の爭議惡化 男女工全部に解雇を通告す會社側の態度强硬新職工募集に着手/職工側飜意？大部分就業の見込
229550	朝鮮朝日	南鮮版	1932-11-11	1	07단	密輸の目的か空家に匿された朝鮮人蔘三萬圓
229551	朝鮮朝日	南鮮版	1932-11-11	1	07단	窮狀打開の途なき慶北東海岸の漁況
229552	朝鮮朝日	南鮮版	1932-11-11	1	07단	朝鮮日報新陣容成る
229553	朝鮮朝日	南鮮版	1932-11-11	1	08단	滿洲國實業團出發
229554	朝鮮朝日	南鮮版	1932-11-11	1	08단	赤色團檢擧アジビラ撒布事件
229555	朝鮮朝日	南鮮版	1932-11-11	1	09단	釜山秋競馬愈よ十三日から

일련번호	판명		간행일	면	단수	기사명
229556	朝鮮朝日	南鮮版	1932-11-11	1	09단	東萊新溫泉の配湯開始さる
229557	朝鮮朝日	南鮮版	1932-11-11	1	10단	小鳥と間違へ幼兒を射つ
229558	朝鮮朝日	南鮮版	1932-11-11	1	10단	映畫と演劇(大正館　京城)
229559	朝鮮朝日	南鮮版	1932-11-11	1	10단	もよほし(染色講習會/暖房裝置展覽會/釜山知恩寺共生結衆/兩道邑長會議)
229560	朝鮮朝日	南鮮版	1932-11-11	1	10단	人(加藤鮮銀總裁/佐々木義久氏(新任釜山地方法院判事)/內地視察女敎員團/柔道選士權大會へ/佐久間秀三氏)
229561	朝鮮朝日	南鮮版	1932-11-11	1	10단	或る横顔
229562	朝鮮朝日	西北版	1932-11-11	1	01단	染色實驗室を明年度に要求本質的使命の實現を期して平南工業試驗所で
229563	朝鮮朝日	西北版	1932-11-11	1	01단	林檎と蜜柑の滿洲關稅が從價稅に引直さる
229564	朝鮮朝日	西北版	1932-11-11	1	01단	平南の自力更生運動
229565	朝鮮朝日	西北版	1932-11-11	1	01단	西鮮女子音樂大會前記(２)/眼らかに謳ふハワイの海の歌平壤女高普の眞劍な猛練習
229566	朝鮮朝日	西北版	1932-11-11	1	02단	市區改正は大削減水道擴張は否決府廳舍の新築は明年度から阿部府尹の土産話
229567	朝鮮朝日	西北版	1932-11-11	1	03단	咸南奧地のホップ栽培合理的に指導
229568	朝鮮朝日	西北版	1932-11-11	1	04단	慰問品免稅
229569	朝鮮朝日	西北版	1932-11-11	1	04단	兒童の世界を蝕む深刻な不況平壤府內初等學校授業料の滯納延人員一千名
229570	朝鮮朝日	西北版	1932-11-11	1	04단	韓氏高文にパス
229571	朝鮮朝日	西北版	1932-11-11	1	05단	東拓と殖銀が資金を融通國庫補助は三百八十萬圓昭和水利の內容
229572	朝鮮朝日	西北版	1932-11-11	1	05단	特別評議員顏觸
229573	朝鮮朝日	西北版	1932-11-11	1	05단	元山府立病院を道立病院に早急實現か
229574	朝鮮朝日	西北版	1932-11-11	1	06단	明年度で平南の各道路ほゞ完成窮民救濟事業で面目を一新未完成道路は僅か三線
229575	朝鮮朝日	西北版	1932-11-11	1	06단	鴨綠江結氷/北鮮に酷寒圖們江渡船を閉鎖/結氷で渡船中止
229576	朝鮮朝日	西北版	1932-11-11	1	07단	平壤に設置の計劃ラヂオ放送局
229577	朝鮮朝日	西北版	1932-11-11	1	07단	明太魚の盛漁期を控へ安値の漁獲物をどう捌く當局對策に腐心
229578	朝鮮朝日	西北版	1932-11-11	1	07단	新興、黃水院間定期バス開通
229579	朝鮮朝日	西北版	1932-11-11	1	07단	平壤の宿泊料他都市より高い朝鮮旅館協會から遂に引下方を促す

일련번호	판명		간행일	면	단수	기사명
229580	朝鮮朝日	西北版	1932-11-11	1	08단	渡船轉覆し船頭行方不明
229581	朝鮮朝日	西北版	1932-11-11	1	09단	奧地に移動討伐を怖れた國民府
229582	朝鮮朝日	西北版	1932-11-11	1	09단	命の糧の燒豆腐五年間食續く
229583	朝鮮朝日	西北版	1932-11-11	1	09단	驛以外の地點に停車旅客の便利を計り輕便車で明春から實施
229584	朝鮮朝日	西北版	1932-11-11	1	09단	寺洞に精米工場
229585	朝鮮朝日	西北版	1932-11-11	1	10단	樂禮/柳京小話
229586	朝鮮朝日	西北版	1932-11-11	1	10단	人(平壤運輸事務所長中山理美氏/加藤辰雄大尉、元山憲兵分隊長)
229587	朝鮮朝日	南鮮版	1932-11-12	1	01단	京城會議所の役員決まる改選後の總會で
229588	朝鮮朝日	南鮮版	1932-11-12	1	01단	美田を生み出す世界的大水利二萬五千町步を目標に『昭和水利』の創立總會
229589	朝鮮朝日	南鮮版	1932-11-12	1	01단	晝間試驗も好成績を收むきのふ下關、釜山間で實施內鮮聯絡電話
229590	朝鮮朝日	南鮮版	1932-11-12	1	01단	忠州、聞慶間に郵便自動車
229591	朝鮮朝日	南鮮版	1932-11-12	1	02단	低資三百萬圓一口千圓を限度に貸付高利債と借替させる
229592	朝鮮朝日	南鮮版	1932-11-12	1	03단	滿洲事變の功勞者調査行賞準備に
229593	朝鮮朝日	南鮮版	1932-11-12	1	04단	釜山の新設市場建設に着手
229594	朝鮮朝日	南鮮版	1932-11-12	1	04단	內鮮融和を叫ぶ立志傳中の朝鮮人丹後で縮緬紋紙に成功し今は相助會の支部長
229595	朝鮮朝日	南鮮版	1932-11-12	1	04단	母を尋ねて京城へ住所不明で警察へ泣込む
229596	朝鮮朝日	南鮮版	1932-11-12	1	04단	惡病の父感染した愛兒を撲殺す
229597	朝鮮朝日	南鮮版	1932-11-12	1	04단	家庭副業に有望な人造眞珠群山地方で力を入る
229598	朝鮮朝日	南鮮版	1932-11-12	1	05단	巨濟島の密漁船八名檢擧さる
229599	朝鮮朝日	南鮮版	1932-11-12	1	05단	北鮮各地の赤化を企つ尖銳分子は「朝窒」の職工九十九名一網打盡
229600	朝鮮朝日	南鮮版	1932-11-12	1	05단	竣工近づくDK延禧放送所
229601	朝鮮朝日	南鮮版	1932-11-12	1	06단	南鮮ところどころ(裡里/大邱/淸州/大田)
229602	朝鮮朝日	南鮮版	1932-11-12	1	06단	微かに殘る指紋の跡科學的搜査の奏功金塊盜難事件/現場指紋の新採取用紙を慶南で採用
229603	朝鮮朝日	南鮮版	1932-11-12	1	07단	『巷の惡』を滅せよ總督府が力を入れるモヒ中毒患者への授産
229604	朝鮮朝日	南鮮版	1932-11-12	1	09단	夫婦協力で强盜を逮捕賊に組付く氣丈の亭主

일련번호	판명		간행일	면	단수	기사명
229605	朝鮮朝日	南鮮版	1932-11-12	1	09단	大田郡是の爭議解決女工全部就業男工は三十七名解雇檄文撒布でまた一騷ぎ
229606	朝鮮朝日	南鮮版	1932-11-12	1	09단	僞造貨犯人慶北開寧で逮捕さる
229607	朝鮮朝日	南鮮版	1932-11-12	1	10단	友人殺しに死刑の宣告
229608	朝鮮朝日	南鮮版	1932-11-12	1	10단	映畫と演劇(釜山　相生館)
229609	朝鮮朝日	南鮮版	1932-11-12	1	10단	女白浪は一年
229610	朝鮮朝日	南鮮版	1932-11-12	1	10단	釜山の火事
229611	朝鮮朝日	西北版	1932-11-12	1	01단	海軍鑛業部へ生産制限を交涉必要を認めずと拒絶された京城の煉炭業者
229612	朝鮮朝日	西北版	1932-11-12	1	01단	工業試驗所內に倂置の計劃府立は駄目だと判明して平壤の職業學校案
229613	朝鮮朝日	西北版	1932-11-12	1	01단	空中測量
229614	朝鮮朝日	西北版	1932-11-12	1	01단	西鮮女子音樂大會前記(３)/美しき楷調に伴れて歌ふ乙女海州高女平壤に來て競演
229615	朝鮮朝日	西北版	1932-11-12	1	02단	人蔘茶販賣協議
229616	朝鮮朝日	西北版	1932-11-12	1	02단	新時代は希ふナセン染の設備織物の平南として是非必要機業家達の要望
229617	朝鮮朝日	西北版	1932-11-12	1	03단	增澤看護長守備隊葬盛大に擧行
229618	朝鮮朝日	西北版	1932-11-12	1	04단	無煙の煉炭完全燃燒のバインダーを寺洞海軍で發明
229619	朝鮮朝日	西北版	1932-11-12	1	04단	瑞氣山上で詔書奉讀式宇垣總督の聲明書を腍讀平南道の民心作興運動
229620	朝鮮朝日	西北版	1932-11-12	1	04단	電話事務開始
229621	朝鮮朝日	西北版	1932-11-12	1	04단	傷病兵達を廣島へ轉送
229622	朝鮮朝日	西北版	1932-11-12	1	04단	救急事業費四萬圓低資融通決る
229623	朝鮮朝日	西北版	1932-11-12	1	05단	斷髮男裝で昭和の仇討六年振りに本懷を遂ぐ恨重なる夫の仇思ひ知れ短刀で滅多斬り
229624	朝鮮朝日	西北版	1932-11-12	1	06단	漁組の統制で弱小漁民の飛躍七千圓の發動機船を購入刺網から手繰網へ
229625	朝鮮朝日	西北版	1932-11-12	1	06단	機關車の接觸
229626	朝鮮朝日	西北版	1932-11-12	1	06단	怪火頻出で夜警を開始昨今の平壤署
229627	朝鮮朝日	西北版	1932-11-12	1	07단	朝運の穀物割引鐵道側で許可
229628	朝鮮朝日	西北版	1932-11-12	1	07단	五戰鬪機で編隊飛行の壯擧明野、奉天間を實施
229629	朝鮮朝日	西北版	1932-11-12	1	07단	籠拔け詐欺
229630	朝鮮朝日	西北版	1932-11-12	1	07단	同棲三年の內鮮融和も生活苦で遂に破鏡
229631	朝鮮朝日	西北版	1932-11-12	1	08단	平壤貿易極めて順調輸出增加す

일련번호	판명		간행일	면	단수	기사명
229632	朝鮮朝日	西北版	1932-11-12	1	08단	心からの慰問
229633	朝鮮朝日	西北版	1932-11-12	1	08단	深夜の江岸に血の雨を降らす國境名物密輸ギャング横行官憲の犧牲者續出
229634	朝鮮朝日	西北版	1932-11-12	1	09단	樂禮/柳京小話
229635	朝鮮朝日	西北版	1932-11-12	1	09단	機關車で金塊を密輸國境の珍事件
229636	朝鮮朝日	西北版	1932-11-12	1	09단	赤露と聯絡北鮮を赤化尖銳分子は「朝窒」の職工九十九名一網打盡
229637	朝鮮朝日	西北版	1932-11-12	1	10단	人(栗原けい子孃)
229638	朝鮮朝日	南鮮版	1932-11-13	1	01단	何う打ち拔くか狗峴嶺の隧道は鐵道史始って以來の難工鐵道當局頭痛の種/伸び行く鮮内鐵道網多端の建設改良工事
229639	朝鮮朝日	南鮮版	1932-11-13	1	01단	李王殿下御入院李王職發表
229640	朝鮮朝日	南鮮版	1932-11-13	1	01단	土木建築受難材料鰻上り
229641	朝鮮朝日	南鮮版	1932-11-13	1	02단	「兵役」の行方不明者は届出よ
229642	朝鮮朝日	南鮮版	1932-11-13	1	02단	明年から着手の馬産增殖財源の競馬收入は三分の二を充當
229643	朝鮮朝日	南鮮版	1932-11-13	1	02단	愛國自動車の救急處置實驗
229644	朝鮮朝日	南鮮版	1932-11-13	1	03단	動物祭
229645	朝鮮朝日	南鮮版	1932-11-13	1	03단	中等校生徒軍隊を見學
229646	朝鮮朝日	南鮮版	1932-11-13	1	04단	南鮮ところどころ(馬山/仁川/大邱/大田/鎭海)
229647	朝鮮朝日	南鮮版	1932-11-13	1	04단	蘆草細工や木彫組合釜山府が設立
229648	朝鮮朝日	南鮮版	1932-11-13	1	04단	半官半民の朝鮮農會を純民間機關に改造せよとの意見またまた官民間に再燃
229649	朝鮮朝日	南鮮版	1932-11-13	1	04단	釜山商店街一時暗黑化す
229650	朝鮮朝日	南鮮版	1932-11-13	1	04단	保安林の取締勵行
229651	朝鮮朝日	南鮮版	1932-11-13	1	04단	殖える一方の犯罪檢事局の窓から見た社會惡
229652	朝鮮朝日	南鮮版	1932-11-13	1	05단	管理法による金肥奔騰防止？取り殘された肥料問題農村振興の一大障壁
229653	朝鮮朝日	南鮮版	1932-11-13	1	05단	依然傍聽禁止反帝同盟公判
229654	朝鮮朝日	南鮮版	1932-11-13	1	07단	警官宿舍で大膽な籠拔詐欺
229655	朝鮮朝日	南鮮版	1932-11-13	1	07단	怪靑年の行方盜んだ通帳で慶尙合同銀行から大金を引出す
229656	朝鮮朝日	南鮮版	1932-11-13	1	07단	愛國の志士？大暴れ實は免職巡査
229657	朝鮮朝日	南鮮版	1932-11-13	1	08단	第九回京城女子中等學校音樂會
229658	朝鮮朝日	南鮮版	1932-11-13	1	08단	慶南産業歌樂譜を配布
229659	朝鮮朝日	南鮮版	1932-11-13	1	08단	釜山署の夜間取締
229660	朝鮮朝日	南鮮版	1932-11-13	1	08단	哨兵侮辱事件判決

일련번호	판명		간행일	면	단수	기사명
229661	朝鮮朝日	南鮮版	1932-11-13	1	09단	夜泣うどんの一齊取締り
229662	朝鮮朝日	南鮮版	1932-11-13	1	09단	火の御用心打ち續く出火騷ぎ
229663	朝鮮朝日	南鮮版	1932-11-13	1	09단	入院料が惜しい赤痢の子供をコッソリ拉れ歸る
229664	朝鮮朝日	南鮮版	1932-11-13	1	10단	失業悲劇猫いらず自殺
229665	朝鮮朝日	南鮮版	1932-11-13	1	10단	法院で盗難
229666	朝鮮朝日	南鮮版	1932-11-13	1	10단	或る横顔
229667	朝鮮朝日	西北版	1932-11-13	1	01단	組合員の約五割高利債に惱む低資融通や冠婚葬祭費節約で窮壯打開の平南金組
229668	朝鮮朝日	西北版	1932-11-13	1	01단	內務局の後押で明年から着工財務局では否決されたが平壤府廳舍の改築
229669	朝鮮朝日	西北版	1932-11-13	1	01단	雪解の道を一大旗行列城津港灣施設費豫算通過全市に祝賀氣分漲る
229670	朝鮮朝日	西北版	1932-11-13	1	03단	李王殿下御入院李王職發表
229671	朝鮮朝日	西北版	1932-11-13	1	03단	自力更生座談會
229672	朝鮮朝日	西北版	1932-11-13	1	03단	安東の日本商人有卦に入る銀の狂騰また狂騰で滿洲人の購買力頗る旺盛
229673	朝鮮朝日	西北版	1932-11-13	1	04단	農家收入が年間に一萬七千圓增加
229674	朝鮮朝日	西北版	1932-11-13	1	04단	簡保資金で改築を計劃す財務局で削除されたので道立平壤醫院本館
229675	朝鮮朝日	西北版	1932-11-13	1	04단	日滿通信に一エポック鴨江海底電線完成
229676	朝鮮朝日	西北版	1932-11-13	1	04단	國境警備の充實を當局に陳情
229677	朝鮮朝日	西北版	1932-11-13	1	05단	院內の賄を明年より直營請負制度を廢し道立平壤醫院で
229678	朝鮮朝日	西北版	1932-11-13	1	05단	僅かに一回で成功空中寫眞測量
229679	朝鮮朝日	西北版	1932-11-13	1	05단	北行木材の激增で安東木材界活況
229680	朝鮮朝日	西北版	1932-11-13	1	05단	大東溝渾水泡の占領を企つ
229681	朝鮮朝日	西北版	1932-11-13	1	06단	西平壤急速に大發展電車複線の實現は確實土地經營會社も實現か妓生街も計劃
229682	朝鮮朝日	西北版	1932-11-13	1	06단	職員の自力更生
229683	朝鮮朝日	西北版	1932-11-13	1	06단	見張りを嚴重にせよ金融機關內のスリ防止
229684	朝鮮朝日	西北版	1932-11-13	1	07단	安寧水路着工
229685	朝鮮朝日	西北版	1932-11-13	1	07단	六千圓を投じ起毛機を設備平壤毛絲織物業界の福音平南工業試驗所に
229686	朝鮮朝日	西北版	1932-11-13	1	07단	稅金を代納
229687	朝鮮朝日	西北版	1932-11-13	1	07단	明川赤農事件廿七名を送局
229688	朝鮮朝日	西北版	1932-11-13	1	07단	部落民を指導眼らかな話自力更生組合を作るアナーキストの巨頭

일련번호	판명		간행일	면	단수	기사명
229689	朝鮮朝日	西北版	1932-11-13	1	08단	平壤府の增燈勸誘極めて好成績
229690	朝鮮朝日	西北版	1932-11-13	1	08단	奇特な行爲
229691	朝鮮朝日	西北版	1932-11-13	1	08단	公費取立の新戰術生る窮民救濟事業の人夫に滯納者を極力採用
229692	朝鮮朝日	西北版	1932-11-13	1	09단	證人を訊問
229693	朝鮮朝日	西北版	1932-11-13	1	10단	若松普校の天井墜落す
229694	朝鮮朝日	西北版	1932-11-13	1	10단	同胞を苦め金錢を强奪高麗共産黨首魁捕はる
229695	朝鮮朝日	西北版	1932-11-13	1	10단	連子を虐待棍棒で撲殺病死を裝ふ
229696	朝鮮朝日	西北版	1932-11-13	1	10단	もよほし(社會敎化講演會)
229697	朝鮮朝日	西北版	1932-11-13	1	10단	樂禮/柳京小話
229698	朝鮮朝日	南鮮版	1932-11-15	1	01단	産米增殖計劃に重大な關係をもつ農林省の新米穀統制案成行は半島を擧げて注意す
229699	朝鮮朝日	南鮮版	1932-11-15	1	01단	商業派工業派の對立は激化か今次の選擧にからみ京城商工會議所に黨派爭ひ
229700	朝鮮朝日	南鮮版	1932-11-15	1	01단	太合堀運河と海底隧道完成す盛大な竣功竝に開通式を二十日統營で擧行
229701	朝鮮朝日	南鮮版	1932-11-15	1	02단	百五十萬圓の借款成立す釜山窮民救濟事業費
229702	朝鮮朝日	南鮮版	1932-11-15	1	03단	記念武德祭
229703	朝鮮朝日	南鮮版	1932-11-15	1	04단	觀音夜店
229704	朝鮮朝日	南鮮版	1932-11-15	1	04단	李王殿下御手術東大病院鹽田外科にて
229705	朝鮮朝日	南鮮版	1932-11-15	1	04단	蔚山飛行場に照明燈裝置
229706	朝鮮朝日	南鮮版	1932-11-15	1	04단	木浦測候所に受信機設置
229707	朝鮮朝日	南鮮版	1932-11-15	1	05단	南鮮ところどころ(仁川/淸州/晉州)
229708	朝鮮朝日	南鮮版	1932-11-15	1	05단	新煙草銀河の工場增築か
229709	朝鮮朝日	南鮮版	1932-11-15	1	05단	待望の昭和水利創立の準備を整へ實現の一步を踏み出す十四日平壤で創立委員會を開く
229710	朝鮮朝日	南鮮版	1932-11-15	1	05단	綠門を建て花火をあげ地元統營邑の祝賀(特殊技術で施工完成上田慶南道土木課長談)
229711	朝鮮朝日	南鮮版	1932-11-15	1	06단	ルンペンのオアシス大邱少年保護所愈よ竣工を告ぐ
229712	朝鮮朝日	南鮮版	1932-11-15	1	07단	民風作興の範をしめす
229713	朝鮮朝日	南鮮版	1932-11-15	1	08단	慶北道に機業熱この機會に大いに奬勵する
229714	朝鮮朝日	南鮮版	1932-11-15	1	08단	阿片を密賣

일련번호	판명		간행일	면	단수	기사명
229715	朝鮮朝日	南鮮版	1932-11-15	1	08단	道是製絲工場爭議解決す一時罷業騷ぎを演ず
229716	朝鮮朝日	南鮮版	1932-11-15	1	08단	二人組強盜
229717	朝鮮朝日	南鮮版	1932-11-15	1	09단	密賣阿片を注射して死亡す仁川西公園の怪死體
229718	朝鮮朝日	南鮮版	1932-11-15	1	09단	僞造貯金帳で豪遊を極む
229719	朝鮮朝日	南鮮版	1932-11-15	1	09단	開城の強盜京城で逮捕
229720	朝鮮朝日	南鮮版	1932-11-15	1	10단	內地人女が飛込み自殺
229721	朝鮮朝日	南鮮版	1932-11-15	1	10단	スポーツ(二商優勝す釜山中等野球リーゲ戰)
229722	朝鮮朝日	南鮮版	1932-11-15	1	10단	或る橫顏
229723	朝鮮朝日	西北版	1932-11-15	1	01단	待望の昭和水利創立の準備を整へ實現の一步を踏み出す十四日創立委員會開かる
229724	朝鮮朝日	西北版	1932-11-15	1	01단	總督府當局の說明(古莊總督府土地改良課長の說明/佐原總督府技師の說明)
229725	朝鮮朝日	西北版	1932-11-15	1	01단	七大新規事業を明年度に計劃電氣の自然增收で惠まれた平壤府明年度豫算
229726	朝鮮朝日	西北版	1932-11-15	1	01단	李王殿下御手術東大病院鹽田外科にて
229727	朝鮮朝日	西北版	1932-11-15	1	02단	頑張り切れず遂に沒落す平壤の平和ゴム工場
229728	朝鮮朝日	西北版	1932-11-15	1	03단	*非常時日本の氣勢をあぐ/時局講演會*
229729	朝鮮朝日	西北版	1932-11-15	1	04단	富田氏を任命
229730	朝鮮朝日	西北版	1932-11-15	1	04단	山本清津校長更に寄附す
229731	朝鮮朝日	西北版	1932-11-15	1	04단	實現を期する陶器製形作業場七千圓を投じ製陶職工養成平南工業試驗所で
229732	朝鮮朝日	西北版	1932-11-15	1	04단	平南道廳舍十年度に改築かその順番まはり來る
229733	朝鮮朝日	西北版	1932-11-15	1	04단	天圖鐵道工事入札
229734	朝鮮朝日	西北版	1932-11-15	1	05단	親善は兒童からとても盛會を極めた日滿學童作品展覽會
229735	朝鮮朝日	西北版	1932-11-15	1	05단	平壤、蔚山間飛行演習平壤飛行隊で
229736	朝鮮朝日	西北版	1932-11-15	1	06단	賣上高激增平壤購買組合
229737	朝鮮朝日	西北版	1932-11-15	1	06단	モヒ中治療で成功を收む
229738	朝鮮朝日	西北版	1932-11-15	1	06단	自動車操縱演習
229739	朝鮮朝日	西北版	1932-11-15	1	06단	寺院を荒す
229740	朝鮮朝日	西北版	1932-11-15	1	07단	土地熱も醒め建設時代に入る建築で賑はふ羅津
229741	朝鮮朝日	西北版	1932-11-15	1	07단	竊盜橫領を働く

일련번호	판명		간행일	면	단수	기사명
229742	朝鮮朝日	西北版	1932-11-15	1	07단	狂暴飽くなき五共匪捕はる武力闘爭で殺戮を逞しうす新義州へ護送さる
229743	朝鮮朝日	西北版	1932-11-15	1	07단	白雪に躍る測量班の活躍淸鐵でスキー採用
229744	朝鮮朝日	西北版	1932-11-15	1	08단	滿洲の狩獵家朝鮮の獵場へ匪賊で危險なため續々遠征して來る
229745	朝鮮朝日	西北版	1932-11-15	1	09단	人(丸山鶴吉氏(貴族院議員))
229746	朝鮮朝日	西北版	1932-11-15	1	09단	十二萬圓の金塊は當然沒收もの金密輸一味に對し檢事は峻烈な論告をなす
229747	朝鮮朝日	西北版	1932-11-15	1	10단	晝さがりの花街で强奪
229748	朝鮮朝日	西北版	1932-11-15	1	10단	鐵道職員の金塊密輸またも發覺す
229749	朝鮮朝日	西北版	1932-11-15	1	10단	樂禮/柳京小話
229750	朝鮮朝日	南鮮版	1932-11-16	1	01단	金、金、金を産せよ大童の産金獎勵探鑛補助增額の外に低金位金山に莫大の補助金/半島特殊鑛業に內地資本家等の着目總督府でも頗る大掛りな調査
229751	朝鮮朝日	南鮮版	1932-11-16	1	01단	三千の大衆を集め時局對策朝鮮大會朴代議士等熱辯を揮ふ
229752	朝鮮朝日	南鮮版	1932-11-16	1	01단	本紙記事を腹讀通話益々明暸山本遞信局長來釜內鮮海底電話を檢分す
229753	朝鮮朝日	南鮮版	1932-11-16	1	01단	京城會議所の初役員會
229754	朝鮮朝日	南鮮版	1932-11-16	1	02단	十字路の紳士道交通の優先權今度自動車取締令改正案に愈よ此主旨を加へる淸水圖書課長滿悅
229755	朝鮮朝日	南鮮版	1932-11-16	1	03단	宇垣總督首相と會見
229756	朝鮮朝日	南鮮版	1932-11-16	1	03단	鮮米移出七百萬石
229757	朝鮮朝日	南鮮版	1932-11-16	1	03단	鱈漁近づく「魚群見ゆ！」の無電通信テスト魚群通信と標識放流試驗に智異山丸出航す
229758	朝鮮朝日	南鮮版	1932-11-16	1	04단	京城地方法院の判檢事會議
229759	朝鮮朝日	南鮮版	1932-11-16	1	04단	兒童一萬五千神宮に參拜
229760	朝鮮朝日	南鮮版	1932-11-16	1	04단	火災防止に防火組合釜山署の計劃
229761	朝鮮朝日	南鮮版	1932-11-16	1	05단	南鮮ところどころ(通川/密陽/大邱/大田/統營/木浦/馬山)
229762	朝鮮朝日	南鮮版	1932-11-16	1	05단	在城記者團視察
229763	朝鮮朝日	南鮮版	1932-11-16	1	05단	古墳から出た新羅時代の籾
229764	朝鮮朝日	南鮮版	1932-11-16	1	05단	釜山に洞總代の聯絡機關設置
229765	朝鮮朝日	南鮮版	1932-11-16	1	06단	輝やくステージに純情の花は匂ふ七百の乙女達よ朓かに歌へ京城支局主催女子音樂會を前に

일련번호	판명		간행일	면	단수	기사명
229766	朝鮮朝日	南鮮版	1932-11-16	1	06단	スポーツ(城大に凱歌あがる剣道試合/全鐵柔道部員十八日來城/齒科醫專優勝す)
229767	朝鮮朝日	南鮮版	1932-11-16	1	06단	妹に十二年姉に十五年母親を撲殺し井戸に投ず恐ろしい罪の子に求刑
229768	朝鮮朝日	南鮮版	1932-11-16	1	08단	赤い先生に各懲役二年無罪と執行猶豫は取消し全鮮初等教員赤化事件上告公判
229769	朝鮮朝日	南鮮版	1932-11-16	1	08단	自轉車專門賊
229770	朝鮮朝日	南鮮版	1932-11-16	1	09단	傍聽禁止の赤化事件公判
229771	朝鮮朝日	南鮮版	1932-11-16	1	09단	後家さんの手を握り罵倒されて爺さんの縊死
229772	朝鮮朝日	南鮮版	1932-11-16	1	09단	釜山に空家がドシドシ殖える新築の割安借家に押され府營住宅の對抗策
229773	朝鮮朝日	南鮮版	1932-11-16	1	10단	反帝同盟事件事實審理を終る
229774	朝鮮朝日	南鮮版	1932-11-16	1	10단	郊外の一部でバスに反對
229775	朝鮮朝日	南鮮版	1932-11-16	1	10단	或る横顔
229776	朝鮮朝日	西北版	1932-11-16	1	01단	國境警備に赫々たる武勳一部は凱旋一部は今尚駐屯平壌各部隊の活躍
229777	朝鮮朝日	西北版	1932-11-16	1	01단	鴨江上流對岸漸く平穩化災民に對する救濟策や治安機關の統制に努力田英傑ちかく歸順
229778	朝鮮朝日	西北版	1932-11-16	1	01단	十月中の城津貿易額四十二萬六百餘圓前年比六萬五千圓の激增
229779	朝鮮朝日	西北版	1932-11-16	1	01단	昭和晴れを語る八日記念すべき總督の決裁一夜明けて我世の春來る青木昭和水利子
229780	朝鮮朝日	西北版	1932-11-16	1	03단	平壌各部隊滿期兵來る三十日除隊
229781	朝鮮朝日	西北版	1932-11-16	1	03단	四中等學校の軍事教練査閱
229782	朝鮮朝日	西北版	1932-11-16	1	03단	朝鮮側の出版物急激に增加
229783	朝鮮朝日	西北版	1932-11-16	1	04단	十三日來壌した丸山鶴吉氏(平壌驛頭にて)
229784	朝鮮朝日	西北版	1932-11-16	1	04단	通溝海龍間安東、城子瞳間バスとトラック運轉を計劃滿洲國へ出願する
229785	朝鮮朝日	西北版	1932-11-16	1	05단	大同橋附近壽町の三角地に子供の遊び場として小公園を設置する
229786	朝鮮朝日	西北版	1932-11-16	1	05단	安東警察署の重なる憂鬱署員は決死の覺悟で執務崩れかゝった廳舍
229787	朝鮮朝日	西北版	1932-11-16	1	06단	素晴らしい景氣土地熱勃興北鮮開拓事業愈よ本格的伸び行く城津地方
229788	朝鮮朝日	西北版	1932-11-16	1	06단	戰傷兵歸る

일련번호	판명		간행일	면	단수	기사명
229789	朝鮮朝日	西北版	1932-11-16	1	07단	在鮮中國人滿洲事變失業者新義州には皆無
229790	朝鮮朝日	西北版	1932-11-16	1	07단	自衛策から組合を組織
229791	朝鮮朝日	西北版	1932-11-16	1	08단	日蓮宗信者の自力更生宣傳
229792	朝鮮朝日	西北版	1932-11-16	1	08단	赤い先生に各懲役二年無罪と執行猶豫は取消し全鮮初等教員赤化事件上告公判
229793	朝鮮朝日	西北版	1932-11-16	1	08단	トラックが電車に衝突
229794	朝鮮朝日	西北版	1932-11-16	1	08단	妹に十二年姉に十五年母親を撲殺し井戸に投ず恐ろしい罪の子に求刑
229795	朝鮮朝日	西北版	1932-11-16	1	09단	鎭南浦電氣料金値下げ十二月一日から實施
229796	朝鮮朝日	西北版	1932-11-16	1	09단	賭博を開帳
229797	朝鮮朝日	西北版	1932-11-16	1	09단	銅線を盜む
229798	朝鮮朝日	西北版	1932-11-16	1	09단	無法な養父若妻を掠奪遊女に賣り飛ばさんとす監禁中に惡事發覺
229799	朝鮮朝日	西北版	1932-11-16	1	09단	廿圓を恐喝
229800	朝鮮朝日	西北版	1932-11-16	1	10단	樂禮/柳京小話
229801	朝鮮朝日	西北版	1932-11-16	1	10단	傍聽禁止の赤化事件公判
229802	朝鮮朝日	南鮮版	1932-11-17	1	01단	吹雪の行軍から堀部隊の凱旋國境の匪賊討伐に山砲の威力を發揮して
229803	朝鮮朝日	南鮮版	1932-11-17	1	01단	僅か一票の差！輕費診療問題上程の京城府會の分野
229804	朝鮮朝日	南鮮版	1932-11-17	1	01단	寫眞說明((上)「ア、モシモシ」まるで市內電話のやうによく聞える好成績の內鮮間直通海底電話十五日の通話試驗(釜山中繼所)(中)竣工した統營運河(十五日記事參照)(下)十五日京城公會堂で開催された時局對策朝鮮大會(壇上は朴春琴代議士))
229805	朝鮮朝日	南鮮版	1932-11-17	1	02단	愛國の五機奉天へ空輸
229806	朝鮮朝日	南鮮版	1932-11-17	1	02단	五十萬圓の歲入不足に惱む慶南の水利組合
229807	朝鮮朝日	南鮮版	1932-11-17	1	04단	市場使用料徵收問題釜山府會で調査員を決定
229808	朝鮮朝日	南鮮版	1932-11-17	1	04단	日章旗を中心に地主と小作人の握手鮮滿拓植から鮮內各地へ國旗六千旒を贈る
229809	朝鮮朝日	南鮮版	1932-11-17	1	04단	診療券二萬九千枚發行全北の救療施設
229810	朝鮮朝日	南鮮版	1932-11-17	1	05단	南鮮ところどころ(群山/大邱/大田)
229811	朝鮮朝日	南鮮版	1932-11-17	1	05단	京城會議所特別議員の顔觸
229812	朝鮮朝日	南鮮版	1932-11-17	1	05단	釜山局の郵便配達區增加

일련번호	판명		간행일	면	단수	기사명
229813	朝鮮朝日	南鮮版	1932-11-17	1	05단	競馬の採算は十分とれるとの見込みで愈よ六競馬場認可
229814	朝鮮朝日	南鮮版	1932-11-17	1	06단	救濟資金を寄附
229815	朝鮮朝日	南鮮版	1932-11-17	1	06단	不穩文書の一味檢擧さる晉州警察で一網打盡
229816	朝鮮朝日	南鮮版	1932-11-17	1	07단	惠山線吉州載德間は十二月一日から便乘載を行ふ
229817	朝鮮朝日	南鮮版	1932-11-17	1	07단	警官服制變る
229818	朝鮮朝日	南鮮版	1932-11-17	1	07단	商業學校で支那語を正課にする
229819	朝鮮朝日	南鮮版	1932-11-17	1	08단	一面一校實行至難農村不況から
229820	朝鮮朝日	南鮮版	1932-11-17	1	08단	朝鮮運送決算
229821	朝鮮朝日	南鮮版	1932-11-17	1	08단	南部町洞總代會は反對
229822	朝鮮朝日	南鮮版	1932-11-17	1	09단	阿片窟を檢擧
229823	朝鮮朝日	南鮮版	1932-11-17	1	09단	對馬の漁夫が一家眷屬で沿岸の漁場あらし(鴻島密漁團の正體)
229824	朝鮮朝日	南鮮版	1932-11-17	1	09단	三人掛りで後頭を割る友達と飲酒の上の兇行
229825	朝鮮朝日	南鮮版	1932-11-17	1	09단	ドングリを食用にする窮乏農民達
229826	朝鮮朝日	南鮮版	1932-11-17	1	09단	馬山高女採便檢査
229827	朝鮮朝日	南鮮版	1932-11-17	1	09단	製綿工場出火
229828	朝鮮朝日	南鮮版	1932-11-17	1	10단	もよほし(奧田式裁縫實演會/釜山中放火演習)
229829	朝鮮朝日	南鮮版	1932-11-17	1	10단	アル横顔
229830	朝鮮朝日	西北版	1932-11-17	1	01단	土地改良資金利率また引下か産米增殖の非難は當らない古莊土地改良課長語る
229831	朝鮮朝日	西北版	1932-11-17	1	01단	京城派を推擧に決る朝鮮會議所會頭選擧と平壤商議の態度
229832	朝鮮朝日	西北版	1932-11-17	1	01단	王永誠歸順新國家に忠誠を誓ふ
229833	朝鮮朝日	西北版	1932-11-17	1	01단	本宮飛行場地均し工事八分通り竣工
229834	朝鮮朝日	西北版	1932-11-17	1	01단	鄕軍幹部講習會
229835	朝鮮朝日	西北版	1932-11-17	1	02단	模範生を表彰
229836	朝鮮朝日	西北版	1932-11-17	1	02단	柳谷面の金鑛有望視さる
229837	朝鮮朝日	西北版	1932-11-17	1	02단	舊畓の補助率を高くせよと要望に段當組合費低下を希望昭和水利での重要意見
229838	朝鮮朝日	西北版	1932-11-17	1	03단	咸興鄕軍一日一錢の貯金を開始
229839	朝鮮朝日	西北版	1932-11-17	1	03단	咸北の緬羊事業滿洲より有望『日本一』の折紙つく

일련번호	판명		간행일	면	단수	기사명
229840	朝鮮朝日	西北版	1932-11-17	1	03단	山地帶の農家に巨額の副業收入咸南の馬鈴薯に大量注文粗製澱粉の輸送で
229841	朝鮮朝日	西北版	1932-11-17	1	04단	貨車不足を喞つ平鐵荷動き狀態極めて活潑
229842	朝鮮朝日	西北版	1932-11-17	1	04단	平南奧地の道路網完成
229843	朝鮮朝日	西北版	1932-11-17	1	05단	覗いて見た二人の横顔安東稅關長中村元氏安東領事岡本一策氏
229844	朝鮮朝日	西北版	1932-11-17	1	05단	朝鮮人の美擧
229845	朝鮮朝日	西北版	1932-11-17	1	05단	唐發行の軍票斷然流通禁止匪賊の不換紙幣亂發を防止有力な意見擡頭す
229846	朝鮮朝日	西北版	1932-11-17	1	05단	會寧工兵大隊の破巖工事(茂山南坪間)
229847	朝鮮朝日	西北版	1932-11-17	1	06단	個人金融業態
229848	朝鮮朝日	西北版	1932-11-17	1	06단	ドングリを食用にする窮乏農民達
229849	朝鮮朝日	西北版	1932-11-17	1	07단	金塊密輸金塊大小取り混ぜて旣に十數件中には婦人の密輸もあった黃金狂犯罪時代だ
229850	朝鮮朝日	西北版	1932-11-17	1	07단	秋季鐵道線路調査
229851	朝鮮朝日	西北版	1932-11-17	1	07단	國境都市安東の旅館サーヴィス食事寢具等滿點百パーセント滿足
229852	朝鮮朝日	西北版	1932-11-17	1	08단	頻りに出稼ぐ自家用自動車に目がひかる
229853	朝鮮朝日	西北版	1932-11-17	1	08단	友情に泣く思想犯の山越野球選手
229854	朝鮮朝日	西北版	1932-11-17	1	09단	信仰上と釋明解決の曙光平壤キリスト教系學校の慰靈祭不參加問題
229855	朝鮮朝日	西北版	1932-11-17	1	09단	懲二役年に
229856	朝鮮朝日	西北版	1932-11-17	1	10단	猩紅熱發生
229857	朝鮮朝日	西北版	1932-11-17	1	10단	樂禮/柳京小話
229858	朝鮮朝日	西北版	1932-11-17	1	10단	金塊密輸の二犯人送局
229859	朝鮮朝日	南鮮版	1932-11-18	1	01단	沸き立つ輕費診療問題 生活の脅威だ！と醫師會猛烈に反對何れだけ安いか/府會へ提出の輕費診療所案總額二十萬八千圓
229860	朝鮮朝日	南鮮版	1932-11-18	1	01단	少額收入者に輕費と施療券を發行せよ反對派の意見書
229861	朝鮮朝日	南鮮版	1932-11-18	1	01단	壯烈な模擬火災京城消防の秋季演習
229862	朝鮮朝日	南鮮版	1932-11-18	1	02단	救急自動車各地巡廻運轉
229863	朝鮮朝日	南鮮版	1932-11-18	1	03단	賑ふ漁場魚群移動で長箭沖漁場が素晴しい躍進振り
229864	朝鮮朝日	南鮮版	1932-11-18	1	04단	京城府會招集
229865	朝鮮朝日	南鮮版	1932-11-18	1	04단	宇垣總督高橋藏相と會見

일련번호	판명		간행일	면	단수	기사명
229866	朝鮮朝日	南鮮版	1932-11-18	1	04단	部長委員決定京城會議所總會
229867	朝鮮朝日	南鮮版	1932-11-18	1	05단	南鮮ところどころ(仁川/大田/大邱)
229868	朝鮮朝日	南鮮版	1932-11-18	1	05단	鮮內から奉天へ金塊密輸の一味元ダンサーも交り巧みに官憲の眼を晦す
229869	朝鮮朝日	南鮮版	1932-11-18	1	05단	米穀統制で總督府關係者を招き協議
229870	朝鮮朝日	南鮮版	1932-11-18	1	05단	牧島の怒濤十六娘を呑む亡父を慕ふ高女四年生親友に別れを告げて覺悟の自殺
229871	朝鮮朝日	南鮮版	1932-11-18	1	06단	愛犬伴れて雉子獵へ各線の獵場一覽
229872	朝鮮朝日	南鮮版	1932-11-18	1	08단	釜山府議の視察旅行時節柄注目さる
229873	朝鮮朝日	南鮮版	1932-11-18	1	08단	強盜各所に出沒 宵の口を驚かす京城のピストル強盜騷がれて姿をくらます/通行人や自動車を襲ふ不敵な釜山の辻強盜の一圓/鎌と棍棒で二人組の覆面強盜
229874	朝鮮朝日	南鮮版	1932-11-18	1	09단	反帝同盟事件十六日それぞれ求刑
229875	朝鮮朝日	南鮮版	1932-11-18	1	09단	人(八木警務局事務官/吉田淸氏)
229876	朝鮮朝日	南鮮版	1932-11-18	1	10단	京城記者團大阪各地視察
229877	朝鮮朝日	南鮮版	1932-11-18	1	10단	アル橫顔
229878	朝鮮朝日	西北版	1932-11-18	1	01단	全能力をあげて物凄い機械の唸り九年振りの木材好景氣時代惱の種は原木不足
229879	朝鮮朝日	西北版	1932-11-18	1	01단	多少縮小して明年度から實施目下計劃案を建て直し中の平壤水道擴張工事
229880	朝鮮朝日	西北版	1932-11-18	1	01단	輝く武勳に晴れの凱旋平壤部隊の滿期除隊兵驛頭を埋めた大歡迎群
229881	朝鮮朝日	西北版	1932-11-18	1	02단	産金製鍊の大繁昌
229882	朝鮮朝日	西北版	1932-11-18	1	02단	半ヶ年の貴い汗ホームスパンの服地となる
229883	朝鮮朝日	西北版	1932-11-18	1	03단	朝鮮から歸れば長髮の好紳士になれるんだと丸山鶴吉氏光頭奇聞の怪氣焰
229884	朝鮮朝日	西北版	1932-11-18	1	04단	咸興の初雪
229885	朝鮮朝日	西北版	1932-11-18	1	04단	平壤の銀座大和町の道路をお化粧府支出六割、町內負擔四割で本町は一年遲れる
229886	朝鮮朝日	西北版	1932-11-18	1	04단	スケートマンが飛燕の如く銀盤上を滑走する國境都市安東に冬の訪れ
229887	朝鮮朝日	西北版	1932-11-18	1	05단	獵天狗連が腕自慢全鮮狩獵大會で
229888	朝鮮朝日	西北版	1932-11-18	1	05단	密輸防止で五ヶ所から江上を睨む
229889	朝鮮朝日	西北版	1932-11-18	1	06단	串木、淸津、新潟間三角航路は大藏省の復活要求削除で事實上つひに解消

일련번호	판명		간행일	면	단수	기사명
229890	朝鮮朝日	西北版	1932-11-18	1	06단	疑問の文字と金釦に調査集中犯人は渡邊でないかも知れぬ謎の若妻殺し事件
229891	朝鮮朝日	西北版	1932-11-18	1	07단	犯人六名共少女ばかり好奇心から
229892	朝鮮朝日	西北版	1932-11-18	1	07단	前借と病氣で自暴自棄娼妓放火す
229893	朝鮮朝日	西北版	1932-11-18	1	07단	石炭を横領
229894	朝鮮朝日	西北版	1932-11-18	1	08단	殺人犯捕はる
229895	朝鮮朝日	西北版	1932-11-18	1	08단	小型な輕快列車明春から平南線に實施か輕便車は實施困難
229896	朝鮮朝日	西北版	1932-11-18	1	08단	少女と怪しい男
229897	朝鮮朝日	西北版	1932-11-18	1	09단	無賃乘車す母戀しさから少女が
229898	朝鮮朝日	西北版	1932-11-18	1	09단	懲役九年以下判決言渡し咸北朝鮮共産黨事件最左翼の兇惡な赤色テロ團
229899	朝鮮朝日	西北版	1932-11-18	1	10단	少年の奇禍
229900	朝鮮朝日	西北版	1932-11-18	1	10단	劉泰豹の詐欺事件更に新發展か
229901	朝鮮朝日	西北版	1932-11-18	1	10단	樂禮/柳京小話
229902	朝鮮朝日	南鮮版	1932-11-19	1	01단	南朝鮮の偉觀太合堀運河と海底隧道の竣工式を擧行賑ふ二十日の統營/運河利用の出船入船三萬隻の見込産業開發に必須の海底道路渡邊知事「喜びの言葉」
229903	朝鮮朝日	南鮮版	1932-11-19	1	02단	流氷安全デー國境は今分のところ匪禍の懼れはない
229904	朝鮮朝日	南鮮版	1932-11-19	1	02단	寫眞說明((上)凱旋した龍山部隊(驛前廣場)(中)機業講習の優等生(右から)韓朱、葉の三孃(下)十七日京城飛行場で行はれた水越道路通初式)
229905	朝鮮朝日	南鮮版	1932-11-19	1	04단	令旨奉戴の記念式擧行
229906	朝鮮朝日	南鮮版	1932-11-19	1	04단	我將兵酷寒の北滿に向ふ
229907	朝鮮朝日	南鮮版	1932-11-19	1	04단	武勳かゞやく龍山部隊凱旋驛頭の盛大な歡迎を受け一路原隊へ歸還
229908	朝鮮朝日	南鮮版	1932-11-19	1	05단	農村指導の委員會設置
229909	朝鮮朝日	南鮮版	1932-11-19	1	05단	朝鮮會議所正副會頭決る
229910	朝鮮朝日	南鮮版	1932-11-19	1	05단	釜山漁組長に濱田惟恕氏當選
229911	朝鮮朝日	南鮮版	1932-11-19	1	06단	京畿道警官の一部異動
229912	朝鮮朝日	南鮮版	1932-11-19	1	06단	機業講習を終へて諸孃鄉里へ
229913	朝鮮朝日	南鮮版	1932-11-19	1	06단	釜山公設市場値上と値下げ
229914	朝鮮朝日	南鮮版	1932-11-19	1	07단	南鮮ところどころ(仁川/清州/大田/馬山/大邱)
229915	朝鮮朝日	南鮮版	1932-11-19	1	07단	內地の通帳で貯金詐取

일련번호	판명		간행일	면	단수	기사명
229916	朝鮮朝日	南鮮版	1932-11-19	1	07단	大削減か？總督府の豫算鬼門大藏省の査定
229917	朝鮮朝日	南鮮版	1932-11-19	1	07단	內鮮最初の長距離通話釜山神戸間は好成績
229918	朝鮮朝日	南鮮版	1932-11-19	1	08단	物騒千萬な總督邸に怪漢「ギャング襲來」で大騷ぎ曲者闇に姿を消す
229919	朝鮮朝日	南鮮版	1932-11-19	1	09단	五棟三戸燒く釜山榮町の火事
229920	朝鮮朝日	南鮮版	1932-11-19	1	09단	屋根が落ち死傷三名を出す
229921	朝鮮朝日	南鮮版	1932-11-19	1	10단	ある横顔
229922	朝鮮朝日	西北版	1932-11-19	1	01단	國庫補助增額明年から三倍年産四千萬斤にする意氣込み平南の在來棉作獎勵
229923	朝鮮朝日	西北版	1932-11-19	1	01단	若く潑剌たる新興大城津惠山線本州載德間愈よ二十日に開通
229924	朝鮮朝日	西北版	1932-11-19	1	03단	立木のまゝ凍てつく平南の林檎
229925	朝鮮朝日	西北版	1932-11-19	1	03단	産金熱に煽られ坑夫を募集
229926	朝鮮朝日	西北版	1932-11-19	1	04단	學藝獎勵資金
229927	朝鮮朝日	西北版	1932-11-19	1	04단	空籤なしの歳末賣出し平壤繁榮會
229928	朝鮮朝日	西北版	1932-11-19	1	04단	平壤部隊滿期兵凱旋(懷しの原隊へ)
229929	朝鮮朝日	西北版	1932-11-19	1	05단	放課後にパンを賣り學資を稼ぎ家計を助く
229930	朝鮮朝日	西北版	1932-11-19	1	05단	鑑定價格答申が廉いとて抗議さる滿洲國から鎭南浦林檎へ目下兩者で折衝中
229931	朝鮮朝日	西北版	1932-11-19	1	05단	賣行きの良い西平壤市街地今日までにやく十五萬圓非難の聲が解消す
229932	朝鮮朝日	西北版	1932-11-19	1	06단	元造浦漁港の築港を陳情年水揚高十萬圓に及ぶと地元民が平南道へ
229933	朝鮮朝日	西北版	1932-11-19	1	06단	平壤高女の育兒講座
229934	朝鮮朝日	西北版	1932-11-19	1	06단	君子橋竣工
229935	朝鮮朝日	西北版	1932-11-19	1	06단	咸興府議の文書偽造公判
229936	朝鮮朝日	西北版	1932-11-19	1	06단	事實ならば中止を嘆願滿洲の軍用材を新義州營林署に直接交渉の噂
229937	朝鮮朝日	西北版	1932-11-19	1	07단	昇格確實と見て經費を計上道立平壤醫學專門學校の實現に備へる平南
229938	朝鮮朝日	西北版	1932-11-19	1	08단	前借契約の改善を計る女給の立場を考慮して平壤署案を練る
229939	朝鮮朝日	西北版	1932-11-19	1	08단	軍事美談二つ靑訓設備費に五圓を寄附片手で軍刀術練習
229940	朝鮮朝日	西北版	1932-11-19	1	08단	迷言から父を撲殺す公判へ回付
229941	朝鮮朝日	西北版	1932-11-19	1	09단	三人組の空巢

일련번호	판명		간행일	면	단수	기사명
229942	朝鮮朝日	西北版	1932-11-19	1	09단	夫の仇敵と刃物を翳し判決の瞬間に飛びかゝる大挌鬪の末取押ふ
229943	朝鮮朝日	西北版	1932-11-19	1	09단	三名共謀で惡事を働く
229944	朝鮮朝日	西北版	1932-11-19	1	10단	モヒ密賣者を極力檢擧す
229945	朝鮮朝日	西北版	1932-11-19	1	10단	金塊密輸出判決言渡し
229946	朝鮮朝日	西北版	1932-11-19	1	10단	樂禮/柳京小話
229947	朝鮮朝日	南鮮版	1932-11-20	1	01단	輕診案上程の京城府會物々しい警戒殺氣立つ議場傍聽席は超滿員の盛況卽日委員附託となる/少數の差で修正通過か府會贊否の色分け
229948	朝鮮朝日	南鮮版	1932-11-20	1	01단	預金部資金の貸出利子引下浮び上る農村組合不況時の一大福音
229949	朝鮮朝日	南鮮版	1932-11-20	1	01단	釜山府の短期借款
229950	朝鮮朝日	南鮮版	1932-11-20	1	02단	愛國機五機滿洲へ空輸明野ヶ原から一氣に京城へ平壤を經て奉天へ
229951	朝鮮朝日	南鮮版	1932-11-20	1	02단	歡呼に送られ派遣部隊北上盛んな京城の見送り
229952	朝鮮朝日	南鮮版	1932-11-20	1	03단	慶南の棉花視察
229953	朝鮮朝日	南鮮版	1932-11-20	1	03단	その日は近づく乙女達は出來榮えを念じつゝ京城樂壇の花女子校音樂會
229954	朝鮮朝日	南鮮版	1932-11-20	1	04단	職業學校を釜山に新設
229955	朝鮮朝日	南鮮版	1932-11-20	1	04단	京城府廳龍山出張所の新築
229956	朝鮮朝日	南鮮版	1932-11-20	1	05단	南鮮ところどころ(裡里/仁川/春川/大田/晉州)
229957	朝鮮朝日	南鮮版	1932-11-20	1	05단	强盜未逮捕に怯ゆる京城府內警察部の威信にかけて逮捕せよの聲熾烈
229958	朝鮮朝日	南鮮版	1932-11-20	1	06단	もよほし(實業補習校長會/釜山共生園バザー/釜山商議議員懇談會)
229959	朝鮮朝日	南鮮版	1932-11-20	1	06단	京城アナクロ風景(1)/南大門とタン瘤
229960	朝鮮朝日	南鮮版	1932-11-20	1	06단	買はれた娘兒を抱へて家出した女房貧に喘ぐ生活悲話
229961	朝鮮朝日	南鮮版	1932-11-20	1	07단	素的な利用價値スキーヤ待望の溫井里溫泉のヒュッテ十二月上旬愈よ完成
229962	朝鮮朝日	南鮮版	1932-11-20	1	09단	京城の朝火事
229963	朝鮮朝日	南鮮版	1932-11-20	1	09단	古建築揃ひの各地警察廳舍新築問題行き惱む
229964	朝鮮朝日	南鮮版	1932-11-20	1	09단	朝鮮海員協會に不正事實發覺？釜山水上署員の活躍
229965	朝鮮朝日	南鮮版	1932-11-20	1	09단	旅館の客引釜山驛や棧橋に出て赤い思想を吹込む

일련번호	판명		간행일	면	단수	기사명
229966	朝鮮朝日	南鮮版	1932-11-20	1	10단	幼兒を燒殺した花嫁に五年
229967	朝鮮朝日	南鮮版	1932-11-20	1	10단	幼兒無殘の死
229968	朝鮮朝日	南鮮版	1932-11-20	1	10단	ある横顔
229969	朝鮮朝日	西北版	1932-11-20	1	01단	賞與の雨は降るザッと五十萬圓は下らぬ昨年とあまり大差はない平壤商店の活動期
229970	朝鮮朝日	西北版	1932-11-20	1	01단	新らしい車體の電車を購入西平壤複線に備へる
229971	朝鮮朝日	西北版	1932-11-20	1	01단	兵匪、法洞を一齊射擊朝鮮人一名重傷
229972	朝鮮朝日	西北版	1932-11-20	1	01단	咸南の鰯漁況昨年の約八割見當
229973	朝鮮朝日	西北版	1932-11-20	1	01단	羅南聯隊軍旗祭の模擬戰
229974	朝鮮朝日	西北版	1932-11-20	1	02단	咸興愛婦の慰問金募集
229975	朝鮮朝日	西北版	1932-11-20	1	02단	事務所を廻り猛烈な爭奪戰だが工事完成までは平壤に昭和水利の店開き
229976	朝鮮朝日	西北版	1932-11-20	1	03단	溫突研究行脚
229977	朝鮮朝日	西北版	1932-11-20	1	03단	平壤鄕軍の記念行事兵制六十周年
229978	朝鮮朝日	西北版	1932-11-20	1	04단	女學生の手でスケート場鋤鍬をとって工事中この頃の平壤高女
229979	朝鮮朝日	西北版	1932-11-20	1	04단	サーヴィスメモ平府電の試み
229980	朝鮮朝日	西北版	1932-11-20	1	04단	鎭南浦林檎特價賣出し
229981	朝鮮朝日	西北版	1932-11-20	1	04단	ラヂオ機賣出し
229982	朝鮮朝日	西北版	1932-11-20	1	04단	電氣收入が昨年より增加景氣回復の現れか平壤府ホクホク
229983	朝鮮朝日	西北版	1932-11-20	1	05단	假死狀態の特別會計調査會府當局豫算編成に惱まされ無責任を非難さる
229984	朝鮮朝日	西北版	1932-11-20	1	06단	安州繁榮會組織さる
229985	朝鮮朝日	西北版	1932-11-20	1	06단	米穀全部を鐵道に吸收朝運に對する割引制十六日から實施
229986	朝鮮朝日	西北版	1932-11-20	1	06단	チフス豫防注射
229987	朝鮮朝日	西北版	1932-11-20	1	06단	職業戰線をめざす乙女等昨年よりまた增加卒業期を前の平壤高女
229988	朝鮮朝日	西北版	1932-11-20	1	06단	原審通り懲役を求刑咸興電氣府營不祥事件
229989	朝鮮朝日	西北版	1932-11-20	1	07단	安全地帶を設置の計劃
229990	朝鮮朝日	西北版	1932-11-20	1	07단	古代瓦を發掘
229991	朝鮮朝日	西北版	1932-11-20	1	07단	鎔鑛爐から漏れた金塊を盜んで保山港から支那方面へ密輸鎭南浦での出來事
229992	朝鮮朝日	西北版	1932-11-20	1	08단	朝鮮獨立運動の同志を糾合新義州生れの日大學生ら九名を東京で檢擧

일련번호	판명		간행일	면	단수	기사명
229993	朝鮮朝日	西北版	1932-11-20	1	08段	慰靈祭不參加問題圓滿に解決內務部長より懇々と訓令學校側遵守を誓ふ
229994	朝鮮朝日	西北版	1932-11-20	1	08段	自宅に放火
229995	朝鮮朝日	西北版	1932-11-20	1	08段	梧梨里の水銀鑛非常に有望
229996	朝鮮朝日	西北版	1932-11-20	1	09段	若妻殺し公判
229997	朝鮮朝日	西北版	1932-11-20	1	09段	愛國機五機滿洲へ空輸明野ヶ原から一氣に京城へ平壤を經て奉天へ
229998	朝鮮朝日	西北版	1932-11-20	1	10段	樂禮/柳京小話
229999	朝鮮朝日	西北版	1932-11-20	1	10段	官舍荒し餘罪
230000	朝鮮朝日	南鮮版	1932-11-22	1	01段	竣工近づく慶南洛東橋工事着々進捗來月下旬ごろ竣工式
230001	朝鮮朝日	南鮮版	1932-11-22	1	01段	半島冬の景物溫突火事「御用心」脅かさるゝ夜每のサイレンオンドル新改築は消防署へ御相談
230002	朝鮮朝日	南鮮版	1932-11-22	1	01段	新に建直るか朝鮮體育協會不統一と赤字に惱む今日此頃注視の的廿五日の評議會
230003	朝鮮朝日	南鮮版	1932-11-22	1	02段	大掛りなモヒ密輸團主犯等大邱で檢擧
230004	朝鮮朝日	南鮮版	1932-11-22	1	03段	釜山隣接地の合併調査進む近く委員會に提案
230005	朝鮮朝日	南鮮版	1932-11-22	1	03段	大邱醫講地鎭祭
230006	朝鮮朝日	南鮮版	1932-11-22	1	04段	人(山田城大總長/高須賀氏母堂)
230007	朝鮮朝日	南鮮版	1932-11-22	1	04段	死刑から無罪へ殺人容疑事件
230008	朝鮮朝日	南鮮版	1932-11-22	1	04段	南鮮ところどころ(裡里/大邱/馬山/鎭海/晉州)
230009	朝鮮朝日	南鮮版	1932-11-22	1	05段	委員長選擧で散會の京城府會
230010	朝鮮朝日	南鮮版	1932-11-22	1	05段	電車賃を救濟資金に
230011	朝鮮朝日	南鮮版	1932-11-22	1	05段	輔成會基金募集の演藝
230012	朝鮮朝日	南鮮版	1932-11-22	1	05段	撒水自動車燒く
230013	朝鮮朝日	南鮮版	1932-11-22	1	05段	釣錢詐欺犯人
230014	朝鮮朝日	南鮮版	1932-11-22	1	05段	いよいよ廿三日午後一時から女子中等學校音樂會
230015	朝鮮朝日	南鮮版	1932-11-22	1	06段	我が國を訪ふ滿洲國童子團はち切れるやうな元氣で廿一日京城を通過
230016	朝鮮朝日	南鮮版	1932-11-22	1	06段	罪の遊女を廻る人情劇のトリオ放火された妓樓の娘が無料辯護を依賴する(快諾森岡辯護士/罪に陷すのは社會の罪であまり殘酷)
230017	朝鮮朝日	南鮮版	1932-11-22	1	07段	馬走る、走る

일련번호	판명		간행일	면	단수	기사명
230018	朝鮮朝日	南鮮版	1932-11-22	1	10단	慶北盈德の共産黨事件一味大邱へ送致
230019	朝鮮朝日	南鮮版	1932-11-22	1	10단	店員の飛込自殺
230020	朝鮮朝日	南鮮版	1932-11-22	1	10단	映畵と演劇(アマチュアー劇團火の鳥座)
230021	朝鮮朝日	南鮮版	1932-11-22	1	10단	もよほし(北滿從軍講演會/教育研究會/慶南金融聯合會/局友會の兎狩)
230022	朝鮮朝日	南鮮版	1932-11-22	1	10단	ある横顔
230023	朝鮮朝日	西北版	1932-11-22	1	01단	罪の遊女を廻る純情トリオ劇放火された妓樓の娘が無料辯護を依頼する(罪に陷すのは社會の罪であまり殘酷/血で彩られたかの辯護依賴の手紙神、人をも泣かしめる/快諾森岡辯護士)
230024	朝鮮朝日	西北版	1932-11-22	1	01단	明年度實現は財源上困難か土地買收費が高くつくので公設市場增設案
230025	朝鮮朝日	西北版	1932-11-22	1	01단	吉會線改修着工祝賀會
230026	朝鮮朝日	西北版	1932-11-22	1	01단	調べ妙なるミューズの世界滿堂の聽集をスッカリ魅惑し西鮮女子音樂大會
230027	朝鮮朝日	西北版	1932-11-22	1	04단	プロ劇開演中止
230028	朝鮮朝日	西北版	1932-11-22	1	04단	鮭の採卵百萬粒確實と見らる
230029	朝鮮朝日	西北版	1932-11-22	1	04단	ナンセンス悔しがる獵天狗連進行中の列車から射落す夥しい安奉沿線の雉子
230030	朝鮮朝日	西北版	1932-11-22	1	05단	波瀾の後にやっと調印工事代行の際勉强する昭和水利測量契約
230031	朝鮮朝日	西北版	1932-11-22	1	06단	火の用心宣傳
230032	朝鮮朝日	西北版	1932-11-22	1	06단	平醫講で就職委員會第一回卒業生斡旋のため善處する教授團
230033	朝鮮朝日	西北版	1932-11-22	1	07단	豫想を裏切って煙草の大密輸大量取引で安價に仕入れる徹底的の防衛陣
230034	朝鮮朝日	西北版	1932-11-22	1	08단	輸入米材長丸太課稅を陳情
230035	朝鮮朝日	西北版	1932-11-22	1	09단	中學生の盜み
230036	朝鮮朝日	西北版	1932-11-22	1	09단	前衛鬪士養成の赤の貯水池咸北革命者後援會峻嚴な搜査の手をのばす
230037	朝鮮朝日	西北版	1932-11-22	1	09단	線路に石塊
230038	朝鮮朝日	西北版	1932-11-22	1	10단	會社事件取調べ完了背任も發覺
230039	朝鮮朝日	西北版	1932-11-22	1	10단	樂禮/柳京小話
230040	朝鮮朝日	南鮮版	1932-11-23	1	01단	半島世相の一斷面飴玉から人殺し三錢の飴玉が小さいと口論の果恐ろしく兇暴の男
230041	朝鮮朝日	南鮮版	1932-11-23	1	01단	三郊外線の住民猛烈に反對決議を携へて陳情運動バス代行案再吟味か?

일련번호	판명		간행일	면	단수	기사명
230042	朝鮮朝日	南鮮版	1932-11-23	1	02段	死刑判決の殺人犯上告棄却
230043	朝鮮朝日	南鮮版	1932-11-23	1	02段	兵制發布記念デー
230044	朝鮮朝日	南鮮版	1932-11-23	1	03段	民族運動の李會榮縊死
230045	朝鮮朝日	南鮮版	1932-11-23	1	03段	水組更生問題農業者大會委員總監を訪ひ陳情
230046	朝鮮朝日	南鮮版	1932-11-23	1	04段	もよほし(肥料講習會)
230047	朝鮮朝日	南鮮版	1932-11-23	1	04段	李男爵の離婚訴訟辯論を續行
230048	朝鮮朝日	南鮮版	1932-11-23	1	04段	またと得難き樂浪出土品愼重の保存法を講じ近く一般に展觀
230049	朝鮮朝日	南鮮版	1932-11-23	1	04段	新嘗祭執行朝鮮神宮と京城神社で
230050	朝鮮朝日	南鮮版	1932-11-23	1	04段	京仁間運輸改善懇談會
230051	朝鮮朝日	南鮮版	1932-11-23	1	05段	麻藥強盗の訴へは「噓」
230052	朝鮮朝日	南鮮版	1932-11-23	1	05段	土沙崩潰人夫重傷す
230053	朝鮮朝日	南鮮版	1932-11-23	1	05段	三人組強盗工場主宅を襲ふ
230054	朝鮮朝日	南鮮版	1932-11-23	1	05段	時代後れの自動車法改正優先權や速力制限薦りに草案を急ぐ
230055	朝鮮朝日	南鮮版	1932-11-23	1	05段	南鮮ところどころ(大邱/淸州/春川)
230056	朝鮮朝日	南鮮版	1932-11-23	1	06段	京城アナクロ風景(２)/朝鮮ホテルと門
230057	朝鮮朝日	南鮮版	1932-11-23	1	06段	少年の竊盗
230058	朝鮮朝日	南鮮版	1932-11-23	1	06段	釜山正米市場再認可を申請
230059	朝鮮朝日	南鮮版	1932-11-23	1	07段	列車から突落さる鮮女の奇禍
230060	朝鮮朝日	南鮮版	1932-11-23	1	07段	惡病の驅逐を期し癩豫防協會成る事業計劃內容を發表
230061	朝鮮朝日	南鮮版	1932-11-23	1	08段	タクシーに追突
230062	朝鮮朝日	南鮮版	1932-11-23	1	08段	總督府懸案の小作爭議調停令法制局の審議を終り近く世の中に出る
230063	朝鮮朝日	南鮮版	1932-11-23	1	09段	森林組合移管で各道林務主任者會合
230064	朝鮮朝日	南鮮版	1932-11-23	1	09段	飽くまで米統案反對釜山會議所の申合せ
230065	朝鮮朝日	南鮮版	1932-11-23	1	10段	スポーツ(全國中等校ラグビー豫選)
230066	朝鮮朝日	南鮮版	1932-11-23	1	10段	人(川島朝鮮軍司令官)
230067	朝鮮朝日	南鮮版	1932-11-23	1	10段	ある横顔
230068	朝鮮朝日	西北版	1932-11-23	1	01段	職業學校は府立で良い筈平南道では既定方針通りに平壤府に新設を促す
230069	朝鮮朝日	西北版	1932-11-23	1	01段	師範卒業生滿洲へ進出在滿朝鮮人教育のため就職難は解消か
230070	朝鮮朝日	西北版	1932-11-23	1	01段	日向ぼっこからヒントを得プールの中で遊戲や體操溫かいのが何より
230071	朝鮮朝日	西北版	1932-11-23	1	03段	平壤簡易授産場內容を充實優秀品を製作

일련번호	판명		간행일	면	단수	기사명
230072	朝鮮朝日	西北版	1932-11-23	1	03단	半數以上が上級學校を希望但し職業戰線進出は皆無だ朝鮮女學生の卒業動向
230073	朝鮮朝日	西北版	1932-11-23	1	03단	北青、咸興、西湖津間經濟的握手一層緊密の度を加へ西湖津港の發展期待さる
230074	朝鮮朝日	西北版	1932-11-23	1	04단	清津漁港工事着々と進捗
230075	朝鮮朝日	西北版	1932-11-23	1	04단	埋築は四分防波堤五分城津漁港現況
230076	朝鮮朝日	西北版	1932-11-23	1	04단	昭和水組の測量班現場へ堅氷期は中止明春再び開始明年秋設計を終了
230077	朝鮮朝日	西北版	1932-11-23	1	05단	鄉軍一齊調査
230078	朝鮮朝日	西北版	1932-11-23	1	05단	咸興愛婦の慰問金募集
230079	朝鮮朝日	西北版	1932-11-23	1	05단	平壤の自力更生方法
230080	朝鮮朝日	西北版	1932-11-23	1	06단	乘降客激減對策を考究
230081	朝鮮朝日	西北版	1932-11-23	1	06단	除隊兵家鄉へ
230082	朝鮮朝日	西北版	1932-11-23	1	06단	清津署の戶口調査
230083	朝鮮朝日	西北版	1932-11-23	1	06단	理髮罷業も無くてすむ警察側も讓り圓滿に解決平壤理髮界異變
230084	朝鮮朝日	西北版	1932-11-23	1	07단	大同江畔に移轉說も有力平壤府廳舍改築案
230085	朝鮮朝日	西北版	1932-11-23	1	07단	金・金・金て天王山金鑛採掘を開始
230086	朝鮮朝日	西北版	1932-11-23	1	07단	廿七年振りに羅津に入港大阪商船雲南丸が建築材料を積んで
230087	朝鮮朝日	西北版	1932-11-23	1	07단	今後上告手續が幾度でも出來る被告にとって極めて有利だ高等法院の善處
230088	朝鮮朝日	西北版	1932-11-23	1	08단	男女卓球大會
230089	朝鮮朝日	西北版	1932-11-23	1	08단	トラック大暴れ
230090	朝鮮朝日	西北版	1932-11-23	1	09단	平壤府內交通事故
230091	朝鮮朝日	西北版	1932-11-23	1	09단	線路に丸太
230092	朝鮮朝日	西北版	1932-11-23	1	09단	北鮮最大の運動場を造る咸興府と體協幹部懇談會實現促進に猛運動
230093	朝鮮朝日	西北版	1932-11-23	1	09단	狂言の強盜
230094	朝鮮朝日	西北版	1932-11-23	1	09단	公金拐帶捕はる
230095	朝鮮朝日	西北版	1932-11-23	1	10단	樂禮/柳京小話
230096	朝鮮朝日	西北版	1932-11-23	1	10단	再鑑定書の完璧を期す
230097	朝鮮朝日	西北版	1932-11-23	1	10단	土木談合事件取調べ終了十二名起訴
230098	朝鮮朝日	南鮮版	1932-11-24	1	01단	硫安の奔騰で朝窒非難の聲內地會社と策應の疑ひあり總督府から警告
230099	朝鮮朝日	南鮮版	1932-11-24	1	01단	産聲を揚げた水上競技聯盟期待さる＞明年の活躍
230100	朝鮮朝日	南鮮版	1932-11-24	1	01단	慶南沿海で鰤の初漁試驗船智異山丸出航

일련번호	판명		간행일	면	단수	기사명
230101	朝鮮朝日	南鮮版	1932-11-24	1	01단	新羅人骨研究
230102	朝鮮朝日	南鮮版	1932-11-24	1	01단	大刀會匪の一團首都京城に現る實は歸順した匪徒八十餘名時ならぬ「珍客來」
230103	朝鮮朝日	南鮮版	1932-11-24	1	02단	鴨綠江結氷舟航中止
230104	朝鮮朝日	南鮮版	1932-11-24	1	03단	鄉軍主催の國民皆兵デー
230105	朝鮮朝日	南鮮版	1932-11-24	1	03단	京城廉賣市
230106	朝鮮朝日	南鮮版	1932-11-24	1	03단	鮮米買上げに米穀證券と價格公示で總督府と農林省出張所と意見の相違を來す
230107	朝鮮朝日	南鮮版	1932-11-24	1	04단	宜寧の市內電話
230108	朝鮮朝日	南鮮版	1932-11-24	1	04단	南海産組認可
230109	朝鮮朝日	南鮮版	1932-11-24	1	04단	馬金山溫泉廣く宣傳紹介
230110	朝鮮朝日	南鮮版	1932-11-24	1	04단	第一線國境警備非常時打合會具體的對策を協議
230111	朝鮮朝日	南鮮版	1932-11-24	1	05단	南鮮ところどころ(危い棧橋三つ群山、長項、水東の住民から改築要求の聲/大邱/仁川/大田)
230112	朝鮮朝日	南鮮版	1932-11-24	1	05단	チフス發生井水使用禁止
230113	朝鮮朝日	南鮮版	1932-11-24	1	05단	開城に人蔘風呂近く出現か
230114	朝鮮朝日	南鮮版	1932-11-24	1	06단	痘瘡續發浦項方面大警戒
230115	朝鮮朝日	南鮮版	1932-11-24	1	06단	京城アナクロ風景(3)/亂雜四重奏
230116	朝鮮朝日	南鮮版	1932-11-24	1	06단	力瘤を入れてスキー列車運轉料金も內地とは比較にならぬ大割引の意氣込
230117	朝鮮朝日	南鮮版	1932-11-24	1	07단	松毛蟲の撲滅闊葉樹を植ゑて自滅を計る造林獎勵の妙案
230118	朝鮮朝日	南鮮版	1932-11-24	1	08단	差押へられた船で逃走す
230119	朝鮮朝日	南鮮版	1932-11-24	1	09단	重大犯人と睨まれた銃彈泥棒銃彈箱を飯櫃と間違へ盗んだものと判る
230120	朝鮮朝日	南鮮版	1932-11-24	1	10단	說教强盗に懲役七年求刑
230121	朝鮮朝日	南鮮版	1932-11-24	1	10단	綿布の密輸
230122	朝鮮朝日	南鮮版	1932-11-24	1	10단	映畫と演劇(京城　喜樂館)
230123	朝鮮朝日	南鮮版	1932-11-24	1	10단	もよほし(郵便局技術官打合/平岡刀自講演會)
230124	朝鮮朝日	南鮮版	1932-11-24	1	10단	ある横顔
230125	朝鮮朝日	西北版	1932-11-24	1	01단	朝鮮で最初の大掛りな農民運動全鮮六十萬人の農民が參加農民デーに記念式
230126	朝鮮朝日	西北版	1932-11-24	1	01단	四萬圓から一躍百萬圓に産金全盛時代が語る平南の金鑛稼行熱
230127	朝鮮朝日	西北版	1932-11-24	1	01단	第一線國境警備非常時打合會具體的對策を協議

일련번호	판명		간행일	면	단수	기사명
230128	朝鮮朝日	西北版	1932-11-24	1	01단	波德嶺開鑿の陳情書提出
230129	朝鮮朝日	西北版	1932-11-24	1	02단	九二式戰鬪機空の精銳平壤空軍に配屬
230130	朝鮮朝日	西北版	1932-11-24	1	02단	郵便の速達配達區域を擴張し廿一日から平壤局で
230131	朝鮮朝日	西北版	1932-11-24	1	03단	平南の米穀保管
230132	朝鮮朝日	西北版	1932-11-24	1	03단	複雜な商品は從價稅にせよ滿洲關稅の不合理に泣く平壤で調査開始
230133	朝鮮朝日	西北版	1932-11-24	1	04단	小荷物取扱競技
230134	朝鮮朝日	西北版	1932-11-24	1	04단	鑑定價格きまる鎭南浦林檎
230135	朝鮮朝日	西北版	1932-11-24	1	04단	鮮米買上げに米穀證券と價格公示で總督府と農林省出張所と意見の相違を來す
230136	朝鮮朝日	西北版	1932-11-24	1	05단	匪賊に包圍された鮮農ジャンクで避難(安東に上陸)
230137	朝鮮朝日	西北版	1932-11-24	1	06단	朝鮮運送の混載車扱ひ愈よ繼續に決る
230138	朝鮮朝日	西北版	1932-11-24	1	07단	永興上水道工事完成廿六日竣工式
230139	朝鮮朝日	西北版	1932-11-24	1	07단	一寒村から一躍富裕な模範部落內地人夫婦の勤儉力行に刺激自力更生の好話題
230140	朝鮮朝日	西北版	1932-11-24	1	07단	服役義務勵行週間平壤軍部で
230141	朝鮮朝日	西北版	1932-11-24	1	07단	鮮米に對する差別的强制管理絶對反對を決議す平北穀物協會臨時總會で
230142	朝鮮朝日	西北版	1932-11-24	1	08단	元造浦修築は九年度から實施平醫の授業料値上げ
230143	朝鮮朝日	西北版	1932-11-24	1	08단	開城に人蔘風呂近く出現か
230144	朝鮮朝日	西北版	1932-11-24	1	08단	平壤鄕軍役員會
230145	朝鮮朝日	西北版	1932-11-24	1	08단	國境の空中結婚
230146	朝鮮朝日	西北版	1932-11-24	1	08단	七千トンの汽船保山に溯江す運炭界の一大福音
230147	朝鮮朝日	西北版	1932-11-24	1	09단	情婦を囮に惡事
230148	朝鮮朝日	西北版	1932-11-24	1	09단	迷信から伐木
230149	朝鮮朝日	西北版	1932-11-24	1	10단	列車に發射
230150	朝鮮朝日	西北版	1932-11-24	1	10단	金塊密輸二つ
230151	朝鮮朝日	西北版	1932-11-24	1	10단	綿布の密輸
230152	朝鮮朝日	西北版	1932-11-24	1	10단	樂禮/柳京小話
230153	朝鮮朝日	南鮮版	1932-11-25	1	01단	京城アナ口風景(4)/鐘路の普信閣
230154	朝鮮朝日	南鮮版	1932-11-25	1	01단	醫學講習所の昇格愈よ認可明年度から平壤と大邱とに道立醫專が生れる

일련번호	판명		간행일	면	단수	기사명
230155	朝鮮朝日	南鮮版	1932-11-25	1	01단	*おゝ甘美の旋律よ至純の陶醉境よ氣高く淸らかなこの集り本社支局主催女子音樂會の盛況/音樂會雜觀*
230156	朝鮮朝日	南鮮版	1932-11-25	1	04단	燃料節約の改良溫突焚口五ヶ年計劃で普及
230157	朝鮮朝日	南鮮版	1932-11-25	1	04단	北濱埋立で稅關岸壁利用府から交涉
230158	朝鮮朝日	南鮮版	1932-11-25	1	05단	朝鮮信託社長谷多喜礦氏を推すと內定
230159	朝鮮朝日	南鮮版	1932-11-25	1	06단	釜山共生園の恩賜記念館近日竣工式擧行
230160	朝鮮朝日	南鮮版	1932-11-25	1	06단	京城會議所の商業部會
230161	朝鮮朝日	南鮮版	1932-11-25	1	08단	ギ氏夫妻來鮮
230162	朝鮮朝日	南鮮版	1932-11-25	1	08단	南鮮の穀物出廻り旺盛活氣立った鐵道
230163	朝鮮朝日	南鮮版	1932-11-25	1	08단	慰問品は關稅を免除
230164	朝鮮朝日	南鮮版	1932-11-25	1	08단	南鮮ところどころ(仁川/群山)
230165	朝鮮朝日	南鮮版	1932-11-25	1	08단	肺を病んだ朴君自殺す
230166	朝鮮朝日	南鮮版	1932-11-25	1	09단	苦學四年醫師試驗に見事パスした曹靑年獨學で原書を讀破
230167	朝鮮朝日	南鮮版	1932-11-25	1	09단	女性もまじる京城乘馬大會壯快極まる各種競技
230168	朝鮮朝日	南鮮版	1932-11-25	1	10단	金密輸の一味？
230169	朝鮮朝日	南鮮版	1932-11-25	1	10단	在滿將兵に可愛い慰問
230170	朝鮮朝日	西北版	1932-11-25	1	01단	北鮮寶庫開拓に根本的缺陷を暴露事業の前途に暗影を投ず成行を重大視さる
230171	朝鮮朝日	西北版	1932-11-25	1	01단	轉手古舞の繁忙で引張凧の賣行注文殺到で營林署持て餘す素晴しい木材景氣
230172	朝鮮朝日	西北版	1932-11-25	1	04단	開城府會
230173	朝鮮朝日	西北版	1932-11-25	1	04단	慰問品は關稅を免除
230174	朝鮮朝日	西北版	1932-11-25	1	04단	*開城の新嘗祭/日章旗の揭揚を督勵好成績を收む*
230175	朝鮮朝日	西北版	1932-11-25	1	04단	平壤の初等教育九年度で整備明年は船橋里校に高等科新設明倫校運動場を擴張
230176	朝鮮朝日	西北版	1932-11-25	1	04단	大刀會入會の嚴命を下す匪首李子榮が村長を招集募集人員は約四千五百名
230177	朝鮮朝日	西北版	1932-11-25	1	05단	不況時代に耳よりな話
230178	朝鮮朝日	西北版	1932-11-25	1	05단	電氣料金の未收四千圓整理係を新設した平壤府の電氣課
230179	朝鮮朝日	西北版	1932-11-25	1	05단	木材の工藝的利用木毛の製作
230180	朝鮮朝日	西北版	1932-11-25	1	06단	醫學講習所の昇格愈よ認可明年度から平壤と大邱とに道立醫專が生れる
230181	朝鮮朝日	西北版	1932-11-25	1	06단	元山醫師會認可を申請

일련번호	판명		간행일	면	단수	기사명
230182	朝鮮朝日	西北版	1932-11-25	1	06단	順安で狩獵大會平壤獵友會
230183	朝鮮朝日	西北版	1932-11-25	1	07단	滿七ヶ年間皆勤で無罰平壤署勤務江草茂平巡査警察部長から表彰
230184	朝鮮朝日	西北版	1932-11-25	1	07단	列車妨害事件十一件に及ぶ嚴重な取締方を警察に要求鐵道側では重大視
230185	朝鮮朝日	西北版	1932-11-25	1	07단	學級增加で緩和を計る若松、山手兩校共に明年から四學級づゝ募集
230186	朝鮮朝日	西北版	1932-11-25	1	08단	滯納家屋稅の完納を督勵滯納額約八十萬元俸給支拂に支障を來す
230187	朝鮮朝日	西北版	1932-11-25	1	09단	公金拐帶捕はる
230188	朝鮮朝日	西北版	1932-11-25	1	09단	嬰兒殺し結審
230189	朝鮮朝日	西北版	1932-11-25	1	09단	寒くなります冬が來ます御用意は暖爐のお手當はどう？測候所の小父さんはいふ
230190	朝鮮朝日	西北版	1932-11-25	1	10단	給水所發火す
230191	朝鮮朝日	西北版	1932-11-25	1	10단	肺を病んだ朴君自殺す
230192	朝鮮朝日	西北版	1932-11-25	1	10단	樂禮/柳京小話
230193	朝鮮朝日	南鮮版	1932-11-26	1	01단	明年度豫算の前途は天氣晴眼さ鮮米に特殊扱ひなどしない宇垣總督の土産話
230194	朝鮮朝日	南鮮版	1932-11-26	1	01단	市俄古の萬國博へ「チャーミング朝鮮」の紹介鐵道局の大意氣込
230195	朝鮮朝日	南鮮版	1932-11-26	1	02단	輕診案は結局修正通過友對議員漸次軟化す
230196	朝鮮朝日	南鮮版	1932-11-26	1	04단	釜山辯護士會長三田村氏當選
230197	朝鮮朝日	南鮮版	1932-11-26	1	04단	宇垣總督の釜山初巡視
230198	朝鮮朝日	南鮮版	1932-11-26	1	04단	鴨綠江を越える黃金の洪水滿洲の金高に競うて密輸取締警官手を燒く
230199	朝鮮朝日	南鮮版	1932-11-26	1	04단	赤十字社聯盟總長夫妻來城
230200	朝鮮朝日	南鮮版	1932-11-26	1	04단	北滿派遣の將兵歡送
230201	朝鮮朝日	南鮮版	1932-11-26	1	04단	城大オーケストラ演奏會
230202	朝鮮朝日	南鮮版	1932-11-26	1	05단	京城と平壤に空の燈台東京大連間を一日で飛行總工費は約一萬圓
230203	朝鮮朝日	南鮮版	1932-11-26	1	05단	釜山の糞池西面に決定
230204	朝鮮朝日	南鮮版	1932-11-26	1	05단	一枚の古寫眞から三十年振の奇遇今を時めく張中樞院參議と淸水圖書課長の一家
230205	朝鮮朝日	南鮮版	1932-11-26	1	06단	新年互禮會申込受付開始
230206	朝鮮朝日	南鮮版	1932-11-26	1	06단	南鮮ところどころ(大邱/大田)

일련번호	판명		간행일	면	단수	기사명
230207	朝鮮朝日	南鮮版	1932-11-26	1	07단	京城アナクロ風景(5)/モダン同志のアナクロ
230208	朝鮮朝日	南鮮版	1932-11-26	1	07단	皇南里古墳から古代の竹籠現る貴重な考古資料
230209	朝鮮朝日	南鮮版	1932-11-26	1	07단	洛東水組設立反對地主代表知事に會見陳情
230210	朝鮮朝日	南鮮版	1932-11-26	1	08단	癩豫防協會の設立歡迎癩患に惱む慶南
230211	朝鮮朝日	南鮮版	1932-11-26	1	08단	兵隊ゴッコ子供擊たる
230212	朝鮮朝日	南鮮版	1932-11-26	1	08단	米穀統制案反對の決議木浦の府民大會
230213	朝鮮朝日	南鮮版	1932-11-26	1	09단	*首無事件の裵增に無期懲役判決/尼僧殺し容疑の一味全部無罪となる/四大祕密結社事件求刑*
230214	朝鮮朝日	南鮮版	1932-11-26	1	09단	名物「捨子」京城で一夜に三件
230215	朝鮮朝日	南鮮版	1932-11-26	1	10단	もよほし(ゴルフリンク建設協議/絹布取引懇談)
230216	朝鮮朝日	南鮮版	1932-11-26	1	10단	人(林學務局長歸任/嚴俊源氏(京城淑明女學校長)/立石良雄氏(釜山實業家)/池田警務局長/八木警務局事務官)
230217	朝鮮朝日	南鮮版	1932-11-26	1	10단	ある横顔
230218	朝鮮朝日	西北版	1932-11-26	1	01단	明年度豫算の前途は天氣晴朗さ鮮米に特殊級ひなどしない宇垣總督の土産話
230219	朝鮮朝日	西北版	1932-11-26	1	01단	鮮米擁護の氣勢を揚ぐ決議文を可決要路に打電平北穀物業者大會
230220	朝鮮朝日	西北版	1932-11-26	1	01단	專賣局の自力更生
230221	朝鮮朝日	西北版	1932-11-26	1	02단	原糖全部を鐵道に吸收特別割引四割引で
230222	朝鮮朝日	西北版	1932-11-26	1	03단	平壤飛行隊慰安會
230223	朝鮮朝日	西北版	1932-11-26	1	04단	平壤の新嘗祭
230224	朝鮮朝日	西北版	1932-11-26	1	04단	對岸地方の朝鮮人にも救療券配布
230225	朝鮮朝日	西北版	1932-11-26	1	04단	替地中尉奉天で壯烈な戰死
230226	朝鮮朝日	西北版	1932-11-26	1	04단	京城と平壤に空の燈台東京大連間を一日で飛行總工費は約一萬圓
230227	朝鮮朝日	西北版	1932-11-26	1	04단	需要に適應した職業校の自由性道立と府立たるとを問はず平壤に新設を希望
230228	朝鮮朝日	西北版	1932-11-26	1	05단	咸南道の社會事業費全鮮最下位
230229	朝鮮朝日	西北版	1932-11-26	1	05단	輸送はかどらず國境に滯貨の山間島の購買力激增悲鳴をあげる天鐵
230230	朝鮮朝日	西北版	1932-11-26	1	06단	簡保宣傳活寫
230231	朝鮮朝日	西北版	1932-11-26	1	06단	平壤が有力中繼所設置遞信局で候補地を物色中一キロ發信機利用

일련번호	판명		간행일	면	단수	기사명
230232	朝鮮朝日	西北版	1932-11-26	1	06단	鄧鐵梅頻りに秋波を送る大東溝を襲撃計劃の李の部下二百名を武裝解除
230233	朝鮮朝日	西北版	1932-11-26	1	07단	臨時秋季種痘
230234	朝鮮朝日	西北版	1932-11-26	1	07단	黨再建の主義者廿三名檢擧
230235	朝鮮朝日	西北版	1932-11-26	1	07단	兵制發布六十周年平壤鄕軍で戶口調査服務手引を全會員に配布廿四日から三日間
230236	朝鮮朝日	西北版	1932-11-26	1	08단	金塊大密輸判決言渡し金塊十二萬圓は沒收さる田徹敬に懲役八月
230237	朝鮮朝日	西北版	1932-11-26	1	08단	水産界に大衝動北鮮水産疑獄第一回公判は來月中旬頃言渡は下旬に行ふ
230238	朝鮮朝日	西北版	1932-11-26	1	08단	紳士賭博御用
230239	朝鮮朝日	西北版	1932-11-26	1	08단	絞めて毆ったか毆って絞めたか鑑定書は愈よ近く出來上る若妻殺し實地檢證
230240	朝鮮朝日	西北版	1932-11-26	1	08단	生業を樂む移住鮮農が我軍の活躍を感謝連日慰問に押掛く
230241	朝鮮朝日	西北版	1932-11-26	1	10단	樂禮/柳京小話
230242	朝鮮朝日	西北版	1932-11-26	1	10단	亂暴を働く
230243	朝鮮朝日	南鮮版	1932-11-27	1	01단	近代都市の美化を目標に朝鮮の都市計劃愈よ明年度實施の豫定
230244	朝鮮朝日	南鮮版	1932-11-27	1	01단	今後に殘された問題賃銀の雨を降らし幾萬の失業者を救った大救濟事業の後始末
230245	朝鮮朝日	南鮮版	1932-11-27	1	01단	御成年御奉告のため桃山御陵御參拜の李鍝公殿下(廿五日朝)
230246	朝鮮朝日	南鮮版	1932-11-27	1	01단	海底電話を聽く宇垣總督釜山で受話機をとりすこぶる上機嫌で/京釜間に搬送式電話愈よ裝置に着手
230247	朝鮮朝日	南鮮版	1932-11-27	1	03단	マッケンジィ氏の癩療養所に御下賜金を傳達
230248	朝鮮朝日	南鮮版	1932-11-27	1	04단	もよほし(穀物檢査支所開設)
230249	朝鮮朝日	南鮮版	1932-11-27	1	04단	産業調査會を釜山で設立
230250	朝鮮朝日	南鮮版	1932-11-27	1	04단	電力料引下で遞信局に陳情釜山工業クラブから
230251	朝鮮朝日	南鮮版	1932-11-27	1	04단	決然勇猛心を發揮せよ農業者大會の決議文を廻付
230252	朝鮮朝日	南鮮版	1932-11-27	1	05단	京城會議所の交通部會
230253	朝鮮朝日	南鮮版	1932-11-27	1	05단	癩協會へ溫い寄附金料亭の女將や藝妓女中さんが眞先に

일련번호	판명		간행일	면	단수	기사명
230254	朝鮮朝日	南鮮版	1932-11-27	1	05단	全鮮に率先して報酬規定撤廢釜山醫師會が大奮發で實費診療をも行ふ
230255	朝鮮朝日	南鮮版	1932-11-27	1	06단	南鮮ところどころ(各地で陳情攻め川島軍司令官の巡視/仁川/大田/大邱)
230256	朝鮮朝日	南鮮版	1932-11-27	1	06단	不法極まる滯納督促納稅濟の府稅に
230257	朝鮮朝日	南鮮版	1932-11-27	1	06단	風浪高き鳥海丸遭難の現場救助作業頗る困難
230258	朝鮮朝日	南鮮版	1932-11-27	1	07단	素晴しく長い罪名を脊負って送られた無錢飮食男
230259	朝鮮朝日	南鮮版	1932-11-27	1	07단	流浪の旅を重ねて我子を尋ねる落魄の老勇士ヤッと居所が判った頃には冷たくなってゐた
230260	朝鮮朝日	南鮮版	1932-11-27	1	08단	女子の棉作傳習所を經營
230261	朝鮮朝日	南鮮版	1932-11-27	1	09단	二人强盗大邱の雜貨商へ
230262	朝鮮朝日	南鮮版	1932-11-27	1	09단	兄が同居の弟に立退請求訴訟高等法院では弟の敗け居候大痛手の判例
230263	朝鮮朝日	南鮮版	1932-11-27	1	10단	疑問の大金
230264	朝鮮朝日	南鮮版	1932-11-27	1	10단	爆破巖石の破片で慘死す
230265	朝鮮朝日	南鮮版	1932-11-27	1	10단	賭博に負け强盗受難を裝ふ
230266	朝鮮朝日	南鮮版	1932-11-27	1	10단	人(鐵道局參事田中保太郎氏/同技師江崎義人氏)
230267	朝鮮朝日	南鮮版	1932-11-27	1	10단	ある橫顏
230268	朝鮮朝日	西北版	1932-11-27	1	01단	失意の武人夢は赤い夕陽の曠野を驅け廻る武器問題の原少佐、信川で鮮農と滿洲移住を計劃中
230269	朝鮮朝日	西北版	1932-11-27	1	01단	御成年御奉告のため桃山御陵御參拜の李鍝公殿下(廿五日朝)
230270	朝鮮朝日	西北版	1932-11-27	1	01단	福島、福井兩氏が結局一騎打か早くも波瀾曲折を豫想さる平壤商工會頭問題
230271	朝鮮朝日	西北版	1932-11-27	1	01단	東邊道の治安回復策國稅免除や低利融通
230272	朝鮮朝日	西北版	1932-11-27	1	03단	丹頂鶴の巢籠り
230273	朝鮮朝日	西北版	1932-11-27	1	04단	滿洲へ出品
230274	朝鮮朝日	西北版	1932-11-27	1	04단	長林、新邑間を明年度に施工か豫算から削除されぬ限り好轉の平元線延長
230275	朝鮮朝日	西北版	1932-11-27	1	04단	リットン報告の誤謬を憤慨安東の滿洲團人
230276	朝鮮朝日	西北版	1932-11-27	1	04단	無臭無煙の優良炭鑛區を發見
230277	朝鮮朝日	西北版	1932-11-27	1	05단	滿洲人から軍用機獻金軍警方面感謝
230278	朝鮮朝日	西北版	1932-11-27	1	05단	是非十名の增員を要求手薄の平壤消防隊

일련번호	판명		간행일	면	단수	기사명
230279	朝鮮朝日	西北版	1932-11-27	1	05단	行員の背任明白となる劉泰豹事件
230280	朝鮮朝日	西北版	1932-11-27	1	06단	生徒作品展
230281	朝鮮朝日	西北版	1932-11-27	1	06단	線路に丸太
230282	朝鮮朝日	西北版	1932-11-27	1	06단	鴨緑江を越える黄金の洪水滿洲の金高に競うて密輸取締警官手を燒く
230283	朝鮮朝日	西北版	1932-11-27	1	07단	コスト切下げをまづ考慮せよ無煙炭運賃引下げにつき佐藤營業課長語る
230284	朝鮮朝日	西北版	1932-11-27	1	07단	みんな輕傷で不幸中の幸小學校水素瓦斯爆發事件下村校長恐縮して語る
230285	朝鮮朝日	西北版	1932-11-27	1	07단	美しい寄附か醜い詐欺行爲か資産家の寡婦を廻る怪事件遂に司直の手動く
230286	朝鮮朝日	西北版	1932-11-27	1	08단	鴨緑江鐵橋安東側陸橋架替に着手
230287	朝鮮朝日	西北版	1932-11-27	1	08단	面書記の拐帶
230288	朝鮮朝日	西北版	1932-11-27	1	08단	密輸取締に最後的警告己むを得ずんば殺傷する日滿官憲持て餘す
230289	朝鮮朝日	西北版	1932-11-27	1	09단	躑躅が咲く戰爭の前兆だと噂する
230290	朝鮮朝日	西北版	1932-11-27	1	09단	三人組強盜頻りに出沒犯人搜査に當局躍起
230291	朝鮮朝日	西北版	1932-11-27	1	10단	專賣局官舍の放火犯捕る
230292	朝鮮朝日	西北版	1932-11-27	1	10단	咸興府議へ懲役八ヶ月
230293	朝鮮朝日	西北版	1932-11-27	1	10단	賭博を開帳
230294	朝鮮朝日	西北版	1932-11-27	1	10단	樂禮/柳京小話
230295	朝鮮朝日	南鮮版	1932-11-29	1	01단	瘦畑に藷がコロコロ自然は正直だ努力は酬はれた鷄舍から揚る黎明の一聲京畿道陰德面の自力更生振り
230296	朝鮮朝日	南鮮版	1932-11-29	1	01단	採算がとれぬと地主側の反對洛東水組設置問題で地主と當局の對立
230297	朝鮮朝日	南鮮版	1932-11-29	1	01단	水産物倉庫の建設計劃內容道で審議を進める
230298	朝鮮朝日	南鮮版	1932-11-29	1	01단	張氏一行歡迎
230299	朝鮮朝日	南鮮版	1932-11-29	1	02단	樂浪博物館上棟式迫る
230300	朝鮮朝日	南鮮版	1932-11-29	1	02단	派遣部隊北滿へ釜山の歡送
230301	朝鮮朝日	南鮮版	1932-11-29	1	03단	昌寧郡の篤志家貧農の戶稅を代納す
230302	朝鮮朝日	南鮮版	1932-11-29	1	03단	輕費診療所案委員會を通過一部修正で愈よ實現
230303	朝鮮朝日	南鮮版	1932-11-29	1	03단	鍾路方面のカフェ陣本町に對抗して續々出來る
230304	朝鮮朝日	南鮮版	1932-11-29	1	04단	仁川方面の沙金採取非常に有望
230305	朝鮮朝日	南鮮版	1932-11-29	1	05단	南鮮ところどころ(大田/大邱/浦項)

일련번호	판명		간행일	면	단수	기사명
230306	朝鮮朝日	南鮮版	1932-11-29	1	05단	避難民を裝うて續々と侵入間島共匪の北鮮赤化
230307	朝鮮朝日	南鮮版	1932-11-29	1	05단	平壤名物の妓生學校來月から開校
230308	朝鮮朝日	南鮮版	1932-11-29	1	05단	肌寒い初冬風景點描明渡し訴訟續出四、五圓の家賃に喘ぐ小商人下層勞働者の群れ
230309	朝鮮朝日	南鮮版	1932-11-29	1	06단	救濟人夫の强制貯金率低減
230310	朝鮮朝日	南鮮版	1932-11-29	1	07단	雪、雪よ降れ！待ち佗ぶるスキーヤー手具すね引く運動具店
230311	朝鮮朝日	南鮮版	1932-11-29	1	07단	滿洲や間島で贋貨の大量生産眞僞全く見分がつかず凄まじいインチキ橫行
230312	朝鮮朝日	南鮮版	1932-11-29	1	08단	一坪の土地で境界爭ひ石垣を毀して雙方對峙す
230313	朝鮮朝日	南鮮版	1932-11-29	1	09단	不貞の女房夫に斬付け瀕死の重傷を負はす自分は山林中で縊死
230314	朝鮮朝日	南鮮版	1932-11-29	1	09단	光州鐘紡工場突如爭議を起し十一名解雇斷行
230315	朝鮮朝日	南鮮版	1932-11-29	1	10단	もよほし(建築木工協會總會)
230316	朝鮮朝日	南鮮版	1932-11-29	1	10단	人(萩原たつ子さん(慶南道高等課長萩原八十盛氏夫人))
230317	朝鮮朝日	南鮮版	1932-11-29	1	10단	ある橫顔
230318	朝鮮朝日	南鮮版	1932-11-29	1	10단	抱女虐待で飲食店營業取消
230319	朝鮮朝日	西北版	1932-11-29	1	01단	煩雜な手數と經費の加重で電氣水道特別會計實施は僅かに一年で中止
230320	朝鮮朝日	西北版	1932-11-29	1	01단	學窓を巢立つ安東高女の新卒業生廿一名は上級學校殘り大部分は職業戰線へ
230321	朝鮮朝日	西北版	1932-11-29	1	01단	簡保低資割當額廿九萬七千圓大部分は新規事業に
230322	朝鮮朝日	西北版	1932-11-29	1	01단	奉安庫落成式
230323	朝鮮朝日	西北版	1932-11-29	1	01단	醫學研究會
230324	朝鮮朝日	西北版	1932-11-29	1	01단	平南の面廢合大體九郡三十面
230325	朝鮮朝日	西北版	1932-11-29	1	02단	憂愁頻りに動き美貌の妻を語る怪盜もまた可憐な情炎の男左奈田一味の獄中生活
230326	朝鮮朝日	西北版	1932-11-29	1	03단	立石面に公醫配置を知事に陳情
230327	朝鮮朝日	西北版	1932-11-29	1	03단	兵制記念に朝鮮人へ軍人の道宣傳
230328	朝鮮朝日	西北版	1932-11-29	1	03단	電氣、水道の純利益十五萬圓一般會計に繰入れなくては豫算編成は不可能
230329	朝鮮朝日	西北版	1932-11-29	1	04단	土海線延長に積極的運動

일련번호	판명		간행일	면	단수	기사명
230330	朝鮮朝日	西北版	1932-11-29	1	04단	歲末賣出し一段と力瘤
230331	朝鮮朝日	西北版	1932-11-29	1	04단	日滿經濟往來の提携に蹉跌船舶法に縛られて折角の大豆が積み取れぬ
230332	朝鮮朝日	西北版	1932-11-29	1	04단	鐵橋開閉停止十二月一日から
230333	朝鮮朝日	西北版	1932-11-29	1	04단	除隊兵鄉里へ
230334	朝鮮朝日	西北版	1932-11-29	1	05단	總工費廿萬圓で平壤府廳舍改築の設計を進む府廳は公會堂に移轉する
230335	朝鮮朝日	西北版	1932-11-29	1	05단	兒童學藝展
230336	朝鮮朝日	西北版	1932-11-29	1	05단	仁川方面の沙金採取非常に有望
230337	朝鮮朝日	西北版	1932-11-29	1	06단	平壤聯隊除隊式
230338	朝鮮朝日	西北版	1932-11-29	1	06단	樂浪博物館上棟式迫る
230339	朝鮮朝日	西北版	1932-11-29	1	06단	城津神社に國旗揭揚塔
230340	朝鮮朝日	西北版	1932-11-29	1	06단	三方原奉天間長距離飛行重爆機平壤着
230341	朝鮮朝日	西北版	1932-11-29	1	06단	デパートに對抗商戰の尖銳化血みどろな顧客爭奪を開始小賣商人の連鎖店
230342	朝鮮朝日	西北版	1932-11-29	1	07단	公務執行妨害送局
230343	朝鮮朝日	西北版	1932-11-29	1	07단	鐵橋工事中石油が湧出滿浦鎭線で
230344	朝鮮朝日	西北版	1932-11-29	1	07단	避難民を裝うて續々と侵入間島共匪の北鮮赤化
230345	朝鮮朝日	西北版	1932-11-29	1	08단	平壤名物の妓生學校來月から開校
230346	朝鮮朝日	西北版	1932-11-29	1	08단	武器彈藥供給の事實が判明學良から義勇軍へ
230347	朝鮮朝日	西北版	1932-11-29	1	08단	不貞の女房夫に斬付け瀕死の重傷を負はす自分は山林中で縊死
230348	朝鮮朝日	西北版	1932-11-29	1	09단	狩獵一齊取締
230349	朝鮮朝日	西北版	1932-11-29	1	09단	狩獵を取締
230350	朝鮮朝日	西北版	1932-11-29	1	09단	山崩れで二名死傷
230351	朝鮮朝日	西北版	1932-11-29	1	10단	咸興金鑛の同盟罷業圓滿に解決
230352	朝鮮朝日	西北版	1932-11-29	1	10단	物騷な出來事
230353	朝鮮朝日	西北版	1932-11-29	1	10단	樂禮/柳京小話
230354	朝鮮朝日	南鮮版	1932-11-30	1	01단	南鮮ところどころ(國旗を揭げよ國家觀念の增進に努力する忠南道職員/群山/豆腐値上賃餅も二割高/公州/大邱)
230355	朝鮮朝日	南鮮版	1932-11-30	1	01단	共匪の殘黨巧みに穴倉へ小部隊に分れて潛行運動わが討伐隊の苦心
230356	朝鮮朝日	南鮮版	1932-11-30	1	01단	輕費診療所案府會を通過ゴタゴタも漸く大團圓
230357	朝鮮朝日	南鮮版	1932-11-30	1	01단	貧しい傷病者に溫い救ひの手釜山府の救療始まる

일련번호	판명		간행일	면	단수	기사명
230358	朝鮮朝日	南鮮版	1932-11-30	1	02단	思想犯？平壤師範生拉致
230359	朝鮮朝日	南鮮版	1932-11-30	1	02단	兵制記念の表彰者二十七名を發表
230360	朝鮮朝日	南鮮版	1932-11-30	1	03단	スチームに溫まり動物冬籠りスッカリ悄氣込む象君と河馬君
230361	朝鮮朝日	南鮮版	1932-11-30	1	04단	張氏一行歸國
230362	朝鮮朝日	南鮮版	1932-11-30	1	04단	愈よ裁斷の俎上へ談合事件の調書二十八冊一萬四千枚に上る公判は明春四月か
230363	朝鮮朝日	南鮮版	1932-11-30	1	05단	釜山北部の糞池工事入札
230364	朝鮮朝日	南鮮版	1932-11-30	1	05단	癩協會へ寄附
230365	朝鮮朝日	南鮮版	1932-11-30	1	05단	應援警官の表彰
230366	朝鮮朝日	南鮮版	1932-11-30	1	06단	水利組合に深耕獎勵慶南で傳習會開催
230367	朝鮮朝日	南鮮版	1932-11-30	1	06단	惡病に利く迷信生膽取り？無心に眠る嬰兒をぬすみ出し僅か廿圓で賣飛ばす
230368	朝鮮朝日	南鮮版	1932-11-30	1	06단	火事を喜ぶ放火癖少年四軒に放火、全半燒す
230369	朝鮮朝日	南鮮版	1932-11-30	1	06단	三人強盜の容疑者無罪
230370	朝鮮朝日	南鮮版	1932-11-30	1	07단	慶南海苔早くも出廻る
230371	朝鮮朝日	南鮮版	1932-11-30	1	07단	半島の大賣出し商戰に祕術を盡す百貨店と小賣聯合トップは先づ群山から
230372	朝鮮朝日	南鮮版	1932-11-30	1	08단	東萊溫泉の上水道着工明春完成する
230373	朝鮮朝日	南鮮版	1932-11-30	1	08단	女の溺死體
230374	朝鮮朝日	南鮮版	1932-11-30	1	08단	牛、無殘の轢死
230375	朝鮮朝日	南鮮版	1932-11-30	1	09단	龍尾山神社取壞作業終る
230376	朝鮮朝日	南鮮版	1932-11-30	1	09단	罪の淸算斷頭台へ本夫殺しと強盜殺人
230377	朝鮮朝日	南鮮版	1932-11-30	1	10단	實父殺しの大罪を自白
230378	朝鮮朝日	南鮮版	1932-11-30	1	10단	佛像を盜む
230379	朝鮮朝日	南鮮版	1932-11-30	1	10단	もよほし(東萊の防火宣傳)
230380	朝鮮朝日	南鮮版	1932-11-30	1	10단	人(宮城縣靑年團一行/滿洲國移民團)
230381	朝鮮朝日	西北版	1932-11-30	1	01단	産業都市平壤の再打診が急務旣に經濟情勢は變つてゐる古過る旣往調査案
230382	朝鮮朝日	西北版	1932-11-30	1	01단	日曜休航を近く廢止か空の平壤大繁昌
230383	朝鮮朝日	西北版	1932-11-30	1	01단	十六萬圓の簡保低資を要望所要資金を低資化平南の産業組合
230384	朝鮮朝日	西北版	1932-11-30	1	01단	梅酢で書いた日章旗
230385	朝鮮朝日	西北版	1932-11-30	1	02단	平壤を通過
230386	朝鮮朝日	西北版	1932-11-30	1	03단	滿洲派遣軍歡迎送
230387	朝鮮朝日	西北版	1932-11-30	1	03단	海と山を舞台の不況退治運動振興委員會で具體案を練る問題は莫大の經費

일련번호	판명		간행일	면	단수	기사명
230388	朝鮮朝日	西北版	1932-11-30	1	04단	陸大優等生高橋中尉に恩賜の軍刀
230389	朝鮮朝日	西北版	1932-11-30	1	04단	大同郡の表彰
230390	朝鮮朝日	西北版	1932-11-30	1	04단	高くて不親切な金組の手形取立無料か廉くせよと要望さるちかく當局へ陳情
230391	朝鮮朝日	西北版	1932-11-30	1	04단	平南の道路共進會
230392	朝鮮朝日	西北版	1932-11-30	1	05단	お正月氣分五色の表紙艶らかに滿洲國旗の日記帳建國第一年の新景
230393	朝鮮朝日	西北版	1932-11-30	1	05단	元山港貿易額
230394	朝鮮朝日	西北版	1932-11-30	1	05단	吉州橋竣工渡橋式擧行
230395	朝鮮朝日	西北版	1932-11-30	1	05단	實彈射擊場を飛行場内に新設空からの射擊訓練に努力平壤空軍の充實
230396	朝鮮朝日	西北版	1932-11-30	1	06단	兵役違反者は早く屆出でよ
230397	朝鮮朝日	西北版	1932-11-30	1	06단	實彈射擊演習
230398	朝鮮朝日	西北版	1932-11-30	1	06단	平壤署の交通取締
230399	朝鮮朝日	西北版	1932-11-30	1	07단	妓生養成所始業式
230400	朝鮮朝日	西北版	1932-11-30	1	07단	帳簿を誤魔化し四千五百圓橫領箕城券番後始末に不正事件幹部一名收容さる
230401	朝鮮朝日	西北版	1932-11-30	1	07단	平壤憲兵隊へ防彈チョッキ成績が良好なれば國境の憲兵に着せる
230402	朝鮮朝日	西北版	1932-11-30	1	08단	實父殺しの大罪を自白
230403	朝鮮朝日	西北版	1932-11-30	1	08단	醉拂つて轢死
230404	朝鮮朝日	西北版	1932-11-30	1	09단	亂暴な祖父
230405	朝鮮朝日	西北版	1932-11-30	1	09단	佛像を盗む
230406	朝鮮朝日	西北版	1932-11-30	1	09단	秋の漁撈近年になく豊漁大喜びの平南漁民
230407	朝鮮朝日	西北版	1932-11-30	1	09단	もよほし(開城音樂同好會)
230408	朝鮮朝日	西北版	1932-11-30	1	10단	雇員の無錢飲食
230409	朝鮮朝日	西北版	1932-11-30	1	10단	樂禮/柳京小話

1932년 12월 (조선아사히)

일련번호	판명		간행일	면	단수	기사명
230410	朝鮮朝日	南鮮版	1932-12-01	1	01단	３３年の流行界に樂浪模樣の進出古代文化は斯くして蘇へる何處まで成功するか
230411	朝鮮朝日	南鮮版	1932-12-01	1	01단	總督お聲掛りの棉作增殖計劃三十七箇所に指定地を設け愈よ明年度から着手
230412	朝鮮朝日	南鮮版	1932-12-01	1	01단	農村平和を目指し小作調停令明春一月から施行
230413	朝鮮朝日	南鮮版	1932-12-01	1	03단	金女史に有難き御下賜
230414	朝鮮朝日	南鮮版	1932-12-01	1	04단	釜山靑訓査閲
230415	朝鮮朝日	南鮮版	1932-12-01	1	04단	張氏來城川島軍司令官一行を招く
230416	朝鮮朝日	南鮮版	1932-12-01	1	04단	需要期を控へてレコード濫賣戰一切の協定を破ってヴィクター二割引で
230417	朝鮮朝日	南鮮版	1932-12-01	1	04단	釜山普通校で退學者續出授業料八十錢に因る
230418	朝鮮朝日	南鮮版	1932-12-01	1	04단	穀物檢査標準査定會
230419	朝鮮朝日	南鮮版	1932-12-01	1	04단	釜山府議の視察團決定
230420	朝鮮朝日	南鮮版	1932-12-01	1	05단	南鮮ところどころ(大邱/鎭海)
230421	朝鮮朝日	南鮮版	1932-12-01	1	05단	移動警察より港の査察に釜山署の配備變る
230422	朝鮮朝日	南鮮版	1932-12-01	1	05단	釜山の酒、醬油東京の品評會に入選
230423	朝鮮朝日	南鮮版	1932-12-01	1	05단	盜まれた靴泥棒が判って兒童達大喜び
230424	朝鮮朝日	南鮮版	1932-12-01	1	06단	完成した京城飛行場の滑走路
230425	朝鮮朝日	南鮮版	1932-12-01	1	07단	鮮內の桑苗ぞくぞくと內地へ移出
230426	朝鮮朝日	南鮮版	1932-12-01	1	07단	盜品を入質し入質したものを更に盜出さんとして捕る
230427	朝鮮朝日	南鮮版	1932-12-01	1	07단	金の事から托鉢僧亂鬪
230428	朝鮮朝日	南鮮版	1932-12-01	1	08단	少年殺しに死刑の求刑
230429	朝鮮朝日	南鮮版	1932-12-01	1	08단	生死不明者未だに五名救助作業は一先づ打切り鳳儀炭坑なほ燃え續く
230430	朝鮮朝日	南鮮版	1932-12-01	1	08단	もよほし(釜山刑務所卽賣會/高田せい子舞踊公演/鯖綱組合總會/第二會農村打合)
230431	朝鮮朝日	南鮮版	1932-12-01	1	08단	袋は重いか歲末商店街に躍り出すボーナス景氣警官だけで百三十萬圓
230432	朝鮮朝日	南鮮版	1932-12-01	1	09단	金剛山の强盜實は同山某寺の僧
230433	朝鮮朝日	南鮮版	1932-12-01	1	10단	人(張景惠氏一行)
230434	朝鮮朝日	南鮮版	1932-12-01	1	10단	ある横顔
230435	朝鮮朝日	西北版	1932-12-01	1	01단	自力更生の中心に産組を民力涵養の各種機關を統一し合理化せよとの意見

일련번호	판명		간행일	면	단수	기사명
230436	朝鮮朝日	西北版	1932-12-01	1	01단	九ケ月間で竣工の豫定明春より改築に着手平壤府廳舍の工事豫定/農家の副業に製紙を獎勵楮の養苗を勸獎
230437	朝鮮朝日	西北版	1932-12-01	1	01단	咸南繭相場現在九百圓副業に好適
230438	朝鮮朝日	西北版	1932-12-01	1	01단	滿洲補充部隊威風堂々北行
230439	朝鮮朝日	西北版	1932-12-01	1	02단	昇格した飛行場道路
230440	朝鮮朝日	西北版	1932-12-01	1	03단	總督府が直營で金鑛を稼行せよ再生産力を有するが故に窮民救濟事業に最適だ
230441	朝鮮朝日	西北版	1932-12-01	1	04단	電興の配常五分
230442	朝鮮朝日	西北版	1932-12-01	1	04단	國境出動部隊近く平壤へ凱旋靜穩になったので
230443	朝鮮朝日	西北版	1932-12-01	1	04단	永興縮緬年內に市場に出す
230444	朝鮮朝日	西北版	1932-12-01	1	05단	經濟線として極めて好成績龍源驛の昇格を陳情開通の順川、泉洞間
230445	朝鮮朝日	西北版	1932-12-01	1	05단	小學生の叺製造
230446	朝鮮朝日	西北版	1932-12-01	1	05단	學士さんが初等教員試驗に應ず
230447	朝鮮朝日	西北版	1932-12-01	1	05단	安東の初雪
230448	朝鮮朝日	西北版	1932-12-01	1	06단	棉作、桑田種牡牛信川が一等賞
230449	朝鮮朝日	西北版	1932-12-01	1	06단	力浦に點燈來る十日から
230450	朝鮮朝日	西北版	1932-12-01	1	06단	まづ電氣統制次が無煙炭合同內地市場で有利な無煙炭この冬は煉炭が割高か
230451	朝鮮朝日	西北版	1932-12-01	1	06단	電信競技會
230452	朝鮮朝日	西北版	1932-12-01	1	06단	豊作に喜ぶ平南山間地帶
230453	朝鮮朝日	西北版	1932-12-01	1	07단	平南道評議會十三日に開く
230454	朝鮮朝日	西北版	1932-12-01	1	07단	國有林の原木拂下げ
230455	朝鮮朝日	西北版	1932-12-01	1	07단	ギャング横行に特に備へる銀行、郵便局などを嚴戒平壤署の年末警戒
230456	朝鮮朝日	西北版	1932-12-01	1	07단	西湖津の漁獲物陸揚指定地停止
230457	朝鮮朝日	西北版	1932-12-01	1	07단	米松長丸太に關稅賦課方近く再陳情
230458	朝鮮朝日	西北版	1932-12-01	1	07단	生死不明者未だに五名救助作業は一先づ打切り鳳儀炭抗なほ燃え續く
230459	朝鮮朝日	西北版	1932-12-01	1	08단	民間の論功行賞相當に廣範圍
230460	朝鮮朝日	西北版	1932-12-01	1	09단	若妻殺し續行公判次回は九日
230461	朝鮮朝日	西北版	1932-12-01	1	09단	列車に投石
230462	朝鮮朝日	西北版	1932-12-01	1	09단	密輸業者の上前を刎る高貴藥と詐り安物を賣り二百八十圓を騙取
230463	朝鮮朝日	西北版	1932-12-01	1	09단	林檎代を横領
230464	朝鮮朝日	西北版	1932-12-01	1	10단	樂禮/柳京小話
230465	朝鮮朝日	西北版	1932-12-01	1	10단	七十四錢で懲役七年に

일련번호	판명		간행일	면	단수	기사명
230466	朝鮮朝日	西北版	1932-12-01	1	10단	郵便局でスリ
230467	朝鮮朝日	南鮮版	1932-12-02	1	01단	近く廢止になる郊外線
230468	朝鮮朝日	南鮮版	1932-12-02	1	01단	瓦斯電燈料金の値下げを斷行今後は三年每に改訂される瓦電の收入減は約十二萬圓/適當な改正慶南當局の談
230469	朝鮮朝日	南鮮版	1932-12-02	1	01단	御下賜品を捧持して町尻侍從武官酷寒の滿洲へ
230470	朝鮮朝日	南鮮版	1932-12-02	1	02단	京城會議所の特別議員新任
230471	朝鮮朝日	南鮮版	1932-12-02	1	02단	張氏一行歸國
230472	朝鮮朝日	南鮮版	1932-12-02	1	02단	南鮮ところどころ(大田/春川/大邱/仁川)
230473	朝鮮朝日	南鮮版	1932-12-02	1	03단	京城三郊外線は斷然廢止と決定代用の「バス」を二倍に增加して乘客の便を計るとの理由で
230474	朝鮮朝日	南鮮版	1932-12-02	1	03단	府民館新設と輕診所の維持經營
230475	朝鮮朝日	南鮮版	1932-12-02	1	03단	阿峴里の公立高小校新築上棟式
230476	朝鮮朝日	南鮮版	1932-12-02	1	04단	新京に總督府事務所所長は堂本氏
230477	朝鮮朝日	南鮮版	1932-12-02	1	04단	燃料補給で釜山賑ふ外國船續々入港石炭商ホクホク
230478	朝鮮朝日	南鮮版	1932-12-02	1	04단	漂流中を怪外國船に救はれた發動機船密航中のロシア船か？
230479	朝鮮朝日	南鮮版	1932-12-02	1	04단	新任鎭海要港部司令官鹽澤辛一少將
230480	朝鮮朝日	南鮮版	1932-12-02	1	06단	師走の街頭へ京電の女案內人
230481	朝鮮朝日	南鮮版	1932-12-02	1	06단	名案も浮ばぬ金密輸防止總督府頭を惱ます
230482	朝鮮朝日	南鮮版	1932-12-02	1	07단	二十日頃から實施に一致內鮮聯絡電話通話の最後的打合せ會で
230483	朝鮮朝日	南鮮版	1932-12-02	1	07단	輕費診療所は明春一月から當分の間假診療所で開所
230484	朝鮮朝日	南鮮版	1932-12-02	1	07단	マリヤ殺し事件に新光明を發見？俄然警察側で活動を開始某商人釜山署に拉致
230485	朝鮮朝日	南鮮版	1932-12-02	1	08단	慶南水産會事務所移轉
230486	朝鮮朝日	南鮮版	1932-12-02	1	09단	癩協會へ篤志家寄附
230487	朝鮮朝日	南鮮版	1932-12-02	1	09단	都市經營社決算
230488	朝鮮朝日	南鮮版	1932-12-02	1	09단	列車の中で切手や葉書が買へる五日から愈よ實行
230489	朝鮮朝日	南鮮版	1932-12-02	1	09단	元府會副議長橫領事件懲役二年を求刑
230490	朝鮮朝日	南鮮版	1932-12-02	1	10단	釜山府の方面委員內定
230491	朝鮮朝日	南鮮版	1932-12-02	1	10단	阿片とエロ娘を賣物にして
230492	朝鮮朝日	南鮮版	1932-12-02	1	10단	汽船に突當り漁船大破四名行方不明

일련번호	판명		간행일	면	단수	기사명
230493	朝鮮朝日	南鮮版	1932-12-02	1	10단	桃山遊廓の小火
230494	朝鮮朝日	南鮮版	1932-12-02	1	10단	人(張海鵬氏(滿洲國執政府待從武官長)/伊東理事歸城)
230495	朝鮮朝日	西北版	1932-12-02	1	01단	會頭選擧を廻り早くも前哨戰本人が知らぬ三浦氏擁立熱靜觀する福島派
230496	朝鮮朝日	西北版	1932-12-02	1	01단	最後の埋立に全力を注ぐ埠頭に迎へる出船、入船來春から嚴壁使用
230497	朝鮮朝日	西北版	1932-12-02	1	01단	吹雪を衝き傷病兵を慰問可憐な平壤高女生
230498	朝鮮朝日	西北版	1932-12-02	1	02단	咸南國境山地帶電氣がつく
230499	朝鮮朝日	西北版	1932-12-02	1	03단	咸興府懇談會
230500	朝鮮朝日	西北版	1932-12-02	1	03단	米に棉花に繭に惠まれた農民久し振りの高値と豊作で今冬は樂々と越年
230501	朝鮮朝日	西北版	1932-12-02	1	03단	全市をあげて目的貫徹に邁進蹶然起った雄基府民
230502	朝鮮朝日	西北版	1932-12-02	1	04단	小學校改築敷地問題五里霧中
230503	朝鮮朝日	西北版	1932-12-02	1	04단	物價奔騰で設計を變更輸城川工事
230504	朝鮮朝日	西北版	1932-12-02	1	04단	二名の朝鮮學生士官學校を受驗軍國日本の朝鮮風景
230505	朝鮮朝日	西北版	1932-12-02	1	05단	二ヶ月中には花々しく開店勤勞階級を目標の消費組合共榮社
230506	朝鮮朝日	西北版	1932-12-02	1	05단	匪首鄧鐵梅水路から逃走を計劃
230507	朝鮮朝日	西北版	1932-12-02	1	06단	化村面に郵便所
230508	朝鮮朝日	西北版	1932-12-02	1	06단	届出怠慢者百三十餘名發見に努む
230509	朝鮮朝日	西北版	1932-12-02	1	06단	廿九萬餘圓の低資が平南道へ年利率六分六釐で融通さる內、十五萬圓は農業關係
230510	朝鮮朝日	西北版	1932-12-02	1	06단	指紋の前に犯人恐入る難事件も見事解決
230511	朝鮮朝日	西北版	1932-12-02	1	06단	新邑までは是非早く延長實現を熱望する平鐵
230512	朝鮮朝日	西北版	1932-12-02	1	07단	鄧鐵梅と李子榮內訌を生ず安奉線に蟠居の二大匪首目下睨み合ひの形
230513	朝鮮朝日	西北版	1932-12-02	1	08단	勤勞により積立金
230514	朝鮮朝日	西北版	1932-12-02	1	09단	放火して逃走
230515	朝鮮朝日	西北版	1932-12-02	1	09단	盜掘古墳卅八基に及ぶ嚴重取締るやうに總督府から平南へ通牒
230516	朝鮮朝日	西北版	1932-12-02	1	09단	損害賠償請求口頭辯論延期
230517	朝鮮朝日	西北版	1932-12-02	1	09단	金塊犯人控訴か
230518	朝鮮朝日	西北版	1932-12-02	1	09단	嬰兒殺し

일련번호	판명		간행일	면	단수	기사명
230519	朝鮮朝日	西北版	1932-12-02	1	09단	猩紅熱流行
230520	朝鮮朝日	西北版	1932-12-02	1	10단	數十回盜み
230521	朝鮮朝日	西北版	1932-12-02	1	10단	もよほし(平北道各警察署衛生主任會議/浦津在鄉軍人分會)
230522	朝鮮朝日	西北版	1932-12-02	1	10단	人(竹村喜久治氏(平壤稅關支署長)/中野俊助氏(前新義洲地方法院檢事正)/山本犀藏氏(遞信局長))
230523	朝鮮朝日	西北版	1932-12-02	1	10단	樂禮/柳京小話
230524	朝鮮朝日	南鮮版	1932-12-03	1	01단	慌しい歲末テンポこゝでも百貨店と小賣業者の凄まじい白兵戰
230525	朝鮮朝日	南鮮版	1932-12-03	1	01단	閣議で決定した警官服制改正赤線がなくなり禮裝正裝の規定も出來る
230526	朝鮮朝日	南鮮版	1932-12-03	1	01단	信託重役の椅子を廻り人選とりどり支配人は誰れに？
230527	朝鮮朝日	南鮮版	1932-12-03	1	02단	牧の島船溜の團平船繁番反對
230528	朝鮮朝日	南鮮版	1932-12-03	1	03단	大邱に生れ出る醫學の大殿堂昇格を前に內容外觀を完備新築計劃正式に認可
230529	朝鮮朝日	南鮮版	1932-12-03	1	03단	宇垣總督農村更生運動の第一線に乘出す
230530	朝鮮朝日	南鮮版	1932-12-03	1	03단	對滿關稅の改正近く實現する見込み
230531	朝鮮朝日	南鮮版	1932-12-03	1	04단	素晴らしい成績癩協への寄附金各方面よりの應募申込み殺到大口の寄附ぞくぞく/忠南、慶北兩道に癩患者續發溫い南鮮へと移動/癩協會への慶南の寄附は約七萬圓
230532	朝鮮朝日	南鮮版	1932-12-03	1	04단	洛東水組の實地踏查
230533	朝鮮朝日	南鮮版	1932-12-03	1	05단	慶南中等學校靑訓所査閱日程
230534	朝鮮朝日	南鮮版	1932-12-03	1	05단	漂流漁民救濟にサ聯邦から感謝狀
230535	朝鮮朝日	南鮮版	1932-12-03	1	05단	鮮內各銀行下半期の業績
230536	朝鮮朝日	南鮮版	1932-12-03	1	06단	釜山の貧困者救療始まる
230537	朝鮮朝日	南鮮版	1932-12-03	1	06단	バスの身賣りは贊成だが郊外線廢止には反對意向を有する府會議員問題は今後に殘る
230538	朝鮮朝日	南鮮版	1932-12-03	1	07단	南鮮ところどころ(大田)
230539	朝鮮朝日	南鮮版	1932-12-03	1	07단	スキー廿台で郵便物集配元山郵便局で
230540	朝鮮朝日	南鮮版	1932-12-03	1	07단	大邱祕密結社事件判決
230541	朝鮮朝日	南鮮版	1932-12-03	1	08단	放火娼妓丸子母親と淚の對面ちかく公判を開延
230542	朝鮮朝日	南鮮版	1932-12-03	1	08단	慰問金橫領の二名に判決
230543	朝鮮朝日	南鮮版	1932-12-03	1	08단	家變しさに少年只乘り

일련번호	판명		간행일	면	단수	기사명
230544	朝鮮朝日	南鮮版	1932-12-03	1	08단	抱合ったまゝで無殘の燒死淸津普校前の火事
230545	朝鮮朝日	南鮮版	1932-12-03	1	09단	死刑判決の本夫殺しは遂に上告を棄却さる
230546	朝鮮朝日	南鮮版	1932-12-03	1	09단	スポーツ(釜山最初のラグビーリーグ)
230547	朝鮮朝日	南鮮版	1932-12-03	1	10단	人(慶北警官■歸る/米內光正中將(新任第三艦隊司令長官)/篠田李王職長官/竹內健郎氏(新任京畿道警察部長)/澤山福彌太氏(釜山澤山商會主)/兒玉三鶴氏(釜山中學教諭)/肥後甚助氏)
230548	朝鮮朝日	南鮮版	1932-12-03	1	10단	釜山南濱の公設市場移轉
230549	朝鮮朝日	南鮮版	1932-12-03	1	10단	もよほし(大邱消防義會/釜山の大賣出し)
230550	朝鮮朝日	南鮮版	1932-12-03	1	10단	ある橫顏
230551	朝鮮朝日	西北版	1932-12-03	1	01단	驚異的發明「水上スキール」成る貧しい一外交員のが宋君が世界スポーツ界を驚かす發明協會が表彰
230552	朝鮮朝日	西北版	1932-12-03	1	01단	ゴム靴工場が安東縣に增加滿洲國の需要を目標として平壤同業者の惱み
230553	朝鮮朝日	西北版	1932-12-03	1	01단	平醫講昇格に知事が乘出す政治的解決運動のため慶北知事と協力
230554	朝鮮朝日	西北版	1932-12-03	1	01단	貯金管理所の設置を陳情朴平壤會議所會頭が山本遞信局長へ
230555	朝鮮朝日	西北版	1932-12-03	1	01단	滿洲國へ乘出す校長卒業生の就職斡旋に
230556	朝鮮朝日	西北版	1932-12-03	1	02단	スキー廿台て郵便物集配元山郵便局で
230557	朝鮮朝日	西北版	1932-12-03	1	03단	運轉回數を改正
230558	朝鮮朝日	西北版	1932-12-03	1	03단	平壤高女の講堂明年度に改築五萬圓を投じて
230559	朝鮮朝日	西北版	1932-12-03	1	03단	膳の製造を奬勵
230560	朝鮮朝日	西北版	1932-12-03	1	03단	美座內務部長榮轉を惜まる
230561	朝鮮朝日	西北版	1932-12-03	1	04단	郵便所開設
230562	朝鮮朝日	西北版	1932-12-03	1	04단	商店で實習平商の生徒が
230563	朝鮮朝日	西北版	1932-12-03	1	04단	水電の誠意を信じ値下問題を淸算遞信局に陳情書を提出
230564	朝鮮朝日	西北版	1932-12-03	1	04단	大景品付き聯合賣出し
230565	朝鮮朝日	西北版	1932-12-03	1	04단	インテリ警官總數の六分中等校卒業以上の大學卒業者も多い平南
230566	朝鮮朝日	西北版	1932-12-03	1	05단	思はぬ仕事火田民喜ぶ無煙炭田の抗夫に採用金氏の德をたゝふ

일련번호	판명		간행일	면	단수	기사명
230567	朝鮮朝日	南鮮版	1932-12-03	1	05단	朝鮮運送の特別運賃割引制愈よ斷續に決定し鐵道への貨物吸收に努力
230568	朝鮮朝日	南鮮版	1932-12-03	1	07단	閣議で決定した警官服制改正赤線がなくなり禮裝正裝の規定も出來る
230569	朝鮮朝日	西北版	1932-12-03	1	07단	信託重役の椅子を廻り入選とりどり結局東拓がら支配人を？
230570	朝鮮朝日	西北版	1932-12-03	1	07단	肺結核の反應實に四割に達す平壤六普通校で注射の結果嘆かはしき現象
230571	朝鮮朝日	西北版	1932-12-03	1	07단	對滿關稅の改正近く實現する見込み
230572	朝鮮朝日	西北版	1932-12-03	1	07단	金棒で毆る
230573	朝鮮朝日	西北版	1932-12-03	1	08단	放火娼妓丸子母親と涙の對面ちかく公判を開廷
230574	朝鮮朝日	西北版	1932-12-03	1	09단	鮮內各銀行下半期の業績
230575	朝鮮朝日	西北版	1932-12-03	1	09단	抱合ったま〻で無殘の燒死清津普校前の火事
230576	朝鮮朝日	西北版	1932-12-03	1	09단	變死體を發見
230577	朝鮮朝日	西北版	1932-12-03	1	09단	水稅の輕減を陳情長水院水利
230578	朝鮮朝日	西北版	1932-12-03	1	10단	洗濯棒で撲殺
230579	朝鮮朝日	西北版	1932-12-03	1	10단	ストーブの不始末學校と工場燒く
230580	朝鮮朝日	西北版	1932-12-03	1	10단	樂禮/柳京小話
230581	朝鮮朝日	南鮮版	1932-12-04	1	01단	其後の郊外線廢止問題會社側依然强硬京畿道も鐵道局側もバス代行案を支持する
230582	朝鮮朝日	南鮮版	1932-12-04	1	01단	出澁る豫算要求京城府豫算は來春早〻に查定
230583	朝鮮朝日	南鮮版	1932-12-04	1	01단	慶南道の納稅デービラ八萬枚配布
230584	朝鮮朝日	南鮮版	1932-12-04	1	01단	慶南の農村指導委員會
230585	朝鮮朝日	南鮮版	1932-12-04	1	01단	待望のボーナス大世帶に惱む朝鐵局の打診鐵道街に落ちる今年の「フクロ」は約十割
230586	朝鮮朝日	南鮮版	1932-12-04	1	02단	補充部隊北行
230587	朝鮮朝日	南鮮版	1932-12-04	1	03단	苦境に立つ全北米穀業者檢查標準が苛酷だと穀檢支所へ陳情
230588	朝鮮朝日	南鮮版	1932-12-04	1	03단	井上府尹か朝鮮火災社長の後任
230589	朝鮮朝日	南鮮版	1932-12-04	1	04단	自力更生デー釜山府での計劃
230590	朝鮮朝日	南鮮版	1932-12-04	1	04단	不景氣歲末の就職斡旋に釜山紹介所乗出す
230591	朝鮮朝日	南鮮版	1932-12-04	1	04단	藥劑師試驗合格

일련번호	판명		간행일	면	단수	기사명
230592	朝鮮朝日	南鮮版	1932-12-04	1	05단	珍訴訟府尹が府尹を相手に提起す關帝廟の土地を廻って讓渡に惱む平壤府が
230593	朝鮮朝日	南鮮版	1932-12-04	1	05단	咸南國境の鴨綠江完全に結氷
230594	朝鮮朝日	南鮮版	1932-12-04	1	05단	喘ぐカフエチップは制限晝間ノーチップ拔目のないお客吸引策カフエマン恐悅時代？
230595	朝鮮朝日	南鮮版	1932-12-04	1	06단	二荒伯を招き敎化座談會內鮮少年敎育と思想上の留意事項を中心に
230596	朝鮮朝日	南鮮版	1932-12-04	1	06단	何と氣の早い年賀狀の走り
230597	朝鮮朝日	南鮮版	1932-12-04	1	06단	地方法院橫城出張所の竣工
230598	朝鮮朝日	南鮮版	1932-12-04	1	06단	權大衡一味全部有罪と決定
230599	朝鮮朝日	南鮮版	1932-12-04	1	07단	鮮童轢死體
230600	朝鮮朝日	南鮮版	1932-12-04	1	07단	「名物搔つ拂ひ」通行人の頭から金簪を浚って逃走す飛鳥の早業に御用心
230601	朝鮮朝日	南鮮版	1932-12-04	1	07단	悔悟の人妻に元情夫兇刃をふるふ突刺して絞殺す
230602	朝鮮朝日	南鮮版	1932-12-04	1	07단	南鮮ところどころ奇特な宇兵衛翁十年間お茶を派出所に運ぶ(大邱/馬山/大田/仁川)
230603	朝鮮朝日	南鮮版	1932-12-04	1	08단	釜山に社會館現府廳舍利用の目論見
230604	朝鮮朝日	南鮮版	1932-12-04	1	09단	被告全部に懲役を求刑首魁元極ほか五十九名定平農組事件公判
230605	朝鮮朝日	南鮮版	1932-12-04	1	10단	農民デーは槪して平穩に
230606	朝鮮朝日	南鮮版	1932-12-04	1	10단	小爲替僞造事件「一年」求刑
230607	朝鮮朝日	南鮮版	1932-12-04	1	10단	海中に墜ち少年溺死す
230608	朝鮮朝日	南鮮版	1932-12-04	1	10단	武藤全權の甥だと詐稱周旋料を騙取
230609	朝鮮朝日	南鮮版	1932-12-04	1	10단	もよほし(釜山第二金組臨時總會/釜山第三金組總會)
230610	朝鮮朝日	南鮮版	1932-12-04	1	10단	人(二荒方德伯)
230611	朝鮮朝日	西北版	1932-12-04	1	01단	文獻に殘る社還米制度の復活方を研究李朝時代の防貧制度に熱意を持つ藤原平南知事
230612	朝鮮朝日	西北版	1932-12-04	1	01단	平壤神社は明年度に改築か二十周年に當るので
230613	朝鮮朝日	西北版	1932-12-04	1	01단	珍らしい鯖の生節苦心の操作見事にヒット咸北水試ホクホク
230614	朝鮮朝日	西北版	1932-12-04	1	03단	咸南國境の鴨綠江完全に結氷
230615	朝鮮朝日	西北版	1932-12-04	1	03단	价川面地方羅災者へ義捐金分配
230616	朝鮮朝日	西北版	1932-12-04	1	04단	平壤船橋里櫻の名所に明春試植する

일련번호	판명		간행일	면	단수	기사명
230617	朝鮮朝日	西北版	1932-12-04	1	04단	經費折半で愈よ明年度施工電車路鋪裝は全部府が負擔平壤大和町通のお化粧
230618	朝鮮朝日	西北版	1932-12-04	1	04단	久原鑛業咸南に進出金の露天掘
230619	朝鮮朝日	西北版	1932-12-04	1	04단	窮民が一致御恩返しに記念碑を建つ
230620	朝鮮朝日	西北版	1932-12-04	1	05단	水稅の輕減を陳情平安水利代表
230621	朝鮮朝日	西北版	1932-12-04	1	05단	傷病兵を慰問
230622	朝鮮朝日	西北版	1932-12-04	1	05단	慰問金を贈る
230623	朝鮮朝日	西北版	1932-12-04	1	05단	北部炭田の運賃輕減を要望四割引制にして貰ひたいと鐵道局長宛に提出
230624	朝鮮朝日	西北版	1932-12-04	1	06단	私立學校や書堂の改善優良書堂には補助を與ふ南南道で實施計劃
230625	朝鮮朝日	西北版	1932-12-04	1	06단	六年制を希望す雙龍普通校
230626	朝鮮朝日	西北版	1932-12-04	1	06단	實を結んだ漆の講習會
230627	朝鮮朝日	西北版	1932-12-04	1	07단	文化の光は白熱線に躍る國境主要都市電化
230628	朝鮮朝日	西北版	1932-12-04	1	07단	珍訴訟府尹が府尹を相手に提起す關帝廟の土地を廻って讓渡に惱む平壤府が
230629	朝鮮朝日	西北版	1932-12-04	1	08단	密漁船を告發
230630	朝鮮朝日	西北版	1932-12-04	1	08단	何れも控訴
230631	朝鮮朝日	西北版	1932-12-04	1	08단	露店市場近く開店
230632	朝鮮朝日	西北版	1932-12-04	1	08단	銃器盜難事件迷宮に入り搜査方針變更
230633	朝鮮朝日	西北版	1932-12-04	1	08단	不服で控訴
230634	朝鮮朝日	西北版	1932-12-04	1	08단	親戚に押入る
230635	朝鮮朝日	西北版	1932-12-04	1	08단	樂禮/柳京小話
230636	朝鮮朝日	西北版	1932-12-04	1	09단	被告全部に懲役を求刑首魁元會極ほか五十九名定平農組事件公判
230637	朝鮮朝日	西北版	1932-12-04	1	09단	トンネル決潰猛烈な溢水工事中の朝鮮窒素發電所被害莫大に上る見込み
230638	朝鮮朝日	西北版	1932-12-04	1	10단	六戶半を燒失
230639	朝鮮朝日	西北版	1932-12-04	1	10단	武藤全權の甥だと詐稱周旋料を騙取
230640	朝鮮朝日	西北版	1932-12-04	1	10단	偽造一圓紙幣
230641	朝鮮朝日	南鮮版	1932-12-06	1	01단	峻嚴な法の斷案『赤』糺彈のメス農民組合事件の處斷で關係當局ホッと一息/農漁村に食入る咸南、北を毒した赤化事件
230642	朝鮮朝日	南鮮版	1932-12-06	1	01단	鐵骨國旗揭揚塔龍頭山上に建設
230643	朝鮮朝日	南鮮版	1932-12-06	1	01단	年賀郵便釜山局の準備
230644	朝鮮朝日	南鮮版	1932-12-06	1	02단	鹽澤新司令官着任

일련번호	판명		간행일	면	단수	기사명
230645	朝鮮朝日	南鮮版	1932-12-06	1	03단	内外ニュース(サウェートに逃げ込む手兵を率ゐで蘇炳文)
230646	朝鮮朝日	南鮮版	1932-12-06	1	03단	正月餅は高い各物價の値上りで
230647	朝鮮朝日	南鮮版	1932-12-06	1	04단	梅崎師團長釜山を視察
230648	朝鮮朝日	南鮮版	1932-12-06	1	04단	クリスマスのお仕度非常時のサンタおぢさん
230649	朝鮮朝日	南鮮版	1932-12-06	1	04단	鮮米の寶庫全北に好景氣來各地二割以上の增收稀有の豊作で小作爭議皆無
230650	朝鮮朝日	南鮮版	1932-12-06	1	05단	マリヤ殺しの容疑者夫妻依然釜山署に拘束辻褄の合はぬ答辯
230651	朝鮮朝日	南鮮版	1932-12-06	1	05단	京城の傳染病
230652	朝鮮朝日	南鮮版	1932-12-06	1	05단	墮胎道具と貯金帳女中專門の手術で大に儲けた男
230653	朝鮮朝日	南鮮版	1932-12-06	1	06단	餘りの歡待に乘客は呆れる鎭南浦外巖浦間の競航危いスピードアップ
230654	朝鮮朝日	南鮮版	1932-12-06	1	06단	釜山ラグビーの戰績(第一日)
230655	朝鮮朝日	南鮮版	1932-12-06	1	07단	南鮮ところどころ(晋州/鎭海/天安/蔚山/大田)
230656	朝鮮朝日	南鮮版	1932-12-06	1	07단	突如幹部を解職禮を知らぬ處置だと朝鮮體育協會非難さる
230657	朝鮮朝日	南鮮版	1932-12-06	1	08단	釜山の强盗逮捕留置場で知合った三人組
230658	朝鮮朝日	南鮮版	1932-12-06	1	09단	女將の毒死
230659	朝鮮朝日	南鮮版	1932-12-06	1	09단	七戶を全燒す木浦本町通りの火事
230660	朝鮮朝日	南鮮版	1932-12-06	1	09단	亂打されて絶命
230661	朝鮮朝日	南鮮版	1932-12-06	1	10단	義務貯金の騙取容疑で元會計係引致
230662	朝鮮朝日	南鮮版	1932-12-06	1	10단	もよほし(忠南教育會總會/映畫と舞踊の夕/紀念館落成式/二荒伯釜山で講演/佐野屬感想談)
230663	朝鮮朝日	南鮮版	1932-12-06	1	10단	ある横顔
230664	朝鮮朝日	西北版	1932-12-06	1	01단	養蠶の大衆化に植桑、養蠶小作制試驗的實施から實行期へ産繭增殖の動向
230665	朝鮮朝日	西北版	1932-12-06	1	01단	近く總督、總監の手を離れ中央へ職員制と官等俸給制の制定後昇格實現の平醫講
230666	朝鮮朝日	西北版	1932-12-06	1	01단	衛生模範部落の設立を計劃各署の管內に一ケ所づつ地方病の平北道に
230667	朝鮮朝日	西北版	1932-12-06	1	01단	銀盤上を滑る滑る
230668	朝鮮朝日	西北版	1932-12-06	1	03단	二荒伯來新教育關係者と意見を交換
230669	朝鮮朝日	西北版	1932-12-06	1	03단	多田氏榮轉

일련번호	판명		간행일	면	단수	기사명
230670	朝鮮朝日	西北版	1932-12-06	1	03단	豫算編成のなやみの種諸材料の値上りで府電明年度豫算
230671	朝鮮朝日	西北版	1932-12-06	1	04단	滿洲國の警官へ揃ひの官服
230672	朝鮮朝日	西北版	1932-12-06	1	04단	守備隊の軍馬が仔馬を安産安東に因んで鎭江と命名兵隊さん達大喜び
230673	朝鮮朝日	西北版	1932-12-06	1	05단	素晴しい人氣安東の歲末大賣出し
230674	朝鮮朝日	西北版	1932-12-06	1	05단	平元線延長速成の猛運動近く吉田鐵道局長を迎へて平壤の民間有志が
230675	朝鮮朝日	西北版	1932-12-06	1	05단	第三普校上棟式
230676	朝鮮朝日	西北版	1932-12-06	1	05단	咸南道評議員會
230677	朝鮮朝日	西北版	1932-12-06	1	05단	平壤部隊凱旋
230678	朝鮮朝日	西北版	1932-12-06	1	05단	二大匪首相反目益々尖銳化
230679	朝鮮朝日	西北版	1932-12-06	1	06단	內外ニュース(サウェートに逃げ込む手兵を率ゐで蘇炳文/叛軍は支離滅裂)
230680	朝鮮朝日	西北版	1932-12-06	1	06단	盜掘默許は存續され難い恩威竝行の恒久對策を樹立咸南道の採金取締
230681	朝鮮朝日	西北版	1932-12-06	1	07단	密輸ギャングに備へるため防彈衣に野球用のマスクを冠る投石の危險を防ぐ
230682	朝鮮朝日	西北版	1932-12-06	1	07단	斷水で騷ぐ
230683	朝鮮朝日	西北版	1932-12-06	1	07단	綿布類の密輸が頻々通學生が胴にまきつけて朝鮮から安東縣へ
230684	朝鮮朝日	西北版	1932-12-06	1	08단	對滿貿易の促進座談會
230685	朝鮮朝日	西北版	1932-12-06	1	08단	法延に展げられる堂々の論陣一流の辯護士八名が出動北鮮水産疑獄公判
230686	朝鮮朝日	西北版	1932-12-06	1	08단	金塊密輸の支那人逮捕
230687	朝鮮朝日	西北版	1932-12-06	1	09단	平壤博物館上棟式擧行
230688	朝鮮朝日	西北版	1932-12-06	1	09단	世間を騷がせて濟みません放火娼妓犯行を認む既遂か未遂か實地檢證
230689	朝鮮朝日	西北版	1932-12-06	1	09단	未成年者が實兄の名で公判に附せらる
230690	朝鮮朝日	西北版	1932-12-06	1	10단	機關車の故障で列車立往生
230691	朝鮮朝日	西北版	1932-12-06	1	10단	樂禮/柳京小話
230692	朝鮮朝日	西北版	1932-12-06	1	10단	嬰兒を捨つ
230693	朝鮮朝日	南鮮版	1932-12-07	1	01단	玄關に御注意なさい暮の街を脅かすもの強盜、空巢、コソ泥御用心！/ギャングに備へ嚴しい銃器調べ無籍銃器二千挺の行方危い密輸の拳銃/車掌飛降りて他の電車に激突慘死/老夫婦殺し容疑者は無罪

일련번호	판명		간행일	면	단수	기사명
230694	朝鮮朝日	南鮮版	1932-12-07	1	01단	釜山奉天間で鐵道時間大短縮四時間乃至六時間速くなるスピードアップは明春四月から
230695	朝鮮朝日	南鮮版	1932-12-07	1	01단	負擔を輕くし水組設立に邁進洛東地主會の「設立反對」に遭ひ道から聲明書を出す
230696	朝鮮朝日	南鮮版	1932-12-07	1	02단	總督府豫算拓務省は原案通過
230697	朝鮮朝日	南鮮版	1932-12-07	1	04단	下賜される勅語御寫
230698	朝鮮朝日	南鮮版	1932-12-07	1	04단	朝鮮神宮で獻詠歌を募集
230699	朝鮮朝日	南鮮版	1932-12-07	1	05단	對滿關稅の懇談
230700	朝鮮朝日	南鮮版	1932-12-07	1	05단	京城郊外線撤廢反對陳情
230701	朝鮮朝日	南鮮版	1932-12-07	1	05단	一般に好評京仁間快速車チョコレート色のモダーンで輕快な列車
230702	朝鮮朝日	南鮮版	1932-12-07	1	05단	南鮮ところどころ一面一校は至難結局計劃案縮小か/武德殿建設寄附は好成績
230703	朝鮮朝日	南鮮版	1932-12-07	1	06단	戶口臨時調査員の試驗
230704	朝鮮朝日	南鮮版	1932-12-07	1	06단	スポーツ(京師と水農優勝す京城ラグビー戰)
230705	朝鮮朝日	南鮮版	1932-12-07	1	07단	歲末氣分は商店街から各街フル・デコレイションで釜山の大賣出し
230706	朝鮮朝日	南鮮版	1932-12-07	1	08단	自力更生美談更生の邪魔になると貸金を棒引き百四十六人に合計三萬圓の證文を返し懇々諭す
230707	朝鮮朝日	南鮮版	1932-12-07	1	09단	起債保證の慶南評議會
230708	朝鮮朝日	南鮮版	1932-12-07	1	09단	釜山醫師會で實費診療開始診療券四千枚を交付
230709	朝鮮朝日	南鮮版	1932-12-07	1	09단	反帝同盟事件一味悉く服罪
230710	朝鮮朝日	南鮮版	1932-12-07	1	10단	寒夜に女の投身漢江に躍り込んだ音
230711	朝鮮朝日	南鮮版	1932-12-07	1	10단	ある橫顔
230712	朝鮮朝日	南鮮版	1932-12-07	1	10단	もよほし(社會敎化講演會)
230713	朝鮮朝日	西北版	1932-12-07	1	01단	獵奇的犯罪死刑か無罪か九日愈よ結審被告は頑强に犯行を否認鎭南浦の若妻殺し事件/被告に不利な疑問符の數々法醫學鑑定書も不利/多少とも有利な四點靴、金釦、ハンケチ等
230714	朝鮮朝日	西北版	1932-12-07	1	01단	電燈料引下げに六千圓の開き朝電では二萬四千圓に決定道當局の態度强硬
230715	朝鮮朝日	西北版	1932-12-07	1	01단	愈よ本腰で調査に着手一切の參考書を蒐集平壤府の特別會計問題

일련번호	판명		간행일	면	단수	기사명
230716	朝鮮朝日	西北版	1932-12-07	1	01단	不況打開に振興委員會關係者を總動員す平南の新しい試み
230717	朝鮮朝日	西北版	1932-12-07	1	02단	役員を選擧平壤土木協會
230718	朝鮮朝日	西北版	1932-12-07	1	03단	籾の保管增加
230719	朝鮮朝日	西北版	1932-12-07	1	03단	間島派遣部隊移轉式を擧行
230720	朝鮮朝日	西北版	1932-12-07	1	03단	昨年より三割も賣行きが激增高級な吳服類もかなり賣れる平壤の商店街活況
230721	朝鮮朝日	西北版	1932-12-07	1	04단	大村隊長述懷
230722	朝鮮朝日	西北版	1932-12-07	1	04단	安東守備隊堂々と凱旋
230723	朝鮮朝日	西北版	1932-12-07	1	04단	地元生産品を大々的に購入
230724	朝鮮朝日	西北版	1932-12-07	1	05단	平元線は五ヶ所平南線は三ヶ所驛以外の地での停車勝湖里線は實施しない
230725	朝鮮朝日	西北版	1932-12-07	1	05단	水口橋竣工す
230726	朝鮮朝日	西北版	1932-12-07	1	05단	煙草賣上增加す
230727	朝鮮朝日	西北版	1932-12-07	1	05단	滿洲官憲と聯絡し大々的共匪狩
230728	朝鮮朝日	西北版	1932-12-07	1	06단	産業振興の軍隊化を提唱都市と農村に産業軍を組織平壤の元老松井翁
230729	朝鮮朝日	西北版	1932-12-07	1	08단	嘘のやうなほんとの話食堂車がカフェに早變り國境特有の珍風景
230730	朝鮮朝日	西北版	1932-12-07	1	08단	樂禮/柳京小話
230731	朝鮮朝日	西北版	1932-12-07	1	09단	猩紅熱が猛烈に流行平壤に傳染病猖獗
230732	朝鮮朝日	西北版	1932-12-07	1	10단	特別大演習の本社映畫好評を博す
230733	朝鮮朝日	西北版	1932-12-07	1	10단	母子二人死傷
230734	朝鮮朝日	南鮮版	1932-12-08	1	01단	街で拾った３２年報告書(１)/目覺ましかった今年のレコード戰線さて來年はいかゞ？
230735	朝鮮朝日	南鮮版	1932-12-08	1	01단	躍進的增加産金益々好望總督の理想「一億圓」も夢物語りではない
230736	朝鮮朝日	南鮮版	1932-12-08	1	01단	アスベストスの有望な産地京城附近で發見さる近く工場設置の計劃
230737	朝鮮朝日	南鮮版	1932-12-08	1	01단	癩協會へ巨額の寄附全南協會認可申請
230738	朝鮮朝日	南鮮版	1932-12-08	1	01단	寄附募集に基督教聯合會の醵金籠
230739	朝鮮朝日	南鮮版	1932-12-08	1	02단	金剛山から出た貴重な納骨器五百年前の埋藏にかゝる優秀な掘り出し物
230740	朝鮮朝日	南鮮版	1932-12-08	1	03단	慶北農會の棉、競作成績一等反當五百卅斤
230741	朝鮮朝日	南鮮版	1932-12-08	1	04단	交通標語と圖案を募集
230742	朝鮮朝日	南鮮版	1932-12-08	1	04단	婦人團體の代表者招待

일련번호	판명		간행일	면	단수	기사명
230743	朝鮮朝日	南鮮版	1932-12-08	1	04단	評議纏らず建直しの體協理事會頗る呆氣なく散會
230744	朝鮮朝日	南鮮版	1932-12-08	1	04단	商品として重要な地位にある古新聞の價値この尨大な數字を御覽京城會議所調査
230745	朝鮮朝日	南鮮版	1932-12-08	1	05단	華美の贈答を愼しめと花街に警告
230746	朝鮮朝日	南鮮版	1932-12-08	1	06단	後家さんの發起で市場婦人會生る「相互扶助」が目標だと大に氣焰を揚げる
230747	朝鮮朝日	南鮮版	1932-12-08	1	06단	花畑の中で人妻撃たる
230748	朝鮮朝日	南鮮版	1932-12-08	1	07단	澤口汽船の小菊丸坐礁朝鮮鞍島燈台附近の泰島で乘組員は何れも避難
230749	朝鮮朝日	南鮮版	1932-12-08	1	07단	海兵京城を見學
230750	朝鮮朝日	南鮮版	1932-12-08	1	07단	巣立つ四嬢日本的制霸を目指して帝都へ二階堂體育校を受驗す平壤女高普のスポーツ嬢
230751	朝鮮朝日	南鮮版	1932-12-08	1	08단	奇怪な投書の容疑靑年を拉致複雜化するマリヤ殺事件
230752	朝鮮朝日	南鮮版	1932-12-08	1	08단	大邱の火事
230753	朝鮮朝日	南鮮版	1932-12-08	1	09단	貨物自動車轉覆野菜商人卽死す
230754	朝鮮朝日	南鮮版	1932-12-08	1	10단	富豪を襲ったギャングに懲役七年判決
230755	朝鮮朝日	南鮮版	1932-12-08	1	10단	濁酒賣の女每朝米を盗む
230756	朝鮮朝日	南鮮版	1932-12-08	1	10단	四人組強盗の一味逮捕さる
230757	朝鮮朝日	南鮮版	1932-12-08	1	10단	映畫と演劇(京城(演藝館))
230758	朝鮮朝日	南鮮版	1932-12-08	1	10단	もよほし(第二回「母の講座」)
230759	朝鮮朝日	南鮮版	1932-12-08	1	10단	人(專賣局事業課長西本計三氏)
230760	朝鮮朝日	西北版	1932-12-08	1	01단	平元線延長の工費は三百萬圓前局長は着工する腹だった展開する速成運動
230761	朝鮮朝日	西北版	1932-12-08	1	01단	公文書聯絡の重要な役割平北警察部の鳩通信明年度から更に三署に增配
230762	朝鮮朝日	西北版	1932-12-08	1	01단	國境上流一圓に稅關支署設置長白、臨江、輯安、外岔溝、長旬の五ケ所に決定か
230763	朝鮮朝日	西北版	1932-12-08	1	01단	咸南馬鈴薯へ大量注文有力な新販路
230764	朝鮮朝日	西北版	1932-12-08	1	01단	鴨綠江木材産業組合愈よ認可さる
230765	朝鮮朝日	西北版	1932-12-08	1	02단	平北署長會議
230766	朝鮮朝日	西北版	1932-12-08	1	02단	巣立つ四嬢日本的制霸を目指して帝都へ二階堂體育校を受驗す平壤女高普のスポーツ嬢

일련번호	판명		간행일	면	단수	기사명
230767	朝鮮朝日	西北版	1932-12-08	1	03단	保安組合員六千名を總動員年末警戒の徹底に大童の平南各署
230768	朝鮮朝日	西北版	1932-12-08	1	03단	博物館長は內地から輸入權威ある考古學者を樂浪研究に當らす
230769	朝鮮朝日	西北版	1932-12-08	1	04단	珠算競技會
230770	朝鮮朝日	西北版	1932-12-08	1	04단	正月用水産製品卽賣會
230771	朝鮮朝日	西北版	1932-12-08	1	04단	元山の漁業者に耳寄りな話
230772	朝鮮朝日	西北版	1932-12-08	1	05단	近來稀な黑字元山移出入額
230773	朝鮮朝日	西北版	1932-12-08	1	05단	鮮血で彩られた輝かしい武勳軍隊とちっとも變らぬ働き勇敢な警官の行動
230774	朝鮮朝日	西北版	1932-12-08	1	05단	素晴しい好成績安東稅關の關稅收入
230775	朝鮮朝日	西北版	1932-12-08	1	06단	雪中の銃劍術に英氣を養ふ匪賊討伐の平壤部隊
230776	朝鮮朝日	西北版	1932-12-08	1	06단	職工を優遇コーン會社
230777	朝鮮朝日	西北版	1932-12-08	1	06단	無煙炭合同飽迄も必要加藤朝無常務語る
230778	朝鮮朝日	西北版	1932-12-08	1	07단	遂に妥協成らず組合長を告訴す職工側は飽迄も存續を要望共産ゴム工場爭議
230779	朝鮮朝日	西北版	1932-12-08	1	08단	開城から白川へ愛國自動車
230780	朝鮮朝日	西北版	1932-12-08	1	08단	水産高增加
230781	朝鮮朝日	西北版	1932-12-08	1	08단	水稅輕減をまた要望平安水利が
230782	朝鮮朝日	西北版	1932-12-08	1	09단	支那語講習平壤聯隊で
230783	朝鮮朝日	西北版	1932-12-08	1	09단	雜貨店の夫人が滅多斬にさる原因は怨恨からか鎭南浦署で犯人嚴探中
230784	朝鮮朝日	西北版	1932-12-08	1	09단	樂禮/柳京小話
230785	朝鮮朝日	西北版	1932-12-08	1	10단	歲末の窮民に餅と米を配布
230786	朝鮮朝日	西北版	1932-12-08	1	10단	運炭船沈沒
230787	朝鮮朝日	西北版	1932-12-08	1	10단	妓生の告訴
230788	朝鮮朝日	西北版	1932-12-08	1	10단	人(穗積眞六郎氏(殖産局長))
230789	朝鮮朝日	南鮮版	1932-12-09	1	01단	朝鮮女性のモダン服色服奬勵服地の不正品を嚴重取締る方針
230790	朝鮮朝日	南鮮版	1932-12-09	1	01단	代用バス反對に燈料不納同盟？十日の住民大會にかけて實行運動に移る模樣
230791	朝鮮朝日	南鮮版	1932-12-09	1	01단	農會斡旋の米穀共同販賣一般より高價で好評
230792	朝鮮朝日	南鮮版	1932-12-09	1	01단	義捐金と政府交付金で北滿水害の罹災朝鮮人救濟に着手
230793	朝鮮朝日	南鮮版	1932-12-09	1	01단	故公の遺德を慕ふかずかずの寄附
230794	朝鮮朝日	南鮮版	1932-12-09	1	02단	面長辭任から郡守糾彈
230795	朝鮮朝日	南鮮版	1932-12-09	1	03단	釜山署の歲末警戒署員總動員で

일련번호	판명		간행일	면	단수	기사명
230796	朝鮮朝日	南鮮版	1932-12-09	1	03段	街で拾った３２年報告書(２)/横綱を張り合ふ雜誌の婦人物と娛樂物ことしの讀書陳を見る
230797	朝鮮朝日	南鮮版	1932-12-09	1	04段	レコード快賣の波紋全鮮へ當業者對策に腐心
230798	朝鮮朝日	南鮮版	1932-12-09	1	04段	癩協寄附續々
230799	朝鮮朝日	南鮮版	1932-12-09	1	04段	産金熱で轉手古舞ひの總督府鑛務課に職員廿餘名の增員
230800	朝鮮朝日	南鮮版	1932-12-09	1	05段	釜山最初の火災豫防組合
230801	朝鮮朝日	南鮮版	1932-12-09	1	05段	氣腫疽豫防注射の日割
230802	朝鮮朝日	南鮮版	1932-12-09	1	06段	スポーツ(鐵道局關監督退く)
230803	朝鮮朝日	南鮮版	1932-12-09	1	06段	日本一のアンテナ鐵塔延禧放送所完成
230804	朝鮮朝日	南鮮版	1932-12-09	1	06段	大商店四戶燒く群山明治町の火事
230805	朝鮮朝日	南鮮版	1932-12-09	1	06段	公金費消事件元組頭に執行猶豫
230806	朝鮮朝日	南鮮版	1932-12-09	1	06段	巖窟に潛伏する五人組强盜の一味惡運盡き逮捕さる
230807	朝鮮朝日	南鮮版	1932-12-09	1	07段	南鮮ところどころ全鮮査定會へ更に陳情員を派遣/釜山玄關口を一齊取締る
230808	朝鮮朝日	南鮮版	1932-12-09	1	07段	靑年無殘の轢死
230809	朝鮮朝日	南鮮版	1932-12-09	1	07段	匪賊あがりの四人組强盜安東署にあげらる
230810	朝鮮朝日	南鮮版	1932-12-09	1	08段	耐寒飛行一月十日から
230811	朝鮮朝日	南鮮版	1932-12-09	1	08段	兄の貧困を嘆いて身投
230812	朝鮮朝日	南鮮版	1932-12-09	1	09段	投書靑年にマリヤ殺し孃疑濃厚となる市場商人は近く釋放
230813	朝鮮朝日	南鮮版	1932-12-09	1	09段	特に時間延長を許可年末年始の府內のカフェ
230814	朝鮮朝日	南鮮版	1932-12-09	1	10段	幼兒の急死で無免許發覺
230815	朝鮮朝日	南鮮版	1932-12-09	1	10段	奇特な婦人
230816	朝鮮朝日	南鮮版	1932-12-09	1	10段	人(高松海事課長/古莊幹郎少將(參謀本部第一部長)/吉田秀次郎氏(仁川商工會議所會頭))
230817	朝鮮朝日	南鮮版	1932-12-09	1	10段	映畵と演劇(京城(大正館))
230818	朝鮮朝日	西北版	1932-12-09	1	01段	平壤府明年度の新規事業の全貌緊縮時代に相當の新味を盛る切實に實現を考慮(府廳舍改築/上水道擴張/船橋里校增築/平高女講堂/第三期都計)
230819	朝鮮朝日	西北版	1932-12-09	1	01段	西鮮の電氣統制具體化を待望さる遞信局では東拓と打合せて明春から本格的に乘出す肚

일련번호	판명		간행일	면	단수	기사명
230820	朝鮮朝日	西北版	1932-12-09	1	01단	勇氣凛々で敵匪と對峙國境警備の冬の陣
230821	朝鮮朝日	西北版	1932-12-09	1	01단	愛國自動車交付式
230822	朝鮮朝日	西北版	1932-12-09	1	03단	産業調査會
230823	朝鮮朝日	西北版	1932-12-09	1	03단	新設經費は約三萬圓位職業學校設置案
230824	朝鮮朝日	西北版	1932-12-09	1	04단	水口橋開通
230825	朝鮮朝日	西北版	1932-12-09	1	04단	鮭採卵好成績
230826	朝鮮朝日	西北版	1932-12-09	1	04단	西平壤電車複線年度內から着工財源たる府有地賣却を終り府政の癌除去さる
230827	朝鮮朝日	西北版	1932-12-09	1	04단	昨年より賣行良い景氣回復の反映か歳末の贈答品
230828	朝鮮朝日	西北版	1932-12-09	1	05단	耐寒飛行一月十日から
230829	朝鮮朝日	西北版	1932-12-09	1	05단	年賀郵便特別取扱ひ廿日から開始
230830	朝鮮朝日	西北版	1932-12-09	1	06단	空から見ると單葉飛行機型だ近代ルネッサンス式の明朓さ平壤府廳舍の設計成る
230831	朝鮮朝日	西北版	1932-12-09	1	06단	資本十萬圓で平壤府內バス山下前警察暑長を中心に內鮮有力者を計劃
230832	朝鮮朝日	西北版	1932-12-09	1	06단	社會教化講演
230833	朝鮮朝日	西北版	1932-12-09	1	06단	清津の火事十一戸を燒く損害約一萬圓
230834	朝鮮朝日	西北版	1932-12-09	1	06단	中小商工業者の倒産や閉店事變以來六百六十六戸安東縣滿州街の淋れ方
230835	朝鮮朝日	西北版	1932-12-09	1	07단	反戰同盟の嫌疑
230836	朝鮮朝日	西北版	1932-12-09	1	07단	二十二名の學生を處分退學五名、諭示退學八名平師思想研究會事件
230837	朝鮮朝日	西北版	1932-12-09	1	08단	樂禮/柳京小話
230838	朝鮮朝日	西北版	1932-12-09	1	08단	妓生生徒の家出
230839	朝鮮朝日	西北版	1932-12-09	1	08단	匪賊あがりの四人組強盗安東署にあげらる
230840	朝鮮朝日	西北版	1932-12-09	1	08단	奸商を取締る
230841	朝鮮朝日	西北版	1932-12-09	1	09단	列車に刎ねらる
230842	朝鮮朝日	西北版	1932-12-09	1	10단	強盗捕はる
230843	朝鮮朝日	西北版	1932-12-09	1	10단	奇特な婦人
230844	朝鮮朝日	西北版	1932-12-09	1	10단	もよほし(開城松都金融組合總會/岡本安東領事の市民歡迎會/新義州高等女學校父兄會)
230845	朝鮮朝日	西北版	1932-12-09	1	10단	人(服部富五郎氏(服富咸南保安課長嚴父))
230846	朝鮮朝日	西北版	1932-12-09	1	10단	近く結審
230847	朝鮮朝日	西北版	1932-12-09	1	10단	無殘遊興

일련번호	판명		간행일	면	단수	기사명
230848	朝鮮朝日	南鮮版	1932-12-10	1	01단	街で拾った３２年報告書(３)/躍るカフェ街彼女のウィンクは艶めかしくカフェマンの懷は疎しい
230849	朝鮮朝日	南鮮版	1932-12-10	1	01단	「輕診」の腹癒せにバス身賣問題で手古摺らす作戦か
230850	朝鮮朝日	南鮮版	1932-12-10	1	01단	內地で初めての朝鮮人の方面委員東京府立川町で選ばれた京城生れの金氏
230851	朝鮮朝日	南鮮版	1932-12-10	1	02단	雪の國境へ警官百四十名最後の配置に
230852	朝鮮朝日	南鮮版	1932-12-10	1	02단	上海百貨店へ出品勸誘釜山へ紹介依賴
230853	朝鮮朝日	南鮮版	1932-12-10	1	03단	選ばれて上海へ副領事は誰れ？特に朝鮮警察界から人選近く警視級異動か
230854	朝鮮朝日	南鮮版	1932-12-10	1	03단	大邱地方に珍しい地震
230855	朝鮮朝日	南鮮版	1932-12-10	1	04단	模範農漁民調査
230856	朝鮮朝日	南鮮版	1932-12-10	1	04단	在滿將士へ優しい二組の慰問
230857	朝鮮朝日	南鮮版	1932-12-10	1	04단	新義州飛行場擴張
230858	朝鮮朝日	南鮮版	1932-12-10	1	04단	釜山正米市場年內に認可か
230859	朝鮮朝日	南鮮版	1932-12-10	1	05단	明太漁と鰊の標識放流試驗水試最初のこゝろみ
230860	朝鮮朝日	南鮮版	1932-12-10	1	05단	旺んな慶北の癩協寄附十日間で六萬一千圓に達す/癩協寄附と慶南の成績
230861	朝鮮朝日	南鮮版	1932-12-10	1	05단	たふとき殉職警官遺族に特賞
230862	朝鮮朝日	南鮮版	1932-12-10	1	05단	南鮮ところどころ(大邱/淸州/大田)
230863	朝鮮朝日	南鮮版	1932-12-10	1	06단	釜山府の共同宿泊所移轉新築計劃
230864	朝鮮朝日	南鮮版	1932-12-10	1	06단	仁川へ上った小菊丸乘員
230865	朝鮮朝日	南鮮版	1932-12-10	1	07단	石川平北知事を推薦朝鮮火災社長に
230866	朝鮮朝日	南鮮版	1932-12-10	1	07단	スキー進出を目指し全鮮結成の聲「銀盤に亂舞する」シーズンの開幕を前に
230867	朝鮮朝日	南鮮版	1932-12-10	1	08단	名物巫女征伐怪しげな呪文で迷信家を迷はす巫女を斷乎一掃する
230868	朝鮮朝日	南鮮版	1932-12-10	1	08단	受話機を盜む
230869	朝鮮朝日	南鮮版	1932-12-10	1	08단	學生の飛込自殺
230870	朝鮮朝日	南鮮版	1932-12-10	1	08단	怪發動船に衝突され漁船大破し四名辛くも救はる
230871	朝鮮朝日	南鮮版	1932-12-10	1	08단	倉庫の出火放火の疑ひあり
230872	朝鮮朝日	南鮮版	1932-12-10	1	09단	またも僞强盜
230873	朝鮮朝日	南鮮版	1932-12-10	1	09단	放火娼妓に懲役五年を求刑辯護人刑務所生活を希望判決言渡は十一日
230874	朝鮮朝日	南鮮版	1932-12-10	1	10단	煙草の不正吸飮
230875	朝鮮朝日	南鮮版	1932-12-10	1	10단	二人組の拳銃强盜

일련번호	판명		간행일	면	단수	기사명
230876	朝鮮朝日	南鮮版	1932-12-10	1	10단	ある橫顔
230877	朝鮮朝日	西北版	1932-12-10	1	01단	私立學校に對し人件費を補助する一面一校計劃の行結りから平南道で立案中
230878	朝鮮朝日	西北版	1932-12-10	1	01단	平壤府有地がどんどん賣れる西平壤發展に伴ふ思惑買ひ大喜びの府當局
230879	朝鮮朝日	西北版	1932-12-10	1	01단	後進のため道を開いて大いにやって見る朝災社長に推薦の石川平北
230880	朝鮮朝日	西北版	1932-12-10	1	01단	咸興府議補選
230881	朝鮮朝日	西北版	1932-12-10	1	01단	開城義士會
230882	朝鮮朝日	西北版	1932-12-10	1	02단	天圖線終端老頭溝に日本人會結成
230883	朝鮮朝日	西北版	1932-12-10	1	02단	漁村振興の根本策を樹立低資を仰ぎ增産增價を計劃平北漁組聯合會で
230884	朝鮮朝日	西北版	1932-12-10	1	03단	吉會線の南廻線割當工區決る
230885	朝鮮朝日	西北版	1932-12-10	1	04단	黃海道評議會
230886	朝鮮朝日	西北版	1932-12-10	1	04단	四線を改修昭和水利內も縱走平南明年度の道路工事
230887	朝鮮朝日	西北版	1932-12-10	1	04단	禾野部長の弔合戰一行引揚ぐ
230888	朝鮮朝日	西北版	1932-12-10	1	04단	第二券番の猛烈な設立運動だが當局は許可しない方針廢業妓生連の暗躍
230889	朝鮮朝日	西北版	1932-12-10	1	05단	籾五錢の高値に農村景氣づく民風改善も漸次好成績福島地方課長語る
230890	朝鮮朝日	西北版	1932-12-10	1	05단	新義州飛行場擴張
230891	朝鮮朝日	西北版	1932-12-10	1	05단	平南の割當八千圓也レプラ豫防協會設立の
230892	朝鮮朝日	西北版	1932-12-10	1	05단	師走の躑躅
230893	朝鮮朝日	西北版	1932-12-10	1	05단	各團體も運動に合流平元線速成の
230894	朝鮮朝日	西北版	1932-12-10	1	06단	滿洲へ賣込運動目下の處で十名は確實だ卒業までには全部捌ける新義州商校長語る
230895	朝鮮朝日	西北版	1932-12-10	1	06단	納稅極めて好成績
230896	朝鮮朝日	西北版	1932-12-10	1	06단	新規社會事業に共同宿泊所授産場設置を計劃
230897	朝鮮朝日	西北版	1932-12-10	1	07단	稀代の逃亡王籠拔犯人が京城か平壤に潛伏の形跡警視廳から手配五千圓の懸賞付で
230898	朝鮮朝日	西北版	1932-12-10	1	07단	やはり死刑に
230899	朝鮮朝日	西北版	1932-12-10	1	08단	樂禮/柳京小話
230900	朝鮮朝日	西北版	1932-12-10	1	08단	二人組の拳銃强盜

일련번호	판명		간행일	면	단수	기사명
230901	朝鮮朝日	西北版	1932-12-10	1	08단	一學級づつ增加をみる收容過多が多少緩和山手、若松の兩小學
230902	朝鮮朝日	西北版	1932-12-10	1	08단	放火娼妓に懲役五年を求刑辯護人刑務所生活を希望判決言渡は十一日
230903	朝鮮朝日	西北版	1932-12-10	1	09단	首を絞めて鶴嘴で亂打犯行時刻には家に居たと鑑定書は被告に不利
230904	朝鮮朝日	西北版	1932-12-10	1	10단	貨車を大破
230905	朝鮮朝日	西北版	1932-12-10	1	10단	學生騷擾事件十三名を送局
230906	朝鮮朝日	西北版	1932-12-10	1	10단	もよほし(道友會展覽會)
230907	朝鮮朝日	西北版	1932-12-10	1	10단	人(美座流石氏(新任京畿道內務部長)/河野節夫氏(新任平南內務部長))
230908	朝鮮朝日	南鮮版	1932-12-11	1	01단	「年賀郵便」放送
230909	朝鮮朝日	南鮮版	1932-12-11	1	01단	振はぬ窮民診療釜山では五千枚の診療券に受診患者僅に五名/一月から開く經費診療所假診療所は當分の間京城府廳構內に/引きつゞき癩協へ寄附全南の素封家奮起
230910	朝鮮朝日	南鮮版	1932-12-11	1	01단	退職議員表彰京城會議所で
230911	朝鮮朝日	南鮮版	1932-12-11	1	01단	釜山府廳舍新築打合せ
230912	朝鮮朝日	南鮮版	1932-12-11	1	01단	釜山の更生週間
230913	朝鮮朝日	南鮮版	1932-12-11	1	02단	街で拾った３２年報告書(４)/大劇場が欲しい演劇は特に痲しかった報告書の第一ページはダンスとコンサート
230914	朝鮮朝日	南鮮版	1932-12-11	1	03단	爲替の影響で滑石鑛に着目最近好望視さるゝ朝鮮特殊鑛業の開發
230915	朝鮮朝日	南鮮版	1932-12-11	1	04단	朝鮮神宮參拜者
230916	朝鮮朝日	南鮮版	1932-12-11	1	04단	黑字がつゞく朝鮮の鐵道收入十一月までの成績は昨年に比べて百三十萬圓增
230917	朝鮮朝日	南鮮版	1932-12-11	1	05단	南鮮ところどころ(農村は大喜び棉共同販賣の好成績/馬山貿易成績/迎日灣で鯖の大漁)
230918	朝鮮朝日	南鮮版	1932-12-11	1	06단	スクリーンの裏に潜む苦惱南鮮の銀幕界を見て岡檢閲官の視察談
230919	朝鮮朝日	南鮮版	1932-12-11	1	07단	自動車後退幼兒を轢殺
230920	朝鮮朝日	南鮮版	1932-12-11	1	07단	これはまた暢氣な話四國遍路に出た七十三のお婆さん巡禮中家を忘れ息子はラヂオ捜査を願ひ出る
230921	朝鮮朝日	南鮮版	1932-12-11	1	08단	風紀をみだす男女學生京城驛待合室で
230922	朝鮮朝日	南鮮版	1932-12-11	1	08단	施療品を各郡に發送

일련번호	판명		간행일	면	단수	기사명
230923	朝鮮朝日	南鮮版	1932-12-11	1	08단	歡呼に送られ龍山入營兵勇ましく宇品出發
230924	朝鮮朝日	南鮮版	1932-12-11	1	08단	闇の女五人上海から釜山へ送還
230925	朝鮮朝日	南鮮版	1932-12-11	1	09단	優しい指の容疑職人マリヤ殺し事件で證據蒐集に活躍
230926	朝鮮朝日	南鮮版	1932-12-11	1	10단	金塊密輸發覺か
230927	朝鮮朝日	南鮮版	1932-12-11	1	10단	もよほし(南鮮信託總會/漁業組合定期總會/龜浦梨等宣傳販賣)
230928	朝鮮朝日	南鮮版	1932-12-11	1	10단	人(靑木重臣氏(大阪府監察官)/南宮琸氏)
230929	朝鮮朝日	南鮮版	1932-12-11	1	10단	ある橫顔
230930	朝鮮朝日	西北版	1932-12-11	1	01단	歲末線上に躍るわが警察官の忍苦都市を通じ不眠不休の活動大衆よ感謝せよ
230931	朝鮮朝日	西北版	1932-12-11	1	01단	甦へる石綿礦爲替關係で採掘有望となり東京、大阪の業者が近く稼行平南には無盡藏だ
230932	朝鮮朝日	西北版	1932-12-11	1	01단	子供の天國滿鐵經營の育兒館
230933	朝鮮朝日	西北版	1932-12-11	1	03단	手續怠慢百四十六名兵役關係者の
230934	朝鮮朝日	西北版	1932-12-11	1	04단	人(河村廉平氏(本府農林局林政課)/櫻田治太郎氏(會豐エー九隊長))
230935	朝鮮朝日	西北版	1932-12-11	1	04단	木材景氣で全茂山活氣を呈す
230936	朝鮮朝日	西北版	1932-12-11	1	04단	計量制實施で惠まれる諸點明春四月一日から實施さる準備に忙しい平壤
230937	朝鮮朝日	西北版	1932-12-11	1	05단	台灣を視察西鮮旅行クラブの試み
230938	朝鮮朝日	西北版	1932-12-11	1	06단	滿洲兒童の學生帽を製作五色に彩る優美なもの明倫普通女生徒が
230939	朝鮮朝日	西北版	1932-12-11	1	06단	最高漁獲船表彰式賞品を授與
230940	朝鮮朝日	西北版	1932-12-11	1	06단	鼈業思想宣傳鼈業の歌と養鼈の歌鼈業振興の歌を懸賞募集朝鼈平北支部で
230941	朝鮮朝日	西北版	1932-12-11	1	07단	年末大賣出し
230942	朝鮮朝日	西北版	1932-12-11	1	07단	明年夏の制覇を期し早くも新陣容六選手の巢立ちに備へるわれらの平中ナイン
230943	朝鮮朝日	西北版	1932-12-11	1	07단	農家副業に新生面を開く犬の皮の大量注文防寒用に北滿軍部方面から
230944	朝鮮朝日	西北版	1932-12-11	1	07단	ギャングの頻發に神經を尖らす安東署の歲末警戒陣
230945	朝鮮朝日	西北版	1932-12-11	1	08단	健康相談巡廻
230946	朝鮮朝日	西北版	1932-12-11	1	08단	平壤貿易活況を呈す前月やく十五萬圓の出超爲替相場軟調から
230947	朝鮮朝日	西北版	1932-12-11	1	08단	窮民保護に寄附

일련번호	판명		간행일	면	단수	기사명
230948	朝鮮朝日	西北版	1932-12-11	1	09단	巡營里の小火
230949	朝鮮朝日	西北版	1932-12-11	1	09단	犯人は渡邊だ痛烈に論告懲役十五年を求刑若妻殺し續行公判
230950	朝鮮朝日	西北版	1932-12-11	1	09단	列車で重傷
230951	朝鮮朝日	西北版	1932-12-11	1	10단	輕快列車の運轉平鐵で要望
230952	朝鮮朝日	西北版	1932-12-11	1	10단	樂禮/柳京小話
230953	朝鮮朝日	西北版	1932-12-11	1	10단	金塊密輸發覺
230954	朝鮮朝日	西北版	1932-12-11	1	10단	一戸を全燒
230955	朝鮮朝日	西北版	1932-12-11	1	10단	人(平壤步兵七十七聯隊長)
230956	朝鮮朝日	南鮮版	1932-12-13	1	01단	大勢は朝鮮米に著しく不利となる統監等辯明大に努む米調特別委員會の形勢
230957	朝鮮朝日	南鮮版	1932-12-13	1	01단	値上の要求を大部分承認すインフレ政策が利き勞働爭議に現はれた面白い傾向
230958	朝鮮朝日	南鮮版	1932-12-13	1	01단	鮮米船運賃は安定しない海運界の好況から
230959	朝鮮朝日	南鮮版	1932-12-13	1	01단	街で拾った３２年報告書(５)/發聲映畫の時代各館夫々相當な當りを見す大いに賑った京城の映畫界
230960	朝鮮朝日	南鮮版	1932-12-13	1	04단	癩豫防費の寄附金殺到
230961	朝鮮朝日	南鮮版	1932-12-13	1	04단	御下賜眞綿司令官に傳達
230962	朝鮮朝日	南鮮版	1932-12-13	1	04단	預金貸出共に增加を示す京城組合銀行の帳尻
230963	朝鮮朝日	南鮮版	1932-12-13	1	05단	京城商議工業部會事業計劃決定
230964	朝鮮朝日	南鮮版	1932-12-13	1	05단	傷病兵慰問のコンサート
230965	朝鮮朝日	南鮮版	1932-12-13	1	05단	「厄介なバスを早く處分したい」京城府會議員の意向身賣りは近く府會にかける
230966	朝鮮朝日	南鮮版	1932-12-13	1	06단	麟蹄郡廳舍落成
230967	朝鮮朝日	南鮮版	1932-12-13	1	06단	米穀運賃引上反對三割乃至五割方引上に對し
230968	朝鮮朝日	南鮮版	1932-12-13	1	07단	京城府新年名刺交換會
230969	朝鮮朝日	南鮮版	1932-12-13	1	07단	チフス赤痢の經口ワクチン明年度は百萬人分を製造する事にきまる
230970	朝鮮朝日	南鮮版	1932-12-13	1	08단	色服着用の成績はよい慶北道當局のしらべ
230971	朝鮮朝日	南鮮版	1932-12-13	1	08단	大邱醫講昇格最後的運動
230972	朝鮮朝日	南鮮版	1932-12-13	1	08단	二十師團の入營兵到着
230973	朝鮮朝日	南鮮版	1932-12-13	1	08단	釜山地方の天候大荒れ

일련번호	판명		간행일	면	단수	기사명
230974	朝鮮朝日	南鮮版	1932-12-13	1	09단	父母戀しさに少女の放火前後三回に互って
230975	朝鮮朝日	南鮮版	1932-12-13	1	09단	金塊を密輸
230976	朝鮮朝日	南鮮版	1932-12-13	1	09단	友人の仇討に監督を襲ふ鐵道工事人夫の亂鬪
230977	朝鮮朝日	南鮮版	1932-12-13	1	10단	郵便ポストからお金が出るなにかの迷信か
230978	朝鮮朝日	南鮮版	1932-12-13	1	10단	質屋あらし二人逮捕さる
230979	朝鮮朝日	南鮮版	1932-12-13	1	10단	ある橫顔
230980	朝鮮朝日	西北版	1932-12-13	1	01단	*相寄る靈魂！寧ろ長期の受刑試練をこそ望まし被告に對し變った辯護罪の遊女を廻るその後/放火娼妓に三年の判決*
230981	朝鮮朝日	西北版	1932-12-13	1	01단	撫順炭坑から樺太坑木を驅逐平元線延長こそ平南林産を起死回生せしめる
230982	朝鮮朝日	西北版	1932-12-13	1	01단	ピッチ煉炭の大きな惱み無煙バインダーの出現で對策を練る民間側
230983	朝鮮朝日	西北版	1932-12-13	1	02단	有望な石油坑專門技術家調査の結果
230984	朝鮮朝日	西北版	1932-12-13	1	03단	破巖工事演習
230985	朝鮮朝日	西北版	1932-12-13	1	04단	僞刑事亂打されて死亡
230986	朝鮮朝日	西北版	1932-12-13	1	04단	簡保巡廻診察
230987	朝鮮朝日	西北版	1932-12-13	1	05단	二人組の說教强盜さかんに荒す
230988	朝鮮朝日	西北版	1932-12-13	1	05단	金を明太魚の腹にかくし安東に密輸出
230989	朝鮮朝日	西北版	1932-12-13	1	05단	豪族から落魄して暗い鐵窓に呻吟哀れ立志傳記の末尾を告げた黃金傀儡の人生斷章
230990	朝鮮朝日	西北版	1932-12-13	1	05단	國境中等學校スケート大會計劃
230991	朝鮮朝日	西北版	1932-12-13	1	06단	支那人の宅に强盜押入る
230992	朝鮮朝日	西北版	1932-12-13	1	06단	父母戀しさに少女の放火前後三回に互って
230993	朝鮮朝日	西北版	1932-12-13	1	06단	平高女講堂の財源は起債階下は敎室に充當
230994	朝鮮朝日	西北版	1932-12-13	1	06단	妻子も銃とる健氣な決心國境警備をかたる惠山鎭署長田中氏
230995	朝鮮朝日	西北版	1932-12-13	1	07단	若妻殺しの續行公判
230996	朝鮮朝日	西北版	1932-12-13	1	08단	夫婦共謀で大詐欺稅關領收證を僞造して
230997	朝鮮朝日	西北版	1932-12-13	1	08단	腴かな行政を目標に進出新任安東地方事務所長關屋悌藏氏談
230998	朝鮮朝日	西北版	1932-12-13	1	08단	今後一ケ年間俸給を割き國防費に獻金

일련번호	판명		간행일	면	단수	기사명
230999	朝鮮朝日	西北版	1932-12-13	1	09단	銃器を竊取し強盜を働く犯人つひに逮捕さる
231000	朝鮮朝日	西北版	1932-12-13	1	09단	採金ルンペン大金を攫む
231001	朝鮮朝日	西北版	1932-12-13	1	09단	元山法定醫師會いよいよ産聲をあぐ咸南道はこれで二つ
231002	朝鮮朝日	西北版	1932-12-13	1	10단	武裝警官六箇所に配置此頃の平壤署
231003	朝鮮朝日	西北版	1932-12-13	1	10단	落磐して三名卽死八名たすかる
231004	朝鮮朝日	西北版	1932-12-13	1	10단	南浦の傷害犯人捕まる
231005	朝鮮朝日	西北版	1932-12-13	1	10단	苗圃事業を民間に委託
231006	朝鮮朝日	南鮮版	1932-12-14	1	01단	京城帝大に生れる滿蒙文化研究會二部門に分って學術的研究會長は山田同大學總長
231007	朝鮮朝日	南鮮版	1932-12-14	1	01단	近く實施される商品券取締令京城百貨店の重壓に苦しむ小賣業者救濟が目的
231008	朝鮮朝日	南鮮版	1932-12-14	1	01단	一年生から大いに勉強榮進の菊山新專局長語る平北知事は土師氏
231009	朝鮮朝日	南鮮版	1932-12-14	1	01단	知事更迭
231010	朝鮮朝日	南鮮版	1932-12-14	1	02단	副領事に擬せらるゝ佐伯氏多助氏
231011	朝鮮朝日	南鮮版	1932-12-14	1	02단	米穀研究會で緊急對策調査會の形勢不利
231012	朝鮮朝日	南鮮版	1932-12-14	1	03단	タクシーの料金値上？
231013	朝鮮朝日	南鮮版	1932-12-14	1	03단	海底の寶藏リウリック號いまは全く魚の棲家泥土に埋れ引揚は頗る困難積載金貨は無事か
231014	朝鮮朝日	南鮮版	1932-12-14	1	04단	もよほし(釜山佛教故人追悼會)
231015	朝鮮朝日	南鮮版	1932-12-14	1	04단	新醫專の李鐘綸氏
231016	朝鮮朝日	南鮮版	1932-12-14	1	04단	料金割引から副會長糺彈釜山齒科醫師會で
231017	朝鮮朝日	南鮮版	1932-12-14	1	05단	國境警備の完璧を期す增配手間取る/關東軍へ交付の偵察機三機十五日立川發
231018	朝鮮朝日	南鮮版	1932-12-14	1	05단	街で拾った３２年報告書(6)/人生裏通りから失業戰線に喘ぐインテリ「女に失業の憂ひなし」
231019	朝鮮朝日	南鮮版	1932-12-14	1	05단	釜山通信部電話增設
231020	朝鮮朝日	南鮮版	1932-12-14	1	06단	マリヤ殺し事件再び迷宮に入る容疑者は近日釋放か
231021	朝鮮朝日	南鮮版	1932-12-14	1	07단	強賊逮捕駐在所や金融組合を荒らす
231022	朝鮮朝日	南鮮版	1932-12-14	1	07단	檢擧された金塊の密輸頭髮や靴に隱くして平壤から安東縣へ
231023	朝鮮朝日	南鮮版	1932-12-14	1	08단	朝日カレンダー

일련번호	판명		간행일	면	단수	기사명
231024	朝鮮朝日	南鮮版	1932-12-14	1	08단	密漁船各地を荒すトロール船二隻と發動機船六隻の一團鴻島地方で密漁/漁具を破壊するギャング振り長箭蔚珍方面で
231025	朝鮮朝日	南鮮版	1932-12-14	1	08단	強盗一味大邱署員に逮捕さる
231026	朝鮮朝日	南鮮版	1932-12-14	1	09단	鮮童花畑を荒す
231027	朝鮮朝日	南鮮版	1932-12-14	1	09단	赤化讀書會檢擧高普生多數拉致さる
231028	朝鮮朝日	南鮮版	1932-12-14	1	10단	學校とお役所専門の賊
231029	朝鮮朝日	南鮮版	1932-12-14	1	10단	聾者卽死す
231030	朝鮮朝日	南鮮版	1932-12-14	1	10단	人(中野勝次氏(總督府事務官)/脇谷洋次郎博士/吉市進氏/幸道貞治氏(新任陸軍運輸部釜山出張所長))
231031	朝鮮朝日	西北版	1932-12-14	1	01단	自轉車税の撤廢又は輕減を熱望中小商工業者の營業の武器だ奢侈税適用は不當
231032	朝鮮朝日	西北版	1932-12-14	1	01단	平醫講昇格は順調に進捗平元線延長明年度は望薄藤原知事の土産話
231033	朝鮮朝日	西北版	1932-12-14	1	01단	低資借入れ平元線延長關東軍に慰問の電報平南道評議會で可決
231034	朝鮮朝日	西北版	1932-12-14	1	01단	知事の更送
231035	朝鮮朝日	西北版	1932-12-14	1	02단	副領事に擬せらるゝ佐伯氏多助氏
231036	朝鮮朝日	西北版	1932-12-14	1	02단	一年生から大いに勉強榮進の菊山新専局長語る平北知事は土師氏/平北は全く馴染の薄い土地煙草密輸は嚴重に取締る土師新知事は語る
231037	朝鮮朝日	西北版	1932-12-14	1	03단	補充兵通過す
231038	朝鮮朝日	西北版	1932-12-14	1	03단	甚だ心細い農村救濟自作農創設計劃
231039	朝鮮朝日	西北版	1932-12-14	1	04단	歌で民風改善
231040	朝鮮朝日	西北版	1932-12-14	1	04단	不良少年のため授産場を計劃少年犯罪者一ヶ年に一千百名救濟に惱む平壤署
231041	朝鮮朝日	西北版	1932-12-14	1	04단	漁業用鹽の廉賣と運搬原鹽を購入、運搬船を建造低資の融通を受け
231042	朝鮮朝日	西北版	1932-12-14	1	04단	水産疑獄の公判を開廷大體犯罪事實を認む日沒のため續行を宣し閉廷
231043	朝鮮朝日	西北版	1932-12-14	1	05단	時期尚早の意見に一致電氣、水道事業の特別會計明年度から實施は困難
231044	朝鮮朝日	西北版	1932-12-14	1	05단	思念の立像道學務課へ寄贈
231045	朝鮮朝日	西北版	1932-12-14	1	05단	官製煉炭の類似品が續出寺洞海軍鑛業部から道を通じて抗議す
231046	朝鮮朝日	西北版	1932-12-14	1	06단	滿洲語研究國境憲兵さんが熱心に
231047	朝鮮朝日	西北版	1932-12-14	1	06단	國境警備の完璧を期す增配手間取る

일련번호	판명		간행일	면	단수	기사명
231048	朝鮮朝日	西北版	1932-12-14	1	06단	保險金欲しさに實父殺しの大罪共犯者に二千圓を與へ殺害良心の苛責で自殺を計る
231049	朝鮮朝日	西北版	1932-12-14	1	07단	關東軍に交付される偵察機三機
231050	朝鮮朝日	西北版	1932-12-14	1	07단	府有地の無斷使用嚴重取締る
231051	朝鮮朝日	西北版	1932-12-14	1	07단	平壤に物いふ猫「やかましい」「嫌だ」の言葉を巧みに使ひ分ける六歳のつる子孃
231052	朝鮮朝日	西北版	1932-12-14	1	08단	朝日カレンダー
231053	朝鮮朝日	西北版	1932-12-14	1	08단	國境警備の重任を果し柴田部隊近く凱旋
231054	朝鮮朝日	西北版	1932-12-14	1	08단	聾者卽死す
231055	朝鮮朝日	西北版	1932-12-14	1	08단	十餘萬圓の金塊密輸犯
231056	朝鮮朝日	西北版	1932-12-14	1	09단	平壤を見捨て京城へ鞍替新券番反對の妓生達
231057	朝鮮朝日	西北版	1932-12-14	1	10단	樂禮/柳京小話
231058	朝鮮朝日	西北版	1932-12-15	1	01단	平南水産の興廢を決するこの冬の二試驗平均養貝及び海底倉庫最後の切札は如何に？
231059	朝鮮朝日	西北版	1932-12-15	1	01단	差當り一基で積込みを開始明春早々から二基を併用す好成績な無煙炭積込場
231060	朝鮮朝日	西北版	1932-12-15	1	01단	あゝ！附錄時代質より量を喜ぶ現代世相かモウ一つおまけの勉强振り正月雑誌の動向
231061	朝鮮朝日	西北版	1932-12-15	1	02단	低資利下で農家負擔は著しく輕減される
231062	朝鮮朝日	西北版	1932-12-15	1	04단	大同江の結氷
231063	朝鮮朝日	西北版	1932-12-15	1	04단	自作農創定の人選をはる平南の百五十戸
231064	朝鮮朝日	西北版	1932-12-15	1	04단	自力更生の活模範靑年團の夜警
231065	朝鮮朝日	西北版	1932-12-15	1	04단	前年よりも相當に活況十一月中鎮南浦港貿易
231066	朝鮮朝日	西北版	1932-12-15	1	05단	平壤府廳改築順調に進捗國有財産問題も圓滿に解決を豫想さる
231067	朝鮮朝日	西北版	1932-12-15	1	05단	七七の新入兵
231068	朝鮮朝日	西北版	1932-12-15	1	05단	价川に點燈
231069	朝鮮朝日	西北版	1932-12-15	1	05단	咸南鑛業の豪華版多種多樣の鑛相金、銀、銅、鐵、石炭、雲母、黑鉛等々輝しい前途を期待
231070	朝鮮朝日	西北版	1932-12-15	1	05단	小作慣行改善に銳い更生のメス咸南地方振興指導者大會
231071	朝鮮朝日	西北版	1932-12-15	1	06단	國境對岸に暴威を揮ふ白旗會の正體

일련번호	판명		간행일	면	단수	기사명
231072	朝鮮朝日	西北版	1932-12-15	1	07단	二十日頃に測量を一先づ打切る明春三月下旬から又開始準備期の昭和水利
231073	朝鮮朝日	西北版	1932-12-15	1	07단	滿洲景氣と年末賣出しの二重奏で活況を呈す賣行きは昨年の二、三倍客筋は日滿七一三
231074	朝鮮朝日	西北版	1932-12-15	1	07단	日滿親善は先づ言葉から安東の滿洲人側で日本語研究熱が高まる
231075	朝鮮朝日	西北版	1932-12-15	1	08단	西鮮日報附錄好評
231076	朝鮮朝日	西北版	1932-12-15	1	08단	共産黨再建運動者二名
231077	朝鮮朝日	西北版	1932-12-15	1	08단	無煙煉炭に旭が成功すピッチ代用にコーン會社のグリコースを使用
231078	朝鮮朝日	西北版	1932-12-15	1	09단	樂禮/柳京小話
231079	朝鮮朝日	西北版	1932-12-15	1	09단	被告全部に懲役を求刑半島水産界空前の大疑獄大町檢査の大論告
231080	朝鮮朝日	西北版	1932-12-15	1	09단	長老や醫生なども交って居り金塊密輸出事件益々擴大密輸額は約五貫目
231081	朝鮮朝日	西北版	1932-12-15	1	10단	轢れて慘死
231082	朝鮮朝日	西北版	1932-12-15	1	10단	人(田中眞氏(新任文川署長)/中本修氏(道警部))
231083	朝鮮朝日	南鮮版	1932-12-16	1	01단	或る日の宇垣總督書もまた人生？「なか思ふやうには書けんノー」一如庵主人の述懷
231084	朝鮮朝日	南鮮版	1932-12-16	1	01단	骨格强靭のこと滿洲國から京城大學に新卒業生採用の照會
231085	朝鮮朝日	南鮮版	1932-12-16	1	01단	朝鮮牛ぞくぞく內地へ進出肉牛も近畿地方で靑島牛と大競爭
231086	朝鮮朝日	南鮮版	1932-12-16	1	01단	新兵器研究に一萬圓獻納篤志家は京城の中根氏
231087	朝鮮朝日	南鮮版	1932-12-16	1	02단	朝鮮信託愈よ店びらき
231088	朝鮮朝日	南鮮版	1932-12-16	1	03단	普通教育機關內地同樣の完備を期待
231089	朝鮮朝日	南鮮版	1932-12-16	1	03단	小靑島燈台に自動無線標識光達距離２００キロ
231090	朝鮮朝日	南鮮版	1932-12-16	1	04단	密陽農倉竣工
231091	朝鮮朝日	南鮮版	1932-12-16	1	04단	贈答、忘年會の廢止釜山の更生運動
231092	朝鮮朝日	南鮮版	1932-12-16	1	04단	白米値上げ京城公設市場で
231093	朝鮮朝日	南鮮版	1932-12-16	1	05단	判任官十四五割巡査は十二三割で非常時ボーナス百三十萬圓を全鮮警察官に支給
231094	朝鮮朝日	南鮮版	1932-12-16	1	05단	割合景氣のよい今年のボーナス釜山府の官衙學校では十五日一齊に支給

일련번호	판명		간행일	면	단수	기사명
231095	朝鮮朝日	南鮮版	1932-12-16	1	06단	藥屋「營業禁止」
231096	朝鮮朝日	南鮮版	1932-12-16	1	06단	城大文學部で民衆講座の企て希望者から一定數を限定し各教授が講義する
231097	朝鮮朝日	南鮮版	1932-12-16	1	07단	貧困者へ正月のお餅代
231098	朝鮮朝日	南鮮版	1932-12-16	1	07단	檢擧された靑林敎主
231099	朝鮮朝日	南鮮版	1932-12-16	1	07단	アナゴ漁に出て行方不明
231100	朝鮮朝日	南鮮版	1932-12-16	1	07단	長承浦の沖で密漁船を檢擧追跡して大格鬪
231101	朝鮮朝日	南鮮版	1932-12-16	1	07단	僞刑事を仕立て〻人妻を酒席に拉れ込む
231102	朝鮮朝日	南鮮版	1932-12-16	1	07단	汽動車に衝突二件
231103	朝鮮朝日	南鮮版	1932-12-16	1	08단	*農夫殺し二名とも死刑/放火女に「五年の求刑」*
231104	朝鮮朝日	南鮮版	1932-12-16	1	08단	校長宅へ强盜押し入る
231105	朝鮮朝日	南鮮版	1932-12-16	1	09단	抱合凍死體は時化に遭難した海上生活者の一團
231106	朝鮮朝日	南鮮版	1932-12-16	1	09단	大石の下敷となり慘死
231107	朝鮮朝日	南鮮版	1932-12-16	1	09단	火の用心京城は一晝夜に五回の火災
231108	朝鮮朝日	南鮮版	1932-12-16	1	09단	ある横顔
231109	朝鮮朝日	南鮮版	1932-12-16	1	10단	南鮮ところどころ(仁川/光州)
231110	朝鮮朝日	南鮮版	1932-12-16	1	10단	もよほし(釜山織物講習會/中野氏送別會/釜山藥劑師會總會)
231111	朝鮮朝日	南鮮版	1932-12-16	1	10단	人(古市進氏(新任忠南警察部長)/中野勝次氏(新任警務局上海派遣員)/竹村喜久司氏(新任釜山稅關稅務課長)/堀重三氏(樺太廳水産技師))
231112	朝鮮朝日	西北版	1932-12-16	1	01단	農民の總意巨細に互って議員さんが要求穩健にして手きびしく平南道評議員の懇談會
231113	朝鮮朝日	西北版	1932-12-16	1	01단	鐵道局が主催で座談會を開く鎭南浦積入場利用のために民間業者を招き平壤で
231114	朝鮮朝日	西北版	1932-12-16	1	01단	平高女講堂改築に決る敎育部會で滿場一致可決明年度豫算に計上
231115	朝鮮朝日	西北版	1932-12-16	1	01단	日滿婦人交歡會
231116	朝鮮朝日	西北版	1932-12-16	1	03단	安東の義士會
231117	朝鮮朝日	西北版	1932-12-16	1	04단	遺骨鄉里へ
231118	朝鮮朝日	西北版	1932-12-16	1	04단	米穀輸送の割引
231119	朝鮮朝日	西北版	1932-12-16	1	04단	養鷄事業の獎勵に拍車を加ふ
231120	朝鮮朝日	西北版	1932-12-16	1	05단	癩豫防協會寄附金成績極めて良好
231121	朝鮮朝日	西北版	1932-12-16	1	05단	鴨綠江の大鐵橋附近結氷渡船全く不能

일련번호	판명		간행일	면	단수	기사명
231122	朝鮮朝日	西北版	1932-12-16	1	05단	君子橋竣工渡橋式擧行
231123	朝鮮朝日	西北版	1932-12-16	1	05단	林檎業者に鐵道利用を相談不振に惱む平鐵が
231124	朝鮮朝日	西北版	1932-12-16	1	06단	匪賊の頭目玄益哲の公判
231125	朝鮮朝日	西北版	1932-12-16	1	06단	非常時世相は可憐な兒童の退學狀況にどう響く
231126	朝鮮朝日	西北版	1932-12-16	1	06단	若松校義士會
231127	朝鮮朝日	西北版	1932-12-16	1	06단	宴會を廢止
231128	朝鮮朝日	西北版	1932-12-16	1	07단	轉ぶことが上達の祕訣スケートは子供になって木谷德雄君は語る
231129	朝鮮朝日	西北版	1932-12-16	1	07단	强壯劑原料「カムルチ」魚
231130	朝鮮朝日	西北版	1932-12-16	1	08단	巡査職に殉ず
231131	朝鮮朝日	西北版	1932-12-16	1	08단	開城署の年末警戒
231132	朝鮮朝日	西北版	1932-12-16	1	09단	ミシン代を橫領
231133	朝鮮朝日	西北版	1932-12-16	1	09단	年末警戒開始
231134	朝鮮朝日	西北版	1932-12-16	1	09단	家出者の縊死
231135	朝鮮朝日	西北版	1932-12-16	1	09단	風紀專門の刑事を置くカフエ、飮食店のエロ化に善處する平壤署
231136	朝鮮朝日	西北版	1932-12-16	1	09단	情婦へ貢ぐ
231137	朝鮮朝日	西北版	1932-12-16	1	10단	傷害致死の調べ
231138	朝鮮朝日	西北版	1932-12-16	1	10단	酒を種に盜む
231139	朝鮮朝日	西北版	1932-12-16	1	10단	樂禮/柳京小話
231140	朝鮮朝日	西北版	1932-12-16	1	10단	人(森第十九師團長/吉田浩氏(鐵道局長)/穗積眞六郎氏(殖産局長))
231141	朝鮮朝日	南鮮版	1932-12-17	1	01단	新時代色を加へ中樞院改革斷行名實伴ふ諮問機關とし內地人功勞者も參加
231142	朝鮮朝日	南鮮版	1932-12-17	1	01단	鮮米の買上不振第一日は極めて閑散
231143	朝鮮朝日	南鮮版	1932-12-17	1	01단	鯖網夜焚禁止期成會から促進を陳情
231144	朝鮮朝日	南鮮版	1932-12-17	1	01단	島民大會を開き氣勢をあぐ團平船繋留反對運動
231145	朝鮮朝日	南鮮版	1932-12-17	1	01단	米出廻り群山地方不振
231146	朝鮮朝日	南鮮版	1932-12-17	1	02단	淸城鎭の石綿鑛採掘願續出
231147	朝鮮朝日	南鮮版	1932-12-17	1	02단	どんなお布令か？カフエの經營にも一變化なくては統一されるカフエの取締規則電燈はあかるく特別室の設備は嚴禁近く全鮮にお布令が出る
231148	朝鮮朝日	南鮮版	1932-12-17	1	03단	松田○團長以下釜山に入港府民擧って大歡迎十七日は自由行動/相前後して高田○團も元氣一杯で入港

일련번호	판명		간행일	면	단수	기사명
231149	朝鮮朝日	南鮮版	1932-12-17	1	04단	年賀郵便に商業生臨時採用
231150	朝鮮朝日	南鮮版	1932-12-17	1	04단	慶南評議會
231151	朝鮮朝日	南鮮版	1932-12-17	1	04단	簡保健康相談所の利用
231152	朝鮮朝日	南鮮版	1932-12-17	1	05단	ボーナス景氣だ忘年會の洪水だ暮れの巷に「酒の臨檢」不良酒サーヴィスの料理屋を取締る/最高二十四割總額ザッと三十萬圓總督府の「賞與打診」
231153	朝鮮朝日	南鮮版	1932-12-17	1	05단	京城會議所の交通部會
231154	朝鮮朝日	南鮮版	1932-12-17	1	05단	雇人を優遇料理屋飲食店取締事項改正
231155	朝鮮朝日	南鮮版	1932-12-17	1	05단	組合の廢合産業團體合理化
231156	朝鮮朝日	南鮮版	1932-12-17	1	06단	問題の用地買收完了水野氏も應諾
231157	朝鮮朝日	南鮮版	1932-12-17	1	06단	癩協會へ日曜學校から一錢貯金寄附
231158	朝鮮朝日	南鮮版	1932-12-17	1	07단	統制力を失った釜山漁組の現狀昨今解消論さへ擡頭
231159	朝鮮朝日	南鮮版	1932-12-17	1	07단	南鮮ところどころ(仁川/群山/蔚山/裡里/大邱)
231160	朝鮮朝日	南鮮版	1932-12-17	1	08단	現場混亂して搜査困難奇怪な金庫破り
231161	朝鮮朝日	南鮮版	1932-12-17	1	09단	宂谷面の火事は「放火」
231162	朝鮮朝日	南鮮版	1932-12-17	1	10단	密輸を企つ
231163	朝鮮朝日	南鮮版	1932-12-17	1	10단	寄宿舍から出火放火か？
231164	朝鮮朝日	南鮮版	1932-12-17	1	10단	土沙崩潰人夫重傷
231165	朝鮮朝日	南鮮版	1932-12-17	1	10단	もよほし(河井氏一周忌法要)
231166	朝鮮朝日	南鮮版	1932-12-17	1	10단	人(柏獸醫部長出發)
231167	朝鮮朝日	南鮮版	1932-12-17	1	10단	ある橫顏
231168	朝鮮朝日	西北版	1932-12-17	1	01단	船橋里へ給水明年度に施工自力による平壤水道擴張工事府會懇談會で可決
231169	朝鮮朝日	西北版	1932-12-17	1	01단	滿場異議なく府會で可決西平壤電車複線
231170	朝鮮朝日	西北版	1932-12-17	1	01단	移出量激增す近年に稀な大活況南部炭田景氣づく
231171	朝鮮朝日	西北版	1932-12-17	1	01단	咸南道廳の國防獻金模範を示す
231172	朝鮮朝日	西北版	1932-12-17	1	01단	公設運動場愈よ具體化
231173	朝鮮朝日	西北版	1932-12-17	1	02단	廿五萬圓で海電を買收
231174	朝鮮朝日	西北版	1932-12-17	1	02단	淸城鎭の石綿鑛採掘願續出
231175	朝鮮朝日	西北版	1932-12-17	1	02단	朝鮮林檎の素晴らしい進出鴨江を越えどしどし滿洲へ關稅改正の結果
231176	朝鮮朝日	西北版	1932-12-17	1	03단	大防空演習に平壤から參加
231177	朝鮮朝日	西北版	1932-12-17	1	03단	平壤部隊廿三日凱旋柴田少佐以下將士〇〇〇名

일련번호	판명		간행일	면	단수	기사명
231178	朝鮮朝日	西北版	1932-12-17	1	03단	內地一流都市の粹を集める目下設計者が內地視察道立平壤醫院改築
231179	朝鮮朝日	西北版	1932-12-17	1	03단	年末を控へ大恐慌朝鐵出張所廢止
231180	朝鮮朝日	西北版	1932-12-17	1	04단	安東柞蠶界活況を呈す
231181	朝鮮朝日	西北版	1932-12-17	1	04단	株式募集に着手平讓府內バス
231182	朝鮮朝日	西北版	1932-12-17	1	04단	國境へ出發
231183	朝鮮朝日	西北版	1932-12-17	1	04단	正月の供物昨年より昂騰壽町公設市場から
231184	朝鮮朝日	西北版	1932-12-17	1	05단	北鮮水産大疑獄事件公判
231185	朝鮮朝日	西北版	1932-12-17	1	05단	餅屋・繁昌歲末狂躁曲
231186	朝鮮朝日	西北版	1932-12-17	1	06단	新義州の談合事件第一回公判
231187	朝鮮朝日	西北版	1932-12-17	1	06단	線路に石塊轉覆を企つ
231188	朝鮮朝日	西北版	1932-12-17	1	06단	師走の寒夜に行商する四少女得た金を皇軍へ獻金
231189	朝鮮朝日	西北版	1932-12-17	1	07단	綿布類の密輸出激增對策に腐心
231190	朝鮮朝日	西北版	1932-12-17	1	07단	安、義一流の實業家が發起安東、大連間のバスを計劃滿洲交通部に出願
231191	朝鮮朝日	西北版	1932-12-17	1	07단	府政改善の諸點公職者などの滯納をはじめ旅費、宣傳費の變態的支出平讓府會へ報告
231192	朝鮮朝日	西北版	1932-12-17	1	08단	朝日カレンダー
231193	朝鮮朝日	西北版	1932-12-17	1	08단	僞注文取り
231194	朝鮮朝日	西北版	1932-12-17	1	08단	近く寄附金募集を開始憐れな孤兒のためいよいよ平壤署乗り出す
231195	朝鮮朝日	西北版	1932-12-17	1	08단	釣錢詐欺捕はる
231196	朝鮮朝日	西北版	1932-12-17	1	09단	チフス流行
231197	朝鮮朝日	西北版	1932-12-17	1	09단	殺人犯捕はる
231198	朝鮮朝日	西北版	1932-12-17	1	10단	密輸を企つ
231199	朝鮮朝日	西北版	1932-12-17	1	10단	人(森第十九師團長/滿洲國財政部永井關稅課長)
231200	朝鮮朝日	西北版	1932-12-17	1	10단	樂禮/柳京小話
231201	朝鮮朝日	南鮮版	1932-12-18	1	01단	步武堂々歡呼に迎へられて熊本○○○隊釜山上陸
231202	朝鮮朝日	南鮮版	1932-12-18	1	01단	大削減を免れぬ總督府の豫算鹽田擴張、私鐵買收は全部削除の運命？
231203	朝鮮朝日	南鮮版	1932-12-18	1	01단	鐵道局は十一割うるほふ鐵道街に目をつける商人達
231204	朝鮮朝日	南鮮版	1932-12-18	1	01단	朝鮮軍へ畏き御下賜

일련번호	판명		간행일	면	단수	기사명
231205	朝鮮朝日	南鮮版	1932-12-18	1	02단	夜の京城に警官五百名繰出し十五日から徹宵警戒
231206	朝鮮朝日	南鮮版	1932-12-18	1	03단	歳末の事故防止
231207	朝鮮朝日	南鮮版	1932-12-18	1	04단	釜山府議の內地視察中止
231208	朝鮮朝日	南鮮版	1932-12-18	1	04단	歡呼の渦中へ志道○隊上陸小旗の波に迎へられ釜山の各旅館に分宿
231209	朝鮮朝日	南鮮版	1932-12-18	1	04단	各婦人會員龍山で接待
231210	朝鮮朝日	南鮮版	1932-12-18	1	04단	俸給を割き國防獻金京畿道廳の美擧
231211	朝鮮朝日	南鮮版	1932-12-18	1	04단	虛禮を廢せよ總監から各地に警告
231212	朝鮮朝日	南鮮版	1932-12-18	1	05단	御用船で釜山へ密航若松の二青年
231213	朝鮮朝日	南鮮版	1932-12-18	1	05단	釜山、海雲台間明夏列車開通沿線の驛名も決定
231214	朝鮮朝日	南鮮版	1932-12-18	1	05단	釜山會議所の明年豫算期待さる新計劃
231215	朝鮮朝日	南鮮版	1932-12-18	1	05단	待望のアイス・ホッケーとフィギュア・スケート
231216	朝鮮朝日	南鮮版	1932-12-18	1	06단	輕診所の着工は明春
231217	朝鮮朝日	南鮮版	1932-12-18	1	06단	新義州を根城に金密輸卅萬圓表面は貴金屬商を裝ひ四名で巧みに聯絡
231218	朝鮮朝日	南鮮版	1932-12-18	1	07단	歳末贈答の小包激增郵便車を增結
231219	朝鮮朝日	南鮮版	1932-12-18	1	07단	米穀統制反對の仁川府民大會
231220	朝鮮朝日	南鮮版	1932-12-18	1	07단	南鮮ところどころ(仁川/大邱)
231221	朝鮮朝日	南鮮版	1932-12-18	1	08단	花卉盆栽を溫室で栽培
231222	朝鮮朝日	南鮮版	1932-12-18	1	08단	東部漁組總會
231223	朝鮮朝日	南鮮版	1932-12-18	1	08단	金海邑の大火で娘二名無殘の燒死東拓移民倶樂部の類燒十八戸を全燒す
231224	朝鮮朝日	南鮮版	1932-12-18	1	08단	大風呂敷に狐の毛皮八十枚
231225	朝鮮朝日	南鮮版	1932-12-18	1	09단	流氷に衝突渡船沈沒す乘客三名、牛一頭溺死
231226	朝鮮朝日	南鮮版	1932-12-18	1	09단	買官事件の郡屬面長ら八名遂に送局さる
231227	朝鮮朝日	南鮮版	1932-12-18	1	10단	出火頻々
231228	朝鮮朝日	南鮮版	1932-12-18	1	10단	强談、押賣容赦なく屆出よ
231229	朝鮮朝日	南鮮版	1932-12-18	1	10단	アル橫顔
231230	朝鮮朝日	西北版	1932-12-18	1	01단	特別會計案が葬られた理由數字的に檢討すると何うしても時期尚早に歸着
231231	朝鮮朝日	西北版	1932-12-18	1	01단	平壤驛改築はまだ實現困難元線延長の必要は認む吉田鐵道局長語る
231232	朝鮮朝日	西北版	1932-12-18	1	01단	腕自慢の猛者が豪快な猛獸狩り巨砲を揃へて淸津奧地へ
231233	朝鮮朝日	西北版	1932-12-18	1	01단	華の字放逐

일련번호	판명		간행일	면	단수	기사명
231234	朝鮮朝日	西北版	1932-12-18	1	02단	家具卽賣會
231235	朝鮮朝日	西北版	1932-12-18	1	02단	とてもモダンな地下共同便所平壤旭町に建設する
231236	朝鮮朝日	西北版	1932-12-18	1	03단	自力更生が生んだ古老の斷髮
231237	朝鮮朝日	西北版	1932-12-18	1	03단	希望社本部から四千圓を寄附順調に實現化を辿る平壤の孤兒收容所計劃
231238	朝鮮朝日	西北版	1932-12-18	1	03단	第一回の試賣豫想外の好評を博す蛤の冬季蓄養試驗成績
231239	朝鮮朝日	西北版	1932-12-18	1	03단	正月の出初式
231240	朝鮮朝日	西北版	1932-12-18	1	04단	燕麥の昂騰農民は戰爭を豫想する
231241	朝鮮朝日	西北版	1932-12-18	1	04단	府は手を引く職業學校から
231242	朝鮮朝日	西北版	1932-12-18	1	04단	癩協會寄附平壤は好成績
231243	朝鮮朝日	西北版	1932-12-18	1	05단	大豆景氣に湧き立つ農村から利子を徹底的に回收する師走の農村哀話
231244	朝鮮朝日	西北版	1932-12-18	1	05단	優良店員表彰
231245	朝鮮朝日	西北版	1932-12-18	1	05단	取殘された弟を抱へて健氣な少年
231246	朝鮮朝日	西北版	1932-12-18	1	05단	凱旋部隊の慰靈祭執行大刀會匪が强いなど嘘の皮甲田新義州守備隊長語る
231247	朝鮮朝日	西北版	1932-12-18	1	06단	貧民救濟に五十圓寄附
231248	朝鮮朝日	西北版	1932-12-18	1	06단	淸津、雄基間海上旅客の爭奪戰激化
231249	朝鮮朝日	西北版	1932-12-18	1	06단	平北産の玉蜀黍が養鷄飼料に內地方面に急激に進出地方農民を潤す
231250	朝鮮朝日	西北版	1932-12-18	1	07단	詐欺犯人の妻
231251	朝鮮朝日	西北版	1932-12-18	1	07단	胸が詰って感慨無量だ官界遊泳廿年の足を洗ふ石川登盛氏は語る
231252	朝鮮朝日	西北版	1932-12-18	1	08단	猩紅熱流行で豫防に大童美しい栞を配布
231253	朝鮮朝日	西北版	1932-12-18	1	08단	景氣は上々ボーナス風景腺らかな月給取の顏雨と降る五十萬圓
231254	朝鮮朝日	西北版	1932-12-18	1	08단	興南共産黨事件一味を送局朝鮮窒素の赤化を企つ首魁李以下卅七名
231255	朝鮮朝日	西北版	1932-12-18	1	09단	書籍專門の賊
231256	朝鮮朝日	西北版	1932-12-18	1	09단	狩獵取締り
231257	朝鮮朝日	西北版	1932-12-18	1	09단	流氷に衝突渡船沈沒す乘客三名、牛一頭溺死
231258	朝鮮朝日	西北版	1932-12-18	1	10단	樂禮/柳京小話
231259	朝鮮朝日	西北版	1932-12-18	1	10단	相場に失敗强盗となる
231260	朝鮮朝日	西北版	1932-12-18	1	10단	もよほし(元山商工會議所議員總會)
231261	朝鮮朝日	西北版	1932-12-18	1	10단	人(平壤地方法院長多田吉鐘判事/間島特務機關長井上靖少佐)

일련번호	판명		간행일	면	단수	기사명
231262	朝鮮朝日	南鮮版	1932-12-20	1	01단	私鐵買收容認は价川鐵道だけ大藏省の大削減に遭ひ鐵道局對策に苦慮
231263	朝鮮朝日	南鮮版	1932-12-20	1	01단	校歌や應援歌で派遣將士を激勵熊本○團の將士ぞくぞく京城を通過北上す/心からなる暖かい慰問朝鮮軍出動部隊へ/黑髮ブッツリ若い女性が赤誠罩めた兵隊さんへの贈物
231264	朝鮮朝日	南鮮版	1932-12-20	1	02단	鹽田擴張は一千町步に縮小、計劃の建て直し
231265	朝鮮朝日	南鮮版	1932-12-20	1	04단	滿洲國領事設置陳情
231266	朝鮮朝日	南鮮版	1932-12-20	1	04단	鮮米買上價格「石二十三圓」で
231267	朝鮮朝日	南鮮版	1932-12-20	1	04단	調印者法定數に達す洛東水組設立
231268	朝鮮朝日	南鮮版	1932-12-20	1	04단	白木屋の大火に鑑み百貨店代表を集め「非常時懇談」京城の本町署で
231269	朝鮮朝日	南鮮版	1932-12-20	1	05단	無料救療に窮民患者殺到
231270	朝鮮朝日	南鮮版	1932-12-20	1	05단	一日の『モシモシ』六萬四千餘回通話回數の新レコードに面喰った釜山局
231271	朝鮮朝日	南鮮版	1932-12-20	1	05단	官憲の眼が光る半島のファッショ運動「イズム」の蔭に隱れる不法行爲に大彈壓
231272	朝鮮朝日	南鮮版	1932-12-20	1	06단	京城商議の役員會
231273	朝鮮朝日	南鮮版	1932-12-20	1	07단	仁川の米穀統制反對府民大會(十八日紙上參照)
231274	朝鮮朝日	南鮮版	1932-12-20	1	07단	社會事業に補助金交付
231275	朝鮮朝日	南鮮版	1932-12-20	1	07단	江景の富豪に毒藥を盛ったか？妾とその子は極力否認二十日更に續行公判
231276	朝鮮朝日	南鮮版	1932-12-20	1	07단	崇ったボーナス風景負傷した雇員、癈態の屬官
231277	朝鮮朝日	南鮮版	1932-12-20	1	08단	南鮮ところどころ(裡里)
231278	朝鮮朝日	南鮮版	1932-12-20	1	08단	稗扱取競進會賞金授興
231279	朝鮮朝日	南鮮版	1932-12-20	1	09단	朝鮮○○運動の安昌浩公判懲役四年を求刑さる
231280	朝鮮朝日	南鮮版	1932-12-20	1	09단	監視員を增してギャング豫防釜山郵便局の警戒
231281	朝鮮朝日	南鮮版	1932-12-20	1	09단	本署へ取りに來い僞刑事メートルを揚ぐ
231282	朝鮮朝日	南鮮版	1932-12-20	1	09단	八十七老婆自家の出火で燒死
231283	朝鮮朝日	南鮮版	1932-12-20	1	10단	仁川の火事
231284	朝鮮朝日	南鮮版	1932-12-20	1	10단	ダイナマイト盜難
231285	朝鮮朝日	南鮮版	1932-12-20	1	10단	人(土師平北道知事)

일련번호	판명		간행일	면	단수	기사명
231286	朝鮮朝日	南鮮版	1932-12-20	1	10단	アル横顔
231287	朝鮮朝日	西北版	1932-12-20	1	01단	文豪谷崎の今日を築いた友無名時代の彼に寄せた友情岸鮮銀の學生時代
231288	朝鮮朝日	西北版	1932-12-20	1	01단	勞働者自身のゴム工場を新設爭議に見切りをつけた人々が早くも工場新設中
231289	朝鮮朝日	西北版	1932-12-20	1	01단	新設改修の咸南十二橋交通網整備に一飛躍
231290	朝鮮朝日	西北版	1932-12-20	1	01단	平壤義勇消防隊員の梯子乘り猛練習
231291	朝鮮朝日	西北版	1932-12-20	1	02단	警官へ慰問金
231292	朝鮮朝日	西北版	1932-12-20	1	03단	官民多數歡迎送開城驛頭で
231293	朝鮮朝日	西北版	1932-12-20	1	03단	年賀郵便で安東郵政局多忙を極む
231294	朝鮮朝日	西北版	1932-12-20	1	04단	もよほし(新年名刺交換會)
231295	朝鮮朝日	西北版	1932-12-20	1	04단	松都高普風雲急無事に解消
231296	朝鮮朝日	西北版	1932-12-20	1	04단	農村振興に優良牛增殖積極的に獎勵する
231297	朝鮮朝日	西北版	1932-12-20	1	04단	涙含しい變り樣端川が一轉模範部落に
231298	朝鮮朝日	西北版	1932-12-20	1	04단	大晦日には午後五時まで金錢出納を取扱ふ平壤の各金融機關
231299	朝鮮朝日	西北版	1932-12-20	1	05단	暖かい新義州
231300	朝鮮朝日	西北版	1932-12-20	1	05단	耕作取締は現地調査主義火田民の安定計劃
231301	朝鮮朝日	西北版	1932-12-20	1	06단	昨年より二割も通話が增加す交換孃の涙ぐましい活躍師走情景の平壤局
231302	朝鮮朝日	西北版	1932-12-20	1	06단	坑夫を增員
231303	朝鮮朝日	西北版	1932-12-20	1	07단	鹽業鐵道は極めて有望道當局も實現に努力
231304	朝鮮朝日	西北版	1932-12-20	1	07단	安東輸入組合ビルディング
231305	朝鮮朝日	西北版	1932-12-20	1	07단	平元線速成の陳情平壤土木組合
231306	朝鮮朝日	西北版	1932-12-20	1	07단	關稅が高く銀高で安東より義州が何もかも安い
231307	朝鮮朝日	西北版	1932-12-20	1	08단	平南各郡の自作農割當
231308	朝鮮朝日	西北版	1932-12-20	1	08단	全署員で警戒
231309	朝鮮朝日	西北版	1932-12-20	1	08단	父を戀ふ子のため庶子認知訴訟捨てられた朝鮮婦人が愛兒のために提起
231310	朝鮮朝日	西北版	1932-12-20	1	09단	不用土の捨場に困る安寧水組
231311	朝鮮朝日	西北版	1932-12-20	1	09단	密輸者のため殺害と判明遺族には扶助料下付死體はまだ發見されない
231312	朝鮮朝日	西北版	1932-12-20	1	09단	鐵道自殺を企つ內地婦人が
231313	朝鮮朝日	西北版	1932-12-20	1	10단	刀槍を發見
231314	朝鮮朝日	西北版	1932-12-20	1	10단	若妻殺しの言渡し延期

일련번호	판명		간행일	면	단수	기사명
231315	朝鮮朝日	西北版	1932-12-20	1	10단	樂禮/柳京小話
231316	朝鮮朝日	西北版	1932-12-20	1	10단	人(滿鐵安東地方事務所地方係長山田湊氏)
231317	朝鮮朝日	南鮮版	1932-12-21	1	01단	精銳續々安東へ驅足深呼吸で長旅の疲勞を癒やす高田○團長の一隊/熊本木村部隊安東を通過/兵士は皆元氣だ松田將軍勇氣凛然と語る/美はしき人々
231318	朝鮮朝日	南鮮版	1932-12-21	1	01단	元氣な大分部隊安東に到着さかんな歡迎を受く/一學生から血書で激勵將卒ただ感激
231319	朝鮮朝日	南鮮版	1932-12-21	1	02단	熊本○團の勇士戰鬪に參加黎明の星をいたゞき龍王廟附近に出動す
231320	朝鮮朝日	南鮮版	1932-12-21	1	04단	明德洞に脈かな農村美談七十五圓に苦しむ老人を村人が集って救濟
231321	朝鮮朝日	南鮮版	1932-12-21	1	05단	釜山醫師會長に西村浩次郎氏當選
231322	朝鮮朝日	南鮮版	1932-12-21	1	05단	二ヶ月半に亙りなほも燃え續ける手がつけられぬ鳳儀炭坑今はただ自然消火をまつ
231323	朝鮮朝日	南鮮版	1932-12-21	1	06단	百餘名に上る罹災者を救助復舊計劃も立てる金海の大火善後策
231324	朝鮮朝日	南鮮版	1932-12-21	1	06단	校長宅の強盜兇惡の餘罪を自白一部落で七戶を荒し案内の婦人に暴行
231325	朝鮮朝日	南鮮版	1932-12-21	1	06단	不敵の強盜師走の警戒線を突破し近所三軒に押入
231326	朝鮮朝日	南鮮版	1932-12-21	1	07단	ガソリンポンプ寄附唐津印謹植氏の篤志
231327	朝鮮朝日	南鮮版	1932-12-21	1	07단	自首？逮捕？「老婆殺し」の取扱ひにつき法律上の疑義起る
231328	朝鮮朝日	南鮮版	1932-12-21	1	08단	國有林廿町燒失
231329	朝鮮朝日	南鮮版	1932-12-21	1	08단	釜山の朝火事危く食ひ止む
231330	朝鮮朝日	南鮮版	1932-12-21	1	08단	狂言強盜頻發
231331	朝鮮朝日	南鮮版	1932-12-21	1	08단	繼子毆殺？容疑の妻引致
231332	朝鮮朝日	南鮮版	1932-12-21	1	09단	京城鐘路の火事
231333	朝鮮朝日	南鮮版	1932-12-21	1	09단	十七花嫁に凱歌揚がる慰藉料請求事件は老人側の上告棄却
231334	朝鮮朝日	南鮮版	1932-12-21	1	10단	癩豫防協會寄附金
231335	朝鮮朝日	南鮮版	1932-12-21	1	10단	もよほし(別府附近旅行團募集)
231336	朝鮮朝日	南鮮版	1932-12-21	1	10단	人(池田警務局長)
231337	朝鮮朝日	西北版	1932-12-21	1	01단	農民が要求する林産割の廢止植林上の惡影響を及すから田別割のみに統一せよと

일련번호	판명		간행일	면	단수	기사명
231338	朝鮮朝日	西北版	1932-12-21	1	01단	調査機關を設け研究に着手か昭和水利開盖後における耕作移民について
231339	朝鮮朝日	西北版	1932-12-21	1	02단	高田少將の率ゐる霧島部隊安東着體操驅足深呼吸等で長旅の疲勞を癒やす/元氣な大分部隊安東に到着さかんな歡迎を受く/松田少將の部隊堂々安東着/熊本木村部隊安東を通過
231340	朝鮮朝日	西北版	1932-12-21	1	03단	公設市場の開設を要望柳町の住民
231341	朝鮮朝日	西北版	1932-12-21	1	04단	病棟增築の急
231342	朝鮮朝日	西北版	1932-12-21	1	04단	平壤府廳の自力更生成績良好
231343	朝鮮朝日	西北版	1932-12-21	1	04단	とてもモダンな街路燈で照明平壤の銀座街大和町の飛躍一柱二燈を四燈へ
231344	朝鮮朝日	西北版	1932-12-21	1	05단	平壤を圍む防水壁工事明八年度中に完成目下着々と進捗
231345	朝鮮朝日	西北版	1932-12-21	1	07단	娑婆に出て直ぐに惡事
231346	朝鮮朝日	西北版	1932-12-21	1	07단	アサリ貝で鹽辛を製造明春から大いに賣出す平南道で獎勵して
231347	朝鮮朝日	西北版	1932-12-21	1	08단	熊本○團の勇士戰鬪に參加黎明の星をいたゞき龍王廟附近に出動す
231348	朝鮮朝日	西北版	1932-12-21	1	09단	麻雀賭博を一網打盡す
231349	朝鮮朝日	西北版	1932-12-21	1	10단	平壤署の不良狩り
231350	朝鮮朝日	西北版	1932-12-21	1	10단	人(金貞惠女史(開城貞和女子普通學校長))
231351	朝鮮朝日	西北版	1932-12-21	1	10단	樂禮/柳京小話
231352	朝鮮朝日	南鮮版	1932-12-22	1	01단	開放される德壽宮跡
231353	朝鮮朝日	南鮮版	1932-12-22	1	01단	歲晩賣行の打診安物の全盛時代狸も狐に化けて街頭はイミテーション流行の世の中
231354	朝鮮朝日	南鮮版	1932-12-22	1	01단	製綿女工の罷業賃銀値上を拒絶され
231355	朝鮮朝日	南鮮版	1932-12-22	1	01단	群山府議補充當選者
231356	朝鮮朝日	南鮮版	1932-12-22	1	02단	南鮮ところどころ(大田/淸州/井邑/馬山/大邱)
231357	朝鮮朝日	南鮮版	1932-12-22	1	03단	東海岸線工事人夫募集
231358	朝鮮朝日	南鮮版	1932-12-22	1	03단	公金一千圓の竊盜犯人捕はる
231359	朝鮮朝日	南鮮版	1932-12-22	1	04단	バス代行反對の運動を續行實行委員から京電へ强硬な意見書提出
231360	朝鮮朝日	南鮮版	1932-12-22	1	04단	鯖流し網の漁獲方法を改善南鮮特有の漁業
231361	朝鮮朝日	南鮮版	1932-12-22	1	04단	少女大火傷溫突爆發して

일련번호	판명		간행일	면	단수	기사명
231362	朝鮮朝日	南鮮版	1932-12-22	1	04단	京城府の名刺交換
231363	朝鮮朝日	南鮮版	1932-12-22	1	05단	慶北評議會
231364	朝鮮朝日	南鮮版	1932-12-22	1	05단	歲末警戒に僞刑事現る
231365	朝鮮朝日	南鮮版	1932-12-22	1	05단	離緣した妻へ扶養義務に就て新判例「離婚に依る災害を緩和せよ」
231366	朝鮮朝日	南鮮版	1932-12-22	1	06단	東萊邑の年賀受付
231367	朝鮮朝日	南鮮版	1932-12-22	1	06단	面廢合近頃申請續出
231368	朝鮮朝日	南鮮版	1932-12-22	1	06단	道の計劃に反駁意見洛東地主會が
231369	朝鮮朝日	南鮮版	1932-12-22	1	06단	今はむかしの夢淋れ行く晉州の妓生一圓の稅金を納めかねるこの頃
231370	朝鮮朝日	南鮮版	1932-12-22	1	07단	死刑求刑江景百萬長者殺し事件
231371	朝鮮朝日	南鮮版	1932-12-22	1	07단	京城の大火はストーブの繼目から中學生無殘の燒死
231372	朝鮮朝日	南鮮版	1932-12-22	1	07단	農村更生行進曲白衣者入るべからず色服の徹底を期する農村池田警務局長の土産話
231373	朝鮮朝日	南鮮版	1932-12-22	1	07단	溫突の火事
231374	朝鮮朝日	南鮮版	1932-12-22	1	08단	釜山大田間鐵道警備練習
231375	朝鮮朝日	南鮮版	1932-12-22	1	09단	朝刊朝日新年特別號(定價三十錢)
231376	朝鮮朝日	南鮮版	1932-12-22	1	09단	强盜殺人犯に死刑言渡
231377	朝鮮朝日	南鮮版	1932-12-22	1	09단	斷崖切崩しで大石の下敷となり人夫四名慘死す
231378	朝鮮朝日	南鮮版	1932-12-22	1	09단	全日本蹴球戰の福岡へ遠征する京城セブランスチーム/朝鮮スキー倶樂部總會
231379	朝鮮朝日	南鮮版	1932-12-22	1	10단	京城新町廓の猫心中女は絶命し男は生命危篤
231380	朝鮮朝日	南鮮版	1932-12-22	1	10단	もよほし(釜山府理科講習會)
231381	朝鮮朝日	南鮮版	1932-12-22	1	10단	人(釘本藤次郎氏)
231382	朝鮮朝日	西北版	1932-12-22	1	01단	民間で建設し鐵道局に貸與するそれが唯一の實現策である鹽業鐵道敷設問題
231383	朝鮮朝日	西北版	1932-12-22	1	01단	三百餘町步を美田化する計劃大同江五十四キ口に亙る築堤水害防止、水運改良ともなる
231384	朝鮮朝日	西北版	1932-12-22	1	01단	電興の株が頻りに動く內地の財閥が買占める電氣統制を見越し
231385	朝鮮朝日	西北版	1932-12-22	1	01단	越境部隊凱旋
231386	朝鮮朝日	西北版	1932-12-22	1	01단	宮內次官と首相の弔電
231387	朝鮮朝日	西北版	1932-12-22	1	02단	水面利用現勢調査

일련번호	판명		간행일	면	단수	기사명
231388	朝鮮朝日	西北版	1932-12-22	1	02단	不足額だけは道と府で出す前庭を子供の遊園地にする内容充實の樂浪博物館
231389	朝鮮朝日	西北版	1932-12-22	1	03단	道立醫院新築が唯一の新規事業救濟事業の爲新味が盛れぬ平南明年度地方費豫算
231390	朝鮮朝日	西北版	1932-12-22	1	04단	國旗揭揚塔建設
231391	朝鮮朝日	西北版	1932-12-22	1	04단	漁港起工一周年
231392	朝鮮朝日	西北版	1932-12-22	1	04단	理髮營業規定改正
231393	朝鮮朝日	西北版	1932-12-22	1	05단	移出貯木場實現に邁進
231394	朝鮮朝日	西北版	1932-12-22	1	05단	府尹の査定年內に着手平壤府明年度豫算
231395	朝鮮朝日	西北版	1932-12-22	1	05단	慈城金鑛の坑夫大募集
231396	朝鮮朝日	西北版	1932-12-22	1	05단	インテリ・ルンペン就職爭奪戰卅名探用に三百十名殺到稅關吏の採用試驗
231397	朝鮮朝日	西北版	1932-12-22	1	05단	公設質屋の宣傳
231398	朝鮮朝日	西北版	1932-12-22	1	06단	補助削減の場合の對策縮小しても實施する平壤府第三期都計
231399	朝鮮朝日	西北版	1932-12-22	1	06단	八割弱の有卵者寄生蟲調査で
231400	朝鮮朝日	西北版	1932-12-22	1	06단	深夜の四辻靜寂を破る誰何の聲止れの警戒で緊張叱つ男女の戀愛行
231401	朝鮮朝日	西北版	1932-12-22	1	07단	共營社創立總會明春早々開業
231402	朝鮮朝日	西北版	1932-12-22	1	07단	新義州稅關に白劃のギャング五十圓を强奪行方を晦ます犯人は元同稅關給仕か
231403	朝鮮朝日	西北版	1932-12-22	1	07단	朝刊朝日新年特別號(定價三十錢)
231404	朝鮮朝日	西北版	1932-12-22	1	08단	家庭婦人の自覺を促す自更運動に婦人を囑託
231405	朝鮮朝日	西北版	1932-12-22	1	08단	黃海道へ逃走したか巡査斬り犯人
231406	朝鮮朝日	西北版	1932-12-22	1	09단	更に四ヶ所警官を增配ギャングに備へる歲末の平壤警察署
231407	朝鮮朝日	西北版	1932-12-22	1	09단	强盜を手引
231408	朝鮮朝日	西北版	1932-12-22	1	09단	海龍配下の兵匪を討伐大損害を與ふ
231409	朝鮮朝日	西北版	1932-12-22	1	10단	盜掘を企つ
231410	朝鮮朝日	西北版	1932-12-22	1	10단	樂禮/柳京小話
231411	朝鮮朝日	南鮮版	1932-12-23	1	01단	面長が率先して斷髮への『行進』慶北安東の凄じい斷髮熱自力更生への一大奮起
231412	朝鮮朝日	南鮮版	1932-12-23	1	01단	宇垣の腰が弱い？そんな事はない「豫算削減も我慢出來る程度だ」總督の歲末縱橫談

일련번호	판명		간행일	면	단수	기사명
231413	朝鮮朝日	南鮮版	1932-12-23	1	01단	パコダ公園に兒童遊園の設備をする
231414	朝鮮朝日	南鮮版	1932-12-23	1	02단	軍の愛國部へ國庫獻金殺到官民擧って續々寄託
231415	朝鮮朝日	南鮮版	1932-12-23	1	04단	釜山取引所納會期決定
231416	朝鮮朝日	南鮮版	1932-12-23	1	04단	虛禮を廢し皇軍を慰問
231417	朝鮮朝日	南鮮版	1932-12-23	1	04단	たふとき貧者の一燈床しい派遣兵慰問/貧者救濟に五百圓を寄附
231418	朝鮮朝日	南鮮版	1932-12-23	1	04단	百貨店に劇場を一齊調査防火と避難設備の完璧を期して
231419	朝鮮朝日	南鮮版	1932-12-23	1	04단	不景氣の裏にをどる「懸賞」を取締る取締規則の範圍擴大
231420	朝鮮朝日	南鮮版	1932-12-23	1	05단	俄に殖えた金地金の移入滿洲密輸の中繼と睨み當局目を光らす
231421	朝鮮朝日	南鮮版	1932-12-23	1	05단	印刷代を二割値上げ
231422	朝鮮朝日	南鮮版	1932-12-23	1	05단	鐵道用地買收に收用令を適用
231423	朝鮮朝日	南鮮版	1932-12-23	1	06단	消防用の井戸を選定統營の防火策
231424	朝鮮朝日	南鮮版	1932-12-23	1	06단	寒流に乘る鰤の大群釜山沿海での大漁値段も安い
231425	朝鮮朝日	南鮮版	1932-12-23	1	06단	北九州方面へ豚肉を移出慶南畜産聯合會が
231426	朝鮮朝日	南鮮版	1932-12-23	1	06단	南鮮ところどころ(大邱/光州)
231427	朝鮮朝日	南鮮版	1932-12-23	1	07단	人夫休憩所失火
231428	朝鮮朝日	南鮮版	1932-12-23	1	07단	非常警戒に道警察部員百名參加
231429	朝鮮朝日	南鮮版	1932-12-23	1	08단	師走風景/餅搗き始まる
231430	朝鮮朝日	南鮮版	1932-12-23	1	08단	あぶない命交通事故二件
231431	朝鮮朝日	南鮮版	1932-12-23	1	08단	自首？逮捕？問題の强盜殺人公判檢事は死刑を求刑す法廷で「顎外れ」の一騷ぎ
231432	朝鮮朝日	南鮮版	1932-12-23	1	09단	郡是爭議誘發の赤い陰謀の一味二十餘名悉く逮捕
231433	朝鮮朝日	南鮮版	1932-12-23	1	10단	普信閣の鐘で除夜の鐘放送
231434	朝鮮朝日	南鮮版	1932-12-23	1	10단	二運面事務所移轉
231435	朝鮮朝日	南鮮版	1932-12-23	1	10단	もよほし(釜山射的開設)
231436	朝鮮朝日	西北版	1932-12-23	1	01단	平壤府廳舍改築多少設計を變更まづ本館中に會議室を編入國庫關係は別館に
231437	朝鮮朝日	西北版	1932-12-23	1	01단	疲弊の平南漁村に黎明の鐘をつく大々的に貝の罐詰製造を計劃道の稚貝增殖に順應

일련번호	판명		간행일	면	단수	기사명
231438	朝鮮朝日	西北版	1932-12-23	1	01단	そら火事だ平壤高女の防火演習全職員生徒が一齊に活躍萬一の場合に備ふ
231439	朝鮮朝日	西北版	1932-12-23	1	03단	移出貯木場設置問題有利に展開
231440	朝鮮朝日	西北版	1932-12-23	1	03단	於之屯水組設立に各派各樣の陳情
231441	朝鮮朝日	西北版	1932-12-23	1	03단	低利債借替は糠よろこび浮び上った利鞘は電氣債の償還資金に充當
231442	朝鮮朝日	西北版	1932-12-23	1	04단	開城公普學藝會
231443	朝鮮朝日	西北版	1932-12-23	1	04단	第一期地稅の納期迫り財務當局大童
231444	朝鮮朝日	西北版	1932-12-23	1	04단	平南無煙炭の內地移出頗る活況鴻基炭の輸入不振に乘じ前年より約三割增
231445	朝鮮朝日	西北版	1932-12-23	1	04단	討匪勇士のため記念碑建設滿洲國人が醵金して三隊・五道江の二ヶ所に
231446	朝鮮朝日	西北版	1932-12-23	1	04단	經濟機構を破壞すると米穀統制に絶對反對決議文を要路に打電
231447	朝鮮朝日	西北版	1932-12-23	1	05단	恩賜の救療券六千枚を發行
231448	朝鮮朝日	西北版	1932-12-23	1	05단	出○將士警官に感謝の電報
231449	朝鮮朝日	西北版	1932-12-23	1	06단	考古學上貴重な資料
231450	朝鮮朝日	西北版	1932-12-23	1	06단	乞食に變裝し勞働者を赤化首魁朴享錄ほか十一名檢擧赤色勞組擴大運動
231451	朝鮮朝日	西北版	1932-12-23	1	06단	初日に二萬通樂々と突破出足のよい年賀狀
231452	朝鮮朝日	西北版	1932-12-23	1	08단	教習所卒業式
231453	朝鮮朝日	西北版	1932-12-23	1	08단	咸南道評議會地方費追加豫算と地方費起債を可決
231454	朝鮮朝日	西北版	1932-12-23	1	09단	募集人員卅名に四百名殺到平南巡査教習所豫備試驗就職難時代を現出
231455	朝鮮朝日	西北版	1932-12-23	1	09단	電興のガス出願非常に好轉短期間の中に認可の模樣
231456	朝鮮朝日	西北版	1932-12-23	1	09단	新義州稅關の强盜捕はる犯人は元同稅關給仕
231457	朝鮮朝日	西北版	1932-12-23	1	09단	計量器を備付け重量を檢査
231458	朝鮮朝日	西北版	1932-12-23	1	10단	朝鮮人日常のデパート新築
231459	朝鮮朝日	西北版	1932-12-23	1	10단	樂禮/柳京小話
231460	朝鮮朝日	南鮮版	1932-12-24	1	01단	雪燒の赭顏に武勳を輝かし重任を果して柴田部隊凱旋懷かしの原隊へ/決然入營した貧しき兵士健氣な母に勵まされ危篤の父に別れて

일련번호	판명		간행일	면	단수	기사명
231461	朝鮮朝日	南鮮版	1932-12-24	1	01단	朝鮮の歴史的人物日韓併合の功勞者半生は波瀾重疊を極む朝鮮最初の新勅選議員朴泳孝侯/勅選議員には申分ない人宇垣總督の談
231462	朝鮮朝日	南鮮版	1932-12-24	1	03단	嫌疑晴れて湯山氏府廳に復職
231463	朝鮮朝日	南鮮版	1932-12-24	1	04단	決議事項の實現を期し在城辯護士團蹶起
231464	朝鮮朝日	南鮮版	1932-12-24	1	04단	慶南道水産試驗場新築落成す
231465	朝鮮朝日	南鮮版	1932-12-24	1	04단	産業調査會は明春に延期
231466	朝鮮朝日	南鮮版	1932-12-24	1	05단	朝取新株は驚異的の昂騰振り金融界は一般に警戒
231467	朝鮮朝日	南鮮版	1932-12-24	1	05단	釜山府の癩豫防資金明春より募集
231468	朝鮮朝日	南鮮版	1932-12-24	1	05단	國旗揭揚塔の資金募集
231469	朝鮮朝日	南鮮版	1932-12-24	1	06단	南鮮のところどころ(大邱/大田/裡里)
231470	朝鮮朝日	南鮮版	1932-12-24	1	06단	靑林敎の檢擧をしほに怪敎狩り斷行インチキ宗敎の一掃を期する當局の決意
231471	朝鮮朝日	南鮮版	1932-12-24	1	06단	鳴らずの鐘放送「除夜の鐘」は南山本願寺の鐘に
231472	朝鮮朝日	南鮮版	1932-12-24	1	07단	二兒を伴れて母親の投身釜山の松島海岸で
231473	朝鮮朝日	南鮮版	1932-12-24	1	08단	細民居住地の方面委員
231474	朝鮮朝日	南鮮版	1932-12-24	1	08단	もよほし(弪育ダンス講習)
231475	朝鮮朝日	南鮮版	1932-12-24	1	09단	診療所長は篠崎博士就任
231476	朝鮮朝日	南鮮版	1932-12-24	1	09단	警戒線を突破し鐵道官舍を襲ふ一夜に四軒を荒す
231477	朝鮮朝日	南鮮版	1932-12-24	1	10단	母親殺しの赤い姉妹一審判決に服罪
231478	朝鮮朝日	南鮮版	1932-12-24	1	10단	慶南評議會追加豫算可決
231479	朝鮮朝日	西北版	1932-12-24	1	01단	雪燒の赭顏に武勳を輝かし重任を果して柴田部隊凱旋懐かしの原隊へ/元氣一杯で匪賊を討伐戰死傷者には申譯がない柴田少佐の凱旋談
231480	朝鮮朝日	西北版	1932-12-24	1	01단	手不足から貨物が停滯圓滑を期せよと米穀業者平鍼へ陳情
231481	朝鮮朝日	西北版	1932-12-24	1	01단	日韓併合の裏面史を物語る歷史的の人半生は波瀾重疊を極む朝鮮最初の新勅選議員朴泳孝侯
231482	朝鮮朝日	西北版	1932-12-24	1	02단	有望な炭層を發見安州炭坑で
231483	朝鮮朝日	西北版	1932-12-24	1	03단	就職戰線は樂觀を許さぬ各校必死に奔走中(崇實專門/醫學講習所/平壤農學校/平壤師範)

일련번호	판명		간행일	면	단수	기사명
231484	朝鮮朝日	西北版	1932-12-24	1	03단	江東よりは平壤新設が有望電氣統制から新設を豫想の一萬キロ發電所
231485	朝鮮朝日	西北版	1932-12-24	1	04단	どんなお布令かカフエの經營も一變化なくては統一されるカフエの取締規則電燈はあかるく特別室の設備は嚴禁近く全鮮にお布令が出る
231486	朝鮮朝日	西北版	1932-12-24	1	05단	勞働者ばかりの消費組合を組織廿五日の速成會で役員決定朝鮮で最初の試み
231487	朝鮮朝日	西北版	1932-12-24	1	06단	また値上か平壤名物ソバ
231488	朝鮮朝日	西北版	1932-12-24	1	06단	列車に投石
231489	朝鮮朝日	西北版	1932-12-24	1	06단	横へ空へ伸びゆく平壤本年中に一千四百餘戸の家屋が新築された
231490	朝鮮朝日	西北版	1932-12-24	1	07단	滿洲硫安發賣
231491	朝鮮朝日	西北版	1932-12-24	1	07단	船便のみでの大量輸出は不利鎮南浦林檎業者と會見して農林局考慮を促す
231492	朝鮮朝日	西北版	1932-12-24	1	08단	平壤勞働層に魔手を伸ばすロシアから潜入した張會建赤色勞働組合事件
231493	朝鮮朝日	西北版	1932-12-24	1	08단	鎮南浦商工の赤化を企つ讀書會を作って赤を宣傳六名は檢擧三名は逃走
231494	朝鮮朝日	西北版	1932-12-24	1	09단	樂禮/柳京小話
231495	朝鮮朝日	西北版	1932-12-24	1	10단	年の瀬迫り贈答用の小包が激增
231496	朝鮮朝日	西北版	1932-12-24	1	10단	もよほし(竛育ダンス講習)
231497	朝鮮朝日	南鮮版	1932-12-25	1	01단	七ヶ月ぶりで晴れの凱旋龍山聯隊の紅露部隊
231498	朝鮮朝日	南鮮版	1932-12-25	1	01단	王道政治に住民安んず匪賊も大した事はあるまい柴田少佐の土産話
231499	朝鮮朝日	南鮮版	1932-12-25	1	01단	決死的壯擧は軍人にも劣らぬ磐石縣城脱出の朝鮮三勇士近く總督から表彰か
231500	朝鮮朝日	南鮮版	1932-12-25	1	01단	持山を一括し鑛山會社を設立氷興金山を中心に東拓で計劃を進める
231501	朝鮮朝日	南鮮版	1932-12-25	1	02단	明治町市場賣上漸減す
231502	朝鮮朝日	南鮮版	1932-12-25	1	03단	三角地帶の匪賊を徹底的に掃蕩討伐狀況を語る貴志大尉
231503	朝鮮朝日	南鮮版	1932-12-25	1	03단	京城藥專明春認定？良好だった試驗成績
231504	朝鮮朝日	南鮮版	1932-12-25	1	04단	奇特な四氏表彰
231505	朝鮮朝日	南鮮版	1932-12-25	1	04단	上海副領事は佐伯氏と內定明春早々警視異動
231506	朝鮮朝日	南鮮版	1932-12-25	1	05단	飯田部隊の士氣益々揚がる
231507	朝鮮朝日	南鮮版	1932-12-25	1	05단	癩豫防費に一萬圓を寄附多木粂次郎氏から

일련번호	판명		간행일	면	단수	기사명
231508	朝鮮朝日	南鮮版	1932-12-25	1	05단	既に五十部落が更生の一路へ平南金組聯合會で實施の農村救濟成績良し
231509	朝鮮朝日	南鮮版	1932-12-25	1	06단	府史編纂で釜山府會沸騰新舊議員の軋轢激化
231510	朝鮮朝日	南鮮版	1932-12-25	1	06단	大邱に妓生學校先生は內地藝妓の姐さん達
231511	朝鮮朝日	南鮮版	1932-12-25	1	06단	救濟事業を除き若干削減され三千二百萬圓となる總督府明年度の土木費豫算
231512	朝鮮朝日	南鮮版	1932-12-25	1	06단	僞鍼道局員各地で詐欺つひに捕る
231513	朝鮮朝日	南鮮版	1932-12-25	1	07단	溫陽に警官療養所廿五日落成式
231514	朝鮮朝日	南鮮版	1932-12-25	1	07단	國境の皇軍へ溫い贈り物優しい女性から
231515	朝鮮朝日	南鮮版	1932-12-25	1	08단	十五圓盜まる銀行郵便局に注意
231516	朝鮮朝日	南鮮版	1932-12-25	1	08단	農民事件の一味全部有罪に豫審終結公判へ回付
231517	朝鮮朝日	南鮮版	1932-12-25	1	09단	傳人の軒に梯子を掛ける忍込みの賊團
231518	朝鮮朝日	南鮮版	1932-12-25	1	09단	滿鮮農發展の一助に金融機關を擴充まづ吉林、營口、ハルビンに金融會を設ける
231519	朝鮮朝日	南鮮版	1932-12-25	1	09단	二人强盜の主犯逮捕さる
231520	朝鮮朝日	南鮮版	1932-12-25	1	10단	相手の耳を斬落す街上の大殺陣
231521	朝鮮朝日	南鮮版	1932-12-25	1	10단	モヒ注射で死亡
231522	朝鮮朝日	南鮮版	1932-12-25	1	10단	人(齋藤榮治氏(新任新義州地方法院檢事正)/總督府西廳衛生課長)
231523	朝鮮朝日	南鮮版	1932-12-25	1	10단	アル横顔
231524	朝鮮朝日	西北版	1932-12-25	1	01단	炭界の飛躍共販制實施の統制化が急務だ無煙炭積込設備實現に業者と鐵道當局が懇談
231525	朝鮮朝日	西北版	1932-12-25	1	01단	既に五十部落が更生の一路へ平南金組聯合會で實施の農村救濟成績良し
231526	朝鮮朝日	西北版	1932-12-25	1	01단	王道政治に住民安んず匪賊も大した事はあるまい柴田少佐の土産話
231527	朝鮮朝日	西北版	1932-12-25	1	04단	禁酒會を組織
231528	朝鮮朝日	西北版	1932-12-25	1	04단	三角地帶の匪賊を徹底的に掃蕩討伐狀況を語る貴志大尉
231529	朝鮮朝日	西北版	1932-12-25	1	04단	飯田部隊の士氣益々揚がる
231530	朝鮮朝日	西北版	1932-12-25	1	05단	武道納會
231531	朝鮮朝日	西北版	1932-12-25	1	05단	高山部隊凱旋す盛大に祝賀會
231532	朝鮮朝日	西北版	1932-12-25	1	05단	出荷組合により鐵道を利用か現狀では船便が廉い鎭南浦林檎の鐵道誘致策

일련번호	판명		간행일	면	단수	기사명
231533	朝鮮朝日	西北版	1932-12-25	1	05단	漁業取締規則の解釋如何で漁獲物の水揚販賣に紛糾
231534	朝鮮朝日	西北版	1932-12-25	1	06단	平南初等學校長會議
231535	朝鮮朝日	西北版	1932-12-25	1	07단	家宅捜査を行ひ證據品押收赤色勞働組合事件
231536	朝鮮朝日	西北版	1932-12-25	1	08단	年約七百萬圓の增收益となる西鮮三道における水利組合の成績
231537	朝鮮朝日	西北版	1932-12-25	1	08단	贈答用に賣行き良好鎭南浦林檎
231538	朝鮮朝日	西北版	1932-12-25	1	08단	運動具を竊取
231539	朝鮮朝日	西北版	1932-12-25	1	09단	安東縣管內の政治工作開始
231540	朝鮮朝日	西北版	1932-12-25	1	09단	慰問に雜誌を贈る平壤高女が
231541	朝鮮朝日	西北版	1932-12-25	1	09단	指導本位に改善方を要望現狀では民業壓迫だと工業試驗所を非難
231542	朝鮮朝日	西北版	1932-12-25	1	10단	奇特な巡査部長
231543	朝鮮朝日	西北版	1932-12-25	1	10단	機關車の故障
231544	朝鮮朝日	西北版	1932-12-25	1	10단	八名を送局
231545	朝鮮朝日	西北版	1932-12-25	1	10단	樂禮/柳京小話
231546	朝鮮朝日	西北版	1932-12-25	1	10단	もよほし(茂山官民合同名刺交換會)
231547	朝鮮朝日	南鮮版	1932-12-27	1	01단	零下十度の夜の街上へ躍り出た知事さん歲末警戒線へ大京城の夜の寢姿を見る記者の暗夜行路記
231548	朝鮮朝日	南鮮版	1932-12-27	1	01단	私服警察官には警官マークを僞刑事の被害から必要を叫ばれる警官標識
231549	朝鮮朝日	南鮮版	1932-12-27	1	01단	溫泉も湧くモダン療養所激務と戰ふ警察官のために忠南溫陽の新療養所
231550	朝鮮朝日	南鮮版	1932-12-27	1	01단	京城府豫算年內に査定困難
231551	朝鮮朝日	南鮮版	1932-12-27	1	02단	鴨綠江對岸漸次平穩に歸す紅露少佐凱旋ばなし
231552	朝鮮朝日	南鮮版	1932-12-27	1	03단	伊藤公記念會の幹部會
231553	朝鮮朝日	南鮮版	1932-12-27	1	04단	*故荒木大尉へ有志の弔慰金/凱旋將兵を歡迎清酒等を寄贈して釜山で卅一日から/皇軍への慰問品聯絡船で六千四百トン*
231554	朝鮮朝日	南鮮版	1932-12-27	1	04단	釜山の兩府議辭表提出小原中島兩氏
231555	朝鮮朝日	南鮮版	1932-12-27	1	06단	龍尾山神社拜殿上棟式
231556	朝鮮朝日	南鮮版	1932-12-27	1	06단	全權の謝電釜山鄕軍に
231557	朝鮮朝日	南鮮版	1932-12-27	1	07단	年賀郵便景氣威勢の良い激增振り
231558	朝鮮朝日	南鮮版	1932-12-27	1	07단	明春四月總督府博物館に古代文化の花開く二千年前の化粧刷毛も交る樂浪古墳の出土品

일련번호	판명		간행일	면	단수	기사명
231559	朝鮮朝日	南鮮版	1932-12-27	1	07단	何う落着くか？タクシー値上問題材料騰貴を理由に京城當業者の陳情
231560	朝鮮朝日	南鮮版	1932-12-27	1	08단	女工罷業から清州郡是無期休業通告
231561	朝鮮朝日	南鮮版	1932-12-27	1	08단	其日暮しの勞働者が多い西大門大火の罹災者達へ衣服、食料の寄贈
231562	朝鮮朝日	南鮮版	1932-12-27	1	08단	安昌浩に懲役四年判決
231563	朝鮮朝日	南鮮版	1932-12-27	1	09단	癩協へ寄附續々
231564	朝鮮朝日	南鮮版	1932-12-27	1	09단	玄海時化る聯絡船は稀有の難航
231565	朝鮮朝日	南鮮版	1932-12-27	1	09단	南鮮ところどころ(公州/清州/大邱)
231566	朝鮮朝日	南鮮版	1932-12-27	1	10단	善山面の覆面強盗主人を拉し去る
231567	朝鮮朝日	南鮮版	1932-12-27	1	10단	井戸の中に死體
231568	朝鮮朝日	南鮮版	1932-12-27	1	10단	人(鹽滯鎭海要港部司令官/平手鎭海通信員)
231569	朝鮮朝日	南鮮版	1932-12-27	1	10단	アル横顔
231570	朝鮮朝日	西北版	1932-12-27	1	01단	新時代色を加へ中樞院改革を斷行名實公に最高諮問機關にする內地人功勞者も參加
231571	朝鮮朝日	西北版	1932-12-27	1	01단	樂浪研究に愈よ乘出す對支文化協會研究員が駐在して來春より諸事業に着手
231572	朝鮮朝日	西北版	1932-12-27	1	01단	御下賜眞綿傳達式
231573	朝鮮朝日	西北版	1932-12-27	1	03단	兵隊さんが斷然第一位「大きくなったら何になる」雄姿が憧憬のまと
231574	朝鮮朝日	西北版	1932-12-27	1	04단	國旗揭揚式
231575	朝鮮朝日	西北版	1932-12-27	1	04단	禁酒會を組織
231576	朝鮮朝日	西北版	1932-12-27	1	04단	またバス會社出願
231577	朝鮮朝日	西北版	1932-12-27	1	04단	平壤更生園と名づけ認可申請まづ最初は五十名の浮浪少年を收容して善導
231578	朝鮮朝日	西北版	1932-12-27	1	04단	氷く皇軍の駐屯を陳情國境地方の滿洲國人勝尾少將の土産話
231579	朝鮮朝日	西北版	1932-12-27	1	05단	販賣統制から共同購入へ着々實績を擧げる平壤燒酎販賣組合
231580	朝鮮朝日	西北版	1932-12-27	1	05단	自動車賃の値上を要望ガソリンの暴騰から平南自動車協會で
231581	朝鮮朝日	西北版	1932-12-27	1	05단	二人殺傷の怪賊捕はる
231582	朝鮮朝日	西北版	1932-12-27	1	05단	在滿皇軍を慰問
231583	朝鮮朝日	西北版	1932-12-27	1	06단	なんとかして新設すべく協議總督府が期待してゐる平壤の職業學校
231584	朝鮮朝日	西北版	1932-12-27	1	06단	廿九日凱旋國境の平壤部隊

일련번호	판명		간행일	면	단수	기사명
231585	朝鮮朝日	西北版	1932-12-27	1	06단	氷上を渡って匪賊と激戦青山以下四名を仆す
231586	朝鮮朝日	西北版	1932-12-27	1	07단	懲役三年に
231587	朝鮮朝日	西北版	1932-12-27	1	07단	視聴を集めた若妻殺し事件『何等具體的證據を認めず』無罪の判決言渡さる
231588	朝鮮朝日	西北版	1932-12-27	1	07단	犯行の動機原因が不明證據不十分で無罪
231589	朝鮮朝日	西北版	1932-12-27	1	08단	松下長治郎に懲役二年半十五名は全部執行猶豫北鮮疑獄判決言渡
231590	朝鮮朝日	西北版	1932-12-27	1	08단	街頭でマスク賣り皇軍慰問に少女たちが
231591	朝鮮朝日	西北版	1932-12-27	1	09단	玄海時化る聯絡船は稀有の難航
231592	朝鮮朝日	西北版	1932-12-27	1	10단	安昌浩に懲役四年判決
231593	朝鮮朝日	西北版	1932-12-27	1	10단	發掘物の奪ひ合ひ總督府と平壤府とが
231594	朝鮮朝日	西北版	1932-12-27	1	10단	樂禮/柳京小話
231595	朝鮮朝日	南鮮版	1932-12-28	1	01단	飲料水に事缺かぬ完全な設備へ再三莫大の工事費を食ふ京城第二期給水工事
231596	朝鮮朝日	南鮮版	1932-12-28	1	01단	新春蓋開けの釜山正米市場朝鮮最初の施設
231597	朝鮮朝日	南鮮版	1932-12-28	1	01단	皇后陛下の御下賜赤十字病院へ
231598	朝鮮朝日	南鮮版	1932-12-28	1	01단	慶南農會の麥競作一等七石二斗
231599	朝鮮朝日	南鮮版	1932-12-28	1	01단	闇から光明の世界へ貧困の子弟に知識の眼をひらく京城の立正學院
231600	朝鮮朝日	南鮮版	1932-12-28	1	02단	果樹園で窮民を救ふ龜浦、値田氏の計劃
231601	朝鮮朝日	南鮮版	1932-12-28	1	02단	鷄の初聲DKから放送
231602	朝鮮朝日	南鮮版	1932-12-28	1	03단	群山飛行學校準備飛行頗る好成績
231603	朝鮮朝日	南鮮版	1932-12-28	1	03단	慶南旱害地の免稅額決定
231604	朝鮮朝日	南鮮版	1932-12-28	1	04단	土城驛長島田氏殉職
231605	朝鮮朝日	南鮮版	1932-12-28	1	04단	金融機關の犯罪防止を協議釜山署が當業者と
231606	朝鮮朝日	南鮮版	1932-12-28	1	04단	師走の街
231607	朝鮮朝日	南鮮版	1932-12-28	1	04단	鐵道で行ふ貨物積降しに運送業者が反對
231608	朝鮮朝日	南鮮版	1932-12-28	1	05단	インフレ景氣で農村の活況慶北では納稅成績に近年の好成績を示す
231609	朝鮮朝日	南鮮版	1932-12-28	1	05단	非常警戒で拂曉の捕物貴金屬泥棒を
231610	朝鮮朝日	南鮮版	1932-12-28	1	05단	辯護士召喚恐喝事件の發覺か
231611	朝鮮朝日	南鮮版	1932-12-28	1	06단	無名氏の篤志
231612	朝鮮朝日	南鮮版	1932-12-28	1	06단	釜山教育會の兒童映畫會
231613	朝鮮朝日	南鮮版	1932-12-28	1	06단	日本刀盜まる
231614	朝鮮朝日	南鮮版	1932-12-28	1	06단	銅像になる齋藤さん

일련번호	판명		간행일	면	단수	기사명
231615	朝鮮朝日	南鮮版	1932-12-28	1	07단	馬山の銀座街
231616	朝鮮朝日	南鮮版	1932-12-28	1	07단	小賣店より公設市場が高い甚だしく統制を缺く京城府內の公設市場
231617	朝鮮朝日	南鮮版	1932-12-28	1	07단	自首と認めて強盜殺人犯に無期の言渡し
231618	朝鮮朝日	南鮮版	1932-12-28	1	07단	商戰街に喘ぐ小賣商の防衛陣購買組合撤廢の請願
231619	朝鮮朝日	南鮮版	1932-12-28	1	08단	名士に賣った珍畫三名共同製作
231620	朝鮮朝日	南鮮版	1932-12-28	1	09단	南鮮ところどころ(大邱/馬山)
231621	朝鮮朝日	南鮮版	1932-12-28	1	09단	兒童を集めて共産主義敎育無産者學校の先生が
231622	朝鮮朝日	南鮮版	1932-12-28	1	10단	無罪になった傷害致死事件
231623	朝鮮朝日	南鮮版	1932-12-28	1	10단	もよほし(池邊氏展覽會)
231624	朝鮮朝日	南鮮版	1932-12-28	1	10단	人(近藏常尙氏)
231625	朝鮮朝日	南鮮版	1932-12-28	1	10단	顏橫アル
231626	朝鮮朝日	西北版	1932-12-28	1	01단	備へよ飛躍に結局步み寄り共販制度實現か明春から內地市場へと一大進出の朝鮮無煙炭
231627	朝鮮朝日	西北版	1932-12-28	1	01단	有識階級や公職者に多い社會的地位で手加減するか平壤府電氣料金の滯納
231628	朝鮮朝日	西北版	1932-12-28	1	01단	國防義會創立總會空前の盛況宣言決議を要路に打電
231629	朝鮮朝日	西北版	1932-12-28	1	03단	日滿合辦で安東電業新設覺書を手交して目出度調印多年の懸案を解決
231630	朝鮮朝日	西北版	1932-12-28	1	04단	完全に結氷
231631	朝鮮朝日	西北版	1932-12-28	1	04단	方面委員制實施すべく調査を開始した平南道
231632	朝鮮朝日	西北版	1932-12-28	1	05단	酷寒零下三十餘度國境警備の苦心は之から淚を呑んできついお達示人情警察部長から
231633	朝鮮朝日	西北版	1932-12-28	1	05단	戰死者追悼會
231634	朝鮮朝日	西北版	1932-12-28	1	05단	避難港としての北漕島の施設明春から着工する
231635	朝鮮朝日	西北版	1932-12-28	1	06단	明春に持越す
231636	朝鮮朝日	西北版	1932-12-28	1	06단	約三千名を網羅して組織勞働者本位の聯合消費組合愈よ近く創立總會
231637	朝鮮朝日	西北版	1932-12-28	1	06단	凱旋將士歡迎會道府共同で
231638	朝鮮朝日	西北版	1932-12-28	1	06단	馴るれば馴るゝ程うまくゆく匪賊狩りを漫談する安東守備隊大村大尉

일련번호	판명		간행일	면	단수	기사명
231639	朝鮮朝日	西北版	1932-12-28	1	07단	价川線一部營業を休止
231640	朝鮮朝日	西北版	1932-12-28	1	07단	武道納會
231641	朝鮮朝日	西北版	1932-12-28	1	07단	柴田○隊殘留部隊晴の凱旋
231642	朝鮮朝日	西北版	1932-12-28	1	07단	飛沫をあげる快適な爆笑スケートの絶好シーズン
231643	朝鮮朝日	西北版	1932-12-28	1	08단	恒久的發掘の作業場を新設樂浪研究に乘出す大對文化協會が
231644	朝鮮朝日	西北版	1932-12-28	1	08단	開城圖書館休館
231645	朝鮮朝日	西北版	1932-12-28	1	08단	優しい慰問
231646	朝鮮朝日	西北版	1932-12-28	1	09단	續々と慰問
231647	朝鮮朝日	西北版	1932-12-28	1	09단	取調の進捗につれ擴大の模樣首魁は勞働者赤化に活躍赤色勞働組合事件
231648	朝鮮朝日	西北版	1932-12-28	1	09단	吾身を斬って復職を迫る就職難からの悲劇
231649	朝鮮朝日	西北版	1932-12-28	1	10단	佛教婦人會慰問金募集
231650	朝鮮朝日	西北版	1932-12-28	1	10단	洋畫研究會平壤に生る
231651	朝鮮朝日	西北版	1932-12-28	1	10단	驛長の奇禍
231652	朝鮮朝日	西北版	1932-12-28	1	10단	若妻殺し檢事控訴
231653	朝鮮朝日	南鮮版	1932-12-29	1	01단	繼續事業のみは何とか遂行出來る産米增殖は事實上中止の形米穀統制の飛沫で
231654	朝鮮朝日	南鮮版	1932-12-29	1	01단	鐵道移管以來實質的に淸算許可は減少、路線延長は旺盛利權的弊害を一掃
231655	朝鮮朝日	南鮮版	1932-12-29	1	01단	淸々しい門松年末から新春へ威勢の良い餅つき
231656	朝鮮朝日	南鮮版	1932-12-29	1	03단	皇恩鴻大御下賜金優良社會事業二團體へ
231657	朝鮮朝日	南鮮版	1932-12-29	1	04단	朴新勅選へ辭令を傳達
231658	朝鮮朝日	南鮮版	1932-12-29	1	04단	待望の降雪
231659	朝鮮朝日	南鮮版	1932-12-29	1	04단	癩豫防協會は一月一日正式認可
231660	朝鮮朝日	南鮮版	1932-12-29	1	04단	大田新年交禮會
231661	朝鮮朝日	南鮮版	1932-12-29	1	04단	武勳赫々の多門○團晴れの凱旋二年振りに懷しの母國へ京城驛通過時刻
231662	朝鮮朝日	南鮮版	1932-12-29	1	05단	强豪セ醫專に再び凱歌揚る本社寄贈の優勝杯を獲得全國高專ア式蹴球大會終る
231663	朝鮮朝日	南鮮版	1932-12-29	1	05단	東拓殖銀の融資で公認競馬場一齊擴張工事に着手
231664	朝鮮朝日	南鮮版	1932-12-29	1	05단	京城電氣の變電所落成使用を開始
231665	朝鮮朝日	南鮮版	1932-12-29	1	05단	稻多收穫競作會成績慶南の入賞者
231666	朝鮮朝日	南鮮版	1932-12-29	1	06단	京城府營バスの『身賣り』に暗影郊外バスの反對運動に遭ひ京電側買收を躊躇

일련번호	판명		간행일	면	단수	기사명
231667	朝鮮朝日	南鮮版	1932-12-29	1	07단	歲末商戰白熱化賣揚高六萬圓
231668	朝鮮朝日	南鮮版	1932-12-29	1	07단	警官療養所落成式
231669	朝鮮朝日	南鮮版	1932-12-29	1	08단	通信事務運行上萬全を期す
231670	朝鮮朝日	南鮮版	1932-12-29	1	08단	朝鮮信託開業正月七日から
231671	朝鮮朝日	南鮮版	1932-12-29	1	08단	お正月映畵
231672	朝鮮朝日	南鮮版	1932-12-29	1	09단	シーズンを前に一層の活氣全鮮スキー協會生る
231673	朝鮮朝日	南鮮版	1932-12-29	1	09단	平壤師範赤化靑林敎事件『ウリントム』事件何れも起訴全部豫審へ(平壤師範事件/靑林敎事件/ウリントム事件)
231674	朝鮮朝日	南鮮版	1932-12-29	1	10단	新義州の土木談合に寬大な判決
231675	朝鮮朝日	南鮮版	1932-12-29	1	10단	人(今井旧政務總監)
231676	朝鮮朝日	西北版	1932-12-29	1	01단	繼續事業のみは何とか遂行出來る産米增殖は事實上中止の形米穀統制の飛沫で
231677	朝鮮朝日	西北版	1932-12-29	1	01단	鐵道移管以來實質的に淸算許可は減少、路線延長は旺盛利權的弊害を一掃
231678	朝鮮朝日	西北版	1932-12-29	1	01단	淸々しい門松年末から新春へ威勢の良い餅つき
231679	朝鮮朝日	西北版	1932-12-29	1	03단	皇恩鴻大御下賜金優良社會事業二團體へ
231680	朝鮮朝日	西北版	1932-12-29	1	04단	朴新勅選へ辭令を傳達
231681	朝鮮朝日	西北版	1932-12-29	1	04단	稻多收穫競作會成績慶南の入賞者
231682	朝鮮朝日	西北版	1932-12-29	1	04단	九寧浦の對岸に馬賊出沒す
231683	朝鮮朝日	西北版	1932-12-29	1	04단	中西面の貯水池は池底と化す六百餘戶の農家立退迫る昭和水組で對策に腐心
231684	朝鮮朝日	西北版	1932-12-29	1	04단	賦課金を增徵積極的に活躍幾多の新規事業を計劃する平壤商議の新豫算
231685	朝鮮朝日	西北版	1932-12-29	1	05단	出足の早い年賀狀二百萬通突破か
231686	朝鮮朝日	西北版	1932-12-29	1	05단	刻下の急務平元線延長鹽田擴張鎭南浦商議所から關係當局に促進を要望
231687	朝鮮朝日	西北版	1932-12-29	1	05단	京城電氣の變電所落成使用を開始
231688	朝鮮朝日	西北版	1932-12-29	1	05단	待望の降雪
231689	朝鮮朝日	西北版	1932-12-29	1	06단	土師平北知事夫妻平安神社參拜
231690	朝鮮朝日	西北版	1932-12-29	1	06단	武勳赫々の多門○團晴れの凱旋二年振りに懷しの母國へ京城驛通過時刻
231691	朝鮮朝日	西北版	1932-12-29	1	07단	朝鮮信託開業正月七日から
231692	朝鮮朝日	西北版	1932-12-29	1	07단	歲末商戰白熱化賣揚高六萬圓
231693	朝鮮朝日	西北版	1932-12-29	1	07단	重任を全うして柴田殘留部隊七ヶ月振りに凱旋

일련번호	판명		간행일	면	단수	기사명
231694	朝鮮朝日	西北版	1932-12-29	1	07단	改修費大削減大同江は十二萬圓載寧江も十二萬圓
231695	朝鮮朝日	西北版	1932-12-29	1	07단	空前の盛葬
231696	朝鮮朝日	西北版	1932-12-29	1	08단	シーズンを前に一層の活氣全鮮スキー協會生る
231697	朝鮮朝日	西北版	1932-12-29	1	08단	自力更生に拍車を加ふ道郡邑面に各振興委員會窮乏農漁村を打開
231698	朝鮮朝日	西北版	1932-12-29	1	08단	巡査斬犯人片割捕はる
231699	朝鮮朝日	西北版	1932-12-29	1	09단	平壤師範赤化靑林敎事件『ウリントム』事件何れも起訴全部豫審へ(平壤師範事件/靑林敎事件/ウリントム事件)
231700	朝鮮朝日	西北版	1932-12-29	1	10단	通信事務運行上萬全を期す
231701	朝鮮朝日	西北版	1932-12-29	1	10단	新義州の土木談合に寬大な判決
231702	朝鮮朝日	西北版	1932-12-29	1	10단	本夫殺しの姦夫姦婦に死刑を執行
231703	朝鮮朝日	西北版	1932-12-29	1	10단	人(今井旧政務總監)

색인

ㄱ								
ガソリンカー	219451	222819	223397	223837	223961	228352		
ゴム	216184	218116	218777	219716	219810	220360	220840	223728	225147
	225601	225735	227727	228419	228739	229482	229727	230552	230778
	231288								
ゴム工場	216184	220360	225147	229727	230778	231288		
ゴルフガール	222768							
ゴルフ場 ゴルフリンク	222836	223011	230215					
ゴルフ 株式會社	216064	216087						
加藤清一	216941							
家庭副業	218458	223100	229597					
家庭生活 合理化展覧會	227813							
間島	216465	216550	216701	216996	217240	217367	217437	217439	217458
	217634	217645	217655	217668	217706	217719	217723	217757	217779
	217803	217809	217842	218006	218011	218028	218035	218050	218094
	218141	218193	218194	218205	218231	218233	218237	218279	218309
	218362	218386	218485	218509	218518	218550	218668	218711	218732
	218881	218893	218960	218972	219033	219053	219072	219112	219141
	219143	219153	219173	219184	219228	219231	219358	219363	219386
	219428	219456	219468	219495	219522	219549	219564	219587	219621
	219639	219656	219665	219679	219721	219914	219939	219978	220010
	220025	220039	220047	220067	220075	220092	220096	220102	220119
	220123	220146	220162	220260	220291	220315	220374	220396	220415
	220424	220459	220481	220504	220532	220603	220639	220640	220792
	220904	221054	221156	221177	221371	221618	221733	221737	221769
	221811	221982	222093	222163	222477	222521	222570	222771	222792
	223044	223099	223489	223496	223968	223991	224043	224115	224714
	224819	225407	225429	225685	225867	225901	226289	226435	226786
	226845	226863	226888	227310	227477	227729	227855	227877	228538
	228565	228617	229145	229428	230229	230306	230311	230344	230719
	231261								
間島共産黨	216996	217439	222477	222521	222771			
間島領事館	218006	218028	219053	219072	219141			
間島民生團	219173							
間島寫眞 ニュース	218233	218518	218550	220047	220075	220260	220374	
間島鮮人民會	218237							
間島時局 寫眞畫報	221054							
間島自治區	218362	218386	219184					

間島暴動事件	221811								
間島避難民救濟	220459	220481	220504	220532					
間島協約	218881	218893							
簡保 簡易保險	217949 221846 224533 225066 230230	218001 221988 224559 225570 230321	218908 222213 224585 226743 230383	218958 222407 224609 227314 230986	221281 222444 224623 228151 231151	221428 222495 224761 228725	221459 223724 224955 228735	221747 223946 225038 228796	221754 223953 225052 229674
看板	219859	226808	226843						
看護婦	216143	216182	216492	219759	220219	222211	225364	226811	
看護婦産婆試驗 産婆看護婦試驗	220219	222211	226811						
感冒 流感	216997 218734	217436 221505	217604	217713	217790	218063	218294	218442	218673
減稅運動	218009								
甘藷	216834	220906	229046						
江界	216257 223617	217129 223857	219246 224254	219276 224292	219347 228694	220371	221027	221063	221121
岡崎哲郎 (忠淸南道知事)	220469								
江頭虎雄 (咸北道 山林課長)	217093	217129							
江藤源九郎 (代議士)	220050	221568							
江陵四人 殺傷事件	218918								
岡本一平 (漫畫家)	220757	220830	220896	220961	220991	221047			
岡部甲子雄 (慶南 稅務課長)	217156								
江副作二 (元釜山女子 高普校長)	220117								
江西古墳	219455	222067	226048						
講演會	216673 216893 217090 221346 227042 228491	216710 216931 217095 223405 227130 228535	216728 216938 217148 223763 227176 228576	216750 216944 219122 223849 227388 229212	216774 216980 220412 224028 227474 229696	216796 216990 220414 224662 227670 229728	216815 216994 220710 226208 228005 230021	216838 217030 220898 226415 228309 230123	216851 217032 221341 227021 228402 230712

江原道	217818	217846	218055	218993	221502	222243	225538	226578
江原道評議會	218055							
改良苗代	218953	226030						
開城	216493	216940	216987	217047	217155	217390	217473	218069	218486
	218899	219048	219212	219219	219369	219606	220112	220254	220617
	220940	221147	221199	222181	223976	225217	225220	226302	226537
	227872	227875	228563	228573	228912	229162	229719	230113	230143
	230172	230174	230407	230779	230844	230881	231131	231292	231350
	231442	231644							
開城の火事	218486	219219	219606	220254	220617			
開城公普	231442							
開城圖書館	231644							
開城普校	218069							
開城報德會	226537							
開城府會	221199	225220	230172					
開城商業	217473	218899						
開城署	228912	231131						
開城女高普	219048							
開城圍碁會	216940							
開城貞和女子普通學校	226302	231350						
開城土木建築組合	217047							
更生運動	227016	227044	227239	227977	228006	229332	229564	230529	231091
巨濟島	216163	229067	229098	229598				
巨濟漁組	216163							
健康相談建康相談	221024	225570	229282	230945	231151			
健康相談所	225570	229282	231151					
健康兒健康兒童	218467	220238	222526	222619	222642	222671	222692	222725	224482
	227952								
健康兒童調査	220238							
健康診斷	216999	217025	227844					
建國祭	216891	217254	217483	217569	217592	217618		
檢事	216751	216921	216995	217183	217207	217390	217448	217544	218074
	218250	218356	218382	218911	219151	219172	219175	219179	219715
	219899	220445	220745	221353	221868	222538	222621	222748	223696
	223711	224075	224098	224194	224265	225591	225609	226119	226570
	228059	228919	229015	229137	229362	229651	229746	229758	230522
	231431	231522	231652						
犬養景氣	216183	216193						

結婚	217580	218356	218382	218479	219489	220407	221187	221398	221514
	223331	229474	230145						
結婚生活	218356	218382							
警官	216127	216128	216146	216209	216253	216297	216330	216352	216417
	216465	216541	216566	216776	216845	216945	217134	217161	217226
	217252	217255	217297	217319	217391	217666	217706	217723	217742
	217753	217754	218006	218028	218153	218159	218180	218204	218232
	218245	218249	218270	218299	218306	218326	218415	218437	218439
	218547	218604	218656	218700	218704	218730	218756	218782	218870
	218933	218997	218998	219054	219073	219114	219139	219160	219205
	219225	219232	219236	219256	219258	219371	219428	219456	219502
	219508	219532	219582	219587	219594	219609	219621	219622	219654
	219683	219796	219798	219819	219827	219890	219937	219960	219994
	220084	220108	220194	220223	220353	220463	220479	220507	220529
	220603	221001	221053	221259	221602	221772	222096	222157	222684
	222741	222801	222829	223275	223414	223450	223471	223532	223605
	223896	223897	223987	224009	224035	224486	224522	224910	225227
	225374	225862	226073	226089	226100	226134	226152	226198	226395
	226423	226451	226500	226523	226566	226628	226675	226688	226701
	226729	226792	226941	226978	226989	227089	227100	227104	227121
	227135	227278	227330	227380	227412	227517	227591	227664	227915
	228064	228107	228302	228350	228420	228892	228965	229004	229533
	229654	229817	229911	230198	230282	230365	230431	230525	230547
	230565	230568	230671	230773	230851	230861	231002	231205	231291
	231406	231448	231513	231548	231668				
警官隊	216127	216146	216209	216253	216297	216465	216541	216566	216945
	217297	217754	218159	218180	218204	218232	218245	218270	218299
	218306	218326	218437	218439	218547	218604	218656	218756	218782
	218870	218997	219114	219139	219205	219232	219236	219258	219428
	219508	219796	219798	219819	219827	219960	219994	220084	221053
	221259	221602	222801	223275	223897	226395	226423	226628	226675
	226701	227380							
警官療養所 (溫陽)	226073	231513	231668						
警官武道大會	227591								
警官服	229817	230525	230568						
警官増員	217226	217252	218006	218028	220463	220479			
京畿	216239	216749	217390	217429	217529	217700	217882	217905	217915
	217956	217965	217986	218052	218108	218123	218170	218217	218312
	218313	218458	218517	218520	218583	218630	218683	218685	218753
	218847	218948	219371	219414	219532	219706	219756	219960	221095
	221254	221261	221299	221759	221861	223401	223928	225542	225618

	226147	226770	226933	227145	227523	227649	228439	229000	229391
	229911	230295	230547	230581	230907	231210			
京畿鑑識課	216239								
京畿道	216749	217390	217529	217700	217882	217905	217915	217956	217965
	218052	218108	218123	218170	218217	218312	218313	218458	218517
	218520	218630	218683	218685	218847	218948	219371	219414	219532
	219706	221095	221254	221261	221299	221759	221861	223401	223928
	225542	225618	226147	226770	226933	227145	227649	228439	229000
	229391	229911	230295	230547	230581	230907	231210		
京畿道議會	218217	218630	218948	219414					
京畿道 自動車協會	227145								
京畿道 振威小作爭議	217529								
京畿水組 振興協議會	217429								
京畿畜産總會	218583								
慶南 慶南道	216066	216089	216112	216163	216207	216286	216327	216391	216434
	216472	216482	216524	216628	216755	216785	216788	216831	216834
	216933	216937	217045	217093	217099	217150	217156	217202	217221
	217227	217239	217244	217321	217333	217374	217420	217624	217685
	217707	217718	217758	217859	217865	217902	217946	217950	217958
	218074	218113	218162	218166	218206	218220	218261	218300	218466
	218525	218544	218552	218690	218898	218998	219007	219123	219149
	219164	219165	219215	219220	219251	219306	219418	219475	219541
	219642	219710	219718	219772	219851	219920	219933	219968	219971
	220012	220051	220054	220098	220188	220287	220304	220309	220331
	220344	220345	220350	220450	220458	220499	220513	220621	220800
	221025	221029	221040	221078	221089	221253	221264	221320	221365
	221366	221440	221442	221483	221603	221611	221661	221726	221759
	221802	221804	221924	221930	221938	222041	222046	222083	222168
	222244	222859	222873	222876	222949	223014	223211	223216	223217
	223220	223260	223364	223391	223436	223444	223474	223539	223544
	223587	223607	223608	223847	223881	223971	223974	224018	224029
	224073	224117	224211	224221	224252	224259	224311	224319	224322
	224344	224419	224421	224481	224530	224577	224868	224914	225011
	225018	225022	225512	225766	225963	226030	226128	226135	226147
	226188	226244	226276	226279	226387	226407	226453	226486	226488
	226513	226584	226626	226627	226633	226686	226737	226809	226865
	226874	226905	226908	226916	227022	227133	227191	227196	227223
	227225	227232	227239	227321	227323	227336	227370	227371	227375
	227604	227613	227618	227656	227749	227865	227900	227934	227939
	227998	228045	228092	228104	228110	228155	228362	228413	228462
	228464	228495	228500	228519	228532	228533	228596	228612	228619

	228653	228894	228938	228940	228944	228962	229015	229070	229103
	229181	229191	229192	229310	229395	229402	229443	229494	229602
	229658	229710	229806	229952	230000	230021	230100	230210	230316
	230366	230370	230468	230485	230531	230533	230583	230584	230707
	230860	231150	231425	231464	231478	231598	231603	231665	231681
慶南教育總會	219165
慶南教育會	217374
慶南道山林課	217093
慶南道水産 加工試驗場	217045
慶南道 水産試驗場	221365 231464
慶南道 衛生映畫會	228464
慶南道評議會	217333	217859	218113
慶南署	216933	220345
慶南水組	217244	219220	222168	226030
慶南 自動車協會	228413	228533
慶南 淸酒品評會	219164	219418	219475	226244
慶南 畜産聯合會	229402	231425
競馬	218696	219840	220553	220570	220739	220963	221753	221922	22800
	223463	223804	224615	224630	225699	226057	226316	226719	226937
	227531	228087	228349	228566	228593	228594	228648	228721	229134
	229179	229283	229382	229555	229642	229813	231663
競馬大會	222800	227531	229283	229382
競馬令 朝鮮競馬令	220553	220570	228087	228648
競馬場	219840	223463	225699	226057	226719	228349	228648	228721	229179
	229813	231663
警務局	216945	217039	217073	217082	217288	217757	217779	219052	219209
	219235	219817	220021	220230	220294	220312	220670	220699	220798
	220810	220889	220926	221787	221818	221826	221972	222001	222765
	223605	223609	223696	223717	223735	225102	225112	225914	225939
	226303	226535	226557	226653	227322	227346	227528	227664	227669
	227706	227915	229875	230216	231111	231336	231372
景福宮	220341	220795	221306	221583	227813
京釜線	221033	222465	222938

216082	216105	216111	216162	216164	216233	216341	216347	216376
216381	216426	216433	216481	216527	216529	216707	216759	216934
216982	217229	217232	217369	217372	217375	217418	217427	217519
217538	217567	217574	217576	217588	217665	217705	217748	217801
217813	217854	217863	217906	217907	217957	217961	218158	218211
218214	218251	218262	218325	218361	218521	218630	218750	218817
218905	218909	218953	218956	218995	219166	219170	219242	219244
219268	219292	219330	219383	219384	219407	219481	219490	219600
219653	219817	219866	219873	219876	219911	220014	220050	220056
220235	220401	220663	220671	220683	220864	220866	220867	220882
220942	220969	220972	221023	221378	221742	221749	221801	221932
222598	222606	223304	223600	224320	224376	224387	224428	224441
225461	226035	226302	226771	227330	227382	227707	227990	228002
228036	228102	228151	228296	228300	228604	229084	229249	229551
229606	229713	230018	230531	230547	230553	230740	230860	230970
231363	231411	231608						

慶北
慶北道

慶北警察	216707	219817

慶北農會	217519
	230740

慶北署	216376

慶北水組	217369

慶北水組	217369
促進運動	

慶北漁業會	218909

京城

216120	216167	216195	216198	216201	216202	216274	216326	216336
216338	216389	216424	216427	216477	216530	216575	216582	216585
216593	216594	216597	216633	216665	216668	216714	216794	216821
216828	216845	216880	216931	216935	216980	217001	217003	217030
217031	217049	217056	217090	217144	217145	217194	217225	217283
217323	217325	217327	217337	217379	217532	217534	217559	217565
217683	217763	217795	217799	217814	217817	217821	217850	217868
217897	217917	217947	217997	218013	218046	218056	218060	218067
218102	218106	218110	218117	218163	218169	218176	218209	218219
218224	218252	218266	218317	218320	218357	218366	218378	218408
218424	218427	218452	218469	218474	218502	218519	218527	218531
218558	218575	218580	218582	218590	218614	218646	218679	218682
218695	218747	218752	218754	218795	218800	218803	218804	218838
218847	218848	218858	218912	218919	218952	218966	218994	219002
219049	219055	219059	219060	219065	219069	219078	219097	219098
219116	219123	219155	219179	219198	219201	219243	219252	219267
219295	219297	219304	219314	219362	219372	219381	219427	219449
219486	219492	219533	219583	219584	219595	219605	219697	219699
219748	219759	219768	219772	219811	219817	219853	219854	219855
219857	219874	219890	219915	219932	219967	219972	219973	220049

220069	220070	220099	220138	220144	220150	220157	220193	220198
220201	220232	220241	220248	220252	220264	220279	220296	220298
220300	220319	220343	220352	220356	220363	220365	220366	220387
220388	220389	220392	220405	220406	220414	220444	220452	220457
220464	220492	220502	220519	220552	220564	220597	220607	220614
220662	220664	220679	220680	220681	220720	220733	220793	220795
220811	220821	220838	220858	220928	220938	220945	220952	220966
220969	220973	220976	221022	221034	221081	221153	221155	221202
221203	221204	221291	221313	221372	221380	221388	221429	221446
221481	221589	221609	221612	221730	221746	221845	221850	221853
221874	221885	221886	221890	221913	221973	222031	222036	222087
222155	222177	222238	222309	222363	222474	222766	222797	222819
222870	222939	223019	223062	223078	223122	223152	223194	223204
223298	223306	223397	223473	223556	223650	223755	223840	223843
223875	223964	224011	224019	224025	224027	224069	224118	224121
224125	224150	224159	224160	224186	224210	224213	224245	224251
224256	224267	224282	224300	224382	224416	224478	224484	224485
224519	224578	224612	224616	224629	224659	224731	224748	224786
224792	224804	224829	224920	224953	225054	225055	225096	225131
225173	225181	225183	225223	225228	225232	225498	225583	225591
225617	225627	225649	225672	225765	225770	225771	225775	225843
225905	225912	225959	226087	226247	226249	226274	226287	226345
226392	226538	226625	226635	226765	226796	226826	226858	226860
226906	226912	226925	226926	226940	227084	227129	227325	227504
227658	227660	227701	227712	227767	227804	227859	227860	227916
227918	227979	227983	228002	228033	228038	228043	228050	228052
228058	228059	228089	228144	228220	228289	228328	228341	228342
228352	228356	228366	228369	228406	228443	228452	228458	228459
228494	228546	228548	228620	228672	228869	228877	228894	228935
228962	228988	228998	228999	229003	229009	229107	229110	229136
229257	229311	229314	229351	229352	229362	229438	229459	229503
229538	229544	229558	229587	229595	229611	229657	229699	229719
229753	229758	229765	229803	229804	229811	229831	229861	229864
229866	229873	229876	229904	229947	229950	229951	229953	229955
229957	229959	229962	229997	230009	230015	230049	230056	230102
230105	230115	230122	230153	230160	230167	230202	230207	230214
230216	230226	230252	230424	230470	230473	230582	230651	230700
230704	230736	230744	230749	230757	230817	230850	230897	230909
230910	230921	230959	230962	230963	230965	230968	231006	231007
231056	231084	231086	231092	231107	231153	231205	231263	231268
231272	231332	231362	231371	231378	231379	231503	231547	231550
231559	231595	231599	231616	231661	231664	231666	231687	231690
京城アナクロ風景	229959	230056	230115	230153	230207			
京城タクシー	216633	218176						
京城各小學校	218858							

新入兒童數									
京城見本市	225912	226625							
京城高工	228452								
京城高等法院	228894								
京城 高等小學校	219915								
京城公會堂	229804								
京城教育部會	218110	220502							
京城 交通一齊取締	219065								
鏡城郡(咸北)	216817								
京城記者團	229876								
京城女子中等 學校音樂會	229657								
京城農校 檄文事件	220405								
京城圖書館	227983								
京城 東亞俱樂部	222309								
京城放送局 朝鮮放送協會	218847	220298	220319	222754	223019				
京城法院	217327	228406							
京城保育院	216198								
京城覆審法院	219179	225591							
京城本町署	228052	228144							
京城府	216427	216828	217283	217325	218357	218408	218531	218752	218994
	219049	219055	219155	219198	219243	219297	219372	219583	219584
	219699	219853	219854	219855	219967	220296	220389	220457	220607
	220720	220793	220938	220966	220973	220976	221155	221203	221913
	223062	223298	223650	223875	224019	224069	224121	224186	224267
	224382	224478	224484	224485	224659	224731	225055	225672	225770
	226087	226249	226635	226858	227804	228033	228089	228289	228458
	229009	229438	229538	229803	229864	229947	229955	229957	230009
	230582	230909	230965	230968	231362	231550	231616	231666	
京城府民奉祝會	220607								
京城府營バス	219055	224659	226087	228458	231666				
京城府廳 龍山出張所	229955								
京城府招魂祭	221203								
京城府會	216427	216828	218994	219155	219198	219243	219297	219584	219699
	219853	219854	220389	220720	221913	223650	223875	224019	225055
	226858	229438	229803	229864	229947	230009	230965		

京城不良記者	216593							
京城飛行場	218804 230424	218838	220387	220414	222155	225959	226274	227084	229904
京城師範	217799	217821	218469	218502	223556	225096			
京城三越	216597	221380							
京城 商工會議所	221874	226826	229699						
京城商議	218682 225232 228999	219002 225765 229110	219295 225905 229136	220049 226392 229314	223306 226906 230963	223840 227712 231272	224616 228050	224920 228935	224953 228998
京城商議 滿蒙視察團	219002								
京城消防	218695	219060	224213	229861					
京城消防 制度改革	218695	219060							
京城順化院	218754								
京城市場	216202	218060							
京城神社	219267	223964	228043	228443	228494	230049			
京城實業	219252	220232	221204						
京城實業野球 春李リーグ	221204								
京城養老院	216338								
京城驛	216274 231661	217145 231690	217917	220069	220597	220821	224186	228459	230921
京城郵便局	228877								
京城 陸上競技聯盟	218795	228546							
京城義勇消防	218224								
京城醫專	221388	224792	224829	225775					
京城日報	218952	228220							
京城電氣	216880 227979	217947 231664	219697 231687	220945	222087	224416	224478	224519	227658
京城電話局	216336								
京城帝大	231006								
京城 第二教育部會	220564	220664							
京城第一高普	220138								
京城鍾路 中央靑年會館	216585								
京城中央電話局	217194								
京城地方法院	219817	228059	229362	229758					

京城職業紹介所 京城紹介所	216389	217795						
京城天晴會	216530							
京城初等校 教員整理	218102							
京城招魂祭	221022							
京城測候所	219201							
京城 齒科醫總會	219932							
京城齒專	228356							
京城 土木談合事件	220355 224172 226544 228410	223746 224245 226637 228668	223840 224436 226926 229122	223884 224581 227009 230097	223977 224634 227116 231674	223993 224741 227567 231701	224075 225183 227947	224098 225616 228162	224118 225640 228359
京城火事	216594							
京城活動館	217532							
京城會議所	229352 230910	229587 231153	229753	229811	229866	230160	230252	230470	230744
京城興行組合	218474							
京義線	217644	220380	220489	225165	228225			
京仁線	220409							
耕作制	217141							
境長三郎 (京城覆審 法院檢事長)	219179							
京電	216428 218364 221204 224087 225689 229492	216580 218384 221255 224114 225808 230480	216582 220393 221495 224250 225960 231359	216607 220446 221520 224619 226138 231666	216743 220498 221609 224959 226145	217292 220597 222028 225097 227557	217497 220945 223569 225106 228033	217853 220966 223943 225136 228458	217891 221090 224065 225672 229153
經濟ブロック	228416							
經濟國難	217581							
慶州	219102	219307	223304	226013	228996			
警察	216082 216460 216797 217599 218410 218633 219123 219225 219646	216105 216519 216874 217813 218416 218915 219141 219270 219658	216137 216543 216921 218004 218432 218998 219149 219316 219678	216209 216568 217024 218040 218439 219035 219151 219344 219709	216240 216629 217075 218065 218440 219052 219175 219471 219718	216253 216661 217186 218099 218459 219101 219186 219539 219774	216261 216688 217214 218297 218496 219107 219195 219569 219817	216297 216707 217241 218309 218526 219120 219211 219575 219860	216401 216753 217311 218407 218530 219121 219221 219637 219908

	219936	220199	220200	220203	220227	220309	220324	220361	220364
	220489	220621	220651	220791	221010	221073	221087	221088	221115
	221254	221309	221320	221449	221464	221482	221538	221670	221706
	221726	221759	221861	221870	222041	222181	222227	222355	222701
	222744	222997	223210	223319	223423	223435	223523	223585	223605
	223610	223668	223669	223743	223872	223928	224010	224033	224142
	224285	224322	224474	224494	224510	224511	224562	224684	224760
	224820	225000	225018	225022	225031	225057	225098	225115	225292
	225354	225625	225652	225738	225822	225914	225935	225939	225962
	225963	225996	226075	226092	226476	226481	226508	226535	226557
	226582	226604	226786	226933	227005	227014	227338	227493	227649
	227685	227887	228064	228143	228144	228147	228175	228201	228362
	228408	228447	228503	228628	228685	228767	228894	228962	229015
	229400	229447	229595	229786	229815	229957	229963	230083	230183
	230184	230421	230484	230521	230547	230761	230831	230853	230930
	231093	231111	231406	231428	231548	231549	231632		
警察の民衆化 民衆の警察化	228408								
警察官講習所	216082	216105							
警察官共濟組合	219316	219344							
警察署	216209	216253	216297	216401	216753	216921	217024	218065	219225
	219658	220200	220361	220364	220651	222181	224510	224684	224820
	225018	225935	226481	226508	226582	226604	226933	227649	228894
	229786	230521	231406						
警察座談會	228144	228408							
警察會館	216629	218407	219860	222227					
警察會館建設	216629								
京春間郵便物	218359								
鷄コレラ	218013	218046							
階級分裂	216697								
階級鬪爭	222588								
啓蒙	222812	227079							
鷄疫	216654	216867	220253	226066	227686				
考古學	216160	221292	229434	230768	231449				
考古學會	221292								
高橋龜吉	222887 222956 223026								
高橋茂太郎 (京城三井 物産支店)	219772								

高橋正 (新義州府尹)	216351								
古口文平 (京畿道地方 法院開城 支廳判事)	217390								
高崎祐政 (陸軍工兵 學校少佐)	217342								
高女	216213 217455 219262 220276 222451 226654 229381 230558	216382 217481 219285 220368 222501 227883 229614 230818	216453 217503 219330 221123 222579 227984 229826 230993	216683 217577 219423 221179 224333 228174 229870 231114	216823 217959 219570 221350 224404 228381 229933 231438	216830 219023 219933 221709 224443 228519 229978 231540	216862 219025 219969 221775 224467 228570 229987	216882 219037 219992 222151 224556 228619 230320	217007 219174 220232 222341 224834 229148 230497
高等警察	216661	218998	219101	219186	219637				
高等科	225695	226458	230175						
高等法院	217183 230087	217207 230262	217390	218074	219844	220745	228059	228894	229454
高麗時代	223095	223114	224193	225949	226048				
高麗 靑年共産黨	229031								
高麗靑年會 再建事件	219249	219602							
高靈	219481								
高柳松一郎 (大阪商工 會議所理事)	217156	218379							
高柳草舵 (俳人)	219105								
高木文朖 (平壤地方 法院判事)	219905								
高普	216489 219879 222173 224666 224864 225266 228500 229565	217138 220013 222441 224691 224891 226822 228519 230750	217885 220117 222677 224712 224956 227190 228744 230766	218036 220138 222748 224732 224984 227858 228775 231027	218191 220256 222910 224755 225053 227882 228893 231295	218594 220592 224134 224776 225099 227962 229103	219048 221227 224611 224798 225105 228215 229251	219449 221480 224626 224822 225138 228434 229310	219676 221707 224643 224842 225173 228497 229385

古本	219843								
古墳	217908	219455	220131	221584	221960	222067	224512	226048	226817
	227055	227684	227776	228070	228172	228804	228865	228882	228929
	228975	228996	229022	229763	230208	230515	231558		
古墳壁畵盜難防止工事	221584								
固城固城郡	216207	217239	217488	227506					
高屋庸彥(陸軍大學敎官)	219331	219360							
高柳松一郞	217156 218379								
高義敬(中樞院參議)	218431								
高專	231662								
古賀旅團長	228742								
古賀聯隊長(古賀伝太郞)	216285	216961							
谷多喜磨(朝鮮火災保險社長)	216496	216522	220364						
骨董品	217183 217207								
空軍	216154	220158	220161	230129	230395				
空氣淨化運動(慶南)	217707								
共同墓地	217718	222751	228150						
共同住宅	228439								
公文書變造	222918								
公民科	218571	218605	219227	219305					
共産	216621	216996	217439	217877	218429	218453	218477	218506	218960
	219117	219145	219173	219611	219721	220684	220813	221431	221469
	222422	222471	222477	222521	222578	222658	222744	222771	223075
	223423	223696	223717	223844	223982	224217	224242	224383	224584
	224976	225143	225365	225727	225878	226573	226600	227036	227340
	227384	228278	228505	228538	228862	229031	229033	229193	229428
	229505	229694	229898	230018	230778	231076	231254	231621	
共産黨	216996	217439	217877	218429	218453	218477	218506	218960	219117
	219145	219173	219721	220684	220813	221431	221469	222422	222471
	222477	222521	222658	222744	222771	223844	224217	224242	224383
	224584	224976	225143	225365	225727	225878	227036	227340	227384
	228278	228505	228538	228862	229031	229033	229193	229428	229505
	229694	229898	230018	231076	231254				

共産黨 再建運動 朝鮮共産黨 再建別動隊	225727	225878	231076						
共産村建設	216621								
公設市場	221069 229913	221872 230024	222365 230548	223786 231092	223912 231183	226158 231340	228089 231616	228269	228808
公設運動場	219763	219840	224343	231172					
公設質屋	224289	225892	231397						
恐水病	217542	217564							
工業試驗所	217394 222560 229685	218291 224598 229731	218934 226598 231541	219026 227683	219552 228062	219784 228068	220311 228682	221957 229562	222069 229612
工藝	220995	221884	222334	222466	230179				
公州	220208	220520	229247	229348	229448	230354	231565		
公州高等普	220208								
公職者	218771	220215	223640	224892	231191	231627			
共進會	219595	219640	220344	224188	228296	228871	230391		
科學	216697 225072	221373 226822	221556 226829	221726 227327	222665 229602	222722	222784	223490	223783
觀光	219098	220004	220193	220296	223673	224930	227259	229197	
觀光客	220004								
關東軍	220364 225472	220569 226491	220971 227408	221419 227703	221608 228828	221640 229369	222302 231017	224964 231033	225450 231049
關東廳	217082 219513	217753 219836	218249 223471	218526 224697	218997 226682	219123 227411	219149 227616	219296	219485
觀兵式	216123	216144	216159	216238	216257	221082	221197	228392	
關釜聯絡船	216125 227966	217970 229331	218810	218962	222424	223595	225464	227566	227942
菅原通敬 (東拓總裁)	216630	216682	216765	217286	217390	222953	228910		
官制改正	217413	217441	219861	219880	224824	224843	225137	226331	226361
官廳風景	216152								
管絃樂	220747 223132	220891 224159	221168	221273	221338	221631	222433	222554	223081
冠婚葬祭 費節約	229667								
狂犬	218761	219897	223215						
廣告	217881	217900	220737	221690	222988	223290	223330	227946	227965
光明高女	228570								
光陽	216447								

光陽金山盟休	216447							
廣濟會	216924							
廣潮博 (朝鮮汽船社長)	221657							
光州	216845 221129 231109	217035 221150 231426	218815 221178	219207 222871	219644 224822	220164 224842	220610 225591	220796 229247	221099 230314
光州公立 高等女學校	220164							
光州署	218815	221099	221129					
光州神社	222871							
光州驛	217035							
光州學校組合	219644							
教科書	216840 229106	216861 229436	218801	218824	219862	219882	219919	223115	226923
教科書改訂	229106							
教授	216082 221152 223901 231096	216105 221183 225775	216658 221333 226944	217390 221568 228298	218074 222259 228310	219817 222324 228842	220309 222428 229071	220731 222808 229514	220766 223205 230032
教授連	220731	220766						
教員	216133 218775 219765 220099 223976 226584 229768	216302 219137 219777 220122 224018 227416 229792	216852 219210 219799 220142 224875 227472 230446	217535 219226 219851 220888 225096 228067	217552 219251 219879 221205 225176 228610	218102 219411 219907 221228 225449 228696	218525 219442 219911 221480 225766 229391	218570 219614 219935 223596 225814 229454	218748 219710 219988 223796 226294 229560
教員大異動	219799	219851	219879	219911	219935	219988	220122	225449	226584
教員試驗	219210	219226	228696	229391	230446			
教員赤化事件	217535	223796	229454	229768	229792			
教員整理	216302	216852	218102	218748	218775	219411	219442	219907	219935
教育	216803 217885 218749 219499 220502 221653 222893 223467 224030 225695	216857 217904 218826 219600 220564 222004 223002 223742 224066 225855	216886 217946 218869 219643 220664 222076 223036 223805 224340 225880	216960 218110 218902 219668 220697 222258 223037 223824 224450 226208	217135 218408 219024 219703 221065 222530 223157 223849 224665 226342	217374 218457 219097 219724 221360 222590 223245 223850 224737 226429	217397 218490 219165 219879 221490 222697 223249 223893 224859 226458	217729 218560 219335 219920 221610 222759 223308 224005 224896 226565	217854 218634 219369 220157 221634 222860 223345 224017 225331 226737

	226759	226913	227067	227171	227196	227197	227283	227306	227513
	227736	227823	228298	228680	228918	229059	229061	229096	229349
	230021	230069	230175	230595	230662	230668	231088	231114	231612
	231621								
教育部會	217135	217729	218110	218560	218634	218749	218869	219097	219335
	219369	219499	219643	219668	220157	220502	220564	220664	221490
	231114								
教育研究會	230021								
教育勅語	221065								
交通量調査	225037	225153							
交通事故	216152	220332	223797	224435	225210	230090	231430		
交通思想普及	222898								
交通安全デー	219439								
教化講習會	224916								
交換手	216336								
交換孃	220880	223782	224060	225834	231301				
教會	220623	224768							
救急箱	229079								
救急藥	216620	219008	225587	229390					
救急自動車	228366	229862							
救療券	230224	231447							
龜田豊治郎 (遞信省)	218821								
舊正月	216267	217434							
救濟事業	216481	218027	218052	218755	220012	220046	220088	220271	221585
	222212	223252	223289	223340	223366	223642	223670	223790	223811
	224007	224678	224777	224795	225035	225207	225399	225421	225461
	225496	225545	225739	225847	225869	226181	226209	226488	226771
	227189	228012	228817	229574	229691	229701	230244	230440	231389
	231511								
救濟資金	217452	218167	220447	227924	227960	229814	230010		
驅除週間	221442								
驅逐艦	218460	218907	220400	220967	223854	223877			
救護	216109	216632	220236	220484	221594	221929	224241	224565	226019
國家觀念	230354								
國境警備	217353	218741	218823	219050	219079	219200	219594	219622	220670
	220699	221098	221116	222829	223696	223717	225102	225112	225459
	225862	226058	226267	226451	226701	226781	227327	227898	227943
	227967	228064	228147	228175	228965	229176	229676	229776	230110
	230127	230820	230994	231017	231047	231053	231632		
國境對抗演習	217828								

國境中等校陸競大會	222967								
國境中等學校スケート大會	230990								
國庫補助	217639	218253	219097	219780	221113	221404	221780	224185	226050
	226061	226181	226209	226367	226632	226648	226743	227151	227683
	228365	228824	229571	229922					
國旗	217234	217329	217928	219932	221242	221591	221925	222020	222083
	222172	222546	224004	224514	227413	227802	229225	229267	229808
	230339	230354	230392	230642	231390	231468	231574		
國旗揭揚	217234	217329	219932	222083	222172	222546	229225	230339	230642
	231390	231468	231574						
國旗揭揚の大運動	217234								
國旗揭揚協議會	217329								
國立公園	220667	220702	222836	223765	223853				
國立水産試驗場	225918	225930							
國立製鍊所	227273	227297							
國民皆兵デー	230104								
國民府	216903	216973	217587	218394	229581				
國民精神	221360	221925	229000						
國民精神作興詔書奉讀式	229000								
國民協會	216699	218255	223060	225352					
國防記念日	217980								
國防思想	218860	229212							
國防思想普及大講演會	229212								
國産麻布獎勵	217567								
國勢調査	228793								
國語	216721								
國營穀物檢查	227801	227838	228207						
國營穀物檢查所	228207								
國營製鍊所	217352	218080	222794						
國有林	219580	221331	224102	224445	227754	227779	230454	231328	
國際聯盟	222586	222866	222965	223099	223301	223321	223525	223554	223799
	223938	223963	224186						
國際善意デー	221994								
國際運輸	217685								

菊池太惣治 (京城地方法院長)	219817								
國體觀念	221360								
軍隊の中心都市	216640	216679							
軍隊生活體驗	226890								
軍馬	216441 224615	216464 224630	217169 225171	217344 225189	221083 225568	221195 229211	221225 230672	221912	223885
軍事教練査閲	229781								
軍事教育査閲	227736								
軍司令官	217829 222832 223230 226861 230415	217856 223060 223700 227146	218741 223116 223871 227184	218821 223149 223905 227581	218823 223160 224681 227674	219772 223162 225000 229071	221084 223177 225191 229540	222360 223181 225400 230066	222408 223202 225422 230255
軍司令部	216168	216528	220971	222587	223297	223328	229145	229238	
軍事展覽會	220605								
群山	217708 229597 231355	218917 229810 231602	220408 230111	222232 230164	225025 230354	225675 230371	227759 230804	229062 231145	229548 231159
群山飛行學校	231602								
群山商船組	229062								
軍需品	217377								
軍制改革	218767	224012							
軍縮會	216154	227074							
軍縮會議	216154	227074							
宮島保衛 (拓務省朝鮮部)	219268								
窮民救療	227547	227574	228495	228706	229079				
窮民救濟	218114 222810 223670 225421 226355 230440	218132 222833 224586 225496 226488	218726 223252 224777 225545 226771	218755 223289 224795 225712 227189	219134 223340 224986 225739 228012	220012 223366 225029 225740 228817	220046 223385 225146 225847 229574	220088 223424 225207 226181 229691	221489 223642 225399 226209 229701
窮民救濟會	219134								
弓術大會	221595								
宮川永夫 (駐露大使館 參事官)	218379								
宮川肇 (考古學者)	216160								
券番	216535	216636	217920	219478	219872	221675	223638	223868	223890

檢番 妓生檢番	223957 227350 231056	224505 227545	224547 227744	224632 227968	225115 228013	225943 228642	226947 228753	227165 230400	227218 230888
勸業	217299	218852	218925	221857	227624				
歸鮮	216068 225518	216091 225540	217669 226957	218411 226987	218436 227642	222761 228414	223472	223508	225495
貴族院	216113 229745	216906	217818	221392	222257	227951	228310	228560	229514
劇場	222329	222889	222958	227892	229005	230913	231418		
近代	222558	222812	222933	223565	226261	226579	226599	230243	230830
近代都市	226261	230243							
近藤常尙 (總督府 保安課長)	226303	227528	229015						
勤勞團總動員	217711								
琴	217994 221613	218020 221696	218952 227102	219431 227669	219496 228560	219530 229804	219554	220752	221273
金剛山	220667 225884 230432	220702 226868 230739	222798 227023	222928 227153	223661 227335	223835 227658	224826 227705	224958 227876	225114 227893
金剛山探勝團	225884	227153							
金塊密輸	226373 228074 229945	226437 228190 230150	226570 228489 230686	226617 228874 230926	226664 228926 230953	227167 229748 231055	227448 229849 231080	227593 229858	227641 229868
金端圭 (慶北知事)	222606								
金山	216266 226843	216447 229750	219648 230109	219674 231500	222279	224097	225768	226463	226808
金融	216241 218239 221264 223063 224262 228151 230844	216771 218925 221665 223087 224729 228320 231021	216860 219041 221857 223284 226266 228340 231298	217354 219125 221903 223386 226673 228364 231466	217645 220116 221914 223408 226696 228394 231518	217750 220495 222077 223740 227129 228895 231605	218157 220521 222134 223824 227457 229683	218212 220744 222221 223850 227800 229847	218235 220972 222383 223911 227829 230021
金融組合 金組	216860 220537 222313 224031 226673	217835 220972 222383 224297 226676	218012 221264 222458 224674 226696	218038 221903 222595 224729 226748	218562 221914 222927 224894 227048	220116 222077 223284 225293 227131	220124 222134 223517 225870 227156	220412 222197 223560 226266 227343	220468 222221 223911 226284 227418

	227457	227583	227607	227618	227800	227829	227864	227925	227989
	227992	228340	228364	228604	228799	229035	229667	230390	230609
	230844	231021	231508	231525					
今井五介 (貴族院議員)	216906								
今井田清徳 (朝鮮總督府 政務總監)	216232	216623	216639	217292	217319	217390	217391	217947	218157
	219241	219701	219722	219858	219883	219986	220121	220186	220691
	220861	221818	221915	222046	222082	222128	222136	223833	223870
	223894	223915	223936	224646	224953	225003	225027	225271	225500
	226070	226098	227043	227123	227178	227198	227232	227801	227898
金貞惠 (開城貞和女子 普通學校長)	231350								
禁酒禁煙運動	217474	217496							
禁酒禁煙會	218389								
禁酒村 (咸北茂山)	216723								
錦州陷落	216065	216088							
金海	216206	216717	216995	221868	222880	223965	226302	227934	231223
	231323								
金海赤十字社	222880								
記念スタンプ	216747	218851	218882	220316	221789	221966	229194		
氣象	216197	217932	221100						
妓生	216535	216636	216800	217170	217776	217920	218024	218557	218887
	219263	219283	219737	219954	219979	220030	220651	221193	221675
	222518	222573	222737	222827	223868	223907	224505	224547	224632
	224716	226081	226755	226936	226947	227001	227165	227218	227350
	228013	228075	228125	228191	228232	228328	228330	228642	228753
	229107	229530	229535	229681	230307	230345	230399	230787	230838
	230888	231056	231369	231510					
妓生盟休	216636								
妓生養成所	230399								
寄生蟲調査	217364	227496	231399						
妓生學校	219737	220030	230307	230345	231510				
箕城券番	223638	223957	224505	224547	225115	225943	226947	227744	227968
	228013	228642	230400						
期成會	216378	217137	217929	220577	222419	223374	223378	223905	224641
	224664	224736	224739	224871	224953	225095	225198	225718	226011
	226022	227033	231143						
技術官	216934	228841	230123						

機業傳習所	216501								
紀元節	217006	217240	217301	217478	217502	217517	217663		
記者	216255	216593	216715	216802	216946	217247	217386	217871	220767
	221427	221458	221884	222816	223148	224269	226105	227105	228220
	229762	229876	231547						
汽車	217527	217562	217683	221262	221300	222514	224872	225950	228387
氣候	218691	226650							
吉岡保貞 (德山海軍 燃料廠長)	216496	216522	216547						
吉林	216886	216960	220515	221737	223874	224150	225313	227855	227877
	231518								
吉林省	220515	221737	227855	227877					
吉村謙一郎 (辯護士)	219016								
吉會線	216892	216928	217018	217320	217616	217777	226624	226647	230025
	230884								
吉會鐵道	216849	217158	217706	217722	217723				
金大羽 (慶南道 産業課長)	218074								

ㄴ								
ヌクテ	224974	225370	225418	225440	225559	225588	225776	226777
羅南衛戍病院	220322							
奈良井多一郎 (釜山檢事局檢事)	217544							
癩病豫防協會	218257	218334	224080					
洛東江	216329	216988	217190	217211	218412	219415	219529	220348	224211
	224212	227565	229190					
洛東江改修	218412	219529	220348	229190				
洛東江橋 架設工事	216329							
洛東江 大改修計劃	216988							
樂浪 文化研究所	228326							
樂浪博物館	216354	217351	217895	220170	220642	221474	222963	226746	228848
	228913	230299	230338	231388				
樂浪博物館 建設地調査	216354							
樂浪時代	221774	226663	228804					
落語	216335	220755	220985	221272	221764	221822	221883	222330	222611
	222715	222719	222885					
暖房裝置展覽會	229559							
男女共稼ぎ	227079							
男女總動員	216700	219397						
南鮮	216450	216601	216764	216807	217192	217306	217798	217851	217933
	218116	219003	219713	220015	220460	220933	221979	223396	223417
	223708	223839	224023	224624	224738	224915	224940	225017	225053
	225099	225173	225408	225430	225972	226125	226166	226697	226761
	227222	227248	229105	229189	229247	229313	229348	229398	229448
	229515	229548	229601	229646	229707	229761	229810	229867	229914
	229956	230008	230055	230111	230162	230164	230206	230255	230305
	230354	230420	230472	230531	230538	230602	230655	230702	230807
	230862	230917	230918	230927	231109	231159	231220	231277	231356
	231360	231426	231469	231565	231620				
南鮮 ゴム工業協會	218116							
南鮮 ところどころ	229105	229189	229247	229313	229348	229398	229448	229515	229548
	229601	229646	229707	229761	229810	229867	229914	229956	230008
	230055	230111	230164	230206	230255	230305	230354	230420	230472
	230538	230602	230655	230702	230807	230862	230917	231109	231159
	231220	231277	231356	231426	231565	231620			
南鮮旅行倶樂部	219713							

南朝鮮電氣 料金値下げ	217486	217498						
南浦國營 製鍊所	218080							
南浦妓生	218557							
南浦領事館	218282							
南浦取引所	218464	218508	221067					
南畫	217776	220832	227328	228344	228440			
納税組合	218609							
奈良女高	216905							
內輪	216608	219986	223782					
內務局	217935	218616	219818	223902	225150	225202	227579	229087	229668
內務部	216082	216105	217818	217846	217944	218074	218297	221040	221078
	221801	225385	225784	226085	226148	227172	228762	229993	230560
	230907								
內務省社會局	218602	219123	219149					
內鮮	216227	216697	217152	217225	217277	217402	217928	218295	219019
	219034	219334	219694	219899	219961	220086	220231	220300	220488
	220887	221144	221175	221187	221247	222299	222344	222412	222426
	222531	222532	222644	222993	223056	223086	223189	223221	223734
	223770	224360	224370	224415	225175	225195	225339	225632	225655
	225761	225856	226076	226236	226345	226352	226370	226444	226450
	226454	226759	226765	226796	226816	227166	227813	227862	228003
	228341	228356	228502	228660	228827	229589	229594	229630	229752
	229804	229917	230482	230595	230831				
內鮮滿 中等學校 美術展覽會	228356							
內鮮聯絡電話	220231	222531	229589	230482				
內鮮融和	217277	223056	223086	225339	226759	229594	229630	
內鮮人結婚增加	221187							
內鮮直通電話	217225	222412	222532	222644	224370	225175	225195	225761	225856
	227862	228341	228502	228660	228827				
内田康哉 (滿鐵總裁)	216375	216399	216892	216928	220135	221511	222467	222530	223300
	223395	224163	224208	224314					
內地	216131	216342	216371	216515	216707	216791	217036	217122	217613
	217750	217759	217802	217808	217810	217831	217861	217923	217992
	218083	218354	218387	218478	218570	218961	218963	219110	219121
	219435	219640	219646	219650	219651	219678	219687	219863	219968
	219972	219975	220005	220017	220051	220091	220105	220232	220237
	220247	220276	220454	220466	220735	220741	220859	220929	220938
	221026	221029	221205	221435	221547	221736	221751	221870	222002
	222089	222157	222364	222821	222933	223067	223140	223190	223222

	223667	223694	223836	223959	223972	223984	224042	224063	224520
	224673	224694	224697	224786	224794	224804	224918	224939	224995
	225093	225103	225348	225363	225364	225373	225474	225670	225691
	225969	225999	226075	226094	226113	226167	226195	226363	226381
	226752	226770	226856	226881	227309	227548	227735	227851	228053
	228069	228131	228165	228168	228381	228633	228768	228905	228941
	229025	229034	229071	229103	229309	229321	229492	229511	229560
	229720	229750	229915	230098	230116	230139	230425	230450	230768
	230850	231085	231088	231141	231178	231207	231249	231312	231384
	231444	231510	231570	231626					
內地密航	218478	218963	220454	220741	220929	226094			
內地視察	220051	222089	226167	228168	229560	231178	231207		
內地人	216515	216791	217036	217122	217613	219121	219435	219687	219972
	220005	220091	221547	224995	225363	225364	227309	227548	228131
	229720	230139	231141	231570					
耐寒飛行	230810	230828							
耐寒演習	216855	217271							
勞働運動	216725	216798							
勞働者	217672	217693	220038	220177	221962	223782	224134	224790	226848
	230308	231288	231450	231486	231561	231636	231647		
勞働組合 勞組	222578	229379	231450	231492	231535	231647			
綠化作業	217981								
農家副業	224904	226305	230943						
農科	216787								
農林局	218991	219861	219880	220503	220530	220973	221364	221639	221830
	224470	224493	224640	224663	224692	225137	225158	225760	225790
	226282	227748	227785	228669	230934	231491			
農林省	221435	222088	224641	224664	225557	225904	225928	226282	226539
	227070	227275	227856	227878	229055	229309	229698	230106	230135
農林省米穀部 朝鮮出張所店	229055								
農民デー	223304	223338	223359	223401	223469	223500	223503	223507	223509
	230125	230605							
農民劇場	222329								
農民騷擾事件	219151	219175	227612	227715	228306				
農民運動	216798	230125							
農民赤化事件	222773								
農民組合	217585	219151	219175	219257	219280	225018	226820	227008	230641
農民組合 運動彈壓	219257	219280							
農事改良	224713	227700	228984	229214					

農事改良懇談會	229214								
農業講習會	225108								
農業教科書	219862	219882							
農業移民	221660								
農業者大會	223310	228597	228947	229268	230045	230251			
農場	216391	216706	217291	217866	218065	218528	218561	218625	219788
	220183	222131	226476	229346					
農倉	217977	219320	220820	222528	227396	228394	231090		
農創	220553	220570	220933	223007	223030	224559	224585	224987	225997
	226149	226273	226314	226332	226359	226422	226581	226613	226905
	227163	227348	228517	228656	228735	228785	231038	231063	
農村	216233	216433	216434	216481	217354	217478	217502	217700	217835
	217841	218622	218750	219166	219506	219832	219970	220900	221009
	221186	221607	221704	221801	221802	222034	222057	222064	222077
	222091	222458	222504	222703	222706	222930	223159	223175	223176
	223190	223222	223250	223279	223296	223299	223300	223305	223310
	223323	223327	223337	223346	223347	223351	223362	223385	223391
	223392	223412	223424	223434	223438	223442	223459	223469	223472
	223500	223508	223515	223528	223591	223611	223701	223738	223739
	223768	223789	223798	223799	223826	223830	223851	223852	223959
	223984	223986	224015	224017	224030	224031	224044	224086	224132
	224252	224303	224336	224378	224458	224568	224572	224587	224596
	224646	224727	224750	224794	224796	224859	224896	224952	224978
	225002	225004	225026	225028	225134	225193	225215	225240	225245
	225334	225411	225433	225497	225507	225542	225618	225870	225895
	225962	225998	226020	226035	226123	226189	226266	226304	226332
	226359	226441	226481	226508	226560	226687	226689	226697	226780
	226869	226977	227005	227018	227053	227079	227122	227131	227149
	227171	227197	227230	227239	227261	227284	227307	227367	227406
	227428	227432	227487	227562	227611	227653	227662	227702	227761
	227782	227928	227945	227977	227993	228006	228032	228061	228281
	228288	228300	228312	228417	228535	228718	228822	228947	228969
	229027	229266	229309	229487	229652	229819	229908	229948	230412
	230430	230529	230584	230728	230889	230917	231038	231243	231296
	231320	231372	231508	231525	231608				
農村更生懇談會	227662								
農村更生行進曲	231372								
農村救濟	222057	223159	223175	223176	223300	223310	223337	223347	223385
	223392	223412	223424	223442	223459	223469	223472	223500	223508
	223528	223591	223611	223739	223768	223798	223799	223826	223852
	223959	223984	224015	224044	224252	224303	224336	224587	224646
	224794	226332	226359	227005	227562	227945	231038	231508	231525
農村不況	216433	221186	222077	224031	227307	228718	229487	229819	

農村生活	216434	219970							
農村指導	229908	230584							
農村指導 委員會(慶南)	230584								
農村振興 巡回講演會	228535								
農村振興策	222458	222930	227171	227197	228288	228312			
農村振興會	228300								
農村疲弊	223299	227367							
農會	217519 220051 224728 229494	218253 222868 224751 229648	218541 223159 225118 230740	218565 223176 225236 230791	218683 223280 226235 231598	219187 223337 228102	219833 223401 228276	219863 223442 228612	219891 223459 228904
能島進 (大阪電通社長)	217156								

ㄷ								
ダイナマイト	216419	231284						
タクシー	216633	218176	224058	225774	230061	231012	231559	
ダヌンチオ	221399							
ダンスホール	219479	220150	227238					
チャプリン	221881	221945	222187					
デパート 百貨店	216373	216680	219921	223206	224593	226388	227442	227923	227959
	228089	230341	230371	230524	230852	231007	231268	231418	231458
デモ	218081	221260	221348	223423	223634	223800	229418	229461
ドライヴァー	216742							
短歌	220207	223136						
談合事件	223445	223746	223840	223884	223928	223977	223981	223993	224075
	224098	224118	224172	224245	224265	224388	224436	224452	224489
	224581	224634	224658	224741	224879	224883	224925	225183	225366
	225556	225975	226544	226637	227009	227098	227116	227363	228162
	228410	228668	229101	229122	229137	230097	230362	231186	
堂本貞一 (江原道内務部長)	217818	217846						
大江理三郎 (本社計劃部長)	216931	216980	217156					
大谷勝眞 (城大教授)	222324	228842						
大邱	216063	216086	216108	216128	216194	216203	216237	216241	216278
	216279	216281	216343	216382	216429	216438	216484	216577	216587
	216636	216660	216676	216697	216700	216748	216757	216800	216932
	216951	216981	217040	217095	217107	217152	217183	217207	217326
	217334	217373	217390	217424	217430	217440	217590	217629	217701
	217710	217767	217813	217869	217897	217904	217920	217948	218004
	218050	218058	218112	218118	218124	218212	218235	218250	218254
	218287	218414	218470	218479	218746	218805	218848	218853	218902
	219014	219067	219157	219211	219248	219249	219305	219327	219331
	219416	219425	219483	219535	219542	219591	219643	219694	219760
	219769	219794	219797	219807	219868	219917	219931	220020	220048
	220065	220107	220111	220159	220202	220232	220241	220246	220402
	220412	220443	220446	220462	220560	220562	220565	220613	220619
	220621	220691	220723	220727	220732	220802	220817	220868	220939
	220969	220981	221002	221096	221102	221125	221252	221256	221386
	221609	221615	221647	221662	221851	221853	221864	222100	222309
	222419	223651	224116	224221	224387	224431	224433	224471	224643
	224666	224736	224834	225008	225053	225269	225281	225368	225569
	225576	225579	225631	225667	225715	225861	225890	225981	226381
	226490	226517	226787	227341	227619	227690	227722	228097	228103

	228149	228150	228169	228291	228465	229103	229189	229247	229253
	229313	229389	229398	229448	229455	229515	229548	229601	229646
	229711	229761	229810	229867	229914	230003	230005	230008	230018
	230055	230111	230154	230180	230206	230255	230261	230305	230354
	230420	230472	230528	230540	230549	230602	230752	230854	230862
	230971	231025	231159	231220	231356	231426	231469	231510	231565
	231620								
大邱の火事	217107	217767	219425	219769	230752				
大邱警官	216128								
大邱高女	216382	224834							
大邱公會堂	216279								
大邱妓生	216800								
大邱勞働會	217904	225981	227619						
大邱農校	220565								
大邱東拓	216241								
大邱武道大會	216748								
大久保雄資 (龍山工兵大隊長)	220569								
大邱覆審法院	217183	217207	217440	218250	218287				
大邱府	216108	216194	216660	216932	216981	217326	217334	217701	217710
	217948	218050	218124	218254	219157	219248	219331	219535	219643
	219797	220868	221102	224431	225569	225631	225715	227722	228149
	228150								
大邱釜山間 列車	219211								
大邱府營バス	219248								
大邱府會	216194	216932	217326	217948	218124	219157	219331	219535	219797
大邱 祕密結社事件	230540								
大邱師範	218004	218479	219694	220065					
大邱少年團	216577								
大邱藥令市	217373								
大邱聯隊	216429	221615	226490	226517					
大邱郵便局	228465								
大邱醫講	218414	227341	230005	230971					
大邱赤化事件	220246								
大邱朝日新聞社	222309								
大邱取引所	216484	216676	224433						
大邱號建造 基金調達	216700								
大內暢三 (上海	216449								

東亞同文書院長)									
大同江	216141	216907	216925	216970	217176	217410	219349	219444	219517
	221122	222393	222567	222679	222921	223583	224095	224105	224676
	224851	224942	224997	225161	225473	225486	225526	225793	225883
	226259	226320	226571	226669	226849	227355	227356	228007	228426
	228580	228802	229125	229157	229163	230084	231062	231383	231694
大陸通信社	216448								
對馬助三 (光州公立高等 女學校長)	220164								
對滿貿易	217322	220285	222401	222675	222877	222995	223045	223243	223306
	226455	227129	229158	230684					
對滿貿易 促進打合會	222675								
大野謙一 (慶北警察部長)	219817								
大野菫 (德山海軍燃料 廠機關部)	216496	216522							
對日感情	217118								
大藏省	220197	220211	220394	220418	220598	220634	222372	222396	223072
	225094	225104	225545	225677	226282	226534	227017	227407	227429
	227924	227960	228733	229889	229916	231262			
大田	216237	216288	217142	217230	217238	217290	217577	217618	218264
	218420	218524	218696	218848	218951	219298	219299	219367	219382
	219470	219537	219702	220616	221002	221306	221391	221809	221848
	222234	222548	222756	222819	222831	223307	223397	223492	223793
	224016	224333	224489	224776	224783	224789	224798	224876	226028
	226681	227021	227196	228002	228249	228251	228343	229011	229015
	229189	229247	229313	229389	229398	229447	229448	229548	229549
	229601	229605	229646	229761	229810	229867	229914	229956	230111
	230206	230255	230305	230472	230538	230602	230655	230862	231356
	231374	231469	231660						
大田の火事	216288								
大田敬老會	222756								
大田高女	217577	224333							
大田大隊	222548	224789							
大田殖銀	217290								
大田學組	219298	219537							
大正館	220070	220884	223078	224027	227461	227721	229558	230817	
大井利明 (晉州普通學校長)	220364								
對支文化 對支文化協會	228165	228326	228623	231571					

大靑島	218236								
大阪	216931	216980	217030	217090	217156	217379	218544	218552	219533
	220266	220858	220898	221825	221876	222000	222291	222517	222560
	222685	222715	222834	222858	223024	223025	224307	224339	224426
	224971	226055	226603	226998	227373	227400	227543	228341	228465
	229071	229876	230086	230928	230931				
大阪朝日京城支局	217379								
大學	216737	218818	219221	219331	219360	219907	219935	220731	220756
	220766	221219	221267	221333	221572	221635	221943	222329	222719
	223133	224567	226677	226912	226940	228546	228548	228757	228886
	229992	230565	231006	231084					
大學生	218818	219221	221333	228886	229992				
大學新聞	216737								
大興電氣	218681	228613							
德壽宮	224250	224778	225309	225672	227235	231352			
德壽宮跡	224778	225309	225672	227235	231352				
陶器	217394	219026	220269	227427	229731				
道立醫院	216359	216492	227439	231389					
道立平壤醫院	216513	221113	224100	225484	226743	228741	229674	229677	231178
圖們江	216369	226326	229575						
圖們線	217510	226318							
盜伐	219580	219714	228712						
渡邊利三郎 (橫濱商工會議所)	219016	219039							
渡邊豊日子 (慶南道知事)	216207 216286								
島山喜一 (城大教授)	222428								
圖書	216725	218700	218730	223029	224685	225327	226077	227628	227983
	228711	229015	229538	229754	230204	231644			
圖書課	229754	230204							
圖書館	216725	218700	218730	223029	224685	225327	226077	227628	227983
	228711	229538	231644						
圖書館協會	227628	228711							
都市計劃	220059	220072	221404	221806	222690	223019	225285	226426	230243
稻作改良	227755								
稻田林太郎 (慶南道土地改良技師)	217685								
渡左近步兵 (羅南聯隊附)	216547								
禿山綠化	216624								

讀書	216296	216486	217933	218789	222631	226132	226260	228914	230796
	231027	231493							
獨逸 ドイツ	223597	223666	224062	224262	224379	225117	226688	227074	228525
獨唱	220198	220623	220747	220892	221339	221761	221941	222258	222260
	222327	222883	223129	228540					
鰊 ニシン	216164	216289	216341	216426	217372	230859			
東京電話 京電	216428	216580	216582	216607	216743	217292	217497	217853	217891
	218364	218384	220393	220446	220498	220597	220945	220966	221090
	221204	221255	221495	221520	221609	222028	223569	223943	224065
	224087	224114	224250	224619	224959	225097	225106	225136	225672
	225689	225808	225960	226138	226145	227557	228033	228458	229153
	229492	230480	231359	231666					
東京帝大	216658								
東大門警察	217075								
東大門署	217806	217968	219486	227179					
東萊	216072	216095	216244	216445	216489	216583	216672	216740	216804
	217042	217138	217810	217865	218903	219046	219254	219484	219808
	220187	220676	221732	222173	222366	223737	223890	223975	224310
	224317	224611	224626	225099	225138	225173	225266	225283	226197
	226822	227190	227238	227921	227931	228346	228497	228893	229070
	229310	229556	230372	230379	231366				
東萊高普	216489	217138	222173	224611	224626	225099	225138	225173	225266
	226822	227190	228497	228893	229310				
東萊郡	219254	224310							
同盟休校	222536	223345	223742	223805					
東明館	226936	228116							
動物愛護會	222250								
東北帝大	221395								
東西 古美術展覽會	221637								
東亞勸業	218852	218925	221857						
東洋紡績	221956								
東洋畫	222409	229275							
童謠	218487	220892	220984	221761					
童踊研究	216115								
東一銀行	219761	219869	219898	220019	220109	220456			
同窓會	216882	222501	226302	226654					
東拓	216241	216533	216630	216682	216765	217241	217286	217390	217525
	217873	218216	218365	218385	218798	218871	220495	220521	220728
	220765	220875	220934	220936	221040	221078	221918	221954	222037
	222111	222162	222181	222224	222372	222396	222566	223220	223249
	223643	223682	224084	224473	224757	226480	226507	226574	226581

	226606	226613	226795	226855	226871	226880	226882	227054	227163
	227482	227737	227924	227933	227951	227953	227954	227960	228020
	228093	228114	228679	228806	229239	229469	230569	230819	231223
	231500	231663							
東拓 移住民組合	227054								
同胞	216231	216309	216311	216585	217294	218990	221857	222034	222064
	222924	222962	222974	223824	223850	224787	225587	226659	227642
	228936	229694							
東海南部線	226959								
東海中部線	216836								
童話	220748	220892	220959	221045	222486	222610	222780	223025	223220
豆滿江	220808	220848	227169						
痘瘡	218966	219135	219382	219427	219430	220515	220618	221073	221479
	221505	221539	221627	222472	222826	222947	222949	223216	223269
	223355	223364	223543	224000	224136	224220	224946	230114	
痘瘡種痘 種痘	220515	221627	221672	221745	221803	221905	222124	222243	222826
	223102	223211	223573	230233					
謄寫印刷	218196								
藤川虎男 (慶南道警察 部圖書主任)	229015								

ㄹ								
ラヂオ放送局	229576							
ルンペン	216899	218613	220107	220768	221431	221469	221929	222357	222850
	224633	225494	225517	225680	225726	229711	231000	231396	
レコード	217615	218117	218352	221936	222150	228158	228961	228985	230416
	230734	230797	231270						
レプラ	221684	222472	222763	228553	230891				
レプラ患者	221684	222472	228553						
ロイド眼鏡	216210								
ロシア語	221319								
ロシヤ語講習	221517								
羅南	216298	216453	216547	216555	216600	216622	216646	216668	216763
	216783	216794	216821	216873	216916	216956	217259	217301	217443
	217592	217809	218283	218290	218316	218339	218519	218558	218659
	218662	218697	219031	219840	219987	220138	220236	220322	220484
	220602	220636	221437	221468	221769	221875	221912	222273	222730
	222818	223432	223456	223632	223896	224944	225191	225699	226708
	227575	227591	227831	228235	228262	228313	228374	228424	228932
	229973								
羅南高女	216453								
羅南聯隊	216547	216555	229973						
癩病	216753	218257	218334	224080					
癩豫防協會	219106	229441	230060	230210	231334	231659			
樂壇	216133	226317	229471	229953					
樂浪	216354	217351	217450	217895	217908	219723	220170	220178	220214
	220216	220642	221139	221474	221774	222676	222963	223235	224512
	224542	225933	226663	226746	227311	227777	228070	228165	228172
	228326	228623	228804	228848	228882	228913	228929	228975	229434
	229468	230048	230299	230338	230410	230768	231388	231558	231571
	231643								
樂浪研究	230768	231571	231643						
樂禮	219150	219194	219239	219293	219361	219408	219467	219521	219638
	219693	219744	219793	219848	219906	219959	220009	220043	220095
	220139	220184	220229	220284	220338	220386	220440	220494	220551
	220596	220660	220716	220789	220857	220927	221019	221079	221143
	221194	221251	221426	221606	221658	221727	221786	221849	221909
	221971	222023	222072	222148	222222	222298	222359	222400	222457
	222525	222641	222691	222749	222809	222857	222922	222992	223055
	223111	223158	223187	223641	223693	223732	223776	223823	223869
	223914	223958	224002	224055	224112	224158	224197	224249	224302
	224368	224468	224607	224638	224687	224726	224773	224815	224858
	224906	224951	225001	225051	225092	225124	225170	225214	225265
	225303	225903	225955	226008	226120	226180	226228	226272	226328
	226378	226439	226479	226622	226672	226758	226801	226854	226903
	226956	227015	227069	227119	227170	227221	227272	227316	227365

227450	227500	227546	227600	227645	227697	227746	227799	227854
227897	227976	228031	228083	228391	228437	228492	228526	228589
229100	229135	229177	229237	229301	229338	229433	229489	229536
229585	229634	229697	229749	229800	229857	229901	229946	229998
230039	230095	230152	230192	230241	230294	230353	230409	230464
230523	230580	230635	230691	230730	230784	230837	230899	230952
231057	231078	231139	231200	231258	231315	231351	231410	231459
231494	231545	231594						

落合秀穗 (釜山公立高等 女學校長)	220469

蠟山政道 (評論家)	216449

旅客	216516	216591	218086	218720	218976	220039	221791	223232	223267
	224427	225722	225748	225794	226004	226088	226116	226575	227078
	227182	227971	228662	228828	228970	229197	229287	229308	229583
	231248								

聯隊設置	216616

聯盟	217168	217313	218795	220232	221915	221948	222173	222586	222670
	222866	222965	223099	223301	223321	223475	223521	223525	223554
	223799	223938	223963	224011	224125	224159	224160	224186	224208
	224379	224569	224693	225019	225126	225163	225267	225284	226688
	226728	227228	227282	227472	227742	228546	228952	230099	230199

列車	216525	216549	216709	216713	216729	217052	217087	217579	217644
	217811	217839	217942	218214	218241	218319	218376	218518	218550
	218735	219013	219118	219211	219380	219403	219462	219472	219504
	219562	219927	219956	219977	220280	220409	220490	220795	220838
	220851	220910	221014	221033	221035	221131	221225	221347	221359
	221362	221374	221738	222026	222103	222220	222355	222417	222459
	222643	222805	222828	222898	222908	222934	222938	223017	223119
	223147	223150	223180	223201	223231	223535	223571	223629	223661
	223729	223749	223817	223883	223942	223963	224168	224301	224384
	224637	224707	224769	224932	224963	225139	225148	225262	225363
	225406	225417	225428	225439	225466	225558	225627	225662	225674
	225679	225705	225721	225722	225731	225748	225779	225794	225882
	225973	225980	226004	226065	226088	226116	226143	226170	226173
	226203	226420	226450	226454	226666	226753	226825	227011	227027
	227264	227308	227347	227379	227444	227537	227620	227635	227643
	227655	227866	227942	227966	227974	228397	228620	228649	228979
	228993	229043	229094	229289	229429	229445	229476	229502	229895
	230029	230059	230116	230149	230184	230461	230488	230690	230701
	230841	230950	230951	231213	231488				

列車食堂	219013	219472	219504	221374	222828	222938

鈴木沙奈夫 (警察官講習所	216082	216105

教授)								
鈴木天山 (博文寺初代住職)	223846	228669						
露國	219754	220726	220760					
蘆田均 (白國大使館)	217156							
盧台植 (慶南道山海郡守)	216207							
籠球	219969	220027	220058	220100	220196	220232	220276	220337	221179
	221541	222576	228500	228519					
鱺	216251							
鱺養殖	216251							
流感	217604	218063	218294	218442	218734	221505		
柳京小話	216151	216188	216230	216270	216324	216422	216471	216523	216573
	216614	216696	216825	216878	216930	216979	217028	217089	217130
	217182	217223	217275	217318	217365	217412	217467	217513	217614
	217659	217746	217792	217847	217901	217945	217993	218097	218156
	218203	218243	218298	218353	218402	218454	218513	218569	218629
	218678	218740	218794	218846	218890	218943	219040	219096	219150
	219194	219239	219293	219361	219408	219467	219521	219638	219693
	219744	219793	219848	219906	219959	220009	220043	220095	220139
	220184	220229	220284	220338	220386	220440	220494	220551	220596
	220660	220716	220789	220857	220927	221019	221079	221143	221194
	221251	221426	221606	221658	221727	221786	221849	221909	221971
	222023	222072	222148	222222	222298	222359	222400	222457	222525
	222641	222691	222749	222809	222857	222922	222992	223055	223111
	223158	223187	223641	223693	223732	223776	223823	223869	223914
	223958	224002	224055	224112	224158	224197	224249	224302	224368
	224468	224607	224638	224687	224726	224773	224815	224858	224906
	224951	225001	225051	225092	225124	225170	225214	225265	225303
	225398	225420	225442	225536	225664	225758	225802	225853	225903
	225955	226008	226120	226180	226228	226272	226328	226378	226439
	226479	226622	226672	226758	226801	226854	226903	226956	227015
	227069	227119	227170	227221	227272	227316	227365	227450	227500
	227546	227600	227645	227697	227746	227799	227854	227897	227976
	228031	228083	228391	228437	228492	228526	228589	229100	229135
	229177	229237	229301	229338	229433	229489	229536	229585	229634
	229697	229749	229800	229857	229901	229946	229998	230039	230095
	230152	230192	230241	230294	230353	230409	230464	230523	230580
	230635	230691	230730	230784	230837	230899	230952	231057	231078
	231139	231200	231258	231315	231351	231410	231459	231494	231545
	231594								
柳生繁雄 (平壤專賣支局長)	218401							
陸軍	216063	216086	216116	216139	216159	216238	216257	216578	216609

	216954	217342	217687	218056	218106	218327	218491	218544	218575
	218621	218659	218848	218853	218868	218924	218951	219221	219331
	219360	219974	220621	220822	220971	220987	221124	221333	221819
	222237	222408	222434	222587	223020	223586	223756	223791	223885
	224615	224630	225450	225472	225568	225602	228482	228484	229274
	231030								
陸軍デー 陸軍記念日	218056	218106	218106	218327	218491	218575	218621	218659	218848
	218868	218924	218951						
陸軍工兵學校	217342								
陸軍軍醫	216667	216691	216737	221040	221078	221104	221142	221875	223430
陸軍技術本部	217342								
陸軍療養所	219974								
陸軍省	216063	216086	216578	216954	219331	219360	223586	223756	223885
陸軍省兵務課	216063	216086							
陸軍省調査班	216954								
陸軍始觀兵式	216159	216238							
栗增産計劃	217262								
李基枋 (京畿道産業課長)	218123								
裡里	225099	225126	225571	225621	226096	226341	226759	227130	227181
	229189	229247	229313	229448	229601	229956	230008	231159	231277
	231469								
林檎	221394	221642	222123	224733	224752	224803	225483	225636	226165
	226750	227305	227398	227535	227582	227589	227633	228228	228233
	228365	228477	228973	229232	229563	229924	229930	229980	230134
	231123	231175	231491	231532	231537				
林業共進會	220344								
林業試驗所	228267								
林業會議	217033								
林 朝鮮軍司令官	218741	218821	218823	219772	222360	222408			

				□				
マラソン	221565	222018	222910	226946	228529			
マラリア	220278							
マンドリン	228962	229014						
ミシン	217157	227378	227417	227519	227812	227919	227950	231132
ムソリーニ	222491							
メーデー	221244	221317	221358	225184				
モーツアルト	221821							
モダン	218024	218441	219349	220995	223259	223595	223837	225576	227866
	229153	229357	230207	230789	231235	231343	231549		
モダン妓生	218024							
モダン服	230789							
モヒ	217152	217652	218170	218986	219601	219717	221243	221686	222649
	223106	224191	226453	227360	227570	227688	228360	228635	228864
	228957	229107	229603	229737	229944	230003	231521		
モヒ密輸	217152	222649	228957	230003				
馬	216132	216145	216156	216174	216236	216331	216441	216464	216846
	216954	217169	217249	217274	217281	217285	217324	217331	217344
	217371	217395	217571	217628	217646	217703	217706	217723	217942
	218216	218315	218687	218696	218756	218782	218803	218835	218870
	218877	218992	219011	219051	219165	219209	219235	219310	219325
	219331	219333	219348	219360	219423	219454	219599	219698	219840
	219877	219974	220054	220067	220092	220097	220140	220164	220201
	220290	220400	220413	220553	220570	220624	220665	220739	220748
	220761	220963	220983	221083	221106	221124	221195	221225	221249
	221250	221279	221398	221593	221711	221753	221758	221790	221797
	221912	221922	222013	222323	222650	222746	222800	222982	222983
	222984	223283	223407	223463	223485	223496	223804	223885	223921
	224138	224204	224232	224305	224316	224430	224432	224443	224467
	224615	224630	224647	225065	225119	225171	225189	225391	225400
	225422	225460	225529	225568	225596	225699	225713	225761	225772
	225773	226057	226101	226132	226231	226234	226316	226719	226860
	226876	226937	226943	226965	227063	227158	227184	227368	227467
	227531	227549	227609	227705	227888	228051	228087	228349	228392
	228414	228435	228566	228593	228594	228639	228648	228690	228721
	228893	228908	228935	229134	229148	229150	229179	229211	229283
	229380	229382	229410	229448	229493	229506	229515	229555	229642
	229646	229761	229813	229823	229826	229840	229914	230008	230017
	230109	230167	230360	230602	230672	230763	230917	231356	231615
	231620	231663	231682						
馬山	216156	216174	216236	216331	216846	216954	217249	217274	217281
	217285	217324	217331	217371	217703	218315	218687	218992	219051
	219165	219423	219599	219698	219877	219974	220054	220140	220400
	220665	221753	221790	221922	224204	224305	224316	224430	224432
	224443	224467	225713	227184	227368	227467	227888	228051	229148

	229150	229410	229448	229506	229515	229646	229761	229826	229914
	230008	230602	230917	231356	231615	231620			
馬山高女	219423	224443	224467	229148	229826				
馬山府	216156	216174	216236	216331	216954	217249	217274	218992	224430
馬山神社	221790	227888							
痲藥類取締令	219865								
麻雀	216246	216367	216519	216941	217921	218067	218650	221378	226033
	226091	226294	226588	227285	227791	231348			
麻雀クラブ 麻雀俱樂部	216519	218067	226033						
馬場溫泉	218835	224232							
馬賊	217628	217646	217706	217723	218756	218782	218870	219011	219209
	219235	219325	220067	220092	220097	221249	221250	221758	222323
	222650	222746	222982	222983	222984	223485	223496	224138	224647
	225460	225529	225772	231682					
麻疹	217790	217844	218559	219458					
馬車	217942	220201	225391	228639					
漫談	217282	217760	218816	219534	219563	221410	221993	222556	222615
	222668	223469	223500	223858	225562	228270	231638		
滿蒙	216061	216084	216431	216532	216706	216866	216931	216938	216955
	216980	217006	217030	217031	217032	217056	217090	217131	217132
	217185	217224	217570	217671	217691	217757	217779	217780	217864
	217889	217995	218019	218039	218075	218107	218145	218147	218160
	218229	218279	218304	218341	218847	218901	219002	219241	219255
	219375	219562	219749	219871	220390	220501	220889	221042	221729
	221842	222349	222374	223035	223421	223528	223631	224758	224832
	224962	227704	231006						
滿蒙講演	216955 217032								
滿蒙經濟時局 座談會	217031								
滿蒙經濟調查會	219749								
滿蒙國家紀元節	217006								
滿蒙問題講演會	216938								
滿蒙博覽會	219375								
滿蒙視察團	218901	219002	219255	219871	220889				
滿蒙新國家	217671	217691	217757	217779	217780	218107	218147	218279	218304
滿蒙旅行 滿蒙旅行西鮮 旅行會	218145								
滿蒙移民 滿蒙移民對策	216061	216084							
滿鮮	216157	216190	216706	216826	216886	216912	216960	217328	217774

	217819	217883	217927	218167	218304	218544	218552	218852	218925
	219585	219795	219825	219937	220186	220589	220717	220759	221587
	221791	222285	223386	223408	223669	223720	226765	226887	227660
	227699	227724	227906	228438	228471	229183	229221	231518	
滿鮮相撲大會	222285	223669							
滿鮮視察團	218544	218552	226887						
滿鮮鐵道 滿鐵	216067	216090	216190	216192	216344	216375	216399	216752	216892
	216928	217039	217073	217131	217616	218456	218499	220105	220135
	220364	220858	221449	221842	222738	223261	223528	224148	224476
	224482	224521	224569	225100	225406	225428	225772	226344	226765
	226971	227155	227329	227899	228465	228527	228786	229012	229245
	229353	230932	231316						
滿電	217076	220062							
滿洲	216061	216084	216117	216143	216153	216167	216171	216189	216192
	216193	216208	216293	216311	216339	216380	216383	216384	216409
	216414	216500	216605	216630	216714	216870	216920	216956	217034
	217132	217134	217148	217161	217224	217225	217243	217277	217279
	217297	217314	217319	217376	217391	217398	217421	217427	217468
	217491	217514	217558	217590	217615	217664	217692	217757	217779
	217858	218104	218248	218301	218306	218332	218341	218457	218471
	218490	218521	218523	218575	218578	218614	218668	218684	218717
	218720	218796	218827	218876	218896	218944	219047	219077	219113
	219122	219130	219153	219221	219228	219294	219296	219322	219365
	219374	219396	219410	219441	219447	219480	219485	219510	219513
	219631	219675	219701	219711	219713	219722	219735	219785	219796
	219819	219836	219858	219883	219960	219994	220000	220022	220049
	220097	220121	220186	220192	220218	220279	220285	220317	220351
	220402	220437	220441	220464	220471	220535	220554	220573	220680
	220731	220766	220768	220774	220847	220858	220884	220936	220980
	220996	221026	221031	221051	221087	221106	221115	221123	221266
	221333	221355	221392	221419	221462	221494	221560	221660	221661
	221676	221713	221737	221742	221794	221804	221893	221918	221954
	222096	222125	222198	222220	222223	222244	222267	222274	222276
	222305	222312	222335	222337	222367	222377	222379	222388	222537
	222629	222647	222690	222738	222814	222862	222877	222896	222908
	222924	223003	223010	223072	223112	223118	223121	223138	223141
	223145	223238	223239	223354	223356	223395	223446	223457	223521
	223530	223531	223532	223535	223552	223553	223564	223571	223595
	223597	223608	223707	223722	223728	223730	223757	223759	223826
	223852	223905	223929	223945	223950	224004	224011	224062	224096
	224124	224142	224149	224163	224165	224175	224183	224189	224208
	224310	224424	224518	224521	224527	224543	224561	224578	224661
	224689	224710	224715	224781	224898	225004	225028	225060	225120
	225147	225201	225223	225249	225270	225286	225300	225323	225349
	225405	225427	225454	225483	225579	225610	225639	225719	225720
	225735	225858	225872	225881	225886	225894	225904	225928	225979

	226004	226023	226106	226109	226122	226165	226242	226485	226491
	226505	226512	226631	226640	226728	226805	226806	226832	226860
	226866	226894	226931	226944	226991	226999	227021	227061	227071
	227083	227120	227130	227148	227156	227176	227183	227228	227234
	227279	227282	227283	227310	227324	227394	227408	227426	227486
	227509	227553	227589	227590	227604	227621	227642	227646	227671
	227704	227735	227762	227763	227789	227814	227855	227877	227929
	227939	227951	227973	227984	228065	228115	228166	228321	228453
	228474	228477	228617	228629	228715	228792	228803	228833	228910
	229001	229024	229026	229120	229217	229272	229341	229394	229413
	229432	229464	229482	229503	229529	229553	229563	229592	229672
	229744	229784	229789	229839	229930	229936	229950	229997	230015
	230069	230132	230198	230268	230273	230275	230277	230282	230311
	230380	230386	230392	230438	230469	230494	230552	230555	230671
	230727	230894	230938	231046	231073	231074	231084	231175	231190
	231199	231420	231445	231490	231578				
滿洲見本市	221742	221804	221893	222244	222388	223707	226999		
滿洲高	217314	220437							
滿洲關稅	228477	229563	230132						
滿洲國	218668	218717	218944	219113	219130	219153	219221	219228	219675
	219713	219735	219785	220121	220441	220471	220554	220573	220996
	221123	221392	221494	221660	221676	221713	221737	222096	222223
	222267	222274	222305	222335	222537	222690	222814	223118	223121
	223141	223238	223354	223395	223446	223457	223597	223757	223759
	223950	224011	224062	224124	224142	224163	224165	224175	224183
	224189	224310	224424	224518	224521	224527	224543	224661	225060
	225147	225201	225223	225249	225270	225323	225405	225427	225454
	225639	225719	225720	225735	226023	226122	226631	226640	226728
	226806	226860	226866	226931	227120	227148	227156	227183	227228
	227282	227283	227394	227426	227553	227589	227604	227704	227763
	227789	227814	227855	227877	227951	228166	228474	228833	229026
	229341	229432	229464	229503	229529	229553	229784	229930	230015
	230380	230392	230494	230552	230555	230671	231084	231199	231445
	231578								
滿洲國 建國祝賀會	222274								
滿洲國領事	231265								
滿洲國承認 滿洲承認	223395	224165	224661	225270	225720	226023	226491	226728	226860
	226931	227228	227282	227763	227789	227814	227855	227877	
滿洲國研究 教育會	227283								
滿洲國中央銀行	221392								
滿洲軍	216870	222198	223530	223552					
滿洲歸來鮮人	220192	220218							
滿洲事變	216192	216380	216383	216409	216414	216575	216920	217225	217319

	217391	217590	217858	218282	218471	219122	221419	223531	223553
	225979	226023	226485	226512	226806	226832	226894	227021	227061
	227130	227176	227234	227279	227310	227368	227394	229592	229789
	230834								
滿洲事變講演會	219122								
滿洲事變記念日	226485	226512	226806	226832	226894	227061			
滿洲事變寫眞展	227234								
滿洲事變 映畫大會	216920								
滿洲粟	216193	216339	217132	221794	222305	222335	222862	222896	223072
	223356	225120	225349	225904	225928	226242	227486		
滿洲輸出 水産物調査會	220774								
滿洲水害	229001								
滿洲視察	216061	216084	216630	219410	219447	219711	219858	219883	220186
	220936	221333	221462	221918	221954	223564	223608	227939	
滿洲新國家	222337								
滿洲語	226944	231046							
滿洲研究會 (總督府)	217279								
滿洲移民計劃	223010	227646	227671						
滿洲資源調査	220731	220766							
滿洲行進曲	216714	217034	220464	220680	220884	220980			
漫畫	220757	220830	220896	220961	220991	220992	221047		
末松多美彦 (前李王職事務官)	221568								
買官事件	231226								
梅洞普校	218168								
麥酒會社	228591								
盲人	220143	221613	225377						
盟休	216221	216447	216636	217698	218672	219716	222536	222768	222774
	223248	223345	223511	223742	223805	228412			
棉	218610	220800	221985	225865	226633	226697	226761	226809	226957
	226987	227018	227053	227081	227222	227248	227249	227366	227371
	227389	227406	227428	227443	227503	227529	227900	227993	229250
	229546	229922	229952	230260	230411	230448	230500	230740	230917
緬羊 緬羊事業	217120	222499	222786	223036	223038	224845	229839		
麵屋組合	228972								
綿引朝光 (城大敎授)	219817	220309							
棉作	218610	226809	227081	227406	227428	227503	227529	229546	229922
	230260	230411	230448						

明大ラグビー	218003	219525	219649						
明倫校	230175								
明倫學院	219912								
明川	216417	229379	229687						
明川赤農事件	229687								
明治鑛業	222389								
明治節	228345	228766	228794	228980	228995	229111	229142	229162	229238
	229267	229370							
模範農漁民調査	230855								
模範部落	217066	221899	224454	229291	229364	230139	230666	231297	
模範的理想農村	228969								
牧島公設市場	222365								
木本氏房 (陸軍技術本部)	217342								
木浦	217233	217925	217926	218413	218460	219435	220257	223755	224732
	224755	224957	225099	225283	226234	227803	227908	228214	229247
	229255	229548	229706	229761	230212	230659			
木浦 アジビラ事件	220257								
蒙古移住團	217287								
巫女	220514	227164	228641	230867					
巫女の取締	228641								
武道	216748	216824	216894	216919	216969	217666	217943	218192	218204
	218232	219107	219877	220116	223983	224285	225015	225543	226651
	227108	227591	227905	228005	228304	228500	229070	229082	231530
	231640								
武道納會	216894	216969	231530	231640					
武道大會	216748	216824	216919	219877	220116	223983	226651	227108	227591
	228005	229070	229082						
無料宿泊所	217973	229123							
茂山	216723	217173	217307	217943	218381	220102	220123	220185	220194
	220210	220223	220381	220509	220522	223103	223785	224544	224635
	229846	230935	231546						
無産女性	216184								
無産者	217904	231621							
無線電信	216745	216772							
撫順炭坑	230981								
貿易	217322	218037	220285	220376	220535	221392	221741	221965	222009
	222374	222401	222633	222675	222738	222776	222877	222995	223045
	223243	223306	223373	223416	223454	223719	224093	224812	224897
	226455	227129	227266	227387	227712	227773	227937	228227	228599
	228740	229158	229631	229778	230393	230684	230917	230946	231065
貿易協會	221392	223454							

無煙炭	217345	218105	218130	218277	218392	219398	220174	221295	222905
	223096	224095	224190	224592	225887	226363	226751	226795	227251
	227851	228209	228224	228469	228966	229124	230283	230450	230566
	230777	231059	231444	231524	231626				
舞踊	216115	218487	219477	220024	220977	222229	223015	223654	224159
	225585	226364	229451	230430	230662				
舞踊發表會	220024								
無資格教員整理	218748	218775							
無電技師	219631	222074							
無錢遊興者	218016								
無政府主義 無政府主義者	216412								
文壇	220963	221172	221221	221275	221514	221638	221767	222194	222266
	222493	222669	222785						
文壇巷說	221221	221275	221514	221638	221767	222493	222669		
文盲	217397								
文部省宗教局	228362								
文藝	220631	220633	220830	220831	220897	220962	220994	221049	221111
	221171	221174	221219	221220	221223	221267	221274	221277	221340
	221343	221398	221401	221456	221516	221578	221701	222329	
文藝時評 (川端康成)	221171	221220	221274	221340	221398				
文川農民事件	218292								
文化	216642	217933	222329	222559	222670	222676	223523	224542	224852
	225474	228165	228326	228623	230410	230627	231006	231558	231571
	231643								
物産陳列館	221674								
米	216138	216221	216269	216423	216611	216647	216734	216771	216986
	217113	217127	217167	217245	217250	217293	217338	217356	217914
	218131	218229	218247	218300	218324	218388	218656	218657	218842
	218927	218947	219200	219247	219275	219413	219445	219514	219526
	219620	219623	219651	219663	219986	220185	220201	220210	220237
	220287	220395	220466	221000	221029	221222	221435	221452	221552
	221609	221665	221734	221911	222088	222090	222169	222171	222189
	222196	222232	222307	222372	222381	222396	222581	222593	222648
	222729	222758	222775	222813	222820	222865	222868	222952	223653
	223697	223838	223876	223904	223979	224073	224123	224163	224198
	224201	224253	224263	224304	224337	224379	224523	224560	224641
	224655	224664	224688	224701	224709	224719	224737	224739	224817
	224825	224838	224871	224876	224889	224899	224920	224949	224953
	225008	225012	225058	225077	225080	225093	225095	225103	225125
	225145	225198	225270	225278	225279	225304	225313	225328	225348
	225351	225356	225373	225403	225425	225557	225577	225598	225617
	225628	225646	225666	225670	225676	225677	225690	225691	225717
	225718	225738	225760	225773	225790	225854	225879	225915	225956

	225958	225982	225984	225986	226011	226017	226022	226043	226047
	226082	226127	226230	226254	226282	226286	226380	226382	226394
	226418	226421	226536	226539	226560	226688	226706	226836	226856
	226881	226975	226991	227032	227033	227053	227070	227174	227178
	227198	227228	227275	227280	227300	227318	227342	227406	227428
	227512	227550	227556	227562	227602	227622	227627	227651	227704
	227748	227756	227772	227775	227785	227801	227826	227827	227856
	227874	227878	227990	228041	228047	228119	228137	228248	228411
	228695	228758	228764	228768	228778	228790	228815	228844	228895
	228941	228942	229032	229034	229055	229072	229169	229188	229240
	229253	229309	229346	229350	229386	229545	229584	229698	229756
	229830	229869	229985	230034	230058	230064	230106	230131	230135
	230141	230193	230212	230218	230219	230457	230500	230547	230587
	230611	230649	230755	230785	230791	230858	230956	230958	230967
	231011	231092	231118	231142	231145	231219	231266	231273	231446
	231480	231596	231653	231676					
米價奔騰	216138								
米穀檢査	228695								
米穀金融	221665								
米穀法	228815	228844							
米穀統制	221435	222088	222171	222196	222307	222758	224523	224560	224641
	224664	224739	224817	224838	225093	225103	225348	225373	225666
	225690	225760	225790	225956	225984	227756	227874	228047	
	228137	228941	229188	229253	229309	229698	229869	230212	231219
	231273	231446	231653	231676					
米穀統制計劃	222171	222196	222758	224817	224838				
米穀統制反對	225093	225103	229188	231219	231273				
米穀統制反對運動	225093	225103							
米國	218842	221222	222189	224379	225270	227228			
米國人	218842								
民生團	217240	219173	224854						
民營バス	219140								
民藝	221457	221572	221943						
民謠	221450	222331	222439						
民政黨	221796	222417							
民正黨	218048	220803	223354	227415					
民情視察	221410								
民族	218969	218987	219241	220563	221652	222663	230044		
民族問題	220563								
民族運動	230044								
民族的反感	221652								
民族主義	218969	218987							

民衆	217994	218020	218075	219441	222360	225962	228408	231096
民衆講座	231096							
民風	216353	219615	220167	221641	222150	222637	224088	225251	226059
	226107	226111	226952	227052	229311	229712	230889	231039	
民風改善	216353	219615	220167	221641	222150	222637	224088	226059	226107
	226111	226952	227052	230889	231039				
民風改善デー	226107	226952							
密輸	216567	216734	216735	216736	216974	217053	217086	217152	217217
	218295	219185	219487	219516	220586	220715	221235	222649	223238
	223315	223367	224142	224528	224601	225390	226063	226329	226373
	226437	226453	226501	226570	226608	226617	226664	227167	227448
	227593	227641	228073	228074	228190	228489	228874	228926	228957
	229550	229633	229635	229746	229748	229849	229858	229868	229888
	229945	229991	230003	230033	230121	230150	230151	230168	230198
	230236	230282	230288	230462	230481	230681	230683	230686	230693
	230926	230953	230975	230988	231022	231036	231055	231080	231162
	231189	231198	231217	231311	231420				
密陽	216110	216119	217153	218580	219544	219571	219962	223216	223486
	223543	229321	229761	231090					
密陽 公立農蠶學校	229321								
密陽署	217153								
密航	218478	218963	220247	220454	220741	220929	222601	225554	226094
	230478	231212							

					ㅂ				
ビラ	216461	216506	220257	220414	221317	221648	221655	221871	222406
	222599	222710	222789	223075	225369	226595	226616	227242	227965
	229554	230583							
朴春琴 朴代議士	217994	218020	218050	218363	218411	218436	218487	218580	218952
	219196	219271	219431	219496	219530	219554	222962	228560	229751
	229804								
博物館	216354	217351	217895	217992	220170	220642	221474	222385	222963
	224542	224591	224669	224852	225474	225478	226746	227784	227830
	228848	228913	229434	230299	230338	230687	230768	231388	231558
朴炳仁	222855								
博士	216210	216252	216296	216436	216811	216939	217156	217390	218308
	218379	220170	220526	220563	221453	221568	221657	221992	222111
	222618	222881	224714	224734	224756	224788	224819	224863	224980
	225030	225775	226208	226727	227229	227387	228310	228496	228515
	228525	228560	231030	231475					
朴泳孝	220309	231461	231481						
半官半民	229648								
半島	216106	217994	218020	218924	220387	220414	221020	221314	221356
	221373	221683	221717	221923	221977	222030	222076	222084	222161
	222236	222283	222307	222368	222418	222466	222473	222589	222654
	222696	223346	223379	223585	223610	223740	223742	223805	224076
	224080	224161	224182	224591	225759	225781	226394	226418	226759
	227062	228065	228356	228705	228732	229042	229442	229446	229698
	229750	230001	230040	230371	231079	231271			
半島 地方長官會議	222654								
半島評壇	221923	221977	222030	222084	222161	222307	222368	222418	222589
	223346	223740	224076						
反日義勇軍	221931								
反戰デー	225298	225369							
反帝同盟	225817	225979	226820	229317	229504	229653	229773	229874	230709
反帝同盟事件	225817	229504	229773	229874	230709				
發動船	216716	217046	218071	219734	220247	220449	230870		
發賣禁止	228158								
發聲映畵	222340	222468	222470	222594	222733	222795	222843	230959	
發電所	218468	218510	226721	230637	231484				
防空デー	218219								
防空施設	218767								
防空演習	216649	218100	218137	218800	219426	226894	227344	231176	
邦樂	217589								
放送	217573	217712	217715	218354	218387	218847	220298	220319	220729
	220826	220891	221041	221169	221170	221269	221306	221319	221335
	221394	221396	221543	221581	221798	221876	222049	222189	222258

	222260	222431	222433	222481	222484	222486	222717	222718	222754
	222775	223019	223079	223081	223082	223649	223836	225358	225502
	225621	225626	225653	225674	225696	226157	226189	226964	227869
	228039	228253	228598	228606	228655	229065	229399	229576	229600
	230803	230908	231433	231471	231601				
放送舞台劇	220826	221041	221396	222431	222775	223079			
防疫	217607	218373	218620	218735	221569	221679	222124	223210	223211
	223533	224279	224684	224903	225081	225417	225439	225512	225558
	225610	225662	225779	225867	225900	225901	226031	226064	226433
	226468	227359	227932	228035					
防疫事務 打合會	217607								
放火	216228	217149	217248	217273	217383	217539	217632	217764	217765
	218484	218819	218842	219162	219180	219323	219849	219888	220041
	220130	220149	220158	220161	220383	220430	220595	220615	220951
	221074	221159	222019	222044	222102	222293	222425	222538	223449
	223488	224104	224532	224969	225529	225683	225899	226349	226366
	227038	227114	227447	227536	227539	227541	227717	228567	228698
	229066	229097	229298	229354	229828	229892	229994	230016	230023
	230291	230368	230514	230541	230573	230688	230871	230873	230902
	230974	230980	230992	231103	231161	231163			
防火	219082	223318	228076	228238	229150	229760	230379	231418	231423
	231438								
放火保險	216228	220430							
防火組合	229760								
俳壇	219105								
俳人	219105	225111							
排日ビラ	222406								
排日武装蜂起	219468	219495							
排華事件	220226	224605	224948	225085					
白頭山	220900								
法務局	217044	217183	217207	217581	223968	223991	227907		
法院	216556	216921	217183	217207	217327	217390	217395	217440	217448
	217516	217544	217551	217820	217991	218074	218250	218287	218356
	218382	219179	219355	219817	219844	219905	219950	220745	221235
	222127	222455	223855	224248	224893	225591	227815	227833	227988
	228059	228235	228406	228894	229264	229362	229454	229560	229665
	229758	230087	230262	230522	230597	231261	231522		
法院支廳廢止 反對運動(城津)	216556								
壁畫	220131	221584	222067	224546	228506				
變電所	231664	231687							
辯護士	217092	219016	220116	220234	220705	225833	226012	226902	226962
	227165	228293	230016	230023	230196	230685	231463	231610	

兵隊ゴッコ	222842	230211							
兵役	222677	229641	230396	230933					
兵役志願	222677								
病院	216109	216870	217016	218261	218900	219376	219758	219978	220042
	220197	220211	220322	220604	220608	221040	221078	221265	221386
	221668	222029	222086	222142	222859	223237	223803	223857	223948
	223985	224293	225116	225825	225850	226734	226835	227194	227245
	227920	228798	229573	229704	229726	231597			
兵制	229045	229977	230043	230235	230327	230359			
兵制發布	229045	230043	230235						
保健早起會	227345								
普生醫院 移轉問題	219938	220172							
普成高普	228500	228519							
保安法	216446	221352	223107	228812					
普通校改善	217905								
普通校增設	216698	217625	219419						
普校 普通校 普通學校	216627	216693	216698	216761	216780	217120	217323	217625	217748
	217885	217905	217936	217974	218023	218069	218168	218209	218801
	218824	219304	219419	219680	219732	219756	219782	219830	219879
	219920	220048	220117	220138	220208	220364	220972	221057	221500
	221967	222172	222536	222815	223214	223771	224288	224451	224572
	225009	225068	225695	225698	225797	226020	226302	226358	226458
	226923	227155	227367	228117	228215	228327	228412	228497	228696
	229080	229693	230417	230544	230570	230575	230625	230675	231350
保險事務 講習會	225840								
福岡高校	219641 219670								
福本市太郎 (鎭海高女校長)	219933								
福音	219947	220274	222381	222631	224089	224095	226305	227017	227676
	228477	228908	229685	229948	230146				
本多光太郎 (東北帝大總長)	221395								
本町署	217195	217289	217966	218425	223746	228052	228144	229400	231268
鳳山	217061	219891	219984	229436					
鳳山面事務所	219984								
奉天	216355	216506	216626	216687	216713	216729	216857	216985	217039
	217065	217073	217955	218679	218759	218770	218896	220106	221529
	222026	222215	222760	222828	222925	223119	223180	223237	223649
	223666	224476	224561	224629	224689	224710	224781	225078	225704
	225743	225843	226281	226344	226444	227404	228064	228828	229258
	229362	229628	229805	229868	229950	229997	230225	230340	230694

奉化	216896	219432	227383						
鳳凰城襲擊	216799	216818							
不動産融資 補償法	227807	227837							
浮浪者	217312	228052	228749						
府立病院	222029	222859	226734	227920	229573				
釜山	216064	216070	216074	216082	216087	216093	216097	216105	216115
	216121	216126	216154	216160	216166	216191	216196	216200	216204
	216205	216234	216249	216250	216276	216283	216295	216328	216335
	216337	216345	216346	216373	216378	216386	216396	216425	216435
	216436	216480	216486	216487	216526	216538	216539	216579	216591
	216595	216627	216631	216662	216664	216670	216684	216698	216703
	216711	216713	216729	216742	216744	216753	216789	216791	216829
	216830	216835	216847	216882	216883	216885	216894	216899	216941
	216983	216986	216989	216991	217092	217095	217101	217135	217138
	217228	217235	217278	217284	217332	217341	217382	217436	217448
	217457	217470	217483	217484	217485	217517	217520	217521	217522
	217533	217543	217544	217561	217565	217569	217570	217619	217623
	217625	217632	217676	217684	217720	217721	217751	217755	217761
	217762	217764	217767	217768	217794	217796	217817	217857	217861
	217874	217875	217876	217910	217926	217951	217959	217962	217971
	218048	218051	218063	218064	218074	218114	218172	218206	218208
	218214	218250	218258	218263	218268	218287	218303	218367	218411
	218436	218465	218478	218515	218535	218538	218581	218589	218591
	218597	218644	218684	218687	218702	218703	218749	218755	218759
	218765	218802	218803	218848	218850	218855	218861	218863	218864
	218895	218901	218914	218959	218962	218963	218967	219001	219003
	219013	219058	219068	219100	219105	219122	219151	219174	219175
	219199	219202	219204	219211	219220	219254	219255	219260	219268
	219303	219312	219313	219325	219368	219375	219376	219417	219419
	219421	219422	219426	219439	219473	219476	219478	219531	219538
	219546	219586	219588	219598	219657	219714	219716	219719	219752
	219762	219763	219771	219803	219805	219806	219859	219870	219871
	219872	219875	219913	219922	219929	219932	219945	220016	220017
	220018	220052	220064	220097	220101	220116	220117	220147	220155
	220156	220190	220196	220231	220232	220234	220242	220258	220293
	220351	220359	220387	220390	220395	220400	220404	220412	220414
	220446	220468	220469	220498	220500	220501	220505	220559	220566
	220601	220606	220678	220690	220725	220739	220741	220744	220794
	220797	220798	220821	220880	220930	220932	220935	220937	220952
	220967	220980	221012	221039	221089	221092	221101	221142	221146
	221150	221157	221159	221161	221197	221253	221256	221311	221436
	221439	221490	221497	221506	221552	221623	221661	221671	221675
	221691	221735	221738	221741	221805	221845	221872	221874	221937
	222026	222089	222129	222165	222176	222178	222203	222251	222319
	222324	222412	222459	222464	222542	222544	222596	222601	222644

222652	222699	222704	222760	222769	222821	222834	222858	222864
222908	222932	222943	223015	223060	223119	223180	223201	223211
223231	223255	223259	223265	223314	223349	223399	223437	223454
223527	223541	223542	223547	223566	223594	223695	223702	223704
223706	223710	223749	223797	223842	223893	223923	223963	224004
224006	224007	224019	224058	224066	224081	224120	224141	224170
224171	224173	224176	224198	224206	224263	224308	224312	224321
224324	224371	224377	224418	224424	224427	224429	224435	224442
224483	224487	224532	224579	224611	224621	224626	224642	224662
224691	224697	224702	224712	224730	224775	224825	224862	224917
224966	224970	225020	225095	225099	225175	225178	225184	225195
225230	225273	225281	225311	225312	225355	225451	225452	225510
225554	225579	225583	225591	225619	225630	225669	225679	225688
225705	225764	225810	225860	225872	226011	226026	226033	226076
226143	226173	226190	226243	226247	226284	226293	226336	226344
226389	226415	226496	226518	226538	226583	226591	226629	226639
226640	226644	226677	226690	226731	226734	226765	226806	226813
226816	226866	226913	226975	227025	227042	227075	227094	227127
227184	227189	227196	227226	227231	227276	227279	227287	227336
227372	227409	227413	227427	227474	227522	227537	227555	227607
227610	227764	227811	227817	227827	227857	227909	227910	227920
227937	227938	227941	227948	227984	227987	227988	228003	228004
228005	228039	228088	228091	228110	228148	228160	228197	228206
228220	228304	228310	228345	228347	228355	228357	228398	228400
228407	228446	228507	228543	228545	228547	228560	228594	228603
228605	228619	228620	228666	228669	228717	228722	228728	228817
228841	228883	228894	228936	228962	228993	228997	229001	229010
229015	229063	229070	229107	229109	229155	229182	229197	229201
229205	229238	229246	229264	229307	229308	229309	229345	229389
229392	229397	229405	229406	229407	229502	229514	229541	229555
229559	229560	229589	229593	229608	229610	229647	229649	229659
229701	229721	229760	229764	229772	229804	229807	229812	229828
229872	229873	229910	229913	229917	229919	229949	229954	229958
229964	229965	230004	230058	230064	230159	230196	230197	230203
230216	230246	230249	230250	230254	230300	230357	230363	230414
230417	230419	230421	230422	230430	230477	230484	230490	230536
230546	230547	230548	230549	230589	230590	230603	230609	230643
230647	230650	230654	230657	230662	230694	230705	230708	230795
230800	230807	230852	230858	230863	230909	230911	230912	230924
230973	231014	231016	231019	231030	231091	231094	231110	231111
231148	231158	231201	231207	231208	231212	231213	231214	231270
231280	231321	231329	231374	231380	231415	231424	231435	231467
231472	231509	231553	231554	231556	231596	231605	231612	

釜山ゴム會社	219716								
釜山の火事	216250	217341	217767	217817	217876	217971	218967	223710	228160
	229307	229610							

釜山ホテル	220258							
釜山感謝大會	216991							
釜山檢事局	217448	217544	229015					
釜山繋榮會	222319							
釜山考古會	223454	227474						
釜山高女	216830	216882	217959					
釜山高女同窓會館	216882							
釜山公立高等女學校	220469							
釜山共生園	229958	230159						
釜山工業俱樂部	221691	227427						
釜山觀光協會	229197							
釜山教育部會	217135	221490						
釜山教育會	223893	227196	231612					
釜山局	216126	218765	220231	220880	221874	222412	222644	224312	225175
	225195	226816	227127	229812	230643	231270			
釜山金剛寺	216082	216105						
釜山男子庭球大會	218208							
釜山女子高普	220117							
釜山農事組合聯合會	218959							
釜山大正公園	217962							
釜山大池旅館	218538							
釜山滿蒙視察團	218901	219255						
釜山繁榮會	218367	219476	220690					
釜山辯護士總會	220234							
釜山辯護士會	220116	230196						
釜山府	216425	216744	216791	216983	217284	217470	217484	217520	217755
	217796	218114	218303	218581	219058	219100	219254	219303	219312
	219417	219426	219478	219657	219714	219805	220064	220190	220242
	220505	220935	221089	221253	221256	221436	221439	221506	222178
	222324	222464	222769	222864	222943	223211	223259	223923	224019
	224066	224171	224418	224662	224730	224966	224970	225230	225452
	225619	225669	225764	225860	226293	226389	226639	226644	226734
	226765	227042	227075	227189	227287	227555	227610	227909	227920
	228003	228091	228148	228345	228347	228357	228547	228669	228817
	228883	229647	229807	229872	229949	230357	230419	230490	230589
	230863	230911	231094	231207	231380	231467	231509		
釜山	229010							

浮世檜展覽會								
釜山府 理科講習會	231380							
釜山府靑年團	220242	220505	220935	221089	221253	221256		
釜山府會	216425	216744	217484	219417	219478	222864	223923	224019	224730
	225619	225764	225860	227610	228003	229807	231509		
釜山商工會議所	217926	228355	228543					
釜山商議	216662	216885	219871	220690	222165	223399	224621	226284	229958
釜山署	216595	216894	217382	218250	218287	218535	220156	220566	221012
	221101	223314	224081	224435	226026	226033	228507	229397	229659
	229760	230421	230484	230650	230795	231605			
釜山稅關	218074	224579	231111					
釜山少年團	219922	219945	224004	224120	224206	225810	227372	
釜山燒酎製造所	220155							
釜山授産場	218802							
釜山藥業總會	219220							
釜山藥劑師會	221691	231110						
釜山漁組	217623	219752	219806	220101	229910	231158		
釜山驛	216196	217721	220821	221142	229965			
釜山友の會	228841							
釜山運轉事務所	219003							
釜山遊廓	217101	218861						
釜山醫師會	230254	230708	231321					
釜山日報	222652							
釜山電動力 値下協議	216538							
釜山第一校	217857							
釜山地方法院	217448	217544	225591	227988	229264	229560		
釜山織物講習會	231110							
釜山職業紹介所	219313							
釜山鎭運河	216337							
釜山春競馬	220739							
釜山取引所	216070	216093	216328	231415				
釜山測候所	217543	217561	225273					
釜山刑務所	216386	219875	230430					
釜山會議所	219202	223704	224371	224825	226496	226518	229309	230064	231214
負傷兵歸還	218032	220836						
浮石寺	221748							
浮世檜 釜山浮世檜 展覽會	229010							
副業	216406	216499	217299	217934	218458	219026	220906	221704	222174

	222216	222703	223036	223100	223391	223677	224667	224904	225329
	225378	226061	226305	227281	227661	227934	227945	229070	229266
	229597	229840	230436	230437	230943				
副業獎勵	227945								
副業品展覽會	217934								
府尹郡守會議	224762	225932	226357	226687	227073	227422	227431		
不二農場騷擾	220183								
婦人	216131	216152	216360	217630	217657	217825	218960	219005	219058
	219089	219997	220657	220986	221452	221825	222105	222812	223133
	223194	223489	223715	223992	224260	224575	225149	225724	225745
	225861	225890	227026	227079	228121	228778	229070	229291	229444
	229849	230742	230746	230796	230815	230843	231115	231209	231309
	231312	231324	231404	231649					
不正漁業取締	216755	217099							
北滿	216231	216550	217566	217616	218221	218240	218612	219410	219447
	221431	221469	225546	226213	226450	226454	226536	226623	226646
	226864	226891	227003	227203	227392	227708	227726	229473	229906
	230021	230200	230300	230792	230943				
北鮮	216524	216550	216602	217164	217319	217391	217547	217566	217616
	217643	217811	217839	217852	217873	217975	218059	218214	218241
	218319	218663	218767	218976	219006	219019	219078	219246	219276
	219612	219738	219795	219825	219923	219951	220077	220286	220553
	220570	220579	221144	221175	221312	221384	221599	221659	221702
	221739	221831	221842	221923	221958	222786	222834	222835	222840
	222858	223035	223094	223232	223244	223643	223682	223721	223839
	223870	223894	223909	224281	224401	224414	224444	224811	224931
	224939	224958	225114	225399	225408	225421	225430	225556	225574
	225593	225792	225927	225940	226182	226210	226223	226309	226331
	226340	226353	226361	226762	226784	226788	226791	226871	226882
	226892	226963	227009	227169	227224	227250	227255	227518	227792
	227971	228063	228084	228233	228236	228237	228297	228299	228379
	228493	228499	228518	228527	228674	228716	228740	228934	228965
	228977	229475	229575	229599	229636	229787	230092	230170	230237
	230306	230344	230685	231184	231589				
北鮮開拓	216524	217319	217391	219246	219276	219795	219825	220077	220286
	220553	220570	221599	221831	221842	223643	223682	223721	223870
	223894	224811	224931	225399	225421	226331	226361	226762	226784
	226963	227224	227250	227255	227971	228297	228716	228934	228965
	228977								
北鮮空路開拓	219006	219019							
北鮮水産大疑獄事件	224401	227792	231184						
北鮮旅團	216602								
北洋丸	216458	216856	217017	218831	219731	221900	222016	222278	

北洋丸 (咸南水産船)	216458	216856	218831					
北村留吉 (朝鮮總督府 東京出張所)	218821							
北海道	221568	221660	222587	227459				
盆栽	220753	221086	221421	226699	231221			
不景氣	217366	222909	223265	225812	225924	227538	227762	230590	231419
不敬事件	216408							
佛教	216924	217793	226677	231014	231649			
佛教廣濟會	216924							
佛教婦人會	231649							
不良記者	216593	216715	216802	216946	217247	217386	217871	
不良團	218596							
不良少年	216510	218321	221760	224135	231040			
不良少年座談會	221760							
不良組合	216910							
佛像	219042	219128	220683	220882	220969	221097	223056	223074	223086
	223095	223114	224902	226398	227964	228486	230378	230405	
不祥事件	222759	227135	229988					
不穩	216243	216469	216540	216697	217002	217105	217138	217367	217866
	218786	219014	219363	219386	219429	219453	220405	220445	220635
	221012	221027	221063	221103	221134	221244	221317	221320	221626
	221648	222659	222710	223354	223987	224659	224884	225801	227296
	228286	228625	228642	228753	229815				
不穩ビラ 不穩ピラ	221317	221648	222710	228753				
不穩計劃	217105	219429	219453	220405	221244			
不穩文 不穩文書	216243	216469	217138	221012	221626	224884	227296	228642	229815
不穩分子	221320							
不穩鮮人	218786	219014						
不穩運動	216697							
不況	216314	216433	217304	217354	217762	217848	217912	217916	218215
	218529	218553	218974	219086	219727	220648	221186	221466	222077
	223105	223440	223728	223738	223789	223820	223830	223890	223986
	224031	224289	224352	224378	224414	224444	224586	224763	224796
	224805	224840	224862	224886	225084	225193	225245	225389	225895
	225966	226005	226010	226042	226260	226398	227018	227183	227307
	227629	228718	228750	228909	229113	229430	229487	229569	229819
	229948	230177	230387	230716					
肥料講習會	226995	230046						

肥料地獄	224727	224750							
祕密結社	216489	216804	217138	217381	217699	218004	218169	218266	218317
	219034	219172	219399	219694	219899	220199	220227	222149	222453
	222599	222688	222856	222874	223335	224109	225979	226486	226513
	227383	227921	228505	230213	230540				
祕密結社事件	217138	217381	218317	219172	219399	222453	222688	222856	223335
	224109	226486	226513	227383	230213	230540			
匪賊	216129	216150	216158	216169	216175	216178	216266	216330	216352
	216364	217405	217505	217545	217754	217880	217899	217937	218439
	219012	219038	219054	219062	219073	219075	219114	219139	219328
	219359	219429	219453	219468	219495	219582	219609	219774	219908
	219936	219976	219998	220003	220097	220102	220123	220130	220161
	220297	220323	220358	220381	220509	220510	220522	220523	220768
	221189	221371	221412	221414	221531	221602	221920	222198	222199
	222414	222417	222591	222813	222985	223112	223163	223177	223225
	223257	223275	223276	223295	223319	223320	223432	223439	223456
	223496	223526	223530	223551	223552	223590	223612	223615	223658
	223672	223713	223857	223897	223899	223948	223970	223985	224034
	224231	224233	224325	224358	224369	224391	224392	224423	224511
	224516	224540	224544	224599	224647	224718	224753	224797	224830
	224844	224991	225079	225102	225112	225156	225197	225227	225292
	225356	225357	225386	225406	225428	225460	225497	225529	225679
	225705	225811	225835	225882	225909	225993	226053	226170	226193
	226215	226225	226237	226265	226395	226419	226423	226444	226535
	226536	226557	226628	226631	226659	226675	226701	226726	226815
	226887	226907	226944	227027	227078	227169	227282	227317	227364
	227380	227384	227412	227642	227961	227994	228026	228054	228064
	228131	228136	228159	228313	228567	228626	228661	228875	229037
	229211	229213	229227	229387	229415	229422	229744	229802	229845
	230136	230775	230809	230839	231124	231479	231498	231502	231526
	231528	231585	231638						
飛行機	216309	216660	217065	217696	217747	220185	220210	221620	224389
	226449	228512	228523	228527	229257	229464	230830		
飛行隊	216850	218829	219081	219268	219292	219426	221412	221885	222302
	223193	224293	224506	224595	224715	225079	225404	225426	225661
	225886	225996	226060	227183	227435	227880	228857	229006	229735
	230222								
飛行場	216161	216181	216358	216424	217009	217060	218444	218804	218838
	220387	220414	220525	221624	221746	221850	221859	221864	221885
	222031	222058	222080	222108	222155	222622	222734	224214	224225
	225131	225313	225668	225712	225740	225959	226274	226482	226509
	226723	227084	229271	229367	229705	229833	229904	230395	230424
	230439	230857	230890						
飛行學校	216814	225631	231602						
貧民	217127	217195	217245	217338	217670	218661	220861	227160	231247

貧民救濟	217195　231247
濱田惟恕 (釜山漁組長)	229910

ㅅ								

サーヴィス・ガール	221374							
サラリーマン	228439							
鰤	216112	230100	231424					
射擊大會	219718	222318	228223	228912				
士官學校	221589	230504						
師團誘致猛運動(平壤)	216400							
師團移駐	216237	216259	216350	217306	218254	218716	223905	223941
師團移駐費寄附金	216259							
師團移駐地	216350							
師團移駐候補地	216237							
寺洞線	219272	219669	220488	220649	224721			
辭令	216199	216235	216305	216428	216551	216580	216581	216607	217038
	217062	217199	217218	217621	217641	217749	217778	217853	217891
	218005	218030	218111	218136	218272	218273	218305	218328	218364
	218384	218406	218435	218463	218497	218516	218549	218639	218666
	218680	218723	218744	218772	219250	219274	219412	219446	219469
	219500	219590	219616	219696	219726	219764	219766	219791	219792
	219850	219879	219907	219935	220055	220076	220233	220292	220313
	220347	220367	220399	220416	220473	220597	220644	220677	220696
	220974	221003	221408	221495	221520	221546	221664	222861	223253
	223298	223524	223943	223962	224065	224087	224162	224399	225097
	225106	225222	225590	225597	225911	225936	225960	226277	226312
	226859	227757	227787	228395	228418	229496	231657	231680	
沙里院	216724	216771	216913	217019	217112	217392	217455	217649	217698
	217787	217894	218442	218672	218771	219025	219190	219338	219556
	219667	219729	219778	219783	219822	219942	220001	220652	220728
	220763	220765	222621	228339	228566	228978	229134	229381	229522
沙里院高女	217455	219025	229381					
沙里院農校	217698	218672						
沙里院農校盟休事件	218672							
沙里院邑會	219729	219778	219822					
沙里院醫院	217787							
沙里院學校組合	219942							
沙里院學組	219667							
私立學校	217872	226565	230624	230877				
沙防工事	216459	216482	219642	219948	222659	223252	223289	223385	223424
	223444	224861	224908	224929	225308	225496	226013	226125	226156

	226166	226256	226626	226771	227037	227106	227223	227495	227783
	227885								
士方成美 (東京帝大敎授)	216658								
師範 師範生	217799	217821	218004	218469	218479	218502	219694	220065	221644
	223556	225096	226052	226890	229485	230069	230358	231483	231673
	231699								
司法	216576	216661	216739	216810	216889	217133	217159	217183	217207
	218872	219743	222093	223585	223610	224563	225350	225380	226500
	226523	227820	227827	227985	228705	228732	228829		
司法官	216576	216739	216810	216889	217133	217159	217183	217207	224563
	225350	225380	227827	228705	228732				
思想	216798	217809	217989	218778	218860	220790	220915	221895	222093
	222688	222812	222898	222997	223075	223763	223870	223894	223951
	224090	224461	224591	225007	225034	225707	225807	225814	225832
	226153	227306	227388	227894	228503	228814	228843	229212	229853
	229965	230358	230836	230940					
思想犯	217809	217989	222093	223951	229853	230358			
死傷兵	216442	216468	218316	218339	228177				
思想宣傳	222688	230940							
思想運動	216798	224090							
私設敎育機關	217854								
寫眞	216191	216397	216480	216916	216921	217210	218233	218318	218332
	218342	218381	218397	218518	218550	220010	220025	220047	220075
	220260	220374	220501	221018	221054	221253	221429	221467	221912
	222000	222080	222199	222438	222736	223136	223831	224260	225777
	225988	226809	227232	227234	227320	227477	227605	227625	227763
	227789	227814	227857	228459	228478	228678	228857	229131	229274
	229415	229435	229678	229804	229904	230204			
私鐵補助法	226958	226988	227274	227298	228393				
社會改良	216252								
社會敎育係	219703	219724							
社會敎化團體	225007	225034							
社會敎化巡廻 敎師	227162								
社會敎化活動	222736								
社會事業	216204	220024	226864	226891	230228	230896	231274	231656	231679
社會事業研究會	216204	220024							
社會施設	216603	217946	223516						
産科	216642								
山口高商	218260	218276	219527	219565	224829				
山口高商 無試驗入學者	218260	218276							

山內靜夫 (築城本部長)	218379	218602						
産卵共進會	219640	224188	228871					
山林	216529	217093	217129	221599	221759	225159	225784	227037	227532
	227605	227625	228296	228636	230313	230347			
産馬增殖計劃	227549								
産米增殖計劃	222372	222396	224688	224709	226380	226421	229309	229698	
山本犀藏 (朝鮮遞信局長)	216805	230522							
産業	216294	216315	216574	217300	217409	217886	217902	217979	218054
	218074	218123	218212	218235	218335	218610	218905	218982	220195
	220451	220457	220553	220570	221009	221120	221332	221641	222046
	222494	222810	222833	222877	222995	223044	223045	223094	223379
	223517	223560	223592	223679	223739	223768	223881	223935	224073
	224523	224568	224596	225323	225411	225433	225500	226362	226579
	226599	227063	227305	227865	228044	228166	228315	228612	228657
	228965	229056	229658	229902	230249	230381	230383	230728	230764
	230822	231155	231465						
産業歌	229658								
産業開發	222810	222833	228965	229902					
産業調査	217300	220457	228044	230249	230822	231465			
産業調査會	217300	220457	230249	230822	231465				
産業振興	216574	230728							
山田紹之助 (北大工學部 教授)	221568								
産組	217296	217913	218644	219867	219999	220693	220703	220864	221771
	221957	222094	222123	222930	223264	223376	223906	224674	224702
	225046	225293	225378	225507	225583	226302	226828	227200	227208
	227732	228092	229049	229074	230108	230435			
産調	216218	216299	218076						
産組令	225507	227200	227208						
山淸普校	228412								
産婆	220219	222211	223516	223548	225504	226134	226152	226333	226356
	226811	227132	227168						
山海 山海郡	216207	216496	216522	216547					
山縣憲兵少佐 (平壤憲兵隊長)	219268	219292							
森 (十九師團長)	218161	218189	218767	218821	221371	231140	231199		
森岡二三 (西鮮日報副社長)	218722	219905							

森崎一 (代議士)	220309								
三島高女	219330	228619							
三木義之 (慶南道學務課長)	218074								
三木淸	220629	220758							
三務學校	216565	223511							
森辯次郎 (朝郵社長)	220117								
森辨治郎 (朝郵社長)	216667	216691							
三師團	216805								
三水小學校 設立運動	217115								
三矢協約	218107	218147	218223	223829					
三遊亭圓橘	222330								
森田秀治郎 (釜山地方法院長)	217544								
三井物産	219772	220690	223645						
三中井デパート	224593	227442							
三宅光治 (關東軍參謀長)	220364								
三浦少將 (咸興聯隊長)	220164								
澁江吉三郎 (カメラマン)	217951								
傷病兵	216167	216280	216590	216786	216936	217669	217759	217861	217909
	218366	218437	218888	219318	219477	219553	219975	220017	220322
	221145	221917	222451	223715	224403	225156	225333	225872	226735
	227497	228226	228342	228369	229621	230497	230621	230964	
傷病兵歸還	216167	216936	219318	219553					
傷病兵慰問	217909	218366	218437	219477	221145	222451	224403	226735	227497
	230964								
上水道	216110	216524	221366	222712	223622	225082	225571	227075	230138
	230372	230818							
商業二部制	226342								
商業學校	217912	223254	228803	229818					
桑田競作授賞式	217984								
上田政義 (慶南道土木課長)	216207								
上海	216449	216890	217264	217379	217479	217504	217590	218282	218318
	218342	218471	221417	221482	221538	221561	221573	221597	221648

	222295	222587	222931	222939	223071	223528	223753	223787	223814
	223839	223996	224062	224170	224482	226482	226509	226783	226931
	227951	228955	230852	230853	230924	231111	231505		
上海東亞同文書院	216449								
上海事件	217264	217379	217479	217504	218318	218342	221417		
上海爆彈事件	222939								
生活難	217154	226715	228775						
西崎鶴司 (咸鏡北道 內務部長)	217818								
西崎鶴太郎 (鎭南浦實業家)	220309								
書堂	217508	218165	220130	221005	221895	226565	227894	228773	230624
西鮮	216269	216516	216601	217168	217209	217345	217560	217947	218021
	218145	218494	219823	219905	220090	220428	221119	221421	221476
	221707	221709	221840	221844	222132	222147	222151	222214	222387
	222441	222796	222797	223046	223419	223631	224245	225200	225470
	225493	225636	227313	227480	227489	227673	228186	228266	228416
	228513	228676	228737	228967	228968	229463	229471	229523	229525
	229531	229534	229565	229614	230026	230819	230937	231075	231536
西鮮女子 音樂大會	229471	229525	229565	229614	230026				
西鮮 美術展覽會	219823								
西鮮飛行協會	216516								
西鮮三道 實業家大會	228416								
西鮮三道野球 聯盟設立計劃	217168								
西鮮女子 オリンピック 大會	220428	222147	222214	222441					
西鮮日報	216269	219905	231075						
西小門	218320								
書籍	222145	231255							
西村浩次郎	216742	231321							
西平壤驛	217446								
西鄕豐彦 (前鎭海要塞 司令官)	220469								

石佛	228506							
石井格一 (鐵道省運轉局 運轉課)	220569							
石川賴彦 (全州高普校長)	220117							
石川莊四郎 (元山支廳判事)	217544	217549						
選擧	216070	216093	216968	217143	217938	218413	218928	218999	219202
	219334	219872	219886	220129	220763	221548	221963	222449	223060
	223354	223704	223875	224016	224319	224371	224433	224621	225238
	225460	225675	226392	226459	226973	227731	228050	228999	229110
	229136	229699	229831	230009	230495	230717			
鮮光印刷	218225							
船橋里小學校	218556	223047						
宣敎師	229032							
船橋榮吉	222258							
鮮農	216653	217143	217514	217558	217634	217731	217779	217883	218167
	218253	218457	218490	218523	219358	219582	219609	219735	219937
	220556	220574	220598	220634	221618	221920	222528	222868	223005
	223310	223337	223340	223366	223386	223408	223442	223459	224689
	224710	224728	224751	224938	224990	225347	225372	226730	226741
	227171	227197	227699	227724	228626	228947	229120	229187	229268
	229648	230136	230240	230268	231518				
鮮農救濟	216653	217143	217514	217558	218167	223340	223366	229120	
鮮農救濟策	217514	217558							
鮮滿	217091	217131	217152	217224	217276	217366	218157	219675	219961
	220062	220102	220123	220398	220421	220858	220859	221144	221175
	221431	221469	221860	221896	224226	224786	224804	226971	227166
	227899	228356	228440	228649	229808				
鮮滿經濟時局 座談會	217091	217131	217224	217276	217366				
鮮米	216269	219651	221734	222307	222593	222648	222758	222865	224201
	224304	224337	224560	224641	224664	224701	224739	224825	224871
	224920	224953	225008	225058	225077	225080	225095	225198	225278
	225279	225304	225328	225351	225403	225425	225557	225666	225670
	225690	225691	225717	225718	225854	225879	225958	225986	226011
	226017	226043	226082	226127	226230	226254	226282	226394	226418
	226539	226560	226856	226881	227033	227070	227178	227198	227275
	227318	227342	227512	227550	227556	227602	227622	227748	227785
	227801	227856	227878	228041	228768	228815	228844	228941	228942
	229034	229309	229350	229756	230106	230135	230141	230193	230218
	230219	230649	230956	230958	231142	231266			

鮮米擁護期成會	224641	224664	224739	224871	224953	225198	225718	227033
鮮米移入統制	224701	224825	225666	225690				
鮮米統制	226043	228041						
鮮銀	216589	216612	216625	216641	216808	217048	217121	217272	218157
	218684	218715	218739	218957	219158	219183	219405	219578	219662
	219692	220847	220885	220889	220922	220926	221294	221496	221683
	221717	222032	222312	222360	222656	222899	223167	223170	223183
	223199	223233	223342	223348	223393	223887	224239	224648	225762
	225789	225915	226155	227002	227058	227256	227906	228050	228385
	229480	229497	229560	231287					
鮮銀券	217048	229480						
鮮銀株主總會	225762	225789						
鮮銀平壤支店	216625	216641	216808					
鮮人勞働者	220177							
鮮人醫師	218248	219296						
鮮人避難民	220525							
鮮展	217860	217930	219302	219345	220342	220343	221315	221549	221583
	222030	222159	222409	222466	222543	222603	222672	222752	223113
	223191	223223	223402	223420	227813				
船田享二 (城大教授)	218074							
宣傳活寫	230230							
鮮支人 衝突未濟事件	218011	218035	218988	222875	224405			
鮮鐵	216190	216192	216431	216709	216746	216752	217377	218532	218944
	219472	219504	220675	220701	220732	220787	221791	221795	222305
	222335	223963	226918	227899					
鮮取 朝鮮取引所	216106	216334	220877	220907				
鮮取開所式	216334							
鮮炭 鮮炭使用問題	216374							
鱈	216112	216163	217099	217372	217913	218909	229344	229757
鱈の人工受精	216163							
涉里院醫院	217594							
城大	216342	216371	216831	217848	218074	218098	218123	218246	218570
	219047	219077	219317	219592	219662	219692	219817	220232	220309
	220745	221152	221183	221657	221729	222324	222428	222819	226912
	226940	227608	227751	227762	228196	228222	228341	228402	228757
	228842	229317	229514	229766	230006	230201	231084	231096	
城大 オーケストラ	230201							
城大文學部	231096							

城大反帝同盟	229317								
性病根絶對策	216262								
城津	216322	216556	216730	217302	217592	217600	217724	217820	218183
	218187	218572	218606	218616	219028	219245	219279	219282	219829
	219831	220192	220218	222009	223369	223719	224545	224772	224979
	225192	225399	225421	225697	225699	225987	226216	226788	227008
	227113	227204	227260	227266	227354	227374	227402	228674	229669
	229778	229787	229923	230075	230339				
城津貿易	227266	229778							
城津商港促進運動	218183								
城津市民大會	217820								
城津神社	230339								
城津漁港	219829	230075							
城津靑年團	216730								
猩紅熱	216281	216413	217078	217174	217307	217308	217790	217844	218014
	218043	218673	219094	219286	219574	220002	220018	221479	222099
	222472	222542	223217	223542	224176	229856	230519	230731	231252
世界經濟會議	226768								
稅關	216541	216566	216667	216691	217037	217088	217162	217493	218074
	218086	218977	219185	220586	220692	220909	221860	221896	222626
	222960	224187	224579	226371	226455	226550	227228	228073	228205
	228973	229117	229843	230157	230522	230762	230774	230996	231111
	231396	231402	231456						
稅金	216415	218173	218979	219142	220079	221802	223907	225561	225866
	228482	229686	231369						
稅納入	216183	216651	222568	225110					
細民敎化救濟	216477								
世相	216152	217762	219249	220140	222431	222909	223133	225978	230040
	231060	231125							
少年團	216577	217278	219922	219945	221731	222693	224004	224120	224206
	224422	224775	225311	225810	225998	227372			
少年保護所	220802	229711							
少年學生係(本町署)	217289								
少年刑務所	226010	226042	227907						
少年會	217537								
召羅普通校	222536								
小林省三郎(海軍軍令部參謀)	217249	217274							
消防	216060	216083	216121	216263	216900	217768	218224	218695	218856
	219004	219060	219918	220350	220710	222202	222322	222788	223725
	224202	224213	224316	224397	224783	226693	226703	228346	229144
	229246	229405	229861	230001	230278	230549	231290	231423	

消防組	216121	222322	222788	223725	224316	226693	229246	229405	
消防出初式 消防組出初式	216060	216083	216121						
消防協會	220350								
小說	220631	220831	220897	220962	220994	221049	221111	221174	221223
	221277	221343	221401	221456	221515	221516	221578	221701	222436
	222488	222665	222722	222784	223027	223083	223135		
騷擾	217612	219151	219175	219438	219463	219546	219715	220110	220183
	220243	220467	221418	224364	225018	226376	227612	227715	227999
	228306	230905							
小作權	216391								
小作令	220598	220634	222588	222589					
小作料 値下運動	216410								
小作人	216604	216731	217918	218008	218065	218171	218528	218561	219788
	220728	220734	220740	220765	220844	227737	227935	229808	
小作人爭議	218008	218171							
小作爭議	217529	217866	217965	218000	219481	219873	222588	226153	228705
	228732	228814	228843	230062	230649				
小作調停	220598	220634	222588	228814	228843	230412			
小田正義 (忠淸南道財務 部長)	217882								
篠田治策 (李王職次官)	217156 221333								
小切手	216545	224923	226144	226177	228922	228954			
小池泉 (釜山稅關長)	218074								
小川增太郎 (慶南道晉州郡守)	216207								
小泉八雲	220628								
小靑島	231089								
小學校	217115	217238	217517	217888	218064	218172	218457	218490	218556
	218858	219759	219881	219915	220750	220751	222206	222501	222640
	223047	223893	224429	225857	225983	226028	226649	227416	227806
	227834	228091	228820	230284	230502				
小學敎員 の優遇策	221205								
小學校增設	218172								
小學唱歌	222258								
昭和館(釜山)	217485	221623							
昭和水利	217998	218029	218148	219818	221830	222153	222224	222566	223166
	224084	224692	224719	224757	224774	224802	225471	226044	226417

	226480	226507	226574	226606	226855	226880	227482	227578	227933
	227954	228747	228806	228943	229042	229113	229157	229207	229417
	229517	229571	229588	229709	229723	229779	229837	229975	230030
	230886	231072	231338						
昭和水利問題	217998	218029	222153	224692					
昭和製鋼所	216357	216375	216399	216606	219779	219893	226860		
昭和製鋼所 (新義州)	216357	216375	216399	216606					
速達	218359	230130							
松林誠一郎 (鎭南浦 松林醫院長)	221568								
松本學(內務 省社會局長官)	218602	219123	219149						
松寺竹雄 (前高等法院檢 事長)	217183	217207	218074						
松茸	224501	225076	226769	226794	227134	227199			
送電區域	217347								
松竹	222264								
宋燦道 (慶南道固城郡守)	216207								
水飢饉	216333								
水道	216110	216134	216524	216610	217228	217637	217869	217897	218716
	218747	219857	219900	220426	220610	221366	221404	221527	221616
	222290	222495	222712	222810	222833	223164	223251	223622	223838
	223902	224144	224224	224356	225020	225082	225150	225202	225571
	225633	226110	226525	226674	226893	227045	227075	227740	228468
	228735	229086	229422	229566	229879	230138	230319	230328	230372
	230818	231043	231168						
水道改善	220426								
水道料値下	217228	218747							
首藤素史	221700	221997	222437	222489	222557	222666	222888		
狩獵大會	229887	230182							
水利	216211	216212	216258	216403	216405	216527	216552	216727	216770
	217175	217403	217459	217726	217785	217998	218029	218148	218286
	219027	219818	220169	220171	220377	220422	220432	220527	220583
	220621	220854	221830	221840	222153	222224	222566	223166	223209
	224084	224303	224336	224640	224663	224692	224719	224757	224774
	224802	225471	226044	226417	226441	226480	226507	226574	226606
	226855	226880	227397	227421	227482	227578	227650	227933	227954
	228259	228747	228806	228943	229042	229113	229157	229181	229207
	229343	229417	229517	229571	229588	229709	229723	229779	229806
	229837	229975	230030	230366	230577	230620	230781	230886	231072

	231338	231536						
水利組合	216211 228259	219027 229343	220583 229417	221840 229806	222566 230366	224303 231536	224336	226441	227421
樹苗檢查規則 (慶南)	217420								
水産	216458 217957 219131 221893 224168 225918 227229 228910 231058	216475 217986 219233 222125 224194 225930 227258 229071 231079	216584 218206 219538 222690 224286 226001 227336 230237 231111	216785 218465 219772 222824 224294 226084 227427 230297 231184	216856 218831 219806 223277 224319 226122 227554 230485 231464	217045 218832 219971 223311 224401 226126 227792 230685	217296 218850 220774 223564 224553 226737 227940 230770	217623 218895 221365 223881 225238 226834 228071 230780	217913 218955 221465 223906 225595 227083 228347 231042
水産加工試驗場	216785	217045							
水産物調査會	220774	221465	222125	226122					
水産物倉庫	227336	227940	230297						
水産試驗所	217986	228071							
水産試驗場	218206 225918	218850 225930	218895 226834	218955 227229	219971 231464	221365	222824	223311	223881
授産場	217985 230896	218802 231040	220435	220841	222897	227007	227160	229419	230071
水産組合	217296	217913	223906						
水税	216137 230577	216183 230620	216211 230781	216212	216918	218651	218671	222568	227629
水税不納決議	216137								
水税引下	218651	218671							
授業料滯納	216233								
水原	217448	218000	220821	223489	228352				
水原農事試驗場	220821								
水原龍珠寺	218000								
穗積眞六郎 (殖産局長)	231140								
手紙	217928	228578	230023						
修學旅行	223245	227166	228414	229071					
受驗地獄	216562	219126							
淑明女學	230216								
巡査	216209 216844 219635 221785 223925 225505 227090	216253 217022 219845 222399 223955 225882 227118	216297 217126 219869 222635 224024 225977 227291	216416 218376 219898 222770 224034 225996 227560	216562 218539 220080 223091 224126 226049 228172	216702 218637 220375 223747 224244 226235 228302	216759 218984 221565 223769 224406 226614 228388	216767 219350 221676 223821 224968 226777 228685	216801 219543 221713 223864 225237 226866 228800

	229037	229173	229261	229422	229509	229656	230183	231093	231130
	231405	231454	231542	231698					
順安農會	228904								
殉職	216172	216776	220518	220546	220909	222157	222364	222464	224009
	224035	224327	224522	226566	226941	227100	227237	227277	227310
	227330	227902	228064	230861	231604				
順化院	218754	219528	224617	225808	227381	227515			
崇福寺	216485								
崇實專門	226992	228171	231483						
崇實專門校	228171								
時局大講演會	216673	216710	216728	216750	216774	216796	216815	216838	216893
	216944	216990	216994	217095	226415	227042	229728		
時局對策 朝鮮大會	229751	229804							
時局問題	216673	216710	216728	216750	216774	216796	216815	216838	216893
	216944	216994							
市民大會	216180	216350	217158	217404	217599	217820	223461	225987	
詩人	221765	223756							
市井榮作 (釜山地方法院 豫審判事)	217448								
視察	216061	216063	216084	216086	216237	216630	216967	217185	217514
	217515	217558	217570	217643	217798	217907	217950	218051	218133
	218162	218544	218552	218612	218901	219002	219004	219159	219221
	219242	219246	219255	219263	219276	219283	219410	219447	219506
	219711	219713	219858	219871	219883	219923	219951	220034	220051
	220054	220061	220186	220466	220475	220603	220770	220796	220798
	220858	220859	220861	220889	220936	220978	220999	221154	221312
	221333	221381	221410	221462	221522	221587	221739	221780	221791
	221801	221864	221915	221918	221923	221948	221954	222033	222089
	222241	222811	222835	223245	223278	223470	223564	223608	223613
	223631	223909	224086	224758	224840	225174	225176	225179	225400
	225405	225422	225427	225454	225542	225719	225887	226085	226150
	226160	226167	226199	226761	226807	226850	226887	227081	227222
	227248	227306	227542	227552	227577	227929	227939	227951	227973
	228007	228084	228166	228168	228273	228417	228527	228680	228681
	228737	228762	228821	228847	228968	229139	229157	229185	229343
	229516	229560	229762	229872	229876	229952	230419	230647	230918
	230937	231178	231207						
試驗地獄	218344	219029	224572						
始興	219169								
食堂車	219013	219472	219504	219536	219561	226918	230729		
植民地	225093	225103	225125	225145	225854	225879	227472		

殖産	217752	218813	220117	224817	224838	225158	225208	226416	226856
	226881	227505	227683	228220	228681	228743	230788	231140	
殖銀	216703	217290	217750	217752	217826	220498	220561	221204	221255
殖産銀行	221568	222094	222372	222390	222396	223342	223666	224473	224757
朝鮮殖産銀行	225144	225331	225718	226337	226464	228220	228409	228445	229071
	229242	229571	231663						
新刊紹介	221402	222440							
神谷小一 (仁川税關長)	216667	216691	217037	217088					
新國家	217163	217671	217691	217757	217779	217780	218075	218107	218147
	218229	218279	218304	219441	222337	229832			
神宮競技	227047	227115	227128	227585	227710	227742	227798	227913	228163
	228211	228256	228287	228304	228348	228372	228500	228519	228529
新羅	216485	225185	225212	225910	226037	227180	228614	229763	230101
新羅時代	225185	225212	225910	226037	227180	228614	229763		
新聞	216395	216402	216530	216737	216931	216980	217030	217090	217095
	218318	218342	218745	218768	219225	220629	221510	221884	222309
	222508	222717	223027	223148	223667	223694	224697	225057	225944
	226105	226157	226682	227411	227616	230744			
新聞問題	216395	216402							
新文藝講座 現代小說展望	220631	220831	220897	220962	220994	221049	221111	221174	221223
	221277	221343	221401	221456	221516	221578	221701		
新聞紙法	218745	218768							
神社	216071	216094	216107	217188	217210	217568	217684	219267	219523
	219550	219802	219864	220349	220890	220984	221118	221354	221790
	222249	222871	222963	223964	224120	224704	225533	227126	227477
	227508	227709	227888	228043	228120	228127	228180	228251	228371
	228443	228494	228520	228563	228883	230049	230339	230375	230612
	231555	231689							
神社令	219523	219550	221118						
神社參拜	217568	231689							
信原聖 (慶南道財務部長)	218074	219772							
新義州	216161	216181	216351	216357	216358	216362	216375	216399	216413
	216415	216467	216605	216606	216616	216617	216671	216689	216694
	216732	216745	216766	216772	216779	216860	216866	216974	217009
	217060	217110	217313	217592	217600	217603	218037	218280	218295
	218344	218395	218673	218868	218974	218979	219010	219032	219057
	219090	219142	219185	219230	219340	219378	219400	219499	219574
	219628	219660	219668	219685	219688	219941	220002	220121	220182
	220431	220586	220590	220772	220901	220909	221057	221178	221282
	221480	221779	222003	222563	222748	222910	223177	223193	223416
	223640	223867	224214	224225	224612	224629	224722	224801	224890
	224897	224911	224935	224999	225105	225256	225264	225465	225535
	225642	226106	226168	226338	226455	226830	226836	226844	226883

	226890	227006	227046	227391	227625	228022	228174	228284	228798
	228949	228974	229025	229271	229367	229432	229742	229789	229936
	229992	230844	230857	230890	230894	231186	231217	231246	231299
	231402	231456	231522	231674	231701				
新義州高普	221480	222748	222910						
新義州工場聯盟	217313								
新義州校	216671								
新義州教育部會	219499	219668							
新義州國境飛行場	216161	216181							
新義州道立病院	228798								
新義州府	216351	216467	216860	218280	218974	219230	219628	222003	226830
	227046								
新義州府會	218280	219230	222003						
新義州飛行場	216358	217009	229367	230857	230890				
新義州稅關	219185	220586	220909	226455	231402	231456			
新義州小學	216689								
新義州驛	216362	216974							
新義州料理屋奮起	216415								
新義州中	224911	224935	225105	226890	228022				
新義州地方法院	231522								
新義州測候所	216866								
新日本文藝	220633								
神前結婚	217580								
新田留次郎(朝鐵專務)	219466								
新派劇	221876								
神戶	220892	223649	226728	229917					
新興會	219712								
室內樂	222435								
失業	216389	218062	218443	223592	224425	224807	225035	225244	227548
	229664	229789	230244	231018					
實業家	216763	216783	220309	220886	220925	220953	223046	223631	227043
	227313	227673	228186	228414	228416	228509	228513	228967	229514
	230216	231190							
失業者	216389	218062	218443	224425	224807	225244	229789	230244	
實業庭球大會	221310								
實情調查	216293	216550	217801	221610					
實地調查(滿洲)	217514	217558	221661						

十九師團	216113	216308	216763	216783	217342	218161	218189	218767	218821
	220917	221371	222932	231140	231199				
火田民整理 十五年計劃	221659	221702							
十川登(十九 師團經理部長)	216113								

					○				
アイスホッケ	216430	231215							
アイヌ	222229	223015							
アジビラ事件	220257	226616	227242	229554					
アルミナ (平南)	218007	218033							
イギリス	218222	227228							
インチキ宗教	231470								
インテリ	229444	230565	231018	231396					
インフレ景氣	231608								
ヴァイオリン	222185	222325	222326	222554	225239				
オリンピック	220428	221119	221179	221227	221350	221609	221751	221990	222147
	222214	222441	223082	223118	223300	223470	223644	224379	224737
	225546	225628	225676	225714	225773	225777	225857	225925	225976
	226873	226917	227243	227858	227882				
ヤマトホテル	218759								
ワクチン	226002	230969							
阿久津國造 (北海道帝大 工學部長)	221568								
兒童	217019	217346	217904	217928	218529	218553	218858	219786	220093
	220176	220238	220673	220750	220751	221108	221186	221260	221478
	222526	222619	222642	222671	222750	222756	223299	223308	223596
	223762	223771	223920	224271	224288	224525	224619	224916	225218
	225771	226374	226429	226765	227307	227434	227444	227823	227881
	228514	228541	228769	228820	229569	229734	229759	230335	230423
	230938	231125	231413	231612	231621				
兒童劇	220750	220751	222756						
兒童圖畫展	228769	228820							
兒童愛護	220176	221260	221478						
雅樂	228655								
兒玉右二 (代議士)	218952								
兒玉朝鮮軍 參謀長	217185 218866								
阿片	216974	217053	217086	217217	217388	217411	218295	219487	219516
	220406	220715	221140	223315	226608	228611	228703	228724	229083
	229714	229717	229822	230491					
阿片密賣	220406	228724							
阿片密輸	217053	217086	218295	219487	219516	220715	223315	226608	
樂浪博物館 委員會	220642								
樂燒會	220269	220427							

安岡源三郎 (平南道視學官)	220164								
眼鏡	216210								
安東警察	216209	216253	216297	216543	216568	216688	219225	223669	229786
安東警察署	216209	216253	216297	219225	229786				
安東高女	220368	224556	230320						
安東公安隊	216686								
安東記者協會	220767								
安東小學	217265								
安東守備隊	229422	230722	231638						
安東幼稚園	222842								
安東邑事務所	219559								
安東縣	216363	216375	216399	216401	216444	216463	216467	216765	216851
	217545	217664	217692	218081	218692	218717	218727	218873	219666
	220128	220575	220843	222026	224247	224279	225340	225524	225582
	226327	230552	230683	230834	231022	231539			
安東縣公安局	216401								
安藤廣太郎 (東大敎授)	222428								
安倍季雄	220748								
眼病	216306								
安奉線	216158	216169	216175	216178	216209	216253	216297	216330	216352
	216364	216525	216549	216681	216768	216879	216908	217020	217043
	217186	217214	217255	217505	217680	217694	217704	217727	218180
	218656	219205	219225	219232	219774	220036	220263	220277	223033
	224392	224679	225679	225705	225742	225882	226053	226170	226275
	226306	227078	229290	230512					
安昌浩	223122	223152	223171	224079	224705	225063	231279	231562	231592
鴨綠江	216461	216953	216970	217027	217067	217297	217941	218922	218938
	219209	219235	219353	219625	219675	220134	220148	220354	220436
	220582	221524	222982	224681	225256	225392	225610	226576	226602
	226705	228678	228687	229025	229365	229575	230103	230198	230282
	230286	230593	230614	230764	231121	231551			
鴨綠江人道橋	216461								
鴨綠江 採氷禁止	217067								
鴨綠江鐵橋	230286								
鴨綠江解氷 氷上通行禁止	218922	218938	219209	219235	219625				
愛邱熱血團	216343								
愛國機	217096	217376	217398	217468	217491	217523	217602	217747	217903
	217967	218575	218614	218743	218776	218795	218906	218924	219043
	219081	219109	219124	219596	219618	220052	220081	220241	220264

	220443	220545	220572	220850	221355	221542	221580	221608	221640
	221667	221746	221779	221886	221910	221949	221966	223439	223456
	223708	223874	224503	225152	225178	225229	225451	226679	226818
	229950	229997							
愛國機朝鮮號	217376	217398	217468	217491	219043	219081	219109	219124	219596
	219618	220052	220081	220241	220264	220545	220572	220850	221355
	221542	221580	221746	221779	221886	221910	221949	223439	223456
	223874	224503	225178	226679	226818				
愛國機朝鮮號 獻納金	217523	217967	218924	219043					
愛國部	216168	231414							
愛國少年團	217278	221731	222693	224422	224775				
愛國朝鮮號 朝鮮號	216993	217136	217376	217398	217468	217491	217557	217903	218057
	218857	219043	219081	219109	219124	219596	219618	219645	220016
	220052	220081	220159	220241	220264	220352	220365	220387	220414
	220455	220483	220486	220500	220545	220555	220557	220562	220571
	220572	220600	220612	220637	220654	220665	220704	220797	220850
	220879	220901	220940	221031	221032	221051	221052	221355	221542
	221580	221746	221779	221789	221793	221828	221885	221886	221910
	221949	222058	222086	222130	222142	222273	222302	222304	222375
	222622	222696	222998	223053	223439	223456	223874	224471	224503
	224782	225178	225631	225649	225671	225704	225743	226679	226818
愛國獻金	222696	222998	223053	226295					
愛國號	216326	216424	216472	216474	216506	216660	216923	218679	218770
	218795	222273							
愛婦 愛國婦人會	217583	219329	221024	221309	223563	224403	224800	225341	225531
	225550	228936	229540	229974	230078				
野球	216480	217168	219493	219835	219855	219990	219991	220232	220429
	220446	220498	220542	220825	220930	221030	221204	221293	221454
	221476	221509	221878	221879	221937	221944	222028	222173	222260
	222285	222576	222682	222797	222994	223396	223417	223632	223730
	223802	223989	224203	224221	224227	224256	224277	224282	224309
	224342	224372	224374	224393	224466	224472	224495	224566	224588
	224611	224626	224643	224666	224691	224712	224722	224732	224738
	224755	224776	224785	224798	224814	224822	224842	224864	224890
	224891	224911	224915	224935	224940	224941	224956	224984	225053
	225073	225126	225163	225266	225283	225502	225674	225696	225714
	225763	225770	225816	225871	225888	225926	225940	225976	226024
	226076	226236	226283	226297	226345	226385	226424	226844	227047
	227150	227511	227710	227913	228058	228256	228287	228304	228348
	228744	228840	229063	229109	229155	229184	229256	229310	229358
	229458	229721	229853	230681					
野球聯盟	217168	225126	225163						
野球統制	225126	225163	226385	226424	227511				
野木定吉	217685								

(國際運輸取締役)								
藥局	216721							
若松校	218278	222017	223093	231126				
若松小學校	222501	222640						
鰯油	216179	216255	216277	216741	217906	219757	221440	222253	222655
	223168	223185	223282	223428	223906	228128			
鰯油肥	216277	216741	217906	223168	223185	223282	228128		
鰯油統制案	216255								
藥草調査	224863								
養鷄	218146	223733	223758	227686	227934	229364	231119	231249	
養豚品評會	227936								
洋服	217233	217684	219370	221246	223123	224106	226733	227956	229544
洋服祭	229544								
梁山騷擾事件	219715	220110	227999						
洋樂	221044	222325	223129						
良藥	217407	218891							
養鼈	218186	218577	219884	220942	221186	221704	222057	222200	222504
	222970	225844	226580	226605	227851	230664	230940		
洋畫	220632	220633	220898	220964	220995	221224	221455	221513	221576
	221579	222121	222409	223029	229275	231650			
洋畫硏究會	220964	231650							
魚雷	221222								
御安泰奉告祭	216957	216984							
漁業取締規則	231533								
魚油肥統制 鰯油肥統制	216684	216741							
漁組	216163	217623	218465	219080	219538	219752	219806	219968	220098
	220101	222040	222410	228257	229443	229624	229910	230883	231158
	231222								
漁村振興	223677	225894	230883						
御下賜金	216198	216338	216942	217678	225919	226080	226133	226186	226214
	226914	227749	228401	230247	231656	231679			
嚴俊源 (京城淑明 女學校長)	230216								
女	216074	216097	216130	216184	216213	216221	216262	216272	216307
	216381	216382	216393	216453	216486	216540	216683	216700	216793
	216806	216823	216830	216845	216846	216857	216862	216882	216888
	216891	216905	216937	216943	216945	216948	216998	217002	217007
	217108	217128	217191	217281	217324	217371	217455	217464	217481
	217503	217577	217674	217675	217690	217699	217721	217743	217744
	217776	217788	217795	217813	217919	217922	217959	218036	218070
	218191	218246	218314	218341	218356	218368	218374	218382	218531

218685	218708	218733	218758	218761	218815	218817	218855	218911
218951	218968	219010	219023	219025	219032	219037	219045	219048
219053	219057	219072	219090	219099	219111	219120	219129	219142
219174	219193	219230	219262	219285	219321	219330	219339	219346
219356	219357	219394	219397	219423	219449	219488	219547	219570
219601	219603	219660	219676	219685	219712	219716	219767	219774
219787	219794	219798	219814	219815	219827	219879	219933	219969
219992	219997	220036	220060	220117	220138	220156	220164	220195
220232	220235	220240	220276	220314	220336	220368	220380	220405
220413	220428	220469	220492	220514	220575	220588	220651	220724
220768	220778	220786	220819	220865	220948	220969	221039	221074
221119	221123	221179	221231	221318	221327	221350	221388	221394
221483	221498	221502	221557	221570	221621	221656	221684	221709
221766	221775	221824	221825	221873	221926	221991	222022	222100
222102	222147	222151	222214	222293	222326	222341	222425	222433
222441	222451	222501	222511	222522	222526	222537	222579	222619
222660	222711	222713	222720	222782	222799	222828	222853	222890
222957	222958	222962	223052	223076	223121	223141	223194	223242
223425	223491	223537	223607	223619	223715	223757	223792	223932
224062	224156	224267	224333	224383	224404	224443	224451	224467
224488	224518	224521	224543	224556	224720	224834	224845	224856
225088	225209	225321	225338	225339	225363	225368	225388	225389
225577	225628	225676	225681	225773	225826	225842	225851	225924
226139	226140	226302	226317	226324	226341	226499	226505	226526
226595	226614	226616	226642	226654	226819	226877	226980	226982
226983	227064	227079	227164	227338	227492	227777	227817	227858
227882	227883	227962	227984	228014	228019	228057	228064	228109
228174	228179	228204	228223	228381	228434	228511	228519	228570
228615	228616	228619	228641	228646	228673	228689	228702	228813
228931	228951	228975	228987	229070	229103	229107	229148	229153
229285	229292	229354	229381	229385	229444	229471	229474	229495
229525	229531	229549	229560	229565	229605	229609	229614	229657
229720	229765	229798	229826	229870	229891	229896	229897	229933
229938	229953	229960	229978	229987	230014	230016	230023	230026
230059	230072	230088	230155	230167	230216	230253	230260	230313
230318	230320	230347	230373	230413	230480	230497	230558	230652
230658	230710	230750	230755	230766	230789	230818	230844	230848
230867	230921	230924	230938	230974	230980	230992	230993	231018
231103	231114	231188	231263	231350	231354	231361	231379	231400
231438	231514	231540	231560	231590				

| 女高普 | 218036 | 218191 | 219048 | 219449 | 219676 | 219879 | 220138 | 222441 | 227858 |
| | 227882 | 227962 | 228434 | 229385 | 229565 | 230750 | 230766 | | |

| 女工罷業 | 226642 | 231560 | | | | | | | |

| 旅館 | 218538 | 220410 | 220566 | 221015 | 223778 | 225463 | 225476 | 226329 | 229579 |
| | 229851 | 229965 | 231208 | | | | | | |

| 女給 | 216262 | 216943 | 217922 | 218070 | 218341 | 218855 | 218911 | 219010 | 219032 |

	219057	219090	219142	219193	219230	219321	219547	219603	219660
	219685	219787	220492	220651	220948	221039	221388	222799	222853
	223052	223242	223537	225924	227817	228689	228702	228813	228951
	229938								
女給稅	219010	219032	219057	219090	219230				
女事務員	216074	216097	216130						
女性	216184	216486	217699	218368	219356	220240	222511	223792	224518
	224543	225577	229444	230167	230789	231263	231514		
女子	216307	216891	217191	218817	219798	219827	220117	220428	220969
	221119	221179	221350	221709	222147	222151	222214	222441	223194
	225628	225676	225773	226302	227858	227882	228179	229103	229471
	229525	229531	229565	229614	229657	229765	229953	230014	230026
	230155	230260	231350						
女子オリンピック	220428	221119	221179	221350	222147	222214	222441	227858	227882
女子卓球大會	217191								
女學校	217481	217503	217788	218758	220164	220232	220276	220469	226341
	229070	229107	230216	230844					
女學生	218531	218951	219712	219997	220368	220575	221656	223715	224267
	225209	228223	229978	230072	230921				
旅行	216746	217663	218145	218354	218387	218812	218851	218877	218882
	219454	219713	220193	220351	220859	220938	221154	221547	221736
	221977	223245	223419	224110	224331	224377	224410	227166	228073
	228414	228434	229071	229103	229321	229872	230937	231335	
旅行記念スタンプ	218851	218882							
研究	216115	216133	216204	216408	216866	216958	217279	217756	218098
	218239	218691	218836	218840	218884	219451	219669	219723	219784
	220024	220563	220589	220649	220810	220898	220964	221005	221018
	221152	221183	221205	221232	221258	221370	221556	221884	222011
	222439	222440	222688	222729	222808	223019	223096	223286	223308
	223345	223483	223649	223765	224587	224604	224670	225075	225132
	225346	226761	226829	226871	226882	226944	227158	227181	227196
	227200	227217	227222	227248	227283	227513	227907	228137	228165
	228326	228347	228623	228966	229240	229451	229526	229976	230021
	230101	230323	230611	230768	230836	231006	231011	231046	231074
	231086	231338	231571	231643	231650				
演劇	220070	221390	221457	222550	223078	224791	227721	227916	229320
	229512	229558	229608	230020	230122	230757	230817	230913	
延吉縣	217118								
煙突掃除	216392	217912							
軟式野球	222576	224221	224277	228840	229109	229155	229184	229256	229358
	229458								
演藝館	230757								
演藝會	216497	225863							

演奏會	217589	220623	222334	229014	230201			
煙草	216432	216735	216926	217710	219009	220299	220318	220613	221722
	222207	222502	223367	224589	225006	225204	225384	225537	225552
	226680	227629	227652	227911	227996	228325	228353	228433	229388
	229708	230033	230726	230874	231036				
延平島	220372								
年賀郵便	222014	230643	230829	230908	231149	231293	231557		
年賀狀	216126	230596	231451	231685					
延禧放送所	229600	230803							
染色講習會	219278	219439	228370	229472	229559				
鹽業鐵道	231303	231382							
葉書	217972	221966	222273	225201	225248	225455	230488		
營口	224064	224279	224877	225406	225428	231518			
英國遊覽船	220193								
營農法	220776	223738	223789	223830	223986	225193	225245	226905	227699
	227724	227853							
永登浦	218010	218047							
永上 選手權大會	216430								
永信普校	216761	216780							
永井照雄 (木浦府尹)	217926								
映畵	216543	216568	216920	217379	217479	217485	217504	217590	217875
	218263	218621	219755	220053	220070	220552	220624	220804	220957
	221048	221390	221454	221573	221623	221813	221934	221946	222022
	222054	222258	222264	222265	222340	222415	222468	222470	222550
	222594	222607	222617	222716	222733	222795	222843	223023	223078
	223080	223953	224027	225724	225745	225824	225857	226136	226168
	226403	226494	226521	226873	226913	227031	227087	227279	227721
	227892	227916	228464	228796	229145	229320	229332	229512	229558
	229608	230020	230122	230662	230732	230757	230817	230959	231612
	231671								
映畵檢閱	220053								
映畵會	217590	217875	226168	228464	231612				
預金部	218230	223919	223937	228758	228790	228823	229948		
藝妓	216287	216370	217810	218372	219544	219571	221508	225023	225050
	225389	226755	227357	227639	229533	230253	231510		
豫防	216657	217269	218015	218044	218257	218334	219106	221655	221679
	221714	221745	222851	223215	223542	223660	223847	223861	223891
	224001	224047	224080	224091	224247	224259	224354	224421	224460
	224535	224905	224972	225011	225211	225393	225417	225439	225490
	225513	225608	225703	225808	226405	226438	226471	226643	227359
	227463	228390	229441	229986	230060	230210	230800	230801	230891
	230960	231120	231252	231280	231334	231467	231507	231659	

豫防注射	216657	217269	218015	218044	223215	224047	224091	224259	224460
	224535	225417	225439	225490	225513	226438	226471	226643	227359
	227463	229986	230801						
豫算	216214	216240	216256	216261	216325	216327	216349	216372	216423
	216476	216499	216503	216524	216564	216574	216644	216662	216726
	216749	216766	216812	216841	216871	216885	216935	216963	216983
	217040	217116	217165	217227	217283	217321	217375	217400	217401
	217422	217520	217622	217636	217667	217701	217758	217893	217902
	217946	217956	218021	218108	218158	218163	218199	218285	218303
	218331	218335	218336	218355	218369	218390	218393	218408	218515
	218517	218615	218630	218633	218688	218799	218826	218974	218992
	219049	219051	219100	219104	219136	219178	219181	219203	219223
	219248	219299	219338	219556	219587	219621	219695	219702	219705
	219725	219730	219746	219747	219795	219805	219825	219916	219943
	220011	220026	220103	220311	220394	220418	220442	220453	220472
	220480	220584	220598	220634	221427	221458	222025	222059	222709
	222867	222923	223003	223208	223395	223873	223895	224355	224524
	224698	224700	224808	224965	225253	225409	225431	225459	225497
	225553	225677	225711	225733	225864	225868	225889	225942	225956
	225984	226009	226023	226041	226232	226293	226536	226634	226636
	226684	226709	226865	227045	227097	227204	227216	227228	227319
	227588	227775	228155	228438	228471	228693	228763	228797	228846
	228850	228909	228989	229016	229143	229401	229507	229543	229669
	229725	229916	229983	230193	230218	230274	230328	230582	230670
	230696	231114	231202	231214	231389	231394	231412	231453	231478
	231511	231550	231684						
藝術	217951	221764	221822	221883	221947	221998	222055	222118	222187
	222192	222193	222331	222439	222663	222958	223136	228992	229019
吳東振	218540	218563	218592	218619	218941	219404	219741	221013	222219
	223510	223780	223865	224300					
奧地醫療機關充實の計劃	220474								
奧村重正 (京畿道學務課長)	217882								
玉田少佐 (第十九師團參謀)	217342								
溫突	229976	230001	230156	231361	231373				
溫陽	217340	226073	228869	231513	231549				
溫泉	216072	216095	216247	216583	216672	217907	217950	217953	218048
	218728	218835	218903	219046	219238	219511	219808	220187	220676
	222366	223153	224232	224317	225845	226661	227007	228504	228869
	229556	229961	230109	230372	231549				
瓦斯	216605	216610	217497	219147	225586	230284	230468		
外科	216348	229704	229726						

外國船	216249	230477	230478					
外國人	217309							
外務省	218006	218028	218602	219908	219936	226866	227043	
外事課	216347	217702	219070	220639	220691	224029	225158	225859	226845
	227929	227973						
謠曲	217522	217823	220983	221632	222432			
窯業	217394	218291	220764	222069	226752	229024		
窯業部	217394	218291	220764	222069				
龍岡郡廳舍 移轉問題	219949	220168						
龍塘浦	216148	216457						
龍塘浦港	216148							
龍頭山神社	219802	224120	227709	228883				
龍頭山遷宮	216790							
龍尾山神社	219864	224704	230375	231555				
龍山	216109	216159	216477	216668	217096	217237	217537	217730	217981
	218338	218761	219477	220413	220569	220602	221020	221021	221040
	221078	221082	221265	221266	221279	221308	221434	221553	221609
	221614	221617	221643	221647	221728	221984	222321	222895	223060
	224163	224184	224234	225263	225857	226039	226262	228392	229904
	229907	229955	230923	231209	231497				
龍山工兵大隊	220569	221614	221643					
龍山公園	217730	218338	224234					
龍山陸軍	216159							
龍山部隊	221279	221308	221434	221728	222321	229904	229907	
龍山少年會事件	217537							
龍山野砲隊	217237							
龍山衛戍病院	216109	221040	221078					
龍山號 (愛國機)	217096							
龍井	216360	216769	216920	217015	217158	217402	217616	218141	218489
	220525	221236	221412	222375	222622	223381	224124	224175	224183
	224980	227213	228064	228262	228478				
龍井 日本人婦人會	216360							
憂國少年	218757	218769						
優良納稅者 表彰	220799							
優良兒	216479	216883	216987	217019	218924	221024	223920	
優良兒審查	221024							
牛市場粉糾	228421							
牛疫豫防	221679							

宇垣總督 宇垣一成 (總督)	216157	216496	216522	216623	217515	217568	217661	217851	217907
	217950	217953	217982	218051	218269	218847	218950	219159	219534
	219563	219795	219825	220103	220286	220340	220398	220421	220553
	220570	220722	220803	220821	220856	221312	221427	221458	221739
	221796	221831	221835	221972	222001	222025	222059	222065	222075
	222360	222408	223077	223094	223159	223176	223469	223500	223799
	223841	223966	224420	224475	224497	224523	224564	224615	224630
	224739	224830	225004	225028	225225	225402	225424	225446	225495
	225518	225540	225956	225984	226182	226186	226199	226210	226214
	226432	226623	226646	226761	226910	226957	226987	227024	227081
	227530	227605	227625	228037	228084	228122	228251	228294	228591
	228650	228705	228732	228788	228821	228847	228949	228965	228974
	229139	229163	229238	229243	229322	229339	229435	229437	229491
	229542	229619	229755	229865	230193	230197	230218	230246	230529
	231083	231412	231461						
郵貯	224520	224918	225868	225917	225931	226339	226360	226720	228292
	228542	228873							
郵便	216276	216292	216373	217432	217800	217911	218359	218404	218409
	218433	218438	218493	219268	220205	220228	220580	220655	221376
	221461	221846	222014	222575	222704	223192	223224	223477	223557
	223640	223649	224012	224614	224772	225060	225132	225249	225834
	226141	226347	226399	227127	227403	227912	227944	227981	228110
	228160	228465	228560	228601	228877	228880	229407	229590	229812
	230123	230130	230455	230466	230507	230539	230556	230561	230643
	230829	230908	230977	231149	231218	231280	231293	231515	231557
郵便ポスト	230977								
郵便局	216373	217432	218404	218433	218493	219268	220580	221846	222704
	224012	224772	225060	225834	226347	227127	227912	228110	228465
	228560	228877	229407	230123	230455	230466	230539	230556	231280
	231515								
郵便局廢止	217432								
郵便事務員	220205	220228							
郵便自動車 開通	218409	218438							
運動會	220575	220732	221231	221346	221708	221773	221783	221891	227478
	227742	228357	228476	228519					
運輸	216136	216658	217004	217029	217685	218239	218878	218929	218971
	219790	224616	225129	225566	225592	228620	229015	229586	230050
	231030								
運轉手	216172	218226	218368	218985	220614	221037	221816	221927	222464
	222674	223494	223567	224139	224178	224330	225282	225511	226078
	226081	226411							
鬱陵島	218476	222463							
蔚山	217627	218715	218739	219064	219754	219918	220600	220654	221685
	222031	222058	222080	222423	222472	222479	222660	223269	223593

	224335	224578	224924	224934	225131	225312	225579	226959	229705
	229735	230655	231159						
蔚山飛行場	222031	222058	222080	229705					
雄基	216892	216928	217320	218178	218201	219310	219333	219738	221152
	221183	222724	223671	223692	224407	226182	226210	226721	227754
	227779	230501	231248						
雄基種馬所	219310	219333							
元橋曉太郎 (釜山檢事局檢事)	229015								
元山	216649	216656	216919	216969	217080	217544	217549	218100	218137
	218336	218345	218347	218350	218826	219630	219950	220126	220199
	220205	220227	220228	221283	221936	222139	222218	222476	222524
	222534	224246	224338	224398	224526	224538	224924	224934	225257
	226543	226942	227209	227491	227731	227742	227798	228027	228120
	228324	228627	228787	229171	229486	229573	229586	230181	230393
	230539	230556	230771	230772	231001	231260			
元山瀆職事件	216656								
元山法院	219950								
元山府立病院	229573								
元山署	216969	220205	220228	222476	229171				
元山神社	228120								
元山驛	228787								
元山醫師會	230181								
元山中學	216919	228627							
元山支廳	217544	217549							
元山靑訓 元山靑訓開所	222139								
園藝實習	218531								
原田等(大邱覆 審法院部長)	217440								
月刊慶北	216347								
月尾島	219311	219479							
月謝滯納	218064								
圍碁	216940	217546	223755						
慰靈祭	216275	216388	216585	216586	217378	218582	218880	220833	221827
	221855	222479	222564	224364	225922	225953	226238	226292	226485
	226512	226832	226894	226895	227021	227061	227076	227130	227279
	227310	227368	227391	227394	227435	227477	228374	229854	229993
	231246								
慰問	216260	216301	216384	216392	216393	216453	216478	216588	216590
	217055	217069	217169	217212	217476	217501	217582	217593	217615
	217673	217753	217782	217909	217931	218133	218249	218306	218366
	218423	218437	218446	218459	218471	218496	218526	218530	218888
	218924	219205	219225	219232	219477	220421	221145	221226	221309

	221419	221813	222282	222451	222825	223309	223489	223563	223715
	224038	224293	224350	224362	224392	224403	224787	224797	224799
	224800	224995	225079	225149	225156	225301	225311	225314	225341
	225504	225531	225550	225785	225836	225861	225862	225890	225920
	225952	226134	226152	226296	226631	226654	226711	226735	226785
	226832	226835	226898	226901	227003	227497	227860	227883	227984
	228313	228342	228369	228531	228541	228936	229533	229540	229568
	229632	229974	230078	230163	230169	230173	230240	230497	230542
	230621	230622	230856	230964	231033	231263	231291	231416	231417
	231540	231553	231582	231590	231645	231646	231649		
慰問金	216260	216301	216384	216392	217212	217476	217501	217582	217753
	217782	218249	218306	218423	218446	218471	218530	218888	218924
	221226	221309	221419	222282	222825	223309	224787	224799	225149
	225314	225550	225785	225861	225862	225890	225920	225952	226134
	226152	226296	226711	226898	227003	227860	229533	229540	229974
	230078	230542	230622	231291	231649				
慰問品	219205	219225	219232	221813	224293	224350	224797	225156	226654
	226785	228936	229568	230163	230173	231553			
衛生	216062	216085	216958	217066	217735	217989	218548	218834	219127
	219373	219388	219492	219512	219595	220082	220771	221132	221370
	221726	221938	222046	222245	223178	223824	223850	224064	225336
	225916	226343	227669	227738	228217	228405	228464	228841	230521
	230666	231522							
衛生共進會	219595								
衛生課	217989	221726	221938	222046	224064	227669	227738	231522	
衛生模範部落	217066	230666							
衛生試驗室	225336								
衛生展覽會	228217								
衛戍候補地	216063	216086							
柔道	222240	222634	224644	228362	229446	229560	229766		
油肥統制反對	216631	216684							
柳生六郎 (下關運輸 事務所長)	216658								
乳幼兒 愛護週間	220937	221348							
遺蹟	216303								
幼稚園	216590	217962	218546	219329	221535	222842	224038		
陸軍大學	219221	219331	219360	221333					
陸軍大學 生滿洲視察團	221333								
陸軍省醫務局	216578								
陸上競技	217146	218795	220232	220276	222151	222402	222513	224147	227115

	227504	228546	229108	229351				
育兒講座	229933							
育兒館(滿鐵)	230932							
尹奉吉	221561	221597						
尹昌鉉	220554	220573	221494	221859	221928	221952	222080	222155	222377
	222734	223521							
銀座	219138	219657	222766	222841	229885	231343	231615		
銀行	216287	216579	216589	216612	216702	216767	217438	217752	218482
	219115	219378	219400	219761	219869	219898	220019	220109	220456
	220781	221294	221375	221392	221545	222077	222181	222312	223064
	223598	223626	224048	224223	224236	224239	224455	224690	224729
	224866	225331	226191	226335	226538	227002	227058	227125	227226
	227805	227890	227963	227987	228085	228118	228220	228385	228543
	228605	229172	229400	229479	229655	230455	230535	230574	230962
	231515								
銀行令	227890	227963							
音樂	216133	216670	216789	218218	219091	219477	219743	219812	221276
	221821	221825	221994	222258	222779	223132	223555	229070	229385
	229471	229525	229531	229565	229614	229657	229765	229953	230014
	230026	230155	230407						
音樂研究會	216133								
音樂家	218218								
醫務局	216578	216792							
醫博	219000	219533	222141	222806	227351	228663			
醫師	216971	218248	218855	219268	219296	219301	219336	219485	219513
	219776	221158	221192	221206	223499	225467	225665	226671	228771
	229421	229501	229859	230166	230181	230254	230708	231001	231016
	231321								
醫師法	226671								
醫師藥劑師試驗	219301	219336							
醫師集談會	229421								
醫生試驗	229420								
義勇消防	218224	223725	224397	231290					
議員	216113	216427	216683	216828	216880	216906	217166	217213	217374
	217818	217938	217987	218162	218190	218275	218413	218422	218451
	218544	218552	218638	219016	219039	219202	219331	219540	219732
	219886	220086	220120	220488	220534	220718	220763	220889	220953
	221090	221102	221132	221392	221547	221874	222165	222257	222449
	222855	222907	223294	223506	223618	223704	223893	223976	224012
	224054	224319	224849	225232	225238	225791	226222	226826	227387
	227951	228003	228050	228310	228560	228999	229314	229514	229572
	229745	229811	229958	230195	230470	230537	230676	230910	230965
	231112	231260	231461	231481	231509				

醫者	216076	216099	216652	225587	229390			
醫專	221096	221125	221379	221388	222419	222816	224428	224442	224736
	224792	224829	225775	227660	229108	229766	230154	230180	231015
	231662								
義州	216124	216147	216161	216181	216265	216351	216357	216358	216362
	216375	216399	216413	216415	216467	216605	216606	216616	216617
	216671	216689	216694	216732	216745	216766	216772	216779	216860
	216866	216974	217009	217060	217110	217313	217592	217600	217603
	218037	218280	218295	218344	218395	218673	218868	218974	218979
	219010	219032	219057	219090	219142	219185	219230	219340	219378
	219400	219499	219574	219628	219660	219668	219685	219688	219941
	220002	220121	220182	220431	220586	220590	220772	220901	220909
	221057	221178	221282	221480	221779	222003	222252	222460	222497
	222563	222748	222910	223177	223193	223416	223640	223867	224214
	224225	224257	224298	224573	224612	224629	224722	224801	224890
	224897	224911	224913	224935	224999	225105	225256	225264	225465
	225535	225642	226106	226168	226338	226455	226830	226836	226844
	226883	226890	227006	227046	227391	227625	227743	228022	228174
	228284	228798	228949	228974	229025	229271	229367	229432	229742
	229789	229936	229992	230844	230857	230890	230894	231186	231217
	231246	231299	231306	231402	231456	231522	231674	231701	
義州鑛山	222252	222460	224257	224298	224573	224913	227743		
醫學	216939	221040	221078	221152	221183	221346	221373	221453	221647
	222111	222978	224111	224446	225576	226912	226940	228496	228515
	229111	229937	230154	230180	230323	230528	230713	231483	
醫學講習所	221346	221647	224446	225576	230154	230180	231483		
議會	216325	216377	216509	216738	216826	216884	216912	217012	217070
	217097	217226	217252	217329	217333	217413	217429	217553	217595
	217665	217758	217786	217859	217884	217887	217893	218055	218113
	218134	218158	218217	218229	218329	218355	218630	218719	218799
	218847	218905	218948	219196	219271	219308	219414	219591	219711
	219824	220459	220585	221064	221607	221639	222088	222152	222195
	222362	222705	222706	222813	222923	223190	223222	223244	223261
	223310	223347	223392	223412	223443	223832	223834	223840	223873
	223895	224345	224524	224560	224737	225100	225476	225495	225497
	225518	225538	226133	226181	226189	226209	226230	226235	226254
	226287	226444	226636	226728	226865	226916	227628	227647	227672
	227756	227874	228041	228050	228110	228179	228630	228797	229524
	230002	230453	230707	230885	231033	231150	231363	231453	231478
議會解散	216738	216826	216912	217097					
伊達四雄 (慶北內務部長)	216082	216105							
移動診療	216560								
伊藤公	219308	220391	220721	227648	228708	228818	231552		
伊藤公記念會	231552								

移民計劃	216765 227671	217257	220874	222367	222379	223010	223058	223088	227646
移民會社	220441	220471							
伊福部隆輝 (文芸評論家)	222190	222262	222333						
伊森明治 (殖銀理事)	221568								
李先龍	221987	222376							
二十七聯隊	216763	216783							
李王 李王家	216347 222646 229102	217156 222813 229116	218384 224912 229639	218573 224936 229670	218587 225309 229704	218607 225568 229726	219315 227561 230547	221333 228991	221568 229018
李王世子玖殿	222646	222813							
李王殿下	218573	218607	228991	229018	229639	229670	229704	229726	
李王職	216347 227561	217156 229639	218384 229670	218587 230547	221333	221568	224912	224936	225309
李雲赫	225878	227036							
李朝時代	216640	216679	230611						
移住	216420 218457 222276 226784	216706 218490 222367 227054	216712 218523 222379 229120	217039 218925 223384 230240	217073 219735 224540 230268	217287 220212 225635	217303 220441 225837	217731 220471 226659	217779 220843 226762
移住鮮農	217731	218457	218490	218523	229120	230240			
移住鮮農救濟	229120								
移住鮮人	216420	216706	223384						
移住獎勵補助規定	216712								
移住地調査	219735								
利川	219761	219869	219898						
移出牛	220648	222678	223734	223770	224805	226774	228281		
李恒九 (男爵)	218431								
離婚訴訟	222511	223820	230047						
李會榮	230044								
印鑑詐欺	228585								
人口	216652 220695	217230 221117	217850 221463	218347 226028	218828 227051	219001 228297	219132	220431	220653
人事相談	217075	217806	217978						
人蔘茶販賣協議	229615								
印刷	218196	218225	220975	231421					
引揚	216318 219192 230887	216438 219236 231013	217020 219754	217332 220726	217457 220760	217521 223005	217603 223996	218282 224233	218829 225107

仁川	216476	216667	216691	216949	216952	217032	217036	217037	217041
	217088	217515	217568	217921	217924	217969	218483	218641	218688
	218751	218854	218989	219311	219366	219438	219463	219750	219753
	219926	220239	220243	220295	220339	220387	220449	220467	220604
	221035	221036	221493	221668	221730	221734	221956	222039	222422
	222597	222707	223657	223660	223877	224203	224218	224220	224227
	224425	224833	224874	224919	224971	225099	225176	226973	227043
	227241	228100	228101	228536	228537	228539	228667	228720	229105
	229189	229247	229313	229319	229515	229646	229707	229717	229867
	229914	229956	230111	230164	230255	230304	230336	230472	230602
	230816	230864	231109	231159	231219	231220	231273	231283	
仁川デー	217568								
仁川見本市	228101	228536							
仁川穀物協會 仁川穀協會	217041	221734							
仁川南商業校	217036	224203	224227						
仁川道立病院	221668								
仁川商議	216476	226973							
仁川署	217969	224218							
仁川稅關	216667	216691	217037	217088					
仁川騷擾 仁川騷擾事件	219438	219463	220243	220467					
仁川神社	217568								
仁川醫院	220239								
仁取	218061								
人形	216579	220586	220970	220990	221165	221272	221697	222958	223383
日ソ文化協會	222559								
日蓮宗	228414	229791							
日滿	220575	221242	221773	223720	223757	224011	224518	224543	224601
	225594	225769	226150	226806	226944	226972	227166	227228	227596
	227889	228072	228512	228523	228751	228760	228855	229210	229227
	229365	229675	229734	230288	230331	231073	231074	231115	231629
日滿國交樹立	227228								
日滿男女學生 交歡運動會	220575								
日滿婦人交歡會	231115								
日滿支	228751								
日滿親善	224518	224543	226944	227596	231074				
日滿通信	229675								
日滿學童作品 展覽會	229734								
一面一校計劃	216433	217304	217974	219277	221605	223946	225113	226456	228112
	230877								

一面一校主義	217236	223368	224352						
日米國際放送	222189								
日本	216152	216360	216666	216685	217131	217309	217487	217512	217655
	217747	217776	217823	218135	218467	218797	218949	219224	219480
	219510	220067	220092	220633	220832	220891	221144	221170	221175
	221373	221556	221943	222022	222035	222159	222258	222268	222433
	222439	222485	222486	222526	222607	222619	222620	222670	222723
	222779	222850	223081	223121	223141	223482	223619	223644	223757
	223931	223963	224208	224482	224514	225060	225574	225593	225773
	226050	226287	226768	226944	226972	227166	227347	227387	227483
	227503	227529	227773	229127	229217	229323	229413	229464	229475
	229672	229728	229839	230504	230750	230766	230803	230882	231074
	231378	231613							
日本古民謠の 研究	222439								
日本教育 音樂協會	222258								
日本刀	216152	216666	216685	231613					
日本放送	220891	222433	223081						
日本放送 交響曲團	222433								
日本放送交響 樂團	220891	223081							
日本眼科學會 總會	221556								
日本愛	217309								
日本語	217655	226944	229217	231074					
日本語教師	229217								
日本移民	219480	219510							
日本人婦人會	216360								
日本製糖遂	229413								
日本海	217487	217512	222485	222486	222620	227483			
日本畵	217776	222159							
日鮮滿 中等校美術展	228440								
日鮮合併 日鮮合併記念日	227416								
日章旗	216602	217117	220080	221912	223163	223177	229808	230174	230384
日支交戰	218647								
日支事變	216575								
日韓併合	231461	231481							
日活	221946								

林教育總監	222860	222893							
林房雄	221767								
入漁禁止	217957								
立川太郎 (朝鮮米倉專務)	216269								
入學難	217323	219304	219737	224572					
入學試驗	216708 219617	217399	217885	217959	218758	219126	219163	219416	219450

ス									
ジャズ	216444	216463	221630						
ゼネヴァ	225270	227236							
ヂフテリヤ	221137								
自更運動	227555	231404							
子供	216307	216777	216857	217524	217591	217747	218121	218152	218567
	218734	218787	218817	218920	219089	219216	219240	219425	219436
	219661	219721	219901	219981	220033	220153	220461	220508	220747
	220754	220778	221131	221326	221387	221424	221503	221574	221862
	222717	223203	223288	224438	225774	225776	226790	227289	227871
	227956	228918	229663	229785	230211	230932	231128	231388	
自動車	216461	216659	216742	216868	216870	216977	217178	217200	217219
	217288	217339	217363	217812	217940	218409	218428	218438	218598
	218885	219224	219789	219866	219903	219926	219981	220068	220102
	220123	220296	220307	220359	220461	220689	221038	221077	221083
	221138	221163	221209	221687	221795	221927	222110	222674	222915
	223070	223097	223567	223843	223910	223917	224143	224186	224390
	224430	224441	224457	224707	224735	225172	225190	225206	225262
	225292	225312	225387	225475	225501	225511	225547	225566	225592
	225750	225759	225781	226078	226411	226493	226502	226520	226530
	226545	226578	226639	226929	227042	227107	227109	227145	227587
	227596	227845	227944	228000	228154	228241	228329	228366	228387
	228413	228533	228545	228554	228756	228887	229006	229342	229508
	229590	229643	229738	229754	229852	229862	229873	230012	230054
	230753	230779	230821	230919	231580				
自動車法	230054								
自動車事故	216868	226078	226545						
自動車一齊檢査	218885								
自動車墜落	217178	217219	217339	217363	218428	219903	219926		
自力更生	224952	224978	225164	225257	225507	225542	225650	225724	225745
	226952	226977	227000	227149	227205	227230	227239	227261	227343
	227382	227611	228491	228596	228785	228845	228883	228906	228914
	228933	228982	229027	229165	229291	229312	229332	229396	229538
	229564	229671	229682	229688	229791	230079	230139	230220	230295
	230435	230589	230706	231064	231236	231342	231411	231697	
自力更生組合	229688								
自力更生座談會	229671								
自力更生デー	228883	230589							
自殺	216131	216387	216411	216599	216943	216950	217108	217128	217154
	217331	217488	217682	217744	217788	218041	218070	218479	218763
	218865	218921	218969	218987	219061	219063	219435	219489	219491
	219543	219659	219687	219765	219767	220008	220328	220615	220688
	220969	221015	221037	221159	221301	222175	222405	222685	223110
	223214	223864	223892	225261	225263	225732	225798	225983	226596

	226694	226879	227599	227822	227849	227949	228246	228557	228608
	228615	229091	229664	229720	229870	230019	230165	230191	230869
	231048	231312							
資源調査隊	218572	218606							
自轉車	216187	216901	216972	220658	222296	222358	224268	224410	225896
	226640	228390	229769	231031					
自轉車泥棒	222296								
自轉車稅	216972	231031							
蠶業	216300	217705	219884	225539	230940				
蠶業發展策	219884								
蠶業獎勵懇話會	225539								
蠶種改良講習會	217330								
蠶種製造所	217251	217447	218886	222623					
雜誌	216530	219105	221825	222121	222194	222561	222958	225944	230796
	231060	231540							
腸チフス窒扶斯	216226								
	216657	217466	218149	219314	219684	220544	227846		
裝甲自動車	217288	225292							
長岡春一 (駐佛大使)	218379								
長谷多喜礪 (朝鮮信託)	230158								
長谷川照雄 (西鮮日報社長)	216269								
長尾正德 (朝鮮軍獻醫部長)	220309								
獎忠壇公園	219259								
長唄	220625	221043	221335	221337	221450	221694	222121	222552	222662
	222713	222884							
長興	220478	227538							
齋藤吉十郎 (朝紡社長)	216667	216691	218952						
齋藤內閣	222360	222461	222467	222530					
齋藤首相	223354	225069	227233						
齋藤榮治 (新義州地方法院檢事)	231522								
在滿同胞	216309	216585	218990	221857	224787	225587	228936		
在滿同胞遭難慰靈祭	216585								

在滿蒙 鮮人調査會	216532							
在滿鮮農	218167	219937	223386	223408	227699	227724		
在滿鮮農救濟	218167							
在滿鮮人	216706	216826	216912	217328	218304	218852	218925	219585	219795
	219825	220186	228438	228471				
在滿鮮人 救濟施設	219795	219825						
在滿鮮人問題	217328							
在滿鮮人 調査會	216706							
在滿朝鮮人	217673	217780	221607	221639	221744	221915	221948	222867	223063
	223087	225347	225372	226964	227120	227148	227160	228375	228592
	230069							
財務部	217818	217882	217944	218074	218391	219772	221071	
財務協會	229252							
爭議	216587	216636	217529	217807	217866	217965	218000	218008	218171
	218225	219093	219151	219175	219189	219481	219873	221812	222474
	222588	226153	226819	226823	226848	227271	227378	227417	227519
	227812	227919	227950	228705	228732	228814	228843	229112	229549
	229605	229715	230062	230314	230649	230778	230957	231288	231432
猪	216896	217129	217250	223495	224045			
貯金	217267	217695	218052	218808	218837	220012	220981	221530	221834
	222350	222567	223649	223903	224589	224680	225049	227981	228036
	228451	228542	228560	228799	228923	228967	229388	229534	229718
	229838	229915	230309	230554	230652	230661	231157	
貯金デー	228799							
貯金管理所 設置猛運動	221530							
赤痢チフス	219647	219682						
赤色 勞働組合事件	231492	231535	231647					
赤色農民組合 反帝同盟	226820							
赤色團 赤色團檢擧	229554							
赤色組合	217813	220434	225184					
赤十字	216632	216737	218862	220236	220484	221024	221752	222880	224565
	224823	225548	230199	231597				
赤十字社	216737	221752	222880	224565	224823	225548	230199	
赤十字社 巡回診療	221752							
赤化	217535	217815	218537	220142	220246	222453	222720	222773	222782

	222890	222957	223796	224275	224383	224770	226142	226246	227008
	228303	229454	229599	229636	229768	229770	229792	229801	230306
	230344	230641	231027	231254	231450	231493	231647	231673	231699
赤化讀書會	231027								
赤化事件	217535	217815	218537	220142	220246	222773	223796	226246	228303
	229454	229768	229770	229792	229801	230641			
田口健 (西鮮日報主幹)	219905								
全國書道 展覽會	227196								
電氣	216134	216173	216290	216356	216557	216638	216743	216828	216880
	216887	216965	217345	217404	217486	217497	217498	217598	217599
	217637	217947	218105	218130	218392	218403	218670	218681	218716
	218779	218934	219556	219697	219941	220270	220945	220966	221230
	221528	221992	222087	222110	222791	222999	223429	223520	223878
	224407	224416	224478	224519	225041	225929	226721	227045	227097
	227658	227953	227979	228176	228613	229371	229463	229520	229725
	229795	229982	229988	230178	230319	230328	230450	230498	230819
	231043	231384	231441	231484	231627	231664	231687		
電氣公營問題 (咸興)	216828	216880	217404	217599	220966	225041	229988		
電氣料金	216557	216965	217486	217498	220270	221230	221528	223878	229795
	230178	231627							
電氣料金の滯納	231627								
電氣料金値下	216557	217486	217498	220270	221528	229795			
電氣療者	216290								
電氣事業	216638	217345	217947	218403					
電氣値下運動	216173								
電氣統制	218105	218130	218392	229463	230450	230819	231384	231484	
電動力値下	216538	218777							
電燈	216610	230468	230714	231147	231485				
展覽會	217934	217972	219823	220341	220343	220605	221086	221457	221637
	221825	221884	222265	223365	226699	226921	227196	227328	227507
	227752	227813	228217	228356	228884	228994	229010	229152	229559
	229734	230906	231623						
電力	216988	217947	218501	218779	228253	230250			
電力統制	217947								
專賣局	216387	216411	220117	222502	224700	225537	227114	227536	227911
	228433	230220	230291	230759					
專賣局 廣梁灣出張所	216387	216411							
戰死	216165	216176	216215	216275	216285	216304	216313	216388	216435
	216502	216553	216586	216643	216827	216850	216858	216915	216917
	216961	216966	217237	218473	218495	218640	218641	218808	218837

	219350	219524	219557	219890	220375	220773	220835	220904	221236
	221252	221278	221357	221411	221415	221419	221433	221437	221468
	221536	221663	221735	221829	221887	221964	221968	222818	222932
	223163	223177	223287	223456	223531	223553	223655	223678	223716
	223751	223760	223857	223860	224328	224357	224540	224597	224910
	225227	225882	226235	226420	226444	226863	226888	226907	227021
	227241	228136	228177	228578	228626	228692	229173	230225	231479
	231633								
戰死兵	216275	216435	216586	218640	218808	218837	220835		
戰死兵慰靈祭 戰死者慰靈祭	216275	216388	216586						
戰死者	216215	216313	216388	216858	218641	219524	219557	220773	221236
	221415	221433	221536	221663	221735	221964	222818	222932	223163
	223655	223678	227021	227241	231633				
戰死傷者	216165	216176	217237	220904	221419	221437	221468	223163	223177
	223456	223531	223553	226444	226907	231479			
戰死者告別式	216313								
戰死者追悼會	216858	231633							
戰傷兵慰安會	216219								
全鮮	216498	216500	216993	217141	217209	217593	217631	217666	217766
	218009	218109	218207	218234	218705	218731	218748	218775	218998
	219273	219339	219647	219682	220352	220365	220556	220574	220877
	220907	220933	221294	221382	221460	221463	221659	221702	221853
	221890	221963	222071	222132	222171	222196	222236	222283	222499
	222528	222576	222648	222877	222900	222923	223008	223031	223050
	223310	223337	223372	223468	223516	223536	223548	223608	223640
	223790	223811	223872	223983	224167	224239	224383	224458	224472
	224495	224576	224609	224623	224904	224937	225002	225007	225014
	225026	225034	225090	225126	225163	225239	225268	225484	225500
	225566	225592	225724	225745	225855	225880	225940	226273	226297
	226314	226334	226342	226368	226504	226532	226676	226718	226720
	226737	226738	226834	226962	227002	227016	227044	227053	227058
	227193	227199	227220	227230	227261	227366	227388	227389	227414
	227419	227519	227525	227544	227556	227668	227692	227702	227827
	227925	227977	227980	228006	228058	228069	228122	228141	228179
	228195	228215	228317	228340	228364	228385	228408	228448	228500
	228519	228705	228732	228763	228799	228841	228941	228947	228952
	228995	229122	229178	229228	229238	229268	229390	229538	229768
	229792	229887	230125	230228	230254	230797	230807	230866	231093
	231147	231485	231672	231696					
全鮮金組	227925	228799							
全鮮女子中等 學校協議會	228179								
全鮮農業者大會	223310	228947	229268						

全鮮辯護士大會	226962							
全鮮司法官會議	227827	228705	228732					
全鮮書道展	226334	226368						
全鮮信託協會	221382							
全鮮野球戰組合	226297							
全鮮料理室	218009							
全鮮料理業者減稅猛運動	218109							
全鮮衛生技術官會議	228841							
全鮮銀行聯合大會	228385							
銀行大會 全鮮 銀行業者大會	221294	221375	224239	227002	227058			
全鮮理髮大會	218207							
全鮮庭球選手權大會	222576							
全鮮酒造業者大會	228141							
全鮮中等陸競大會	222236	222283						
全鮮初等教員赤化事件	229768	229792						
戰勝祝賀行列	216298							
電信會議	222233							
傳染病	217150	218177	219973	220363	222043	222099	222764	222872	223013
	224421	224530	225359	225808	227290	227844	230651	230731	
全朝鮮史基本編	220975							
全州高普	220117	224732	224755	225099				
田中都吉 (前駐露大使)	221568							
田中平次 (慶南道 山林課技師)	217093							
戰車	216122	216142						
電車	218026	218198	218598	218836	218840	218874	218981	221060	221092
	221208	221212	221240	221311	221445	221497	221732	221816	222478
	222644	222743	222769	222847	223051	223270	223594	223933	224139
	224330	224557	225059	225115	226411	226487	226514	227025	227041
	227818	228432	228639	229202	229681	229793	229970	230010	230617
	230693	230826	231169						

電車轉覆	221445	221816	223270	224330					
電話	216124	216147	216336	216346	216428	216580	216607	217194	217225
	217438	217527	217562	217853	217891	218345	218364	218384	218633
	218765	218803	219078	219363	219386	219961	220062	220231	220463
	220479	220880	221495	221520	221845	222062	222085	222204	222231
	222299	222344	222412	222531	222532	222534	222644	222704	222993
	223189	223221	223617	223782	223896	223943	224065	224087	224370
	224415	224870	225097	225106	225175	225195	225316	225575	225632
	225655	225712	225740	225761	225856	225960	226541	226816	227862
	227904	228021	228106	228216	228341	228502	228660	228827	229050
	229407	229589	229620	229752	229804	230107	230246	230482	231019
電話交換機	216346								
電話事務	227904	228021	229620						
切符	217527	217562							
切手	216276	216545	224923	225201	225248	225249	226144	226177	227215
	228922	228954	230488						
店員講習會	225549								
庭球	218208	219273	219917	220179	220446	221310	221853	222028	222151
	222576	223632	224049	224466	226369	227585	227875	229205	
鄭求忠 (最初鮮人醫博)	219533								
正木不如丘	222665	222722	222784						
政務總監	220691	221818	221915	221948	222046	222136	223833	224953	225003
	225027	227043	227123	227232	227801	227898	231675	231703	
井上屬四郎子 (貴族院議員)	222257								
精神更生	227265								
精神病	217054	217083	218398	226955	229175				
精神病舍	218398								
精神病者	217054	217083	226955	229175					
井野邊天籟	222439								
政友會	218157	218274	218798	220340	220366	222417	223175		
正月	216120	216152	216267	216330	216352	217405	217434	230392	230646
	230770	231060	231097	231183	231239	231670	231671	231691	
井邑	231356								
定州	219941	220769	221409	225299					
定州署	220769								
偵察機	216827	216850	218857	219109	219124	220814	220852	224934	229131
	231017	231049							
政治結社	218932	221287							
井戶	216906	220155	220362	224276	225211	225569	225586	225603	229767
	229794	231423	231567						
帝國在鄕軍人會	222698								

帝國製麻	216664	226305						
帝大病院	225825	225850						
齊藤吉十郎 (朝紡專務)	221568							
第十回 オリンピック	221990							
第二高普	218594	229251						
第一次朝鮮 共産黨公判	218477	218506	219117	219145				
濟州島	216540 221502	216793 228042	216845	216888	217002	219099	220235	220724	221475
濟州島海女 入漁問題	216793	219099	220724					
祖國愛	217433	217696	217903	221667	222086	222142	223309	227881	228366
遭難	216585 228380	217584 228587	217867 230257	219326 231105	220327	221417	224364	226238	226589
造林 造林計劃	216628 227475	217572 217572	222210 228096	222901 228712	223256 230117	223898	226896	227109	227451
朝紡 朝鮮紡織	216667	216691	218952	221568				
朝鮮	216075 216190 216282 216612 217088 217214 217282 217468 217548 217716 217804 217947 218180 218270 218456 218579 218821 219043 219161 219364 219513 219645 219856 219970 220086	216098 216197 216442 216652 217132 217224 217292 217471 217557 217753 217825 217994 218204 218299 218467 218604 218823 219058 219210 219387 219523 219650 219862 219992 220120	216106 216200 216468 216664 217136 217226 217328 217478 217620 217754 217831 218002 218210 218309 218477 218637 218847 219081 219215 219409 219550 219666 219877 219994 220159	216117 216203 216496 216697 217139 217242 217376 217486 217630 217757 217842 218020 218221 218326 218490 218656 218857 219109 219226 219428 219587 219681 219879 220013 220232	216132 216208 216500 216738 217140 217252 217398 217491 217640 217779 217858 218057 218231 218403 218499 218657 218866 219113 219228 219456 219593 219707 219882 220016 220241	216145 216237 216522 216805 217183 217255 217414 217495 217664 217780 217877 218157 218232 218429 218506 218679 218881 219117 219236 219472 219596 219711 219908 220052 220264	216153 216269 216570 216906 217185 217263 217417 217498 217673 217793 217903 218159 218240 218432 218547 218698 218893 219124 219268 219473 219618 219772 219936 220059 220276	216171 216271 216585 216993 217186 217277 217424 217502 217684 217802 217931 218169 218245 218439 218570 218741 218949 219145 219294 219485 219621 219796 219964 220072 220279	216189 216280 216589 217037 217207 217278 217440 217518 217692 217803 217937 218174 218253 218453 218578 218778 218958 219153 219320 219504 219626 219819 219969 220081 220285

220287	220298	220309	220317	220319	220341	220343	220352	220364
220365	220387	220414	220455	220483	220486	220488	220500	220534
220545	220554	220555	220557	220562	220571	220572	220573	220598
220600	220612	220634	220637	220654	220661	220665	220684	220704
220729	220791	220797	220821	220850	220856	220875	220879	220898
220901	220918	220929	220940	220943	220953	220965	220975	221006
221027	221031	221032	221051	221052	221063	221080	221104	221132
221142	221152	221154	221183	221210	221227	221252	221309	221318
221355	221403	221425	221431	221469	221482	221538	221541	221542
221547	221580	221607	221617	221639	221647	221657	221665	221737
221740	221744	221746	221751	221779	221787	221789	221793	221808
221826	221828	221843	221850	221875	221885	221886	221910	221915
221948	221949	221975	222010	222020	222058	222086	222110	222130
222136	222142	222143	222161	222163	222175	222181	222218	222248
222270	222273	222302	222304	222357	222360	222367	222369	222375
222379	222408	222418	222422	222441	222458	222461	222508	222518
222526	222527	222546	222560	222570	222593	222619	222622	222629
222642	222658	222671	222677	222692	222696	222707	222725	222744
222754	222758	222774	222786	222825	222832	222855	222860	222867
222868	222893	222907	222924	222933	222940	222959	222962	222994
222998	223019	223053	223063	223069	223072	223087	223116	223149
223157	223202	223230	223306	223316	223346	223365	223396	223417
223430	223439	223442	223446	223454	223456	223457	223459	223475
223491	223525	223531	223532	223553	223554	223601	223605	223624
223630	223652	223755	223803	223824	223832	223844	223850	223874
223878	223929	223935	223945	223963	224004	224005	224011	224125
224159	224164	224182	224186	224201	224203	224215	224217	224221
224227	224242	224256	224282	224309	224340	224342	224372	224383
224393	224471	224472	224495	224503	224520	224523	224540	224566
224584	224588	224611	224626	224643	224651	224666	224670	224673
224691	224694	224712	224728	224733	224751	224782	224785	224814
224830	224839	224976	224995	225000	225005	225128	225155	225173
225178	225228	225266	225283	225287	225290	225315	225319	225324
225325	225345	225347	225364	225372	225387	225408	225430	225450
225453	225463	225472	225476	225479	225579	225631	225649	225667
225671	225704	225714	225727	225736	225743	225917	225931	225964
225968	226055	226080	226089	226100	226104	226165	226186	226195
226196	226214	226230	226241	226254	226286	226363	226480	226507
226573	226600	226642	226657	226679	226718	226738	226818	226819
226861	226864	226891	226912	226940	226964	226969	227036	227042
227115	227120	227122	227126	227135	227146	227148	227160	227171
227196	227197	227208	227236	227243	227265	227328	227352	227388
227398	227503	227518	227529	227548	227553	227560	227602	227622
227633	227646	227671	227758	227784	227806	227807	227834	227837
227858	227882	227891	227921	227923	227942	227959	227966	228020
228023	228050	228087	228099	228109	228126	228142	228146	228150
228158	228270	228304	228344	228348	228375	228393	228444	228449

228450	228493	228499	228500	228518	228519	228592	228631	228655
228665	228666	228689	228690	228705	228711	228732	228768	228814
228843	228844	228876	228881	228990	228995	229004	229005	229029
229033	229055	229071	229114	229180	229220	229224	229238	229272
229293	229305	229325	229342	229356	229399	229497	229500	229507
229511	229538	229539	229541	229550	229552	229579	229594	229648
229744	229751	229782	229804	229820	229831	229844	229883	229898
229902	229909	229964	229971	229992	230002	230049	230056	230066
230069	230072	230125	230137	230158	230194	230224	230243	230327
230504	230567	230588	230637	230656	230683	230698	230748	230789
230792	230850	230853	230865	230914	230915	230916	230956	231085
231087	231175	231204	231254	231263	231279	231309	231378	231458
231461	231481	231486	231499	231596	231626	231670	231691	
朝鮮スキー倶樂部	231378							
朝鮮ビール朝鮮麥酒	228449	228499	228876	228881				
朝鮮ホテル	217328	225968	230056					
朝鮮警官隊	217754	218159	218180	218204	218232	218245	218270	218299	218326
	218439	218547	218604	218656	219236	219428	219796	219819	
朝鮮共産黨	217877	218429	218453	218477	218506	219117	219145	220684	221431
	221469	222422	222658	222744	223844	224217	224242	224383	224584
	224976	225727	227036	229033	229898				
朝鮮共産黨再建別動隊	225727							
朝鮮軍	216153	216171	216189	216208	216442	216468	216496	216522	217185
	217292	217440	218741	218821	218823	218866	219409	219772	220013
	220309	220729	220821	220856	220953	221080	221252	221875	222360
	222408	222832	223116	223149	223202	223230	223430	223531	223553
	225000	225128	225155	226861	227146	228099	229071	230066	231204
	231263								
朝鮮軍々法會議	216496	216522						
朝鮮軍司令官	218741	218821	218823	219772	222360	222408	222832	223116	223149
	223202	223230	225000	226861	227146	229071	230066		
朝鮮歸還	216280							
朝鮮劇場	229005							
朝鮮金組協會	222458							
朝鮮汽船	221657	226241	227518					
朝鮮農會	218253	222868	223442	223459	224728	224751	229648	
朝鮮圖書館協會	228711							
朝鮮都市計劃令	220059	220072						
朝鮮獨立運動	229992							
朝鮮林檎	224733	227633	231175					
朝鮮馬	216132	216145	228690					

朝鮮麻藥取締令	229325								
朝鮮物産	219294	220279							
朝鮮米 鮮米	216269	219651	221734	222307	222593	222648	222758	222865	224201
	224304	224337	224560	224641	224664	224701	224739	224825	224871
	224920	224953	225008	225058	225077	225080	225095	225198	225278
	225279	225304	225328	225351	225403	225425	225557	225666	225670
	225690	225691	225717	225718	225854	225879	225958	225986	226011
	226017	226043	226082	226127	226230	226254	226282	226394	226418
	226539	226560	226856	226881	227033	227070	227178	227198	227275
	227318	227342	227512	227550	227556	227602	227622	227748	227785
	227801	227856	227878	228041	228768	228815	228844	228941	228942
	229034	229309	229350	229756	230106	230135	230141	230193	230218
	230219	230649	230956	230958	231142	231266			
朝鮮米穀會	222593								
朝鮮美術展覽會 朝鮮展覽會 鮮展	217860	217930	219302	219345	220341	220342	220343	221315	221549
	221583	222030	222159	222409	222466	222543	222603	222672	222752
	223113	223191	223223	223402	223420	227813			
朝鮮米倉	216269								
朝鮮民報	216906								
朝鮮民事令	228705	228732							
朝鮮放送協會	220298	220319	222754	223019					
朝鮮步兵村	218578								
朝鮮部隊	216200	219593	219626	220317	220661	220965	221006	221617	221647
	222163	222825							
朝鮮婦人	217630	217825	218960	219005	219058	231309			
朝鮮司法部	217183	217207							
朝鮮思想界	218778								
朝鮮事情紹介	228655								
朝鮮商工會議所	216075	216098	225964						
朝鮮商議	218002	218949	219711	222907	223306	225005	228050		
朝鮮神宮	219856	222546	224186	227115	228304	228348	228500	228519	228995
	229238	229305	229538	229539	230049	230698	230915		
朝鮮新聞	222508								
朝鮮神社	219523	219550							
朝鮮信託	217140	229497	230158	231087	231670	231691			
朝鮮藥學會	228450								
朝鮮旅館協會	225463	225476	229579						
朝鮮牛	224670	231085							
朝鮮運送	217684	222143	222270	227398	228665	229820	230137	230567	
朝鮮銀行 鮮銀	216589	216612	216625	216641	216808	217048	217121	217272	218157
	218684	218715	218739	218957	219158	219183	219405	219578	219662
	219692	220847	220885	220889	220922	220926	221294	221496	221683
	221717	222032	222312	222360	222656	222899	223167	223170	223183

	223199	223233	223342	223348	223393	223887	224239	224648	225762
	225789	225915	226155	227002	227058	227256	227906	228050	228385
	229480	229497	229560	231287					
朝鮮銀行 平壤支店	216589	216612	216625	216641	216808				
朝鮮銀行 平壤支店 大金盜難事件	216589	216612							
朝鮮醫學會	226912	226940							
朝鮮人	216570	216585	217224	217471	217495	217664	217673	217692	217716
	217780	217858	217937	218456	218490	218499	218637	218657	219113
	219666	219970	220120	220488	220534	220929	221132	221152	221183
	221210	221425	221547	221607	221639	221737	221740	221744	221915
	221948	222020	222248	222357	222367	222379	222570	222629	222855
	222867	223063	223087	223532	224540	224694	225347	225364	225372
	226195	226573	226600	226964	227120	227135	227148	227160	227265
	227548	227560	227646	227671	227921	228126	228142	228150	228270
	228375	228592	228689	228990	229029	229180	229224	229272	229293
	229550	229594	229844	229971	230069	230224	230327	230792	230850
	231458								
朝鮮人保護の 訓令	219113								
朝鮮人蔘	217716	217858	226195	229550					
朝鮮人巡査	218637	227560							
朝鮮日報	222774	222940	229552						
朝鮮日報社 ストライキ	222940								
朝鮮製網	228666								
朝鮮酒	216203	216282	219877						
朝鮮證券 金融會社	221665								
朝鮮靑年	222677								
朝鮮 初等教員試驗	219210	219226							
朝鮮硝子會社	228881								
朝鮮總督府 東京出張所	218821								
朝鮮取引所 朝取	216106	231466							
朝鮮濁酒	219215								
朝鮮土産品 研究會	227196								
朝鮮學生陰謀	217424								

事件(大邱)								
朝鮮海員協會	229964							
朝鮮火保問題	219364	219387	219707					
朝鮮火災	216496	216522	217037	217088	220364	230588	230865	
朝鮮火災保險	216496	216522						
朝鮮火災社	217037	217088	220364	230588	230865			
朝鮮化學會	223454	227388	228444					
朝鮮會議所	229541	229831	229909					
朝郵 朝鮮郵船會社	216667	216691	217862	220117	223839	228145		
朝運 朝鮮運送會社	217475	217500	217600	217684	222291	229627	229985	
朝日	216851	216931	216980	217030	217090	217379	218318	218342	218843
	219205	219225	219232	219434	219461	221256	221405	221813	222119
	222191	222263	222309	222332	225572	225824	226136	226168	226403
	226494	226521	231023	231052	231192	231375	231403		
朝日俳句大會	222119	222191	222263	222332					
朝日社 朝日新聞社	216665	216711	216851	216931	216938	216980	217030	217090	217095
	217156	217479	217504	217590	218238	218318	218342	218423	218446
	218471	218489	218838	219123	219205	219225	219232	219242	219268
	220102	220123	220501	220552	220554	220573	220804	221307	221419
	221972	222001	222309	222682	223396	223417	223465	223669	224062
	224722	225099	225688	226873	227183	227870	227883	227891	228146
	228757	229446	229459	229547	230155	230732	231662		
朝日映畫	221813	226136	226168	226403	226494	226521			
朝倉昇 (平安北道 財務部長)	217818								
朝鐵	219466	220691	220953	222738	225908	227982	228509	228719	230585
	231179								
鳥致院靑年の 血書歎願書	216380	216409							
組合	216211	216294	216299	216315	216385	216403	216494	216514	216859
	216860	216910	217047	217111	217296	217305	217585	217684	217813
	217913	217939	218054	218076	218229	218300	218390	218474	218528
	218561	218609	218685	218746	218959	219027	219130	219151	219175
	219257	219280	219316	219344	219389	219644	219651	219801	219884
	219942	220116	220155	220434	220583	220676	220840	220972	221094
	221120	221264	221332	221545	221641	221777	221840	221903	221914
	222077	222134	222221	222313	222366	222383	222494	222566	222732
	222959	222977	223100	223243	223250	223279	223282	223284	223379
	223442	223459	223868	223906	223911	224036	224048	224123	224198
	224200	224223	224303	224336	224351	224496	224690	224729	224785
	224814	225002	225012	225018	225026	225147	225184	225228	225275

	225293	225323	225329	225419	225441	225714	225735	225894	226061
	226079	226103	226258	226266	226297	226341	226343	226381	226441
	226448	226538	226673	226689	226696	226820	226867	227008	227042
	227054	227083	227196	227200	227253	227284	227290	227305	227318
	227342	227382	227421	227457	227556	227583	227587	227636	227678
	227700	227800	227827	227829	227890	227925	227987	228045	228092
	228128	228182	228244	228259	228340	228364	228384	228543	228605
	228972	229028	229035	229062	229063	229167	229186	229205	229343
	229344	229417	229425	229647	229667	229688	229736	229760	229790
	229806	229837	229948	230063	230366	230383	230430	230505	230641
	230764	230767	230778	230800	230844	230927	230962	231021	231155
	231304	231305	231486	231492	231532	231535	231536	231579	231618
	231636	231647							
朝海丸觀覽會	219174								
早婚妨害運動	216417								
卒業 卒業式	216787	216830	216862	217231	217265	217577	217756	217849	218209
	218220	218252	218503	218520	218570	218690	218704	218785	218807
	218854	218899	219045	219047	219048	219077	219174	219190	219317
	219343	219570	219592	219780	219836	219929	220972	221666	221869
	222815	223769	224126	227196	227614	227638	227762	228775	228803
	229987	230032	230069	230072	230320	230555	230565	230894	231084
	231452								
卒業生 指導學校	221666	227196	227614						
宗教	222258	222608	223696	223717	226952	227265	228362	231470	
從軍志願	216718								
終端港 終端港問題	216190	216232	216892	216928	217018	217320	217547	217722	219909
	219947	226182	226210	226623	226646	226722	226767	228571	228786
座談會	216450	216498	216548	216601	216640	216679	216719	216724	216764
	216807	217031	217056	217061	217091	217112	217131	217224	217276
	217366	217708	217722	217774	217819	217883	217927	218929	218971
	219018	219071	220858	221760	222004	222374	222958	223048	223352
	224616	225129	228144	228408	229332	229400	229671	230595	230684
	231113								
佐藤一郎 (新任朝鮮軍々 法會議檢察官)	216496	216522							
佐瀨武雄 (鐵道局技師)	221568								
佐伯精一 (新任二十師團 參謀長)	220569								
左翼	217804	220034	224791	225555	229455	229898			
左翼運動	220034	225555							

駐露大使館	218379							
駐日ドイツ大使	228525							
駐日英國大使館	219016							
酒造	217061	217112	221071	227980	228141			
酒造座談會	217061	217112						
竹尾義麿 (大邱地方法院長)	217390							
竹村喜久治 (平壤稅關支署長)	230522							
中國共産黨	225365	227384	229428					
中國義勇軍	225813							
重藤千秋 (羅南聯隊長)	216547	216555	216600	216622	221415	228064		
中等校 入學試驗	216708	217399	219416	219450	219617			
中等學校 中等校 中學校	216708 216840 216861 217382 217399 217885 218571 218605 219045 219126 219227 219305 219416 219450 219617 219650 219745 219773 220138 220232 221416 221707 221709 222236 222283 222285 222808 222967 223008 223031 223034 223345 223372 223396 223417 223423 223468 223800 224203 224227 224256 224282 224472 224495 224722 224785 224786 224804 224814 224890 224915 224940 224941 225096 225266 225283 225502 225674 225696 225714 225763 225816 225871 225926 225976 226024 226076 226236 226283 226345 226844 226890 227660 228179 228356 228440 228500 228519 228619 229063 229070 229531 229645 229657 229721 229781 230014 230065 230533 230565 230990							
中産階級	219803							
中小商業 振興策懸賞	217855							
中央高普	220256							
中央水力電氣 (咸南)	216356							
中野高一 (外務省書記官)	218602							
衆議院	220889	220953	222863	223003	226631			
中村吉右道門	221268							
中村星湖	220894	221219	221572	221943	222329	222663		
中村昌三 (拓務省事務官)	218074							
中樞院	218431	218576	218608	220931	227331	230204	231141	231570
中樞院改革	231141	231570						
中學	216919	217382	218092	218649	220138	222576	223245	223997	224256

	224282	224611	224626	224643	224666	224776	224798	224822	224842
	224864	224890	224891	224911	224935	225105	225250	225714	225736
	228015	228022	228304	228627	229070	230035	230547	231371	
繪	217092								
增富新吾 (公州高普校長)	220208								
地價	216583	216604	217360	226939					
地價慘落	216604								
芝居	220630	220633	222613	226755					
支那	216265	216312	216318	216438	216462	216541	216566	216610	216613
	216653	216678	216735	216736	216799	216818	216876	216877	217220
	217264	217332	217457	217460	217521	217524	217536	217567	217603
	217628	217646	217672	217693	217706	217716	217717	217723	217733
	217964	217969	218011	218035	218050	218094	218141	218193	218282
	218518	218550	218703	218710	218736	218933	219062	219075	219208
	219264	219284	219363	219386	219424	219480	219510	219518	219688
	219849	219889	220038	220102	220123	220261	220382	220403	220482
	220487	220491	220594	220842	220883	220924	221962	222586	222772
	223998	224180	224362	224379	224511	224606	224799	225132	225249
	225319	225477	225686	225709	226461	226476	227117	227830	228465
	228729	229818	229991	230686	230782	230991			
支那警官隊	216541	216566							
支那兵	216462	216876	218518	218550	218710	218736	219849	219889	
支那保衛團	219424								
支那語	219208	220482	226461	229818	230782				
支那語科	220482								
支那煙草密輸	216735								
支那領事館	217332	217457	217521	217964	222772				
支那人	216265	216312	216438	216613	216678	216877	217220	217264	217603
	217672	217693	217717	217733	217969	218011	218035	218282	218518
	218550	218703	218933	219062	219075	219264	219284	219480	219510
	219688	220487	220491	220594	220842	220883	220924	223998	224362
	224511	224606	224799	225319	225477	226476	228729	230686	230991
指紋	216592	216612	218164	219052	219170	221095	223490	229602	230510
指紋器	219170								
地方改良	219637	227734							
地方改良講習	219637								
地方法院	216921	217390	217448	217516	217544	217551	219817	219905	223855
	224893	225591	227815	227833	227988	228059	228235	229264	229362
	229560	229758	230522	230597	231261	231522			
地方法院 支廳廢止	217516	217551							
地方法院 橫城出張所	230597								

地方費	216359	216982	217375	217422	217639	220608	221009	223368	223807
	225241	228688	228797	228850	231389	231453			
地方制度	225734								
地方行政講習會	225967								
池上秀畝 (畫家)	222324								
地稅	216481	224608	224622	225541	231443				
紙業	217574								
池田秀雄 (前京城日報社長)	218952								
地主	216137	216403	216552	216604	216727	216918	217141	217459	217529
	217824	218131	218286	218651	218671	219046	219220	220213	220844
	223353	225471	226280	227401	227809	228276	228656	228765	228947
	229120	229403	229808	230209	230296	230695	231368		
地震	216361	216598	217697	220817	221268	221270	225350	225380	230854
職業校	230227								
職業教育	221653	225855	225880	226429	227306				
職業紹介所	217795	219313							
職業戰線	216862	217481	217503	229987	230072	230320			
職業學校	219159	223115	226299	228884	229419	229498	229612	229954	230068
	230823	231241	231583						
鎭江橋	218873								
鎭南浦	216180	216221	216494	216514	217021	217064	217166	217181	217264
	217352	217602	217728	218400	218617	218665	218928	219334	219335
	219672	220215	220272	220309	220545	220648	221056	221350	221418
	221568	221652	221892	222905	223040	223184	223241	223761	223854
	224054	224099	224803	224805	224956	224984	225264	225285	225609
	225707	225782	226750	226935	227115	227305	227398	227589	227627
	228113	228477	228571	228921	229034	229081	229795	229930	229980
	229991	230134	230653	230713	230783	231065	231113	231491	231493
	231532	231537	231686						
鎭南浦府會	219672								
鎭南浦商議	217166	218928	219334	220272	231686				
鎭南浦 松林醫院	221568								
鎭南浦精米 女工盟休	216221								
鎭南浦支廳 復活運動	217728								
陣內利夫 (馬山府尹)	216954								
診療券	222166	229079	229809	230708	230909				
震災記念日	226135	226591							

晉州 晉州郡	216207 221233 229313	217137 223747 229398	218421 224335 229707	218482 224580 229815	219430 224691 229956	220203 224712 230008	220364 228217 230655	220621 228250 231369	221200 229186
晉州警察署	220364								
晉州軍營 期成會	217137								
晉州普通學校	220364								
晉州邑會	221200	221233							
晉州學校組合	229186								
陳中文庫	217931	218307	218333						
鎭海	216071 218854 220979 223971 230420	216094 218951 221002 223998 230479	216107 219104 221810 227368 230655	216251 219203 221875 228494 231568	216497 219933 222249 229071	217663 220140 222413 229344	217913 220469 222592 229448	218053 220605 222651 229646	218082 220870 223120 230008
鎭海高女	219933								
鎭海灣	216251	217913	223971						
鎭海素人 演藝會	216497								
鎭海神社	216071	216094	216107	222249					
鎭海要塞	220469								
鎭海要港	216107	222651	223120	230479	231568				
鎭海要港部	216107	222651	223120	230479	231568				
質屋	218590	224289	225778	225892	227468	228279	230978	231397	
集團農場	216706								
徵兵檢査	216308	220606	222387						

ᄎ									
チェロ	222327	222554							
チフス	216226	218015	218044	219647	219682	220304	220331	222099	222101
	222472	222987	223313	223633	224460	224531	225211	225946	226351
	226643	226644	227463	227846	229986	230112	230969	231196	
チフス 豫防注射 窒扶斯豫防注射	216657	218015	218044	224460	227463	229986			
チャプリン	221881	221945	222187						
借家爭議	222474								
茶山産業組合	218054								
參拜	216107	217568	220735	227310	229759	230245	230269	230915	231689
昌慶苑	216132	216145	219362	220552	220804	220928	222361	223647	228939
昌慶丸	217584	225947							
娼妓	216572	218200	218226	218341	218371	218707	218737	219377	219489
	220918	220952	222179	222545	222547	222916	224082	225826	225833
	225877	227247	227665	227694	227796	228197	228303	229892	230541
	230573	230688	230873	230902	230980				
娼妓待遇改善	216572								
倉知鐵吉 (貴族院議員)	216113								
採便檢査	229826								
拓務省	218074	218381	219030	219246	219268	219276	220971	221104	221142
	225093	225103	225542	225728	225904	225928	225960	227646	227671
	229004	230696							
拓務省朝鮮部	219268	221104	221142						
叺製造所	222680								
泉崎三郎 (前黃海道內務 部長)	218074								
川島義之 朝鮮軍司令官	222832	223116	223149	223160	223177	223700	223871	223905	224681
	225191	225400	225422	226861	227146	227184	227674	229071	229540
	230066	230255	230415						
天圖鐵道	226309	226396	228686	229368	229733				
天理教	218613	219264	219284	220735	222095				
天然痘	217144	218228	218373	218712	218735	218889	219249	219770	220114
	220248	220410	220444	220881	221164	221188	221655	221714	221905
	222099	222243	223128	223926	224656	224903	229009		
天然痘豫防 宣傳ビラ	221655								
天長節	220908	220952	221082	221150	221178	221197	221290		
泉政次郎 (羅南中學校長)	220138								

鐵道	216190	216242	216248	216330	216342	216352	216371	216404	216437
	216488	216525	216549	216670	216747	216832	216839	216849	216943
	217016	217146	217158	217319	217336	217391	217427	217440	217526
	217578	217667	217706	217722	217723	217788	217829	217954	218021
	218077	218383	218456	218499	218588	218631	218643	218742	218744
	218772	218812	218944	219167	219472	219504	219536	219561	219671
	219673	219696	219726	219764	219791	219859	219917	219977	220085
	220316	220553	220569	220570	220597	220644	220859	220878	220969
	220974	221003	221144	221154	221175	221213	221305	221345	221383
	221412	221431	221469	221529	221533	221568	221783	221842	221860
	221874	221896	222028	222107	222181	222230	222247	222625	222673
	222791	222825	222828	222908	223232	223341	223480	223524	223709
	223721	224056	224075	224094	224098	224119	224476	224616	224700
	224733	224743	224763	224840	224994	225011	225099	225172	225190
	225295	225490	225512	225520	225538	225547	225573	225590	225597
	225606	225642	225673	225700	225728	225839	225848	225887	226150
	226182	226210	226212	226238	226309	226321	226350	226375	226396
	226450	226454	226528	226712	226750	226751	226825	226868	226879
	226887	226967	227032	227059	227071	227110	227224	227255	227277
	227333	227334	227398	227408	227424	227630	227705	227770	227902
	227913	227930	227978	228059	228082	228086	228209	228243	228248
	228290	228385	228400	228414	228472	228577	228620	228686	228719
	228743	228833	228934	228963	228970	228977	229007	229015	229054
	229070	229073	229151	229157	229161	229183	229205	229221	229368
	229373	229445	229459	229513	229516	229527	229543	229627	229638
	229733	229748	229850	229985	230162	230184	230194	230221	230266
	230567	230581	230585	230623	230674	230694	230802	230916	230976
	231113	231123	231140	231203	231231	231262	231303	231312	231374
	231382	231422	231476	231524	231532	231607	231654	231677	
鐵道ホテル	219472	219504	219536	219561	219671	219859	226212	228385	
鐵道警備	216404	216832	217336	217526	217578	218588	231374		
鐵道局	216488	216747	217440	217667	218383	218631	218643	218742	218744
	218772	218944	219167	219696	219726	219764	219791	219977	220597
	220644	220859	220974	221003	221144	221154	221175	221213	221305
	221345	221568	221874	222181	222230	222825	222828	223480	223524
	223709	224075	224098	224119	224476	224700	224733	224763	225172
	225190	225295	225520	225547	225590	225597	225728	226350	226375
	226450	226454	226868	226967	227032	227071	227277	227334	227408
	227424	227770	227902	227930	227978	228059	228082	228086	228290
	228414	228620	228719	228833	228963	228970	229007	229015	229054
	229070	229073	229151	229183	229221	229445	229459	229513	230194
	230266	230581	230623	230674	230802	231113	231140	231203	231231
	231262	231382							
鐵道局辭令	218744	218772	219696	219726	219764	219791	220597	220644	220974
	221003	223524	225590	225597					
鐵道妨害	221533								

鐵道事故	216248	220878	222673	225839	226825				
鐵道運賃	217427	228248	228577	228743					
鐵道從業員	218456	218499	225490						
鐵道荷	216437	216839							
靑年	216380	216409	216434	216585	216599	216718	216730	217117	217682
	217793	218182	218357	218685	218865	218936	219249	219306	219330
	219602	219687	219932	219977	220058	220199	220227	220232	220242
	220351	220412	220445	220451	220468	220498	220505	220711	220714
	220935	220957	221089	221149	221210	221217	221253	221256	221384
	221473	221863	222677	222812	223595	223599	223644	224231	224275
	224328	224357	225243	225724	225745	225807	225832	225971	226565
	226824	227016	227044	227413	227433	227921	228121	228122	228461
	228500	228508	228519	228532	229031	229655	230166	230380	230751
	230808	230812	231064	231212					
靑年の厭世自殺	216599	218865							
靑年團	216730	218357	220232	220242	220351	220412	220468	220498	220505
	220711	220935	221089	221149	221253	221256	221863	222812	225243
	225724	225745	225807	225832	226565	227016	227044	227413	228500
	228519	228532	230380	231064					
靑年補導講習會	227433								
靑年産業	220451								
靑年指導	216434								
靑年訓練所靑訓	217838	218936	219306	219343	219586	222139	225644	228130	228377
	229939	230414	230533						
靑林敎	231098	231470	231673	231699					
靑松	218125	220609							
靑雲歌會	222121								
淸州淸州邑	216990	217539	218999	220152	221093	221739	224776	224798	225099
	228601	229070	229189	229348	229448	229515	229601	229707	229914
	230055	230862	231356	231560	231565				
淸津	216118	216179	217015	217016	217171	217320	217346	217493	217935
	218542	218568	219006	219019	219078	219354	219355	219434	219461
	219551	219909	219947	220044	220266	220726	220760	222273	222512
	223428	223498	223632	223855	224187	224235	224278	224414	224444
	224766	225594	225918	225930	226182	226210	226309	226354	226426
	226542	226556	226603	226623	226624	226646	226647	226948	226998
	227362	227373	227400	227543	228110	228235	228633	229020	229215
	229333	229414	229730	229889	230074	230082	230544	230575	230833
	231232	231248							
淸津校	219551	229730							
淸津署	223428	230082							
淸津漁民大會	216118	216179							

清津漁港	230074							
清津鐵道病院	217016							
遞信	216805	216837	216911	217368	217393	217415	217662	217685	217721
	218273	218305	218328	218670	218821	218859	218926	220055	220062
	220076	220316	220675	221204	221230	221255	221609	221698	221807
	222412	223446	223457	223520	224399	224527	224680	224824	224843
	224918	225131	225570	225677	226184	226339	226360	226695	227068
	227557	227558	227912	228202	228362	228873	229195	229752	230231
	230250	230522	230554	230563	230819				
遞信局	216805	216837	217368	217393	217415	217662	217685	217721	218273
	218305	218328	218859	218926	220055	220062	220076	220316	221230
	222412	223520	224399	224527	224680	224918	225131	225570	226184
	226339	226360	226695	227068	227557	227558	227912	228202	228362
	228873	229195	229752	230231	230250	230522	230554	230563	230819
遞信省	218821	221698	223446	223457					
遞信省軍務局	221698								
體育	219197	220790	220915	221089	221476	222084	222642	222671	222709
	222750	223483	224619	225325	226765	227307	227399	227710	227872
	227879	228088	229085	230002	230656	230750	230766		
初等	216455	216852	217011	217058	217885	218102	218525	218529	218553
	218902	219024	219210	219226	219710	219851	219879	219920	219935
	220122	221653	221869	222078	222694	223249	224013	224032	225449
	225695	226458	226584	226760	226765	226782	227901	228088	228653
	228940	229569	229768	229792	230175	230446	231534		
初等校	216455	217011	217058	217885	218102	218525	218529	218553	228940
初等教育	218902	219024	219920	223249	225695	226458	230175		
初等教育鄉土化	219024								
草梁	216207	216900	217106	220349	224532	229449			
草梁照護神社	220349								
草梁 土木出張所	216207								
草分物語	226652	226700	226744	226837	226885	226939	226993	227105	227207
	227257	227303							
總監	216232	216473	216508	216623	216639	216667	216691	217184	217208
	217292	217319	217390	217391	217413	217441	217947	218105	218130
	218157	219241	219587	219621	219701	219722	219746	219858	219883
	219986	220121	220186	220691	220796	220861	221818	221915	221948
	222046	222082	222128	222136	222152	222195	222408	222530	222608
	222697	222759	222860	222893	223002	223037	223472	223508	223833
	223870	223894	223915	223936	224057	224085	224646	224728	224751
	224953	225003	225027	225271	225500	226070	226098	226417	226957
	226987	227043	227123	227178	227198	227232	227801	227898	228654
	230045	230665	231211	231675	231703				
銃器調査	218705	218731							
總督	216067	216090	216157	216199	216207	216211	216235	216272	216325

216347	216349	216473	216496	216508	216522	216524	216532	216581
216623	216626	216687	216706	216738	216826	216912	217042	217199
217218	217279	217282	217413	217441	217448	217451	217514	217515
217558	217568	217661	217664	217692	217702	217798	217801	217803
217842	217851	217907	217950	217953	217982	217998	218048	218051
218160	218248	218257	218269	218272	218301	218304	218309	218334
218354	218369	218387	218393	218490	218610	218638	218692	218693
218708	218727	218733	218796	218821	218827	218847	218896	218945
218950	219153	219159	219228	219310	219333	219474	219501	219534
219563	219564	219705	219730	219746	219747	219795	219825	219850
219861	219879	219880	219908	219916	219936	219943	220011	220026
220042	220103	220129	220197	220211	220233	220286	220292	220313
220340	220347	220364	220367	220396	220398	220399	220416	220421
220424	220504	220532	220556	220574	220597	220621	220639	220644
220677	220696	220717	220722	220759	220821	220856	220872	220889
220926	221085	221114	221160	221205	221312	221360	221427	221458
221523	221546	221660	221664	221726	221737	221739	221835	221923
221972	222001	222025	222058	222059	222065	222075	222123	222152
222153	222195	222225	222242	222310	222360	222367	222379	222408
222416	222446	222530	222533	222587	222588	222593	222606	222655
222672	222796	222835	222861	222867	222933	223010	223059	223072
223075	223077	223138	223159	223166	223176	223190	223222	223253
223351	223386	223408	223431	223455	223469	223470	223472	223475
223500	223508	223643	223667	223682	223694	223696	223717	223799
223841	223873	223895	223959	223962	223966	223984	224013	224017
224029	224030	224032	224057	224064	224065	224070	224085	224087
224103	224162	224304	224337	224420	224475	224497	224523	224524
224564	224615	224618	224630	224650	224652	224689	224710	224739
224774	224794	224802	224817	224819	224830	224838	224894	224942
224965	225004	225028	225071	225102	225112	225222	225225	225277
225402	225424	225446	225496	225540	225723	225751	225768	225857
225905	225911	225918	225930	225936	225956	225957	225984	225985
225991	226011	226014	226051	226077	226182	226186	226199	226210
226214	226230	226254	226259	226277	226281	226286	226312	226379
226417	226432	226533	226542	226555	226556	226623	226646	226761
226807	226855	226856	226859	226880	226881	226910	226957	226987
227024	227081	227151	227229	227249	227275	227299	227439	227464
227480	227485	227530	227552	227577	227578	227605	227625	227669
227757	227787	227802	227933	227954	227986	228032	228037	228061
228084	228122	228212	228251	228294	228343	228395	228418	228438
228470	228471	228591	228650	228652	228705	228719	228732	228737
228758	228765	228788	228790	228806	228821	228823	228847	228881
228898	228949	228963	228965	228968	228974	228989	229015	229016
229115	229139	229143	229156	229157	229163	229218	229238	229243
229264	229302	229322	229339	229362	229364	229366	229372	229401
229434	229435	229437	229450	229459	229490	229491	229496	229514
229538	229542	229603	229619	229724	229750	229755	229779	229865

	229869	229916	229918	230062	230098	230106	230135	230193	230197
	230218	230246	230411	230440	230476	230481	230515	230529	230665
	230696	230735	230799	231030	231083	231152	231202	231412	231461
	231499	231511	231522	231558	231583	231593			
總督府	216199	216207	216211	216235	216272	216325	216347	216349	216524
	216532	216581	216626	216687	216706	216826	216912	217042	217199
	217218	217279	217413	217441	217448	217451	217514	217558	217664
	217692	217702	217801	217803	217842	217998	218160	218248	218257
	218272	218301	218304	218309	218334	218369	218393	218490	218610
	218692	218727	218796	218821	218827	218896	218945	219153	219228
	219310	219333	219474	219501	219564	219705	219730	219747	219850
	219861	219879	219880	219908	219916	219936	219943	220011	220026
	220042	220129	220197	220211	220233	220286	220292	220313	220347
	220367	220396	220399	220416	220424	220504	220532	220556	220574
	220597	220621	220639	220644	220677	220696	220872	220889	220926
	221085	221114	221160	221205	221546	221660	221664	221726	221737
	222025	222059	222123	222153	222225	222310	222367	222379	222416
	222446	222588	222593	222606	222655	222796	222835	222861	222867
	222933	223010	223059	223072	223075	223138	223166	223190	223222
	223253	223351	223386	223408	223431	223455	223470	223472	223475
	223508	223643	223682	223696	223717	223873	223895	223959	223962
	223984	224013	224017	224029	224030	224032	224064	224065	224087
	224162	224304	224337	224524	224650	224652	224689	224710	224774
	224802	224817	224819	224838	224894	224942	224965	225071	225102
	225112	225222	225277	225496	225723	225751	225768	225857	225905
	225911	225918	225930	225936	225957	225985	225991	226011	226014
	226051	226077	226230	226254	226259	226277	226286	226312	226379
	226855	226856	226859	226880	226881	227151	227229	227249	227275
	227299	227464	227485	227578	227669	227757	227787	227802	227933
	227954	228212	228395	228418	228438	228470	228471	228652	228719
	228758	228765	228790	228806	228823	228881	228963	228989	229015
	229016	229143	229156	229264	229302	229362	229401	229434	229450
	229459	229496	229514	229603	229724	229750	229869	229916	230062
	230098	230106	230135	230440	230476	230481	230515	230696	230799
	231030	231152	231202	231511	231522	231558	231583	231593	
總督府官制改正	217413	217441	219861	219880					
總督府農務課	217514	217558	221660	223010					
總督府農事試驗場(水原)	217448								
總督府圖書館	226077								
總督府文書課	220889	220926							
總督府博物館	229434	231558							
總督府保安課	222606	229015							
總督府辭令	216199	216235	216581	217199	217218	218272	219850	219879	220233
	220292	220313	220347	220367	220399	220416	220597	220644	220677

	220696	221546	221664	222861	223253	223962	224065	224087	224162
	225222	225911	225936	226277	226312	226859	227757	227787	228395
	228418	229496							
總督府外事課	216347	217702	220639						
總督府出張所	216626	216687	218796	218827	221085	221114			
總督府 土地改良課	229724								
總動員	216700	217711	219397	221972	222001	223596	223687	225007	225008
	225034	225807	225832	226436	227279	227318	227342	228340	228364
	230716	230767	230795						
雛祭	218036	218191							
畜牛豫防注射	217269								
蓄音器 取締規則	220346								
春窮	218445	220212	221406	221460	221519	221585	221641	221704	221771
	221801	221831	221953	222091	223362	223784			
春川	216492	219704	226296	227141	229105	229398	229548	229956	230055
	230472								
春川道立醫院	216492								
出雲大社	222608								
出版	216446	218745	218768	221224	222765	226727	228753	229782	
出版法	218745	218768	228753						
出版保安法	216446								
忠南 教育會總會	230662								
忠南道評議會	216377	216884							
忠南溫陽	231549								
忠清南道	217882	220469	226448	229244					
蟲齒デー	222851								
趣味	216064	216087	216115	216160	216196	216234	216276	216335	216348
	216373	216436	216480	216526	216579	216670	216703	216742	216789
	216829	216941	216986	217092	217348	217395	217445	217522	217546
	217593	217619	217751	217776	217823	217910	217951	219003	219105
	219199	219473	220190	220269	220601	222561	222958	226132	
就職	216539	216830	216837	217010	217848	217849	218570	218698	219045
	219047	219077	219313	220104	220240	221729	222096	223194	224499
	224715	225040	225886	227077	227762	228803	229498	230032	230069
	230555	230590	231396	231454	231483	231648			
就職難	217010	218698	220104	229498	230069	231454	231648		
就職斡旋	216837	230555	230590						
就學難	218902								
齒科醫師試驗	221158	221192	221206						

治水事務所	217023							
治維法	217125	222581	223973	226927	229033	229379		
勅語	216528	221025	221065	221322	226189	226860	230697	
勅語奉讀式	216528							
七星館	218227	218242						
七十八萬圓事件	216666 216685 216773 216808 216874 216921 217121 217177 217406 217991 219578 221683 221717 222347							

ヿ									
カフェ	216655	217001	217077	217079	217317	218144	218348	218535	218646
	219324	219547	219896	220190	220713	222397	222799	223242	223491
	225924	227191	227817	228462	228950	230303	230594	230729	230813
	230848	231135	231147	231485					
カフェ取締り	216655								
カメラ	216789	217951							
キネマ	220633								
キリスト教	229854								
クリスマス	230648								
コカイン	228360								
コレラ	218013	218046	223580	223660	223753	223787	223814	223847	223891
	224047	224064	224091	224279	224354	224535	224684	224767	224905
	224972	225011	225319	225340	225417	225439	225465	225488	225490
	225512	225535	225582	225608	225610	225662	225685	225703	225722
	225748	225753	225779	225794	225799	225900	225927	225947	225948
	226176	226227	226250	226270	226301	226326	226327	226352	226370
	226409	226435	226504	226532	226568	226666	226772	226797	226798
	226821	226837	226853	226875	226887	226900	226918	226924	226954
	226984	227006	227086	227112	227134	227270	227292	227525	227544
	227572	227615	227644	227720	227745	227895	227932	228035	228157
	228233	228460							
コンクリート	218441								

E								
トラック	222427	223372	223468	224143	225086	226200	227424	228928	229238
	229304	229329	229784	229793	230089				
卓球	217191	222173	223568	227268	228058	228500	228519	230088	
託兒所	217870	217892							
濁酒爭議(大邱)	216587								
彈藥	216169	216178	217268	224718	230346				
探偵小說	222665	222722	222784						
湯川又夫 (九大敎授博士)	217390								
湯川又夫 (水原總督府 農事試驗場長)	217448	220821							
台灣	222092	222530	222587	222699	228270	230937			
台灣總督	222530	222587							
台北帝大	228362								
太合堀運河	217958	229700	229902						
澤崎修 (鐵道局監督課長)	221568								
土器	220563								
土木工事	219619	223974	224252	226636	227072				
土木談合事件 談合事件	223445	223746	223840	223884	223928	223977	223981	223993	224075
	224098	224118	224172	224245	224265	224388	224436	224452	224489
	224581	224634	224658	224741	224879	224883	224925	225183	225366
	225556	225975	226544	226637	227009	227098	227116	227363	228162
	228410	228668	229101	229122	229137	230097	230362	231186	
土木事業	218445	219610	219852	219892	220559	220842	221489	222810	222833
	223300	223798	223799	223952	224513	224539	224586	224979	225067
	225146	225495	225518	225847	225942	227353	228155	228603	
土地改良	217685	220309	224640	224663	229042	229724	229830		
土地改良部	220309								
土地收用令	216615	218625							
土地熱	225895	229740	229787						
通信技術員	219507								
通信事務	231669 231700								
統營	216785	218120	218856	218900	218955	219758	223971	224909	225275
	225575	226683	229348	229700	229710	229761	229804	229902	231423
統營病院	218900	219758							
通貨僞造事件	228727								
退職慰勞金	219115	220113							
特高警察官	224760								

特別會計說	216134								
特定運賃制	218689								
罷業	216440	216800	218542	218568	219189	219790	219810	224836	226642
	228244	228436	229715	230083	230351	231354	231560		

パイプオルガン	220623								
パコダ公園	231413								
バス	216196	218874	219055	219140	219248	219781	220614	220679	220733
	220811	221198	222478	222529	223602	223712	223928	224431	224548
	224653	224659	224836	224850	224954	225115	225321	225379	225508
	226087	226206	226587	226635	226870	227296	227914	228458	228770
	229154	229492	229578	229774	229784	230041	230473	230537	230581
	230790	230831	230849	230965	231181	231190	231359	231576	231666
ピアノ	221339	221761	222258	222260	222325	222326	222327	222554	222777
	222883	222955	225563						
フィギュア・スケート	231215								
プロレタリヤ	216697								
ペルシャ	217721								
ポプラ	228090	229436							
判事	217390	217448	217472	217494	217544	217549	218250	218287	218297
	219355	219905	223382	225591	228307	229101	229264	229560	231261
坂西利八郎 (貴族院議員)	217818								
八木聞一 (滿鐵參事)	220364								
平南 平南道	216066	216089	216127	216137	216146	216211	216212	216214	216225
	216258	216300	216302	216305	216312	216333	216353	216408	216455
	216456	216551	216563	216650	216651	216654	216693	216852	216871
	216910	217011	217012	217058	217066	217068	217202	217221	217311
	217312	217347	217395	217400	217409	217444	217453	217461	217478
	217502	217553	217636	217639	217651	217652	217688	217697	217735
	217885	217887	217936	217986	217998	218007	218012	218018	218029
	218033	218038	218042	218068	218083	218085	218088	218089	218181
	218186	218291	218294	218391	218439	218441	218462	218503	218505
	218511	218512	218564	218610	218620	218657	218781	218841	218872
	218884	218910	218924	218934	218935	218986	219026	219027	219092
	219131	219132	219137	219187	219227	219339	219342	219450	
平南警官隊	216127	216146	218439						
平南共産村	219611								
平南工業試驗所	218291	219552	222069	222560	224598	227683	228062	229562	229685
	229731								
平南金組	218012	218038	224297	229667	231508	231525			
平南農會	219187								
平南道辭令	216305	216551	220473						
平南道廳	216137	216312	217395	229732					
平南道 初等教員整理	216852								

平南道評議會	217887	230453	231033						
平南産業	226579	226599							
平南水利	216212	216258							
平南水産總代會	219131								
平南水組	216651	217202	217221	220087					
平南 初等校長會	216455	217011	217058						
平南治療所 (モヒ患者)	218986								
評論	216449	220629	220758	223026					
平北 平北道	216265	216333	216459	216499	216504	216511	216560	216564	216613
	216621	216688	216820	216963	216968	217070	217262	217296	217297
	217305	217350	217647	217822	217835	217880	217899	217938	218034
	218041	218335	218674	218719	218756	218782	218870	219080	219114
	219139	219192	219209	219235	219277	219508	219569	219594	219622
	219684	219789	220122	220166	220271	220422	220583	220647	220837
	220920	221009	221187	221191	221854	222221	222744	223005	223640
	224254	224292	224345	224346	224993	225847	225894	226250	226369
	226568	226772	226797	226900	227013	227348	227353	227493	227615
	227627	227644	227668	227692	227895	227896	228014	228064	228688
	230141	230219	230521	230666	230761	230765	230865	230879	230883
	230940	231008	231036	231249	231285	231689			
平北警官隊	218756	218782	218870	219114	219139	219508			
平北警察部	216688	222744	227493	230761					
平北道 沙防工事	216459								
平北 漁業聯合組合	217305								
平安 平安道	216211	216552	216727	216918	217459	217785	217818	218286	220171
	220432	220854	221267	221285	223513	227682	228180	228182	230620
	230781	231689							
平安水利	216211	216552	216727	217459	217785	218286	220171	220432	220854
	230620	230781							
平安水利組合	216211								
平安水利地主	216552	216727	218286						
平安 水利地主大會	216727								
平安水組	216918 223513								
平安神社	228180 231689								
平壤	216063	216065	216086	216088	216116	216123	216124	216133	216134
	216135	216138	216139	216140	216144	216147	216149	216165	216170
	216176	216184	216213	216218	216229	216254	216256	216299	216310

216314	216316	216350	216359	216368	216370	216400	216406	216418
216450	216454	216498	216500	216503	216506	216510	216512	216513
216516	216548	216558	216559	216561	216572	216589	216601	216609
216612	216625	216640	216641	216642	216644	216649	216655	216666
216679	216680	216683	216685	216719	216720	216721	216725	216726
216764	216773	216775	216807	216808	216809	216811	216812	216813
216814	216816	216823	216853	216854	216859	216862	216863	216865
216870	216874	216917	216921	216922	216955	216962	216964	216965
216967	216978	217007	217013	217057	217059	217079	217111	217122
217162	217170	217213	217254	217258	217272	217295	217299	217300
217308	217348	217349	217355	217376	217394	217401	217445	217446
217451	217462	217468	217475	217491	217500	217546	217560	217592
217593	217601	217604	217606	217637	217653	217689	217696	217717
217729	217732	217733	217739	217776	217784	217790	217823	217829
217885	217886	217929	217933	217973	217977	217985	217991	218014
218015	218036	218043	218044	218076	218078	218083	218084	218135
218143	218144	218146	218182	218197	218227	218230	218239	218242
218327	218330	218331	218332	218346	218352	218356	218366	218382
218401	218427	218443	218444	218448	218452	218472	218491	218501
218504	218551	218554	218559	218560	218613	218621	218623	218669
218670	218716	218721	218734	218770	218777	218779	218788	218789
218792	218828	218838	218839	218843	218868	218874	218876	218877
218878	218884	218887	218924	218929	218930	218942	218971	218977
218981	219018	219023	219034	219037	219071	219081	219087	219094
219133	219136	219138	219177	219188	219189	219190	219191	219223
219234	219262	219268	219273	219285	219287	219292	219341	219343
219389	219390	219392	219393	219399	219404	219406	219443	219448
219449	219451	219454	219464	219498	219514	219520	219555	219566
219619	219629	219662	219669	219671	219686	219692	219700	219732
219733	219736	219775	219781	219789	219830	219838	219846	219879
219881	219887	219897	219899	219905	219946	219953	219990	220004
220073	220081	220082	220093	220138	220165	220170	220179	220232
220270	220276	220321	220329	220330	220376	220414	220417	220419
220426	220427	220435	220475	220476	220482	220486	220535	220536
220538	220542	220572	220577	220578	220581	220591	220594	220638
220643	220645	220651	220655	220693	220697	220698	220704	220705
220706	220712	220784	220833	220840	220841	220850	220853	220869
220899	220901	220905	220910	220921	221008	221018	221055	221064
221069	221075	221096	221113	221118	221125	221127	221132	221133
221139	221178	221179	221180	221185	221225	221227	221230	221231
221235	221252	221278	221279	221280	221288	221346	221347	221349
221354	221405	221407	221410	221419	221476	221527	221608	221640
221644	221646	221647	221648	221654	221775	221777	221779	221781
221836	221855	221885	221897	221901	221951	221960	221961	221965
221967	221973	222005	222010	222031	222058	222060	222062	222068
222124	222129	222130	222138	222149	222151	222203	222269	222281
222284	222291	222292	222296	222348	222350	222358	222385	222441

222443	222456	222495	222501	222502	222503	222508	222513	222522
222576	222626	222631	222672	222734	222737	222787	222789	222797
222800	222837	222839	222841	222847	222852	222904	222959	222963
222979	223032	223041	223046	223048	223052	223100	223102	223139
223182	223226	223229	223235	223236	223241	223249	223294	223334
223373	223378	223411	223415	223419	223430	223505	223506	223558
223562	223612	223617	223638	223673	223679	223685	223766	223773
223803	223815	223857	223897	223902	223905	223941	223948	223992
223997	223999	224048	224095	224100	224105	224141	224146	224185
224223	224224	224290	224293	224347	224356	224364	224397	224413
224455	224466	224499	224504	224505	224540	224541	224542	224550
224590	224612	224625	224629	224631	224634	224669	224672	224675
224678	224716	224758	224763	224807	224808	224812	224841	224849
224850	224852	224853	224855	224864	224886	224889	224891	224899
224900	224930	224937	224949	224956	224984	225029	225048	225067
225074	225077	225079	225115	225116	225147	225197	225202	225208
225241	225250	225253	225264	225286	225323	225333	225336	225337
225345	225371	225374	225376	225379	225382	225404	225426	225470
225474	225478	225479	225484	225485	225489	225520	225532	225533
225601	225603	225608	225643	225647	225650	225661	225671	225695
225702	225704	225714	225735	225736	225749	225751	225786	225787
225788	225794	225795	225809	225830	225896	225942	225954	225964
225996	226000	226007	226043	226050	226052	226060	226110	226111
226113	226218	226227	226259	226260	226316	226317	226320	226321
226322	226422	226458	226460	226461	226464	226470	226478	226548
226561	226619	226650	226652	226654	226657	226663	226713	226739
226743	226748	226787	226789	226793	226832	226835	226890	226893
226899	226943	226945	226947	227013	227052	227056	227061	227097
227114	227150	227165	227166	227200	227202	227216	227254	227256
227263	227313	227350	227393	227399	227404	227435	227439	227442
227488	227539	227586	227587	227624	227633	227634	227673	227674
227689	227690	227695	227727	227730	227778	227781	227784	227786
227830	227835	227858	227879	227882	227883	227887	227892	227903
227952	227953	227962	228007	228023	228030	228072	228116	228118
228126	228169	228192	228209	228223	228226	228230	228239	228244
228269	228323	228325	228328	228366	228371	228372	228373	228378
228381	228385	228419	228425	228428	228432	228433	228434	228474
228476	228519	228520	228522	228525	228577	228623	228634	228639
228645	228677	228691	228693	228741	228803	228856	228857	228921
228976	228981	229006	229076	229086	229087	229133	229139	229157
229158	229160	229163	229167	229220	229234	229292	229300	229370
229371	229378	229384	229385	229413	229414	229416	229418	229419
229426	229427	229461	229465	229471	229479	229481	229482	229484
229518	229520	229521	229526	229565	229569	229576	229579	229586
229612	229614	229626	229631	229668	229674	229677	229681	229685
229689	229709	229725	229727	229735	229736	229776	229780	229783
229831	229854	229879	229880	229885	229927	229928	229931	229933

	229937	229938	229950	229969	229970	229975	229977	229978	229982
	229987	229997	230068	230071	230079	230083	230084	230090	230129
	230130	230132	230140	230144	230154	230175	230178	230180	230182
	230183	230202	230222	230223	230226	230227	230231	230235	230270
	230278	230307	230334	230337	230340	230345	230358	230381	230382
	230385	230395	230398	230401	230436	230442	230455	230497	230522
	230552	230554	230558	230570	230592	230612	230616	230617	230628
	230674	230677	230687	230715	230717	230720	230728	230731	230750
	230766	230775	230782	230818	230826	230830	230831	230878	230897
	230936	230946	230955	231002	231022	231040	231051	231056	231113
	231135	231168	231169	231176	231178	231194	231231	231235	231237
	231242	231261	231290	231298	231301	231305	231342	231343	231344
	231349	231394	231398	231406	231436	231438	231483	231484	231487
	231489	231492	231540	231577	231579	231583	231584	231593	231627
	231650	231673	231684	231699					
平壤ゴム工場	216184								
平壤 七十八萬圓 事件	216666	216685							
平壤の火事	216418	218792	219520	219846	220853	227539	228645	229384	
平壤簡易 授産場	230071								
平壤更生園	231577								
平壤高女	216213	216683	216823	216862	217007	219023	219037	219262	219285
	221179	221775	222501	226654	227883	228381	228519	229933	229978
	229987	230497	230558	231438	231540				
平壤高女 學年制問題	216823								
平壤高普	217885	221227	224956	224984					
平壤公會堂	220643	229471							
平壤教育會	220697								
平壤購買組合	216859	227200	229736						
平壤軍民 合同祝典	218078								
平壤妓生	217170	222737							
平壤 勞働運動史	216725								
平壤農校	228476								
平壤農學校	231483								
平壤道立醫 平醫	216210	216252	216296	216348	216359	217552	217786	219818	219836
	222126	222208	222346	222571	227439	229092	229157	229372	230032
	230142	230553	230665	231032					
平壤讀書會	218789								
平壤栗	218884	220693	223562	223766	224504	224631	226650	227488	228378

平壤名士連	216135	216170						
平壤博物館	222385	224542	224669	225474	225478	227784	227830	230687
平壤法院	217991	218356	218382	221235				
平壤辯護士會	220705	227165						
平壤普校	219830							
平壤府	216140	216254	216256	216558	216559	216644	216680	216726	216764
	216807	216812	216813	217213	217258	217295	217299	217300	217349
	217355	217401	217451	217601	217606	217637	217653	218230	218239
	218330	218331	218501	218551	218716	218779	218828	218839	218874
	218930	219133	219177	219223	219443	219498	219555	219669	219775
	219781	220538	221008	221069	221279	221288	221407	221410	221781
	222281	222495	223249	223334	223902	223941	224185	224224	224290
	224413	224550	224808	224850	224886	225029	225067	225147	225253
	225379	225603	225643	225650	225751	225896	225942	226111	226460
	226945	227052	227097	227216	227952	228007	228432	228693	228976
	229087	229419	229484	229520	229526	229569	229668	229689	229725
	229982	230068	230084	230090	230178	230334	230436	230592	230628
	230715	230818	230830	230831	230878	231342	231394	231398	231436
	231593	231627							
平壤部隊	216123	216144	216165	216176	216316	216967	217348	219188	219390
	220165	220321	220417	220581	220645	220706	220869	220905	221646
	225197	227674	229880	229928	230677	230775	231584		
平壤部隊 觀兵式	216123	216144						
平壤府 清潔作業場	216558							
平壤府 廳舍改築	217349	230084	230334	231436				
平壤府廳舍新築	216140	216254	229087					
平壤不良少年	216510							
平壤祕密結社	219034	219899						
平壤飛行隊	219081	219268	219292	221885	224293	225079	225404	225426	225661
	225996	226060	227435	228857	229006	229735	230222		
平壤飛行場	218444	222734						
平壤師團誘致	216865	216922						
平壤師範	221644	226052	226890	230358	231483	231673	231699	
平壤師範赤化 靑林敎事件	231673	231699						
平壤師節	222068							
平壤山口縣人會	220638							
平壤産調	216218	216299	218076					
平壤商議	216503	216816	216853	217057	218554	222350	223506	224849	225074
	226043	226422	226739	226793	226943	227313	229831	231684	
平壤署	216314	216720	216773	217122	218613	218843	219464	219838	220093

	220330	221405	221648	222149	222296	222348	222358	222576	223052
	223102	223236	223638	223999	225374	225795	227350	229234	229479
	229626	229938	230183	230398	230455	231002	231040	231135	231194
	231349								
平壤署勞	216720								
平壤稅關	217162	218977	230522						
平壤稅關移轉	217162								
平壤授産場	217985	220435	220841						
平壤水曜會	227778								
平壤市民 男女運動會	221231								
平壤神社	221118	221354	222963	225533	228371	228520	230612		
平壤女高普	218036	219449	219879	220138	222441	227858	227882	227962	228434
	229385	229565	230750	230766					
平壤驛	216561	216649	216775	217446	217784	220329	220910	221279	221836
	222062	225809	225830	227633	228023	229783	231231		
平壤燃料 消費組合	217111								
平壤藝妓	216370								
平壤謠曲會	217823								
平壤陸軍	216609	218621	218868						
平壤醫講	216642	216721	216811	216863	217689	217929	219700	219733	219887
	219946	220482	220577	220591	221180	221901	223378	225489	226657
	226787	226899	227690	227835	228169	229163			
平壤醫講々師團	216642	216721	216811						
平壤 醫講昇格運動	217929	220577							
平壤醫講 昇格委員會	226899								
平壤義勇消防隊	231290								
平壤醫院	216513	216964	221113	224100	225484	226743	228741	229674	229677
	231178								
平壤義州間電話	216124	216147							
平壤醫學講習所 平醫講 平醫	216210	216252	216296	216348	217552	217786	219818	219836	221346
	222126	222208	222346	222571	229092	229157	229372	230032	230142
	230553	230665	231032						
平壤專賣局	222502	227114	228433						
平壤專賣支局	218401								
平壤電車	218981	222847	230826	231169					
平壤地方法院	216921	219905	231261						
平壤鐵道ホテル	219671	228385							
平壤靑訓	219343								

平壤體協	220179	220476	220698						
平壤風景	216809	216854							
平壤憲兵隊	219191	219268	219292	222456	222979	223430	228522	229300	230401
平壤刑務所	216368								
平壤畵壇	217776								
平壤火災	218448								
平女補習科	220314								
平元線	225788	226150	226704	227308	228315	229372	230274	230674	230724
	230760	230893	230981	231032	231033	231231	231305	231686	
平醫	216210	216252	216296	216348	217552	217786	219818	219836	222126
	222208	222346	222571	229092	229157	229372	230032	230142	230553
	230665	231032							
評議會	216377	216509	216884	217333	217665	217758	217859	217887	217893
	218055	218113	218134	218158	218355	218719	218847	220585	223834
	226636	226865	226916	230002	230453	230707	230885	231033	231150
	231363	231453	231478						
平壤電氣 株式會社 平電	216267	225929							
平田慶吉 (京都商工 會議所理事)	219016	219039							
平中	216786	217078	219391	222402	224806	224864	224891	225073	225105
	225162	225283	225307	225324	225325	225453	225479	225551	225604
	225611	225693	225763	225783	225888	226315	230942		
平鐵	216136	216216	216561	217952	217988	218185	219391	219451	219673
	219835	219991	220032	220429	220589	220863	220912	221476	221707
	221964	222151	222402	222447	222682	222910	223853	223942	223989
	224049	224639	224932	225258	225383	225989	226112	226219	227150
	227347	227775	228382	229423	229841	230511	230951	231123	
平鐵野球部	219835	220429							
平鐵運輸委	216136								
平和	216701	219970	220781	222034	222064	222775	223082	224509	224521
	224921	224957	227222	227248	227369	229727	230412		
平和ゴム工場	229727								
肺ヂストマ	218879								
幣原坦 (台北帝大總長)	228362								
幣制統一 (滿蒙)	217031	217056							
鮑の捕獲禁止	221502								
布教師	216117	218613							
浦田白羊	216115								

(童踊研究)								
標語	219953	220176	221478	230741				
風紀取締	218535	219547	221537					
豊島與志雄	220631	220831	220897	220962	220994	221049	221111	221174	221223
	221277	221343	221401	221456	221516	221578	221701		
豊島暉 (羅南騎兵第二 十七聯隊長)	216763	216783						
風樹産組	229049							
豊田利三郎 (豊田紡績社長)	219016							
風土病	221258	226892						
避難民	216061	216084	216363	216467	216777	217100	217955	218104	218265
	218410	218440	218455	219154	219229	220045	220396	220424	220459
	220481	220504	220525	220532	220792	221733	222417	223462	223573
	224150	224494	224600	224689	224710	225271	228126	230306	230344
避難民救濟	217100	217955	218104	220459	220481	220504	220532	225271	228126
避難民歸還	218410	218440	219229					
避難民列車	222417							
避難鮮人	216544	216569	216570	216857	217039	217073	217731	218692	218727
	220267							

ㅎ								
ハルビン	217100	217882	218318	218342	219016	231518		
ハルビン領事	217882							
ハルビン避難民	217100							
ヒットラー	221577							
ホテル	216160	217328	218759	219472	219504	219536	219561	219671	219859
	220258	222603	224124	224261	225968	226212	226979	228178	228385
	229107	230056							
下關運輸事務所	216658	217004	217029						
河野悅次郎 (第三師團參謀)	216805								
河井戸四雄 (朝鮮民報社長)	216906								
河村靜水 (高等法院 次席檢事)	217390								
學校	216214	216469	216565	216814	216857	216886	216960	217115	217120
	217151	217238	217323	217342	217382	217481	217503	217517	217597
	217788	217872	217885	217888	217904	217912	217936	218023	218064
	218172	218179	218350	218456	218457	218490	218499	218556	218571
	218605	218672	218758	218801	218824	218858	219159	219252	219644
	219650	219694	219710	219732	219737	219745	219759	219773	219837
	219881	219915	219920	219929	219942	220030	220138	220151	220154
	220164	220232	220276	220364	220469	220750	220751	220794	220855
	221040	221078	221241	221589	221653	221666	221707	221709	221819
	221825	222004	222078	222206	222285	222501	222602	222640	222694
	222808	222846	223007	223008	223030	223031	223034	223047	223115
	223132	223194	223203	223214	223245	223248	223254	223372	223396
	223417	223423	223468	223511	223556	223893	223901	223924	224013
	224018	224032	224352	224355	224429	224572	224785	224786	224804
	224814	224845	224985	225009	225099	225196	225218	225502	225631
	225763	225816	225857	225871	225926	225976	225983	226028	226299
	226302	226341	226565	226584	226649	226759	226760	226765	226782
	226913	226923	226944	227092	227196	227267	227283	227310	227367
	227416	227614	227806	227834	227901	228088	228091	228148	228179
	228298	228356	228358	228546	228610	228619	228653	228696	228757
	228803	228820	228866	228884	228988	229000	229063	229070	229071
	229107	229186	229321	229388	229419	229498	229569	229612	229657
	229781	229818	229854	229937	229954	229993	230014	230068	230072
	230216	230284	230307	230320	230345	230502	230504	230533	230579
	230624	230823	230844	230877	230990	231028	231094	231157	231241
	231350	231483	231510	231534	231583	231602	231621		
學校看護婦	219759								
學校教師	218456	218499							
學校教育振興	222004								

座談會								
學級增加計劃	217323							
學年制問題	216683	216823						
學務	216841	217120	217860	217882	217930	217944	217979	218074	218752
	219197	219799	220028	220730	220762	221096	221125	221205	221634
	223007	223030	223308	224013	224032	225489	226020	226718	226737
	226738	226768	227306	228503	228680	229080	229419	230216	231044
學務課	217120	217882	217944	218074	220028	220730	220762	223308	224013
	224032	226737	227306	228680	229419	231044			
學務局	217930	219197	219799	221205	221634	223007	223030	226020	226718
	226738	228503	229080	230216					
學生	216210	216306	216489	216697	216751	217289	217424	217468	217491
	217552	217725	217815	217929	218004	218092	218150	218169	218531
	218537	218649	218700	218730	218818	218951	219171	219221	219444
	219477	219491	219497	219712	219814	219842	219997	220048	220065
	220151	220368	220575	221333	221379	221388	221416	221537	221550
	221656	221773	221901	222349	222453	222688	222937	223136	223521
	223687	223715	224267	224521	224578	224612	224629	224694	224758
	224775	225037	225054	225068	225209	225356	225706	226376	226787
	226898	228015	228058	228223	228358	228500	228519	228544	228809
	228886	228952	229978	229992	230035	230072	230445	230504	230683
	230836	230869	230905	230921	230938	231287	231318	231371	
學生奮起	217929								
學生祕密結社	218004	222688							
學生騷擾	226376	230905							
學生赤化事件	217815	218537							
學術	218098	228196	228222	228402	231006				
學術研究費	218098								
學藝	218036	220633	220832	220898	220964	220995	221050	221112	221224
	221344	221457	221517	221579	221825	221884	222000	222121	222193
	222265	222334	222492	222559	222618	222670	222723	222891	222958
	223029	223136	228570	229926	230335	231442			
學藝消息	220633	220832	220898	220964	220995	221050	221112	221224	221344
	221457	221517	221579	221825	221884	222000	222121	222193	222265
	222334	222492	222559	222618	222670	222723	222891	222958	223029
	223136								
學藝獎勵	229926								
學藝會	218036	228570	231442						
學資負擔	218945								
學組	219181	219298	219537	219667	222449				
漢江	216537	217242	221981	222547	222947	223848	224610	224865	225177
	225362	225775	228544	228945	229107	229154	230710		
漢江橋	229154								
漢江天然氷	216537								

韓圭復 (黃海道知事)	216347	216792							
韓相龍	217999	218025							
漢城銀行	217438								
閑院宮殿下	217094	217210							
韓昌洙 (李王職長官)	216347	224912	224936						
咸南 咸南道	216294	216306	216315	216356	216443	216458	216856	216958	216971
	216976	217017	217165	217585	217595	217636	217650	217825	217870
	217884	217892	217932	217944	217974	217976	217981	217983	217987
	217989	217990	218090	218134	218140	218199	218343	218493	218500
	218507	218618	218663	218726	218831	218832	218833	218834	218932
	219022	219024	219127	219135	219286	219402	219505	219610	219776
	219789	219832	219884	219894	219948	219993	220000	220034	220173
	220176	220425	220474	220653	220695	220774	220778	220903	220906
	221117	221286	221287	221304	221703	222279	222506	223423	223564
	223804	224090	224097	224111	224241	224285	224404	224445	224461
	224554	224892	225121	225151	225595	225791	225797	225938	226122
	226305	226362	226427	226999	227004	227199	227258	227495	227552
	227577	227725	227742	227788	228008	228020	228128	228376	228503
	228626	228636	228638	228685	228908	228910	229071	229075	229165
	229166	229567	229840	229972	230228	230437	230498	230593	230614
	230618	230641	230676	230680	230763	230845	231001	231069	231070
	231171	231289	231453						
咸南道廳舍 新築運動	217983								
咸南産業	216294	216315							
咸南線	216443								
咸南水産	216458	216856	218831	218832	223564	225595	228910	229071	
咸南醫友會	216958	217990	220903						
咸北 咸北道	216255	216562	216603	216604	216648	216652	216723	216817	216819
	216868	216959	217014	217093	217120	217129	217304	217452	217466
	217575	217775	217782	218132	218271	218297	218329	219233	219348
	219373	219388	219849	219888	219988	220646	222494	222504	223239
	223579	223668	224552	224933	226031	226064	226250	226301	226684
	226707	226709	226747	226772	226797	227055	227086	227089	227104
	227193	227220	227224	227250	227255	227270	227359	227534	227585
	227591	227720	227745	227836	228862	229379	229839	229898	230036
	230613								
咸北水産傳習所	219233								
咸北巡査試驗	216562								
咸北漁民大會	216255								
咸興	216062	216085	216263	216466	216505	216509	216961	217117	217210
	217298	217396	217404	217599	217611	217695	217730	217888	217980
	218285	218293	218337	218338	218492	218519	218558	218600	218615

	218627	218660	218725	218786	218869	218875	218931	218936	219182
	219503	219507	219617	219727	219834	219840	219940	220078	220164
	220175	220268	220384	220421	220477	220485	220533	220580	220640
	220650	220773	220835	220836	220911	220998	221123	221128	221363
	221523	221776	221898	222108	222218	222791	223423	223687	223709
	223726	223896	224295	224343	224404	224893	225041	225257	225644
	225659	225834	225940	226257	226261	226656	226740	227067	227345
	227732	227971	228077	228127	228262	228264	228313	228327	228367
	228415	228525	228624	228637	228736	228932	229524	229838	229884
	229935	229974	229988	230073	230078	230092	230292	230351	230499
	230880								
咸興美術展	228736								
咸興盤	217730	218338							
咸興普校	228327								
咸興府會	217396	218869	218875	218931					
咸興飛行場	222108								
咸興商議	216505	217298							
咸興消防	216263								
咸興市街地都計調査	219182								
咸興市街地調査會	218660								
咸興市民大會	217404								
咸興魚菜市場	220078								
咸興郵便局	220580	225834							
咸興青年訓練所	218936								
咸興體協	220477								
咸興通信所	217611								
咸興鄕軍	216466	229524	229838						
咸興憲兵隊	220485								
咸興刑務所	218786	228932							
合併促進運動	218702								
合田平(陸軍軍醫總監)	216667	216691	216786						
航空路開拓	218519	218558							
航空費獻金	216472	216669							
航空費獻金運動	216472								
航空會社	219677	229432							
解雇	216267	217022	219093	222510	226410	226642	229549	229605	230314
海軍鑛業部	226434	229611	231045						
海軍記念日	222415	222420	222481	222484	222681				
海女	216272	216381	216540	216793	216845	216888	216937	216945	217002
	217675	219099	220195	220235	220724	220865	221483	221498	221502

海女問題	216272	216793	216937	220195	220865			
海老─海老藏	222613							
海陸	217064	217927	225914	225939				
海燕(映畵)	226813	227087						
海雲台	217907	217950	217953	217982	218048	231213		
海雲台溫泉	217907	217950	217953	218048				
海底線	216227	224483	225761					
海底電線	218803	229675						
海州	216395	216402	216457	216516	217260	217356	217392	219042	219082
	219128	219181	219331	219360	219676	220005	221709	222341	222451
	224864	224891	225105	225737	227784	229614			
海州高女	221709	222341	222451	229614				
海州女高普	219676							
海州醫院	219331	219360						
海州學組	219181							
海州港	216457	217356						
海草	218995							
海苔	227523	227997	228218	228257	229443	230370		
行路病者	227341							
行旅病人取扱	221562							
行政組織	217803	217842	219231					
鄕軍	216396	216466	217301	217302	217732	218143	218470	218617	220979
	221391	221783	221805	221959	222028	222479	222524	222698	222760
	222814	222925	222926	223278	223547	223613	224043	224800	224801
	225341	228223	228313	228962	228995	229162	229238	229418	229461
	229518	229524	229834	229838	229977	230077	230104	230144	230235
	230521	231556							
鄕軍大會	217301	221959	229518					
鄕軍射擊場	216396							
鄕軍運動會	221783							
鄕軍一齊調査	230077							
鄕土文藝	222329							
鄕土と文學	222190	222262	222333					
鄕土敎育	221634							
獻穀耕作地	216066	216089						
獻金	216472	216669	216993	217136	217376	217468	217491	217523	217557
	217582	217602	217967	218471	218757	218769	218795	218924	219129
	221032	221052	221667	222696	222735	222929	222998	223053	226023
	226295	228545	230277	230998	231171	231188	231210	231414	
獻納	216660	217096	217602	217696	217747	217928	218057	218259	218795
	218906	219043	222086	222142	225335	226639	227679	231086	
憲兵	216243	216380	216409	217138	217147	217635	217648	218210	218360
	218623	218880	219191	219268	219292	219572	219933	220290	220413

	220485	220621	220691	221248	221449	222181	222355	222456	222839
	222979	222985	223430	223614	223860	224243	224350	225178	228015
	228522	229300	229480	229586	230401	231046			
憲兵隊	216380	216409	217138	219191	219268	219292	220485	220621	222355
	222456	222979	222985	223430	228522	229300	229480	230401	
刑務所	216368	216386	217246	217809	218786	218844	219122	219347	219807
	219875	220385	221652	223123	224529	226010	226042	226239	227376
	227395	227419	227680	227907	228161	228448	228763	228932	229174
	229505	230430	230873	230902					
刑務所作品販賣	219122								
刑事	216666	216685	216758	216822	216975	217084	217204	218427	218452
	219161	219635	221238	221297	222423	223400	223818	223916	223968
	223991	224682	225821	226029	226062	227688	228156	228308	228670
	228837	229199	229360	229408	230985	231101	231135	231281	231364
	231548								
刑事補償法	219161	223916	223968	223991	226029				
戶口臨時調査	230703								
戶口調査	228149	230082	230235						
湖南線	219004	223961							
戶稅	224266	224352	224394	228916	230301				
戶籍	218828	221577							
琿春領事館	220357	220378							
紅蔘	217003	228399	228729						
紅蔘密造	217003								
洪水收容所	216363								
花見	220282	220330	220511	220539	220712	220948	220985	220998	221347
	221359	222008							
花見列車	221347	221359							
和光教	216902	216927	217383						
花柳界	216195	217966	220001	225412	225434				
貨物	217819	218810	220461	221738	222026	222230	222305	222335	222459
	222583	222707	222908	223054	223119	223180	223201	223231	223267
	223535	223571	223722	223749	223883	224168	224558	224616	224932
	224971	226344	226450	226454	226713	226750	227011	227333	227424
	228382	228630	228764	228970	230567	230753	231480	231607	
花房太郎 (貴族院議員)	217818								
火保	216228	217534	217559	217766	217820	218002	218635	218725	219352
	219364	219387	219707	220430	220538	220921	221056	221064	221128
	221288	221844	222268	222907	224477	228967	229397		
火事 火災 全燒 小火	216079	216102	216152	216250	216288	216369	216418	216496	216522
	216594	216671	216689	216761	216779	216780	216873	216900	216976
	217037	217080	217088	217106	217107	217291	217341	217539	217632
	217683	217720	217767	217817	217868	217876	217897	217924	217925

	217971	218010	218034	218047	218178	218197	218201	218325	218367
	218378	218395	218424	218448	218484	218486	218707	218737	218792
	218817	218819	218892	218917	218919	218967	219069	219116	219169
	219219	219266	219291	219381	219425	219520	219573	219605	219606
	219630	219655	219707	219768	219769	219846	219847	219876	219924
	219925	219957	219958	220152	220161	220182	220254	220356	220364
	220384	220439	220478	220519	220520	220595	220617	220685	220853
	221261	221296	221299	221330	221722	222104	222316	222363	222538
	222539	222587	222604	222766	222772	223318	223649	223710	224025
	224246	224367	224662	225048	225317	225529	225780	227519	227539
	227769	228027	228160	228189	228645	228666	228671	228924	229150
	229203	229307	229384	229449	229481	229610	229760	229861	229919
	229962	230001	230368	230493	230544	230575	230588	230659	230752
	230800	230804	230833	230865	230948	230954	231107	231161	231223
	231283	231329	231332	231373	231438				
火藥取締	216186	226546							
和龍縣	216460								
化粧	220030	220273	228070	228456	229205	229885	230617	231558	
火災防止	218367	229760							
火災保險協會	219707								
火田民	216410	217647	218068	218089	220579	220775	221487	221592	221659
	221702	221831	223038	223688	224445	225242	225481	225494	225517
	226465	226669	227250	227437	227841	228528	230566	231300	
火田民整理	221592	221831	224445	227250	228528				
火田民指導	227437	227841							
火田民村	218068	218089							
和田信夫 (朝日新聞社 經濟部長)	217030	217090	217156						
和田英正(京城 第一高普校長)	220138								
靴下工爭議 (平壤)	219093	219189							
丸山鶴吉 (貴族院議員)	228560	229745	229783	229883					
活寫	221307	222431	223724	227678	230230				
皇居	217994	218020							
皇軍	216191	216393	216478	216588	218079	218237	218924	220067	220092
	220146	220162	220358	221308	222340	222814	223163	223177	223319
	223456	223496	224392	224498	225605	226490	226517	227604	229187
	231188	231416	231514	231553	231578	231582	231590		
皇軍慰問	216393	216478	216588	218924	231590				
皇軍慰問少女團	216393								
皇南里古墳	230208								

黃龍國	218555								
荒井仁策 (晉州警察署長)	220364								
荒井初太郎 (實業家)	216763	216783							
黃海道	216347	216398	216792	217116	217597	217600	217893	217944	218074
	218244	219042	219128	219331	219360	219680	219777	219879	223280
	223680	224864	224891	225934	228885	229093	230885	231405	
黃海道評議會	230885								
黃海水利用地 收用令	220377								
皇后	231597								
會寧	216122	216142	217015	217616	221477	229330	229846	230934	
會寧工兵大隊	229846								
橫濱開港記念	222775								
橫濱商工會議所	219016	219039							
輝く皇軍(映畵)	222340								
黑澤貞子	222258								
興南共產黨事件	231254								
興行協會	218912								

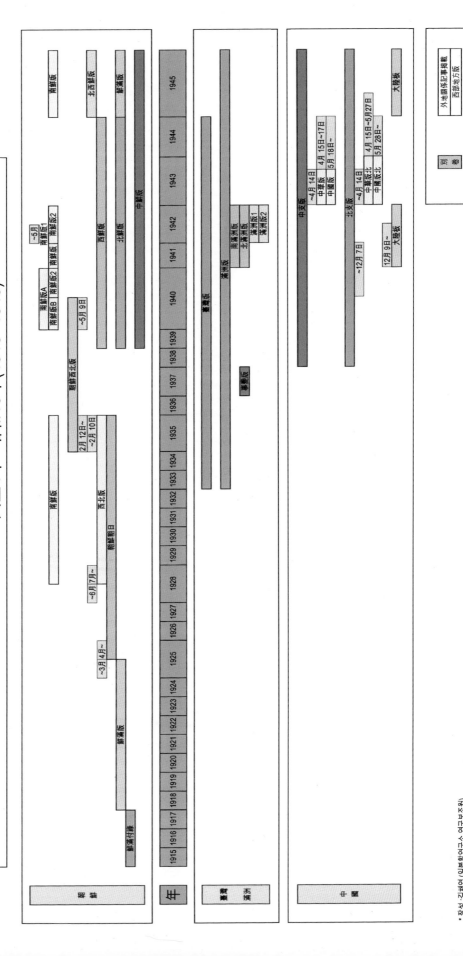

朝日新聞 外地版 세분화 그래프

翰林大學校 日本學硏究所 日本學圖書館所藏

大正4年~昭和10年(1915~1945)

* 작성 : 김채연 (일본학연구소 연구보조원)

한림일본학자료총서 아사히신문 외지판 16

아사히신문
외지판(조선판)
기사명 색인_제11권

초판인쇄 2023년 03월 31일
초판발행 2023년 03월 31일

지은이 한림대학교 일본학연구소
　　　　 서정완, 심재현, 김건용, 김선균, 김세은, 김은경,
　　　　 김주영, 김채연, 김혜진, 김희연, 문희찬, 박상진,
　　　　 박종후, 백소혜, 백지훈, 설수현, 신현주, 안덕희,
　　　　 안소현, 유혜연, 윤영서, 이예린, 이하림, 장덕진,
　　　　 조성석, 조지혜, 최평화
기획 한림대학교 일본학연구소
펴낸이 채종준
펴낸곳 한국학술정보㈜
주소 경기도 파주시 회동길 230(문발동)
전화 031) 908-3181(대표)
팩스 031) 908-3189
홈페이지 http://ebook.kstudy.com
전자우편 출판사업부 publish@kstudy.com
등록 제일산-115호(2000. 6. 19)

ISBN 979-11-6983-238-0 91070